Lesefrüchte an die Wand zu heften empfiehlt K. H. Miskotte (Om het levende Woord 1973[2], 173ff.). Als Anregung hier einige Vorschläge, die ergänzbar und auswechselbar sind:

Wozu lesen wir denn das Buch? damit es uns glücklich macht? mein Gott!... ein Buch muß die Axt sein für das *gefrorene* Meer in uns (Kafka). –

Die Sprache die ich *in mir selbst* spreche, ist nicht von meiner Zeit; sie ist ihrer Natur nach dem Ideologieverdacht ausgesetzt; gegen ihn muß ich also kämpfen (Barthes). –

Nicht: vieles zu kennen, aber: vieles miteinander in *Berührung* zu bringen, ist eine Vorstufe des Schöpferischen (Hofmannsthal). –

Text heißt *Gewebe;* aber während man dieses Gewebe bisher immer als ein Produkt, einen fertigen Schleier aufgefaßt hat, ... betonen wir jetzt bei dem Gewebe die generative Vorstellung, daß der Text durch ein ständiges Flechten entsteht und sich selbst bearbeitet... (Barthes) –

Soviele Seelen kommen nicht von der Stelle, weil ihre Frömmigkeit vornehmlich darin besteht, mit Christus von sich selbst zu sprechen, was dasselbe ist, wie von sich selbst zu sich zu sprechen. Zu Christus jedoch muß man gehen, damit er von sich zu uns spreche (Peyriguere).

Wenn der Geist heiligt, ist jedes ächte Buch Bibel (Novalis).

RUDOLF BOHREN

PREDIGTLEHRE

6. Auflage

Redner Stöckel
Aachen, 1996

Chr. Kaiser
Gütersloher
Verlagshaus

Die Deutsche Bibliothek – CIP-Einheitsaufnahme

Bohren, Rudolf:
Predigtlehre / Rudolf Bohren. – 6. Aufl. – Gütersloh : Kaiser ;
Gütersloh : Gütersloher Verl.-Haus, 1993
ISBN 3-579-02060-9

ISBN 3-579-02060-9
6. Auflage, 1993
© Chr. Kaiser/Gütersloher Verlagshaus, Gütersloh 1980

Umschlag von Ingeborg Geith & Willem Weijers
Gesamtherstellung: Buch- und Offsetdruckerei Wagner GmbH, Nördlingen
Printed in Germany

denen
die
predigen
werden

VORWORT

Daß das Schweigen um Gott gebrochen werde, und er selbst sein Schweigen breche, ist das A und das O aller Predigtprobleme und -nöte der Gegenwart; die Predigt verfehlt alles und verfehlt sich am Menschen, wenn sie Gott verfehlt. – Eine Predigtlehre wird nicht so vermessen sein, ein Schweigen brechen zu wollen, an dem die Zeit leidet. Sie sollte aber den Weg durch dieses Schweigen hindurch markieren, bis hin zu jener Grenze, an der das Wort geschieht. So liegt das Ziel und der Zweck dieser Predigtlehre außerhalb ihrer selbst.

Eine der überraschenden Entdeckungen während der Arbeit an diesem Buch war: eine ungepredigte Bibel! Das Schweigen um Gott dehnt sich aus im Verschweigen von Texten, im Verschieben von Akzenten der Botschaft, im Verdrängen des Unbequemen so gut wie im voreiligen Öffnen der Heiligen Schrift, in einem gedankenlosen Festhalten am Buchstaben und dem sattsam bekannten Zerreden der Texte. Ungepredigte Bibel läßt das Buch verschlossen, sie verschweigt. Wird Schweigen gebrochen, kommt es zu einem Reden und Hören. Eine Predigtlehre müßte helfen, der Bibel die Welt und der Welt die Bibel zu öffnen. So sucht sie nach einem neuen theologischen Ansatz für das Predigen, indem sie auf den verweist, der öffnet und eröffnet, auf den kommenden Geist. Sie erteilt dem Laien das Wort und müht sich, auf den zu hören, der vielleicht nicht das Bleibende stiftet, aber als Schriftsteller sich gegen den Schatten stellt, den das Schweigen auf die Welt wirft.

Soll Gott sein Schweigen brechen, muß die Christenheit unter sich ins Gespräch kommen. Die ökumenische Dimension wurde mir – im Bedenken der Lehre vom Heiligen Geist für das Predigen – zunehmend wichtig. Ich habe versucht, so gut es ging, auch die katholische Homiletik heranzuziehen. Den ursprünglichen Plan, die Arbeiten des englischen Sprachraumes nutzbar zu machen, wurde – mit andern guten Vorsätzen – aus Kräfte- und Zeitgründen wieder fallen gelassen. Es schien mir ein Gebot der Stunde, nicht so sehr eine Zusammenfassung aller homiletischen Erkenntnisse zu bieten, als vielmehr für eine Zeit des Übergangs kritisch für das Überkommene wie für das Neue, Kommende zu plädieren, auf die Gefahr hin, daß ein solches Plädoyer den einen zu altväterisch, den andern zu fortschrittlich erscheinen will.

Ich möchte dabei mein Buch ebenso für Katholiken wie für Prediger der Freikirchen geschrieben haben, vor allem für Laien, die zunehmend als Prediger gebraucht werden, nicht zu reden von des Glaubens Genossen! Auch wünschte ich mir Leser, die eine andere theologische Sprache sprechen und statt Ärger Gewinn an dem Buche haben. Dazu einen Lesehinweis: Jeder Paragraph sollte in sich verständlich und klar sein.

Allerdings ist das Buch theologisch ein Ganzes und jede einzelne Aussage will im Zusammenhang des Ganzen bedacht sein. – Ein besonderes Problem bildeten für mich die jeweiligen Literaturangaben, schwierig besonders deshalb, weil fast in jedem Paragraphen ein Grenzgang zu unternehmen war. Die angegebenen Titel signalisieren zu einem Teil eine ausdrückliche oder stillschweigende Benutzung im Text, zu einem andern Teil sind sie als Hinweise für den Studierenden gedacht.

Der Rest ist Dank: Zuerst den Schweizer Gemeinden Holderbank (Aargau) und Arlesheim, in denen das Predigen Freude machte. Ich denke, daß manche Predigterfahrung aus diesen Gemeinden im Buch fruchtbar geworden ist. – Dann den Predigern und Studenten, die immer wieder nach der Predigtlehre fragten. – Den früheren und gegenwärtigen Wuppertaler Kollegen, die mir gute und hilfreiche Weggenossen waren. Jürgen Moltmann und Georg Eichholz seien hier besonders und stellvertretend für andere genannt. – Den Fachgenossen, die mich beraten haben, gilt ein besonderer Dank. – Als ich nach langer Vorarbeit im Wintersemester 1965/66 mit der Niederschrift des Buches begann, war Tsuneaki Kato aus Japan in Wuppertal, begleitete meine Arbeit Woche um Woche mit kritischen Kommentaren und brachte mir die Lage der jungen Kirche nahe. – Manfred Josuttis verdanke ich manche Anregung. Er unterzog sich der Mühe, die erste Niederschrift zu lesen, um sie kritisch mit mir durchzugehen. – Eine erneute Überarbeitung brachte die Zusammenarbeit mit dem Schriftsteller Gerhard Debus. Beglückend war die Erfahrung, daß ein Mensch die Arbeit eines andern zu seiner Sache machte und auf diese Weise – von andern theologischen Voraussetzungen herkommend – zum Anwalt des hier vorliegenden theologischen Ansatzes gegenüber dem Autor wurde. Auch sind ganze Passagen in Zusammenarbeit mit ihm entstanden. – Die Assistenten Helmut Demmer, Udo Grub und Erich-Walter Pollmann überprüften die Zitate, der letztere machte das Manuskript druckfertig. – Kati Hübner half bei der Vollendung des Werkes und verfaßte die Register.

Last not least noch einmal die Gemeinde: Jean Bonnard, Arlesheim, leistete einen großzügigen Zuschuß für die Herausgabe, der zu einer wesentlichen Verbilligung des Buches führte. Ich nenne seinen Namen mit Verehrung, auch für die Presbyter, die durch ihren Beistand, durch ihr Hören, ihren Zuspruch oder Widerspruch meine Predigtlehrer wurden.

Ohne die Hilfe vieler Helfer wäre das Buch wohl nie zustande gekommen. Sie sind mir ein für den Studenten und den Prediger verheißungsvolles Zeichen.

Wuppertal, Pfingsten 1971   Rudolf Bohren

INHALT

ERSTER TEIL: ANLÄUFE

ZWEITER TEIL: DAS WOHER DER PREDIGT

VIERTER TEIL: DER PREDIGER

FÜNFTER TEIL: DER HÖRER

ABKÜRZUNGEN

ATP   Alttestamentliche Predigten, hg. v. Hans-Joachim Kraus und Hans Walter Wolff, 1954ff

Cath(M) Catholica

CV   Communio viatorum

EPM   Evangelische Predigtmeditationen (DDR)

FS   Festschrift

HdV   Handbuch der Verkündigung, hg. v. Bruno Dreher / Norbert Greinacher / Ferdinand Klostermann, 1970

HPth   Handbuch der Pastoraltheologie. Praktische Theologie der Kirche in ihrer Gegenwart, hg. v. Franz Xaver Arnold / Karl Rahner / Viktor Schurr / Leonhard M. Weber, 1964ff

HthGb   Handbuch theologischer Grundbegriffe, hg. v. Heinrich Fries, 1962f

JLH   Jahrbuch für Liturgik und Hymnologie

KBRS   Kirchenblatt für die reformierte Schweiz

KiZ   Kirche in der Zeit, 1964–1967

LM   Lutherische Monatshefte

LR   Lutherische Rundschau

LuJ   Luther-Jahrbuch (Jahrbuch der Luther-Gesellschaft)

PIG   Predigt im Gespräch, hg. v. Rudolf Bohren und Hans-Georg Geyer, 1967ff

PSt   Predigtstudien, hg. v. Ernst Lange, 1968/69ff

PTh   Pastoraltheologie (vormals MPTh)

RKZ   Reformierte Kirchenzeitung

SM   Sacramentum Mundi. Theologisches Lexikon für die Praxis, hg. v. Karl Rahner u. a., 1967ff

ThR   Theologische Rundschau

VuF   Verkündigung und Forschung. Beihefte zu Evangelische Theologie

WdF   Wege der Forschung

WPKG   Wissenschaft und Praxis in Kirche und Gesellschaft (vormals PTh)

Andere Abkürzungen nach »Die Religion in Geschichte und Gegenwart«, 1957ff[3] (RGG). – Die am Anfang eines Paragraphen oder im Text genannten Werke werden mit dem Verfassernamen und der Seitenzahl zitiert.

Im Blick auf Nichttheologen werden die meisten fremdsprachlichen Begriffe und Zitate entweder im Text umschrieben oder in einer Klammer übersetzt.

Erster Teil
ANLÄUFE

Angesichts der heute herrschenden Müdigkeit auf der Kanzel plädiert der Verfasser für das Predigen aus Leidenschaft. Das Wort der Predigt – Wort Gottes, Menschenwort, Wort für Menschen in einem – wird zunächst als das Wort eines bestimmten Menschen gehört. Diese Predigtlehre beginnt damit, daß der Predigtlehrer sich selbst vorstellt als leidenschaftlicher Prediger.

§ 1

PREDIGEN ALS LEIDENSCHAFT

Vier Dinge tue ich leidenschaftlich gern: das Aquarellmalen, das Skilaufen, das Bäumefällen und das Predigen. Eine Leidenschaft empfindet man als schön, beglückend, sie eröffnet Seligkeit: ein weißes Blatt, ein Pinsel und Farben, Farben vor allem, eine neue Welt entsteht, und man ist dabei. – Ein Steilhang, Pulverschnee. Von den Brettern getragen scheint man die Schwerkraft zu verlieren, man fährt und fährt, Herr über Raum und Zeit, frei von aller Erde und doch mitten drin, stiebend im Schnee. – Ein stolzer Baum, Widerstand leistend, ein kleiner Schlachtplan wird erforderlich, ihn anzugehen, List und dann vor allem Zähigkeit; denn der Bursche kann sich wehren, es wird Augenblicke geben, wo er unbesieglich scheint, bis sein Stolz krachend niedergeht. – Das Malen, Skilaufen, Bäumefällen meine Leidenschaft – auch das Predigen. Die Seligkeit, die es eröffnet, ist nicht zu beschreiben: Die drei genannten Tätigkeiten gelten mir als Metaphern für das Predigen. Ein Malen besonderer Art, eine Fahrt – das Neue Testament spricht von einem »Weg« – ein Fällen zwar nicht von Bäumen, sondern ein Zerstören von jedem hohen Bau wider die Erkenntnis Gottes, geht es doch um eine neue Welt, um Freiheit, um Kampf und Sieg. Darum ist Predigen schön. Die Predigt kann zwar mißraten wie das Aquarell, man kann beim Predigen fallen wie beim Skifahren, müde werden und verzweifeln wie der Stadtmensch beim Bäumefällen, aber es bleibt dabei: Predigen ist schön, es macht *Freude*. Das ist das erste, was in einer Predigtlehre zu lehren ist. Punkt eins im Paragraph eins lautet: Predigtlehre ist Lehre zur Freude; Anleitung zur Predigt, Anleitung zur Freude; das Predigen soll in die Freude führen! In der Freude kommt die Rede von Gott zu ihrem Ziel. Freude bildet jenen zartesten Beweis Gottes, den Theologen oft deshalb grämlich verachten, weil er die Gedanken nicht vergewaltigt, sondern mitnimmt (vgl. u. a. § 21/II/1). Mit Bedacht stelle ich meine Hobbys an den Anfang und in eine Linie mit dem Predigen; schließlich ist Predigen eine Freizeitbeschäftigung, anders als Bäumefällen, eine Sonntagsarbeit, sie soll Freude machen! »Mitarbeiter der Freude« nennt der Apostel die Evangeliumsboten. Eine Predigt vorbereiten heißt dann, Freude vorbereiten, und hier kann man nicht sauertöpfisch oder halb, sondern nur gern und ganz und also leidenschaftlich dabei sein, und damit ist man schon selbst hineingezogen in die kommende Freude.

Stände unser Arbeiten nicht unter der Entfremdung, unter dem adamitischen Fluch, wäre wohl alle Arbeit Freizeitbeschäftigung und hineingestellt in den Horizont der Freude, ihr dienend. Die Predigtarbeit könnte dann beispielhaft sein für alles menschliche Arbeiten. Die in der Predigtarbeit schlummernde Möglichkeit offenbart ihr Wesen. Wer sich um die Predigt müht, gehört zur Avantgarde der Arbeit. Der Prediger ist grundsätzlich Vor-Arbeiter. Er soll etwas tun, wozu alle Arbeit sinnvoller- und eigentlicherweise bestimmt ist: Hilfe zu sein für die Freude auf Erden. In dieser Hinsicht hat das Predigen spielerischen Charakter, nicht daß damit der alleinige Grundzug aller Predigt genannt wäre, nur ist dieser Zug nicht zu übersehen. Es ist kaum ein Zufall, daß der 119. Psalm, der vor allem Gottes Wort lobt und besingt, im Urtext ein Spiel mit Buchstaben darstellt. Offenbar ist das Spielerische die rechte Art und Weise für den Psalmisten, vom Worte Gottes zu reden (das Spielerische, nicht das Verspielte!). Auch dies wird nicht zufällig und für unser Predigen bedeutungslos sein, daß die hervorstechendste Redeform der Evangelien eine spielerische Gestalt hat: »Das Gleichnis als Spiel« (Georg Eichholz). Demnach wäre das Predigen ein *heiliges Spiel* mit Worten, nicht ein Sakralspiel, eher ein Kinderspiel, ein Spiel der »Kindlein«, die reden lernen! Ich meine, daß viele Prediger diesen Umstand zu leicht vergessen und deshalb ihres Tuns so unfroh werden. Vergißt der Prediger, daß er ein homo ludens (ein spielerischer Mensch) ist, wird er leicht zum Tragiker auf der Kanzel in der Drapierung des Propheten oder aber, was fast noch schlimmer und leider verbreiteter ist, zum – Langweiler!

Zum Begriff des Spiels: *Robert Leuenberger,* Wahrheit und Spiel. Zur Frage der Zukunft des evangelischen Gottesdienstes, ZThK 67, 1970, 250 ff. – *Gerhard M. Martin,* »Wir wollen hier auf Erden schon . . .«. Das Recht auf Glück, 1970. – *Jürgen Moltmann,* Die ersten Freigelassenen der Schöpfung. Versuche über die Freude an der Freiheit und das Wohlgefallen am Spiel, 1971.

Man mißverstehe mich nicht: Spiel heißt nicht Unernst, nicht Schludrigkeit. Der würde der Predigt übel mitspielen, der also spielte; er wäre ein Falschspieler. Spiel heißt hier nicht, halbherzig, sondern leidenschaftlich gern dabei sein, nicht, am Ernst der Sache zweifeln, wohl aber wissen, daß wir Menschen sind und nicht Gott. Den Prediger als homo ludens bezeichnen, das will sagen: er kann nicht »machen«, was die Predigt leisten soll. In unserem aufgeklärten und die Mündigkeit stetsfort preisenden Zeitalter wird es nötig sein, gerade diesen Zug von allem Anfang an zu unterstreichen, nicht um zu kindischem Reden zu ermutigen, im Gegenteil: Predigen als heiliges Spiel wäre ein Predigen in der Weisheit, die – nach Spr 8,30 – lauter Entzücken war Tag für Tag und vor ihm spielte allezeit. Möglich ist immerhin, daß dieses Spiel der Weisheit den Weisen der Welt unverständlich bleibt!

Sagt nun einer, er predige leidenschaftlich gern, so mag man ihm im besten Falle vorhalten, das sei sein glückliches Temperament, und im schlechtesten, er sei ein Schwärmer, der sich an seinem eigenen Tun berausche. – Beide Vorwürfe mögen je und je ihr Recht haben; was ich aber an mir selber zu exemplifizieren versuchte, möchte als gültige Aussage gelten, auch wenn das Exempel noch so fragwürdig ist: Nach Ps 107,22 sollen die Erretteten seine Werke mit Frohlocken erzählen. Und wenn die Predigt von Gott redet, dann doch von dem Gott, zu dem sich der Psalmist bekennt: »Es gibt für mich kein Glück außer dir« (16,2). Der 119. Psalm wird nicht müde zu betonen, wie sehr die Gebote Lust sind: »Deine Vorschriften sind mein ewiges Erbe; denn sie sind meines Herzens Wonne« (111). Jeremia erinnert sich in der Anfechtung an die Freude des Wortes: »Stellte dein Wort sich ein, so verschlang ich's; zur Wonne ward mir dein Wort. Zur Freude meines Herzens ward es mir, daß ich deinen Namen trage, Herr, Gott der Heerscharen« (15,16). Offenbar war ihm der Wortempfang eine Empfängnis der Freude! Die Freude am Predigen, das »leidenschaftlich gern« ist nicht in der Person des Predigers zu suchen, sondern im Worte selbst, das ein Wort der Freude ist. So gibt auch der johanneische Christus als Ziel seiner Rede die Freude an: »Dies habe ich zu euch geredet, damit meine Freude in euch sei und eure Freude vollkommen werde« (15,11). Hört der Prediger im Hören auf die Schrift Christus selbst, hört er sich in die vollkommene Freude hinein. Der freudlose Prediger hat möglicherweise noch gar nicht gehört. Freude ist ein Hör-Erfolg, dies nicht nur, weil wir Diener der Freude sind, sondern weil unser Geschäft selbst ein Freudengeschäft und das Wort, mit dem wir arbeiten, ein Freudenbringer ist. Der Dienst am Wort bringt Freude, Freude, vor der alle Hobby-Freuden verblassen.

Zur Freude am Predigen gehört das *Wagnis*. Eine Predigt ist ein gewagtes Unternehmen, dessen Tollkühnheit nicht durch Gewöhnung und Verharmlosung verdeckt werden sollte. Definierten wir das Predigen als heiliges Spiel, müßten wir jetzt hinzufügen, daß wir bei diesem Spiel unser Leben einsetzen, auch wenn wir unsere Predigten amtsstüblerisch verfertigen wie Bürolisten ein Protokoll. Immer geht es um Leben und Tod.

Henri Matisse meinte einmal, daß er bei jedem Bild, das er malte, sein Leben gewagt habe. Auch wenn man verrechnet, daß Künstler gerne übertreiben, kann man nicht bestreiten, daß hier einer alles auf sich nimmt und alles einsetzt, um ein Bild zu malen. Wie viel mehr wird der Prediger einsetzen müssen, geht es doch nicht um Linien, Flächen und

Farben, sondern um den Gott, der ein verzehrendes Feuer ist, dessen Kommen und dessen Gegenwart wir ansagen; dann aber wird es nicht ohne Brand gehen. Nicht Feuerwehrleute, sondern Brandstifter sollen wir sein. Nicht Feuerwerker, sondern Feuerwerfer, wie der, der kam, ein Feuer zu werfen. Gefahr ist unser Beruf; denn wer will sich hier sichern vor dem geworfenen Feuer? – Das Wagnis hat noch einen andern Aspekt: Mit jeder Predigt setzt einer zu einer Steilfahrt an, ganz oben an einem Hang, den er noch nicht völlig überschaut, ein Abgrund kann sich plötzlich auftun, der Hang in Felsen auslaufen statt in sanften Mulden. Wer predigt, fährt ins Unbekannte, auch wenn er um das Ziel weiß.

Zum Wagnis des Predigens gehört weiterhin, daß die Kondition des Fahrers hier immerzu mangelhaft bleibt. Ein Rennfahrer beherrscht seine Hänge, weiß, wie die Gewichte zu verteilen sind. Auch wenn es letzte Unsicherheitsfaktoren gibt, kann er seiner Sache sicher sein, vielleicht nicht des Sieges, vermutlich aber der guten Fahrt. Ein Prediger sollte des Sieges, nicht seiner Stehkraft, sicher sein. Beim Malen, Skilaufen, Bäumefällen weiß ich, was ich kann und was ich nicht kann, ich weiß, was ich mir zutrauen darf und was nicht; ich kenne meine Grenzen. Auch beim Predigen muß ich um meine Grenzen wissen, nur nützt mir dies wenig, denn hier überschreite ich von Anfang an meine Grenzen. Innerhalb meiner Grenzen kann ich hier nur von Götzen und von Gottesgedanken sprechen, die den wirklichen Gott verfehlen. Wer predigt, überschreitet in einem fort seine Grenzen; er tut, was er nicht kann, wagt, was er nicht wagen darf: Feuer zu werfen, zu sagen – »Gott«. Dies wagen, was man nicht kann, heißt dann aber in diesem Nichtkönnen wagen und im Wagen »können«. Sonst wäre ein Lehrbuch der Predigt Unsinn, und die Homiletik wäre zu ersetzen durch einen Kursus für Zungenrede, was wohl wiederum eine Unmöglichkeit wäre. Eine Predigtlehre müßte also ein Buch sein, das Mut macht, eine Anleitung zum rechten Wagnis, aus dem dann die Freude wächst. Dieses Wagnis aber soll nicht ein blindes sein; Erkundigung vorher gehört dazu!

Erkundigung wird nötig sein, soll das Wagnis ins Gelingen und nicht ins Scheitern führen. Vom Leidenschaftlich-gern-Predigen war die Rede. Die Wendung »leidenschaftlich gern« bezeichnet ein Paradox, denn »leidenschaftlich«, »Leidenschaft« hat mit *Leiden* zu tun. Wir haben bis jetzt eine Seite betont, nun gilt es die andere zu sehen.

Erhart Kästner bemerkt: »... *Leidenschaft* ist wie Freundschaft, Feindschaft und Kindschaft ein Zustand. Im Stande des Leidens befindlich: ein Schicksal. Das will wie Passion gehört sein: Leidensweg, den ich gehe. In Leidenschaft sein, also leiden. Leidenschaft, in die ich wie in eine Gefangenschaft eintrat. Zu leiden im Stand sein. Dies Wort ist das eigentliche Passivum. Wir aber, Handlungstolle, haben aus ihm ein Überaktivum gemacht; das ist eine Deklination ins Verrückte« (Die Lerchenschule, 1964, 188).

Ich habe offenbar ins Verrückte dekliniert, versuchte mich aber zu korrigieren, indem ich sagte »Feiertagsarbeit«. Jetzt sind die Vokabeln

»Spiel« und »Wagnis« zu ergänzen durch die Vokabeln »leiden«, »Passion«: Sie gehören zum »leidenschaftlich gern«, sind dessen ständige Begleiter, Vorläufer oder Nachläufer. Wer leidenschaftlich gern predigt, nimmt das Leiden in Kauf, es sei denn, die Leidenschaft wäre bloße Temperamentssache. Die Echtheit der Leidenschaft wird sich an der Duldung dieses ständigen Begleiters erweisen.

Zur vorherigen Erkundigung gehört der Versuch, den Schmerz abzuschätzen, mit dem es hier zu bezahlen gilt. Nicht daß genaue Vorausberechnungen möglich wären, sonst wäre das Wagnis kalkulierbar und hörte damit auf, Wagnis zu sein. Schätzungen aber werden notwendig, damit uns der Zustand nicht überrascht und wir in ihm erstarren. Auch wäre unsere Rede, es gehe hier um ein Spiel auf Leben und Tod, nichts als eine Phrase, wenn das Leiden verschwiegen würde.

Eine Predigtlehre sollte dazu anleiten, wie man sich in der Gefangenschaft des 'Wortes zu verhalten hat, was es heißt, »zu leiden im Stand sein«, denn nur so kann dem Punkt eins der Predigtlehre Genüge getan werden, daß sie zur Freude anleitet, nur so, daß das Leiden nicht unterschlagen wird: »Vom welt-durchkränkten Geist wird Gott nur recht erhoben« (Catharina Regina von Greiffenberg).

Bevor ich über die ersten Sätze meiner Vorerwägungen hinausgehe, noch eine Bemerkung zu dem Eingeständnis, mit dem ich begann: Wenn ich auch leidenschaftlich gern male oder Ski laufe oder Bäume fälle, kann ich das alles auch lassen. Sind keine schlagreifen Bäume da, gibt's nichts zu fällen; fällt kein Schnee, geh ich spazieren, und das Malen wartet bis zu den nächsten Sommerferien. Es wirkt ein wenig angeberisch, das gebe ich zu, von diesen Dingen zu reden. Allzu pathetisch wäre es aber, würde ich sagen: Meine Hobbies kann ich lassen, das Predigen kann ich nicht lassen. Vorsichtigerweise will ich nur sagen: Bis heute habe ich nicht aufgehört, es zu tun, obwohl ich nicht mehr bestallter Prediger bin. Wenn jedoch einer der ersten Prediger uns sagt: »Wehe mir, wenn ich das Evangelium nicht predige!« (1Kor 9,16), dann hat er dies uns, den Predigern, vorgesagt, allen Predigern, dann habe ich die Predigtlehre im Nachbuchstabieren dieses Vorgesagten zu schreiben. Wenn mir diese Übertreibung erlaubt ist: Zur Vorbereitung meiner nächsten Predigt schreibe ich eine Predigtlehre. Mit weniger Übertreibung: Ich möchte und muß predigen lernen, darum will ich eine Homiletik schreiben. Aus dem Predigt-Zwang ergibt sich die Notwendigkeit der Predigtlehre.

Zum »leidenschaftlich gern«, zur Freude und zum Leiden an der Predigt gehört das Bewußtsein, hier immer Lehrling zu bleiben und Anfänger. Nur der Dummkopf hat ausgelernt, und nur der Eitle steht nicht immer wieder am Anfang. Das Wort will immer neu gehört, immer von neuem gesagt werden. Jede Predigtsituation stellt mich je neu vor das Wagnis, bei dem es um Leben und Tod geht. Deshalb schenkt das Predigen mit jeder Predigt die Gunst des Neuanfanges. Diese Gunst ergreifen, Lehrling bleiben, sie bedenken, heißt eine Predigtlehre entwerfen und – studieren!

Aber nun schreibe ich dieses Buch nicht nur als Prediger, sondern auch als *Predigthörer*. Fatalerweise wird hier ein weiteres Geständnis fällig: Kann ich sagen, daß ich leidenschaftlich gern predige, so kann ich – und das ist genierlich genug – nicht im gleichen Atemzug sagen, daß ich gern, leidenschaftlich gern Predigten höre. Eine doppelte Peinlichkeit hindert mich daran:

Einmal gehört es zur menschlichen Eitelkeit und Torheit, daß man lieber redet als hört. Ansonsten wäre der Weisheitsspruch aus dem Jakobusbrief unnötig: »Es sei aber jeder Mensch schnell zum Hören, langsam zum Reden, langsam zum Zorn« (1,19). Es gab Ausleger, die diesen Spruch auf das Hören des Wortes Gottes und auf das Lehren deuten wollten. Sollten sie sich dabei im Wortsinn geirrt haben, würde ihr Irren nur die tiefe Einsicht dokumentieren, die sie offenbar in die Gefährdung des Predigers hatten. – Wenn aber unser Weisheitsspruch eine allgemeine Weisheit artikuliert, dann ist der Prediger in der Regel keineswegs ein Übermensch, der für sein Predigen einer Empfehlung nicht bedürfte, die jedermann gilt! Der Mensch hat die Mahnung zum schnellen Hören und langsamen Reden nötig – auch als Prediger.

Eitelkeit und Torheit reden lieber, als daß sie hören. Möglicherweise manifestiert dieser Umstand die Ursünde des Sein-Wollens-wie-Gott: Weil Gott das Wort war, möchte ich selber Wort sein, das erste und letzte Wort haben, wie eben auch der Pfarrer im Gottesdienst das erste und letzte Wort hat. Sein-wollen wie Gott, Wort-sein statt Mensch-sein-wollen und hören! Hier liegt wohl der letzte Grund dafür, daß wir lieber in der Wirksamkeit stehen als im Empfangen.

Auch unterschätzen wir die Schwierigkeiten des Hörens, des Predigthörens. Als ob das Predigthören leichter wäre und ungefährlicher als das Predigen! Als ob das Hören kein Wagnis wäre und nur der Redner es mit dem Gott zu tun hätte, der ein verzehrendes Feuer ist. Auch das Hören ist Steilfahrt, auch der Hörer kennt den Hang nicht, noch die verborgenen Abgründe. Auch hier kann man fallen, stürzen, das Rückgrat brechen. Ist das Hören nicht weniger Wagnis als das Predigen, müßte das Wagnis des Hörens doch auch und gerade zum »leidenschaftlich gern« führen, es müßte schön sein, Seligkeiten eröffnen, wenn man Predigten zu hören bekommt. Der Gang zur Predigt müßte ein Gang ins Heitere sein, ein Weg in die Freude. Und der Predigt-Gang ist ein Gang in die Freude, ins Heitere, in eröffnete Seligkeiten.

Aber – und das ist nun die andere Peinlichkeit, die hier nicht zu verschweigen ist – was ich an Predigten höre, ist meist unerfreulich. Selten wird so wortreich an mir vorbeigeredet wie in Predigten. Schwermutsschwaden, allerlei Zeitanalyse und Weisheit dieser Welt (ach, wenn es nur Weisheit wäre!), kombiniert mit Christentum, sehe ich so oft von der Kanzel wie Nebel aufsteigen, der sich auf die Gemeinde legt, ihr das Sonnenlicht verdunkelt, wo doch Aufheiterung nötig wäre. Seligkeiten werden nicht eröffnet. Unter solchen Wortfluten dauert mich jeweils meine Schlaflosigkeit, und ich beneide dann jenen charismatischen Oberkirchenrat, von dem die Sage geht, er habe bei langweiligen Reden offenen Auges schlafen können.

Freilich kenne ich im homiletischen Nebelland auch Lichtpunkte, Inseln der Sonne: Ein Exeget legt den Text aus, und dieser wird für uns heute lebendig, er spricht. Einmal ist es ein Dorfpfarrer, ein andermal ein weltberühmter Systematiker, der die Lehre der Bibel entfaltet, und man ist hineingenommen ins Paradies: So konnte Luther etwa die Vision des Stephanus mit dem Predigtgeschehen zusammenbringen (WA 46, 712)! Im alltäglichen Lehrgeschehen der Kirche öffnet sich der Himmel: »Gott ist gegenwärtig«, da ist das Paradies offen, da brennt jenes Feuer, das Liebe ist! Wenn der unbeholfene Hörer nach einem Gottesdienst von einer »schönen« Predigt spricht, braucht das nicht Schönrednerei des Predigers und mangelndes Urteil des Hörers zu signalisieren, dann kann dies durchaus Hinweis sein darauf, daß hier die Pforte zum Paradies aufgetan war und etwas hereinbrach von der Schönheit und vom Glanz dessen, dem einmal ein neues Lied zu singen ist, und um deswillen der Theologie pulchritudo (Schönheit) eignet. Wie sollte es da nicht zu einer »schönen Predigt« kommen, zu Predigten, die den Hörer mitnehmen ins Lob. Wo das Paradies sich auftut in der Lehre, da kann ja nichts anderes sein als Lob. Wie sollte man da nicht gern zuhören! Es könnte sich etwa ein Spürlein von dem wiederholen, was Markus von dem im Tempel lehrenden Jesus berichtet: »Und die große Menge hörte ihn gern« (12,37). Die Passion ist gerade dann nicht weit.

Das Leiden des Predigers, seine Passion »Predigt« bleibt zunächst eine verborgene. Die wahre Schönheit der Predigt gleicht dem Gesicht dessen, der fastet und sein Gesicht salbt. Aus dem Leiden heraus wird sie glänzend, bekommt sie einen »großen Glanz aus Innen«. Nichts gegen den Glanz der Rhetorik, nur ist die Schönheit der Predigt von anderer Qualität, wenn sie nicht einen falschen Schein gibt.

Der größte Jammer pflegt mich bei Predigern zu überfallen, die reden können. – Andererseits vergesse ich nie eine Predigt eines Kandidaten im homiletischen Seminar bei *Albert Schädelin:* Der Mann stotterte, blieb stecken, formal völlig ungenügend, aber da war Licht, Licht. Man merkte, der ist mit dem Text nicht fertig geworden, und sein Nicht-predigen-Können bringt den Text zur Sprache. Einen solchen Prediger werde ich gern hören, auch wenn er mir das Hören nicht eben leicht macht. Wenn ich ihm aber trotzdem meine Predigtlehre als Hörerwunsch auf den Tisch lege, möchte sie ihm helfen, den Willigen das Hören zu erleichtern.

Aus der negativen und erst recht aus der positiven Hörererfahrung heraus möchte ich ein Buch schreiben im Warten auf die Predigt.

Ich warte auf die Predigt, weil ich sie brauche, weil ich es in meinem

Übereifer und in meiner Torheit nötig habe, hineingezogen zu werden in das Spiel, das zu Gottes Wohlgefallen gespielt wird, ins Spiel der Weisheit und der Kinder. Ich warte auf die Predigt, die eine Musik der Heimkehr intoniert und mit den Verlorenen anfängt, fröhlich zu sein. Ich warte auf die Predigt, die mich leben lehrt.

So berichtet *Martin Fischer:* »Es gehörte zu den erschütterndsten Erlebnissen, wenn *Julius Schniewind* in Kolleg oder Bibelstunde klagend, zürnend und beschwörend erzählte, er suche in Halle nach einer Predigt, die ihm die Rechtfertigung des gottlosen und verlorenen Schniewind predige, und fände sie nicht. Ob denn gar keiner da wäre, der ihm das zu predigen wisse; er habe den Eindruck, die Pastoren verstünden gar nicht, was ihn ängste; ihnen schiene gar nicht um ihre eigene und seine Seligkeit bange zu sein« (Überlegungen, 1963, 23f).

Wenn unsere Predigt viel Nebel und Gewölk produziert und wenig Helligkeit und Licht verbreitet, mag dies auch damit zusammenhängen, daß viele Prediger die Ängste Schniewinds geflissentlich übersehen, meinend vielleicht, wir würden jetzt in Zeiten leben, in denen solche Ängste ausgestanden wären. Demgegenüber wäre immerhin zu fragen, ob die schleichende Schwermut in Kirche und Welt nicht davon herkomme, daß man die Angst Schniewinds verdrängt hat. Sicherlich haben wir heute andere Ängste, und was für welche! Es könnte sein, daß sie in der Urangst dessen wurzeln, der sich von Gott distanziert hat, seine Gottferne aber nicht aushält. Lassen wir es vorläufig bei einer solchen Vermutung. Präziser kann ich sagen: Ich schreibe dieses Buch, weil mir Vorträge über Vergebung und Aufrufe zu irgendwelchen Entscheidungen nicht helfen, sondern nur das Urteil selbst, nur das Urteil, in dem der, in dessen Namen es gesprochen wird, da ist. Ich warte auf Predigt, die ein Wunder ist, weil der, von dem die Rede ist, sich in das Reden über ihn einmischt, selbst das Wort ergreift, so daß nicht nur über Gott und seinen Freispruch geredet wird, sondern sein Wort geschieht, sein Freispruch freimacht.

Vielleicht darf ich auch sagen: Ich warte auf die Predigt, in der der Sprecher selbst mir zum Wunder wird, indem einer sich selbst wagt. Die Sonntagsreden von Religionsbeamten machen mich gähnen, wenn sie mir auch den Schlaf nicht bringen. So warte ich auf eine Predigt, in der einer sein Leben wagt, um Leben zu retten. Die meisten Prediger sind wohl darum wortreich, weil sie zutiefst mutlos sind, und sie sind mutlos, weil sie reden, ohne gehört zu haben. So warte ich auf die Predigt, die *Wunder ist und Wunder wird* für Prediger und Hörer (vgl. §§ 3/II, 19), damit sich am Mann auf der Kanzel und an seinen Zuhörern erfülle, was Nelly Sachs von Israel singt: »Israel,/ Zenit der Sehnsucht,/ gehäuft über deinem Haupte/ ist das Wunder wie Gewitter,/ entlädt sich im Schmerzgebirge deiner Zeit.« – Und nun will ich ein Buch schreiben, damit solches geschehe?

Gewiß, genau das ist versprochen. Und es soll geschehen. Der Prediger soll dem Versprochenen dienen, soll auf das Wunder zugehen; es

soll sich entladen wie ein Gewitter, und mein Buch möchte nicht mehr
als Zuruf sein für den Studenten, für den, der oben steht am Hang und
dem das Losfahren bange macht, Zuruf auch für den, der unterwegs ist
und sich in irgendwelchen Müdigkeiten verfuhr. Zuruf im Unterwegs
zum Wunder, das ist wohl nötig, denn Wunder ist das Gegenteil von
Selbstverständlichkeit. Das Wunder verändert die Welt, die Schöpfung,
es verändert den einzelnen und die Gesellschaft. Im Wunder geschieht
Veränderung, das Wunder revolutioniert das Zuständliche und Gegebene, das Wunder ist umstürzend. In ihm geschieht etwas. Dieses Geschehen aber, das das Wunder zum Wunder macht, ist göttlicher Art, unbe-
rechenbar und weckt Verwunderung. Es ist nicht planbar.

Predigtpläne sind möglich; aber auch versprochenes Wunder läßt
sich nicht verplanen. Darum mag alles, was wir über Leidenschaft,
Freude, Wagnis, Spiel, Leiden sagten, zum Wunder gehören, kann es
aber nicht hervorbringen. So haben wir viel Predigt und wenig Wunder,
viel Predigt, die nicht Predigt ist, predigende Häupter, über denen sich
kein Wunder häuft.

Müßte also eine Predigtlehre zum Wundertun anleiten? Dies scheint
die logische Folge unserer Überlegungen. Predigt ist Predigt, wenn sie
ein Wunder ist. Predigtlehre soll dazu anleiten, daß Predigt zur Predigt
werde, die Wunder ist. Also Anleitung zum Wundertun! – Bei solcher
Argumentation bleibt unbedacht, daß wir predigend wagen, was wir
nicht können. Im besten Fall wird eine Predigtlehre Mut zum Wunder
machen, Anleitung geben, das Wunder zu erwarten. »O daß du den
Himmel zerrissest und führest herab« (Jes 64,1). Damit ist schon angedeutet, daß eine Predigtlehre kein Zauberbuch sein kann, das den Diener am Wort in einen eloquenten Prinzen verwandelt!

Nach dem Stichwort »Wunder« folgt hier das Stichwort »*Warten*«.
Gehört zum Wunder das Warten, will es erwartet sein, so gehört hier
das Warten schon ein wenig zum Wunder: Aus vielen Häusern kommen
die Wartenden in ein Haus, bevor die Predigt anfängt. Bevor der Prediger
seine Predigt vorbereitet, bevor ein Student zu studieren anfängt, gibt es
eine Schar, die auf Ansprache wartet. Ich habe mich oft gewundert,
wieviel Aufwand bei Ordinationen und Pfarreinführungen getrieben
wird mit Chor, Musik, Blumen und Reden, ein glorioser Anfang, der oft
so wenig dem entspricht, was dann kommt. Es könnte immerhin ein
Zeichen sein der Erwartung, der Sehnsucht der Gemeinde nach dem
Wort. Predigen ist ein erwartetes Tun, und wer sich zum Predigtdienst
rüstet, soll wissen, daß er erwartet wird, dringend erwartet.

Man könnte den Prediger dadurch vom Lyriker unterscheiden, daß sein Produkt erwartet, indessen das Produkt des Lyrikers unerwartet auf den Markt geworfen wird.
Dazu vgl. *Kurt Marti*, Wie entsteht eine Predigt? Wie entsteht ein Gedicht?, in: Wort
und Gemeinde. Festschrift Eduard Thurneysen, 1968, 183ff. Jetzt auch in: Almanach
3 für Literatur und Theologie, Hg. v. Dorothee Sölle u. a., 1969, 94ff.

Gewiß gibt es auch unbewegliche, verstockte, müde Gemeinden. Wir sollen aber nicht vorschnell unterstellen, daß sie nicht warten! Autoren verschiedener theologischer Prägung stimmen hier überein:

So streitet *Paul Althaus* ab, »daß es an sich eine Predigtmüdigkeit der Gemeinden gibt. Sie warten vielmehr auf eine Predigt in neuen Zungen, aus neuer Geistesmacht. Sie sind vielleicht unserer Predigt müde geworden, aber nicht der Predigt« (Das Wesen des evangelischen Gottesdienstes, 1926, 18). *Otto Haendler* meint, diese Aussage gelte auch heute noch zu Recht (Die Predigt, 1960³, 6). *Manfred Mezger* wundert sich darüber, »daß die Predigthörer von der Predigt ›etwas‹, daß sie so viel, eigentlich alles erwarten« (Die geschichtliche Wahrheit als Vollmacht der Predigt, EvTh 22, 1962, 478). – Auf drei Phänomene sei in diesem Zusammenhang hingewiesen, die einander keineswegs ähnlich sind: In den Studentenunruhen der letzten Zeit sind auch Gottesdienste zu Anlässen artikulierten Protestes geworden. Es könnte sein, daß auch diese Aktionen Ausdruck einer Erwartung signalisieren. – Propheten, die im Namen von sinkenden Besucherzahlen das Ende der Predigt weissagen, dürfte man vielleicht auf den numerischen Erfolg von *Billy Graham* verweisen, der wohl nicht möglich wäre, wenn es nicht latente Hörererwartung gäbe. – Unter dem Ausdruck Hörererwartung ist die *Wendung der katholischen Theologie zur Bibelpredigt* nicht zu subsumieren. Immerhin wäre der erstaunliche Aufbruch zur Predigt in der katholischen Theologie nicht möglich ohne Hörer! – Eine Darstellung dessen, was katholische Christen von der Predigt erwarten: Hörer und Predigt. Ein Tagungsbericht, Hg. Otto Wehner u. Michael Frickel, 1960. – *Elisabeth Plünnecke,* Predigen in Konfrontation, in: Günter Biemer, Die Fremdsprache der Predigt, 1970, 63.

Es wäre schon viel gewonnen, wenn wir bei unserer Predigtarbeit immer wieder damit begönnen, uns darüber zu wundern, daß uns eine Erwartung entgegenschlägt, daß wir als Prediger eben keine freischwebenden und freischaffenden Hobbyisten sind. Sonntagsarbeiter, jawohl, aber solche, auf deren Dienst man wartet. Beginnen wir unsern Dienst mit dem Staunen darüber, daß er gewollt, gewünscht wird, dann mag er im Staunen auch mit Danken geschehen!

Aber nun demonstrieren viele Protestanten mit einem stillen Predigthörstreik, daß sie von dem Männlein oder Fräulein auf der Kanzel nichts, aber auch gar nichts erwarten. Ich bin nicht ganz sicher, ob hier der Schein nicht trügt. In einem letzten Sinne sicherlich. Wenn es wahr ist, daß die Sehnsucht des Geschaffenen auf das Offenbarwerden der Herrlichkeit der Söhne Gottes wartet (Röm 8,19), warten die Enttäuschten und die Satten, die Mündigen und die Unmündigen darauf, daß Prediger und Hörer zum Wunder werden. Ohne es zu wissen, warten sie darauf, daß Predigt Predigt werde. In diesem Sinne warten alle Ohren dieser Welt darauf, daß das Schweigen gebrochen wird in die Freude hinein. So halten auch jene, die in keine Kirche kommen, heimlich ihr Ohr an die Kirchenwand, ob es ein Wort gebe, das den Sprechern und Hörern als Wunder sich erweise. Der Unterschied zwischen dem Warten der Gemeinde und dem Warten der Völker wäre nur der, daß die Gemeinde weiß oder wissen soll, auf wen und auf was sie wartet, daß aber die übrige Kreatur das nicht, noch nicht oder nicht mehr weiß. Warten nicht sogar die Toten auf ein Wort, das sie ins Leben ruft?

Und nun wartet der eine, von dem der Prediger zu reden hat, erst recht auf das Predigen und Hören. In Gottes Warten hinein bereiten wir uns auf die Predigt vor, in sein Warten hinein reden wir, predigen wir, hören wir die Predigt. Unser Predigen ist ein von ihm selbst erwartetes Reden.

Hierin liegt die letzte Nötigung der Predigt, hierin liegt beschlossen, daß Predigen eine Leiden-schaft ist, daß es die Sendung und den Heilandsruf gibt: »Darum gehet hin und machet alle Völker zu Jüngern ...« (Mt 28,19). »Kommet her zu mir alle, die ihr mühselig und beladen seid ...« (Mt 11,28). Beidemal, im Senden und Rufen spricht der Wartende. So ist unser Predigen doppelt umschlossen vom Warten. In dieser Klammer ist Predigen eine Leiden-schaft im doppelten Betracht – Passion endlich auch darin, daß dem Prediger immer wieder der Horizont der Erwartung, in den er hineinspricht, sich verdunkelt, so daß er nicht sieht, wie sehr er allenthalben erwartet wird und vor allem den einen nicht sieht, der ihn am nächsten erwartet. Weil wir im Glauben leben und nicht im Schauen, gibt es kein »leidenschaftlich gern« beim Predigen ohne diese Passion des Nicht-Sehens. Weil aber der, den wir predigen, ein Kommender ist und als Kommender auf unser Predigen wartet, gibt es hier keine Passion ohne Ausgang in die Freude.

Die Verlegenheiten des Predigers und das Unbehagen des Hörers lassen sich auf den Nenner der Sprachlosigkeit bringen. Die Situation des Predigers wird charakterisiert als die Verlegenheit, in der er sich mit Gott, der Welt, der Kirche und sich selbst befindet.

§ 2

VERLEGENHEITEN

Wer meinen ersten Anlauf verstanden hat, hat ihn als erbauliche Rede verstanden. Wer die erbauliche Rede verstanden hat, verstand sie angesichts einer recht unerbaulichen Situation unserer Predigt, die nicht zu verschweigen ist, und der unser zweiter Anlauf gilt.

Bevor eine Predigtlehre versucht, Rat zu geben, muß sie die Ratlosigkeit aufnehmen, in der sich der Prediger befindet. Bevor hier Anleitung gegeben werden kann, muß die Verlegenheit notiert werden, in die gerät, wer sich zum Gang auf die Kanzel rüstet, in die verfällt, wer in diesem Gang auf die Kanzel geübt, gewohnt, vielleicht ermattet und resigniert ist.

Hatte ich als Punkt eins im Paragraphen eins betont, Predigen sei schön und führe in die Freude, so muß diese Behauptung durchgehalten werden angesichts unschöner Empirie, die so viele Prediger in die Freudlosigkeit führt. Jetzt wird ein zweiter Anlauf nötig, der das Predigen als Passion im Heute bedenkt. Verstehen wir das Predigen als Wunder, gibt es beim Predigen als Leidenschaft im Grunde nur ein Leiden, das zählt, und eine Verlegenheit, die uns verlegen macht: Das Wunder wird getan, findet aber nicht statt. Predigten werden gehalten, ohne daß Predigt geschieht. Predigten werden gepredigt, ohne Wunder zu sein. Am nächsten Sonntag ist wieder Predigt, aber gibt es die Wiederkehr des Wunders? Der Prediger sind viele, aber das Wort wird selten. Wie soll man predigen und das Predigen lehren, wenn das große Schweigen den Schall von den Kanzeln her verschluckt? Wie sollen wir predigen, wenn ein echoloser Raum uns gefangen hält? Wie soll Predigt ein Wunder sein, wenn wir in einer Welt leben, in der das Wunder starb? Die persönliche Konfession, daß einer leidenschaftlich gern predige, reicht angesichts dieser Frage nicht aus, auch wenn sie angesichts dieser Fragen – lächerlich genug – artikuliert und durchgehalten werden soll. Die Predigt ist heute in bedrängender Weise frag-würdig geworden, und eine Predigtlehre muß sich dieser Frag-Würdigkeit stellen. Die Institution »Predigt«, der Vorgang »Predigen« sind nicht nur Frage-würdig geworden, sie sind als solche in Frage gestellt. Sie sind es genau dort, wo ich »Wunder« sage; denn die Predigt als ein Wunder auffassen, heißt nicht zuletzt, nach Wirkung fragen: Hier zeigen sich heute unsere Verlegenheiten nackt und brutal. Das Predigen ist ein Geschäft, das kaum noch lohnt, ein unrentables Geschäft, das mit unrationellen, veralteten Methoden geführt wird, nur von Subventionen existierend, die die Gesellschaft mehr aus alter Anhänglichkeit denn aus Überzeugung leistet. Das »teure Predigtamt« ist in Theologie und Kirche trotz gegenteiliger Versicherungen zu einer verachteten Angelegenheit geworden, der man vorwirft, sie wäre überholt. Man weiß nicht mehr recht, was es soll. Man ist müde. Prediger und Hörer reagieren beide weithin in ähnlicher Weise. Der unorganisierte Hörerstreik hat längst eingesetzt, viele Theologen meiden die Kanzel – wie auch den Gottesdienst. Ich begnüge mich zur Veranschaulichung der Situation vorläufig mit zwei Zitaten – vom Prediger und vom Hörer her.

Zunächst zitiere ich aus der Predigt von *Otfried Halver*, der in einer Predigt über Lk 18, 1–5 ausspricht, was viele Prediger denken. Auch wer seine Predigt kritisiert, wird nicht verneinen, daß hier einer aus Leidenschaft gepredigt hat und nun – aufhört:
. . .
Nein.
Ich will nicht mehr predigen. Ich höre auf damit.
Ich denke mir keine neuen Verfahren mehr aus, mit denen ich noch weiter Gott und der Welt vorspiegele, hier sei etwas los, was die Welt verändert.

Der Aufwand lohnt nicht

Habt keine Angst, ich sage das nicht aus Wut, ich bin nicht resigniert,
ich bin nicht verzweifelt. Sondern
der Aufwand steht in keinem Verhältnis zum Nutzen.
Ich werde Menschen suchen, die etwas tun für die Welt,
in der Gott herrscht und nicht der Stärkere.
(Predigt als »Publikumsbeschimpfung«? in: Peter Cornehl/Hans-Eckehard Bahr, Gottesdienst und Öffentlichkeit, 1970, 24).

Laßt mich aufhören

Aber macht mich nicht länger zum Harlekin,
zum Alibi für euer Nichtstun, für euer Dulden,
für eure Bequemlichkeit des Denkens,
für eure Feigheit und mangelnde Phantasie.
Ich habe gemerkt, daß ich mit Worten
nichts erreichen kann, daß ihr eure Ruhe wollt.
Ich will sie euch lassen, ungern, aber bitte . . . (25).
Diese Predigt und die ihr mitgegebene Dokumentation verdiente eine eingehendere Analyse, als sie hier geboten werden kann. Die fortgeschrittene Krisensituation des Predigers wird sofort deutlich im Vergleich mit der Predigt von *Karl Barth* aus dem Jahre 1916 »Der Pfarrer, der es den Leuten recht macht« (PIG, 1968², H.3), der die Hörer nicht weniger scharf angreift, der aber nicht daran denkt, wenn auch nur vorläufig mit dem Predigen aufzuhören. Wohl könnte die Gemeinde Safenwil einmal beschließen, das Pfarramt abzuschaffen (15), wohl kann Barth zugeben, »daß Gott es

ganz sicher einmal ohne Pfarrer wird machen können, und er könnte es jetzt schon«; indessen denkt er als Prediger offenbar nicht daran, das Pfarramt aufzugeben. »Aber wenn und solange es nun einmal ein Pfarramt gibt, muß es *den* Zweck und Inhalt haben, daß da ungebrochen und unverwässert Zeugnis abgelegt wird vom Willen *Gottes* über und gegen allen Menschenwillen, daß da das *neue* Leben angekündigt wird über und gegen das jetzige Leben. *Damit* kann ich in aller Torheit und Schwachheit Gott und euch dienen. *Das* hat einen Sinn« (14).

Die Überzeugung »*Das* hat einen Sinn« hat der Einsicht Platz gemacht: »Der Aufwand lohnt nicht.« Der Fragebogen, mit dem die Predigtbesucher befragt wurden, hat nicht zuletzt diesen Satz mitausgelöst, wurde an ihm doch ablesbar: Die Predigt ändert die Menschen nicht, verändert die Welt nicht. Was solls? Halver formuliert eine Grunderfahrung vieler Prediger, die Unwirksamkeit ihres Tuns. Was er kraß ausspricht, manifestiert sich bei vielen nur als ein schleichendes Unbehagen. So ziehen die meisten Prediger nicht die Konsequenz Halvers, was sie als Beamte nicht können (vgl. § 23). Sie hören nicht auf zu predigen, aber sie investieren kaum noch Kapital in ihr Predigen. Zu viele predigen mit einem Minimum an Aufwand, benutzen, wenns gut geht am Samstag abend eine Predigthilfe und halten es mit ihr fast wie Karl Barth mit den Dämonen, »ein *kurzer, scharfer* Blick« genügt, und das ist unter dem Vorzeichen einer beinahe absoluten Erwartungslosigkeit »auch das einzig Richtige« (vgl. KD III/3, 609). Was aber bei solcher Praxis herauskommt, ist weder kurz noch scharf und vor allem nicht »das einzig Richtige«. – Halvers Predigt ist über Kritik nicht erhaben; aber dies ist zu loben: Er setzt nicht Schlamperei für Streik. Den Ausweg in den predigenden Leerlauf will er nicht gehn, und das ist ihm zu danken. Bezeichnend für unsere Situation scheint mir an der zitierten Predigt ein Doppeltes, das der Kommentar des Ortspfarrers deutlich macht, wenn es nicht schon die Predigt verrät. (Ich notiere das Folgende auch als *meine* Verlegenheit): Offenbar mangelt eine Kommunikation der Prediger untereinander. Das Predigen Halvers ist ein einsames Werk. Sicherlich hat die mangelnde Kommunikation der Prediger untereinander etwas mit der Krise zu tun, die Halvers »Rücktritt« dokumentiert. Dieses Nichtabgestimmtsein der Prediger untereinander macht das Predigen uneffektiv. Der fehlenden Kommunikation der Prediger untereinander entspricht eine mangelnde Kommunikation des Predigers mit der Gemeinde: »er hat sich nie richtig zu informieren versucht, mit welchen Menschen er es zu tun hatte« (30). Die Problematik der heute beliebten Fragebögen wird gerade hier deutlich. Er ersetzt das Gespräch nicht. So wirkt die Ankündigung, er, Halver, werde erst wieder Halleluja singen und predigen, wenn er die guten Werke der Hörer sehe, nicht nur deshalb peinlich, weil sie verrät, wie sehr hier die Rechtfertigung des Gottlosen in Vergessenheit geriet, sondern auch deshalb, weil sie vehementen Pharisäismus deutlich macht – auch dieser Zug, meine ich, wäre beispielhaft für unsere Predigtsituation. Gerade wenn

man verrechnet, daß Halver als »Wanderprediger« in einer Ausnahme-
situation stand, wird man im Ausnahmefall die Regel erkennen. Das
Predigen als Kommunikationsprozeß funktioniert nicht. Mit dem
Schweigen Gottes und dem Fehlen der Frohbotschaft korrespondiert,
daß das Predigen als Kommunikationsgeschehen nicht recht gelingen
will. Der mangelnde Effekt der Predigt, das Ausbleiben des Wunders
aber werden vor allem auf der Ebene der Kommunikation einsichtig
(vgl. §§ 8 und 28).

Auf mangelndes Kommunikationsgeschehen zielt auch das Votum von *Dietrich Rössler,* das hier als Anwalt für den Hörer gelten soll: »Ich bin, wie ich glaube, ein nicht
ungeübter Predigthörer und -leser. Und oft genug mache ich die Erfahrung, daß mit
wem immer, jedenfalls nicht ›mit mir‹ geredet wird. Wenn schon, was häufig ist, auf
der Kanzel eine Sprache gesprochen wird, die ich nicht verstehe, und wenn dabei Ge-
genstände verhandelt werden, die mir nichts sagen, weil sie in meinem Leben nicht vorkommen, dann kann ich mir zwar von Berufs wegen zurechtlegen, warum wohl hier
so und von solchen Dingen gesprochen wird, aber ›mit mir‹ redet ein solcher Prediger
nicht« (Ernst Lange, Die verbesserliche Welt, 1968, 71).

Auch wenn ich hier ein wenig anders formulieren würde (vgl.
§ 25/II), möchte ich dieses Votum hier aufnehmen. Der Prediger, der
nicht »mit mir« zu reden weiß, kann mir auch nichts von Gott sagen. –
Habe ich mich selbst als Hörer vorgestellt, stelle ich jetzt Dietrich Rössler als Hörer vor. So sicher eine Solidarisierung und Identifizierung mit
dem Hörer erlaubt und geboten ist, so sicher bleibt es ungenügend, hier
personal zu sprechen; denn die Verlegenheiten der Predigt und des Predigens betreffen nicht bloß meine Person als Individuum, sie betreffen
ebensosehr die Zeit, die Kultur, die Gesellschaft, in der ich lebe. Der
Predigthörer im audiovisuellen Zeitalter ist ein anderer als der von 1916
in einem Aargauer Dorf, auch wenn er noch derselbe ist! Wie soll der
Prediger dem Hörer noch gerecht werden? Wie ihn noch fassen, wenn
schon auf einem Dorf mit Pendlern seine Berufswelt für den Prediger
beinahe unüberblickbar wird (vgl. § 26)? Wie kann ich den Hörer erreichen, wenn sich auch die beste Information über den Hörer als ungenügend erweisen sollte?

Ein Prediger hört – »bis auf weiteres« mit dem Predigen auf, weil der
Aufwand nicht lohnt, und viele potentielle Hörer hören sich die Predigt
nicht mehr an, weil auch für sie der Aufwand nicht mehr lohnt. Verlegenheit bietet offensichtlich das Predigen als Leerlauf, bei dem der Prediger sich als Harlekin und der Hörer als nichtangeredet, als nichtexi-
stent und als Luft behandelt vorkommt. Auch dies gehört zur Leidenschaft des Predigers, daß er ein wenig dem Fernsehansager gleicht, dem
man den Ton abgestellt hat. Man sieht ihn noch reden, aber hört nicht
mehr, was er sagt. – Die Verlegenheiten der Predigt kann man auf einen
gemeinsamen Nenner bringen, den der Sprachlosigkeit. Bevor ich diesen
Zustand näher analysiere, müssen zwei Warnungen ausgesprochen
werden:

Zuerst muß davor gewarnt werden, die Verlegenheit in den Rang einer geliebten Schönen zu erheben, der ein theologischer Ritter blindlings folgt und unter immer neuen Schmerzen dient. Aufzusuchen und zu haben ist hier nicht die Ratlosigkeit, sondern der Rat – auch wenn es sich zeigen sollte, daß hier guter Rat teuer ist. – Eine zweite Warnung: Besteht die Grundverlegenheit der Predigt im Ausbleiben des Wunders, erscheint es naheliegend, den Predigtbegriff zu entlasten und sich vor allem mit dem Machbaren der Predigt zu beschäftigen. Der Verlegenheit wird mit allerlei Techniken und Rezepten begegnet. Das Machbare der Predigt wird dann allzuleicht abgelöst vom zu Predigenden und gewinnt in solcher Ablösung eine eigene Mächtigkeit. – Entging die letzte Generation nicht immer der Gefahr, das Menschlich-Machbare gegenüber der Betonung des Wunderbaren beim Predigen zu vernachlässigen und damit das Wunder zu verlieren, indem sie die menschliche und weltliche Wirklichkeit beim Predigen nur ungenügend bedachte, mag die Gefahr unserer heutigen Generation darin bestehen, das Menschlich-Machbare allein und vordringlich zum Thema homiletischer Besinnung zu machen: Beschäftigt man sich mit dem Machbaren der Predigt in Absehung dessen, was Predigen will, sehe man zu, daß die Predigt nicht zur Mache werde. Man verstehe recht: Auch das Machbare ist zu bedenken, Predigten werden »gemacht«, sonst bedürfte es keiner Predigtlehre. Aber Predigen ist mehr, als wir machen können. Techniken und Rezepte sind nie irrelevant, aber sie sind auch nie Göttinnen, deren Kult den dürren Feldern der Homiletik neue Fruchtbarkeit verheißt: Fruchtbarkeitszauber ist auch im Gewande der Rationalität ein fauler Zauber! – Die Spannung zwischen dem Machbaren der Predigt und dem nicht herzustellenden Wunder ist nicht aufzulösen. Aufgelöst wird diese Spannung ebenso in einer Euphorie der Verlegenheit wie in einer Euphorie der Machbarkeit. Es gibt Anzeichen eines Umbruches, wonach ein Pragmatismus zu dirigieren anhebt, der den Fragen überhaupt verbietet, quälend zu sein. Eine Euphorie kirchlicher Techniken wäre aber nicht weniger Signal eines pathologischen Zustandes als eine Selbstpeinigung mit theologischer Problematik. – Versuchen wir, zwiefach gewarnt, die Verlegenheiten systematisch zu ordnen, zu katalogisieren, in denen die eine Verlegenheit sich manifestiert, daß Predigten gehalten werden, ohne daß Predigt geschieht, kommt es nicht auf quantitative Vollständigkeit des Katalogs an, wohl aber auf die Einsicht, daß die Schwierigkeiten, die wir mit dem Predigen haben, die Schwierigkeiten sind, die wir mit Gott und der Welt, mit der Kirche und uns selbst haben.

I

Die Schwierigkeit mit Gott

Die Verlegenheit, in der sich 1922 der Prediger und Theologe befand, hat Karl Barth mit den berühmten zwei Sätzen umschrieben: »Wir sollen als Theologen von Gott reden. Wir sind aber Menschen und können als solche nicht von Gott reden.« Er hat dann die Lösung dieser Verlegenheit in einem dritten Satz formuliert: »Wir sollen Beides, unser Sollen und unser Nicht-Können, wissen und eben damit Gott die Ehre geben« (Das Wort Gottes als Aufgabe der Theologie, in: Das Wort Gottes und die Theologie, 1929⁷⁻⁸, 158; abgedr. ThB 17/I, 199).

In der Spannung zwischen dem Predigtauftrag einerseits und der menschlichen Möglichkeit einer Erfüllung dieses Auftrags andrerseits sah Barth das Problem: »Das ist unsere Bedrängnis. Alles andere ist daneben ein Kinderspiel« (ebd). Ausgesprochenermaßen wollte Barth mit seinen zwei, drei Sätzen die damalige Situation beschreiben. – Heute bereitet uns nicht erst die Spannung zwischen den zwei ersten Sätzen Verlegenheit. Schon der erste Satz ist dem Studenten und Prediger zur Frage geworden: »Sollen wir als Theologen von Gott reden?« – Nicht unsere Möglichkeit oder besser Unmöglichkeit, von Gott zu reden, wird als das eigentliche Problem der Predigt empfunden; das Reden überhaupt ist problematisch geworden: Sollen wir von Gott reden, wenn nicht nur die Götter, wenn Gott selbst schweigt? Redet Gott und haben wir von ihm zu reden, oder schweigt er und haben wir von ihm zu schweigen? Das ist die Frage. Unsere Bedrängnis ist nicht so sehr das Reden-sollen-von-Gott und das Nicht-von-ihm-reden-Können, sondern viel eher, daß wir von ihm reden können als solche, die nicht wissen, ob sie von ihm reden sollen. Unser Problem ist vor allem die Abwesenheit Gottes in unserem Reden von Gott, daß wir von ihm reden, während er sich verschweigt. – Nochmals: Warum überhaupt predigen? Warum überhaupt von Gott reden, warum nicht von ihm schweigen? Jede Predigt muß sich gegenüber der Laienpredigt behaupten, die *Ernst Eggimann* in den »evangelischen kalendersprüchen« formuliert:

liebe gemeinde
jeden sonntag hört ihr blabla
auch ich selbst höre blabla
was ich auch sage blabla
lasset uns diesen sonntag nun
schweigen
(Erstfassung nach: Die Bresche 7, 1965, 28; neue Fassung in: psalmen, 1967, 49).

Jeder Prediger muß mit jeder Predigt zeigen, warum er dem Rat von Eggimann nicht folgt. Er muß das Schweigen Gottes brechen. – Die Fragestellung Karl Barths aus dem Jahre 1922 stellt sich in veränderter Situation mit neuer Intensität:

»Nicht: wie *macht* man das? sondern: wie *kann* man das?« (Not und Verheißung der christlichen Verkündigung, in: Das Wort Gottes, 103).

Diese Frage steht vor jeder Predigt; aber ich möchte sie nicht so verstehen, daß die in ihr formulierte Ablehnung des Machens absolut zu nehmen ist; wohl aber so, daß das Schweigen Gottes eben als ein Schweigen beachtet und respektiert sein will, das nur Gott selbst brechen kann, so daß für jede Predigt die überraschte Frage aufbricht, die über das gebrochene Schweigen staunt: »Wie kann man das?« Vielleicht hat man in der Folgezeit dieses Staunen zu schnell verlernt. Vielleicht hat man in der Theologie des Wortes mit der Erkenntnis, daß Gott geredet hat, redet und reden wird, die Erfahrung seines Schweigens allzuleicht überspielt. Eine Predigt, die das Staunen vergaß, wurde sprachlos.

Konnte *Martin Luther* vom Papst sagen, er habe die Zunge verloren, um der Sprachlosigkeit Roms gegenüber zu betonen: »Wir aber haben, Gott sei Lob! die Zunge« (Predigten, hg. v. Georg Buchwald, II, 1926, 324), können wir heute den Unterschied zwischen Wittenberg und Rom gerade nicht mehr so formulieren, als bestünde er zwischen Sprachmächtigkeit und Sprachlosigkeit. Ein heimliches Band der Einheit zwischen den Konfessionen besteht vielmehr darin, daß hier wie dort das Fehlen der »Zunge« schmerzt. Es gibt eine gemeinsame Verlegenheit angesichts der unbewältigten Predigtaufgabe.

Auf eine besondere Zuspitzung dieser Verlegenheit möchte ich hinweisen. Das Fehlen der Zunge äußert sich paradoxerweise nicht unberedt. »Das dunkle Wort vom ›Tode Gottes‹« steht unter uns auf, eine Erfahrung vieler Zeitgenossen formulierend. Neu ist dabei nicht so sehr die Formel als viel mehr die Resonanz, die sie findet. Ein Verlustschein, ausgestellt auf Gott, unterschrieben zunächst von amerikanischen Theologen, die in einem gewissen Konnex zu Karl Barth standen, ist nun zu einem Kennwort geworden, das ein heimliches Faszinosum wie ein Tremendum ausstrahlt, das gleicherweise Einverständnis fordert und Widerspruch provoziert, anziehend und abstoßend in einem.

Vgl. *James M. Robinson,* Die ersten heterodoxen Barthianer, in: Theologie zwischen gestern und morgen. Interpretationen und Anfragen zum Werk Karl Barths, hg. v. Wilhelm Dantine und Kurt Lüthi, 1968, 13ff. – *Paul Hessert,* Barthianische Wurzeln der »Radical-Theology«, ebd, 235ff. – *Sigurd Martin Daecke,* Welcher Gott ist tot? EvK 2, 1969, 127ff. – *Ders.,* Was kommt nach dem »Tode Gottes«?, ebd, 187ff (Lit.). – *Eberhard Jüngel,* Das dunkle Wort vom »Tode Gottes«, ebd, 133ff. – *Walter Hartmann,* Was kommt nach dem »Tode Gottes«?, 1969.

Ich muß gestehen, daß ich das Kennwort nicht sonderlich liebe, ich sehe es in fataler Nähe zur Metaphysik einerseits und zur Mythologie andrerseits; die reformierten Väter hatten auch im Blick auf das Kreuz eine Hemmung, vom Tode Gottes zu reden. Schon von meiner reformierten Tradition her bin ich dem »dunklen Wort« gegenüber zurückhaltend. Als Homiletiker kann ich allerdings die Rede vom Tode Gottes nicht überhören, und eine Predigtlehre wird nicht übersehen dürfen, daß sich in der Formel vom Tode Gottes unsere Schwierigkeiten mit Gott auf einen Nenner bringen lassen. Insofern unser Predigen mit Gott zu tun hat, stellt sich das Problem der Homiletik als Frage, wer denn der

Gott sei, mit dem unser Predigen zu tun hat, und wie sich der Gepredigte zu unserem Predigen verhält. – Eine Homiletik ist nicht der Ort, eine Theologie nach dem Tode Gottes zu verhandeln. Hingegen muß sie sich einer Voraussetzung solcher Theologie stellen, die dem Homiletiker als Belanglosigkeit des Redens von Gott begegnet: Eine belanglose Predigt offenbart Gott als einen Toten. Ohne solche Predigt wäre die Resonanz, die »das dunkle Wort vom Tode Gottes« unter uns fand, nicht denkbar. So scheint das Problem des schwindenden Predigtbesuches beispielsweise nicht primär in einer bewußten Ablehnung des Evangeliums durch den Menschen von heute zu liegen, sondern in der völligen Irrelevanz dessen, was in der Predigt geredet wird. Irrelevant wird die Predigt sofort, wenn die Frage »wie *kann* man das?« verstummt. Irrelevant wird die Predigt notwendigerweise aber auch da, wo die Frage nach der Machbarkeit völlig unterdrückt wird (vgl. § 4). – Diese Belanglosigkeit der Predigt erscheint als ein Verblassen des Namens Gottes. Er wird genannt, ohne daß der Genannte im Nennen anwest. Mit seinem Leben hat der Name seine Macht verloren. Damit erweist sich nicht erst das Bekennen, sondern schon das Nennen Gottes als Problem (vgl. § 5).

Im Horizont des Alten Testamentes läßt sich der hier allzu knapp skizzierte Sachverhalt in einer doppelten Weise deuten. Wo der Name nichts mehr ist, ist Gott zu einem Nichts geworden. Ein zum Nichts gewordener Gott ist nach Auskunft des Alten Testaments ein Götze. Die Nachricht, Gott sei tot, würde besagen, daß er zum Götzen geworden sei, daß nicht so sehr der Tod Gottes, als vielmehr der tote Gott gepredigt werde. Die Frage nach dem zu Predigenden wird bedrängend, wenn man den Vorwurf des Ezechiel an Israel auf unser Predigen hin übersetzt. Von der Wüstengeneration an blieb Israels Herz bei den Göttern. Falls die Rede vom Tode Gottes nicht ein moderner Mythos sein soll, wird man sie mit der prophetischen Kritik an den Göttern konfrontieren, wird man fragen müssen, welchen Gott eine Predigt predige (wichtig in diesem Zusammenhang: Hans Walter Wolff, Jahwe und die Götter in der alttestamentlichen Prophetie, EvTh 29, 1969, 397ff). Die Schwierigkeit, die wir mit Gott haben, zeigt, wie sehr wir als Prediger und als Homiletiker in der Gefahr stehen, die Gottesfrage allzu eilfertig meistern zu wollen.

Wird Gott zum Götzen, wird er zum Götzen *gemacht*. Aber er läßt sich nicht zum Götzen machen! Bei unserem Versuch, ihn zum Götzen zu machen, entzieht er sich uns und erweist sich gerade in seinem Sich-Entziehen als Gott. Der Verlust Gottes besagt primär nicht, daß er einen zweiten Tod gestorben wäre auf einem neuen und ewigen Golgatha – er besagt, daß er uns verließ, weil wir ihn zu verdrängen oder umzugestalten, eben zu einem Götzen, zu einem Nichts zu machen versuchten. Wiederum wäre an Ezechiel zu erinnern, der Jahwes Auszug aus dem Tempel sieht. – In diesem Betracht tangiert die Rede vom Tode Gottes die Grundfrage Luthers. Ist Gott tot, kann er nicht gnädig sein. Wer Gott verliert, verliert seine Gnade. Der Verlust Gottes signalisiert Gericht. Wo Gott als abwesend oder tot erfahren wird, steht die Gnade aus, wächst die Sprachlosigkeit. Erfahren wird das Gericht. Wer »diesen sonntag nun« nicht schweigt und etwa behauptet, daß Gott nicht sterben kann, daß er lebt, muß seine Behauptung unter einen Beweis stellen, den er selbst zwar nicht führen kann, dem er aber dienen soll. – Eine solche Andeutung weist auf die Nötigung hin, nach einem Ansatz in der Gotteslehre zu suchen, der hilft, der hier anvisierten Verlegenheit des Predigers und der Predigt zu begegnen (vgl. § 4). Gibt es eine ernstzunehmende Krise der Predigt, kann sie ohne Rücksicht auf die Gottesfrage nicht gelöst werden. Die Grundfrage der Predigt ist und bleibt die Gottesfrage, an ihr hängen alle andern Fragen.

II

Von Gott reden in einer sprachlosen Welt

Unser Dilemma – daß wir als Menschen nicht von Gott reden können und daß uns zur Frage wurde, ob wir von Gott reden sollen – überfällt uns in einer Welt, aus der die Sprache auswandert. Wer predigt, wer es unternimmt, gegen Gottes Schweigen von Gott zu reden, tut das in einer Welt, die Worte nur noch verliert und Sprache verschleißt. Nicht nur das Von-Gott-reden-Sollen und Nicht-Können wird Problem, sondern das Reden selbst. Die Verlegenheit auf der Kanzel hängt offenbar damit zusammen, daß die Kanzel in einer Kirche und daß sich diese Kirche auf der Welt befindet. – Es kann hier nicht unsere Aufgabe sein, den Zusammenhang von der Sprachlosigkeit der Kirche und der Sprachlosigkeit der Welt zu analysieren und nach dem Wie gegenseitiger Abhängigkeit zu fragen. Wir müssen uns zunächst damit begnügen, den Horizont zu sehen: Wir predigen nicht nur gegen das Schweigen Gottes, sondern gegen eine verstummende Welt. Wir predigen in einer Welt, der die Sprache abhanden kommt. Wer predigt, spricht gegen das Verstummen der Welt.

Wir begnügen uns hier, den Horizont der Sprachlosigkeit nach den Signalen zu skizzieren, die uns Dichter und Denker setzen.

Spätestens seit *Friedrich Nietzsche* gibt es in der europäischen Literatur ein Leiden daran, daß zwischen dem Reden und dem Sagen ein Zwiespalt aufbricht, daß Zeichen nicht mehr das Bezeichnete, der Name nicht mehr das Ding beinhaltet (vgl. Götzendämmerung, ed. Kröner 77, 98f). – *Hugo von Hofmannsthal* läßt Lord Chandos das Ungenügen an der Sprache schildern, das er als eine allmählich sich ausbreitende Anfechtung »wie ein um sich fressender Rost« erlebt (GesW III, 1934, 194), »die abstrakten Worte, deren sich doch die Zunge naturgemäß bedienen muß, um irgendwelches Urteil an den Tag zu geben, zerfielen mir im Munde wie modrige Pilze« (ebd). Die Welt zerfällt und mit ihr die Sprache. Die »Wirbel der Sprache« scheinen »ins Bodenlose

zu führen« (201). Darum wird es ihm nicht möglich sein, in Zukunft ein englisches oder lateinisches Buch zu verfassen. Der fingierte Brief schließt überraschend genug mit einem Ausblick auf eine Sprache einer neuen Welt, auf »eine Sprache, in welcher die stummen Dinge zu mir sprechen und in welcher ich vielleicht im Grabe vor einem unbekannten Richter mich verantworten werde« (202, vgl. dazu Joachim Burkhardt, Die Krisis der Dichtung als theologisches Problem, 1962, 69ff). – *Gottfried Benn* verweist in seinen »Problemen der Lyrik« auf eine ontologische Leere, die über allen Unterhaltungen liegt, so daß sich die Frage nahelegt, ob die Sprache überhaupt noch einen dialogischen Charakter in einem metaphysischen Sinne habe: »Stellt sie überhaupt noch Verbindung her, bringt sie Überwindung, bringt sie Verwandlung . . .« (GesW I, 528f).
– *Eugen Rosenstock-Huessy* wird noch deutlicher: »Wir sind in eine Zukunft vorausgeschleudert, in der weniger und weniger Menschen einander etwas werden zu sagen haben. Werden wir in Zukunft sprechen können« (Der Atem des Geistes, 1950, 25)?
   Die Zitate ließen sich vermehren. Neben den Kalenderspruch Eggimanns könnte man ein Geständnis von *Alain Robbe-Grillet* stellen: »Ich habe nichts zu sagen. Ich verfüge nur über die Möglichkeit, mich auszudrücken.« Diese Einsicht in die Unfähigkeit zu sagen hat einige jüngere Lyriker, z.B. die Vertreter einer »konkreten Poesie«, bewogen, sich dem Wort selbst zuzuwenden, die abgewertete Sprache aufzuwerten und zum Wort selbst vorzustoßen, um seine Möglichkeiten durchzuspielen. Wird das Wort selbst zum Material genommen, so kann es auch in Energie verwandelt werden. Damit wird Dichtung auf eine neue Weise schöpferisch (vgl. *Pierre Garnier,* Jüngste Entwicklung der internationalen Lyrik, in: Zur Lyrik-Diskussion, hg. v. Reinhold Grimm, 1966), und das Gedicht wird dann zum »Gebrauchsgegenstand«, wie *Eugen Gomringer* es formuliert (vgl. § 21/III). Unser Exkurs möchte andeuten: Der Prediger steht mit seiner Sprachschwierigkeit nicht allein. Die Schriftsteller – und auch die Physiker! – teilen sie mit ihm. Der Prediger teilt seine Schwierigkeiten mit anderen Zeitgenossen, die um Worte ringen. In unserer Verlegenheit angesichts des Wortes Gottes artikuliert sich Zeitgenossenschaft. Sehen wir unsere Verlegenheiten im Kontext von Verlegenheiten, die beispielsweise auch dem Schriftsteller eignen, wird man die Predigtnot, die eigene Sprachlosigkeit, nicht zu sehr dramatisieren oder zum Anlaß seines Selbstmitleides machen.

Die Arbeit des Predigers läuft noch auf einer andern Ebene mit der des Schriftstellers parallel. Das Wort ist unser Material. Es soll zur Energie werden. Eine Predigtlehre müßte dann die Frage stellen, wie dies vor sich gehe, daß aus dem Material, das der Text darbietet, Energie werde. Noch einmal: »nicht: wie *macht* man das? sondern: wie *kann* man das?« – Der Horizont einer sprachlosen Welt stellt den Prediger in eine Reihe mit allen denen, die in der Profanität mit dem Wort arbeiten. Darum mögen einige Sätze von *Archibald MacLeish* hier ungeschützt und ungedeutet als Gleichnis stehen für die Aufgabe des Predigers:

»Die Arbeit des Dichters besteht nicht darin abzuwarten, bis der Schrei sich von selbst in seiner Kehle sammelt. Die Arbeit des Dichters ist ein Kampf mit der Bedeutungslosigkeit und dem Schweigen der Welt, die er in die Bedeutung zwingt. Das Schweigen zwingt er zur Antwort und das Nichtsein zum Sein. In dieser Arbeit wird die Welt erfahren nicht durch Exegese, Demonstrationen oder Beweise, sondern direkt, so wie ein Mensch einen Apfel im Munde erfährt« (zit. nach Walter Höllerer, Theorie der modernen Lyrik, rde 231/32/33, 1965, 289).

III

Sprachlose Kirche

Gottes Schweigen wird erfahren angesichts einer sozusagen *perfekten kirchlichen Apparatur.* Diese sozusagen perfekte kirchliche Apparatur bildet selbst ein Netz von Nachrichten. Auch die Institutionen bilden »Nachricht«, informieren den Hörer der Predigt. Predigt über einen Bibeltext geschieht immer im Kontext dessen, was die Kirche als Institution artikuliert. Wo der Prediger spricht, murmelt oder brüllt das ganze Kirchenwesen, wie es leibt und lebt, mit. Als Vor- und als Nachwort reden auch die Institutionen, wenn der Prediger predigt. Sie untermalen und übertönen das Reden des Predigers. Falls Eggimanns »liebe Gemeinde« allsonntäglich »blabla« hört und auch Eggimanns Pfarrer »blabla« hört, wäre zu fragen, ob nicht dieses ominöse »blabla« damit zusammenhängt, daß die kirchlichen Institutionen und Strukturen mitsprechen und hineinreden, wo Eggimanns Pfarrer seinen Mund auftut.

Der Prediger muß wissen, daß er nicht allein spricht, wenn er seine Kanzelrede hält. Die Institution Kirche begleitet sein Sprechen mit ihrem »Sprechen«. Wagt es die Predigt, gegen das Schweigen Gottes in einer sprachlosen Welt zu reden, muß sie sich gleichzeitig gegen das Gerede kirchlicher Institutionen durchsetzen. Ihre Stimme muß sich gegenüber dem Stimmengewirr, dem der kirchlich verwaltete Mensch von der Kirche her ausgesetzt wird, Gehör verschaffen.

Vielleicht ist es nötig, die babylonische Sprachverwirrung zwischen der Kanzel und dem übrigen Kirchenwesen in einigen Sätzen anzudeuten: Ruft die Predigt vom Reich zur Umkehr, versichert die Kasualpraxis als Ritus ein Christentum ohne Entscheidung. – Mahnt die Predigt, am ersten nach dem Reiche Gottes zu trachten, zeigt die Kirchensteuerpraxis, daß die Kirche sich dann auf alle Fälle um den Menschen bemüht, wenn er seiner Steuerpflicht nicht nachkommt. Kann man nach der Predigt nicht Gott und dem Mammon dienen, demonstriert die Kirche dem kirchenfernen Steuerzahler, daß es ihr – wie der unfeine Vorwurf der »Proleten« lautet – in erster Linie ums Geld geht. Proklamiert sie die Mündigkeit der Gemeinde, dementiert schon die Gottesdienstform diese Proklamation. Kurz: Der »Unterbau« spricht anders als der »Überbau«.

Diese Feststellungen, das sei zugegeben, bedürften der Erläuterung und Differenzierung und wollen nur andeuten, daß uns eine Hermeneutik kirchlicher Institutionen weithin fehlt, die analysiert, was die kirchlichen Strukturen heute aussagen. Beschränkt sich eine Predigt in einer Kirche, die mit ihrem Sosein gegen das Evangelium spricht, darauf, das »reine Evangelium« zu verkünden, ohne sich um das Sosein der Kirche zu kümmern, macht sie sich am Evangelium schuldig. Verkündigt man »kein anderes Evangelium«, ohne daß die Kirche verändert wird, verändert man unter der Hand das Evangelium: es wird doketisch, d. h. es bekommt jenen Hauch von Unwirklichkeit, der seinerseits die Belanglosigkeit charakterisiert! Bleiben in den geschichtlichen Wandlungen der Gesellschaft die kirchlichen Einrichtungen unverändert, verändert sich um so mehr das, was wir als »Nachricht« der Institutionen bezeichneten. Aus solcher Veränderung resultiert die Aufgabe, die kirchlichen Einrichtungen als solche theologisch zu reflektieren und sie in ihrer geschichtlichen Lage zu analysieren: eine Hermeneutik des Kirchenwesens! – Diese ruft notwendigerweise nach einer Reform der Kirche.

Im Rahmen einer Homiletik kann eine Kritik der Institutionen in Form einer Hermeneutik derselben nicht geboten werden. Sie muß Postulat bleiben, wobei *Bert Brecht* zu hören wäre:

> Wir bitten euch aber:
> Was nicht fremd ist, findet befremdlich!
> Was gewöhnlich ist, findet unerklärlich!
> Was üblich ist, das soll euch erstaunen.
> Was die Regel ist, das erkennt als Mißbrauch
> Und wo ihr den Mißbrauch erkannt habt
> Da schafft Abhilfe (GesW 2, 822)!

Wo der Prediger nicht Abhilfe geschafft hat, spricht er selbst gegen das Evangelium, wenn er das Evangelium predigt, insofern das Kirchenwesen gegen das Evangelium spricht. Kirchenkritik in der Predigt wird sofort Selbstanklage, es sei denn, sie bliebe pharisäisch. – Das Abhilfe-Schaffen setzt die Erkenntnis voraus, daß die Predigt selbst als Institution fragwürdig erscheint, wenn die Krise der Predigt in einer institutionell intakten Kirche virulent wird. Schon Eggimanns Rat: »lasset uns diesen sonntag nun schweigen« gerät in Spannung mit den herrschenden Kirchenordnungen, die eine sonntägliche Kanzelrede verordnen. Ist zugegeben, daß ein automatisch funktionierender Predigtturnus eine Problematik in sich birgt, von der noch zu reden sein wird (vgl. § 24), soll damit nicht grundsätzlich die Sonntagspredigt als Institution in Gegensatz gebracht werden zum Ereignis dessen, was wir als Wunder bezeichneten. Predigt als Wunder steht dann in Spannung zur Institution, wenn z. B. infolge geschichtlicher Veränderungen die Aussage der Institution eine andere geworden ist, so daß sie die Aussage der Predigt von vornherein dementiert. Kann das Wunder getan werden, ohne stattzufinden, und geschehen Predigten, ohne Wunder zu sein, muß allerdings gefragt werden, inwiefern das Predigtinstitut in der heutigen Zeit ein Hindernis sei für das Predigen selbst. Soziologie, Kybernetik, Kommunikationsforschung bieten bei solchen Fragen ein neuartiges Instrumentarium – nunmehr in zunehmendem Maße in der Praktischen Theologie, indem diese die neuen Wissenschaften und ihre Methoden zu integrieren versucht.

Weiter: Gottes Schweigen wird erfahren angesichts einer zunehmenden *methodischen Perfektion in der Theologie,* zunächst namentlich in der Exegetischen Theologie, wie sie sich nach dem Zweiten Weltkrieg entwickelte. Diese methodische Perfektion entspricht der Perfektion kirchlicher Apparatur und bildet auch eine Art »Überbau«. Wie sehr die Art und Weise unseres Kircheseins mit der Art und Weise unserer Theologie zusammenhängt, ist m. E. noch kaum erforscht.

Da die bisherigen kritischen Äußerungen des Verfassers vielfältig mißverstanden wurden, sei eine Vorbemerkung erlaubt: Die nachfolgenden Überlegungen gehören zu den »Anläufen« und sind nicht das Letzte, was eine Homiletik zum Problem der Exegese und der Kybernetik bzw. der Kommunikationsforschung zu sagen hat, sie scheinen aber unumgänglich angesichts der Verlegenheiten, in der die Prediger sich befinden. Sie wollen im Zusammenhang des ganzen Buches – (insbesondere § 8) – verstanden werden.

Gottes Schweigen wird nicht nur in den Institutionen der Kirche, es wird vor allem an der Schrift selbst erfahren. Dem Studenten begegnet das Stummbleiben Gottes gerade dort, wo er das Wort zu nehmen versucht, in der Schrift selbst. Er lernt die Texte, die er zu predigen hat, als Texte aus der antiken Welt mit Hilfe der historischen Vernunft verstehen. Er lernt die Bibel als Buch lesen, dessen Siegel zunächst mit Hilfe der historisch-kritischen Methodik zu lösen sind.

Hatte Karl Barth 1919 im Vorwort zu seinem Römerbrief eine neue theologische Epoche eröffnet mit Sätzen, die einerseits das Recht der historisch-kritischen Methodik anerkannten und diese zugleich als unerheblich erklärten, so legte er den Weg frei zur »bekennenden Kirche als Predigtbewegung« (*Martin Fischer,* Überlegungen, 1963, 63ff). Die Probleme der historischen Kritik, mit einer genialen Handbewegung gleichzeitig bejaht und beiseite geschoben, meldeten sich aber nach dem Zweiten Weltkrieg mit einer neuen Virulenz zu Worte und beanspruchten zunächst die Gesprächsführung in Deutschland. Fünf Momente scheinen mir gegen Mitte der zweiten Jahrhunderthälfte bemerkenswert.

Erstens: Das Recht und die Notwendigkeit historischer Kritik steht nicht zur Debatte. Sie wird im Raum der akademischen Theologie allgemein anerkannt. Über die Legitimität dieser profan geübten Methodik besteht unter den Exegeten verschiedener theologischer Richtung grundsätzlich Einmütigkeit. Sie wird zwar nicht zum Erweis des Geistes und der Kraft, wohl aber zum Signum der Wissenschaftlichkeit. Auch der Systematiker und der Praktische Theologe können sich grundsätzlich nicht von ihr distanzieren.

Zweitens: Die Nützlichkeit und Notwendigkeit dieser Methodik für die Predigt wird immer wieder behauptet. Der Text wird in seiner Verkündigungsqualität erschlossen, und damit leitet die historische Kritik an zu neuem Verkündigen. Die historisch-kritische Methodik steht im Dienst der Predigt. Sie hat ihr Ziel erreicht, wenn sie zu neuer Predigt nötigt (Ernst Fuchs). So führt die sauber und sachlich angewandte Methodik zum Text selbst, macht ihn hörbar und übersetzbar.

Drittens: Diese Methodik – so wird zugegeben – erleichtert das Predigen nicht, sondern erschwert es. In verschiedenen Aufsätzen von Exegeten kann man nachlesen, wie neben einer Art Anpreisung von Vorteilen der Methodik deren Nachteile keineswegs übersehen werden. Autoren verschiedener theologischer Provenienz sind sich darin wiederum einig, daß sie einen Anteil der Predigtnot auf die historische Methodik zurückführen. Diese Einsicht aber führt nicht zu einer Selbstkritik in Bezug auf die Methodik. – Gegenüber dem mit historischer Kritik bewältigten Text bricht die Hilflosigkeit der unbewältigten Predigtaufgabe mit besonderer Schärfe auf.

Viertens: Betont man – manchmal im gleichen Aufsatz – das Heilsame und Unheilsame der Methodik, kann man nicht umhin zuzugeben, daß das Methodenproblem theologisch noch ungeklärt sei. – Dies ist gegenüber dem Pathos, mit dem der Nutzen der Methode behauptet wird, nicht wenig verwunderlich. Eine Predigtlehre ist nun nicht der Ort, eine Kritik der wissenschaftlichen Methodik der Auslegung zu entwickeln, muß aber ihr Fehlen registrieren. Angesichts der anerkannten Herrschaft der historisch-kritischen Methode einerseits und der Predigt-Misere andrerseits, müßte die Bitte Bertolt Brechts in der akademischen Theologie ein selbstkritisches Gehör finden:

Was die Regel ist, das erkennt als Mißbrauch
Und wo ihr den Mißbrauch erkannt habt
Da schafft Abhilfe!

Eine solche Abhilfe kann sicherlich nicht in einem Konservativismus gesucht und gefunden werden, sondern in einer umkehrwilligen Prüfung der Geister. Der Theologe muß wissen, was er macht, wenn er profane Methoden übernimmt. Setzt uns das Evangelium frei, in der Theologie profane Methoden zu verwenden, gehört zur theologischen Verantwortung eine Prüfung dieser Methoden. Nicht eine Ächtung der historischen Vernunft ist zu fordern, sondern ihre Kritik! Wird angesichts der Verlegenheiten der Predigt eine Methodenkritik der Exegese dringlich, soll das nicht heißen, daß damit die Exegese allein in Anklagezustand zu versetzen sei. Kommt das Wunder der Predigt nicht in Gang und verschweigt sich Gott, wo von ihm geredet wird, stehen alle, die durch ihre kirchliche oder wissenschaftliche Arbeit am Predigen beteiligt sind, unter Anklage – ob sie nun leidenschaftlich gern oder ungern oder gar nicht predigen. Solange es eine Krise der Predigt gibt, bleibt sie eine Frage an die wissenschaftliche Theologie, auch an die – Exegese.

Fünftens: Stand in einer Zeit der Restaurierung der Kirche nach dem Zweiten Weltkrieg im akademischen Raum das Historische im Vordergrund des Interesses, gerät heute das Pragmatische ins Zentrum des studentischen Interesses. Man wendet sich kritisch der Kirche in ihrer soziologischen Gestalt zu, wie man sich der Gesellschaft und ihrem Elend zuwendet. Die Frage nach den Institutionen, nach der Sozialtherapie und auch nach der Einzelseelsorge rücken neu in den Vordergrund. Der Wissenschaftsbetrieb der Theologie erfährt Kritik. Blieb diese Kritik bisher relativ unwirksam, unterlag eine kritische Gruppe wie die Celler

Konferenz der Selbstauflösung, so wird eine Predigtlehre gut beraten sein, solche Kritik nicht zu verdrängen.

Vgl. *Wolf Dietrich Bukow,* Das Elend der sozialistischen Opposition in der Kiche. Celler Konferenz – Theologie als Gesellschaftstheorie? ThEx 162, 1969. – *Dietrich Lange, René Leudesdorff, Heinrich Constantin Rohrbach* (Hg.), ad hoc: Kritische Kirche. Eine Dokumentation, 1969. – Allgemein zur Lage: *Ernst Käsemann,* Geistesgegenwart, EvK 2, 1969, 138ff.

So kritisiert die Celler Konferenz den »Rückzug auf das leere Wort« (ad hoc, 168). Was bisher eine nahezu totale Faszination auf den Studenten ausübte, wird einem erbarmungslosen Urteil unterworfen: »Im übrigen löst sich die deutsche Theologie an den Universitäten in fetischisierende Betreuung der atomisierten Textüberlieferung auf. Kein Exeget kann heute noch auf überzeugende Art die Trümmer des durch die historische Kritik in die Luft gesprengten Kanon zu einer überzeugenden Predigttheorie zusammenkehren« (180). Eine so radikale Kritik setzt sich ihrerseits der Kritik aus. Begegnet kann ihr aber nur werden im Erweis des Gegenteils. – Eine Predigtlehre wird solche Kritik nicht übersehen, es sei denn, sie verrate sich zum vornherein als Irr-Lehre des Unbußfertigen und Verstockten! Sie wird es sich zur Aufgabe machen müssen, den »Rückzug auf das leere Wort« zu erschweren und wenn möglich abzuschneiden. Sollte sie gar von Exegeten zur Kenntnis genommen werden, könnte sie vielleicht dazu helfen, den Aporien der Exegese zu begegnen.

Welche Rolle die *Kybernetik,* beziehungsweise die *Kommunikationsforschung* in unserem Fach spielen werden, ist noch nicht vorauszusehen (vgl. § 8/III). Ihre Früchte sind noch kaum erkennbar, unleugbar ist vorerst die Faszination, die von den neuen Wissenschaften und ihren Methoden ausgeht. – Leider ist bisher noch nicht kritisch genug nach den weltanschaulichen Implikationen gefragt worden, die die neuen Wissenschaften und ihre Methoden mit sich bringen. Ihre Herkunft aus Nachrichtentechnik und Werbung, aus Krieg und Handel, ist kein Grund ihrer Tabuisierung, wohl aber zu kritischer theologischer Prüfung, die bis jetzt noch nicht erfolgt ist; sie trat hinter dem Versuch zurück, die Bedeutung dieser Wissenschaften für Theologie und Kirche zu empfehlen. Eine solche Prüfung ist auch im Rahmen einer Homiletik nicht zu leisten, vielleicht läßt sich hingegen der Stellenwert dieser Wissenschaften für die Homiletik bestimmen. Die neuen Erkenntnisse aus Kybernetik und Kommunikationsforschung vermögen dem Prediger nicht zu geben, was ihm fehlt: das Wort. Sie helfen dem Reden, helfen aber nicht aus Grundverlegenheit des Predigers, der redet, obwohl er nichts zu sagen hat.

Wenn die Erkenntnisse der Kommunikationsforschung auf den Kanzeln erst fruchtbar werden, werden sie vermutlich zu einer Apokalypse der Sprachlosigkeit führen, weil dann gekonnterweise deutlich wird, wer

redet, ohne zu sagen. Der einzig mögliche »evangelische kalenderspruch« würde dann lauten: »lasset uns diesen sonntag nun / schweigen«. Eine solche Apokalypse der Sprachlosigkeit aber könnte sich gegenüber andern Möglichkeiten, die sich uns hier eröffnen, als relativ
harmlos erweisen. Vorerst gehören diese Möglichkeiten ins Reich der
Weissagung und brauchen hier nicht entfaltet zu werden. Hingegen bedarf es keiner Weissagung, um vorauszusehen, daß die Aporien des Predigers durch die neuen Wissenschaften wachsen werden. Entfliehen
können wir ihnen nicht. Dies wird später – in § 8 – zu verdeutlichen
sein.

IV

Die Schwierigkeit mit sich selbst

Wird das Institut der Sonntagspredigt zum Problem, so erst recht der
sonntägliche Redner. Wird das Institut der Sonntagspredigt zum Hindernis für das Predigen, steht auch der Prediger selbst mit seiner Predigt
dem Predigen im Weg, wird er sich selbst zur nächstliegenden Verlegenheit! Fragwürdig im höchsten Grade, wer es wagt, von Gott zu reden! Nicht nur: »Wie macht man das?« Vielmehr: »Wie kann man
das?« Und weiter: »Wer kann das?« – Der Prediger nimmt nicht nur an
der Strukturkrise der Kirche teil, er partizipiert nicht nur an der Problematik gegenwärtiger Theologie, er erlebt die Identitätskrise des Menschen, die Max Frisch im »Stiller« mit dem Satz charakterisiert: »Ich
bin nicht Stiller!« Der Prediger variiert diesen Satz auf mannigfaltige
Weise. Er kultiviert etwa ein Amtsbewußtsein, dem er mit seiner Person
nie gerecht wird, er schämt sich seines Berufs, er tut etwas, dessen Sinn
er nicht mehr ganz einsieht. Die Identitätskrise des Predigers läßt sich
sprachlich an vielen Predigten nachweisen. Die Sprache verrät, daß zwischen Existenz und Wort Uneinigkeit besteht. Die Sprache widerspricht
oft dem, was der Prediger sagt (vgl. § 23/II). Der Prediger, der mit dem,
was er tut und spricht, nicht identisch ist, wird auch Mühe haben, »ich«
zu sagen. Er selbst bereitet sich mit sich selbst die größte Verlegenheit:
Der Identitätsverlust erweist sich zuletzt als verlorene Einfalt.

Zum Problem der Identität des Priesters vgl. den Roman von *Kurtmartin Magiera,*
Liddl, Eichhorn und andere, 1969. Zur Problematik des Priesterberufes, vgl. *Ferdinand
Klostermann,* Priester für morgen, 1970. Eine entsprechende Arbeit über das evange-
lische Pfarramt steht noch aus (vgl. § 24/I Lit.).

Diese Nicht-Identität könnte als gestörtes Verhältnis des Predigers zu
Gott, Welt, Kirche beschrieben werden. – Ich möchte hier vor allem die
Zerfallenheit mit der Kirche im allgemeinen und der Gemeinde im be-
sondern unterstreichen. Wo der Prediger ohne die Gemeinschaft der
Brüder und Schwestern einer Gemeinde lebt, fehlt ihm etwas an seinem

Selbst. Wo die Gemeinde nicht zu einer Art zweites Ich des Predigers wird, wird es dem Ich des Predigers vielleicht am Auftrag, ganz sicher an der Bestätigung fehlen; mangelnde Verbundenheit mit der Gemeinde erzeugt Unsicherheit in Bezug auf das eigene Tun, es sei denn, ein Prediger würde einem alttestamentlichen Propheten ähnlich sein. Wer einfältig werden will, wird es nur mit einer Vielzahl von Brüdern und Schwestern. (Wäre ich gerecht, hätte ich den Anteil der Gemeinde am Predigen als Leidenschaft – vgl. § 1 – nicht nur mit dem Warten der Gemeinde auf die Predigt beschreiben dürfen!)

Diese Nicht-Identität des Predigers mit sich selbst zeigt sich auch darin, daß er auch vom Handwerklichen her »das« meistens nicht kann. Er hat das Predigen nie gelernt und lernt es nicht. Zwar zielt das Studium evangelischer Theologie mit ihrer Betonung der Exegese auf die Predigt, aber das Predigen lernt der Student in der Regel nicht. Wollte und sollte er es lernen, müßte die homiletische Übung in jedem Studiensemester ihren Platz haben. Im heutigen Studiengang lernt der Student nicht sagen, was er zu sagen hat. Er ist in der Regel sprachlich seiner Aufgabe nicht gewachsen.

Gottfried Benns Sentenz trifft auch auf viele Prediger zu: »Schriftsteller, die ihrem Weltbild sprachlich nicht gewachsen sind, nennt man in Deutschland Seher« (GesW I, 390).

Das sprachliche Unvermögen des Studenten in der Predigt kann vorläufig in drei Richtungen diagnostiziert werden.

Erstens: Wir variieren schon Gesagtes: Die Exegese vermag dem Prediger das Wort nicht so darzubieten, daß er es ergreifen kann. Dem Sprachlosen hilft die Exegese in der Regel nicht zur Sprache; sie vermag gerade das nicht zu leisten, die Sprache zu erweitern.

Willy Marxsen umschreibt die Lage folgendermaßen: »Die Exegese ist meist sauber aus Kommentaren zusammengearbeitet. Dabei wird allerdings häufig eine Additionsmethode angewandt. Ein guter Gedanke ist von hier, ein anderer von dort übernommen. Die Eigenheit der Kommentatoren und ihre jeweiligen Konzeptionen werden weitgehend eingeebnet. Manchmal kehren die Gedanken, gelegentlich sogar ganze Sätze der Exegese in der Predigt wieder. Und doch stellt man immer wieder fest: Bei der Arbeit am Predigtentwurf hat der Kandidat ganz neu eingesetzt. Eine Brücke zwischen Exegese und Predigt kann man nicht (oder nur in der Form eines sehr wackeligen Steges) finden. Meist ist gar keine vorhanden. Diese Tatsache scheint mir symptomatisch. Ich frage mich: Was soll eigentlich die große Mühe um die Exegese, wenn sie nachher nicht benutzt wird« (Exegese und Verkündigung, ThEx 59, 1957, 33). Man kann Marxsen nur zustimmen, wenn er dann später folgert: »Die vorgelegte (sauber aus Kommentaren zusammenredigierte) Exegese – ist gar keine Exegese, *kann* darum auch kein Fundament für den Brückenschlag liefern. Die Predigtnot ist zutiefst eine exegetische Not« (37).

Zweitens: Der Student vermag meistens den Text in seiner systematischen Relevanz nicht zu sehen. Die Wirkungsgeschichte des Textes liegt in der Regel außerhalb seines Gesichtskreises. Die Hilflosigkeit, mit der der Student dem historisch erarbeiteten Text gegenübersteht, erweist

sich als Traditionsverlust. Der Unfähigkeit, den Text systematisch ein-
zuordnen, entspricht eine Unkenntnis dessen, was die Kirche zu diesem
Text schon gedacht hat. Mit der vielzitierten sauberen Exegese verbindet sich eine dogmatische Ignoranz, die es nicht vermag, den Text mit
der Tradition der Kirche ins Gespräch zu bringen, um gerade in diesem
Gespräch das Novum des Textes im Heute zu erkennen (vgl. § 21/V/6).
Einige Exegeten scheinen zu schnell den dogmatischen Locus gegen den
der Exegese zu setzen (vgl. Marxsen, 36). Zum Ärgernis der Geschichte
gehört auch, daß der Text Geschichte machte, daß er u. U. an einem
dogmatischen Locus ursächlich beteiligt war! Exegese ist immer mitbestimmt von der dogmatischen Tradition, in besonderem Maße dann,
wenn sie diese verdrängt! – Als Prediger kann ich den Text nie hören,
ohne daß ich ihn mit und gegen seine Wirkungsgeschichte in der Kirche
höre. Die Exegese vermag dem Studenten in der Regel nicht zur Sprache zu verhelfen, weil dieser sich der Assistenz der Dogmatik in der
Auslegung des Textes nicht zu bedienen weiß; er bezahlt damit für das
vielzitierte Auseinanderklaffen von Exegese und Systematik. Das homiletische Seminar aber wäre überfordert, wenn es leisten sollte, was Exegese und Systematik versäumten.

Drittens: Da das gute Werk der Predigtvorbereitung bisher vor allem
in der Exegese gesehen wurde, gibt sich der Student kaum Rechenschaft
über das Ausmaß an Arbeit, das die Predigt als Rede erfordert; dem
Reden selbst wird wenig Aufmerksamkeit zuteil. – Hier wirkt sich auch
aus, daß es in der Kirche des Worts noch kaum eine ernsthafte Predigtforschung gibt. Wenn in den letzten Jahren eine Reihe von Dissertatio-
nen zur Geschichte der Predigt erschienen sind, so ist dies zwar erfreu-
lich, signalisiert aber um so deutlicher das Defizit; denn es dürfte deutlich sein, daß Predigtforschung nicht nur im Historischen zu treiben ist.
Die völlige Ignoranz gegenüber den Problemen des Rednerischen läßt
einen Gegenschlag befürchten, der die Konsequenz aus der gegenwärtigen Lage zieht, indem er Exegese und Systematik überspielt. – Die Ah-
nungslosigkeit gegenüber den hier auftauchenden Problemen ist ebenso
groß wie der Mangel an Mut und Phantasie.

Vier Dinge könnten hier vielleicht Abhilfe schaffen: einmal Vorlesungen über die Enzyklopädie durch praktische Theologen. Zum andern: systematische Arbeit an der Predigt während des ganzen Studiums. So wäre z.B. wünschenswert, daß schon die exegetischen Prosemi-
nare den Horizont der Predigt deutlich zu machen wüßten, daß vermehrt kirchengeschichtliche Seminare sich mit Predigten beschäftigen.
Eine Überprüfung des Studiums in Zwischenprüfungen müßte vor allem
auch an Hand von Predigten erfolgen! Endlich muß auch auf das Gro-
teske in der herrschenden Prüfungspraxis hingewiesen werden: Mit einer gewissen Strenge wird immer wieder die Notwendigkeit etwa der alten Sprachen betont. Dieser Strenge entspricht die Milde im Blick dar-

auf, was der Student mit den alten Sprachen macht. Homiletik gilt in der Kirche des Wortes in der Regel als Nebenfach. Das Studium vermag nicht zu leisten, was es leisten sollte, zur Sprache zu helfen. – Last not least muß den Strukturen des Pfarramtes – wie der Verkündigung – von Anfang an erhöhte Aufmerksamkeit geschenkt werden. Zum Studium der Theologie gehört die Erarbeitung von Zielvorstellungen für den künftigen Beruf. Der Zustand des homiletischen Dolce far niente setzt sich nach dem Studium in der Regel fort.

Die Zahl der Prediger, die an der Predigt arbeiten, ist gering, »die mangelhafte Predigtvorbereitung schreit wirklich sonntags laut von vielen Kanzeln« (*Martin Sunnus,* Der Prediger als Predigthörer, PTh 56, 1967, 116). In seiner »Epistel an Prediger« spricht *Leo Waltermann* von den »leider eben nicht seltenen Predigten, denen die Mühe anzumerken ist, die der Prediger seine Bemühungen, zu predigen sich kosten läßt, denen anzumerken ist, daß die Mühe zu spät kommt, und daß die verspätete Mühe die Predigt nicht rettet und nicht bessert. Die Mühe über ein paar Tage und ein paar Stunden verteilt, hätte ihn, den Prediger, sicherer und gelassener und uns, die Hörer, williger machen können und vielleicht betroffener« (Dienst am Wort 2, 1967, 183).

Diese mangelhafte Predigtvorbereitung ist häufig genug nicht nur in einem mangelnden Fleiß in der Predigtarbeit selbst zu suchen, sondern mehr noch in einem grundsätzlichen Dispens an homiletischer Weiterbildung des Pfarrers: Es genügt nicht, seine Predigt recht und schlecht vorzubereiten. Wer sein Leben lang predigt, ist gehalten, sich ein Leben lang theoretisch mit der Predigt auseinanderzusetzen. In einer verwissenschaftlichten Welt muß eine Predigt, die sich nicht über ihr eigenes Tun ständig Rechenschaft gibt, fossil wirken.

Hier liegt auch die Problematik der weitverbreiteten Predigtmeditationen und Predigthilfen, daß sie in der Praxis den Prediger dazu verleiten, Halbfertigware zu liefern. Gibt die gedruckte Meditation exegetische Hilfe, die sie vielleicht mit einem Predigtratschlag verbindet, unterschätzt der Prediger sehr oft das Maß an Arbeit, das ihm immer noch abverlangt wird. – So höre ich denn auch bei fleißigen Predigern immer wieder Predigten, die mindestens 24 Stunden zu früh gehalten werden (vgl. hierzu § 11/III).

Es ist klar, daß das mangelnde handwerkliche Können einer großen Zahl von Predigern die Rollenunsicherheit befördert, denn es bringt auch eine weitgehende Echolosigkeit mit sich. Ich insistiere hier mit Absicht auf dem Mangel an »handwerklichem« Können, weil ich meine, der Prediger sei heute in besonderer Weise herausgefordert, indem – ich komme last not least darauf zu sprechen – die Massenmedien die Predigt-Situation in einer Weise verändert haben, die es nicht erlaubt, im bisherigen Stil weiterzumachen. Entweder läßt man das Predigen in der Gemeinde mit einem freundlichen Hinweis auf die Möglichkeit, die Funk und Fernsehen bieten, oder aber man nimmt die Herausforderung an, die in den Verlegenheiten liegt, und ergreift die Chance zu einem neuen Anfang. Gibt es eine Predigt-Krise, enthält sie die Möglichkeit aufzuhören oder neu anzufangen. Auf keinen Fall geht es an, im alten Schlendrian (vgl. § 23) weiterzumachen.

In dem Moment, in dem die Pfarrer wieder *Prediger* werden und sich als Diener am Wort verstehen, wird es möglich sein, daß sie im Ergreifen des Wortes ihren Zwiespalt überwinden und »einfältig« werden. Gewinnt im Hören das Wort Macht über den Prediger, wird es seinen Zwiespalt überwinden. – Weil aber das Wort nicht im luftleeren Raum, sondern in den kirchlichen und gesellschaftlichen Strukturen hörbar wird, wird man als Arbeitstherapie neben vermehrtem homiletischem Studium und besserer Vorbereitung Zusammenschlüsse empfehlen; Strukturen können nur gemeinschaftlich verändert werden. – Allein Arbeitstherapie genügt hier nicht. Angesichts der allgemeinen Übermüdung des Pfarrerstandes wird man in solchen Zusammenschlüssen nicht mit der Frage beginnen nach dem, was die Prediger tun müssen, vielmehr mit der Frage, was sie *nicht* tun müssen. Wer Prediger werden will, muß mit dem Sabbat anfangen, mit Ruhe, mit einer Zeit, die Gott heiligt. Weil wir uns nicht selbst erlösen können, beginnt das Predigen mit einem Nicht-Tun, und der Dienst der Versöhnung geht aus von einer Feier. Möglicherweise hat der Prediger seine Identität zusammen mit dem Sonntag verloren; er wird sie nur wiederfinden, indem er selbst sonntäglich existiert. Mit diesem Satz ist schon so etwas wie eine heimliche Überschrift über das den Anläufen Folgende formuliert.

Wie die Predigt Wort Gottes sein oder werden kann, ist das Grund-problem der Homiletik. Darf man da bei Definitionen stehen bleiben? Die Sprachlosigkeit erfordert eine Sprachlehre des Glaubens, der Liebe, der Hoffnung. Kann eine strenge, mehr oder weniger einseitige Metho-dik die Probleme noch lösen?

§ 3

VORFRAGEN

Die Fragen, die ich im folgenden bespreche, nenne ich »Vorfragen« – sie sind vorgängig zu stellen und nur vorläufig zu beantworten. Nicht ihr mangelndes Gewicht, sondern ihre Schwierigkeit lassen es als rätlich er-scheinen, sie unter die »Anläufe« einzureihen. – Wie soll man die Predigt und das Predigen definieren? Wie kann man das Predigen lehren? Das sind die beiden Fragen, die es jetzt zu bedenken gibt. Endlich wird zu erwägen sein, wie die hier vorliegende Predigtlehre anzulegen ist.

I

Zur Definition der Predigt

Ich habe die Predigt als »Wunder« bezeichnet (§ 1), das war, das sei zu-gegeben, eine für viele Zeitgenossen recht ungenaue, geradezu ver-schwommene Charakteristik. Nun müßte genau bestimmt werden, was die Predigt als Wunder meint; das Predigtverständnis entscheidet über die Art und Weise einer Predigtlehre.

In einer ersten Fassung dieses Buches habe ich – wie es einer rechtschaffenen Predigt-lehre wohl ansteht – eine umfängliche Analyse, sowie einen Vergleich neuerer Definitio-nen gemacht und alle Möglichkeiten einer Predigtlehre – wie des Predigenlernens – bedacht. Dies ergab so etwas wie eine Puppe in der Puppe, ein Buch im Buch, und wurde herausgenommen. Die Operation fiel mir nicht leicht, da das Gespräch mit den Predigt-auffassungen der Gegenwart meine Arbeit begründen und evident machen sollte. Ich meinte, die operative Entfernung trotzdem wagen zu können, da zwei der Analysen schon veröffentlicht worden sind:

Rudolf Bohren, Zur Definition der Predigt, in: Theologie zwischen Gestern und Morgen. Interpretationen und Anfragen zum Werk Karl Barths, hg. v. Wilhelm Danti-ne und Kurt Lüthi, 1968, 125ff. – *Ders.*, Reformatorische und neuprotestantische Defi-nition der Predigt, EvTh 31, 1971, 1ff (Eine Gegenüberstellung der Definitionen von Heinrich Bullinger und Emanuel Hirsch). –

Auch hoffe ich, die andern Arbeiten später einmal gesondert vorlegen zu können, in denen ein Gespräch mit *Joseph Jungmann/Michael Gatterer – Viktor Schurr – Wal-ter Uhsadel – Werner Jetter – Otto Pesch – Johannes Schreiber* geführt wird. – Zum

Problem der Predigtdefinition und ihrer Relativität vgl. auch *Johannes Schreiber,* Art. Predigt, PrThH, 400f.

Die Besinnung über die Verlegenheiten, in denen wir stehen, hat deutlich gemacht, daß nach einem neuen Entwurf für die Predigtlehre zu suchen ist. Der Charakter eines üblichen Lehrbuchs konnte unter diesen Umständen kaum gewahrt bleiben. Ich begnüge mich hier damit, den Ausgangspunkt zu markieren, von dem aus ich das Gespräch mit den Predigtdefinitionen führte.

Woher nimmt die Predigt ihr Verständnis? Woher versteht sie sich? Wie kommt die Predigtlehre zu einer Definition der Predigt und des Predigens? In konsequenter Fortsetzung von § 1 wäre eine Predigtlehre denkbar, die den Prediger zum Gegenstand der Reflexion machte. Man könnte in diesem Zusammenhang eine ältere Formel variieren: Ich, der Hörer und Prediger, bin mir, dem Predigtlehrer, Gegenstand des Erkennens. Natürlich läßt sich das hörende und predigende Subjekt erweitern um die Gesellschaft und um die Kommunikationsprozesse, in denen es existiert. – Da das Predigen eine menschliche Tätigkeit darstellt, kann das Recht einer solchen Betrachtung nicht bestritten werden. Weil es aber bei der menschlichen Tätigkeit des Predigens um Gottes Sache geht, genügt eine Reduktion auf die menschliche Seite des Predigens nicht. Eine solche Predigtlehre würde ihrem theologischen Wesen nach unkritisch bleiben. Habe ich im vorhergehenden Paragraphen vor einer Reduzierung des Predigtbegriffes gewarnt, mag diese Warnung nunmehr einsichtig werden: Was ich von der Predigt halte, kann ich nicht von meinen Erfahrungen her regulieren, sonst habe ich den Predigtbegriff von vornherein eingepaßt. Ein an der Erfahrung orientiertes Predigtverständnis führt notwendigerweise dazu, daß nichts Neues gepredigt wird, die Novität des Evangeliums geht verloren, die Predigt büßt ihre subversive Kraft ein und bestätigt nur noch das Vorhandene. Eine Predigtlehre, die vom Vorfindlichen ausgeht und vom Phänomen her die Predigt definiert, entspricht allzuleicht einer Kirche, die sich in die Gesellschaft völlig eingepaßt hat und die Zustände verfestigen hilft, und einer Predigt, die ihre Kraft verloren hat. Selbstverständlich wäre es auch denkbar, daß der Predigtbegriff in eine revolutionäre Ideologie eingepaßt würde. Dementsprechend würde die Predigt zwar revolutionär klingen, ein wirklich Neues hätte sie trotzdem nicht zu sagen.

Es ist kein Zufall, daß eine Zeit, die die Kirche erneuerte, zwar nicht am Vorfindlichen vorüberging, aber nicht grundsätzlich vom Vorfindlichen ausging. Ich setze unseren Verlegenheiten die klassische Formulierung aus der Reformationszeit entgegen, die den Glauben der Väter in bezug auf die konkrete Predigt – auf die Predigt mit ihren Vorfindlichkeiten – bekennt. Dabei ist zu beachten: Die Predigt wird als Glaubenssatz definiert. Der Glaube sagt, was Predigt ist. Weil es in der Predigt um den Glauben geht, kann eine Predigtlehre nicht vom Glauben abstrahieren. – Wer predigt, verantwortet den Glauben gegenüber dem Unglauben. Die Predigt selbst aber ist zuerst dem Glauben verantwortlich. Indem die Predigt den Glauben verantwortet, bringt sie den Unglauben in eine Krisis; in der Verantwortung vor dem Glauben gerät die Predigt in die Krisis des Glaubens. Investiert die Theologie zuzeiten viel Mühe, indem sie die Argumente des Zweifels und des Unglaubens aufnimmt, scheint sie merkwürdig schnell mit dem Glauben fertig zu werden. Sie macht es sich dann zu schwer mit dem Unglauben und zu leicht mit dem Glauben.

Allerdings kann ich die Predigt und das Predigen nicht verstehen, indem ich meine Erfahrung verdränge und die Einreden des Unglaubens überhöre. Ich werde darum gut tun, diejenige Erfahrung, die für den Zweifel und für den Unglauben spricht, mit dem Bekenntnis des Glaubens zu konfrontieren, das als Bekenntnis *des Glaubens* immer schon von Erfahrung herkommt und auf Erfahrung aus ist; denn Glauben gibt es nicht ohne Geschichte. Zuerst freilich gerät die faktische Predigt gegenüber der Glaubensaussage über die Predigt in eine Krise. Die Verlegenheiten der Predigt werden erst recht akut in der Konfrontation mit dem, was der Glaube von der Predigt bekennt. Dies wird einsichtig, wenn ich unseren Verlegenheiten die klassische Predigtdefinition aus der Reformationszeit entgegensetze, die nicht das Phänomen Predigt beschreiben will, sondern den Glauben der Väter in bezug auf das Phänomen »Predigt« bekennt:

»*Praedicatio verbi Dei est verbum Dei.*« – »Die Predigt des Wortes Gottes ist Gottes Wort« (Wilhelm Niesel, Bekenntnisschriften, 1948³, 223,21).

Natürlich kann ich diese Formel mißbrauchen, um meinen »Rückzug auf das leere Wort« (vgl. § 2) zu decken, und das tue ich sehr wahrscheinlich dann, wenn ich sie unreflektiert übernehme. Nehme ich diese Formel hingegen beim Wort, schneidet sie mir jeden Rückzug auf das leere Wort ab. Das Bekenntnis der Väter gibt dann eine Orientierungshilfe im »Kampf mit der Bedeutungslosigkeit und dem Schweigen der Welt«, an denen das Phänomen »Predigt« zunächst teilhat. So verstanden liegt die reformatorische Formel nicht hinter, sondern vor uns. Wir lassen sie nicht liegen, wir gehen auf sie zu.

Wir werden ihre historische Bedingtheit beachten, sobald wir sie nicht mehr zur Selbstrechtfertigung verwenden: Eine Analyse der Definition ergibt, daß sie gestützt wird durch das Verständnis der Schrift als Gottes Wort, durch die göttliche Stiftung des Predigtamtes, durch die Rede von der inneren Erleuchtung (illuminatio interna). Schon an der Sprache war deutlich zu machen, daß der Begriff der »inneren Erleuchtung« für den Verfasser des Bekenntnisses eine größere Problematik in sich barg als die andern beiden Begriffe. Blieb die Pneumatologie in der Folge unentwickelt, haben die Begriffe »Schrift« und »Amt« in der Folgezeit eine Geschichte gehabt, die es uns verwehrt, sie voreilig als Stützen für den Predigtbegriff zu verwenden. Wollte man die reformatorische Formel übernehmen, müßte man erklären, was man von

Kanon, Amt und innerer Erleuchtung hält, müßte genau sagen, wie man das »est« versteht. – An diesen drei Buchstaben entscheidet sich schlechterdings alles. Ich habe mit meiner Predigtlehre freilich nichts anderes im Sinn, als für unsere Zeit diese drei Buchstaben zu erklären. Kann ich sagen, was das »est« bedeutet, habe ich das Wunder der Predigt erklärt. Eine solche Erklärung könnte die Sprachlosigkeit noch nicht durchbrechen – dies geschieht erst im Predigen selbst –, wohl aber eine Überwindung der Sprachlosigkeit vorbereiten. Diese Formel der Väter nehme ich somit als Verheißung für die Zukunft. Das »est« ist zunächst Zukunft, auf die ich mit der Predigtlehre und mit dem Predigen zugehe. Die Formel aus der Reformationszeit ist nicht meine Formel. Sie muß es erst werden. Die Frage stellt sich, ob es denn nicht eine zeitgemäßere Definition der Predigt gibt oder geben könnte, die genau formuliert, was der Glaube heute von der Predigt sagt. Eine Zusammenschau der Predigtdefinitionen aus unserer Epoche zeigt, daß eine jede zwar Richtiges meint und aussagt, daß aber keine an die Prägnanz und Dichte der reformatorischen Bekenntnisformulierung heranreicht. Auf eine eigene Definition möchte ich verzichten, meinend, eine Definition der Predigt sei heute aus verschiedenen Gründen unmöglich. Der Hauptgrund liegt darin, daß das Wort nicht nur ewig, sondern in seinem Wesen auch unendlich ist, so daß es unabzählbare Weisen des Sagens gibt. Eine Definition birgt die Gefahr einer unerlaubten Abstraktion und Verengung in sich – vor allem in dem Moment, in dem ich mich nicht mit einer Kurzformel begnüge, was mir durch die Implikationen der reformatorischen Definition verwehrt ist. – Ein Wunder darf nicht durch eine Definition zum vorherein kanalisiert werden. Weil es voll Zukunft ist, ist seine Freiheit zu ehren.

Das Neue Testament selbst scheint mir in doppelter Weise sich gegen eine Definition zu sperren: Einmal kennt das Neue Testament einen embarras de richesse von Möglichkeiten des Verkündens und des Sagens. Über dreißig Vokabeln deuten auf eine Vielfalt, demgegenüber unser Begriff ›Predigt‹ einen Schrumpfungsprozeß signalisiert. *Gerhard Friedrich* bemerkt: »Daß wir heute fast ausschließlich nur noch das Wort ›predigen‹ kennen, ist nicht nur ein Mangel der Sprache, sondern auch ein Zeichen dafür, daß uns vieles verloren gegangen ist, was in der Urchristenheit lebendige Wirklichkeit war« (ThW III, 702). – Zum andern überwiegen im neutestamentlichen Sprachgebrauch die Verba vor den Substantiva. Die Substantiva selbst aber beschreiben »die Handlung der Verkündigung« (ThW II, 727). Es kann sich für uns nicht darum handeln, die Predigt zu definieren, sondern nur die gepredigte Predigt, d.h. also das Predigen!

Es scheint im Ansatz verfehlt, wenn *Gustav Wingren,* Die Predigt, 1955, darauf verzichtet, in seiner systematischen Besinnung über die Predigt die Praxis zu berücksichtigen. Von der tatsächlich gepredigten christlichen Predigt darf nun einmal nicht abstrahiert werden, nicht in der dogmatischen und noch weniger in der homiletischen Besinnung. *Heinrich Benckert* urteilt wohl etwas zu pauschal: »Über die Bedeutung des Predigtgeschehens schweigen die Dogmatiker« (MPTh 51, 1962, 7). Nur hat er allzusehr recht in seinem Anliegen, wenn er das Faktum, daß gepredigt wird, auch für die Dogmatik als zentral ansieht!

Die Faktizität des Predigtgeschehens läßt es geraten erscheinen, auf eine Definition zu verzichten. Liebe kann man zur Not definieren, dem Lieben ist es angemessener, besungen zu werden. In Analogie dazu versuchten wir unsere Homiletik nicht mit einer Begriffsbestimmung einzuleiten, sondern mit einem kleinen Gesang auf das Predigen! Das »Unwissenschaftliche« ist hier sachlicher als eine Wissenschaftlichkeit, die sich in Abstraktion verliert.

II

Zur Methode der Predigtlehre

Die Aufnahme der reformatorischen Definition hat eine bedeutsame Konsequenz für die *Methode* der Predigtlehre. Es scheint mir kein Zufall zu sein, daß die prägnanteste Aussage über die Predigt in einem Bekenntnis steht. Auch wenn ich in der Predigtlehre eine andere Sprache spreche als im Bekennen – eine Metasprache wie in der Predigtkritik (vgl. § 32) –, kann ich nicht vom Glauben abstrahieren, es sei denn, ich werde unsachlich. In der Predigtlehre reflektiere ich den Glauben in bezug auf das Predigen und das Predigen in bezug auf den Glauben. – Aus diesem Grund wird in der vorliegenden Predigtlehre auch anvisiert, was ich den ungepredigten Glauben nennen möchte, es wird an vergessene Glaubenssätze erinnert, auf ungepredigte Bibel aufmerksam gemacht. In diesem Betracht nähert sich eine Predigtlehre immer einer Dogmatik, mit dem Unterschied, daß sie Dogmatik sozusagen in Kurzschrift schreiben muß: als Predigtlehre ist sie zum Predigen unterwegs, sie hat darum gleichsam »die Lenden gegürtet, die Schuhe an den Füßen und den Stab in der Hand«! Die königliche Ruhe des Systematikers kann sie nicht pflegen, sie gleicht Israel, das Passah feiert »in angstvoller Eile« (2Mose 12,11). In der Predigtlehre spreche ich nicht nur anders als im Bekennen, sondern auch anders als in der Dogmatik, das heißt, ich lege weniger Wert auf eine umsichtige Entfaltung eines Themas, ich kann es lediglich unter dem Gesichtspunkt des Predigens anreißen. Ich spreche perspektivisch verkürzt, indem ich auf den Predigtakt zugehe. Der Systematiker wird diesen Sachverhalt, falls er hier wirklich systematisch denkt, immer im Auge behalten müssen. Eine andere systematische Frage wird sein, ob ich meinen Ansatz durchzuhalten vermag.

Die Herkunft von der reformatorischen Formel hat noch eine weitere Konsequenz: Meine Predigtlehre erfolgt – im Gegensatz zu einem landläufigen Trend – nicht auf der Grundlage der Empirie, da sie meint, die Krise der Predigt sei letztlich Ausdruck einer Glaubenskrise, der mit Hilfe der empirischen Wissenschaften allein nie und nimmer beizukommen ist. – Andrerseits sehen viele die Krise der Predigt eben darin, daß

im Gefolge der dialektischen Theologie der reformatorische Predigtbegriff erneuert wurde, was vielfach zu einem Übersehen der Empirie
führte. Dies gab dem Predigen einen Hauch von Unwirklichkeit. Die
heutige Reaktion gegen eine Theologie des Wortes ist verständlich, auch
wenn diese Reaktion vielfach die Theologie des Wortes nicht mehr versteht. In vielen Traktaten trifft die Kritik eher einen Mißbrauch der
Theologie des Wortes als diese selbst. Immerhin ist die Möglichkeit des
Mißbrauchs in dieser Theologie angelegt, sie hindert ihn nicht. So sehe
ich mich gezwungen, nach einem Neuansatz zu suchen, in dem der Empirie zwar nicht der Primat, wohl aber eine neue Dignität zukommt. Die
ganze Anlage dieser Predigtlehre (vgl. § 3/III) zeigt den Versuch, das
Predigen als menschliches Werk zu betonen, ohne die Herkunft von einer Theologie des Wortes verleugnen zu wollen (vgl. § 4).

Mein grundsätzlicher Verzicht auf eine Definition hat auch methodische Konsequenzen. Der Vielfalt von Predigt-Möglichkeiten entspricht
eine Vielfalt von Möglichkeiten einer Predigtlehre. Da es nicht nur *eine*
Predigtart gibt, sondern ungezählte Weisen des Predigens, kann keine
Predigtlehre allumfassend und endgültig, also kanonisch sein. Wie jede
Predigt gemäß ihrem Stückwerkcharakter nach weiterer Predigt ver-
langt, gehört grundsätzlich und praktisch Ergänzungsbedürftigkeit zum
Wesen jeder Predigtlehre. Je strenger eine Predigtlehre in ihrer Methodik vorgeht, um so mehr bedarf sie der Ergänzung. Will man nicht einen
monographischen Beitrag zur Forschung liefern und nur je einen
Aspekt der Predigt darstellen, versucht man »die Predigt« und »das
Predigen« in ihrer Komplexität im Auge zu behalten, erscheint es sach-
gemäß, in einem und demselben Werk sich nicht ausschließlich einer
Methode zu bedienen. Gerade in ihrer Ergänzungsbedürftigkeit muß
die Predigtlehre eine gewisse Vielfalt und Weite anstreben, sonst führt
sie den Prediger in die Enge und dient im Grunde nur einer Weise des
Predigens.

Ich versuche, aus der homiletischen Tradition verschiedene Ansätze aufzunehmen und
zu vereinigen. Der Kenner wird leicht merken, inwiefern ich von den hier zu nennenden
Vätern des neunzehnten Jahrhunderts Impulse empfangen habe.

Alexander Schweizer legt 1848 eine »Homiletik der evangelisch-protestantischen
Kirche, systematisch dargestellt« vor, in der er versucht, »die wissenschaftliche Organisation der Theorie selbst« darzustellen (Vorwort, IV). An Schweizers Homiletik lassen
sich die Vorzüge und Mängel einer rein systematischen Darstellung leicht erhellen, gerade weil er (anders als Wingren! vgl. § 3/I) bis hin zur »Gesticulation« auch den praktischen Vollzug bedenkt.

Man hat seiner Predigtlehre trotzdem vorgeworfen, sie habe »mehr Bedeutung für
den Homiletiker als für den Homileten« (*Alfred Krauß*, Lehrbuch der Homiletik, 1883,
111). Vgl. zu Schweizer *Friedrich Wintzer*, Homiletik als System? Bedeutung und
Eigenart der Homiletik von Alexander Schweizer, EvTh 25, 1965, 604ff. – Ders., Die
Homiletik seit Schleiermacher bis in die Anfänge der ›dialektischen Theologie‹ in
Grundzügen, 1969, 22ff.

Ich entwerfe die Predigtlehre nach systematischen Gesichtspunkten und kombiniere
damit die Methode von *Christian Palmer*, den Schweizer im Vorwort seiner Homiletik

ausdrücklich nennt und dessen praxisbezogene, illustrierende Veranschaulichung besondere Aufmerksamkeit verdient: Evangelische Homiletik, (1842[1]) 1845[2]. Vgl. *Dietrich Rössler*, Prolegomena zur Praktischen Theologie, Das Vermächtnis Christian Palmers, ZThK 64, 1967, 357ff. – *Friedrich Wintzer*, Homiletik seit Schleiermacher, 93ff.

Die illustrierende Veranschaulichung möchte ich dadurch ergänzen, daß ich bewußt meine eigene Predigterfahrung in die Homiletik einbringe. Der Ratschlag eines erfahrenen Predigers wird in einer wissenschaftlichen Darstellung nur dann fehlen, wenn sich dieselbe nur wenig um den Praxisbezug kümmert. Hier möchte ich vor anderen *Charles Haddon Spurgeon* nennen: Ratschläge für Prediger, (1896) 1962; vgl. *Helmut Thielicke*, Vom geistlichen Reden. Begegnung mit Spurgeon, 1961. – *Peter Spangenberg*, Theologie und Glauben bei Spurgeon, 1969.

Die Namen von Alexander Schweizer, Christian Palmer und Charles H. Spurgeon stellen keine vollständige Ahnengalerie für die hier vorliegende Predigtlehre dar. Die Gegenüberstellung Schweizer–Palmer mag schon deutlich machen, inwiefern sich eine Komposition von verschiedenen Methoden in einem Werk empfiehlt. Hierbei kann die Problematik einer solchen Komposition nicht geleugnet, sondern nur bejaht werden.

Eine Predigtlehre muß dilettantisch sein, es sei denn, sie mache sich von vornherein unsachgemäßer Verkürzungen und Verengungen schuldig. Wollte man dem Dilettantismus entgehen, müßte man eine Predigtlehre in einem Team schreiben, das nicht nur aus Vertretern der theologischen Disziplinen besteht, sondern all die Wissenschaften einbezieht, die sich mit Sprache und Gesellschaft befassen. – Sollte eine solche Predigtlehre nicht auseinanderfallen, setzte sie eine – wenigstens temporäre – Lebensgemeinschaft verschiedener Forscher voraus. Allumfassend könnte auch eine solche Predigtlehre kaum werden. Dem Stückwerkcharakter der Predigt entspricht ein fragmentarischer Charakter der Predigtlehre, will heißen, die angemessene Form der Predigtlehre ist *der Essay*. – Das Fragmentarische möchte die Offenheit für die Vielfalt geschehender Predigt unterstreichen. Eine Homiletik sollte dem Prediger und dem Wort die Freiheit besorgen. So bewährt eine Predigtlehre das Wunder der Predigt, und so garantiert sie das Machen derselben, indem sie die Freiheit des Predigens wahrt.

Wolfgang Trillhaas hat sehr schön formuliert: »Die Predigtlehre ist Freiheitslehre für den Dienst am Wort« (Evangelische Predigtlehre, 1964[5], 17).

Anlage und Aufbau einer Homiletik müßten also die Freiheit des Predigens bedenken und irgendwie den Raum dieser Freiheit markieren. Auf keinen Fall darf das Schema einer Homiletik das Predigen in einen Schematismus einengen.

III

Aufgabe, Anlage und Aufbau der vorliegenden Homiletik

Bevor auf die hier vorliegende Predigtlehre eingegangen wird, soll versucht werden, allgemein die Aufgabe einer Predigtlehre zu skizzieren. In der Konfrontation von Sprachlosigkeit und dem Glaubensbekenntnis der Väter wird eine Predigtlehre versuchen, dem Glauben zum Wort zu verhelfen, ihm Anweisung zu geben, das Wort zu verstehen. Predigtlehre wäre dann zu fassen als *Sprachlehre des Glaubens.*

Ich variiere damit eine Formulierung, die *Ernst Fuchs* für die Hermeneutik geprägt hat (Zum hermeneutischen Problem in der Theologie, 1959, 115). – Wenn *Gerhard Ebeling* meint, daß das hermeneutische Problem »im Vollzug der Predigt seine äußerste Verdichtung erfährt« (Wort und Glaube, 1967, 48), dann wird man diese Formulierung auch auf die Homiletik anwenden, ist sie doch ein Stück praktischer Hermeneutik.

Menschliche Sprachlosigkeit ist nicht abtrennbar vom Schweigen Gottes. Der Glaube aber hält diesem Schweigen gegenüber die Verheißung fest, daß Gott rede. Der Prediger nimmt Gott beim Wort, damit dieser selbst wiederum das Wort nehme. Wer predigt, spricht in Gottes Zukunft. Das »ist«, von dem die Väter sprachen, soll »werden«. Darum bereiten wir eine Predigt vor, versuchen dem »Werden« zu dienen, indem wir nach dem verheißenen Geschehen des Wortes Gottes in der zu haltenden Predigt fragen. Wer predigt, sucht Gottes Zukunft. Diese Zukunft ist als Zukunft Nähe und Ferne. Homiletik bedenkt die Zukunft der Predigt, wenn sie sich mit deren Vorbereitung befaßt. Sie fragt nach dem Eschaton in der Predigt und nach der Bedeutung der Predigt für das Eschaton. Sie lehrt darauf hin reden, daß Gott redet, daß er im Reden kommt und redet, weil er der Kommende ist. So bietet die Homiletik eine *Sprachlehre der Hoffnung.*

Eine Menschheit, der Gott sich verschweigt, die in Sprachlosigkeit versinkt, verliert die Liebe. Diese ist weder stumm, noch auf ständiges Reden angewiesen. Eine Predigtlehre, die dem Prediger zur Sprache des Glaubens und Hoffens verhelfen will, wird damit zu einer Schule der Liebe zu Gott und den Menschen. Weil das Ereignis des Wortes darin besteht, daß Gott selbst zu Menschen redet, wird einer, der als Mensch daraufhin zu reden anfängt, daß dieses Reden Gottes geschehe, nicht anders beginnen können als damit, daß er den liebt, der reden soll, und die, denen das Wort gilt. Homiletik kann gar nichts anderes sein, als eine Auslegung des Doppelgebotes der Liebe für den Prediger. Sie hat zu explizieren und applizieren, woran »das ganze Gesetz und die Propheten« hängen (vgl. Mt 22,40). Das größte Gebot ist auch und gerade in einer Predigtlehre die Liebe. Diese gibt der Hoffnung Sprache und der Sprache Kraft. Materiale und formale Homiletik sind gleicherweise durch das Doppelgebot der Liebe zu bestimmen. Verstehen wir die Homiletik als Einübung in das Liebesgebot, werden wir sie und ihre Regeln nicht gesetzlich mißverstehen. Sie eröffnet einen Raum der Freiheit: ama et fac quod vis, liebe und mach was du willst. Homiletik ist dann zu verstehen als *Sprachlehre der Liebe.* Bestimmt die Liebe, was und wie wir zu predigen haben, findet in ihr alle Homiletik ihre Vollendung. Sie bildet auch hier »des Gesetzes Erfüllung« (Röm 13,10). Die Notwendigkeit aber liegt darin, daß wir des Doppelgebotes Schuldner sind und bleiben. Würden wir hier in einem Zustand der Vollkommenheit leben, bedürften wir keiner Anweisung; eine Homiletik wäre überflüssig.

Begreifen wir die Predigtlehre als Sprachlehre des Glaubens, Hoffens und Liebens, legt sich der Gedanke nahe, von diesem Verständnis her auch formal die Homiletik zu gestalten. Man würde sie auf diese Weise nicht christologisch, sondern pneumatologisch fassen. Ein solches Unternehmen wäre reizvoll, es scheint aber nicht rätlich, sich darauf einzulassen, weil man der Gefahr wohl kaum entgehen könnte, entweder gesetzlich zu werden, gesetzlich mißverstanden zu werden, oder aber sich in Abstraktion zu verlieren. Der Entwurf einer Sprachlehre des Glaubens, Hoffens und Liebens wird in einer Zukunft sinnvoll und möglich werden, die nach einer Sprachlehre für das priesterliche Volk Gottes verlangt. Predigtlehre wäre in diesem Fall nur eine besondere Form der Sprachlehre des Glaubens, Hoffens und Liebens für alle Glieder der Gemeinde. Andrerseits wird Predigtlehre auf indirekte Weise notwendig zur Sprachlehre der Christen. Sie soll dem Prediger helfen, selber Sprachlehrer der Gemeinde zu werden, die Christen aus dem Gefängnis ihrer Sprachlosigkeit zu befreien.

Wir fragen zuerst nach dem Woher der Predigt, versuchen, zugleich mit ihrem Ursprung ihren Rechtsgrund, ihre Legitimierung darzulegen. – Dann haben wir zu bedenken, daß Predigt als Sprache geschieht und daß Sprache mit der Zeit zu tun hat. Wir befassen uns mit den Zeitformen des Wortes, suchen Strukturen des Predigens freizulegen. Wir fragen damit nach Gehalt und Gestalt dieses Wortes. – Zum Sprachgeschehen aber gehört ein Sprecher. Wollen wir über das Predigen nachdenken, muß auch der Prediger bedacht sein. Wir fragen, inwiefern er mit seiner Person das Geschehen der Predigt bestimme. – Immer geschieht Predigt auf jemanden hin. Wir haben nach dem Adressaten zu fragen, haben zu überlegen, inwiefern er für das zu Sagende bedeutsam sei. Wir gehen in einem Vierschritt vor, meinend, auf diese Weise das Geheimnis abschreiten zu können, daß Gottes Wort in menschlicher Sprache ergeht, ein Mensch also Sprecher dieses Wortes zu Menschen wird. Wir wissen wohl, daß wir bei jedem der vier Schritte immer vom gleichen Geschehen reden. Wir betrachten das Wunder der Predigt von je vier Seiten her, und wir werden entdecken, daß jede dieser vier Seiten in vielfältigen Brechungen sich darstellt.

Wenn die Predigtlehre den Spielraum der Predigt absteckt und dem Prediger die Freiheit besorgt, zeigt es sich, daß die vier hier angedeuteten Aspekte dem Prediger die Freiheit entweder gewähren oder verstellen. Die Unfreiheit wird jedesmal einen doppelten Charakter annehmen können. Sei es im Übersehen oder Verdrängen einer Seite, sei es in einer Verabsolutierung oder Überbetonung des einen Aspektes. Beidemal kann es zur Unfreiheit kommen. Die Predigt wird unfrei, wenn sie nicht weiß, woher sie spricht; sie wird gehemmt oder zuchtlos, wenn sie sich nicht klar ist über das Sprechen selbst, wenn der Sprecher sich selbst im Wege steht und wenn sein Verhältnis zur Hörerschaft getrübt ist. Die Predigt bleibt in sich gefangen, wenn sie nicht auch das Hören bedenkt. Eine Predigtlehre stellt sich gegen das Wunder, wenn sie sich auf die Machbarkeit beschränkt, wie wenn sie die Machbarkeit ignoriert. Sie sollte da nicht vergessen, daß ein Mensch etwas tut, wo sie das Predigen als ein Werk Gottes beschreibt. Sie sollte durchhalten, daß an Gottes · Segen nun wirklich alles gelegen ist, wo sie das Machbare bedenkt. Das Predigen wird unfrei, wenn der Prediger nicht weiß, wohin er predigt: einer Zukunft entgegen, da Gott »alles in allem« sein wird (1Kor 15,28).

Darum erscheint eine Trennung zwischen Form und Inhalt etwa in dem Sinne, daß der Inhalt als Wort Gottes göttlicher Art sei, während die Form menschlichen Charakter trage, nicht möglich, weil sie unerlaubt vereinfacht und in falscher Weise Göttliches und Menschliches trennt. Sie übersieht, daß eine Trennung zwischen Form und Inhalt der Zukunft Gottes widerspricht, in der er »alles in allem« sein wird. Sie übersieht die Gegenwart dieser Zukunft im Wort. Dient eine Homiletik der Sprache der Hoffnung, wird sie hier eine Trennung vermeiden und einer Durchdringung das Wort reden. In der Erwartung von Gottes Zukunft sucht sie die Einheit von Inhalt und Form. Eine Aufspaltung in eine Was- und eine Wie-Frage hat möglicherweise eine griechische Trennung von Leib und Seele zur Voraussetzung und sprengt das dialektische Ineinander von Wunder und Technik. Sie übersieht, daß Predigt eine Machbarkeit darstellt, die einer Sache dient, die Menschen nicht machen können. Entweder wird das Mit-Machen des Menschen überspielt oder überbewertet (vgl. § 4). – Trennt man zwischen Inhalt und Form, wird nicht beachtet, daß die Sprache, indem sie etwas ausspricht, immer schon einer Form sich bedient. Andrerseits ist gesprochene Form immer schon eine Aussage. Sie bedeutet! Allerdings gibt es viele Weisen des Sagens, damit es an-spricht, ein-leuchtet. Eine Form muß dem Inhalt ent-sprechen: was die Form sagt, muß – in Harmonie oder Dissonanz – mit dem Inhalt zusammenstimmen. Die dem Inhalt entsprechende Form kann darum keine beliebige sein. Ihr muß Notwendigkeit eignen.

Eine Trennung in die Was- und Wie-Frage verführt zu unerlaubter Vereinfachung. Verzichtet man in der Homiletik auf die Formfrage und fragt man nur nach dem Was der Predigt, wird diese doketisch spätestens in dem Moment, wo sich die überkommene Form verbraucht hat und nicht mehr dem Inhalt ent-spricht. Abstrahiert eine Predigtlehre vom Inhalt, um sich dem Rhetorischen zuzuwenden, in Absehung von dem, *was* zu verkündigen ist, verliert sie den Inhalt an ein fremdes Gesetz. Es ist beidemal eine Vereinfachung, wenn man nur theologisch die

Sache betrachtet, quasi senkrecht von oben, oder wenn man sie nur als menschliche Rede untersucht. Beidemal leidet der Inhalt Schaden, beidemal verliert die Sprache ihre Freiheit, und mit der Freiheit verliert sie die Macht. Verhandelt man in der Homiletik die Was- und die Wie-Frage getrennt, bleibt die Gefahr, daß die Verkündigung als Inhalt sprachlos wird, weil der Inhalt nicht die notwendige Form findet; oder aber die Form bleibt leer, weil sie den Inhalt vernachlässigt. Die Ohnmacht einer Predigt wäre in diesem Zusammenhang zu bestimmen als mangelnde Ent-Sprechung zwischen Inhalt und Form.

Ich stelle meinen Aufriß der bisherigen Tradition gegenüber und beschränke mich auf einen Aufriß, der bis in die Gegenwart hinein wirksam war, den von Alexander Schweizer. Wir haben in diesem Aufriß eine zweifache Doppelung. Einmal steht der grundsätzlich »prinzipiellen« eine spezielle Homiletik gegenüber, und die letztere ist wieder zweigeteilt nach »Stoff« und »Form«. Aus dieser zweifachen Doppelung entsteht dann ein Dreitakt: prinzipielle, materielle, formelle Homiletik, eine Einteilung, die bis zu *Albert Schädelin,* Die rechte Predigt, 1953; *Wolfgang Trillhaas,* Evangelische Predigtlehre, 1964; *Hans Urner,* Gottes Wort und unsere Predigt, 1961, und *Walter Uhsadel,* Die gottesdienstliche Predigt, 1963, weiterwirkt. Schädelin und Urner behalten die Dreiteilung bei. Während Trillhaas die Relation zu Liturgie und Sakrament in die Einleitung nimmt, die prinzipielle Homiletik vom Begriff des Wortes Gottes her faßt und in einem vierten Teil eine pastorale Homiletik bringt (Predigt und Gemeinde), ersetzt Uhsadel die »formelle« durch eine »praktische Homiletik« und erweitert sie um eine »historische Homiletik«. – Daß ein solcher Aufriß den Predigtbegriff einengt, indem er nicht Raum läßt für die Missionspredigt, braucht nicht wiederholt zu werden. Hingegen muß noch einmal auf das Problem aufmerksam gemacht werden, das uns schon beschäftigt hat, das von Form und Inhalt.

Alexander Schweizer hat kräftig die Einheit in der Doppelung zwischen materieller und formeller Homiletik betont. Die Form ist nicht ein Gegenüber zum Stoff, sondern entwickelt sich aus demselben. »Die homiletische Form wird erzeugt durch den Stoff selbst, wenn er sich gemäß den kirchenregimentlich gegebenen Ordnungen des homiletischen Cultus in der Person des Predigers auf den erbauenden Zweck hin bewegt« (§ 157). – Zwischen Inhalt und Form soll wohl unterschieden werden, doch ist beides nicht zu trennen: »Freilich soll in der Predigt Alles Inhalt sein und Alles Form, z.B. auch das Thema; aber dennoch ist Alles theils nach seinem Inhalt, theils nach seiner Form zu betrachten.« Auch später wurde nachdrücklich die Einheit von Form und Inhalt betont. So etwa *Schädelin:* »Die Predigt muß sich ihre Form vom Inhalte, und das will sagen vom Text her immer neu geben lassen« (54). Hier aber fangen die Verlegenheiten ja gerade an! Darum erhebt sich die Frage, ob nicht die Teilung zwischen materieller und formeller Homiletik doch – entgegen den Intentionen der Homiletiker in der Praxis – faktisch eine Trennung der Bereiche ergibt.

Das wäre etwa auch gegenüber der Homiletik von *Leonhard Fendt* zu fragen, dessen Untertitel bezeichnend ist: »Theologie und Technik der Predigt«, 1949 (Neubearbeitung durch Bernhard Klaus, 1970), wenn er betont: »Das Hauptfaktum der ›Homiletik‹ ist die Befreiung der Predigtlehre von der *Herrschaft* der Rhetorik (*nicht:* von der Rhetorik überhaupt)« (22f), und dann im Blick auf die neuere Homiletik sagt, daß sie sich primo loco beschäftige »mit dem Inhalt der Predigt als einer biblischen Verkündigung und erst nachher mit dem Formalen; und zu diesem Formalen gehört nach wie vor immer auch Rhetorisches« (23). Es ist erklärlich, daß eine solche Verhaltensbestimmung von Inhalt und Form nicht befriedigen konnte, so daß sich die Rhetorik wieder verselbständigt hat. Hierzu programmatisch: *Manfred Josuttis,* Homiletik und Rhetorik, PTh 57, 1968, 511ff: als ein »Stück Sprache im Akt öffentlicher Rede« ist

die Predigt »nur durch das *Ineinander von Form und Inhalt* zu charakterisieren«
(514). Zum Problem von Form und Inhalt vgl. auch § 7/III.

Ich versuche die »formelle« oder, wie man heute sagt, »formale« Homiletik neu zu Ehren zu bringen, indem ich sie an Stelle der »materiellen« oder »materialen« Homiletik behandle, meinend, wir würden auf
diese Weise den Intentionen der Väter folgen und die Anliegen der Brüder aufnehmen können. Ich möchte also versuchen, die Formprobleme
als Sachprobleme zu verstehen. Darum spreche ich von den Zeitformen
des Wortes Gottes. – Die Debatte der vergangenen Jahrzehnte hat das
Problem Text – Predigt als ungelöstes hinterlassen. Im Fragen nach den
Zeitformen hoffe ich auch, die in der Spannung Text – Predigt enthal-
tene Frage nach der Geschichte aufzunehmen.

Diese Homiletik wird im *Kontext moderner Literatur* geschrieben,
ein Umstand, der einer Erörterung bedarf.

Bei einem solchen Unternehmen wird man sofort an *Schleiermacher* denken, der die
Predigt in Analogie zur Lyrik sah: »Alle Vollkommenheit, die Richtigkeit der Anordnung und die richtige Art der Ableitung muß aus dem innersten Leben des Geistlichen
selbst unmittelbar hervorgehen, alles mechanisierende Mittelglied fehlt. Wir haben hier
eine Analogie mit einem Gebiet, das offenbar mit unserem Gegenstande verwandt ist,
die *Lyrik.* In der lyrischen Poesie verschwinden alle Gattungen, eben weil die lyrische
Composition von einer unmittelbaren individuellen Bewegung ausgeht und nur in so
fern Eingang findet als der Dichter diese darzustellen weiß« (Die praktische Theologie
nach den Grundsätzen der evangelischen Kirche im Zusammenhange dargestellt von
Dr. Friedrich Schleiermacher, hg. v. Jacob Frerichs, 1850, 326). Auf die Frage, wie diese Predigtlehre zu Schleiermachers Votum steht, kann nicht mit einem Satz geantwortet
werden. Diese Frage ist nur durch die hier vorliegende Arbeit selbst zu beantworten.
Sicherlich wäre eine Predigtlehre als eine Art Poetik zu entwerfen, indem man ihre
epischen, lyrischen und dramatischen Strukturen analysieren würde. Nur wäre der
Redecharakter der Predigt zu bedenken: Zwischen Schreiben und Sprechen besteht ein
grundlegender Unterschied. Immerhin, wollte man konsequent sein, müßte man hier
nach § 75 von *Jean Pauls* »Vorschule der Aesthetik« vorgehen: »Das Epos stellt die
Begebenheit, die sich aus der *Vergangenheit* entwickelt, das Drama die *Handlung,*
welche sich für und gegen die *Zukunft* ausdehnt, die Lyra die *Empfindung* dar,
welche sich in die *Gegenwart* einschließt.«

Die aus der Schrift abgeleiteten Zeitformen des Wortes wären dann
mit den Gattungen der Dichtung zu konfrontieren. So reizvoll ein solches Vorgehen sein dürfte, wäre es doch wohl allzu schematisch. Was
im Blick auf die Dichtung schon fragwürdig genug erscheint, wäre im
Blick auf die Predigt noch problematischer. – Mein Entwurf einer Homiletik im Kontext moderner Literatur hat einen vierfachen Grund.

Erstens: Dichtung spricht an. Kann ich nur als Angesprochener predigen, werde ich offen sein für das, was aus der Dichtung anspricht. Als
Prediger und Theologe mit der Aufgabe betraut, die Geister zu prüfen,
habe ich zu fragen, was und wer mich in ihr anspricht (vgl. § 4). Grundsätzlich werde ich mich dem, was anspricht, zunächst nicht entziehen. –
Freilich bin ich als Prediger nicht an die Dichtung gewiesen, sondern an
die Schrift. Dichtung wird in diesem Fall nur Kontext sein, mehr nicht.

Zweitens: Wer eine Predigt macht und wer einen literarischen Text schreibt, gebraucht das gleiche Material, die Sprache. Ohne Sprache kann ich nicht predigen. Ohne Sprache kann kein Schriftsteller einen Text verfassen. Die Gemeinsamkeit aber geht noch weiter: Indem ein Prediger seine Predigt niederschreibt – was freilich nicht unbedingt nötig, aber m.E. immer noch zu empfehlen ist (trotz Eckhard Altmann, Die Predigt als Kontaktgeschehen, 1963) –, ist der Prediger schon ein Schriftsteller! Allerdings ist nicht die Predigt, sondern das Predigen und infolge dessen das Hören Ziel der Predigtarbeit. Das Manuskript der Predigt soll nicht verfaßt werden, um zum Druck zu kommen; es soll verfaßt werden, um gesprochen zu werden. Inhalt und Form müssen sich darum nicht nur entsprechen, sie wollen in ihrem Unterwegs zum Sprechen und Hören bedacht und gestaltet werden. (Wer die vorliegende Predigtlehre genau studieren will, muß sie nicht nur von vorn nach hinten, er muß sie auch vom Hören und vom Hörer her lesen – und von daher erweitern!) – Weil ich meine Predigt nicht schreibe, um ein Schriftsteller zu werden, weil ich schreibe, um zu sagen, kann ich die Dichtung nur inkonsequent heranziehen, dilettantisch wiederum, dh der Freude, dem Ergötzen dienend, ihre Texte als Gebrauchstexte nehmend. Würde die Dichtung zur Norm des Sagens, würde der Umgang mit der Dichtung der freien Rede Fesseln anlegen.

Drittens: Indem die Dichtung der Gegenwart sich der Sprache bedient, um sich auszudrücken, bringt sie die Welt zur Sprache, in der wir leben und der wir zu predigen haben. In der zeitgenössischen Dichtung kommt der Zeitgenosse zur Sprache, der mein Hörer ist, auch wenn mein Hörer keine zeitgenössische Dichtung liest. Im Umgang mit der Dichtung kann der Horizont *der* Welt sichtbar werden, der unser Wort gilt. Der Weltverlust, den unsere Predigtsprache signalisiert, kann nur im Kontext einer Dichtung überwunden werden, die den »Kampf mit der Bedeutungslosigkeit und dem Schweigen der Welt« (MacLeish, vgl. § 2/II) aufnimmt. – Allerdings wird der Weltverlust in der Predigt nicht dadurch behoben, daß der Prediger sich literarisch gibt. Die Schriftsteller unserer Tage wissen selbst um die Gefahr, die ihrem Handwerk droht. Spätestens seit dem Dadaismus gibt es Antikunst, Antiliteratur in verschiedener Form. Man versucht sich gegen eine Narkotisierung durch das Ästhetische zu wehren. In der Homiletik und im Predigen verschärft sich die Gefahr vom Ästhetischen her, die schöne Predigt genügt sich selbst, Ästhetik ersetzt Politik. Auch die ästhetische Predigt wirkt politisch, sehr wahrscheinlich indem sie, Vorhandenheit verklärend, den »Gott der Hoffnung« verrät, um einem Götzen des Vorhandenen zu huldigen. Es wäre ein Leichtes, zu zeigen, wie in der Predigt Ästhetizismus und Bedeutungslosigkeit Hand in Hand gehen. – Die Gefahr der Ästhetisierung wird um so größer, als man sich einer bestimmten Kunstrichtung anschließt. Will eine Homiletik dem Prediger die

Freiheit besorgen, darf sie sich selbst nicht verknechten. Sie wird sich nicht einer bestimmten literarischen Richtung verschreiben, auch wenn sie gewisse Vorlieben nicht verleugnet.

Viertens: Die Schriftsteller unserer Tage haben ein kritisches Verhältnis zur Sprache. Ihre Tätigkeit als Schriftsteller wird begleitet von vielfacher Reflexion über das Schreiben und die Sprache. Dieses kritische und reflektierte Verhältnis zur Sprache entspricht der – Leidenschaft für die Sprache. – Wie die Heiligen an der Kirche leiden, leiden die Schriftsteller an der Sprache, beziehungsweise an der Sprachlosigkeit der Welt – wie ja auch die Heiligen am Nichtkirchesein der Kirche leiden. Der Prediger kann heute ebenso wenig unreflektiert und unkritisch mit der Sprache umgehen, wie der Schriftsteller, es sei denn er verunehre seine Botschaft, seine Hörer und sich selbst durch christliche Trivialität. Ohne den Unterschied von Schreiben und Sprechen zu verwischen, empfiehlt sich für den Prediger das Gespräch mit einer Berufsgruppe, die sich wie keine andere um die Sprache müht. Ich hoffe deutlich machen zu können, welche überraschenden und neuen Aspekte sich in dieser Konfrontation für den Prediger bieten.

Der Stückwerkcharakter einer Predigtlehre bringt es mit sich, daß nicht alles und nicht alles in gleicher Breite behandelt werden kann. Ich nenne nur zwei Sachgebiete, die hier lediglich am Rande Berücksichtigung finden, obschon deren Wichtigkeit nicht zu leugnen ist.

Auf die *Geschichte der Predigt* konnte ich nur punktuell eingehen. Ich verweise auf den Abriß bei *Leonhardt Fendt/Bernhard Klaus*, Homiletik, 1970, 128ff. – Eine ausführlichere Darstellung bieten: *Alfred Niebergall*, Die Geschichte der christlichen Predigt, Leiturgia II, 181ff. *Johann B. Schneyer*, Geschichte der katholischen Predigt, 1969.

Auf das Problem der Verkündigung in den *Massenmedien* gehen verschiedene Spezialarbeiten ein. Im Sinne einer Arbeitsteilung habe ich auf eine eigene ausführliche Darstellung dieser Fragen verzichtet (vgl. aber § 30 Lit.). Auf die zahlreich hier erschienene Literatur sei jedoch nachdrücklich verwiesen.

Manfred Josuttis (Hg.), Beiträge zu einer Rundfunkhomiletik, 1967. – *Otto B. Roegele/G. Bauer*, Kirche und Massenmedien, HPth II/2, 284ff (Lit.). – *Karl Werner Bühler*, Die Kirchen und die Massenmedien, 1968. – *Dieter Baacke*, Massenmedien, PrThH, 343ff (Lit.). – *Bernhard Klaus*, Massenmedien im Dienst der Kirche, Theologie und Praxis, 1970. – *Elmar Maria Lorey*, Mechanismen religiöser Information. Kirche im Prozeß der Massenkommunikation, 1970 (Lit.). – *Willi Massa*, Predigttypologie B. Kirchliche Rede in den Massenmedien, HdV II, 278ff.

Zweiter Teil
DAS WOHER DER PREDIGT

Überwunden wird die Sprachlosigkeit nur durch das Kommen des Heiligen Geistes. Sein Kommen, das zu erwarten, sein Wirken, das zu entdecken und benennen ist, läßt sich in einem Vergleich zwischen Blumhardt Vater und Blumhardt Sohn beispielhaft darstellen: die konkrete Erwartung des Pfingstwunders dort und hier die Entdeckung der Geistwirksamkeit in der Welt. Es geht um die Geistesgegenwart! Für das Predigen stellt sich das Grundproblem der Homiletik jetzt als Frage nach dem Verhältnis von Göttlichem und Menschlichem im Sprachgeschehen. Was Anton A. van Ruler in seinem pneumatologischen Entwurf unter anderem in den Begriff der theonomen Reziprozität faßt, wird für diese Predigtlehre fruchtbar werden.

§ 4

DER HEILIGE GEIST

Christoph Blumhardt, Ihr Menschen seid Gottes! 1936. – *Johann Christoph Blumhardt*, Schriftauslegung. Ausgew. Schr. I, 1947, 1ff, vgl. jetzt auch GesW II, 1–4. (Zu den beiden Blumhardt: *Gerhard Sauter*, Die Theologie des Reiches Gottes beim älteren und jüngeren Blumhardt, 1962). – *Werner Krusche*, Das Wirken des Heiligen Geistes nach Calvin, 1957. – *Eduard Schweizer*, Art. πνεῦμα, ThW VI, 394ff. – *Oepke Noordmans*, Das Evangelium des Geistes, 1960. – *Gottfried Locher*, Testimonium internum. Calvins Lehre vom Heiligen Geist und das hermeneutische Problem, ThSt 81, 1964. – *Ders.*, Der Geist als Paraklet, EvTh 26, 1966, 565ff. – *Arnold A. van Ruler*, Strukturunterschiede zwischen dem christologischen und dem pneumatologischen Gesichtspunkt, übers. v. S. Solle (Ms.), aus: De spiritu sancto, 1964. – *Hans-Joachim Kraus*, Predigt aus Vollmacht, 1967². – *Hendrikus Berkhof*, Theologie des Heiligen Geistes, 1968. – *Walter J. Hollenweger*, Enthusiastisches Christentum. Die Pfingstbewegung in Geschichte und Gegenwart, 1969. – *Siegfried K. Meurer*, Die Anwaltschaft des Geistes Gottes im biblischen Zeugnis, Diss. Basel, 1969 (Lit.).

I

Begründung der Homiletik

Es ist schon deutlich geworden: Angesichts wachsender Verunsicherung, ja Verzweiflung vieler Prediger genügt der traditionelle Ansatz der Predigtlehre nicht mehr. Die Erfahrung der Sprachlosigkeit verwehrt heute – wie noch Trillhaas konnte –, einzusetzen mit der Formel »Gottes Wort als Grund und Inhalt der Predigt«, nicht weil dieser Ansatz theologisch falsch wäre, sondern weil das Wort sich versagt und die Prediger angefochten sind. Wer in dieser Lage an der reinen Lehre festhalten will, wird alsbald mit der Reinheit tödlicher Sterilität hantieren.

Die Erfahrung der Sprachlosigkeit macht verständlich, daß viele Theologen soziales Engagement fordern. Das Engagement vertritt das fehlende Wort. Bleibt Paulus unhörbar, soll man Jakobus nicht hindern, vorzutreten. Aber wird Jakobus helfen können? Wird die Tat des Glaubens das Wort finden, das notwendige, Not-wendende? Wo sich das Wort versagt, bildet die Verachtung des Wortes einen letzten Ausdruck der Verzweiflung. Wäre die Forderung nach dem Engagement ein Signal der Verachtung des Wortes, könnte man freilich von ihr keine Hilfe erwarten. Wer das Wort verachten und nur die Tat gelten lassen würde, dem wäre vorauszusagen, daß er mit Sicherheit in irgend einer Hölle landen wird; denn in der Hölle herrscht Wortlosigkeit. Absolute Wortlosigkeit ist die Hölle.

Für mich stellt sich angesichts unserer Verlegenheiten (vgl. § 2) folgendes Dilemma: Einmal helfen mir die reformatorischen Formeln zur Zeit nicht. Auch wenn ich sie grundsätzlich bejahe, lassen sie sich nicht einfach repristinieren. Zum andern kann ich das Engagement nicht einfach an Stelle des sich versagenden Wortes setzen, auch wenn ich es nur mit Respekt betrachten kann und keineswegs gewillt bin, den Immobilismus und Leerlauf unserer Kirche durch eine sozusagen perfekte Worttheologie zu rechtfertigen. Mein Dilemma besteht also darin, daß ich an der Theologie des Wortes grundsätzlich nach wie vor festhalten möchte, daß sie aber in der bisherigen Form nicht mehr genügt. Dieses Dilemma stellt sich für den Prediger als elementare Frage: Wie kann ich das Wort nehmen, wenn Gott schweigt? Wie kann ich predigen in einer Welt, die zunehmend die Sprache verliert? Wie kann ich predigen in einer Kirche, deren Strukturen sich gegen das Wort stellen? Kurzum, wie kann ich, wie soll ich, *ich* predigen? Damit ergibt sich für die Predigtlehre noch einmal die Frage, wie kann das Predigen lehrbar werden?

Elementare Fragen erheischen elementare Antworten. Die beste theologische Begründung der Predigt hilft dem Prediger nicht auf, wenn der Geist sich versagt. Ich brauche zum Predigen vor allem den Heiligen Geist. Diesen Geist kann eine Predigtlehre nicht vermitteln; aber sie kann immer wieder auf ihn hinweisen, an ihn erinnern, der Geistvergessenheit wehren und versuchen, die Erkenntnis des Geistes zu mehren. Darum wird eine Predigtlehre gut tun, von der Pneumatologie auszugehen.

Mit dem Hinweis auf den Geist möchten wir ein Anliegen der *reformierten Tradition* aufnehmen: *Calvin* hat oft von der Wirkungslosigkeit des Wortes an sich gesprochen: Das gepredigte Wort ist an sich wirkungslos. Ohne Erleuchtung durch den Heiligen Geist wird durch das Wort nichts ausgerichtet: Sine Spiritus sancti illuminatione, verbo nihil agitur (Inst. III, 2, 33). – Der *Heidelberger Katechismus* aber weist in Frage 54 darauf hin, daß der Sohn Gottes sich »eine auserwählte Gemeinde« versammelt, schützt und erhält »durch seinen Geist und Wort«. Darf man vermuten, daß diese Vorordnung des Geistes vor das Wort keine zufällige sei, auch wenn in Frage 123 die Reihenfolge umgekehrt wird?

Auch in der *lutherischen Tradition* gibt es Stimmen, die kräftig auf den Geist verweisen: *Claus Harms* hat 1838 einen Aufsatz geschrieben, in dem er versucht, auf das hinzuweisen, was wir heute das Sprachproblem nennen würden: »Mit Zungen, liebe Brüder, mit Zungen reden!« Aus dem Aufsatz – er ist auch seiner praktischen Ratschläge wegen wichtig – seien nur die entscheidenden Sätze zitiert: »Das Feld ist hiermit gewiesen, auf welches wir uns zu begeben haben, der Baum genannt, von welchem wir zu pflücken, die Quelle, aus welcher wir zu trinken haben. Feld, Baum, Quelle ist *der Geist, der heilige Geist, und wer durch ihn predigt, der predigt, wie ich's meine, predigt, wie ich's nenne*, mit Zungen« (Ausgewählte Schriften und Predigten II, 1955, 395). Damit formuliert Harms ein Programm für eine Homiletik, das uns heute noch und heute wieder verpflichtet. – Fast ein Jahrhundert später versucht *Karl Fezer* die Pneumatologie für die Homiletik fruchtbar zu machen (Das Wort Gottes und die Predigt, 1925). Der Versuch mißlingt. Schon *Eduard Thurneysen* kritisiert, daß der Heilige Geist »als vorhandene Größe gefaßt« werde (Das Wort Gottes und die Predigt, ThBl 5, 1926, 197ff, besonders 202). Das Postulat bleibt. – *Julius Schieder* leitet seine Homiletik mit der Feststellung ein: »Die Predigt ist ein *geistliches* Faktum. Sie ist Wirkung, Geschenk, Gabe des heiligen Geistes« (Unsere Predigt, 1957, 11). *Hans-Rudolf Müller-Schwefe* moniert: »Eine Homiletik sollte also darstellen, was es heute bedeutet, daß Jesus Christus in der Verkündigung gegenwärtig ist« (Die Lehre von der Verkündigung, 1965, 13). Damit hat er die Homiletik als Problem der Pneumatologie erkannt. – Das Problem wird heute auch in der *katholischen Theologie* gesehen. *Heinrich Jacob* stellt nach seiner umfassenden Darstellung katholischer Homiletik am Schluß u.a. die kritische Frage nach der Bedeutung der Pneumatologie: »Wäre nicht z.B. von einer umfassenden Geisttheologie her, deren Wurzeln in der Schrift und der Vätertheologie zu suchen sind, das Wesen und Wirken des pneumatischen Christus (ho kyrios estin to pneuma) und der Zusammenhang mit ›Inspiration‹ und ›wirksamem Heilswort‹ tiefer zu bedenken und überzeugender darzulegen« (Theologie der Predigt, 1969, 272)?

Der Unterschied in der Geistlehre zwischen der reformierten und lutherischen Tradition scheint für die Gegenwart weniger relevant zu sein als die Verengung, in die die beiden Traditionsströme einmündeten. Ob man den Geist in der Gefolgschaft Luthers ans Wort band und so im Innern des Menschen wirken ließ, oder ob man in der Gefolgschaft Calvins eine besondere Wirkung des Geistes annahm, verblaßte in der Folgezeit als subtile konfessionelle Distinktion gegenüber dem Konsensus, daß der Heilige Geist zunehmend als ein Geist der Innerlichkeit verstanden wurde.

So nennt *Emil Brunner* den Geist »das innerliche Reden Gottes in uns« (Dogmatik III, 1960, 151, vgl. 25). Ich zitiere hier Brunner auch deshalb, weil er den letzten Band seiner Dogmatik Christoph Blumhardt widmet.

Fatal wäre es, wollte man die Verinnerlichung der Pneumatologie in pauschaler Weise diskriminieren. Im Gegenteil. In der Zeit nach Freud sollte man den Mut haben, diese neu zu durchdenken, nicht in dem Sinne, daß man Pneumatologie mit Psychologie verwechselt, wohl aber in dem Sinne, daß man beide Lehren miteinander konfrontiert. Gehört das Unbewußte, die Tiefenschicht des Menschen zu dem, was die Joelweissagung »Fleisch« nennt, dem der Geist verheißen wird, dann kann man schlecht das innere Zeugnis des Heiligen Geistes behaupten, ohne zu verrechnen, was wir seit der Reformation über das Innere erfahren haben. Die Angst vor der Psychologie ist wie alle andere Angst ein schlechter theologischer Ratgeber. – Nicht die Verinnerlichung also ist zu beklagen, sondern die Reduzierung des Geistes auf das Werk im Herzen. Diese entspricht nicht den biblischen Aussagen.

Wolfhart Pannenberg mag recht haben mit der Feststellung: »An einer der Weite des biblischen Geistbegriffs entsprechenden Lehre vom Heiligen Geist fehlt es in der heutigen Theologie« (Grundzüge der Christologie, 1964, 171). Er meint, die Weite des schöpferischen Bereichs der Geistwirksamkeit werde übersehen, wenn man »die Erkenntnisfrage zum Ausgangspunkt für das Verständnis des Heiligen Geistes« nehme (171).

Die biblische Weite werden wir nicht unbedingt damit erringen, daß wir nun entsprechende Bibelstellen anführen. Vielleicht tun wir besser, zwei Theologen miteinander zu konfrontieren, denen wir wesentliche Aussagen verdanken, *Blumhardt,* Vater und Sohn, die wohl wie selten andere eine Einsicht in die biblische Weite der Geistverheißung hatten. Die Spannung, in der beide zueinander stehen, umschreibt m.E. die Spannung, die sich aus der Weite biblischer Geistaussagen ergibt, eine Spannung, die in einer Predigtlehre auszuhalten ist.

Johann Christoph Blumhardt (Vater) vertritt einerseits die traditionelle Auffassung vom Geist, den er »Lehrmeister« nennt (I,2). Er gibt den rechten Verstand für Jesu Wort: »Erst der heilige Geist muß den Worten Eingang geben, muß ihre eigentliche Bedeutung klar machen, der natürliche Mensch vernimmt es nicht« (I,3). Dieser Geist reicht zum Selig-Werden der Christen aus, vermag aber nicht das gehäufte Elend der Menschen zu beheben (I,27f). Zur »Vollendung aller Dinge« bedarf es neuer Kräfte (I,29). Blumhardt unterscheidet zwischen einem temporären Einwirken des Geistes und dem persönlichen aus Gott, das pfingstlich im Menschen wohnt (I,29f). Er unterscheidet zwischen einem bloßen »Einwirken« und einem »Inwohnen des heiligen Geistes«. Er sieht also den einen Geist auf zweierlei Weise in je verschiedener Intensität. In der Gegenwart vermag er nur das verborgene innerliche Wirken wahrzunehmen. Nötig aber ist ein pfingstliches Offenbarwerden des Geistes in Person. Darum fragt Blumhardt nach dem Heiligen Geist als Person:

»Begreifen kann ich es nicht, wie man sagen kann, der heilige Geist sei da, ohne daß man zu sagen weiß, wo« (I,11). Er fragt nach dem Persönlichen aus Gott, das bleibend in den Menschen wohnt und die Welt verändert. »Wir müssen bedenken, daß der heilige Geist als ein Persönliches aus Gott muß erkennbar, fühlbar, ja sichtbar sein. Er soll als Geist und Feuer da sein, mindestens mit dem in der apostolischen Zeit sichtbaren Feuerglanz. Er soll da sein als ein Geist mit außerordentlichen Kräften, welche die Bestimmung haben, die Kräfte der Finsternis vom Menschen auszureuten, dem jammervoll verunstalteten Menschengeschlecht zu etwas Besserem heraufzuhelfen, allem Übel zu steuern, und dem Wort eine Bahn in aller, auch der ruchlosesten Menschenherzen zu brechen. Denn der Geist soll die *Welt* strafen (Joh 16,8). So war der Geist einst da; und so haben wir Ihn nicht mehr« (I,12f).

Aber nicht die Klage über den Verlust des Geistes bestimmt das Denken Blumhardts, sondern der Ausblick auf die Zukunft des Geistes. In diesem Horizont war Pfingsten nur ein Beginn, war nur ein verhältnismäßig kleiner Anfang der Erfüllung (I. 10). Noch hat nicht alles Fleisch den Geist (I, 15); aber er ist allem Fleisch verheißen, und diese Verheißung hat »Bezug auf die Erlösung der *ganzen* Kreatur« (I,28), sie eröffnet die Möglichkeit dieser Erlösung. »Der Pfingstgeist hat Seine Hauptbestimmung für das Wachstum und die Vollendung des Reiches Gottes... Für die Vollendung des Reiches Gottes hängt alles an der Rückkehr des Pfingstgeistes« (I, 40f).

Hat Blumhardt mit dieser kühnen Konzeption die »Weite des biblischen Geist-begriffs«, »die Weite des schöpferischen Bereichs der Geistwirksamkeit« gese-hen? Sicherlich hat er einen Aspekt dieser Weite erkannt, und zwar einen hauptsächli-chen Aspekt. Indem er den Heiligen Geist als Neuschöpfer erfaßt, überwindet er die Engführung des traditionellen Geistbegriffes. Möglicherweise wird von ihm das Schöp-ferwirken des Geistes in der Gegenwart nicht genügend bedacht. Hingegen stellt ihn die Geistverheißung ins universale Hoffen. Als Wartender wird er zu einem Zeichen für die Zukunft.

In der Sicht Blumhardts bekommt die *Charismenlehre* eine eigentümliche Ausprä-gung. Er unterscheidet zwischen natürlichen und geistlichen Gaben. An den natürli-chen Gaben klebt die Sünde, während die wirklichen Geistesgaben »den Charakter der Unfehlbarkeit« haben (I,49), sie sind »habituell« und »bleibend« (vgl. I,50). Blum-hardt bemerkt, »daß die eigentlichen echten geistlichen Gaben nicht nur selten gewor-den sind, sondern sie haben geradezu aufgehört« (I,48). Die einstigen geistlichen Ga-ben sind »von einzelnen Gläubigen nicht zu bekommen« (I,50). Sie sind erst von einer neuen Geistausgießung zu erwarten. – Er selbst sieht sich aber als Zeichen der Hoff-nung auf das Kommen des Geistes und seiner Gaben (vgl. § 21/II/3). So kann er seine Gabe »das in der apostolischen Zeit so häufige Charisma« nennen (Krankheit und Heilung, hg. v. A. von Harleß, 1864[2], 93). Der Charismabegriff entspricht seinem Geistbegriff.

Zum Problem des Charisma vgl. außerdem: *Moritz Lauterburg,* Der Begriff des Charisma und seine Bedeutung für die praktische Theologie, FChTh 2,1, 1898. – *Ernst Käsemann,* Geist und Geistesgaben im NT, RGG[3] II, 1272ff (Lit.) – *Estévâo Betten-court,* Charismen, SM I, 713ff.

Der *jüngere Blumhardt* hat die Frage des Vaters nach dem Geist – freilich nicht unkritisch – aufgenommen.

»Wo ist heute dieser Geist? Mein Vater hat geschrien um diesen Geist, – man hat ihn ausgelacht, und so ist er gestorben. Aber er hat doch recht gehabt! Und die Zeit ru-mort, – er kommt, der Geist! Ich bete nicht mehr darum, weil ich ihn schon sehe« (306).

Wo der Vater im Hoffen stand, sieht der Sohn schon Erfüllung:

»Darin hat mein Vater den größten Fehler gemacht, daß er geglaubt hat, nach zweitau-send Jahren sei's noch gleich wie zur Zeit der Apostel, wie's auch heute Leute gibt, die meinen, sie müssen eine apostolische Gemeinde gründen.« Damals gings vom Kleinen ins Große hinein, während heute der Name Jesu überall genannt wird, so »muß heute von der großen, breiten Masse aus wieder ins einzelne hinein der Zug Gottes kommen. Heute wird des Geistes Kraft oder das Wort Christi wirken von der Welt ins Stübchen hinein« (306f). In der Haager Friedenskonferenz von 1899 sieht Blumhardt ein solches Geisteszeichen, ein »Schaffen Gottes für Christus durch den Geist, . . . – ohne daß sie an Christus glauben, müssen sie seinen Willen tun und zuletzt wird Christus als *der* ihnen erscheinen, von dem heute alles Gute ausgeht, . . .« (307f).

So möchte Christoph Blumhardt »Pfingsten feiern«. Er hört es in den Völkern brau-sen »in ganz neuer Weise, und insofern sage ich: Gott hat unsere Bitte erhört, und zwar in viel trostvollerer Weise, als wir es uns gedacht haben« (308). Er sieht den Geist in den Völkern wirksam, diese Wirkung des Geistes in aller Welt aber hebt die Verhei-ßung nicht auf. In dieser Dialektik von Erfüllung und noch offener Verheißung ist die Wendung »von der Welt ins Stübchen hinein« zu erklären. Blumhardt betont, Jesu Wort sei »eine soziale Sache . . ., eine Menschheitssache, daß jeder Mensch in wahrhaf-tige Empfindungen für Gott und für die Schöpfung Gottes kommt«. Weil das Evangeli-um eine soziale Sache ist, soll es »sozusagen zu einer neuen Sozietät kommen, welche

schließlich die Völker einnimmt, im Gegensatz zu den Sozietäten, bei denen wir ver-
dammt, verflucht, verelendet, getötet, gehaßt werden, so daß jeder Mensch eigentlich
von allen Seiten wie von Furien umgeben ist« (302 f). Darum weil alle Menschen Gott
gehören, darum erscheint das bisherige Kirchenwesen und Konfessionswesen problematisch. Wenn Jesus »eine selige Sozietät setzen« (303) will, konstituiert sich diese Sozietät
nicht durch besondere Gottesanschauungen, sondern erstaunlicherweise durch die In-
dividualität. »Jetzt fängt auf Grund des Evangeliums mein Individuum an, und fängt
dein Individuum an; nicht eine Priesterherrschaft, die dich in ihren Arm nimmt, . . .
nicht eine Kirche in unserem Sinn darf uns aufnehmen und meinen, wir seien jetzt ihr
Eigentum, nein, nein, ewig nein« (304)! Die neue Sozietät wäre also eine solche der
Geistbegabten, eine solche der Individuen; denn »Jesus ist kein Religionsstifter, Jesus
ist der Erneuerer des Lebens« (305). Weil er das Leben erneuert, fängt auf Grund des
Evangeliums das Individuum an, und die neue Sozietät existiert selbst stellvertretend.
Sie ist das »Stübchen«, in das nicht nur Geist und Wort hineinwirken von der Welt her,
von dem vielmehr auch ein Licht ausgeht in die Welt. Später sagt er: »Ja, ich sage euch,
wenn wir könnten eine Gesellschaft für diesen Jesus hervorbringen, dann würde die
Welt staunen über das Licht, das aufgeht gerade in unserem Todeswesen, in unserem
Elend, in unserer Armut, in unserer Ratlosigkeit, dann würde es bald keine soziale und
keine politische Frage mehr geben, es würde der Wirrwarr aufhören, denn aus einer
Gemeinde, die um diesen Jesus sich schart, geht Freiheit, Leben und Liebe aus in Hülle
und Fülle, und Geist und Wahrheit und Kraft, die alles überstrahlt, was bis jetzt die
Menschen gesehen haben. Gott gebe, daß dieser Jesus erkannt, dieser Jesus geglaubt,
dieser Jesus bekannt werde« (347)!

Die Zusammenschau von Blumhardt Vater und Sohn – wie skizzenhaft sie auch sein mag – wirft vielfältige Probleme auf, die hier nicht alle
verhandelt werden können. – Ich beschränke mich auf einige Hinweise:
Sicherlich hat der Sohn dem Vater gegenüber recht, daß die Apostelzeit
sich nicht in der Weise wiederholt, wie der alte Blumhardt das offenbar
meinte. Allerdings erscheint auch die Aussage des Jüngern problematisch, nach der er nicht mehr um den Geist bittet, weil er ihn schon sehe.
Wenn auch die Haager Friedenskonferenz um 1899 ein Zeichen war
vom Wirken des Geistes, so war es zum mindesten als Zeichen noch
verborgen. Auch das Rhetorische muß hier mitverrechnet werden, sein
Nicht-mehr-Beten kann wohl nicht allzu prinzipiell aufgefaßt werden,
denn gerade an Pfingsten ist ihm »das Herz am allerschwersten« (306).
Was Blumhardt von der Erhörung der Pfingstbitte »sieht«, meint nur einen Anfang, darauf verweist auch der Schluß der hier vornehmlich zitierten Predigt, der ausdrücklich vom noch ausstehenden »dann« der
Verheißungen und ihrer Erfüllung spricht.

Prophetisches »Sehen« bleibt immer frag-würdig. Aber die Einsicht
in die Problematik allen »Sehens«, die Einsicht, daß wir noch nicht im
Schauen leben, entbindet nicht von der Aufgabe, das Wirken des Geistes zu erkennen und also in der Gegenwart zu »sehen«. Nur Verblen-
dung kann die Blindheit blinder Blindenleiter als Zeichen der Rechtgläubigkeit deklarieren. Der Glaube aber macht neugierig und hellsich-
tig. Er ist zum Verborgenen unterwegs, schon im Noch-nicht-Sehen vermag er zu sehen.

»Nicht die Welt sieht Gott, sondern Gott sieht die Welt, und wer von Gott ist, schaut auch in der Welt das Leben; und das Leben ist das Licht der Menschen« (zit. nach Sauter, 168 Anm. 4).

Nur wer auf den Heiligen Geist in Person für alle Kreatur hofft, wird die Möglichkeit haben, sein Wirken in der Gegenwart zu entdecken. Nur wer hier entdeckt, wird zu sagen haben. Wer blind bleibt, wird auch nichts zu sagen haben. Was der Vater meinte, das Offenbarwerden des Geistes als Person zum Heil der Welt, das meint auch der Sohn, nur daß der Sohn nicht mehr biblizistisch in der Welt des Biedermeier lebt, sondern sozusagen in der Moderne.

Indem der Sohn die Wirkung des Geistes (oder des Wortes) in der weiten Welt entdeckt, hat er ein Moment aufgenommen, das schon bei Calvin angelegt war, der in Kunst und Wissenschaft, sowie in der Politik Gaben des Heiligen Geistes am Werke sah (vgl. Krusche, 102ff). Eine neue Ausprägung fanden diese Gedanken in der holländischen Apostolatstheologie (vgl. *Arnold A. van Ruler,* Gestaltwerdung Christi in der Welt, 1956; *ders.,* Theologie des Apostolates, EMZ 11/1954, 1ff, u.a.). – Auch eine »Theologie der Revolution« mag man in dieser Perspektive sehen.

Für die Predigtlehre sind diese Ansichten deshalb von Wichtigkeit, weil der Prediger das Evangelium nur in der Welt formulieren kann, in der »des Geistes Kraft oder das Wort Christi« schon wirksam sind. Eine Predigtlehre hat eine sprachlos gewordene Kirche darauf aufmerksam zu machen, daß es in der sprachlosen Welt ein heimliches Reden gibt, das Macht hat. Die Stummheit wird gebrochen von einer Macht, die heimlich redet. In diesem Zusammenhang darf noch einmal an das Bild vom »Stübchen« erinnert werden, um es zu variieren. Vom Studierzimmer aus wird der Prediger hinaushorchen und hinausgucken ins Weite, wo »des Geistes Kraft oder das Wort Christi wirken«. Die Erde, die Völker, ihre Kultur und Politik in der Wahrheit Gottes erkennend, wird der Prediger ein Wort suchen, das über die Gemeinde hinausgeht, und das wird ein prophetisches Wort sein. Man wird beachten müssen, daß gerade das »Liberale« an der Pneumatologie des jüngern Blumhardt die Züge des Prophetischen trägt.

Zum Begriff des *Prophetischen* (vgl. auch § 30):
Hans-Joachim Kraus, Predigt aus Vollmacht, 1966, 29ff. – *Ders.,* Charisma Prophetikon, in: Wort und Gemeinde. Festschrift Eduard Thurneysen, 1968, 80ff. – *Heinz Bluhm,* Prophetische Verkündigung heute, 1967. – *Joseph B. Souček,* Prophetie im Neuen Testament, in: Von Amsterdam nach Prag. Festschrift Josef L. Hromadka, hg. v. Josef Smolik, 1969, 47ff. – *Josef Smolik,* Die prophetische Aufgabe der Kirche, 1971.
Es liegt nahe, den Begriff kurz an *Christoph Blumhardt* zu erläutern (vgl. § 22/II). »Seine und seines Vaters Haltung bezeichnet er einmal mit den Worten: ›Aufpassen, was man droben sagt!‹; er habe nie etwas in seinem Leben ›getan‹, sondern immer auf einen Ruf, auf ein Kommando gewartet. Das Wesen der Prophetie sah er nicht im Vorauswissen der Zukunft, sondern im Verstehen der Gegenwart; die Prophetie nehme ab, wenn das Prophezeien anfängt, und es sei nur noch ›wie die letzte Abendröte eines hellen Tages‹, wenn Propheten sich auf Einzelheiten der Zukunft einlassen; soweit die lebendige Prophetie mit der Zukunft zu tun hat, sei sie ›ein Schauen der fertigen Pflanze

im Keim«« (*Eugen Jäckh,* Christoph Blumhardt, 1950, 178f). Im Zeitalter der Futurologie wird man Blumhardts Warnung wohl hören, die echte Prophetie und Erkenntnis der Gegenwart zusammenbindet, die vor der Zukunftsweissagung warnt, ohne sie freilich auszuschließen. Die Wendung »Aufpassen was man droben sagt« scheint mir das Wesen des Prophetischen in ausgezeichneter Weise zu charakterisieren. Insofern die Auslegung der Schrift auf Vergegenwärtigung zielt, eignet ihr ein prophetischer Charakter. Alles Predigen tendiert demnach zur Prophetie. – Auf zwei Momente im Prophetiebegriff des jüngeren Blumhardt sei hier noch verwiesen. Für ihn reduziert sich Prophetie nicht auf die Predigt. Heute findet man »in weltlichen Schriftstellern eine Menge Prophetie auf eine neue Zeit« (Ihr Menschen seid Gottes!, 327). – In der Betonung der Gegenwart verknüpft Blumhardt mit dem Begriff der Prophetie den der Politik. So heißt es in einem Brief vom 29. Oktober 1901 an Richard Wilhelm: »Daß Du Pfarrer bist, wird mehr und mehr Nebensache werden. Jeder Prophet oder prophetisch arbeitende Mensch wird auch politisch werden . . .« (Christus in der Welt, hg. v. Arthur Rich, 1958, 68). Die Dimension des Politischen darf im Begriff der Prophetie nicht fehlen.

Man wird aber nicht nur vom ältern zum jüngern Blumhardt hin lesen dürfen. Man wird auch zurückbuchstabieren müssen. Gerade wer nicht biblizistisch auf eine Wiederkehr der Apostelzeit hoffen kann oder hoffen will, sollte bedenken, daß die Apostelgeschichte die erste Zeit als eine qualifizierte, als eine Idealzeit schildert, als Modell der Hoffnung also, eine Art Genesis der Neuschöpfung. Gerade als solche hat sie ihre Wirkungsgeschichte. Als Geschichte des idealen Anfangs – oder als idealisierte Geschichte des Anfangs – eignet ihr eine besondere Qualität der Verheißung: Sie ist um unserer Zukunft willen erzählt worden und wird um unserer Zukunft willen weiter erzählt. Darum sind von ihr immer wieder Impulse der Erneuerung ausgegangen. In ihr – und nicht erst in der Apokalyptik – findet der Glaube seine Futurologie.

Angesichts der Menschen, die verzweifelt nach Gott suchen, oder es sogar aufgegeben haben zu suchen, gewinnen gerade auch die Aussagen des ältern Blumhardt neue Aktualität. Mit einem lediglich verborgenen Einfluß des Heiligen Geistes ist uns heute kaum geholfen. Vielmehr muß das Wirken des Heiligen Geistes aus seiner vielfältigen Verborgenheit herauskommen zu persönlichem Selbsterweis. Signalisiert Pfingsten einen »verhältnismäßig kleinen Anfang der Erfüllung«, gibt es mehr zu erhoffen, als die Prediger gemeinhin zu hoffen wagen. Eine Predigtlehre wird als Sprachlehre der Hoffnung bei der Pneumatologie einsetzen.

Gegen die Erfahrung der Abwesenheit Gottes und des predigenden Leerlaufes ist die massive Erwartung des Geistes zu setzen. Gottes Offenbarwerden allein kann die Erfahrung seiner Abwesenheit überholen und die Leerformeln füllen. Gott in seinem Offenbarwerden ist sein Geist. Was unser Predigen braucht, ist Geist, damit erkennbar wird, daß das Reich Gottes nicht nur in Worten, sondern in Kraft besteht (1Kor 4,20). Geistlose Predigt hingegen erübrigt sich, weil sie aus dem Leeren ins Leere predigt. Alles entscheidet sich somit daran, ob der Geist Ereignis werde, ob der Geist wirke. Darum muß die Predigtlehre beim Bedenken des Geistes einsetzen. – In einer Zeit, da die Unwirksamkeit der Predigt zum latenten Dogma geworden ist, weil die Erfahrung der Wortlosigkeit der bisherigen Theologie zu schweigen befiehlt, bedarf es weniger einer neuen Lehre vom Worte Gottes, als vielmehr eines neuen Lautwerdens des Wortes selbst. Will man aber das Lautwerden des Wortes besonders bedenken, wird man gut tun, nicht nur in christologischen, sondern auch in pneumatologischen Strukturen zu denken. Wollten wir auf den pneumatologischen Ansatz verzichten, würden wir das Predigen wiederum zur Abstraktion »Predigt« gerinnen lassen. Gerade weil wir nicht das Abstraktum »Predigt«, sondern das konkrete Predigen vor Augen haben, müssen wir im Bedenken der Predigtlehre vom Geist ausgehen. Die Begründung der Predigtlehre in der Pneumatologie hat nicht zuletzt den Sinn, eine Theorie der Predigt vor sich selbst in Schutz zu nehmen. Die Begründung der Predigtlehre in der Pneumatologie wird auf die Verheißung des Geistes in der Predigt insistieren, damit der »verhältnismäßig kleine Anfang der Erfüllung« von Pfingsten zur Vollendung komme.

Ergeben sich aus dem Gespräch mit Blumhardt Vater und Sohn elementare Antworten auf unsere Fragen? Ich meine es und versuche, sie auf eine Formel zu bringen: Nur eine neue Ankunft des Geistes wird unsere Sprachlosigkeit überwinden – und schon ist der Geist in der Welt intensiver am Werk als wir ahnen. So gilt beides in einem, den Geist in der Zukunft zu erwarten und in der Gegenwart zu entdecken.

II

Die Bedeutung der Pneumatologie für die Homiletik

Das Ganze einer Predigtlehre wird nicht ausreichen, um die Bedeutung der Pneumatologie für dieselbe zu entfalten. Auch stehen wir vor der Schwierigkeit, daß wir ein theologisch beinahe unerforschtes Gebiet als Ausgangsbasis für unsere homiletischen Unternehmungen wählen; wir bewegen uns von Anfang an auf einem ungesicherten Gebiet. Aber das Unerforschte verspricht Entdeckungen, vielleicht sogar solche an der Basis, wer weiß. Auf alle Fälle lassen sich neue Aspekte gewinnen. Wir versuchen zunächst, den Vorteil oder die Vorteile dieser Ausgangsbasis näher ins Auge zu fassen. Dabei mag deutlich werden, warum die Lehre vom Heiligen Geist ein Bezirk geblieben ist, den der Vorsichtige vorsichtigerweise nicht betritt.

Um Mißverständnisse zu vermeiden, wird man den Unterschied zwischen Geistlehre und Geist wohl beachten müssen. Die Ausgangsbasis unserer Überlegungen bildet die *Lehre* vom Heiligen Geist. Der Geist als solcher bildet keine Basis, er ist – wie Barth einmal sagte – »kein Standpunkt« (Der Römerbrief, 1922³, XXIII, vgl. *Christian Möller,* Von der Predigt zum Text, 1970, 82). Die Verheißung des Geistes aber wird zum

Orientierungspunkt, auf den hin und von dem her zu denken ist. In solchem Denken wird Lehre vom Heiligen Geist entwickelt und in dem Maße, wie diese sich entwickelt, gewinnen wir Raum, nun auch das Predigen zu bedenken.

٨)   Ein erster Vorteil des pneumatologischen Ansatzes wird im Horizont der Theologiegeschichte evident. Die beiden Blumhardt haben die dialektische Theologie nicht unwesentlich beeinflußt. Indem ich an sie anknüpfe, wird es möglich, am Ansatz der dialektischen Theologie festzuhalten und den *theologischen* Primat der Predigtlehre wie des Predigens zu behaupten. Am »Gott der Hoffnung« (Röm 15,13) entscheidet sich das Predigen. Daran, daß Gott das Predigen bewahrheitet, ausweist, bekräftigt. Der Geist erweist sich als Ursprung, Kraft und Ziel des Predigens. Auch für das Predigt-Machen und das Predigt-Halten gilt: »Ich bin das A und das O, sagt Gott der Herr, der ist und der war und der kommt, der Allmächtige« (Apk 1,8). Habe ich die Predigt ein Wunder genannt (§ 1), war das Predigen vom Geist her, im Geist und auf den Geist hin gemeint. Die Predigt wird durch den Geist als Wunder qualifiziert.

٢)   Andrerseits, und das ist ein weiterer Vorteil, ermöglicht der pneumatologische Ansatz eine neue Betonung des Menschlichen und des Machbaren. Was ein Schleiermacher intendierte und was heute viele Zeitgenossen aufs neue wollen, kann in Freiheit aufgenommen werden, ohne daß man im Ödland enden muß, in das Predigt und Predigtlehre vor dem Aufkommen der dialektischen Theologie ausliefen. Das Predigen, ganz und gar in Gottes Möglichkeit beschlossen, wird im Geist und durch den Geist ganz und gar Sache des Predigers und Sache des Hörers, wird im Geist und durch den Geist zur menschlichen Möglichkeit in Kunst und Technik. Der pneumatologische Ansatz ermöglicht – ohne den theologischen Primat zu leugnen –, dem anthropologischen Aspekt gerecht zu werden. Gerade die Momente, die uns nach der Definition Karl Barths nicht genügend zu Ehren gebracht schienen (vgl. den Hinweis in § 3), sollen nun ein besonderes und eigenes Gewicht bekommen. Im Horizont der Pneumatologie sollen der Prediger und der Hörer neu zu Ehren kommen (vgl. §§ 21ff).

Die Liste der Vorteile wäre fortzusetzen, allein die letzte Behauptung bedarf der Erläuterung. Der anthropologische Aspekt der Pneumatologie soll deutlich werden. *Arnold A. van Ruler* hat auf die Strukturunterschiede zwischen dem christologischen und pneumatologischen Aspekt hingewiesen, die gerade im Blick auf die Predigtlehre beachtet sein wollen. Möglicherweise hängt das landläufige Mißtrauen der Pneumatologie gegenüber auch mit einer mangelnden Differenzierung zwischen den beiden Gesichtspunkten zusammen, die leicht zur Verketzerung pneumatologischer Aussagen führt, weil man diese an der Christologie mißt. Une terrible simplification macht sich hier das theologische Urteilen allzu leicht. Dabei wird die Differenz der Gesichtspunkte dadurch begründet, daß die Ausgießung des Heiligen Geistes gegenüber der Fleischwerdung des Wortes eine neue Tat Gottes darstelle (206).

Bei der grundsätzlichen Aufnahme der anvisierten Strukturunterschiede kann der ganze Reichtum an Anregung, der in van Rulers Essay beschlossen liegt, nicht ausgeschöpft werden. Auch von eventuellen kritischen Erwägungen wird im großen und ganzen abgesehen, da nur einige Punkte, die für die Predigtlehre entscheidend zu sein scheinen, hervorgehoben werden sollen. Dabei setzen wir den engen Zusammenhang des christologischen und pneumatologischen Gesichtspunktes voraus. Die enge Zuordnung von Pneumatologie und Christologie zueinander steht nicht zur Debatte, denn sonst würde man alsbald eine Zwei- oder Drei-Götter-Lehre entwickeln. Es geht um Strukturunterschiede in der jeweiligen Optik, nicht um mehr.

Die zentrale Aussage aller Christologie, daß Gott Mensch wird, kann in der Pneumatologie nicht wiederholt werden. Das Wort ward Fleisch, Gott wurde Mensch; aber der Heilige Geist wurde über das Fleisch »ausgegossen«. Er wurde nicht Mensch, wie Gott Mensch wurde, er kam in die Menschen. Wenn das christologische Dogma die göttliche und menschliche Natur, das Gottsein und Menschsein in der Person des Logos vereinigt denkt, kann die Pneumatologie so nicht denken. Van Ruler setzt der Enhypostasie im Bereich der Christologie das Einwohnen des Geistes im Bereich der Pneumatologie gegenüber (208ff). Enhypostasie meint, daß die menschliche Natur ihre Existenz nur im Logos hat. Demgegenüber wohnt der Geist im Menschen (allerdings nicht nur da!). Indem Gott im Menschen wohnt, wird der Mensch nicht wesenseins mit Gott. Weder von den Christen, noch von der Kirche, noch von der Schrift kann gesagt werden, daß sie Gott sind. Sie bleiben im Gegenüber zu Gott, bleiben Gemächte, Geschöpfe, Schrift. Das aber heißt: Weihnachten und Pfingsten eröffnen je andere Perspektiven. Versuchen wir, die Predigtlehre vom Gedanken der Einwohnung des Geistes im einzelnen und in der Vielheit her zu bedenken, werden wir dem Prediger und dem Hörer mehr Aufmerksamkeit widmen als im Entwurf einer Homiletik nach dem Denkmodell der Christologie.

Geht es in der Christologie einmal »um die menschliche Natur, die vom Logos angenommen ... ist«, so geht es – und dies ist ein weiterer unterschiedlicher Gesichtspunkt – in der Pneumatologie »nicht um die menschliche Natur, sondern gerade um die menschliche Person, um mich und um dich, um die vielen menschlichen Personen und um ihre Gemeinschaft, denen der Geist einwohnt« (210) – vielleicht darf man interpretieren, daß der Geist in individuellen und kollektiven Geistern der Menschen geistet. Damit wird der einzelne nicht nur in seiner Besonderung ernst genommen, er wird im Verband der Gemeinschaft gesehen, in der er lebt. Gemeinschaftlichkeit und Traditionalität im Menschsein wird »ebenso wesentlich wie die Einzelheit«. Gedanken von Christoph Blumhardt tauchen in neuer Gestalt auf. »Das Werk des Geistes will vollkommen menschliche Gestalt erlangen, in mir, in dem, was ich denke, will und tue. Es kann sich unmöglich mit einer kirchlichen Gestalt begnügen. In der reinen Kirchlichkeit steckt immer noch ein halber Doketismus« (212). Den Kern der hier auftauchenden Fragen sieht van Ruler »in dem Problem der Reflexivität (der Rückbezüglichkeit R. B.). Ist der Glaube lediglich dadurch gekennzeichnet, daß er auf das Objekt, auf Christus, auf Gott in Christus, auf die Verheißung, auf das Heil bezogen ist? Oder ist der Glaube, und in dem Glauben der Mensch, auch auf sich selbst bezogen... Das *Heil* ist dann nicht nur Objekt meines Glaubens, sondern *ich* bin sozusagen auch Objekt des Heils« (212f). Das Erlöste findet gegenüber Erlöser und Erlösung besondere Beachtung. »Das Wesen des Glaubens besteht dann in Selbstbejahung, Annehmen der Welt, Begeisterung für das Sein« (213). Dieser Aspekt scheint mir besonders wichtig und hilfreich im Blick auf die notierte Nicht-Identität des Predigers mit sich selbst (vgl. § 2/IV). Er mag auch meinen Einsatz klären (vgl. § 1 mit § 22).

Ein dritter Gesichtspunkt: Besteht die Mittlerschaft Christi in der Stellvertretung, wirkt der Geist »nicht nur in uns und an uns, sondern eigentlich immer auch mit uns – im Sinne von ›zusammen mit‹ uns« (213). Er nimmt uns in sein Handeln hinein. Er aktiviert uns, indem er aktiv wird. »Was in der Christologie Stellvertretung heißt, heißt in der Pneumatologie Reziprozität. Theonome Reziprozität...: das Kennzeichnende des Werkes des Geistes ist, daß er uns ans Werk setzt« (214). Die »theonome Reziprozität« meint als gottgesetzte Wechselseitigkeit und Gegenseitigkeit eine Art Austausch, eine eigentümliche Partnerschaft, die das Intolerante, »das der Christologie eigen ist«, aufhebt (214).

Da der Begriff der *theonomen Reziprozität* einen Schlüsselbegriff des ganzen Buches darstellt, sei dessen Funktion im Zusammenhang mit den bisherigen Erörterungen kurz erläutert: Will man die reformatorische Formel, wonach die Predigt des Wortes Gottes Gottes Wort *ist*, aufnehmen, wird man das Verhältnis von Gotteswerk und Menschenwerk beim Zustandekommen dieses »ist« bedenken müssen. Der Begriff der »theonomen Reziprozität« umschreibt genau das Geheimnis des »ist«. – Wenn das Dilemma Barths zwischen dem Von-Gott-Reden-Sollen und Nicht-Können (vgl. § 2/I) ein echtes Dilemma darstellt, signalisiert der Begriff einen Ausweg, indem Gott die Ehre gegeben und dem Menschen Tun gewürdigt wird. – Immer noch steht die Frage im Raum: »Wie kann man das« (vgl. § 2/I)? Diese Frage wird in die Formel der theonomen Reziprozität eingebracht, ohne daß die Frage: »Wie macht man das?« abgewiesen wird. – Wenn ich die Predigt als Wunder zu verstehen suche, so umschreibt der Begriff den Vorgang dieses Wunders. Ich hoffe, einsichtig machen zu können, wie hilfreich diese Wendung zum Verstehen der Vorgänge »Predigen« und »Hören« ist. – Endlich stelle ich den Begriff zwischen die beiden Blumhardt: Ist der Geist, den der Ältere als »sichtbaren Feuerglanz« erwartet, *ein* Geist mit dem, den der Jüngere »von der Welt ins Stübchen hinein« wirken sieht, ist alles, aber auch alles von Gott her zu erwarten und erscheint alles tief menschlich, umschreibt die Rede von der theonomen Reziprozität den Primat Gottes und vergißt nicht des Menschen Dabeisein: Die Geistesgegenwart gerät in Bewegung, die Begriffe werden austauschbar. Die Gegenwart des Geistes wird zur Geistesgegenwart des Sprechenden und Hörenden, ohne in ihr aufzugehen.

Im Verlauf seiner Gegenüberstellung – es ist sein neunter Punkt –

konfrontiert van Ruler das Vollkommene im Werk und in der Person Christi mit dem Fragmentarischen im Werk des Geistes: »In einem christologischen Zusammenhang muß man entschieden perfektionistisch reden... Aber pneumatologisch ist der Perfektionismus eine lebensgefährliche Ketzerei...« (223).

Es dürfte aus dem hier Angeführten schon deutlich geworden sein, daß im Horizont der Pneumatologie mit dem Menschen das Machbare, das, was der Mensch kann, eine besondere Dignität bekommt. Das Machbare und das Wunderbare der Predigt sind dann nicht auseinanderzureißen, auch wenn es wahr bleibt, daß man eine Predigt macht und daß das Wunder nicht machbar ist. Unter dem Gesichtspunkt der Pneumatologie ist alles Machbare auch wunderbar. Wunder und Technik sind – pneumatologisch gesprochen – keine Gegensätze, sie signalisieren lediglich verschiedene Aspekte der theonomen Reziprozität. Beim Werk des Geistes in uns, mit uns, durch uns spreche ich vom Wunder. Wo wir aber vom Geist ans Werk gesetzt werden und uns also selbst ans Werk setzen, kommen Methoden ins Spiel, wird Technik angewandt, Kunst geübt, Wissenschaft gebraucht. In der Partnerschaft des Geistes werden Methode, Kunst, Technik, Wissenschaft nicht ausgeschlossen, auch wenn sie in die Krisis des Geistes hineingeraten. Indem das Werk des Geistes »vollkommen menschliche Gestalt« in ihr erlangen will, »in dem, was ich denke, will und tue«, nimmt der Geist teil an der Menschlichkeit des jeweiligen Menschen. In dieser Hinsicht erscheinen auch das Gebet und sogar die Zungenrede als menschliche Phänomene. Man würde das Prinzip der Reziprozität leugnen, man würde schlechthin doketisch argumentieren, wollte man das Menschliche ausklammern oder die Methodenfrage hier tabuisieren. – In diesem Betracht erscheint aber auch die Betonung der Profanität der Wissenschaft und ihrer Methoden in der Theologie (und überhaupt?) fragwürdig, ein Anzeichen möglicherweise dafür, daß man – heimlich vielleicht – in verschiedenen Räumen denkt. Betont man in der Theologie die Profanität der Methoden, wird man jeweils irgend ein Hinterzimmer für das Sakrale – heimlich vielleicht – freihalten, zu dem auch der Klerikalismus freien Zutritt hat. Verzichtet man aber auf dieses Hinterzimmer, weil im Haus der Wissenschaften der Heilige Geist grundsätzlich zu jedem Zimmer Zutritt hat, in jedem Zimmer wirken kann, entfällt damit die Notwendigkeit, jeweils die Profanität der Methode zu betonen.

Wo alles »unser« und wir »des Herrn« sind, entfällt die Unterscheidung zwischen Profanem und Sakralem, und damit ist die Freiheit gegeben, alle Methoden zu gebrauchen, die heilsam sind. Indem die Methoden in der Partnerschaft des Geistes gebraucht werden, wird dem ihnen innewohnenden Trend zur Selbstherrlichkeit gewehrt. Jede »herrschende Methode« wird darum auf ihre Problematik zu befragen sein. Ist im Horizont der Pneumatologie grundsätzlich für Freiheit der Methoden zu plädieren, so wird Mißtrauen gegen die jeweils »herrschende Methode« grundsätzlich am Platze sein. Man wird sie nach ihrem Geist befragen müssen und nach den Göttern, die sie mit sich führt.

Die Abwehr des Perfektionismus im pneumatologischen Bereich beläßt – wie das Machbare – auch das Wunderbare im Bereich des Frag-Würdigen. Vielleicht erscheint gerade darum die Pneumatologie für viele ein zu unsicheres Gelände. Möglicherweise läßt sich aber das fragmentarische und zeichenhafte Wirken des Geistes mit dem Skandalon des Kreuzes vergleichen. Der Geist dessen, der in Frage gestellt war und mit einer Frage endete, läßt sich bis heute in Frage stellen, gibt sich fragwürdig. Allerdings stehen unsere Überlegungen über das Machbare und das Wunderbare der Predigt unter dem Vorbehalt des alten Blumhardt. Bei dem, was er den »Pfingstgeist« nennt, wäre pneumatologisch der Perfektionismus keine »lebensgefährliche Ketzerei«. So bleibt das über das Machbare und das Wunderbare Gesagte eine vorläufige Rede.

Ein eschatologischer Vorbehalt wird auch auf den letzten Strukturunterschied anzuwenden sein, auf den wir im Anschluß an van Ruler aufmerksam machen. Er betrifft die Kategorie der Vermengung. »In der Christologie hat man diese Kategorie abgewiesen. Sie führt zum Monophysitismus. Das würde eine Vermengung des Wesens Gottes und des Wesens des Menschen bedeuten. Das folgt unmittelbar aus der unio personalis. Jedoch in der Pneumatologie sieht das anders aus. Da steht alles vor dem Hintergrund der inhabitatio (Einwohnung R. B.). Wenn da von Vermengung geredet wird, geht es um eine Vermengung des göttlichen Heils in Jesus Christus mit der geschaffenen und gefallenen Existenz des Menschen. Da findet wirklich applicatio (Zuwendung, Zueignung R. B.) statt. Und zwar ist das nicht nur eine applicatio in nos (Zuwendung zu uns R. B.), sondern auch eine applicatio in nobis (Aufwand in uns R. B.). Christus gewinnt Gestalt in uns. In jedem Menschen, in jedem Volk, in jeder Kultur, in jedem Jahrhundert wieder anders. Die Andersartigkeit liegt nicht nur an der vielfarbigen Weisheit Gottes in Christus, sondern auch daran, daß wir immer andere sind, denen er seine Gestalt entlehnt. Das eine und andere hat naturgemäß nicht nur Bezug auf den einzelnen Christen oder die Kirche, sondern geht – in der Christianisierungsfrage – weiter bis zu Kultur und Staat« (222).

Diese Kategorie der Vermengung wehrt einer Spiritualisierung der Pneumatologie und hilft, die »Weite des biblischen Geistbegriffs« für die Gegenwart zu entdecken. Der Heilige Geist wird mit der Schöpfung, mit der Geschichte und der Kultur in Zusammenhang gebracht. Von hier aus wäre der jüngere Blumhardt zu interpretieren. Die Kategorie der Vermengung hilft ferner, das Verhältnis von Geist und Geistern zu klären. Geistet der Geist in den individuellen und kollektiven Geistern, wirkt er vielfältig in den Geistern und gibt es nach Ausweis des Neuen

Testamentes auch unreinen, falschen, antichristlichen Geist, dann sind die Geister zu prüfen, und mit der Gabe der Unterscheidung der Geister ist die Aufgabe theologischer Kritik gestellt. Damit aber erhebt sich die Frage nach den Kriterien für solche Prüfung (vgl. § 5 und § 6). Auch ist nochmals auf den Unterschied zwischen Geisteswirkung und dem Heiligen Geist als Person hinzuweisen. Damit gewinnt die Sicht des ältern Blumhardt erneut Bedeutung, die das Kommen des Geistes in eindeutiger Gestalt erwartet.

Unter dem Gesichtspunkt der Vermengung wird auch die *Charismenlehre* zu bedenken sein. Die Unterscheidung des ältern Blumhardt zwischen natürlichen und geistlichen Gaben mag das Fragmentarische und Fragwürdige unserer Charismata unterstreichen, wie sie die Sehnsucht und Hoffnung nach neuen Gaben stärken kann. Eine absolute Gegenüberstellung beider Gaben scheint aber nicht möglich zu sein. Charisma nenne ich die natürliche Gabe unter der Herrschaft der Gnade, wie die Gabe, die der Geist neu schafft. Der Begriff der Vermengung oder Vermischung erklärt das Fragwürdige und Fragmentarische unserer Gaben. In diesem Sinne sind Charismen vorläufig.

Auf einen für die Predigtlehre nicht unwichtigen Unterschied im christologischen und pneumatologischen Aspekt scheint mir allerdings van Ruler nicht einzugehen. Ich meine auf den zwischen Einzahl und Mehrzahl. Dieser Unterschied mag noch einmal die vorläufige Unmöglichkeit perfektionistischer Aussagen im Bereich der Pneumatologie dartun. Während in der Fleischwerdung des Wortes das Wort einstimmig spricht, wird vom Wort bereits mehrstimmig geredet, die Pluralität der Evangelien ist unter pneumatologischem Gesichtspunkt zu verstehen und deutet an, daß der Geist, der auf Christus verweist, sich vielstimmig artikuliert. Die pfingstliche Ausgießung des Geistes über das Fleisch erweckt ein polyphones Reden von Gottes großen Taten. Das Einwohnen des Geistes im je einzelnen und in einer Gesamtheit bewirkt eine grundsätzliche Mehrsprachigkeit des Geistes. Freilich ist der Geist einer, wie Jesus Christus *einer* ist. Gegenüber der Monotonie Jesu – der Begriff steht hier nicht wertend – steht die Polyphonie des Geistes. In solcher Polyphonie liegt nicht nur ein Grund für das Verstehen, sondern ebensosehr ein Anlaß für das Mißverstehen. – Sieht man – entsprechend einer erbaulichen Deutung – den Pfingstbericht als Gegenstück zum Turmbau von Babel, so wird die Sprachverwirrung an Pfingsten gerade nicht aufgehoben, sondern nur überbrückt. Das pfingstliche Sprachwunder bedarf der erklärenden Interpretation des Petrus, d.h. der pfingstliche Sprachgewinn vermittelt keinen Gewinn an Eindeutigkeit. Auch wird in der Vielstimmigkeit die Einheit des Geistes zum Problem.

Im Blick auf die Struktur des Predigtdienstes und im Blick auf den Predigtvollzug wird es einen Unterschied ausmachen, ob man die Struktur des Predigens im Horizont der Christologie oder in dem der Pneumatologie zu verstehen sucht. Denkt man christologisch, vermag man dem Monologisieren eines predigenden Solisten kaum kritisch zu begegnen. Christus, der Bischof, der Prediger stehen in einer Reihe und werden in einer Perspektive gesehen. Die Sicht, die Ignatius eröffnet hat, setzt sich – meist unreflektiert – bis in unsere Tage fort. Der eine Mann auf der Kanzel steht für den einen Christus. Die autoritäre Struktur unseres Predigens mag damit zusammenhängen, daß man – wenn überhaupt – in christologischer und nicht in pneumatologischer Dimension dachte. Beachtet man aber die Polyphonie des Geistes, wird das Einmannsystem und mit ihm der institutionalisierte Monolog theologisch fragwürdig (vgl. § 24).

Die Abweisung des Perfektionismus für die pneumatologischen Aussagen und das Prinzip der Vermengung zeigen beide auf die grundsätzliche Nötigung zur Predigtkritik durch die Gemeinde. Wenn aber für den durchschnittlichen Predigthörer die Predigt etwas Undiskutables ist, etwas, worüber man lieber nicht spricht, dann mag dies auch mit einer Sicht der Predigt in der Perspektive der Christologie zusammenhängen, die blind ist für die pneumatologische Perspektive. Luthers Postulat, »daß eine christliche Versammlung oder Gemeine Recht und Macht habe, alle Lehre zu urteilen« (WA 11, 401ff), gewinnt im Blick auf die »Strukturunterschiede zwischen dem christologischen und pneumatologischen Gesichtspunkt« eine neue Dringlichkeit.

Hinweisen möchte ich noch auf einen weiteren diffizilen Strukturunterschied, der in der gegenwärtigen Diskussion der Gottesfrage kaum beachtet wird, m.E. aber von größter Wichtigkeit ist. Er betrifft den schon beobachteten Unterschied von Vollkommenheit und Fragment, geht aber möglicherweise nicht ganz in ihm auf. Ich meine, in der Frage nach dem Leiden Gottes müsse ein Unterschied gemacht werden zwischen der Passion am Kreuz und dem Leiden des Geistes nach der Passion. Diese Unterscheidung scheint mir deshalb wichtig, weil sonst das Evangelium kaum mehr laut werden kann. – Es ist seit Bonhoeffer Mode geworden, in Predigten den Begriff der Nachfolge mit dem Leiden Gottes, beziehungsweise Christi, zu verbinden. »Christen stehen bei Gott in seinem Leiden.« Ein anderes ist, was Bonhoeffer sagte, und was die sagen, die ihn zitieren. Allerdings scheint mir Bonhoeffers Redeweise vom Leiden Gottes keineswegs unproblematisch zu sein. Dies zu diskutieren wäre ein Thema für eine systematische Untersuchung. In einer Predigtlehre ist vor einem unreflektierten Zitieren zu warnen. Es müßte erst noch erwiesen werden, ob das im Schwange gehende Reden vom Leiden Gottes seine Wahrheit trifft. Die alten Dogmatiker sprachen von der »Seligkeit« Gottes und meinten damit sicherlich keine bloße und müßige Spekulation. In gewisser Weise scheint das Gottsein Gottes an seiner Seligkeit zu hängen. Falls man auf den Begriff verzichten will, müßte man zeigen, wie Gott die Liebe sein kann, ohne selig zu sein. Soll die Rede vom Leiden Gottes theologisch verantwortet werden, ist sie mit der Rede von der Seligkeit Gottes zu konfrontieren.

Mit dieser Frage nach dem Verhältnis des Leidens zur Seligkeit Gottes ist m.E. die andere Frage nach der Bedeutung von Jesu Tod zu verknüpfen. Die Rede vom Leiden Gottes bedroht die Predigt des Kreuzes, wenn die Passion aus der Geschichte herausgenommen wird, wenn sie kein Datum mehr ist, sondern ein Prinzip. Die Kreuzesabnahme hat dann sozusagen nie stattgefunden, die Passion perenniert, wenn Gott, wenn sein Stellvertreter der Leidende bleibt. – Nun aber ist die Passion für Christus am Kreuz »vollbracht« (vgl. Joh 19,30). Keine neutestamentliche Schrift korrigiert diese Aussage, die der Hebräerbrief wohl am stärksten unterstreicht: Ein für allemal ist Christus »in das Heiligtum hineingegangen und hat eine ewige Erlösung erlangt« (9,12). Die Passion ist einmalig und unwiderruflich, sie gilt. In der Rede vom gegenwärtigen Leiden Gottes oder Christi darf nicht der Eindruck entstehen, als sei aus der »ewigen Erlösung« ein ewiges Leiden und aus dem »ein für allemal« eine immerwährende Ohnmacht geworden – sonst wird die Erlösung gegenstandslos und das Kreuz zum Gegenstand der Predigt des Gesetzes.

Andrerseits kann man der Rede vom Leiden Gottes ein gewisses Recht nicht absprechen: Es ist undenkbar, daß Gott die Liebe sein könnte, unbehelligt vom Leid der Welt. So ergibt sich folgendes Paradox: Gott kann nicht vom Leiden erlösen, wenn er ein Leidender bleibt, und er kann nicht Erbarmen haben, ohne zu leiden. Ist ein nach dem Vollbringen der Erlösung leidender Erlöser undenkbar, so ist ein am Leid der Welt unbeteiligter Tröster unmöglich.

Im Blick auf die Passion heißt das: Sie ist zu Ende, vollbracht, insofern Christus auferstanden, erhöht ist. Der Gekreuzigte hängt nicht mehr am Kreuz. Die Passion geht aber weiter im Leiden der Kreatur, im Leiden der Elenden, und der Geist solidarisiert sich mit den Leidenden. Solange »noch nicht ganz kund gemacht, was er aus seinem Grab gebracht« (Johann Heermann), solange der Tod zu herrschen vermag, gibt es auf Erden eine Passion, an der der Geist teilnimmt. Der Heilige Geist ist – um einen Vers der Greiffenberg aufzunehmen und neu zu verwenden – ein »weltdurchkränkter Geist«, er ist weniger ein Geist des Mitleids als das Mitleiden selbst, das teilnimmt an der Agonie der Welt. So nimmt er das Seufzen der Kreatur und das Seufzen der Geistbegabten auf, um das Leid der Welt und das der Kirche zur Sprache zu bringen. Er ächzt in den Verhältnissen, ist der Heilige, der an der Welt und an der Kirche leidet, der in den Heiligen leidet, indem er sie vertritt. – Der Geist Jahwes wird zum Nachbarn der zerbrochenen Herzen (vgl. Ps 34,19), während Jesu Geist sich mit dem Hungrigen, Leidenden, mit dem Letzten identifiziert (vgl. Mt 25,31ff – § 17/III). Ist das Leid der Welt auch unsäglich, tritt er »für uns ein mit unaussprechlichen Seufzern« (Röm 8,26). – Gibt es eine Passion des Geistes, ist es das Leiden am Noch-Nicht unserer Erlösung, an der Differenz zwischen dem, was

Jesus in seinem Sterben vollbracht hat, und zwischen dem, was zu unserem Sterben führt. Hat Jesus den Tod erlitten, leidet der Geist am Tod. Aber der Geist stirbt nicht, sondern schreit gegen den Tod, schreit für unsere Befreiung vom Tod. Jesu Tod wird erlitten. Das Leiden des Geistes ist aktiv. Er ruft nach der neuen Schöpfung, nach dem Advent des Welterneuerers: »Der Geist und die Braut sagen: Komm!« (Apk 22,17).

Wir haben zwei Denkwege beschritten. Zunächst wurden die beiden Blumhardt miteinander konfrontiert, die beide Prediger waren und nicht primär Systematiker. Wir haben dann mit van Ruler einem Systematiker das Wort erteilt. Wenn die beiden Blumhardt den Geist je verschieden denken, könnte man ihre Auffassung unter dem Stichwort »dynamisch« auf einen Nenner bringen. Sie warten auf das Kommen des Geistes, und »Hoffnung« charakterisiert wohl am besten ihre besondere Haltung dem Heiligen Geist gegenüber. – Der Systematiker aber beschreibt »Gesichtspunkte«. Damit bekommt seine Darstellung etwas Flächenhaftes, beinahe etwas Statisches. Nicht so sehr »Hoffnung« als vielmehr »Erkenntnis« charakterisiert die Haltung van Rulers dem Heiligen Geist gegenüber.

Die Prediger und der Systematiker ergänzen sich gegenseitig: Die beiden Blumhardt bewahren uns davor, Pneumatologie in ein System einfangen zu wollen und die Zukünftigkeit des Heiligen Geistes zu vergessen. Van Ruler aber hindert uns, die Hoffnung als Denkersatz zu nehmen und ob der Zukünftigkeit die Gegenwart des Heiligen Geistes zu übersehen.

III

Der Heilige Geist als Geber und Gabe des Wortes

Im folgenden wird versucht, Ursprung und Ziel der Predigt im Rahmen der Pneumatologie zu bestimmen. Es wird ohne weiteres einsichtig sein, daß wir zu diesem Zweck neu einsetzen müssen. Dies lehrt uns den Verzicht, im Kommenden eine Synthese der beiden Denkwege zu suchen. Ein solches Unternehmen kann hier nicht unsere Sache sein, da es eine primär systematische Aufgabe darstellt. Auch kann es sich nicht darum handeln, über das Angedeutete hinaus von den verschiedenen Denkwegen her zu praktischen Überlegungen vorzustoßen. Man könnte bei solchen Vorstößen nur hinter dem jeweiligen Ausgangspunkt zurückbleiben und würde damit die Musik des Anfangs zum Schweigen bringen.

Ich nenne den Geist Geber des Wortes und sage damit zunächst, daß ich als Prediger das Wort nicht aus mir habe. Der Geist spricht und ich rede. Die »theonome Reziprozität« ereignet sich zuerst in der Sprache, in einem Geben und Nehmen von Sprache.

Im Neuen Testament begegnet uns dieser Sachverhalt in vielen Schichten und auf mancherlei Weise. – Jesus selbst fängt erst nach der Taufe mit dem Geist an zu predigen (Mk 1,9 par). – In der Aussendungsrede wird der Geist als Fürsprecher vor Gericht, vor Statthaltern und Königen verheißen: »Wenn sie euch aber überliefern, so sorget euch nicht darum, wie oder was ihr reden sollt; denn es wird euch in jener Stunde gegeben werden, was ihr reden sollt. Denn nicht ihr seid es, die reden, sondern der Geist eures Vaters ist's, der in euch redet« (Mt 10,19f). – Paulus behauptet, den Geist aus Gott zu haben, »mit Worten, die vom Geist gelehrt sind« zu reden (1 Kor 2,12f), als einer, der seine Tüchtigkeit von Gott hat (2 Kor 3,5). – Das pfingstliche Erfülltwerden mit dem Heiligen Geist hat ein Sprachwunder zur Folge: »Und sie wurden alle mit dem heiligen Geist erfüllt und fingen an, in andern Zungen zu reden, wie der Geist ihnen auszusprechen gab« (Apg 2,4). Wenn Paulus den Apollosjüngern von Ephesus die Hände auflegt und der Geist kommt, reden sie in Zungen und predigen aus Eingebung (Apg 19,6). Von Paulus selbst wird – ähnlich wie von Jesus – berichtet, daß er nach Geistempfang und Taufe predigt (Apg 9,17). – Der im Johannesevangelium verheißene Paraklet macht Jesu Wort zu einem gegenwärtigen (14,26), und der Anhauch Jesu, der den Jüngern den Heiligen Geist vermittelt, ermächtigt sie zum Aussprechen der Sündenvergebung und der Retention (vgl. Joh 20,22f).

Behaupten wir im Anschluß an das Neue Testament, daß der Geist das Wort gibt, ist der Geist selbst sozusagen nichts ohne das, was er gibt, das Wort. So fällt auf, daß sowohl nach Lukas wie nach Johannes die Geistbegabung nicht recht zu genügen scheint. Das pfingstliche Sprachwunder – wir haben schon darauf hingewiesen – bedarf offensichtlich der Ergänzung durch die Petruspredigt, ein Text wird herangezogen, um das Geschehen zu erklären, es interpretiert sich offenbar nicht selbst. – Nach Johannes wird die Geistbegabung eingerahmt durch ein Vorwort und Nachwort – die Sendung der Jünger in die Welt und die Vollmacht zur Absolution und Retention – während die Gabe des Geistes selbst durch eine Spendeformel begleitet wird: »Empfanget den heiligen Geist« (Joh 20,21–23)! Die Parallelität der beiden neutestamentlichen Schriftsteller im Verhältnis von Geistbegabung und Wort scheint bei der großen Verschiedenheit der Berichterstattung um so erstaunlicher. – Der Geist ist nicht nur Geber des Wortes, er bedarf anscheinend selbst des Wortes, der Auslegung, der Benennung zum mindesten. Man könnte diese Wortbedürftigkeit des Geistes als Kenosis (Entäußerung) des Geistes bezeichnen. (Will man die Unterschiede der christologischen und pneumatologischen Sprachstruktur nicht überstrapazieren, wird man auch den Parallelismus beider betonen). Was wir als Kenosis des Geistes bezeichnen, macht den Begriff der »theonomen Reziprozität« erst voll verständlich.

Der Geist wird zum Sprachlehrer des Jüngers und der Jünger zum Sprachrohr des Geistes. Nicht der Jünger spricht, sondern der Geist; aber der Geist braucht den Mund des Jüngers, und der Jünger muß selbst sprechen. Bringt der Jünger den Geist zur Sprache, bringt der Geist den Jünger zum Sprechen. Der Geist gibt nicht nur das Wort, sondern auch dessen Artikulation. Der Geist bestimmt nicht nur die Herkunft und Gegenwart, sondern auch die Zukunft des Wortes. Für das

Predigen heißt das zunächst: Der Prediger empfängt das Wort vom
Heiligen Geist; dann wird die Sprachlosigkeit zu überwinden sein durch
das gegenseitige Geben und Nehmen von Sprache zwischen Geist und
Prediger. Was das Nehmen von seiten des Predigers betrifft, wird es
grundsätzlich ein Nehmen von überall her sein, auch wenn es einen besondern Ort des Nehmens gibt. Solchem Nehmen entspricht ein innerliches Geben des Geistes. Darum das offene Fenster »ins Stübchen« des
Predigers, darum der Prediger als Individuum auch dann, wenn mehrere sprechen – also Geistes-Gegenwart! Wir rühren damit an das Geheimnis des Predigers, welches das Geheimnis der Gemeinde ist. »Christus in euch, die Hoffnung auf die Herrlichkeit« (Kol 1,27), und dieser
»Christus in euch« ist kein stummer Geist, sondern eben der Geber des
Wortes, der Christi Wort als ein gegenwärtiges gibt. – Dieses Geheimnis
des Predigers aber korrespondiert mit dem Geheimnis der Erde, die voll
ist von der Herrlichkeit des Herrn, indem der Geist hineinvermengt ist
auch in die Kultur und den Staat, und gerade auch von daher zur Sprache hilft, aber noch mehr – des Wortes bedarf. Die Gegenwart des Geistes ist eine Gegenwart in uns und eine Gegenwart um uns. Sie weist auf
die Gnadenwahl (vgl. § 26).

Demnach meint die Geistesgegenwart des Predigers nicht eine
sprachliche Fixigkeit oder Schlagfertigkeit, als die wir sie gemeinhin
verstehen, sondern eine Gabe, eine Verhältnisbestimmung, eine Zeit-
ansage, kurz, die Entdeckung eines neuen Ich in einem neuen Gegenüber.
Weil Geistesgegenwart mit dem Geist verheißen ist, darum ist der Prediger an sie zu verweisen. In der Reziprozität ist sie Zusage und Ver-
pflichtung zugleich. Als verheißene ist sie herzurufen, herbeizubitten,
und der ihr Verpflichtete wird selbst präsent. Der Prediger kann »Ich«
sagen. In der Gegenwart des Geistes geht es also um ein Passivum und
ein Aktivum, um das, was der Geist mit dem Prediger macht, und um
das, was der Prediger mit sich selbst macht. In diesem Aktivum und
Passivum geht es auch um das, was der Prediger mit dem Geist macht
(man beachte die Verben, die im Zusammenhang mit dem »Heiligen
Geist« gebraucht werden, wie z.B. Apg 1,8 »empfangen« oder Apg 7,51
»widerstreben«). Weil die Geistesgegenwart die menschliche Gegenwart
nicht aus-, sondern einschließt, kann auch hier die Methodenfrage nicht
ausgeklammert werden. Deshalb sei auf das Problem der Meditation
verwiesen (§ 21).

Die Geistesgegenwart als Gegenwart des Geistes im Prediger, die
dem Prediger zur Sprache hilft, mag illustriert werden an Früchten des
Geistes, die auch schon zur Sprache helfen: Spricht Freude oder Haß,
spricht Liebe zu Gott oder Eigenliebe, spricht Gottesfurcht oder Men-
schenfurcht aus einem Menschen, gestaltet die jeweilige Befindlichkeit
des Menschen die Sprache und sein Sprechen, wobei nicht unvermengt
jeweils Geist oder Ungeist den Ton geben. Die Frage ist nur, wer jeweils

den Ton angibt und in welcher Reinheit und Intensität er angegeben wird. Die Predigt kennt die leere Rede und das vollmächtige Wort, kennt Ohnmacht und Vollmacht, und die letztere richtet sich nach dem Maß des Geistes im Prediger. Es macht eben einen Unterschied, ob einer bloß angerührt sei vom Heiligen Geist, oder ob er die Fülle des Heiligen Geistes in sich wohnen hat, von der Johann Christoph Blumhardt sagt, daß wir sie so nicht mehr haben. Da Ohnmacht eine Grunderfahrung gegenwärtiger Predigergeneration – und nicht nur gegenwärtiger – darstellt, wird Blumhardt zum Signal und Zeichen, das Arrangement mit der Ohnmacht zu kündigen und nach der Macht zu fragen, damit die Leerformeln verschwinden und der Geist das Neue schaffe. Nach der Macht fragen aber heißt, nach dem Heiligen Geist als Person fragen. Beginnt der Prediger mit solchem Fragen, ist er nicht weit von Jesu Fragen am Kreuz.

Wir beschränken uns auf Andeutungen über den Geist als Geber und als Gabe des Wortes, sprechen nicht davon, was der Geist mit dem Wort macht, wie der Geist das Wort begleitet. Haben wir schon auf eine Art Wortbedürftigkeit des Geistes hingewiesen, haben wir uns jetzt noch einem weitern Aspekt zuzuwenden: Der Geist gibt nicht nur das Wort, und andrerseits expliziert das Wort nicht nur den Geist, es vermittelt ihn; dann aber ist Begeisterung das Ziel der Predigt.

Wollte man manieristisch reden, könnte man hier von »Begeistung« sprechen. Das Anstößige der Vokabel »Begeisterung« wäre vermieden, den Spiritualisten zum Wohlgefallen. Da aber auch in der Pneumatologie der Doketismus die größte Gefahr darstellt, bleibe ich bei der anstößigen Redeweise. Diese erscheint zudem als mißverständlich. In der Umgangssprache brauchen wir das Wort synonym mit einem unreflektierten Idealismus, auch mit Rausch und mit Taumel. Begeisterung als Ziel der Predigt wäre in diesem Fall »Opium für das Volk«, und dies ist die Predigt immer wieder auch gewesen: Nahrung für Illusionen. Der anstößige Begriff »Begeisterung« scheint mir deshalb unumgänglich, weil er den kritischen Verstand geradezu herausfordert, indem er die Notwendigkeit verdeutlicht, die Geister zu prüfen. Auch möchte ich mich an die strenge Wörtlichkeit halten. Predigt, die begeistert, ist Predigt, die belebt. – Zur weitern Klärung des Begriffs sei zunächst auf das Neue Testament verwiesen.

Wie Rede begeistert, schildert Lukas sogar zweimal, wenn er die Petruspredigt im Haus des Cornelius referiert. Hat es zunächst den Anschein, am Schluß der Rede sei der Geist auf die Hörer gefallen (Apg 10,44), so fällt nach dem Bericht des Petrus in Jerusalem schon mit dem Beginn der Predigt Heiliger Geist pfingstlich auf die Hörer (Apg 11,15f). – Paulus aber stellt den Galatern die suggestive Frage: »Habt ihr den Geist aus Werken des Gesetzes empfangen oder aus der Predigt vom Glauben« (3,2)? Mit dieser Frage verweist er die Galater auf die Predigt, die den Glauben bringt und den Geist schenkt und damit die Hörer charismatisch begabt: »Der euch also den Geist darreicht und Wunderkräfte in euch wirkt, tut er es auf Grund von Werken des Gesetzes oder auf Grund der Predigt vom Glauben« (Gal 3,5)? Hier handelt es sich offenbar – anders als nach unserm Sprachgebrauch – um eine nachhaltige, bleibende Begeisterung.

Wir konfrontieren den Verweis auf das Neue Testament mit einer Überlegung allgemeiner Art, daß nämlich alles Sprechen geisthaltig ist. Nicht nur das geistreiche, auch das geistlose – im letzteren artikuliert sich ein Geist des Nichts. Indem alles Sprechen geisthaltig ist, vermittelt es auch irgendwie irgendwelchen Geist. In dieser Hinsicht kann man sagen, daß alles Sprechen begeistert. Darum gibt es auch keine Predigt, die nicht auf irgendeine Weise irgendwelchen Geist vermittelt. Jede Predigt gibt zunächst den Geist weiter, in dem und aus dem sie gehalten wird. Ein Prediger kann suggestiv wirken und die Hörer mit seinem eigenen Geist erfüllen. Die Begeisterung eines Menschen kann mitreißen, ansteckend wirken. Welchen Wert eine solche Begeisterung hat, ist eine Frage für sich, nur sollte man nicht schon Begeisterung als solche verdächtigen! Man sollte vielmehr bedenken, daß auch der müde Prediger ansteckend wirkt und mitreißen kann – in seine Müdigkeit hinein. Der resignierte Prediger wirkt in diesem Sinne nicht weniger mitreißend. Sogar mit seiner Ohnmacht »begeistert« ein Prediger seine Hörer. Auch Langeweile ist eine Art von Begeisterung, die negative Kehrseite des Enthusiasmus. Mit einer ihr eigenen Spontaneität, dem Gähnen. Endlich wäre der Geist des Milieus zu nennen, aus dem der Prediger kommt und der mit der Sprache des Predigers auch die Hörer beeinflußt.

So verstanden hat Begeisterung eine reiche Skala und ist als solche zunächst weder zu loben noch zu tadeln, wohl aber zu prüfen. Wollte man jedoch den geschilderten Sachverhalt übersehen, würde man damit das Eingehen des Geistes ins Menschliche verleugnen und eben doketisch über den Geist denken. Solches Denken fördert und sichert wohl auch den weit verbreiteten und meist unbewußten Irrtum, die Predigt sei unfehlbar, bedürfe nicht jedesmal der Prüfung und Kritik durch die Hörergemeinde.

Die Mißachtung der Begeisterung erweist sich im Grunde als ein Mangel an Nüchternheit und Wirklichkeitssinn. Die faktische Verdrängung des Enthusiasmus in unsern Kirchen und die fehlende Predigtkritik sind nur zwei Seiten eines Sachverhalts. Wird der Enthusiasmus zum vornherein verketzert, entfällt unter der Hand – praktisch, nicht theoretisch – die Notwendigkeit zur Prüfung der Geister. Eine Tabuisierung des Enthusiasmus wird Kritiklosigkeit und Unmündigkeit der Gemeinde zur Folge haben. Auch der Mangel an Parrhesia (Freimütigkeit) mag mit der Eliminierung des Enthusiasmus zusammenhängen, ebenso wie die Passivität der Gemeinde.

»Es gibt die christliche Freiheit nicht ohne einen Schuß von Enthusiasmus...« (*Ernst Käsemann,* Der Ruf der Freiheit, 1968[3], 71).

Predigtkritik, Mündigkeit der Gemeinde, Aktivität der Laien aber gibt es nicht ohne Freiheit. Geistschenkende Predigt begeistert recht, indem sie Freiheit schenkt. Im Schenken der Freiheit begeistert sie immer zu etwas. Sie setzt ein Ende und einen Anfang. So belebt sie.

Weil die Begeisterung je verschieden zu werten ist und weil ihre reiche Skala zur Prüfung nötigt, ist zu postulieren, die Predigt habe nicht irgendwelchen, sondern eben den Heiligen Geist selbst zu schenken. Sie solle den Geist vermitteln, der die Welt neu schafft, solle mit dem Schöpfergeist begeistern. Nicht mehr und nicht weniger ist von der Predigt zu erwarten als das, daß sie diesen Geist schenkt, der zugleich ein Geist der Freiheit ist. Der Prediger aber kann diesen Geist nicht von sich aus schenken, auch wenn er immer auch etwas von sich selbst schenkt; denn dieser Geist geht vom Vater und vom Sohn aus, nicht vom Prediger. Der Prediger aber darf hoffen, daß im Weitergeben eines geistgeschenkten Wortes der Geist selber sich schenke. Ich insistiere deshalb auf dem Begriff des Wunders im Blick auf die Predigt (vgl. schon § 1), weil schlechthin alles daran liegt, daß Geist vom Vater und Geist vom Sohn sich austeilt, wenn wir predigen. Das Wunder der Predigt ist von pfingstlicher Art, und der Prediger darf hoffen, daß im Weitergeben eines geistgeschenkten Wortes der Geist selber sich schenke. Drum wird er besorgt sein, daß sein Eigenes dem Geist nicht das Spiel verderbe. Damit wird angedeutet, daß es beim Predigt-Machen und Predigt-Halten um eine Machbarkeit geht, an der zu sterben ist. Predigen heißt, den Tod erfahren; und zur »Begeisterung für das Sein« kommt es nur, weil die Auferstehung mächtig wird (vgl. § 25/I). Wer aber die Kanzel betritt als ein kleines Paradies, wird zuerst durch Wüsten gehen und wird erfahren, daß das Paradies der ausgezeichnete Ort der Versuchung ist, zu sein wie Gott und also den eignen Geist mit dem Heiligen Geist zu verwechseln.

Hier ist nicht der Ort zu beschreiben, wozu der Heilige Geist begeistert. Jedoch sollen auf zwei Weisen der Begeisterung hingewiesen werden, die im Horizont der Neuschöpfung zu sehen sind. Der Heilige Geist ist »ein Geist der Freuden«. Wo er sich schenkt, wird Freude sein. Im Schenken der Freude inspiriert er zum Lob, weckt er Begeisterung für das Singen. Indem der Geist Zukunft herbeibringt, schenkt er mit der Freude das Lob. – Predigt, die mit dem Heiligen Geist begeistert, löst die Zunge aber nicht nur zum Lob, sondern auch zum Protest und zur Klage. Der Heilige Geist ist nicht »ein Geist der Freuden« in der Weise, daß er sich über die Verhältnisse Illusionen macht. Er weiß sehr wohl vom Trauern, er kann die Fähigkeit zu trauern erwecken (vgl. § 12/II), indem er nicht nur den Pfingstjubel lehrt, sondern auch die Klagelieder, vielleicht sogar die Rachepsalmen. Er lehrt schreien, erhebt selbst »den gottesdienstlichen Schrei nach Freiheit« (vgl. Röm 8,26ff in der Auslegung von Käsemann)! Der Geist erhebt Anklage gegen das Unrecht der Welt und Klage über das Leid der Welt und bringt das Elend zu Sprache. Dies ist seine Weise, mit der Veränderung der Welt zu beginnen. – Freude und Trauer werden hier genannt als zwei Arten der Begeisterung, mit denen der Geist ein Neues setzt wider den verbreitetsten Ungeist, die Gleichgültigkeit. Das Neue erweist sich als Freiheit und bringt sich zur Sprache in Klage und Lob.

Wir sprachen hier vom Ziel der Predigt, um damit auch die Herkunft der Predigt besser zu verstehen. Vom Ziel her wird erst recht deutlich, wie wichtig es ist, daß nicht irgendein Geist dem Prediger irgendetwas einflüstert, sondern der Heilige Geist selbst zum Inspirator der Predigt wird. Können wir im Grunde keine andere Aussage über das Woher der Predigt machen, als daß der Geist das Wort gibt, so bedarf diese Aussage der Präzisierung und der deutenden Erweiterung. Darum wird vom Namen (§ 5) und von der Schrift (§ 6) die Rede sein müssen.

Die Begründung der Homiletik in der Lehre vom Heiligen Geist bedarf einer Ergänzung, die erläutert, daß der Geist, der das Wort gibt, nicht irgend ein Geist, sondern der Heilige Geist ist. Zugleich muß sie den Rechtsgrund der Predigt im Geist aus der Vielfältigkeit und Verborgenheit des Geistes ans Licht heben: Die Predigt hat ihren Rechtsgrund im Namen dessen, den sie verkündigt.

§ 5

DER NAME

Oskar Grether, Name und Wort Gottes im Alten Testament, 1934. – *Hans Bietenhard,* Der Name Gottes in der Bibel, in: Das Wort sie sollen lassen stahn. Festschrift Albert Schädelin, 1950. – *Ders.,* Art. ὄνομα, ThW V, 242ff. – *Helmut Rosin,* The Lord is God. The translation of the divine names and the missionary calling of the Church, 1956. – *Kornelis H. Miskotte,* Wenn die Götter schweigen, 1963, 127ff. – *Walther Zimmerli,* »Ich bin Jahwe«, in: Gottes Offenbarung, ThB 19, 1963, 11ff. – *Eugen Rosenstock-Huessy,* Die Sprache des Menschengeschlechts I/II, 1963f. – *Jürgen Moltmann,* Wort Gottes und Sprache, in: Perspektiven der Theologie, 1968, 93ff.

I

Legitimation der Predigt im Namen

Dieser Paragraph soll eine Präzisierung und Weiterführung des vorangehenden sein. Um zu begründen, weshalb nach dem Heiligen Geist der Name als Woher der Predigt genannt wird, legt es sich nahe, kurz zu rekapitulieren: Vielfältig geistet der Geist über den Ländern, in zahlreichen Sprachen und Mund-Arten gibt er das Wort und die Wörter. Indem er sich mit individuellen und kollektiven Geistern mischt, spricht er aus Individualitäten und Kollektiven. Wer dem Worte dient, muß die Vielfalt beachten, in der der Geist das Wort gibt. Er darf die Verborgenheit nicht übersehen, in der diese Vielfalt sich ereignet. »Heute wird des Geistes Kraft oder das Wort Christi wirken von der Welt ins Stübchen hinein.« Diese Aussage von Christoph Blumhardt muß sich erfüllen, wenn der Prediger ein Wort finden will, das wieder aus dem Stübchen hinausgeht und das die Kraft hat, Mauern zu durchdringen. Will die Kirche das Schweigen brechen, das sie umgibt und einschließt, muß das Sprechen des Geistes in den mancherlei Geistern gehört werden. Mit der Kirche finden auch die Prediger ein Wort für die Welt nur, wenn sie auch von der Welt her zu hören bereit sind auf das, was der Geist sagt.

Dann aber muß es eine Instanz im »Stübchen« geben, die aus der Vielstimmigkeit *eine* Stimme hört und aus der Mehrdeutigkeit das Eindeutige vernimmt, eine kritische Instanz also, die nicht jede Einflüsterung eines jeden Geistes für bare Münze nimmt. Diese Instanz muß die Fähigkeit haben, das vielfältige Sprechen auf die Einfalt zu reduzieren. Aus den individuellen und kollektiven Vermischungen, die der Geist mit den Geistern eingeht, muß der eine Geist gleichsam wieder herausdestilliert werden: Diese Instanz muß das vielfältige Sprechen des Geistes zurückführen auf den, von dem der *eine* Geist ausgegangen ist. Gibt der Geist das Wort und bedarf der Geist selbst der Legitimation, wird die Frage nach der Beurteilung des Geistes mit der Frage nach der Legitimation der Predigt parallel gehen. Es muß in Worten, noch besser mit einem Wort, deutlich zu machen sein, woher wir predigen, woher wir das Wort nehmen, das wir an die Welt – und an die Gemeinde der Gläubigen in ihr – richten.

Predigt ist Namenrede. Sie ergeht und besteht im Namen des Vaters, des Sohnes und des Heiligen Geistes. Sie hat ihren Anhalt und Inhalt im Namen. Der Name bildet ihr Richtmaß. Der Name legitimiert und bevollmächtigt die Predigt, weil er einerseits die Herkunft des Geistes und seiner Sprache bezeichnet und andrerseits die Zukunft und Antwort des Genannten herbeiführt.

Man kann freilich die Legitimation der Predigt auch von anderswoher begründen, wobei dieses Anderswoher nicht in einem Gegensatz zum Namen zu stehen braucht. Im Gegenteil, recht verstanden erklären diese andern Begründungen die Herleitung aus dem Namen. Ich nenne fünf solcher Begründungen, wobei auf vorher Ausgeführtes und nachher Auszuführendes verwiesen werden kann. Ausdrücklich sei vermerkt, daß diese fünf Hinweise keine Vollständigkeit beanspruchen. Die Legitimation durch die *Schrift* wird hier nicht erwähnt, weil sie sich logisch aus der Namenrede ergibt und im kommenden Paragraphen diskutiert und entfaltet werden soll.

1. Die Predigt findet ihre Legitimation in der *Übereinstimmung mit der Katholizität und Tradition* der Kirche.

2. Legitimation der Predigt durch das *Amt:* Das Recht dieser Sicht besteht darin, daß der Prediger einen Auftrag haben muß. Ich kann nicht von mir aus predigen.

3. Die Legitimation durch *das predigende (und das hörende) Subjekt* bildet ein im Neuprotestantismus in mannigfacher Form abgewandelter Versuch, die Autorität der Predigt auszuweisen. An Stelle der Katholizität tritt nun das Individuum des Predigers, das als solches die Predigt legitimiert.

4. Eine Legitimation der Predigt durch die *Wissenschaft* hat ihr theologisches Recht darin, daß die Wissenschaft dem Geiste dient. Ein Verzicht auf eine wissenschaftliche Legitimation wäre gleichbedeutend mit dem Verzicht auf die Theologie und würde in einer verwissenschaftlichten Welt zur Weltfremdheit und Verblödung der Predigt führen.

5. In der Legitimation der Predigt vom *Hören* her wird die Predigt von der Zukunft des Wortes her bedacht.

Den hier skizzierten Sicherungsversuchen gegenüber nenne ich den Namen und meine, daß ich damit nicht ein Wahrheitsmoment, eine Legitimation der Predigt nenne, sondern die Legitimation und Wahrheit der Predigt schlechthin. Hier entscheidet sich alles: Macht und Ohnmacht der Predigt, ihre Wahrheit und ihr Irrtum. Die Aussage »eine Predigt, die nicht im Namen des Vaters, des Sohnes und des Heiligen Geistes geschieht, ist auf keinen Fall christliche Predigt zu nennen«, ist nicht formalistisch, sondern streng inhaltlich zu verstehen. Eine solche Aussage kann man von den andern Legitimationen der Predigt nicht* machen. Eine prophetische Predigt z.B. kann sich gegen die Tradition richten, kann ohne äußere Berufung erfolgen, kann auf jede Wissenschaft verzichten. Eine Predigt kann ohne Glauben gesprochen werden oder den Hörer völlig übersehen. Solche Predigt wird sehr wahrscheinlich schlecht sein, man wird sie allenfalls polemisch als »unchristlich« bezeichnen können; als Fehlform christlicher Predigt ist sie nicht eine andere Predigt. Ergeht sie aber in einem andern Namen, wird sie eine andere Predigt sein. Die Predigt wird am Namen nachprüfbar. Dies setzt voraus, daß man weiß, was der Name besagt.

Es kann nicht die Aufgabe sein, im Rahmen einer Homiletik die drei höchsten Namen zu erklären – dies ist die Aufgabe der Dogmatik –, wohl aber ist die Bedeutung des Namens für die Predigt zu erläutern.

Es wird unsere Überlegungen nur fördern, wenn wir zunächst alttestamentlich formulieren; diese alttestamentliche Formulierung will von der Trinitätslehre her verstanden werden; sie will ihrerseits der Trinitätslehre Rechnung tragen. Predigt des Dreieinigen wird Jahwerede sein. Freilich haben wir nicht Jahwe zu predigen, sondern Christus. Wir können aber Christus nur predigen, indem wir von Jahwe reden. Insofern gilt: Predigt als Namenrede ist Jahwerede (zum Folgenden vgl. § 6/V).

Wider allen herrschenden Marcionitismus muß zunächst betont werden: Jahwe heißt der Gott, ohne den es keinen Jesus Christus gibt. Darum können wir auch nicht von Jesus reden, ohne von Jahwe zu sprechen! Man zerreißt Gott und konstruiert eine gnostische Zweigötterlehre, wenn man diese Einheit nicht wahrhaben will. Man spricht nicht »im Namen des Vaters und des Sohnes und des Heiligen Geistes«, wenn man die Christuspredigt von Jahwe losreißt. Um der Christuspredigt willen muß unsere Predigt als Namenrede Jahwerede sein! Ein von Jahwe abgetrennter Jesus wird unwirklich, wird zum Jesusbild. Was aber meint der Ausdruck »Jahwerede«?

Helmut Rosin und mit ihm *Kornelis H. Miskotte* (131) haben die These vertreten, daß die Kopula »JHWH ist Gott« unumkehrbar sei. Das mit dem Namen »Jahwe« bezeichnete Subjekt trägt das Prädikat »Gott«. Gott trägt also nicht nur den Jahwenamen, der Name ist nicht ein Zugelegtes, sondern sein Eigentliches. Jahwe ist Gott. Der Name Jahwe ist nicht ein Ersonnenes, das der Mensch erfindet, sondern Ausdruck seines Wesens. – »Der *schem* als Name Gottes bezeichnet ihn als Person, hat es also mit *Gott in seiner Totalität* zu tun« (*Grether*, 169). »Der Name ist gleichsam Quintessenz seiner Person und Träger seiner Kraft« (*Gottfried Quell*, ThW III, 1068). – *Walther Zimmerli* spricht von einer »Selbstvorstellungsformel« (11ff). In ihr verdichtet sich das ganze Offenbarungshandeln Gottes. »All das, was Jahwe seinem Volke zu sagen und anzukün-

digen hat, erscheint als eine Entfaltung der grundlegenden Aussage: Ich bin Jahwe«
(20). – *Karl Barth* sieht den entscheidenden Akt der *Offenbarung* in der Offenbarung
des *Namens* Gottes (KD I/1,335). Predigt als Namenrede heißt dann: Wir nennen den,
der sich selbst vorstellt, der sich in seinem Namen zeigt, der sich gefährdet, indem er
seinen Namen preisgibt. – Im Neuen Testament tritt der Name Jesus an Stelle des Jahwenamens als Inbegriff der Offenbarung (Grether, 183, vgl. KD I/2,11). Ihm wird der
Name gegeben, der über allen Namen ist (Phil 2,9ff). In ihm ist Jahwe epiphan geworden auf Erden. Sein Werk ist die Namenskundgabe: »Ich habe ihnen deinen Namen
kundgetan und werde ihn kundtun« (Joh 17,26). Die Zeiten sind zu beachten: Der
Name ist kundgetan, ist bestätigt und bleibt zugleich Verheißung. Die Zeiten verdichten sich im Namen, und mit dem Kundtun des Namens wird Jahwe selbst präsent: »Ich
und der Vater sind eins« (10,30).

Von daher ist unser Satz noch einmal zu lesen, daß Predigt als Namenrede Jahwerede ist! Sie ist es als Christuspredigt, Personenrede von Christus. Paulus predigt »Ihn«
unter den Heiden (Gal 1,16). Der Inhalt seiner apostolischen Predigt ist Christus der
Gekreuzigte (1Kor 1,23). Dabei aber ist zu bedenken, daß dieser Gekreuzigte als der
Zukünftige gepredigt wird. *Eduard Schweizer* urteilt über die urchristliche Predigt:
»Einziger Inhalt der Verkündigung ist Jesus Christus. Das gilt im strengen Sinn« (Erniedrigung und Erhöhung bei Jesus und seinen Nachfolgern, 1955, 107). *Martin Luther* hat diesen neutestamentlichen Sachverhalt aufgenommen, wenn er dekretiert:
»Nihil nisi Christus praedicandus« (WA 16, 113).

Durch das »nihil nisi Christus« ist Jahwe nicht ausgelöscht, sondern
zu Ehren gebracht. Christus predigen heißt von Jahwe reden; denn
Jahwe hat Jesus von den Toten auferweckt. Wer Jahwe verleugnet, verleugnet die Auferstehung, insofern er den leugnet, der Jesus von den
Toten auferweckt hat. Der Hauch von Unmöglichkeit und Unwirklichkeit, der vielen Osterpredigten anhaftet, dürfte im Vergessen Jahwes
seinen Grund haben. Verleugnet wird die Auferstehung in diesem Fall
nicht so sehr in ihrer Bestreitung, als vielmehr in ihrer Isolierung.

Es braucht wenig Phantasie, um sich *die politische Konsequenz* solcher Predigt auszumalen. Ein heimlich-unheimlich grassierender Marcionitismus in der christlichen Predigt ermöglichte einen christlichen Antisemitismus: Man gab den Juden die Schuld an
Jesu Tod, indem man vergaß, daß der Gott der Juden Jesus aus dem Tode holte. Indem
man Jahwe vergaß, vergaß man, daß man durch Jesus mit den Juden zu ihm gehörte.
Damit ist schon angedeutet, daß Predigt als Namenrede nicht nur die Herkunft legitimiert, sondern auch die Zukunft bestimmt.

Im Blick auf die bisherigen Überlegungen läßt sich unsere anfängliche These präzisieren, wonach Predigt Namenrede sei und im Namen
des Dreieinigen ergehe und bestehe: Ihre Legitimation findet die Predigt in den Namen Jahwe und Jesus. Was in den Geistern vielstimmig
hörbar wird, ist auf diese Namen hin abzuhören und auf ihre Herkunft
zu untersuchen. Die Aussagen der Predigt selbst müssen in der Rückfrage nach diesen Namen verantwortet werden. Erfolgt die Prüfung der
Geister als Rückführung auf den Namen Jahwe und Jesus, wird damit
die alte Lehre aufgenommen, wonach der Geist vom Vater und vom
Sohn ausgehe. Spreche ich in der Sprache der Schrift von Jahwe und Jesus und ihrem Geist, so in der Sprache des Dogmas vom Vater, vom
Sohn und vom Heiligen Geist. Es entspricht der Intention der Trinitäts

lehre, daß gleichzeitig vom Namen und von den Namen gesprochen wird. Indem Gott Einer ist, hat er einen Namen. Indem er sich im Vater und im Sohn und im Geist offenbart, hat er drei Namen. Weil er Einer ist und in den drei Namen sich offenbart, hat die Predigt im Namen und in den Namen ihr kritisches Prinzip.

Die Legitimation der Predigt durch den Namen weist darauf hin, daß Gott selbst die Predigt legitimieren muß – wäre es anders, wäre das Wunder der Predigt berechenbar und machbar. Ich kann als Prediger meine Predigt nicht selber ausweisen und rechtfertigen: die Predigt muß selbst evident werden. Ihre Evidenz steht und fällt mit der Evidenz des Namens. Der Name kann evident werden durch die Art und Weise des Nennens, in der Heiligung des Namens durch den Nennenden. Auf alle Fälle wird er evident durch das Anwesen des Genannten; denn der Name gehört zum Genannten wie der Genannte zum Namen. Der Name und der Genannte gehören zusammen. Abraham Calov formuliert: »Nomen Dei est Deus ipse« (Der Name Gottes ist Gott selber). Eine Legitimation der Predigt durch den Namen hängt an der Identität von Name und Genanntem. Diese Identität ist das große Problem der Predigt, alles andere erscheint demgegenüber als ein Kinderspiel. Gott soll in unserem Reden von ihm Gott bleiben. Nicht der hörende oder nichthörende Mensch bildet das brennendste Problem der Predigt, vielmehr die Anwesenheit oder Abwesenheit des Gottes, der ein verzehrendes Feuer ist, und damit das Nennen seines Namens.

Damit ist der Erwartungshorizont aufgewiesen, wonach Gott selber den Namen mächtig macht; dann wird es geschehen, daß ein Wort, das weggeworfen wurde wie ein Streichholz, einen ganzen Wald anzündet. So zielt unser Predigen auf Wiedervereinigung von Name und Genanntem. Wenn sie geschieht, hört unser Predigen auf, ohnmächtig zu sein. Wird der Genannte im Nennen anwesend, kann kein Hörer mehr sagen, der Prediger rede nicht zu ihm (vgl. § 2), weil der Anwesende immer schon für uns, für mich hier ist. Und er ist für uns, für mich hier, weil er für die ganze Welt hier ist.

Aus diesem Grund stelle ich den Begriff der Jahwerede, bzw. Namenrede, neben den der »kerygmatischen Konzentration«, den katholische Homiletiker fruchtbar geprägt haben. *Johannes Ries* umschreibt ihre Aufgabe: »Der Hörer soll von der Mitte der Offenbarung her in der Mitte seiner Existenz getroffen und so verpflichtet werden, daß ihm ein Ausweichen nicht mehr möglich ist. Er soll in das Zentrum der Verkündigung selbst gestellt werden und dies wiederum so, daß ihm in einer klaren und treffenden Formulierung das Ganze, die Wirklichkeit der Offenbarung in Jesus Christus, seinem Wort und seinem Werk, in ihrer Fülle als sein Existenzgrund und Existenzort und das verpflichtende Leben aus der Fülle der Offenbarung als seine Existenzweise gegenwärtig sind« (Krisis und Erneuerung der Predigt, 1961, 193f). Er definiert die »kerygmatische Konzentration«: »Die aus der Mitte des Kerygmas Jesu Christi erfolgende verkündigungsmäßige Zusammenfassung und Vergegenwärtigung der Botschaft und ihres bindenden und verpflichtenden Charakters auf Verwirklichung hin in einer klaren, überzeugenden und mitreißenden Formulierung« (195f). Später verweist er ausdrücklich auf die urapostolische Formulierung: »Jesus Christus ist der Herr« (Phil 2,11, vgl. Ries, 222). Indem ich von der Bekenntnisformel auf den Namen zurückgehe, möchte ich die sprachliche Relevanz des Namens unterstreichen. Schon im Nennen des Namens verdichtet sich das mit dem Begriff der kerygmatischen Konzentration Gemeinte.

II
Der Name als hermeneutisches Problem

Aus der Einheit von Name und Person ergibt sich zunächst die Unübersetzbarkeit des Namens. »*JHWH ist ein unübersetzbarer Name* und ein unbegreiflicher Begriff« (Miskotte, 130). So wenig wie er zu verdolmetschen ist, so wenig kann auch der Name Jesus Christus übersetzt werden. Sowohl »Jesus« wie auch »Christus« kommt in allen neutestamentlichen Schriften vor! Die neutestamentlichen Schriftsteller sind bei aller Verschiedenheit im einzelnen im Nennen dieses Namens einig. Auch wenn sie verschieden argumentieren, ist diese Einigkeit nicht zu übersehen. Die Unübersetzbarkeit des Namens hat ihrerseits Konsequenzen. Der Name ist nicht austauschbar. Er ist einmalig, einzigartig und also unersetzbar. Wäre der Name Jahwes zu vertauschen, würde das erste Gebot sinnlos: »Ich bin der Herr, dein Gott, ... du sollst keine andern Götter neben mir haben« (2Mose 20,2f). Zwischen Gott und den Göttern wäre nicht mehr zu unterscheiden. Weil aber Gott nicht mit den Göttern zu verwechseln ist, kann auch sein Name nicht auswechselbar sein. – Die Unübersetzbarkeit des Namens signalisiert ferner das An- und-für-sich-Sein, die Heiligkeit des Genannten und des Namens. Der Name soll nicht durch Übersetzung verfälscht und verraten werden. So bildet die Unübersetzbarkeit des Namens die Voraussetzung aller Rede von Gott. Die Unübersetzbarkeit des Namens mag andeuten, daß Namen nicht austauschbar sind.

Eine Predigt, die auf die unübersetzbaren Namen verzichten möchte, mag in der Praxis möglich sein, insofern der Name auch ungenannt anwesen kann, sie ist grundsätzlich nicht möglich. Ein unübersetzbarer, nicht vertauschbarer Name ist unerläßlich. Ohne ihn wäre ein Verstehen Gottes, wie eine Verständigung über ihn nicht möglich.

Es lohnt sich, im Zusammenhang mit dem Problem der Unaustauschbarkeit auf die Geschichte »Ein Tisch ist ein Tisch« von *Peter Bichsel* hinzuweisen. Einerseits beleuchtet diese Geschichte, wie sehr die Bedeutung des Gottes-Namens Konsequenzen hat für andere Namen, andrerseits mag sie als Gleichnis unser Problem erhellen. Die Geschichte erzählt »von einem alten Mann«. »Es lohnt sich fast nicht, ihn zu beschreiben, kaum etwas unterscheidet ihn von andern.« Nur dies. Da sich sein Wunsch und Gedanke »Jetzt wird sich alles ändern« nicht erfüllte, überkam ihn »eine große Wut«. Sein Tisch ödete ihn an, alles in seinem Zimmer begann, ihn anzuöden. Da beschloß er, dem Bett »Bild« zu sagen und dem Bild »Tisch« usw. Er fand es zunächst lustig, die Wörter zu vertauschen. So schuf er sich »eine neue Sprache, die ihm ganz allein gehörte«. Wenn er die Leute reden hörte, mußte er »lachen, weil er all das nicht verstand. Aber eine lustige Geschichte ist das nicht.«

Der alte Mann konnte nicht mehr verstehen, was die Leute sagten.
»Viel schlimmer war, sie (die Leute R.B.) konnten ihn nicht mehr verstehen.
Und deshalb sagte er nichts mehr.
Er schwieg,
sprach nur noch mit sich selbst,
grüßte nicht einmal mehr« (Kindergeschichten, 1969, 21ff).

Wenn schon das gegenseitige Verstehen der Menschen untereinander an der Unaustauschbarkeit der Namen und Worte hängt, um wie viel mehr hängt die Verständnismöglichkeit in bezug auf Gott an der Unaustauschbarkeit des Namens. Predigt als Namenrede hat – bildlich gesprochen – keine andere Aufgabe als dem Mann, den zu beschreiben es fast nicht lohnt, zu sagen: »Ein Tisch ist ein Tisch«; will heißen, die Namenrede hat Jahwe als Jahwe anzuzeigen und Jesus Christus als Jesus Christus auszuweisen. Sie muß deutlich machen, daß Jahwe kein anderer ist als Jahwe, daß Jesus Christus wirklich Jesus Christus ist. Namenrede versichert den Namen. Nicht neue Namen sind zu erfinden, wohl aber ist neu zu sagen, was der Name bedeutet. Darum ist das Predigen einfach und kompliziert, so leicht und so schwer.

In der Unübersetzbarkeit des Namens liegt seine Unbegreiflichkeit. Darum ist der vorhin zitierte Satz Miskottes auch in seinem zweiten Glied zu betonen – und damit ziehen wir die andere Konsequenz aus der Legitimation der Predigt im Namen und aus dem Begriff der Namen- beziehungsweise Jahwerede: »JHWH ist ein unübersetzbarer Name und ein *unbegreiflicher Begriff.*« In der Unbegreiflichkeit liegt seine Fremdheit. Er entzieht sich dem Zugriff und bleibt Geheimnis. Wird der Name beim Namen genommen, erweist er sich als Fremdwort: Eine alte Sprache nennt ihn als Künftigen und bricht damit die Zeit auf. Im Namen soll das Fremdeste vom Fremden in die Nähe kommen, um gerade in der Nähe fremd zu bleiben. In der Einheit von Name und Person wird und bleibt er uns so fremdartig, daß er einer »Verfremdung« – auf den Begriff werden wir noch zurückkommen – gar nicht erst bedarf, es sei denn einer – Selbst-Verfremdung. Diese ist Gericht und Geheimnis:

»Siehe, der Name des Herrn kommt von ferne – brennenden Zornes und in wuchtigem Auffahren, seine Lippe voll Grimm und seine Zunge wie verzehrendes Feuer, und sein Hauch wie ein überflutender Bach, der bis an den Hals reicht –, daß er die Völker schwinge in der Schwinge des Verderbens, ein irreleitender Zaum an den Kinnbacken der Nationen« (Jes 30,27f).

Wo die Predigt verzichtet, Jahwerede zu sein, wird die ihr innewohnende Verfremdung aufgegeben. Wo sie verzichtet, Jahwerede zu sein, versteht sie das Gericht nicht mehr und versteht sie auch Christus, den Gekreuzigten, nicht mehr. Nichts ist befremdlicher als das Kreuz, sein Ärgernis und seine Torheit (vgl. 1Kor 1,23). Das Fremde, das Befremdliche liegt in dem, was die Namen bedeuten. Was bedeutet, sagt Macht an, ergreift Macht, übt Macht aus. So ist die Fremdheit als Macht zu charakterisieren. Das Fremdwort bekommt seine Fremdheit von der Mächtigkeit, die ihm zukommt. Dem Namen wächst dann die Kraft dessen zu, den er bezeichnet. So kann der schem (Name) im Alten Testament als Hypostase (Wesenheit) erscheinen, als Machtmittel in Jahwes Hand, mit dem er seinen Willen durchsetzt. »Jahwe wirkt mit dem schem und durch ihn als einem Machtwesen« (Bietenhard, 43). Darum bittet der Psalmist: »O Gott, hilf mir durch deinen Namen« (Ps 54,3, vgl. 89,25). Im Neuen Testament werden Name und Kraft Jesu parallel gebraucht: »Im Namen Jesu Christi des Nazoräers – geh umher!« (Apg 3,6). Der Apostel setzt dem Vermögen, Geld zu geben, das Vermögen des Namens gegenüber. »Der Name Jesu ist gleich der Gegenwart Jesu« (Bietenhard, 50). Seine Macht empfängt der Name vom Geist. »Der Name ist ein Kraftfeld« (Eugen Rosenstock-Huessy). Der Name legitimiert die Predigt nicht nur im Sinne einer Bezeichnung ihrer Herkunft, sondern auch als Garant ihrer Wirkung. Die Kraft des Namens macht die Kraft der Predigt. Andrerseits dient der Prediger – nach dem Prinzip der Gott gesetzten Gegenseitigkeit (Reziprozität; vgl. § 4/II) – der Kraft der Predigt, indem er das verschobene und überschwemmte »Kraftfeld« zurechtrückt und reinigt. Indem er Jahwe als Jahwe und Jesus als Jesus behauptet, versucht er, der Kraft des Namens zu dienen und den Namen von allen Überlagerungen und Verschiebungen zu befreien. So dient er der Selbstverfremdung des Namens, dem Befremdlichen und Erstaunlichen, daß der Genannte im Namen da und mächtig ist. Der Name gilt.

Bezeichne ich dieses »Da-und-Mächtig-Sein« als Wunder (vgl. § 1), hat es seiner menschlichen Seite nach den Aspekt der Kunst, oder wenn man lieber will der Technik, wobei alles darauf ankommt, daß diese Kunst und Technik theonom bleiben. Werden sie autonom, werden sie götzendienerisch. – Theonom heißt hier: der Name ist im Anruf, im Gehorsam zu nennen. Der Name bleibt nicht länger verfügbar, er wird Erwartung (vgl. Ps 52,11). Kunst und Technik der Namensnennung werden gestaltet durch das Fürchten des Namens und – dies ist dem schon Gesagten hinzuzufügen – durch die Freude am Namen. Mit dem Heil, das der Name eröffnet (vgl. Apg 4,12), korrespondiert die Freude. Furcht und Freude dienen der Rühmung des Namens. Namenrede ist Ruhmrede. Namenrede besingt den Namen. Sie lobt. Sie räumt dem Namen den Platz ein, der ihm zukommt. Zwar kann sie den Namen nicht in Geltung setzen, das muß er schon selber tun, aber sie kann seine Geltung bezeugen, dem Namen »Nachdruck verschaffen«, indem sie sein Lob singt. – Nicht autonom, sondern theonom verstanden heißt das, Namenrede dient dem Namen, indem sie seinen Machtwechsel von der Ohnmacht in die Macht vorbereitet und auf seine Geltung hinweist. Im Rühmen sagt sie diesen Machtwechsel an, so daß er Ereignis wird.

Für den Stil der Predigt bedeutet dies: Man rühmt den Namen nicht, wenn man sein Kraftfeld mit zu viel Worten verstellt.

Was aber heißt »dem Namen Nachdruck verschaffen«? In der Praxis gilt ja der Name nicht, seine Unübersetzbarkeit wird zum Klischeewort, seine Fremdheit durch Verflachung zugedeckt, seine Macht durch Ohnmacht ersetzt. Welche Kunst und welche Technik kann hier helfen, den Namen beim Namen zu nehmen?

Ich meine, daß die Konfrontation mit zwei Begriffen aus der Literatur hier weiterführt, zunächst mit dem schon eingeführten Begriff der »Verfremdung«:

Nach der Theorie von *Bertolt Brecht* wird das Allzubekannte aber nicht Bewußte so wahrgenommen, daß es mir als Fremdes bewußt wird. »Der V-Effekt besteht darin, daß das Ding, das zum Verständnis gebracht, auf welches das Augenmerk gelenkt werden soll, aus einem gewöhnlichen, bekannten, unmittelbar vorliegenden Ding zu einem besonderen, auffälligen, unerwarteten Ding gemacht wird. Das Selbstverständliche wird in gewisser Weise unverständlich gemacht, das geschieht aber nur, um es dann um so verständlicher zu machen. Damit aus dem Bekannten etwas Erkanntes werden kann, muß es aus seiner Unauffälligkeit herauskommen; es muß mit der Gewohnheit gebrochen werden, das betreffende Ding bedürfe keiner Erläuterung. Es wird, wie tausendfach, bescheiden, populär es sein mag, nunmehr zu etwas Ungewöhnlichem gestempelt« (GesW 15, 355; vgl. *Hans-Dieter Bastian*, Verfremdung und Verkündigung, ThEx 127, 1965).

Man kann den Begriff nicht einfach von der Schauspielkunst auf die Predigtkunst übertragen; denn Gott ist nicht »das Ding, das zum Verständnis gebracht werden soll«. Sein Name aber ist durch Mißbrauch zu einer Selbstverständlichkeit geworden. Die Bekanntheit, das häufige Vorkommen des Namens verwehren die Einsicht in sein Wesen. Im Mißbrauch ist der Name etwas geworden, was er nicht sein kann: ein gewöhnliches, bekanntes, unmittelbar vorliegendes »Ding«. – Der Name muß durch das Predigen wieder werden, was er ist, und er wird es nur, wenn der Genannte sich als im Namen anwesend zu erkennen gibt. Verfremdung geschieht hier als Selbst-Verfremdung. Ihr dient der Prediger mit allen ihm zu Gebote stehenden Mitteln. Die Heiligung des Namens führt zum V-Effekt, um den es hier geht. Gott heiligt seinen Namen selbst, und Prediger wie Hörer heiligen ihn in theonomer Reziprozität (vgl. § 4/II). Obwohl die »Verfremdung« eine Technik ist und bleibt, wird sie beim Predigen nie zur bloßen Technik werden dürfen.

Wird Gott als der Anwesende genannt, wird seine Nähe nicht ohne seine Ferne aussagbar. Der Genannte bleibt Geheimnis. Sein Name ist ein fremder Name, sobald ich ihn in seiner Unbegreiflichkeit und Unübersetzbarkeit erkenne. Die Predigt erreicht ihren »Verfremdungseffekt«, wenn sie den Namen im Geheimnis seiner Ferne und Nähe zu artikulieren weiß, und wenn der Ferne im Nennen den Hörern nahekommt.

Wenn Brecht den Schauspieler zu einer reflektierten Distanz gegenüber seiner Rolle anweist, so daß er die Person, die er darstellt, zitiert,
aber nicht mehr verkörpert, illustriert dies den Akt des Predigens als eines Ankündigens. Der Prediger muß sich selbst ins Spiel bringen, muß
den unendlichen qualitativen Unterschied zwischen sich und Gott betonen. So heiligt er den Namen.

»Der betonte, im Spiel zum Ausdruck kommende Gegensatz des Schauspielers zur Figur ist die Grundhaltung für die Anwendung des V-Effekts, zugleich selber die allge-
meinste, schwächste, unbestimmteste Form der Verfremdung der Figur. Wenn in Grünewalds Altarbild der Evangelist selber ins Bild gestellt ist, wird die Kreuzigung verfremdet« (GesW 15, 367).

Vielleicht darf ich darauf hinweisen, daß der Predigtbegriff Karl Barths und seine
Betonung der »Ankündigung« die Auffassung Brechts tangiert. Der Prediger hat nicht
etwas zu verkörpern, er hat etwas zu bezeugen, er weist hin auf einen andern. »Wir haben in der Predigt nicht durch das, was wir selber tun, Gottes Offenbarung zu wiederholen oder zu vermitteln« (Homiletik, 1966, 32).

In der theonomen Reziprozität wird die Predigt als Namenrede den
unendlichen Unterschied und Abstand zwischen dem zu Nennenden
und dem, der ihn nennt, deutlich machen. Wenn der Prediger erst einmal die ursprüngliche Fremdheit des Namens deutlich zu machen weiß,
deutet er den »V-Effekt« an, der darin besteht, daß Gott gegenwärtig
wird. Damit rückt das künstlerische Mittel der Verfremdung in den
rechten Horizont.

Den Begriff der Verfremdung möchte ich darum um einen zweiten
erweitern, den der *konkreten Poesie* (vgl. § 21/III Lit.). Die konkrete
Poesie geht aus vom Bewußtsein der Nicht-Identität von Namen und
Benanntem und versucht, das Wort beim Wort zu nehmen.

Die konkrete Poesie versucht jeweils auf das Wort selbst zurückzuge-
hen und entdeckt damit eine neue Mächtigkeit des Wortes, auch eine
neue Heiterkeit. Sprachliche Reduktion bewirkt eine Qualitätssteige-
rung der Sprache. – Auch dies ist eine Weise der Verfremdung – anders
als die von Brecht geübte –, das Wort gewinnt seine Fremdheit wieder,
sobald es konkret genommen wird. So wird der Prediger die Mächtigkeit des Namens entdecken, sobald er ihn konkret nimmt. Unser Predigen kann durch sprachliche Reduktion nur gewinnen. Dann tritt das
Rufen an Stelle des Redens, die Rede geht über in den Ruf. Der Ruf ist
die dem Namen adäquate Form: der Name ist rufbar. Im Ruf wird der
Name konkret, und alles Rühmen gipfelt im Ausruf. – Im besondern
wäre eine Predigtweise denkbar, die in äußerster Verknappung das
Wort setzt, eine meditative Weise des Predigens, die durch Aussparen
das Kraftfeld des Namens freisetzt und ihn über das Feld ruft, das er beherrscht. Diese Weise könnte auch im Ganzen einer Predigt zur Anwendung kommen: auf den Höhepunkten der Predigt. Alle Worte einer
Rühmung sind dem Ausruf zugeordnet. – Rühmung des Namens als
Reduktion auf den Namen: wer die Kraft hätte, den Namen konkret

auszusprechen, hätte im Grunde schon genug gesagt, weil alles Predigen sich auf den Namen reduzieren läßt. Was Gomringer vom Gedicht meint, daß es auf ein Wort zu reduzieren wäre, kann vom Namen her für die Predigt als eine Art Zielvorstellung gelten. Eine Predigt, die nur aus dem Nennen des Namens besteht, bleibt Spekulation, aber keineswegs eine unnütze! Sie wird zum Gleichnis für die Predigt überhaupt.

Predigt als Namenrede ist nicht nur Namenrede in dem Sinn, daß sie einen Namen bekannt macht und erläutert. In ihrer Intention auf den Ruf wird sie zur Namenrede in dem Sinn, daß der Name alles zu Sagende bestimmt.

Eugen Rosenstock-Huessy verweist auf die Bedeutung des Namens für das Sprechen überhaupt: »*Sprechen heißt, jemanden im Namen der Macht anzureden,* auf die er wirklich hören wird. Will ich einen Hörer im Innersten erreichen, dann muß ich ihn in dem Namen anreden, der für ihn maßgebend ist« (I, 722). Diese Einsicht des Sprachdenkers gilt für das Predigen, das qualifiziertes Sprechen sein soll, im besonderen Maße. Auch der Hinweis auf die Bedeutung des Namens beim Sprechen-Lernen mag für den Prediger nützlich sein. »Während wir sprechen lernen, ist die Obmacht des Namens, in dem wir sprechen, immer gegenwärtig.« Dazu stellt er die Frage: »Weshalb weiß das nicht jedermann?« (I, 725) Später bezeichnet er die Sprache als »*nominale Sprache*« (II, 457f), meinend, das Nominale unterscheide die Sprache der Menschen von der der Tiere.

Im Namen Jesu Christi lerne ich sprechen, im Namen des »Immanuel«, des »Gott mit uns«, lerne ich sagen, wer dieser Gott mit uns ist. Die Namen Jahwes und Jesu bilden die Grundschule des Glaubens und erst recht die des Predigens. Der Name kann nur Sprachschule sein, wenn er vom Schüler nicht mißbraucht, sondern gefürchtet wird. Sprechen lerne ich nur im Fürchten des Namens, weil »Gott in seiner Totalität« nur in der Weise des Fürchtens erkannt werden kann. Den Namen kann ich nur fürchten, indem ich ihn konkret nehme und nicht ablöse von seinem Träger. Furchtlos den Namen nennen aber heißt, Gott zunichte machen. Darin unterscheidet sich der rechte Prediger vom homiletischen Schwätzer, daß er den Namen fürchtet und ihn nicht einfach als eine auswechselbare Chiffre behandelt. »Wer sollte nicht fürchten, Herr, und preisen deinen Namen?«, singen die Sänger am gläsernen Meer (Apk 15,4) und verweisen damit auch den Prediger auf den rechten Umgang mit dem Namen. Der Prediger soll nicht ein Mann vieler Worte sein, sondern der Mann eines Namens. Nicht der Lobredner von jedermann, sondern der Lobredner eines Namens: Rufer (vgl. § 5/III).

Ich plädiere für Sprachreduktion der Predigt, während ich später vom Prediger wie vom Hörer her für Spracherweiterung plädieren werde. Schon im Auslegen des unübersetzbaren Namens legt sich die Notwendigkeit einer Spracherweiterung nahe. Die Dialektik von Reduktion und Erweiterung der Sprache verweist u.a. auf das zweite in diesem Zusammenhang zu verhandelnde Problem, das der Hermeneutik. In der Spannung zwischen der Unübersetzbarkeit und dem Übersetzen-Müs-

sen des Namens artikuliert sich die Spannung zwischen seiner Unveränderlichkeit und der Differenzierung in seiner jeweiligen Offenbarung,
die eine Spannung zwischen seiner Treue und seinem Erbarmen darstellt. In dieser Spannung will der Name sowohl re-zitiert wie ausgelegt
werden.

Wenn Miskotte die Unübersetzbarkeit des Jahwenamens betont, so fügt er hinzu:
»Aber er muß ›*übersetzt*‹ werden durch eine gewagte Identifikation, und er wird begriffen dank einer gewagten Selbstentfremdung oder Selbstentwertung. Auf dem Wege zu
den Völkern, zu den Heiden, macht sich fremde Worte zu eigen (z.B. Elohim oder
El Eljon). Durch diese Aneignung wird das *Heidentum* einerseits geehrt, andererseits
degradiert, insofern alle Gottesnamen einen Dienst leisten, aber keiner genügt« (130).

»Gott begibt sich . . ., indem er als ›Gott‹ erfahren wird, auf die Ebene des Kampfes
mit ›Gott‹ und ›Göttern‹« (*Otto Weber,* Grundlagen der Dogmatik I, 1959², 462). So
hat die Septuaginta den Jahwe-Namen mit Kyrios übersetzt, ein Titel, den das Neue
Testament Jesus Christus zuordnet. Damit bezeichnet der Name nicht nur die Verbundenheit mit Jahwe, sondern tritt vielmehr in Konkurrenz mit dem Kyriostitel, der auf
dem Boden des Hellenismus Attribut des Herrschers ist. Der Jahwe-Name findet seine
Erfüllung im Namen Jesus Christus (vgl. Weber, 462). Der Jahwe-Name verschwindet.
Nun ist ein neuer Name da, mit dem den Menschen Heil gegeben wird (Apg 4,12), der
dem alten respondiert.

Man muß die große Veränderung sehen, die hier durch die Übersetzung in die Götterwelt geschieht. Indem fremde Gottesnamen für Jahwe okkupiert werden, tritt rein
sprachlich eine Götterdämmerung ein. Der Name erweist sich als Name über alle Namen. Indem der Name Kyrios für Jesus Christus in Anspruch genommen wird, wird
seine Macht demonstriert. Der neue Name formuliert eine neue Zeit und eine neue
Lage. In einem umfassenden Sinne gilt, daß das Alte vergangen und alles neu geworden
ist.

Stellt sich in der Heidenmission und dort vor allem in der Bibelübersetzung das
Problem, wie die Gottesnamen der »primitiven« oder der »höheren« Religion als Zunamen des wahren Gottes zu brauchen sind, so stellt sich dieses Problem in einer säkularisierten Welt in besonderer Weise. Wie soll in einer entgötterten Welt der eine Name
übersetzt werden? Wir tun gut, angesichts dieser Frage zu bedenken, daß mit dem Namen auch eine Zeitaussage gemacht wird. Eine Synopse von 2Mose 3,14 und Hebr
13,8 mag hier helfen:

Gerhard von Rad hat zu 2Mose 3,14 mit vielen anderen erklärt, daß es nicht um
ein absolutes Sein gehe, sondern um ein bezogenes, wirkendes Sein: »Ich werde (für
euch) dasein.« Dabei bleibt die Zusage von Jahwes wirksamer Gegenwart in einer »gewissen Schwebe und Ungreifbarkeit« (I, 182, vgl. *Karl Barth,* KD II/1, 66). Die Namenoffenbarung verheißt also Zeit, Zeit des Daseins Gottes für sein Volk. Im Namen kündigt sich Zukunft an.

Eugen Rosenstock-Huessy aber formuliert: »»Von jetzt ab mußt Du mich wieder
anderswo erwarten.‹ ›Ich werde sein, der ich sein werde‹, muß also als reine Zukunft
mit dem Zusatz gelesen werden: ›und deshalb nicht da, wo Du mich schon entdeckt
hast!‹« (Des Christen Zukunft, 1955, 148).

Mit 2Mose 3,14 korrespondiert Hebr 13,8: »Jesus Christus ist gestern
und heute derselbe und in Ewigkeit.« – Die Erscheinungsweisen Jesu
Christi sind offenbar in Vergangenheit und Zukunft so verschieden, daß
er selbst in die verschiedenen Epiphanien zu zerfallen droht. Darum
muß betont werden, daß er »derselbe« bleibt. Wie Jahwe sich als El
Schaddai zu erkennen gibt als der Eine, so ist Jesus Christus als Ernied-

rigter und Erhöhter Einer, so sehr er eben in seiner Erniedrigung anders ist als in seiner Erhöhung. Nicht »Wandlungen Gottes«, sondern Differenzierungen des Einen in der Zeit! Das Übersetzen des Namens hat etwas zu tun mit dem Unterscheiden der Zeiten, in denen der Eine verschieden existiert.

Wir haben darum das Andere, das Je-Verschiedene im Einen zu suchen und auszusagen. Der Christus heute ist vom Christus gestern zu unterscheiden, nicht zu trennen. Der Christus heute ist vom Christus, der kommt, zu unterscheiden, aber nicht zu trennen. Dieses Unterscheiden in der Zeit bei gewahrter Identität ist Zeichen der Lebendigkeit. – Die Christen der neutestamentlichen Zeit haben denn auch den einen Namen in der Verschiedenheit der Zeit mit immer neuen Würdetiteln zu übersetzen versucht.

Ich stelle gegenüber der Vielfalt im Bemühen des Neuen Testamentes, den Auferstandenen auszusagen, eine merkwürdige Monotonie der christologischen Aussagen in der Predigt fest, wobei es heute nicht an einer Vielzahl von Christologien fehlt; aber Verschiedenheiten in der Christologie bleiben je für sich mehr oder weniger monoton, ein Signal der Geistlosigkeit unserer Predigt. Diese Monotonie verbindet sich mit einer Häufung christologischer Aussagen.

Manfred Josuttis hat die Frage gestellt: »*Entspricht der Quantität christologischer Sätze in unseren Predigten ihre evangelische Qualität?*« (Gesetzlichkeit in der Predigt der Gegenwart, 1966, 61). Es wird nötig sein, einige seiner Beobachtungen hier zu notieren, Josuttis findet es anhand von »907 Predigten, Andachten, Bibelarbeiten« (10) »erstaunlich und niederdrückend zugleich, wie formelhaft, wie unlebendig, wie doktrinär das Christusereignis im Durchschnitt verkündigt wird« (61 f). Diese Feststellung dürfte darauf hinweisen, daß gerade die Namenrede nicht gelingen will. »Es ist kein Zufall, daß in den christologischen Predigtabschnitten persönliche, unvertauschbare Formulierungen der Prediger höchst selten zu finden sind. Man hat aus der Bibel, aus der Theologiegeschichte einen Fundus christologischer Formeln übernommen. Wenn Einzelteile aus diesem Schatz mehr oder weniger passend zur Auslegung der Texte verwendet werden, gilt die Predigtaufgabe als gelöst. Der Zuhörer muß sehen, wie er die ihm vorgesetzten Brocken verdaut. Wenn viele Menschen von solchen Formeln nicht leben können, gilt das als ihre Böswilligkeit und als Zeichen dafür, daß Gott nur Glauben schenkt, wo er will« (62). – Das Festhalten an der Unübersetzbarkeit des Namens müßte vor einem formelhaften Gebrauch ebenso schützen wie der Versuch, ihn zu übersetzen. Die Fremdheit und die Nähe des Genannten müßten auf diese Weise deutlich werden. Ein formel- und klischeehafter Gebrauch des Namens wird da unmöglich, wo die Spannung zwischen seiner Unübersetzbarkeit und dem Zwang zur Übersetzung ausgehalten wird. – »Übrigens geschieht das in den Predigten relativ häufig, daß solche *christologischen Spitzensätze durch Zitate von Bibelsprüchen oder Gesangbuchversen* vorgetragen werden. Offensichtlich schrecken die Prediger davor zurück, die Verantwortung für mythologische Sätze selber zu übernehmen. Die eigene gedankliche Arbeit, die sich um die Überwindung der theologischen Verlegenheit bemüht, unterbleibt, und statt des Kampfes um eine neue Ausdrucksform für das Christuswunder flieht man in eine fromme Vergangenheit, deren Sätze der Prediger selbst nicht mehr wörtlich nimmt, die ihm aber das gute Gewissen für die unverständliche Reproduktion der alten dogmatischen Formeln verschaffen müssen« (64f, vgl. § 11).

Gegenüber diesem makabren Sachverhalt möchte ich auf die Predigten *Kurt Martis*

hinweisen, die da und dort den Versuch machen, vor allem den Menschen Jesus neu
auszusagen (auch wenn es sich dabei nicht immer um eine eigene Erfindung des Predigers handelt). Marti scheut sich nicht, hierbei die neutestamentlichen Würdenamen zu
wiederholen. Aber diese Wiederholungen wirken bei ihm nicht antiquiert. »Der Weg
Gottes in unsere Welt führt nicht über Kleriker, Schriftgelehrte und Theologen, sondern über den *Laien* Jesus! Längst vor ihrer Neuentdeckung war die ›Mündigkeit des
Laien‹ im Laien Jesus als göttliche Tat vollzogen« (Das Markus-Evangelium, ausgelegt
für die Gemeinde, 1967, 15). – »Gott als Polizist! Das ist eine Gottesvorstellung, von
der noch immer viele Christen geplagt und geängstet werden, wie von einem Alp-
traum. Gott als Polizist! Nichts hat Jesus zorniger, hat ihn mehr zum ›zornigen jungen
Mann‹ gemacht als diese kleinkarierte, wohl auch lästerliche Gottesvorstellung. Provoziert er die Pharisäer nicht ›extra‹, indem er am Sabbat die gelähmte Hand eines Menschen heilt? Und erst noch in der Synagoge!« (55). – Das Zitat ist einer Predigt über
Mk 2,23–3,6 entnommen, die in einem Satz der Else Lasker-Schüler gipfelt: »›Der *Na-*
zarener ist der Sonntag der Schöpfung‹« (58). – In der Gegenüberstellung der kritischen Bemerkungen von Josuttis mit den Predigtzitaten von Marti mag die Problematik und Aufgabe anschaulich werden, vor die uns das Predigen des Namens stellt.

Es braucht heute zweierlei, den Mut zum unübersetzbaren Namen im
Festhalten am Jesus Christus gestern und – ein neues Benennen und Artikulieren Jesu Christi, im Erkennen dessen, was er heute und in die
Aeonen ist. Es ist ein Mißverständnis zu meinen, das eine sei leichter als
das andere; es falle leichter, den alten, tradierten Namen zu wiederholen als ihn neu zu sagen. Aus solchem Mißverständnis heraus optiert der
konservative Prediger für ein Wiederholen des Namens, und der pro-
gressive vermeint, aus dem gleichen Grunde auf ein Wiederholen verzichten zu können. In Wahrheit sind beide Weisen des Nennens gleichermaßen gefährlich: das eine Mal kann ich den Namen mißbrauchen,
das andere Mal ihn verraten oder ihn verleugnen.

Zugegebenermaßen machen wir uns aus eben diesem Mißverständnis
heraus das Nennen des unübersetzbaren Namens zu leicht. In Wahrheit
ist uns durch den jahrhundertealten Mißbrauch das Sagen des Namens
schwer gemacht. Aber wann war es leicht, ihn zu nennen, wenn solches
Nennen nicht Mißbrauch sein sollte? Wann war er ohne Furcht zu nennen? Vielleicht kann deshalb kein neuer Name gefunden werden, weil
wir die alten Namen nicht in Furcht zu nennen wissen.

Hier muß aber gesehen werden, daß das Nennen eines neuen Namens einen kämpferischen Akt darstellt. Bei allem Behaupten der Identität kann der polemische Charakter einer solchen Neubenennung nicht
übersehen werden.

Man höre dazu noch einmal *Eugen Rosenstock-Huessy:* »Das Denken stellt Namen
in Frage. Es beginnt nach einer Ablehnung. Aber wenn es redlich ist, dann führt das
Denken bessere Namen und endgültigere Namen am Ende herauf« (I, 725). Ich stelle
fest, daß das viele Reden über Hermeneutik noch nicht bessere Namen gefunden hat.
    Das Nennen des Namens wird auch deshalb erschwert, weil eine philosophische
Theologie gegen den Namen Gottes opponierte. Für den gedachten Gott ist es
schlechthin unverständlich, daß Gott einen Namen hat. *Dionysios der Areopagite* be-
hilft sich mit folgender Dialektik: Gott ist ἀνώνυμος, πολυώνυμος, ὑπερώνυμος (MPG
3,593,596, vgl. LThK²7,782). Das ist griechisch gedacht; die Dialektik des Areopagi-

ten nimmt die Religionsgeschichte Griechenlands auf: die Vielnamigkeit des Gottes schlägt um in Namenlosigkeit. Auch *Johann Wolfgang Goethe* hat »keinen Namen dafür«.

Predigt als Namenrede impliziert einen Streit gegen den Gott der Philosophen.

III

Der Dienst an der Identität

Der Prediger, der dem Worte dient, müht sich um die Identität von Name und Genanntem. Alle Arbeit an der Predigt zielt auf diese Identität, die vom Prediger aus nicht herstellbar ist. Diese Bemühung hat zur Voraussetzung, daß mit dem Offenbaren des Namens sofort die Möglichkeit der Entzweiung von Name und Person aufgetaucht war. Mit dem Offenbarwerden des Namens geht dieser ein in die menschliche Sprache. Weil Gott seinen Namen nicht für sich behält, sondern den Menschen gibt (vgl. Apg 4,12), erliegt sein Name dem Schicksal der Namen überhaupt, er unterwirft sich dem Gesetz der Sprache, das er seinerseits bestimmt. – Ein Name kann »seinen guten Klang verlieren«, dann wird er verächtlich. Ein Name »kann verblassen«, er wird bleich wie ein Toter und ist nicht mehr eine Instanz, sondern »Schall und Rauch«, eine Chiffre für eine Leere. Ein Name kann »verlöschen« oder »ausgelöscht werden«. Man kann ihn vergessen, schlimmer noch, man kann ihn brauchen, ohne zu wissen, was er bedeutet. In diesem Sinne ist die Erfahrung der Sprachlosigkeit die Erfahrung der Entwertung des Namens. Man erfährt, daß Gottes Name nichts mehr aussagt; dann ist er tot. Das Denken muß einen neuen Namen finden, oder – in unserm Fall – den alten Namen neu erklären und buchstabieren, in der Hoffnung, daß er seine Funktion wieder gewinne. In dieser Beziehung ist nochmals an die Hoffnung des alten Blumhardt zu erinnern. Wir können einem verblaßten Namen nicht selbst die Farbe des Lebens wiedergeben. Wer den Namen Gottes als einen toten erfahren hat, kann ihn nicht selbst wiedererwecken. Analog zur Erwartung des Geistes »mit außerordentlichen Kräften« wird eine neue Artikulation des Namens zu erwarten sein; denn der Geist, der »als ein Persönliches aus Gott muß erkennbar, fühlbar, ja sichtbar sein«, wird auch den Namen aus der Vergessenheit, aus der Verachtung herausführen und zu Ehren bringen. Mit dem Kommen des Geistes wird der Name wirksam, Gott macht sich selbst aufs neue einen Namen. Die Verheißung des Ezechiel gewinnt in diesem Horizont ihre besondere Aktualität: »Und ich werde meinen großen Namen wieder zu Ehren bringen, der bei den Völkern entweiht ist, den ihr unter ihnen entweiht habt, und die Völker sollen erkennen, daß ich der Herr bin – spricht Gott der Herr –, wenn ich mich

an euch als heilig erweise vor ihren Augen« (36,23). Im Lichte dieser
Verheißung des Propheten wird auch der Psalmvers nachzubeten sein:
Nicht uns, o Herr, nicht uns,
sondern deinem Namen schaffe Ehre
um deiner Gnade, um deiner Treue willen (115,1)!
Mit der ersten Bitte des Vaterunser nehmen der Prediger und die Gemeinde die vielfältige Klage über die Abwesenheit Gottes und über sein
fehlendes Wort auf. Wird der Name Gottes zum Gegenstand einer Bitte, zu einer Bitt-Sache, setzt dies voraus, daß der Name der Entfremdung und Verelendung anheimfiel, der »Entweihung«, um mit Ezechiel
zu reden. Die Bitte um die Heiligung des Namens setzt voraus, daß
Gott seinen Namen aufs Spiel gesetzt hat, daß er auch dann nicht von
seinem Namen läßt, wenn er sich von ihm distanziert, selbst wenn dieser
Name in der Sprachlosigkeit verwest. Gott verzichtet nicht auf seinen
Namen, und mit dem Kommen des Geistes wird auch der entweihte
Name neu »geweiht«, wird die verachtete Vokabel neu zu Ehren gebracht. Die Bitte um die Heiligung des Namens meint die Selbstverfremdung des Genannten im Namen, damit er seine Bedeutung wieder
erlange und wieder ein Name für uns werde. Indem der Name den Menschen »gegeben« wird, kann er verspielt und vertan werden wie das
Erbe des verlorenen Sohnes; aber auch in der äußersten Entfremdung
bleibt der Benannte seinem Namen treu. Die Beter bringen den Namen
neu ins Spiel. Predigt als Namenrede ergeht infolgedessen als Bitte um
die Heiligung des Namens, ergeht auf die Erfüllung dieser Bitte hin und
soll Erfüllung dieser Bitte sein. Indem Gott seinen Vaternamen heiligt,
kehrt er seine verborgene Herrlichkeit nach außen. – Von seiten Gottes
geschieht das Heiligen in Selbstverherrlichung, von seiten des Menschen
korrespondiert mit diesem Heiligen die Furcht. Der Name wird geheiligt
in der Furcht Gottes (vgl. § 15/V). So betet der Psalmist:

»Erhalte mein Herz bei dem einen, daß es deinen Namen fürchte« (86,11). Im Deutero-
nomium werden die Verheißungen an das Halten der Gebote und das Fürchten des
Namens geknüpft (28,58), und nach Psalm 61,6 werden die Wünsche derer, die den
Jahwenamen fürchten, erfüllt.

Predigt als Namenrede ergeht nicht nur als Gebet, sie nimmt ins Gebet. Dieser Aspekt ist nun zu beachten. – Die Predigt ruft einen aus, der
anzurufen ist. Sie nennt einen Namen, für den es einen Vokativ gibt.
Damit wird die Predigt zur Gebetsanleitung; sie nimmt ins Gebet, indem sie den Namen als einen vertrauenswürdigen proklamiert. Das Ziel
aller Predigt besteht darin, die Menschen aus ihrer Sprachlosigkeit hinaus ins Hören und Antworten hineinzuführen. Die Predigt hat letztlich
nur den Sinn, die Menschen beten zu lehren.
Wenn wir als Predigt-Ziel das Gebet angeben, so meinen wir nicht
eine religiöse Verengung der Predigt im Hinblick auf eine bestimmte
Frömmigkeitsübung, wir meinen nicht das Beten als religiösen Akt, das

es auch ist, sondern als Ausdruck eines neuen Verhältnisses des Menschen zu Gott, wir meinen das Beten, das Jesus und der Geist lehren, indem sie den Gottesnamen kühnlich neu artikulieren und das Abba-Sagen lehren. Ein Lallwort des Kleinkindes wird zur Sprachlehre des Glaubens (vgl. Quell, ThW V,958). Im Übereignen des Namens wird der Name anrufbar. Die Ferne seiner Fremdheit wird zur Nähe: du!

»Die größte Form der menschlichen Sprache sind Namen. In der Tiersprache sind sie augenscheinlich nicht vorhanden. Was immer der Mensch mit den Affen gemein haben soll, wenn er spricht – der Affe kann Gott nicht anrufen. Der eigentliche Name Gottes bedeutet: ›Der, der spricht‹, oder ›Der, der die Menschen so begeistert, daß sie sprechen‹. Formelle Sprache verlangt nach Namen, auf welche der Mensch hören und aus deren Kraft er ernannt werden soll« (*Rosenstock-Huessy* II, 457).

So ernennt die Predigt den Menschen zum König und Priester, damit er den Namen anrufe. Die Aufgabe der Predigt besteht dann darin, den anrufbaren Namen zu artikulieren. Man nehme dies als Testfrage an die eigene Predigt: verkündigt sie den Namen so, daß sie in der Gemeinde ein neues Bitten, Anbeten und Loben ermöglicht (vgl. § 21/V/12)? Gibt die Predigt etwas zum Beten? Wenn das Beten ein Antworten ist auf Gottes Wort, dann ist alles Predigen eine Art Gebetsanleitung; dann ist der Prediger der Vorbeter der Gemeinde.

Hier mag noch einmal ein Seitenblick auf das Griechentum belehren: Im klassischen Bestand der griechischen Grammatik gibt es den Kasus des Anrufs, den Vokativ, zu ϑεός nicht. Ein solcher Vokativ taucht erst im Spätgriechischen, zuerst bei jüdischen und christlichen Schriftstellern auf. Nur Einzelgötter sind anrufbar, nicht aber Gott. Gott ist für den Griechen ein Prädikatsbegriff. Gott geschieht. Bei Euripides: »Denn es ist Gott, wenn die Lieben erkannt werden!« Bei Plinius d.Ä. wahrscheinlich eine Übersetzung des Menander: »Es ist Gott dem Menschen, wenn der eine dem andern hilft.« Vgl. *Karl Kerényi,* Die griechischen Götter, in: Der Gottesgedanke im Abendland, hg. v. A. Schaefer, 1964, 14f.

Wenn christliche Theologen das Bittgebet ablehnen, so ist zu fragen, ob solche Ablehnung nicht einen Rückfall in griechische Metaphysik signalisiert.

IV

Hinweis auf Kohlbrügge

Ein Hinweis auf einen Prediger mag erlaubt sein, der wie selten einer den Namen in seinen Predigten hymnisch besang: *Hermann Friedrich Kohlbrügge* ist – wie W. Philipp meint – »wohl der größte Prediger des Namens Gottes als Name Gottes« (vgl. RGG[3] IV, 1299).

In einer Kinderlehre zum 3. Gebot stellt er die Frage: »Was ist eigentlich der Name Gottes?« Und er gibt zur Antwort: »Derselbe ist der Inbegriff aller seiner Tugenden und Vollkommenheiten, welche er uns in Christo geoffenbart und erteilt hat zu unserm Heile« (Schriftauslegungen, 2Mose Kap. 19 u. 20 1–11, H 8, 1907, 129, vgl. Erläuternde und befestigende Fragen und Antworten zu dem Heidelberger Katechismus, 1894[5],

172). In einem »Auftritt« (in einer Einleitung vor der Textverlesung) einer Predigt über Joh 17,26 sagt er: »Nenne mir den Namen meines Gottes und du hast mir das ganze Evangelium gepredigt; du hast mir den Beweis gegeben, daß dort droben Eingeweide sind, die mich in Herrlichkeit aufgenommen haben und dereinst aufnehmen werden, wenn ich dieses Jammerthal verlasse; denn ein Verlaß ist sein Name, fester, sicherer wie die Berge, die ihre Wurzel schlagen bis in des schäumenden Meeres Abgrund« (Zwanzig Predigten im Jahre 1846 gehalten, 1857, 2). Später malt er das barocke Bild christologisch aus: »In die Eingeweide Gottes hat er uns hineingewoben wie er selbst Gottes Eingeweide ist« (15).

In einer Weihnachtspredigt über den »Immanuel« kann er sagen: »In diesem Namen ist die Wiedervereinigung unauflöslich und ewiglich fest« (Festpredigten, o.J. 154).

Im Überschwang expliziert er die Macht des Namens: »Seinen Namen hat Er auf uns gelegt, in Seinem Namen umgibt Er uns und sind wir umschlungen mit ewigem Heil, mit Vergebung der Sünden, mit Leben und Seligkeit. Auf diesem Namen stehen wir; in diesem Namen ist der Herr unser, und sind wir des Herrn geworden; dieser Name nimmt von uns unsere Sünden, unsern Tod, unser Verderben, und erteilt uns alle Schätze der Gnade und alle himmlischen Güter; dieser Name bedeckt all das Unsere, das wir von Adam her haben; dieser Name errettet uns auf ewig und wehrt von uns ab alle unsere Todfeinde; er ist uns gleichsam ein Schloß und sichere Wehre, worin alle Tugenden und Vollkommenheiten Gottes, uns zum ewigen Heile, zur sicheren Durchhülfe, vorhanden sind« (Schriftauslegungen, 1907, 133).

»Von diesem Namen Immanuel geht Kraft aus, alle zu heilen, die von vielen Teufeln besessen und gequält sind. Das ist die Arznei für alle, die todkrank und von dem Biß der höllischen Schlange vergiftet sind« (Festpredigten, 151). – Auch liebt Kohlbrügge etymologisch-homiletische Wortspiele: »so ist er ›Immanu‹, der ›Mit uns‹, und trägt die Schuld, versöhnt und tilgt sie aus. Der Mensch als bloße Kreatur müßte vergehen unter der Last des ewigen Zornes Gottes wider die Sünde; so ist er denn El, der starke Gott, er wirft sich in des Zornes Fluten und dringt, ob er gleich darüber stirbt, durch den Zorn hindurch an des Vaters Herz« (Festpredigten, 154).

Im Namen artikuliert sich das ganze Heilswerk Jesu Christi, in ihm aktualisiert es sich; denn der Name ist Geistes-Gabe, unwiderrufliche Heilstat: »Gott lehrt durch seinen Heiligen Geist die Seinen, seinen Sohn mit solchem Namen nennen. Das ist eine That Gottes, welche in ihrer Macht bei den Gläubigen kein Teufel wird abschwächen können« (Festpredigten, 149f). Als Gabe des Geistes ist der Name auch Gnaden-Mittel ohnegleichen: »Er hat uns diesen Namen gegeben zu unserer Seligkeit, und da bleibt uns denn dieses eine, – alles andere schwindet hin, – dieses eine, daß, wo wir gegenüber Schmerz, Sünde und Tod, gegenüber dem verklagenden Gewissen, dem verdammenden Gesetz und dem Teufel, welcher sagt: ›Ich kriege dich dennoch!‹ – diesen Namen herbeirufen, wir alsdann auch erfahren, was dieser Name vermag« (Apostelgeschichte Kap. 2–10 in fünfundzwanzig Predigten im Jahre 1875 gehalten, 1928, 50f).

An der Predigt Kohlbrügges wird das Dilemma deutlich, in dem sich unser Predigen befindet: Einerseits ist die Sprache dieses Predigers für uns heute nicht mehr nachsprechbar, andrerseits bleibt die Predigt fad, wenn sie den Namen nicht mehr zu artikulieren wagt. Diese Artikulation aber setzt Erkennen voraus und das Erkennen ein Offenbaren: Ob der heutigen Tendenz, das Menschsein Jesu neu zu betonen, darf die Aufgabe nicht übersehen werden, das Gottsein Christi heute zu formulieren und also das Geheimnis seines Namens für unsere Zeit zu deuten. Die Predigt wird gerade dann an Aktualität gewinnen, wenn sie den Namen des Wirklichen sagen lernt.

V

Keine Teufelspredigt

Es wird kaum möglich sein, die Bedeutung des Namens für das Predigen angemessen zu entfalten, ließ sich doch eine ganze Predigtlehre aus dem Begriff des Namens entwickeln. Ich begnüge mich, neben dem Hinweis auf Kohlbrügge auf eine Predigtweise aufmerksam zu machen, die durch den Begriff »Namenrede« ausgeschlossen wird. – Den Namen Jesu Christi predigen heißt, daß wir Gott und nicht den Teufel zu predigen haben; der Name soll unserer Predigt helfen, daß sie nicht unter der Hand zur Teufelspredigt werde. Wo aber das Böse Thema wird, wo seine Beschwörung die Gemeinde sammelt und eint, pervertiert christliche Predigt. Auch die Predigt von irgendeinem Teufel wirkt irgendwie »kirchenfestigend«.

Vgl. *Kenneth Burke,* Die Rhetorik in Hitlers ›Mein Kampf‹ und andere Essays zur Strategie der Überredung, 1967, 8ff: Hat Bertrand Russell darauf hingewiesen, daß das Symbol eines allen gemeinsamen Feindes in der Person des Höllenfürsten einen einheitsstiftenden Faktor darstellte, so begründet Burke die Wirkung Hitlers damit, daß »er sich auf eine Bastardisierung ursprünglich theologischer Denkschema stützt« (33). Hitler selbst hat erklärt, es gehöre »zur Genialität eines großen Führers, selbst auseinanderliegende Gegner immer nur zu einer Kategorie gehörend erscheinen zu lassen« (9). Diese Methodik »stärkt den Glauben an das eigene Recht und steigert die Erbitterung gegen den Angreifer auf dasselbe«. – War der mittelalterliche Teufel international, universal, »katholisch«, so beschwört Hitler das internationale Judentum als übernationalen Beelzebub.

Eine besondere homiletische Untersuchung müßte einmal ergründen, welche Namen nach der Entmythologisierung die Rolle des Teufels in den Predigten übernehmen. Es dürfte sich dabei wohl zeigen, daß die Entmythologisierung gerade in diesem Punkt nicht recht gelingen will. Der Teufel kehrt in der Regel in anderer Gestalt wieder, in der Gestalt neuer Mythen. Eine »kirchen-einende« Funktion wird man solchen Mythen nicht absprechen können, sie bilden Kristallisationspunkte der Verständigung und der Stärkung des Bewußtseins eigener Gerechtigkeit. Die Regelmäßigkeit, mit der gewisse Prediger gewisse Zeitereignisse immer wieder an die Wand malen, hat wohl etwas mit solchen neuen Mythen zu tun, mit deren Hilfe sich die Gerechten verständigen. Interessant wäre hierbei die Frage, welche politischen Schlagworte in die Verkündigung einfließen, die Frage, ob sie ersetzt oder umgedeutet werden. Für den Antikommunisten wird der Kommunismus zum Teufel, dem refrainmäßig abzusagen ist. Die Linke findet ihn im Kapitalismus und Imperialismus, in den Kriegen, die beide führen. Auch die Kirchentreuen können auf diese Weise zum Mythos werden. Es hat den Anschein, als ob die Frommen heute vielfach durch eifrige Kanzelredner verteufelt werden. Die Frommen spielen bei vielen Predigern in etwas moderierter Weise die Rolle des Leibhaftigen, eine Art Haus-und-Hof-Teufel. Keine Predigt ohne das Ritual der Absage an diesen oder einen ähnlichen Teufel! – Es bedarf wohl keiner langen Erörterung, um zu zeigen, daß solche Predigt wohl irgendwelchen Pharisäismus züchten wird, nicht aber die Gemeinde Jesu Christi erbaut. Predigt als Namenrede kann auf keinen Fall Teufelspredigt sein (vgl. § 15/II).

Hat die Predigt sich vor Verteufelung zu hüten, wird sie wohl kaum von der Anfechtung reden können, ohne vom Versucher zu reden.

So formuliert *Kornelis H. Miskotte* in einer Predigt über Lk 22,31–32: »Wo Gott begehrt, wo Gott, unendlich-bewegt, sich aufmacht, da begehrt jener Andere auch, jener Andere, der doch eigentlich auch Gott ist; wenn Gott zürnt, dann zerschmilzt jener Andere in Mitleid mit dir, und wenn Gott dir seine Liebe zeigt, dann wird jener Andere bissig und sachlich und gewaltig, unwiderleglich vernünftig« (Predigten, 1969, 193).

*Die Verurkundung des Namens in der Heiligen Schrift läßt nach dem
Bezug des Predigens zum Ganzen der Schrift wie zum jeweiligen Text
fragen. Wird das Wirken des Geistes in der Welt anerkannt, gewinnt
der Kanon zur Prüfung der Geister neue Relevanz. Der alttestamentlichen Predigt kommt besondere Bedeutung zu. – Die Homilie wird als
bevorzugte Gestalt der Schriftpredigt an einer Predigt von Karl Barth
erläutert.*

§ 6

DIE SCHRIFT

Martin Kähler, Zur Bibelfrage (Dogmatische Zeitfragen I, 1907) 1937[2]. – *Eduard
Thurneysen,* Schrift und Offenbarung, in: Das Wort Gottes und die Kirche, 1927, 28ff,
jetzt in ThB 44, 1971, 35ff. – *Kornelis H. Miskotte,* Die Erlaubnis zu schriftgemäßem
Denken, in: Antwort, 1956, 29ff. – *Suzanne de Dietrich,* Die Wiederentdeckung der
Bibel. Grundlegung, Methodische Fragen, Praktische Anwendung, 1948. – *Hermann
Diem,* Was heißt schriftgemäß?, 1958. – *Gerhard Bergmann,* Alarm um die Bibel,
1964. – *Willy Marxsen,* Der Streit um die Bibel, 1965. – *Friedrich Mildenberger,* Die
halbe Wahrheit oder die ganze Schrift. Zum Streit zwischen Bibelglauben und historischer Kritik, 1967. – *Klaus Haendler,* Schriftprinzip und theologischer Pluralismus,
EvTh 28, 1968, 404ff. – *Jakob Blank,* Schriftauslegung in Theorie und Praxis, 1969.

Wir haben uns in einem Kreis bewegt, sahen den Geist als Geber des
Wortes, als Inspirator und Wundertäter, fanden Einheit und Qualifikation des Geistes im Namen und die Präsenz des Benannten im Geist.
In diesem Sinne legitimiert der Name die Predigt. – Wenn wir jetzt von
der Heiligen Schrift reden, möchten wir nicht etwas grundsätzlich Neues
dem Gesagten hinzufügen, wohl aber den Kreis der Aussagen erweitern,
das schon Gesagte verdeutlichen und die Bedeutung der Schrift für unser Predigen skizzieren. Vom Geist und vom Namen ausgehend, bedenken wir das Ganze der Schrift und ihren Einzelbestand an Texten, um
zum Schluß auf das Problem alttestamentlicher Predigt einzugehen.

I

Die Schrift als Ur-Kunde des Namens

Der Name in seiner Unübersetzbarkeit und in seinem Übersetztwerden
wird in der Schrift fixiert und mitgeteilt. So ist die Schrift Namens-
urkunde, Namenbuch. Gehe ich aus von einer ursprünglichen Einheit von
Name und Person und hoffe ich auf ein neues Sich-Ereignen dieser Einheit beim Predigen, steht zwischen dieser ursprünglichen Selbstvorstel-

lung und meiner Predigt die Fixierung dieses Namens, die Verurkundung in Buchstaben. In der Schrift haben wir den Niederschlag der Selbstvorstellung Gottes. Die Schrift buchstabiert uns den Namen vor und erzählt uns dessen Geschichte. So ist sie selbst schon Namenrede, und unser Predigen hebt an mit dem Lesen eines Textes.

Indem die Schrift den Namen tradiert, ihn schon übersetzt und erklärt, gehört sie zur Legitimation der Predigt durch den Namen. Wir verstehen die Namenrede als eine allgemein durch die Schrift und speziell durch den Text bestimmte. Die Legitimation der Predigt aus dem Namen wird jetzt erläutert, sie geschieht durch den schriftlich überlieferten und erläuterten Namen! Zur Legitimation der Predigt gehört ihre Schrift- und Textgemäßheit!

Man beachte aber, was als erstes und was als zweites ausgesagt wird: Predigt ist zuerst Namenrede und erst als solche Bibelrede. Wir können von der Schrift nicht reden, wie wir vom Namen reden. Wir können von ihr nicht sagen, daß sie mit Gott identisch sei, wie Gott und sein Name eins sind. Die Bibel ist nicht wie der Name Gott selber, »Deus ipse«. Schrift- und Textgemäßheit allein vermag Macht und Recht der Predigt noch nicht zu garantieren. Daß die Predigt durch Schrift und Text gedeckt wird, bewirkt noch nicht das Wunder der Predigt; nötig ist vielmehr, daß sie durch den Genannten selbst gedeckt wird. Die Kombination von exegetischem Fleiß und homiletischer Ohnmacht in vielen Predigten macht diesen Sachverhalt anschaulich. Der Geist wirkt, bevor es Schrift gibt, und den Namen gibt es, bevor die Schrift entsteht. Der Geist wirkt auch nach der Schrift.

Darum haben wir streng genommen auch nicht Texte zu predigen, sondern den Namen, ihn selbst, gestern und heute und in Ewigkeit »derselbe«. Daß wir den Namen auf Grund seiner Verurkundung in der Schrift haben und daß wir ihn nur predigen können, weil Texte von ihm erzählen, bleibt ein Sekundäres gegenüber der Aufgabe, ihn, ihn selbst, zu predigen!

Indem die Verurkundung des Namens nicht einfach mit dem Namen selbst und der Gegenwart seines Trägers in eins zu setzen ist, entsteht eine Spannung zwischen dem Geschriebenen und dem Lebendigen, eine Spannung zwischen dem Geist als Gegenwart des Genannten im Namen und dem Buchstaben als der Fixierung dieses Namens. Diese Spannung ist noch gesondert zu behandeln; wir befinden uns aber bereits in ihrem Feld, wenn wir von der Schrift reden.

Nennen wir Schrift und Text ein Sekundäres gegenüber dem im Namen Anwesenden, bestreiten wir damit keineswegs die Notwendigkeit von Schrift und Text! Wollte man auf die Bibel verzichten, würde unsere Rede vom Geist zur Schwärmerei und unser Betonen des Namens zur Magie entarten. Solange wir predigen, wird uns solcher Verzicht auf die Schrift als Versuchung begleiten. Diese Versuchung wird mit der Vielfalt pfarramtlicher Praxis nicht kleiner, sondern größer, nicht als ein grundsätzlicher Verzicht auf die Schrift, wohl aber in der praktischen Modifizierung der Schrift auf die dem Prediger genehmen Aussagen, was zu einem praktischen Nicht-mehr-Hören auf die Schrift führt.

Ungleich größer noch ist in unsern Tagen die Gefahr, aus einem Sekundären ein Primäres zu machen, die relative Sicherung der Predigt durch Schrift und Text zu verabsolutieren und also die Bibel heimlicherweise zu vergötzen. Dies ist die Gefahr eines falschen Biblizismus, und dieser falsche Biblizismus kann in konservativer oder modernistischer Gestalt auftreten. Solange wir predigen, geht so oder so auch diese Versuchung mit uns, aus der relativen Sicherung, die eine formale Übereinstimmung mit dem Wortlaut der Schrift oder eine mit historisch-kritischer Methodik betriebene Exegese bieten, eine absolute zu machen. Wir sprechen hier von einer Versuchung, also von etwas, was wider die eigenen Grundsätze, wider das bessere Wissen Macht bekommt.

Avanciert die historisch-kritische Methodik unter der Hand oder erklärtermaßen zur homiletischen Muse, wird die Schrift praktisch fundamentalistisch gebraucht. Man hält sich an den Buchstaben statt an den in Geist und Wort präsenten Christus und kultiviert damit einen modernistischen Fundamentalismus. – Der traditionelle Fundamentalismus ist überzeugt von der Irrtumslosigkeit der Schrift in allen ihren Aussagen. Der modernistische Fundamentalismus ist heimlich überzeugt von der Infallibilität seiner exegetischen Methodik. Beidemal nimmt man die Schrift gesetzlich, beidemal übersieht man den Horizont systematischen Denkens.

II

Die Schrift als Dokument des schenkenden Geistes

Empfängt der Prediger das Wort vom Geist, hat die Schrift ihr Wort vor dem Prediger vom Geist empfangen. Sie dokumentiert das Schenken des Wortes von seiten des Geistes. Sie bietet ein Kriterium zum Prüfen des Geistes, gleicherweise wie sie zum Vehikel des Geistes beim Schenken des Wortes wird. Der Bibel kommt eine Doppelfunktion zu. Einmal als kritischer Maßstab für die Predigt: Im Kanon selbst findet eine Prüfung der Geister statt.So hilft er zur Prüfung der Geister. Der Kanon bildet als Synopse des Ganzen einen Prozeß um die Wahrheit, und dieser Prozeß geht im Gebrauch des Kanons weiter. Die theologische Auslegung eines Textes schließt – bewußt oder unbewußt – ein sachkritisches Bedenken des Textes in sich. Auch eine »unkritische« Auslegung eines Textes übt in ihrem Vollzug Sachkritik, es sei denn, sie begnüge sich mit einem bloßen Wiederholen und Umschreiben des Textes. Der Kanon kann nicht den kritischen Maßstab der Predigt bilden, ohne kritische theologische Rückfrage, er bleibt in den Prozeß um die Wahrheit verwickelt und erweist in diesem Prozeß seine normative Kraft. – Als »Schrift« mit ihren »Texten«

wird die Bibel andrerseits zum Gnadenmittel. Die geistgewirkte Schrift
wird zum vermittelnden Werkzeug des Geistes. Ihre Herkunft weist auf
ihre Zukunft. Sie wurde durch den Geist. Jetzt wirken die kreativen Im-
pulse des Geistes durch die Schrift. So wird die Schrift dem Prediger zur
Quelle der Inspiration und zum Kritiker. Diese Doppelfunktion der
Schrift ist nicht aufteilbar. Auch als kritischer Maßstab ist die Schrift
Gnadenmittel. Dies wird an Folgendem deutlich: Wirkt der Geist auch
außerhalb der Kirche, ist Gott in seinem Reden frei und nicht an einen
Ort und auf eine Art und Weise seines Redens zu fixieren, muß es ein
Mittel geben zur Unterscheidung der Geister, ein Richtmaß, das den
Namen eindeutig macht, und eben dies ist die Schrift. Redet Gott außer-
halb der Kirche nicht weniger menschlich zu uns als innerhalb der Kirche,
muß es eine Hörhilfe geben, die lehrt, Gottes Wort in den Menschen-
worten zu vernehmen, damit man nicht das Geklirre von Götzen mit
Gottes Wort und das Raunen von Geistern mit Worten des Geistes und
also das Irrlicht mit dem Licht verwechsle. Wir ehren die Freiheit des
Geistes in seinem Schenken des Wortes, wenn wir das Empfangene kritisch prüfen. Dazu haben wir den Kanon nötig. Wir brauchen ihn, er ist
heilsam.

So steht er dem Prediger zunächst als eine Art Arbeitshypothese für
den Dienst am Wort zur Verfügung. Weil Gott geredet hat und weil sich
solches Reden in der Schrift niederschlug, wird mir jetzt die Schrift zum
Filter für mein Hören auf Gott. Was auch immer ich höre oder zu hören
vermeine, messe ich an der Schrift. Sie bildet das Kriterium für mein
Empfangen des Wortes: Meine ich Gottes Wort außerhalb der Schrift zu
hören, werde ich dies Wort besonders sorgfältig an den Worten zu prüfen
haben, die vor mir, die in der Schrift gehört wurden. – Weil ich Mensch
bin, weil mein Erkennen Stückwerk ist, brauche ich dieses Kriterium.
Brauchte ich die Schrift nicht als kritische Regel für mein Erkennen, wäre
ich ein Meister des Wortes Gottes, sein Richter und nicht mehr sein Schüler. Auch würde ich leugnen, daß ich in meiner Beschränktheit auf die
Katholizität der Kirche des alten und neuen Bundes angewiesen bin. Die
Schrift ist nicht an und für sich und in jedem Fall das Kriterium der
Wahrheit: Welchen Unsinn kann man nicht durch beliebiges Zusammen-
stellen biblischer Texte biblisch beweisen! Das Phänomen der Sekten z.B.
verdeutlicht, was alles man mit der Schrift guten Glaubens machen
kann. – Die Schrift erweist sich als Kriterium der Wahrheit, wenn man
sie recht braucht. Im Arbeiten zeigt sich die Richtigkeit oder Verkehrt-
heit einer Arbeitshypothese. Die Schrift erweist sich als richtig, wenn sie
der »braucht«, dessen Namen sie uns vorbuchstabiert. Wir buchstabieren sie nach in theonomer Reziprozität (vgl. § 4/II), lesen sie auf den hin,
der gestern und heute und in Ewigkeit »derselbe« ist. Die Schrift wird
uns zum Kriterium der Wahrheit, wenn wir sie mit dem und in dem
brauchen, der selber die Wahrheit ist. Die Schrift hat sich als Arbeits-

hypothese bewährt, indem sich in ihr die Wahrheit immer wieder gegen alle falsche Predigt und wider alles falsche Brauchen der Schrift durchsetzte und durchsetzt. Die Systematiker sprechen von der Selbstevidenz der Schrift. – Die Schrift ist Predigt vor unserer Predigt und vor unserer Predigt geprüft und anerkannt, während unsere Predigt erst noch zu prüfen ist. – Die Unterschiede in der Fixierung des Kanons zwischen verschiedenen Konfessionen sind gering gegenüber der allgemeinen Anerkennung im Lauf durch die Geschichte und in ihrem Gang zu den Völkern. Als geprüfte und beurteilte Predigt also wird die Schrift zum Kanon. Es entspricht ihrem Wesen als Kanon, daß ihr Geprüft-Werden weitergeht.

Man würde ihre Theopneustie, ihre Inspiration leugnen, wollte man sich ihr gegenüber grundsätzlich vom Prüfen der Geister dispensieren. Indem wir die Schrift als Kanon brauchen und sie, obwohl geprüft und bewährt, als eine grundsätzlich der Prüfung offenstehende und bedürftige bezeichnen, wird deutlich, daß wir uns im Streit um die Wahrheit befinden – solange wir noch nicht völlig erkennen. In diesem Streit haben wir einen Beistand, den Parakleten, der uns in alle Wahrheit führt. Der Kanon wird dann zur Wegmarke unterwegs in alle Wahrheit.

Es dürfte schon deutlich geworden sein, daß die beiden von uns benannten Funktionen des Kanons nicht voneinander zu trennen sind. Wenn die Schrift im Wirksamwerden des Geistes als Kriterium der Predigt dient, dient sie noch viel mehr als Mittlerin des Wortes. So ist sie nicht nur Hörhilfe, sondern auch Sprachrohr: »Die Bibel ist Gottes Wort, sofern Gott sie sein Wort sein läßt, sofern Gott durch sie redet« (KD I/1,112). – Der Geist redet durch die Schrift. Diese hat ihr Wesen keineswegs nur als ein Dokument aus der Vergangenheit, obschon sie der Vergangenheit entstammt. Weil der Gott, von dem die Schrift handelt, als der Ewige und der Gegenwärtige heute redet, ist eine rein historische Betrachtung der Schrift, die vom Lebendigsein Gottes, von seiner Gegenwart abstrahiert, zwar möglich, dem Gegenstand aber nicht angemessen. Abstrahiert man in der Auslegung der Schrift von dem, dessen Namen sie nennt, wird sie zum bloßen Buchstaben neutralisiert.

Calvin bezeichnet die Bibel als »Schule des Heiligen Geistes« (Inst. 1559 III, 21,3). Die Bibel ist damit der Ort, da der im Geiste gegenwärtige Christus selbst der Lehrer ist. Dieser Sachverhalt wird in Theorie und Praxis meist übersehen: Durch die geistgewirkte Schrift fährt der Geist fort zu wirken. Wir predigen nach Texten, weil durch sie der lebendige Gott selbst zu Wort kommt. Die Schrift bildet nicht bloß ein Kriterium zur Prüfung der Geister, sondern vor allem und zuerst ein Mittel des Geistes selbst, der sich uns schenkt.

Würde hier eine Dogmatik geschrieben, müßte dies sofort und zuerst gesagt werden. Eine Homiletik hat anders vorzugehen, weil die Gefahr eines falschen Biblizismus, einer Bibliolatrie bei aller im Schwange gehenden Bibelkritik in keiner Weise gebannt ist, insofern in der Praxis immer wieder das Unmögliche passiert, daß über dem Text der Geist, die Gegenwärtigkeit des Vaters und die des Sohnes vergessen wird.

III

Das Schriftganze

Artikuliert die Schrift den Namen Jahwe-Kyrios, Kyrios-Jesus, haben wir die Schrift als ein Ganzes zu sehen. Predigt als Schrift- und Textrede ist eine Rede auf Grund des Schriftganzen. Verstehen wir die Schrift als Mittel des einen Herrn, der der Geist ist, so ist sie von ihm her als ein Ganzes zu sehen.

Gottfried Menken hat in einem 1829 veröffentlichten Brief über die »Herrlichkeit der Bibel« betont, »daß da nicht nur ein Wahrhaftiges und ein Göttliches sei, bewundernswürdig in Liebe, in Einfalt und Tiefe, in Erhabenheit und in Demuth; sondern auch daß das ein Ganzes ist, wenn gleich dies Ganze in der Erkenntniß zu überschauen, oder es als ein solches in Ordnung und Harmonie darzustellen, sie noch vorerst eben so unmöglich dünkt, als die Wasser zu messen mit der Faust und den Himmel zu fassen mit der Spanne, und die Erde zu begreifen mit einem Dreiling, und die Berge zu wiegen mit einem Gewicht und die Hügel mit einer Wage.

Das Eine, das alle Einzelheiten der Bibel zu Einem Ganzen vereint, sie alle erklärt und aufschließt, vertheidigt, versöhnt, beglaubigt und besiegelt, ist das *Reich Gottes«* (Schriften VII, 1865², 294). – *Johann Christian Konrad von Hofmann* moniert: »Auf ein geschlossenes Ganzes beruft sich die Kirche, wenn sie sich auf die Schrift beruft, und so steht zu erwarten, daß sie an der Schrift eine geschlossene Darstellung des Christenthums besitzt« (Der Schriftbeweis I, 1857, 20). – *Karl Gerhard Steck* spricht vom »Schriftganzen« als einem »vorzüglichen« Ausdruck aus dem Erbe Hofmanns (Die Idee der Heilsgeschichte, ThSt 56, 1959, 48).

Indem wir den Begriff des Schriftganzen aufnehmen, reden wir von der Schrift, bevor wir vom Text sprechen. Wir postulieren Schriftgemäßheit, bevor wir Textgemäßheit fordern, meinend, daß dies in der heutigen Zeit besonders nötig sei, in der der Student mehr das historische Gewordensein einzelner Texte als das geschichtliche Wirken des Herrn mit der Schrift vor Augen hat. Da die Schrift vom Geist gewirkt ist und es die Art des Geistes ist, vielfältig, polyphon zu wirken, will die Idee des Schriftganzen gerade nicht die einzelnen Teile, die Texte, nivellieren und einebnen! Diese sollen durchaus zu ihrem Recht kommen! Es ist ein großes Verdienst der neueren Exegese, die Unterschiede und Profile der einzelnen Schriften und Texte herausgearbeitet zu haben. Der Prediger hingegen muß die Besonderheiten einzelner Texte in der Synopse der ganzen Schrift sehen, weil er den Text nicht hat ohne die Schrift. Er kann nicht sagen, was Gott sagt, ohne auf das Ganze der Schrift zu hören, er wird zum Sektierer, wenn er sich auf nur einen Sektor der Schrift beschränkt. Predigt, die auf das Ganze der Schrift verzichten möchte, wird notwendigerweise zur Predigt einer halben Wahrheit. Die Predigt, die sagt, was Gott sagt, prophetische Predigt also, ist

Predigt auf Grund des Schriftganzen. Nur eine solche Predigt wird auch in ihrer Anrede umfassend, d.h. politisch sein können.

IV

Text und Textwahl

Hermann Diem, Warum Textpredigt? 1939, 197ff. – *Helmut Franz,* Das Wesen des Textes, ZThK 59, 1962, 182ff. – *Manfred Mezger,* Die Verbindlichkeit des Textes in der Predigt, ThLZ 89, 1964, 499ff. – *Werner Jetter,* Die Predigt und ihr Text, MPTh 54, 1965, 406ff. – *Gert Hartmann ,*Die textfreie Themapredigt: notwendiges Pendant der Textpredigt, PBl 105, 1965, 478ff. – *Eberhard Jüngel,* Was hat die Predigt mit dem Text zu tun? in: Predigten, 1968, 126ff. – *Bruno Dreher,* biblisch predigen, 1968. – *Werner Schütz,* Vom Text zur Predigt. Analyse und Modelle, 1968. – *Franz Kamphaus,* Von der Exegese zur Predigt, 1968². – *Christian Möller,* Von der Predigt zum Text, 1970. – Vgl. auch § 8/II Lit.

Predigt hat als Schriftrede in der Regel einen Text, der Prediger empfängt das Wort in der Regel von einem einzelnen Text her. – Das Problem Text und Predigt, Predigt und Text gehört zu den in der evangelischen Homiletik wohl am häufigsten verhandelten Themen. Verstehen wir die Predigt als Namenrede und sehen das Wunder der Predigt darin, daß der Genannte im Predigen da und wirksam ist, relativiert sich das Problem Text und Predigt. So wichtig und schlechthin unentbehrlich der Text auch sein mag, so muß doch ausdrücklich die Möglichkeit textfreier Predigt behauptet und gefördert werden, auch wenn sie nicht für den sonntäglichen Predigtgottesdienst zu empfehlen ist. Es könnte immerhin sein, daß die Gesetzlichkeit in der Predigt der Gegenwart ihren Ausgang nimmt in einer gesetzlich postulierten Textpredigt: Man predigt den Text um seiner selbst willen, nicht um Christi willen!

An kritischen Stimmen hat es denn auch in dieser Beziehung nicht gefehlt. So hat *Klaus Harms* die Predigt in einer Art von babylonischer Gefangenschaft in Texten gesehen: »Dürften wir auch noch die Behauptung wagen, daß das Predigen nach Texten nicht allein die Ausbildung der Predigtkunst, sondern ebenfalls die christliche Erkenntnis und selbst, was noch viel mehr sagen will, das christliche Leben sehr gehemmt habe? Daß es weit besser in der Kirche und um die Kirche stände, wenn den Predigern die Fessel des Textes nimmer wäre angelegt worden? Mir will es wirklich so vorkommen« (Pastoraltheologie, Ausgewählte Schriften und Predigten II, 47). *Schleiermacher* hat ihn getadelt, weil er auch selbst »ohne allen biblischen Text« predigt. Aber er verteidigt sich: »Ja, eine Predigt kann doch sehr unbiblisch sein, wenn sie auch einen biblischen Text hat, gleichwie auch ohne einen biblischen Text sehr biblisch« (56). Trotzdem sieht Harms in der textlosen Predigt die Ausnahme. – *Alexander Vinet* gab zu bedenken, der Text bringe nicht das volle Evangelium, sondern nur ein Stück, während die textlose Rede aus dem Vollen schöpfen könne. Er argumentiert als Theologe der Erweckung: »Was eine Predigt zu einer christlichen macht, ist nicht die Anwendung eines Textes, sondern der Geist des Predigers« (Homiletik, 1857, 106). – *Otto Haendler* meint, entscheidend für die christliche Predigt sei nicht, daß sie textgemäß, sondern daß sie evangeliumsgemäß sei (Die Predigt, 214). – *Werner Jetter* kommt zum Schluß: »Für die geordnete Predigt ist der Gebrauch biblischer Texte angemessen, aber nicht zwingend, und nur *weil* es diese geordnete Predigt auf Grund biblischer Texte gibt, kann, darf, ja muß es gelegentlich *auch* bibeltextfreie, ja überhaupt textfreie Predigt sein« (419). – Diese Voten sind zu vergleichen mit der reformatorischen Praxis, die durchaus auch die textlose Predigt kennt. Hier sei nur an die *Invokavitpredigten Luthers* von 1522 erinnert.

Haben wir primär eine Person und nicht einen Text zu predigen, kennen wir diese Person nur auf Grund von Texten, ist es nicht nötig, daß dieser Textgrund überall verbaliter hervorleuchtet. Zwei Umstände vor allem raten von einer Predigt als Textauslegung ab: Einmal kann es Situationen geben, die unmittelbar eine direkte Verkündigung erheischen. Dies war offenbar die Situation der Invokavitpredigten. Soll der Text wirklich Text sein und nicht Dekorum, kann es Situationen geben, die eine Nachricht Gottes darstellen. Diese will nun gedeutet sein (vgl. § 25/II).

Es wird nun nicht darum gehen, in diesem Fall das Thema ins Allgemeine zu erheben und – um ein berühmtes Beispiel zu nehmen – etwa anläßlich einer Feuersbrunst nun eine Predigt zu halten über das Thema: Der Christ und die Feuersbrunst. Vielleicht aber gibt es einmal eine Feuersbrunst, durch die Gott redet. In diesem Fall könnte sehr wohl eine Textauslegungspredigt eine Flucht vor dem Wort Gottes sein. (So beherzigenswert *Karl Barths* Äußerungen in dieser Hinsicht sind, bedürfen sie m.E. einer Ergänzung, vgl. Die Gemeindemäßigkeit der Predigt, EvTh 16, 1956, 201.)

Eine Missionspredigt ohne liturgischen Rahmen wird das Kerygma auch ohne Text zu verkündigen wissen. – Beidemale setzt eine textlose Predigt einen um so intensiveren Umgang mit der Schrift voraus. Beidemale sollte die Textlosigkeit nicht ein Zeichen sein, daß sich der Prediger schämt, die Bibel zu brauchen; eine textlose Predigt braucht nicht auf Texte zu verzichten.

Halten wir unter Zubilligung der Möglichkeit einer textlosen Predigt trotzdem grundsätzlich an der Textpredigt fest, ist dies zu begründen: Der Geist gibt das Wort nicht als allgemeine Wahrheit. Obschon die Wahrheit seines Wortes eine allgemeine ist, redet er konkret, kommt aus einer konkreten Situation und will in eine konkrete Situation. Um der Konkretheit der Predigt willen vor allem ist die Textpredigt zu fordern. Weil es beim Predigen nicht um ein allgemeines, sondern um ein je besonderes und je bestimmtes Wort Gottes geht, hat der Prediger auch einen je besonderen und je bestimmten Text. Der konkrete Text dient der Konkretion der Predigt, denn sie entstammt jeweils einer konkreten Situation und schafft sich auch konkrete Situation. – Dient der Text der Konkretion der Predigt, wird die Frage der *Textwahl* akut. Ergeht Gottes Wort als ein Concretissimum, dann haben wir bestimmte Texte zu predigen. Dabei wird es besser sein, wenn der Text uns wählt, als wenn wir den Text wählen.

Wolfgang Trillhaas gibt darum den Rat: »Habe überhaupt möglichst wenig mit ›Wahl‹ von Texten zu tun« (Ev. Predigtlehre, 1964⁵, 65).

Ein wohltätiger Rat! Doch muß gefragt werden, ob er nicht homiletischem Doketismus Vorschub leiste, insofern als das Concretissimum des je bestimmten Wortes zu einer beliebigen Möglichkeit beliebiger Wahl verflacht, oder – was nicht besser ist – zu kirchenamtlich fixierten Texten gefriert. Ist die Bibel Gottes Wort, »sofern Gott sie sein Wort sein läßt, sofern Gott durch sie redet« (Barth), wird die Frage nötig, wo denn Gott die Schrift sein Wort sein lasse.

Albert Schädelin meint, die »freie Textwahl« lege dem Prediger »eine nicht geringe Verantwortung« auf (Die rechte Predigt, 46), und er meint wohl, daß der im Geist Präsente nicht nur durch den Text uns sein Wort geben, sondern uns den Text selbst als ein Wort geben müsse, wenn er sagt: »Der Text selber muß bei der Textwahl den Ausschlag geben. Objektive Prinzipien müssen bei derselben maßgebend sein« (47).

Nach *Karl Barth* entscheidet sich schon bei der Textwahl Gehorsam und Ungehorsam (Homiletik, 74). Wenn er empfiehlt, sich an die Perikopen oder die lectio continua zu halten (76), verhält sich der Prediger Barth dem Homiletiker gegenüber in großer Unabhängigkeit. *Georges Casalis* bemerkt über Barths Predigt im Kirchenkampf: »Er verkündigt das Evangelium und hält keine politische Ansprache; seine Anspielung auf die Aktualität findet sich hier und da in einer kleinen Bemerkung . . . – sehr diskret und transparent; meistens ist es die Wahl seines Textes, dessen Verlesung selber eine Herausforderung an die geschichtliche Umgebung des Predigers zu sein scheint« (JK 27, 1966, 251). In einer Predigteinleitung spricht Barth einmal von drei Texten, die ihn im Gedanken an die zu haltende Predigt beschäftigt hätten (Rufe mich an!, 1965, 57). Geschichtliche Situation und persönliche Entscheidung führen hier zur Textwahl. – Mit Recht weist *Dietrich Ritschl* darauf hin, daß die Textwahl eine entscheidende Vorfrage der Homiletik sei (Die homiletische Funktion der Gemeinde, ThSt 59, 1959, 46). Sie ist zu verstehen als Frage nach dem Kairos des Wortes.

Zu gewissen Zeiten fangen gewisse Stellen der Schrift zu reden an, die in andern Zeiten stumm bleiben – ein noch kaum erforschtes Problem. Wird Textwahl bestimmt durch die Situation der Hörerschaft – ein Umstand, der eine besondere Problematik in sich birgt (vgl. § 25) –, wird eine vom Kasus bestimmte Textwahl in der Regel eine vom Kasus provozierte Themapredigt – und sei es zu einer Feuersbrunst – zur Folge haben. In diesem Fall stellt sich die Frage, ob der Text das Thema meistert, ob er das Wort ergreift oder ob er nur die Situation untermalt als eine Art Begleitmusik. So demonstrieren viele Kasualpredigten eine Verdrängung des Textes (zur Kasualrede vgl. § 19/II). Die Situation bestimmt mit der Textwahl auch die Predigt. Der Text hat im Grunde nichts mehr zu sagen, sondern vermehrt nur das Gerede. Da der Text je einer konkreten Situation gilt, ist er von Fall zu Fall im Blick auf die Situation zu wählen.

Als Schulbeispiel für eine situationsbezogene Textwahl diene die Predigt von *Kornelis H. Miskotte* über »Gottes Feinde kommen um« anläßlich der Befreiung Hollands an Hand von Ps 92,2.3.7.10 (Predigten, 1969, 69ff), die sehr sorgfältig zu differenzieren weiß. Der Prediger wehrt sich zunächst gegen eine vorschnelle Ineinssetzung der Feinde Hollands mit den Feinden Gottes. Dies wäre »viel zu billig, um nicht zu sagen heuchlerisch . . . sittlich gefährlich«, könnte »gotteslästerlich« werden (72). Nicht der Überfall auf Holland und das Unrecht in der Besatzungszeit stempeln die Nationalsozialisten zu Gottesfeinden, wohl aber der Wille zur Ausrottung des auserwählten Gottesvolkes (77). Nationale Töne werden übertönt dadurch, daß der Text hier zu Worte kommt. Der Prediger gedenkt der vergangenen Leiden, spricht von den Feinden, um sofort zu differenzieren, »nicht jeden Deutschen als solchen kann man als einen solchen Feind (Gottes R. B.) betrachten« (83). Wer in der Kriegszeit »nicht immer wieder auch ein seine Empörung beinahe ganz überwältigendes Mitleid mit dem deutschen Volk gekannt hat, ist ein Unmensch!«(87). So verweist diese Predigt auf die eigene Schuld und kündigt schon die Versöhnung an. – Sicherlich sprechen in dieser Predigt auch die Gefühle des Holländers; wie könnte es anders sein. Aber der Prediger verunsichert gerade den Nationalismus, wendet sich z.b. gegen einen Rückfall in die alte Nationalstaatlichkeit (92). Indem der Prediger versucht, das Geschehen theologisch zu erklären, vermag er ein prophetisches Wort zu sagen. Mitten im Jubel fehlt auch nicht der Hinweis auf das Gericht (93). Man darf wohl sagen, daß in dieser Predigt der Text zur Situation spricht und diese bestimmt. Dieser Text wurde damals vom Holländer Miskotte offenbar situationsgerecht gewählt, und der Prediger wurde dem Text in der Situation gerecht.

Weigert sich ein Prediger, in der Textwahl ein Problem zu sehen, wird er zu fragen sein, ob er nicht das Reden Gottes zu manipulieren suche, ob er es nicht eigenmächtig an sich reiße. In diesem Zusammenhang wird gerade *die Perikopenordnung,* die oftmals gegen falschen Subjektivismus ins Feld geführt wird, problematisch. Sie signalisiert ihrerseits zyklisches Denken als Zeichen dafür, daß der prophetische Aufbruch der ersten Christen in eine Mysterienreligion einmündete. Aus dem Exodus wurde ein Jahresfestkreis. Der Geist verlor die Freiheit, durch die Schrift zu reden, wo es ihm gefiel. Die Kirche setzte sich über den Kanon. – Sicher ist es kein Zufall, daß die Inaktualität und Abstraktheit gegenwärtiger Predigt Hand in Hand geht mit einer Vorliebe für die Perikopen. Der fraglose Gebrauch der Perikopen hat noch verschiedene andere negative Folgen. In der Regel tritt das Schriftganze zurück hinter dem einzelnen Textabschnitt. Die Predigt über alttestamentliche Texte gerät ins Hintertreffen, ein Mangel, der durch die Aufstellung einer neuen, alttestamentliche Texte berücksichtigenden Reihe keineswegs behoben wird.

Mit Recht betont *Claus Westermann* den Gegensatz zwischen Perikopenordnung und Prophetie: »In gewissen gleichbleibenden Abständen kommen die gleichen Texte wieder heran. Für die prophetische Verkündigung ist charakteristisch, daß der Bote Gottes ein Wort in eine bestimmte Situation hinein ausrichtet, aus der heraus es seinen Sinn bekommt. Solange die Lage die gleiche bleibt, kann der Bote Gottes dieses Wort oft wiederholen; niemals aber sagen die Propheten in gleichbleibenden Abständen immer wieder dasselbe« (Verkündigung des Kommenden, 79f). Westermann sieht in der Predigt prophetischer Texte »ein bewußtes Gegengewicht gegen die zyklische Aufteilung von Bibeltexten«(ebd). Noch schärfer urteilt *Hans-Joachim Kraus:* »Die Vollmacht der Verkündigung wird abgedrosselt; der Geist, der in alle Wahrheit leitet, wird gedämpft und erstickt. Statt dessen werden Perikopentexte in wiederkehrenden Rhythmen ausgepreßt ... Ja, die Textvorlage wird zum Gesetz; sie ist nicht nur ›Ordnung‹. Auch wird durch die kirchenamtlich festgelegten Reihen das Hören und Verkündigen des biblischen Wortes auf ganz bestimmte schmale Sektoren festgelegt ... Zusammen mit dem Amt legen die Perikopen sich den Charismen in den Weg. Auf diesem trockenen Boden können keine Früchte wachsen« (Predigt aus Vollmacht, 1966, 61f). Wie die Erfahrung lehrt, hat Kraus recht.

Gegenüber dem Predigen nach Perikopen bietet das Predigen nach der *lectio continua* (der fortlaufenden Lesung) verschiedene Vorteile: Zunächst für den Prediger, er kann kontinuierlich exegetisch arbeiten, sich über Bibliotheken Kommentare und Monographien besorgen und also durch die Predigtarbeit mit der wissenschaftlichen theologischen Arbeit organisch verbunden bleiben. Er vermag auf diese Weise meditativ auch tiefer in die Texte einzudringen als beim Wechsel der Perikopen.

Jeremias Gotthelf bemerkt einmal: »Ich glaube, man dringe weit tiefer ein in Gottes Wort, wenn man ein ganzes Buch erklärt, das Schwere wie das Leichte; im Zusammenhang erklärt sich gar manches, welches, vereinzelt betrachtet, dunkel geblieben wäre« (Predigten I, 328).

Die Gemeinde, die den Text mitliest, weiß, was drankommt. Auch kann die Reihe im Blick auf die Gemeinde und ihre Lage gewählt werden. Die Predigt führt dann in gewisse Teile der Schrift ein, die der Situation der Gemeinde entsprechen. – Sind verschiedene Prediger in einer Gemeinde, empfiehlt sich die Einteilung in einen fortlaufenden Text und gemeinsame Arbeit am Text besonders; Bücher, die für den einzelnen zu schwierig sind, werden auf diese Weise prädikabel, und der Wechsel der Prediger vermeidet die Gefahr bei Reihenpredigten, die Eintönigkeit.

Manfred Josuttis hat in seinen »Predigten zur Geschichte Davids« (ATP 9, 1968) gezeigt, daß man bei einer Predigtreihe nicht sklavisch dem Gang des Textes zu folgen braucht.

Wird die Predigtvorbereitung in Zusammenarbeit mit der Gemeinde gemacht, ergibt sich »die gründliche Beschäftigung mit ganzen biblischen Traditionszusammenhängen« (Ernst Lange, Die verbesserliche Welt, 1968, 78). Die Vorzüge, die sich für die theologische Weiterbildung des Pfarrers aus der lectio continua ergeben, lassen sich auch auf die theologische Fortbildung der Gemeinde übertragen.

V

Alttestamentliche Predigt

Arnold A. van Ruler, Die Christliche Kirche und das Alte Testament, 1955. – *Walther Zimmerli,* Das Alte Testament als Anrede, 1956. – *Herbert Breit,* Unsere Predigt über Gottes Botschaft im Alten Bund, 1958. – *Claus Westermann,* Probleme alttestamentlicher Hermeneutik, ThB 11, 1960. – *Dietrich Rössler,* Die Predigt über alttestamentliche Texte, in: Studien zur Theologie der alttestamentlichen Überlieferungen, 1961, 153ff. – *Gottfried Voigt,* Erwägungen zur Predigt über alttestamentliche Texte, in: Botschafter des Christus, 1962, 48ff. – *Kornelis H. Miskotte,* Wenn die Götter schweigen. Vom Sinn des Alten Testaments, 1963. – *Hans Walter Wolff,* Das Alte Testament und das Problem der existentialen Interpretation, in: Gesammelte Studien zum Alten Testament, ThB 22, 1964, 325ff. – *Ders.,* Zur Hermeneutik des Alten Testaments, ebd, 251ff. – *Wolfgang Trillhaas,* Evangelische Predigtlehre, 1964⁵, 82ff. – *Hans Georg Geyer,* Zur Frage der Notwendigkeit des Alten Testamentes, EvTh 25, 1965, 207ff. – *Antonius H. J. Gunneweg,* Über die Prädikabilität alttestamentlicher Texte, ZThK 65, 1968, 389ff. – Eine gute Einführung in die Probleme bietet *Kurt Frör,* Biblische Hermeneutik, 1961, 107ff.

Historische Arbeiten: *Walter Rupprecht,* Die Predigt über alttestamentliche Texte in den lutherischen Kirchen Deutschlands, 1962. – *Detlef Lehmann,* Das Wort der Propheten in der Predigt der evangelischen Kirchen von Luther bis zum Beginn des 20. Jahrhunderts, Diss. Heidelberg, 1963. – *Joachim Hoppe,* Altes Testament und alttestamentliche Predigt bei Schleiermacher, MPTh 54, 1965, 213ff.

Vorworte und Kommentare zu Predigten: ATP, IIff, 1965ff. – *Claus Westermann,* Verkündigung des Kommenden, Predigten alttestamentlicher Texte, 1958. – PIG.

Die Schrift als ein Ganzes umfaßt das Alte und das Neue Testament. Die Doppelheit der Testamente und ihre gegenseitige Bezogenheit ist für das Verständnis des Ganzen wesentlich. Darum erweist sich das Alte Testament als Textbuch für den Prediger unentbehrlich. Biblische Predigt ist notwendigerweise immer auch alttestamentliche Predigt.

Hermann Friedrich Kohlbrügge hat sich dagegen gewehrt, das Alte und das Neue Testament scharf voneinander zu trennen. Dies sei eine unbiblische Unterscheidung. In Christus sei das Alte Testament nicht alt (Wozu das Alte Testament, 1855⁴, 14).

Es dürfte kein Zufall sein, daß in den Homiletiken – von Ausnahmen abgesehen – kein gesonderter Paragraph über alttestamentliche Predigt zu finden ist. Wenn wir nicht marcionitisch den einen Gott der Schrift in zwei Götter auseinanderreißen, werden wir nicht zwei verschiedene Predigtweisen für das Alte und Neue Testament herausarbeiten. Wolfgang Trillhaas bemerkt zu Recht: »Die Predigt über alttestamentliche Texte kann nur christliche Predigt sein« (88). Dann aber sind drei Fehlgänge zu vermeiden:

1. Es ist ein Unding, wenn in Predigten über neutestamentliche Texte so gesprochen wird, als gäbe es kein Altes Testament, als wäre dies nicht die »Schrift«, auf der das Neue Testament steht. Unsere Predigt über das Neue Testament benötigt das Alte. Das Alte Testament legitimiert, begründet, interpretiert und illustriert die Predigt über neutestamentliche Texte. Es bewahrt die Botschaft des Neuen Testamentes vor Spiritualisierung, indem es einerseits das Heilsgeschehen mit der Geschichte Israels verknüpft und andrerseits von Ostern her zum Buch der Hoffnung für die Kirche wird, so daß die Hoffnung ihre Sprache im Alten Testament lernt. Die Horizonte der Geschichte Israels und der verheißenen Hoffnung bewahren das Predigen über neutestamentliche Texte vor einer Pervertierung des Evangeliums in ein Gesetz (vgl. *Heinrich Bornkamm,* Luther und das Alte Testament, 1948, 71f). Mit einiger Übertreibung kann man sagen: Jede Predigt muß alttestamentliche Predigt sein, insofern nämlich jeder neutestamentliche Text mit dem Schriftganzen zusammen zu sehen ist.

2. Unsere Predigt über das Alte Testament kann vom Neuen nicht

abstrahieren. Es ist eine Unsitte, wenn ein Prediger erst zehn Minuten lang redet wie ein Rabbiner, um hernach in den letzten fünf Minuten zu einem christologischen Finale anzusetzen. Wer meint, um exegetischer Treue willen nach dieser Manier predigen zu müssen, wird auch bei neutestamentlichen Texten in der Gefahr stehen, zuerst einen exegetischen Vortrag zu halten, um dann mit einer applicatio gesetzlich zu vollenden, was buchstäbisch begann. Wer aber meint, die Christologie bereite bei alttestamentlichen Texten besondere Schwierigkeiten, dürfte sich noch nicht klar geworden sein, daß er den christologischen Schwierigkeiten bei der Predigt neutestamentlicher Texte ausweicht.

3. Predigt über alttestamentliche Texte darf nicht vom Alten Testament selbst abstrahieren. Das Sonderkerygma, das Einmalige und Besondere des Textes, darf nicht durch die Idee vom Schriftganzen plattgewalzt werden. Darum ist es ein Unfug, wenn über einen alttestamentlichen Text geredet wird, als gäbe es nur ein Neues und gar kein Altes Testament! Die Betonung der Einheit beider Testamente erfordert gerade ihre jeweilige Differenzierung.

Zur Besonderheit dieser Texte gehört, daß sie von dem Gott Israels reden, und eine Predigt über alttestamentliche Texte wird nicht davon absehen dürfen, daß es nicht nur ein neues Israel in der Kirche gibt, sondern auch ein Israel nach dem Fleisch, dem Gott die Treue hält. Das Alte Testament erinnert uns daran, daß Kirche und Synagoge *einen* Gott haben. Nur Hochmut und Ignoranz könnten den evangelischen Prediger hindern, vom Rabbiner zu lernen. Nur unheiliger Egoismus wird das heutige Judentum von den Verheißungen der Propheten ausklammern und damit dem stets latenten Antisemitismus Nahrung geben. Soll der Prediger nicht reden wie ein Rabbiner, so soll er nicht ohne den Rabbiner predigen: Die Kirche kann von der Synagoge nicht absehen, es sei denn, sie verliere ihre Verheißung.

Herbert Schöffler, Abendland und Altes Testament, in: Wirkungen der Reformation, 1960, 1ff. – *Friedrich Heer,* Gottes erste Liebe, 1967. – *Alfred de Quervain,* Das Judentum in der Lehre und Verkündigung der Kirche heute, ThEx 130, 1966. – *Ernst E. Wittekindt,* Synagoge und Kirche. Eine bleibende Frage unserer Predigt, PTh 56, 1967, 241ff.

VI

Kleines Lob der Homilie

Georg Eichholz, Vom Formproblem der Verkündigung, in: Herr tue meine Lippen auf 1, 1954², IXff. – *Johann Baptist Schneyer,* Die Homilie. Grundsätze und Entwürfe, 1964. – *Albert Höfer,* Wie macht man eine Homilie?, in: Gottes Wort in unsere Zeit, hg. v. E. Hesse u. H. Erharter, 1967, 132ff. – Vgl. §§ 6/IV und 8/II Lit.

Wer sich im Auslegen eines Textes an den Text hält, wird seine Predigt – auf welche Weise auch immer – als Homilie gestalten, und wer

dem Text im Predigen das Wort erteilen möchte, wird sich in der Gestaltung seiner Rede von den Wörtern des Textes leiten lassen. Die Homilie bildet eine, wenn nicht die Grundform der Textpredigt. Dietrich
Bonhoeffer nennt sie »die anspruchvollste, aber auch sachgemäßeste
Auslegungsform für den Text« (GS 4,269).

Als Schulbeispiel sei hier eine Predigt von *Karl Barth* über Psalm
103,1–4 aus dem Jahre 1943 erläutert, die zeigt, wie eine Homilie die
Einzelaussagen des Textes zu Ehren bringen und wie die Aussage des
Textganzen eine theologische Auslegung finden kann (Fürchte dich
nicht! 1949, 255ff). Es lohnt aus verschiedenen Gründen, diese Predigt
zu analysieren. Einmal ist auf die Entsprechung von Text und Predigt
bis in die Form hinein zu verweisen, bildet doch der Predigtaufbau bei
der Homilie ein besonderes Problem. Zum andern liefert diese Predigt
ein Lehrstück für das Problem von Evangelium und Gesetz und zeigt
eine Paränese, die nicht gesetzlich wird. Endlich aber macht diese Predigt
deutlich, wie die Schönheit der Theologie einer Predigt Schönheit gibt,
jenseits von aller Schönrednerei.

Zunächst sei der *Aufbau* kurz skizziert. Der *erste* Teil behandelt (in fünf Abschnitten!)
die Verse 1 und 2a:»Lobe den Herrn, meine Seele, und was in mir ist, seinen heiligen
Namen! Lobe den Herrn, meine Seele . . .« (255).

Der *zweite* Teil nimmt (in drei Abschnitten) den Vers 2b auf:»Vergiß nicht, was
er dir Gutes getan hat« (257)!

Der *dritte* und Hauptteil führt den Hörer über vier »Stufen des Höhenweges« dem
weiteren Text nach.

Die erste Stufe:»Der dir alle deine Sünden vergibt« (258) erstreckt sich über vier
Abschnitte, wie auch die zweite Stufe:»Und heilet alle deine Gebrechen« (259).

Die dritte Stufe:»Der dein Leben vom Verderben erlöst« (260) umfaßt drei Abschnitte, wie auch die vierte Stufe:»Der dich krönet mit Gnade und Barmherzigkeit«
(262).

Genaugenommen bildet der zweite Teil der Predigt lediglich eine Art Zwischenspiel
und Überleitung zum Hauptteil. Dafür aber übernimmt der Hauptteil auf jeder Stufe
refrainmäßig die Mahnung aus Vers 2b:»Vergiß nicht«, die jeweils den Schlußabschnitt jeder Stufe einleitet. – Die Homilie macht darum nicht den Eindruck, sie bestehe aus einer Aneinanderreihung von Bemerkungen zum Text, sie macht vielmehr den
Eindruck großer Geschlossenheit.

Entfaltete der Hauptteil den Grund zum Loben, so stellt der *vierte* Teil rekapitulie-
rend die Frage:»Was heißt denn das, den Herrn loben« (263)? Damit nimmt der
Schluß das Thema des Anfangs wieder auf.

Die Frage wird in einer vierfachen Schlußparänese beantwortet:
    1. Loben heißt singen.
    2. Einander Freude zeigen über das Gute, das Gott uns getan hat.
    3. Das Loben Gottes ist ein Sein, weil wir zum Lob geschaffen sind.
    4. Damit das Lob geschehe, wird zum Gebet gemahnt und gebetet.

Die ersten drei der vier Teile bilden in sich kleine Kunstwerke und ergeben in ihrem Aufbau einen geradezu symphonischen Zusammenklang. Für sich genommen nehmen diese drei Teile schon die Predigtweise
des Predigers aus der Strafanstalt voraus. Vielleicht kann man auch
sagen, daß der »symphonische Zusammenklang« die Sprachgestalt des

Textes psalmodierend reflektiert. Die Predigt hat die gleiche Melodie wie der Text. Dem Parallelismus der vier Verse entspricht die Vierteilung der Predigt, entsprechen die vier Schritte im Hauptteil und die vier applikativen Hinweise im Schlußteil. Diesem Parallelismus entspricht auch, daß die beiden Imperative des Textes als Vokabeln fast gleich häufig aufgenommen werden. Zweiunddreißigmal begegnet »Lob«, »loben«, »lobenswert«, achtundzwanzigmal »vergessen« bzw. »nicht vergessen«. Die Wortgruppe »Lob«, »loben«, »lobenswert« kommt zwanzigmal im ersten Teil und elfmal im Schlußteil der Predigt vor. Im dritten Teil der Predigt, dem Hauptteil, erscheint die Wortgruppe nicht. Dieser Sprachgebrauch verhindert, daß die Häufigkeit ermüdet. Begründet der Hauptteil das Lob, ohne ausdrücklich von ihm zu reden, so bekommt dadurch die Schlußmahnung eine besondere Resonanz und Dringlichkeit. (Ein sechsmaliger Gebrauch von »Lob« und »loben« im Schlußgebet schafft ein sinnvolles Ungleichgewicht zwischen den beiden Vokabeln der Imperative.) – Auch das »Vergessen« resp. »Nicht Vergessen« wird massiv zitiert: fünfzehnmal im zweiten Abschnitt und dann bei den vier Stufen des Hauptteils im Finale, das jeweils den Schlußteil der Predigt vorbereitet, der – wie schon bemerkt – gegenüber dem vierfachen Finale mit »vergiß nicht« viermal das Loben paränetisch expliziert. – Daß auch in der Zitation des Textes kunstvoll parallelisiert und variiert wird (vor allem im ersten Teil), sei eben nur vermerkt und soll später weiter ausgeführt werden.

Wie ein Musiker die Melodie eines Volksliedes zu einem neuen Stück komponiert, so hat hier der Prediger den Text als Melodie aufgenommen, um ein neues Stück zu komponieren. Dieser Vergleich soll das Wesen der Homilie kennzeichnen: sie »bearbeitet« den Text. Sie »dehnt« ihn (vgl. § 7/III).

Der *Inhalt* braucht nicht vollständig wiedergegeben zu werden. Ich greife einige besonders wichtige Stellen heraus. Die Predigt beginnt, wie viele schlechte Predigten anfangen, indem der Prediger auf die Bekanntheit des Textes anspielt. Aber schon der dritte Satz überrascht den Hörer mit einer Frage, die zugleich den Text verfremdet: »Haben wir auch schon bemerkt, daß da Jemand offenbar mit sich selber redet« (255)? (In einem Kreis von 15 Studenten zeigten nur drei sich nicht überrascht über diese Frage, und diese drei hatten den Text vorher übersetzt und exegesiert.) Eine Paraphrase von »Lobe den Herrn, meine Seele« führt die Verfremdung weiter, die durch den Vergleich mit der Mutter und dem Offizier teils wieder zurückgenommen, teils ins Plastische gewendet wird:

»Und ›was in mir ist‹, das sind seine Gedanken und Absichten, seine Sorgen und Leidenschaften, sein Herz und sicher auch das, was wir heute seine Nerven nennen würden. Das Alles, sich selber ruft er gleichsam zusammen, wie eine Mutter ihre Kinder um sich versammelt oder wie ein Offizier oder Unteroffizier seinen Soldaten zuruft: Hieher« (255)!

Ein zweiter Abschnitt handelt – wie ein retardierendes Moment – von den Selbstgesprächen, die wir führen, die zu ihrer Zeit und an ihrem Ort ihr gutes Recht haben. Gegenüber solcher Übereinstimmung mit dem Hörer wird der dritte Abschnitt mit einem dramatischen Gegensatz eröffnet: »Aber... was wir hier hören, das ist etwas ganz Anderes...« (255). Der Vergleich mit einem frischen Luftzug, der in eine muffige Stube hineinweht, unterstreicht das Überraschende, nicht um einen theatralischen Effekt zu erreichen, sondern um eine Belehrung vorzubereiten. »Seht, das ist der Heilige Geist, der uns *so* mit uns selber reden macht.« (256) Damit ist der eigentliche Sprecher vorgestellt: Dogmatik und dogmatische Belehrung macht eine Predigt keineswegs langweilig, im Gegenteil. – Kam im ersten Abschnitt nach der ersten Feststellung ein Fragesatz, so greift der Prediger jetzt mit zwei Fragen nach dem Hörer: »Hast du den Heiligen Geist? Redest du so mit dir selber?« (256) Diese Frage wird als eine sehr ernste deklariert und mit einem Zitat aus Röm 8,9 legitimiert. Der Hörer wird jedoch mit dieser Gerichts- und Gewissensfrage nicht gesetzlich alleingelassen. Ein neues »Aber« setzt ihn dem frischen Luftzug aus, der aus der Bibel herweht. Wir sind eingeladen, ihr nachzusprechen, was sie uns im Vers 1a vorspricht, um also zu sagen, was der Geist sagt. – Ein vierter Abschnitt verdeutlicht dieses Nachsprechen im Gegenüber zu einem – vierfachen! – Feststellen, was Loben nicht heißt, obwohl es als Lob des Irdischen wiederum sein gutes Recht hat. Damit knüpft dieser vierte Abschnitt an den zweiten an. – Ein neues »Aber« leitet zum Finale des Abschnittes ein: der Geist führt uns »höher hinauf« (256).

Der erste Teil der Predigt bildet ein kleines homiletisches Musik- und Meisterstück. An ihm läßt sich auch zeigen, was das *Zitieren* des Textes bedeutet. Siebenmal wird das Leitwort Vers 1a zitiert: »Lobe den Herrn, meine Seele« (vgl. § 11). Dazu kommen vier Teilzitierungen im ersten Abschnitt. Alle expliziten Zitate sind inhaltlich nicht nötig, um den Sinn der Barthschen Aussage zu erfassen, könnten also in einem Aufsatz entfallen; sie verdeutlichen aber den Aussagewillen des Predigers, mehr noch: ihnen eignet homiletische Notwendigkeit, sie sind nötig, damit die Predigt zu ihrem Ziel kommt und der Hörer den Text nachspricht. Im Kontext der Predigtaussage hat jedes Zitat eine andere Klangfarbe und macht eine neue Aussage. Damit bekommt das Zitat selbst eine hermeneutische Funktion. Im Zitieren über-setzt der Prediger den Text.

Man beachte: Das erste Zitat nimmt das Vorverständnis des Hörers auf, zitiert den Text als einen längst bekannten: »Es sind sehr bekannte Bibelworte, die wir eben gehört haben. ›Lobe den Herrn, meine Seele‹, das haben wir Alle schon oft gelesen und gehört und gesungen« (255). Das zweite explizite Zitat unter dem Vorzeichen des »Aber« bildet einen Gegen-Satz zu all unsern Selbsterinnerungen: »Aber was hier geschieht, was wir hier hören, das ist etwas ganz Anderes: ›Lobe den

Herrn, meine Seele!«« (255). Das Zitat wird dreimal wiederholt, als
Wort des Heiligen Geistes selbst, als Wort der Heiligen Schrift, beziehungsweise des Menschen, der in ihr redet, und endlich als Wort des
Predigthörers im Anhauch des Geistes (255f): Die Lehre von der drei-
fachen Gestalt des Wortes Gottes mag hinter dieser Trias von Zitaten
stehen. – Wechselt in den ersten Zitationen jeweils der Sprecher, betont
das sechste Zitat inhaltlich »den Herrn«. Auf dem Wege des Vergleiches
a minore ad majorem, vom kleinen Lobenswerten zum großen und hohen fortschreitend, erreicht das Musik- und Meisterstück des ersten Teiles mit einem Fortissimo seinen Höhepunkt. »Das ist der *Herr*. Lobe
den Herrn, meine Seele!« – Die siebenmalige Zitation des Textes beinhaltet nicht einfach Repetition, in der Wiederholung ergibt sich eine
dramatische Steigerung der Aussage. Die wiederholte Zitierung – dies
gilt auch von den explikativen Teilzitierungen am Anfang – bringt den
Text dem Hörer näher, die Zitierung dient hier der Applikation. – Die
Zitate werden nicht nur durch ihre Stellung variiert. So variiert der Prediger »Und heilet alle deine Gebrechen« mit einem Zitat aus Jesaja 53:
»Durch seine Wunden *sind* wir geheilt« (260). Dann wird die Mahnung, nicht zu vergessen, mit einem Zitat aus dem Alltag unterstrichen:
»Du weißt ja, wie das ist, wenn man von Jemand sagt: ›er ist als geheilt
entlassen‹. Er muß noch achthaben auf sich. Gib acht!, aber vergiß vor
allem nicht, dich zu freuen, daß du geheilt, von Gott wirklich schon geheilt bist« (260). Hier wird kunstvoll das Zitat Vers 2b durch ein Zitat
aus der Umgangssprache ersetzt.

Im Schlußabschnitt des ersten Teils wird Vers 1b, der in den bisherigen Ausführungen – etwa im Bild der Mutter und des Offiziers – heimlich schon mitschwang, ausdrücklich zitiert: »Und was in mir ist, seinen
heiligen Namen« (256). Der »heilige Name« wird erklärt, während eine
explizite Wiederholung des Zitates am Schluß des Abschnittes fehlt.
Nach dem Fortissimo des vorigen Abschnittes erfolgt paränetisch ein
Piano.

An Stelle der erwarteten Wiederholung des Zitates kommt nun
(»Vergiß nicht, was er dir Gutes getan hat!«) Vers 2b, der den *zweiten
Teil* der Predigt einführt. – Es gehört zur großen Kunst des Predigers,
daß er im zweiten Teil der Predigt die Zitationsweise des ersten Teiles
nicht in gleicher Weise fortführt, das Zitat wird lediglich am Schluß des
ersten Abschnittes wiederholt, der vom Vergessen spricht als von einem
Zeichen von Hinfälligkeit und Vergänglichkeit und von der Stunde, da
alles darauf ankommt, »daß wir Eines nicht vergessen haben« (257).
Die Wiederholung des Zitates bündelt hier wiederum den Abschnitt zusammen und leitet über zur Interpretation des Perfekts »getan hat«. Das
Perfekt Gottes will nicht vergessen, will vielmehr bedacht sein: »Wenn
wir nicht an das denken, was für uns bereitgestellt ist, was hilft es uns
dann?« Darum heißt's in wiederholter Mahnung: »Denk daran!« (257)

Aber mit diesem Imperativ läßt der Prediger seine Hörer nicht gesetzlich allein. Mag eine dünne Staubschicht, mag eine dicke Kruste über dem liegen, was er Gutes getan hat, »wenn du daran denkst, dann kann es nicht anders sein, als daß das Lob des Herrn, der dir so viel Gutes getan hat, wie ein Strom aus dir hervorbricht« (257f). Das Gebot wird mit der Verheißung verknüpft.

Auf den Schlußabschnitt des zweiten Teils, der den Hauptteil einleitet, wurde schon hingewiesen. Die Verse 3 und 4 werden als »eine wunderbar aufsteigende Reihe, in der wir wie bei einer Bergbesteigung immer höher und höher kommen« (258), vorgestellt. Im Hauptteil agiert der Prediger als Bergführer, der seine Hörer die vier Stufen des Höhenweges hinaufführt, indem er jeweils eine Stufe mit einem Textzitat markiert, um sich dann sofort dem Hörer zuzuwenden, ihm von Stufe zu Stufe zu helfen. Der Hörer wird da abgeholt, wo er steht, in Satz und Gegensatz wird der Hörer an den Text gebunden. Zwei Dinge scheinen mir bei dieser Aktion bemerkenswert.

Erstens: Es wird der Mensch, der sterben muß, abgeholt und eingeholt. Seine Gebrechlichkeit wird nicht ohne Humor inventarisiert:

»Da ein lahmes Bein und da ein blindes Auge, da eine Beule und da eine Wunde, da ein sturmer Kopf und da ein böses Mundwerk. Und da sind wir alle beieinander, und es ist keiner viel schöner als der andere« (260).

Wenn Barth auf der dritten Stufe vom Verderben spricht, bekommt seine Sprache dichterische Prägnanz:

»Irgendwo wächst jetzt schon das Holz heran, aus dem man einmal deinen Sarg machen wird, und irgendwo ist ein Stück grüner Erde, und das wird einmal aufgeworfen werden, um dein Grab zu sein. Und irgendeinmal wird die Stunde kommen, da werden deine Freunde und Verwandten dorthin ziehen und du wirst auch dabei sein, aber dich wird man tragen oder fahren, und du wirst eine rätselhafte, leblose Masse, eine Leiche, sein. Und irgendeinmal wird der letzte Mensch gestorben sein, der dich noch gekannt und noch von dir gewußt hat. Was wird dann mit dir sein? Das ist der Tod. Das ist genau genommen das Einzige, was wir von ihm wissen: daß er unser Ende ist und daß dieses Ende einmal kommt.«

Ich wüßte keine Stelle aus der neueren Predigtliteratur, die mit solcher Dichte und Eindringlichkeit die Todverfallenheit dem Menschen vor Augen stellt, um dann dramatisch das große »Aber« entgegenzusetzen. (Zum Dramatischen bei Barth vgl. §§ 6/VI, 28/III). Auf allen vier Stufen werden die christologischen Aussagen jeweils angekündigt, hier auf der dritten Stufe lapidar:»*Aber*: er erlöst dein Leben vom Verderben« (261). Die dichterische Aussage über die Todverfallenheit des Menschen meint nicht Todeslyrik, sondern das »Aber« des Textes.

Zweitens: Die christologischen Aussagen sind ihrer Aussagekraft nach jeweils verschieden. Bei der zweiten Stufe wird nach einer Erläuterung des Begriffes »heilen« die Katechismusfrage gestellt:

»Wie tut Gott das? Wie heilt er alle unsere Gebrechen? Sieh, es geht um eine ganz einfache Sache: Vor Gott wirst du mit allen deinen Gebrechen, welcher Art sie auch seien, vollständig durchsichtig wie Glas, und durch dich hindurch sieht Gott einen ganz anderen Mann mit seinen Gebrechen: eine Stirne, die blutet von der Dornenkrone, und Hände und Füße, die von den Nägeln des Kreuzes durchbohrt sind, und erlöschende Augen und einen Mund, der nur noch stammeln kann: ›Mein Gott, mein Gott, warum hast du mich verlassen?‹ *Diesen* Mann sieht Gott an, indem er durch dich hindurchsieht, und diesen Mann in seiner ganzen Gebrechlichkeit hat Gott umgeben mit seiner Herrlichkeit. Und wenn er *dich* ansieht und deine Gebrechlichkeit, dann sieht er *diesen* Mann« (260).

Hier wird nicht Heilsgeschichte als eine vergangene verkündigt, so daß die Versicherung nötig würde, dies gelte heute noch oder sei heute anders. Hier wird Heilsgeschehen verkündigt. Wer hier hört, dem geschieht Heil. Weil die Heilsaussage keine Leerformel darstellt, folgt ihr die Paränese. Das Evangelium wird nicht ohne Gesetz verkündigt.

Dies zeigt vor allem der Schlußteil, in dem Barth sehr eindringlich wird, z.B. wenn er loben als ein »Sein« darstellt, indem er ein Schillerwort zitiert und also noch einmal das Bibelwort durch ein profanes Wort ersetzt und übersetzt:

»Ihr kennt alle das Wort, daß das Werk den Meister lobt... Du bist ein Werk Gottes... Und nun besteht deine Aufgabe ganz schlicht darin, daß du der bist, als der du von ihm geschaffen, von ihm begabt worden bist. Sei jetzt der von ihm Begabte und also kein Unbegabter...« (264).

Würde die Predigt hier enden, würde sie den Hörer wiederum hilflos alleinlassen. Ein letzter Abschnitt formuliert ein letztes »Aber«. Wir können uns das Loben nicht selber nehmen. Darum ruft der Prediger zum Gebet, und darum betet er auch mit der Gemeinde, er nimmt damit die Gemeinde hinein ins Loben und Nichtvergessen. Die Predigt führt hier direkt hinein in die Aktion, ins gute Werk des Betens.

Das kleine Lob der Homilie soll nicht gesungen werden ohne Hinweis auf zwei Verkündigungsformen, die hier etwas gewalttätig als Grundformen der Homilie sich für die Zukunft empfehlen:

a) Die *Textparaphrase* des Exegeten: Als Beispiel sei hier angeführt Martin Luthers Paraphrase zum 103. Psalm aus der ersten Psalmenvorlesung 1513/16 (WA 4, 162ff und Psalmen-Auslegung, Hg. Erwin Mülhaupt, III, 1965, 138ff), eine knappe erläuternde Nacherzählung des Textes. Solch paraphrasierendes Lesen des Textes eignet sich besonders für Kurzgottesdienste oder für Andachten und mag die Gemeinde mündig machen, selbst die Bibel zu lesen.

b) Die *Bibelbesprechung* resp. die *Bibelarbeit:* Nicht mehr ein einzelner Schriftgelehrter legt hier die Bibel aus. Die charismatische Gemeinde bespricht und erarbeitet gemeinsam einen Text. Bei einer Erneuerung des Gottesdienstes dürfte diese Gestalt des Predigens bedeutsam werden.

Jürgen Henkys, Bibelarbeit. Der Umgang mit der Heiligen Schrift in den evangelischen Jugendverbänden nach dem Ersten Weltkrieg, 1966 (Lit). – *Willi Erl/Fritz Gaiser,* Neue Methoden der Bibelarbeit. Vom Anti-Gleichnis zum Zeitungsbericht, 1969.

*Die bisherigen Fragestellungen werden aufgenommen in der einen Frage
nach dem Verhältnis von Wort und Geist. Die Einheit beider ist Ursprung und Ziel des Predigens. Ein sprachphilosophischer und ein theologiegeschichtlicher Exkurs verdeutlichen das hermeneutische Problem:
die Erweiterung der Sprache durch die Bibel. Für den Predigtstil ergibt sich eine Bevorzugung des Dramatischen gegenüber dem Aufsatz-
mäßigen und eine Erweiterung der Predigtformen durch die Formgeschichte.*

§ 7

WORT UND GEIST

I

Einheit als Ereignis

Bei Jesus gibt es die vollkommene Einheit von Wort und Geist; er und
der Geist, er und das Wort sind eins, wie denn auch Wort und Geist in
ihm eins sind. Als der Wort und Geist Einende ist auch seine Sprache
geisthaltig, und wo er den Geist gibt, erteilt er das vollmächtige Wort:
»Die Worte, die ich zu euch geredet habe, sind Geist und sind Leben«
(Joh 6,63). – »Empfanget den heiligen Geist! Wenn ihr jemandem die
Sünden vergebt, sind sie ihm vergeben...« (Joh 20,22f). Sein Wort
führt den Geist (und das Leben) mit sich und sein Geist das (lebenspen-
dende) Wort. Indem er den Jüngern mit dem Anhauch des Geistes das
Wort erteilt, bezeugt er, daß das Wort gilt. Sein Geist hilft zum gültigen
Wort.

So wenig wie die Einheit von Name und Person setzt sich die Einheit
von Wort und Geist in unserem Predigen automatisch fort (vgl. § 5/III).
Das grundsätzlich und eigentlich Untrennbare wird uns Menschen an-
vertraut und damit der Zerreißprobe ausgesetzt: Gibt der Geist das
Wort, entsteht das Problem, wie Wort und Geist sich in unserem Predigen zusammen verhalten. Unsere Worte sind nicht gleicherweise »Geist
und Leben« wie Jesu Christi Worte. Sind in Christus Wort und Geist
eins, sind im »Fleisch« Wort und Geist zwei. Fallen aber Wort
und Geist auseinander, wird die Rede geistlos, das Predigen ohnmächtig (vgl. § 2). – Der Dienst am Wort wäre dann zu verstehen
als Bemühung um die Einheit von Wort und Geist. Der Predigtauftrag
stellt uns vor die Aufgabe, die Einheit von Wort und Geist zu suchen, zu
finden und zu bewahren. Im Bedenken dieser Aufgabe versuchen wir
uns der Lösung unserer Fragestellung zu nähern, inwiefern heute die
Predigt des Wortes Gottes als Gottes Wort zu behaupten ist.

Zwei Lösungsversuche bieten sich an. Obwohl in beiden Fällen vieles jeweils für sie spricht, scheinen sie uns praktisch nicht empfehlenswert:

Erstens: Das Problem der Einheit von Wort und Geist erscheint dort als gelöst, wo man den Geist als dem Worte immanent denkt. Dabei leitet die richtige Erkenntnis, daß Gottes Wort in sich selber, abgesehen von unserem Hören, Gottes Wort bleibt. Die lutherische Orthodoxie hat diesen Gedanken konsequent zu Ende gedacht. So etwa im zweiten Jenaer Gutachten gegen Rahtmann: »Wenns geschehe/ daß alle Zuhörer in der Kirchen schlieffen/ und keiner zuhörte/ könte man doch darum nicht sagen: der Prediger habe nicht Gottes Wort gepredigt/ sondern es ist und bleibet Gottes Wort und ein kräfftiges Wort die Menschen hörens oder lassens« (zit. nach *Richard H. Grützmacher,* Wort und Geist, 1902, 255 Anm. 1). Die Tendenz dieser Sätze ist zu bejahen. Gottes Wort ist nicht durch unsern Glauben oder Unglauben Gottes Wort. Die Konsequenz dieser Sätze aber mußte sich katastrophal auswirken, die faulen Prediger sicher machen und das Predigtgeschehen in eine fatale Nähe zur Transsubstantiation rücken, die Menschlichkeit der Predigt verdrängen.

Im kirchlichen und homiletischen Untergrund ist diese Sicht der Orthodoxie immer noch wirksam, auch wenn sonst die Orthodoxie nicht eben als Tugend den Untergrund ziert. Die Massierung von Bibelsprüchen, etwa bei Pfarreinsätzen, der liturgische Umgang mit der Schrift überhaupt signalisiert diesen Sachverhalt, dessen Unmenschlichkeit meist dem Liturgen und Prediger nicht bewußt ist. In Predigten bewirkt diese Sicht eine Lehrhaftigkeit, die sich kaum um das Verstehen der Hörer kümmert. Eine annähernd exegetische oder dogmatische »Perfektion« genügt.

Zweitens: Das Problem der Einheit von Wort und Geist scheint dort gelöst, wo die Technik die Pneumatologie ersetzt, wo die Wirkung machbar wird. Hier bietet sich heute die Kybernetik an: »Die Kybernetik ist die Kunst, die Wirksamkeit der Aktion zu gewährleisten« (Couffignal).

Das Recht der lutherisch-orthodoxen Lösung besteht darin, daß sie betont und behauptet, daß das Wort *Gottes* ist. Das Recht einer kybernetischen Lösung des Problems besteht in der Beachtung der *menschlichen Gestalt* des Wortes Gottes. Sicherlich eröffnen neue Wissenschaften neue Möglichkeiten der Erforschung der Zusammenhänge von Reden und Hören. – Postuliert man aber, »vom Wort zu den Wörtern« zu gehen, und setzt man eine Informationstheologie in Alternative zu einer Theologie des Wortes Gottes, muß gefragt werden, ob es infolge der Unterscheidung zwischen Gotteswort und Menschenwort nicht faktisch zur Trennung beider komme. Aus dem Worte Gottes wird nur zu leicht ein Axiom unter Axiomen oder aber ein mythologischer Begriff. Und ob man Gott noch erkennt, wenn man sein Wort verkennt, bleibt fraglich. – Wird das Problem der Einheit von Wort und Geist und damit das Problem der Wirkung der Predigt nur auf der kybernetischen Ebene gesehen, macht diese Sicht fleißige Prediger sicher, mehr noch: hier drohen aufs neue korinthische Zustände, in denen der Zungenredner durch den Informationstechniker ausgewechselt wird. – Man wird gut tun, gegen den Informationstechniker nicht zu polemisieren, wie der Apostel nicht gegen den Zungenredner polemisiert. Auch dem Informationstheoretiker und -techniker gegenüber müßte man das Apostelwort variieren können, »mehr als ihr alle rede ich in Zungen«, aber man muß die Kybernetik in der rechten Relation sehen. Gerade wenn eine Sicht der Homiletik von der Kybernetik her nicht auszuschließen ist, ruft diese Sicht nach einer Klärung des Verhältnisses von Wort und Geist.

Ist Gott unter uns im Geist, wird »sein« Wort durch den Geist *sein* Wort, und der Geist ist das Ereignis des Wortes. Die Einheit von Wort und Geist ist ein Geschehen, das geschah, geschieht und geschehen wird und dem der Prediger dient. Im Folgenden sei versucht, diesen Sachverhalt zu explizieren und in seiner homiletischen Konsequenz zu bedenken.

Wir gehen zunächst aus von dem Aufsatz *Rudolf Bultmanns* »Der Begriff des Wortes
Gottes im Neuen Testament« (GuV I, 268ff), der sehr schön das biblische Wortverständnis mit dem griechischen konfrontiert, eine Gegenüberstellung, von der für das
Predigen Entscheidendes zu lernen ist: Im Alten Testament kann das Wort Gottes
gleichbedeutend sein mit dem Tun, beziehungsweise mit den Taten Gottes, sein Wort
und sein Walten werden in synonymem Parallelismus gebraucht: »Das Wort des Herrn
ist wahrhaftig, und all sein Walten ist voll Treue« (Ps 33,4). Es kann auch die Weisung
und Forderung Gottes bedeuten. Beide Bedeutungen gehen auf eine primitive, urtümli-
che Anschauung von »Wort« zurück, wonach das Wort Macht enthält. Das Gesprochen-Werden ist bestimmend, nicht sein Sinngehalt. Es geschieht als zeitliches Ereignis, als Anrede und Befehl, nicht als ewige Wahrheit.

Jesu Auffassung vom Worte Gottes gehört in den Rahmen der alttestamentlich-jü-
dischen Auffassung. Für ihn sind Wort und Wille Gottes identisch. Heißt es einmal:
»Wer den *Willen* Gottes tut« (Mk 3,35), so ein andermal: »Die das *Wort* Gottes hören
und tun« (Lk 8,21). Diese Einheit von Wort und Wille begegnet in ihm. Steht bei Markus: »Wer sich mein und meiner Worte schämt . . .« (8,38), so bei Lukas: »Wer mich
bekennt vor den Menschen« (12,8). Jesu Person geht in seinem Worte auf, »d.h. aber
auch, daß sein Wort Ereignis ist, Ereignis der Macht und des Willens Gottes wie das
prophetische Wort in Israel« (274). – Wenn Bultmann betont, daß dieses Ereignis sich
nur vollziehe im Menschenwort, das Gericht und Gnade verkündigt, so möchte ich unterstreichen, daß Gericht und Gnade nur dort Ereignis werden, wo der Geist kommt,
wo er selbst im verkündigten Menschenwort gegenwärtig wirkt.

Dieses biblische Verständnis des Wortes Gottes steht diametral gegenüber dem hel-
lenistisch-griechischen Sprachgebrauch, nach dem der Sinngehalt des Gesprochenen
beherrschend sei. λέγειν heiße ursprünglich nicht anreden, sondern explizieren. Vom
Anredecharakter soll geradezu abgesehen werden (274f). – Anders Thorleif Boman,
Das hebräische Denken im Vergleich mit dem griechischen, 1952, 45f.

Diese Gegenüberstellung von griechischem und biblischem Wortverständnis aufnehmend, möchte ich sagen: Nicht der Sinngehalt allgemeiner Wahrheit, sondern die Geistes-Gegenwart macht die Wörter zum
Wort. Im Kommen des Geistes wird Gottes Wort im Menschenmund
Ereignis. Es kommt zur Einheit von Wort und Geist, indem Menschen
von ihm reden, und er selbst ist in diesem Reden da, wirklich und han-
delnd da. Dieser Sachverhalt mag an zwei biblischen Beispielen verdeutlicht werden:

Wenn der Täufer nach dem Johannesevangelium ausruft: »Siehe, das
Lamm Gottes, das die Sünde der Welt hinwegnimmt« (1,29), erläutert
er diesen Ruf nicht, ergeht er sich nicht in Erörterungen etwa über die
Relation von »Lamm« und »Knecht«. Indem der Täufer Jesus auf sich
zukommen sieht, proklamiert er diesen als das Lamm Gottes. Diese
Täuferpredigt lebt von dem, der kommt. Ihre Wahrheit und Aktualität
liegt darin, daß Jesus selbst den Ruf des Täufers wahrmacht. Der zu
Predigende entscheidet in letzter Instanz über die Predigt. Ein Prediger
muß es wagen (§ 1), Jesus, den er nicht sieht, als den Kommenden anzusagen. Mit solcher Ansage setzt er sich selbst aufs Spiel; denn er kann
nicht über das Kommen des Kommenden verfügen. Die Wahrheit und
Macht seiner Predigt besteht nicht in seiner, des Predigers, Wahrhaftigkeit und Mächtigkeit, sie besteht außerhalb seiner Worte, nämlich dar-

in, daß der kommt und da ist, von dem der Prediger spricht. – Das Predigen wäre ein wahnwitziges Geschäft, wenn es nicht auf ein Versprechen hin geschehen würde. So hat die Predigt ihr Geheimnis und Wunder in Jesu Versprechen, das seine Zukunft dem Prediger verspricht. Dieses Versprechen bildet das Potential des Predigers, mit dem er arbeiten kann: per verbum (durch das Wort) komme der Geist, lehrten die Väter der lutherischen Orthodoxie. – Wehe aber dem Prediger, der mit Johannes ruft »Siehe da!«, und das Lamm kommt nicht; dann wird der Prediger zum Lügner und Verführer der Gemeinde. Orthodoxie und saubere Exegese bilden keinen letzten Schutz vor dem Lügen. Darum ist jede Predigt ein Abenteuer und ein Wagnis, es gilt, Gott selber zu wagen (Ernst Fuchs). – Bei Lukas finden wir ein anders geartetes Beispiel. Die Jünger besprechen das Geschehen von Emmaus, und während sie reden, »vergegenwärtigt« der Auferstandene dieses Reden durch eine neue Erscheinung: »Während sie aber dies redeten, trat er selbst mitten unter sie« (24,36). – Nach den Erscheinungen Jesu wiederholt sich das Geschehen im Geist. Das Objekt des Gesprächs wird Subjekt. Der, von dem wir reden, an den wir uns erinnern, tritt in unsere Mitte, wird real präsent (vgl. § 9). Er selbst ist das Ereignis des Wortes, indem er in die Mitte der versammelten Gemeinde tritt, selbst das Wort nimmt, während von ihm geredet wird. Er wird präsent. So kommt es zur Einheit von Wort und Geist. Die Person ist mit ihrem Namen da. – Aus den beiden Beispielen kann man folgern: Die Einheit von Wort und Geist ist weder vorgegeben noch machbar, wohl aber verheißen und in Dienst nehmend. Sie geschieht in einem Prozeß, und der Prediger wird seinerseits in diesen Prozeß verwickelt. Weil der Prediger in diesem Prozeß ohnmächtig ist, figuriert er zunächst als Bittsteller. Wie der Text ist das Gebet für das Predigen konstitutiv. Wie der Text steht das Gebet am Anfang der Predigt (vgl. § 5/III). Das Gebet besteht auf der Intervention des Wortes in den Wörtern. Es hält daran fest, daß der Geist die Macht übernehme, die Predigt lebendig mache, Ereignis werde. So bittet der Glaube um die Heiligung des Namens, um das Kommen des Reiches, um den göttlichen Willensvollzug. Was auch immer über das Verhältnis von Wort und Geist zu bedenken ist, es kann nur in der Perspektive des Bittstellers bedacht werden.

II

Hermeneutik als Erweiterung der Sprache

In der jüngsten theologischen Vergangenheit dominierte das Problem der Hermeneutik. Indem die Informationstheorie zunehmende Beachtung findet, bekommt das Problem eine andere Akzentuierung, büßt aber seine Dominanz keineswegs ein. Das Pathos der Hermeneuten und Informationstheologen hat seinen guten Grund.

»Gott ist Mensch geworden, damit das Wort von Gottes ›Conversableness‹ (Ansprechbarkeit, Leutseligkeit, Gesprächigkeit, R.B.) in jedes Volkes gutes Deutsch übersetzt werden könne« (Eugen Rosenstock-Huessy, Die Sprache des Menschengeschlechts I, 258).

Was aber heißt übersetzen? Was heißt übersetzen in der Perspektive des Bittstellers? – Das Problem der Hermeneutik wurde zunächst anvisiert in der Dialektik zwischen Unübersetzbarkeit und Übersetzen-Müssen des Namens, wurde gesehen als Prozeß der Sprachreduktion im Mächtig-Werden des Namens (vgl. § 5/II). Wir werden fragen müssen, ob diese Dialektik nicht auszuweiten sei. Dabei hat man einen Gesichtspunkt in der theologischen Debatte – trotz Martin Buber – noch nicht genügend beachtet, daß es beim Übersetzen nicht nur um ein Dolmetschen in die neue Sprache geht, sondern auch um eine Erweiterung der eigenen Sprache durch die fremde. Eine Kurzvisite bei Sprachdenkern mag diesen Sachverhalt erläutern.

Walter Benjamin hat »Die Aufgabe des Übersetzers« dahin bestimmt, »diejenige Intention auf die Sprache, in die übersetzt wird, zu finden, von der aus in ihr das Echo des Originals erweckt wird« (Schriften I, 48). Er sieht in aller Sprache außer dem Mitteilbaren ein Nicht-Mitteilbares, einen Kern reiner Sprache. Die Aufgabe des Übersetzers besteht demnach darin, »jene reine Sprache, die in fremde gebannt ist, in der eigenen zu erlösen, die im Werk gefangene in der Umdichtung zu befreien« (53). Damit durchbricht der Übersetzer die Sprachgrenzen der eigenen Sprache: »Luther, Voß, Hölderlin, George haben die Grenzen des Deutschen erweitert« (ebd). Rudolf Pannwitz findet Zustimmung: »unsere übertragungen, auch die besten, gehn von einem falschen grundsatz aus, sie wollen das indische, griechische, englische verdeutschen, anstatt das deutsche zu verindischen, vergriechischen, verenglischen. sie haben eine viel bedeutendere ehrfurcht vor den eigenen sprachgebräuchen als vor dem geiste des fremden werks ... der grundsätzliche irrtum des übertragenden ist, daß er den zufälligen stand der eigenen sprache festhält, anstatt sie durch die fremde gewaltig bewegen zu lassen ... er muß seine sprache durch die fremde erweitern und vertiefen, man hat keinen begriff, in welchem maße das möglich ist, bis zu welchem grade jede sprache sich verwandeln kann, sprache von sprache fast nur wie mundart von mundart sich unterscheidet, dieses aber nicht, wenn man sie allzu leicht nimmt, sondern wenn man sie schwer genug nimmt.« Walter Benjamin bemerkt zu diesem Pannwitz-Zitat: »Je höher ein Werk geartet ist, desto mehr bleibt es selbst in flüchtigster Berührung seines Sinnes noch unübersetzbar« (54). Es wäre immerhin möglich, daß unser Predigen daran leidet, daß die Unübersetzbarkeit der Bibel nicht genügend beachtet wird!

José Ortega y Gasset hat 1937 in seinem Essay über »Glanz und Elend der Übersetzung« (GesW IV, 152ff, vgl. Das Problem des Übersetzens, hg. v. H. J. Störig, 332ff) darauf hingewiesen, daß die Übersetzung nicht das Werk selbst, sondern ein Weg ins Werk ist (172f). Ortega fordert darum zwei Weisen des Übersetzens, einmal eine schöne literarische, dann aber eine unschöne, die den fremden abgelegenen Charakter betont, »indem sie ihn als solchen verständlich macht« (176). Im Blick auf das Lateinische und Griechische betont er: »Das Entscheidende ist, daß wir uns beim Übersetzen bemühen, aus unserer Sprache heraus – und in die fremden einzugehen und nicht umgekehrt, was man gewöhnlich zu tun pflegt.«

Es soll versucht werden, die hier zitierten philosophischen Aussagen theologisch zu interpretieren; denn es könnte sich sehr wohl eine Analogie zum Problem Geist und Wort und insbesondere zum Problem Geist und Schrift ergeben.

Nach dem sprachphilosophischen folgt ein *theologiegeschichtlicher* Exkurs, das Gespräch mit den orthodoxen Lutheranern muß nochmals aufgenommen werden: Während Rahtmann nur die Personen der Schrift als inspiriert ansah, betonten seine orthodoxen Gegner die Theopneustie der Schrift (vgl. hierzu Grützmacher, 246ff). Ihnen war und blieb die Vereinigung von Gottesgeist und Menschenwort ein Geheimnis, vergleichbar dem der Vereinigung des Leibes Christi mit dem Brot. Die orthodoxen Väter warfen Rahtmann vor, daß er das innerliche Wort vom äußerlichen Wort »trennet«. Sie behaupteten, die bloßen Buchstaben machten »keine leserliche Wort/ wo sie nicht von der Vernunfft und Kunst des Schreibers und Lesers gleichsam animiret und zum Verstand förmlich auffeinander gefügt werden« (zit. nach Grützmacher, 251). Die Schrift als solche ist nichts als äußerliche Schrift. »Wann man aber die Schrifft nur materialiter betrachtet/ nach den Syllaben und Wörter/ wie dieselbe auff dem Papier gezeichnet sind; so leugnen wir garnicht/ daß die eusserliche Schrifft ein Zeichen sey des innerlichen Worts im Hertzen der Propheten und Aposteln« (252). Form und Inhalt sind zusammenzusehen!

Die geistgewirkte Schrift trägt schon vor unserem Lesen und Meditieren eine Kraft Gottes in sich: »So hat demnach die Schrifft immerdar an sich die potentiam oder eine Krafft zu wirken/ zu erleuchten und zu bekehren« (253). Hier haben wir – nach Grützmacher – den Zentralgedanken der orthodoxen Lehre, wie er im Streit gegen Rahtmann sich entfaltete. Später wird Hollaz von einer mystischen Einheit des Wortes mit dem Heiligen Geist sprechen. Diese Einheit (mystica verbi cum spiritu sancto unio) ermögliche nicht einmal eine logische Trennung von Wort- und Geistwirksamkeit.

Wenn die Beobachtung richtig ist, daß zum Begriff des Wortes Gottes das Gesprochen-Werden notwendig hinzugehört, wird die Distanz der orthodoxen Schriftlehre von der Schrift selbst sofort deutlich. So deutet ein Calov den Unterschied zwischen Wort und Sakrament dahin, daß die Sakramente extra usum, außer Gebrauch nicht Sakramente sind, während Gottes Wort, da es in Ewigkeit bleibt, nicht vom Akt der Meditation, des Lesens oder Predigens abhängig ist. Vom Gesprochen-Werden des Wortes kann darum abgesehen werden, wenn es gilt, den Begriff zu bestimmen.

Ein Wahrheitsmoment wohnt, wie mir scheint, dieser Lehre inne, das auch die zitierten Sprachdenker vertreten: Behaupten wir die Theopneustie der Schrift, sagen wir damit, daß der Geist als Sprache zur Welt kam, dann müßte in der Schrift doch noch etwas anzutreffen sein vom Atem des Geistes – Benjamin würde sagen »vom Kern reiner Sprache«. Hat der Geist zur Schrift geführt, ist anzunehmen, daß noch etwas vom Geist an der Schrift haftet, daß die Schrift etwas vom Geist mitführt, Hollaz spricht von der unio mystica zwischen Wort und Geist. – Gerade wenn wir bedenken, daß das Kommen des Geistes sich von der Inkarnation darin unterscheidet, daß es vielfältig, in vielen Formen und Weisen geschieht, gewinnt die orthodoxe Lehre an Evidenz. So befinde ich mich in der paradoxen Situation, daß ich einerseits Calvins Geistlehre zustimmen möchte und andrerseits den lutherischen Gegnern Calvins ein gewisses Recht zubilligen muß.

Aber was soll unsere sprachphilosophische und theologiegeschichtliche Exkursion? – Bezeichnen wir das hebräische und griechische Sprechen der Schrift als Sprache Kanaans, würde es nicht nur gelten, das Wort von Gottes »Conversableness« »in jedes Volkes gutes Deutsch« zu übersetzen, sondern vielmehr »jedes Volkes gutes Deutsch« durch die Sprache Kanaans zu erweitern. Damit würde sich das hermeneutische Problem umkehren: Nicht so sehr die Übersetzung der Schrift in unsere Sprache stünde dann zur Debatte, sondern die Verwandlung unserer Sprache in die der Bibel!

Dieses Problem hat möglicherweise *Christoph Blumhardt* schon gesehen, wenn er gegenüber der Rede von der Parusieverzögerung betont: »Wir machen eine total andere Sprache und übertünchen alles. Deswegen deckt sich unsre fromme Sprache nicht mit der Bibelsprache, und deswegen wird unser Christentum langweilig, – . . . « (Jesus ist Sieger! 1937, 329) Blumhardt folgert aus diesem Sachverhalt: »Wir sollten aber die Sache festhalten als eine sichere und bald ins Erleben kommende, obwohl wir uns vielleicht darein schicken müssen, im Augenblick nichts davon zu sehen, – wir sollten sie als das Wichtigste festhalten, über dem uns alles andere schwindet« (330).

Ist die Bibel das Buch der Bücher und als solches von höchster Art, bleibt sie im höchsten Maße unübersetzbar; gilt es gerade, diese ihre Unübersetzbarkeit durchzuhalten und auszuhalten. Nichts kann unser Predigen mehr gefährden als ein voreiliges Übersetzen, ein Interpretieren, das alles mit dem Zeitgeist übertüncht. Man macht sich alles zu leicht und zu billig, wenn man in Theorie und Praxis des Predigens nicht von der Unübersetzbarkeit der Bibel ausgeht. Das Buch ist ebenso unübersetzbar wie der Name, der den Inhalt benennt (vgl. § 5/II).

Unser Predigen müßte das Unübersetzbare betonen auch und gerade im Übersetzen, um so die Botschaft zu verfremden; denn in der Unübersetzbarkeit der Schrift liegt von vornherein ein sonst nie zu erreichender Verfremdungseffekt. – Auch wäre zu fragen, ob es nicht bei unserem Predigen zwei Weisen des Übersetzens gäbe, eine »literarische« der freien Übersetzung, die um ihre Gefährdung weiß, den Text zu verraten, und eine »wissenschaftliche«, eine »unschöne« Übersetzung, der es vor allem darum geht, den Charakter der Schrift durchzuhalten. Diese beiden Predigtweisen müßten nebeneinander hergehen, einander ergänzen. – Könnte man diese zweite Weise des Übersetzens eine buchstäbliche nennen, wäre diese Buchstäblichkeit nicht als tötendes Gramma zu verstehen, sondern als Wörtlichkeit des Wortes. Diese zweite Art zu predigen wäre u.U. als die für die Gemeinde bessere zu empfehlen, indessen die freie Art der Übersetzung, die der literarischen analog ist, sich eher für die Verkündigung an Kirchenfremde eignen könnte.

Gibt es beim Predigen zwei Arten des Übersetzens, ein Verdeutschen der Schrift und ein Verbiblischen des Deutschen, stehen wir bei der letztern Art vor der Schwierigkeit, daß die deutsche Sprache weitgehend durch Luthers Bibelübersetzung geprägt, und daß diese biblische Sprache säkularisiert und paganisiert ist. Versuchen wir das Deutsche zu verbiblischen, stehn wir vor der Schwierigkeit, daß das Verbiblischen längst stattgefunden hat. Ein verballhorntes Bibeldeutsch bietet sich als Sprachmaterial an. Umsomehr ist unser Wort angewiesen auf das Ereignis des Geistes. Eine genaue Exegese sollte diesem Ereignis dienen, ein Zurückgehen zum Urtext erscheint als unerläßlich.

Der Ertrag unseres Ausfluges in die so verschiedenartigen Landschaften der Sprachphilosophie und der lutherischen Orthodoxie läßt sich dahingehend zusammenfassen, daß unser Bemühen, Form und Inhalt, Sprache und Aussage zusammenzusehen, gestützt und legitimiert wird: Die Textform zeugt mit ihrem Inhalt davon, wie der Geist im Wort Ereignis wurde. Soll der Geist wieder Ereignis werden und hat unser Predigen dem Ereignis zu dienen, werden wir mit der Sprachform der Texte auch den Unterschied im griechischen und biblischen Wortbegriff zu beachten haben. Es könnte sein, daß ein am biblischen Wortbegriff orientierter Predigtstil dem Ereignis des Geistes im Wort dienlicher wäre als eine vom griechischen Logos bestimmte Rede.

III

Folgerungen für den Predigt-Stil

Wir sind in einem Zweischritt vorgegangen, haben nach dem Wortbegriff gefragt und die Einheit von Wort und Geist als Prozeß begriffen; dann trat das Problem des Übersetzens als Problem der Spracherweiterung in Sicht. Nun gilt es, Folgerungen zu ziehen. Ich gehe wiederum in einem Zweischritt vor.

Zunächst ist festzustellen, daß unser Predigen weithin durch den griechischen Wortbegriff geprägt wird. Die Hellenisierung des Christentums hat sich bis in den Predigtstil durchgesetzt, ich möchte fast sagen, wider besseres Wissen. Es ließe sich wohl leicht zeigen, wie uniform unsere Predigten bei aller Divergenz im einzelnen sind. Es wäre zu untersuchen, inwiefern das griechische Denken unser Predigen bis heute über die zu markierenden Gegensätze hinaus prägt. Ich konfrontiere die Tradition des Neuprotestantismus mit einem grundsätzlich andern Wortverständnis, meinend, man müsse die hier auftauchenden Divergenzen unterstreichen, ohne sie zu verabsolutieren. Zum vornherein ist davor zu warnen, hier ein Entweder-Oder zu postulieren. Man würde dem Geist wehren, zu wehen wo er will. Man würde ihn hindern, mit Griechen auf griechische Weise zu reden.

Daniel Friedrich Schleiermacher, Predigten für den christlichen Hausstand I, neue vollständige und revidierte Volks-Ausgabe, 1876, 192ff; *ders.,* Die praktische Theologie, Sämmtl. Werke 13, 1850. – *Alexander Schweizer,* Schleiermachers Wirksamkeit als Prediger 1834, – *Wolfgang Trillhaas,* Schleiermachers Predigt und das homiletische Problem, 1933. – *Karl Barth,* Nachwort in: Schleiermacher-Auswahl, hg. v. Heinz Bolli, 1968, 290ff.

Aus praktischen Gründen verweisen wir hier nicht auf die griechischen Rhetoren, sondern auf den Kirchenvater des Neuprotestantismus, der unserem Predigen näher steht als die Griechen. Er hat klar erkannt, daß die religiöse Rede kein logisches, sondern ein religiöses Kunstwerk sei (Schweizer, 71f). Er hat – nach Schweizer – auf der Kanzel nie philosophiert (51), war aber doch zu sehr Grieche, um den Stoff nicht hin und her zu legen mit der beliebten Frage: Wie haben wir dies zu verstehn (26).

Schleiermacher postuliert in seiner ›Praktischen Theologie‹, »daß Text und Thema in Beziehung auf die Rede vollkommen ineinander gearbeitet sein müssen« (234). Der Prediger befolgt seine homiletische Theorie, wenn er etwa eine Predigt über Mt 6,34 »Darum sorget nicht für den folgenden Morgen . . .« unter das Thema setzt: »Die schriftgemäße Einschränkung unserer Sorge für die Zukunft« (Predigten I, 192). Text und Thema sind darin vollkommen ineinandergearbeitet, daß beide vom Sorgen reden. Formal herrscht allerdings die größte Divergenz, indem aus einem Befehl eine Abhandlung wird. Schon die Einleitung der Predigt zeigt, daß es um den Sinngehalt geht, den die Predigt zu entfalten versucht. Die Predigt ist nicht so sehr eine Verkündigung des guten Hirten, der das Sorgen verbietet und unmöglich macht, als vielmehr eine Explikation des Jesuswortes über das Sorgen. »Nichts kann wohl klarer und verständlicher sein als dieser herrliche Ausspruch des Erlösers« (194). Der Sinn des Ausspruches wird entfaltet, statt daß der Erlöser von der Sorge verkündigt wird, der im Ereignis seiner Gegenwart die Sorge überflüssig macht.

In den Bahnen Schleiermachers hat beinahe das ganze Jahrhundert gepredigt. *Karl Immanuel Nitzsch* geht folgerichtig vom griechischen Wortbegriff aus. Die klassische Form soll der biblischen dienstbar werden (Prakt. Theol. II, 129f, vgl. 4ff, 61), der biblischen Form aber muß Gewalt angetan werden. Die älteren Lehrbücher gehen alle von dem Axiom aus, wonach der Sinngehalt das Entscheidende sei.

Rudolf Bultmann bewegt sich in der Tradition Schleiermachers, wenn er über Mt 6,25–33 predigt (Marburger Predigten, 1956, 14ff). Auch für ihn ist der griechische Wortbegriff wegleitend. Auch er predigt über »die schriftgemäße Einschränkung unserer Sorge für die Zukunft«. Dies zeigt schon die Predigteinleitung, die die Textwahl begründet: »Ich habe diesen Text gewählt, weil unsere Zeit voll Sorge ist; aber auch weil der Text dem Verständnis schwierig ist und manchen bedrückt, manchem ein Anstoß und gar Anlaß zum Spott ist.« Die sorgenvolle Zeit und die Schwierigkeit des Textes begründen die Explikation, die Betrachtung zur Förderung tröstlichen Verstehens. Die Predigt bildet eine Abhandlung über das Thema Sorge an Hand des Textes. – Es ließe sich in einem Vergleich der beiden Predigten zeigen, wie beide als Theologen der bürgerlichen Gesellschaft über die Sorge reden (vgl. *Yorick Spiegel,* Theologie der bürgerlichen Gesellschaft, 1968).

Anders handelt *Karl Barth* mit dem Text Mt 6,24–34 (Fürchte dich nicht, 1949, 94ff). Während Bultmann doziert, handelt Barth mit dem Text: »Ihr *könnt* nicht! sagt uns Jesus Christus. Er sagt nicht: Ihr solltet nicht! Er sagt nicht einmal: Ihr dürft nicht! Er sagt: Ihr *könnt* nicht!« (94) Auch hier wird expliziert, aber nicht abhandlungsmäßig, der Hörer wird sofort in ein Geschehen hineingezogen, in den Text verwickelt, die Dramatik der Sätze ist nicht zu verkennen. (Habe ich seinerzeit Barths Predigt mangelnde Dramatik vorgeworfen, weil die Dimension des Apokalyptischen fehle, so kann dieser Vorwurf so nicht aufrecht gehalten werden; allerdings lebt die Dramatik in Barths Predigten vom Agonalen und nicht so sehr vom Eschatologisch-Apokalyptischen; vgl. *Rudolf Bohren,* Dem Worte folgen, 1969, 53ff.) – Diese Dramatik ist von seiner Predigtdefinition her zu erklären. Barth will nicht so sehr Heilsgeschichte als vielmehr Heilsgeschehen verkündigen und ankündigen. Während Bultmann Jesu Wort verspricht, versucht Barth, es zuzusprechen.

Ich habe auf den Unterschied dieser beiden Predigten hingewiesen, er wird später noch zu verdeutlichen sein (vgl. § 28/III). Was aber trägt er aus?

Wenn unser Jahrhundert gemäß dem futuristischen Manifest Mari-

nettis – es erschien 1909 – ein brüllendes Automobil schöner findet als
die Nike von Samothrake und wenn es sich erweisen sollte, daß unsere
Predigthörer nicht mehr das Land der Griechen mit der Seele suchend
unterwegs sind, wäre damit die Frage nach der bessern Predigtweise
vom Hörer her entschieden. Es wäre gesetzlich und dumm, wollte man
von Bultmanns Aufsatz her Bultmanns Predigtweise verurteilen. Nur
muß man sehen, daß möglicherweise eine vom griechischen Wortverständnis her bestimmte Predigt es heute dem Hörer weithin erschwert,
das Wort Gottes aufzunehmen. Die Herrschaft des griechischen Wort-
verständnisses in unsern Predigten – und sie ist nicht etwa nur im Um-
kreis der Bultmann-Schule festzustellen – könnte ein Signal sein für die
Antiquiertheit unserer Predigt. Noch einmal: Nicht um ein Entweder-
Oder handelt es sich hier, sondern um ein »Besser«, um ein »Angemessener«. Der Stil macht nicht das Ereignis, wohl aber dient er ihm. Ein-
engend und gesetzlich wäre es also, wollte man Dramatik als Stilprinzip
der Predigt postulieren. Das hier Anvisierte könnte man verstehen als
grundsätzliche Offenheit auf eine Ankunft hin. In diesem Sinn kann
auch ein lyrischer Text eine Dramatik in sich bergen. Diese Offenheit
wäre theologisch im Sinn von Joh 1,29 und Lk 24,36 als Offenheit für
das Kommen des Christus im Geist zu erklären. Fragt man nach einem
normativen Stilprinzip für die Predigt, wird es diese Offenheit für die
Zukunft des Geistes sein. Dieses »Stilprinzip« meint gerade nicht die
Herausbildung *eines* Stiles, es kann und muß in verschiedenen Stilen
wirksam werden, wenn nicht der Buchstabe den Geist ersetzen soll.
Falls unter diesen Umständen überhaupt von einem Stilprinzip die Rede
sein kann, wäre es das Prinzip der Freiheit. Der Abschied von der bisherigen Predigt-Rhetorik würde sich mit einem solchen Prinzip ankündigen. – In welcher Richtung wäre dann weiterzugehen?

Damit sind wir beim zweiten, was hier zu bedenken ist, beim Problem
der Spracherweiterung durch neue Predigtweisen. Der Schematismus
und das Klischee der gängigen Predigtweise könnte aufgebrochen werden, wenn sich die Prediger von der Form- und Gattungsgeschichte in-
spirieren ließen.

Vgl. *Klaus Koch,* Was ist Formgeschichte? Neue Wege der Bibelexegese, 1964. – *Er-
hardt Güttgemanns,* Offene Fragen zur Formgeschichte des Evangeliums. Eine metho-
dologische Skizze der Grundlagenproblematik der Form- und Redaktionsgeschichte,
1970.

Die biblischen Formen und Gattungen sind hierbei nicht als Gesetz
zu verstehen, sondern als Angebot von Möglichkeiten. Was für die
Dichtung gilt, könnte auch für die Predigt gelten: Die Avantgarde moderner Poesie hat jeweils alte, vergessene Formen wiederentdeckt und
angewandt, sie griff auf alte Formen zurück, um die eigenen Möglichkeiten zu erweitern und um das Gängige durch ein Neues zu ersetzen.
Die Möglichkeiten, welche die zeitgenössische Exegese dem Prediger

hier bietet, sind m.E. noch gar nicht ausgeschöpft, weil sie meistens in
den Zwang des tradierten Predigtschematismus eingeebnet werden.
Diese Möglichkeiten müßten als Ruf der Freiheit verstanden werden, als
Angebot zur Erweiterung der Sprache. Der Rückgriff auf biblische Gattungen und Formen dürfte also nicht als Rekonstruktion verstanden
werden, vielmehr als Impuls der Erneuerung und Erweiterung der Sprache ins Heute. Die starke Fixierung der Exegese ans Historische hindert
den Prediger ebenfalls am kreativen Gebrauch exegetischer Erkenntnisse. In diesem Betracht werden die Unterschiede zwischen Exegese und
Predigt meist nur ungenügend reflektiert. Solange diese Unterschiede
nicht gesehen werden, vermag die Gattungs- und Formgeschichte kaum
zu einer umwälzenden Erneuerung des Predigens anzuleiten.

Die hier angestellten Überlegungen und Empfehlungen sind in der
Perspektive des Bittstellers zu sehen. Würden sie bloß formalistisch aufgenommen, könnten sie nur zu einem Leerlauf führen, zu irgendeinem
Manierismus oder zu einer Sprachverwirrung. Die Perspektive des Bittstellers aber zielt auf die Macht des Namens. Eine Spracherweiterung
mit oder ohne Rückgriff auf biblische Gattungen und Formen soll der
Macht des Namens Raum geben. So sehr Sprachreduktion und Spracherweiterung als zwei gegensätzliche Vorgänge in Erscheinung treten,
sie sind beide nicht grundsätzlich als Gegensätze zu behaupten; denn
beide haben bei aller Verschiedenheit ein Ziel. Wird die Sprache erweitert, hat dies nur den Sinn, daß »er selbst« in ihr Raum gewinnt, daß »er
selbst« die Sprache braucht. Braucht »er selbst« die Sprache, gewinnt
sein Name Macht in der Sprache. – Die Spracherweiterung steht und
fällt dann mit dem Zu-Worte-Kommen des zu Predigenden. Damit sind
wir wieder bei der Ausgangsfrage, der Frage nach der Einheit von Wort
und Geist. Wir sind im Fragen nach dieser Einheit auf das Problem der
Form gestoßen, auf die Frage, inwieweit der Geist als Ereignis des
Wortes mit der Gestalt der Sprache zusammenhänge. Die Formgeschichte hat schon lange die Trennung in eine Was- und Wie-Frage zu
überwinden versucht. Sie ist bemüht, Form und Inhalt gleichzeitig zu
untersuchen und zu verstehen. Sie hat erkannt, daß durch die Form der
Gattung der »Inhalt« schon vorherbestimmt wird. Damit wird die Predigt als Textrede in einer besondern Weise zum Problem. Jeder Text
stellt vor die Frage, inwiefern seine Form durchzuhalten, umzugießen
oder aufzulösen ist. Es wäre vermessen, wollte man behaupten, an dieser Frage entscheide sich das Ereignis des Geistes, wie es töricht wäre,
wollte man bestreiten, diese Frage habe mit dem Kommen des Geistes
zu tun. Gibt man zu, daß die biblische Sprachform zerschlagen werden
kann, dann ist zu fragen, welche Sprachformen sich heute dem Prediger
neu anbieten. Die Formgeschichte könnte in diesem Fall dazu anleiten,
auch von neuen Formen Gebrauch zu machen. Man müßte aber die
hermeneutische Bedeutung und Funktion der Form klar vor Augen ha-

ben. Gehören Form und Inhalt grundsätzlich zusammen, wird das Verhältnis von biblischer Sprachform und heutiger Sprachform zum Problem.

Die Spannung von Textform und Predigtweise mag an einer Meditation von *Günther Bornkamm* über den Christus-Hymnus Phil 2,5–11 diskutiert werden: Sie betont den Unterschied zwischen Hymnus und Bekenntnisaussagen einerseits und Verkündigung und Unterweisung andrerseits. Gehört zur Predigt unveräußerlich hinzu, daß in ihr der Mensch zur Sprache kommt, so reden Hymnus und Bekenntnisaussagen ausschließlich von Christus, so »daß der Mensch, dem das Heil widerfährt, dabei nicht eigentlich unmittelbar zur Sprache kommt . . . Das bedeutet, auf unsere Predigt über Phil 2,5–11 angewandt und zugespitzt formuliert: Sie darf in gewissem Sinn *nicht* textgemäß sein und nicht einfach in die Art seiner Aussage einstimmen. Sie muß die Form dieses Liedes zerbrechen und die in ihm verkündete Geschichte so ausrichten, daß sie nun doch als die uns eröffnete und uns erlösend und befreiend angehende Geschichte vernehmbar wird« (Herr, tue meine Lippen auf, Hg. v. Georg Eichholz, II, 1959², 233).

Es könnte sein, daß die homiletische Weisung des Exegeten zu Recht besteht, dies wäre vor allem dann der Fall, wenn es durchaus keine Möglichkeit mehr gäbe, hymnisch zu reden; zudem setzt die Weisung voraus, daß zwischen Hymnus und Bekenntnis, zwischen Predigt und Unterweisung ein Einerseits-Andrerseits besteht. Man könnte allerdings die Frage stellen, ob man da nicht gerade den Menschen verrät, wo man aus einem Christus-Hymnus eine Art von Lehrrede über den Hymnus macht? Ob man nicht mehr zerbricht als die Form, wenn man hier die Form zerbricht? Bezeugt nicht die Form gerade ein Stück vorweggenommener Erfüllung der Aussage selbst? Und beinhaltet Hymnus nicht gerade dies, daß eben einem Heil widerfährt, das ihn singen macht? Er kann gar nicht unmittelbarer zur Sprache kommen als – singend! – Auf den Zusammenhang von Form und Inhalt hinweisen heißt nun nicht, die Form des Textes zur Norm der Predigt erheben; man würde dadurch gerade leugnen, daß der Geist das Ereignis des Wortes ist. Man würde den Buchstaben an Stelle des Geistes setzen, wollte man das Postulat erheben, eine Predigt über einen Hymnus müsse eben hymnisch sein. Man würde übersehen, daß gerade diese Form Vehikel des Geistes war, wollte man – über Günther Bornkamm hinaus – postulieren, eine Predigt über einen Hymnus dürfe nicht und nie hymnisch sein. Wohl ist es möglich, u.U. dem Rate Bornkamms zu folgen. Das Kriterium für die Richtigkeit solcher Gefolgschaft wird darin liegen, daß eine solche Predigt die Hörer in eine hymnische Existenz mitnimmt, daß sie zum Singen begeistert (vgl. § 4/III). Aber es könnte sehr wohl sein, daß die herrschende Langeweile bei unserem Predigen nicht zuletzt im Einerlei einer griechisch bestimmten Form wurzelt, das jeden Text prosaisch ins Einerlei der Kanzelbelehrung mit Nutzanwendung für die menschliche Existenz zwingt. Die Predigt verödet, wenn sie statt der biblischen Vielfalt der Formen und Gattungen sich mit exegetischer Erläuterung nebst applikativer Anreicherung begnügt. Es sollte möglich sein, in einer Predigt über einen Hymnus auch formal beim Hymnus zu bleiben.

Nimmt eine Predigt die Form des Textes auf, wird sie gerade diese Form immer verändern, indem sie aus einem kurzen Text der Bibel einen langen Text der zu predigenden Predigt macht. Wie kann die in Phil 2,5–11 vorliegende Kurzform eines Hymnus in das lange »Gedicht« einer Predigt transponiert werden? Kann der Text bei einer Zerdehnung gewinnen, oder muß er zum vornherein verlieren?

Ein Vergleich mit der Poetik mag hier zur Erläuterung dienen. *Walter Höllerer* sieht im langen Gedicht eine Vorbedingung für das kurze. Die Homiletik müßte dann Höllerers Sentenz umkehren: das kurze Gedicht als Vorbedingung für lange Gedichte (vgl. Akzente 12, 1965, 130). Es ist im Vergleich Homiletik-Poetik nicht unwichtig, daß Höllerer das lange Gedicht »schon seiner Form nach politisch« definiert (128).

Genau das müßte »das lange Gedicht« einer Predigt gegenüber dem kurzen des biblischen Textes gewinnen, politische Relevanz. Ein Zerdehnen des biblischen Textes bleibt sinnlos, solange es nicht politisch wird und wirkt. Der Tag wird aufgenommen, und was er bringt. Die Gesellschaft gerät in den Hymnus, und die Verhältnisse kommen ins Lied. Die Länge wird »anzüglich«. Was der Text bei einer Verlängerung gewinnen kann, ist das Politische, die Macht des Namens im Heute und Hier. Allerdings darf das Zerdehnen den Text nicht zerreißen: das kurze Gedicht des Textes muß im langen der Predigt das Wort behalten, die Melodie bilden für den neuen Hymnus. Gegen das Zerschlagen der Form eines Liedes spricht, daß ein Lied in seiner Weise unersetzlich ist, daß es nicht in Prosa umgesetzt werden kann, ohne sein Eigentliches zu verlieren. (Schon der Umstand, daß Paulus hier einen ältern Hymnus zitiert, verweist auf die Unersetzlichkeit gerade der hymnischen Formulierung.) Allerdings muß man sehen, daß Zitieren und Zerdehnen ihrem Wesen und ihrer Funktion nach verschieden sind (vgl. § 11). Die Zerdehnung eines Textes versucht die Einheit von Inhalt und Form durchzuhalten. Sie verändert die Form, indem sie ihre Struktur zu bewahren versucht; sie meint, gerade im Festhalten an der Struktur des Textes diesen besser zur Sprache bringen zu können.

Unersetzlich ist eine Form darin, daß sie für die besondere Aussage notwendig ist. Ihre Unersetzlichkeit dauert nicht ewig. Neue Formen können sich aufdrängen. Damit stellt sich die Frage, was ein Text verliert und gewinnt, wenn ich ihn in eine andere Sprachform umgieße. Finde ich eine neue Form, die wiederum unersetzlich und also notwendig sein wird? Werde ich im Zerbrechen der Form nicht den Inhalt verlieren? In der Praktischen Theologie hat man das Problem der Transformation von einer Gattung in die andere erkannt:

»Was ein Text in seiner besonderen Form einzufangen vermocht hatte, geht unweigerlich verloren, wenn man die Form zerschlägt« (*Ingo Baldermann*, Biblische Didaktik, 1963, 24). – »Im Vollzug der Transformation von der einen Gattung in die andere geht ein hoher Betrag an Information und Kommunikation verloren« (*Hans-Dieter Bastian*, Verfremdung und Verkündigung, ThEx 127, 1965, 57).

Zweifellos entspricht diese Sicht einer schlechten Praxis. Aber eine Transformation kann nicht einfach unter dem Gesichtspunkt des Verlustes gesehen werden! Wiederum ist hier ein Seitenblick auf die Dichtung instruktiv. Shakespeare macht ein Drama aus einer Sage oder aus einer Novelle. Goethe bearbeitet die Faustsage. Sicherlich geht bei jeder Bearbeitung einer Vorlage einiges an Information verloren; aber das zählt nicht gegenüber dem Gewinn, der dem Stoff zuwächst, wenn Goethe oder Shakespeare ihn bearbeiten. Ein neuer Geist bringt den alten »Text« zur Sprache, er gewinnt an »Information und Kommunikation«. Wäre das nicht der Fall, müßte man die Bearbeitung als mißlungen bezeichnen.

Was der Prediger mit dem biblischen Text macht, kann als menschliches Werk nicht grundverschieden sein von dem, was der Dichter mit seiner Vorlage macht. Einen Text auslegen heißt, ihn neu zur Sprache bringen. Der Text soll so das Wort bekommen, daß die in ihm gespeicherte Information wirken kann. Predigen heißt, den Text in Kommunikation bringen. Entschließt man sich also in der Predigt zum Durchbrechen der Textform, muß gefragt werden, welche Form denn heute dem Hymnus z.B. entsprechen könnte. Man wird gerechterweise nicht jede überlieferte Form in die Uniform eines Predigtschemas zwängen, will man nicht aufs neue dem Buchstaben (diesmal des Predigtmanuskriptes!) dienen und diesem Dienst des Buchstabens opfern, was der Text an Information und Kommunikation hergeben will.

Ich habe Shakespeare und Goethe genannt, um anzudeuten, daß eine Predigt in der Theorie einmal auch mehr zu sagen hat als ihr Text. Der Hinweis auf die genialen Dichter bedarf aber einer Ergänzung. Freilich hat die Christenheit geniale Prediger wie Augustin und Luther nötig; aber sie soll nicht auf das Genie, sondern auf den Geist warten, der ein freier Geist ist. Will das menschliche Werk der Predigt dem Geiste dienen – und dazu gehört die Bemühung um die dem Inhalt entsprechende Form –, bleibt sie angewiesen auf das Kommen und Wirken des Heiligen Geistes. Es sei in diesem Zusammenhang nochmals an den alten Blumhardt erinnert:

»Wir müssen bedenken, daß der heilige Geist als ein Persönliches aus Gott muß erkennbar, fühlbar, ja sichtbar sein. Er soll als Geist und Feuer da sein, mindestens mit dem in der apostolischen Zeit sichtbaren Feuerglanz.«

Als ein Persönliches aus Gott ist der Geist allen menschlichen Formen gegenüber frei. Indem Gemeinde und Prediger um das Kommen des Geistes beten, anerkennen sie die Freiheit des Geistes und geben dessen Wirken die Ehre. Damit relativiert sich das Problem der Form. Die Technik wird nur dann zum Wunder, wenn sie sich zuvor aufgibt, damit der Geist in ihr sein Werk tue. Gibt sie sich auf diese Weise auf, wird sie vom Geist bejaht, bekommt sie und mit ihr die Form eine neue Würde. Diese besteht in der »theonomen Reziprozität«.

IV

Zeitformen

In einem frühen Stadium der Arbeit an der vorliegenden Homiletik folgte ich der Absicht, streng von der formgeschichtlichen Arbeit der Exegeten auszugehen, wobei ich mich vor allem an die Arbeiten von Martin Dibelius halten wollte. Hätten wir in erster Linie Texte und nicht eine Person zu predigen, wäre diese Methode sicherlich ein gangbarer Weg für eine Predigtlehre. Weil wir aber eine Person zu predigen haben, empfiehlt sich ein anderer Weg: Eine der schönsten Bekenntnisformulierungen im Neuen Testament sagt Christus zeitlich aus.

»Jesus Christus, gestern, heute derselbe und in die Aionen« (Hebr 13,8b).

Nach diesem Bekenntnis wird Christus in drei Zeiten unterschiedlich ausgesagt. Offenbar können wir von ihm nicht anders reden als im Modus der Zeitlichkeit. Sein Name wäre Schall und Rauch oder eine historische Belanglosigkeit vielleicht, wenn er nicht als der eine in der Vielzahl der Zeiten und damit also als der zeitlich je Verschiedene ausgesagt würde. Ihn predigen heißt, ihn im Zeitwechsel als den andern und einen vorstellen. Die zeitlichen Termini »gestern«, »heute«, »in die Aionen« deuten auf die Besonderung Christi in den verschiedenen Zeiten; durch den Namen bleibt er im Dreiklang der Zeiten dreifältig der eine. Predigt als Namenrede artikuliert und expliziert den Namen durch das Zeitwort. Wir können Jesus nicht anders vorstellen und bekanntmachen als in seiner Verbindung mit der Zeit. Ihn vorstellen heißt, seine Geschichte erzählen, seine Vergangenheit und Zukunft und sein Heute artikulieren. Weil Jesus Christus nicht ablösbar ist von der Zeit, darum ist unser Reden von ihm durch die Zeiten geprägt. Von ihm reden heißt, von seiner Zeit reden; von seiner Zeit reden heißt, Zeitformen artikulieren: »Und der ehrt Gott, der die Zeiten unterscheidet« (Eugen Rosenstock-Huessy, Zurück ins Wagnis der Sprache, 1957, 75).

Das Wunder der Predigt besteht in der Gegenwart des Gepredigten. »Derselbe« jetzt in meiner Predigt wie einst in der Apostelpredigt. »Derselbe« jetzt in meiner Predigt wie dann am letzten Tag. Jetzt »derselbe«, das ist das Wunder der Predigt, da der Geist im Wort Ereignis wird. Jetzt »derselbe« heißt Jesus Christus im Geist: Im Geist ist der jetzt da, der kam in Niedrigkeit. Im Geist ist der schon da, der kommen wird in Herrlichkeit. Im Geist ist der in Niedrigkeit Gekommene und in Herrlichkeit Kommende hier. Die Zeitformen des Gotteswortes erklären die Weisen seiner Präsenz. Im Erinnern wird die Geschichte, im Verheißen die Zukunft hergeholt, zwischen Erinnern und Verheißen reißt ihn das Sagen aus der Verborgenheit: Der Name stellt den vor, den er nennt! Gott ist Geist, und die von ihm reden, sollen im Geist und in der Wahrheit von ihm reden. – Weil beim Predigen das Erinnern und das Verheißen auf Gegenwart zielen, scheint es richtig, die Zeitform der Gegenwart am Schluß zu verhandeln.

Der Begriff der »Zeitformen« wird hier aus einer Bekenntnisformulierung abgeleitet. Ich brauche ihn metaphorisch: Weil das Wort Fleisch wurde in der Zeit, ist von ihm zeitlich zu reden. Was in Christus zur Sprache kam, das »Sprachereignis«, fächert sich in die Zeiten auf. Will man hier nicht heimlich dem Doketismus verfallen, muß man von der Zeitlinie sprechen. Aber es gibt nicht nur den Gesichtspunkt »Christus und die Zeit«, seine Besonderung in den Zeiten. Es gibt auch den Gesichtspunkt der Versammlung und Verdichtung aller Zeit im Geist. Im Blick auf die Zeit macht es ebenfalls einen Unterschied, ob mein Denken seinen Ausgangspunkt bei der Christologie oder bei der Pneumatologie nimmt. Der pneumatologische Ansatz kann vor einer undialektischen Verschmelzung der Zeitformen mit der Zeitlinie bewahren, der christologische Ansatz kann ein Übersehen von Zeit und Geschichte verhindern. Indem der Geist die Zeiten sammelt und im Wort Zeit schenkt, nimmt jede Zeitform etwas von der andern Zeit mit. Indem Christus in den Besonderungen der Zeit zur Sprache kommt, hat jede Zeitform eigene Zeit. Der Begriff »Zeitformen« ist also primär theologisch – und nicht linguistisch oder grammatisch – zu verstehen als Ausdruck für die Art und Weise, wie der Geist von Christus spricht.

Mit dieser Abgrenzung soll keineswegs eine grundsätzliche Absage an die Linguistik erteilt werden. Vielmehr ist das fast völlige Fehlen linguistischer Arbeiten an Predigten zu beklagen. So wäre eine Untersuchung über die Tempora in der Predigt dringend zu wünschen. Hierbei könnte das Buch von *Harald Weinrich,* Tempus. Besprochene und erzählte Welt, 1964, reiche Anregung bieten. Allerdings müßte man m.E. das Problem von Zeitform (diesmal eigentlich gemeint) und Zeit, wie die Unterscheidung von Besprechen und Erzählen nochmals überprüfen. – Sicherlich ließe sich von der Linguistik her auch eine Homiletik entwerfen. Sie würde für den Prediger einen ähnlichen Stellenwert haben wie eine aus der Linguistik entwickelte Poetik für den Schriftsteller! Sie könnte solange hilfreich und anregend sein als sie den kreativen Umgang mit der Sprache nicht einengt. Analyse vorhandener Sprache kann wohl Hilfe, nicht aber Norm sein für künftiges Sprechen.

Viele Lehrbücher verhandeln nach einleitenden prinzipiellen Erwägungen das Verhältnis Schrift – Verkündigung respektive Text – Predigt unter der Überschrift einer »materialen« oder »materiellen« Homiletik. Wir verhandeln an dieser Stelle die Zeitformen des Wortes Gottes, meinend, das Thema Text – Predigt sei z.Z. erschöpft und zudem grenze es, bestimmt durch das Institut der Kanzelpredigt, das Predigen zu sehr ein, verenge die Variationsbreite des »Predigens«. Unser Weg geht nicht vom Text zur Predigt, sondern von Christus mit und durch den Text zur Predigt. Der Text soll dem Namen helfen, den wir zu predigen haben. Die Unterscheidung der Zeitformen will keine absolute sein, vielleicht wird sie nur darum gemacht, um überwunden zu werden, denn im Geiste werden die Zeiten ja gerade nicht getrennt, sondern zusammengenommen, sie gehen ineinander über: Die Analogie zum Abendmahl als dem verbum visibile, als sichtbarem Wort mag hier verdeutlichen: Betrachtet man das Abendmahl unter dem Aspekt der Vielzahl der Zeiten, wird man als erstes die Realpräsenz hervorheben, die im Bericht von der Vergangenheit und im Ausblick auf die Verheißung Ereignis wird. Das Mahl ist eine Feier der Erinnerung, und diese ist eingespannt in die Erwartung. Die Gegenwart wird bestimmt durch »die Nacht, da er verraten ward«, und durch den Ausblick auf das Neutrinken im Reiche Gottes. Jeder Zeitaspekt verbindet sich mit den beiden andern. – Der Vergleich des Predigens mit dem Mahlfeiern soll zeigen, daß die Differenzierung der Zeiten gerade nicht die Verabsolutierung der jeweiligen Zeit, sondern ihre Verbundenheit mit den andern Zeiten meint. Die Differenzierung der einzelnen Zeiten relativiert einerseits die einzelne Zeit, wie sie andrerseits die Gegenwart heraushebt. Die Vergangenheit und Zukunft finden ihre Relevanz in der Gegenwart. Die Angewiesenheit der Zeiten aufeinander verwehrt zum vornherein, aus der Krücke einen Kanon zu machen: Unsere Unterscheidung soll nur Krücke sein, an der wir vorwärtskommen im Erkennen der sprachlichen Strukturen unseres Predigens. Sie möchte aber nicht ein Richtmaß sein, an dem alles Predigen zu messen ist. Die folgenden Darlegungen erheben denn auch keinen Anspruch auf Vollständigkeit, möchten aber darin eine Hilfe sein, daß sie versuchen, den Zwiespalt von Form und Inhalt zu überwinden.

*In der pneumatologischen Perspektive kommen auch der Prediger und
die Hörer zu Ehren. Exegese und Kommunikationsforschung kennzeichnen diesen Sachverhalt. Auf keine der beiden Wissenschaften kann eine
Predigtlehre verzichten.*

§ 8

PREDIGT ZWISCHEN EXEGESE
UND KOMMUNIKATIONSFORSCHUNG

I

Vorüberlegung

Zum »Woher« der Predigt gehört ihr Sprecher und – in mittelbarer
Weise (vgl. § 25) – ihr Adressat. Was jetzt zu verhandeln ist, meint nicht
nur praktische Konsequenzen aus den letzten vier Paragraphen, sondern
auch eine Zuordnung von Prediger und Hörer zum »Woher« der Predigt. Wird der Geist im Wort Ereignis, ist im Sprechen und Hören der
Mensch dabei. Noch einmal geht es um Wort und Geist, diesmal unter
Betonung des menschlichen Dabeiseins. Eine streng systematische Darstellung müßte jetzt Prediger und Hörer thematisieren und untersuchen,
inwiefern Sprecher und Hörer bei dem Geschehen beteiligt sind, das wir
»Predigt« nennen. Der pneumatologische Ansatz, von dem wir ausgehen, erlaubt und gebietet es, den göttlichen wie den menschlichen
Aspekt des Wunders »Predigt« ernst zu nehmen. Da Prediger und Hörer in den beiden letzten Teilen dieser Predigtlehre nochmals gesondert
vorkommen, verzichten wir hier auf eine eingehende Darstellung und
nehmen die Stichworte »Exegese« und »Kommunikationsforschung«
vorläufig stellvertretend für den Komplex »Prediger« und den Komplex
»Hörer«, wohl wissend, daß die beiden Stichworte nicht ausreichen, um
den Größen »Prediger« und »Hörer« gerecht zu werden. – Auch wird
man den beiden Stichworten kaum gerecht werden können; schon
durch ihre Gegenüberstellung ist ihre ausreichende Entfaltung und Erklärung verunmöglicht: Exegese und Kommunikationsforschung werden nicht Thema, Thema bleiben die Predigt und das Predigen. – Allerdings wandelt sich momentan das Verhältnis zur Exegese und zur Kommunikationsforschung. War bis vor kurzem die Homiletik vor allem am
Werden der Predigt interessiert, wurde infolgedessen das Thema »vom
Text zur Predigt« in ungezählten Variationen durchgespielt, ist neuerdings die *Wirkung* der Predigt ins Zentrum des Interesses gerückt, die
Frage »vom Prediger zum Hörer« wird Hauptthema. Kybernetik, Infor-

mationstheorie, beziehungsweise Kommunikationswissenschaft gewinnen eine unerwartete Faszination. – Die Schwierigkeiten und Sackgassen der Exegese sind hinlänglich bekannt. An ungezählten Beispielen ist der Weg vom Text zur Predigt aufgezeigt worden. Erfahrungen liegen hinter uns (vgl. § 2/III). – Anders bei der Kommunikationsforschung. Hier fehlt es noch an der Vielzahl von Modellen; die Untersuchungen, die bis jetzt gemacht wurden, sind noch kaum überprüfbar, weitere Untersuchungen wären nötig zur Kritik der bisherigen Ergebnisse. Die Erfahrungen, die wir mit der Exegese gemacht haben, fehlen bei der Kommunikationsforschung. Aus diesem ungleichen Verhältnis der Homiletik zu Exegese und Kommunikationsforschung ergibt sich eine ungleiche Darstellung in diesem Paragraphen.

Die Überschrift versteht die Zuordnung von Exegese und Kommunikationsforschung zur Predigt als eine Selbstverständlichkeit. Tatsächlich herrscht in den Gemeinden eine gewisse Angst vor der wissenschaftlichen Exegese, wie auch in der wissenschaftlichen Theologie Mißtrauen besteht gegenüber der Kommunikationsforschung. Diese Angst und dieses Mißtrauen bestehen völlig zu Recht. In ihrer Zuordnung zum »Woher« der Predigt gefährden Sprecher und Hörer die Predigt beständig, und diese Gefährdung nimmt nicht zuletzt in den wissenschaftlichen Methoden Gestalt an, die den Text und das Hören der Hörer untersuchen. Die Gefährdung geht über das hinaus, was unter »Verlegenheiten« notiert wurde. – Es hilft wenig, der Angst vor der Wissenschaft die Angst vor dem Verlust an Menschlichkeit entgegenzusetzen und etwa zu behaupten, das Wunder der Predigt werde auch da gefährdet, wo man seine Menschlichkeit leugne. Die Richtigkeit einer solchen Behauptung wirkt hilflos, weil sie den Grund der Angst vor den wissenschaftlichen Methoden nicht zu beheben weiß; Angst und Mißtrauen durch Angst und Mißtrauen austreiben, hilft so viel wie den Satan durch den Beelzebub austreiben. – Im Vertrauen auf den Heiligen Geist aber ist die Gefahr nach beiden Seiten hin auszuhalten und die Freiheit für und von wissenschaftlichen Methoden zu bewähren. Das Vertrauen auf den Heiligen Geist schließt beides in sich, das Zutrauen zum Menschen und seinem forschenden Geist, sowie die kritische Distanz zu allem menschlichen Tun. Zur königlichen Freiheit des Menschen, die der Geist gibt, gehört das Forschen so gut wie die Kritik der Forschung.

> Gottes Ehre ist es, etwas zu verbergen,
> Königsehre ist es, etwas zu erforschen
> (Spr 25,2 nach der Übersetzung Gerhard von Rads).

Bejaht man grundsätzlich das Recht historischer Kritik, kann man die Wirkung der Predigt nicht zum Mirakel erklären und wissenschaftlicher Methodik entziehen. Die Kurzschlüssigkeit, mit der hier gegen die neue Wissenschaft von seiten gewisser Exegeten argumentiert wird, wirkt nicht sonderlich überzeugend. Man kann nicht die historisch-kritische Methode bejahen und Soziologie, Kommunikationsforschung, Kybernetik als für die Theologie unerheblich abtun. Geht es beim Predigen und Hören menschlich zu, darf man das Instrumentarium, das neue Wissenschaften uns darbieten, nicht verschmähen. Man würde dem Wunder der Predigt einen schlechten Dienst tun, wollte man ihren Effekt dem Zugriff wissenschaftlicher Analyse entziehn. Auch ist es verständlich, wenn in einer ersten Entdeckerfreude diese Wissenschaften einseitig überschätzt werden. – Allerdings wird in einer vom Geist verlassenen Kirche und Theologie eine solche Überschätzung nicht harmlos wirken: Die neuen Methoden bekommen unter der Hand schnell den Charakter einer Heilslehre, die nach dem Pathos einiger ihrer Vertreter den Anschein des Alleinseligmachenden annimmt.

Stelle ich die Predigt hier zwischen Exegese und Kommunikationsforschung, nenne ich Exegese als etwas Erstes und Kommunikationsforschung als etwas Zweites. – Ist damit ihr gegenseitiges Verhältnis bestimmt? Im Bedenken des ganzen Predigtgeschehens kann ich zunächst einen qualitativen Unterschied zwischen den beiden Größen nicht feststellen, in dem Sinne, daß ich nicht eine der anderen vorziehen kann; beide sind für das Gelingen der Predigt lebenswichtig. Die Predigt mißlingt gleicherweise, wenn sie am Text, wie wenn sie am Hörer vorbei redet. Wie ich grundsätzlich ohne Text nicht predigen kann, so nicht ohne Hörer. – Als Theologe werde ich dennoch der Exegese grundsätzlich den Vorzug geben, weil ich meine, sie unterstreiche das Wort Gottes, von dem ich an Hand des Textes ausgehe, auf das hin ich predige. Außerdem sind Sprache und Kommunikation nicht voneinander zu trennen. Indem Exegese es mit Sprache zu tun hat, ist in der Exegese die Kommunikationsforschung immer schon da. So wird sich zeigen, daß Exegese und Kommunikationsforschung ineinander übergreifen. Der Hörer wird in der Exegese ebenfalls reflektiert. Ich kann nicht exegesieren, indem ich vom Kommunikationsgeschehen absehe, von dem die Texte berichten, auf das die Texte zielen. Die Form eines Textes macht schon eine Aussage über dessen Kommunikationswillen. Die Form einer Aussage bedeutet die Art und Weise, wie Sprache kommuniziert. So erweist die Bevorzugung der Exegese die Notwendigkeit der Kommunikationsforschung. – Stehen beide im Dienste des Geistes, wird man sie nicht so voneinander unterscheiden können, daß man sagt: Exegese sei nötig, weil Gottes Wort in der Geschichte ergangen und in der Schrift bezeugt werde; Kommunikationsforschung sei nötig, weil dieses Wort durch Menschenmund das Ohr eines Menschen suche. Exegese befaßt sich ja auch mit dem menschlichen Wort, und das Wunder der Predigt schließt kybernetische Nachfrage nicht aus. Exegesiere ich als Prediger einen Text, frage ich, wohin der Text damals zielte, und meditiere, wohin er heute zielt. Insofern werde ich die Exegese loben und die Kommunikationsforschung nicht verachten. Da ich der Wahrheit und Wirkung des Wortes dienen möchte, ist weder auf Exegese noch auf Kommunikationsforschung zu verzichten. Bewahrt die Exegese den Prediger vor der Verführung durch das Publikum, so verwehrt sie dem Prediger, sich von den Ergebnissen religiöser Marktforschung dirigieren zu lassen. Die Wendung »Predigt zwischen Exegese und Kommunikationsforschung« besagt, daß die Predigt ihren Kanon nicht in der Kommunikationsforschung hat, daß sie sich in ihrem Vollzug aber nicht mit dem Schriftkanon begnügen kann. Bildet die Exegese ein Korrektiv zur Kommunikationsforschung, bewahrt die Kommunikationsforschung den Prediger davor, die Exegese sich selbst genügen zu lassen, sie als Alibi zu gebrauchen, um nicht selbst das Wort nehmen zu müssen. Kommunikationsforschung erinnert die Exegese an das ihr immanente Ziel: Die Texte sollen wieder werden, was sie waren, gesprochenes Wort, gepredigte Predigt. Aus der Speicherung von Buchstaben soll ein Kommunikations-Geschehen entbunden werden. Man könnte dann sagen, die Kommunikationsforschung helfe der Exegese, an ihr Ziel zu kommen. Sehe ich die Predigt zwischen Exegese und Kommunikationsforschung, dient die Exegese zunächst der Erhellung der Vergangenheit des Textes, während die Kommunikationsforschung dessen Zukunft besorgt (auch wenn sie dies mit Hilfe der Empirie tut und Zukunft ihr »Woher« bestimmt). Das Übergewicht der Exegese in der Theologie beruhte auf einem Vorzug des historischen Interesses in der jüngsten Vergangenheit vor der Eschatologie. Bekommt im Ganzen der Theologie die Eschatologie ein größeres Gewicht, wird man zunehmend mehr an der Wirkung der Predigt und an der eschatologischen Zukunft des Wortes interessiert sein. Unter diesem Gesichtspunkt würde auch theologisch die Kommunikationsforschung mehr Gewicht bekommen als eine historisch orientierte exegetische Methodik. Vielleicht ist dies ein Hauptmangel der Arbeit an der Predigt, daß man über dem Werk »Predigt« allzuleicht ihre eschatologische Frucht, ihre Wirkung also, vergißt. Wir haben nicht nur eine Sprachgestalt der Zukunft, wir predigen überhaupt in die Zukunft; diese bewährt unser Predigen. Jede Predigt wartet auf ein Amen im Eschaton (vgl. auch § 32).

Das »und« in der Überschrift unseres Paragraphen ist beim Wort zu nehmen, eine säuberliche Rangordnung und Trennung beider ist für den Prediger kaum möglich: Die Predigt kommt von Texten her und geht auf Menschen zu; da aber die Texte von Anfang an Menschen gelten, bleibt für den Prediger die Exegese ohne Kommunikationsforschung lahm und die Kommunikationsforschung ohne Exegese blind.

II

Exegese

Walther Zimmerli, Die historisch-kritische Bibelwissenschaft und die Verkündigungsaufgabe der Kirche, EvTh 23, 1963, 17ff. – *Eduard Schweizer,* Die historisch-kritische
Bibelwissenschaft und die Verkündigungsaufgabe der Kirche, EvTh 23, 1963, 31ff. –
Götz Harbsmeier, Der Dienst der historisch-kritischen Exegese an der Predigt, EvTh
23, 1963, 42ff. – *Ernst Käsemann,* Vom theologischen Recht historisch-kritischer Exegese, ZThK 64, 1967, 259ff. – *Jürgen Moltmann,* Verkündigung als Problem der Exegese, in: Perspektiven der Theologie, 1968, 113ff. – *Dietrich Rössler,* Das Problem
der Homiletik, ThP 1, 1966, 14ff. – *Rudolf Bohren,* Die Krise der Predigt als Frage
an die Exegese, in: Dem Worte folgen, 1969, 65ff. – *Walter Schmithals,* Über die Bedeutung der Exegese für Theologie und Kirche, in: Das Christuszeugnis in der heutigen
Gesellschaft, Ev. Zeitstimmen 53, 1970, 43ff. – *Erich Grässer,* Von der Exegese zur
Predigt? WPKG 60, 1971, 27ff. – Vgl. die Lit. zu § 6 und 6/IV.

Nachdem die Exegese in eine tiefgreifende Krise geraten ist und sich
in der Homiletik Tendenzen bemerkbar machen, den Primat der Exegese zu brechen, wird es nötig sein, den Nutzen der Exegese für die Predigt zu unterstreichen. Ich möchte dies in zwei Richtungen tun, die sich
aus den bisherigen Überlegungen ergeben.

Erstens: Werden der Geist und der Name vor der Schrift genannt
(vgl. §§ 4–6), ist die kritische Funktion der Schrift und damit der Exegese um so mehr zu betonen. Hält die Exegese an der Übersetzbarkeit des
Textes fest und verhilft sie dessen Fremdheit zum Recht, dient sie dem
predigenden Übersetzer als Korrektiv – und damit der Übersetzung des
Textes! Der Prediger findet in der Exegese einen Schutz vor der Verführung durch sein Publikum ebenso wie vor einer Hörigkeit gegenüber der
Predigttradition. So hilft die Exegese dem Prediger zur Freiheit. Vertritt
sie die Sache des Textes, dient sie dem Geist, macht sie den Namen
deutlich und reinigt die Sprache des Predigers. Die Sprache verflacht
oder verwildert, wenn sie die exegetische Schule verläßt. – Die Kontext-
exegese z.B. stellt die einzelne Stelle in das Gewebe des Zusammenhan-
ges und vermag u.U. den Prediger von Lieblingsgedanken zu befreien
und ihn vor falschen Applikationen zu bewahren.

Hans Walter Wolff verweist in einer Predigt über Gottes Bund mit Abraham auf die
Frage, die hinter dem ersten Mosebuch steht: »Wie kommt es zu einem Gottesvolk, mit
dem Gott die Menschen in ihrer Zerrissenheit segnen kann?« (ATP II, 1956, 19). – Der
Blick auf den Kontext verhindert eine hier naheliegende falsche Individualisierung des
Textes.
  Dies ist nur ein Beispiel dafür, wie die Exegese die Sprache des Predigers reinigt.
Es illustriert zugleich, daß solche Reinigung nicht geschmäcklerisch, sondern theolo-
gisch zu verstehen ist.

Zweitens: Die Exegese wirkt sprachreinigend, indem sie zur Sprache
hilft. Braucht die Predigt die Schrift und den Text, um konkret zu werden (vgl. § 6/IV), wird die Exegese zur Konkretion helfen. Hält die Exegese an der Unübersetzbarkeit des Textes fest, erweitert sie die Sprache

um diesen »neuen« Text und übersetzt ihn im Festhalten an dessen Fremdheit.

Wie sehr der Exeget dem Prediger im Prozeß des Übersetzens hilft, zeigt etwa *Hans Walter Wolff.* Die wörtliche Übersetzung von Amos 5,5 wirkt blaß und darum im Grunde ungenau, weil sie die Sprachkraft des Propheten nicht zu wahren vermag. Wolff übersetzt: »Denn Gilgal geht gefangen fort, und Bethel wird zuschanden« (Die Stunde des Amos, 1969, 204). Der Prediger treibt die Übersetzung in einer freien Form weiter, und diese Form ist insofern »buchstäblicher«, als sie das Wortspiel des Hebräischen in etwa nachspielt: »Gilgal geht zum Galgen, das Gotteshaus geht zum Teufel« (162). Diese Übersetzung entnimmt der Prediger der exegetischen Tradition von *Julius Wellhausen:* »Gilgal wird zum Galgen gehn und Bethel wird des Teufels werden« (Die kleinen Propheten, 1863[4], 5).

Aber nun bleibt der Prediger nicht in der Zeit des Amos. Er führt die Übersetzung fort und bietet eine Übertragung in die Gegenwart: »Ich weiß es nicht zu hindern, wenn einer heute ... Amos so übersetzt: ... Die Kirche gehört auf den Kehricht, der Gottesdienst ist Mottendienst« (162). Man wird kaum bestreiten können, daß dem Versuch, die Botschaft des Textes auch in der Form durchzuhalten, exemplarischer Rang zukommt. Das Beispiel zeigt, wie Wörtlichkeit nicht schon die Präzision der Übersetzung garantiert. Im genauen Achten auf den Urtext vermag der Prediger, von früherer Exegese lernend, den Text neu zur Sprache zu bringen, indem er es wagt, denselben in die Gegenwart zu übertragen. In diese Übertragung bringt er die Sprachmittel des Propheten ein, und damit bringt der Übersetzungsprozeß einen Sprachgewinn. Auch wer die hermeneutischen Voraussetzungen Wolffs ablehnt, vermag vielleicht die homiletische Vorbildlichkeit von Wolffs Vorgehen zu würdigen: Indem die Übersetzung ein Stilmittel des Propheten aufgreift und in die Gegenwart überträgt, gewinnt die Sprache Kraft.

Bildet das Predigen ein heiliges Spiel mit Worten, lehrt der Umgang mit Wörterbüchern, Konkordanz und Statistik die Worte verstehen und einsetzen, lehrt Spielregeln für das heilige Spiel, verhilft zu homiletischen Einfällen, kurz, lehrt übersetzen (vgl. § 21)! Das Wörterbuch allein tuts freilich noch nicht, hilft aber zu einem genauen Hinhören auf die Sprache des Textes, der Voraussetzung für alles Übersetzen.

Auf die Bedeutung der Formgeschichte wurde schon hingewiesen (§ 7/III). Die Traditionsgeschichte und Redaktionsgeschichte erhellen die Wandlungen des Textes und erläutern die ersten Übersetzungsversuche.

In der schon zitierten Predigt überträgt *Hans Walter Wolff* das Leichenlied des Amos (5,5) in eine Klage über die Volkskirche, indem er auf seine Weise den Propheten wiederholt (Stunde des Amos, 157ff). – Diese Predigt kann als Schulbeispiel für den Versuch gelten, nicht über den Text, sondern den Text selbst zu predigen. (Allerdings bestimmt das nautische Bild, das am Schluß des ersten Teiles der Predigt aufgenommen wird, den Fortgang der Predigt; offensichtlich hat hier die Predigttradition die Exegese verdrängt.)

Eberhard Jüngel löst das Gleichnis vom ungerechten Haushalter aus dem Zusammenhang, den Lukas ihm gibt, heraus (Paulus und Jesus, 1962, 157ff). Dadurch erhält das Gleichnis eine neue Akzentuierung: »Daß die Gottesherrschaft in einem moralisch so fragwürdigen Beispiel zur Sprache kommt, unterstreicht die Pointe: Jetzt entscheidet es sich, ob die Zukunft als Gericht kommt oder ob sie Euch aufnimmt in den Raum, den Euch diese Parabel einräumt: in den Raum der Liebe, der als Geschichte der Liebe dort anhebt, wo Jesus eine solche der Drohung der Zukunft standhaltende Parabel zu sprechen wagte« (159). – Die Predigt folgt der Exegese und verdeutlicht in ihrem Mittelteil unsere Lage vor einer drohenden Zukunft, indem sie das Gleichnis in paränetischer Zuspitzung nacherzählt. – Während der Eingang der Predigt das Evangelium ankündigt: »In Jesu Gleichnissen kommt das Himmelreich . . . zu uns«, bietet der Schlußteil eine theologische Interpretation der Parabel: »Jesus schenkt uns das Himmelreich *jetzt*, wenn er dieses Gleichnis spricht. Und nun kommt es darauf an, klug zu sein, wie der Halunke im Gleichnis« (Predigten, 1968, 66ff). – Die formgeschichtliche Isolierung der Parabel vermittelt der Predigt eine neue Anschaulichkeit und Aktualität. Über diesen hier angedeuteten Sachverhalt hinaus ist die Predigt bedeutsam durch das Verhältnis von Evangelium und Gesetz in den einzelnen Teilen. Der Systematiker hat dem Prediger geholfen.

Wir zitieren Details von Predigten, um zu zeigen, wie viel Anregung, Anschaulichkeit und Farbigkeit ein Prediger in der Schule historisch-kritischer Exegese gewinnen kann. Gerade die Details sind hier wichtig. »Das Recht der historischen Kritik liegt theologisch darin, daß sie durch den die Gemeinde beherrschenden Doketismus hindurchbricht« (Käsemann, 281).

Dem *Studenten* ist zu raten, schon im exegetischen Proseminar die exegetischen Methoden zum mindesten gedanklich für ein Predigt-Spiel fruchtbar zu machen (vgl. § 21/IV). Wer predigen will, wird Exegese nie um ihrer selbst willen treiben, sondern sie immer schon mit dem Verkündigungsauftrag zusammensehen. Er wird darum nicht Exegese treiben, ohne nach der Meditation zu fragen. – Soll der *Prediger* ein »*Selbstleser*« der Bibel werden, kann man ihn zur exegetischen Arbeit nur ermuntern. Soll es zu einer fruchtbringenden Meditation kommen, muß ein Prediger lernen, selbständig exegetisch zu arbeiten. Exegetische Entdeckerfreude wird sich in die Predigt hinein fortpflanzen. Wer als Prediger in der Vorbereitung seiner Predigt ernsthaft Exegese treibt, bleibt damit in der theologischen Arbeit drin, Predigtmüdigkeit wird ihn nicht so schnell lähmen. »Die Erschließung deiner Worte erleuchtet und macht die Einfältigen verständig« (Ps 119, 130).

III

Kommunikationsforschung

Grundfragen der Kommunikationsforschung, hg. v. *Wilbur Schramm*, (1963), 1970[3]. –*Klaus Meyer zu Uptrup*, Bewußtseinsindustrie und Gottesdienst, PTh 56, 1967, 181ff. – *Ders.*, Praktische Theologie als theologische Kybernetik, EvK 2, 1969, 579ff. – *Hans-Dieter Bastian*, Anfangsprobleme im Gespräch zwischen Kybernetik und Theologie, ThP 3, 1968, 33ff. – *Ders.*, Problemanzeigen einer kybernetischen Theologie, EvTh 28, 1968, 334ff. – *Ders.*, Verkündigung als Information, HdV I, 110ff. – *Karl Steinbuch*, Information, EvTh 28, 1968, 344ff. – *Horst Beck*, Kirche und Informatik, EvK 2, 1969, 583ff. – *Herbert Breit*, Anfragen der Gemeinde an die Predigt, in: Die Predigt zwischen Text und Empirie, 1969, 22ff. – *Hans-Dieter Schneider*, Unter welchen Voraussetzungen kann Verkündigung Einstellungen ändern? Sozialpsychologische Überlegungen über die Wirkung der Predigt, PTh 58, 1969, 246ff. – *Karl-Wilhelm Dahm*, Hören und Verstehen, Kommunikationssoziologische Überlegungen zur gegenwärtigen Predigtnot, PSt IV/2, 1970, 9ff. – *Ders.*, Die Predigt in kommunikationssoziologischer Sicht, Anstöße Nr. 1/2, 1970, 25ff. – *Piet van Hooijdonk*, Die soziale Struktur der Verkündigung, HdV I, 119ff. – *Elmar Bartsch/Franz Kamphaus/Willi Massa/Felix Schlösser/Rolf Zerfass*, Verkündigung, Pastorale. Handreichung für den pastoralen Dienst, 1970. – *Günter Biemer* (Hg.), Die Fremdsprache der Predigt. Kommunikationsbarrieren der religiösen Mitteilung, 1970.

Neue Wissenschaften bringen neue und für den Nichtfachmann fremde Sprachen. Diese Fremdsprachlichkeit erhöht in gleicher Weise die Schwierigkeit wie die Anziehungskraft der neuen Wissenschaft. Für den Prediger – und für den Homiletiker – erhöht sich die Schwierigkeit dadurch, daß es noch keine exakte und allgemein gebräuchliche Abgrenzung zwischen Informationstheorie, Kybernetik und Kommunikationsforschung gibt. – Ich versuche, vorläufig und grob zu unterscheiden: Die Informationstheorie faßt die Prozesse des Verstehens und des Verständigens, des Aufnehmens und der Wiedergabe in Begriffe. Man kann sie auch als Nachrichtentheorie bezeichnen. Die Kommunikationsforschung fragt, unter welchen Umständen Information weitergegeben wird.

»In den Vereinigten Staaten beschäftigt sich die Kommunikationsforschung mit *allen* Wegen, auf denen Informationen und Gedanken ausgetauscht und mitgeteilt werden. So sprechen wir sowohl von Massenkommunikation wie von interpersonaler Kommunikation. Wir richten unsere Aufmerksamkeit auf das gesprochene Wort, das Signal, die Geste, das Bild, visuelle Darstellungen, das gedruckte Wort, den Funk und den Film, auf alle Zeichen und Symbole also, durch die Menschen versuchen, sich gegenseitig Gedanken und Wertvorstellungen mitzuteilen« (Schramm, 15).

Die Kybernetik versucht, die Erkenntnisse der Informationstheorie maschinell auszuwerten. Oft wird sie auch in einem weiteren Sinn verstanden als »Wissenschaft von den informationellen Strukturen im technischen und außertechnischen Bereich« (Steinbuch).

Ich möchte zunächst versuchen, mit einem Gedankenspiel die Notwendigkeit und Bedeutung der Kommunikationsforschung zu verdeutlichen: Ein Prediger nimmt die Predigt von Karl Barth über Ps 103,1–4 als Vorlage (vgl. § 6/VI) der Reihe nach für eine Trauerede, eine Beerdigungsansprache, einen Kindergottesdienst, eine Religionsstunde in einer Berufsschule und für einen Gottesdienst einer Jugendgruppe in »neuer Gestalt«. Der Prediger kann sich mit Barths Predigt identifizieren, er hält diese Predigt für die bestmögliche Auslegung des Textes und möchte im Gebrauch dieser Predigt möglichst wenig von ihren Aussagen verlieren. (Zum Problem des Predigens nach einer Vorlage vgl. § 11/III.) Wenn diese Predigt in den fünf Situationen hörbar werden soll, wird der Prediger je nach der verschiedenen Situation eine je verschiedene Predigt aus der einen entwickeln.

Ich meine, dieses kleine Gedankenspiel mache sofort ein Doppeltes deutlich: Es zeigt zunächst drastisch, wie wenig Erfahrung wir hier haben, wie sehr uns Experimente und Übungen im Blick auf den Kommunikationsprozeß »Predigt« fehlen. – Malen wir uns die Veränderungen aus, die eine Predigtvorlage in verschiedenen Situationen durchmacht, wird ohne weiteres einsichtig, wie unreflektiert im allgemeinen die gottesdienstliche Gemeinde bleibt, die sich am Sonntag versammelt. Wird bedacht, daß Gottes Wort als ein bestimmtes und konkretes je bestimmten Hörern gilt, wird man diese bestimmten Hörer wissenschaftlich untersuchen müssen. – Man könnte das Gedankenspiel fortsetzen: Der eine Pfarrer wird in den fünf Stationen je ein anderer, er wandelt sich mit seiner Hörerschaft. Von seiner sozialen, religiösen und theologischen Herkunft her, von dem her, was er vor dem jeweiligen Predigen erlebt, »wirkt« er je anders auf seine Hörer. Was er sagt, hängt in seinem Informationswert ab von dem, was er in der jeweiligen Situation ist.

Die Hörer haben ihrerseits in den verschiedenen Situationen eine verschiedene Hörererwartung, sie hören je anders. Schon indem sie da sind, tun sie etwas zur »Predigt« hinzu. Sie wirken auf den Prediger ein, schon durch die Art und Weise ihres Daseins. Stellt man sich weiterhin vor, ein und dasselbe Gemeindeglied höre die »Predigt« fünfmal, wird es fünfmal eine andere Predigt aufnehmen, anderes für sich aus dem Gehörten machen. Denn es hört seinerseits von seiner jeweiligen Herkunft und von seinen jeweiligen Erlebnissen her. Jedesmal hört es als ein anderer. Durch die Veränderung von Ort und Zeit verändert sich sein Hören, verändert sich in einem gewissen Sinn die Botschaft. Die Zumutung zum Loben ist für Braut und Bräutigam eine andere als für den, der einen geliebten Menschen verloren hat. Sie ist in jedem Fall wieder anders. – Ein guter Prediger wird instinktiv fühlen, daß seine Predigt für die Trauernden »unmöglich« ist, weil der Aufruf zum Lob nicht in ihre Situation paßt. Hier entsteht eine »kognitive Dissonanz« (vgl. Hooijdonk, 140), die vom Prediger zu überwinden ist. Andrerseits könnte für das Brautpaar die Aufforderung zum Gotteslob so erwartet, vorgewußt und bekannt sein, daß sie von daher kaum hören können. Hier steht der Prediger vor einer ganz andern Schwierigkeit als vorher, vor dem Problem zu großer Redundanz (vgl. Dahm, Anstösse, 33ff). Ein Prediger mit guter Einfühlungsgabe wird seine Sache instinktiv richtig machen, wenn er sich nicht nur von seiner Einfühlungsgabe leiten läßt, sondern die Situation seiner Hörer theologisch analysiert. Was jeder Prediger mehr oder weniger gut erahnt und erspürt, versucht die Kommunikationswissenschaft methodisch zu erforschen. So könnte man eine ganze Homiletik entwerfen, die vom Kommunikationsvorgang zwischen Prediger und Hörer ausgeht.

Beachtung verdient das Faszikel »*Verkündigung*« des *Pastorale,* das von einem Kommunikationsmodell ausgeht und in fünf Teilen Hörer, Verkündiger, Gegenstand der Verkündigung, Sprache, Situationen der Verkündigung die fünf formalen Elemente der Verkündigung abhandelt. Die Einleitung und vor allem das Schlußwort verraten die theologischen Schwierigkeiten eines solchen Unternehmens.

Umfaßt der Satz »Gotteswort im Menschenmund« die »ganze Dialektik des Verkündigungsgeschehens«, so bietet der pneumatologische Ansatz meines Erachtens die beste Möglichkeit, diese Dialektik zwischen »Gotteswort« und »Menschenwort« so durchzuhalten, daß nicht über dem einen das andere zu kurz kommt, auch wenn füglich einmal dies und einmal jenes mehr betont wird.

Wenn ich einerseits das Recht und die Notwendigkeit der Kommunikationsforschung für die Predigt grundsätzlich bejahe und andrerseits praktisch darauf verzichte, das Predigtgeschehen an einem Kommunikationsmodell darzustellen, muß ich dieses Vorgehen begründen: Erstens fehlt es an Voruntersuchungen und Experimenten, was an meinem Gedankenspiel und am Hinweis auf die zu untersuchenden großen Prediger schon augenfällig wurde. Diese fehlenden Untersuchungen und Experimente machen es sehr schwer, den Praxisbezug einleuchtend darzustellen. Die verschiedenen Kommunikationsmodelle bleiben dann weithin abstrakt. – Das zweite Argument ist schon grundsätzlicher: Die Hörer, die ich vor mir habe, sind nicht die Hörer, die die Kommunikationsforschung untersucht hat. Diese kann wohl Gesetzmäßigkeiten des Kommunikationsprozesses herausarbeiten; das Geheimnis des Hörers und seines Hörens bleibt. Meine Hörer werden bei der Predigt andere sein, auch wenn es die gleichen Hörer sind. Wenn ich eine Predigt vorbereite, habe ich den künftigen Hörer vor mir. Ich weiß nicht sicher, wer da sein wird und wie er da sein wird. Wohl kann die Kommunikationsforschung aufgrund von Erfahrung gewisse Dinge vorhersagen; das Geheimnis, das der Hörer vor Gott hat, vermag sie nicht zu lüften: das Geheimnis seiner Erwählung und der Zukunft, die er mit Gott hat. So markieren sowohl der Glaube wie der Unglaube, die Erwählung wie die Verstockung eine Grenze der Kommunikationsforschung. Es wäre unweise, diese Grenze zu übersehen. Die Kommunikationsforschung vermag die Unbekanntheit des Hörers so wenig aufzuheben wie die Exegese die Fremdheit des Textes. Dies spricht weder gegen die Kommunikationsforschung noch gegen die Exegese. – Drittens: die Kommunikationsforschung kann mir erklären, was passiert, wenn zwei oder drei sich versammeln. Das Geheimnis des Jesus-Namens und seiner Anwesenheit kann sie nicht erklären. Sie kann seiner Anwesenheit dienen, indem sie die Bedingungen des Sich-Versammelns erforscht, bewirken kann sie seine Anwesenheit nicht. So wenig wie eine Philologie den Jesus von Nazareth sichtbar und lebendig zu machen vermag, so wenig vermag ein Kommunikationsmodell das Wunder seiner Gegenwart zu bewirken: Was wir heute nötig haben, ist das Kommen des Geistes, und diesem Kommen können bessere Praktiken zwar dienen, bewirken können sie es nicht. – Damit kommen wir schon zum vierten Argument: Der, den wir predigen, war Gott, ist Gott, wird Gott sein, er schenkt den Glauben. Das Predigen kann deshalb nie zu einem Kommunikationsprozeß werden, den wir beherrschen; denn sonst würde Gott verfügbar und der Glaube machbar. Zwischen einer »neuen wissenschaftlichen

Rhetorik« und dem Predigen besteht eine unaufhebbare Differenz in der Macht des Geistes selbst. Ich kann den Satz des Paulus »Der Glaube kommt aus der Predigt« (vgl. Röm 10,17) nicht ersetzen durch den Satz: »Der Glaube kommt aus der Überredung« – auch wenn die Predigt formal gesehen nichts anderes ist als Überredung.

Das Wort vom Kreuz ist die Nachricht von einer mißlungenen Kommunikation, und seine Gestalt wird von dieser mißlungenen Kommunikation geprägt. Würde das Leiden an ihr aufhören, würde das Wort vom Kreuz seinen Informationswert verlieren. Aus diesem Grund kann das Verhältnis zur Kommunikationsforschung nur ein dialektisches sein. Gibt es eine Krise der Predigt, kann diese durch Kommunikationsforschung nicht behoben werden. Soll aber die Krise der Predigt behoben werden, wird auch die Kommunikationsforschung zu ihrem Recht kommen.

Bleibt noch eine Anmerkung und ein Hinweis: Da auch die Schriftsteller mit Sprache umgehen und auf ihre Weise über Kommunikation vermittels Sprache reflektieren, scheint mir das Gespräch mit ihnen ebenso fruchtbar zu sein wie das Gespräch mit der Kommunikationsforschung. Wenn die Kirche dem alten Mann in Peter Bichsels Geschichte gleicht (vgl. § 5/II), den niemand mehr versteht, der nur noch mit sich selbst spricht, besteht kein Grund, die Kommunikationsforschung zu verachten und an der Zunft vorbei zu gehen, deren Aufgabe es ist, einen Tisch als Tisch auszusagen.

Dritter Teil
DIE ZEITFORMEN DES WORTES

Erinnerung

Verheißung

Gegenwart

A

PREDIGT ALS ERINNERUNG

Die Geistesgegenwart umfaßt die Zeiten. In der Mitte dieser Predigtlehre werden die Zeitformen des Wortes analysiert. Die Vergangenheit wird in der Erinnerung vergegenwärtigt, diese holt jene in die Geistesgegenwart und läßt sie schöpferisch werden.

---

§ 9

DIE BEGRÜNDUNG DER PREDIGT IN GOTTES ERINNERUNG

Unsere Texte sprechen, zeitlich abständig, die Sprache einer antiken Welt. Es müßte deutlich zu machen sein, wie der Geist als Ereignis des Wortes im Übersetzen dieses Wortes in unsere Sprache wirkt. Die Verschiedenheit der Sprachen und der Zeiten stellt uns vor das Problem der Geschichte und des Zugangs zu ihr, wie er sich uns in der historisch-kritischen Methode darbietet. Haben wir im letzten Paragraphen versucht, den Nutzen der Exegese für die Predigt im Detail zu zeigen, muß jetzt das Problem grundsätzlich aufgenommen und weitergeführt werden.

Versuchen wir, zuerst das Recht der von den Exegeten angebotenen Lösungsversuche zu betonen: Die existentiale Interpretation hat darin ihr Recht, daß es beim Worte Gottes im Damals und Heute um den Menschen geht. Die Typologie hat darin ihr Recht, daß die Geschichte Gottes mit dem Menschen im Alten und Neuen Testament und heute *eine* Geschichte ist. – Von unserem pneumatologischen Ansatz her läßt sich ein dritter Lösungsversuch aufzeigen, der den beiden anderen Lösungen ihr Recht beläßt, vielleicht aber deutlicher zu machen vermag, daß die Lösung unserer Aporien bei Gott selbst liegt. Haben wir zwischen Geist und Buchstaben zu unterscheiden, erscheint diese Differenz als eine solche zwischen Erinnerung und historischen Fakten. Die Wirklichkeit und Wahrheit, die ich zu verkündigen habe, liegt im Blick auf die Geschichte nicht so sehr bei den bruta facta des Historischen, sondern in Gottes Erinnerung. Hat die Predigt geschehenes Heil, Heilsgeschichte zu verkündigen, dann gilt das geschehene Heil nicht so sehr darum, weil es geschehen ist, sondern vielmehr darum, weil es bei Gott gilt, weil Gott sich erinnert. – Indem die Predigt von dem Gott spricht, der war, bespricht sie seine Vergangenheit. Predigt hat als Rede von

Gott ihrem Wesen nach auch den Aspekt der Erinnerung. Erinnerung hält Geschichte als eine die Gegenwart bestimmende Macht. Diese Dialektik gilt es im Kontext einer biblisch-theologischen Meditation zu entfalten.

I

Biblisch-theologische Meditation über die Erinnerung

Otto Michel, Art. μιμνήσκομαι, ThW IV, 678ff. – *Niels A. Dahl,* Anamnesis. Mémoire et Commémoration dans le cristianisme primitif, StTh I, 1948, 69ff. – *Rudolf Hermann,* Der erinnerte Christus, in: Der historische Jesus und der kerygmatische Christus, 1961², 509ff. – *Pieter A. H. de Boer,* Gedenken und Gedächtnis in der Welt des Alten Testaments, 1962. – *Brevard S. Childs,* Memory and Tradition in Israel, 1962. – *Willy Schottroff,* ›Gedenken‹ im Alten Orient und im Alten Testament. Die Wurzel ZAKAR im semitischen Sprachkreis, 1964. – *Rudolf Bohren,* Predigt als Erzählung, in: OIKONOMIA. Heilsgeschichte als Thema der Theologie, Festschr. Cullmann, hg. v. F. Christ, 1967, 345ff. – *Johann Baptist Metz,* Befreiendes Gedächtnis Jesu Christi, 1970.

Wir wenden uns zunächst dem alttestamentlichen Sprachgebrauch von zkr (erinnern) zu, der auf Menschen und auf Gott angewandt werden kann (Schottroff, 339); wir beachten:

»Zkr als Begriff für die Beziehung Gottes zum Menschen bezeichnet keinen bloß gedächtnismäßigen Bezug, sondern ein tathaftes Eingehen der Gottheit auf den Menschen, der sich in Not befindet. Inhalt dieses Gedenkens ist Segen und Heil« (201). Göttliches Erinnern ist nicht ein Tagträumen, sondern freie Tat, »ein wirksames und schaffendes Ereignis« (*Michel,* 678). Es ändert die Lage, wendet die Not, rettet. Wenn Gott sich Noahs erinnert »und all des Wildes und des Viehs«, weht ein Wind über die Flut, die Wasser sinken, und die Brunnen der Urflut werden zugetan (1Mose 8,1f). – Zkr besagt auch hier mehr als ein Denken an . . . Gott kümmert sich um Noah, wendet sich ihm zu. Mitten in der Vernichtung »der Städte in der Niederung« erinnert er sich Abrahams, und das heißt, daß er Lot aus der Zerstörung herausleitet (1Mose 19,29). Wenn er des unfruchtbaren Weibes sich erinnert, wächst die Frucht im Mutterleib der Rahel (1Mose 30,22) und der Hanna (1Sam 1,11.19). Gottes Erinnern macht Leben möglich, befreit vom Unglück der Kinderlosigkeit, befreit vom Unglück überhaupt. Der Mensch des Alten Testamentes ruft in der Stunde schwerer Versuchung und Not Gott auf, sich zu erinnern; denn Gottes Erinnern wird das Schicksal wenden. Darum kann der Akt der Gebetserhörung mit zkr umschrieben werden (Schottroff, 187f).

Gott ist als der Ewige nicht zeitlos, sein Heilshandeln gründet in der Erinnerung. Dies gehört zu seiner Menschlichkeit, zu seiner »Conversableness«, daß er erinnerbar ist, daß er sich selbst erinnert. Man könnte auch sagen: Gottes Erinnerung ist Erinnerung an seinen Bund. Es wird nützlich und nötig sein, in diesem Zusammenhang nochmals auf einige Stellen zu verweisen:

So oft der Regenbogen in den Wolken steht, erinnert Jahwe sich des Bundes, daß niemals mehr die Wasser der Urflut die Erde bedecken sollen (1Mose 9,15f). Dies ist der Hauptinhalt des göttlichen Erinnerns, daß er des Bundes gedenkt und als der »Gott Abrahams, Isaaks und Jakobs« an seinem Volke handelt. Als der sich des Bundes und also der Väter Erinnernde hilft er seinem Volk. »Und Gott hörte ihr Wehklagen und gedachte seines Bundes mit Abraham, Isaak und Jakob. Und Gott sah auf die Israeliten und gab sich ihnen kund« (2Mose 2,24f). Im Erinnern an die vergangene Offenbarung geschieht neue Offenbarung. In Gottes Erinnern an die vergangene Heilstat geschieht neue Heilstat. Das Heil wächst aus Gottes Erinnern an den Bund; denn im Erinnern wird der Bund von gestern zum Bund von heute: »Da sah er an ihre Drangsal, wenn er ihre Klage vernahm, gedachte zu ihrem Heil seines Bundes und ließ sich's gereuen nach seiner großen Güte. Er ließ sie Erbarmen finden...« (Ps 106,44ff).

Der Gott, der Heil schafft, ist der, der sich erinnert. Mächtig werden nicht so sehr Geschichtstatsachen, sondern ihre Geltung bei Gott, Vergessenes gilt nicht. Was gilt, lebt im Gedächtnis, und was im Gedächtnis bleibt, lebt in der Liebe. Gottes Für-sein-Volk-Sein in der Gegenwart ist bestimmt von seinem Gedenken. Wenn er Geschichte macht, wird sein Handeln nicht von der Geschichte primär bestimmt, sondern aus dem Gedenken an das frühere Heil. Die historische Frage, wie es denn gewesen sei, verstummt angesichts des Neuen, das aus der Erinnerung kommt. Die Historie meint das Alte, das gewesen war, die Erinnerung sinnt auf das, aus dem Neues werden soll. In der Erinnerung *gilt* das Alte. Theologische Voraussetzung solchen Geltens ist der Bund. Das Gedenken an den Bund ist die Voraussetzung, gleichsam die innere Seite der Offenbarung Gottes.

Um des Bundes willen findet das Volk Erhörung, wird ihm Rettung zuteil: »Und ich habe auch das Wehklagen der Israeliten gehört ... und habe meines Bundes gedacht. Darum sage zu den Israeliten: ich bin Jahwe; ich will euch von der Last der Fronarbeit Ägyptens freimachen und euch aus eurer Knechtschaft erretten und euch erlösen mit ausgerecktem Arm und durch gewaltige Gerichte« (2Mose 6,5f). In der Erinnerung an diesen Bund tritt Mose für das abtrünnige Volk ein. »Gedenke deiner Knechte Abraham, Isaak und Israel, denen du bei dir selbst geschworen und verheißen hast...« (2Mose 32,13). Die Folge göttlicher Erinnerung wird sein, daß er seinen Beschluß ändert (2Mose 32,14).

Die Psalmen steigern die Aussagen über das göttliche Erinnern dahin, daß er ewig seines Bundes gedenkt (105,8; 111,5). Ezechiel aber verheißt, daß er im Gedenken an seinen ersten Bund einen neuen, ewigen Bund aufrichte (16,60).

Diese Selbsterinnerung Gottes an den Bund gipfelt in der Sendung des Sohnes, im Anbruch des messianischen Heils: »Er hat sich Israels, seines Knechtes, angenommen, zu gedenken der Barmherzigkeit, wie er geredet hat zu unsern Vätern, gegenüber Abraham und seiner Nachkommenschaft in Ewigkeit« (Lk 1,54f; vgl. 68–75). Indem die Fleischwerdung geschieht, die Zeit sich erfüllt und Gott aus seiner Ewigkeit heraustritt, geschieht etwas Einmaliges. Weil dieses Große einmal sich ereignet, kann die Predigt gar nichts anderes sein als Erinnerung an das, was einmal geschah. Als Erinnerung an ein einmaliges Geschehen aber ist Predigt nichts anderes als ein unermüdliches Erzählen und Aufzählen.

Damit aber beginnt das Ereignis der Predigt als Gottes Wort, daß Gott sich selbst seiner Vergangenheit, seines Bundes, daß er sich der Erzväter, der Einmaligkeit des Opfers Christi und also seines ewigen Erbarmens erinnert. In dieser Selbsterinnerung Gottes hebt das Ereignis an, das im Erinnern der Predigt seinen Fortgang nimmt. Das innergöttliche Reden, das Wort Gottes zu sich selbst, wird zu einem Wort an

Menschen. Gott erinnert nicht nur sich selbst, sondern auch den Menschen an das, was er gestern tat; denn von dem, was Gott gestern tat, lebt der Mensch heute noch. An dem, was Gott gestern tat, kann das Volk erkennen, wer Gott heute ist. Predigt ist nicht nur Erinnerung, sie ruft gleichzeitig auf zur Erinnerung; in der Erinnerung an vergangene Tat wird Gott offenbar, erkennbar. – Diese Doppelheit und dieser gegenseitige Bezug von göttlichem und menschlichem Erinnern ist zunächst auf Grund des Bundes zu verstehen. Sie kommt vom Bund her und lebt in der Gabe des Geistes. Der gegenseitige Bezug von göttlichem und menschlichem Erinnern lebt in theonomer Reziprozität (vgl. § 4/II). Predigendes Erinnern hat zu geschehen als ein mit Gott verbündetes Tun. Vom Neuen Testament, insbesondere vom Johannes-Evangelium her, läßt sich sagen: Erinnerung geschieht im Dienst des Parakleten. Dieser ist der Erinnerer schlechthin.

Oscar Cullmann hat darauf hingewiesen, daß alle Stellen im vierten Evangelium, die von »Erinnern« sprechen, inhaltlich mit den Aussagen über den Parakleten zusammengehören (Urchristentum und Gottesdienst, AThANT 3, 1950², 49, vgl. Dahl, 94). »Der Beistand aber, der heilige Geist, den der Vater in meinem Namen senden wird, der wird euch alles lehren und euch an alles erinnern, was ich euch gesagt habe« (Joh 14,26). – So bildet die Auferstehung ein Datum, das den Jüngern die Erinnerung an Jesu Wort erschließt (Joh 2,22). Die Verherrlichung eröffnet Erinnerung und Verstehen, der Zusammenhang von Jesu Einzug mit dem alttestamentlichen Prophetenwort wird einsichtig (12,16). Die Gegenwart des Heils bringt verstehendes Erinnern. – Die Abschiedsreden aber zielen auf eine spätere Zeit, die das Wort bewährt: »Aber dies habe ich zu euch geredet, damit ihr, wenn die Stunde kommt, euch daran erinnert, daß ich es euch gesagt habe« (16,4). Die Stunde der Verfolgung wird die der Erinnerung sein. »Anfechtung lehrt aufs Wort merken« (Jes 28,19 Luther). – Im Geist wird das Vorherige gegenwärtig, und das Zukünftige bricht an. »Jenes ›Erinnern‹, von dem der Evangelist spricht, ist also einerseits ›Erinnern‹ an das einmalige Geschehen, andererseits zugleich Erkenntnis seines Zusammenhangs mit dem vergangenen alttestamentlichen Geschehen und mit dem kommenden Geschehen in der Kirche Christi« (*Oscar Cullmann*, Heil als Geschichte, 1965, 250).

Im Erinnern des Geistes wird die Vergangenheit gleichermaßen für die Gegenwart aufgebrochen wie die Zukunft. Der Geist erinnert an das in der Vergangenheit von Jesus Gesagte. Der im Geist Gegenwärtige wiederholt das vom Inkarnierten Gesagte, und das heißt also, Gott selber erinnert uns an sein Handeln und Reden in der Vergangenheit. Indem der Lebendige uns erinnert an das Heil, das er gestern schaffte, an das Wort, das er gestern sprach, schafft er heute Heil, spricht er heute sein schöpferisches Wort, verkündigt er das Zukünftige (vgl. Joh 16,13b). Im Dienst der Selbsterinnerung Gottes, im Dienst des Parakleten, steht also der Prediger, der erinnert. Sein Problem ist zunächst nicht, wie er die Menschen erreicht, sondern wie er Gott erreicht; denn ohne den Beistand des Parakleten bleibt der Prediger im Grunde ohne Erinnerungsvermögen, das Wort bleibt tot, Vergangenheit und Zukunft des Heils bleiben verschlossen. Erzählung der Heilsgeschichte wird zu einem Ding der Unmöglichkeit. Predigendes Erinnern bleibt tot, hat sozusagen keinen Informationswert, wenn es nicht Gott und sein Erinnern erreicht, wenn nicht der Paraklet unmöglich Gewordenes wieder ermöglicht. Alles hängt daran, daß das Erinnern geistlich, charismatisch geschieht. Predigendes Erinnern wird dann zum Akt des Vertrauens auf die Verheißung seiner Gegenwart. In diesem Vertrauen beinhaltet die Predigt an den Menschen zugleich eine Zumutung an den, der sich uns versprochen hat, der tun will, was das Wort sagt. Geschichte wird erzählt, damit sie neu geschehe. Im Akt des Vertrauens – nicht nur auf die Gegenwart, sondern auch auf die Zukunft – wird Geschichte als Verheißung erzählt. In der Erinnerung an den Gott, der da war, wird der offenbar, der kommt. Lawrence Durrell nennt die Erinnerung die »Urmutter der Hoffnung« und trifft mit dieser Formulierung wohl auch theologisch das Richtige. Das Erinnern lehrt die Sprache der Hoffnung. Erinnerung ist die Begeisterung für das Alte auf das Künftige hin, ist Sage auf Weissagung hin, ein Rückschritt nach vorwärts! In der Erinnerung wandelt sich Vergangenes in Kommendes; in der Erinnerung wirkt der Schöpfer Geist, und wer vergißt, gibt den Geist auf. Nach dem Geist suchen, um den Geist bitten, heißt darum auch, »die verlorenen Erinnerungen suchen/ die durch die Erde weissagend duften«. Unweit von ihnen steht »die Heimwehleiter/ die den Tod übersteigt« (Nelly Sachs, Fahrt ins Staublose, 1961, 151).

II

Erinnerung – historische Kritik – Sprache

Wir konfrontieren die bisherigen Überlegungen mit den historisch-kritischen Fragestellungen (vgl. §§ 2/III und 8/II): Hat Moltmann Recht mit seiner Behauptung, wonach die Historisierung der Geschichte von der Geschichte befreit (EvTh 1962, 32), meint Erinnerung gerade die Mächtigkeit der Geschichte. Erinnerung fragt nicht so sehr, wie es eigentlich war, sie fragt vielmehr, wie das, was war, ist. Nicht die Vergangenheit wird bewältigt, indem man sich von ihr befreit, sondern die Gegenwart wird bewältigt, indem sie an die Vergangenheit gebunden wird. So wird in Gottes Erinnerung an das geschehene Heil die heillose Gegenwart »bewältigt« (§ 12).

Das Kriterium für die wiederzugebende Geschichte liegt nicht so sehr bei ihrer Faktizität, sondern bei dem, was der aus ihr macht, der das Nichtseiende ins Dasein ruft. Der Text wird dadurch echt, daß Gott ihn braucht. Die Frage, ob er einmal echt war, entscheidet nicht über die Frage, ob er heute »echt« sei. Mehr als die historische Echtheitsfrage interessiert die aktuelle Frage, ob er jetzt und hier, morgen und dort vom lebendigen Gott bewahrheitet wird. Wichtiger als die Herkunft des Textes ist seine Zukunft! Das Kriterium der Geschichtsmächtigkeit eines Textes liegt nicht so sehr in dessen Historizität als im Erinnern Gottes. Erinnerung wird bestimmt durch den, der sich erinnert. Dies gilt auch für die menschliche Erinnerung. Ihre Qualität liegt nicht so sehr in ihrem Ursprung als in dem, was der mit ihr macht, der sich erinnert. Ihre Wirkkraft ist nicht abhängig von der Historizität ihres Ursprungs. Auch wenn wir die Geschichte in Absehung ihres theologischen Geheimnisses betrachten, wird die von der Historizität unabhängige Macht der Erinnerung deutlich:

»Geschichtlich falsche oder auch nur in gewisser Hinsicht umgeformte Erinnerungsbilder wirken genauso auf die Weise, wie man neue Erfahrungen versteht und in sich verarbeitet, wie der historischen Wirklichkeit näher gebliebene Erinnerungen. So besteht ein Unterschied zwischen dem geschichtlichen Mose – über ihn wissen wir übrigens kaum etwas Bestimmtes – und dem Mose, dessen Bild seit Generationen dem jüdischen Volke ins Herz eingeprägt ist und dessen Einfluß auf das jüdische Volksleben von der Urzeit bis auf den heutigen Tag nie nachgelassen hat« (*de Boer,* 10f).

Erinnerung verändert die Geschichte, lenkt die Geschichte, indem sie diese überholt. Die historische Frage ist primär als Frage nach dem Erinnerten theologisch von Belang. – Andererseits speichert sie Geschehenes und Überliefertes mit dessen Wirkungsgeschichte. Sie enthält etwas von der Strecke, die sie vom Damals zum Heute durchlief, wird mitbestimmt durch diese Zeitstrecke so gut wie durch die Gegenwart. Ihre Optik wird bestimmt vom Weg, den der zurücklegte, der sich erinnert, und vom Standpunkt, den er jetzt einnimmt. Sie ist perspektivisch. Ihre Wahrheit steht im Widerstreit zwischen historischem Befund und geschichtlich gewordener Optik:

So lernte ich als Schweizerknabe in der Schule: »Unsere Väter haben in der Schlacht von Morgarten die Österreicher besiegt«. Historisch-kritisch betrachtet, ist dieser »Lehrsatz« unsinnig, sehr wahrscheinlich waren »unsere« berner-oberländischen Väter zu ihrem Glück nicht bei dem Treffen, und wenn sie dabei waren, dann sicherlich auf seiten der Österreicher. Durch den glückhaften Lauf der Schweizergeschichte aber wurden unsere Väter in die Väter der Innerschweizer inkorporiert, so daß das Werden der Eidgenossenschaft die Sage wahrmacht: »Unsere Väter haben in der Schlacht von Morgarten die Österreicher besiegt.« Glückliche Väter mit ihrer imputierten Geschichte! Es wäre Unsinn, den Satz bestreiten zu wollen, daß unsere Väter bei Morgarten siegten, die ganze Schweizergeschichte und die ganze jetzige Schweiz stehen für die Wahrheit dieses zweifelhaften Satzes ein: »Unsere Väter haben . . .«

An diesem Beispiel mag ein Doppeltes deutlich werden: Einerseits kann die historisch-kritische Methodik nicht modifiziert werden. Sie schützt vor einem ideologischen Mißbrauch der Geschichte. Sie ernüchtert. So tut sie auch dem Glauben den Dienst, ihn vor Illusionen zu bewahren (E. Käsemann). – Andrerseits aber werden – was die Historiker schon wissen – die historischen Daten durch die Geschichte selbst verändert. Die Geschichte schreibt sich selbst um. Aus Geschichte und Gegenwart ergibt sich eine Metakritik der historischen Kritik. So wird der Prediger die historische Kritik zur Kenntnis nehmen, aber ihre Ergebnisse konfrontieren mit der Geschichte des Gottesvolkes im Alten

und Neuen Bund und mit der Frage nach dem gegenwärtigen und zukünftigen Handeln Gottes. In dieser Konfrontation muß sich erweisen,
wer Recht hat, die historische Kritik oder die kerygmatische Behauptung. Die beiden aber müssen nicht immer gegeneinander stehen.

Die Konfrontation von Erinnerung und historischer Kritik beleuchtet
bloß eine Seite des hier zu bedenkenden Sachverhaltes. Erinnerung ist
nicht nur in bezug zur Geschichte, sie ist auch in bezug zur Sprache zu
sehen. Dieser doppelte Bezug zeigt, daß die Erinnerung nicht nur eine
Privatsache darstellt, sondern auch eine gesellschaftliche, eine »katholische« Dimension hat. Sprache setzt gemeinsame Erinnerung voraus,
und wer etwas zu sagen hat, wird eine besondere Erinnerung zu erzählen oder eine besondere Zukunft aus der gemeinsamen Erinnerung anzusagen haben. Wer spricht, erinnert sich und erinnert andere an ihre
gemeinsame und an ihre besondere Erinnerung. Sprache bildet eine
Kommunion von Erinnerung. Wer hört, wird durch einen andern erinnert, seine eigene – auch seine besondere Erinnerung wird wach. Daß es
nicht nur gemeinsame, sondern auch besondere Erinnerung gibt, signalisiert eine Problematik des Kommunikationsprozesses, die die Kommunikationsforschung erforscht. Sie erweitert sich noch dadurch, daß es
nicht nur bewußte, sondern auch verdrängte, vergessene und unbewußte
Erinnerung gibt, die das Hören erschweren oder verunmöglichen kann.
Die Probleme der Redundanz, der kognitiven Dissonanz und der Selektion sind auch unter dem Gesichtspunkt der Erinnerung zu sehen
(vgl. §§ 8/III und 28). Kommuniziert die Erinnerung mittels der Sprache, ist jedes Wort beladen mit Erinnerung und jede neue Zusammenstellung von Wörtern schafft neue Weiten, eröffnet neue Horizonte von
Erinnerungen. Worte sind Schiffe der Erinnerung. Tun sie sich zusammen zu Sätzen, bilden sie ganze Flotten, die im Zeitmeer von Küste zu
Küste fahren: Vergangenheit wird zur Zukunft entladen. Erinnerung
verbindet Zeiten und Menschen. Allein die Überfahrt kann so oder so
mißlingen. Die Sprache kann ihre Fracht verlieren, vergeßlich werden,
sie kann ihre Zukunft verlieren und zum Küstenfahrer werden entlang
der Vergangenheit. Sie gelangt dann nicht vom Menschen zum Menschen, fixiert sich vielmehr an ein selbstgewähltes Stück Vergangenheit
oder verdrängt Vergangenheit und bleibt damit ebenfalls unfruchtbar
an eine Vergangenheit gebunden.

Erinnerung kann nicht als solche heilig gesprochen werden. Die
pneumatologischen Kategorien der Reziprozität und der Vermengung
(vgl. § 4/II) erklären nicht nur, warum die Schrift unbekümmert zwischen göttlichem und menschlichem Erinnern hin und her geht, sie zeigen auch, daß die Vermengung von Göttlichem und Menschlichem in
der Erinnerung deren ständige theologische Kritik erfordert. Die Geister
der Erinnerung wollen geprüft sein, sie werden prüfbar an der Sprache,
die sie sprechen. Diese Prüfung kann vor verschiedenen Instanzen mit

verschiedenen Instrumentarien erfolgen: Der Name (vgl. § 5) wird zum Zeichen der Erinnerung, er führt nicht nur Vergangenheit her, er deklariert sie, erinnert an die Einheit mit dem Genannten, spricht auf das Ereignis der Einheit hin. So wird die Namensnennung zur Erinnerung an die Zukunft. Namenrede erinnert und präsentiert deshalb den Namen als einen erinnerbaren. Der Erinnerte kann erinnert werden und wird um seines Kommens willen erinnert. In der nautischen Metaphorik heißt das: Seine Zukunft und Ankunft löscht die Fracht der Erinnerung. – Das Buch der Erinnerung dieses Namens (vgl. § 6) wird zum Kanon der Erinnerung, es bildet mit seiner (nicht der pervertierten) Sprache Kanaans ein kritisches Sprachmuster, an dem sich entscheidet, ob ich in die Zukunft Gottes unterwegs bin oder ob ich bloß der Vergangenheit entlangfahre. Meine Sprache aber verrät meinen Kurs, verrät, ob ich die Sprache bei der »Urmutter der Hoffnung« gelernt habe oder bei irgendeiner Muhme der Betulichkeit, die mich an einen Teil der Vergangenheit fixiert oder mich das Verbergen und Vertuschen lehrt.

III

Der Dienst der Erinnerung

Die Erinnerbarkeit Gottes und sein Bund mit den Menschen eröffnen dem Menschen die Möglichkeit, ihn zu erinnern; dann wird die Predigt Anruf sein an Gottes Erinnern, bevor sie Anruf an den Menschen sein kann, sich Gottes zu erinnern. Dieser Anruf ergeht in der Hoffnung, daß das predigende Erinnern des Menschen im Einklang mit dem göttlichen Erinnern geschehe, damit also im menschlichen Erinnern göttliches Heil geschehe. In diesem Betracht ist Predigt Provokation des Heils, wie sie ihrerseits durch geschehenes und geschehendes Heil hervorgerufen wird. – Mit diesem Anruf an Gottes Erinnerung wird der Prediger anheben; er bildet den Ausgangspunkt für jede Predigt, die Ereignis ist; denn dies ist gleichsam die obere Seite des predigenden Erinnerns, daß Gott erinnert wird, damit er sich erinnere. Entstammt die Predigt solchem göttlichem Erinnern, quillt sie aus der Selbsterinnerung Gottes, weht der göttliche Wind, Lot kommt aus Sodom heraus, und der verschlossene Leib wird aufgetan; dann ist die Predigt Schicksalswende, Tat.

Der Dienst des Predigers wird mit solchem Erinnern Gottes beginnen. Bevor er predigend erzählt, wird er anbetend erzählen, und das heißt praktisch, er wird zunächst einen Text lesen und diesen Text dem vorhalten, der seine Gegenwart und Zukunft verheißen hat. Der Text will also zunächst nicht auf meine Existenz hin interpretiert und übersetzt werden, sondern will auf die Existenz Gottes hin gelesen werden, als ein Text von dem, der ist und kommt, um Gott an seine Taten zu erinnern, damit er neue Taten tue. Indem dieser Gott für uns ist, können die Texte nicht auf die Existenz Gottes hin gelesen werden unter Ausklammerung unserer eigenen Existenz! Lesen wir den Text auf die Existenz Gottes hin, der als Immanuel erschien, dann sind wir mit unserer Existenz dabei. Will der Text in diesem Sinne zuerst gelesen werden, so könnte man sagen, das Predigen sei ein Kinderspiel, wenn man erst den Text richtig lesen könnte! Wenn die Predigtvorbereitung mit dem betenden Lesen des Textes anzuheben hat, dann erst recht die Predigt selbst. Die Rezitation des Textes im Gottesdienst, der in der Textverlesung allem predigenden Erzählen vorausgeht, meint ja, recht verstanden, nicht eine liturgische Selbstgenügsamkeit, sondern die große Anfrage an den Herrn des Textes, daß er ihn erfülle: ein großes Aufblicken zu dem, der die Vergangenheit des Textes in seine Gegenwart und Zukunft hineinnimmt: »Ja, wie die Augen der Magd auf die Hand der Gebieterin, so blicken unsre Augen auf den Herrn, unsern Gott, bis er uns gnädig ist« (Ps 123,2b). Wenn die Predigt in dieser Haltung nicht nur anhebt, sondern weitergeht, dann ist es keineswegs Zufall oder fromme Floskel, wenn Prediger ihre Anrede an Menschen in der Predigt in eine Anrede an Gott selbst übergehen lassen. Wir zählen auf den, von dem wir erzählen, halten ihm vor, was wir berichten.

Predigendes Erinnern wendet sich zuerst an den Herrn der Predigt, weil sie sich gerade nicht mit einer besonnten Vergangenheit des Heils begnügen will; sie bedeutet nicht ein greisenhaftes Sich-verlieren im Gestern oder Vorgestern, beinhaltet vielmehr einen Akt der Erwartung, der das Heute und Morgen Gottes will. Sie streckt sich aus nach dem Heil der Gegenwart und Zukunft, und darum ist sie zuerst Erinnerung Gottes, Gebet.

Mit Recht bemerkt Ulrich Duchrow, das Gebet sei »kein metaphysischer Ersatz für die hermeneutische Frage, sondern deren radikalste Zuspitzung« (Historisch-kritische Methode und Gebet bei der Schriftauslegung, MPTh 53, 1964, 425). Es besagt, daß das hermeneutische Problem letztlich nicht durch den Menschen, sondern nur durch den neuen Heilserweis Gottes gelöst wird. Das Beten von Texten der Vergangenheit geschieht, damit das Heil, von dem sie reden, Ereignis werde. Daß das Gebet ein sonstiges Bemühen um den Text erübrigt, kann nur angenommen werden, wenn man das Gebet mißversteht.

IV

Abendmahl und predigendes Erinnern

Julius Schniewind/ Ernst Sommerlath, Abendmahlsgespräch, hg. v. Edmund Schlink, 1952. – *Joachim Jeremias,* Die Abendmahlsworte Jesu, 1960³, 229ff. – Zur Lehre vom heiligen Abendmahl. Bericht über das Abendmahlsgespräch der Evangelischen Kirche in Deutschland 1947–1962 und Erläuterungen seines Ergebnisses, hg. v. Gottfried Niemeier, 1964[6]. – *Lukas Vischer*, The Epiclesis: Sign of Unity and Renewal, Studia Liturgica 6, 1969, 30ff.

Auch das Abendmahl kennt einen Erinnerungsbefehl: »Dies tut zu meinem Gedächtnis«. Wäre man verständig, ließe sich am Abendmahl aufzeigen, was Predigt als Erinnerung meint. Am »sichtbaren Wort« (verbum visibile) des heiligen Mahles könnte die Relation der Erinnerung zu Geschichte und Gegenwart, ja vielleicht das hermeneutische Problem selbst anschaulich werden; denn wir haben allen Grund anzunehmen, das Erinnern beim heiligen Mahl sei analog zum predigenden Erinnern, ja es bilde ein Beispiel für dasselbe.

Wir gehen zunächst aus von den Arnoldshainer Thesen, deren erste das Mahl als von Jesus gestiftet und befohlen deklariert, es aber in einem zweiten Satz sofort als Gegenwartsgeschehen betont, was die zweite These nochmals bekräftigt: »Im Abendmahl handelt Jesus Christus...« – Einmal wird die Hypothese abgelehnt, das Abendmahl sei eine freie Erfindung der Gemeinde, zum andern macht der Tenor dieser zwei Sätze deutlich, daß das Datum der Einsetzung nicht zu trennen ist von dem, was in Tod und Auferstehung geschah. Das Datum der Einsetzung – so kann man folgern – wird relevant durch Tod und Auferstehung, und der das Mahl einsetzt, ist nicht zu trennen von dem, der durch Tod und Auferstehung zum Herrn wurde. Das heilige Mahl lebt nicht so sehr vom historischen Jesus als vielmehr vom lebendigen Christus. Es erhält seine Kraft nicht durch den historischen Nachweis, daß es – nach evangelischer Überlieferung – in der Nacht des Verrates seinen Ursprung habe, sondern durch die Präsenz des Auferstandenen. Leben und Kraft des Abendmahls besteht darin, »daß Christus in Person die Gabe ist« (Schniewind, 17). Wo er sich gibt, gibt er sich mit seiner Geschichte, wo er die Gabe ist, soll an die Nacht des Verrates und an sein Sterben erinnert werden. Wo er sich gibt, gibt sich der, der sich gab. Den wir im Mahl empfangen, ist derselbe wie der »in der Nacht, da er verraten ward«. Die Gegenwart Jesu Christi und also die Geistes-Gegenwart ist nie geschichtslos, der Gegenwärtige ist immer auch der Gewesene. Ist im Geist Jesus Christus gegenwärtig, dann auch seine ganze Geschichte, auch der »historische« Jesus.

Sollte sich die Deutung von *Joachim Jeremias* halten lassen, wonach die Gemeinde Gott an die noch ausstehende Vollendung des Heilswerkes erinnert, wäre auch das Abendmahl – wie die Predigt – im Horizont des Betens zu verstehen.

Der Dienst des Predigers geschieht wie der Dienst dessen, der das Abendmahl austeilt, »zu seinem Gedächtnis«. Die Erinnerung ist eine Grundstruktur aller Predigt. Niels Astrup Dahl ist der Meinung, »predigen« korrespondiere weniger mit χηρύσσειν (bekanntmachen, laut verkündigen) als mit ὑπομιμνήσκειν (erinnern) (80). Predigt wäre dann zu verstehen als Akt der Erinnerung. Sie gleicht darin dem Brechen des

Brotes, daß sie das Schweigen bricht wie Brot. Der Text gleicht den Elementen, zu denen der Prediger die Deuteworte spricht. Die Deuteworte aber bedürfen der Epiklese um das Herabkommen des Geistes, denn am Geist hängt das Heil, er ist Vorgabe der Vollendung.

Auch bei diesem Dienst des Predigers bildet die Furcht Gottes der Weisheit Anfang. Vergißt der Prediger den, den er predigt, übersieht er, daß er Erinnerung an das Vergangene nur kraft der Selbsterinnerung Gottes predigen kann, bekommt die Vergangenheit ein isoliertes Eigengewicht, entweder als historische Tatsache oder als historische Unhaltbarkeit.

Spricht der Prediger nicht im Dienst des Parakleten, dient sein Erinnern der Selbstrechtfertigung und wird so oder so zum Geplauder. Fehlt die göttliche Selbsterinnerung, wird die Predigt schwerelos. Vergißt der Prediger die Gegenwart und Zukunft des Erinnerten, wird die Erinnerung leer. Verliert die Predigt die Bindung an Gott, wirkt sie unverbindlich. Wird sie zur gottfremden Rede von Gott, wirkt sie auch weltfremd. Dies mag eine Gefahr biblizistisch-konservativer Predigt sein.

Vergißt aber der Prediger, daß das Ereignis des Wortes Gottes mit der Erinnerung anhebt, mag er Angst bekommen, die Leute mit alten Geschichten zu langweilen, kommt er dazu, sich der Vergangenheit Gottes zu schämen, ist sie doch als solche allzu unsicher, vielleicht sogar anrüchig und ethisch minderwertig, dem modernen Menschen unzumutbar. Dies mag eine Gefahr modernistischer Predigt sein.

Weiß aber der Prediger um das Geheimnis, daß Gottes Wort in seiner Erinnerung geschieht, wird er hier Geplauder vermeiden, falsche Scham verlieren und in Furcht und Kühnheit den Gott verkünden, der als der Ewige in Christo war. Er weiß, daß nicht so sehr das historische Faktum, sondern die Selbsterinnerung Gottes die Not wendet. Er bleibt am Text; denn der in der Vergangenheit des Textes sprach und handelte, soll heute und morgen sprechen und handeln. Der da war, ist im Kommen; darum suchen wir in der Erinnerung an seine Vergangenheit seine Gegenwart und Zukunft.

Die Heilige Schrift berichtet von einer Geschichte. Zum Wesen der Predigt gehört das Erzählen. Bildet die Passion die Ur-Geschichte für das predigende Erzählen, kann das mannigfaltig geschehene und geschehende Heil auf vielerlei Weisen erzählt werden.

§ 10

PREDIGT ALS ERZÄHLUNG

André Jolles, Einfache Formen, 1958[2]. – *Martin Dibelius,* Die Formgeschichte des Evangeliums, hg. v. Günther Bornkamm, 1959[3]. – *Walter Benjamin,* Der Erzähler. Betrachtungen zum Werk Nikolai Lesskows, in: Illuminationen, 1961, 409ff. – *Ingo Baldermann,* Biblische Didaktik. Die sprachliche Form als Leitfaden unterrichtlicher Texterschließung am Beispiel synoptischer Erzählungen, 1963. – *Kornelis H. Miskotte,* Wenn die Götter schweigen, 1963, 203ff. – *Claus Westermann,* Arten der Erzählung in der Genesis, in: Forschung am Alten Testament, ThB 24, 1964, 9ff. – *Harald Weinrich,* Tempus. Besprochene und erzählte Welt, 1964. – *Alain Robbe-Grillet,* Argumente für einen neuen Roman, 1965. – *Heinz Otto Burger,* Methodische Probleme der Interpretation, in: Die Werkinterpretation, hg. v. Horst Enders, 1967, 198ff. – *Franz Rosenzweig,* Das Formgeheimnis der biblischen Erzählung, in: Die Schrift, hg. v. Karl Thieme, o.J., 13ff.

I

Predigendes Erzählen

»Was ich nötig habe, sind Geschichten, ich habe lange gebraucht, um das einzusehen.« So kann man in Samuel Becketts Roman »Molloy« (1954) lesen. Bezeichnenderweise folgt ein zweideutiger Nachsatz: »Übrigens sicher weiß ich das nicht« (20). – Bei Max Frisch aber heißt es: ». . . man kann nicht leben mit einer Erfahrung, die ohne Geschichte bleibt.« Auch hier der Nachsatz, der Zweifel anmeldet: »scheint es . . .« (Mein Name sei Gantenbein, 1964, 14). »Ich probiere Geschichten an wie Kleider« (30). – Geschichten gehören offenbar zur menschlichen Existenz, bilden eine Art Schutzhülle der Seele. Man braucht sie.

Die beiden Voten melden nicht nur ein Bedürfnis an nach Geschichten, sie bezweifeln die Geschichte zum vornherein. »Erzählen im eigentlichen Sinn des Wortes ist unmöglich geworden.« Dieser Satz von Alain Robbe-Grillet (34) kennzeichnet nicht nur die Situation des »nouveau roman«, er mag Signal sein für die Bedrohtheit des Menschen überhaupt, der keine Zeit hat; denn wer keine Zeit hat, kann nicht erzählen. Der Prediger aber existiert durchaus als Zeitgenosse der Schriftsteller. Ein naives Erzählen biblischer Geschichte ist sowohl vom Prediger wie auch vom Hörer her kaum noch möglich. Biblische Geschichte als bloßer Tatsachenbericht wirkt unglaubwürdig; denn es bleibt ein Erzählen in toten Buchstaben. Darum war es nötig, nach dem zu fragen, was predigendes Erzählen ermöglicht, ihm Grund, Sinn und Zukunft gibt, nach dem Erinnern Gottes selber: Solches Erzählen artikuliert, was bei Gott gilt; es erinnert an Geschehenes, das zählt und unsere Existenz und Vergangenheit, Gegenwart und Zukunft umgreift. Biblische Geschichte kann nur auf die Zukunft hin erzählt werden, die Gott ihr gibt. Dieser Sachverhalt bestimmt die Art und Weise solchen Erzählens: Ihm eignet Unsicherheit, die nicht mit Ungewißheit zu verwechseln ist. Es wird darum kein sicheres Erzählen sein, insofern es selbst nie über eine Wiederholung des Erzählten verfügt. So probiert man biblische Geschichte wie Kleider, in der Hoffnung, daß man das passende, das neue Kleid finde, daß es neue Geschichte gebe. Der Verlust an Sicherheit wird dem Prediger nur zum Vorteil gereichen, weil er weiß, daß das Erzählte nur zählt, wenn der Geist es in seine Gegenwart aufnimmt. Spricht der Glaube, dem alle Dinge möglich sind, wird auch das unmöglich gewordene Erzählen wieder möglich; Möglichkeit, Grund, Sinn predigenden Erzählens liegen in der Erinnerung Gottes selbst – in der Gegenwart des Geistes. Hierbei ist ein Doppeltes zu beachten: Predigendes Erzählen geschieht auf dem Hintergrund des Schriftganzen und erzählt einzelnes.

Predigendes Erzählen gehört zur Grundstruktur der Predigt. Wollte man zwischen Kerygma (Botschaft), Didache (Unterweisung, Belehrung) und Paraklese (Ermahnung, Tröstung) unterscheiden, müßte man sagen, daß das Element der Erzählung in jede dieser drei Gestalten einzugehen, daß jede dieser Gestalten der Erzählung ihren Charakter zu verleihen vermag. Bezeichnen wir die Erzählung als eine Grundstruktur der Predigt, deuten wir damit schon an, daß predigendes Erzählen in einer Fülle von Möglichkeiten des Erzählens vor sich gehen kann. Der Ausdruck »predigendes Erzählen« enthält eine Spannung. Gemeinhin versteht man »Predigen« nicht als Erzählen und »Erzählen« nicht als Predigen. Wollte man zwischen »Besprechen und Erzählen« unterscheiden, wäre »predigendes Erzählen« eine Mischform zwischen beiden, sonst würde man das Predigen zunächst dem Besprechen und nicht dem Erzählen zuordnen (vgl. Weinrich, 47). Aber eine solche Zuordnung, zur homiletischen Norm erhoben, würde die Freiheit des Predigens einschränken. Die Unterscheidung zwischen »Besprechen und Erzählen« ist hier nicht zu diskutieren; hingegen müßte man darauf beharren, daß »predigendes Erzählen« erzählt. Dieser Satz ist theologisch einsichtig zu machen (vgl. § 10/II), vorerst mag seine Relevanz an zwei Beispielen verdeutlicht werden:

Wo es darum geht, Analphabeten die Bibel nahe zu bringen, wird auf mancherlei Weise die Bibel erzählt. Analphabeten wird durch das Geschichten-Erzählen gepredigt (vgl. *Hans-Ruedi Weber*, The Communication of the Gospel to Illiterates, 1960²). Angesichts einer zunehmenden Primitivisierung unserer Kultur mögen Webers Ausführungen im Blick auf die Predigt wachsendes Interesse verdienen.

Auch wäre an die große Bedeutung zu erinnern, die in der Ökumene der *Sonntags-schule* praktisch innerhalb der Verkündigung der Kirche und dem Leben der Gemeinde zukommt. Diese lebt von einer kindertümlichen Weise predigenden Erzählens und vermag darum, Wichtigkeit und Problematik des Erzählens auch für die Kanzelpredigt anschaulich zu machen.
Lit. bei *Gert Otto*, Kindergottesdienst, PrThH, 260ff.

Der Begriff des *Schriftganzen* soll andeuten, was für das predigende Erzählen entscheidend ist, daß es im Horizont von Schöpfung und Vollendung geschieht: »*Gut erzählen* heißt so erzählen, daß die Mitte, der Ursprung und das Ende aller Dinge von ferne sichtbar werden; auf Christus, auf diese bestimmte Gegenwart Gottes ist jedes Menschenleben und -streben bezogen – und mit Ihm auf den Anfang und das Ende« (Miskotte, 208). Predigendes Erzählen ist also Erzählung in einem Zusammenhang, im Zusammenhang der ganzen Schrift.

Gerhard von Rad weist darauf hin, daß wir uns den Zugang zu dem Eigensten der theologischen »Arbeit Israels zum vornherein verbauen« würden, »wenn wir die Geschichtswelt nicht in der Aufeinanderfolge und in der inneren Verknüpfung ernstnehmen wollten, wie sie Israel sich selbst zurechtgelegt hat«. Von Rad folgert: »Die legitimste Form theologischen Redens vom Alten Testament ist deshalb immer noch die Nacherzählung« (TheolAT I, 126). Diese Erzählung wird den Zusammenhang der Testamente nicht leugnen, denn das Alte Testament spricht »von der Geschichte Gottes mit Israel, mit den Völkern und der Welt, von der Erschaffung der Welt bis hin zu den Eschata, also bis zur Übergabe der Weltherrschaft an den Menschensohn« (II, 370). Als eine auf die Zukunft hin offene Geschichte zielt sie auf das Neue Testament und seinen Christus. Wenn von Rad das Kontinuum von Altem und Neuem Testament in ihrer Sprache sieht (ebd, 365f), die in beiden Testamenten »in einem höheren Sinne eine Einheit bildet«, dann bildet das Kontinuum der Testamente seinerseits die Klammer für das predigende Erzählen; es umgrenzt den Sprachraum, von dem aus zu erzählen ist. – Mit besonderem Nachdruck hat *Oscar Cullmann* den Zusammenhang der Testamente betont. Als grundlegende Beobachtung notiert er z.B.: »die Erzählung (der Evangelien, R.B.) wird von den Christen mit dem Alten Testament in Verbindung gesetzt« (Heil als Geschichte, 67). Aus der gegenseitigen Bezogenheit der Testamente aufeinander folgt: »Die Bibel besteht weder im Alten Testament noch im Neuen Testament aus Einzelgeschichten . . .« (*Georg Eichholz*, Tradition und Interpretation, ThB 29, 1965, 20).

Versuchen wir die hier notierten exegetischen Einsichten homiletisch fruchtbar zu machen, wird man zuerst sagen, daß wir das Alte Testament nicht ohne das Neue nacherzählen können und das Neue nicht ohne das Alte. Eine Ausrichtung auf das Ganze bewahrt das predigende Nacherzählen vor verfälschender Vergegenwärtigung. Ingo Baldermann bezeichnet es als »didaktische Grundfrage beim Erzählen biblischer Geschichten«, wie es »zu einer gewissen erzählerischen Breite kommen kann, ohne daß an der Geschichte Wucherungen entstehen, die den biblischen Text entstellen« (57 – vgl. § 9/IV). Dieses Problem stellt sich auch für das predigende Erzählen. Baldermanns Rat, »so sorgfältig wie nur möglich dem Formgesetz des Textes zu folgen« (58), ist auch für die Predigt beherzigenswert. Nur bleibt zu bedenken, daß dem Prediger weitgehende Freiheit zuzugestehen ist, ein ängstliches und gesetzliches Festhalten etwa an exegetisch herausgearbeiteten Textformen kann sich u.U. als Hemmnis gegen eine sachgerechte Übersetzung des Textes stellen. Dann aber wäre zu erwägen, ob nicht hier der Horizont des Schriftganzen eine Hilfe sein könnte für ein erweiterndes Erzählen.

Es muß noch auf eine Form predigenden Erzählens aufmerksam gemacht werden, auf *das summarische Berichten* der großen Taten Gottes. In ihm wird Altes und Neues Testament zusammen an die Gegenwart und Zukunft gebunden. Die Reden der Apostelgeschichte bilden Grundmuster für solches summarisches Berichten. Die großen Taten Gottes im alten und neuen Bund werden der Reihe nach daraufhin erzählt, daß die Hörer jetzt an die Reihe kommen, neue Taten zu erfahren. Das summarische Berichten summiert die Hörer mit dem Berichteten. Die heute grassierende Gesetzlichkeit der Predigt mag ihre Wurzeln auch darin haben, daß man nicht mehr wagt, die großen Taten Gottes im alten und neuen Bund zu erzählen. Wo man den großen Zusammenhang von Heil, in dem Prediger und Hörer stehen, vergißt, isoliert und überfordert die Predigt den Menschen.

II

Passionserzählung

Alfred Wiesenhütter, Die Passion Christi in der Predigt des deutschen Protestantismus von Luther bis Zinzendorf, 1930. – *Helmuth Schreiner*, Die Verkündigung des Wortes Gottes, 1949, 138ff. – *Kurt Frör*, Biblische Hermeneutik, 1961, 332ff. – *Wolfgang Kratz*, Für uns gestorben – Gedanken zum Karfreitag, ThP 2, 1969, 156ff.

Summarisches Berichten und Erzählen darf nicht verschweigen, daß es einen Höhe- und Gipfelpunkt gibt, der alle Höhen und Tiefen biblischen Erzählens überragt, und der darum auch in andern Erzählungen markiert sein will: Predigt der Apostel den Christus betontermaßen als den gekreuzigten, so könnte man die Evangelien – »etwas herausfordernd« und mit Martin Kähler – »Passionsgeschichten mit ausführlicher Einleitung« nennen. Die Wendung scheint auch homiletisch bedeutsam, nicht weil die Evangelien nun in einer Predigt nachgemacht werden müßten, sondern weil das Geschehen, von dem die Evangelien berichten, eine Geschichte ist: »Die Versöhnung ist Geschichte... Wer von ihr reden will, muß sie als Geschichte erzählen« (Barth, KD IV/1, 171). Diese Geschichte ist das Evangelium, die Erzählung, die für uns und für alle Welt zählt, die alles Erzählen bestimmt. Wo immer ein Mensch erzählt, kann er sein Erzählen nicht ablösen von dieser einen Geschichte der Versöhnung. Die universale Geltung der Versöhnung pflanzt sich wie das Echo in den Alpen von Erzählung zu Erzählung fort. Erzählen versöhnt. Was verdrängt wird, was nicht zur Sprache gebracht wird, bleibt unversöhnt, bleibt in Gefangenschaft. »Man kann nicht leben mit einer Erfahrung, die ohne Geschichte bleibt.« Wir brauchen Geschichten, weil wir das Versöhnliche brauchen. »Was ich nötig habe, sind Geschichten.« Wir benötigen Geschichten, weil wir von der einen Geschichte der Versöhnung leben. Vor allen andern Geschichten benötigen wir diese eine, in der auch unsere Versöhnung erzählt wird. In diesem Sinn bildet die Passion eigentlich die Ur-Geschichte. (Im Nacherzählen der Versöhnung aber wird auch unsere Versöhnung erzählt. Die Passion wird vergegenwärtigend erzählt. Diese Vergegenwärtigung kann auf mancherlei Weise erfolgen.)

Von einer umfassenden Behandlung der Probleme einer *Passionspredigt* muß hier abgesehen werden, hingegen sollen zwei Modelle vorgeführt werden, die auch sonst für das predigende Erzählen bedeutsam sein mögen.

1. Mystische Dramaturgik: Die Szenerie wird aufgebaut, mit epischen Mitteln wird nacherzählt, was »am heutigen Tage, um diese Stunde« damals zu sehen war, »ein ungewöhnliches, unerhörtes Schauspiel«. Dieses wird nun in der Predigt gleichsam von neuem in Szene gesetzt, ein Schau- und Rührstück im wahrsten Sinne. Die Szene wird zum Tribunal. Da nämlich, wo die Hauptperson des Stückes dargestellt wird (man beachte die Verben des Sehens im Folgenden):

» – und siehe, hier hängt Er am Kreuze! – Tritt näher hinzu, Seele, betrachte und beschaue Ihn recht, den Mann der Liebe und der Schmerzen; beschaue Ihn von Kopf bis zu Fuß. Sieh', hier hängt Er mit ausgespannten Armen zwischen Himmel und Erde.« Dann wird sein Hängen geschildert. Zweimal erfolgt die Wendung: »So hängt er da«, die Zuhörer sollen ihn sehen: »O Welt, sieh' hier dein Leben . . .« In einem schönen Parallelismus wird zur Kontemplation aufgefordert. »O betrachtet Ihn doch recht, unsern allertreusten Jesus, wie Er am Kreuze hängt! können wir etwas Bejammernswürdigeres sehen; können wir etwas sehen, das uns mehr zur Buße reizte als den großen, starken, den allmächtigen, den lebendigen Jesus, . . .« Mit Hilfe des Predigers sieht man diesen Jesus nicht nur von außen, man sieht sein inneres Leiden, man vernimmt die Diagnose dieses Leidens, und auf einmal erweist es sich, daß die Betrachter schon seit langem mitspielten: »O Seele! was haben deine Sünden angerichtet! . . . Siehe dieses Haupt an, dieses Haupt voll Blut und Wunden, voll Spott und voller Hohn; siehe . . . siehe . . .« Auf dem Höhepunkt erweist es sich, daß auch der Prediger, der hier die Rolle des Spielleiters übernommen hat, ebenfalls ins Spiel verwickelt ist: »Das habe ich verschuldet.« – Wir resümierten den ersten Teil einer Passionspredigt von *Ludwig Hofacker* (Predigten für alle Sonn-, Fest- und Feiertage, 1851[15], 299ff).

Formal wird hier mit Mitteln einer vorbrechtischen Dramaturgie gearbeitet, indem die Passionslyrik von Paul Gerhardt dramatisiert wird. Die Passion wird gesehen, und dieses Sehen soll zur Sündenerkenntnis führen, die Rührung bezweckt Umkehr, das Sehen aber bringt die Identifizierung der Zuhörer mit den damals handelnden Personen mit sich. Auch wenn man verrechnet, daß diese Predigt offensichtlich stark von der mittelalterlichen Passionsmystik mitgeprägt ist, wird man bedenken müssen, daß es kein blindes Erzählen gibt; der Begriff der »Anschaulichkeit« mag andeuten, wie sehr die Anschauung zur Erzählung gehört: Ich kann nur erzählen, was ich irgendwie gesehen habe, was ich mir irgendwie vor-stellen kann. Ohne Phantasie kann ich nicht erzählen. Weil ich aber im Glauben und nicht im Schauen lebe, darum ist predigendes Erzählen nicht möglich – es sei hier an die Formel Karl Barths erinnert (vgl. § 2/I). Weil es unter der gleichen »Unmöglichkeit« steht wie alles Reden von Gott, darum sollte man nicht meinen, Unanschaulichkeit wäre hier eine theologische Tugend; nur soll man wissen, was man macht, wenn man erzählt!

2. *Sozialer Realismus:*

»Eine Kreuzigung – und es gab erschreckend viele Kreuzigungen damals! – wickelte sich nach feststehendem Zeremoniell ab.«

So beginnt eine Predigt von *Kurt Marti* über Mk 15,20b–32. Dieses Zeremoniell wird sachlich wiedergegeben. Auch hier sieht man den Vorgang. Auch hier kommt es zu einer Schilderung des inneren Leidens Jesu. Darf der Arme erst allein sein, wenn es ans Sterben geht, bleibt Jesus auch im Sterben der Öffentlichkeit ausgesetzt. Das innere Leiden Jesu wird hier von außen gezeigt. – Ein zweiter Teil der Predigt wendet sich Simon von Cyrene zu, und nun wird ein Einzelzug wichtig, die Herkunft aus der Cyrenaika gibt zu Vermutungen Anlaß:

»Es wäre denkbar, daß man gerade ihn herausgriff, weil er wie ein Afrikaner aussah und man sich dachte, so einem Afrikaner oder Halbafrikaner dürfe man das Tragen des Kreuzes schon zumuten.« Nach den Mutmaßungen über Simon kommt es zur Feststellung: »Geheimnisvoll ist das Leiden der Afrikaner unter dem Rassenvorurteil der Weißen von Anfang an einbezogen in Jesu eigenes Leiden. Wenn Afrikaner heute noch in unserer Stadt kein Zimmer finden können, weil sie eben Afrikaner sind, dann partizipiert ihre Erniedrigung an der Erniedrigung Jesu Christi. *Wir* zimmern das Kreuz und *sie* sollen es tragen . . . Die dunklen Simons aus dem Süden leben heute unter uns« (Das Markus-Evangelium, 339ff).

Auch hier wird – »gesehen«, zum Sehen aufgerufen; aber nicht imperativisch, sondern lediglich vermutend, nicht Christus selbst, sondern der Kreuzträger:

»Vielleicht ist es auch nur ein Fast-Afrikaner, ein Sizilianer, der uns diejenige Arbeit abnimmt, die wir für erniedrigend halten. Und den wir dafür noch heimlich verachten.«

Die Passion wird im Sozialen aufgewiesen. – Man kann zu verschiedenen Zeiten die Passion nicht gleich erzählen, nur soll zu allen Zeiten die Passion erzählt werden, es sei denn, man verkehre das Evangelium in Gesetz. Hofackers Hörer haben wahrscheinlich ein naives Verhältnis zur Geschichte. Die Welt ist noch im Lot, an politische Veränderung denkt Hofacker nicht, darum kann man das Kreuz betrachten. Für Marti ist eine solche Betrachtung kaum möglich. Der Afrikaner und Sizilianer repräsentiert das Kreuz. Die je verschiedene Erzählung hat eine je verschiedene politische Wirkung: Nach Hofackers Predigt wird man königstreu bleiben. Nach Martis Predigt wird man die Fremdarbeiter und Afrikaner nicht mehr diskriminieren und die Entwicklungsländer nicht mehr verleumden können.

Die hier angeführten Beispiele mögen außerdem demonstrieren, wie das verschiedenartige Erzählen inhaltlich bestimmt ist und eine je verschiedene Christologie impliziert. Die Spannung zwischen den beiden Erzählweisen bleibt nicht auf die Passion beschränkt, sie gilt für die ganze Heilsgeschichte. Dann aber wäre das Kirchenjahr zu sehen als ein Jahr der Erzählung – nur wird man die gegen die Perikopen gemachten Einwände (vgl. § 6/IV) auch hier anbringen müssen.

Walter Lüthi sagt zu Recht: »Das Beste, was man vor allem an den hohen Festtagen von den Kanzeln hören kann, ist immer noch das schlichte Nacherzählen dessen, was sich an diesem Tag vom Himmel her ereignet hat« (Walter Lüthi/Eduard Thurneysen, Predigt, Beichte, Abendmahl, 1957, 31). – Nur sollte man sich nicht täuschen über den Schwierigkeitsgrad des schlichten Nacherzählens. Dies ist noch schwerer, als den Text lesen!

III

Kalendergeschichten

Geschieht predigendes Erzählen auf dem Hintergrund des Schriftganzen und wendet es sich einzelnem zu, so muß diese Unterscheidung in ihrer Bezogenheit gesehen werden: Das Ganze ist für uns nur in Aspekten da. Das eine Heil kennt unabzählbare Weisen der Zuwendung. Indem es geschieht, gibt es Geschichte und Geschichten, wird es erzählbar.

Das summarische Erzählen besagt, daß das Heil als umfassende Geschichte geschieht, während das paradigmatische Erzählen besagt, daß das Heil konkret geschieht. Gott gedenkt ewig seines Bundes, und er gedenkt einzelner besonders. Das eine Heil kennt unabzählbare Weisen der Zuwendung. Immer ist darum das einzelne ein Aspekt des Ganzen, indessen das Ganze in Einzelheiten geschieht. – Das Summarium erinnert an die Treue Gottes, es zieht die große Linie; das Paradigma erinnert an die Aktualität seines Handelns und sieht auf einen Punkt der Geschichte. Das summarische Erzählen gibt der Predigt Kontur, das paradigmatische Farbe. Das erste ist mehr der Reflexion, das zweite der Intuition verpflichtet. Wie aber Reflexion und Intuition beim Erzählen nicht voneinander zu trennen sind, so bedürfen auch die beiden hier anvisierten Arten des predigenden Erzählens einander. – Dies wird vor allem deutlich, wenn wir noch eine Aufgabe beachten, die uns die Paradigmen des Neuen Testamentes stellen: Gott hört nach seiner einmaligen Menschwerdung nicht auf, zu wirken, sein Heil geht und läuft weiter. Predigendes Erzählen kann sich nicht einfach damit begnügen, biblische Geschichten nachzuerzählen; es muß vielmehr wagen, prophetisch da und dort Gottes verborgenen Willen in der Gegenwart aufzudekken; dann gibt es neben den Paradigmen aus den Evangelien neue Paradigmen, die vom Tun Gottes in der Gegenwart sprechen. Wir werden den Christus praesens nicht recht predigen, wenn wir nicht paradigmatisch zu sagen wissen, was er tut. Verzichten wir mit dem Hinweis auf die Verborgenheit Gottes auf neue Paradigmen, verzichten wir im Grunde auf die Predigt des Auferstandenen und im Pneuma Gegenwärtigen und Wirkenden; wir historisieren die Heilsgeschichte. – Was unserer Predigt nottut, sind »Kalendergeschichten« vom gegenwärtigen Heil. Das Heil ist konkret, es geht ins Detail und will auch im Detail erzählt werden.

Was ich hier »Kalendergeschichte« nenne, kann schon von seinem Gehalt her nicht antiquiert sein. Auch in der schönen Literatur kommt diese Gattung neu zu Ehren, sie braucht auch von ihrer Gestalt her keineswegs unzeitgemäß zu sein. So sind in den letzten Jahren zahlreiche Anthologien mit Geschichten moderner Autoren erschienen. Beachtlich sind für den Prediger: *Kurt Marti,* Dorfgeschichten, 1960, neu aufgelegt unter dem Titel »Wohnen zeitaus – Geschichten zwischen Dorf und Stadt«, 1965. – *Peter Bichsel,* Eigentlich möchte Frau Blum den Milchmann kennenlernen, 1964. – *Ders.,* Kindergeschichten, 1969. – Zur literarischen Gattung vgl. *Ruth J. Kilchenmann,* Lebensweisheit der Kalendergeschichte, Almanach 3 für Literatur und Theologie, Hg. v. Dorothee Sölle u.a., 1969, 127ff. – *Ders.,* Rezept für die bösen Weiber, 1970, 11ff.

Es wäre zu fragen, ob sich nicht in der Kalendergeschichte eine Weise »religionsloser Verkündigung« finden ließe. So hat es ungefähr ein Jahrhundert vor Bonhoeffer *Jeremias Gotthelf* gemeint: »Ich möchte in den Kalender Predigen bringen, d.h. hohe Wahrheiten, aber entkleidet von allem Kirchlichen, gefaßt in Lebenssprache, wie man sie auf der Kanzel nicht duldet« (Briefe I, 282). – Es wäre noch zu prüfen, inwiefern sich die »hohen Wahrheiten« Gotthelfs mit den hier gemeinten »Kalendergeschichten vom gegenwärtigen Heil« vereinbaren lassen. Könnte man die Kalendergeschichte Gotthelfs vielleicht der Weisheitsrede zuordnen, die als solche ihr Recht in der Verkündigung hat, so wäre noch ein anderer Aspekt geltend zu machen: Kalendergeschichten vom gegenwärtigen Heil vergilben rasch. An Ort und Zeit gebunden, haftet der Charakter des Episodischen, Flüchtigen an ihnen. Solche Geschichten gleichen in der Regel einem Wein, der an Ort und Stelle getrunken werden muß, weil er weder lange Lagerung noch Transport aushält. Sie gehören in gewisser Weise zum Stadtgespräch oder – in höherer Ordnung – zum Dorfklatsch und werden sozusagen im »Dialekt« erzählt.

Dies mag ein Beispiel aus der eigenen Praxis verdeutlichen, aus einer Predigt der Nachkriegszeit: »Ich denke da an jenes deutsche Mädchen, von dem Lydia Sulger erzählte: ein Flüchtlingskind, das buchstäblich im Bunker lebte. Tagsüber schaffte es im Büro, um Vater und Mutter zu ernähren, abends aber studierte es und bereitete sich auf die Maturität vor. Den Vater quälte der Wahnsinn, und in seinen Anfällen schimpfte und schlug er auf das Mädchen ein. Es kam in ein Ferienlager und sagte: ›Ich kann nicht mehr‹. Und dann hat es etwas von Gottes Macht erfahren dürfen. Nach acht Tagen sagte es: ›Ich gehe zurück‹. Zurück zur Arbeit, zurück zum Wahnsinn, zu den Schlägen und zum Geschimpf. Einen solchen Weg kann nur gehen, wer hinter dem Sieger hergeht.

Und wenn jetzt einer da ist, ganz mutlos und traurig, weil er zu Menschen hingehen muß in Ehe oder Geschäft, zu Menschen, die ihn ausschimpfen oder schlagen, dann darf er hingehen in der Gewißheit: ›Christus hat die Macht über sie‹« (Der Ruf in die Herrlichkeit, o.J., 93).

Kurz vorher hatte Lydia Sulger einen vielbeachteten Vortrag in der Gemeinde gehalten. Die Quellenangabe bürgte der Gemeinde für Authentizität. – Durch die gewandelten Zeitumstände vermag diese Story heute kaum mehr das gegenwärtige Heil zu erzählen. Die Episode wirkt hinterher zu blaß, um das ewige Heil aufleuchten zu lassen.

Noch mehr, sie verdeckt das gegenwärtige Heil, weil sie, durch die Zeit überholt, nicht mehr an-spricht. Für eine solche Geschichte fehlt an anderem Ort und zu anderer Zeit auch die Deckung durch die Erzählerin. – Was einmal eine Geschichte war, ist zu einem Geschichtchen zusammengeschrumpft. Das Geschichtchen spricht an den Hörern vorbei, findet keine Fortsetzung in der Existenz der Hörer. Ich selbst könnte eine solche Geschichte heute nicht mehr nacherzählen, weil ich sie – vergessen habe. Ich kann nicht mehr für eine solche Geschichte einstehen. Dies ist auch der Schade beim Gebrauch einer Beispielsammlung, wie bei der Wiedergabe von Geschichtchen aus christlichen Traktätchen, daß sie am Hörer vorbeireden, daß der Prediger selbst nicht in ihnen spricht. – Solcher Geschichtchen-Zierat trägt nur zur Unglaubwürdigkeit der Predigt bei.

Wenn vor Geschichtchen zu warnen ist, so auch vor einem Auskramen persönlicher Erlebnisse auf der Kanzel. Nicht alles, was wir im Glauben erleben und erfahren, ist erzählbar; wenn unser Leben mit Christus in Gott verborgen ist (Kol 3,3), gibt es auch persönliches Erleben, das nicht aus der Verborgenheit entlassen werden soll.

Das Messiasgeheimnis des Markus will auch im Erzählen vom gegenwärtigen Heil beachtet sein!

IV

Legendarisches Erzählen

Die Geschichte des Christus erzählen, heißt auch von dem berichten, was von Christus in den Christen lebt. Die Gnade preisen, heißt auch den Weg beschreiben, den die Gnadengaben machen. Die Rechtfertigung des Gottlosen predigen, heißt auch vermelden, was aus den Gottlosen geworden ist und wird. Dies Berichten, Beschreiben, Vermelden heißt Legenden erzählen. Wer das Evangelium predigt, wird irgendwann und irgendwie auch Legenden erzählen. Auch die Legenden sind »Kalendergeschichten vom gegenwärtigen Heil«. Nun haftet am Begriff der Legende in unserem Sprachgebrauch primär der Geruch des Unwahren, Unhistorischen. Wenn ich ihn hier positiv aufnehme, heißt dies, daß solches Erzählen nicht unter Ausschluß historischer Vernunft geschehen darf. So belastet der Begriff auch ist, ich nehme ihn deshalb auf, weil er das Vorbildliche in sich schließt, das Nachahmenswerte: Die Gnade wird an einer Person deutlich als Verheißung für die, die der legendären Gestalt nachfolgen.

In diesem Sinne sind in der protestantischen Predigt neben den Reformatoren legendär geworden: Albert Schweitzer, Dietrich Bonhoeffer, Martin Luther King. Die Häufigkeit, mit der in unserer Predigt auf diese drei Gestalten hingewiesen wird, zeigt das Bedürfnis, Modelle für die Nachfolge in der Gegenwart zu zeigen. Gegenüber den über 25 000 Heiligenleben der Bollandisten ein – in seinem Umfange – eher kärgliches Repertoire, das nicht von homiletischem Fleiße zeugt. Es fehlt hier dem Prediger an guten, brauchbaren »Kalendern«. – Der Versuch von *Jörg Erb,* Die Wolke der Zeugen. Lesebuch zu einem evangelischen Namenkalender I–IV, 1951ff, mit wissenschaftlich und sprachlich untauglichen Mitteln unternommen, signalisiert mit seinem Erfolg eine Aufgabe akademischer Kirchengeschichtsschreibung, die sträflich vernachlässigt wird: populäre und doch aus Quellen gearbeitete Darstellungen! An positiven Beispielen wäre zu nennen *Hans von Campenhausen,* Griechische Kirchenväter, 1955. – *Ders.,* Lateinische Kirchenväter, 1960, – Vgl. auch *Eberhard Bethge,* Modernes Märtyrertum als gemeinsames evangelisch-katholisches Problem, in: Der Glaube der Gemeinde und die mündige Welt, Festschrift Oskar Hammelsbeck, 1969, 13ff.

Zur Praxis solchen Erzählens wird man bedenken müssen, daß hier wiederum einzelnes auf dem Hintergrund des Schriftganzen zu erzählen ist. Die mittelalterliche Heiligenlegende zeigt, daß legendäres Erzählen in sich die Tendenz zur Wucherung hat – diese kann heute auch historisierende Gestalt annehmen. Neben einem historisch-kritischen Sinn wird eine theologisch-systematische Strenge den Erzählstoff gestalten. Auch wird man bedenken, daß solch legendarisches Erzählen Beigabe zur Christuspredigt darstellt, nicht diese selbst. Man steht hier nicht auf einem Gipfel- und Höhepunkt predigenden Erzählens; vielleicht aber auf einem Ruhepunkt für angestrengte Zuhörer!

Was wir mißverständlich legendarisches Erzählen nennen, wird in Jugend-, Schul- und Familiengottesdiensten einen besonderen Ort haben. – So hat *Jürgen Seim* in einem Familiengottesdienst die Vita des Johannes Amos Comenius erzählt als »Eine Geschichte von Glaube, Liebe und Hoffnung«. Der Prediger hat es dabei verstanden, sowohl die Theologie als auch die Gegenwartsbedeutung des Comenius darzustellen (vgl. Der Weg Nr. 45, 1968, 12, Kirche zwischen Wied, Sieg und Lahn).

V

Lehr-Erzählung

Predigendes Erzählen spricht nach, es ist – auch nicht das legendarische Erzählen – keine Dichtung, meint nicht »erfundene Wahrheit«. Wer predigend erzählt, belehrt, wer eine Geschichte nacherzählt, interpretiert. Die Interpretation liegt schon in der Formung und Gestaltung der Erzählung. – Darüber hinaus wird für die Predigt die Geschichte zum Lehrstoff. Der sie nach-erzählt, will sie aus-legen.

Hier mag für den Prediger lehrreich sein, was der Germanist über den Umgang mit Texten bemerkt: »Der erste Akt der Interpretation wird praktischerweise ein Nacherzählen des Erzählten, ein Nachsagen des Ausgesagten, ein Referat des Inhalts sein. Dabei wird sich sofort herausstellen, daß unsere Worte, indem sie von denen des Dichters abweichen, den Eindruck, den wir zunächst empfangen haben, zerstören, und wir werden uns so der besonderen Form, des Wie der dichterischen Aussage mehr und mehr bewußt. Ebenso erhält auch das Was erst auf diese Weise allmählich seine Präzision und Tiefe« (Burger, 199).

Das eben ist die Frage, ob es dem Prediger gelingt, das Was und Wie des Textes in seiner »Präzision und Tiefe« wiederzugeben, oder ob neben der Form auch der Inhalt in Brüche geht. Wir haben schon gesehen, wie problematisch das Zerbrechen der Form ist (vgl. § 7/III): Gleicht das Tun des Exegeten dem Germanisten, so das Tun des Predigers eher dem Dichter, der eine Nachdichtung macht. – Wenn die legendarische Wucherung das *predigende* Erzählen gefährdet, gefährdet die Interpretation das predigende *Erzählen*. Dies mag zunächst an zwei Beispielen deutlich werden:

Kaj Munk predigt das Gleichnis vom Pharisäer und Zöllner – »eine Landnovelle, aber es ist Weltgeschichte in ihr« –, indem er zuerst zwei originelle Porträts vom Zöllner und Pharisäer zeichnet (Bekenntnis zur Wahrheit, 1944, 59ff), während *Emil Brunner* zuerst je ein Kurzreferat über den Pharisäer und über den Zöllner hält (Saat und Frucht, 1946, 22ff). Munk behandelt »das Gleichnis als Spiel« spielerisch, während Brunner es als Lehrstück referiert, das er mit persönlicher Stellungnahme versieht. Vielleicht darf man sagen, daß Munk der Form des Gleichnisses näher geblieben ist, daß seine Predigt darum in der Schilderung der Personen größere Aussagekraft hat.

Falsch wäre es, nun die Systematik zu verachten und für dichterischen Leichtsinn zu plädieren; es gibt genug gute Beispiele, die veranschaulichen, daß beides möglich ist, ein gutes Nacherzählen und rechtes Lehren.

In einer Predigt über Ruth 1 weiß *Gerhard von Rad* sehr schön die Geschichte nachzuerzählen, sie ins Schriftganze hineinzustellen, um so das Lehrhafte herauszuarbeiten. Die Nacherzählung beginnt auch hier – nach zwei einleitenden Abschnitten – optisch: »Nun, wir sehen hier in eine Familie hinein . . .« – »Das ist also die Predigt unserer biblischen Geschichte für uns, daß sie uns lehrt zu scheiden zwischen dem, was Menschen treiben und denken und dem, was die Bibel das Werk Gottes mit uns nennt; und daß wir wissen sollen, daß Gottes Werk unter allen Umständen ans Ziel kommt . . .« – Im Rückblick auf das, »was uns diese alte Geschichte gelehrt hat«, erweist es sich, daß wir dauernd das Pauluswort vom verborgenen Leben mit Christo umkreist haben (EvTh 12, 1952/53, 1ff). – Ähnlich ausgewogen scheint das Verhältnis von Anschauung und Lehre in einer Predigt von *Eberhard Jüngel* über 1Mose 13: »Könnte man riechen, was hier erzählt wird, es röche nach würzigem Boden und reifen Früchten – es röche gut«, heißt es am Anfang der Predigt, während in der Mitte ein geradezu klassischer Lehrsatz formuliert wird: »Der Glaube kennt nur einen Erfolg: *von Gott geführt* zu werden. Und er kennt nur einen Mißerfolg: von dem, was vor Augen liegt, *verführt* zu werden.« – Vom Kontext her weiß Jüngel auch die Dramatik des Textes herauszuarbeiten, die darin liegt, daß Abraham unterwegs zum gelobten Land sein Ziel aufs Spiel setzt; der zitierte Lehrsatz folgt dem Höhepunkt der Nacherzählung (Predigten, 1968, 9ff).

Oft beginnt der Prediger mit einem Einzelzug der Erzählung und erreicht damit einen Verfremdungseffekt. Auch vermag ein Betonen eines Einzelzuges der Vergegenwärtigung des Textes zu dienen:

So beginnt eine Predigt von *Eberhard Jüngel* über die Heilung des Gelähmten an der Schönen Pforte mit einem Hinweis auf den Weg, den die Apostel zum Tempel machen, der ein Weg durch die Welt ist: »Eine Gemeinde, die Ostern gefeiert hat und sich der

Auferstehung Jesu Christi freut, tut gut daran, den Schritten der Apostel . . . zu folgen. Denn die Schritte der beiden Apostel führen uns in den Alltag, vor dem nicht ausgewichen werden darf, wenn sich die Osterbotschaft in aller Welt durchsetzen soll« (86ff). Das Verfahren nähert sich der Allegorese, eine Einzelheit wird mit einem Sinn aufgeladen, den ihr der Text wahrscheinlich nicht gab. Zum Akt des Übersetzens aber gehören Akzentverschiebungen. – Illegitim werden solche Betonungen von Einzelzügen dann, wenn diese die Absicht des Textes und den Text selbst überfremden, die Beiläufigkeit wird dann zum Zentrum der Verkündigung. So predigt zum Beispiel der Aufklärer *Christian Gotthilf Salzmann* am 2. Ostertag über den Nutzen des Spaziergengehens, hat man doch auf Spaziergängen Gelegenheit zu ungehindertem Gespräch, zur Aufheiterung des Gemütes, zur Mehrung eines guten Gewissens und zu mancherlei guten Betrachtungen. Jesus hat als Reiseprediger auch unsere Spaziergänge geheiligt. Text: Emmausperikope (Predigten für Hypochondristen, 1804², 22ff, zit. nach Reinhard Krause, Die Predigt der späten deutschen Aufklärung, 1965, 121).

VI

Interpretation der Existenz

Erinnert predigendes Erzählen die Gemeinde kraft der Erinnerung Gottes an das, was zu ihrem Heil geschah, geschieht und geschehen wird, heißt das zunächst, daß Gottes Gedenken dem Menschen voraus ist. Zwischen Gottes Erinnern und dem Erinnern von Menschen herrscht zunächst eine spezifische Ungleichzeitigkeit. Gott hat an seine Gemeinde gedacht, bevor diese zu denken begann.

Gingen wir davon aus, daß in Gottes Erinnern die Möglichkeit, der Grund und der Sinn predigenden Erzählens liegen, beinhaltet dies, daß Gottes Erinnern grundsätzlich allem menschlichen Erinnern vorausläuft. Dieses Vorauslaufen des göttlichen Erinnerns begründet eine theonome Reziprozität. Wird Gott in actu durch den Anruf des Menschen erinnert, geschieht solches Erinnern grundsätzlich im Nachher, nur als solches ist es möglich, und in dieser Möglichkeit läuft es Gottes Erinnern vor. Gott erinnert sich selbst, indem er erinnert wird. Predigendes Erzählen ist dann sowohl ein Nachholen und Einholen als auch ein Vorauslaufen. Es holt die Gemeinde in Gottes Gedenken hinein, indem es die Geschichte des Heils als ihre Geschichte erzählt. Indem es Gott an seine Geschichte erinnert, läuft es neuer Geschichte voran. Wie David vor der Bundeslade, tanzt der Erzähler vor der Ankunft des Heils. Predigendes Erzählen handelt nie von einer alten, sondern immer von einer neuen Geschichte. Indem die Gemeinde es mit der »alten« Geschichte weitererzählt, wird neue Geschichte. In diesem Zusammenhang wäre darauf zu verweisen, daß die christologischen Aussagen des zweiten Artikels im Neuen Testament auch solche über die Gemeinde sind: Mit Christus sind wir gekreuzigt (vgl. Gal 2,19; Röm 7,4), gestorben (Röm 6,8; Kol 3,3), begraben (Röm 6,4; Kol 2,12), auferweckt (Kol 2,12f), erhöht (Eph 2,4ff); mit ihm werden wir verherrlicht werden

(Röm 8,17; 1Joh 3,2). Erzählen wir die Daten der Geschichte Jesu Christi, erzählen wir die Daten unserer neuen Geschichte. Die Existenz ist darum christologisch, heilsgeschichtlich zu interpretieren. Darin liegt die Dramatik predigenden Erzählens, daß ein Austausch der Zeiten stattfindet: Gottes Vergangenheit wird unsere Vergangenheit, Gottes Gegenwart wird unsere Gegenwart, Gottes Zukunft wird unsere Zukunft.

Wird im Erzählen der Geschichte Jesu Christi der Gemeinde eine neue Zeit und eine neue Existenz zugesprochen, führt predigendes Erzählen zunächst nicht zur Selbstfindung, sondern zur Selbstentfremdung. Die Gemeinde wird aus ihrer eigenen Erfahrung und Erinnerung herausgerissen und hineingenommen in das Erinnern Gottes. So zieht das Erzählen die Gemeinde in ein neues Leben. Die Gemeinde wird zum Ort in der Welt, an dem Gottes gedacht wird.

Gottes Gedenken ist der Gemeinde voraus, die Gemeinde ist der Welt voraus, indem sie um Gott weiß, indem sie ihn im Gedächtnis hat. Die Welt ist in bezug auf Gott erinnerungslos. Sie kann auf ihre Weise vom Tode Gottes reden und verrät damit ihre Vergeßlichkeit: nicht Gott ist tot, wohl aber das Gedenken Gottes! Darum muß erinnert, erzählt werden! Wird das Heil als unsere eigene Geschichte erzählt, hat dies für den Stil des Erzählens eine Konsequenz. Er wird »anzüglich«, applikativ, den Hörer meinend. Biblische Geschichte wird nicht nur im Zusammenhang des Schriftganzen erzählt, sondern ebenfalls im Horizont der aktuellen Gemeinde und in einer unteilbaren und sich wandelnden Welt. Diese Anzüglichkeit des Erzählens gefährdet wiederum das Erzählen wie die zu erzählende Geschichte, wenn der Prediger den Hörer eigenmächtig vergewaltigt, ihn zu fesseln versucht, als einer, der Gottes vergißt, oder wenn der Prediger im Vergessen Gottes dem Hörer nach dem Munde redet. (Daß predigendes Erzählen vom Erzähler wie vom Zuhörer mitgestaltet wird, mag sich aus den beiden letzten Teilen der Predigtlehre ergeben, vgl. auch OIKONOMIA, 354ff.) Diese Anzüglichkeit wird in dem Moment keinen falschen Beigeschmack haben, in dem sie den Hörer in die Geschichte der Versöhnung hineinzieht, und also die Geschichte Jesu Christi als die des Menschen erzählt.

So macht es *Karl Barth* in der schon zitierten Predigt über Ps 103, in der er seine Hörer als von Gott mit dem Gekreuzigten und Auferstandenen zusammengesehen schildert (vgl. § 6/VI; ein ähnliches Beispiel: Fürchte dich nicht!, 251). – Auch bei *Walter Lüthi* finden sich kräftige Beispiele christologischer Interpretation der Existenz: In seiner Predigt über das erste Gebot zitiert er einen Negersong: »Warst du dort, als sie ihn ans Kreuz schlugen? warst du dort? . . .« und dann fährt er fort: ». . . Wir, die das Wort vom Kreuz gehört haben, ›waren dort‹. Die wir ins Sterben und Auferstehen Christi hinein getauft sind, wir ›waren dort‹. Die wir in der Gegenwart des Auferstandenen zum Tische treten, . . . wir ›waren dort‹. Wir waren nicht nur, wir sind und werden ›dort sein‹. Das ist es, was unser Christsein überhaupt ausmacht: wir sind dort« (Die Zehn Gebote Gottes, o.J., 9f). Und in einer Predigt über Röm 6,1–14 sagt er: »Dort auf dem Golgathahügel bin ich mitgestorben, im Grab des Joseph von Arimathia begraben zusammen mit all meinem Hab und Gut, und alles, was ich mein eigen nenne, ist die Sünde (? R.B.), und ebendort bin ich als ein neuer Mensch auferstanden, von dorther fange ich nun an, in einem neuen Leben zu wandeln. So wie man an einem Grab steht, hinunterschaut, dann Abschied nimmt, dem Grab den Rücken kehrt und davoneilt, so stehen wir jetzt am Grabe unseres alten Menschen und schauen da auf unseren alten Adam hinunter, kehren ihm den Rücken und eilen ihm davon. ›Dafür haltet euch!‹« (Der Römerbrief, 1955, 124).

Predigt erzählt nicht nur, sie konfrontiert u.U. mit einer verlesenen Geschichte. Dies wird vor allem in den Anfängen deutlich, die an eine Perikope erzählenden Inhaltes anknüpfen und auf die verschiedenste Weise den Hörer in die Geschichte hineinzunehmen versuchen: Weil eine Geschichte angeht, kann sie frontal mit dem Hörer konfrontiert werden.

So kann die Perikope von der Heilung des Taubstummen (Mk 7,31–37) von *Christoph Blumhardt* als Moment der Scheidung innerhalb der Gemeinde hingestellt werden. »Diese Geschichte hat entweder keine Bedeutung für uns, oder es ist ein überaus großes Evangelium, ein Evangelium, dessen segensvolle Kunde heute noch als eine Kraft unter uns zur Geltung kommen muß« (Jesus ist Sieger, 1937, 142). Und dann erläutert Blumhardt die Größe dieses Evangeliums nach zwei Seiten hin: als Kunde einer Sündenvergebung und als Kunde, daß auch das Elend aufhören soll. – Erklärt Christoph Blumhardt mit der Perikope seinen Hörern gleichsam den heiligen Krieg, so versucht *Friedrich Rittelmeyer* gerade die zu überzeugen, die die Wundergeschichte ablehnen. Die Konfrontation ist im Grunde schon vor der Verlesung des Textes geschehen, der Prediger handelt gleichsam als Parlamentarier und notiert vorerst die Hörer-Reaktion. »Einer solchen Erzählung, wie wir sie eben vernommen haben, stehen viele Menschen in unsrer Zeit ratlos, ja feindselig gegenüber. Was sollen uns diese Geschichten? fragen sie. Niemand wird doch je beweisen können, daß Jesus solche Wunder getan hat! Und *wenn* er sie getan hat, was soll es *uns* nützen, daran zu glauben? Unsre Kranken sterben doch dahin; unsre Blinden bleiben blind und unsre Tauben taub ihr Leben lang, und alle Evangelien werden daran nichts ändern« (Geyer/Rittelmeyer, Gott und die Seele, 1908[5–6], 435)! Diesem Kahlschlag gegenüber pflanzt Rittelmeyer seinen Glauben an die Zukunftsträchtigkeit der Geschichte: »Nun, ich glaube, es wird einmal eine Zeit kommen, wo man manche biblische Geschichte, mit der unser Geschlecht fertig zu sein glaubte, wieder mit neuen Augen lesen wird, und vielleicht ist diese Zeit schon im Anzug« (436). Allein dieser Widerspruch des Predigers gegen die Einrede des modernen Menschen vermag sich nicht so recht durchzusetzen. Am Wunder wird festgehalten, in der Weise, daß die evangelische Erzählung ein Beispiel wird für ein höheres Wunder: »Die größten Wunder sind die, die an der Seele geschehen« (443). – *Jürgen Fangmeier* erzeugt in einer Osterpredigt Spannung, indem er einer Einrede mit dem Hinweis auf die Aktualität der Geschichte für ihn selbst begegnet, so wie ihr »manche«: »Ob mir mancher zurufen möchte, *die* Geschichte kenne doch nun jeder, *die* Geschichte sei doch allmählich leer gepredigt? Dann muß ich zweierlei sagen: 1. Für mich ist diese Geschichte so randvoll mit Geheimnis und Wort und Leben, daß die Predigt überhaupt nur wenig davon herausholen und sagen kann! 2. Manche Menschen interessieren sich in unsern Tagen für die Emmaus-Geschichte ganz besonders und ganz neu, weil es so aussieht, als sei sie in besonderer Weise die Geschichte von uns heutigen Menschen« (Wort und Weg, 1968, 27). – *Helmut Gollwitzer,* ein Meister des Predigtanfanges, versteht es in ausgezeichneter Weise, Text und Hörer von Anfang an zusammenzubringen, so daß die biblische Geschichte »weitergeht«. So in einer Weihnachts-Predigt, nicht einmal über einen geschichtlichen, sondern über einen prophetischen Text, Jes 9,1–6: »Mit diesem ›denn‹ treten wir hinein in jenen Stall von Bethlehem, fassen einander am Arm und führen uns dorthin, knien nieder und beten an: ›*Denn uns ist ein Kind gebo-*

ren!‹ *Uns* – und neben uns sehen wir mit uns knien und anbeten armselige Viehhirten vom Feld bei Bethlehem« (Zuspruch und Anspruch I, 1954, 9).

Diese Beispiele zeigen den Vorteil des Verfahrens: Die Prediger nehmen das Ereignis der Textverlesung ernst, ein Umstand, dem viele Prediger in der Vorbereitung nicht genügend Rechnung tragen.

Zum Problem des *Predigtanfanges* vgl. vor allem die älteren Homiletiker, die das Oratorische betonen. *Heinrich August Schott,* Die Theorie der Beredtsamkeit III/1, 1827, 13ff. – *Alexander Vinet,* Homiletik, 1857, 314ff. – *Heinrich Bassermann,* Handbuch der geistlichen Beredtsamkeit, 1885, 530ff. – *A. D. Sertillanges* OP, Verkünder des Wortes, 1936, 256ff. – *Eduard Thurneysen,* Predigtanfang, Predigtfortgang und Predigtschluß, in: Das Wort sie sollen lassen stahn, Festschrift Albert Schädelin, 1950, 187ff. – *Manfred Josuttis,* Über den Predigtanfang, MPTh 53, 1964, 474ff.

VII

Gefahren

Wir haben schon darauf hingewiesen, daß die Interpretation das Erzählen gefährdet. Vor zwei Abarten muß noch besonders gewarnt werden: vor Psychologisierung und Pädagogisierung, beides möglicherweise Symptome dafür, daß der Prediger die Hörer nicht für voll nimmt. Alles muß ihnen erklärt werden. Rätsel sind nicht zumutbar und das Geheimnis hat keinen Raum, wo vom Geheimnis Gottes geredet wird! – Vielleicht ist als Frucht exegetischer Arbeit die Psychologisierung der Erzählung zurückgegangen, man ahnt, daß man sich hier eher ungut auf das Feld der Phantasie begibt. Leider kann man dies von der Pädagogisierung noch nicht sagen. Eine Erzählung ohne Nutzanwendung scheint verpönt: Möglicherweise gehört dieser pädagogische Zwang zur Sprachgestalt des Unglaubens.

Hier stellt sich die Frage, ob es nicht ein Erzählen geben könnte, das den Hörer zum Nachdenken und zur Auseinandersetzung zwingt, das gerade dadurch wirksam wird, daß es auf homiletische Nutzanwendung verzichtet. (Denkbar wäre auch das Verlesen von literarischen Texten, die zur Predigt einen Bezug haben, an Stelle des orgelnden Präludiums!) Wenn beim Erzählen von Geschichte alles, aber auch alles darauf ankommt, daß Gott sich erinnert, daß er die Geschichte irgendwie weitermacht, müßte das Erklären, die Nutzanwendung vielleicht nicht unbedingt das A und O des Erzählens sein! – Gefährdet die Interpretation das Erzählen, gefährdet das Erzählen seinerseits das Predigen; nicht das Erzählen schlechthin, wohl aber der Mißbrauch seiner Gunst! Das Erzählen gewährt seine Gunst, indem sein versöhnliches Wesen zu entspannen vermag. Wenn das Nach-Denken eines strengen und anstrengenden Gedanken-Ganges den Hörer ermüdet, kann die Erzählung in der Predigt einen Ruhe-Ort bilden. Ein menschenfreundlicher

Prediger wird seinen Hörern gerne ab und zu solchen Ruhe-Ort gönnen. Allein er wird die Hörer nicht dort sitzen lassen! – Vielleicht hat er in diesem Fall auch schon schlecht erzählt; denn wer erzählt, was zählt, führt weiter, und wer bloß dekoriert, hat nichts mehr zu sagen.

Zum Abschluß dieses Paragraphen sei eine kleine Erzählung erlaubt, sie ist leider nicht ganz frei von pädagogischer Absicht: Im vorigen Jahrhundert lebte in einer Stadt der Ostschweiz ein liberaler Pfarrer, der von sich wußte, daß er ein miserabler Prediger war. Weil er wußte, ein wie miserabler Prediger er war, pflegte er in seinen Predigten viele biblische Geschichten zu erzählen. Weil er in seinen Predigten viele Geschichten erzählte, waren die Predigten des miserablen Predigers nicht einmal so schlecht.

Die Heilige Schrift überliefert Worte. Zum Wesen der Predigt gehört das Zitieren. Zitieren aber ist eine Kunst. Die moderne Literatur vermag neue Einsichten in die Funktion des Zitats zu vermitteln. Eine besondere Weise des Zitierens bildet die Benutzung früherer Predigten.

§ 11

PREDIGT UND ZITAT

Otto Michel, Paulus und seine Bibel, 1929. – *Hermann Meyer,* Das Zitat in der Erzählkunst. Zur Geschichte und Poetik des europäischen Romans, 1961. – *Otto Friedrich Bollnow,* Über den Gebrauch von Zitaten, in: Maß und Vermessenheit des Menschen, 1962, 198ff. – *Hans Walter Wolff,* Das Zitat im Prophetenspruch, in: Gesammelte Studien zum Alten Testament, ThB 22, 1964, 36ff. – *Claus Westermann,* Prophetenzitate im Neuen Testament, EvTh 27, 1967, 30ff. – *Martin Rese,* Die Rolle des Alten Testaments im Neuen Testament, VF 12, 1967, 84ff (Lit.). – *Helmut Barié,* Das Kirchenlied in der Predigt. Eine Untersuchung des Kirchenliedzitats hinsichtlich seiner Bedeutung und Leistung als Strukturelement der Predigt anhand einer Auswahl deutschsprachiger evangelischer Predigten, Diss. Heidelberg, 1969.

I

Vorbesinnung

Wer predigt, zitiert. Das beginnt schon damit, daß er den Text verliest, geht aber in seiner Bedeutsamkeit weit über das Verlesen des Textes hinaus: Indem der Prediger an die Bundesgeschichte erinnert, erinnert er an das Wort, das Gott in der Vergangenheit gesprochen hat.

Dies wird besonders deutlich bei den Propheten, die im Rahmen dessen, was Gott heute sagt, ein Wort von gestern zitieren. Um das aktuelle Wort zu sagen, erinnern sie an das in der Geschichte gesprochene. So wird dem Volk das alte Jahwewort ins Gedächtnis gerufen, um es vom vergeblichen Opferdienst zum Gehorsam zu führen: »Höret auf meine Stimme, so will ich euer Gott sein, und ihr sollt mein Volk sein ...« (Jer 7,23; vgl. Wolff, 104). Jeremia erinnert Chananja gegenüber, daß er in der Einheit mit den früheren Propheten verkünde (28,8; vgl. Wolff, 105f). Sacharja zitiert den Bußruf der »frühern Propheten« (1,4).

Ein ganz neues Gewicht aber bekommt alles Zitieren von der Auferstehung Jesu her. Durch die Auferstehung werden die Worte aus den Evangelien zu Worten des Lebendigen. Von der Auferstehung her sind sie erst voll verstehbar. So erinnern sich die Jünger des Wortes, das Jesus bei der Tempelreinigung gesagt hat, nach Ostern: »Als er nun von den Toten auferweckt worden war, erinnerten sich seine Jünger, daß er dies gesagt hatte, und sie glaubten der Schrift und dem Worte, das Jesus gesprochen hatte« (Joh 2,22). – Nach der Verherrlichung geht ihnen der Sinn der Schrift auf. Als Verstehende erinnern sie sich dessen, was geschrieben steht. So stehts in der Perikope über den Einzug in Jerusalem: »Jesus aber fand einen jungen Esel und setzte sich darauf, wie geschrieben steht: ›Fürchte dich nicht, Tochter Zion! Siehe, dein König kommt, sitzend auf dem Füllen einer Eselin.‹ Dies verstanden seine Jünger zuerst nicht; aber als Jesus verherrlicht war, da erinnerten sie sich, daß dies über ihn geschrieben stand und daß man ihm dies getan hatte« (Joh 12, 14–16). »Die Erinnerung an das Wort Jesu gehört also zur Osterbotschaft, und die Auferstehung verleiht dem Wort eine neue Mächtigkeit« (Michel, ThW IV, 681). Die Gegenwart des Auferstandenen macht das Wort von gestern zu einem gegenwärtigen, Leben schaffenden, das Leben bestimmenden Wort. So sieht es – nach der Apostelgeschichte – Paulus als sein Amt, zu zeigen, daß man »der Worte des Herrn Jesus eingedenk sein müsse« (20,35). Andrerseits kann er den Timotheus nach Korinth senden, damit dieser die Korinther an die Wege des Paulus und an seine Worte erinnere (1Kor 4,17). Predigt ist auch Erinnerung ans apostolische Wort, wie sie Erinnerung ist an das Wort der Propheten und an das Wort des Herrn selber: Predigt wird im Erinnern Zitat des göttlichen Wortes, das im alten und neuen Bund gesprochen wurde. Indem die Predigt Herrenworte, Worte der Propheten und Apostel zitiert, zitiert sie die Schrift.

So sind die Reformatoren sehr zitierfreudig. Konnte *Luther* gegen das zu häufige »Anziehen« von Bibelworten polemisieren, enthalten doch seine Predigten unzählige Schriftzitate. *Calvin* aber hämmerte »einfach durch sein Zitieren einen Schatz biblischer Sprüche in die Herzen seiner Hörer« (Erwin Mülhaupt, Die Predigt Calvins, 1931, 32). – Die orthodoxe Predigt gefällt sich dann besonders im Häufen von Schriftstellen – erklärbar einerseits aus der theologischen Stellung zur Schrift, wie sie etwa der Rahtmannsche Streit oder die Dordrechter Synode offenbart. Andrerseits muß man schon sehen, daß aus der Fülle des Zitierens ein barockes Lebensgefühl spricht. *Philipp von Zesens* Roman »Assenat« (1670) weist zweihundert Seiten Anmerkungen auf, die seine Geschichte verifizieren, erläutern, belegen sollen. In seiner Vorrede erklärt der Autor, er erzähle eine heilige und wirkliche Geschichte: »Ich habe sie nicht aus dem kleinen finger gesogen noch bloß allein aus meinem eigenen gehirne ersonnen. Ich weis die Schriften der Alten anzuzeigen denen ich gefolget« (zit. nach Meyer, 18). Der Kunstwille dieses barocken Dichters mag auch den Aussagewillen des Predigers verdeutlichen. Wer zitiert, verweist auf die Autorität, der er folgt, weist von sich auf andere (und zeigt damit möglicherweise um so nachdrücklicher seine eigene Gelehrsamkeit).

Nun erhebt sich die Frage, wie heute zu zitieren sei: Man weist darauf hin, daß es uns verwehrt sei, die Schrift zu brauchen wie die neutestamentlichen Schriftsteller, daß damit die Effektivität der Botschaft Schaden leide.

Vor dem Zitieren wird aus mehrfachen Gründen gewarnt. *Schleiermacher* argumentiert vom Text her gegen das Zitieren: »Was den Schriftgebrauch betrifft: so ist die gewöhnliche Vorstellung, daß eine religiöse Rede erst recht christlich würde durch eine große Masse von Schriftcitaten. Eine Predigt kann aber ganz christlich und biblisch sein ohne daß eine einzige Bibelstelle darin vorkommt. Je mehr sie eine reine Entwiklung des Textes ist, desto biblischer ist sie. Je mehr ich die Kraft des Textes in Anspruch nehme, desto weniger Veranlassung werde ich finden zu andern Stellen überzugehen, und der eigentliche wahre Schriftgebrauch ist die ganze Benutzung des Textes« (Prakt Theol, 281). – *Karl Barth* argumentiert vom Prediger her: »*Ehrlichkeit* der Sprache ist gefordert. Sprich deine eigene Sprache! Tritt nicht im Königsmantel der Sprache Kanaans oder als kleiner Luther auf! ... Auch einzelne sprachliche Elemente aus Bibel und Gesangbuch und volltönende Schlußakkorde sind nicht tunlich. Wenn bloß zitiert wird, um der Sache Schwung zu geben, ist Mißtrauen am Platze. Stehe darum auch zu deiner Armut« (Homiletik, 66)! – *Hans-Dieter Bastian* warnt vom Hörer her vor dem Schriftzitat: »Je mehr das Bibelzitat die kirchliche Rede regiert, umso geringer werden die Aufmerksamkeit der Hörer und mögliche Wirkungen sein« (ThEx 127,47). – *Manfred Josuttis* hat deutlich gemacht, wie das Christuskerygma unter häufigen Zitaten aus Bibel und Gesangbuch leidet (vgl. § 5/II).

Offenbar wirkt das Zitieren leicht ohnmächtig. Vor allem muß auf zwei mißbräuchliche Zitationsweisen hingewiesen werden, auf das Zitat als Lückenbüßer und auf das willkürlich aus dem Zusammenhang herausgerissene Zitat.

Wo das Zitat als Lückenbüßer auftritt, wird Gottes Wort mißbraucht. Das Zitat ist nicht dazu da, um den Prediger vom eigenen Zeugnis des Glaubens zu entbinden. Die Zitate dürfen nicht die Hecken sein, hinter denen sich der mutlose Prediger verbirgt. *Walter Benjamin* nannte die Zitate in seiner Arbeit »Räuber am Weg, die bewaffnet hervorbrechen und dem Müßiggänger die Überzeugung abnehmen«. Sie werden falsch verwendet, wenn sie gebraucht werden, um einen Rückzug zu decken! *Wilhelm Löhe* bemerkt: »Sehr oft kommt es gerade schwach begabten gedankenarmen Predigern bei, sich beständig in biblischen Worten auszudrücken; ihre Predigten sind ein *Mosaik von Bibelsprüchen.* Eine unerträgliche Weise, wenn man, ein kleiner Mensch, immer in der schweren Waffenrüstung der heiligen Schrift einhergehen will und zwar gerade zu dem Endzweck, daß man lcicht gehen könne.« Löhe möchte darum Text und Auslegung trennen (GesW 3,2, 213). Noch schlimmer wird der Mißbrauch, wo das Zitat die eigene Meinung stützen soll. Es wird gewalttätig aus dem Zusammenhang herausgerissen und bekommt einen neuen, textfremden Sinn.

Gegen solches Zitieren hat schon *Zwingli* polemisiert. Scharf rechnet er mit denen ab, die den eigentlichen Sinn bestimmter Bibelworte damit verbiegen, daß sie aus dem Zusammenhang herausgerissen »unangesehen (ohne Rücksicht auf das), was davor oder nach (nachher) stat, und wellend darnach dieselben Worte zwingen nach irem Muotwillen (diesen Worten nach eigenem Gutdünken einen Sinn aufzwingen), glich als (wie wenn) welte einer von eynem Blüemly, das on alle Wurtzen ist abbrochen, ein Bluomgarten pflantzen. So sol es nüt (so geht das nicht)! Er muoss den Wasenschollen (Rasenschollen) mit den Wurtzen pflantzen. Also muoss man dem Wort Gottes sin eygen Natur lassen, so gbirt es in dir und mir einen Sinn. Und sind die also Irrenden gar lychtlich zuoo überwinden mit dem, daß man sy nun (nur) zuo dem Ursprung füert, wiewol sy nit gern dahin kummen« (zit. nach Oskar Farner, Zwingli III, 137f).

Weil man dem Worte Gottes »Wasenschollen« lassen muß, weil es in den Worten des Predigers um *das* Wort geht und weil also jede Predigt im Gesamtzusammenhang der biblischen Botschaft stehen muß, darum steht dem Zitat der Schriftbeweis zur Seite. Zwingli macht darauf aufmerksam, daß das Wort Mächtigkeit bewahrt, wenn man ihm den Zusammenhang beläßt, in dem es steht. Verrechnet man die Einwände gegen das Zitieren, kann man sie leicht auf einen Nenner bringen, den des Sprachverlustes. Der Prediger verliert die Sprache, er kommt selbst nicht zur Sprache, indem er die eines andern spricht.

Recht betrachtet und recht gebraucht aber wird das Zitat genau die gegenteilige Funktion übernehmen: es hilft zu Sprachgewinn. Ein grundsätzliches Verbieten des Zitierens würde übersehen, daß predigendes Zitieren nicht absehen kann vom Auferstandenen. Wer die Schrift zitiert, zitiert im doppelten Sinn des Wortes. Er zitiert einen, der gesagt hat und ruft einen auf, der sagen soll, er »zitiert« einen herbei (vgl. § 5/III). Wer die Schrift zitiert, spricht in der Erwartung, daß im Zitat ein Osterwunder geschieht. Indem ich ein Wort auf Jesus hin, von ihm, über ihn zitiere, hoffe ich, daß er in meinem Zitieren das Wort nimmt. Jesu Wort aus der Vergangenheit wird zitiert, und der Auferstandene macht es zu seinem Wort. So gehört das Zitat zur Namenrede, es teilt ihre Schwächen und ihre Verheißung, das Zitat wird zum Anruf und Aufruf des Zitierten.

Was Manfred Josuttis an den von ihm untersuchten Predigten beobachtet, müßte – ins Grundsätzliche gewendet – gar nicht schlecht sein, »daß solche *christologischen Spitzensätze durch Zitate von Bibelsprüchen oder Gesangbuchversen vorgetragen* werden« (vgl. § 5/II). Es wäre denkbar, daß ein christologischer Spitzensatz durch ein Zitat vorgetragen wird. Nur müßte ein solcher Spitzensatz etwas Überraschendes an sich haben, müßte den »Räubern am Weg« gleichen, »die bewaffnet hervorbrechen und dem Müßiggänger die Überzeugung abnehmen«. Was Josuttis offensichtlich beobachtet hat, waren Zitate als Schläfer am Weg, die Kirchenschläfer und Schlenderer in Ruhe ließen. Wer ein Zitat braucht, muß es »bewaffnen«; dann wird es effektiv, eilt dem Prediger zu Hilfe. Ohne Bild gesprochen: ein Zitat will montiert sein (vgl. § 11/V). Aber dies ist schon wieder ein Bild: bei einer Montage kommt es auf das Fundament an. Wer also einen christologischen Spitzensatz mit einem Zitat aussagen will, muß ein solches Zitat mit eigenen Worten fundamentieren, muß ihm einen Unterbau schaffen, der das Wort trägt. Die »theonome Reziprozität« wird hier zum Stilprinzip (vgl. § 4/II). Wer in österlicher Erwartung zitiert, wird umso sorgfältiger die Technik des Zitierens beachten.

Wer zitiert, bleibt am Text, hält die Schrift gegen das Vergessen. Der Prediger erteilt einem andern das Wort und nimmt den andern aus der Vergangenheit auf ins eigene Wort, damit der andere seine, des Predigers, Sprache erweitere. Wer zitiert, ruft Autorität an. Gleichzeitig macht er etwas Neues aus dem überlieferten Wort. Man kann freilich ein Zitat ohne Anruf der fremden Autorität brauchen, es aus dem Zusammenhang herausbrechen – man sollte bei solchem Tun die Einrede Zwinglis freilich nicht vergessen, könnte es doch sein, daß das Zitat seine ursprüngliche Kraft verliert – man kann ein Zitat aber schlechterdings nicht vom Zitator trennen. Andrerseits wird das Zitat vom Hörer und seiner Situation mitbestimmt. Hier bietet sich dem Zitat ein neuer »Wasenschollen« an, im Zusammenhang mit der Situation und dem Hören des Hörers. So wirkt ein Zitat irgendwie »anzüglich«, oder es bleibt überflüssig. Diese Dialektik ließe sich erweitern (vgl. § 28). – Ich versuche, im Folgenden drei Gesichtspunkte hervorzuheben: Einmal zeigt das Zitat, daß der Prediger seine Geschichte – wie Philipp von Zesen – »nicht aus dem kleinen Finger gesogen« hat. Das Textzitat soll ein Signal sein dafür, daß der Prediger nicht in eigener Sache redet, es geschieht in exegetischer Verantwortung. – Es gehört zur Torheit und Kindlichkeit der Predigt, daß sie sich Jesu Wort nicht schämt, daß sie das Wort, das Gott gesprochen, nachspricht in der Gewißheit, daß der es wieder spreche, der es zuerst gesprochen. Im Erinnern an das Gotteswort von gestern ereignet sich das Gotteswort von heute. Darum kann solches Erinnern legitim nur in großer Furcht und Freude geschehen.

Dies hat wohl der alte, fromme *Rudolf Stier* begriffen, und wenn er auch nicht die Sprache unserer Zeit spricht, gilt es zu beherzigen, was er sagt: »Mancher, dem das Bibelwort nur noch Einlaßkarte zum Predigtstuhl ist, fertigt es auch im Tone ab, und erhebt die Stimme erst mit Stolz, wenn sein eigenes Wort nun beginnt! Gerade umgekehrt lese der rechte Prediger den Bibeltext am priesterlich-gewaltigsten vor ... Jedes *angeführte Bibelwort* werde aber wieder als solches *ausgezeichnet,* und zwischen dem mit Vollgewißheit verkündigten der ausgelegten Gottesworte und den ans ungewisse Menschliche streifenden Sätzen bewege sich der Ton *stets wahr* durch allerlei Stufen der heiligen Würde« (Kurzer Grundriß einer biblischen Keryktik, 1830, 203).

Unter »heiliger Würde« sollte man gerade nicht das herkömmliche Kanzelpathos verstehen! Man sollte in diesen Begriff die Unübersetzbarkeit der Bibel einbringen (vgl. § 7/II).

Zum andern gilt für das Zitieren der Satz Wilhelm Löhes: »Schier keine schwerere und verantwortlichere Sache, als ipsissimis verbis domini (mit den ureigensten Worten des Herrn) die eigene Meinung zu sagen« (GesW 3,2, 213). Damit ist die Spannung zwischen Auftrag und Zeugnis angedeutet, in der das Zitieren erfolgt. Zitieren ist unbequem. Ein fremdes Wort zu finden, ist keineswegs leichter, als ein eigenes Wort zu finden. Dieser Sachverhalt wird oft übersehen, weil es dem Schwätzer leichter scheint, formuliert zu reden als selber zu formulieren. Man muß aber beachten, daß der Ausleger sich verwickelt in sein Zitat, er »braucht« es, er darf es in Freiheit brauchen – in der Freiheit, die die Weisheit gewährt. Gerade in der Art des Zitierens unterscheidet sich der Weise vom Narren, »kaum einmal wird ein Prediger so begabt sein, daß er die Bibelstellen wie Edelsteine zusammenreihen kann, so daß der Glanz der einzelnen durch den Widerschein der andern erhöht und doch nicht alteriert werde« (Löhe 3,2, 213). Damit sind wir bei einem Problem, das einer näheren Erörterung bedarf (vgl. § 11/V).

Endlich ist zu bedenken: das Zitieren hat eine hermeneutische Funktion (vgl. § 6/VI). Wenn ich ein Wort eines andern an andrer Stelle wieder spreche, ist es nicht mehr dasselbe Wort. So sehr wir heute nicht ohne historische Vernunft zitieren dürfen, so sehr muß man sehen, daß das Zitieren im Wiederholen des Alten ein Neues bringt. Ist jedes Zitat auch exegetisch zu verantworten, gilt es zu beachten, daß seine Berechtigung nicht etwa in seiner historischen Relevanz besteht. Predigendes und wissenschaftliches Zitieren sind zu unterscheiden, wenn es auch zur Verantwortung des Predigers gehört, sein Zitieren wissenschaftlich zu reflektieren. Das Zitieren in der Predigt steht der Kunst näher als der Historie. Zitieren will gekonnt sein. Wer zitiert, läßt einen Fremden sprechen und spricht selber. In dieser Spannung von Selbstwort und Fremdwort lebt die Kunst des Zitierens. Zwinglis Einrede gegenüber wird man beachten müssen, daß es legitimerweise auch ein Herausbrechen des Zitates aus dem Zusammenhang gibt, das den Sinn verändert.

Wenn das Zitat im Sinne des »Schriftganzen« (vgl. § 6/III) gebraucht wird, wird man nicht von Mißbrauch sprechen können. – Calvin hat festgestellt, »daß die Evangelisten und die Apostel im Zitieren von Schriftworten oft erheblich großzügig gewesen sind: sie hätten sich nicht ängstlich an den Wortlaut geklammert und nicht pedantisch jede Kleinigkeit mitgeteilt, ihnen sei es auf die Hauptsache (summa rei) angekommen. Sie hätten die alttestamentlichen Stellen auf die Erfordernisse ihrer Unterweisung zugeschnitten, aber stets so, daß der Skopus innegehalten und die Stelle nicht in einem der Schrift fremden Sinn umgebogen worden sei; und selbst da, wo das Selbstverständnis (nativus sensus) einer Stelle verlassen worden sei..., sei dies von der Sache her berechtigt. Es gehe nirgends nur um ein sklavisches Rezitieren, sondern um Applikation des ad hoc gesagten Wortes auf die gegenwärtige heilsgeschichtliche Situation, also um Auslegung« (Werner Krusche, Das Wirken des Heiligen Geistes nach Calvin, 1957, 182). Das Zitieren kann nicht als ein mechanischer, sondern muß als ein charismatischer Akt verstanden werden. Weil es um Auslegung geht, sollte man die Zitationsweise des Neuen Testaments nicht zu früh ablehnen, sondern ihre Intention aufzunehmen versuchen. Auf ein besonderes Problem muß in diesem Zusammenhang noch hingewiesen werden. Ein Verändern eines Schriftzitates zum Zwecke der Anrede und der Vergegenwärtigung darf nicht ausgeschlossen werden. Freilich muß der Prediger wissen, was er tut, muß in diesem Falle in besonderer Weise die bibelfesten Gemeindeglieder meditieren. Ein solch veränderndes Zitieren wird sich als sehr schwierig erweisen und zeigt noch einmal die Problematik des Zitierens überhaupt. Wer zitiert, verändert das Zitierte, wie Erinnerung Vergangenes verändert, indem sie sich erinnert. Übrigens weist Emil Staiger darauf hin, daß es nur Gelehrte und Pedanten mit dem Zitieren genau nehmen.

II

Weisen des Zitierens

Es kann sich nicht darum handeln, einen vollständigen Katalog von Zitations-Möglichkeiten aufzustellen. Solches Katalogisieren würde nur die Freiheit des Predigers einengen. Die Liste, die hier anzufertigen ist, steht offen, sowohl hinsichtlich des zu Zitierenden wie hinsichtlich des Zitierens. Was hier gegeben werden soll, ist Anregung.

1. Zitierend kann die Schrift durch die Schrift ausgelegt werden. Ein mosaikartiges Aneinanderreihen von Bibelsprüchen wurde vorhin abgelehnt. Nun aber gibt es durchaus die Möglichkeit, durch Zitathäufung Sprache zu gewinnen.

Was durch Zitathäufung geleistet werden kann, zeigt *Helmut Heißenbüttel* in verschiedenen seiner Arbeiten. So etwa in dem Roman: D'Alemberts Ende, 1970.

Bei einer reichlichen Verwendung von Schriftzitaten kann der reformatorische Grundsatz zum Tragen kommen, wonach die Schrift durch
die Schrift erklärt wird.

Adolf Schlatter weiß zitierend anzureden, indem er überraschend Texte zusammen-
montiert, die aus einem ganz andern Zusammenhang kommen. In einer Predigt über
Röm 14,7–12 stellt er Joh 8,12 neben Anklänge aus synoptischen Gleichnissen. Für
uns ist der Herr »nicht einzig und zuerst unser Richter, sondern er kommt zu uns zuerst
als das Licht der Welt, das uns aus der Finsternis heraushilft. Er kommt zuerst als der,
der uns mit seinen Gaben beschenkt, damit wir als die treuen Knechte unseren Dienst
mit ihnen tun.« Dieser Richter wird dann die Frage stellen: »Du bist geladen zu meinem Mahl; trägst du das Festgewand? Du wartest auf die Hochzeitsfeier; brennt deine
Lampe oder ist sie dir verlöscht? Du hast erhalten, was mein ist; wo ist mein Pfund
und was schuf es?« (Ich will ihn loben bis zum Tod, 1928, 206). – Hans-Joachim Kraus
bemerkt von den Predigten *Julius Schniewinds:* »Sie konnten längere Passagen enthalten, in denen nur Bibelzitate aneinandergereiht waren. Jedes dieser Zitate war erarbeitet und in seiner eigenartigen Setzung dem stillen Hören erwachsen.« Die Formulierung »eigenartige Setzung« weist darauf hin, daß hier das Zitat schon Auslegung war.
»Eine uns immer wieder in Staunen versetzende Vollmacht des Zitierens waltete in dieser Verkündigung« (Julius Schniewind, 1965, 258).

2. An der Zitationsweise von Karl Barth wurde anschaulich, wie verschiedenartig ein und dasselbe Zitat in der einen Predigt wiederholt
werden kann (vgl. § 6/VI). Es kann zerlegt, kann verschiedenen Sprechern in den Mund gelegt werden, kann das Verstehen durchspielen. Im
Verstehensprozeß wird es auf je verschiedene Weise montiert und auf je
verschiedene Weise betont. Bei Karl Barth kann man lernen, welch
hohe Kunst das Zitieren ist. Er veranschaulicht einen Satz von Thomas
Mann: »Das Zitat als solches hat etwas spezifisch Musikalisches.« Es
bringt etwas zum Klingen, und musikalische Variationen verändern das
Zitat.

3. Ein Zitat sollte eine Gedanken-Folge in Bewegung setzen, zum
Denken anregen, Gedanken-Musik intonieren. Dies kann durch Verfremdung, Veränderung geschehen.

So versucht *Kornelis H. Miskotte* das Erstaunliche eines bekannten Textes so wiederzugeben, daß er ihn in eigene Worte faßt: »Versuchen wir in aller Ehrfurcht, das Wort
aus Lukas 22,31 und 32 in gewöhnlicheren Worten wiederzugeben!
›Mein Kind, mein dummer Junge, merkst du denn nicht, daß du hier und jetzt, während du so ängstlich-sicher bist und mit aller Gewalt ein Gläubiger sein willst, *im Gericht* stehst, das *über die Welt* ergeht, merkst du nicht, daß du im Sieb liegst und daß
eine dunkle Macht (ein böser Geist, vom Herrn gesandt, oder ein böser Geist des
Herrn, das ist vorläufig nicht auszumachen) ihre Ansprüche auf dich geltend macht,
dein Leben schüttelt und rüttelt, so daß alle festen Teile tanzen und herumwirbeln in
und mit der wirbelnden Welt?‹ Simon, Simon, siehe, der Satan hat euer begehrt, daß
er euch möchte sichten wie den Weizen . . . Du da und du dort, sieh doch, wie ein Anderer an diesem ›deinem‹ Glauben einen Anhalt und eine Handhabe findet« (Predigten, 1969, 189f). – *Eberhard Jüngel* geht einmal den umgekehrten Weg. Er nutzt den
Luthertext, um seinen Text zu verfremden. So in einer Predigt über Kol 4,2–6: »Der
Apostel ermahnt die Gemeinde ausdrücklich: Eure Rede sei ̇niemals gnadenlos!
Luther übersetzt sogar: Eure Rede sei allezeit lieblich. Also: wir haben der Welt zu
antworten, daß in unserer Antwort Gottes Gnade nicht unterschlagen wird. Wir haben

nicht das Recht, der Welt die Gnade Gottes vorzuenthalten. Hört die Welt Gottes *Gnade* nicht, so wird sie auch niemals Gottes *Gericht* erkennen« (Predigten, 1968, 112). Es bleibt nicht bei einer bloßen Zitation. Jüngel verbindet die Zitate mit einer Erklärung und mit einer prophetischen Ansage, die das Zitierte ins rechte Licht rückt. »Hört die Welt Gottes *Gnade* nicht, so wird sie auch niemals Gottes *Gericht* erkennen.« Miskotte stellt den Hörer neben Simon, um beide anzureden. Die Verfremdung dient der Vergegenwärtigung. – Beide Prediger »bewaffnen« ihre Zitate.

4. Es gibt viele Weisen, einen Text im Zitieren zu vergegenwärtigen. Eine interessante Art und Weise ergibt sich, indem der Text gemäß seinem Gebrauch in der Gegenwart zitiert wird. Hier handelt es sich um ein Zitieren aus zweiter Hand. Das Zitat wird vermittelt, der Vermittler unterstreicht die Gegenwartsbedeutung des Zitates.

So legt *Walter Lüthi* einen in der Predigt zitierten Text Zeugen in den Mund, die mit ihm den Text zitieren. Zum Schluß einer Predigt über Prediger 3 führt er »eine Handvoll junger Christen« an, die beim Wiederaufbau sich Worte aus dem Text zum Wahlspruch nehmen (Der Prediger Salomo lebt das Leben, 1952, 51). Pred 4,17 wird durch den Hinweis auf eine Inschrift an der Kirche zu Habkern gleichsam plakatiert (76f). Man liest mit. Diese beiden Beispiele mögen verdeutlichen, wie durch Vermittler ein Text vergegenwärtigt werden kann.

5. Wurde bis jetzt ausschließlich das Schriftzitat beachtet, sollen nun zitierbare Stimmen aus Kirche und Welt kurz bedacht werden. Indem die Predigt in der Gemeinschaft der Heiligen erfolgt, darf den Heiligen das Wort erteilt werden; den Kirchenvätern, den Reformatoren – unter Umständen auch den kirchlichen Lehrern der Gegenwart.

Auch hier zeigt sich die Orthodoxie als besonders zitatenfreudig! *Eberhard Winkler* zählt in den Leichenpredigten von Johannes Heerman 580 Zitate, die eine Vorliebe für Augustin verraten; aber auch der Zeitgenosse *Johann Gerhard* wird zitiert. Den 580 Zitaten von Theologen stehen 98 Stellen gegenüber, die nicht-christlichen Autoren das Wort erteilen (Die Leichenpredigt im deutschen Luthertum bis Spener, 1967, 139ff). – Heute besteht eher die Tendenz, weltliche Autoren zu zitieren! Man »brechtet« gerne. – Eine Ausnahme bildet *Erwin Mühlhaupt*, Evangelisch leben! Predigten mit Luthers Hilfe, 1958, die einer Zeit der Luthervergessenheit zeigen möchten, »daß man für die sonntägliche Predigt noch heute manches gute kurze Wort von Luther brauchen kann« (5). In 25 Predigten bringt er 100 Lutherworte.

So sehr sich Bonhoeffer homiletischer Beliebtheit erfreut – es werden immer die gleichen Sätze zitiert (meist Beispiele schlechten Zitierens) –, so scheinen die Theologen der Gegenwart für den Prediger ein Pudendum darzustellen, die er wie Obszönitäten auf der Kanzel verschweigt. Schlagworte genügen. (Schlagworten und Formeln zeitgenössischer Theologen begegnet man in der Tat häufig; sie bilden einen Denk-Ersatz und markieren Sprachverlust. Sie illustrieren den Mißbrauch von Zitaten.) – So dringlich theologische Lehrvorträge und Lehrgespräche neben der Kanzelpredigt sind, so wenig sollte sich ein Prediger auf der Kanzel seiner theologischen Zeitgenossen schämen.

Vielleicht darf ich auf meine Bibelarbeit am Dortmunder Kirchentag hinweisen, die um Verständnis für die Theologie Bultmanns warb, obwohl ich nicht seinen Lehren anhänge (vgl. *Rudolf Bohren*, Konflikte und ihr Ende, 1964, 50).

Der oft beklagte Hiatus zwischen Theologie und Gemeinde mag auch damit zusammenhängen, daß in unseren Predigten die theologischen Lehrer nicht direkt zu Worte kommen. – Zur Gemeinschaft der Heiligen gehört auch *das Zeugnis der Gemeinde*. Die Gemeinde ist zwar nicht »Heilige Schrift«, wohl aber apostolischer »Brief«, und aus diesem Brief darf vorgelesen werden! Auch Gemeindeglieder dürfen zu Worte kommen, wobei seelsorgerlicher Takt strengste Auswahl besorgen muß; denn sonst wird mit solchem Zitieren mehr Schaden als Nutzen bewirkt.

In einer Predigt über Mk 7,31–37, in der *Walter Lüthi* Tod und Auferstehung Christi als das große Hephata dem kleinen der Heilung gegenüberstellt, erzählt er von einem Mann, den er indirekt zitiert – zugleich ein Beispiel für eine Kalendergeschichte vom gegenwärtigen Heil: »Es kommt mir da ein Mann in den Sinn, der ein Denker genannt werden kann. Dazu ist er in einer so seltenen Art und Weise in der Schrift gegründet, daß man ihn darum beneiden könnte. Er ist beinahe taub. Wohl kann er sprechen, aber es ist für den Außenstehenden schwierig, ihm zu antworten. Man braucht seinem Gespräch nicht lange zuzuhören, gleich merkt man: Der hat das große ›Hephata‹ vernommen. Das merkt man in der freien Art, wie er sich über sein Gebrechen äußert. Christus habe ihn einst auch, wie jenen Taubstummen, auf die Seite genommen, abseits vom Volk. Christus habe ihm die Ohren auch angerührt, aber nicht, um sie ihm aufzutun, sondern, um sie ihm zuzuschließen. Aber er höre dennoch, und er höre viel. Vielleicht, pflegt er mit leisem Lächeln zu sagen, höre er manchmal mehr als die Hörenden. Früher habe er manchmal auch mit Gott gehadert. Aber in letzter Zeit, wo in der Welt so laute und so hohe Töne daherkämen, bereue er den Verlauf seines Lebens nicht. Er sei fast froh, daß er nicht alles hören müsse, was es in dieser Welt zu hören gebe. Das ist einer von denen, die das kleine ›Hephata‹ nicht haben hören dürfen. Aber er hat das große gehört« (Walter Lüthi/Eduard Thurneysen, Du sollst mich preisen, 121f).

Wie eine gute Zeitung Leserbriefe bringt, darf auch die Predigt die Stimme des Hörers nicht verschweigen. Sie wird dann auch und gerade den Widerspruch des Hörers zu Worte kommen lassen. Hier wäre dann auch die Relevanz des Zitierens im humoristischen Roman für die Predigt zu bedenken (Lit. vgl. § 14/V).

6. Es entspricht dem Wesen der Dichtung, daß sie sich besonders zum Zitieren eignet. Dichte Sprache wird übernehmbar. Neben der Schrift steht das Gesangbuch als Zitatenschatz zu des Predigers Verfügung. Läßt sich das Schriftzitat u.a. durch den reformatorischen Grundsatz rechtfertigen, wonach Schrift durch Schrift erklärt wird, so erteilt der Prediger im Kirchenliedzitat der Tradition das Wort. Das Singen dient dem Sagen. Der Prediger stellt sich in den Chor der Sänger und summt einige Takte mit aus einem Lied, das vor ihm schon angestimmt und gesungen wurde. Im Zitieren eines Kirchenliedes bejaht der Prediger die Liturgie der Kirche, sowie ihre Katholizität. Das Lied dient seiner Predigt, wie umgekehrt seine Predigt vielleicht auch dem Liede dient. Es wird sichtbar und deutlich, daß die Predigt im Zusammenhang eines Gottesdienstes ergeht. Was sie mitteilt, ist eine Stimme unter vielen Signalen, die der Gottesdienst als Ganzes sendet und die die Kir-

che schon früher gesandt hat. Das Kirchenliedzitat nimmt eines dieser Signale auf und setzt es als Zeichen in das Sprachfeld seiner Aussage.

Helmut Barié hat anhand von 1658 Kirchenliedzitaten eine reiche Vielfalt von hier möglichen und zum Teil unmöglichen Zitat-Typen herausgearbeitet. – Im Lichte der Theologie wie im Lichte der Kommunikationsforschung erscheint allerdings das von Barié bearbeitete statistische Material auf eine fragwürdige Praxis zu deuten. Aus den Liedern des Kirchenjahres bevorzugen die Prediger die Weihnachtslieder (diese machen 10,13 % gegenüber 1,86 % von Zitaten aus Pfingstliedern). Die Prediger bevorzugen offenbar das Bekannte. – In der Tabelle der meist zitierten Lieder steht »Ein feste Burg« von Luther an erster Stelle. Die Prediger machen das bekannte Lied noch bekannter. Man folgt im Zitieren dem Trend kirchlicher Popularität, man knüpft an, man wiederholt. Die Kybernetik spricht von Redundanz. Dies muß sein, um Neues zu sagen. Das Kirchenliedzitat vermag vielleicht besser als das Schriftzitat den Glauben und die Frömmigkeit der Gemeinde zu formulieren. – Die Frage drängt sich auf, ob die offensichtliche Bevorzugung des Bekannten nicht als Indiz dafür zu werten wäre, daß die meisten Prediger die Kunst des Zitierens nicht oder schlecht beherrschen. »Die *verfremdende* Rezeption ist ein auffälliges aber rares Phänomen in Predigten« (Barié, 322).

7. Nicht nur geistliche, sondern auch profane Dichtung steht im Dienst des Predigers. In einer Erde, voll der Herrlichkeit des Herrn, gibt es poetische Zitate, die kerygmatisch verwendbar sind.

Kurt Marti wäre hier zu nennen. Vergleicht man den Prediger mit dem Essayisten, erweist es sich, wie puritanisch dieser Prediger mit Zitaten umgeht (vgl. Kurt Marti/Kurt Lüthi/Kurt von Fischer, Moderne Literatur, Malerei und Musik, 1963). Im Zitieren kann der Prediger einem Weltkind das Wort erteilen; das Zitat dient zur Distanzierung und Verfremdung. – So sagt er in einer Predigt über die Aussendungsrede Jesu: »Henry Miller, der amerikanische Autor, schreibt einmal dazu (in: Big Sur oder die Orangen des Hieronymus Bosch): ›Wenn ich die Evangelien lese, stoße ich nie auf eine Stelle, wo von dem Gepäck die Rede ist, das Jesus mit sich trug. Es wird nicht einmal eine Reisetasche erwähnt, wie sie Somerset Maugham auf seinen Wanderungen in China bei sich hatte . . . Kein Gepäck, keine Möbelstücke, keine Wäsche, kein Taschentuch, keine Kennkarte, kein Bankbuch, keine Versicherungspolice, kein Haus . . . er brauchte auch keine Briefe zu lesen und zu beantworten. Soviel wir wissen, schrieb er nie eine Zeile. Heimat war für ihn, wo er sich gerade befand. Nicht, wo er seinen Hut aufhängte, denn er besaß keinen.‹ Nun verfällt Henry Miller mit dieser Schilderung freilich einer romantischen Verzeichnung mindestens darin, daß er als Lebensstil Jesu darstellt, was nach einer langen Zeit der Seßhaftigkeit in Nazareth für Jesus doch eine zeitlich befristete Aktion war. Das gilt auch für die Aussendung der Jünger, wie sie hier angeordnet wird. Alle diese Jünger haben später in Jerusalem so etwas wie eine neue Heimat gefunden und blieben keineswegs ewige Wandervögel« (Das Markus-Evangelium, 113f). – Der Prediger würde alles, was Miller sagt, im eigenen Namen sagen können, es wäre ziemlich schlechter Jargon. Indem er aber Miller das Wort erteilt, erregt er in einer vorwiegend intellektuellen Gemeinde erhöhte Aufmerksamkeit. – In der Predigt über Petri Seewandel faßt Marti das Ziel des Textes zusammen: »Sicher, Jean Paul hat recht, und wir werden gut tun, seinen pädagogischen Ratschlag zu beherzigen. In seiner Erziehungslehre ›Levana‹ schreibt er: ›. . . das Mädchen und der Knabe lerne, daß es etwas Höheres gebe im Meere als seine Wogen, nämlich einen Christus, der sie beschwört.‹ Das ist schön gesagt, und wir wollen es weitersagen« (127f).

Im Zitat verdichtet sich die Botschaft des Predigers. Damit wird dem Dichterzitat ein sozusagen kirchenväterlicher Rang zugemessen. Die Dichter unterstreichen, bekräftigen die Botschaft: In der Predigt über Mk 1,14–15 heißt es: »Georges Bernanos hat einmal gesagt: ›Fünf Minuten Paradies werden alles in Ordnung bringen.‹ So ist es« (21). Zur Salbung in Bethanien: »Ich las einmal, ich glaube bei Heinrich Böll, den Satz: ›Wir sollten Gott trösten.‹ Ein seltsamer Satz! Aber vielleicht trifft er, was hier die Frau mit ihrer Salbung wollte« (304).

Das Zitat kann auch eine Predigt beschließen. *Maximilian Weller* weist »Bild, Gleichnis und Dichterzitat« einen besonderen Platz am Schluß der Rede zu (Das Buch der Redekunst, 1954, 223). Hier seien drei die Predigt abschließende Zitate angeführt: »Mit Recht hat Else Lasker-Schüler, die jüdische Dichterin, einmal geschrieben. ›Der Nazarener ist der Sonntag der Schöpfung‹« (58). Dies Zitat paßt ausgezeichnet als Abschluß einer Predigt über das Ährenraufen am Sabbat und über eine Sabbatheilung. – Der applikativen Verdeutlichung dient ein Zitat der gleichen Dichterin: »Etwa so, wie es Else Lasker-Schüler einmal sagte: ›Das Gebet soll dich befreien. Dein Glaube sein ein fröhlicher! König David tanzte voran im Zuge vor der Bundeslade‹ – tanzte, weil Gottes unermeßliche Gnade ihn frei und fröhlich gemacht hat« (248)! Ein begründender Nachsatz besorgt hier die theologische Einpassung des Zitates in das Ganze der Predigt. – In der Predigt über die Heilung in Bethsaida wird das Zitat dreifach unterstrichen: »Novalis hatte recht, der formulierte: ›In jedem Menschen kann mir Gott erscheinen.‹ Gott kann uns im Nächsten erscheinen, wenn wir sehende, durch Jesus sehend gemachte Augen haben! Was werden wir also diese Woche sehen? Mensch-Bäume, Mensch-Objekte oder Nächste, in denen uns Gott erscheint? Bitten wir, daß uns Sehenden die Augen vollends geöffnet werden« (165)!

8. Eine besondere Problematik eignet dem *Selbstzitat.* In der Regel schwächt und schadet ein Redner seiner Rede, wenn er sich selber zitiert. Indem er sich wiederholt, verliert er, was er gewinnt, wenn er einen andern herholt und zitiert. Wer sich selbst zitiert, muß bedenken, daß er bereits auf doppelte Weise spricht, mit dem Mund und mit seiner ganzen Person in ihrer gesellschaftlichen Verflochtenheit. Die Vorbildlichkeit des Predigers (vgl. § 22), beziehungsweise deren Fehlen, besagt meistens mehr, als der Prediger durch Wiederholung von schon Gesagtem sagen kann. Bringt er sich darüber hinaus nochmals ins Spiel, muß er beachten, daß er sich nicht selbst den Weg verstellt, indem etwa Pedanterie, Rechthaberei und Selbstgefälligkeit lauter sprechen als das Gesagte. Das Selbstzitat hat seine Problematik in der Person des Predigers selbst; er kann sich selbst schlecht herbeizitieren, er verdoppelt damit nur seine Fragwürdigkeit. Er kann sich nur zitieren, wenn er ein anderer geworden ist. Aus diesem Grunde hat ein Selbstzitat, das gegen den Prediger selbst spricht, eine besondere Kraft der Aussage und spricht für die Predigt.

Dies kann deutlich werden an einer Predigt von *Werner Krusche* über Jes 6,1–13 an der EKU-Synode Magdeburg 1970: »Man kann seine Lippen nicht nur so verunreinigen, daß man die Wahrheit verschweigt, sondern auch so, daß man sie den anderen unbarmherzig um die Ohren schlägt, so daß er sie nur als pfäffisches Gezeter hören kann. Man kann sehr deutlich werden und sehr laut reden und sehr mutig sein – und doch ist es nicht die Wahrheit des göttlichen Gerichts- und Gnadenwortes. Ich habe mir dieser Tage noch einmal das Konzept einer Predigt über diesen Jesaja-Text durchgelesen, die ich 1957 oder 1958 gehalten habe. In der Einleitung stehen Sätze wie diese: ›Die atheistische Propaganda tut uns nicht um Gottes willen leid; er ist zu erhaben, als daß ihn diese Dreckspritzer erreichen könnten. Es tut uns vielmehr um die leid, die diese Propaganda betreiben; denn wer Gott mit Schmutz zu werfen versucht, wird selber dabei am dreckigsten. Wer Gott lächerlich zu machen versucht, wird selber eine lächerliche Figur. Wer Gott nicht glaubt, dem glaubt keiner mehr. Wer Gott die Autorität nimmt, bringt sich selber um jede echte Autorität.‹ Man wird nicht bestreiten können, daß das deutlich und eindeutig geredet war. Es ist vielleicht sogar richtig. Und doch ist es nicht die Wahrheit; denn mit solchem Reden ist niemand geholfen; die Gemeinde wird durch solches Reden nur in ihrer Selbstrechtfertigung bestärkt, und falls es ein Atheist gehört haben sollte, hat er sich nur geärgert und ist verhärtet worden in seinem Unglauben. Mein alter Lehrer Wolfgang Trillhaas hat uns im Kolleg gesagt, wir sollten uns unsere Predigtmanuskripte aufheben; sie seien Material zur Buße. Als ich die eben verlesenen Sätze noch einmal vor Augen hatte, ist mir das Wort des Jesaja von den unreinen Lippen, von dem erwählungswidrigen Reden oder Schweigen neu auf- und sehr nahe gegangen. Der Gott, in dessen Gegenwart wir sind, ist der Gott, vor dem uns unsere Verlorenheit aufgeht.« – Krusche begründet das Selbstzitat mit einem Zitat seines Lehrers Trillhaas. Er widerruft, was er früher gesagt, er widerruft sich selbst. Er kritisiert seine Haltung von früher und erleichtert der Gemeinde das Umdenken. Des Predigers Selbstkritik wirkt auf unaufdringliche Weise vorbildlich. Der Prediger geht in der Umkehr voran.

9. Auch die *Verhältnisse* sind zu zitieren; denn die Menschen kommen aus Verhältnissen.

Hierzu ein Zitat aus einer Predigt von *Manfred Josuttis* über Gal 5,16–25, das als Beispiel für den Gebrauch der Schrift ebenso Interesse findet wie als Predigtanfang: »Es steht geschrieben: ›Wandelt im Geist, so werdet ihr die Lüste des Fleisches nicht vollbringen!‹

Fall Nr. 1: ›Ein einundzwanzigjähriger Theologiestudent war drei Jahre hindurch arbeitsunfähig, meist bettlägerig und viele Monate in klinischer Behandlung an unerträglichen Rückenschmerzen erkrankt. Wie 97% seiner Altersgenossen ohne Freundin übte auch er Selbstbefriedigung. Seine Gewissensskrupel hatten unbewußt zu den Rückenschmerzen geführt.‹

Es steht geschrieben: ›Offenbar sind aber die Werke des Fleisches, als da sind: Unzucht, Unreinigkeit, Ausschweifung, Eifersucht, Zorn, Zank und dergleichen.‹

Fall Nr. 2: ›Ein Pfarrer, Anfang der vierziger Jahre, wurde durch christliche ›Sittlichkeitsbriefe‹ völlig verängstigt. Als offenbares Ergebnis dieser Angst vor der Geschlechtlichkeit ist er zunächst impotent. Er teilt dieses Schicksal mit weiteren Pfarrern. Fast alle sind verheiratet; bei fast allen sind die Ehefrauen nach durchschnittlich achtjähriger Ehe noch Jungfrau. Die Ehen sind sämtlich zerbrochen bzw. zerrüttet, auch wenn sie äußerlich noch bestehen.‹

Es steht geschrieben: ›Ich habe es euch vorausgesagt und sage noch einmal voraus, daß die, die solches tun, werden das Reich Gottes nicht erben.‹

Fall Nr. 3: ›Ein Pfarrer kommt mit der folgenden schweren Gewissensnot: Innerhalb relativ kurzer Zeit hat er bei vier Eheberatungen wider sein eigenes Empfinden und eigenes Wissen, aber der kirchlichen Lehre treu, mit aller Energie von einer Scheidung abgeraten, obwohl er den Eindruck hatte, daß die betreffenden Ehen völlig zerrüttet waren. Von vier Beratungen hatten sich zwei nicht nur von der Kirche, sondern vom Glauben losgesagt, und zwei haben Selbstmord begangen‹« (Sexualität = Sünde?, PIG 32, 1969, 2f).

Zunächst werden die drei Zitate aus Klaus Thomas, Handbuch der Selbstmordverhütung, 1964, gebraucht, um eine gerne verschwiegene und übersehene Situation zu zeichnen. Diese Zitate haben die Aufgabe, eine Situation zu markieren, in die hinein zu predigen ist. Josuttis befolgt hier ein Rezept des jungen Karl Marx: »Man muß diese versteinerten Verhältnisse dadurch zum Tanzen zwingen, daß man ihnen ihre eigene Melodie vorsingt« (zit. nach H. Popitz, Der entfremdete Mensch, 1953, 40). Indem der Prediger den Verhältnissen »ihre eigene Melodie vorsingt«, bringt er auch den Text ins Spiel, ins Spiel derart, daß er sein herkömmliches Verständnis in Frage stellt. Zitat wird gegen Zitat gesetzt. Wolfgang Schrage bemerkt in seinem kritischen Kommentar zu dieser Predigt: »Dieses Nebeneinander ... ist ... offenbar vor allem von der Überzeugung getragen, daß sich beides unverkürzt nebeneinander vertreten läßt: die Treue zum paulinischen Text und die Kritik an einer bestimmten Sexualmoral...« (10).

10. Das »spezifisch Musikalische«, das dem »Zitat als solchem« eignet, verpflichtet: Erweitert das Zitat die Sprache des Predigers, soll die Predigt die Sprache der Gemeinde erweitern, der Sprache der Christen zu einer neuen Musik verhelfen. Das Bedenken predigenden Zitierens hat eine Konsequenz für die Gestaltung der Predigt selbst: Eine Predigt soll zitierbar sein! Was der Prediger sagt, soll sagbar werden, ist weiter zu sagen. – Wer an einer Predigt arbeitet, bereitet das zukünftige Sprechen der Gemeinde vor. Auf zwei Wegen kann die Zitierbarkeit erreicht werden: Einmal durch Gestalt und Aufbau der Predigt.

Vgl. dazu: *Manfred Josuttis,* Über den Predigtanfang, MPTh 53, 1964, 474ff. – *Ders.,* Über den Predigtaufbau, MPTh 54, 1965, 480ff.

Zum andern: Durch einprägsame Sätze wird eine Predigt oder etwas aus einer Predigt zitierbar, hat der Hörer etwas davon, eine Erinnerung.

Ausgezeichnete Beispiele in dieser Richtung finden sich bei *Eberhard Jüngel* (vgl. § 10/V). »Der Glaube kennt nur einen Erfolg: *von Gott geführt* zu werden. Und er kennt nur einen Mißerfolg: von dem, was vor Augen liegt, *verführt* zu werden« (13). »Demut ist Mut zur Arbeit aneinander« (123). »Denn es soll nicht der Christ alltäglich, sondern der Alltag christlich werden« (81).

III

Exkurs: Vom Gebrauch fremder Predigten

Wolfgang Trillhaas, Die wirkliche Predigt, in: Wahrheit und Glaube, Festschrift E. Hirsch, hg. v. H. Gerdes, 1963, 193ff. – *Ernst Jenssen,* Die andere Predigt in der eigenen, untersucht an der Predigtweise von Paul Conrad, Evangelisches Pfarrerblatt (Schwerin), 1966, 202ff. – *Robert Leuenberger,* Berufung und Dienst, 1966. – *Walter Schmithals,* Zur gegenwärtigen Predigtnot und ihrer Überwindung, KiZ 22, 1967, 94ff. – *Ernst Lange,* Brief an einen Prediger, PSt I,1, 1968, 7ff. – *Rudolf Bohren,* Traktat über das Lesen von Predigten, in: Seligpreisungen der Bibel – heute, 1969², 137ff. Zum Problem in der Literatur: *Bertolt Brecht,* Neue Technik der Schauspielkunst, GesW 16, 709ff. – *Friedrich Dürrenmatt,* Bekenntnisse eines Plagiators, in: Theater – Schriften und Reden, 1966, 239ff.

Es gibt eine umfassende Form des Zitierens, die Rezitation einer fremden Predigt. Robert Leuenberger möchte dem Prediger Mut machen, »eine fremde Predigt zu benutzen, im äußersten Fall so, daß er sie abliest« (121). Dieser Ratschlag, obwohl nicht ungefährlich, kann nur unterstützt werden: »Die Benutzung fremder Predigten war früher selbstverständlich, und daß sie heute so verpönt ist, hat seinen Grund nicht nur in theologischen Überlegungen, sondern ebenso in der unbewußten Verwechslung von geistlicher und künstlerischer Produktivität« (269). Bei dieser »unbewußten Verwechslung« dürfte ein antiquiertes Verständnis künstlerischen Schaffens im Spiel sein. Dies mag durch einen Hinweis auf Brecht deutlich werden. Brecht hat den Vorschlag gemacht, daß für Regiearbeiten bei Theateraufführungen Modelle von Aufführungen benutzt werden sollten. Einige Bemerkungen des Stückeschreibers scheinen mir auch für die Predigtarbeit lehrreich: »Man muß sich frei machen von der landläufigen Verachtung des Kopierens. Es ist nicht das ›Leichtere‹. Es ist nicht eine Schande, sondern eine Kunst« (714). Später nennt er das Kopieren »eine Kunst für sich, eine der Künste, die der Meister beherrschen muß« (719). Dabei plädiert Brecht nicht für eine sklavische, sondern für eine souveräne Nachahmung: »So töricht eine Nichtbenutzung des Modells (etwa aus Ehrgeiz) wäre, so klar sollte es doch auch sein, daß man ein Modell am besten benutzt, indem man es verändert« (718).

In der Tat könnte dies eine Art sein, das Predigen zu lernen, Predigten analog einem Aufführungsmodell zu benützen, um sie zu verändern, indem man sie hält. Hierbei sollte nicht geistliche und künstlerische Produktivität miteinander verwechselt werden, wenn auch eine gewisse Analogie nicht zu leugnen ist. Beidemal geht es um einen schöpferischen Akt. Beim Theaterstück wie bei der Predigt handelt es sich um Sprache. Der Prediger muß noch lange kein Komödiant sein, wenn er hier vom Stückeschreiber lernt. – Bevor wir nach den Konsequenzen fragen, die von Brecht her homiletisch zu ziehen sind, sei ein Hinweis auf die Geschichte der Homiletik, resp. der Predigtgeschichte gestattet:

Schon *Augustin* widmet in seiner »Homiletik« der Benutzung fremder Predigten ein ganzes Kapitel. Er gibt dem unbegabten Prediger den Ratschlag, mit gutem Gewissen die Predigten anderer zu benutzen (De doctrina christiana IV, 29). Es ist kaum ein Zeichen evangelischer Freiheit, daß dieser Ratschlag in der evangelischen Homiletik der neuern Zeit entweder ignoriert oder verpönt wurde. – Die Predigtgeschichte beginnt in Deutschland mit der Benutzung von Modellen. »Mangelnde Originalität und die große Abhängigkeit von klassischen Vorbildern« (Niebergall, Leiturgia II, 238) machten diese Predigt offenbar nicht unwirksam. Auch wenn die Sermone des *Bonifatius* unecht sind, mögen sie typisch sein für den Beginn, »die Abfassung ganzer Predigten besteht zum Theil nur in einer Uebersetzung oder Bearbeitung fremder Arbeiten« (Rudolf Cruel, Geschichte der Deutschen Predigt im Mittelalter, 1962², 18). – *Luther* verfaßt seine Postille, um dem des Predigens Ungewohnten zu helfen und um dem Hausvater ein Hilfsmittel für die Ausübung seines priesterlichen Amtes an die Hand zu geben. Darüber hinaus soll sie eigenmächtiger, schwärmerischer und sektiererischer Predigt wehren (vgl. Gerhard Ebeling, Evangelische Evangelienauslegung, 1962², 30ff). – *Jean-Marie Vianney*, der Pfarrer von Ars, lehnt sich in seinen Predigten »aus Demut wie aus echter Hilflosigkeit« auf weite Strecken hindurch an

Predigtbücher des 17. und 18. Jahrhunderts an (Predigten, Briefe, Leben des heiligen Pfarrer von Ars, 1959, 7f). Maxence van der Meersch charakterisiert seine Predigtweise wie folgt: »Es fehlt ihm an Beredsamkeit, oder vielmehr, er hat jene Art von Beredsamkeit, die der Beredsamkeit spottet. Und niemand kann gleichgültig bleiben, wenn der Pfarrer auf der Kanzel seine mühsame Predigt vergißt und anfängt, von dem einzigen zu reden, was er kennt, von der Liebe Gottes« (270). – Jenssen hat gezeigt, wie souverän *Paul Conrad* (1865–1927), ein Berliner Prediger, die Prediger seiner Epoche in seine Predigten einzubauen wußte, sowohl konservative wie moderne Prediger kamen durch ihn aufs neue zu Wort. – Die Beispiele – sie ließen sich vermehren – zeigen, daß zu allen Zeiten fremde Predigten für eigene verwandt, ja, daß fremde als eigene gehalten wurden.

Der Hinweis auf Bertolt Brecht und auf die Predigtgeschichte vermag eine weitgehende Benutzung fremder Predigten noch nicht genügend zu rechtfertigen. Man kann zunächst im Sinne der Arbeitsökonomie argumentieren. Eine rechtschaffene Vorbereitung einer Sonntagspredigt braucht etwa ein Drittel einer Arbeitswoche. Lohnt sich bei geringem Kirchenbesuch der Aufwand? – Solches Fragen könnte möglicherweise eine Verachtung der vorfindlichen Gemeinde verraten, die nicht mehr um die Verheißung der kleinen Herde weiß, im Grunde konstantinisch denkt und die Macht in der Armut des Wortes verkennt. Ein zunehmender Hörerstreik stellt die Doppelfrage nach der Predigtstruktur und nach der Predigtqualität. Möglicherweise ist diesem Streik der Hörer durch um so sorgfältigere Vorbereitung in erster Linie zu begegnen. Wollte man vom geringen Gottesdienstbesuch her für das Ablesen einer fremden Predigt optieren, würde man sich dasselbe zu leicht machen. – Die Frage nach der Arbeitsökonomie aber ist damit nicht erledigt. Die Verkündigung in den Massenmedien weist der »Seelsorge« eine neue Bedeutsamkeit zu (vgl. § 29/I). Sie verlangt nach Gottesdiensten, die das kommunikative Element mehr betonen als bisher. Man könnte in einer Zeit des Umbruches und der Experimente raten, die traditionelle Gemeinde mit einer guten, nicht selbstgemachten, Predigt zu versorgen, um sich voll und ganz neuen Versuchen zu widmen. – Alle diese Argumente haben etwas Unbefriedigendes, unterliegen dem Verdacht des Nicht-ernst-Nehmens der Predigt.

Es scheint mir besser, mit Brecht von der Begabung (und Kunst) oder mit Augustin vom Mangel an Begabung auszugehen, um den Gebrauch fremder Predigt zu begründen. Zunächst sei vom Unbegabten die Rede. Der Reichtum an Charismen ist nicht auf die Kanzelrede einzuengen. Nicht jeder Theologe hat die Predigtgabe. Ein unbegabter Prediger aber wird mehr und besser wirken, wenn er eine gute Predigt übernimmt, als wenn er mit einer selbstgemachten scheitert. Im bisher geübten homiletischen Verfahren scheint die Predigtarbeit oft mehr der Selbstrechtfertigung des Predigers zu dienen als dem Nutzen des Hörers. Fragt man, was die Predigt wirkt, welche Gemeinde aus der so und so gehaltenen Predigt kommt, wird die Frage sekundär, woher der Prediger die Predigt nimmt. Freilich läßt sich das Predigen nicht vom Prediger lösen. Predigen heißt, Zeuge sein, und vom Zeugen wird Glaubwürdigkeit verlangt. Er muß sich ausweisen für das, was er sagt, muß einstehn für sein Wort. Glaubwürdig aber bin ich noch lange nicht dadurch, daß ich meine Predigt selbst mache. – Augustin verweist auf die persönliche Qualifikation des Sprechers, die eine fremde Predigt als eigene zu integrieren weiß. Gerade da, wo der Prediger eine fremde Predigt vorliest, wird der Vor-Leser als »Nachricht« wichtig, seine Person wirkt als Resonanz, als Bekräftigung oder aber als Dementi, als Ungültigkeitserklärung. Die Frage, die sich bei jeder Predigt stellt, wird beim Benutzen fremder Predigt besonders dringlich, wie sich denn der Redner selber zum Wort stellt (vgl. § 22). Wer in einer Gemeinde predigt, ist kein Fernsehstar, sondern – hoffentlich – ein Nächster, ein Glied der Koinonia (Gemeinschaft, vgl. § 27/VII); schon durch seine Person und das, was sie ausdrückt, verändert der Prediger – im Guten oder Schlechten – die vorliegende Predigt. Die Art und Weise, wie er mit der Gemeinde lebt und umgeht, interpretiert sein »Ablesen«. So ist das Kopieren und »Ablesen« auch für den Unbegabten »nicht eine Schande, sondern eine Kunst«, freilich nicht so sehr eine Redekunst als eine ars deo vivendi, eine Kunst, für Gott zu leben.

Der Hinweis auf mangelnde Begabung scheint mir das hier vorliegende Problem einseitig zu verengen, wissen wir doch beim Predigen ebensowenig »wie sich's gebührt« wie beim Beten. Warum aber sind beim gottesdienstlichen Gebet Formulare erlaubt, wenn nicht geboten, während die Predigt eine originale Schöpfung sein soll? Warum darf das Gebet eine Reproduktion sein, die Predigt aber nicht? Ist etwa das Gebet weniger von der geschichtlichen Lage bestimmt als die Predigt? Der Verweis auf das Gebetsformular macht die Gefahr deutlich, die eine analoge Benutzung einer fremden Predigt mit sich bringt. Der Faule wird zum Plappern verleitet, er reproduziert nur noch mechanisch, spricht nicht mehr selber, funktioniert automatisch. Wie aber das freie Gebet nicht vor Schwatzhaftigkeit geschützt ist, schützt auch das Selbstgemachte die Predigt nicht davor, Geschwätz zu sein. Die Parallelität von Predigt und Gebet zeigt, daß man die Benutzung fremder Predigten nicht auf den Mangel an Begabung eingrenzen darf. Wer predigt, sagt »ich«, spricht als unauswechselbare Person, er muß mit seiner Sprache herausrücken. Anders kann er nicht Zeuge sein. Sein Ich spricht aber als Glied der Kirche; der Prediger kommuniziert mit andern Gliedern, er kann durchaus einem andern Prediger seine Stimme leihen und kann dessen Sprache übernehmen. In der theonomen Reziprozität gibt es nicht nur eine Wechselseitigkeit zwischen dem Geist und dem Menschen, sondern auch eine Wechselseitigkeit der Glieder untereinander. Es gibt auch die Verbindung untereinander im Geist. Wenn der Prediger eine fremde Predigt übernimmt, und damit »herausrückt«, soll Chri-

stus mit seiner Sprache herauskommen; Christus spricht so, daß ein
Prediger als Zeuge herauskommt, indem er einem andern Prediger seine
Stimme leiht und dessen Sprache übernimmt. Er sagt »ich«, lebt und
spricht stellvertretend, er gibt Stimme und nimmt Sprache. So kann ein
Prediger gerade im Übernehmen einer fremden Predigt seine Freiheit
bewähren.

Der Exkurs über die Benutzung fremder Predigten wird nicht bloß
aus formalen Gründen im Teil der Predigtlehre verhandelt, der der
»Erinnerung« gewidmet ist. Das Hauptproblem der Übernahme einer
fremden Predigt besteht nicht so sehr in der Aneignung derselben – er
kann sie zur Not auch einmal als fremde vorlesen. Entscheidend ist die
Frage, ob die Predigt den, an den die Predigt erinnert, erreicht, ob er
sich selbst erinnert und also das Wort des Predigers zu seinem Wort
macht. Wenn kopieren »nicht eine Schande, sondern eine Kunst« ist,
dann ist es die, in der theonomen Reziprozität am Erinnern Gottes teil-
zunehmen, das unsere Gegenwart und Zukunft umgestaltet.

Für die Praxis bieten sich drei Möglichkeiten der Benutzung fremder
Predigten.

1. Erschöpfte und predigtmüde Prediger finden neue Freude am Predigen; ängstliche Anfänger gewinnen möglicherweise Mut, wenn sie
eine je sorgfältig ausgewählte Predigt meditieren, da und dort im Blick
auf ihre Hörerschaft das gerade jetzt Wichtige hinzuzusagen oder das
unwichtig Gewordene wegzulassen wagen. Ist der Prediger selber Hörer
und Täter des Wortes, wird die fremde Predigt zur eigenen. Auch hängt
die Vollmacht der Predigt nicht so sehr daran, daß er sie selber gemacht
hat, schon eher daran, was er selber aus ihr macht, genauer, wie er sich
zu ihr stellt. – Empfiehlt Bezzel dem Prediger für die private Lektüre,
»mit den Büchern nicht zuviel zu wechseln«, könnte dies u.U. auch für
die Benutzung von Predigten zu empfehlen sein. So könnte es für eine
Gemeinde heilsam sein, durch ihren Prediger einem andern zu begegnen. Der Prediger wird um so mehr Freiheit haben, der Gemeinde zu
sagen, was er macht, als sein Tun kein Vorwand der Trägheit darstellt.

2. Vielleicht wächst mit der Zeit die Freimütigkeit, der Mut zum eignen Wort, die Souveränität im Verändern und Verformen. Was mit
kleinen Abänderungen beginnt, kann dann zur Neubearbeitung werden.
Neben die Äußerungen von Brecht zur Theateraufführung wären hier
die Bearbeitungen Dürrenmatts von Shakespeare und Strindberg zu
stellen oder Picassos »Frühstück im Grünen«: Kunstwerke, die alles andere sind als Kopien. Was hindert den Prediger, in ähnlicher Weise Predigten vergangener Zeit aufzugreifen und weiterzuentwickeln? Man
nimmt die fremde Predigt als Möglichkeit, ein eigenes Wort zu sagen.
Stellt sich im ersten Fall der Prediger hinter die fremde Predigt, so stellt
sich jetzt der Prediger gleichsam davor. Die fremde Predigt gibt den
Rahmen für die eigene. Vielleicht verfährt er auch umgekehrt: Von sei-

ner Situation her rahmt er die fremde Predigt ein. Der Prediger sollte sowohl die Freiheit haben, die Predigttradition aufzunehmen, als auch die Souveränität, dieselbe zu verändern. Der Prediger wäre also zu ermuntern, mit dem Traditionsgut »Predigt« das gleiche zu machen, was die Evangelisten auch machten: Evangelische Überlieferung auf die neue Situation hin zu gestalten. Eine Predigt will ja dadurch, daß sie gedruckt wird, noch lange nicht tot sein. Vielleicht hat sie morgen wieder etwas zu sagen, vielleicht sucht sie nach einer Stimme, die sie wieder zur Sprache bringt.

Wenn sich ein Prediger zu einem solchen Verfahren entschließt, wird er sich nicht damit begnügen, die alte Predigt gleichsam neu zu übertünchen, er wird vielmehr von ihr zum Text zurückfragen, möglicherweise wird die exegetische Rückfrage Anlaß sein zur Veränderung der fremden Predigt.

Vgl. hierzu die Predigtanalysen in der »Theologia Practica« und in »Predigt im Gespräch«. Zum Grundsätzlichen: *Christian Möller,* Von der Predigt zum Text, 1970. Vgl. auch § 32.

3. Ein Übernehmen von Sätzen und Predigtteilen aus anderen Predigten unterscheidet sich vom Zitieren dadurch, daß der Prediger einer andern Stimme keinen Namen gibt, diese vielmehr in die eigene einschmilzt. Das Zitieren bereichert. Möglicherweise versteckt oder verschanzt sich ein Prediger gern hinter einem Zitat, möglicherweise schmückt er sich gern mit seinem Wissen. Wird es zum Vorwand der Feigheit oder Eitelkeit, erscheint das Übernehmen demütiger.

Als Hilfsmittel wäre hier auf das von *Helmut Ristow* u. *Günther Baumbach* herausgegebene Sammelwerk zu verweisen: Predigtgedanken aus Vergangenheit und Gegenwart, 1960ff. Allerdings wird es besser sein, wenn der Prediger hier als Selbstleser von Predigten Entdeckungen macht. – Nach den Intentionen von *Ernst Lange* bringen die Predigtstudien, 1968ff, neben der exegetischen Arbeit auch die Predigttradition wieder zu Ehren, indem sie den Prediger anleiten, das Gespräch mit der früheren Predigt zu führen. Im Kopieren sieht Lange allerdings keine Möglichkeit.

In diesem Exkurs steht nicht ein System von Predigtstudien zur Debatte. Hier wird nicht nach einer regulären Methodik gefragt, die die reguläre Predigtarbeit ersetzen könnte, sondern in erster Linie nach einem Rat für Ratlose. Was hier vorgeschlagen wird, offeriert sich zunächst als Verlegenheitslösung und Notmaßnahme, eine Verordnung für homiletischen Notstand, die sich als eine Chance erweist, als neue Möglichkeit, auf das Wort zu hören und es zu sagen, als ein Zeichen der Freiheit. Besorgt eine Predigtlehre dem Prediger die Freiheit, wird sie ihn aus der Gefangenschaft seiner selbst zu befreien suchen und jeder homiletischen Leistungsreligion absagen. Weil der Kirche und der Welt in der gepredigten Predigt vielfältige Gaben geschenkt sind, muß keiner zu kurz kommen. Für jeden elenden und armseligen Prediger sind Gaben greifbar, für ihn selber und für seine Hörer, die in gepredigter Predigt warten. Man muß sie nur finden, nehmen und weitergeben. Der Rest ist Dank.

IV

Die Collage

prinzip collage, hg. v. institut für moderne kunst nürnberg, redaktion *franz mon* und *heinz neidel,* 1968.

Das Stichwort kommt von »leimen«, »ankleben«. *Dietrich Mahlow* versichert, »daß hinter der collage mehr steckt als eine bloße technik« (8). Sie sprengt die herkömmliche Form des Zitierens, wie sie dem griechisch bestimmten Wortbegriff (vgl. § 7/I) widerspricht. Nach meinem Dafürhalten läßt sie sich aber sehr wohl mit dem biblischen Wortbegriff vereinbaren.

Sehe ich recht, ist sie von weit her verwandt mit den Urim und Tummim der Israeliten einerseits und mit den Losungen der Brüdergemeine andrerseits, die mit Losung und Lehrtext schon etwas wie eine Mischung von Collage und Montage (vgl. § 11/V) en miniature bilden. Gegenüber dem Losorakel kann im »prinzip collage« alles und jedes orakelhaft werden, je nachdem es »geworfen«, d.h. eben zusammengeklebt wird (vgl. § 20/II).

So betont der Dadaist *Tristan Tzara:* »nimm eine zeitung, nimm eine schere. suche einen artikel aus von der länge des gedichts, das du machen willst. schneide ihn aus. dann schneide jedes seiner wörter aus und tue es in einen beutel. schüttele ihn. dann nimm einen ausschnitt nach dem andern heraus und schreibe ihn ab. das gedicht wird sein wie du« (50). Dies »Orakel« wird nicht vom Priester, sondern vom Leser selbst gedeutet. »erst die aktivität des lesers bringt den text zustande« (mon, ebd).

Beide Momente scheinen mir für die Predigt der Zukunft bedeutsam, eine Aufnahme des Zufalls in die Predigtgestaltung und ein Text, der erst durch den Leser oder Hörer zustandegebracht wird. Aber dies wird vorläufig nicht jedermanns Sache sein, auch ist damit noch nicht alles ausgedrückt, was »hinter der collage steckt«.

Dietrich Mahlow sieht es so: »in der collage erweist sich der künstler als eine kraft, die fähig ist, sich in dem durcheinander dieses lebens zurechtzufinden; aber nicht indem er ›ordnung macht‹, das vielfältige den bekannten regeln unterwirft und das netz seiner einsicht und erfahrung darüberstülpt, sondern indem er die dinge beläßt, ihre teile, reste, abfälle nimmt als zeichen dieses ungeheuren wirrwarrs und sie noch in den kunstlosesten zuständen zusammenbringt – und plötzlich etwas neues hervortreten läßt, das kraft hat, rhythmus, sowohl feste gegenständlichkeit als auch hochgradige abstraktion« (8).

Ich denke, Mahlow macht deutlich, daß gerade das »prinzip collage« alles andere als voraussetzungslos sei: Es setzt voraus, daß das, was zusammengebracht wird, Möglichkeit und Zukunft hat. Wenn ich das »prinzip collage« für homiletische Zwecke empfehle, setze ich zunächst voraus, daß die Welt Gottes ist, daß nichts, was ist, grundsätzlich dem Schöpfergeist entzogen sein könnte. Somit ist die Welt voll neuer Sprache, die in der alten schläft; sie wird damit frei, daß Gegensätzliches versöhnt, zusammengeklebt wird. Die Collage spielt mit dem Material einer Welt, deren Schema vergeht (1Kor 7,31), um die neue Welt anzusagen. Abgeschliffene Sprachstücke sind so gegeneinander zu setzen, daß sie zum Reden gezwungen werden; es ist für die Predigt bedeutsam, daß die Collage gerade die abgenutzte Sprache benutzt (vgl. mon, 62)! Die Sprache Kanaans wird neu, indem sie in neue Zusammenhänge gebracht wird.

»die sprachstereotypen selbst müssen als teil der schockrealität verstanden und wie sie behandelt werden. die sprachphänomene und insbesondere die festgelegten, die sprachlichen arsenale des alltags und der geläufigen kommunikation, werden aus ihrer medialen zone versetzt unter die objekte – phänomene unter phänomenen, wobei ihre mediale funktion durchaus bewußt bleiben muß. die unmittelbaren mitteilungs- und ausdrucksfunktionen der spracherscheinungen werden also gekappt, ohne daß der sprachcharakter selbst vergessen würde. die entfremdung der sprache von ihren primären leistungsweisen, dem unverstellten ausdruckswillen des subjekts wie der wahrheitsvermittlung, wird beim wort genommen: die sprachlichen erscheinungen gelten als das, was sie sind, nämlich beliebige versatzstücke, verdinglichtes material, das neuen formintentionen zur verfügung steht. sprachcollagen und collagetexte werden möglich . . . das sprachmaterial, das für textcollagen verwendet wird, stammt immer aus gesellschaftlichem gemeinbesitz und ist im umlauf gewesen. es kann sich dabei um wörtliche zitate aus reden, zeitungen, büchern, verordnungen usw. handeln; es können redensarten, sprichwörter, aber auch einzelwörter mit bezeichnendem inhalt benutzt werden. es gibt eine vielzahl von kompositionsformen: sprachliche collageelemente können in einen vorgegebenen erzählerischen kontext eingebaut werden; sie können einem textplan als bestimmte textstücke dienen; es kann mit ihnen eine vorgegebene thematik belegt und demonstriert werden; textelemente können aber auch ohne vorgegebenes thema und ohne feststehenden plan kaleidoskopartig zusammentreten und es dem leser überlassen, ihren kontext abzulesen. es gibt schließlich textcollagen, die nur mit wortkernen arbeiten, und andere, bei denen das textmaterial weiter zerstört wird (mon, 52).

Ich meine, daß ein theologischer Begriff wie der von der Selbstevidenz der Schrift durch das »prinzip collage« neu einsichtig werden kann. Sie ist verwendbar als Element in der Predigt – der Prediger kann hier bei Karl Kraus und Alfred Döblin lernen – und in reiner Form als Andacht, als Meditation mit der Gemeinde (vgl. § 21/VI). Auch Collagen in Verbindung von Wort und Ton und Handlung sind denkbar. Gute Beispiele sind hier noch kaum anzubringen. Das Feld ist offen für Experimente.

V

Schriftbeweis und Montage

W. I. Pudowkin, Filmtechnik, Filmmanuskript und Filmregie, 1961. – *Reinhold Grimm,* Montierte Lyrik, in: Heinz Otto Burger/Reinhold Grimm, Evokation und Montage, 1961.

Indem die Predigt zitiert und wiederholt, kommt sie dazu, den Schriftbeweis zu üben. Neben dem Wunder ist er das stärkste Zeichen, daß Gottes Wort Ereignis ist. Hier zeigt es sich, daß Gottes Wort in Bewegung ist. Der Schriftbeweis ist eine Sonderform des Zitates und hat zur Voraussetzung, daß der Gott des Alten und Neuen Testaments identisch ist mit dem Gott der Gegenwart. Man kann den Schriftbeweis verstehen als Deutung der Gegenwart von der Vergangenheit der Schrift her, als »Erfüllungszitat« oder als Weissagungsbeweis. – Man kann ihn aber auch verstehen als eine Beweis-Kette für eine Aussage des Predigers. Die Räuber am Weg treten als Horde auf, umzingeln und überwinden den Hörer. Ich möchte hier den »Schriftbeweis« vor allem in einem weiten Sinne brauchen.

Da der Schriftbeweis heute nur in Ansätzen geübt wird, mag es erlaubt sein, auf historische Beispiele zu verweisen. Zuerst wäre *Origenes* zu nennen, der erstaunlich oft den methodischen Grundsatz anwendet, »daß die Schrift sich selbst auslegt, indem er zahllose Bibelstellen seinen Predigten einfügt« (Alfred Niebergall, Leiturgia II, 215). – *Augustin* versteht es »wie kaum ein anderer, einzelne andere Schriftstellen in einen oft überraschenden Zusammenhang mit der behandelten Lektion zu stellen und dadurch jenen anderen Stellen neue Seiten abzugewinnen. Er ist ein Meister in der Kunst, die eine Schriftstelle durch die andere zu erläutern und zu erleuchten« (Niebergall, II, 231). – F. van der Meer bemerkt: »Auf einem einzigen Psalmwort kann er eine Fuge aufbauen, bei der er alle Register der Bibel zieht, so daß es uns in den Ohren dröhnt« (Augustinus der Seelsorger, 1953, 457). – *Zwingli* hat wohl den Schriftbeweis geübt, wenn er Predigten ohne Text hielt. Farner zeichnet den Aufriß dieser Predigten: »Zwingli formuliert einleitend seine These und nimmt beim Anfang seiner Darlegung schon die Formulierung ihres Ergebnisses voraus; dann läßt er die biblischen Beweisstücke auffahren, die ›Kundschaften‹, wie er selber sie nennt« (Zwingli III, 51). – Riecker sieht in der Art, wie *Wesley* Bibelsprüche aneinanderreihte, ein »Beispiel pneumatischer Führung« (Das evangelistische Wort, 1935, 169). Der Schriftbeweis ist ein Zeichen dafür, daß der Prediger in der Kirche steht als Hörer, daß er demütig hinter eine Reihe heiliger, unverdächtiger Zeugen sich stellt. In der Gegenwart wird der Schriftbeweis nicht häufig geübt. Ausnahmen bestätigen die Regel.

In einer Predigt von *Walter Lüthi* über Röm 8,18–30 finden wir mindestens 19 Schriftzitate neben 15 Zitierungen des Textes (Römerbrief, 161ff). Auch sonst zeigt sich Lüthi zitierfreudig: Bengel, Luther, Löhe, das Theologische Wörterbuch und ein Liederdichter werden zitiert. – Besonders interessant scheint der Anfang der Predigt, der das Stichwort »Herrlichkeit« aufnimmt und dazu Mt 6,13b; 1Tim 6,16, Joh 1,14; 17,22; Lk 1,34 anführt. Er hält damit sozusagen ein biblisch-theologisches Kurzreferat über den Begriff »Herrlichkeit«, und er hält dieses Kurzreferat applikativ, er »beweist« mit Hilfe von Zitaten die »Herrlichkeit«. Es ist bezeichnend, daß gerade Lüthi mit seiner Art zu predigen die Fähigkeit hat, den modernen Menschen anzusprechen.

Die Kraft und die Problematik des Schriftbeweises kann an *Billy Graham* studiert werden, der sozusagen in jeder Predigt einen ausgeführten und deutlichen Schriftbeweis bringt. So kann er in einer Predigt über Mt 24,35 in einem kurzen Querschnitt das Christuszeugnis der alt- und neutestamentlichen Schriftsteller summarisch anführen (Friede mit Gott, 1954², 26f). In einer Predigt über die Frage nach dem, was nach dem Tode folge, zähle ich 37 Zitate und 21 Hinweise auf die Schrift: die Bibel sagt, die Bibel lehrt, die Bibel weist darauf hin u.a. (65ff). Sehr eindrucksvoll, wie hier ganze Salven von Zitaten abgeschossen werden, sehr wirkungsvoll. Völlig unbekümmert um alle Sorgen der Entmythologisierung und der Rücksicht auf den modernen Menschen wird hier in primitiver Weise verkündet, und Zehntausende hören zu, vielleicht sogar Gebildete.

Nun aber wird eine Verkündigung nicht gemessen an ihrer Publikumswirksamkeit – darauf hinzuweisen gebietet sich nur, weil Zitat und Schriftbeweis ihre Wirksamkeit abgesprochen werden –, eine Verkündigung wird gemessen an ihrer Wahrheit.

Billy Graham zeigt nun auch dies, daß eine Häufung von Bibelstellen noch keine Garantie für Biblizität ist: »Die Bibel lehrt, daß du eine unsterbliche Seele hast...« (69). Das tut sie nun gerade nicht, das lehrt das Griechentum. »Die Bibel lehrt, daß deine Seele für immer an einem der beiden Orte leben wird – im Himmel oder in der Hölle« (69). Hier wird eine Aussage einzelner Texte als Lehre der Bibel ausgegeben. Vielleicht muß man von Grahams Schriftbeweis sagen, daß er mißlungen ist. Dann müßte man es eben besser machen.

Das Gelingen eines künftigen Schriftbeweises wird von zwei Faktoren abhängen: Einmal von der exegetischen und systematischen Bildung des Predigers, zum andern von der synoptischen Präsenz der ganzen Heiligen Schrift für den Prediger, verbunden mit der Kraft, die Präsenz der Schrift mit der Gegenwart des Christus und der Welt zusammenzusehen. Vielleicht kann man sagen, daß es zwei Möglichkeiten des Schriftbeweises heute gibt: Einmal eine historisch durchreflektierte, die auch historisch vorgeht, inspiriert durch Parallel- und Belegstellen historisch-kritischer Kommentare. Eine solche Methode vermag den Text zu verdeutlichen, sie kann ihn auch einbetten in die Schriftaussagen vor und nach dem zu behandelnden Predigttext.

Wollte man die Streitschrift von *Ernst Käsemann* »Der Ruf der Freiheit« (1968[4]) eine Themapredigt über die Freiheit nennen, wäre sein Vorgehen paradigmatisch für einen Schriftbeweis. Er geht einzelnen Büchern nach und subsumiert ihre Aussage unter den »Ruf der Freiheit«. Diese Methode dürfte en miniature durchaus für die Predigt anwendbar sein.

Zum andern wäre ein Schriftbeweis denkbar in Analogie zur zeitgenössischen Kunst. Seiner Struktur nach ist der Schriftbeweis eine *Montage,* er montiert Sprachmaterial der Vergangenheit, um Gegenwärtiges auszusagen. Man wird bedenken, daß der Begriff Montage nicht nur in der Bautechnik, sondern u.a. auch im Film, im Funk und in der Literatur vorkommt. Die Sprache des Films hat unsere Sprache verändert. Ich meine, daß gerade im Zusammenhang mit dem Schriftbeweis sich ein Blick auf die Filmdramaturgie lohnt, die für die Predigt über den Schriftbeweis hinaus von Bedeutung ist. Der folgende Hinweis möchte als Anregung dienen.

W. J. Pudowkin umschreibt den Sinn der Montage: »Ihr Zweck ist es, die sich abwikkelnde Handlung sozusagen im Relief zu zeigen, indem sie die Aufmerksamkeit des Zuschauers bald auf dieses, bald auf jenes Element lenkt. Das Objektiv der Kamera tritt an die Stelle des beobachtenden Auges, und die verschiedenen Einstellungen der Kamera, die bald auf dieses, bald auf jene Person oder Einzelheit gerichtet wird, sind den gleichen Bedingungen unterworfen wie der Blick des Beobachters. Um die größtmögliche Klarheit, Akzentuierung und Lebendigkeit zu erhalten, muß der Filmregisseur die Szene in verschiedenen Stücken drehen und bei der Zusammensetzung dieser Stücke die Aufmerksamkeit des Zuschauers auf die ihm wesentlich erscheinenden Elemente richten; er muß ihn zwingen, so zu sehen wie der aufmerksame Beobachter«

(69f). – Der Schriftbeweis könnte demnach der Predigt Relief geben, der Prediger liest und sieht die Bibel für und mit seinem Hörer. Er arbeitet aus der Schrift das jetzt für den Hörer Bedeutende zusammen. Die Montage entspricht einer Collage, nur wird sie errechnet. »Wenn es dem Filmautor gelingt, die Aufmerksamkeit des Zuschauers in einem bestimmten Rhythmus von einer Wahrnehmung auf die andere zu lenken, wenn er die Steigerungsmomente so aufbaut, daß die Frage: ›Was geschieht am andern Ort?‹ auftaucht und der Zuschauer im gleichen Moment an den gewünschten Ort versetzt wird, dann kann die Montage den Zuschauer tatsächlich erregen und mitreißen. Montage bedeutet im Grunde genommen die zielbewußte, zwangsläufige Führung der Gedanken und Assoziationen des Zuschauers. Wäre sie nichts anderes als die willkürliche Zusammenstellung verschiedener Einzelstücke, so könnte sie dem Zuschauer nichts sagen. Wenn sie aber auf der Basis einer planmäßigen Konzeption eine Handlung oder Gedankenfolge veranschaulicht, erregt oder ruhig, so wird sich die angestrebte Erregung oder Beruhigung dem Zuschauer mitteilen« (73f). Sie arbeitet – nach Pudowkin – mit Kontrast, Parallele, Symbolen, mit Gleichzeitigkeit; diese Momente lassen sich alle homiletisch umsetzen.

Es würde sich lohnen, über das Problem des Schriftbeweises hinaus zu untersuchen, was die Predigt von den Cinéasten lernen kann. Der Vergleich Schriftbeweis-Montage läßt ahnen, wie biblische Aussageformen heute aufzunehmen sind: mit den Sprachmitteln unserer Zeit. – Der Grundsatz, wonach Schrift durch Schrift erklärt wird, erweist in der Anwendung auf neue sprachliche Mittel seine Evidenz. Er kann einsichtig werden in einer Predigt, die – analog der Filmmontage – den Schriftbeweis übt, indem sie Gott an seine Taten erinnert und dem Hörer die neue Existenz entdeckt, um ihn mitzureißen in die Freude und ins Loben.

Die Heilige Schrift redet von der Sünde. Zum Wesen der Predigt gehört das Reden von der Sünde. Wird an Sünde erinnert, ist die Sünde der Väter nicht zu verdrängen: Konfrontation von Johannes Bobrowski mit Paul Althaus.

§ 12

ERINNERUNG AN DIE SÜNDE

Julius Müller, Die christliche Lehre von der Sünde, 2 Bde, 1839–44, 1867[5]. – *Hans Joachim Iwand,* Sed originale per hominem unum. Ein Beitrag zur Lehre vom Menschen, EvTh 6, 1946/47, 26ff. – *Ders.,* Gesetz und Evangelium, Nachgelassene Werke IV, 1964. – *Leonhard Rost,* Die Schuld der Väter, Festschr. R. Hermann, 1957, 229ff. – *Sigmund Freud,* Erinnern, Wiederholen und Durcharbeiten, GesW X, 125ff. – *Ders.,* Trauer und Melancholie, ebd, 427ff. – *Robert Blomme,* Widerspruch in Freiheit, 1965. – *Rolf Knierim,* Die Hauptbegriffe für Sünde im Alten Testament, 1965. – *Alexander und Margarete Mitscherlich,* Die Unfähigkeit zu trauern. Grundlagen kollektiven Verhaltens, 1967.

Predigt als Erinnerung stößt auf die menschliche Sünde und deren Vergangenheit. Indem sie sich Gottes erinnert und seines Heils gedenkt, entdeckt sie das menschliche Unheil: Steht predigendes Erzählen unter dem Vorzeichen des Evangeliums, spielt die evangelische Geschichte vor einem Hintergrund, dessen Dunkel erst im Licht eben des Evangeliums recht erkennbar wird. Ohne Gottes Gegenwart, die immer auch eine Gegenwart seiner Geschichte ist, kann Sünde nicht als Sünde erkannt werden: »Die Erkenntnis von ›Sünde‹ entspringt einem Offenbarungsvorgang« (Knierim, 55).

Aus dieser Einsicht ergibt sich ein Doppeltes: Man kann nicht die geschehene und geschehende Gnade verkünden und die Sünde verschweigen. Wer vom Heil erzählen will, muß die Sünde zählen. – Andrerseits kann der Prediger des Evangeliums nicht von Sünde reden, ohne davon zu reden, was in Gericht und Gnade dem Sünder geschah und geschieht. Das Reden von der Sünde gehört in die Christuspredigt. – Der Prediger und der Analytiker haben es möglicherweise mit der gleichen Schuld zu tun. Der Prediger aber wird sich vom Analytiker darin unterscheiden, daß er die Sünde nicht von Christus abstrahieren kann: »Die Sünden der ganzen Welt sind nicht dort, wo sie anschaulich sind und empfunden werden« (WA 40, I, 29). Wie aber soll er dann von der Sünde reden? Auf Anschaulichkeit wird er gleichwohl nicht verzichten können! Eine offenbarungsmäßige Predigt wird auch Sünde bewußt machen.

Pius XII. hat in einer Radiobotschaft an den Nationalen Katechetischen Kongreß der USA gesagt: »Vielleicht besteht die größte Sünde der heutigen Welt darin, daß die Menschen angefangen haben, das Sündenbewußtsein zu verlieren« (zit. Blomme, 12). In der Tat, wo man nicht mehr um Gott weiß, weiß man auch nicht mehr um seine Sünde. Die Leute wissen im allgemeinen so viel und so wenig von ihrer Sünde, als sie von ihrem Gott wissen. Beide, Gott und die eigene Sünde, läßt man in der Regel gelten, aber beide sind in ihrer Ferne eigentlich nicht-existent. Der Unfähigkeit, Gott zu fürchten, entspricht die Unfähigkeit zu trauern. Der »Tod« Gottes hat auch die Sünde getötet, freilich nicht im paulinischen Sinn. Genauer wäre zu formulieren: Dem Mangel an Gottesfurcht entspricht ein Mangel an Sündenerkenntnis und Sündenbewußtsein. Der Predigt aber kommt die Aufgabe zu, Erkenntnis zu vermitteln und Bewußtsein zu verändern. Doch wie soll das zugehen?

Der Prediger befindet sich hier in einem merkwürdigen und vielschichtigen Dilemma: Einerseits haftet am Prediger das Odium, Fachmann für Sündenfragen zu sein, »der schimpft die sündge Seele aus«. Andrerseits vermag er in der Regel die Sünde nicht zu benennen, kann kaum mit Micha von sich sagen: »Ich aber bin erfüllt mit Kraft, mit dem Geiste des Herrn, mit Recht und Stärke, Jakob seinen Frevel, Israel seine Sünde vorzuhalten« (3,8). Unser predigendes Reden von der Sünde erschöpft sich meist in Gemeinplätzen, entstammt nicht der Offenbarung; ohne Erweis des Geistes, vermag es den Hörer in der Regel nicht zu treffen. Wenn – nach Robbe-Grillet – Erzählen im eigentlichen Sinne unmöglich geworden ist, dann noch viel mehr das Aufzählen der Sünde im Verrechnen mit der Christusgeschichte. – Um hier nicht im Allgemeinen und Abstrakten stecken zu bleiben, versuchen wir, ein spezielles Thema herauszugreifen, das in besonderer Weise zur Erinnerung gehört, das von der Sünde der Väter.

I

Menschlich von der Sünde reden!

Es wäre eine interessante Aufgabe, einmal die Predigt der Nachkriegszeit in Deutschland im Anschluß an die Arbeit der Mitscherlich zu analysieren und mit reformatorischer Theologie zu konfrontieren. Wird ein Volk bestimmt durch seine Unfähigkeit zu trauern, hemmt und blokkiert diese Unfähigkeit dieses Volk, dann wird dies Anlaß sein der Rückbesinnung auf ein Moment der Predigt, das seit über zwei Jahrhunderten im Protestantismus mehr oder weniger verschwunden ist: 1745 geht Johann Friedrich Wilhelm Jerusalem zum Angriff über gegen das Lehrstück vom Urstand und von der Erbsünde, indessen er die andern Dogmen bestehen lassen will. Der Angriff hatte Erfolg und brachte auch die Predigt von der Rechtfertigung des Gottlosen weithin zum Verstummen. Ein Zeitalter, das an die Menschenwürde glaubte – 1783 gab Georg Joachim Zollikofer Predigten über die Würde des Menschen heraus – konnte die Lehre von der Erbsünde nicht mehr verstehen, weil sie der neuentdeckten Menschenwürde zu widersprechen schien.

So günstig und wohltätig sich die Entdeckung der Menschenwürde in der Aufklärung auch auswirkte, der Angriff auf die Erbsündenlehre hatte möglicherweise in der Folgezeit auch verheerende politische Folgen, spätestens dann, als der Glaube an die Menschenwürde zum Glauben an den Herrenmenschen sich wandelte, der dann die Ideale der Aufklärung aufs grausamste perhorreszierte. Es wäre noch zu untersuchen, inwiefern eine deutschnationale Predigt im 19. und 20. Jahrhundert mit einem Verschweigen und Verschieben der Erbsündenlehre den Nationalismus vorbereiten half. – Gerade der Blick auf die neuere Geschichte muß davor warnen, eine Rückbesinnung auf die reformatorische Erbsündenlehre mit antiaufklärerischen Affekten zu verbinden und etwa dem Gedanken der Menschenwürde Abbruch zu tun. Wohl aber geht es für den Prediger darum, in der Erinnerung an Gottes Vergangenheit auch die des Menschen zu entdecken. Wer dem wirklichen Menschen predigen will, muß ihn in seiner Wirklichkeit vor Gott entdecken.

Zu solcher Entdeckung mag die These von *Hans Joachim Iwand* anleiten, wonach in der Erbsündenlehre »die theologische Ansicht über den Menschen entfaltet wird, daß also in der Lehre vom peccatum originale (Erbsünde, R.B.) die theologische Anthropologie wiederzufinden ist«. Nach Iwand befinden wir uns hier am entscheidenden Punkt, »an dem es zu der eigentlichen Entscheidung kommt, ob wir also den Menschen in seinem Sein von Gott und seiner Offenbarung her bestimmt erfassen, oder Gott und die Vorstellung von ihm als Ausprägung des jeweiligen menschlichen Selbstverständnisses auffassen« (EvTh 6, 1946/47, 28f). Hier muß sich erweisen, »ob die Theologie Theologie ist« (ebd). Diese Lehre von der Erbsünde will den Menschen nicht als solchen qualifizieren unabhängig vom Licht der Offenbarung und Rechtfertigung (32). Iwand verweist auf eine Aussage Luthers aus der Einleitung zum 51. Psalm, die eine bemerkenswerte Definition der Theologie enthält: »Theologiae proprium subjectum est homo peccati reus ac perditus et Deus justificans ac salvator hominis peccatoris. Quicquid extra hoc subjectum in Theologia quaeritur aut disputatur, est error et venenum« (Eigentlicher Gegenstand der Theologie ist der Mensch der Sünde, schuldig und verworfen und Gott, der Rechtfertiger und Retter des Sündenmenschen. Was auch immer in der Theologie außerhalb dieses Gegenstandes bedacht oder besprochen wird, ist Irrtum und Gift; WA 40, II, 328). Rechtschaffene Theologie unterscheidet sich darin von müßiger Spekulation, daß sie es mit dem verlorenen Menschen und dessen Rettung zu tun hat.

Iwand entfaltet das Lehrstück ausgehend von einem erstaunlichen Satz Luthers zu Röm 5,12: »Actualia enim omnia per diabolum intrant et intraverunt in mundum, *sed originale per hominem unum*« (Alle aktuellen Sünden kommen durch den Teufel in die Welt und sind durch ihn gekommen, die Ursünde aber kam durch einen einzigen Menschen [zit. nach Ficker, 1908 II, 141]). Dieser Satz dreht das landläufige Verständnis von Sünde und Sünden um. Luther redet gerade da vom Teufel, »wo wir erwarten würden, daß vom Menschen, seiner Freiheit und Verantwortlichkeit die Rede sein würde, nämlich bei den Aktsünden, und da vom *Menschen,* wo wir erwarten würden, daß vom Teufel die Rede wäre. Der Mensch und das peccatum originale gehören zusammen, – der Teufel und die peccata actualia« (33f). Damit wird einerseits die Tatsünde als ein Erleiden qualifiziert (34f), andrerseits ergibt die »Unterscheidung zwischen peccatum originale und actuale, daß damit die Frage nach dem Wesen der Sünde über die Akte und damit das Weltverhältnis des Menschen hinausverlegt wird, vor das Forum Gottes. Coram Deo . . .« (36f). Gleichzeitig wird ihre »Menschlichkeit« betont: »Sünde will in ihrem Ursprung nicht durch die Annahme einer diabolischen Macht begriffen sein, sondern aus der Menschlichkeit des Menschen. Fragen wir nach dem Ursprung der Sünde, dann dürfen wir gerade nicht über den Menschen hinaus oder hinter ihn zurück gehen, sondern der Mensch muß vielmehr ›in se introire‹, in sich gehen. Im Menschen liegt die Antwort nach der origo peccati, im Menschen, nicht im Teufel.« Damit wird eine Abgrenzung gegenüber dem Mythos vom Sündenfall vollzogen. Dieser wird entmythologisiert. »Das Vorhandensein von Sünde in der Welt erzählt von einem Geschehen zwischen Mensch und Gott, welches maßgeblich geworden ist für die Geschichte zwischen Mensch und Welt« (38).

Aus diesem Sachverhalt ergibt sich eine homiletische Konsequenz: »Wo recht von der Sünde gesprochen wird, und hier wäre auch an unsere Predigten zu denken, muß menschlich, nicht ›unmenschlich‹ von ihr die Rede sein. Nur so kann sie in ihrem Ursprung offenbar werden. Es muß so von ihr gesprochen werden, daß sich der Mensch nach seinen in ihm liegenden Möglichkeiten verstanden weiß, und eben darum nicht mit angedichteten und konstruierten Möglichkeiten operiert wird. ›Non pictos et fictos, sed veros peccatores Deus salvavit‹ (Luther: Nicht gemalte oder erfundene, sondern wirkliche Sünder hat Gott gerettet). Als der Ursprung der Sünde muß der Mensch in seinem Selbst offenbar werden, denn die Sünde ist nicht ›Etwas‹ am Menschen, etwas Adoptiertes, eine Trübung auf dem reinen Spiegel unserer Seele, eine von außen kommende Depravierung der menschlichen Natur. Das eben hieße, unmenschlich von der Sünde reden, vergessen, daß der Ursprung der Sünde im Menschen selber liegt« (40).

Was aber heißt, menschlich und nicht unmenschlich von der Sünde reden? Es gehört zur Unausweichlichkeit unseres Menschseins, daß wir als Kinder geboren werden, die Väter haben: So wie wir nicht aus der Haut fahren können, können wir nicht aus den Vätern fahren. Erben im Guten und Schlechten, werden wir unsere Väter nicht los, auch da, wo wir nichts von ihnen wissen wollen: Die Kinder der Heiligen sind heilig, und die Kinder der Sünder sind sündig: »Unsere Väter haben gesündigt, sie sind nicht mehr; und wir, wir tragen ihre Schuld« heißt es in den Klageliedern (5,7). Diese Schuld wird nicht als Verhängnis genommen; sie wird beklagt, »getragen«, bekannt. Der Mensch, dem zu predigen ist, kommt von Vätern her; die Gemeinde, der zu predigen ist, kommt von einer Geschichte her, die sie mit dem Raum und dem Volk, in dem sie lebt, gemeinsam hat. Predigt als Erinnerung an die Sünde erinnert auch an gemeinsame geschichtliche Vergangenheit des Menschen, nicht abstrakt, sondern konkret. Wollte man das peccatum originale allein als Sünde des Urmenschen erzählen, würde man die Geschichte vom Sündenfall zu einem Mythos machen, wohl gegen den alttestamentlichen Erzähler. Menschlich von der Sünde reden aber heißt, auch von der

Schuld der Väter reden. Will man nicht aus dem peccatum originale ein Abstraktum und damit wiederum einen Mythos machen, wird man dessen Konkretion in der Schuld der Väter sehen. Wir erfahren die Erbsünde als Sünde der Väter.

Julius Müller mag recht haben: »Es ist ein furchtbar ernstes Wort, von dem aber schon die Erfahrung, mit der unsre Begriffe von göttlichen Ordnungen sich doch nothwendig in Einklang halten müssen, uns nicht gestattet nur ein Jota abzuziehen, das Wort von der göttlichen Heimsuchung der Missethat der Väter an den im Gotteshaß ihnen nachartenden Söhnen bis in's dritte und vierte Glied . . .« (II, 532f).

Wie die menschliche Person als Individuum nicht isoliert, sondern in der Verflochtenheit mit der Geschichte und der Gesellschaft existiert, so gehört es zum Geheimnis der Sünde, daß sie sowohl je meine ist als die einer überindividuellen Größe. So gibt es »Erbsünde« nicht nur in der Vertikale der Geschlechter, sondern auch in der Horizontale. Die Sünde eines einzelnen durchsäuert den ganzen Teig der Gemeinde (1Kor 5,6b). In sich gehen, »in se introire«, heißt dann, auch in die Geschichte, in die Gesellschaft gehen.

II

Laienpredigt von der Sünde der Väter

Johannes Bobrowski, Levins Mühle. 34 Sätze über meinen Großvater, 1964. – *Rudolf Bohren,* Johannes Bobrowski. Versuch einer Interpretation, das gespräch 76, 1968. – Vgl. *Ders.,* Bewältigung der Vergangenheit? Ein Hinweis auf politische Lyrik der Schweiz, in: Beiträge zum politischen Reden der Kirche, hg. v. Arnold Falkenroth, 1966, 42ff.

Zur Zeit scheinen Laien besser im Stande zu sein, unerkannte Sünde aufzudecken als Prediger. Der Geist der Prophetie, so möchte man meinen, sei heute eher in den Schriftstellern wirksam als in den Kanzelrednern.

Man könnte an *Friedrich Dürrenmatt* erinnern, an »Die Panne«, die Erzählung von einem Gerichtsspiel, in dem Alfredo Traps grotesk genug überführt wird, »Gericht und Gerechtigkeit« werden sichtbar. »Der Besuch der alten Dame« aber offenbart neben der Jugendsünde eines einzelnen die Korruption einer ganzen Stadt und damit der Wohlstandsgesellschaft überhaupt.

Wir wenden uns im Folgenden Bobrowski zu, weil in besonderer Weise »die Schuld der Väter« sein Thema war. Als Anhänger der Bekennenden Kirche hatte er mit dem Kreis um Hans Joachim Iwand Kontakt, von Iwand her ist denn auch sein Werk theologisch am ehesten zu interpretieren. Wenn Bobrowski menschlich von der Sünde zu reden weiß, begegnet uns in seinem Roman »Levins Mühle« die Menschlichkeit zunächst als Solidarität. Der Erzähler erzählt von seinem Vorfahren, er spricht von seinem Großvater, wenn er dessen Verbrechen schildert: eine Familiengeschichte also, aber leider keine außergewöhnliche, der Erzähler nennt sie vielmehr »diese übliche Geschichte, die überall passieren kann«. Sie ist denn auch nach Ort und Zeit verschiebbar, eine paradigmatische Geschichte:

»Es ist vielleicht falsch, wenn ich jetzt erzähle, wie mein Großvater die Mühle weggeschwemmt hat, aber vielleicht ist es auch nicht falsch. Auch wenn es auf die Familie zurückfällt. Ob etwas unanständig ist oder anständig, das kommt darauf an, wo man sich befindet . . .« (5).

Es ist schon deutlich, wo sich der Erzähler befindet, auf der Seite von Weiszmantel, der als prophetische Figur singt, »überall wo er Unrecht findet«. Und am Schluß des Romans heißt es ausdrücklich, Gott werde diesen Weiszmantel schützen; ihm, meint der Erzähler, werde es recht sein, »so wie es der Weiszmantel macht« (294).

Die Fabel der Geschichte ist einfach: Der Großvater, Ältester der Baptisten, hat dem Juden Levin die Mühle weggeschwemmt. Da der Jude einen Prozeß gegen den Großvater anstrengt, gründet der Großvater die »Union von Malken«, indem er sich mit dem verächtlichen lutherischen Pastor Glinski verbündet, der von »Abwehrkampf gegen die polnische Überfremdung« redet, »die Gesetze reichen hier einfach nicht aus« (63), und Glinski hilft denn auch kräftig mit, wohldotiert vom Großvater, daß das Recht der Nichtdeutschen gebeugt wird, der Prozeß des Juden wird schließlich niedergeschlagen und Levin geht über die Grenze nach Kongreß-Polen, nachdem der Großvater auch noch seine Bleibe, Pilchs Häuschen, aufgekauft und angezündet hat. Der Großvater siegt auf der ganzen Linie, allein er muß sich vom Abdecker Froese bescheinigen lassen: »Du bist ein ganz großer Verbrecher.« Des Sieges unfroh, zieht der Großvater als Rentner in die Kreisstadt und liest dort die Gartenlaube. Auf einen antisemitischen Artikel schreibt er einen Leserbrief: »Und fordere ich Sie hiermit auf, die ganze Frage nach meinem Beispiel unverzüglich zu lösen« (287). Die Geschichte »wie mein Großvater die Mühle weggeschwemmt hat« antizipiert die Endlösung:

»Es ist doch da etwas gewesen, das hat es bisher nicht gegeben. Nicht dieses alte Hier-Polen-hier-Deutsche oder Hier-Christen-hier-Unchristen, etwas ganz anderes, wir haben es doch gesehen, was reden wir da noch. Das ist dagewesen, also geht es nicht mehr fort. Davon wird der Weiszmantel wohl singen. Und Gott wird ihn schützen. Ihm wird es, denke ich, ganz recht sein, so wie es der Weiszmantel macht« (294).

Das Geschehen kann nicht ungeschehen gemacht werden. »Das ist dagewesen, also geht es nicht mehr fort.« Weil es nicht fortgeht, soll es nicht vergessen werden! Darum singt Weiszmantel, und an vielfacher Applikation des Erzählers fehlt es nicht:

»Der fünfzehnte Satz gehört nicht zur Handlung. Wenn auch zu uns, er heißt, nicht ganz genau: Die Sünden der Väter werden heimgesucht an den Kindern bis ins dritte und vierte Glied.
    Da reden wir also über die Väter oder Großväter und müßten doch wissen, daß diese Väter oder Großväter ihrerseits ebenfalls Kinder sind, im dritten oder vierten oder sie-

benundzwanzigsten Glied. Da gibt es kein Ende, wenn wir erst anfangen herumzusuchen. Da finden wir Schuldige über Schuldige und halten uns über sie auf und nehmen uns unterdessen vielleicht stillschweigend aus.
Obwohl doch zum Beispiel die ganze Geschichte hier unsertwegen erzählt wird« (165).

Dieser fünfzehnte Satz enthüllt den Text zu Bobrowskis Laienpredigt, mehr noch, das Motiv für sein ganzes Schaffen; der Erzähler hat angefangen herumzusuchen, weil eine Identität besteht zwischen den Sünden der Väter und unserer Sünde, weil wir uns nicht stillschweigend ausnehmen können. In einem Gespräch hat Bobrowski gesagt: »Die Verschuldungen der Väter sind auch noch unsere Verschuldungen, und man kann sich gerade als Deutscher von seiner Nationalgeschichte nicht freisprechen.« Darum erzählt Bobrowski seine Geschichte gegen das Vergessen. »Es vergißt sich leicht« (221). Aber das Vergessen hebt die Sünden der Väter und unsere Sünde nicht auf. Darum, so folgern wir, bedroht das Vergessen der Schuld das Leben. – So nimmt denn auch das Gedicht »Holunderblüte«, das ein Jugenderlebnis von Isaak Babel bei einem Pogrom besingt, eine applikative, rhetorische Wendung:

Leute, ihr redet: Vergessen –
Es kommen die jungen Menschen,
ihr Lachen wie Büsche Holunders.
Leute, es möchte der Holunder
sterben
an eurer Vergeßlichkeit. (Schattenland Ströme, 1963³, 29)

Das Lachen »wie Büsche Holunders«, das die Sünden der Väter vergessen hat, bedroht den »Holunder«, bedroht das Lachen der jungen Menschen und mit dem Lachen ihr Leben.
Ist es erlaubt, Bobrowski von Iwand her zu interpretieren, befindet sich der Erzähler – mit Weiszmantel, der singt, »überall, wo er Unrecht findet« – auf der Seite des Gesetzes. »Ob etwas unanständig ist oder anständig, das kommt darauf an, wo man sich befindet...« Befindet sich der Erzähler bei Gott und seiner Gerechtigkeit, hat er eben eine andere Optik als der, der seinen Standpunkt beim Nationalen hat. Darf man Bobrowski als einen Laienprediger bezeichnen, ist er ein Prediger des Gesetzes. Als solcher erzählt er von den Sünden der Väter. »Da gibt es kein Ende, wenn wir erst anfangen herumzusuchen.« – Warum aber erzählt er denn diese nach Ort und Zeit verschiebbare Geschichte »um unsertwillen«? Man möchte als Antwort Iwand zitieren:

»Durch das Gesetz zur Erkenntnis der Sünde kommen, heißt, zum Heil kommen, heißt, das Gesetz, die Macht und Gewalt der Sünde so erkennen, daß wir wissen, daß bei uns keine Rettung davor ist. Darum ist das Ziel des Gesetzes oder das Ziel der Gesetzespredigt nicht das Tun, nicht das Wissen um Gut und Böse, sondern die Erkenntnis der Sünde. Erst dadurch, daß das Gesetz Erkenntnis der Sünde wirkt, wird es in seiner Heilsbedeutung wirksam, wird es erst verstanden« (NachgelW IV, 36f.).

III

Vom predigenden Erzählen eines anständigen Deutschen

Im Deutschland der Nachkriegszeit hat der Rechtsradikalismus nach Ausweis der Statistik vor allem in protestantischen Gebieten einen Nährboden gefunden, eine Tatsache, die eine Rückfrage nach unserer Predigt erfordert. Wollte eine Predigtlehre ein solches Problem mit den in ihm liegenden systematisch-theologischen und homiletischen Anfragen übersehen, würde sie dadurch einen Spiritualismus verraten, dem es nicht um gepredigte, sondern nur um gemeinte Predigt zu tun ist.

Wenn nun im Folgenden nach Bobrowskis Laienpredigt Beispiele aus einem Predigtband von *Paul Althaus* zur Sprache kommen, dann meinen wir, dieser Prediger sei repräsentativ für eine gute Kirchlichkeit und die Beispiele wären nach Ort, Zeit und Theologie verschiebbar wie die Erzählung Bobrowskis. Die folgenden Ausführungen verfolgen nicht den Zweck, Althaus als Rechtsradikalen zu denunzieren, der er nicht ist, und politisch Linke werden gut tun, das hier vorgeführte Paradigma zu eigener Nutzanwendung zu übersetzen. Zu einer genüßlichen Ernte linker »phari-säer« ist hier kein Anlaß. Jede Kritik, die nicht zur Selbstkritik wird, geht daneben.

Wir zitieren – wenn nicht anders vermerkt – aus dem Predigtband: Die Herrlichkeit Gottes, 1954.

Althaus hat mit der gebotenen Vorsicht in der Zeit des Nationalsozialismus Stellung gegen die »Deutschen Christen« bezogen und Rosenberg etwa den Vorwurf gemacht, daß er mit der Ablehnung der Erbsünde auch des Verständnisses der Gnade verlustig gehe (Christus und die deutsche Seele, 1935[4-5], 21), und 1951 predigt er gegen einen wiedererwachenden nationalen Hochmut:

»Wo stehen *wir*? unser Volk? Es ist doch so: kaum sind wir hier im deutschen Westen und Süden aus dem Gröbsten heraus, politisch und wirtschaftlich, da erhebt schon wieder der nationale Hochmut sein Haupt und macht große Worte – als hätten wir nur eine Niederlage durch Menschen erlitten und nicht auch unleugbar ein schweres Gericht Gottes. Darum muß der Herr die Wetterwolke über uns halten« (Herrlichkeit, 244f).

War die Niederlage Gericht, so stieg die Wolke offensichtlich aus dem aktuellen Hochmut auf. – Nun aber ist das Reden vom Gericht und das Erkennen des Gerichts und das Umkehren infolge des Gerichts je ein anderes. Und es ist zu fragen, inwiefern solche Predigt gegen den nationalen Hochmut glaubhaft ist.

Am Kantate-Sonntag 1940 erzählt er nicht von den Sünden der Väter, wohl aber von polnischen Henkern:

»Vor kurzem las man von dem Ende achtzehn deutscher Männer, die im vorigen September in der Nähe von Thorn von den Polen erschossen wurden. Sie hielten sich bis zuletzt an den Händen und sangen miteinander, angesichts der Gewehre ihrer Henker:

›Allein Gott in der Höh sei Ehr . . .‹ Erst als der letzte umgesunken war, verstummt der Gesang. Wenn wir dieses Lied hinfort anstimmen, jene Sterbestunde ist in unsern Gedanken mit dabei . . . Wie könnten wir beim Singen dieses Liedes je vergessen, daß es unseren Brüdern drüben Kraft und Halt im Tode gewesen ist« (127)!

Es wird dabei nicht anders sein können, daß auch die Henker unvergessen bleiben: Unheimlich pauschal wird »den Polen« das Geschehen angelastet. Für ein unreflektiertes Hören werden sie eins mit den Henkern. Das Freund-Feind-Schema wird eingeprägt. Höchst eindrücklich stehen den Polen als den Henkern die deutschen Männer, unsere Brüder, gegenüber! – Althaus hat diese Predigt nicht nur 1940 gehalten, er hat sie 1954, also nach dem unleugbar schweren Gericht Gottes veröffentlicht, nachdem Polen über sechs Millionen Menschen verloren hat; davon kamen durch unmittelbare Kriegshandlungen 644 000 ums Leben, während 3,577 Millionen durch Henker umkamen (vgl. Hansjakob Stehle, Deutschlands Osten – Polens Westen?, 1965, 165). Davon aber schweigt des predigenden Erzählers Höflichkeit. Der Christenmensch, der nach der Anweisung von Althaus singt, wird der achtzehn Opfer gedenken, die singend starben; der Henker der 3,577 Millionen, die möglicherweise Väter von Deutschen waren oder wurden und sind, wird nicht gedacht.

Von Auschwitz bleibt der Prediger offensichtlich unangefochten; das unleugbar schwere Gericht Gottes hat ein eigenartiges Leichtgewicht. So 1946:

»Gnade ist es schon, an dem ›unausforschlichen Reichtum Christi‹ selber teilzuhaben. So viel ist uns Deutschen in diesem Jahrzehnt zerbrochen und genommen – dieses nicht! Mit unserer Untreue und Trägheit (so also wird anscheinend die Sünde des Volkes charakterisiert! R.B.) wäre es vielfach verdient, wenn Gott der Herr uns das Evangelium weggenommen hätte. Wir haben es noch. Wir sind sonst ein armes Volk geworden, aber der unausforschliche Reichtum Christi ist uns geblieben, in seinem Worte und Sakramente. Wir sind reiche Leute . . . in ihm« (185).

Die Melodie von »Deutschland, Deutschland über alles« ist diesem Prediger offenbar nicht genommen, sie wird – wenn auch piano – neu intoniert; die Mission liefert die Resonanz:

»Daß Mission Gnade ist, das hat für uns, die deutsche Christenheit, noch seinen besonderen Sinn. Wir sind als Volk geschlagen, mit schmerzender Unehre beladen, eingeengt, in notvoller Lage. Die Türen zur Welt sind uns zugeschlagen. Aber hier hat Gott uns noch eine Tür aufgetan. Weltpolitik ist uns versagt. Aber in der Politik Gottes haben wir eine Sendung und eine offene Tür. Wohl ist die Arbeit der deutschen evangelischen Mission draußen zum Teil noch sehr beschränkt und wird es bleiben auf Jahre hinaus. Aber die Arbeit unserer Missionsgesellschaften hört nicht auf und wird – dessen sind wir gewiß – bald wieder wachsen. ›Mir dem Allergeringsten unter allen Heiligen ist gegeben diese Gnade . . .‹ Die Mission der deutschen Kirchen steht nicht in Unehre, sondern in Ehren, ihre Mitarbeit wird von der Weltchristenheit gewünscht. Wir sind arm, aber den Reichtum Christi dürfen wir weitertragen« (190).

Die Betonung der Unehre verhilft dem Prediger, die deutsche Mission unter der Hand mit dem Apostel Paulus zu identifizieren. Apostolischer Rang kann gerade ihr nicht bestritten werden. Nicht dies ist fatal, daß hier ein Prediger über das Wunder deutscher Mission nach dem zweiten Weltkrieg spricht, fatal aber sind die Akzente, die eine Sprache der Unbußfertigkeit verraten. Im Kontext dieser Predigt wird die andere Predigt gegen den nationalen Hochmut fragwürdig; denn hier spricht nationale Arroganz im Gewand echter Demut. Beängstigend ist dabei die subjektive Echtheit der Demut.

Diese nationale Arroganz hat ihre Mitte möglicherweise in einem ungebrochenen Kirchenbewußtsein. Auf alle Fälle hat die Kirche scheinbar unversehrt das Debakel überstanden. Wie die deutsche Mission, steht auch die Kirche nicht in Unehren, sondern in Ehren:

»Sie ist eigentlich die einzige Autorität, die im Zusammenbruch stehenblieb, nicht nur äußerlich, sondern auch und erst recht innerlich, sachlich« (209). Das Problem einer Verantwortung der Kirche für das, was geschehen war, scheint sich nicht zu stellen. »Wir lieben unsere lutherische Kirche, weil in ihr wie in keiner andern dieser Schatz, das allerheiligste Evangelium . . . am hellsten leuchtet« (215).

Wer so als glücklicher Teilhaber einer unversehrten und reichen Kirche spricht, wird auch, Demut übend, den nationalen Vorteil wahren, wo er Schuld benennt und von Schuld erzählt. So heißt es in einer Karfreitagspredigt von 1950:

»Hier unter dem Kreuze Christi kann das Wunder geschehen, daß wir Deutschen mit unserer Blutschuld an den anderen und diese anderen, daß Engländer und Amerikaner, die Bomben geworfen haben auf unsere Städte und schuldig sind an viel deutschem Blute, sich mit uns beugen: ›All Sünd hast du getragen,/ sonst müßten wir verzagen‹ – dann wird Friede zwischen uns, zwischen Kain und Abel. Dann schreit das Blut nicht mehr zum Himmel. Wir wollen einander vergeben unter Christi Kreuz« (105f).

Korrekt wird »unsere Blutschuld« zuerst genannt, aber sie fällt emotional nicht ins Gewicht gegenüber denen, die »schuldig sind an viel deutschem Blut«. Nicht von unserer Blutschuld wird erzählt, sondern von der andern. Wer mit Kain und Abel gemeint ist, ist so eindeutig nicht. Der Wortstellung nach gehört »unsere Blutschuld« zu Kain. Auch später spricht er von »Toten, an denen wir schuldig geworden« sind; aber das Schuldig-geworden-Sein bleibt unkonkret. Konkret werden für die Hörer hingegen »die Engländer und Amerikaner, die Bomben geworfen haben und schuldig sind an viel deutschem Blut«. Neben polnischen Henkern gibt es angelsächsische Bombenwerfer. Weiszmantel singt »überall, wo er Unrecht findet«, Paul Althaus findet es vorwiegend bei den anderen. – Dem Tenor nach haben »wir Deutschen« zu vergeben, von Scham und Reue ist ebensowenig die Rede wie darüber, daß man unter dem Kreuz Christi den ehemaligen Gegner zuerst und vor allem um Vergebung zu bitten hätte. Wie denn auch die Zerstörung englischer Städte ungenannt bleibt. Die Hörer dieser Predigt müssen sich als Opfer des Krieges fühlen.

Alexander und *Margarete Mitscherlich* haben diesen Vorgang, den

Althaus seinen Hörern nahelegt, genau beschrieben: »Die Ersetzung der Trauer durch Identifikation mit dem unschuldigen Opfer geschieht häufig; sie ist vor allem eine konsequente Abwehr der Schuld...« (60). In der Bußtagspredigt von 1949 hat Althaus moniert:

»Wir wollen unsere Herzen weit und warm werden lassen, die Not unseres Vaterlandes und Volkes zu sehen, sie zu tragen und sie heute... vor Gott zu bringen« (Herrlichkeit, 234).

Offenbar ist man selber von dieser Not nicht so sehr betroffen; denn man gehört ja zur »einzigen Autorität, die nach dem Zusammenbruch stehenblieb«, man übernimmt darum diese Not mit Weitherzigkeit und Warmherzigkeit als gutes Werk. So wie der Prediger und wie die Christen im Grunde distanziert sind von der Not, so distanziert der Prediger seine Hörer alsbald von der alten Schuld. Kann er sonst von feindlichen Henkern und Bombardements der Vergangenheit sprechen, so heißt es am Bußtag: »Wir sprechen nicht von der alten Schuld, sondern von der neuen« (235). Diese neue Schuld erfährt ihre konkreteste Zuspitzung in folgenden Sätzen:

»Schon macht sich an Kiosken und dergleichen eine Literatur breit, die mit Bild und Wort die geschlechtliche Gier der jungen Menschen aufreizen und aufpeitschen muß. Wer gebietet hier Einhalt? Wird nicht wieder leichtfertig gespielt mit unserer Jugend und damit mit der Zukunft des Volkes« (236)?

Der Prediger scheint nicht zu merken, wie er mit solchen Sätzen der nationalsozialistischen Ideologie verhaftet bleibt, wie er schon wieder nach dem starken Mann ruft. Er verwahrt sich im gleichen Satz gegen den Nationalsozialismus und befestigt dessen Weltbild. Die Bewußtseinsspaltung ist evident in der Zweideutigkeit der Rede, die ja auch als Ruf nach einem Führer verstanden werden kann, der dem sittlichen Verfall Einhalt gebietet. – Anders ist die Lage im Osten, »der Antichrist, den wir aus der Hitlerzeit kennen, beginnt in neuer Gewandung und Rüstung einen viel schwereren Angriff, vor allem auf die Jugend« (233). Die Beurteilung des Kommunismus ist die gleiche geblieben wie zur Hitlerzeit.

»Das unter Adolf Hitler eingeübte Dressat, den eignen aggressiven Triebüberschuß auf das propagandistisch ausgenutzte Stereotyp ›Kommunismus‹ zu projizieren, bleibt weiter gültig« (Mitscherlich, 42).

Der anständige Deutsche kennt den Antichristen aus der Hitlerzeit. Althaus konnte zu dieser Zeit betonen: »Hinter dem Christentum kommt nicht mehr einfach das Heidentum, sondern das Antichristentum.« Fatalerweise sah aber ein großer Teil national gesinnter Christen schon vor Hitler im Bolschewismus den Antichristen. Wir haben es auch hier mit einer Sprache eines gespaltenen Bewußtseins zu tun. Der Prediger lehnt den Nationalsozialismus verbaliter ab und bestärkt gleichzeitig eine latente nationalsozialistische Ideologie. Einer Großzahl der Hörer wird mit einem solchen Satz nur wiederholt, was sie immer schon wußten. Weil ihnen versichert wird, daß der Antichrist jetzt »in neuer Gewandung und Rüstung« im Osten auftrete, werden sie in ihrer Selbstgerechtigkeit nur bestärkt werden. Ein Grund zur Trauer besteht für sie nicht, auch nicht ein Grund zur Umkehr. – Die beigebrachten Zitate mögen verständlich machen, wie leicht es einem Hörer einer so gelagerten Predigt gemacht ist, zum Rechtsradikalismus überzugehen.

Althaus ist persönlich an dem, was geschah, – nach Ausweis seiner Sprache – offensichtlich nicht in dem Maß beteiligt wie Bobrowski, dessen Großvater – urbildlich für Kommendes – dem Juden die Mühle wegschwemmte. Von A. und M. Mitscherlich her könnte man diese Predigten als Beispiele von Abwehr der mit der Nazivergangenheit verbundenen Schuld- und Schamgefühle deuten. Man könnte diese Haltung neurotisch nennen. Die Realität wird nicht verleugnet. Man will nur nichts von ihr wissen.

Theologisch wäre zu fragen, ob sein Begriff von Erbsünde nicht die Sünde spiritualisiere. Liest man in der »Christlichen Wahrheit« nach, wie er Erbsünde versteht, wird einsichtig, daß er von der Sünde der Väter nichts zu erzählen braucht. Auch wäre zu untersuchen, inwiefern einer Spiritualisierung des Sündenbegriffes eine Individualisierung entspricht, die für das Ganzheitsdenken Israels im Verstehen der Sünde kein Sensorium haben kann.

Hier spricht ein Prediger, der als Dogmatiker in der Lehre von der Schriftautorität zunächst vom Neuen Testament ausging statt vom Ganzen der Schrift. Das Alte Testament bekommt in dieser Predigt des Evangeliums kaum eine eigene Stimme. So kommt denn auch »der Schatz des allerheiligsten Evangeliums« nicht so recht zum Leuchten.

Es bedürfte einer eingehenden Untersuchung an Hand der Nachkriegspredigten in Deutschland, die die homiletische Unfähigkeit zu trauern erhellen würde. Es müßte gefragt werden, warum es im ganzen wohl kaum zu vollmächtiger Bußpredigt kam, warum gerade die Predigt von der Sündenvergebung gerade im Blick auf die Vergangenheit des Volkes ohne Vollmacht war. Vielleicht darf man vermuten, daß diese Ohnmacht der Predigt darin eine Wurzel hatte, daß etwa Vertreter der Bekennenden Kirche Hitler gegenüber im Recht waren. Er war nicht ihr Mann. Man vermochte sich nicht mit ihm zu identifizieren, d.h. man war nicht in der Lage, seine Schuld zu übernehmen. So konnten denn die Prediger keine »Trauerarbeit« leisten. Es kam kaum zu einem »Erinnern, Wiederholen und Durcharbeiten«. Wir nehmen hier Termini der Psychoanalyse auf und möchten sie theologisch verstehen: In der Nachfolge dessen, der für uns zur Sünde gemacht wurde (2Kor 5,21), wird der Jünger zur Sünde; die Sünde, die er erzählt, ist seine Sünde. Zur Sünde werden aber heißt, mit seiner Existenz in die Sünde hineinkommen, an der Sünde leiden. In der Verführung mag Sünde Lust heißen, in Christi Nachfolge verspricht sie Schmerzen. Für den Prediger heißt das, er kann die Sünde der Väter (in unserem Fall die unbewältigte Vergangenheit) nur erzählen als seine Sünde. Von der Sünde Hitlers kann ich predigend nur erzählen als von meiner Sünde (vgl. Mitscherlich, 60 Anm. 1). Dieser Gedanke ist für den Prediger solange nicht nachvollziehbar, als der Begriff von Stellvertretung und Opfer ihm existenziell fremd bleibt. »Ob etwas unanständig ist oder anständig, das kommt darauf an, wo man sich befindet.«

Erinnerung an die Sünde wird darum heißen: Identifizierung mit Hitler und mit der Unbußfertigkeit der Jahre danach. Also auch mit Althaus. Dabei muß man sehen: Hitler gilt paradigmatisch, sein Name ist auswechselbar, leider. Seine Sünde kann predigend nur so erzählt werden, daß sie für den Prediger selbst zählt. Dieses Zählen und Erzählen kann durchaus in psychologischer Begrifflichkeit erfolgen, es erhält seine Qualifikation durch das Vorzeichen des Namens, für den allein jetzt theologisch die Sünde noch zählt. Das »Erinnern, Wiederholen und Durcharbeiten« vergangener Schuld hat in der Predigt den Sinn, daß die Tat dessen erzählt und begriffen und geglaubt werden kann, von dem wir singen: »All Sünd hast du getragen, sonst müßten wir verzagen.« Wird aber »all Sünd« verleugnet, wird die Bedeutung von Christi Kreuz für uns nicht deutlich, so wird nicht verstehbar, daß er für uns zur Sünde gemacht wurde. Das Kreuz bleibt für uns irrelevant und die Predigt vom Kreuz ohnmächtig. So kann man sagen: Erinnerung an die Sünde gehört zur Predigt des Kreuzes Christi als Kraft und Weisheit Gottes (1Kor 1,24).

»Sonst müßten wir verzagen.« Dieses Verzagen nimmt auch in der Predigt »die Unfähigkeit zu trauern« an. So atmen die Predigten von Althaus eher den Geist der Wehklage über die Niederlage und über das von Deutschlands Feinden über das Volk gebrachte Leid, als daß sie getragen sind vom Leid über das, was geschah. Sie atmen nicht den Geist der Scham darüber, daß man selber an diesem Geschehen beteiligt war. Es wäre nun zu untersuchen, ob die Trauer überhaupt auf unsern Kanzeln zur Sprache kam. Alsdann wäre zu fragen, ob diese Unfähigkeit zu trauern als geistliche Armut bejaht werden kann oder ob sie als schiere Verstockung gelten muß:

Leute, es möchte der Holunder
sterben
an eurer Vergeßlichkeit.

B

PREDIGT ALS VERHEISSUNG

In der Geistesgegenwart wird die Verheißung vergegenwärtigt. Jede Gegenwart hat ihr eigenes Verhältnis zur Zukunft. An literarischen Beispielen erkennen wir das heutige Verhältnis zur Zukunft. Predigtbeispiele geben Aufschluß darüber, inwiefern die Predigt beiden gerecht wird, den Verheißungen der Schrift und den Fragen der Zeit.

---

§ 13

DIE AKTUALITÄT DER VERHEISSUNG

Otto Baltzer, Praktische Eschatologie. Die christliche Hoffnung in der gegenwärtigen Evangeliums-Verkündigung, 1908. – *Oscar Cullmann,* Christus und die Zeit, 1946. – *Ders.,* Heil als Geschichte, 1965. – *Eugen Rosenstock-Huessy,* Des Christen Zukunft, 1955. – *Walter Kreck,* Die Zukunft des Gekommenen, 1961. – *Jürgen Moltmann,* Theologie der Hoffnung, 1964. – *Ders.,* Perspektiven der Theologie, 1968. – *Gerhard Sauter,* Zukunft und Verheißung, 1965. – *Ders.,* Begründete Hoffnung, EvTh 27, 1967, 406ff. – *Wolf-Dieter Marsch* (Hg.), Diskussion über die Theologie der Hoffnung, 1967. – *Claus Koch,* Kritik der Futurologie, Kursbuch 14, 1968, 1ff. – Vgl. §§ 15 und 16.

Eine Zeit, die Bahnhöfe im Renaissancestil baute und bei Kirchen auf die Gotik zurückgriff, blieb auch in der Theologie dem Historischen zugewandt, sie hatte – von Ausnahmen abgesehen – wenig Sensorium für die Verheißungen. Die Vergangenheit faszinierte mehr als die Zukunft, auch wenn der Fortschrittsglaube kräftig blühte und man Historie betrieb, um sich von der Vergangenheit zu befreien. Der Faszination des Historischen aber verdanken wir die Einsicht, daß das Neue Testament auf Zukunft ausgerichtet ist, nur blieb diese Einsicht eine historische Erkenntnis. So kann man um 1906 lesen: »Die ganze heilige Schrift ist eschatologisch. Und auf vielen Kanzeln ist es nun so still von diesen Sachen« (zit. nach Baltzer, 1). Offenbar hatte der Fortschrittsglaube die Sprache der Hoffnung zum Verstummen gebracht.

Als Jakob van Hoddis 1911 sein Gedicht »Weltende« schrieb, setzte er damit ein Zeichen für ein neues Lebensgefühl: Die Bedrohung des Menschen hatte kosmische Ausmaße angenommen, man konnte ihr nur begegnen, indem man sie ironisierte:

Der Sturm ist da, die wilden Meere hupfen
An Land, um dicke Dämme zu zerdrücken.
Die meisten Menschen haben einen Schnupfen.
Die Eisenbahnen fallen von den Brücken.

Die »wilden Meere« werden mythisch als Fabelwesen vorgestellt, das eine neue Sintflut über die Erde bringt, die bei den Menschen erstaunlicherweise nur Schnupfen hervorruft. Die letzte Zeile widerruft die Ironie der vorletzten. Das, was die Menschen verbindet, endet katastrophisch. Schon dämmern Samuel Becketts »Glückliche Tage« herauf, da der Mensch nicht mehr zum Menschen kommt, weil er immer mehr im Sand versinkt. – Hatte im 19. Jahrhundert ein Richard Rothe »die Erfindung der Dampfwagen und der Schienenbahnen« heilsgeschichtlich werten können, hielt er sie für das Reich Christi als wichtiger und förderlicher »als die Ausklügelung der Dogmen von Nicäa und von Chalcedon«, so sagt van Hoddis den Brückensturz der Eisenbahnen an als Zeichen des »Weltendes«. Es wäre ein Leichtes, den Nachweis zu erbringen, daß die moderne Lyrik immer wieder mit dem Thema Zukunft beschäftigt ist. Das Wissen um das Ende der Welt wird bedrängend. Die Angst aber wird ironisch überspielt. Ich möchte von einer ironischen Apokalyptik sprechen.

Neben dem Ausweg in die Ironie gibt es den Ausweg in die Erotik, später in den Sexus. So schreibt Else Lasker-Schüler ein Gedicht mit dem gleichen Titel wie van Hoddis. Es ist theologisch nicht weniger interessant, auch es antizipiert:

> Es ist ein Weinen in der Welt,
> Als ob der liebe Gott gestorben wär,
> . . .
> Du! wir wollen uns tief küssen –
> Es pocht eine Sehnsucht an die Welt,
> An der wir sterben müssen.

Sehe ich recht, verweben sich hier zwei Motive. Einmal das von Liebe und Tod. – Wichtig ist für uns aber das andere: Das Weinen in der Welt und der anscheinende Tod Gottes korrespondieren offenbar mit einem Defizit an Leben: »Das Leben liegt in aller Herzen/ Wie in Särgen.« Das Tief-Küssen befreit möglicherweise aus diesen Särgen, in ihm kehrt das Paradies wieder, die Welt ohne Weinen, ohne Gottestod. – Auch dies ist ein Motiv moderner Lyrik: Eros und Sexus als Insel eines verlorenen Paradieses und dessen Wiederkehr. Eros und Sexus als eine Art Auferstehung aus den Gräbern.

Es wäre nun zu untersuchen, inwiefern etwa eine apologetische Predigt um 1911 auf van Hoddis zu antworten respektive nicht zu antworten vermochte. Möglicherweise würde sich zeigen, daß gerade die Modernen damals im Grunde mit Fragen von gestern beschäftigt waren, die sie für »modern« hielten. (Hier macht sich einmal mehr das Fehlen einer Predigtforschung bemerkbar, die historisch gepredigte Predigt im Kontext mit der Kulturgeschichte zu analysieren versucht.) Soviel aber können wir vielleicht doch schon sagen, daß in der »Theologie der Krise« ungefähr ein Jahrzehnt später seinen Niederschlag fand, was ein Gedicht wie das von van Hoddis seismographisch anzeigte. Ich sage »Niederschlag«, könnte auch sagen »Echo« – fand es auch Antwort?

In der zweiten Auflage des »Römerbriefes« schrieb Karl Barth 1922: »Christentum, das nicht ganz und gar und restlos Eschatologie ist, hat mit *Christus* ganz und gar und restlos nichts zu tun« (298). Barth sagt »Eschatologie« und nicht »Apokalyptik«. Es wäre unbillig, wollte man fordern, es wäre hier der erste Begriff durch den zweiten zu ersetzen. Wohl aber dürfte es erlaubt sein, gymnastice einmal den Satz Barths von Apk 1,4 her zu variieren: »Christentum, das nicht ganz und gar und restlos ausgerichtet ist auf den Kommenden, hat mit Christus ganz und gar und restlos nichts zu tun.« – Wird in der Lyrik die Bedrohung der Zukunft abgewehrt durch Ironisierung oder durch den Ausweg in Erotik und Sexualität, so verbirgt sich bei Barth der endgültig Kommende hinter dem Kommen des Gotteswortes »in jedem Augenblick«.

Als Beispiel diene der Anfang einer Predigt über »Das ewige Licht« Jes 60,19–20 aus der Sammlung »Komm Schöpfer Geist«, 1924, die nach einem Hinweis von Eduard Thurneysen Karl Barth zuzuschreiben ist: »Der Herr wird dein ewiges Licht sein! Das ist, wie der Inhalt der ganzen Bibel, eine Ankündigung, eine Verheißung. Nicht mehr, aber auch nicht weniger. Siehe, ich stehe vor der Tür und klopfe an! Eine große starke Hand hat nach uns gegriffen. Was will sie von uns? Was wird aus uns werden unter ihrem Griff? Das geht uns nichts an. Wir sollen nur wissen, daß wir in dieser Hand sind. Wer das weiß, der versteht die Bibel, die Mitte der Bibel, Jesus Christus. Man kann das auch nicht wissen: Jesus Christus drängt sich niemandem auf. Wir alle stehen immer wieder vor der Tatsache, daß wir es vergessen haben. Komm, Herr Jesu, sei unser Gast! mögen wir zu ihm sagen; aber er wird niemandes Hausgenosse ein- für allemal. Die Ankündigung ist und bleibt eine Frage, die an uns gerichtet ist. Denn Jesus Christus ist und bleibt das *lebendige* Wort Gottes, und seine Gedanken sind nicht unsere Gedanken, und unsere Wege sind nicht seine Wege. Wir können hören oder auch nicht hören: Jesus Christus redet zu denen, die Ohren haben zu hören« (56).

Wird eine solche Predigt auch ein Wort sein für Jakob van Hoddis? Wird eine Else Lasker-Schüler hier getröstet? Man kann auch fragen, ob hier die Sprache der Hoffnung laut werde, ob und inwiefern diese Predigt verheiße? – Der Text wird sofort christologisch ausgelegt, genauer im Sinn einer Logos-Christologie. Der Kommende, der hier verkündigt wird, ist der im Wort Kommende. Das heimliche Thema der Predigt bildet die Einheit und Verschiedenheit von Gesetz und Evangelium, »für unsere Ohren zweierlei Wahrheit ... damit es in jedem Augenblick Gotteswort sei für uns« (56). Die Ankunft des Wortes steht hier für die Ankunft Christi in der Parusie. Aus dem Futurum wird Gegenwart; die Einmaligkeit künftigen Kommens wird zum Je-Wiederholbaren.

Die Zeitformen im zitierten Predigtanfang verdeutlichen diesen Sachverhalt: Es gibt zwei futurische Aussagen, als Zitat und als Frage. Der erste Satz wiederholt die erste Hälfte des letzten Satzes des Predigttextes: »Der Herr wird dein ewiges Licht sein!« Dieser Satz wird wohl als Ankündigung und Verheißung verstanden; ein Zitat aus Apk 3,20 »Siehe, ich stehe vor der Tür und klopfe an« aber wird durch ein Perfekt interpretiert, durch den Hinweis auf die große Hand, die nach uns gegriffen *hat*. – Das zweite Futurum kommt als Frage nach der Zukunft: »Was wird aus uns werden unter ihrem Griff?« Im Blick auf den Predigttext und im Blick auf den Kontext von Apk 3,20 erwartet man verheißende Zusage. Barth aber wehrt die so gestellte Frage ab: »Das geht uns nichts an. Wir sollen nur wissen, daß wir in dieser Hand sind.« Die gewichtigen Aussagen werden in der Form des Perfekt und der Gegenwart gemacht: Die Hand *hat* nach uns gegriffen. Wir *sind* in ihr. – Neben Apk 3,20 wird ein Tischgebet zitiert: »Komm, Herr Jesu, sei unser Gast!« Der Prediger macht sofort deutlich, daß das zitierte Gebet nicht auf die Parusie hin zu deuten ist, diesmal wohl in Übereinstimmung mit dem Zitat: ». . . aber er wird niemandes Hausgenosse ein- für allemal.«

Wird hier vom Kommenden geredet, ist von dem im Geist und Wort Kommenden die Rede, von seinem Kommen zwischen den Zeiten also und nicht von seiner Parusie! – Befragen wir die ganze Predigt in Konfrontation mit den Gedichten von van Hoddis und von Else Lasker-Schüler, so fehlt die Dimension der Schöpfung nicht, das »Weltende« wird nicht durchaus geleugnet: Alle Lichter müssen verlöschen, »damit das eine ewige Licht uns leuchte«. – Als Anwalt dieser Predigt kann man behaupten, sie sei durchaus Antwort auf die von Jakob van Hoddis artikulierte Frage. Macht man sich aber zum Anwalt der beiden Gedichte »Weltende«, muß man darauf hinweisen, daß die Rede vom Weltende, vom Erlöschen aller Lichter zwar nicht ausgeklammert wird, nur hat sie kein Gewicht. Die Rede vom Erlöschen aller Lichter erinnert fast ein wenig an die Rede des Paul Althaus von Sünde und Schuld deutscher Vergangenheit: Sie erscheint eher als Pflichtübung denn als Notwendigkeit. Wenn Althaus nicht von der Schuld deutscher Vergangenheit reden will, so will Barth hier nicht von der Zukunft in der starken Hand Christi reden. Die »Ankündigung« und »Verheißung« betonen mehr den, der war und ist, als den, der kommt.

Eine Zeit, die Atomreaktoren, Computer und Raumschiffe baut, bekommt ein anderes Verhältnis zu Vergangenheit und Zukunft als eine Zeit mit Renaissance-Bahnhöfen. Die Faszination der Vergangenheit ist gewichen und hat einer Faszination der Zukunft Platz gemacht. So wie sich die historische Vernunft von der Last der Vergangenheit zu befreien versuchte, versucht jetzt eine planende Wissenschaft von der Zukunft der Zukunft Herr zu werden.

Claus Koch definiert: »Die Botschaft der Futurologie: Revolution ist schlechthin alles Neue, dem die Welt entgegentreibt, also laßt es uns erforschen, um der Revolution Herr zu bleiben. Begreifen wir nur richtig die Wahrscheinlichkeiten und die Möglichkeiten der Zukunft, so werden wir uns rechtzeitig anpassen und dem Anschein gegenwärtiger Aussichtslosigkeit entgehen können. Dann muß auch das Wünschbare sich enthüllen und damit machbar werden. Der Blick vom Künftigen her auf die Gegenwart wird uns lehren, deren Gegebenheiten zu ordnen, um durch verständige Entscheidung dem Chaos steuern zu können« (Kursbuch 14,1).

In dem Maße, wie diese Sätze gelten, übernimmt die Futurologie die Rolle, die früher die Tradition hatte, sie bestimmt nun die Gegenwart und setzt deren Normen. Die Futurologie wird zur bestimmenden Ordnungsmacht, zur Retterin vor dem Chaos. Dabei enthält diese Botschaft sozusagen »Gericht und Gnade«, sie ähnelt darin von weit her dem Numinosen von Rudolf Otto, daß sie ein Tremendum und Faszinosum artikuliert, sie läßt erzittern vor den Schrecken der Zukunft und schwelgt im Gedanken an die planende Vernunft des Menschen. Claus Koch charakterisiert diese Doppelung: »Es ist die Botschaft des aufgeklärten, organisierten Kapitalismus im Schatten der Bombe« (2).

So schwankt denn die Haltung der Zukunft gegenüber zwischen dem Gefühl der Bedrohung, der Ohnmacht und dem der Überlegenheit, der Macht:

In seiner Dichtung »liebeskino« läßt *Kurt Marti* Männer und Frauen demonstrieren:
SCHLUSS MIT DEN SORGEN
DIE ZUKUNFT
IST SORGE GENUG
(gedichte am rand, 1963, 73)

Demgegenüber formuliert *Jacques de Bourbon-Busset* das futurologische Programm: »... was wir wollen, ist nicht, die wahrscheinliche Zukunft vorherzusagen, sondern die wünschbare Zukunft vorzubereiten, und vielleicht noch weiter zu gehen: wir wollen uns bemühen, die wünschbare Zukunft wahrscheinlich zu machen« (Kursbuch 14, 3). – Überlegenheits- und Ohnmachtsgefühl, ironische Apokalyptik also, artikuliert auch das Gedicht von *Günther Grass* »Im Ei«, das auf einen Mythos zurückgreift, der schon in der Schöpfungsgeschichte eine Rolle spielt. Ich setze drei Strophen hierher, Signale für die Zeitstimmung eines Zeitgenossen:

Wir leben im Ei.
Die Innenseite der Schale
haben wir mit unanständigen Zeichnungen
und den Vornamen unserer Feinde bekritzelt.
Wir werden gebrütet.
. . .
Wann schlüpfen wir aus?
Unsere Propheten im Ei
streiten sich für mittelmäßige Bezahlung
über die Dauer der Brutzeit.
Sie nehmen einen Tag X an.
. . .
Wenn wir auch nur noch vom Brüten reden,
bleibt doch zu befürchten, daß jemand,
außerhalb unserer Schale, Hunger verspürt,
uns in die Pfanne haut und mit Salz bestreut. –
Was machen wir dann, ihr Brüder im Ei? (Gleisdreieck, 1967², 30f)

Was und wie hat die Kirche dem Menschen zu predigen, der seinen Glanz und sein Elend im Angesicht der Zukunft entdeckt? Es dürfte einsichtig sein, daß eine Predigt, die den Gekommenen vor dem Kommenden betont und das Kommen Christi zunächst verbal versteht, zur Richtigkeit gerinnt, die den Christus einer vom Futurum faszinierten und geängstigten Zeit nicht mehr vollmächtig zu verkünden vermag. So stellt sich neu die Aufgabe, Christus als den Kommenden zu verkünden und also die Ausrichtung des Neuen Testaments auf die Zukunft hin wieder zu Ehren zu bringen. Da die Predigt vom kommenden Christus in der Zeitform der Zukunft weithin zur Winkelsache geworden war, die um so mehr in Gefahr stand, biblizistisch zu erstarren, als etwa ein Leonhard Ragaz kaum Beachtung fand, wurde es notwendig, die Botschaft vom Kommenden denkerisch zu verantworten und sie im Raum der Philosophie zu bewähren. So ist es denn kein Zufall, daß die Arbeiten von *Jürgen Moltmann* und *Gerhard Sauter* das Gespräch mit der Philosophie führen. Ein Buchtitel wie »Theologie der Hoffnung« signalisiert den Versuch, das Ganze der Theologie im Horizont der Zukunft zu bedenken. Damit präsentiert sich Moltmann in einem gewissen Sinne als Testamentsvollstrecker Karl Barths, in dem Sinne nämlich als er den Satz vom Christentum, das eigentlich ganz und gar restlos Eschatologie sein müsse – es sei denn, es verliere seinen Christus –, aufnimmt und zu Ehren bringt. (Wie sehr oder wie wenig sich der Testamentsvollstrecker des Beifalles vom Erblasser erfreuen konnte, bleibe dahingestellt.)

Wir möchten in unserer Predigtlehre Moltmann darin folgen, daß wir das Proprium und Prius der Zukunft Gottes betonen. Einseitigkeit ist in gewisser Weise notwendig, um die Sterilität einer zu richtigen Predigt zu durchbrechen. Mit Moltmann möchten wir versuchen, »Gottes Gegenwart und Gottes Vergangenheit von Gottes Kommen her zu verstehen« (bei Marsch, 216). Dieser Erkenntnisprozeß ist nicht unumkehrbar, es sei denn, ich erhebe die Zukunft zum absoluten Gesetz des Erkennens. Hingegen sollte nicht *ein* Kriterium zur absoluten Norm gemacht werden. Die Zeit ist aber wohl Kriterium und nicht Norm des Erkennens. Darum kann jede Zeit vor allen andern Zeiten prävalieren, sie muß es, weil unser Erkennen Stückwerk ist.

Cullmann hat in »Christus und die Zeit« die Zukunft bezogen auf das Christusgeschehen in der Mitte der Zeit: »Norm ist nicht mehr das, was kommen wird, sondern der, der schon gekommen ist« (122). Für Moltmann wäre die Norm der Christologie nicht mehr der, der gekommen war, sondern der, der kommen wird. Aber auf dieses Gegenüber zu Cullmann würde sich Moltmann wohl lieber nicht festlegen lassen. Für ihn und sein Gespräch mit den Philosophen lautet die methodische Frage: »Bestimmt die Gegenwart die Zukunft in Extrapolationen oder bestimmt die Zukunft die Gegenwart in Antizipationen« (bei Marsch, 209)? – Ich meine, daß bei Cullmann wie bei Moltmann die Gefahr auftaucht – wenn auch nur als Mißverständnis derer, die diese Autoren lesen –, daß eine Zeit mit dem Geist verwechselt wird. Darum muß die Prävalenz einer Zeit und ihr Prius relativiert werden. Im Stückwerkcharakter unseres Erkennens und Predigens muß jede Zeit je ihren Vorrang haben, wie sie sich auch von den andern bestimmen lassen muß. Aber das eine darf das andere nicht aufheben, und das ist möglicherweise der Fall in der von Moltmann kritisierten »Vermittlungs-Eschatologie« (vgl. bei Marsch, 207).

Verkünden wir den Gott, der war, müssen wir auch notwendigerweise den verkünden, der sein wird, um den anzusagen, der ist. Predigen wir Christus, predigen wir nicht bloß das Alpha, sondern auch das Omega; Christus als Omega aber ist zu unterscheiden von dem Christus als Alpha, auch wenn er als Christus »derselbe« bleibt. Der Gleiche ist für uns ein Anderer, auch wenn dieser Andere der Gleiche bleibt. Haben wir von Christus zu erzählen im Tempus der Vergangenheit, so haben wir ihn anzusagen im Tempus der Zukunft.

Insofern die Predigt den Kommenden ansagt, eignet ihr futurischer Charakter. So wird die Predigt zur Voraussage, zur Weissagung. Sie prophezeit den, der kommt. Man nimmt der Predigt den Ereignischarakter, wenn ihr das Futurum des Kommenden fehlt. Die Predigt wird unaktuell, wenn ihr die Zeitform der Zukunft fehlt. Es wäre freilich ein Irrtum zu meinen, die Aktualität der Predigt liege im Bezug zur Zukunft, weil wir in einem Zeitalter der Futurologie leben. Die Aktualität der Predigt liegt im Kommen des Kommenden und im Geist, der seinem Kommen vorausläuft. Wäre es anders, würde die Predigt dessen, der war und ist, verblassen, das »war« und das »ist« würde sich zu einem Schemen verflüchtigen. Die Dramatik der Predigt liegt im Kommen des Kommenden: »Siehe, ich stehe an der Tür und klopfe an« (Apk 3,20a). Wo dieses Kommen des Kommenden vergessen wird, mißrät die Predigt zum Referat. Wird dieses Kommen des Kommenden, wird also seine Zünftigkeit relativiert durch den Hinweis auf dessen Gekommensein und Dasein, so nimmt die Christuspredigt doketische Züge an.

Ein Vergleich zwischen dem frühen Barth und Moltmann zeigt einen signifikanten Unterschied. Die »Theologie der Hoffnung« ist zwar wie die des frühen Barth durchaus praktisch ausgerichtet. Während aber Barth von der Predigt her und auf die Predigt hin theologisiert, gilt Moltmanns praktisches Interesse vor allem der Gesellschaft. Das Pathos dieser Theologie scheint eher in der Auseinandersetzung mit der Philosophie zu liegen als in der Meditation biblischer Texte. Die Möglichkeit, daß hier das Christentum als das wahre Prinzip Hoffnung, die wahre marxistische Philosophie oder die wahre Futurologie ausgegeben wird, scheint nicht ausgeschlossen, was zur Folge haben würde, daß die Krisis zwar behauptet, aber in ihrer Tragweite kaum artikuliert wird. – Moltmann bezeichnet es als ein Kernproblem für den christlichen Glauben in der Gegenwart, »wie er Kreuz und Reich auf einen Nenner bringen kann, damit er sowohl seine selbstverschuldete Lähmung wie seinen selbstgemachten Enthusiasmus überwindet« (zit. nach Marsch, 223). Das aber würde heißen: die »Theologie der Hoffnung« müßte aus einer »Theologie der Furcht« kommen und zu ihr hinführen; denn die Furcht des Herrn ist auch da der Weisheit Anfang, wo sie die Zukunft bedenkt. Erst dann, wenn die »Theologie der Hoffnung« übergeht in eine »Theologie der Gottesfurcht«, erst da, wo die eine Theologie von der andern bestimmt wird, sind Kreuz und Reich auf einen Nenner gebracht.

Vermag der Prediger von der »Theologie der Hoffnung« her jene demonstrierende Angst zu trösten und zu überwinden, der die Zukunft Sorge genug ist? Vermag eine solche Predigt das futurologische Programm eines Jacques de Bourbon-Busset zu entmythisieren? Vermag unsere Predigt der Angst des Ausgesetztseins und der Hybris eigenmächtiger Zukunftsbewältigung evangelisch zu antworten? Was machen wir jetzt, »ihr Brüder im Ei?«

Ein Hinweis auf eine Predigt von *Jürgen Moltmann* über Röm 15,4–13 mag diese Fragen unterstreichen. Wenn der Schlußvers des Textes kunstvoll aufgegliedert ist im Stil des Lobpreises, so schließt Moltmann seine Predigt nicht weniger kunstvoll. Sein Predigtschluß ist ein kleines Gedicht:
»Wer einen Menschen wieder zum Lachen bringt, der schließt ihm das Himmelreich auf.
Wer einem Menschen Geduld schenkt, der infiziert ihn mit Hoffnung.
Wer einen Menschen aufnimmt, so wie er selber von Christus angenommen ist, der löst die Zunge zum Loben. Laßt uns ausziehen aus unseren Gewohnheiten und unseren Gewöhnlichkeiten, um an der Bibel das Hoffen zu lernen. Laßt uns ausziehen und über die Grenze gehen, um das Leben mit Hoffnung zu infizieren.
Laßt uns keine Grenzen mehr achten, sondern nur noch den, der die Grenzen öffnet« (Wuppertaler Predigten, 1965, 46f).

Ein hinreißender Predigtschluß! Drei »Wer«-Sätze konkretisieren die »Hoffnung in Aktion«, von der vorher die Rede war. Drei »Laßt uns«-Sätze rufen zum Exodus und zum Achten auf den Gott des Exodus. Die Menschen werden hier zum aufrechten Gang in die Zukunft aufgefordert. – Bei Paulus findet sich ein Optativ. Die Zukunft wird nicht artikuliert als Bedingung: »Wer...«, auch nicht im Imperativ: »Laßt uns...« Paulus artikuliert die Zukunft in der Erhörungsgewißheit des Beters: »Der Gott aber der Hoffnung erfülle euch mit aller Freude und Frieden im Glauben, daß ihr völlige Hoffnung habet durch die Kraft des Heiligen Geistes« (Röm 15,13). Die Verschiebung der Erwartung erscheint um so signifikanter, als der Prediger den Stil des Textes in gewisser Weise übernimmt: Der Predigtschluß sagt die Zukunft an im Blick auf den hoffenden Menschen, während der Textschluß Zukunft ansagt im Blick auf den erhörenden Gott, zu dem er betet und dessen Erhörung er gewiß ist. Die Hoffnung ist offenbar in den beiden Texten different. Eine Ethisierung des Textes durch den Prediger ist unverkennbar. Es ist ferner auffällig, wie sehr ein Hauptwort des Textes in der Predigt zurücktritt. Das Wort vom Loben, das in der Predigt einmal als eschatologisches Fernziel erscheint: »Wenn sie nicht alle zum Lobe Gottes erlöst werden, werden wir auch nicht recht dazu erlöst« (45), und ein andermal – im zitierten Schluß – als Frucht eines guten Werkes. Diese grenzüberschreitende Hoffnung ist, was das Lob betrifft, merkwürdig sprachlos (vgl. Christoph Hinz bei Marsch, 158ff). Nannten wir die Predigtlehre eine Sprachlehre der Hoffnung, so zeigt sich nun, daß die Hoffnung eine verschiedene Sprache spricht. Die Sprachlehre welcher Hoffnung hat dann eine Homiletik zu bieten?

Der Kommende kann nur vorläufig verkündet werden: Der Fragment-charakter aller Predigt wird bei der Verheißung besonders deutlich. In der Freude der Erwartung des Kommenden schwindet die Distanz und wird Nähe. Die Verheißung entthront alle »Endgültigkeiten« und schafft damit Raum für den Humor.

§ 14
PREDIGT DES KOMMENDEN RETTERS

Lit. deutschsprachig vgl. §§ 13 und 15. – *Ullrich Lochmann,* Die Parusiepredigt. Eine Darstellung und Untersuchung der Parusieerwartung in der deutschsprachigen evangelischen Predigt seit der Jahrhundertwende, Diss. Heidelberg, 1969.

I
Fragmentarische Sprache

Ängstlichkeit muß auf Vollständigkeit bedacht sein, Vorsicht walten lassen, während die Hoffnung Mut macht zum Fragment. Sie drückt gerade darin ihr Wesen aus, daß sie das Unvollständige wagt. Im Mut zum Vorläufigen, zum »Stückwerk«, gibt sie im Sprechen das Hoffen nicht auf. Die Hoffnung würde ihre Sprache verlieren, würde sie es nicht mehr wagen, fragmentarisch, »stückwerklich« zu sprechen. Es hat seinen Grund, daß der Fragment-Charakter der Predigt, der für alle Predigt gilt, gerade im Zusammenhang mit der Sprache der Hoffnung besonders betont wird. Den Gekommenen kann ich erzählen, seine Geschichte kann berichtet werden. Das Erzählen wählt aus, berichtet eins nach dem andern, Stück um Stück. Den Kommenden kann ich in analoger Weise nicht erzählen, es sei denn, ich entreiße die Geschichte der Zukunft dem Geheimnis Gottes und nehme sie in eigene Regie. Weil in der Aussagbarkeit seiner Vergangenheit und seiner Zukunft ein grundsätzlicher Unterschied besteht, ist der fragmentarische Charakter der Predigt als Verheißung hier extra zu betonen.

Predige ich den Kommenden, muß ich ausgehen von dem, was von ihm im Geist schon da ist; ich kann ihn nie ganz aussagen, ganz wird er erst in der Parusie da sein. Vor der Parusie ist er auch nicht umfassend sagbar. Wollte ich ihn in seiner Ganzheit und umfassend predigen, gerate ich in Versuchung, eine Idee zu beschreiben, aber nicht ihn in Person. So kann ich ihn nicht als Retter und Richter zugleich aussagen, sonst verliere ich die Sprache. Ich kann ihn sozusagen nur als Retter oder nur als Richter aussagen, obwohl ich beidemal vom einen und gleichen spreche. Die kommende Rettung und das kommende Gericht sind eben nicht in gleicher Weise erzählbar wie Passion und Ostern. Im Unterschied der Zeiten gibt es eine verschiedene Weise des Sagens, was nicht heißen will, daß es nicht auch Erzählung von Zukunft geben kann, aber solches Erzählen kann eben nur vor-läufig sein. – Man könnte gerade im Blick auf die Predigt vom Retter und Richter den Unterschied zur Dogmatik deutlich machen, die hier andere Akzente setzen muß als die Predigt und mehr die Einheit von Retter und Richter betont. Natürlich darf ich nicht verleugnen, daß der Retter der Richter und umgekehrt der Richter der Retter ist. Aber im Predigen kann ich diesen Sachverhalt nicht umfassend darstellen. So wie die Spannung zwischen dem Schon-Jetzt und dem Noch-Nicht nicht aufzuheben ist, so ist die Spannung zwischen dem kommenden Retter und Richter nicht aufzuheben. Gericht und Gnade sind für uns nicht einerlei. Damit stehe ich vor folgendem Dilemma: Ich kann den Retter und Richter nur je einseitig predigen, und ich darf in der Rede vom Retter nie vergessen, daß er der Richter ist, wie ich in der Rede vom Richter nie vergessen darf, daß er der Retter ist. Ich muß immer mehr wissen, als ich sage (und mehr sagen, als ich weiß, sonst brauchte ich mir selber nicht mehr zu predigen). – Dieses Dilemma kann nur durch Hoffnung überwunden werden. Hoffnung hält sich an die Verheißung und spricht die Sprache der Verheißungen. Sie versucht zu sagen, was Gott vorhat und was er tun wird. Sie verspricht Gott. Sie müßte in Parrhesia (Freimütigkeit) und Eleutheria (Freiheit) ergehen; denn diese sind Kennzeichen der Hoffnung.

Aber nun fehlen diese Merkmale bei unserer Predigt gerade da, wo wir von dem sprechen, was wir erwarten. Freimütigkeit und Freiheit gehen da verloren, wo man sich biblizistisch an den Buchstaben hält und wo man sich den Zwängen der Philosophie ausliefert. Hat man aber keine Freiheit zu sagen, was der Retter tun wird, wagt man die Zukunft Christi nicht zu proklamieren, so rückt das menschliche Tun um so mehr in den Vordergrund. Verliert man den Mut zu Christi Zukunft, muß man den Hörer gesetzlich überfordern. Verstummt die Botschaft von der Parusie, ergreift die Gesetzlichkeit das Wort.

Die Gefangenschaft in der Gesetzlichkeit entspricht einer solchen im hergebrachten Kirchentum wie in den gewordenen gesellschaftlichen Verhältnissen. Die Sprache der Verheißungen stellt das, was in Kirche und Gesellschaft ist, in Frage. Wären Kirche und Gesellschaft fraglos und vollkommen, blieben die Verheißungen überflüssig. Verheißung aber verweist auf die Veränderbarkeit von Kirche und Welt. – Nun hat auch die Predigt der Verheißung erinnernden Charakter. Sie ist ein ständiges Erinnern an die Zukunft und verwehrt ein dauerndes Sich-Niederlassen in den Gegebenheiten und Versicherungen dieser Welt. Der revolutionäre Elan der Christen geht verloren, wo die Sprache der

Verheißungen ins Stocken gerät und ihr die Parrhesia und Eleutheria abhanden kommen. Die Predigt, die die Verheißungen vergißt, dient zur Stützung bestehender Herrschaftsstrukturen. Statt der Macht des kommenden Gottes dient sie den Machthabern der vergehenden Welt. Das Reich Gottes wird dann zu einem immerwährenden Jenseits, das nie kommt. Statt auf die Vollendung des Reiches ist man auf eigene Vollständigkeit aus. Hoffnung aber befreit zu einem unvollständigen Reden, das für die Zukunft offenbleibt.

II

Die Kooperation von Gott und Mensch hinsichtlich der Vollendung

Angesichts der Machbarkeit des Endes wie auch angesichts futurologischer Planbarkeit eines Paradieses wird die Frage nach dem Verhältnis von Gotteswerk und Menschenwerk hinsichtlich der Zukunft akut, Dieses Verhältnis wurde schon durch den Begriff der »theonomen Reziprozität« umschrieben (vgl. § 4/II). Wer sich anschickt, unserer Zeit die Zukunft Christi anzusagen, und wer dieses Ansagen bedenkt, wird das Verhältnis von Gotteswerk und Menschenwerk nun in Richtung auf die anzusagende Zukunft zu bedenken haben.

Zunächst ist festzustellen, daß das Nichtwissen von Zeit und Stunde der Parusie betont wird. Die Stunde des kommenden Reiches ist ausschließlich Sache des Vaters, gehört in seinen Machtbereich (Apg 1,7), das will sagen, die Zukunft Christi bleibt für uns unverfügbar. Darum wird gegenüber aller futurologischen Hybris die futurische Souveränität Gottes zu behaupten sein. Die Botschaft vom kommenden Retter besagt, daß auch der künftige Mensch nicht sein eigener Erretter sein wird. – Nur sollte man hier keiner voreiligen Orthodoxie huldigen! Man sollte nicht verkennen, daß Gott seine Zukunft dem Menschen zur Verfügung stellt, obwohl sie unverfügbar bleibt. Dieses Paradox meint, daß die Unverfügbarkeit der Zukunft dialektisch zu verstehen ist.

Für den Prediger scheinen hier zunächst zwei Überlegungen wichtig und nötig zu sein: Einmal wird im Vater-Unser die Bitte um das Kommen des Reiches in die Gebetsvorlage Jesu aufgenommen (Mt 6,9f). Die Zukunft des Reiches wird mit dem Gebet der Christen und also mit einem menschlichen Tun zusammengebracht. Dieser Sachverhalt scheint mir in der systematischen Überlegung sowohl des Gebetes wie der Eschatologie noch nicht genügend bedacht. Will man das Gebet nicht einfach in den Bereich seelischer Hygiene verweisen, verzichtet man nicht von vornherein in der Nachfolge Schleiermachers auf die Erhörlichkeit des Bittgebetes, erhebt sich die Frage, ob Gott seine Zukunft hier nicht abhängig mache vom Beten der Jünger, abhängig unter dem Vorbehalt der Erhörung. Die Kenosis (Entäußerung) scheint darin ihre äußerste Zuspitzung zu erhalten: Gott wird nicht nur Mensch, er liefert sogar seine Zukunft den Menschen aus! Dies ist die letzte Konsequenz der Geistausgießung. Mit der Gabe des Geistes beteiligt Gott den Menschen an seiner Zukunft.

Gehört zum Gebet die Predigt, stellt diese die nach außen gekehrte Seite des Gebetes dar, so ist für die Evangeliumsverkündigung eine gewisse Analogie zu erwarten. In der Tat scheinen Mt 6,9 und 24,14 einander zu entsprechen. Der Bitte um das Kommen des Reiches steht gegenüber die Verknüpfung der Evangeliumsverkündigung in aller Welt mit dem »Ende«, d. h. wohl mit der Parusie (Gerhard Delling, ThW VIII,56). – Auch wenn Matthäus gegenüber Markus 13,10 das »zuerst« und das »muß« streicht, wird der Evangelist wohl nicht der Meinung sein, daß die Evangeliumsverkündigung nur ein Füllsel wäre für die Zeit zwischen Auferstehung und Parusie. Die Evangeliumspredigt in aller Welt und die Bitte ums Reich sind nicht voneinander ablösbar: Wer um das Reich betet, geht schon ein in dessen Zukunft. Wer das Evangelium predigt, begibt sich in die Zukunft Christi hinein.

Daß die Evangeliumspredigt zur Endzeit gehört, wird nicht auf Widerspruch stoßen. Nur ist zu sehen, daß die Wirkung hier eine wechselweise ist, daß die Predigt nicht nur Vorgabe des Endes darstellt, sondern als solche auf das Ende hinwirkt. Wäre es anders, hätte sie mit dem Gebet nichts zu tun.

So eilt Paulus als Heidenmissionar durch alle Welt auf das Ende hin. Wie sehr er mit seiner Predigt die Heilsgeschichte stimuliert, lehrt ein Blick auf Röm 11,11–16. Die Heidenpredigt soll Israel zur Nacheiferung reizen, und die Bekehrung Israels soll die Auferstehung der Toten bringen. Bildet die Nähe der Parusie einen Motor für das apostolische Reisen, stimuliert seine Predigt ihrerseits die Parusie. – Indem wir die Bitte ums Reich und die Predigt auf die Parusie hin parallel sehen, verstehen wir die Beteiligung des Menschen dialektisch und als Paradox. Die souveräne Macht und Tat Gottes und das Tun des Menschen schließen einander nicht aus. Hier besteht eine Widerspruchseinheit. Der 2. Petrusbrief scheint diese Dialektik erkannt zu haben, indem er in einem Atemzug vom Erwarten und Beschleunigen des Tages Gottes spricht (3,12). Gemäß der »theonomen Reziprozität«, gemäß der Partnerschaft zwischen Gott und Mensch wird der Mensch am Kommen des Tages Gottes beteiligt, wird der Tag Gottes gewisserweise auch zum Tag des Menschen. In dieser Sicht gewinnt das gern diskutierte Problem der Parusieverzögerung einen überraschend neuen Aspekt. Möglicherweise ist es nicht so, daß wir der Parusieverzögerung wegen die Parusie nicht predigen können, wohl aber so, daß es unserer Predigt wegen nicht zur Parusie kommen kann!

Wir nehmen damit einen Gedanken von *Johann Christoph Blumhardt* auf, der es verdient, bedacht und weitergeführt zu werden. Blumhardt war ein wahrhaft konsequenter Eschatologe:»»Es ist vollbracht‹, sagt der Herr am Kreuze; und von einem Verzuge kann gar nicht die Rede sein ... Sein Sieg mit Seinem Sterben ist so vollständig, daß es gleichsam nur noch eines Aufräumens auf dem Schlachtfelde, daß ich so sage, bedarf. Möglicherweise hätte das in ganz kurzer Zeit geschehen können. Zur Aufräumung aber gehört die Benützung des Sieges auf Seiten der Christen« (123f, vgl. dazu *Rudolf Bohren,* Das Unser Vater – heute, 1963³, 41ff; zur theologischen Klärung des hier verhandelten Problems vgl. *Ernst Wolf,* Sola gratia? Erwägungen zu einer kontroverstheologischen Formel, in: Peregrinatio I, 1954, 113ff).

Beten und Predigen gehören sicherlich primär zum Benutzen des Sieges, insofern beides in Jesu Namen geschieht. Würde man aber hier das Tun bloß aufs Verbale und gar Religiöse beschränken wollen, könnte gerade von einem *Benutzen* des Sieges nicht die Rede sein. – Versucht man aber, den Blumhardtschen Gedanken nach-zudenken, ohne daß man sie gemäß einem theologischen Vorurteil zum vornherein verwirft, mag es geschehen, daß sich ein neuer Weg zum Predigen der Parusie eröffnet, auf dem die Hoffnung ihre Sprache findet. Daß dann ein Postulat einer»»produktiven‹ und kritischen Eschatologie« (Metz) aufgenommen werden kann, mag hier am Rande Erwähnung finden. Was aber bedeutet diese Sicht, wonach das Beten und die Evangeliumsverkündigung auf die Parusie hin geschehen? Es setzt doch voraus, daß die Beter, Prediger und Hörer selbst zum Wunder werden, zu endzeitlichen Zeichen (vgl. § 14/III).

III

Das Problem der Naherwartung

Den kommenden Retter (und Richter) predigen, heißt den Nahen predigen. Eine Zukunft Christi in der Ferne hat wenig Relevanz. Vielleicht hängt das Versiegen der Predigt vom kommenden Christus damit zusammen, daß die apokalyptische Naherwartung in heilsgeschichtliche Fernerwartung umgebogen wurde. Kann sich Zeit dehnen und kürzen, dürfen Nähe und Ferne keine statischen Begriffe bilden; dann kann Nähe wiederkehren oder verloren gehen. So gibt es im Neuen Testament offensichtlich nicht nur Naherwartung. Wir behandeln hier nicht systematisch das Problem der Nähe und Ferne, wir sprechen praktisch von dem, was fehlt, von einem Fehlen, das ein Fehler ist.

Man kann diese Nähe pneumatologisch begründen. Im Geist ist der Kommende schon da. Im Geist ist das Reich real präsent. Der Geist ist Erstlingsgabe (Röm 8,23) und Angeld des Künftigen (2Kor 1,22; Eph 1,14). Wo Geist geistet, vollendet sich die Vollendung. Da ist Nähe. – Wo Geist geistet, schenkt er Liebe. Und die Liebe ist stärker als die Zeit, nicht nur daß sie »bleibt«, sie eilt der Zeit voraus, überrundet die Zeit. Wenn die Liebe stark ist wie der Tod (Hhld 8,6), meistert sie die Zeit. Ihr eignet Macht und Zukunft. In der Kraft der Liebe ist immer Nähe gegeben. Wen ich liebe, erwarte ich auf bald. Wer Christus liebt, mag über die Ferne klagen, und schon damit wird er sie in seine Nähe rücken. Aber es wird dann eben die Nähe der Ferne sein! Wo die Liebe die Zeit überholt und Zukünftiges vergegenwärtigt, bleibt ein Hauch von Unwirklichkeit und ein Atem des Noch-Nicht. Der Liebende wird sich darum mit seiner Naherwartung nicht zufriedengeben, es sei denn, seine Liebe sei ihm selbst genug. Die Naherwartung wird Erwartung bleiben, es sei denn, er liebe vor allem seine Liebe.

Solche andeutenden Überlegungen mögen zeigen, daß Naherwartung sich nicht einfach nur mit der Kürze eines linearen Zeitabschnittes erklären läßt, daß sie also nicht nur von der Apokalyptik her zu deuten ist. Andrerseits darf offensichtlich die Dimension der Zeit nicht fehlen. Weil es keine Wirklichkeit und keine Welt gibt ohne Zeit, kann die Predigt nicht von linearer Zeit abstrahieren, es sei denn, sie verliere Wirklichkeit und Welt. In dem Maße, wie der Horizont zukünftiger Welt verblaßt, schwindet oftmals auch der Horizont gegenwärtiger Welt.

Dieser Sachverhalt wird möglicherweise am besten deutlich am Beispiel der *Advents-predigt.* Wir verweisen zunächst auf eine Adventspredigt von *Willi Marxsen* (Predigten, o.J.), meinend, daß sie in ihrer theologischen Aussage repräsentativ sein könnte für eine heute weitverbreitete Art von Adventspredigt. So heißt es zu Lk 21,25–33: »Das alte Evangelium dieses Sonntags redet vom Warten. Eben damit ist es ein Adventstext« (123). Dieses Warten wird sofort als »Warten auf Weihnachten« verstanden, das wir uns freilich ganz anders vorstellen: »Selbst wenn man uns nun darauf hinweisen sollte, daß der zweite Advent von alters her unter dem Zeichen des kommenden, des wiederkommenden Erlösers steht, könnten wir darauf antworten: Auf den Gekommenen können wir ja auch gar nicht warten; denn der war ja da. Warten können wir immer nur auf den Kommenden. Können wir jedoch so warten, wie Lukas das hier schreibt« (123f)? – Offensichtlich nicht. Lukas lebte in einer Zeit, »in der die christliche Gemeinde das Warten lernen mußte« (124). Die Parusie blieb aus, die Kirche bekam Zeit und stand nun mit diesem Zeit-Geschenk vor der Frage: »Was fangen wir mit dieser Zeit an, mit dieser Warte-Zeit« (125)? Ist es möglich bei der Dehnung der Zeit, »die Gegenwart als angebrochene Heilszeit zu leben ...« (125)? Diese Frage wird zur Frage an den Hörer, ob wir daran gedacht haben, »daß diese Zeit ein Geschenk Gottes ist, daß wir als Christen sie nicht nur als Arbeits- oder Ruhezeit, sondern zugleich auch immer als Zeit des schon angebrochenen Heiles leben sollten« (126)? Das Anliegen des Lukas bestand darin, »nicht aus der Zeit das Heil zu verlieren« (126). Wie er sein Anliegen durchführt, brauchen wir ihm nicht nachzumachen; denn er hat sich in den Zeichen der Zeit getäuscht. Die Frage bleibt: »Halten wir die angebrochene Erlösung durch« (127)? Die von Lukas als Zeichen der Endzeit deklarierten Bedrängnisse werden vom Prediger im Privaten gesehen: »Wie ist es denn, wenn unser Leben uns nicht gedankt wird? Wie oft sind wir bereit zur Vergebung? ... Wo gibt es bei uns das Aufheben unserer Häupter, wenn uns das Christ-Sein sauer wird? Wo gibt es bei uns das Wissen, daß sich unsere Erlösung doch naht – und daß es sich darum lohnt, sie jetzt schon zu leben« (127)? – Moralische Appelle sind sinnlos; aber die Frage nach unserem Versagen muß gestellt werden: »Liegt es nicht daran, daß das geschenkte, angebrochene Heil keine Wirklichkeit in unserem Leben ist? ... Liegt es nicht daran, daß wir Jesus aus unserem Leben verloren haben, ihn, der vor 2000 Jahren lebte und mit dessen

Kommen wir ja doch kaum sobald rechnen« (128)? Lukas aber ging es darum, daß Jesus in der Wartezeit nicht zur Randfigur wurde, sondern im Leben drin blieb. »Und hier bekommt nun die Adventszeit ihren Sinn. Sie möchte uns einladen, die Türen unseres Herzens aufzumachen, daß Jesus hineinkommt . . . Jesus will kommen. Er steht vor der Tür. Das ist ganz gewiß. Himmel und Erde werden vergehen, aber seine Worte nicht« (128). Dieses Kommen Jesu aber ist nicht die Parusie, wer kommt, ist nicht der Weltenrichter und der Weltheiland, sondern der Heiland der Seele. »Wir können das als Einladung verstehen, ihn nun in dieser Adventszeit in unser Leben hineinzunehmen. Wir können das als sein Angebot verstehen: Ach, versucht es doch einmal wieder, mit mir zu leben, mehr mit mir zu leben, als ihr es sonst tut. Es lohnt sich doch« (128f). Das Kommen Jesu beschränkt sich auf die Innerlichkeit des Einzelnen und auf den Raum der Ich-Du-Beziehung: »Die Nächsten der Christen müßten erlöster aussehen.‹ Das wäre Advent. Das wäre recht erfüllte Wartezeit, wenn der, der mit uns geht, durch uns zu unseren Nächsten kommt. Wenn er bei ihnen ankommt und ihre Gesichter dann künden: Du hast ihn uns gebracht« (129).

Dem Prediger geht es hier offensichtlich nicht um die Nähe der Parusie; aus einer prophetischen Trostrede macht er eine seelsorgerliche Mahnrede: Die Gegenwart soll als Heilszeit gelebt werden. Das Heil ist da und harrt der Verwirklichung! Das Kommen Christi hängt wohl am individuellen Aufmachen der Herzenstür. Traditionelle pietistische Predigtinhalte verknüpfen sich mit einem Zeichenverzicht im Namen historischer Vernunft. Die zeitliche Dimension der Nähe Jesu tritt zurück, die weltweiten Zeichen endzeitlicher Drangsal und kommender Erlösung werden zu überwindbaren Hindernissen oder Widerlichkeiten – wie z.B. Undankbarkeit unserer Lieben. Die Erlösung bedarf eigentlich nur der Verwirklichung durch den einzelnen. – Es scheint ein Zusammenhang zu bestehen zwischen der Akzentuierung des Präsens vor dem Futurum, einem kräftigen Synergismus (wohl zu unterscheiden von dem von uns intendierten Gedanken der cooperatio) und einer Gesetzlichkeit, einem Drängen auf Verwirklichung des Heils. – Ähnliche Motive finden sich auch in der zweiten Adventspredigt Marxsens über Röm 13,11–14. Wohl geht es dem kommenden Heil und seiner Vollendung entgegen; aber das Heil kommt uns schon entgegen. »Schlicht gesagt: Advent heißt nun nicht mehr: Ihr habt noch etwas Zeit. Sondern Advent heißt: Jetzt ist es soweit« (134)! Auch hier geht es um das Hineinnehmen Jesu ins Menschenleben: »Es soll einmal ganz heil werden; fang darum *nun* das Heilmachen an. Dann ist mein Advent, dann ist meine Ankunft bei euch Wirklichkeit« (140). – Wir haben Predigten vor uns, bei denen die Ansage der Heilsgegenwart die der Heilszukunft gleichsam verschlingt. Gleichzeitig wird das menschliche Tun akzentuiert, das Tun des kommenden Christus tritt demgegenüber in den Hintergrund. Die Intention des Verfassers, die Gegenwart des Heils anzusagen, ist durchaus legitim. Die Frage aber wäre zu stellen, welchen Preis er in der Verfolgung seiner Tendenz bezahlt. Insbesondere erhebt sich die Frage, ob der Jesus, den der Prediger verkündigt, noch identisch ist mit dem, der uns von den Evangelisten genannt wird. Fragt man aber nach dem politischen Effekt solcher Predigt, erweist er sich als Stabilisierung des Zuständlichen. Wird die Verheißung der Adventsbotschaft vor die Herzenstür gesetzt, bleibt sie für die Gesellschaft »draußen vor der Tür«, d. h. irrelevant.

Kann und darf man auf die Naherwartung und damit auf die Registrierung von Zeichen dieser Nähe verzichten, darf man es tun mit dem Argument, daß diese Zeichen getrogen haben, trügen können und trügen werden? Denkt hier die historische Vernunft wirklich vernünftig, oder macht sie sich die Sache nicht ein wenig zu leicht? Setzt eine solche Sicht der Parusieverzögerung nicht einen deistischen Gottesbegriff voraus, sei es, daß man annimmt, der Vater habe in seiner Macht die Stunde längst festgesetzt und nun laufe die Weltgeschichte mehr oder weniger gottlos und vor allem eigengesetzlich ihrem Ziel zu, sei es, daß man die Zukunft überhaupt im Nebel denkt, so daß die Zukunft des Heils sich auflöst in lauter Individualgeschichte persönlicher Aneignung? Verdrängt man mit Umakzentuierungen von Naherwartungen auf Fernerwartung, von Zukunft auf Gegenwart, von Welterlösung auf individuelle Erlösung nicht die Qual der noch unerlösten Kreatur und das Leiden an der Welt? Es scheint, als ob es auch in dieser Hinsicht eine Unfähigkeit gebe, zu trauern um den immer noch nicht erschienenen Herrn. Marxsen deutet diese Trauer an im historischen Rückblick auf Lukas (125); in einer privatisierten Religion aber mit dem Heiland vor der Herzenstür hat diese Trauer keinen Platz. Die Märtyrer unter dem Altar fragen nicht mehr: Herr, wie lange noch?

Die Hoffnung verliert dann ihre Sprache. – Wenn aber Freimütigkeit und Freiheit Kennzeichen der Hoffnung sind, müßte diese doch wohl den Mut und die Freiheit zum Zeichen finden. Hat die Parusie Christi Weltbedeutung, wird sein Kommen Schatten vorauswerfen; dann wird der Glaube sich den Zeichen zuwenden, die die Hoffnung entdeckt. Die Gefahr des Irrens scheint hier weniger tödlich zu sein als eine Irrtumslosigkeit, die blind ist für die Zeichen der Hoffnung.

Es lohnt sich, in diesem Zusammenhang auf *Luther* zurückzublenden. Seine eschatologischen Aussagen tragen gegenüber den heutigen Predigten sozusagen schwärmerische Züge. Würde heute jemand über die Zukunft Christi, über den jüngsten Tag predigen wie Luther predigte, würde ihm sicherlich – und vielleicht von Trägern des Lutherrokkes – bescheinigt, er wäre ein Schwärmer. Ähnlichkeit mit Luthers Predigt würde heute womöglich eher in Gemeinschaften als in lutherischer Rechtgläubigkeit zu finden sein! – Eine glühende Naherwartung und das Bewußtsein, im Anbruch der letzten Zeit zu leben, kennzeichnet diese Predigt; die Zeichen sind allenthalben sichtbar, weil er die Nähe der Parusie glaubt, und er glaubt die Nähe der Parusie, weil er die Zeichen sieht. Lk 21,25–33 ist vor seinen Augen unmittelbare Gegenwart und anhebende Zukunft (WA 10,I,2, 93ff, vgl. Mülhaupt III, 353ff). Zunächst betont er, daß die Zeichen des jüngsten Tages, »obwohl sie mannigfaltig und groß sind, dennoch so vollbracht werden, daß niemand oder gar wenige sie beachten und für solche Zeichen halten werden« (353). Wenn er, Luther, die Zeichen der Zeit erkennt, betont er die Subjektivität seiner Sicht. Hier spricht Parrhesia und Eleutheria, Freimütigkeit und Freiheit: »Ich will niemand zwingen noch dringen, mir zu glauben. Ich will mirs aber auch von niemand nehmen lassen, daß ich dafür halte, der jüngste Tag sei nicht fern. Dazu bewegen mich eben diese Zeichen und Worte Christi« (355). Man muß schon selber nachlesen, wie Luther die Welt sieht und deutet angesichts der Nähe der Parusie! Er entwirft ein Kolossalgemälde von bestürzender Fülle, das in seiner Mannigfaltigkeit die Nähe des kommenden Christus markiert. Die Beobachtung, daß bei Luther allerlei Zeitstimmung mitschwingt, daß auch etwa der Volksaberglaube sich melden mag, spricht nicht unbedingt gegen seine Verkündigung, vermag vor allem nicht zu bestreiten, daß hier ein prophetischer Impetus die Sprache bewegt, der Geschichte machte. Der Hinweis auf das Zeitbedingte in Luthers Anschauungen unterstreicht nur das Beispielhafte dieser Predigt; auch wir können nur zeitbedingt den kommenden Christus predigen! Die etwas nörgelnde Feststellung, daß Luther sich in seiner Deutung der Zeichen geirrt habe, könnte sich möglicherweise als Torheit erweisen, wenn einmal die Bewegung des Reiches Gottes und die Dynamik seines Kommens erkannt würde. Da uns die Geschichte seines Kommens noch verborgen ist, wäre es vernünftig, hier im Austeilen von Zensuren Vorsicht walten zu lassen.

Diese Predigt sieht in vorbildlicher Weise die Welt im Licht des kommenden Christus. Luthers Predigt ist so nicht repetierbar; allerdings bleibt uns die Aufgabe, die Nähe an den Zeichen der Zeit anzusagen. Von Luther her wäre zu fragen, ob wir es uns denn leisten können, uns den Zeichen der Nähe zu verschließen, ob wir hier nicht vielmehr das Wagnis des Irrens auf uns nehmen müßten, um die Sprache der Hoffnung zu finden? Hier mit Luther zu irren, wäre immer noch weiser, als ihn mit seinen Kritikern zu kritisieren:

»Und wenn die Zeichen auch ungewiß wären, so laufen doch die keine Gefahr, die sie für gewiß halten, wohl aber die, die sie verachten. Darum laßt uns aufs Gewisse setzen und die obgenannten Zeichen für die rechten halten, damit wir nicht mit den Geistlosen anlaufen: fehlen wir, so haben wirs doch getroffen, fehlen aber die andern, so wirds gefehlt mit ihnen bleiben« (368).

Die Kritik an der Zeichen-Gläubigkeit verkennt m.E. das Wesen eines Zeichens der Nähe. Das Zeichen, das Zukunft signalisiert, ist einer Schrift vergleichbar, die einmal aufleuchtet und alsbald wieder verblaßt. Sie hat ihr Licht vom Kommenden her. Sie macht sichtbar, spricht eine Sprache, die ihren Sinn von der Zukunft Christi hat. So werden Ereignisse für den Glauben und die Hoffnung sprechend. Sie informieren als Zeichen der Zukunft. Es gehört zu ihrem Wesen, daß ihnen keine Dauer eignet (vgl. § 10/III). Würden sie zu Buchstaben erstarren, wären sie schon nicht mehr, was sie sein wollen. Sie sind nie absolut, sie sind grundsätzlich überholbar. Sie sind das Gegenteil von einem eigenen Stand-Bild etwa eines Königs der Vergangenheit, das für die Dauer errichtet wird. Ein Vor-Zeichen des Kommenden steht nicht, es geht, und es weht vorüber. Das Denkmal repräsentiert Vergangenheit, das Vor-Zeichen macht dem Künftigen Platz. Darum ist es so vergänglich, wahr nur in dem Augenblick, da es spricht. Das Vor-Zeichen spricht die zarteste Sprache. Diese zarteste Sprache erweckt im Nachhinein den Eindruck, als würde sie immer wieder irren; ein solcher Eindruck aber wäre erst recht ein Irrtum, weil er den besondern Charakter des Zeichens verkennt: Wenn man so will, müssen die Zeichen »irren«. Ihre Vorläufigkeit ist ihr »Irrtum«. So irren sie zur Parusie hin. Ich will damit sagen: Die Schrift der Zeichen ist nur für den Glauben und die Hoffnung entzifferbar. Ihre Wahrheit ist verborgen und gilt nur für das Heute. Im Ereignis der Prophetie tritt ihre Wahrheit zu Tage.

Ein Prediger der Naherwartung war im 19. Jahrhundert *Johann Christoph Blumhardt*. In einer Reformationsfestpredigt von 1879 übernimmt er die eschatologische Sicht der Reformation. Nach Gottes Absicht war der Hauptzweck der Reformation nicht eine »gereinigte christliche Anschauung oder Religion oder Konfession« (Ausgew. Schr. II, 203), sondern eine Vorbereitung zur Zukunft des Herrn. Blumhardt versteht die Reformation nicht partiell und konfessionell, sondern »als ein Vorbild von einer Erneuerung in geistlicher Hinsicht, die durch die ganze Welt sich erstrecken muß, von dem

Aufgang des Lichts und der Herrlichkeit Gottes über alle Völker der Erde zu deren Wiederbelebung in ein neues göttliches Leben herein« (203). – Blumhardt sieht klar, daß die Nähe zur Parusie wieder verloren ging: »Was man damals erwartete, hat sich wieder verzogen, und wohl zwei Jahrhunderte lang hat man gar nicht mehr an das Kommen des Herrn gedacht« (204). In drei Teilen spricht er nun darüber, wie sich erstens die Zukunft des Herrn in der Reformation anbahnte, wie sie zweitens sich nachher wieder verzögerte durch die Schuld der Christen, und wie es endlich drittens doch zu einer Vollendung kommen soll. In diesem dritten Teil betont er ebenfalls die Subjektivität seiner Sicht: »Endlich wird das Kommen des Herrn, wie es angebahnt ist in der Reformationszeit, trotz des Verzugs zur Vollendung kommen, zur vollendeten Tatsache werden . . . Da muß ich eben etwas sagen, was wenige hören wollen. Da stehe ich wieder mit dem, was meine Seele bewegt, und kann es nicht lassen, davon zu reden. Ich denke eben, kurz gesagt, an abermalige neue Erweisungen der Gotteskraft, an erneuerte Gottes- und Geisteskräfte, unter Anschließung an das, was in der Reformationszeit gegeben worden ist und geschehen ist. Was ich hoffe und wünsche, ist gar nichts anderes als was sie in der Zeit der Reformation gehofft, gewünscht und gewollt haben . . .« (213).

An Luther und Blumhardt mag deutlich werden, daß solche Naherwartung nicht einfach übernommen werden kann. Sie will nicht Schablone sein. Sie ist ebenso wenig wie der Glaube jedermanns Ding, sondern impliziert vielmehr Nachfolge. In ihr wird die Torheit des Kreuzes in der Dimension der Zukunft erfahren und gelebt.

So sagt *Christoph Blumhardt:* »Wenn man sagt: ›Er kommt bald!‹ und ist kein Kämpfer, kann die Trübsal nicht ausstehen und sieht nicht klar in die Zeiten hinein, wie die Sachen stehen, dann wird das Warten auf die Zukunft Jesu Christi fast etwas Langweiliges, und ist es dann besser, man ist ein wenig still davon. Das bloße In-den-Tag-hinein-Reden: ›Der Heiland kommt! ach wenn er nur käme!‹ – bloß damit einem dies und das nicht mehr weh täte – das hat keinen Stil. Stil hat es nur, wenn man ein bewährter Mann ist, der alles tragen kann, die Gegenwart mit ihrer ganzen sauren Arbeit auf sich nehmen kann und dann mit gutem Gewissen auch das Resultat einstreichen. So einer kann mit dem ›Bald‹ kommen. Deswegen sage ich – ich habe ein Recht es zu sagen –: Der Heiland kommt bald! Und er *wird* auch bald kommen! . . .« (Jesus ist Sieger, 1937, 205).

Der jüngere Blumhardt hatte Stil, war ein Grandseigneur und wurde Sozialdemokrat. Seine Naherwartung war also keineswegs rein passiv, sondern kam wohl einer »schöpferisch-kritischen Eschatologie« – wie sie J. B. Metz fordert – recht nahe. Christoph Blumhardt ist ein Beispiel dafür, daß Naherwartung keineswegs mit Quietismus gleichzusetzen ist. – Der Prediger wird konkret, wenn er als »ein bewährter Mann« in der Nachfolge steht. Wo der Prediger aus einem kirchlichen Mitläufer zum Nachfolger wird, macht er mit seiner Existenz eine Aussage auf den Kommenden hin, wird er selbst zeichenhaft, wird er dem Hörer zum Wunder (vgl. § 1). Sein Predigen tut die Nähe kund, abgesehen von einer Behauptung der Nähe. Ist die Nachfolge konkret, wird auch die Nähe des Kommenden konkret, werden auch seine Zeichen benannt und bekannt. Die Nachfolge schützt vor einer bloß spekulativen Zeichendeuterei. Sie lernt »ich« sagen und setzt mit dem Ich die Nähe. »Deswegen sage ich – ich habe ein Recht es zu sagen –: Der Heiland kommt bald.« In der Nachfolge lernt der Glaube die Zeit und die Welt sehen in der Perspektive der Zukunft Christi, wird er im Heute auch die Zeichen dieser Zukunft entdecken. Die Möglichkeit des Irrens in den Zeichen scheint das geringere Übel zu sein gegenüber der Gefahr, das Kommen Christi zu verkennen. »Und wenn die Zeichen auch ungewiß wären, so laufen doch die keine Gefahr, die sie für gewiß halten, wohl aber die, die sie verachten.«

IV

Die Gestalt der Freude

Hermann Volk, Art. Freude, HthGb I, 414ff, Lit. daselbst. – *Frederik J. J. Buytendijk*, Das erste Lächeln des Kindes, in: Das Menschliche, 1958, 101ff.

Der Kommende ist als Richter und Retter untrennbar einer; darum bilden Furcht und Freude eine Gestalt der Predigt. – Betonte ich im ersten Teil dieses Paragraphen den Mut zur Einseitigkeit (vgl. auch § 15/V), muß ich jetzt das Zueinander von Furcht und Freude bedenken. Auf den ersten Blick vertragen sich Furcht und Freude nicht, sie erscheinen vielmehr als Gegensätze. Bei näherem Zusehen aber ergänzen sie einander. Sie stehen füreinander, und ihre gegenseitige Funktion ist das Bewahren. So kann man wohl zwischen einer Gestalt der Furcht und einer Gestalt der Freude unterscheiden; aber man darf beide nicht trennen. Indem sie sich gegenseitig bewahren, neutralisieren sie einander nicht; man möchte vielmehr sagen, daß sie einander heiligen: Furcht ohne Freude würde verkennen, daß der Richter als Retter kommt.

Furcht ohne Freude wäre nicht der Weisheit Anfang, sondern deren Ende, sie würde gefrieren, erstarren. Freude ohne Furcht würde den Retter vom Richter trennen. Die Furcht bewahrt die Freude vor Übermut und hält damit die Freude rein. Die Furcht bewahrt die Freude vor der Eitelkeit, indessen die Freude die Furcht vor Verzweiflung schützt. So kann z.B. die Freude am gelungenen Werk dem Prediger alles verderben, weil sie ihn zur Selbstgefälligkeit verleitet.

Jeremias Gotthelf schildert im »Bauern-Spiegel« eine gewaltige Gerichtspredigt, so daß die Gemeindeglieder zittern, bis des Pfarrers Uhr die bestimmte Minute anzeigt und das Schluchzen verstummt, »und der Pfarrer nahm eine Prise Tabak mit Zufriedenheit, und die Weiber boten einander ihre Schnupfdrucken mit Behaglichkeit und sprachen: ›Das war doch schön, dä chas!‹« (der kanns R. B.; Sämtl. Werke I, 1921, 156). Offenbar wurde hier ohne Furcht von dem Furchtbaren geredet; die Freude ist dann auch nicht eine Freude am Herrn, sondern wohl nur eine solche an sich selbst.

Andrerseits mag die Freude den Prediger vor der Verzweiflung vor dem eigenen Ungenügen zurückhalten, indem er sich bei allem Nichtkönnen der Gnade genügen läßt und mit leeren Händen ein vergnügter Mensch bleibt, der auf das Schenken Gottes hofft.

Schon die Weisheit Israels sieht Furcht und Freude geschwisterlich zusammen. So im 119. Psalm. Der gleiche Mann kann sagen: »Mir schauert die Haut aus Furcht vor dir, und mir bangt vor deinen Gerichten« (120), und: »Ich freue mich über deine Satzung wie einer, der große Beute davonträgt« (162). Jesus Sirach definiert die Gottesfurcht geradezu als Glücksgefühl:

> Die Furcht des Herrn ist Ehre und Ruhm
> und Fröhlichkeit und Freudenkranz.
> Die Furcht des Herrn erquickt das Herz,
> sie schenkt Frohmut und Wonne und langes Leben (1, 11f).

Die Freude macht die Gottesfurcht schön, und die Furcht macht die Freude weise. Sie bewahrt die Freude vor Torheit, vor Überanstrengung, die denn auch allzuleicht ermüdet und in Resignation umschlägt. So sorgt die Furcht dafür, daß die Freude bleibt.

Verstehen wir Furcht und Freude als ein Zueinander, so muß ihr Besonderes bedacht werden. Es hat den Anschein, als ob die Furcht die Mutter der Freude wäre; sie wird als die Schenkende betrachtet. Die Furcht gebiert Freude, schenkt Freude, »die Furcht des Herrn erquickt das Herz«. Sie ist Anfang, die Freude Ziel. So ist denn das Reich Gottes – nach Röm 14,17 – nicht Furcht, sondern Freude im Heiligen Geist. Wobei wir sofort erklären müssen, daß solche Antithetik vergröbert, weil ja die Freude Furcht nicht ausschließt; die Antithetik aber hat ihr Recht, weil der Freude die Zukunft gehört. Paulus sieht die Freude darum nicht so sehr als eine Frucht der Furcht, sondern vielmehr als Frucht des Geistes (Gal 5,22). Sie wächst aus dem, was von Christi Zukunft schon da ist, und stärkt die Hoffnung auf das noch Ausstehende. In ihr kommt das kommende Reich zum Vorschein. Sie braucht der Prediger, wenn er den Kommenden verkünden soll. Was Paulus den Römern im allgemeinen wünscht, ist dem Prediger im besondern zu wünschen: »Der Gott der Hoffnung aber erfülle euch mit aller Freude und allem Frieden durch den Glauben, damit ihr reich seid in der Hoffnung durch die Kraft des Heiligen Geistes« (15,13).

Anmerkungsweise sei darauf verwiesen, daß möglicherweise die Beamtenexistenz des Pfarrers (vgl. § 23/I) in der Regel der Gemeinde den Blick dafür verstellt, daß sie ihrem Prediger die Freude zu besorgen hat. Der Gott der Hoffnung erfüllt die Christen und damit die Prediger in der Regel nicht vermittelst eines Blitzes durch Freude, vielmehr in der Kommunität der Brüder und Schwestern. Es ist nicht zu übersehen, daß im Kontext von Röm 15,13 die Stichworte »einander annehmen« (15,7) und »einander ermahnen« (15,14) vorkommen. Offensichtlich hat das Erfüllen »mit aller Freude« etwas mit den genannten Stichworten zu tun, die m.E. auf das Verhältnis Prediger-Gemeinde sich übersetzen lassen. Die Gemeinde ist auch darin beteiligt am Zustandekommen der Evangeliumspredigt, indem sie dem Prediger die Freude schenkt, damit er werden kann, was er ist: ein Freudenbote.

Die Freude des Predigers ist nicht Eigenprodukt, nicht eigene Leistung, auch wenn die apostolische Mahnung nachdrücklich zur Freude ruft. Im Vorschein des kommenden Reiches, in der Vorgabe des kommenden Reiches erscheint Zukunft als Gnade, und der Aufruf zur Freude mahnt dann, den Kommenden als im Geist und Wort real Präsenten zu erkennen. – Wie das erste Lächeln eines Kindes eine Reaktion sein mag auf das Nahen der Mutter, das ein erwachendes Erkennen signalisiert, so mag ein Lächeln auf dem Predigen liegen als Ausdruck erwachenden Erkennens. Wird der Kommende als der Nahe erkannt, blüht die Freude.

Die folgenden Sätze von *Buytendijk* mögen darum ein Gleichnis sein für das Predigen in der Gestalt der Freude: »Es gibt eine Gegenseitigkeit in der Antizipation der Freude, die sich beiderseitig im Lächeln spiegelt. Und weil der Mensch für die entdeckende Macht der sympathischen Zugeneigtheit eine unerschöpfliche Quelle des Glücks ist, sehen wir das gegenseitige Lächeln als den überzeugendsten Ausdruck der reinen Liebe an« (109).

Paulus aber spricht direkt und unverblümt: »Wir alle aber spiegeln mit aufgedecktem Angesicht die Herrlichkeit des Herrn wider« (2Kor 3,18). Von solcher Spiegelung sei der Prediger nicht ausgenommen, ihr Reflex wird Freude sein.

Solche Freude wird stilbildend wirken, wird den Nachrichtenwert des gepredigten Evangeliums vermehren. Sie deutet an, daß der Prediger selbst gehört hat, was er sagt. Zwar ist die Wahrheit der Frohbotschaft nicht abhängig vom Prediger, wohl aber ist der Hörer abhängig von der Art und Weise des Sagens. In dieser Hinsicht kann man behaupten, daß die Freude des Predigers der Frohbotschaft dient, ihre Wahrheit bekräftigt. Freude ist Macht. Vollmacht wächst aus der Freude. Parrhesia meint – nach der Deutung Schlatters von 1Tim 3,13 – »das von keiner Hemmung beengte, freudige Wort, sowohl in seinem Gebet als im Verkehr mit den Menschen« (Die Kirche der Griechen im Urteil des Paulus, 1936, 108).

V

Exkurs über den Humor

Jean Paul, Vorschule der Ästhetik, Sämmtl. Werke XVIII/XIX, 1841. – *Henri Bergson*, Das Lachen 1948². – *Okke Jager*, Die Bibel hat Humor – und wir? 1956. – *Karl Kraus*, Von Humor und Lyrik, in: Die Sprache, 1956³, 201ff. – *André Jolles*, Einfache Formen, 1958². – *Salcia Landmann*, Der jüdische Witz, 1960. – *Sigmund Freud*, Der Witz und seine Beziehung zum Unbewußten, GesW VI, 1961³. – *Hans von Campenhausen*, Ein Witz des Apostels Paulus und die Anfänge des christlichen Humors, in: Aus der Frühzeit des Christentums, 1963, 102ff. – *Ders.*, Christentum und Humor, ebd, 308ff (Lit.). – *Friedrich Dürrenmatt*, Theater – Schriften und Reden, 1966. – *Peter*

Rühmkorf, Über das Volksvermögen. Exkurs in den literarischen Untergrund, 1967. – Nach Abschluß der Arbeit erschien: *Horst Dietrich Preuss,* Verspottung fremder Religionen im Alten Testament, 1971.

Die Sprache der Hoffnung ist heiter und kennt auch den Humor. Da der Erhoffte Retter und Richter in einem ist, kann dieser Humor kaum humorig, möglicherweise aber grimmig sein. – Zunächst aber hat der Humor – wir fassen den Begriff hier weit – im Glauben und also auch in der Predigt Lebensrecht um der Menschlichkeit willen. Nicht nur irren, sondern auch lachen ist menschlich – glücklicherweise.

Samuel Beckett notiert in »Molloy« ein Gespräch über ein Huhn. Da sagt einer, Lachen »ist ein Kennzeichen des Menschen . . . Tiere lachen nie, sagte er . . . Nur wir finden das komisch, sagte ich nachdrücklich. Er dachte nach. Christus hat auch niemals gelacht, sagte er, soviel man weiß. Er sah mich an. Warum sollte er auch, sagte ich. Allerdings, sagte er. Wir lächelten uns traurig an.« Dann ist wieder vom Huhn die Rede.

Das Lachen ist ein Kennzeichen des Menschen, im Lachen unterscheidet er sich vom Huhn. Aber vom lachenden Jesus wissen wir nichts. Der wahre Mensch war offenbar kein Spaßmacher und der Heilige kein Humorist. Vielleicht darf man auch den feinen Unterschied in der apostolischen Mahnung beachten, wonach es gilt, mit den Weinenden zu weinen, nicht aber mit den Lachenden zu lachen, sondern mit den Freuenden sich zu freuen (Röm 12,15). Mit der Freude korrespondiert – biblisch gesprochen – eher das Lob als das Lachen. »Gott loben, das ist unser Amt«, nicht so sehr das Lachen.

Wir strapazieren den biblischen Tatbestand, wenn wir sagen: Im Lachen unterscheidet sich der Mensch vom Tier und von Jesus. Aber vielleicht vermag gerade solche Zuspitzung unser Problem zu erhellen, indem sie vor einer Verachtung wie vor einer Überbetonung des Humors in gleicher Weise schützt und auch der Eitelkeit wehrt, die sich des Humors bemächtigt, um damit »als Ausplauderer lustiger Selbstbehaglichkeit« (Jean Paul XVIII, 145) sich auf der Kanzel zu produzieren. Der Humor darf nicht zum Ruhm des Predigers dienen, sonst verrät er sich. – Wenn im Witz der Humor das Wort nimmt und seine Pointe findet, zeigt der jüdische Witz sich als Waffe des Schwachen und Unterdrückten. – Auch die untergründige Volks- und Kinderpoesie findet ihre Pointe darin, daß sie sich gegen die geltende Herrschaft wendet. Das Witzige erscheint als Waffe Unterdrückter. Dies mag charakteristisch sein für den Witz überhaupt: in ihm siegt ein Unterlegener. Vielleicht hat Macht es nicht nötig, witzig zu sein; Macht ist eher witzlos, und wo sie Witze macht, sind sie meistens übel.

Wenn es einen Humor gibt, der sich von den biblischen Quellen nährt, hat er offenbar etwas mit Kampf und Sieg von Unterdrückten, mit Streit und Gericht zu tun: nicht eben Galgenhumor, sondern Humor angesichts von Gegnerschaft. Der Humor bildet eine Waffe im heiligen Krieg. – Es wird für ein Bedenken von Witz und Humor in der

Predigt zu beachten sein, daß die frühe Kirche »den Witz nur im pole-
mischen Zusammenhang, als Waffe des Spottes und der Karikierung
des Gegners überhaupt kennt und duldet« (von Campenhausen, 105).

Der Humor als Haltung aber findet dort seine erste Ausprägung, wo
der Mönch der Welt absagt und es lernt, »innerlich zu wehklagen und
doch zugleich heiter zu lächeln« (Joh. Climacus, Scala par. 7, zit. nach
von Campenhausen, 107). Nicht das Mönchische als solches, sondern
das Leben auf Hoffnung im Mönchtum wird hier Wegzeichen sein. Angesichts des nahen Endes aller Dinge blüht ein Humor, der um das Vergehen der Gestalt dieser Welt weiß und der ein Ausdruck der Freiheit
ist. Das Hohe wird erniedrigt und das Niedrige erhöht. Die Perspektiven verschieben sich: Die alte Welt erscheint im Lichte der neuen Erde.
Die Götter wackeln, und der trügerische Schein dieser Welt verblaßt.
Weil aber die Götter im Wackeln meinen, sie würden fest stehn und weil
die vergehende Welt sich als allein wirklich versteht, verfällt sie dem
Spott Gottes. Auch die stärkste Macht dieser Welt, der Tod, bleibt hier
nicht ausgenommen. So hat Ostern in der Christenheit ein Gelächter erweckt. Die vom Tode Befreiten lachen und sollen etwas zu lachen haben, trotzdem sie noch unter der Unterdrückung des Todes leiden. Im
Spott wird die Entmachtung des Mächtigen sichtbar. Die Unterdrückten lachen über den Unterdrücker. »Ein Spott der Tod ist worden«
(Luther). Wohl hat er noch Macht; aber das Lachen der Gläubigen
setzt sich über diese Macht hinweg. »Der Feind zur Schau getragen /
heißt uns nun mehr ein Spott« (Benjamin Schmolck). Was im Lied der
Kirche noch nachklingt, muß in der Predigt neu Sprache gewinnen. Was
die Osterlieder intonieren, ist in der Tat weitgehend aus unsern Predigten verschwunden. Der Unfähigkeit zu lachen entspricht die Unfähigkeit zu trauern (vgl. § 12). Wenn unser Predigen den Auferstandenen
ernst nimmt, wird österliches Gelächter ertönen: – ein neues Lachen
und ein neues Lied!

Vielleicht darf man in dieser Hinsicht sagen: Die Umkehr zum Himmelreich eröffnet eine neue Optik, nicht zuletzt die des Humors, und im
Kampf um das Himmelreich wird auch der Spott zur Waffe, um die
Freiheit zu behaupten. Es ist nicht zu übersehen, daß in der wohl be-
rühmtesten Definition des Humors der eschatologische Bezug aufleuchtet.

»Der Humor, als das umgekehrte Erhabene, vernichtet nicht das Einzelne, sondern das
Endliche durch den Kontrast mit der Idee. Es gibt für ihn keine einzelne Thorheit, keine Thoren, sondern nur Thorheit und eine tolle Welt – er hebt – ungleich dem gemeinen Spaßmacher mit seinen Seitenhieben – keine einzelne Narrheit heraus, sondern er
erniedrigt das Große, aber ungleich der Parodie – um ihm das Kleine, und erhöhet das
Kleine, aber ungleich der Ironie – um ihm das Große an die Seite zu setzen und so beide zu vernichten, weil vor der Unendlichkeit alles gleich ist und Nichts« (*Jean Paul*
XVIII, 142).

An die Stelle des kommenden Gottesreiches tritt hier die Unendlichkeit; man beachte die theologisch gefärbte Sprache, die von der vernichtenden oder unendlichen Idee des Humors spricht; man beachte aber auch die Distanzierung von der »alten Theologie«. Von Umkehr zum Himmelreich ist nicht die Rede, wohl aber, bezeichnend genug, von einer Art Himmelfahrt.

... »Wie Luther im schlimmen Sinn unsern Willen eine lex inversa nennt: so ist es der Humor im guten; und seine Höllenfahrt bahnet ihm die Himmelfahrt. Er gleicht dem Vogel Merops, welcher zwar dem Himmel den Schwanz zukehrt, aber doch in dieser Richtung in den Himmel auffliegt. Dieser Gaukler trinkt, auf dem Kopfe tanzend, den Nektar *hinaufwärts.*

Wenn der Mensch, wie die alte Theologie that, aus der überirdischen Welt auf die irdische herunter schauet: so zieht diese klein und eitel dahin; wenn er mit der kleinen, wie der Humor thut, die unendliche ausmisset und verknüpft: so entsteht jenes Lachen, worin noch ein Schmerz und eine Größe ist...« (147). – Später kann er im Anklang ans Neue Testament sagen: »Der Humor läßt uns werden wie die Kinder« (XIX, 358).

Im »Tractat vom Steppenwolf«, der »Nur für Verrückte« geschrieben wurde, nennt *Hermann Hesse* den Humor »ein drittes Reich« (Ges. Dichtungen IV, 239), »die herrliche Erfindung der zu ihrer Berufung zum Größten Gehemmten...«; dann aber wird der Humor als Lebensform einer eschatologischen Existenz im Anschluß an Paulus beschrieben: »In der Welt zu leben als sei es nicht die Welt, das Gesetz zu achten und doch über ihm zu stehen, zu besitzen, ›als besäße man nicht‹, zu verzichten, als sei es kein Verzicht – alle diese beliebten und oft formulierten Forderungen einer hohen Lebensweisheit ist einzig der Humor zu verwirklichen fähig« (240).

Man könnte den hier anvisierten Humor als Lebensvollzug säkularisierter Eschatologie bezeichnen, und wenn es viel dummes Lachen gibt, dann lächelt im Humor die Weisheit, die um die Relativität alles Irdischen weiß. Die glaubende Hoffnung stilisiert sich hier zur hohen »Lebensweisheit«.

Von den vielfältigen Aspekten, unter denen der Humor zu betrachten ist, sei einer noch besonders hervorgehoben, der der *Freiheit.* Im Humor äußert sich die Freiheit, sein Lachen befreit. Er gewährt – nach Jean Paul – »dem Menschen Freilassung« (XIX, 358), während André Jolles die These vertrat, daß durch den Witz etwas gelöst wird, »daß der Witz irgend etwas Gebundenes entbindet« (248). Besteht die Funktion des Witzes im Befreien, so ist er seinem Wesen nach selbst Freiheit.

Der Satz von *Friedrich Dürrenmatt* gilt auch für den Prediger: »Die Sprache der Freiheit in unserer Zeit ist der Humor, und sei es auch nur der Galgenhumor, denn diese Sprache setzt eine Überlegenheit voraus auch da, wo der Mensch, der sie spricht, unterlegen ist« (72).

Bildet der Humor die Sprache der Freiheit, entlarvt sein Spott alle usurpierte Macht dieser Erde. Der Flüsterwitz z.B. zweifelt an einer Macht, an der nicht gezweifelt werden darf, an der Macht der Tyrannis.

Nochmals ist *Friedrich Dürrenmatt* auch vom Prediger zu hören: »Die Tyrannen dieses Planeten werden durch die Werke der Dichter nicht gerührt (auch nicht durch die Predigten der Prediger, R. B.)... nur eines fürchten sie: ihren Spott« (128).

Aber nun ist der prophetische Spott aus der Gegenwartspredigt weithin entschwunden, die Sprache der Freiheit hat weitgehend der Sprache von Beamten Platz gemacht (vgl. § 23/I). Der Tod wird respektiert, ist nunmehr kein Spott. Die angepaßte Predigt wird humorlos.

Dem Postulat von *Pie Duployé* ist zuzustimmen: »Es geht darum, daß in der christlichen Predigt der Redefluß wieder ins Stocken kommt, ein Satz mißrät oder ganz danebengeht, es bei Andeutungen bleibt, manches Ungehobelte unterläuft, was seinen tiefen Grund hat; Humor und Streitlust müssen wieder zu spüren sein« (Rhetorik und Gotteswort, 1957, 21).

Die Predigt verbinde Aggression mit Humor! Paulus spricht von Kampfwaffen, die nicht fleischlich sind, »sondern mächtig im Dienste Gottes zur Zerstörung von Bollwerken, indem wir Erwägungen zerstören und jeden hohen Bau, der sich wider die Erkenntnis Gottes erhebt, und jeden (irrigen) Gedanken gefangenführen in den Gehorsam gegen Christus« (2Kor 10,4f). Spott und Humor können zu solchen Waffen werden. Nur ist zu sehen: Der Humor ist nicht als solcher schon geistlich, und der Witz ist nicht als Witz mächtig, die Kanzel schützt nicht vor faulem Witz. Wie aber Gal 5,12 zeigt, kann sogar ein blutiger Witz Waffe sein im apostolischen Krieg. Der Prediger gleicht darin dem Komödiendichter, daß er ohnmächtig ist; vermag er aber einzustimmen in das Lachen Gottes, erweist er sich in seiner Ohnmacht mächtiger als die Macht der Mächtigen! Predigt als Verheißung zielt auf den Tag, da Gottes Lachen offenbar wird. Der Glaube lacht gegen den Tod. So ist es kein Zufall, daß nach alter Sitte der Scherz in der Osterpredigt seinen Ort hat; und wenn hierbei oft allerhand Unsinn unterlief, war das möglicherweise immer noch sachgemäßer als eine humorlose Vergesetzlichung der Osterbotschaft in unseren Tagen. Zu Ostern gehört das Lachen (risus paschalis).

Ein Beispiel einer solchen Predigt aus der Gegenwart bietet *Eberhard Jüngel,* Die tödliche Blamage, Lk 24,1–6, in: Auferstehung heute gesagt. Osterpredigten der Gegenwart, 1970, 69ff. Er setzt dem Text eine Strophe eines Studentenliedes lustig gegenüber und thematisiert das Osterlachen.

»Der schlimmste Spott auf den Tod ist der Lobpreis des Lebens ...«, heißt es bei Jüngel (73). Ein gutes Lachen preist das Leben, vertreibt allen Modergeruch des Todes. In diesem Sinne signalisiert Humor auf der Kanzel Menschlichkeit, Solidarität. Er ist vor allem ein Kennzeichen volkstümlicher Predigt. Der Bezug zur Auferstehung bleibt freilich vielfach verborgen.

Johann Geiler von Kaisersberg (1445–1510) wäre hier zu nennen, *Martin Luther,* über dessen Predigthumor eine Untersuchung noch aussteht, ganz sicher *Ulrich Zwingli:* Eine Klageschrift des Chorherrn Konrad Hofmann zeigt, daß seine Gegner sich offenbar an seinem Witz und Spott auf der Kanzel geärgert haben.

Elvire Roeder von Diersburg, Komik und Humor bei Geiler von Kaisersberg, Germanische Studien H. 9, 1921; *Oscar Farner,* Huldrych Zwingli. Seine Verkündigung und ihre ersten Früchte, 1520–1525, 1954, 129ff: Der humoristische Einschlag. – *Fritz Schmidt-Clausing,* Zwinglis Humor, 1968.

Mit einiger Hinterlist wenden wir uns *Abraham a Santa Clara* (1644 bis 1709) zu, einem »Sprachereignis« besonderer Art, grundgelehrt und mirakelgläubig, Protestantenfresser und Antisemit, seit Luther wohl der sprachmächtigste Prediger, wenn auch an theologischem Gehalt eher ärmlich, kann seine Bedeutung für die Sprache nicht leicht überschätzt werden. Die Beispiele sind aus »Judas der Ertz-Schelm« (hg. v. Felix Bobertag, 1968²) entnommen, der zwar nicht wortwörtlich Predigten bietet, wohl aber als Predigtmaterial dienen will.

Das erste Beispiel mag eine Bekehrungspredigt charakterisieren. Gottes Tun wird an zwei Bildern beschrieben: »GOtt der HErr ist nicht ungleich einem Magnet, dann gleich wie diser wunderseltzam das harte Eysen ziehet, also ziehet der mildhertzigste Erlöser die harte Sünder zu sich« (20). – »GOtt ist wie der Aggstein, solcher ziecht durch verborgene Würckung an sich das Strohe. Nicht weniger ziehet GOtt der HErr an sich den Sünder, welcher dem unfruchtbaren Stroh gantz gleich, ja wol ein Stroh-Kopff selbst zu benambsen, als er umb ein geringes Affenspill der Welt so unweißlich das Ewige vertändlet; ohnzahlbar aber scheinen die Manieren, wordurch der Allmächtige das sündige Adams-Kind zu sich locket, und geschicht gar offt durch einige Traum, die er manchen Laster-Gemüth zuschicket« (21).

Das Bild vom »Aggstein« (Achat?), der Stroh an sich zieht, gibt Anlaß zu humoristischen Assoziationen: Sünder sind als »Stroh-Kopff zu benambsen«, damit wird die Sünde sofort als Torheit charakterisiert. Dann kommen drei Beispiele von Menschen, zu Gott gezogen; die Selige Margarita von Cortona, der Heilige Ignatius, der Gottselige Petrus Consalvus werden aufgeführt. Die Mittel der Bekehrung, die Gott braucht, sind merkwürdig: ein Hund, eine starke Verwundung am Fuß, ein »Koth-Lacken«; dann heißt es:

»Den Seeligen *Joannem* auß dem H. Orden *Francisci* hat GOtt durch die Schwein zu sich gezogen, dann als dieser ein vornehmer *Advocat* ware, und einmahl gesehen, wie daß einer die Schwein wolte in den Stall treiben, solche aber auff alle Weiß widerspenstig sich weigerten hineinzugehen, sagte der Hirt auß Unwillen, ey daß euch der Teuffel hineinführe wie die *Advocaten* in die Höll, kaum daß solche Wort vollendet, seynd die Säu Hauffenweiß hinein getrungen, und eine über die andere hinein geeylet, welches disen *Advocaten* dergestalten erschröckt, daß er von Stund an der Welt den Rucken gezeigt, und in den strengen Orden des H. *Francisci* getretten, ist also diser durch die Säue in den Schaaf-Stall GOttes kommen« (21f).

Der Bekehrungskatalog wird beschlossen durch eine längere Erzählung von einem mutwilligen Kleriker, den Gott durch die Würfel an sich zog; alsdann kommt eine neue Reihung von Geschichten, in denen Gott durch den Traum bekehrt. Einem barocken Schnörkel von Amüsierlichkeit wird ein Schnörkel von Merkwürdigkeiten entgegengesetzt.

Werden einmal durch die Fülle der Beispiele die beiden Bilder vom Magnet und Aggstein verdeutlicht, vermag gerade die Drastik, mit der vom »Seeligen Joannes« und vom Schwein erzählt wird, barocken Gemütern das Wundersame von Gottes Handeln deutlich zu machen. Die Hörer von Abrahams Predigt werden eine solche Story nicht allzuschnell vergessen! – Wenn Gottes Güte es ist, die zur Buße leitet, dann wird gerade die Bußpredigt den Humor nicht verachten!

Mit verräterischem Aufwand vermag er die Bosheit des Weibes zu schildern. So kann er etwa ausgehn von einer Beschreibung des Gewitters in der Obersteiermark, wo der Erdboden »sehr uneben« ist und der

Berge wegen die Sommergewitter besonders heftig; durch die Wirkungen des Echo wird ein »Donner-Knall« drei- und viermal verdoppelt. Nach dieser Naturschilderung heißt es:

»Ein böß Weib ist zwar kein Berg, sondern ein Thal, will sagen, ein Jammerthal, hat demnach solche Eygenschafften, wie der Bergen *Echo* in Ober-Steyr, ereygnet sich zuweilen ein rechtmässige Ursach, wessenthalben der Mann in ein kleine Ungedult gerathet, und etwann mit einem einigen unglaten Wort außbricht, da wird der zancklose *Echo* in dem Maul deß bösen Weibs nicht allein wider schlimm nachschreyen, sondern noch mit zehen giftigen Schmach-Worten verdopplen, das haist alsdann gedonnert, da gehet es hernachmal nicht anderst her, als wie in der Behausung deß *Tubalcain,* so laut H. Schrifft, der erste Schmid gewest, der in seiner ruessigen Hütten den gantzen Tag dergestalten gehammert auff dem Amboß, daß auch die Benachbarte ihre Ohren mit Baumwoll verstopfften, kein andere Beschaffenheit hat es in einem Hauß, allwo ein böses und zanckisches Weib wohnet, dann alldort hört man stäts das hammern und jammern, was Wunder, daß man nachgehends bey solchen Lust-Feuer wenig Ragget findet, wol aber gute Schläg etc.« (34f).

Der Witz ist ein doppelter: Einmal wird das »böse Weib« drastisch als »Thal« – als Jammertal dargestellt, das Echo aber ist so ausgebildet wie in der Obersteiermark! Die Übertreibung entschärft und mildert den Angriff auf das »böse Weib«, eine Übertreibung, die durch den Vergleich mit Tubalcain noch gesteigert wird. Später wird an sieben verschiedenen Frauennamen en détail geschildert, wie es »ein böß Weib« machen kann. Diese Schilderung bildet eine Art Abgesang auf den Witz mit dem Echo. Der Witz selber war eine Art »Donner-Knall« mit vervielfachendem Nachhall.

Würde sich der Witz auf den Vergleich mit dem Echo in der Steiermark beschränken, wäre er recht böse. Durch seine Verdoppelung und durch seinen Abgesang wird die Komik erhöht, der Witz gleichzeitig entschärft. – Wenn der Witz – nach Kuno Fischer – etwas Verborgenes oder Verstecktes hervorholen muß, dann jagt er hier durch Übersteigerung nach dem Verborgenen und Versteckten.

Ein ähnliches Vorgehen kann man in der Anrede an die Männer beobachten: eine übertriebene Häufung von Schimpfworten ergibt eine humorvolle Wirkung. Die Gescholtenen können dem Prediger nicht böse sein:

»Ihr Thumbs-Hirn, ihr Wetter-Hahn, ihr Tiger-Bruet, ihr Piffels-Arth, ihr Schlegl-Zweig, ihr Amboß-Brüder, ihr Kolbenspitzer, ihr Aesthobler, ihr Hackstöck, ihr Löwens-Gemüther, ja *ira in sinu stulti requiescit,* ihr unsinnige Narren, ihr *furiosi*sche Narren, ihr wilde Narren, ihr tolle Narren, ihr wüttende Narren, ihr Werff-Narren, ihr Schlag-Narren, ihr Stoß-Narren, ihr Hau-Narren, ihr Schelt-Narren, ihr Schrey-Narren, etc was Nutzen schöpfft ihr auß euern ungezahmten Zorn« (46).

Der Theologe wird zunächst geneigt sein, Drastik und Worthäufung des Abraham a Santa Clara als überholt abzutun; es gilt aber zu beachten, daß sich ähnliche Wortkaskaden auch in der neuesten deutschen Literatur finden. An Texten so verschiedenartiger Autoren wie Günther Grass, Hans Carl Artmann, Helmut Heißenbüttel und vieler anderer ließe sich ein ähnliches, wenn auch meist ein reflektierteres Verhältnis zur Sprache nachweisen. Die Sprache wird durchgespielt; indem sich der Prediger der Sprache überläßt, kommt zum Vorschein: »ihr Werff-Narren, ihr Schlag-Narren, ihr Stoß-Narren, ihr Hau-Narren«. Es wäre ein leichtes, solche »Predigttexte« von Abraham a Santa Clara mit Texten zeitgenössischer Autoren zu konfrontieren, um darzutun, wie zeitgemäß unser Prediger heute wieder ist.

Bei *Peter Handke* begegnet uns – wenn auch kein Donnerknall – ein spätes Echo auf unsern Prediger. Im Vorspiel seiner »Publikumsbeschimpfung« heißt es: »*Ihr Fratzen, ihr Kasperl, ihr Glotzaugen, ihr Jammergestalten, ihr Ohrfeigengesichter, ihr Schießbudenfiguren, ihr Maulaffenfeilhalter*« (1968⁵, 13).

Bei aller Verschiedenheit zu Abraham bleibt hier wie dort das Lächeln als lächelndes Eingeständnis.

Man beachte auch, wie kunstvoll die »Publikumsbeschimpfung« des Barockpredigers gemacht ist: Sie spielt in zwei Akten sozusagen. Zunächst kommen zehn Wortkombinationen, von denen vier aus dem Bereich der Zoologie genommen werden. Ein lateinisches Zitat aus der Vulgata (Pred 7,9) bildet eine Art Zwischenstück und liefert das Stichwort zu elf weitern Bezeichnungen des Narren. Es ist die Sprache der Liebe, die hier kunstvoll die Schimpfworte so ordnet, daß sie mit der Fülle des Ausdrucks um das Einverständnis des Hörers wirbt.

Die These von André Jolles, »daß der Witz irgendein Gebundenes entbindet«, wird gerade durch den Wortwitz der »Würdetitel« von Abraham a Santa Clara untermauert. Würde er seine Zuhörer schlicht als Dummköpfe apostrophieren, wäre seine Rede einfach ein Geschimpf und würde verletzen, nicht »lösen«. Aber nun erreicht er mit der Worthäufung eine Übertreibung, die untertreibt. Würde er nur sagen »ihr unsinnigen Narren«, wäre das noch einmal beleidigend; aber nun häuft er die Narrensorten, seine Rede wird selbst etwas närrisch und damit akzeptabel.

So interessiert hier nicht das Dichterische dieser Sprache als solche, sondern das Entbinden der Sprachmöglichkeiten in der Liebe: Indem er mit Hilfe von Zoologie und Technik Schimpfworte konstruiert und sozusagen alle Möglichkeiten der Narrenexistenz durchspielt, spielt er dem Hörer mit. Indem er – wie unser Zitat zeigt – die Sprache des Volkes ausschöpft, legt er dar, was im Volk ist. Die Vulgarität decouvriert das Vulgäre. Hier wenigstens erliegt der Prediger gerade nicht dem Volkstümlichen, es wird vielmehr zur Waffe des Angriffs.

Seit den »Deutschen Christen« spätestens ist für den deutschen Protestantismus das Volkstümliche zum Trauma geworden. Vielleicht aber vermag das Exempel unseres Predigers deutlich zu machen, daß Angst vor dem Volkstümlichen und Vulgären nie in der Lage sein wird, dasselbe zu verändern.

Die Einordnung des Pfarrerstandes ins Bildungsbürgertum, seine Beamtenexistenz lassen es wohl erklären, daß auch »der vergnügte Theologe« meist keinen Spaß kennt, wenn er die Kanzel besteigt. Schon Johann Wolfgang Goethe hat im »Werther« geklagt: »Ich habe noch nie gehört, daß man gegen die üble Laune vom Predigtstuhl gearbeitet hätte.« Die von Goethe konstatierte Arbeitsniederlegung auf der Kanzel wirkt um so erstaunlicher, wenn man bedenkt, daß die Prediger der Gemeinde in der Nachfolge des Apostels nach 2Kor 1,24 zur Freude helfen sollen. Ist der Prediger ein Gehilfe der Freude, so kann man die Predigtarbeit u.a. auch als Arbeit gegen die üble Laune bezeichnen, den Prediger selbst als Humoristen höherer Ordnung.

Der große Daniel Friedrich Schleiermacher aber hat angeordnet: ... »aus der religiösen Rede ist alles auszuschließen, was Scherz heißen kann« (Prakt. Theol., 318). Die Religionsbeamten sind dieser Anordnung nur allzu willig gefolgt. Eigentlich schade.

Ohne Furcht verliert die Freude die Distanz, wird die Verheißung zur Illusion. Die Ankündigung des kommenden Richters bildet die notwendige Voraussetzung für die Predigt von der Rechtfertigung. Diese schützt als Predigt vom Kreuz vor allen Perversionen.

§ 15

PREDIGT DES KOMMENDEN RICHTERS

Friedrich Büchsel, Art. κρίνω,ThW III, 936ff. – *Albrecht Oepke,* Art. παρουσία,ThW V, 856ff. – *Hans Conzelmann,* Art. Gericht III, RGG³ II, 1419ff. – *Julius Schniewind,* Messiasgeheimnis und Eschatologie, in: Nachgelassene Reden und Aufsätze, 1952, 1ff. – *Ders.,* Weltgeschichte und Weltvollendung, ebd. 38ff. – *Ernst Käsemann,* Gottesgerechtigkeit bei Paulus, in: Exegetische Versuche und Besinnungen II, 1964, 181ff. – *Christian Müller,* Gottes Gerechtigkeit und Gottes Volk. Eine Untersuchung zu Römer 9–11, FRLANT 86, 1964. – *Peter Stuhlmacher,* Gerechtigkeit Gottes bei Paulus, FRLANT 87, 1965. – *Manfred Mezger,* Meditation über 1 Kor 4,1–5, in: GPM 16, 1961/62, 15ff. – *Walter Kreck,* Die Zukunft des Gekommenen. Grundprobleme der Eschatologie, 1961, 121ff. – *Eduard Steinwand,* Recht und Grenze der Gerichtspredigt, in: Verkündigung, Seelsorge und gelebter Glaube, hg, v. Manfred Seitz, 1964, 58ff. – *Manfred Josuttis,* Die missionarische Relevanz der Rechtfertigungsbotschaft, in: Das missionarische Wort 20, 1967, 227ff. – *Günther Bornkamm,* Das Gottesgericht in der Geschichte, in: Studien zu Antike und Urchristentum, 1970³, 47ff.

I

Die Problemlage

Es ist *Walter Kreck* zu danken, daß er den Zusammenhang von Rechtfertigung und Gericht mit besonderem Nachdruck betont hat: »Der Glaube an die in Jesus Christus geschehene Rechtfertigung schließt offenbar seine Erwartung als des kommenden Richters über Lebendige und Tote ein.« Die Rechtfertigung hängt in der Luft, wenn ihr nicht die Zukunft gehört: »Nicht obwohl Christus unsere Rechtfertigung ist, sondern weil er es ist, ist er auch der künftige Richter« (124f). – Die Rechtfertigung allein aus dem Glauben wäre ein Widerspruch in sich selber, falls es kein künftiges Gericht mehr gäbe, das Wörtlein »allein« wäre zu streichen, auch würde der Unterschied zwischen Glaube und Unglaube eingeebnet. Die Gnade wäre ein für allemal billig, Heilsgewißheit im Grunde überflüssig. Der Gesetzlichkeit, dem Perfektionismus und Enthusiasmus wären Tür und Tor geöffnet, wenn wir das Gericht im Gekreuzigten nur noch hinter und nicht auch vor uns hätten. Es könnte sehr wohl sein, daß die Misere unserer Predigt ihren Grund in unserer

Unfähigkeit hat, der Gemeinde und der Welt den kommenden Richter anzusagen: »Denn wir alle müssen vor dem Richterstuhl Christi offenbar werden, damit jeder empfange, je nachdem er im Leibe gehandelt hat, es sei gut oder böse« (2Kor 5,10). »Der Gedanke des Endgerichts – und zwar nicht nur für die Juden oder Heiden, sondern auch für die Christen – bleibt für Paulus unumstößliche Voraussetzung« (Kreck, 122). Nicht die Hörer, sondern die Täter der Thora (des Gesetzes) werden gerecht sein: »Röm. 2,13 proklamiert die Gerichtsregel für das Endgericht. Erst der Freispruch dort ist die endgültige Rechtfertigung. Die Christen sind diesem Gericht noch ebenso unterworfen wie Juden und Heiden auch« (Stuhlmacher, 228). Die Predigt vom kommenden Richter ist also nicht aus biblizistischen Motiven zu postulieren, vielmehr aus der »Herzmitte des reformatorischen Glaubens« heraus (Dantine). Auch sollte man die Predigt vom kommenden Richter nicht eingrenzen auf die Predigt vom Jüngsten Tag. Ein Komplex wie Röm 9–11 gehört m.E. in diesen Zusammenhang, wenn anders man nicht doch den Richter vom Retter trennt.

Christian Müller hat nachdrücklich die Verbindung der Rechtfertigung mit dem Schöpfergedanken und der prädestinierenden Neuschöpfung in Christus betont: »Da Schöpfung Recht begründet, das die Rechtfertigungslehre verficht, ergibt sich, daß der eschatologische *Schöpfungsgedanke Wurzel der Rechtfertigungslehre* ist.« Die Wendung »Gerechtigkeit Gottes« erscheint in solchem Zusammenhang als »Ausdruck der Neuschöpfung, oder umgekehrt: Neuschöpfung ist die Verwirklichung des Rechtes Gottes an der Schöpfung in der Schöpfung« (89).

Man wird den Gedanken der Neuschöpfung systematisch nicht nur präsentisch fassen können, man wird ihn als Zukunft bedenken, und man wird ihn futurisch nicht denken können ohne den des Gerichtes. Man wird aber den Gedanken vom kommenden Gericht nicht auf das Gericht nach den Werken eingrenzen dürfen, auch kann die Botschaft vom kommenden Richter nicht isoliert werden; denn in ihrer Isolierung wird sie – wie jede Botschaft des Evangeliums – sektenhaft, häretisch.

Die Predigt vom kommenden Richter gehört ins Evangelium, das will der Hinweis auf die Verbindung mit der Rechtfertigungslehre betonen. Ein Evangelium, das diese Dimension der Botschaft negieren wollte, würde das Entscheidende der Zukunft übersehen. Paulus rechnet die Predigt vom »Tage, wann Gott das Verborgene der Menschen richten wird«, zur Predigt seines Evangeliums (Röm 2,16). Ein Evangelium, das Christus den Gekreuzigten nicht als kommenden Richter präsentiert, wäre zum mindesten unvollständig. – Nach der Petrusrede in Caesarea entspricht die Ansage des Richteramtes Christi dem Predigtauftrag, den der Auferstandene den Aposteln gab: »Und er hat uns geboten, dem Volk zu predigen und zu bezeugen, daß er der von Gott bestimmte Richter der Lebendigen und der Toten ist« (Apg 10,42). Julius Schniewind ist zuzustimmen, wenn er meint, Eschatologie heiße eigentlich »unumschränktes Gericht« (12). Der Skandal des Kreuzes wird erst vor dem Hintergrund solcher Eschatologie deutlich, wie sich auch der Jubelruf der ersten Christenheit über die geschehene Erlösung erst vor diesem Hintergrund erklärt. Zur Frohbotschaft vom gerichteten Jesus gehört die vom richtenden Christus.

Die Aussage scheint eindeutig, der exegetische Tatbestand in seiner Hauptaussage unbestritten. Bestritten wird jedoch – heute wie gestern – das Recht und der Nutzen solcher Predigt. *Otto Baltzer* rezeptiert 1908 eine Loslösung des Gerichtsgedankens von »dem in der neutestamentlichen Form unwirksam gewordenen Wiederkunftsgedanken«. Es sei »vergebliches Bemühen, diesen zu seiner ursprünglichen Frische wieder zu beleben«. Am Gerichtsgedanken aber wird festgehalten: »Gott, oder noch wirkungsvoller, Jesus richtet – das läßt sich allerdings zu einer Gegenwartsgröße machen« (180). Die Wirkung und damit der Hörer werden hier zum Kanon der Predigt, der Prediger indessen »macht« das Gericht zur »Gegenwartsgröße«. Wie die Sprache verrät, nimmt der Prediger Gott und sein Wort in eigene Regie. – Besser argumentiert *Manfred Mezger*, indem er den Jüngsten Tag in ein Je und Je vergegenwärtigt und den Advent in die Gegenwart holt. »Die Kirche darf sich im Hinblick auf ihre Zukunft des schlechten Gewissens entledigen, darf sich des kommenden Herrn als des je und je gegenwärtigen erfreuen (Parousia heißt ja Gegenwart) und so eine gewisse Hoffnung finden, ferne allen spekulativen und in jeder Generation zu korrigierenden Fahrplänen« (21). Er gibt den praktikabeln Rat zum »entschlossenen Verzicht auf alle massiven Vorstellungen des Jüngsten Tages, auf das ganze Arsenal des dramatischen Endspektakels«. Dem entschlossenen Verzicht verheißt Mezger sechs-, wenn nicht siebenfachen Gewinn, nur so könne »heute klar, wahr, redlich, griffig, nahe und unausweichlich fordernd . . . gepredigt werden« (19). Die Empfehlung wirkt suggestiv; sieht man genauer hin, sind es sechs oder sieben Umstandswörter: die Fülle der Vokabeln spricht gegen das, was das einzelne Wort besagt. – Theologisch ist Mezger zuzugeben, daß der Advent in der Ankunft des Geistes vorweggenommen wird. Er übersieht freilich, daß Parousia noch etwas anderes meint als Gegenwart. Exegetisch läßt sich seine Vergegenwärtigung kaum halten. »Das Urchristentum wartet auf den einmal gekommenen Jesus als den Kommenden« (Oepke, 863). Wer hier nicht auf den Unterschied der Zeiten achtet und den Unterschied in den Strukturen der Christologie und Pneumatologie übersieht (vgl. § 4/II), wird notwendigerweise zu einer mehr oder weniger doketischen Eschatologie kommen. Die Predigt verharrt – auch bei forcierter Weltlichkeit und Modernität – in der augustinischen Engführung von Gott und Seele.

Man wird darauf zu achten haben, daß die Botschaft vom kommenden Richter zum Evangelium gehört. Bejaht man den Zusammenhang von Rechtfertigung und künftigem Gericht, wird man im Vollzug der Auslegung auch Sachkritik an den Texten üben. Eine Verabsolutierung einzelner Texte und ihrer Aussagen, wie sie etwa von Jehovas Zeugen in extremer Weise geübt wird, verliert den Zusammenhang mit der Mitte des Evangeliums. Auch vermag eine nur biblizistische Wiederholung biblischer Zukunftsaussagen *Gottes* Zukunft kaum gerecht zu werden. Die Schrift meint in ihren Zukunftsaussagen nicht Fahrplan, sondern Verheißung. – Die Sprache der Verheißung aber ist die der Bibel. Man kann alle Farbe und alles Profil der Botschaft verlieren, wenn man den Texten ihre Eigenaussage nicht beläßt. Die Rechtfertigungslehre darf nicht zu einem formalen Prinzip werden, um alle Texte einzuebnen. Die Fremdartigkeit biblischer Sprache, die Sperrigkeit der Texte ist stehen zu lassen. So bleibt mir ein Biblizismus gleicherweise verwehrt wie der Verzicht auf die biblische Sprache. Ergibt sich aus diesem Dilemma nicht eine Sprachlosigkeit, die erklärt, warum die Predigt vom kommenden Richter unter uns entweder verstummt oder ohnmächtig geworden ist? – In diesem Dilemma mag einmal mehr deutlich werden, wie sehr der Prediger den Geist braucht, der seinerseits den Prediger in Dienst nimmt. Der Geist bringt Parusie vorweg und übt Gericht, vorläufig und in doppelter Weise: indem er sich versagt und indem er zur Buße führt. Wo er sich versagt, richtet seine Abwesenheit. Wo er sich gibt, führt er durch Buße zum Heil. Weil er verheißen ist, muß keiner in der Geistlosigkeit verharren und sprachlos bleiben. Die Verheißung ermutigt, vom Kommenden zu reden, ihn zu rufen, damit das Gericht des Geistes ins Heil führt. Der Geist wirkt als Hermeneut und Platzhalter des kommenden Richters, der Prediger soll sein Diener sein. – Im Dienst des Geistes wird er versuchen, seine Gegenwart und damit sich selber im unumschränkten Gericht zu erkennen und also mit Hilfe der Texte, die von Gottes Zukunft reden, zu besprechen. Dazu bedarf er der Gegenwart des Geistes, die ihn vor Fehldeutungen und Fehlleistungen bewahrt, vor denen im Folgenden zu warnen ist. Auch wird zu erwägen sein, welche Folgen sich aus der hier angedeuteten Sicht für die Gestalt seiner Predigt und seines Predigens ergeben.

II

Perversion der Gerichtspredigt zur Höllenpredigt

Der Briefwechsel Barth-Thurneysen gibt Kunde von einer intensiven Auseinandersetzung Karl Barths mit dem Evangelisten Jakob Vetter, den er acht Tage lang gehört hat als »einer der fleißigsten Zuhörer Herrn Vetters«. In einem Rückblick auf diese Evangelisation versucht sich Barth Rechenschaft zu geben über das, was geschah, was er eine »ganz üble Religionsmechanik« nennt. Die Charakteristik der Verkündigung Vetters beschließt Barth mit den Sätzen:

»Und dann doch beständig der offene Höllenrachen, in dem man trotz allen diesen Herrlichkeiten (gemeint ist ein von Barth karikierter ordo salutis Vetters, R. B.) noch verschwinden könnte. Und über allem eine bange Schiffsuntergangsstimmung, wo für die meisten sowieso keine Rettungsschifflein zu haben sind, obwohl die Musik aus Leibeskräften ›Näher mein Gott‹ spielt. Nein, das ist's wirklich nicht« (Briefwechsel, 44).

Diese Begegnung Barths mit dem Zeltmissionar dürfte nicht ohne Einfluß gewesen sein auf die spätere Ausgestaltung von Barths Eschatologie. Vielleicht kann man auch Mezgers Rat im Horizont einer Verkündigung sehen, in der Gottes Zorn und Gottes Gericht und der Jüngste Tag zu selbständigen Themen geworden sind.

Daß es sich hier um eine starke und breite homiletische Tradition in der evangelischen und in der katholischen Kirche handelt, zeigt das Lehrbuch von *Jungmann-Gatterer,* das eine Predigt des Jesuiten *MacCarthy* (1769–1833) als ein Musterbeispiel einer »paränetischen Predigt der ersten Klasse« zitiert (Theorie der geistlichen Beredsamkeit, 1908[4], 609ff, vgl. 506ff). Diese Predigt scheint typisch zu sein für eine gewisse Tradition der Gerichtspredigt, auf alle Fälle wird sie noch zu Beginn des Jahrhunderts den katholischen Predigern als Vorbild präsentiert. Auch heute vermag sich der Leser der großartigen Pathetik dieser Gerichtspredigt kaum zu entziehen.

Zum Eingang deutet MacCarthy in einer rhetorischen Frage an, daß er »von Entsetzen ergriffen bei dem Gedanken an das Gericht, das Gott am jüngsten Tage halten wird, den Versuch machen will,« das ganze Gefühl seiner Angst in den Hörern »wachzurufen und diejenigen, welche in Sünden leben, wie durch einen Lärmruf aufzuschrekken, um sie womöglich herauszureißen aus ihrem verhängnisvollen Schlafe . . .« (609)! In der Hoffnung auf Bekehrung will er »das großartigste und das furchtbarste Schauspiel«, welches der Glaube kennt, am Geist der Hörer vorüberziehen lassen (610, vgl. 628). Die Predigt ist ganz aufs Schauen abgestellt und entspricht wohl den Intentionen der Ignatianischen Exerzitien, namentlich ihrer Betrachtung der Hölle. »Schreckliche Erkenntnisse« werden »betrachtet«, Ereignisse vorgeführt (610), »Bilder«, die »euch mit Schauer erfüllen«, werden gezeigt (615). Sogar Gott selber wird mit Hilfe der Phantasie vor Augen gestellt: »stellt ihn euch denn vor, Gott den Allerhöchsten . . .« (619). Die Hörer sind dabei, sie schauen, wenn er das letzte Urteil über die Sünder gesprochen hat. »Er wirft auf sie noch einmal einen letzten Blick der Entrüstung zugleich und des Mitleides und wendet sich dann für immer von diesen Unglücklichen ab. Die Wolken, welche seine Stirn umschatteten, zerstreuen sich wieder« (627).

In drei Akten läßt der Prediger das gewaltige Schaustück vor uns abrollen: Zuerst zeigt er, wie die allgemeine Totenauferstehung die Qual des Sünders verdoppelt; denn nun muß die klagende Seele in den Leib des Todes eingehen (611–618): »Wenn ihr also je eine Leiche im Sarge gesehen habt, so vergegenwärtigt euch jetzt diesen niederschlagenden, widerwärtigen Anblick: die bleifarbene Blässe, die entstellten Züge, die gräßliche Auflösung, den Grabesgeruch und dazu das Gewürm, welches seine ekelhafte Beute benagt und sie verzehrt« (613). Nun sieht die Seele diesen Leib vor sich, in den sie zurück muß, um in diesem neu belebten Todesleib vom Feuer erfaßt zu werden, das nicht verlischt. Auch die Würmer sterben nicht. Die Qual wird seitenlang beschrieben.

Ein zweiter Teil schildert, wie die innersten Gedanken, die geheimen Sünden offenbart werden (618–624): »So stellt ihn euch denn vor, Gott den Allerhöchsten, in seiner unerbittlichen Gerechtigkeit, wie er alle Schleier zerreißt, welche das verworfene Herz des Sünders verhüllen; wie er hineingreift mit gewaltiger Hand bis in die unterste Tiefe dieses Abgrundes von Schlechtigkeit und eine entsetzliche Menge von Ungeheuern und Gewürm daraus hervorzieht, ich will sagen, von Missetaten und Sünden, deren Anblick den Sünder selbst mit Grauen erfüllt« (619). Und dann werden sie hervorgezogen, die Reptilien, ausführlich und anschaulich vorgeführt. Auch die Geräuschkulisse der Klagen und Anklagen, der Gejammers und Geheuls fehlt nicht.

Im dritten Teil (624–629) »wird die leuchtende Wolke sichtbar« (625). Wir wohnen der Krönung der Heiligen bei und dem Spruch über die Verdammten. Wir nehmen Teil an der Reue der Verdammten, die noch einen letzten Blick tun dürfen in die himmlische Herrlichkeit, wir sehen sie in die hoch auflodernde Tiefe stürzen, »und der Abgrund verschlingt brüllend seinen Raub. Seine Pforten schließen sich über ihnen, um sich nie mehr zu öffnen. Alles ist abgeschlossen. Ibi erit fletus et stridor dentium – ›dort ist Weinen und Knirschen der Zähne‹« (628).

Die Predigt schließt dann mit dem knappen Wunsch, Gott möge den Hörern helfen, sich zu bekehren, um »vor einem so grauenhaften Schicksal« bewahrt zu werden. Ein höchst eindrücklicher Schluß, und man glaubt dem Prediger, wenn er sagt: »Das wünsche ich euch von ganzem Herzen, im Namen des Vaters und des Sohnes und des Heiligen Geistes. Amen« (629). – Wer mit einer willigen Phantasie diesem Prediger zuhört, wird mitzittern bei dem, was er da zu sehen bekommt – und wer hier nicht mitzittert, sollte über diese Predigt nicht urteilen. Wer zugleich mit wachem Verstand das Geschaute und Gehörte bedenkt, der wird sich vielleicht jetzt »zum entschlossenen Verzicht auf alle massiven Vorstellungen des Jüngsten Tages, auf das ganze Arsenal des dramatischen Endspektakels« durchringen. – Die entscheidende Frage aber dürfte zuerst die sein, ob so geredet werden kann »im Namen des Vaters, des Sohnes und des Heiligen Geistes«, ob hier nicht gerade diese Namen als Kriterien der Auslegung verlassen wurden, ob nicht z.B. Jesu Predigt: »Tut Buße, denn das Reich der Himmel ist genaht«, umgekehrt worden sei in die Predigt: »Tut Buße, denn die Hölle ist genaht.« Im Namen Jesu, der das Himmelreich predigt, kann man gerade nicht die Hölle predigen. – Wir haben hier tatsächlich so etwas wie »Religionsmechanik« vor uns, ein Rührstück von hohen Graden; aber nicht das ist zu kritisieren, sondern das, daß hier das Gericht und die Hölle autark geworden sind.

Hier wird vergessen, daß Gottes Güte zur Buße leitet (Röm 2,4) und nicht Gottes Zorn. Gottes Güte aber wird nicht offenbar ohne Gottes Zorn (Röm 1,18). – Schon Luther hat gegen eine Predigttradition polemisiert, die die Leute mit bloßem Schrecken fromm machen wollte, um sie hernach durch eigene gute Werke und Genugtuung für die Sünde zum Jüngsten Tage zuzubereiten (WA 10, I, 2, 112). Und ein evangelischer Prediger wie Spurgeon sah die Unfruchtbarkeit solcher Höllenpredigt: »Die meisten, deren ich mich erinnere, wurden nicht durch die Schrecken der Hölle, sondern durch die lieblichen Töne der Frohbotschaft zur Erfassung des Heils gebracht« (zit. nach A. Hoefs, C. H. Spurgeon, 1934, 115).

Diese eben skizzierte und kritisierte Predigttradition will beachtet und bedacht sein, weil sie uns heute die Predigt vom kommenden Richter erschwert. Die Predigt von MacCarthy haben wir schon irgendwo und irgendwie gehört. Und man kann nur mit Karl Barth sagen: »Nein, das ist's wirklich nicht.« Aber nicht nur erblicher Belastung wegen muß hier von dieser Predigttradition geredet werden, sondern auch deshalb, weil ja eine solche Höllen- und Gerichtspredigt gerade auch im »entschlossenen Verzicht auf das ganze Arsenal des dramatischen Endspektakels« durchaus möglich wäre. An Höllen besteht kein Mangel, nichts ist leichter als die Hölle zu säkularisieren, und religionslos läßt sich mühelos von ihr reden. Es wäre eine besondere Untersuchung nötig, die danach fragt, wo in der Gegenwartspredigt Örtlichkeiten mit Höllencharakter vorkommen und welche homiletische Funktion diese Örtlichkeiten haben. Möglicherweise ließe sich zeigen, daß die stereotype Nennung des jeweiligen Kriegsschauplatzes den beständig offenen Höllenrachen des Zeltmissionars ersetzt (vgl. § 5/V). Nun wissen wir, wie man's nicht macht. Vielleicht haben wir einen Grund kennengelernt, der die Schwierigkeit erklärt, die wir mit der Predigt vom kommenden Richter haben. Und Selbsterkenntnis könnte hier möglicherweise der erste Schritt zur Besserung sein; darum suchen wir noch nach einem zweiten Grund.

III

*Die Predigt vom kommenden Richter als Frage an unsere Predigt
vom Kreuz*

Der Schaden unserer Gerichtspredigt verweist auf einen Schaden unserer Predigt vom Gekreuzigten. Wir können die »Zukunft des Gekommenen« als des kommenden Weltenrichters nicht hörbar machen, solange wir nicht vermögen, den Gekommenen in seiner Zukünftigkeit anzusagen. Nur in der Ansage des Gekreuzigten als kommenden Weltenrichter wird es möglich sein, Kreuz und Reich auf einen Nenner zu bringen. Dieser Satz ist nach zwei Seiten hin zu präzisieren:

1. Unsere Verlegenheit gegenüber der Aufgabe, den kommenden Richter zu predigen, verdeutlicht das Versagen einer *Karfreitagspredigt,* die dem Gekreuzigten die Zukunft nimmt. In Bezugnahme auf eine Äußerung von Josef Smolik wäre eine »Eschatologisierung‹ des heilsgeschichtlichen Aspektes des Kreuzes« zu postulieren. In den meisten Karfreitagspredigten und Passionsandachten wird übersehen, daß die ersten drei Evangelisten die Passionserzählungen mit »Reden über die Endzeit« einleiten. Bei den Evangelisten kommt der »Advent« nicht wie im spätern Kirchenjahr vor der Weihnacht, sondern vor dem Leiden und Sterben Jesu Christi. Sie predigen zunächst gerade nicht die Zukunft des Gekreuzigten, sie predigen die Parusie, sie predigen den Kommenden, und dann erzählen sie: Dieser Kommende ist gekreuzigt worden. Wir erzählen anders, und diese Differenz zeigt, daß wir der Kreuzespredigt die Spannung zur Zukunft nehmen.

Wo die Adventspredigt vom Kommenden spricht, wo der Kommende überhaupt verkündigt wird, weiß man heute in der Regel, daß der *Gekommene* kommt.

So kann *Walter Lüthi* besonders kraftvoll von dem mit den Wolken Kommenden reden, indem er mehrmals betont, er sei schon da gewesen (Christus Pantokrator, 1954, 11, 14f, 18).

Man weiß aber meist nicht, daß der Gekommene *kommt!* Daß unsere Predigt an Karfreitag (und Ostern!) weithin zukunftslos ergeht, braucht wohl nicht vieler Beispiele.

Ich nehme eine Predigt, die schon durch ihre äußere Situation einen Hinweis nahe legen könnte: Nach der Bombardierung von Schaffhausen predigt *Peter Vogelsanger* am Karfreitag über Ps 90,1; Joh 1,29; 11,25, ausgehend von einem Spruch, den er hauptsächlich im Rückblick auf die Katastrophe versteht: »Stat crux, dum volvitur orbis« (Es steht das Kreuz, wenn der Erdkreis bebt). Unter diesem Thema verwendet er mehr als eine ganze Seite zur Schilderung dessen, was die Steigkirche alles gewesen sei (Unsere Zuflucht, 1944). Ausführlich und ansprechend wird die Katastrophe in Zusammenhang mit dem Karfreitag gebracht (4). Ganz knapp wird auch auf Ostern verwiesen (12). Daß aber der Karfreitag zum Jüngsten Gericht in Beziehung steht, wird nicht verschwiegen: »In dieser Zerschlagung vieler Kirchen Europas enthüllt sich ein göttliches Gericht« (7). Aber dieses Gericht betrifft die Menschen eigentlich nicht. »Eine Form‚

eine Fassade der Kirche wird zerschlagen . . .« Freilich ist »die Ruine unserer Steigkirche ein mächtiges Fragezeichen Gottes an uns . . .« (7); Nur bleibt dieses Fragezeichen
merkwürdig unverbindlich. – Es ist denn auch kein Zufall, daß der eigentliche Text dieser Predigt, der lateinische Spruch, der zu Beginn zitiert wird, das Kreuz hypostasiert,
ja mythologisiert, ein Vorgang, den man auch sonst bei Festtagen des Kirchenjahrs beobachten kann, man denke an das sagenhafte Kind in der Krippe! – So heißt es in der
Einleitung: »Wir sind gekommen mit der brennenden Erwartung und Frage: Was hat
uns geschlagenen und erschütterten Schaffhausern das Kreuz des Erlösers jetzt zu sagen?« Die Fragen an das Kreuz sind zahlreich (3). Aber das Kreuz antwortet. »Und
dieses Kreuz spricht auch jetzt zu uns . . .« (4). Solche Redeweise macht zum mindesten
aus dem Kerygma eine statische Angelegenheit, indem sie das Kreuz hypostasiert.
Das Kreuz ist kein Ereignis der Geschichte mehr, sondern ein Wesen, das redet.

Es ist kein Zufall, daß eine alttestamentliche Predigt hier als positives
Beispiel zitiert werden kann; vielleicht empfehlen sich gerade alttestamentliche Texte für die hohen Festtage des Kirchenjahres, um die Statik
zu überwinden, zu der Festtage leicht verführen.

So heißt es in einer Predigt von *Georg Lanzenstiel* über Jes 50,4–11: »Wir blicken immer noch in stiller Zwiesprache auf das ›Haupt sonst schön gezieret mit höchster Ehr
und Zier‹. Aber ist unter diesen Worten nicht eine Wandlung eingetreten? Ist das noch
das Haupt, das erblaßt im letzten Todesstoß?« Diese Wandlung wird – für mein Empfinden nicht sehr glücklich – dargestellt am Crucifixus in der Maulbronner Klosterkirche, der in der Frühjahrssonne sich zu einem triumphierenden wandelt. Vom Text her
heißt es: »Jetzt ist nicht mehr *er* im ungerechten Gericht der Menschen, hier spricht er
selbst als Richter. Wer Christus nicht als seinen Heiland und Erlöser haben will, der
wird ihm als Richter und Vernichter begegnen« (Verkündigung des Kommenden,
hg. v. Claus Westermann, 1958, 94).

Die Aussage, wonach der Gekommene kommt, bekräftigt die Verbindlichkeit des Heils und wehrt einer Verbilligung der Gnade.

2. Die Kreuzespredigt wird auch dadurch verfälscht, daß wir meist
das Paradox übersehen, daß das Kreuzesgeschehen das Gericht über die
Christen nicht nur erfüllt, sondern zugleich verschärft. Der das Gericht
Gottes getragen und vollbracht hat, verschärft es. Wie Jesus in der
Bergpredigt die Thora nicht aufhebt, sondern neu und radikal aufrichtet, so geht er den Weg zum Kreuz, um das Weltgericht zu eröffnen. Die
Radikalisierung des Gerichts liegt darin, daß dieser Richter, der sich für
uns hat richten lassen, nun als Richter kommt.

Sehe ich recht, hat der *Hebräerbrief* in besonderer Weise dieses Paradox betont. Auf
der einen Seite unterstreicht er die Endgültigkeit der Erlösung. Christus »hat eine ewige Erlösung erlangt« (9,12). Er hat die, »welche geheiligt werden, für immer zur Vollendung geführt« (10,14). Die Perfektion der Erlösung ist vollkommen. Überbietet der
neue Bund den alten in seiner Heilsgabe, so verschärft sich auch das Gericht gegenüber
den Genossen des neuen Bundes: »Wenn jemand das Gesetz Moses gebrochen hat,
stirbt er ohne Erbarmen ›auf (Aussage von) zwei oder drei Zeugen hin‹. Wie viel
schlimmerer Strafe, meint ihr, wird der wert geachtet werden, der den Sohn Gottes mit
Füßen getreten und das Blut des Bundes, durch das er geheiligt worden ist, für gemein
geachtet und gegen den Geist der Gnade gefrevelt hat« (10,28f)? – Das Heil in Christo
ist ein richterliches Heil. Gnade gibt es ohne Richter nicht, sie bleibt immer auf den
Richter bezogen. Darum kann die Gnadenpredigt nie gerichtslos sein; und im Wechsel
vom alten zum neuen Bund gibt es keine Verharmlosung des Gerichtes: »Denn wenn

das durch Engel verkündigte Wort (d.h. das Gesetz) fest wurde und jede Übertretung und jeder Ungehorsam gerechten Lohn empfing, wie werden (dann) wir entrinnen, wenn wir ein so großes Heil mißachten, das, nachdem es mit der Verkündigung durch den Herrn den Anfang genommen hatte, von den Hörern bis auf uns sicher überliefert worden ist« (2,2f). Im Vergleich mit dem Wüstenzug des Volkes Israel heißt es: »Sehet zu, daß ihr den nicht abweist, der redet! Denn wenn jene nicht entkamen sind, als sie den abwiesen, der auf Erden sich kundgab, wie viel weniger wir, die wir uns von dem abwenden, der (es tut) von den Himmeln her« (12,25). – Von besonderem Interesse ist hier der Adressat. Der Hebräerbrief ergeht sehr wahrscheinlich nicht an unbekehrte Juden, ist keine Missionsschrift, sondern eine Schrift an Judenchristen: Der Gemeinde ist der kommende Richter zu verkünden, ihr zuerst!

Ich meine, die mystische Dramaturgik der Passionserzählung (vgl. § 10/II/1) habe ihren Ursprung darin, daß im Gekreuzigten der kommende Richter übersehen werde. Übergeht die Predigt des Kreuzes die »Reden über die Endzeit«, wird die *Parusie* des Gekreuzigten verdrängt, bleibt vom Karfreitag nur allzuleicht ein mystisches Schauspiel oder ein Rührstück. Übersieht andrerseits die Gerichtspredigt die Parusie des *Gekreuzigten,* pervertiert diese zur Höllenpredigt. Die Passion verharmlost das Gericht nicht, sie erfüllt es, sie verschärft es. Wird dieser Aspekt des Kreuzes verdeckt, kann man auch das Gesetz nicht mehr verkündigen, kann man nur noch gesetzlich reden. Wo das Gericht verschwiegen wird, hat das Gesetz keine Macht. Ohnmächtig gewordenes Gesetz wird zur Gesetzlichkeit. Die Bemühung um eine rechte Predigt des Gesetzes wird darum in einer neuen Bemühung um die rechte Kreuzespredigt anheben müssen (vgl. Manfred Josuttis, Gesetzlichkeit in der Predigt der Gegenwart, 1969[2], 118f).

IV

Gefährdung der Gerichtspredigt durch natürliche Theologie

Die Predigt vom kommenden Richter kann nicht absehen von dem, was er tut. Zur Ansage des Weltenrichters gehört die Proklamation des Weltgerichts und die Vorhersage des Weltendes. Um das Ende der Welt gibt es ein immanentes Wissen – wie es ein solches um den Tod gibt. Solches Wissen mag ein Ausdruck dafür sein, daß sich Gottes Zorn vom Himmel her offenbart (Röm 1,18). Die moderne Dichtung artikuliert allerdings solches Wissen viel besser als die zeitgenössische Predigtliteratur, die in dieser Sache kaum zu votieren wagt.

Man könnte etwa an die vielfältige Aufnahme des Sintflutmotives in unserer Zeit erinnern: So läßt *Hugo Loetscher* in Noah, Roman einer Konjunktur, 1967, einen Rechtsanwalt sagen: »In unserer Gesellschaft hat jeder das unveräußerliche Recht, an den totalen Untergang zu glauben« (69). Ungefähr dreißig Seiten weiter respondiert ein Naturwissenschafter: »Der totale Untergang gehört zu den unverlierbaren Vorstellungen der Menschheit« (97) – (vgl. § 13).

Verbindet sich die Botschaft vom Kommenden mit der Vorstellung vom Ende der Welt, ist es durchaus möglich, über das Weltende zu denken und zu dichten, indem man von der Parusie Christi absieht. Die Rede vom Weltende ist ebenso christlich bzw. unchristlich wie die Rede vom Tod. In Zeiten gesteigerter Enderwartung aber besteht die Gefahr, daß sich der Prediger ungeprüft zum Sprecher dessen macht, was in der Luft liegt. Den kommenden Richter predigen heißt also nicht sagen, was die Leute heute ohnehin schon wissen, daß der Bestand der Erde gefährdet ist, heißt vielmehr berichten, was die Leute noch nicht wissen, auch wenn sie allsonntäglich rezitieren ».. . von dannen er kommen wird zu richten die Lebendigen und die Toten . . .«

Sehen wir die Predigt vom kommenden Richter durch das weltimmanente Wissen um das Weltende gefährdet, so könnte solches Wissen um die Gefahr den Prediger dazu verleiten, sich jeglicher Aussage über die Zukunft der Welt zu enthalten. Solche Abstinenz müßte zu einem weltfremden Predigen führen, man würde faktisch einen weltlosen Weltenrichter ansagen und eine Fiktion predigen. Dann entsteht folgendes Paradox: Wir dürfen den Kommenden nicht predigen kraft natürlicher Theologie, wir können aber den Kommenden nicht predigen ohne Kontext des natürlich Erkannten. Die Botschaft vom Kommenden entnehme ich nicht einem der Welt schon innewohnenden Wissen; ich kann sie aber nicht ausrichten ohne dieses Wissen. Das heißt: die Aussage des kommenden Weltenrichters ergeht in der Sprache einer Welt, die um ihr Ende irgendwie schon weiß, die aber ihren Beendiger nicht kennt. Hier zeigt sich erneut die Bedeutung des Namens für die Predigt (vgl. § 5).

Wir predigen nicht nur das Gericht, wenn wir den kommenden Richter predigen, sondern mit diesem Gericht die vorletzten Gerichte. Solche Gerichte sind Vorläufer des letzten Gerichts und als solche Zeichen des kommenden Richters, auch wenn sie als solche mehr sind als Zeichen. Evident aber wird unsere Predigt vom kommenden Richter gerade an diesen Zeichen, in den Gerichten geschehender Geschichte. – Da der Begriff des Zeichens signifikant ist sowohl für die Vergangenheit wie auch für die Zukunft, werden wir ihn später ausführlich behandeln (vgl. § 19).

Soll die Predigt vom kommenden Richter nicht in Spekulation oder Mythologie entarten, muß sie festnageln, was von seinem kommenden Gericht allenfalls jetzt schon da, jetzt schon unterwegs ist, oder sich als kommend ankündigt. Behaupten wir das Kommen des Richters, müssen wir aufweisen, was von ihm schon am Werk, schon getan ist. Bei einem solchen Unternehmen stehen wir vor der Schwierigkeit, daß Gottes Zorn zwar nach Röm 1,18 offenbar geworden, Gottes Gerichte aber nach Röm 11,33 unerforschlich sind. Weil Gottes Zorn sich geoffenbart hat, weiß auch der Ungläubige etwas von Gerichten, und weil der Richter noch nicht sichtbar geworden ist, weiß auch der Gläubige in der geschehenden Geschichte die Gerichte nicht ohne weiteres zu benennen.

Werden bestimmte Ereignisse allzu voreilig als Gerichte Gottes deklariert, verliert die Predigt vom kommenden Richter an Glaubwürdigkeit. Eine voreilige Gerichtspredigt – etwa in den beiden letzten Kriegen – hat wohl viel dazu beigetragen, daß die Predigt vom kommenden Richter unter uns verstummt ist, wie denn auch die fehlende Eschatologie dazu verführen mochte, die Verborgenheit der Gerichte Gottes zu übersehen. Allzuschnell werden menschliche Vorurteile als göttliche Urteile verklärt.

Dieser Sachverhalt wäre zu verdeutlichen an einem so sympathischen und klugen Prediger wie *Otto Baumgarten,* der am 30. August 1914 eine Siegespredigt über Ps 36,7 hält (EvFr 14, 1914, 329ff): »Fühlt ihr's nicht alle? Es ist die Gerechtigkeit, es ist das heilige Recht unseres Gottes, was sich da durchsetzt vor unsern Augen.« Implicit zeigt Baumgarten dann, daß die Niederlagen der Feinde Gerichte Gottes sind; was sich ihm aber »das heilige Recht unseres Gottes« darstellt, erweist sich im Nachhinein als Vorurteil eines deutschen Bürgers: Den Russen mangelt die Gerechtigkeit, Frankreich versündigt sich »gegen ein heiliges Gesetz Gottes, gegen das Gesetz der Kinderfreude«, und England, dem der Prediger die Kriegsschuld zuschiebt, hat sich versündigt am göttlichen Recht, weil es keine allgemeine Dienstpflicht kennt! »Solange jene nicht die allgemeine Dienstpflicht einführen . . . werden sie kein göttliches Recht haben, zu siegen über ein Volk, das wirklich alles, seinen letzten Landsturmmann einsetzt für seine Ehre.« So setzt sich nach diesem Prediger »das heilige Recht unseres Gottes« sieghaft durch, indem der Prediger seine nationalen Vorurteile bestätigt sieht. Dabei zeigt Baumgarten im zweiten Teil der Predigt, daß er in seiner Weise ein überlegener Geist ist, der auch den Feinden gerecht zu werden versucht. – Fragt man in einem früheren homiletischen Werk des Predigers nach einer theologischen Begründung seiner Aussagen, findet man, daß er z.B. den Gerichtsgedanken, den der zweite Advent predigt, für »bleibend wertvoll« hält, aber nicht in der Lage ist, ihn mit der Rechtfertigungslehre zu verknüpfen. Vielmehr polemisiert er gegen die »hochverderbliche Anschauung, als ob das Blut Christi und seine Genugtuung auch im letzten Gericht unsere sittliche Minderwertigkeit bedecken wird« (Predigt-Probleme. Hauptfragen der heutigen Evangeliumsverkündigung, 1904, 138f). Es ist ohne weiteres einsichtig, daß sich das Auseinandertreten von Gerichtsgedanke und Rechtfertigung verbunden mit dem Zurücktreten einer futurischen Eschatologie in der Predigt Baumgartens auswirkt und der Verwechslung eigener Vorurteile mit heiligem Gottesrecht Vorschub leistet. – Auch dürfte kein Zufall sein, daß in der Kriegspredigt 1914–1918 der Prediger eine Sonderstellung einnimmt, dessen Verkündigung in besonderer Weise eschatologisch ausgerichtet war: Christoph Blumhardt! Vgl. *Wilhelm Pressel,* Die Kriegspredigt 1914–1918 in der evangelischen Kirche Deutschlands, 1967. – Zur deutschnationalen Predigt vgl. § 12/III.

Wo Gerichte gepredigt werden unter Absehen vom letzten Richter, steht der Selbstherrlichkeit des Predigers nichts mehr im Wege – auch und gerade dann, wenn es sich beim Prediger um eine noble Gestalt handelt! Fragen wir, wie denn voreilige Gerichtspredigt zu vermeiden sei, ohne daß die Predigt vom kommenden Richter in den Wolken hänge, verweist Günther Bornkamm auf den Unterschied zwischen den Freunden Hiobs, die in Zuschauerhaltung über Gottes Gericht reden, und den Propheten, die Gott in seine Zukunft ruft und die gleichzeitig mit dem gerichteten Volk solidarisch bleiben. – Wenn Baumgarten auch keinen Anlaß hat, in der Rolle von Hiobs Freunden zu reden, eignet

ihm doch in seinen Sprüchen über die Fremdvölker zunächst Zuschauerhaltung. Bezeichnet Bornkamm »Jesus Christus als Inhalt der Ge-
richtsbotschaft«, ist solcher Formel zuzustimmen. Will man sie aber
nicht doketisch und also als Leerformel mißverstehen, wird dieser Jesus
Christus nicht außerhalb geschehender Geschichte zu verkünden sein
und in ihr nicht nur als das leidende Opfer, was heute gern gemacht
wird, sondern auch als ihr, der Geschichte, richterlicher Herr: als der
auch in Gerichten kommende und handelnde. Damit ist der Prediger je
und je vor die Aufgabe gestellt, Gottes verborgenes Richten in geschehender Geschichte anzuzeigen und den offenbar zu machen, der kommen wird. Wir stehen vor der Aufgabe der Prophetie, die das Unerforsch-
liche ans Licht bringt.

V

Die Gestalt der Furcht

C. H. Ratschow/J. Fichtner/Chr. Maurer/H. J. Iwand, Art. »Gottesfurcht«, RGG³ II,
1791ff. – *Ernst Käsemann,* Eine paulinische Variation des »amor fati«, ZThK 56,
1959, 138ff; Exegetische Versuche und Besinnungen II, 223ff. – *Ernst Fuchs,* Was ist
existentiale Interpretation? B in: Zum hermeneutischen Problem in der Theologie,
1959, 91ff. – *Ders.,* Was sollst du predigen? ebd, 345ff. – *Horst Robert Balz,* Furcht
vor Gott? EvTh 29, 1969, 626ff. – *Gerhard von Rad,* Weisheit in Israel, 1970, 75ff.

Man hat der weltlichen Redekunst vorgeworfen, »daß sie Furcht vor
Menschen hat. Furcht und Selbstliebe gehören unzertrennlich zur Kunst
der alten Rede. Sie will glänzen und fürchtet sich zu sprechen ... Sie ist
voll Leidenschaft, Süße und Feigheit.`Sie nennt niemand und nichts
beim Namen« (Ernest Hello). Ein solcher Vorwurf mag wohl nicht ganz
zu Unrecht erhoben werden; er trifft zum Teil die landläufige Predigt. Die
Furcht Gottes als Sprachlehrerin prägt einen andern Stil, weil ihr Exklusivität eignet in dem Sinne, daß Gott fürchten ihn allein fürchten heißt:
Lasset uns Gott fürchten; denn die Gottesfurcht vertreibt das Fürchten.
Als Anfang der Weisheit beendigt die Furcht Gottes die Ängstlichkeit
und eröffnet die Freiheit. Der Prediger, der Gott fürchtet, braucht die
Menschen nicht zu fürchten. Weil die Furcht Gottes Befreiung beinhaltet,
korrespondiert sie auch mit der Freude: Die Freude ist eine Schwester der
Furcht. So atmet Ps 119, der die Gottesfurcht rühmt, den Geist der
Freude, nicht zuletzt im Spiel der Worte, die er alphabetisch ordnet.

Dem kommenden Richter und seinem Gericht läuft die Furcht voraus, Furcht signalisiert die Wirkung und Wirklichkeit des Kommenden.
Furcht signalisiert Nähe. Sie wächst in dem Schatten, den der Kommende vorauswirft, und sie ist die rechte Art und Weise, vom kommenden
Richter zu reden. Die Gottesfurcht zeigt, was das Reden von seinem
Kommen bedeutet. Ohne Furcht nimmt die Rede von Gottes Zukunft
den Charakter einer Spekulation an.

Die Furcht entscheidet zwar nicht über die Wahrheit der Predigt vom kommenden Gott, wohl aber über den Informationswert dieser Predigt. Sie macht die Predigt des kommenden Richters glaubhaft. Die Gottesfurcht erinnert an die Nähe seiner Zukunft, sie ist die Geistesgegenwart des kommenden Richters. Sie dokumentiert die Ansage von Zukunft als Wirklichkeit; sie selbst ist ein Geschöpf dieser Zukunft. Von meinen pneumatologischen Überlegungen her möchte ich sagen: Gottesfurcht ist die »Begeisterung« für den kommenden Richter. Sie erweist sich als Anfang der Weisheit (vgl. Spr 1,7 u.a.), weil in ihr Gottes Zukunft anfängt. In ihr wird der Prediger wissend, die Unwissenheit um den Kommenden hört auf. Kommt es im Hören zur Furcht als der Begeisterung für den Kommenden, findet der Prediger in ihr das Wort. Als »Schule der Weisheit« (Spr 15,33) wird die Gottesfurcht zur Lehrmeisterin geistlichen Redens, sie lehrt die Sprache und das Sprechen.

Indem wir der Gottesfurcht eine zentrale Bedeutung für das Predigen zuweisen, treffen wir uns mit *Ernst Fuchs,* der von andern theologischen Voraussetzungen her die Gottesfurcht das Kriterium dessen nennt, was wir heute andern Menschen von Gott sagen können und sagen müssen (346). Die existentiale Interpretation biblischer Texte ist dann »nichts anderes als der Versuch, in der Auslegung dieser Texte Gott allein fürchten zu lernen« (101). Wie wir zu diesem Versuch anleiten, wird in den Paragraphen über die Meditation (§ 21) und über den Schlüssel zum Hörer (§ 26) nachzulesen sein.

Fuchs zielt in den zitierten Äußerungen auf den Prediger und Ausleger. Die Prediger haben nicht die Aufgabe, Angst einzujagen und Furcht einzuflößen. Sie haben den Gott zu predigen, dessen Nähe und Offenbarung Furcht erregt. Als Zeugen dieser Nähe und Offenbarung sollen sie nicht ausziehen, das Fürchten zu lehren, sondern es selbst zu lernen, um mit der Furcht das rechte Wort zu finden. Wo aus der Gottesfurcht ein Gesetz wird, kann eine Predigt nur tödlich wirken: die Geister der Schwermut werden nicht ausgetrieben, sie werden eingeflößt.

Man kann auch sagen: Weil der Kommende beides in einem ist, Richter und Retter, läßt sich Gottesfurcht nicht von der Freude trennen – geht sie über in die Freude. Weil Gottesfurcht das Gottsein Gottes meint, kann sie nicht als Manko, sondern nur als Plus verbucht werden. In einem »Zeitalter der Angst«, das von Gottesfurcht nichts weiß, kann ihr Gnadencharakter nicht genug betont werden:

»Wenn wir die Gottesfurcht haben, dann fehlt uns nichts; haben wir sie nicht, dann sind wir bettelarm, und besäßen wir auch ein Königreich« (*Johannes Chrysostomus,* Komm. Phil, 4. Homilie).

Lehrt die Gottesfurcht die Sprache der Freiheit, wird der *Mut zur Einseitigkeit* zum Stilmerkmal gottesfürchtiger Predigt werden (vgl. § 14/I). Sie wird sich gerade des Stückwerkcharakters unseres Weissagens nicht schämen, wird nicht immer gleichzeitig von zwei Aspekten reden wollen. Was Moltmann »die Vermittlungs-Eschatologie« nennt, führt zur Sprachlosigkeit nicht nur im Ausmitteln von »präsentischer«

und »konsequenter Eschatologie« (bei Marsch, 207f), sondern auch im Wechselspiel von Retter und Richter. Als Prediger muß ich den Mut zur Einseitigkeit finden, je das eine zu sagen. Erkläre ich in der Predigt vom kommenden Richter allzu hurtig, daß er »derselbe« sei wie der kommende Retter, betreibe ich eine voreilige Versöhnung und sabotiere mit allzu großer Richtigkeit das Kerygma.

Eine weitere Auswirkung der Furcht ist noch zu bedenken: der *missionarische Elan*. Die Furcht vor dem kommenden Richter reißt die Predigt nach vorn, setzt den Prediger in Bewegung. Die Furcht vor dem kommenden Richter gibt der Predigt ihren missionarischen Impetus. Vielleicht darf man Paulus in dieser Richtung verstehen: »Weil wir nun die Furcht des Herrn kennen, suchen wir Menschen zu gewinnen . . .« (2Kor 5,11).

Möglicherweise darf man auch die unerhörte *Predigtfreudigkeit der Reformatoren* daher erklären, daß sie in besonderer Weise Gott fürchten lernten: »Die Reformation muß eine Zeit gewesen sein, in welcher der Ernst des Gerichtes Gottes so groß und ausweglos auf dem Plan war, daß nichts dem Menschen helfen konnte und die Verharmlosung des timor servilis (der knechtischen Furcht, R. B.) im Feuer des Zornes Gottes wie Spinngewebe verbrannte . . . Kein menschliches, sondern allein ›Gottes eigentliches Werk‹, also Jesus Christus als der für uns gestorbene und auferstandene Herr ist dieser Furcht gewachsen« (Iwand, 1797). So hat der Ablaßstreit seine Wurzeln in der Wendung, die die Furcht in der Hinwendung zu biblischer Theologie erfährt: »Wenn es jene Furcht nicht gäbe, so wäre weder Tod noch Hölle noch irgend eine andere Strafe bedrängend« (WA I,556). Die Reformation wäre demnach auf Grund einer gewandelten, erneuerten Gottesfurcht erfolgt.

Auch die *evangelistische Predigt* erhielt ihren Impuls, Seelen zu retten, aus der Gottesfurcht, auch wenn sich hier der Reformation gegenüber entscheidende Verschiebungen ereignet haben. So mahnt *Spurgeon:* »Fliehet alle Gedanken, die euch die ewigen Strafen weniger schrecklich erscheinen lassen, damit euer Eifer, unsterbliche Seelen vor dem ewigen Feuer zu retten nicht erlahme« (Ratschläge für Prediger, 1896, 329). An anderer Stelle versichert er: »Wir nehmen dem Evangelium seine Kraft, wenn wir ihm seine Strafandrohungen nehmen« (355). Der amerikanische Evangelist *Moody* ruft aus: »Wenn ich glaubte, es gäbe keine Hölle, würdet ihr mich nicht von Stadt zu Stadt gehen und Tag und Nacht damit verbringen sehen, zu predigen und das Evangelium zu verkündigen und die Menschen zu nötigen, der höllischen Verdammnis zu entfliehen. Ich würde die Dinge leicht nehmen« (zit. nach Otto Riecker, Das evangelistische Wort, 1935, 101 Anm. 1). In der Furcht vor dem kommenden Richter hat endlich auch der *Priester von Ars* gepredigt und gewirkt: »Ich wäre der glücklichste Priester, wenn nicht dieser Gedanke wäre, daß man als Pfarrer vor Gottes Richtstuhl erscheinen müsse« (Francis Trochu, Le Curé d'Ars, 1925[11], 644).

Furcht vor dem kommenden Richter wird hier verhandelt als Schulbeispiel für die Gottesfurcht überhaupt; sie kann es nur sein als *Gottes*-Furcht. Würde eine Geschichte der Gottesfurcht geschrieben, müßte diese kritisch fragen, ob im Kommenden jeweils wirklich Gott gefürchtet wurde, oder ob lediglich Phantasien der Angst als Gottesbilder fürchterlich wurden, ob gar irgendwelche Höllenvorstellungen den Platz Gottes eingenommen hatten. Nicht so sehr das Kommende, viel mehr der Kommende ist zu fürchten, der da ist und der da war. Gottesfurcht ist nicht auf den Kommenden einzugrenzen; aber sie ist von ihm her deutlich zu machen. Sie ist als Gabe des Geistes von ihm her zu qualifizieren. Darum ist vom Phänomen jeweils auf Gott selbst zurückzufragen; die Gottesfurcht ist nach ihrer Wahrheit zu fragen. Dabei gilt ein Satz Calvins nicht nur für die massiven Vorstellungen der Vergangenheit, sondern auch für Bilderstürmer der Gegenwart, die die biblische Rede vom kommenden Christus als überholt abtun möchten: »Wir sind ohne lautere Gottesfurcht den eignen Wahngebilden ausgeliefert.«

Freilich können wir die Furcht der Früheren nicht restaurieren, wir würden sonst allzu leicht den törichten Versuch unternehmen, Gottesfurcht durch Imagination zu gewinnen. Gottesfurcht würde dann zum Gesetz, ihre Predigt würde tödlich wirken. Robert Balz ist zuzustimmen: »Diese Furcht wird heute wie in biblischen Zeiten nicht vorgefunden, sondern nur geschaffen« (643). – Wenn sie in dem Schatten wächst, den der Kommende vorauswirft, wenn sie als »Begeisterung« für den kommenden Richter zu kennzeichnen ist, hat sie den gehört, der kommt. Gottesfurcht ist ein Hörerfolg.

Die Apokalyptik sagt den Kommenden für die ganze Welt an. Ohne Apo-
kalyptik bleiben Freude und Furcht sprachlos. In der apokalyptischen
Sprache »schafft« die Phantasie eine neue Welt. Die Phantasie ist in der
Geistesgegenwart schöpferisch unterwegs zur neuen Erde.

§ 16

APOKALYPTISCHE PREDIGT

Neben der schon genannten Literatur: *Karl Ludwig Schmidt,* Die Bildersprache in
der Johannes-Apokalypse, ThZ 3, 1947, 161ff. – Einerlei Hoffnung eurer Berufung.
Sammelband der Studienhefte zur Zweiten Vollversammlung des Oekumenischen Rates
der Kirchen (Evanston), 1954. – *Dietrich Rössler,* Gesetz und Geschichte, 1960. –
Geno Hartlaub, Apokalyptisches in der modernen Literatur, in: Abschied vom Christentum, Festschr. Hanns Lilje, 1964, 100ff. – *Ernst Käsemann,* Die Anfänge christlicher Theologie, in: Exegetische Versuche und Besinnungen II, 1964, 82ff. – *Ders.,*
Zum Thema der urchristlichen Apokalyptik, ebd, 105ff. – *Ders.,* Der Ruf der Freiheit,
1968³, 174ff. – *Max Peter Maaß,* Das Apokalyptische in der modernen Kunst, 1965. –
Johann Michael Schmidt, Forschung zur jüdischen Apokalyptik, VF 14, 1969, 44ff
(Lit.).

I

Die Sprache der Apokalyptik und unser Sprechen

Wie werden Furcht und Freude die Predigt gestalten, die versucht, den
Kommenden der Welt anzusagen und den Fragen der Zeit gerecht zu
werden? – Nachdem wir eine Problemskizze über die Aktualität der
Verheißung geliefert und nach inhaltlichen Kriterien der Predigtgestaltung gefragt haben, erörtern wir jetzt ein Spezialproblem, das heute besondere Aufmerksamkeit erfordert. Was hat das für unser Predigen zu
bedeuten, daß die biblische Eschatologie sich weithin der Sprache der
Apokalyptik bedient?

Kirche und Theologie haben die Apokalyptik weitgehend den Sekten
überlassen, der Kunst und leider auch den Generalstäben. Prediger, die
gerne modern sein wollten, vermieden apokalyptische Aussagen und
bewiesen damit die Antiquiertheit ihrer Verkündigung, indem sie die
Vorurteile von gestern für die Höhe der Zeit hielten.

Das Ausmerzen der Apokalyptik ist ein Signal für die Angleichung der
Kirche und ihrer Botschaft an das Kleinbürgertum und dessen Sekuri-
tät. Das Elend unterdrückter Massen und das Mitleiden des Künstlers
hatten eher ein Sensorium für das Apokalyptische; der Kommunismus
birgt in sich auch apokalyptische Züge, und Max Peter Maaß meint,

Gott spreche jetzt durch die Bilder der Maler zu uns wie einstmals durch die geistgeschenkte Einsicht der »Propheten« (256). Diese beiden Hinweise sollen andeuten, wie unermeßlich der Preis ist, den Kirche und Theologie für die Überwindung der Apokalyptik zahlten. Im letzten Jahrzehnt ist in der Theologie ein neues Interesse an der Apokalyptik erwacht, das aber noch kaum auf der Kanzel zur Sprache kam.

Wir gehen nun so vor, daß wir zunächst Notwendigkeit und Gefahr apokalyptischer Predigt herausstellen, um dann und damit nach ihrer sprachlichen Problematik zu fragen.

Die Predigt vom kommenden Christus hat apokalyptischen Charakter, es sei denn, sie verzichte, mit dem Kommenden die Zukunft der Erde anzusagen. Verkündigt sie den Kommenden nicht als für die ganze Erde kommend, bleibt die Predigt von vornherein im Bezirk des Privaten.

»Ohne Apokalyptik bleibt theologische Eschatologie stecken in der Völkergeschichte der Menschen oder in der Existenzgeschichte des einzelnen. Auch das Neue Testament hat das Fenster nicht geschlossen, das die Apokalyptik ihr in die Weite des Kosmos und ins Freie über die gegebene kosmische Wirklichkeit hinaus geöffnet hat« (*Jürgen Moltmann*, Theologie der Hoffnung, 124).

Predigt als Namenrede (vgl. § 5) benötigt die Apokalyptik, um die Relevanz des Namens auszusagen. Christliche Apokalyptik erklärt die Bedeutung des Namens für die Zukunft der Erde, auf der und an der Gottes Gerechtigkeit sich durchsetzen wird. »Mitte urchristlicher Apokalyptik ist nach der Johannes-Apokalypse wie nach den Synoptikern die Thronbesteigung Gottes und seines Christus als des eschatologischen Menschensohnes, die auch als Erweis der Gerechtigkeit Gottes bezeichnet werden kann.« Theologisch bedeutsam scheint mir vor allem dies, daß durch *Ernst Käsemann,* dem hier das Wort erteilt wurde, die enge Verknüpfung von Apokalyptik und Rechtfertigung herausgestellt worden ist (Exegetische Versuche u. Besinnungen II, 102f), während Moltmann sich gegen eine falsche Alternative wendet, die apokalyptischen Endschicksalsglauben und apokalyptische Zeitenberechnung gegen eine Ethik der Hoffnung setzt. Er bezeichnet christliche Eschatologie als »Tendenzkunde der Auferstehung und Zukunft Christi«, die unmittelbar in das praktische Wesen der Sendung übergeht (Theologie der Hoffnung, 177). Apokalyptische Predigt hilft die Zeit verstehen und Signale setzen zum Aufbruch aus den festen Lagern, sie ist Anleitung für den Exodus der Gemeinde und Tröstung in kommenden Verfolgungen. – Es kann hier nicht darum gehen, die Themen apokalyptischer Predigt zu katalogisieren und mit praktischen Ratschlägen zu versehen. Das Hauptproblem der apokalyptischen Predigt scheint in ihrer *Bildersprache* zu liegen und in der reichen mythischen Fracht dieser Sprache. Hier stellt sich in zugespitzter Weise das Problem des Übersetzens.

Zunächst ist die Notwendigkeit und das Recht dieser Sprache einzusehen. Wohl leben wir im Glauben und nicht im Schauen; aber der dies schrieb, wußte von himmlischer Entrückung und hatte Unaussprechliches gehört (2Kor 5,7 und 12,1ff). Die Hoffnung eilt dem Nicht-Schauen immer wieder voraus, sie kann nicht Hoffnung sein ohne Tendenz zur Zukunft und zu ihrem Schauen. Wohl ist und bleibt sie darin Hoffnung, daß sie nicht sieht – in der Schau Gottes würde die Hoffnung überflüssig. Aber nun ist Hoffnung nicht blind, tappt nicht im Dunkeln, sie schaut auf das Unsichtbare, ist Voraus-Sicht und Vor-Schau. In den Bildern trägt die Sprache diese Erde in Gottes Zukunft hinein. In und mit dem Heiligen Geist ist Gottes Zukunft schon da. – Neben einer theologischen Begründung der Bildersprache kommt eine anthropologische. Diese ist gegeben in der engen Verknüpfung von Hören und Sehen. Meine Erfahrung, das von mir Gesehene, hört immer mit. Was ich höre, stelle ich mir vor, und das heißt doch, daß ich auch mit den Augen höre. Sprache evoziert Bilder. Die Verheißungen Gottes höre ich mit dem, was meine Augen gesehen haben und sehen. So aber bleibe ich im Glauben und im Hoffen. Ich kann noch nicht schauen, aber im Hören sehe ich, und der Glaube selber »sieht«. »Sehende Augen gibt er den Blinden.«

Exodus gibt es nicht ohne Vor-Schau des neuen Landes. Wer nichts sieht und nichts ahnt von neuer Erde, kann nicht zum Exodus aufrufen. Apokalyptische Predigt als Wegweisung zur neuen Erde wird darum einen visionären Zug haben; vielleicht kann man auch sagen, sie hat utopischen Charakter. Das Bild der Zukunft bestimmt das Heute. Theologisch schwierig wird diese Bildersprache vor allem dort, wo sie von der Parusie spricht und das Kommen des Menschensohnes beschreibt. Können wir den Kommenden anders aussagen als so, daß wir ihn uns vorstellen? Verstoßen wir damit nicht gegen das Bilderverbot?

Zunächst wäre zu bedenken, daß die Johannes-Apokalypse selbst von den Bildern Distanz hält: Sie ist durchzogen vom »Wie« des Vergleichs und signalisiert damit das Ungenügen der Sprache, Gottes Zukunft anzusagen. Da wir den Kommenden nicht sehen, noch nicht sehen, übersteigt es unser Sprachvermögen, dieses Kommen zu beschreiben. Nicht alle Aussagen lassen sich freilich unter das »Wie« subsumieren, und die apokalyptischen Aussagen, die Paulus macht, wenn er von der Parusie spricht, sind keineswegs als indirekte Aussagen gemeint: Bildersprache will nicht übersetzt werden, sie will ins Bild setzen. Wird Gottes Zukunft in Bildern angesagt, etwa daß er auf den Wolken kommt, ist ein solches Bild nicht zu übersetzen. Aber wir sollen im Bild sein über sein Kommen! – Die Unübersetzbarkeit der apokalyptischen Bildersprache stellt uns vor die Schwierigkeit, daß der Kommende in Bildern einer vergangenen Welt angesagt wird. Aber nun hat offensichtlich die Apokalyptik eine Vergeschichtlichung des Kosmos eröffnet. Das heißt für unsere Sprache, die Bilder der Apokalypsen eröffnen Sequenzen von Bildern; die unübersetzbare Bildersprache der Apokalyptik ist erweiterbar, weil der Kosmos – die Welt, die wir sehen – unterwegs ist zu Gottes Zukunft. Das Apokalyptische in der modernen Kunst – ich erinnere hier nur an Salvador Dali – mag ein Zeichen dieses Unterwegs sein, das vom Prediger beachtet werden sollte. Dann aber ist die apokalyptische Bildersprache nicht zu verengen, sondern zu erweitern. Unsere Welt ist voll von apokalyptischen Visionen: Halten wir uns ans Wort, beachten wir auch das apokalyptische Bild; ein Film von apokalyptischen Bildern dieser Welt rollt vor uns ab.

Es wäre voreilig, wollte man diese Sicht als alternativ zum Entmythologisierungsprogramm sehen, das sicher einmal notwendig war zur Reinigung der Sprache. Es bedürfte ausgedehnter monographischer Untersuchungen, um zu beweisen, was hier nur vermutet werden kann, daß nämlich das Entmythologisierungsprogramm in seiner homiletischen Konsequenz die Gefahr einer Sprachverarmung in sich birgt, indessen es heute darum geht, die Predigtsprache zu erweitern. Vor allem ist der heillosen Abstraktion in unserer Predigt zu wehren: Auslegung gibt es nicht nur durch erklärendes Paraphrasieren, sondern durch neue Bilder. Bilder, die dem gezeigt werden, der die Welt im Licht des Kommenden sieht, dem sich auch die Sprache erneuert, ein Vorgang, der als Wachstum und Erweiterung der Sprache begriffen werden kann.

Um den zahlreichen hier möglichen Mißverständnissen wenigstens in einer Hinsicht vorzubeugen, sei vermerkt, daß das Stichwort »apokalyptische Predigt« eher ein Strukturelement im Auge hat als ein besonderes Thema. Gewiß gibt es apokalyptische Texte, die apokalyptisch gepredigt werden wollen; das Neue Testament zeigt aber, wie apokalyptische Elemente auch in andere Sprachformen aufgenommen werden. So bereichert die Apokalyptik die neutestamentliche Sprache auch außerhalb der Apokalypsen. Diese Beobachtung scheint mir für unser Predigen fruchtbar zu sein.

II

Eine apokalyptische Laienpredigt

Es fällt schwer, gute Beispiele apokalyptischer Predigt heranzuziehen; und mit dem Zitieren würden wir eher neue Mißverständnisse schaffen, weil in der Verdrängung durch die Kirche die Apokalyptik in den Sekten um so mehr wucherte. Zitate könnten darum allzuschnell in einem sektiererischen Sinne verstanden werden! So scheint es ratsam, hier auf – wie ich meine – gute Beispiele aus Predigten von Walter Lüthi, Helmut Gollwitzer und dem Schweden Olov Hartmann zu verzichten, um den Leser hier vor voreiliger Kritik zu bewahren. Mit dem Votum von Manfred Mezger im Ohr (vgl. § 15/I) wenden wir uns an den Kommentar von

Friedrich Dürrenmatt »Zu den Teppichen von Angers« (Theater –
Schriften und Reden, 1966, 40f), meinend, daß er uns zwar nicht ein ko-
pierbares Vorbild liefere, aber uns an die Aufgabe apokalyptischer
Predigt heranführe. Die »Laienpredigt« Dürrenmatts betrachtet im Medium der Bildteppiche das Ganze der Johannes-Apokalypse:

»Der fromme Glaube, der die Teppiche von Angers schuf, wissend um die Vergänglichkeit der Welt und dennoch ohne Verzweiflung, da es für ihn, noch wirklicher als
der Tod, die Auferstehung gab und das selige Erwachen der Christen auf einer neuen
Erde und in einem neuen Himmel nach den Schrecken der Apokalypse, hat einer Angst
Platz gemacht, für die das Jüngste Gericht nur noch das Ende bedeutet, eine schauerli-
che Götterdämmerung der Zivilisation, der, dank der Atombombe, das Nichts folgen
soll, das sinnlose Kreisen eines ausgebrannten Planeten um eine gleichgültig gewordene Sonne. Der Trost, daß auch das Zusammenbrechen aller Dinge Gnade ist, ja, daß
es die Engel selbst sind, die töten, ist der Gewißheit gewichen, daß der Mensch aus eigenem Antrieb ein Inferno der Elemente zu entfesseln vermag, das man einst nur Gottes Zorn zuzuschreiben wagte; und Grausamkeiten werden verübt, die jene des Teufels
mehrfach übertreffen. So ist Ereignis geworden, was Offenbarung war, aber es ist nicht
mehr ein Kampf um Gut und Böse, so gern dies jede Partei auch darstellt. Die Menschheit ist als ganze schuldig geworden, ein jeder will mit den Idealen auch die Kehrseite
retten: die Freiheit und die Geschäfte, die Gerechtigkeit und die Vergewaltigung. Der
Mensch, der einst vor der Hölle erzitterte, die den Schuldigen im Jenseits erwartete,
hat sich ein Diesseits errichtet, das Höllen aufweist, die Schuldige und Unschuldige in
einer Welt gleicherweise verschlingen, in der sich Gog und Magog nicht als Verbünde-
te treffen, sondern als Feinde gegenüberstehen. Unfähig, die Welt nach seiner Vernunft
zu gestalten, formte er sie nach seiner Gier und umstellte sich selbst mit den schwelen-
den Bränden seiner Taten, die jetzt seine Horizonte röten, ein Gefangener seiner eigenen Sünde. Seine Hoffnung ist nicht mehr jene des Gläubigen, das Gericht zu bestehen,
sondern jene des Verbrechers, ihm zu entgehen, und auch der Giftkelch, den er sich
selber mischte, soll von ihm genommen werden. Die Zeit ist in eine Wirklichkeit getaucht, die sie mit Blindheit schlägt, denn die Distanz, die zwischen dem heiligen Seher
und dem Bilde war, ist dahingeschwunden und mit diesem unendlichen Verlust, nicht
nur an Schönheit sondern auch an Welt, die Möglichkeit, die Apokalypse ohne jene
Verzerrung zu sehen, die sie heute durch die Gegenwart bekommt: die immer düsterer
aufsteigenden Wolken der Katastrophen verbergen die Strahlen der Gnade, die immer
noch nicht von uns genommen ist.«

Vorbildlich mag diese Laienpredigt für uns zuerst in dem sein, was
sie nicht tut. Die Texte, die in die Teppiche gewoben sind, werden nicht
fundamentalistisch wiederholt. Auch setzt sich Dürrenmatt nicht besser-
wisserisch über die Texte hinweg, sondern er behauptet sie, indem er
ihre Verzerrung durch die Gegenwart notiert. Der Mensch macht die
Apokalypse selber. Die Bilder haben zunächst keine Verdolmetschung
nötig, auch keine Erklärung. Nötig wäre vielmehr, sie unverzerrt zu sehen, »die Distanz, die zwischen dem heiligen Seher und dem Bilde war,
ist dahingeschwunden«. – Man beachte, wie anders der Laie hier
spricht als der »Fachmann«. Hier wird nicht darüber lamentiert, daß
die Vorstellungswelt der Apokalypse uns modernen Menschen fern sei,
beklagt wird der Mangel an Distanz zum Bild. Die Apokalypse bedarf
keiner Vergegenwärtigung, sie ist uns nur zu nah, verstellt durch unseren selbstgemachten Untergang. Der Weg zur Apokalypse und ihren

Bildern wird freigelegt, indem Dürrenmatt die Bilder von Angers konfrontiert mit den Bildern, die ihn bedrängen. Schwelende Brände röten die Horizonte, der Mensch wird gesehen als »Gefangener seiner Sünde«. »Die Zeit ist in eine Wirklichkeit getaucht, die sie mit Blindheit schlägt...«

Hat Dürrenmatt seinen »Text« zunächst als Gesetz und Gericht gehört, so bricht das Evangelium und die Gnade jetzt durch:

»Die wilden Bilder eines Dürer und eines Bosch sind Wirklichkeit geworden, die Wandteppiche von Angers ein verlorenes Paradies, in welchem dem Glauben, der Berge versetzt, möglich war, was uns jetzt, da wir es erleben, wie Hohn erscheint: die Welt auch noch im Untergang in jener Herrlichkeit zu sehen, in der sie erschaffen wurde, Anfang und Ende eine makellose Einheit, das Zusammenstürzen der Städte wie ein Spiel weißer Blüten im Wind, der Tod ein müheloses Hinübergleiten, blumenhaft selbst die Tiere des Bösen, eingehüllt alles in die Lichtfülle des Gottes, dem die Welt nur ein Schemel seiner Füße ist und dessen Kinder wir sind.«

Dieser Laienprediger hält die gute Schöpfung Gottes ins Ende hinein durch. »Schönheit wird die Welt erlösen«, heißt es einmal bei Dostojewskij. Apokalyptische Predigt hält die Schönheit durch bis zur Erlösung, sie weiß, daß die Erde durch ihre Untergänge hindurch schön bleiben und schön werden wird, weil es eben Gottes des Schöpfers und seines Christus Erde ist. Der Schriftsteller Dürrenmatt mag auch darin dem Prediger Vorbild sein, daß sein letzter Satz den ganzen Text krönt; der evangelische Schlußsatz bildet zugleich das Vorzeichen aller früheren Sätze. Apokalyptische Predigt jenseits von Patmos und Angers wird den Kommenden nicht als Kaputtmacher zeigen, sondern hinweisen auf »die Strahlen der Gnade, die immer noch nicht von uns genommen ist«, sie lehrt eine neue »Weltanschauung«, »die Welt auch noch im Untergang in jener Herrlichkeit zu sehen, in der sie erschaffen wurde«.

Was ist bei Dürrenmatt zu lernen? Das Gegenteil von dem, was in der Theologie weithin zu lernen ist. Dürrenmatt sagt nicht, die Naherwartung war Täuschung, die Vorstellungswelt der Apokalypse ist nicht mehr zeitgemäß. Er sagt, unsere Zeit ist der Apokalypse gemäß. Aber wir haben die Apokalypse karikiert, und die Sicht der Apokalyptiker erscheint uns »jetzt, da wir es erleben, wie Hohn«. Eine homiletische Bemühung um apokalyptische Predigt müßte jene Distanz wiederfinden, »die zwischen dem heiligen Seher und dem Bilde war«. Der Prediger braucht heute noch mehr, eine Distanz zwischen ihm und dem Weltgeschehen. Solche Distanz dehnt sich, wenn der Prediger in den Geist »versetzt« wird, der Prophetie ermöglicht. Anders ausgedrückt: In der apokalyptischen Predigt bildet auch und gerade die Furcht Gottes den Anfang der Weisheit. Wenn wir entzerren wollen, was uns jetzt »wie Hohn erscheint«, werden wir lernen, die Welt mit der Schrift und in den Gerichten die Gnade zu sehen. Dies ist genau die Distanz des Sehers zum Bild. Sie weiß, daß Gottes Offenbaren Geheimnis bleibt.

III

Von der Notwendigkeit der Phantasie für den Prediger

Gustav Siewerth, Art. Phantasie, LThK² 8, 435ff. Lit.angaben daselbst. – *Adolf Schlatter*, Das christliche Dogma, 1923², 104ff. – *Carl Gustav Jung*, Psychologische Typen, 1949⁸, 617ff. – *Philipp Lersch*, Aufbau der Person, 1956⁷, 369ff. – *Heinz Remplein*, Psychologie der Persönlichkeit, 1956², 336ff. – *Wilhelm Dilthey*, Dichterische Einbildungskraft und Wahnsinn, Ges.Schr. VI, 1958³, 90ff. – *Ders.*, Die Einbildungskraft des Dichters. Bausteine für eine Poetik, ebd, 103ff. – *Wilhelm Pöll*, Religionspsychologie, 1965, 195ff. – *Dorothee Sölle*, Phantasie und Gehorsam, 1968.

Das Problem der Phantasie, theologisch noch kaum durchdacht, bedarf einer Erörterung, die über die apokalyptische Predigt hinausgeht, wenn sie auch nicht ohne Grund eben an dieser Stelle verhandelt wird. Man wird gut tun, nicht bei ihrer Fragwürdigkeit zu beginnen, die sie als menschliche Kraft und Fähigkeit mit allem Menschlichen teilt und die sie in besonderem Maße dem theologischen Argwohn ausgesetzt hat (der seinerseits wieder fragwürdig ist). Erst im Lichte der Pneumatologie wird ihre Bedeutsamkeit theologisch faßbar. – In der theonomen Reziprozität (vgl. § 4/II) braucht der Heilige Geist für sein Werk nicht nur die Kräfte der Vernunft und des Verstandes, sondern auch die Phantasie. Die Phantasie begleitet den Geist, wenn er uns in alle Wahrheit führt, sie ist aktiv dabei, wenn er uns das Künftige offenbart. Phantasie, in die sich Heiliger Geist hineinmischt und hineinvermengt, wird zu einer Kraft der Neuschöpfung, wird kreativ. Schöpferisch ist sie zur Möglichkeit des jetzt noch Unmöglichen unterwegs. Sie ist am Erkennen, am Sprechen und an allem guten Tun beteiligt. Dem, der glaubt, sind alle Dinge möglich – mit Hilfe der Phantasie. Sie hat das Früh-Jahr im Sinn, die neue Erde. Sie vergegenwärtigt Vergangenes (vgl. § 9) und holt Künftiges her, sie stellt sich Gewesenes vor, um Neues zu finden. Sie malt sich Künftiges aus, um die Gegenwart zu verändern. Sie plant den Exodus aus jedem Diensthaus und überspringt die Mauern, die den Menschen in seinen Verhältnissen umgeben. Sie macht die Liebe erfinderisch im Dienst am Nächsten und im nächtlichen Lobgesang. Sie ist ebenso vielfältig wie das Wirken des Geistes und ebenso verschiedenartig wie das menschliche Sinnen.

Am besten, scheint mir, lasse sie sich an der apokalyptischen Predigt abhandeln; denn hier werden ihr Sinn und ihre Notwendigkeit in besonderer Weise evident: Wer einen Kommenden ankündigt, setzt Phantasie in Bewegung, teilt Phantasie mit, selber bewegt von Phantasie, es sei denn, dieses Kommen sei irreal und für unsere Erde irrelevant. Wenn nicht *diese* Erde, *diese* Schöpfung zum Neuen unterwegs wäre, könnte man auf Phantasie ruhig verzichten. Phantasie signalisiert Erwartung; auf Phantasie sind wir angewiesen, weil der Tag der Parusie noch nicht da, die neue Erde und der neue Himmel noch nicht erschaffen sind.

Zwischen den Zeiten schenkt uns die Hoffnung Phantasie; Phantasie ist eine Gnadengabe der Hoffnung. Der Geist, der die Zeiten überrundet, tut es in uns im Medium der Phantasie.

Ich lobe die Phantasie; aber ich verwechsle sie nicht mit dem Heiligen Geist selbst. Es gibt ja nicht nur »schöpferische« und »heilige«, es gibt auch »ängstliche«, »törichte«, »müßige«, »schmutzige« und »verdorbene« Phantasie. Die Polemik der Propheten gegen die falschen Propheten, die Selbstgeschautes und Erträumtes weissagen, ist nicht zu vergessen, und das Mißtrauen gegenüber der Phantasie wurzelt in der Einsicht in die Abgründigkeit des menschlichen Herzens, dessen Dichten und Trachten böse ist von Jugend auf. Aber der Glaube an den Heiligen Geist bleibt nicht bei dieser Einsicht, er wird vielmehr frei für das Spiel der Phantasie. Der Heilige Geist und also der präsente Christus in uns schafft und wirkt einerseits ein Neues in und durch die Phantasie der schöpferischen Menschen – auch außerhalb der Kirche. Er schafft andrerseits auch die natürliche Gabe der Phantasie neu und heiligt sie. Aber er selbst ist wohl von ihr zu unterscheiden. Weil die Phantasie nicht mit dem Heiligen Geist zu verwechseln ist, also imperfekt bleibt, völlig rein und völlig unrein zugleich, bedarf sie der Prüfung durch den Intellekt. Die Geister der Phantasie bleiben immer prüfende Geister. – Wenn wir im Folgenden über Phantasie sprechen, so meinen wir die Phantasie, die die Hoffnung schenkt, die der Heiligung bedürftig ist und der Kritik nicht entraten kann.

Aber auch als imperfekte hat die Phantasie ihre Qualität; sie ist Ausdruck der Freiheit, vermag Raum und Zeit zu überfliegen und macht vor dem Unmöglichen nicht halt. Sie ist wie der Igel immer vor dem Hasen am Ziel! Sie sieht, was noch nicht ist, sondern erst wird. In ihr ist der Mensch sich selbst voraus, er ex-istiert, tritt aus sich heraus in die Freiheit, ohne sich zu verlieren. In ihrem Imperfekt ist sie perfekt. Darum gibt es keine Parrhesia, keine Vollmacht in der Predigt ohne Phantasie, und zum Dienst am Wort gehört das Spiel der Phantasie. Wie aber spielt die Phantasie in der Predigt? Was leistet sie für die Predigt? – Wir können hier nur in Stichworten antworten, wohl wissend, daß eine solche Antwort nur fragmentarisch sein kann. Auch müßte man das Folgende mit dem über die Meditation zu Sagenden, zusammenbringen (vgl. § 21).

1. Phantasie im Dienste der Erinnerung

Phantasie eilt der Erinnerung zu Hilfe. Phantasie erscheint zunächst als eine Magd der Erinnerung.

Adolf Schlatter sieht die Phantasie als Wissensersatz bei den biblischen Schriftstellern: »Mit allen Dunkelheiten seines historischen Rückblicks und seines prophetischen Vorblicks ist der biblische Erzähler der Diener Gottes, der die Erinnerung an ihn erweckt und seinen Willen kundtut. Tut er es nicht als der Wissende, so tut er es als der Träumende. Versagt sein Auge, so tritt die Phantasie ein und füllt notdürftig die Lücke und auch so leitet er die göttliche Gabe weiter, die in den Geschichtslauf eingetreten war, und macht sie für die Späteren fruchtbar. Daß er nicht nur als der Wissende und Denkende, sondern auch der Dichtende und Träumende Gott zu dienen hat, ist darin begründet, daß er Mensch ist und wir Menschen den Übergang vom Denken ins Dichten nicht stillstellen können; diese Forderung streitet gegen das uns gegebene Lebensmaß« (377). – Unterscheidet Schlatter zuerst zwischen Wissen und Denken, Dichten und Träumen, so betont er zum Schluß des Zitates, daß dieser Unterschied praktisch nicht aufrechtzuerhalten ist, können wir doch »den Übergang vom Denken ins Dichten nicht stillstellen«. – *Karl Barth* wiederholt diese Unterscheidung in seiner Engellehre. Er spricht dort von Phantasie, wo er von den Engeln als den hervorgehobenen Repräsentanten des Geheimnisses der biblischen Geschichte handelt. Darum gehört Phantasie zum Glauben, weil der Glaube dem Gott anhängt, der Geheimnis ist. Er setzt der historisch verifizierbaren Geschichte die Sage und Legende gegenüber, die nur von der divinatorischen Phantasie erfaßt und nur in der Anschauung und Sprache der Dichtung wiedergegeben und dargestellt werden kann (KD III/3, 432). A propos Engel: Vielleicht hat nicht nur die Phantasie etwas mit Engeln zu tun, vielleicht haben die Engel auch etwas mit Phantasie zu tun, als Botschafter, die die Phantasie beflügeln. Wer predigen will, soll nicht Abschied nehmen von Engeln.

Die Phantasie leistet hier ihren Magd-Dienst an der Erinnerung als Zudienerin, ja als Lückenbüßerin. Sie tritt in Funktion, um Unwissenheit zu überspielen, hilft da weiter, wo das Auge versagt. Wo die historisch verifizierbare Geschichte in Sage und Legende übergeht, setzt die Dichtung ein. Diese Unterscheidung würde, wollte man sie nutzen, um der Phantasie den Platz anzuweisen, zu gering von der Phantasie denken. Schon die historisch verifizierbare Geschichte kann nicht ohne Phantasie dargestellt werden. Indem der Heilige Geist auch unsere Phantasie nutzt, vergegenwärtigt er Vergangenheit und erfindet in der Erinnerung neue Möglichkeiten für die Gegenwart und Zukunft. In der Phantasie wird Erinnerung lebendig, und die Begeisterung für das Alte findet das Künftige. So brauchen wir für das predigende Erzählen Phantasie, sie gibt der Erinnerung Farbe.

Auch ein Zitieren ohne Phantasie bliebe blind. Predigen wir biblische Geschichte, durchdringen wir sie hoffentlich nicht nur mit unserem Verstand, sondern auch mit unserer Phantasie, sei sie uns nun als Historie oder als Sage überliefert. Die Phantasie überrundet die Vergangenheit, holt sie ins Heute. So überholt sie die Gegenwart und versetzt diese ins Damals der Geschichte. Damit bedenkt sie die künftigen Möglichkeiten. Die Phantasie datiert unsere Gegenwart zurück und projiziert die Geschichte in unsere Gegenwart. Auf diese Weise bricht sie die Gegenwart auf und betrachtet das Wirkliche als veränderbar. Nur wenn mich die Geschichte nichts angeht, kann ich sie ohne Phantasie berichten. Bleiben Prediger ohne Verstand nichtssagend, können Prediger ohne Phantasie nichts sagen!

Schlatter meint in anderem Zusammenhang, daß da, wo wir die sinnliche Anschauung im Denken ausschalten würden, wir auch zur Verneinung der Natur kämen (105). Es wäre wohl möglich, daß die landläufige Abstraktheit auf Phantasiemangel beruht; denn dank der Phantasie wird Wirklichkeit entdeckt und anschaulich gemacht (Lersch, 378). Der Verzicht auf Phantasie wird bezahlt mit einem Verlust an Wirklichkeit. – Soll demgegenüber die Phantasie helfen, Text und Welt zusammenzubringen und der Zukunft zu öffnen, dann wird zur Predigtarbeit auch das Spiel der Phantasie gehören, das signalisiert, daß Predigtvorbereitung ein sabbätlich Werk sei, das im Raum der Freiheit geschieht!

2. Phantasie und Apokalyptik

Es wäre illusionär, wollte man die apokalyptischen Bilder einfach reproduzieren. Andrerseits erscheint es als kurzschlüssig, auf sie verzichten zu wollen. Fundamentalistische Wiederholung apokalyptischer Bilder erscheint ebenso antiquiert wie ein existentialistischer Bildersturm. Was tun?

Wir blenden darum zurück auf *Martin Luthers* Auslegung von 1Kor 15, die vielleicht weiterhilft, wobei wir uns auf das Herausheben dreier Gesichtspunkte beschränken müssen (WA 36, 492ff): erstens warnt Luther im Blick auf die Auferstehung vor dem Klügeln und Philosophieren. Menschliche Weisheit und Vernunft bleibt an das Augenfällige gebunden und vermag nicht zu leisten, was allein das Werk des Heiligen Geistes ist. Wir müssen uns darum ans Wort halten, der Vernunft kommen »soviel wunderliche, seltzame, ungereimpte gedancken fur, das sie mus sagen, es sey nichts dran« (WA 36,493). Aber nun verhindert – zweitens – die Beschreibung, das zu sehen, »was sie zeigt«. Luther betont die Unanschaulichkeit der Auferstehung und zieht die Parallele zum angefochtenen Gewissen, das sich nicht auf die sichtbaren Werke und ihr Gesetz stützen kann, sich vielmehr ans Wort der Gnade halten muß. Luther warnt also vor Illusionen, braucht durchaus die Vernunft zur Reflexion, bleibt aber nun nicht bei der Unanschaulichkeit der Auferstehung stehen, wie dies heute viele Prediger tun: Weil er – und damit kommen wir zum dritten Gesichtspunkt, auf den es jetzt vor allem ankommt – um die Worthaftigkeit der Auferstehung weiß und sich ans äußerliche Wort der Schrift hält, gewinnt er die Freiheit der Phantasie. Er sieht, wissend, daß er noch nicht im Schauen lebt. Indem er konkret hofft, wächst seine Sprachkraft, seine apokalyptische Phantasie erfindet eine Anschaulichkeit sondergleichen. Der Reflexionsprozeß, den er durchmacht, setzt ihn frei, über die Auferstehung zu phantasieren, während sein Phantasieren frei ist in der Bindung an die Schrift.

Das bei Luther Beobachtete bedarf noch einer weitern theologischen Reflexion, wenn anders der Dreischritt »Bindung ans Wort – Unanschaulichkeit der Auferstehung – Phantasie« nicht zu einer unverbindlichen Narrenfreiheit der Phantasie führen soll; die Dialektik ist noch einmal zu betonen: Indem die Auferstehung unanschaulich ist für uns, indem das Reich Gottes nicht in Essen und Trinken besteht, bleibt die Phantasie, wie die Vernunft, unfähig zum Erfassen der Auferstehung und des Reiches Gottes. – (Es wäre sicherlich kurzschlüssig, wollte man gegenüber einer bisherigen Mißachtung der Phantasie den Intellekt verdächtigen und die Phantasie für diesen Bereich als allein zuständig erklären.) Aber nun ist die Schöpfung nicht von der Neuschöpfung zu trennen, das ganz Andere der Auferstehung erlaubt nicht eine Leugnung der Identität zwischen irdischem Leib und Auferstehungsleib. Die Schöpfung ist gleichnisfähig für die Vollendung und die Welt voller Bibel. Wir können von Gottes neuer Welt nur in der Sprache unserer Welt reden. So halten wir im Reden und im Phantasieren das Alte ins Neue hinein. Phantasie ist am Platz und keine eitle Phantasie insofern, als die neue Erde nichts anderes sein wird als diese Erde neu. Versagt alle Phantasie gegenüber der Unanschaulichkeit der Auferstehung und des Reiches Gottes, kann sie angesichts der Zukunft nur Gott fürchten und sich seiner Verheißungen freuen, so hat sie als irdische Phantasie ihr Recht darin, daß Schöpfung und Erlösung zusammengehören. Es ist aus diesem Grunde nicht möglich, die Sprache der Phantasie als minderwertig zu disqualifizieren. Ein Bild kann mehr besagen als ein Gedanke, und ein Gleichnis kann präziser sein als eine Definition. Jesu Gleichnisse, schönster Ausdruck seiner Phantasie, machen die präzisesten Aussagen über das Himmelreich. Darin liegt die Parrhesia bildhafter Verkündigung, nicht daß sie unintellektuell wäre, sondern darin, daß sie der Intelligenz gegenüber einen Vorsprung hat. »Wenn durch die Phantasie nicht Sachen entstünden, die für den Verstand ewig problematisch bleiben, so wäre an der Phantasie nicht viel.« Der Satz stammt von Goethe (zit. nach Dilthey VI, 207), erscheint aber gerade für die apokalyptische Predigt bedeutsam.

Am Beispiel Dürrenmatts mag deutlich werden, daß vis à vis einer Darstellung der Apokalypse die eigene Gegenwart ihre Enthüllung und Entschleierung, ihre Apokalypsis findet: »Der fromme Glaube ... hat einer Angst Platz gemacht ...« Im Anschauen der Apokalypse wird die eigene Zeit transparent, setzt Phantasie frei zu einer neuen Sicht der Gegenwart. Mehr noch: die Voraussicht auf die neue Erde setzt hier revolutionierende und erneuernde Kräfte frei.

Es ist kein Zufall, daß ein Vertreter des Social Gospel mit besonderer Kühnheit die Notwendigkeit der Vorschau betont: »Jeder Prediger sollte Visionen sehen und Träume träumen vom Reich der Himmel, ehe er es wagt, von der geheiligten Kanzel zu sprechen. Er sollte die Vision von dem in diese Welt kommenden Reich Gottes ebenso klar und wahr vor sich sehen wie Julius Caesar oder Napoleon Visionen von den großen Weltreichen sahen, über die sie herrschen wollten ...« (*W. S. Douds*, Thy Kingdome Come – Why Not Now? 1940, 37, zit. nach Hans-Gernot Jung, Befreiende Herrschaft, 1965, 20).

Weil Christus verheißt: »Siehe, ich mache alles neu«, hat der Prediger die Aufgabe zu entdecken und anzusagen, was er jetzt neu macht. Eine noch so phantastische Schilderung der neuen Erde hilft nichts, wenn sie nicht zum Vorschein bringt, was jetzt neu wird. Die apokalyptische Predigt kann und darf sich nicht mit Ausmalen von Zukunft begnügen, weil sie den Einbruch und Anbruch der Zukunft Christi anzusagen hat.

Was *Guillaume Apollinaire* vom Dichter fordert, mag darum Gleichnis sein für die Aufgabe der Predigt: war die Fabel von Ikarus einmal eine angenommene Wahrheit, ist sie es nach der Erfindung der Fliegerei nicht mehr: »Nachdem die Fabeln sich zum größten Teil verwirklicht haben, liegt es am Dichter, darüber hinaus neue zu erfinden, welche die Erfinder ihrerseits verwirklichen können.

Der neue Geist erfordert, daß man sich solche prophetischen Aufgaben stellt. Darum werdet ihr in den meisten, gemäß dem neuen Geist verfaßten Werken eine Spur von Weissagung finden. Die göttlichen Spiele des Lebens und der Phantasie entwickeln eine ganz neue dichterische Aktivität« (zit. nach Ars Poetica, hg. v. Beda Allemann, 1966, 83). Auch was er später bemerkt, mag Gleichnis sein für den Prediger: »Der Dichter erfindet neue Freuden, seien sie auch schwer zu ertragen« (84).

Es kann zunächst schockieren, den Prediger mit dem Dichter zu vergleichen, der neue Fabeln erfindet; der Vergleichspunkt liegt darin, daß diese Fabeln Geschichten sind, in denen Zukunft zum Vor-Schein kommt. Darum geht es in der Predigt vom Kommen Christi. – Weiter will beachtet sein, daß Apollinaire ausgeht von der Verwirklichung der Ikarus-Fabel in der modernen Fliegerei. In der von der Apokalyptik eröffneten Vergeschichtlichung dokumentiert die Phantasie ihre Freiheit für die Parusie Christi.

Somit ist die Phantasie beschäftigt mit dem Letzten und Vorletzten, mit dem Jüngsten Tag und mit der Endzeit, mit der Nähe der Zukunft und dem, was von ihr zum Vor-Schein kommt. Im Blick auf die Parusie entwirft sie das Morgen, erfindet – um mit Apollinaire zu reden – neue Fabeln.

Ein gutes Beispiel solcher apokalyptischer Phantasie bildet *Martin Luther King* mit seiner berühmten Ansprache auf dem Marsch nach Washington 1963: »Ich habe einen Traum, daß diese Nation eines Tages sich erheben und die wahre Bedeutung ihres Glaubens verwirklichen wird ... des Glaubens, daß alle Menschen gleich geschaffen sind ... Ich habe einen Traum, daß eines Tages ... die Söhne früherer Sklaven und die Söhne früherer Sklavenhalter gemeinsam am Tisch der Brüderlichkeit sitzen werden« (zit. nach EvKom 1, 1968, 248f). In diesem Traum sieht King noch nicht die neue Erde, wohl aber ein Zeichen der neuen Erde. Kurz vor seinem Tod sagt er in einem Interview: »Ich will nur Gottes Willen tun. Und der Herr hat mir gewährt, daß ich auf dem Berge stehen durfte. Ich habe hinunter gesehen, ich habe das gelobte Land gesehen ... Ich fürchte keinen Menschen. Denn meine Augen haben die Herrlichkeit von Gottes Kommen gesehen« (ebd, 242).

Die Visionäre sind es, die das Antlitz der Erde verändern. Martin Luther King zeigt, wie dümmlich es ist, wenn man Phantasie und Traum der Weltfremdheit verdächtigt. Damit sind wir bei einem neuen Gesichtspunkt angelangt, der besonderer Überlegung bedarf.

3. Praktische Phantasie

Für ihren Gottesdienst im Alltag der Welt braucht die Gemeinde nicht weniger Phantasie als für ihren Gottesdienst in versammelter Gemeinde, von dem noch die Rede sein soll. Phantasie hat es mit dem Tun zu tun. Adolf Schlatter nennt sie »das Vermögen, mit dem wir unser Wollen in unser Bewußtsein heben und zum Bestandteil unseres personhaften Lebens machen« (105). So wird sie schöpferisch.

Diese Phantasie hat *Dorothee Sölle* sehr schön beschrieben: »Die Phantasie Christi ist Phantasie der Hoffnung, die nichts und niemanden aufgibt und sich von den konkreten Rückschlägen nur zu neuen Erfindungen provozieren läßt. Die Phantasie des Glaubens hält am Bilde einer gerechten Gesellschaft fest und läßt sich das Reich der Gerechtigkeit nicht ausreden. Die Phantasie ist das ›know how‹, das ›gewußt wie‹ der Liebe, sie geht nicht schlafen, bevor ihr nicht etwas eingefallen ist, sie ist unerschöpflich im Erfinden besserer Wege. Sie ist produktive Unendlichkeit für andere« (69). (Die kleine Schrift enthält gerade auch für den Prediger viel Bedenkens- und Beherzigenswertes, der mit der Theologie der Verfasserin nicht übereinstimmt!) Vielleicht mag es mit der Christologie von Dorothee Sölle zusammenhängen, daß die Phantasie bei ihr – wenn ich recht sehe – im Bereich der Forderung, also unter dem Vorzeichen des Gesetzes gesehen wird. Obwohl sie im Interesse des Glücks von der Phantasie spricht, scheint die Phantasie ein Postulat zu bleiben, das den Menschen überfordert. Darum möchte ich Phantasie primär nicht als Tugend begreifen, sondern als Gnadengabe. – Fragwürdig erscheint die Gegenüberstellung von Phantasie und Gehorsam dann, wenn man nicht vom Mißbrauch des Gehorsams ausgeht, der nicht zu leugnen ist, sondern den Gehorsam vom Hören her zu begreifen sucht.

Der Heilige Geist schenkt mit der Liebe die Phantasie, die sich nicht gefangen nehmen läßt vom Zwang der Verhältnisse, die erfinderisch das Unmögliche überwindet. So lassen sich die Vier mit dem Gichtbrüchigen nicht abschrecken dadurch, daß ihnen der Weg zu Jesus versperrt ist. Sie decken das Dach ab (Mk 2,1ff). Die Phantasie bringt ihnen das »know how« bei. In ihr gibt es die Begeisterung für das Mögliche angesichts des Unmöglichen. Mit ihrer Hilfe überwindet der Glaube die Welt. Sie ist die Strategin, die den Glauben zum Sieg führt, die Anführerin im heiligen Krieg um das kommende Reich, und in der Direktion christlicher Mission gebührt ihr das erste Wort.

Als Gnadengabe aber kann sie nicht einfach verlangt werden. Georg Eichholz machte mich in einem Gespräch darauf aufmerksam, daß man in freier Übersetzung Phil 1,1–9 so verstehen dürfe, daß Paulus um Phantasie für die Gemeinde bitte, um die Phantasie, die geistesgegenwärtig das Rechte zu tun weiß. Er verlangt nicht Phantasie, indem er ihr zuruft: »Laßt euch endlich etwas einfallen«, er spricht – fürbittend – der Gemeinde zu. – So wird denn der Prediger gut tun, seine Gemeinde nicht zu überfordern, vielmehr für seine Gemeinde zu fordern – nicht zuletzt praktische Phantasie. Da die Predigt vom Glauben nach Gal 3,2 den Geist schenkt, wird sie mit dem Geist auch die Freiheit zur Phantasie schenken und also zu Einfällen ermächtigen. Die Predigt vom Glauben wird die Gemeinde mit Phantasie begaben. Der Prediger wird seinerseits solche Fürbitte nötig haben, wie sie den Philippern zuteil wird; denn er braucht ja auch und gerade Phantasie, um der Gemeinde zu sagen, was jetzt recht ist und was nicht. Wer die Gemeinde mobilisieren und auf den Weg bringen will, braucht Phantasie, wer Wege weisen will, muß sie erfinden. Daß er sogar die »erfinden« muß, die er auf den Weg schickt, steht auf einem andern Blatt (vgl. § 26/I).

4. Doxologische Phantasie

Claus Westermann, Das Loben Gottes in den Psalmen, 1963³. – *Reinhard Deichgräber,* Gotteshymnus und Christushymnus in der frühen Christenheit, 1967.

Wenn der Geist Christus verherrlicht, reinigt er vorhandene und begabt mit neuer Phantasie. Er befähigt die Phantasie, das neue Lied zu erfinden. Der Schöpfer Geist begeistert zum Loben und Singen, zum schönen Geschrei einer neuen Geburt: Geraten die Liebe zu Gott und die Hoffnung auf sein Kommen ins Phantasieren, werden sie schöpferisch. Sie gewinnen Sprache, sie »erheben« den Herrn. Sei es, daß sie die Zukunft Christi predigen, damit es zum Lob komme, sei es, daß sie predigend loben. Wie zum Lob das Erzählen gehört, gehört das Loben zum Predigen. Predigen heißt verherrlichen, heißt ins Singen bringen. Und wo recht gepredigt wird, ertönt alsbald der Schrei der Neugeburt. Solange unser Lob nicht frei ist für die Phantasie, bleibt es langweilig und zähflüssig, weil es blind bleibt für die Wunder, die Gott jetzt tut. Ohne Phantasie werden wir nie in der Lage sein, das neue Lied zu singen, werden wir immer nur das alte Lied singen, weil der Mut und die Zuversicht fehlen, die Erde in Gottes Zukunft hineinzustellen, etwa im Sinne des Psalmisten, der die Ströme zum Händeklatschen ermuntert (98,8); oder im Geist des Christushymnus, der irdisch, unterirdisch und überirdisch die Anbetung aller Welt im Blick hat (Phil 2,10).

Doxologische Phantasie, proklamatorische und anbetende Hymnik fanden wir etwa in den Predigten Hofackers (vgl. § 10/II/1). Sie ist heute weitgehend verschwunden. Erst wenn es gelingt, die Lyrik wieder in den Gottesdienst zu integrieren, wird es hier zu einer Wendung kommen. – An Beispielen wäre hier zu nennen: *Hans Arp,* Immerwährende lichte Gestirne, in: Logbuch des Traumkapitäns, 1965, 54f. – *Kurt Marti,* das herz der igel, in: gedichte am rand, 1968², 68f. – *Ernesto Cardenal,* Zerschneide den Stacheldraht, 1968².

Weil wir im letzten Abschnitt der drei letzten Paragraphen jeweils den Prediger mitbedenken mußten, werde er zum Schluß mit einem Wort Goethes ermuntert, das als Lob der Phantasie den Deutschen zugedacht war, für einen angehenden und amtierenden Prediger aber insonderheit nützlich sein mag: »Die Deutschen machen mit ihren Ideen, die sie in alles hineinlegen, das Leben schwerer als billig. Habt doch endlich einmal die Courage, euch den Eindrücken hinzugeben, euch ergötzen zu lassen, euch rühren zu lassen, erheben, belehren, zu etwas Großem entflammen, aber denkt nicht immer, es wäre alles eitel, wenn es nicht irgendein abstrakter Gedanke oder Idee wäre« (zit. nach Dilthey VI, 206f).

C

PREDIGT DES GEGENWÄRTIGEN

Der Erinnerte und der Verheißene hat viele Weisen des Gegenwärtig-seins. Jede Weise der Gegenwart ist seine Gegenwart und als solche aus-zusagen; aber jede Weise ist nur eine unter vielen.

---

§ 17

VIELFÄLTIGE GEGENWART

I

Voraussetzung: Geistesgegenwart

Wo ist der, von dem wir sagen, daß er war und daß er kommt? Wo ist der, von dem wir sagen, er sei dagewesen, und er werde hier sein? Wo ist der, dessen Namen wir heute predigen? – Vergangenheit wird zur Schattenbeschwörung und Zukunft zur Illusion, wenn nicht beide, Vergangenheit und Zukunft, auf seine Gegenwart bezogen werden. Aber wie sollen wir seine Gegenwart aussagen? Es genügt nicht zu sagen, er sei, sondern, er sei da und er sei so. Gegenwart will da und will so sein. Ohne konkrete Ortsangabe verflüchtigt sie sich zur Schein-Gegenwart. Ohne Beschreibung der Art und Weise, wie Gegenwart da ist, bleibt Gegenwart beinahe unwirklich. Alle Gegenwart, die nicht das Da- und das So-Sein auszusagen vermag, besagt so etwas wie Nicht-Gegenwart. Gegenwart qualifiziert sich durch ihre Relation zum Hier und Jetzt. Die Schwierigkeit ist nun die, daß die Gegenwart komplex, vielfältig erscheint. Sie ist nicht nur hier und jetzt, sie ist da und dort, nicht mehr da und noch nicht dort, oder schon da und auch dort. Ebenso verwirrend vielfältig ist sein So-Sein, das sich nicht ein für allemal fixieren läßt. Es ist so und so, hoch und niedrig, für sich allein und wo auch immer. Die Vielfalt und Mannigfaltigkeit in seinem Dasein und Sosein erschwert das Reden von seiner Gegenwart. Die Erinnerung kann hinsichtlich der Vergangenheit sagen: Er war da und er war auf diese bestimmte Weise da. Die Verheißung kann hinsichtlich seiner Zukunft sagen: Er wird da sein und er wird auf diese bestimmte Weise dasein. Wie ich keinen umfassenden Begriff für die Gegenwart analog der Erinnerung im Blick auf die Vergangenheit und der Verheißung im Blick auf die Zukunft habe, so kann ich jetzt und hier nur sagen: Er ist da und dort und er ist es auf diese und jene Weise, was heißen will, er hat sozusagen jede Möglichkeit, auf jede Weise da zu sein, und jede Möglichkeit, an jedem Ort auf jede verschiedene Weise da zu sein. – Ich sage »sozusagen«, weil er nicht als sein Gegenspieler da sein kann. – »Mir ist alle Macht gegeben im Himmel und auf Erden« (Mt 28,18), das schließt in sich die Macht, in aller Vielfalt da und dort zu sein – und eben diese seine Macht übersteigt die Möglichkeiten unserer Sprache. Wir können seine Gegenwart immer nur in Aspekten, nie voll umfänglich, immer nur teilweise aussagen. Wir können von seiner Gegenwart immer nur einseitig reden. Wir stehen hier noch einmal vor dem Problem, das wir in der Einheit und Differenz von Richter und Retter antrafen (vgl. § 14/I), daß wir ihn nur im Fragment zur Sprache bringen können. Dann aber steht die Predigt in der Gefahr, die vielen Aspekte seines Daseins und Soseins zu verselbständigen, so daß verschiedene Christusse verkündigt werden. Angesichts dieser Gefahr muß nach der Einheit in der Vielfalt seiner Gegenwart zurückgefragt werden. Die verschiedenen Weisen, da zu sein, meinen die Geistesgegenwart des einen, dessen Namen wir predigen, von dem wir durch die Schrift Kenntnis haben (vgl. § 4). Wer nach seiner Geistesgegenwart fragt, fragt nach dem in der Erinnerung Verheißenen und dem in der Verheißung Erinnerten. Die Geistesgegenwart ist jene Zeitspitze des Nicht-Mehr und Noch-Nicht, jene Höhe der Zeit, in der sich Erinnerung und Verheißung kreuzen und der Genannte im Nennen da ist, also *hier* ist, also *jetzt* ist. Die Geistesgegenwart ist der Augenblick des Namens, in ihr wird die Differenz zwischen dem Nennen und zwischen dem Genannten aufgehoben. Sie geschieht, und die Predigt – im weitesten Sinn des Wortes – ist der Ort, an dem der Gemeinde die Gegenwart des Geistes aufgezeigt wird, wo die Gemeinde selbst geistesgegenwärtig wird. Vollzieht sich Geistesgegenwart als freie Tat, als Geschehen des Geistes in unserer Gegenwart, wird sie zu *unserer* Gegenwart. Geistesgegenwart meint uns mit. Der Begriff der Geistesgegenwart läßt sich von der theonomen Reziprozität her klären, als Gegenwart des Geistes Jesu Christi, in der mein Geist, in der ich selbst Gegenwart habe. Die Gegenwart des Schöpfergeistes wird zum Zeitpunkt der schöpferischen Phantasie, zur Gegenwart meines Geistes.

Karl Barth hat oft und gern an Calvin erinnert, der bei seinen Vorlesungen eine Pelzmütze trug und diese von Zeit zu Zeit über die Augen herabzog, um mit dem Finger nach oben zu zeigen. Ich meine, daß damit sowohl die Predigt des Gegenwärtigen als auch das Wesen der Geistesgegenwart anschaulich zu machen ist. Wer den Gegenwärtigen predigen will, muß es gleichsam mit verbundenen Augen tun, es sei denn, er schaue den Erhöhten als Visionär: Er predigt einen Unsichtbaren (vgl. 2Kor 4,18). Diesen Unsichtbaren aber muß er »sehen«, anders kann er ihn nicht predigen. (Ich erinnere an das »Sehen« und »Schauen« im Psalter und an das »Sehen« im Johannes-Evangelium.) In der Geistesgegenwart lernt der Glaube »sehen« (vgl. § 27/II). »Sehende

Augen gibt er den Blinden«, und in diesem Sehen vollzieht sich eine theonome Reziprozität, die Christus treibt. Er entdeckt sich, indem er entdeckt wird. Er bringt sich selbst zur Sprache, indem von ihm gesprochen wird. Er vergegenwärtigt sich, indem er vergegenwärtigt wird. Er kommt in unserer Sprache zum Wort. Dies ist jene Höhe der Zeit, die wir Geistesgegenwart nennen. Sie ist sowohl für den einzelnen als auch für die Gemeinde die aus der Erinnerung und Verheißung geschenkte Freiheit, selbst auf der Höhe der Zeit zu sein, frei zu sein auch für den Geist der Zeit. Geistesgegenwart macht uns der Zeit gegenwärtig, in der wir leben. Sie schließt uns die Zeit auf, eröffnet Präsenz. Noch mehr: In Erinnerung des Gekommenen und in Erwartung des Kommenden heißt Geistesgegenwart praktisch, seiner Zeit voraus sein, heißt frei sein vom Geist der Zeit und seinen Zwängen, heißt Distanz gewinnen. So wird die Geistesgegenwart zu einer kritischen Instanz, sie bestimmt ihrerseits Erinnerung und Verheißung, wie sie auch die Geister der Zeit kritisch in Frage stellt. Im Rückgriff auf die Erinnerung einerseits und im Vorgriff auf die Verheißung andrerseits fragt sie, wes Geistes Kinder gegenwärtig schalten und walten, was für ein Geist im Heute und Jetzt sein Wesen treibt, was denn zu binden und zu lösen sei. Geistesgegenwart wird zur Krisis aller andern Gegenwart. Die Gegenwart wird durchschaut. Ein solches Durchschauen der Gegenwart hilft auch, die Art und Weise seiner Gegenwart anzusagen, in der er dort, hier und jetzt ist. Es zeigt, was jetzt von seiner Gegenwart auszusagen not tut. Es weist uns das Stückwerk des Weissagens zu, das jetzt dran ist.

Der fragmentarische Charakter unseres Redens vom Gegenwärtigen hat zur Konsequenz, daß dieses Reden in besonderer Weise ergänzungsbedürftig ist. Darum spreche ich hier – anders als gewöhnlich in der Predigt – dialektisch, spreche vom Erhöhten, von der Himmelfahrt und vom Erniedrigten, dem Armen einerseits, von dem als Gemeinde und dem als Weltschöpfer Existierenden andrerseits. Wenn ich vier Arten seines Dort- und Hier-Seins nenne, so sind diese vier Arten grundsätzlich vermehrbar.

II

Predigt des Erhöhten und Predigt von der Himmelfahrt

Karl Barth, KD III/3, 426ff; IV/2, 20ff. – *Dietrich Bonhoeffer,* GS III, 178ff; 409ff. – *Georg Kretschmar,* Himmelfahrt und Pfingsten, ZKG 66, 1954/55, 209ff. – Vgl. dazu die verschiedenen Arbeiten über das Apostolikum. – *Eduard Schweizer,* Erniedrigung und Erhöhung bei Jesus und seinen Nachfolgern, 1955. – Zur Himmelfahrtspredigt vgl. die Meditationen von *Karl Gerhard Steck,* in: Herr tue meine Lippen auf, hg. v. Georg Eichholz 2, 1959², 296ff. – *Hans Joachim Iwand,* Predigt-Meditationen, 1963, 492ff; 639ff. – *Walther Eisinger,* GPM 1967/68, 238ff. – Ferner: *Elli Freiling,* Die Himmelfahrts-Predigt, in: Kleine Predigt-Typologie II, hg. v. Carl Heinz Peisker,

1965, 343ff. – *Hans-Dieter Bastian,* Abseits der Kanzel, 1968, 53ff. – *Franz Kamphaus,* Vom Text zur Predigt, 1968, 103ff.

Am Modell der Himmelfahrtspredigt wird die Problematik einer Predigt des Gegenwärtigen in aller Schärfe deutlich. Sollte einmal eine homiletische Wirkungsgeschichte des Kirchenjahres und der Perikopen geschrieben werden, würde man vermutlich das Himmelfahrtsfest unter der Rubrik »Katastrophen« verhandeln. – Alarmierend wirkt schon eine Verschiebung im Schriftgebrauch, die an zwei Texten deutlich zu machen ist. Auf der einen Seite bildet der messianisch verstandene Ps 110 den im Neuen Testament am meisten zitierten alttestamentlichen Text. Man darf daraus schließen, daß die vornehmste Aussage der ersten Christen über die Gegenwärtigkeit Christi die Inthronisation des Auferstandenen betraf. Gegenwart Christi ist Geistes-Gegenwart des Erhöhten. Im Geist wird der Erhöhte geglaubt und erkannt. In solchem Glauben und Erkennen wird der Erhöhte als der Kommende erwartet. Die markinische Antwort Jesu auf die Frage des Hohepriesters spricht nicht nur für die Sicht des Markus: »Ihr werdet den Sohn des Menschen sitzen sehen zur Rechten der Macht und kommen mit den Wolken des Himmels« (14,62). Die Botschaft von dem jetzt zur Rechten Gottes Sitzenden bildete offenbar ein Kernstück im neutestamentlichen Kerygma, indessen Himmelfahrt bis ins vierte Jahrhundert nicht als selbständiges Fest gefeiert wurde. Heute ist Ps 110 und das, was er für die ersten Christen artikulierte, ein weithin vergessener Text einer weithin verlorenen Wirklichkeit. Damit mag zusammenhängen, daß man die Macht Christi kaum mehr auszusagen weiß, was wiederum seine Folgen zeitigt. Die Vorbildschristologie gewinnt ein immer größeres Schwergewicht in der Verkündigung. Zum andern vermag man das Gebot kaum noch zu artikulieren, wenn man die Macht des Gegenwärtigen nicht anzusagen weiß; die Predigt tendiert vom Evangelium weg zur Gesetzlichkeit. – Die Formel vom Sitzen zur Rechten Gottes besagt das gegenwärtige Herrsein Christi, bezeichnet sein Königtum. Vor Jahrzehnten sprach man gern von der »Königsherrschaft Jesu Christi«. Diese Ausdrücke klingen heute museal. In einer revolutionären Welt weckt die Nachricht von der Etablierung Christi eher Verdacht, als daß das Revolutionäre der Botschaft, die Entmächtigung der Mächte, entdeckt würde. Indem die Predigt das mit der Zitierung von Ps 110 Gemeinte nicht mehr zu zitieren weiß, hat nicht nur die Himmelfahrt, hat die Predigt selbst ihre Pointe verloren. Vielleicht hat die Predigtmüdigkeit unserer Tage einen Grund in diesem Vorgang. Sicher ist der Verlust an Sprache und an Christuserkenntnis, den das Zurücktreten von Ps 110 bezeichnet, kaum zu ermessen. – Mit diesen Andeutungen ist die Frage noch nicht beantwortet, was denn dies für die Predigt des Gegenwärtigen beinhalte, daß Ps 110 aus einem meistzitierten zu einem vergessenen Text wurde. Gegenüber dem Zurücktreten von Ps 110 erlangt auf der andern Seite der Himmelfahrtsbericht Apg 1,1–11 ein eigentümliches Schwergewicht. Offensichtlich beanspruchte dieser Text in der Folge der Installierung eines besonderen Himmelfahrtsfestes einen gewissen Primat in der Verkündigung. Damit verlagerte sich der Akzent vom Erhöhten auf den Vorgang der Erhöhung: die Gegenwart droht durch Geschichte verstellt zu werden; das Kirchenjahr förderte eine Historisierung der Heilsgeschichte, die dann einer historischen Kritik gegenüber völlig wehrlos sein wird. Der lukanische Bericht rückt die Himmel-*Fahrt* und damit für uns das Weltbildhafte in den Vordergrund.

Analog zu Friedrich Dürrenmatts Laienpredigt zu den Bildteppichen von Angers kann man sagen, daß die Himmelfahrt uns zu nahe gerückt ist; sie wurde machbar wie die Apokalypse. Unseren Blicken entschwindet er nicht mehr, wenn ihn die Wolke aufnimmt. Die Vorrangstellung von Apg 1,1–11 in der Frömmigkeit führt zu einer Fixierung ans Weltbildhafte, zu einem zuweilen schrecklichen Weltbildingrimm der Prediger zur rechten wie zur ganz linken. Die Frohbotschaft verkehrt sich in Geseufz. Heißt es im Himmelfahrtslied: »Drum jauchzen wir mit großem Schalln«, eröffnen viele Prediger ihre Himmelfahrtspredigt mit Weltanschauungsseufzern. Man jubelt nicht über den Erhöhten, sondern stöhnt über Weltbildschwierigkeiten. Nur Freundes- und Feindesliebe verbieten es, hier Beispiele zu zitieren! – Diese weltbildliche Schwierigkeit könnte man auch als Sprachstörung sehen. Die Aporie ist eine doppelte: Einerseits kann man die biblischen Aussagen nicht einfach wiederholen, andrerseits kommt man offenbar nicht aus ohne sie. Die apologetischen Bemühungen entbehren denn auch nicht einer unfreiwilligen Komik.

So erklärt ein cleverer Ausleger: »Im Zeitalter der Weltraumfahrer ist es wichtig festzuhalten, worin sich Christi Himmelfahrt von einer Weltraumfahrt unterscheidet. Jesus ist aus eigener Kraft und aus seines Vaters Kraft emporgehoben worden und vielleicht 600 Meter von der Erde aufgefahren. Hinter der Wolke aber änderte er die Art und Weise seines Aufstieges. Er trat aus der Welt in den Himmel ein. Auch wenn die Wolke sich verzogen hätte, hätten die Jünger nichts mehr von ihm bemerkt ... Daß er dieses endgültige Ereignis sozusagen in 600 Meter Höhe vollzog, entsprach nicht innerer Notwendigkeit, sondern den Anschauungen seiner Jünger« (*J. E. Mayer,* zit. nach Kamphaus, 105f).

Eine solche Aussage macht es verständlich, daß Puristen gegen eine Vorstellung einer Auffahrt gleichsam im Fahrstuhl polemisieren. Dann aber wird Himmelfahrt zu einer Auflösung ins Überall und Nirgends; man würde präziser von Verdampfung sprechen, womit die Geschmacklosigkeit, die hier begangen wird, auch sprachlich zum Ausdruck käme.

Wie schwierig hier das Sprachproblem wird, zeigt ein Beispiel, das aus der Zeit vor der Debatte um die Entmythologisierung stammt, aus der Sammlung von *Georg Merz* und *Wilhelm Grießbach,* Trost und Freude, 1940: »Wenn wir Himmelfahrt richtig verstehen wollen, dann müssen wir, glaube ich, zuerst einmal ein Mißverständnis aus dem Wege räumen und von einer Vorstellung uns freimachen, die uns den Zugang zu diesem

Wunder verbaut. Ich meine das Mißverständnis, als sei das ›droben‹ räumlich zu verstehen« (235). Dann wird reichlich Luther zitiert, der vor Kopernikus in der Polemik gegen Zwingli die Räumlichkeit des Himmels verneint habe. Einmal mehr wird die Stockwerktheorie abgelehnt, und dann wird versichert: »Christus ist überall« (236).

Das Zitat ist in zweifacher Hinsicht für uns interessant: Einmal wird über Kol 3,1–4 gepredigt, von »Himmelfahrt« müßte vom Text her gar nicht die Rede sein! Nun gibt aber der Festtag das Thema an, damit nimmt Lukas das Wort, wenn auch nur in der Weise, daß der Prediger ungefähr das Gegenteil von dem behauptet, was Lukas erzählt. Zum andern bleibt der Prediger nicht konsequent. Drei Seiten später redet er wieder räumlich von einem »droben«, genauer von einem »drüben«:

»Da wird ein Loch in die Wand gestoßen und aus der jenseitigen Welt, aus der Christuswelt, aus der Gotteswelt flutet das Licht in das Dunkel unseres Kerkers herein. Da greift eine Hand nach uns und hält uns in dem ohnmächtigen Ringen, in dem wir stehen, und zeigt, nein schenkt uns eine ganz neue Wirklichkeit, die Wirklichkeit des Sieges Christi . . .« (239).

Wir stehen vor dem Dilemma, daß wir nicht weltbildlos vom Weltheiland und Weltherrscher reden können. Wir können offenbar nicht ohne das biblische Weltbild die Botschaft ausrichten; wir können aber auch nicht die Botschaft ausrichten ohne das heutige Weltbild.

Was die Aporie der Himmelfahrtspredigt betrifft, könnte man zunächst praktikable Ratschläge geben, die hilfreich sein können, ohne daß sie die Aporie auflösen: Einmal möchte man den Rat geben, möglichst an Himmelfahrt nicht einen der vorgeschlagenen Texte zu nehmen. Es könnte auf diese Weise das Thema des Festtages den Text erklären helfen, und es könnte der Text den Festtag erklären. Je weiter Festtagsthema und Text auseinanderliegen, um so besser helfen sie einander zur Übersetzung der Botschaft.

Das zeigt etwa eine Predigt von *Kurt Marti,* der an Himmelfahrt Mk 6,30–44 auslegt und die Speisung der 5000 mit Himmelfahrt konfrontiert (Das Markus-Evangelium, 1967, 121ff).

Ferner möchte man raten, möglichst auf Apologetik zu verzichten. Die Weltbildfrage will wohl durchdacht, aber sie will nicht unbedingt besprochen sein. Wo sich die Weltbildfrage in den Vordergrund schiebt, regiert allzuleicht die Gesetzlichkeit und nicht das Evangelium. Tötend wirkt beides, ob ich den Hörer ins biblische Weltbild zurückführen will oder ob ich jede mythologische Vorstellung verbiete!

Apologetische Erörterung der Weltbildfrage überspielt die eigentliche Sprachschwierigkeit der Himmelfahrtspredigt, die darin begründet ist, daß man den Fernen, Noch-Ausstehenden und Abwesenden als Gegenwärtigen und Nahen verkünden soll. Das Sprachproblem liegt in der Gegenwart des Gegenwärtigen beschlossen: Lukas und Johannes – aber auch Eph 4,7–12 – verknüpfen die Erhöhung mit der Sendung des Geistes. Die frühe Christenheit gedachte der Himmelfahrt an Pfingsten und bewies damit wohl mehr theologischen Sachverstand als die spätere Zeit, die das Himmelfahrtsfest verselbständigte. Sie gedachte des Erhöhten und seiner Inthronisation von dem aus, was sie von ihm auf Erden hatte. Im Geist ist der Ferne nah, der Kommende schon da. Begreifen wir die Schwierigkeiten der Himmelfahrtspredigt als Sprachstörung und Sprachverlust, kann die verlorene Sprache nur wiedergefunden werden in der Geistesgegenwart, in der der Erhöhte seine Gegenwart schenkt und seine Macht beweist. Nur im Selbsterweis seiner Gegenwart wird die Gegenwart sagbar. Dann würde auch die doppelte Freiheit wieder zu gewinnen sein, die uns heute fehlt, die Freiheit zur Sprache Kanaans und die Freiheit zur Sprache der Welt (vgl. § 7/II): Wiedergewinnung der Sprache Kanaans würde die Distanz von der von Lukas beschriebenen Himmelfahrt erlangen, die Lukas offenbar hatte und die uns heute verstellt ist durch religionsgeschichtliche Einsichten einerseits und durch die technische Bewältigung des Weltraumes andrerseits. Rückgewinnung der Sprache Kanaans würde also heißen Erkenntnis gegenwärtiger Gegenwart dessen, von dem das Neue Testament spricht.

Fragt man hier nach Beispielen, würde ich auf die Predigt *Bonhoeffers* aus dem Jahre 1933 verweisen (GS IV, 118ff). Diese Predigt ist gesättigt mit biblischer Sprache und beginnt denn auch – im Gegensatz zu den Seufzern der Apologeten – mit einem jubelnden Aufruf zur Freude. Es ist wohl kein Zufall, daß der erste Hörer dieser Predigt, ihr Prediger nämlich, sich dann auch politisch engagierte und die Parole von der religionslosen Verkündigung in die Welt setzte. – Sein Widerstand gegen die Tyrannis war wohl auch eine Art von Himmelfahrtspredigt, zeigte zum mindesten den politischen Effekt der Predigt beim Prediger selbst.

Das Seufzen über Legende und Märchen und verlorenen Himmel erübrigt sich, wenn man erkennt, »daß Gott nicht einsam, nicht allein ist, sondern daß es eine Welt Gottes gibt« (Marti, 122)! Die Aussage, daß er der kommende Gott ist, die Zusage, daß er jetzt schon im Geiste da ist, werden in Frage gestellt, wenn man Gott raumlos zu denken versucht.

»Gäbe es keinen Raum, der nur Gottes und keines Anderen Raum ist, dann wäre Gott selbst ja doch wieder raumlos und damit leblos und lieblos« (KD II/1, 533; vgl. III/2, 544f).

Wie könnte er als Vater, Sohn und Heiliger Geist in sich selber sein, wenn er dies in sich selber nicht auch räumlich wäre? Was wäre seine Doxa, was wäre die Herrlichkeit des Vaters, des Sohnes und des Heiligen Geistes, wenn sie unter Platzmangel litte? Wie könnte er Person und allgegenwärtig sein, wenn er nicht für sich und in sich sein kann im Raume seiner Herrlichkeit, in dem er ausschließlich sich selber gegenwärtig ist? – Wenn aber der Himmel nicht astronomisch, sondern theologisch zu begreifen ist, erübrigt sich die grämliche Polemik gegen die Stockwerktheorie ebenso wie die mißliche Verteidigung leiblicher Auffahrt. Der Raum Gottes ist für uns nicht ausmeßbar, und ein Theologe, der Himmelsgeographie treibt, bleibt allemal ein Dilettant.

III

Predigt von der Gegenwart Christi im Armen

Das Gespräch ist hier zunächst mit der katholischen Kirche zu führen: *Léon Bloy,* Das Heil und die Armut, 1953. – *Yves M. J. Congar,* Für eine dienende und arme Kirche, 1965, 99ff. – Zum Konzil vgl. *Johann Christoph Hampe,* Die Autorität der Freiheit I–III, 1967, Register. – Lexikonartikel: *Ernst Kutsch,* Art. Armut, RGG³ I, 622ff. – *S. Seeberg,* ESL⁴, 107ff. – *W. Trilling* und *L. Hardick,* HthGb I, 101ff.

Der Erniedrigte wurde erhöht, er hält es aber nicht aus in hoher Entrückung. Er identifiziert sich fort und fort mit dem Armen. Der Erhöhte fährt fort, erniedrigt zu sein. Er ist jetzt und hier im Armen. Im Armen wird seine Gegenwart für uns konkret. Und in der Geistesgegenwart wird der Arme zum Repräsentanten des Erhöhten. – Wir verstehen unter dem Armen zuerst den Bedürftigen, den Menschen, dem etwas fehlt, der leidet. Der Mensch im Jammer, das ist der Arme.

Wir sind gewohnt, die Armen als Adressaten des Evangeliums und als Objekte christlicher Liebestätigkeit zu sehen. Allein, wir werden an sie gewiesen, wenn wir nach der Gegenwart Christi fragen. Den Armen gilt nicht nur das Evangelium (Mt 11,5), sie selbst bilden für die Gemeinde eine Art Evangelium. Allerdings: die Armen sind nicht das Heil; aber sie sind des Heils bedürftig, und ihre Bedürftigkeit wird zur Sache Jesu Christi so sehr, daß Christus als Armer existiert (Mt 25,40). Die Armen werden damit seine Stellvertreter, werden zu Statthaltern Christi auf Erden, »bis daß er kommt«. Im Armen bleibt der Erhöhte seiner Erde treu, nimmt der in der Glorie teil am Elend dieser Welt. Jesu Karfreitag verlängert sich in den Jammer der Armut. Die Armen dieser Erde sind sein immerwährender Karfreitag. – Aber vielleicht nimmt eine solche Redeweise die Zeiten nicht ernst genug, vielleicht verführt sie zu ästhetischer Glorifizierung der Armut als »großer Glanz von innen«, vielleicht spricht man besser mit Theo Preiß von »einer juridischen Identifikation« (zit. nach Congar, 108), zwischen Christus und den Hungernden zum Beispiel. Diese »juridische Identifikation« geschieht im Geist und durch den Geist. Sie ist darum nicht zu mythisieren oder zu mystifizieren. Jesus Christus macht die Armut der Welt nicht zu seiner Sache, um sie zu stabilisieren, sondern um sie aufzuheben. Zu einer falschen Glorifizierung der Armut kann es da kommen, wo Christus ohne das Alte Testament gepredigt wird. Die Einsicht, daß die Besitzenden den Armen nötig haben, würde den Armen romantisch verklären, wollte sie vom Kampf gegen die Armut absehen.

Es wäre verlockend, hier *Léon Bloy* als »Laienprediger« anzuführen und »Das Blut der Armen« zur Diskussion zu stellen. Dieser heilige Polterer ist nicht umsonst einer der Väter katholischer Erneuerung in Frankreich. Auch wenn er, Romantiker, der er ist, die Armut wohl allzu undialektisch betrachtet und mit seiner Mystik allzu leicht den Marxismus abfertigt, hat er doch Sätze hinterlassen, die die Christenheit gut tut zu bedenken. Etwa diesen: »Die Armut sammelt die Menschen, das Elend trennt sie, weil die Armut zu Jesus gehört und das Elend zum Heiligen Geist« (184). Offensichtlich ist in Frankreich, in einer armen Kirche, tiefer über die Armen gedacht worden als hierzulande: »Es ist uns zunächst aufgegangen, daß Gott sich in der Armut offenbart«, schreibt *Yves Congar* (101). Er nennt die Armen »eine Art Sakrament der Gottesbegegnung« (109). Die Armen sind mehr als unfreiwillige Zeugen Jesu. »Sie scheinen uns sogar in gewisser Weise identisch mit Jesus Christus« (109). Congar erinnert an die Kenosis, die Entäußerung Jesu, die ihr Ende (oder sollte es heißen »Ziel«? R.B.) im Abstieg zur Hölle findet. Wollte man spekulieren, könnte man in der Identifizierung mit dem Armen ein Gegenüber zur Himmelfahrt sehen. Primär gehen nicht die Heiligen in die Hölle, primär geht der Heilige in die Hölle.

Fragt man, wo denn im deutschen Sprachgebiet der Arme gesehen wurde, stößt man auf den religiösen Sozialismus.

Wir wenden uns darum einer Predigt von *Leonhard Ragaz* über Mt 25,40 zu. Er geht zunächst vom Textwort aus, spricht nicht vom Armen, sondern vom Bruder. Dieser aber gehört wie der Vater ins Evangelium. So beginnt die Predigt: »Zu den großen Worten des Christentums gehört das vom Bruder. Es folgt im Range sogar unmittelbar auf das vom Vater. Es ist gesagt worden – und mit Recht –, die Verkündigung Jesu habe es mit drei Realitäten zu tun: mit Gott, der Seele und dem Bruder. Man könnte zur Vervollständigung nur noch hinzufügen, wo diese drei richtig verbunden seien, da sei das Reich Gottes; dann hätten wir in diesen vier Worten das ganze Evangelium (Dein Reich komme II, 1922³, 16). Der Bruder wird hier nicht von der Gemeinde her verstanden, sondern von der Menschheit her: »Wer Gott zum Vater hat, muß den Menschen zum Bruder haben« (ebd). Der Bruder ist der Mitmensch. »Auch der entartete Bruder bleibt Bruder« (17). Ansatzweise wird nun der Arme als Evangelium verstanden. Nach einer Wiederholung des Textwortes heißt es: »Das ist eine wundervolle Offenbarung; so gut wir alle dieses Wort auswendig können, so wenig ist es noch in unser Fühlen und Denken eingegangen. Vor ihm verwandelt sich die Welt in lauter Gotteswunder und Gottesfragen. In jedem Menschen begegnet dir Jesus, der Bruder, begegnet dir der Vater und grüßt dich. In jedem armen, verlassenen Kinde schaut er dich bittend an, ja, auch im Strolch, der an deine Türe kommt« (17, vgl. dazu Bloy, 157f). Hier wird etwas erahnbar vom Geschenk, das Gott im Armen gibt, die Begegnungen mit dem »armen, verlassenen Kinde« und dem »Strolch« werden zu Wundern. – Allein dieser evangelische Ansatz wird nicht ausgezogen, die Formel »Gottesdienst ist Menschendienst und nur Menschendienst ist Gottesdienst« (ebd) bestimmt dann den Fortgang der Predigt, sie leitet an zu einer Predigt des Gesetzes. Ragaz spricht von einem Geheimnis, von einem strengen Gesetz: »Nach dem Evangelium läßt Gott mit sich gar nicht verkehren, ohne daß in diesen Verkehr der Bruder eingeschlossen ist« (18). So vermag sich denn der evangelische Ansatz nicht recht durchzusetzen. Immerhin wird man ihm den Vorwurf der Gesetzlichkeit nicht machen können; Ragaz verbindet sein Postulat mit Verheißung: »Der Bruder muß wieder eingeschaltet werden in die Religion; es muß aus dem Worte Bruderschaft eine Wirklichkeit werden. Diese Entdeckung des Bruders wird die religiöse Erneuerung sein, der wir entgegengehen. Das ist's, was in den Gemütern lebt und webt. Was wir heute die Erkenntnis der Solidarität und den Zug zu ihr hin nennen, was mit dem Worte ›sozial‹ oberflächlich bezeichnet wird, weist alles auf eine tiefere Wurzel hin und findet erst darin rechte Begründung und Erfüllung … Wir suchen mit Schmerzen den Bruder. Wir werden ihn aber ganz erst finden, wenn wir den Vater finden, und wir werden gerade durch den Bruder auch den Vater finden« (23f). Der Prediger kündigt dann seinen Hörern das Aufbrechen eines franziskanischen Jesusverständnisses an. – Ragaz spricht die Sprache der Hoffnung, auch wenn er das Gesetz predigt, und man sollte nicht zu eilfertig das Nichteintreffen des Angekündigten behaupten. Allzu leicht könnte man durch solches Behaupten nur seine eigene Blindheit verraten.

An Ragaz mag deutlich werden, daß Christi Präsenz im Armen nicht gepredigt werden kann ohne Paränese, ohne das »strenge Gesetz«. Ohne Paränese würde solche Predigt des Gegenwärtigen allzu leicht spekulativ werden. Soll aber das Gesetz nicht ein tötendes werden, muß es im Evangelium leuchten. Wird der Arme nur als Empfänger gesehen, wird er falsch gesehen und allzu leicht übersehen. Gehört nach Jesu Wort den Armen das Reich Gottes (Lk 6,20), so schenken sie uns mehr, als wir ihnen mit Guttaten zu schenken vermögen. Sie sind es, die uns reich machen, indem wir mit ihnen teilen. – Gerade weil das Problem Arme und Reiche in Zukunft uns voraussichtlich noch härter bedrängen wird als in der Vergangenheit, werden die Prediger hier zuerst nach dem Evangelium zu fragen haben, nach dem großen Erbarmen, das unsere kleine Barmherzigkeit weckt und trägt. Die Probleme der Dritten Welt rücken damit in den Horizont der Gegenwart Christi für uns. Auch sollte die Predigt von dem im Armen gegenwärtigen Christus anleiten, den Armen zu sehen, denn der Arme kann sich verstecken. Es bedarf der Geistesgegenwart, um den Armen als Armen zu sehen, und es bedarf der Geistesgegenwart, um im Armen den Erhöhten zu entdecken.

Einem Mißverständnis wird damit gewehrt, der Meinung, die Gegenwart Christi wäre leichter im Armen zu predigen als in ihrer Erhöhung zur Rechten des Vaters. In jeder Gestalt ist die Predigt des Gegenwärtigen gefährdet. Die Gefahr der Himmelfahrtspredigt ist mythologische Spekulation oder Weltbildapologetik, die Gefahr der Predigt Christi im Armen aber ist der Gemeinplatz. An Stelle der Mythologie tritt hier nur allzu leicht eine Spiritualisierung und Ideologisierung, die den Armen in den Entwicklungsländern als Alibi vorschiebt, um den in einer Leistungs- und Konsumgesellschaft Erniedrigten und Ausgebeuteten zu übersehen. Auch in der Horizontalen gilt: Er ist hier und dort. Er ist nah und fern.

Die Gefahr einer falschen Glorifizierung der Armut wurde schon genannt. Sie macht aus dem Armen ein Evangelium ohne Gesetz. Predigt von dem im Armen gegenwärtigen Christus muß in den Gehorsam gegen diesen Christus führen, in die Diakonie und nicht zuletzt in das politische Handeln.

Vgl. *Martin Fischer*, Die diakonische Predigt, in: Einer trage des andern Last, hg. v. Martin Fischer, 1957, 13ff. – *Richard Shaull*, Befreiung durch Veränderung, 1970.

Einer besonderen Überlegung bedürfen die Armen als Empfänger des Evangeliums. Nach Lukas ist Jesu Sendung eine Sendung zu den Armen. Ihnen gilt die frohe Botschaft (4,18) wie das Reich (6,20). – Wie Israel als Volk, so sind und bleiben die Armen die ersten und ausgesuchten Adressaten des Evangeliums. Es könnte wohl sein, daß die Sprachlosigkeit der Kirche auch damit zusammenhängt, daß sie nicht mehr weiß, für wen sie spricht, daß sie die Armen aus dem Auge verloren hat und nicht mehr weiß, wie man zu ihnen spricht. Wird die Kirche selbst reich, stellt sich für sie sofort die Frage nach ihrer Glaubwürdigkeit. Hier zeigt sich, daß die Kirche mit ihrem ganzen Wesen predigt. Tritt der Arme als Adressat des Evangeliums auf den Plan, wird auf krasse Weise deutlich, daß die Predigt des Evangeliums nicht auf einen verbalen Akt einzugrenzen ist! – So weit ich sehe, ist das hermeneutische Problem noch kaum bis zum Armen hin durchdacht, auch fehlen homiletische Untersuchungen, die diesen Horizont ableuchten! Die Predigt der Franziskaner, der Heilsarmee und der Pfingstkirchen in Südamerika wäre auf unser Predigen hin zu befragen.

IV

Predigt von dem als Gemeinde existierenden Christus und Pfingstpredigt

Karl Ludwig Schmidt, Art. ἐκκλησία, ThW III, 502ff. – *Ernst Käsemann,* Leib und Leib Christi, 1933. – *Eduard Schweizer,* Das Leben des Herrn in der Gemeinde und in ihren Diensten, 1946. – *Ders.,* Art. σῶμα, ThW VII, 1024ff. – *Helmut Schreiner,* Die Verkündigung des Wortes Gottes, 1949⁵, 181ff. – *Karl Barth,* KD IV/1, 718ff; IV/2, 695ff; IV/3, 708ff. – *Dietrich Bonhoeffer,* Sanctorum Communio. Eine dogmatische Untersuchung zur Soziologie der Kirche, (1930) 1960³. – *Wolfgang Trillhaas,* Evangelische Predigtlehre, 1964⁵, 105ff. – *Christof Bäumler,* Die Lehre von der Kirche in der Theologie Karl Barths, 1964. – *Elli Freiling,* Die Pfingst-Predigt, in: Kleine Predigt-Typologie II, hg. v. Carl Heinz Peisker, 1965, 351ff. – *Hinrich Stoevesandt,* Der ekklesiologische Horizont der Predigt, in: Parrhesia, Festschrift Karl Barth, 1966, 408ff. – *Eberhard Bethge,* Dietrich Bonhoeffer, 1967. – *Ernst Lange,* Kirche für andere. Dietrich Bonhoeffers Beitrag zur Frage einer verantwortlichen Gestalt der Kirche in der Gegenwart, EvTh 27, 1967, 513ff. – *Ders.,* Was heißt: Kirche für andere? Überlegungen zu Dietrich Bonhoeffers Kirchenverständnis, PTh 58, 1969, 94ff.

Das den Armen zugesprochene Reich wird im Geist schon Gegenwart, und das Evangelium, das den Armen gilt, findet Ohren, die hören, findet Glauben. Um das Evangelium bildet sich ein Volk der Armen auf das kommende Reich hin, das auf die kommende Gerechtigkeit seines Reiches wartet. Es erkennt Christi Gegenwart, nennt ihn beim Namen, bekennt sich zu ihm – und ruft nach dem großen Umsturz, den er bringt. In solchem Erkennen, Nennen, Bekennen und Rufen bildet dieses Volk einen ausgezeichneten Ort seiner Gegenwart. Der Erhöhte bleibt im Armen nicht verborgen, es gibt eine Schar von Armen, die ihn kennen, nennen, bekennen, die um ihn sind als seine Gegenwart, wie er ihre Gegenwart geworden ist. Arme und Heilige werden zu Wechselbegriffen, wobei zu sehen ist, daß das Evangelium und das Reich den Armen gilt, daß aber die Armut nicht zu einem Gesetz gemacht wird. Ich rede von der Kirche oder genauer von der Gemeinde.

Jesus Christus als Gegenwärtigen predigen heißt, seine Gegenwart in der Gemeinde und damit seine Existenz als Gemeinde entdecken und ihn als Gemeinde existierend aufweisen.

Wir nehmen damit eine Formel auf, die *Dietrich Bonhoeffer* prägte und der zahlreiche exegetische Forschungen assistierend zur Seite stehen: »Die Kirche ist Gegenwart Christi, wie Christus Gegenwart Gottes ist. Das Neue Testament kennt eine Offenbarungsform ›Christus als Gemeinde existierend‹« (SC, 92). – Bonhoeffer gibt zu diesen Sätzen keine biblischen Belegstellen an – ganz im Gegensatz zu seinen andern »Leitsätzen über die Anschauung des Neuen Testaments von der Kirche«, vielleicht darum, weil zuviele Stellen, die hier anzuführen wären, einer Paraphrasé bedürften. Auch muß man nicht betonen, daß die Formel nicht umkehrbar ist. Wäre sie umkehrbar, verlöre sie den Charakter der *theonomen* Reziprozität (vgl. § 4/II).

Wird diese Formel nicht rundweg abgelehnt, so stellt sich sofort die Frage nach ihrer homiletischen Relevanz. Wer den gegenwärtigen Christus predigen will, wird ihn nicht predigen können, indem er von seiner Existenz als Gemeinde abstrahiert. Er wird im Gegenteil den Gegenwärtigen predigen, indem er dessen Existenz als Gemeinde exegesiert, auslegt, deutet.

Zwei Aspekte werden hierbei zu beachten sein. Einmal ist zu bedenken, daß Christus als Gemeinde existiert, indem er ihr den Geist schenkt, indem der Geist in ihr Raum hat. Der Geist schafft ihr neues Sein. Indem der Geist in der Gemeinde präsent ist und sie neu schafft, wird in der Gemeinde Christus für die Welt präsent.

Dieser Sachverhalt läßt sich wohl am besten an den Propheten in Korinth verdeutlichen. Der von außen Kommende, der Uneingeweihte und Ungläubige, sieht sich in der Gemeindeversammlung von den Propheten durchschaut, er sinkt auf die Knie und bekennt, daß Gott in den prophetischen Christen ist (1 Kor 14,24 f): »Gott ist gegenwärtig«! Dieser Gott ist anwesend, indem er die Korinther in sich hineinnimmt: »von ihm aber kommt es, daß ihr in Christus Jesus seid« (1 Kor 1,30), indem er sich in die Korinther hineinbegibt: »Oder erkennt ihr euch selbst nicht, daß Jesus Christus in euch ist« (2 Kor 13,5)?

Die Predigt des als Gemeinde existierenden Christus ruft das neue Sein der Gemeinde aus, predigt die Selbsterkenntnis der Gemeinde, sagt ihr, was sie im Unverborgenen, in der Wahrheit ist.

Nach einer Vorlesungsnachschrift über »Das Wesen der Kirche« sagt *Bonhoeffer:* »Durch den Heiligen Geist geschieht nicht Repräsentation, sondern *Christus praesens.* Der Heilige Geist ist nicht Ersatz, sondern Interpret des gegenwärtigen Christus. Das heißt aber auch, daß er nur in der Interpretation gegenwärtig ist« (Bethge, 1063).

Es wäre zu fragen, ob sich der letzte Satz in seiner Exklusivität halten läßt und wie er zu verstehen ist. Sicher bleibt der Christus praesens ohne Interpretation verborgen, ihm eignet etwas von Nichtgegenwart, solange der Geist ihn nicht erklärt.

Wird der Geist zum Interpreten des Gegenwärtigen, tut er es – und dies wäre der zweite hier zu beachtende Aspekt – auf handfeste Weise; denn der Geist zielt aufs Fleisch, in ihm und mit ihm beginnt der Anfang dessen, daß Gott alles in allem ist. Handfest nenne ich die Weise der Interpretation durch den Geist auch darum, weil Christi Gegenwart konkret ist. Diese Konkretheit besteht zunächst darin, daß »Christus als Gemeinde existierend« in die Geschichte eingeht, daß er damit weltlich in der Welt lebt.

Bonhoeffer weiß hier anstößig zu formulieren – und gerade das Anstößige müßte wegleitend sein für den Prediger –: »der Leib Christi ist Rom und Korinth, Wittenberg, Genf und Stockholm« (SC, 167). In anderem Zusammenhang kann er behaupten, »zum *recte docetur* (zum rechten Lehren des Evangeliums, R.B.) gehöre auch die altpreußische Landeskirche« (Bethge, 1093)! – *Karl Barth* nennt die Kirche »ein Phänomen der Weltgeschichte, historisch, psychologisch, soziologisch faßbar wie alle andern« (KD IV/1,728).

Daraus ist zu folgern: der als Gemeinde existierende Christus ist nicht außerhalb des Phänomens Weltgeschichte und nicht unter Verzicht auf historische, psychologische und soziologische Kategorien zu verkündigen, also handfest. Der im Historischen, Psychologischen und Soziologischen Verborgene ist anzuzeigen, der Latente ist vorzustellen. Wer vorstellt, kann sich vertun. Es gibt keine Predigt des Gegenwärtigen, die nicht der Gefahr falscher Prophetie ausgesetzt wäre. Sicherlich wird die Predigt dieser Gefahr dort erliegen, wo sie zur Rechtfertigung und Behauptung bestehenden Kirchentums mißbraucht wird. Wo – vielleicht unbewußt und unausgesprochen – eine Transsubstantiation Christi in die Kirche hinein vollzogen wird, hat man den Erhöhten zu einem Kirchengötzen gemacht. Solcher Transsubstantiation unterliegt man um so leichter, wenn man von der Pneumatologie absieht und die ständige Gefährdung der Kirche nicht beachtet, so daß aus Gewißheit Sicherheit wird. Es kann aber auch in der Kirche geschehen, was im Tempel geschah, als die Schechina, die Herrlichkeit des Herrn, den Tempel verließ (Ez 9). Die Vereinigung Christi mit der Gemeinde ist eben nicht eine Analogie zur Vereinigung von Gott und Mensch in Jesus von Nazareth. Die Unterschiede zwischen Christologie und Pneumatologie (vgl. § 4/II) wollen beachtet sein! Darum will – so paradox das klingt – die christologische Formel »Christus als Gemeinde existierend« pneumatologisch verstanden sein, und die weitgehenden Unterschiede zwischen Christus und der Gemeinde sind wohl zu beachten. So eignet der Gemeinde nicht zu allen Zeiten und an allen Orten die Identität mit sich selbst. Verliert Christus Jesus – nach Hebr 13,8 – seine Identität nicht in der Vielzahl der Zeiten, gilt dies nicht in gleicher Weise von der Gemeinde; d.h. über die Predigt von dem Christus, der als Gemeinde existiert, gibt es keine allgemein verbindliche Vorverständigung.

Um beim Beispiel *Bonhoeffers* zu bleiben: Gehört zum rechten Lehren die altpreußische Landeskirche, so steht nicht von vornherein fest, was hier zu lehren sei. Zunächst steht völlig offen, ob ich sagen kann, Christus existiert als altpreußische Landeskirche, oder ob ich im Gefolge des Ezechiel stehe und sage: Christus hat die altpreußische Landeskirche verlassen. Beide Aussagen bilden ein prophetisches Wagnis und unterliegen der Kritik derer, denen die Gnadengabe der Geisterprüfung gegeben ist. Der ängstliche Prediger wird hier Nichtwissen vorschützen, das scheint sicherer, vorsichtiger, klüger. Er wird sich nicht blamieren; aber er wird – so steht zu befürchten – auch nichts zu sagen haben. Der also Kluge sehe zu, daß er den gegenwärtigen Christus nicht verleugne. Allzuleicht können Prediger christologisch erblinden. Die Schwierigkeit von Bonhoeffers Formel besteht wohl darin, daß sie zwar eine christologische Formel ist, die aber nach der Weise der Pneumatologie ausgelegt werden will; Christus existiert als Gemeinde, weil er in seinem Geist sich in seine Gemeinde hineinmischt.

Versuchen wir die zwei Aspekte nebeneinander zu sehen: Einmal ist die Existenz Christi als Gemeinde eine verborgene, erkennbar nur durch die Auslegung des Heiligen Geistes. Zum andern ist diese Auslegung »handfest«. Diese beiden Aspekte deuten auf ein Gefälle, auf eine Tendenz: Wir predigen den Gegenwärtigen im Unterwegs vom Unsichtbaren zum Sichtbaren. Wollte man nur den ersten hier genannten Aspekt bejahen, würde man den Gegenwärtigen spiritualisieren, aus dem Noch-nicht-im-Schauen-Leben würde eine Ideologie, die Predigt von dem im Geiste Gegenwärtigen würde Anleitung zur Weltflucht. – Wollte man hingegen sich darauf beschränken, Christus an den Phänomenen aufzuzeigen, könnte das Handfeste mit dem Machwerk des Predigers verwechselt werden. Aus prophetischer Ansage des Verborgenen würde Ideologie als Propaganda für das Vorfindliche. Die Predigt vom Gegenwärtigen würde zur Kirchen- oder Weltverklärung. Um einer falschen Spiritualisierung und einer falschen Materialisierung zu entgehen, wird man ein Doppeltes in der Predigt des in der Gemeinde Gegenwärtigen zu beachten haben: Man wird den im Heiligen Geist Gegenwärtigen nicht predigen im Verschweigen der Zeichen seiner Gegenwart (vgl. § 19); vielmehr wird man ihn an den Zeichen zeigen. – Unternimmt man es, Christus im Historischen, Psychologischen und Soziologischen anzusagen und vorzustellen, wird man nicht unterlassen dürfen, auf das eschatologische Defizit hinzuweisen. Das Manifeste bleibt grundsätzlich zweideutig, fast möchte man sagen, das Handfeste zittere. Wäre es anders, müßte es nicht gepredigt werden. – Nur in der Spannung zwischen dem, was wir von Christus gehört haben, glauben und erhoffen, und zwischen dem, was wir von ihm im Glauben sehen, können wir den Gegenwärtigen predigen. Diese Spannung ist die zwischen Wort und Zeichen. Weichen wir dieser Spannung aus, geraten wir entweder in einen Spiritualismus und Verbalismus oder in Schwärmerei. Bis jetzt war der Spiritualismus die größere Gefahr für die protestantische Predigt als die Schwärmerei. Aber das kann sich ändern. – Man wird wohl noch einen Schritt weitergehen müssen. Christus existiert als Gemeinde nicht ohne diese. Gemäß der theonomen Reziprozität ist er untrennbar auch mit dem Handeln und mit dem Sosein der Gemeinde verbunden. Dieser Sachverhalt könnte am Problem der Armut deutlich werden. Ihm gegenüber kommt das Handfeste des Kirchenwesens in besonderer Weise ins Zittern. Eine Kirche, die den Armen verloren hat und die die Armut nicht kennt, wird es schwer haben, den Gegenwärtigen zu predigen.

Nach den bisherigen Überlegungen müßte die *Pfingstpredigt* das Schul- und Paradebeispiel bilden dafür, wie der als Gemeinde Existierende zu predigen sei. So postuliert Bonhoeffer, an Pfingsten sei »*Jesus Christus, und zwar als der im Heiligen Geist Gegenwärtige,* und sonst nichts zu predigen« (GS IV, 492). – Leider kenne ich keine monographische Aufarbeitung gegenwärtiger Pfingstpredigt, sie würde wohl zeigen, wie unerfüllt Bonhoeffers Postulat geblieben ist.

Man wagt in der Predigt nicht die Einwohnung Gottes zu predigen, von der *Bonhoeffer* zu Joh 14,23–31 sagt: »Jesu Kommen im Fleisch galt der Welt, sein Kommen im Geist gilt denen, die ihn lieben. Hier darf nichts abgeschwächt oder weggedeutet werden. Es geht um die wirkliche, volle Einwohnung Gottes und Christi im Menschen . . . es ist der persönliche Gott und Christus selbst, die in uns wohnen. Gott und Christus sind nicht nur mit uns, bei uns, um uns, über uns, sondern – in uns« (GS IV, 493). Es klingt vielleicht mißverständlich, wenn er dann formuliert: »Es ist hier auch nicht die Gemeinde, sondern wirklich der einzelne, dem das gilt« (493f); denn das Sein Christi im einzelnen steht nicht alternativ, sondern komplementär zum Sein Christi in der Gemeinde.

Der zitierte Satz mag immerhin andeuten, daß ekklesiologische Aussagen individualistische Zuspitzungen nicht ausschließen. Wollte man eine Dogmatik schreiben, müßte man der Gegenwart Christi im einzelnen einen besonderen Abschnitt widmen! – Blickt man auf die Pfingstpredigt, wird sofort deutlich, daß man – wie auch in der landläufigen protestantischen Predigt überhaupt – die Einwohnung Christi nicht zu predigen wagt, vielleicht aus Angst vor der Mystik, denn Angst macht sprachlos.

Bonhoeffer spricht dann von den Folgen der Einwohnung: »Wenn Gott und Christus in uns Wohnung machen, dann müssen alle andern Herren, denen wir Raum in unserm Herzen gegeben haben, weichen. Christus selbst lebt und regiert jetzt in uns, von nun an wird unser Leben ein Christusleben in uns. Aber freilich, nur dann wird das alles wahr und nur dann können wir es bezeugen, wenn wir den Herrn Christus lieben und sein Wort halten. Je mehr sich unser Leben nach Christus ausstreckt, desto mehr wird Christus in uns eingehen. Je mehr wir unser ganzes Heil bei ihm und nicht in uns suchen, je mehr wir ihn den Herrn über uns sein lassen, desto völliger wird er in uns sein und von uns Besitz ergreifen« (494).

Die Paränese, die aus der Zusage der Einwohnung bei den ihn Liebenden erwächst, geht über in Verheißung. Es lohnt sich, genau auf den zitierten Textausschnitt zu achten: Die Mitte des Zitates bringt einen applikativen Satz, der nicht als dogmatische Aussage zu verstehen ist, sondern als Zuspruch: ». . . nur dann wird das alles wahr (für uns) . . . wenn wir den Herrn Christus lieben . . .« Die ersten beiden Sätze setzen Gottes und Christi Tun mit dem, was daraus für unser Tun folgt, in Verbindung, während die zwei nachfolgenden Sätze die Korrespondenz unseres Tuns mit dem Tun Gottes aufzeigen: »Je mehr . . ., je mehr . . .« Der applikative Mittelsatz wird also gerahmt von zwei Zusagen und zwei Verheißungen. Was Bonhoeffer – wie ich meine – evangelisch ausspricht, wird in unsern Pfingstpredigten meist gesetzlich umgemünzt. Es fällt auf, daß gerade Prediger, die »handfest« predigen möchten, an Pfingsten das Gesetz treiben oder aber der Gesetzlichkeit verfallen. Es ist eben leichter, von dem zu reden, was wir tun sollten, als von dem zu sprechen, was der verborgene Christus ist und tut! Was wir tun sollen, ist immer sichtbar und darum auch sagbar, was der Gegenwärtige ist und tut, ist so nicht sichtbar und sagbar.

Wer aber »Christus als Gemeinde existierend« predigen will, muß ihn erkennen, muß ihn sehen, obwohl er in der Gemeinde nicht weniger verborgen ist als im Himmel. Darum war vom Entdecken die Rede, Predigt des Gegenwärtigen setzt Entdeckung seiner Gegenwart voraus. – Bereitet die Himmelfahrt weltanschauliche Schwierigkeiten, so der als Gemeinde existierende Christus nicht weniger. Die Gemeinde als »Phänomen der Weltgeschichte, historisch, psychologisch, soziologisch faßbar wie alle andern«, weist den gegenwärtigen Christus ebensowenig aus wie der gestirnte Himmel. Wenn der Weltraumflug den Erhöhten nicht beweist, wird weder die Kirchengeschichte, die Religionspsychologie, noch die Kirchensoziologie den als Gemeinde Existierenden ausweisen. Für den Prediger werden sich gerade die historischen, psychologischen, soziologischen Tatbestände der Gemeinde sperrig verhalten. Die Kategorien, in denen der Gegenwärtige zur Sprache kommen soll, sprechen zunächst gegen die Gegenwart des Gegenwärtigen und erweisen sich damit als Analogon zum toten Buchstaben. Es braucht den Selbsterweis des Gegenwärtigen, es braucht Offenbarung, um ihn als Gegenwärtigen zu entdecken.

»Das Sein der Gemeinde als die ›lebendige Gemeinde des lebendigen Herrn Jesus Christus‹, ruft nach dem Sehen des *Glaubens* und ist nur ihm zugänglich, allem anderen Sehen aber unzugänglich« (*Karl Barth,* KD IV/1, 733).

Fragt man, wie es denn zu diesem Sehen des Glaubens komme, wäre zu antworten: durch die Schrift (vgl. §§ 6 und 21).

Zur sprachlichen Form solcher Predigt wäre zurückzuverweisen auf das zur Erzählung Gesagte. Sie verkündigt den als Gemeinde Existierenden, indem sie erzählt, was er getan hat; dies ist ein Bericht über das, was der Glaube sieht (vgl. § 10). Solches Erzählen wird sich mit einer Bekenntnisaussage verbinden, der Prediger nimmt Stellung. Damit wird ein Zweideutiges eindeutig: Hier sehe ich Christus, sagt der Glaube. – Neben und mit dem Erzählen und der Stellungnahme gibt es die Belehrung, die Lehre. Die subjektiven Aussagen sind an der Lehre kritisch zu bewähren, wie denn andrerseits der persönliche Bericht und die persönliche Stellungnahme die Lehre vor dem Todrichtigen schützen helfen.

V

Predigt von der Gegenwart des Weltschöpfers

Karl Barth, KD III/1. – *Gerhard von Rad,* TheolAT II, 347ff. – *David Löfgren,* Die Theologie der Schöpfung bei Luther, 1960. – *Kornelis H. Miskotte,* Wenn die Götter schweigen, 1963, 191ff. – *Reinhard Krause,* Die Predigt der späten deutschen Aufklärung (1770–1805), 1965.

Die Gegenwart des Schöpfers in seiner Schöpfung darf nicht getrennt werden weder von der Gegenwart des Erhöhten in seiner Erhöhung, weder von seiner Identifikation mit dem Armen und Elenden, noch von seinem Existieren als Gemeinde. Der Zugang zum Weltschöpfer und zur Erkenntnis seiner Gegenwart ist nur über die Erkenntnis der Auferstehung möglich. Die Gemeinde als neue Schöpfung macht erst die alte Schöpfung einsichtig.

Martin Luther konnte eindrücklich betonen, daß wir nach Adams Fall blind geworden sind für den Schöpfer sowohl wie für die Schöpfung. Umgekehrt: »Wer Gott erkennt, der erkennt auch die Kreatur, versteht sie und hat sie lieb. Denn in der Kreatur sind die Fußspuren der Gottheit« (WA 43, 276: Qui autem cognoscit Deum, etiam creaturam novit, intelligit et amat. Quia divinitatis vestigia sunt in creatura). Erst »Christus führt uns in die Erkenntnis des Schöpfers zurück, durch die die Engel glücklich sind« (zit. nach Karl Witte, Nun freut euch lieben Christen gmein, 1933, 57).

Die Christuserkenntnis eröffnet auch eine neue Weltsicht. Naturerkenntnis ist im Grunde ein eschatologischer Akt. In einer Tischrede kann er den Päpstlichen und dem Erasmus die rechte Weltsicht absprechen und einen Zusammenhang zwischen reformatorischer Erkenntnis und einem neuen Verständnis des Geschaffenen feststellen: »Wir . . . sind itzt in der Morgenröthe des künftigen Lebens, denn wir fahen an wiederum zu erlangen das Erkenntnis der Creaturen, die wir verloren haben durch Adams Fall« (WATR 1, 574). – So befremdlich solche Sätze klingen, sie werden einsichtig, wenn man die neutestamentlichen Aussagen von Christi Schöpfungsmittlerschaft bedenkt (1Kor 8,6; Kol 1,15 u.a.). Die Relevanz dieser Aussagen für die Christuspredigt ist nicht zu übersehen und muß gerade heute neu durchdacht werden.

Nach meiner Kenntnis kommt in der landläufigen Predigt der Gegenwart Gottes gute Schöpfung kaum vor; vielleicht meldet sie sich nach den Sommerferien des Pfarrers verschämt zu Wort, und am Erntedankfest wirkt sie in den Großstädten einigermaßen peinlich. Das Verhältnis des evangelischen Theologen zur Natur trägt meist – und vor allem, wenn es sich um einen guten Theologen handelt – eher neurotische Züge. Der Schrecken vor der natürlichen Theologie verführt viele Prediger zur Naturvergessenheit.

Man möchte mit dem trefflichen *Barthold Hinrich Brockes* klagen:
Es ist bedauernswert, daß auch Theologi
(Denn viele nehm ich aus, und spreche nicht von allen)
Sich um des Schöpfers Werk nicht die geringste Müh
Zu nehmen angewöhnt. Wie kann dies Gott gefallen,
Daß seine Diener so von seinen Wundern schweigen (zit. bei Barth, 455).

Soll dieses Schweigen gebrochen werden, müssen wir uns zuerst klarmachen, wie teuer der Verzicht auf die Natur in der Predigt erkauft wird. Schon ein flüchtiger Blick auf das Alte und das Neue Testament hilft, den Preis zu berechnen: Israel versteht die Welt – im Gegensatz zu den Naturreligionen – nicht als Selbstdarstellung Gottes, trotzdem betrachtet es unbefangen die Schöpfung als Zeugnis für den Schöpfer. So rühmt Ps 19 die Schöpfung, wie er die Thora (das Gesetz, die Schrift) rühmt. Himmel und Erde sind nicht eine Offenbarung Gottes, bezeugen aber den offenbaren Gott. So ergeht auch das Lob Israels symphonisch mit dem der Schöpfung: »Es preisen dich, Herr, all deine Werke, und deine Frommen loben dich« (Ps 145,10). – Die Abstraktheit landläufiger Predigt mag damit zusammenhängen, daß man heimlich zwischen

Schöpfer und Erlöser trennt und vergißt, daß Schöpfer und Erlöser eins sind, die Erlösung also nicht unabhängig von der Schöpfung zu verkündigen ist. Erkenne ich aber das Geschaffene vom Schöpfer her, wird die Natur gleichnisfähig. Erkenne ich den in Himmel und Erde Präsenten, fangen Himmel und Erde von ihm an zu reden. So kann Luther behaupten, daß »alle gottis werck und creaturen eytel lebendig tzeychen und wort gottis sein« (WA 7, 650; Belege bei Löfgren, 59 Anm. 53). So wird die Welt voller Bibel und Gottes Bilderbuch, die ganze Schöpfung eine Predigthelferin, mehr noch, eine Predigerin sondergleichen. Man entdeckt dann z.B., daß Blümlein und Vögelein das Evangelium »am Hals« haben (WA 29, 551). Die heutige Unfähigkeit zum Lob mag mit dem Nichteingestimmtsein ins universale Lob zusammenhängen. Der Fromme von heute lobt, falls er überhaupt lobt, in der Isolierung von der Schöpfung und nicht in Parallele zu allen Geschöpfen; in dieser Isolierung ist sein Lob müde geworden. – Abstrakte Predigt, verstummendes Lob deuten beide auf mangelnde Christusverkündigung, die seine Praeexistenz nicht zu sagen wagt und seine Mittlerschaft bei der Schöpfung übergeht.

Gibt es Vorbilder, die uns helfen, die Predigt des Schöpfers und die Predigt mit der Schöpfung einzuüben? – Wie kaum eine andere Zeit hat die Predigt der *Aufklärung* das Lob des Schöpfers gesungen. Gott der Schöpfer ist Liebe. Die christliche Botschaft ist problematisch geworden; um so einsichtiger wird das Liebeswerk der Schöpfung. Werden Schrift und Dogma verunsichert, so versichert man sich Gottes in seinen Werken, in denen nun die Botschaft ihren mächtigsten Zeugen findet. Allerorten signalisiert die Natur die Güte und Weisheit des Schöpfers. Der fromme Aufklärer hört die Himmel erzählen von der Ehre des Schöpfers, und das Werk seiner Hände bleibt ihm nicht stumm, er erforscht es andächtig, betrachtet es staunend, erforscht und entdeckt ihre Gesetze lobpreisend. Sie werden ihm zum sichtbaren Beweis für das Dasein Gottes. Die Natur wird zum stärksten Argument für Gottes Existenz. Das Sichtbare weist aufs Unsichtbare, das Detail auf den Ursprung allen Seins. Der Glaube kommt nicht so sehr aus dem Hören als vielmehr aus dem Sehen. Gott wird einsichtig aus seinen Werken. So wird denn die Schöpfung nicht so sehr von der Auferstehung, als vielmehr die Auferstehung von der Natur her gepredigt. Man braucht nicht auf die theologische Schwäche dieser Predigt zu verweisen, um darzutun, daß sie uns kaum mehr Vorbild sein kann, wenn sie uns auch dringlich vor die Aufgabe stellt, den Schöpfer zu rühmen. Schon der von der Aufklärung hochgeschätzte Begriff der Akkomodation, der Anpassung, verwehrt hier eine allzu hurtige Kopie. Der kosmologische Gottesbeweis ist in unserer Zeit einem Gegenbeweis gewichen; die Natur ist dem Menschen ebenso fragwürdig geworden, wie Schrift und Dogma im Zeitalter der Aufklärung fragwürdig wurden.

Ich zitiere hier einige Schriftsteller, meinend, daß sie die Zeitstimmung zu artikulieren wissen.

Bertolt Brecht ruft aus:

Was sind das für Zeiten, wo
Ein Gespräch über Bäume fast ein Verbrechen ist,
Weil es ein Schweigen über so viele Untaten einschließt!
(GesW 9, 723)

Es ist die Schuld des Menschen und der Zeit, die ein ungebrochenes Verhältnis zur Natur verwehren und ein Gespräch über Bäume fast zum Verbrechen stempeln. So verkehrt sich die Natur:

Die Silberpappel, eine ortsbekannte Schönheit
Heut eine alte Vettel. Der See
Eine Lache Abwaschwasser, nicht rühren!
Die Fuchsien unter dem Löwenmaul billig und eitel
(GesW 10,1010).

Dem Aufklärer Brecht offenbart die Natur nicht mehr die Allmacht, Weisheit, Güte und Gerechtigkeit des großen Gottes, sondern die eigene Schuld, wie der Schluß des Gedichtes zeigt.

Sein »Großer Dankchoral« persifliert Joachim Neanders »Lobe den Herren, den mächtigen König der Ehren«. Mahnt Neander: »Kommet zuhauf, Psalter und Harfe wacht auf«, ruft Brecht: »Kommet zuhauf, schaut in den Himmel hinauf.« Aber da ist Finsternis, da gibt es eigentlich nichts zu loben; der Aufruf zum Lob klingt verzweifelt:

Lobet den Baum, der aus Aas aufwächst jauchzend zum Himmel!
Lobet das Aas
Lobet den Baum, der es fraß
Aber auch lobet den Himmel.

Lobet von Herzen das schlechte Gedächtnis des Himmels!
Und daß er nicht
Weiß euren Nam' noch Gesicht
Niemand weiß, daß ihr noch da seid
(GesW 8, 215f).

Spricht für den Aufklärer die Natur eine Sprache des Trostes, leitet die Naturbetrachtung an zu Rührung und Erwärmung, so hat hier die Natur nichts Tröstliches mehr, sie erkältet.

Arno Schmidt hat in seinem »Leviathan« (1949) die uralte Lehre vom bösen Schöpfer wieder aufgenommen, und ich meine, er frage radikaler als die Tod-Gottes-Theologen: »Wir selbst sind ja ein Teil von ihm: was muß also Er erst für ein Satan sein?! Und die Welt gar schön und wohleingerichtet finden kann wohl nur der Herr von Leibniz (›von‹ und siehe hierzu Klopstocks Anmerkungen in der Gelehrtenrepublik), der nicht genug bewundern mag, daß die Erdachse so weise schief steht, oder Matthias Claudius, der den ganzen Tag vor christlicher Freude sich wälzen und schreien wollte, und andere geistige Schwyzer. Diese Welt ist etwas, das besser nicht wäre; wer anders sagt, der lügt« (66)!

Brockes »Irdisches Vergnügen in Gott« aber findet 1959 ein Echo in *Peter Rühmkorfs* »Irdisches Vergnügen in g«. Aus »Gott« ist ein kleines »g« geworden; »g« bezeichnet den Koeffizienten der Fallgeschwindigkeit.

Es wäre ein leichtes, die Zitate zu vermehren; aber vielleicht erhärten bereits die drei hier genannten die These, daß wir heute nicht mehr wie die Aufklärung den Schöpfer und die Schöpfung apologetisch predigen können, es sei denn, wir demonstrieren unsere Antiquiertheit als »geistige Schwyzer«. Einer Zeit, »wo ein Gespräch über Bäume fast ein Verbrechen ist«, wo natürliche Satanologie einleuchtender zu sein scheint als natürliche Theologie, einer Zeit, die an Stelle Gottes die Fallgeschwindigkeit setzt, wird die Predigt vom Schöpfer kaum weniger ärgerlich sein können als die Predigt vom Kreuz. Die Dichterzitate beleuchten auf ihre Weise, daß die Predigt vom Schöpfer und seinen Werken nicht am Kreuz vorbeigehen kann. Sie gelangen – an Brecht und Schmidt wäre dies deutlich zu machen – zu gültigen Aussagen über die Natur nur gegen die Naturauffassung der frommen Aufklärer des achtzehnten Jahrhunderts. – Die Schöpfung ist nicht als solche als Werk des guten Gottes ein-leuchtend. Es bedarf der Predigt, um die Schöpfung als das gute Werk des Gottes, der die Liebe ist, zu erkennen.

»Die Schöpfung ist nicht weniger als die Versöhnung ein Werk der ewigen Liebe; aber sie ist als solche auch nicht weniger *verborgen* als die Versöhnung« (Miskotte, 195).

Natürliche Theologie überfordert die Natur, eine Theologie der Natur aber würde dazu anleiten, wieder ins theologische Staunen über die Natur zu geraten.

Eine Gegenüberstellung von zwei Predigtaussagen mag die neue Front unseres Predigens abzeichnen; sie vermag auch die Distanz zu markieren, die wir heute von der Aufklärung haben: *Johann Friedrich Bahrdt* sieht in der Natur die ihm persönlich zugewandte Liebe Gottes: »Ich seh's mit meinen Augen, daß Gott lauter Liebe ist. Alles, . . . was ist, ist da, mir Freude zu machen. Für mich scheint die Sonne, für mich träufeln die Wolken, für mich wachsen die Pflanzen, für mich reifen die Fluren, für mich duften die Blumen, für mich leben die Tiere. Alles schuf er, mich durch Besitz oder Genuß zu erfreuen . . .« (zit. nach Krause, 62). – *Wilhelm Vischer* zieht Bilanz: »Wir haben so viele Maschinen und Mittel, um die Güter der Erde auszubeuten, und stehen mit all diesen Mitteln und Maschinen vor dem Nichts.« Die Natur muß erst wieder als die gute Schöpfung des uns zugewandten Gottes erkannt werden: »Lehre uns, alles, was um uns ist, so ansehen, daß wir dich als Vater finden! Zeige uns die Blumen, wie sie wachsen, wie sie nicht sich so entsetzlich mühen und doch viel schöner gekleidet sind als selbst der König Salomo. Zeige uns die Vögel, wie sie leben auf ihrem Zweige, und lehre uns durch sie, daß wir als deine Kinder leben dürfen im Vertrauen auf deine Güte und nicht so sammeln und nicht so sorgen, sondern einander mitteilen von dem, was wir aus deiner offenen Hand täglich nehmen dürfen« (Psalmen, 1944, 152).

Theologische Naturerkenntnis wird die Natur von Kreuz und Auferstehung her sehen. Gibt es Gottesgegenwart in der Natur, dann ist es die Gegenwart des Auferstandenen und Erhöhten. Wäre dies nicht so, wäre der Schöpfer vom Erlöser zu trennen. Weil aber Schöpfer und Erlöser eines sind, kann die Natur nicht von Ostern und Himmelfahrt isoliert werden, wie denn auch Auferstehung und Himmelfahrt nicht von der Natur abzutrennen sind. »Wär er nicht erstanden, so wär die Welt vergangen.«

Wird die Untrennbarkeit von Schöpfung und Erlösung bejaht, können auch die Testamente nicht getrennt werden, dann sehen wir mit *Miskotte* »in der Auferstehung Christi . . . die verborgene Herrlichkeit von IHWHs definitivem Heilshandeln, . . . *dann* gewinnen Predigt und Unterweisung Platz für die *Schöpfung,* für die Freude am Licht und an der Ernte, für das Lied der Hügel und der Felder . . . Dann muß in der Predigt und Unterweisung Raum entstehen für die – laut herausschallende oder im Flüsterton weitergegebene – Verkündigung, daß es gut, daß alles sehr gut ist, daß dieser Anfang der Anfang eines Endes, aber auch der Anfang des Anfangs ist, der Auftakt zur Erschließung der messianischen Zeit und aller Dinge ewiger Bestimmung« (194).

In der Konfrontation mit den Aussagen von Brecht und Schmidt wird die Dringlichkeit von Miskottes Postulat deutlich:

»Gerade in einer Zeit epidemischer Schwermut hat die Predigt zu zeugen von dem Heil, das schon in dem ›bloßen Dasein‹ beschlossen liegt, weil und insofern der Herr unser Gott der Schöpfer ist und war und sein wird« (195).

Aber wie? Es ist wohl kein Zufall, daß neben der Schöpfungsgeschichte im Alten Testament die sogenannten Naturpsalmen die Schöpfung rühmen. Die Natur will als von Gott geschaffene gerühmt und besungen sein. Der Psalm oder der Hymnus scheint hier die angemessenste Aussageform. Der Prediger sollte sich der Mahnung des Kolosserbriefes nicht entziehen: »In aller Weisheit lehret und ermahnet einander mit Psalmen, Lobgesängen, geistlichen Liedern« (3,16)! Es ist vom Prediger nicht zu verlangen, daß er sie auch noch dichte; aber brauchen soll er sie!

Darum sei hier nochmals verwiesen auf die Psalmen des *Ernesto Cardenal,* die nicht nur zum Zitieren sich eignen, die auch bedeutsam sind, die Aufgabe der Hermeneutik zu verdeutlichen, wie wir sie verstehen. Ihm gelingt, was m.E. noch keinem Prediger gelungen ist, eine Vereinigung der biblischen mit unserer Sprache in Freiheit. Er versucht nicht, den Text zu erklären, er spricht ihn in seiner Sprache neu. So spricht er die Sprache Kanaans mit unsern Worten. Darum hat er keine Entmythologisierung nötig. Der Text erfährt eine Wiedergeburt. Der Mythos dient dem Lob des göttlichen Geheimnisses. So heißt es im 104. Psalm:

> Lobe den Herrn meine Seele!
> Herr, mein Gott, Du bist groß.
>> Du bist in Atomenergie gekleidet
>> wie in einen Mantel
>> (Zerschneide den Stacheldraht, 1968², 46).

In Analogie zum Psalm erzählt Cardenal das Werden der Schöpfung. Dabei verbindet er die anthropomorphe Aussage der Bibel mit den Aussagen der Naturwissenschaft. Es ist kein Zufall, daß Cardenal mit dem Rühmen der Schöpfung auch das Lob Gottes gelingt. Neben dem Notschrei finden wir bei ihm den Schrei, der jubelt. So im 150. Psalm:

> Lobet den Herrn des Kosmos,
>> das Weltall ist sein Heiligtum
>> mit einem Radius von hunderttausend Millionen Lichtjahren.
>
> Lobt ihn
>> den Herrn der Sterne
>> und der interstellaren Räume,
>
> Lobt ihn
>> den Herrn der Milchstraßen
>> und der Räume zwischen den Milchstraßen,

Lobt ihn
  den Herrn der Atome
  und der Vakuen zwischen den Atomen,

Lobt ihn
  mit Geigen, mit Flöten
  und Saxophon, ... (59).

Der Name Christi fehlt in diesen Psalmen; aber ich möchte behaupten, daß sie erst von Ostern her theologisch verstehbar sind. Es ist ein österliches Lob der Erde, das Ernesto Cardenal singt.

Wo aber Molekularbiologie, Weltraumforschung und Bibelwort sich zu einer Aussage verbinden, wird der Prediger frei werden, den Zeichencharakter der Schöpfung zu entdecken, ohne freilich dadurch die Schöpfung zu entwerten. Ist Gott »in Atomenergie gekleidet«, wird diese zum Zeichen für seine Macht. Damit kommen wir zu einer weiteren Aufgabe der Predigt, nicht nur den Schöpfer zu predigen und das Heil im Dasein zu rühmen, sondern mit der guten Schöpfung den Schöpfer zu rühmen. Dabei erweist es sich, daß wir als Prediger nicht so sehr Herren der Schöpfung sind, als vielmehr Teilnehmer derselben im Leiden und im Loben. Darum ist die Schöpfung nicht ein Zeichen, über das wir verfügen können. Im Erkennen Gottes wird es erkennbar, erweist es sich als Zeichen und wird zur Predigthilfe. Wer aber den Weltschöpfer als Gegenwärtigen predigen will, nimmt den Schrei nach Erlösung auf in der Solidarität mit aller leidenden Kreatur, und das Entzücken ist nicht weit. Er gerät ins Singen.

Dem kommenden Retter und Richter entspricht eine Sprache, die tut, was er sagt, die bindet und löst. Die Gegenwart des Kommenden predigen heißt, den Teufel austreiben, heißt, ins Heil rufen.

§ 18

BINDEN UND LÖSEN

I

Die Hochsprache der Predigt

Hartwig Thyen, Art. Schlüsselgewalt I. Im NT, RGG³ V, 1449ff. – *Herbert Vorgrimler,* Art. Bußsakrament, HthGb I, 204ff (Lit). – *Dietrich Bonhoeffer,* Sätze über Schlüsselgewalt und Gemeindezucht im Neuen Testament, GS III, 369ff. – *Hermann Diem,* Die Kirche und ihre Praxis, 1963, § 10 Die Absolution. – *Otto Weber,* Das lösende Wort, in: Die Treue Gottes und die Kontinuität der menschlichen Existenz, 1967, 185ff.

»Deine Sünden sind dir vergeben!« – »Ego te absolvo!« Mit diesem Satz setzt der Prediger sein Leben aufs Spiel, sein und seiner Hörer Heil. Hier erreicht die Predigt ihren Höhepunkt und damit auch den höchsten Grad ihrer Gefährdung. Der Name gerät in Aktion, und auf diese Aktion zielt alles Predigen. In diesen fünf Worten verdichtet sich das Evangelische der evangelischen Predigt. Hier muß deutlich werden, daß der Name, den wir predigen, nicht »Schall und Rauch« ist, vielmehr heiliges Recht setzt und vollzieht. – Wer predigt, bindet und löst. Man mag Eindeutigkeit vom Prediger fordern; zugesagt ist ihm, daß er, indem er das Evangelium predigt, Endgültiges aussagt. Das Eindeutige mag er wollen, das Endgültige entgleitet ihm, will sagen, steht nicht in seiner Macht und – fällt ihm zu. Vom Prediger gilt, was Else Lasker-Schüler vom Sprecher überhaupt sagt, in qualifizierter Weise: »Man spricht nichts in den Wind, das nicht aufgehoben wäre im Unsichtbaren.«

Ich spreche vom Binden und Lösen, zitiere aber nur das »Ego te absolvo«, meine also zuerst die Absolution. In ihr konzentriert sich das Evangelium für den Hörer (vgl. § 21/II/2), in ihr zeigt sich das ganze Evangelium in seiner Verbindlichkeit. Die Absolution zeigt in einem Satz das Wesen des Evangeliums, wie denn auch das Evangelium sich als Absolution zeigt:

»Das Evangelium ist nichts anderes als Absolution« (Luther, WA 15, 485: Evangelium nihil aliud est quam absolutio). »Die Absolution ist nichts anderes als Predigt des Evangeliums« (WA 34,I, 308: Absolutio nihil aliud est quam praedicacio euangelii).

Hier trennt sich reformatorische Predigtauffassung von der thomistischen, nach der dem Hörer durch die Predigt keine innere Gnade und keine aktuelle Gnade mitgeteilt wird. Die Predigt soll den Menschen zum Empfang der Gnade disponieren. Die Predigt ist nur eine Veranlassung, das Leben der Gnade zu erlangen; eine Auffassung, von der sich die zeitgenössische katholische Theologie z.T. distanziert, indem in ihr die Frage nach der »Heilswirksamkeit der Predigt« diskutiert wird (vgl. die Arbeit von *Franz Sobotta,* Die Heilswirksamkeit der Predigt in der theologischen Diskussion der Gegenwart, 1968), wobei keineswegs der Eindruck entsteht, die Diskussion wäre schon abgeschlossen. Wollte man sich aber als Evangelischer an diesem Gespräch beteiligen, könnte es wohl nicht geschehen im Bewußtsein des Besserwissens.

In einem undatierten Brief aus Bad Boll schreibt *Johann Christoph Blumhardt:* »Was den reformatorischen Geist betrifft, so brauchen wir mehr als dieses war. Nichts *Anderes* aber etwas *Mehreres . . .* Beinahe allen Dogmen fehlt es an Allseitigkeit; manche sind gar nicht recht fixiert, wie z.B. das Amt der Schlüssel« (Ausgew. Schr. I, XI).

Wollte man die »Allseitigkeit« dieser Lehre entfalten, müßte man sich auf eine breitere Textbasis stützen als auf die, die hier meist angeführt wird, und die schon exegetisch mit einer Überfülle von Problemen belastet ist!

Zuerst ein Logion, das Petrus gilt: »Ich will dir die Schlüssel des Reiches der Himmel geben; und was du auf Erden binden wirst, das wird in den Himmeln gebunden sein, und was du auf Erden lösen wirst, das wird in den Himmeln gelöst sein« (Mt 16,19). Ein entsprechendes Wort an die Jünger über das Binden und Lösen wird kombiniert mit der Zusage der Gegenwart Jesu im Kreis der in seinem Namen Versammelten (Mt 18,19f). Nach der Sendung der Jünger und ihrer Geistbegabung verheißt der johanneische Christus: »Wenn ihr jemandem die Sünden vergebt, sind sie ihm vergeben; wenn ihr (sie) jemandem nicht vergebt, sind sie (ihm) nicht vergeben« (20,23).

Es dürfte schon bei einem ersten Lesen der genannten Stellen deutlich sein, daß in den verschiedenen Stellen »Binden und Lösen«, »Vergeben und Nichtvergeben« möglicherweise eine verschiedene Bedeutung haben. So hat man bei Mt 16,19 schon an den Exorzismus gedacht, weil das Wort dort kombiniert ist mit den Pforten der Hölle, aus denen dämonische Mächte strömen; man dachte an Lehrentscheidungen der Rabbinen, die etwas für verboten oder erlaubt erklären. Eindeutig ist Joh 20,23 vom Vergeben und Nichtvergeben der Sünden die Rede. Von daher versteht man denn auch vielfach die andern Stellen. Wollte man also eine Lehre vom Schlüsselamt entfalten, dürfte man nicht einlinig vereinfachen. Man müßte versuchen, die verschiedenen Funktionen des Schlüsselamtes herauszuarbeiten, um nach einem gemeinsamen Nenner zu fragen.

Das Verständnis der Predigt als Absolution bestreitet nicht das Recht der Absolution in der Beichte, so revisionsbedürftig diese in den verschiedenen Konfessionen sein mag. *Walter Uhsadel* beschwert sich darüber, daß Predigt und Absolution in eins gesetzt werden: »Es ist in systematischer Hinsicht verwirrend, wenn die Predigt, die selbstverständlich die Botschaft von der Sündenvergebung allgemein zur Sprache bringt, als Absolution bezeichnet wird; denn die Absolution setzt stets ein persönliches Sündenbekenntnis voraus« (Die gottesdienstliche Predigt, 1963, 19). Unter Berufung auf eine Aussage in Luthers Schrift »Von den Schlüsseln« (WA 30,II, 492) folgert er kühn: »Der gute Lutheraner weiß also, daß Predigt nicht Absolution ist« (ebd). Offensichtlich hat er nicht bedacht, daß Jesus am Kreuz eine Generalamnestie und Generalabsolution erworben hat, daß es eine Absolution gibt, die aller Erkenntnis der Sünde vorausläuft. Auch hat er nicht bedacht, daß die Predigt ja die Sündenvergebung nicht allgemein zur Sprache bringen sollte, wie dies die Dogmatik tut, daß sie vielmehr die Sündenvergebung zuzusprechen hat.

In der Absolution erreicht das Präsens seinen Gipfel und das Predigen seine Höhe. Im Zuspruch der Vergebung erhält und behält Christus und seine Gegenwart Recht gegenüber meiner und meiner Hörer Vergangenheit und Zukunft. Die Absolution setzt die Geistesgegenwart ins Recht gegenüber meiner Vergangenheit. Sie holt mich aus der Unzeit heraus und versetzt mich in die neue Zeit. In der Absolution geschieht die Konfrontation des Sünders mit dem Kreuz. Im Geist wird an das Kreuzesgeschehn erinnert, es wird real präsent, wird dessen Vergangenheit. Zugleich nimmt der Geist die Zukunft vorweg: Absolution, im Geist gesprochen, artikuliert die Sprache des kommenden Christus. Indem die Vergangenheit des Sünders durch Vorgabe von Zukunft »absolviert« wird, geschieht Absolution als Hochform des Präsens. In der Absolution verdichten sich Erinnerung und Verheißung. Darum eignet der Absolution Feierlichkeit. Sie feiert Vergebung. – Sagte ich vorhin, das Endgültige »entgleite« dem Prediger, wird damit aller falschen Feierlichkeit gewehrt, die Vergebung durch eigenes Pathos in Kraft setzen möchte. Falsche Feierlichkeit besteht aus Eigenmächtigkeit und Erschleichung. Andrerseits gibt es eine legitime Feierlichkeit der Predigt, die nicht leer und nicht hohl ist, weil der Gepredigte sie mit Gegenwart füllt, indem der Prediger sie mit seiner Existenz bezeugt.

Eugen Rosenstock-Huessy ist hier zu hören: »*Sprache, die auf ihrer wahren Höhe sich hält, ist immer förmlich.* Wahrheit von Rang muß in Hochsprache laut werden. Sie verträgt nicht das Abrutschen in das Geschwätz der Konversation oder der Dialoge zwischen Lehrer und Schüler« (Zurück in das Wagnis der Sprache, 1957, 31). Werden solche Sätze des Sprachdenkers vom Prediger verstanden, schützen sie ihn vor Jargon und Kitsch, die den Namen verunehren.

Eine Predigtlehre, die dem Prediger die Freiheit besorgt, wird ihm einmal zugestehn, ein wenig zu plaudern. Falls es nicht in Geschwätz absinkt, wird auch das Plaudern die Absolution tangieren, wird zur Hochsprache der Absolution unterwegs sein. Noch viel mehr wird die Predigtlehre ein gewichtiges Sprechen erlauben, ja fordern, weil der Gepredigte selbst den Worten »Dir sind deine Sünden vergeben« das Gewicht seiner Ewigkeit zumißt. Es gibt nicht nur das falsche, es gibt auch das echte Pathos, das weiß, was es sagt, und die »entgleitenden« Worte mit dem Wissen darum umgibt, was ihnen verheißen ist. Das Sprechen muß der Sprache entsprechen und der Sprecher muß bedenken, was er sagt. So wird er selbst auf der Höhe seines Sprechens bleiben. Feierlichkeit und Förmlichkeit besagen hier nichts anderes als Sachlichkeit, meinen eine der Sache angemessene Sprache und ein der Sache angemessenes Sprechen, das weiß, was es zu sagen hat. Falsch wird das Pathos da, wo das Denken nicht mehr auf der Höhe des Sprechens bleibt. Hochsprache wird ihren Wert darin wahren, daß sie seltene Sprache bleibt, sparsam in der Anwendung, sachlich im Gebrauch, auf das Notwendigste beschränkt. – Wird aber das Seltene zum Habitus, entsteht aus der Hochsprache der Predigt das Kanzelpathos, die großen Worte werden zu zahlreich, pervertieren zu Überflüssigkeiten, zu Leerformeln. Zwei Hinweise mögen diese Problematik erläutern:

Alle Sprache ist zum Binden und Lösen unterwegs. So wird auch in der *Literatur* gebunden und gelöst – freilich indirekt. Ich verweise auf Bobrowskis Roman »Levins Mühle« (vgl. § 12/II) oder auf den »lösenden« Charakter des Humors (vgl. § 14/V). Im Predigen soll direkt geschehn, soll in Gottes Namen geschehn, was auch sonst indirekt und in andern Namen geschieht. Der Hinweis auf die Literatur möchte den Prediger davor bewahren, es sich mit der Hochsprache leicht zu machen. Hochsprache ist eine schwere Sprache – für ihren Sprecher. Dies zeigt sich am zweiten hier auszuführenden Hinweis:
Hochsprache als amtliches, als beauftragtes Sprechen, bedient sich gerne des *Zitates* (vgl. § 11). Als Beispiel diene ein Ausschnitt einer Predigt von *Hans Walter Wolff* über Jes 43,1–7: »›Weil du so kostbar in meinen Augen bist, weil du solchen Wert für mich hast, darum sollst du auch geehrt sein, Ansehen genießen.‹ . . . Das sollen alle hören, die sich selbst schon überflüssig auf dieser Welt vorkommen . . . Eben denen sage ich als Gottes Wort: Ermiß, wieviel du Gott wert bist. Du bist ihm unentbehrlich« (ATP I, 37, vgl. 30). Der Prediger unterstreicht das Zitat, indem er es mit eigenen Worten wiederholt und die Wiederholung mit einer Einleitungsformel versieht: »Eben denen sage ich als Gottes Wort.« – An diesem Beispiel mag deutlich werden, daß die Hochsprache der Predigt etwas mit dem Text zu tun hat. Sie wird zur Hochsprache dadurch, daß sie den Text spricht. – Aber *ich* muß sprechen. Die Formel, mit der ich jemand löse, bindet mich ans Wort und an den Hörer, ansonsten wird sie zur Leerformel. Ich kann und darf mich nicht hinter einen Text, hinter eine Formel verstecken, muß vielmehr für Formel und Text einstehn und gradstehn.

Die schon angedeuteten Gefahren der Hochsprache sind offenkundig und brauchen nicht näher erörtert zu werden. Hingegen muß bedacht werden, welche Konsequenz ein Verzicht auf die Hochsprache mit sich bringt. Verstummt die Hochsprache, verliert der Prediger die Sprache. Wer »amtlich« nichts mehr zu sagen hat, wird bald einmal überhaupt nichts mehr zu sagen haben. Verstummt die Hochsprache, wird erst recht das Bla-Bla laut (vgl. § 2/I). Solcher Sprachverlust deutet – wie auch ein falsches Pathos – auf einen Verlust des Auftrages. Offensichtlich hängt die Hochsprache am Auftrag, ihr hoher Ton an der Hoheit des Auftraggebers. Erweist sich Hochsprache als beauftragte Sprache, macht der Auftrag den Redner zum Diener am Wort. Hochsprache redet dann nicht von oben herab, sie ist vielmehr in der Tiefe zu lernen. In der Sprache Tritojesajas heißt das: »Denn so spricht der Hohe und Erhabene, der ewig thront und dessen Name ist ›Der Heilige‹: In der Höhe und als Heiliger throne ich und bei den Zerschlagenen und Demütigen, daß ich den Geist der Gebeugten belebe und das Herz der Zerschlagenen erquicke« (Jes 57,15). Von da her wäre die Hochsprache als die Sprache der Zerschlagenen und Demütigen zu bestimmen. Als solche wird sie nie das Seltene zum Habitus machen, Wortreichtum wird nicht

ihre Sache sein (vgl. § 21/III). Was den Sprecher der Hochsprache aus-
zeichnet, ist Demut.

»Die einzige Weisheit, die wir erwerben können, ist die Weisheit der Demut: Demut
ist ohne Ende« (T. S. Eliot).

Wer zur Hochsprache gedemütigt und zerschlagen wird, kommt
durch das Einwohnen des Geistes zu Wort, seine Sprache hält sich in
der Geistesgegenwart des Erhöhten auf der Höhe. Hochsprache ist die
durch den Geist des Erhöhten begeisterte Sprache der Demütigen und
Zerschlagenen.

II

Neuer Heilsstand

Peter Stuhlmacher, Erwägungen zum ontologischen Charakter der καινὴ κτίσις bei
Paulus, EvTh 27, 1967, 1ff. – *Jürgen Seim* zu Taufpredigten: PIG 22/23, 1969, 14ff.

Die Formel »Dir sind deine Sünden vergeben« bildet so etwas wie
eine Weltformel für das neue Sein der Gemeinde. Die Gegenwart der
Absolution bestimmt das Sein der Gemeinde, sie sagt ihr die Zeit an.
Die einstigen Feinde sind »jetzt« versöhnt (Röm 5,10), die einst Unge-
horsamen haben »jetzt« Barmherzigkeit erlangt (Röm 11,30), die einstigen Sündenknechte sind »jetzt« frei und also Gottesknechte
(Röm 6,20–22), »jetzt« gerechtgesprochen durch sein Blut (Röm 5,9),
»jetzt« befreit vom Gesetzesjoch (Röm 7,6). »Also gibt es *jetzt* keine
Verurteilung mehr für die, welche in Christus Jesus sind« (Röm 8,1). –
Ich möchte sagen: Die Absolution setzt eine neue Zeit. Ein neues Leben
und ein neues Erkennen ist angebrochen. Gegenüber dem alten Geset-
zes- oder Heidenwesen steht jetzt ein neues Wesen: »Das Alte ist vergangen, siehe, es ist neu geworden« (2 Kor 5,17).

Wie Adam die Tiere benennt und damit der Kreatur den Namen gibt,
darf der Prediger mit dem neuen Adam die neue Kreatur benennen. Die
Predigt offenbart dem Menschen, was er durch Christus jetzt ist. Das
Predigen gleicht dann einem Taufen, das ein neues Werk aus dem
Wasser zieht; es bringt das Noch-Unsichtbare zum Vorschein. Die Predigt enthüllt das neue Leben im Jubel über die große Gegenwart in der
kleinen Herde.

Leider wissen die Prediger die Weltformel für das neue Sein der Gemeinde nur zaghaft zu proklamieren. Viele predigen lieber von ihren
üblen Erfahrungen, die sie mit sich und anderen notorisch machten, in
Abstraktion vom Heilswerk Christi. Sie predigen bei tiefbohrenden
Zeitanalysen unzeitgemäß, weil sie nicht beachten, was in Christus vergangen und was in ihm gegenwärtig ist. Statt des Jubels über den wirkenden Herrn herrscht verklausulierte Gesetzlichkeit, aus Angst vor
Perfektionismus verfehlt man das große Perfekt, das unsere Gegenwart

bestimmt. Wollte man diesen Zustand analysieren, müßte man die fragwürdige Praxis der Kindertaufe untersuchen im Blick auf ihre homiletischen Konsequenzen. Das neue Sein hat sozusagen keinen Anhalt im Leben der Gemeinde; es hat kein Zeichen und wird deshalb als ein Hirngespinst höherer Ordnung empfunden. Man kann dies an Predigtbeispielen sehen, die den Sinn der Taufe nur am Modell der Erwachsenentaufe zu zeigen versuchen. – Ein weiterer Grund liegt darin, daß die Christenheit das Problem der zweiten Buße nicht mehr sieht, überhaupt kaum noch Gemeindezucht übt. Wo man die sichtbar werdende Sünde nicht mehr wahrnimmt, wird jede Aussage über ihr Vergangensein irreal. – Indem durch das Aufkommen der institutionellen Ohrenbeichte die Sünde mehr und mehr privatisiert wurde, was durch den Wegfall des Beichtinstitutes im Protestantismus noch gesteigert wurde, privatisierte sich auch die Gegenwart des Heils, so daß diese kaum mehr aussprechbar wurde, ohne sofort in den Verdacht der Schwärmerei zu fallen. Auch wird vergessen, daß der Mensch als soziales Wesen in seiner Neuschöpfung erst recht sozial bleibt. Nicht daß damit das Individuelle ausgeschaltet wäre; aber es ist nicht ohne das Soziale. Existiert Christus als Gemeinde (vgl. § 17/IV), existiert die Gemeinde als soziales Sein des Erhöhten, und das neue Sein des einzelnen ist nicht zu isolieren vom neuen Sein der Gemeinde. Das heißt nicht, daß der Mensch nicht auch als einzelner anzusprechen wäre; das heißt, daß es nicht genügt, ihn als einzelnen anzusprechen, wenn sein neues Sein besprochen wird. Wenn der Mensch sich selbst seine Schulden vergibt und darum heillos die Identität mit sich selbst verliert, wird eine Predigt nötig, die den Erhöhten als das neue Ich aussagt und auf diese Weise dem Menschen enthüllt, was ihm fehlt. Aber dieses neue Ich ist kein Vereinzeltes.

So bittet *Jean Cocteau* seine Freunde: »Gebt mir den Glauben ein, daß ich bin« (Anthologie der französischen Dichtung von Nerval bis zur Gegenwart, hg. v. Flora Klee-Palyi, 1958, 265).

Gegenüber einem solchen Zweifel genügt eine Predigt, die die Existenz des einzelnen zur Gemeinde hinzuzählt, statt sie in der Gemeinde zu entdecken, ebenso wenig wie eine Predigt, die solcher Bitte gegenüber mit dem Anruf der Entscheidung antwortet.

Zwei verschiedenartige Predigtbeispiele mögen die Problematik erhellen, in der wir hier stehen: Es war eine Stärke der Predigt *Kohlbrügges* (vgl. § 5/IV), daß sie die Synchronisation der Christuszeit mit unserer Zeit wagte und der Gemeinde eine neue Gegenwart eröffnete: »Hier mache nun eine jede gläubige Seele diesen Schluß: Weil Christus gekreuzigt ist, und, an meiner Stelle, meine Sünden, Fluch, Tod, Elend und Verdammniß auf sich genommen hat – so zeugt der Geist, daß der Vater mir diese Seine Verdienste so zugerechnet hat, als wäre ich selbst gekreuzigt worden. Ja, nun bin *Ich* gekreuzigt, gestorben, begraben, auferweckt und gen Himmel gefahren, und *Ich* sitze an der Rechten meines Vaters in und mit Christo. Denn *mein Ich* ist hingerichtet: Christus hat Alles vollbracht. Nun bin ich Christi und Christus ist mein Ich, und ich lasse nun die Hände ruhn, und je mehr Er, der für mich sich durchgeglaubt, mich zu nichte macht, desto mehr bekommt Er in mir eine Gestalt, und wächst desto mehr, je mehr ich abnehme. – *In ihm bin ich vollkommen* und mit ihm und in ihm herrlich, prächtig, geziert und geschmückt« (Die Herrlichkeit der Gemeine Christi. Predigt über Psalm 45,14–16, gehalten in Gemarke, 1833, 12). – Die Sprache mag der Romantik verhaftet sein, und die Gefahr des Quietismus scheint nicht gebannt. Nur sollte man eine solche Sprache nicht zu schnell etikettieren oder als mythologisch verwerfen. Sie bindet in großer Kühnheit die Existenz mit dem Erhöhten zusammen und entdeckt eine neue Gegenwart. Angesichts der drängenden Werkerei, die unsere Predigt durchzieht, erscheint ein Prediger vorbildlich, der sagt: »Ich lasse nun die Hände ruhn.« – Allerdings muß die – auch für viele heutige Predigt weithin typische – Privatisierung der Botschaft beachtet werden. Auf dem Höhepunkt der Predigt über »Die Herrlichkeit der Gemeine« wird von dieser abstrahiert, heißt es »ich« und nicht »wir«. Man mag einwenden, der Prediger repräsentiere hier »die Gemeine«. Horcht man die ganze Predigt nach dem Verhältnis zwischen dem einzelnen und der Gemeinde ab, tönt es merkwürdig zusammenzählend: »Die Gemeine Christi, und eine jede einzelne Seele heißen Christi Braut...« (11). Der Prediger spricht von der Gemeinde und redet den einzelnen an; die Gemeinde als Ganze wird nicht angeredet, sie hat offenbar kein Bewußtsein. Wenn es heißt: »Des Königs Tochter ist ganz herrlich inwendig« (12), wird wiederum der einzelne und seine Innerlichkeit gemeint sein. – So gibt es in dieser Predigt ein – wie mir scheint – ungelöstes Problem des Nebeneinander von Einzelseele und Gemeinde.

Der Jubelruf: »In ihm bin ich vollkommen und mit ihm und in ihm herrlich...« ist aus unseren Predigten weitgehend gewichen, vielleicht wird er noch als museales Relikt gepflegt. Freilich wäre, was Kohlbrügge intoniert, im höchsten Grade zeitgemäß und notwendig, nicht als Repetition romantischer Sprache, sondern als Aufzeigen einer neuen Existenz, die nun nicht den einzelnen privatisiert, sondern ihn einweist in das soziale Sein des Erhöhten in seiner Gemeinde. Neue Existenz kann nicht individualisierend zugesprochen werden. Vielmehr ist das neue Individuum in seiner unteilbaren Verbundenheit mit der neuen Menschheit zu verkündigen, das neue Ich als Teil des Ganzen anzusagen. Mit dem Glauben an die neue Menschheit kann dem einzelnen der Glaube »eingegeben« werden, »daß ich bin«. Dem an sich selbst zweifelnden Zeitgenossen muß ein Ich verkündigt werden, das über jeden Zweifel erhaben ist. Nicht in meiner Eigentlichkeit, außer mir finde ich das neue Ich. Wird aber dem mit sich selbst Entzweiten die Offenbarung als Selbstfindung gepredigt, gerät solche Predigt ins Gesetzliche. Der Bitte Cocteaus ist nicht mit einem Ruf zur Entscheidung zu antworten.

Dies mag deutlich werden an einer Predigt von *Friedrich Gogarten* über 2Kor 5,17, die typisch zu sein scheint für eine weithin verbreitete – auch von veränderten theologischen Voraussetzungen her praktizierte – Predigtweise (Der Schatz in irdenen Gefäßen, 1960, 63ff; vgl. dazu Christian Möller, Von der Predigt zum Text, 1970, 117ff, der die Predigt über 2Kor 4,7–18 analysiert). – Die Predigt beginnt mit einer Feststellung: »Die Lebenswege der Menschen sind sehr mannigfaltig. Im Grunde aber gibt es nur zwei. Ihr Unterschied ist dieser: auf dem einen denkt man, die Verhältnisse und die Umstände, die Dinge und die Welt müßten anders, müßten neu werden, dann werde es auch mit ihnen selbst anders. Die auf dem anderen gehen, denken, erst müßten sie selbst anders werden, dann komme alles andere ganz von selbst in Ordnung. Es besteht kein Zweifel darüber, auf welcher Seite die Wahrheit ist« (63). – Der erste Gedanke wird zunächst im Verweis auf die schlechte individuelle Erfahrung abgewiesen: Wir bleiben auch in veränderten Umständen stets dieselben. – Später wird ein christologischer Beweis zur Empfehlung des zweiten Weges geführt: »In Jesus ist dieses neue Leben unter die Menschen gekommen. Wir wüßten nicht, was es ist, wenn es in ihm nicht offenbar geworden wäre« (65). In Jesus haben wir den Beweis gegen die These, die der Veränderung der Verhältnisse den Primat zuerkennt. In Jesus »ist ernst gemacht mit der Wahrheit, daß nicht erst die Welt neu werden muß, damit auch der Mensch neu wird, sondern daß zuerst der Mensch anders werden muß« (65). Am Schluß der Predigt kehrt diese These wieder: »Nicht die Umstände und Verhältnisse der Welt müssen anders werden, damit dann auch der Mensch anders wird, sondern zuerst muß der Mensch neu werden, dann wird alles andere ganz von selbst in Ordnung kommen« (67).

Weil der erste Weg ungangbar ist, darum ist es ein wahres Glück, »daß es den anderen Weg auch noch gibt. Er steht immer offen. Jeden Augenblick und unter allen Umständen können wir ihn gehen. Er ist unser, des Menschen, Weg, der unserem Wesen eigentümlich ist. Erst wenn wir uns entschließen, ihn zu gehen, kommen wir zu uns selbst. Erst dann leben wir unser eigenes, menschliches Leben. Denn der Mensch ist das Wesen, das ein wirkliches Leben darin hat, daß er im Entschluß sich selbst ergreift. So allein wird wirkliche, echte Hoffnung in uns lebendig« (63). – Ist das wirkliche Leben schon das neue Leben? Ist das der neue Mensch, der im Entschluß sich selbst ergriffen hat? Fast hat es den Anschein, Neuschöpfung sei eine Art von Selbstverwirklichung des Menschen, zu der Jesus zwar das Mittel sei, die aber der Mensch selbst auszulösen habe in einem, wie es scheint, heroischen Wagnis: »Und wo einer es wagt, sich Jesus zu öffnen, wo er sich berühren läßt von dem Leben, das in ihm erschienen ist, da geschieht es mit der Allgewalt göttlicher Wirklichkeit, daß er zur neuen Schöpfung wird. Da heißt es dann auch für ihn: Das Alte ist vergangen, siehe, es ist alles neu geworden« (67). Gogarten muß ein hier auftauchendes Mißverständnis abwehren, als ob der Mensch zum Erneuerer seiner selbst werden könnte: »So wichtig mein Ergreifen ist, entscheidend ist doch allein, daß ich ergriffen bin« (67). – Konnte man den Eindruck haben, der neue Mensch sei der Entschlossene und der zu sich Gekommene, wird am Schluß der Predigt deutlich, daß das Wagnis, »wirklich Mensch zu sein«, zur Vorbedingung wird für die Begegnung mit dem Menschgewordenen, die zur Neuschöpfung führt: »Wir müssen uns herausrufen lassen in die Verantwortlichkeit, in der wir vor Gott stehen, in der wir erst erfahren, was das heißt: einen Gott haben. Das heißt ja aber nichts anderes, als daß wir es wagen müssen, wirklich Mensch zu sein. Dann erst können wir dem begegnen, der um unsertwillen Mensch geworden ist, damit in ihm das Leben erscheine, das göttliche Schöpfung ist, und wir durch ihn zur neuen Schöpfung werden« (67).

Es wäre unfair, wollte man eine Predigt nach Kriterien beurteilen, die man einer neueren Exegese entnimmt, die dem Prediger nicht einsichtig sein konnte. Nun aber ist der hier von Gogarten zitierte Duktus der Predigt ein hundertfach wiederholter; das neue Sein ist als Möglichkeit von Jesus eröffnet, jetzt wird zur Verwirklichung durch den Menschen gerufen. Der Mensch soll sich selbst »im Entschluß« ergreifen. Weil es hier – wie auch anderwärts in der Predigtlehre – um ein Modell unserer Predigt geht, mag denn solche Konfrontation erlaubt sein.

Für *Peter Stuhlmacher* ist es »auf jeden Fall deutlich«, daß der Anfang von 2Kor 5,17 ›Darum ist jemand‹ »nicht im Sinne einer Individualisierung, sondern, wie es dem Kontext allein entspricht..., im Interesse einer gnomischen Verallgemeinerung gemeint ist« (4). Auch sei es von Röm 8,19 her »verwehrt, Paulus eine Seinsanschauung zuzuerkennen, welche an der Jemeinigkeit und punktuellen Entscheidung im Augenblick orientiert ist« (9). Wenn Paulus unter neuer Schöpfung »reale Neuschöpfung« meint – »sie beruht auf der Vorgabe des Geistes; sie hat auf ihrem geschichtlichen Laufe zu

Gott leibhaftige Doxologie zu üben, eine Doxologie, welche die Welt zeichenhaft und stellvertretend ihrem Schöpfer neu zuzuerkennen beginnt« (27) –, dann beruht sie nach Gogarten auf der »Bedingung und Voraussetzung..., daß wir in Christus sind...« (65).

Was nach Paulus Gabe des Geistes ist, wandelt sich bei Gogarten ins Postulative. Das Evangelium von der Neuschöpfung wird vergesetzlicht. Die Vergesetzlichung ist verbunden mit einer Verinnerlichung und Individualisierung, die sich im Vertrauen artikulieren, daß »alles andere ganz von selbst in Ordnung kommen« werde, wenn erst der Mensch neu geworden sei. Hier wird – wie in so vielen Predigten – das zugleich individuelle und soziale Wesen des Menschen übersehen.

Konnte man bei Kohlbrügge die Frage nach der Gefahr eines Quietismus nicht unterdrücken, wird man eine Predigt, die uns zeitlich viel näher steht, wie die Gogartens, um so eher ideologiekritisch befragen müssen: Ob hier nicht eine nationalkonservativ bürgerliche Ideologie spreche, die auf eine Revoltierung und Veränderung der Verhältnisse von vornherein verzichte und das Bestehende damit stabilisiere, daß sie die Botschaft individualisiere? Spricht Bonhoeffer von billiger Gnade, könnte man dort von billiger Entscheidung sprechen, wo diese im Privaten verharrt, und sie kann es um so mehr, wenn man ihr versichert, daß nach dem Neu-Werden des Menschen »alles ganz von selbst in Ordnung kommen« werde. So illusionär ein solches Versprechen ist, es wird von vielen Predigern mit unterschiedlicher theologischer Begründung immer wieder ausgegeben.

Endlich sei nochmals die Frage erlaubt, ob denn eine solche Predigt einem Menschen wie Jean Cocteau etwas zu sagen habe: »Gebt mir den Glauben ein, daß ich bin.« Einem solchen Hilferuf gegenüber wirkt der Satz vom Menschen als einem Wesen, »das sein wirkliches Leben darin hat, daß er im Entschluß sich selbst ergreift«, gut gemeint, aber nicht evangelisch.

III

Retention

Gottfried Voigt, Die Bewahrung des reinen Evangeliums in der kirchlichen Verkündigung, in: Botschafter des Christus, 1962, 25ff.

Karl Barth hält es für wahrscheinlich, daß Mt 16,19 und Joh 20,23 auf die Funktion der Gemeinde zu beziehen sei. »Um ein großes Aufschließen, Erlauben und Freigeben, um den Zuspruch und den Empfang der Vergebung der Sünden muß es sich, wenn es mit rechten Dingen zugeht, wenn ihr Werk wohlgetan ist, handeln« (KD IV/3,2, 987f). Hier leuchtet die Erkenntnis auf, daß die Gemeinde in den Schlüsseln lebt, ob sie will oder nicht, sie reagiert auf die Sünde, und sie soll nicht kollaborierend, nicht richtend reagieren, sondern vergebend. Die Hochsprache der Absolution sollte nicht romantisch überhöht werden, sie artikuliert verbal, wozu die Gemeinde gerufen ist, was die Gemeinde leben soll. Barth fährt dann fort: »Wird es nicht oder nicht recht getan, dann schließt die Gemeinde, ihrem Auftrag zuwider, das Himmelreich zu und die Menschen von ihm aus, wo sie es ihnen aufschließen, wo sie sie auf die ihnen allen offenstehende Türe hinweisen sollte« (988).

Diese Sicht mag z.T. von *Blumhardt* herkommen, der hier auch darum zitiert wird, um zu zeigen, daß das neue Sein der Gemeinde keine statische Größe ist: »Auf *Erden* muß eine Gemeinde sein, auf Erden muß eine Gemeinde Macht haben, zu lösen und zu binden, Macht haben, die Sünden zu vergeben, oder an ihnen vorüberzugehen und sie liegen zu lassen. Die Himmel warten auf uns auf Erden. Wir miteinander und als einzelne dürfen lösende Kraft haben ... Vergib du die Sünden, betrachte deine Mitmenschen als zur Gemeinde Jesu Christi Berufene, als berufen, ins Reich Gottes einzugehen; löse, wo du gehst und stehst, und der Heiland wird mit dir sein und dir helfen. Gott will in Christus durch Menschen auf Erden die Pforten der Hölle überwinden. Denn diese Lösung geht tief hinein, in den Himmel hinein, wo auch noch Ungelöstes sein kann, in die Erdenvölker hinein, wo so viel Ungelöstes ist, und sie kommt auch unter die Erde zu den Toten. Die Kraft Jesu Christi auf Erden liegt in seiner Gemeinde.« Blumhardt hat die individualistischen Fesseln gesprengt, er nimmt die Absolution auch in die Verhältnisse hinein: »im Mittelpunkt all unseres Tuns, auch für das öffentliche Wohl, muß die Vergebung der Sünden stehen; es muß auch den Umständen, den Zeiten, den Verhältnissen vergeben werden, damit ein Licht werde auf den Tag Jesu Christi hin und ein Generalpardon gehe über alle Nationen« (zit. nach Eugen Jäckh, Christoph Blumhardt, 1950, 257f).

Blumhardt zeigt, daß die Absolution nicht nur als Predigt ergeht, daß vielmehr die Gemeinde anzuleiten ist, die Schlüssel zu brauchen. Zu solcher Anleitung wird auch der Hinweis gehören, daß die Gemeinde sich unter den Weheruf Jesu stellt (Mt 23,13; Lk 11,52, vgl. Barth, 988). Wie Jesus nicht zum Richten, sondern zum Retten kam, ist die Gemeinde nicht zum Richten, sondern zum Retten gesandt. Sie geht in die Welt, um ihr die Absolution zu bringen.

Die Frage stellt sich, ob der skizzierte Gesichtspunkt der einzige sei, den es hier zu bedenken gibt. Sicher hat alle Predigt, falls der Prediger nicht sich selbst das Gericht predigt, freisprechenden Charakter; aber nun ist zu beachten, daß solche Predigt gerade das Gericht mit sich bringt, das sich an dem vollzieht, der nicht hört, nicht hören will (vgl. Joh 12,48), und dieser Sachverhalt muß verbindlich ausgesprochen werden. Hat die Absolution kein Gegenüber in der Retention, steht sie selber in der Gefahr, zur allgemeinen Wahrheit abzusinken und damit gerade ihre Wahrheit zu verlieren.

Sehr scharf hat dies *Dietrich Bonhoeffer* gesehen: »Die Kirche kann nicht den Bußfertigen von der Sünde lösen, ohne den Unbußfertigen bei der Sünde zu behaften und zu binden. Der Löseschlüssel selbst hat keinen ewigen Ernst, wenn nicht auch der Bindeschlüssel ewigen Ernst hat« (GS/III, 369). Ein Aufgeben der Retention stellt die Vergebung selbst in Frage: »Will die Kirche allein den Löseschlüssel üben, dann raubt sie denen, die glauben, die Gewißheit der Vergebung; denn was ist eine Vergebung, die nicht Rettung aus der Verdammnis ist« (ebd)? An anderer Stelle: »Sünden vergeben wollen, aber nicht Sünden behalten wollen macht aus der göttlichen Vergebung ein menschliches Werk, eine Spielerei mit der Sünde« (GS IV, 483). – Es dürfte einsichtig sein, daß Bonhoeffers Haltung auch ekklesiologische Konsequenzen haben mußte, bis hin zu dem ärgerlichen Satz: »Wer sich wissentlich von der Bekennenden Kirche in Deutschland trennt, trennt sich vom Heil« (GS II, 238).

Es bedürfte eingehender Erörterung, um zu zeigen, daß auch die Retention im Dienst der Rettung stehen kann. Vielleicht darf man die Satansübergabe in Parallele zur Retention sehen, dann kann man auf 1Kor 5,5 verweisen: die ganze Prozedur soll zur Rettung des Pneuma dienen.– Vielleicht argumentieren wir sicherer mit dem Hinweis auf den Unterschied zwischen Absolution und Retention: Die Absolution soll nicht an Bedingungen geknüpft werden, denn sie gilt unbedingt, und »die Bedingung richtet alles Unglück an« (WATR 5, 6017, vgl. WA 30,II, 499). Die Retention darf sehr wohl an eine Bedingung geknüpft werden; genaugenommen ist sie dann keine Retention mehr, sondern ein Gegenstück zur Verheißung, eine Drohung.

Die Retention erweist sich darin als heilsam, daß sie gegen das Vergessen spricht. Sie erinnert an vergangene Schuld und fixiert diese für die Zukunft. »Das ist da gewesen, also geht das nicht mehr fort«, lasen wir bei Bobrowski (vgl. § 12/II). Die Retention behaftet den Menschen bei seiner Vergangenheit, damit er sie nicht länger im Vergessen verdränge. Sie behaftet bei der Schuld und ihrer Konsequenz, weil sie deren Folge abwenden will. Nochmals Bobrowski: »Leute, es möchte der Holunder / sterben / an eurer Vergeßlichkeit.« Auch wenn die Retention ein Todesurteil ausspricht, spricht sie gegen das Sterben, und indem sie das tut, wehrt sie dem Vergessen und Verdrängen.

Werden hier Beispiele angeführt, so nur zögernd und ohne Empfehlung der Nachahmung, wohl aber als Frage an unser Predigen.

So hält *John Wesley* dafür, »daß das Verderben der Gottlosen bezeugen so gut Christuspredigt sei, als vom Lamm Gottes zu predigen« (zit. bei Otto Riecker, Das evangelistische Wort, 1935[1], 208). *George Whitefield* konnte mit Tränen in den Augen am Ende einer Predigt ankündigen: »Ich schicke mich jetzt an, die Mütze des Richters aufzusetzen. Sünder, ich muß es tun. Ich muß das Urteil über euch fällen. Und dann rief er in einem erschütternden Schwung von Beredsamkeit die Worte unseres Herrn aus: ›Geht von mir, ihr Verfluchten‹« (zit. bei Riecker, 161 Anm. 1). – Von *Remmer Janssen,* einem ostfriesischen Erweckungsprediger des 19. Jahrhunderts, wird berichtet, er habe bei der Beerdigung eines reichen Bauern mit der Linken nach irgendwo zwischen Horizont und Himmel verwiesen, mit der Rechten auf den Sargdeckel geklopft: »Da – er brennt schon« (Günter Maske, Remmer Janssen, o.J., 39). Uns graut vor solcher Rede, die das Gericht vergegenwärtigt und auf handgreifliche Weise bindet. Man kann fragen, ob sich hier nicht eine Höllenpredigt zu Worte meldet, die wir als unevangelisch ablehnen müssen; aber man sollte solche Predigt nicht voreilig abtun. Dies mag deutlich werden, wenn wir die zitierten Beispiele mit einigen Sätzen von *Helmut Gollwitzer* konfrontieren, die in einer sehr verhaltenen und indirekten Form nach einer Pogromnacht das Gericht als gegenwärtiges ankündigen und damit eine ganze Zeit »binden«: »Wo das Reich Gottes zu den Menschen kommt, da steht vor seiner Tür der Täufer Johannes und macht die Tür zur engen Pforte mit diesem fürchterlichen Ruf: ›Ihr Otterngezüchte, wer hat denn euch gewiesen, daß ihr dem zukünftigen Zorn entrinnen werdet?‹ Das Wort *Buße* macht die Tür zur engen Pforte, das verachtetste und das wichtigste Wort in dieser unserer Zeit. Denn es ist eine unbußfertige Zeit und ihre Unbußfertigkeit ist das Geheimnis ihres Elends« (Zuspruch und Anspruch I, 1954, 37). – Gollwitzer hat in einem Nachwort darauf hingewiesen, wie damals jeder Satz unmißverständlich konkret und aktuell wirkte, ohne daß die Pogromnacht erwähnt wurde. »Es ist mir heute sehr zweifelhaft, ob dieses Beim-Namen-Nennen nicht gerade hätte geschehen müssen« (45). – Als Nichtbeteiligter hat man kein Recht, eine solche Predigt zu diskutieren im Nachhinein, und erst noch in einer Zeit relativer Unangefochtenheit; aber auch wenn sich die Geschichte nicht wiederholt, so kehrt die Zeit der Anfechtung und Verfolgung wieder. Darum mag die Frage erlaubt sein, ob dieses Beim-Namen-Nennen nicht auch deshalb unterblieben sei, weil wir nicht mehr die Retention wagen, darum auch Predigt als Absolution kaum noch kennen. Gerade das Wissen, das aus den zitierten Sätzen spricht, hätte doch wohl deutlicher und namentlich artikuliert werden müssen. Hinterher hat man gut reden. Wir aber stehen davor!

Zum Schutz und Segen der Gemeinde gibt es im Neuen Testament auch einen apostolischen Fluch (Gal 1,8f). Er wird nicht gegen Verfolger, sondern gegen die Verkünder eines andern Evangeliums ausgesprochen. Denkt man an Verfolgungszeit, gilt Jesu Wort vom Segnen der Verfolger. Wir sind nicht zum Binden und erst recht nicht zum Fluchen bestellt, sondern zum Lösen und zum Segnen. Der Apostel, der das Anathema (den Fluch) ausspricht, ist der, der nach Röm 9,3 verflucht zu sein wünscht um seiner Brüder willen. Kann man den Fluch als die äußerste Zuspitzung der Retention ansehen, so kann er evangelisch nur in der Proexistenz ergehen. Rosenstock-Huessy sagt: »Die Hochsprache muß ihr Sprecher auch gegen sich gelten lassen« (Zurück in das Wagnis, 31).

IV

Exorzismus

Emil Brunner, Die andere Aufgabe der Theologie, ZZ 7, 1929, 255ff. – *Eduard Thurneysen,* Die Aufgabe der Predigt, in: Theologische Aufsätze, Festschrift Karl Barth, 1936, 38ff. – *Ders.,* Seelsorge als Exorzismus, in: Die Lehre von der Seelsorge, 1946, 294ff. – *James M. Robinson,* Das Geschichtsverständnis des Markus-Evangeliums, 1956. – *A. Rodewyk,* Art. Exorzismus, LThK² 3, 1314f. – *Werner Jentsch,* Exorzismus als theologisches Problem, PBl 99, 1959, 195ff. – *Harvey Cox,* Die Kirche als Exorzist der Kultur, in: Stadt ohne Gott?, 1966, 166ff.

Unser Predigen kommt von einem Machtwort her und geht auf ein Machtwort zu. Obschon der Exorzismus als Hochsprache kaum ausdrücklich in einer Predigt laut wird, erweist sich das Modell des Exorzismus als wesentlich für das Verständnis der Predigt.

Eduard Thurneysen hat diese Sicht der Predigt mehrfach betont: »Dieser Akt des Zusprechens von etwas, das ohne dies Zusprechen und abgesehen davon nicht da ist – das ist das eigentümliche, das zentrale Geschehen in der Predigt. In der Predigt wird also regelrecht gehandelt am Menschen. Es geschieht etwas an ihm. Predigt ist ein Geschehnis. Man kann sie geradezu in Parallele setzen zu dem Geschehen eines Exorzismus. Teufel werden ausgetrieben . . . Jesus Christus tritt auf den Plan in seinem Wort und bricht in das vom Geist dieser Welt beherrschte Dasein des Menschen ein« (Theol. Aufsätze, 49f). – In der »Lehre von der Seelsorge« wird es später heißen: »Ein Wörtlein kann ihn fällen.‹ Weil die Seelsorge dieses Wort ausrichtet, darum ist ihr Werk zu verstehen als das Werk der Austreibung der Dämonen und der Aufrichtung der großen Hoffnung auf den endgültigen Sieg Christi« (294). Was Thurneysen hier von der Seelsorge sagt, könnte er auch von der Predigt sagen. Modellhaft mag dieser Sachverhalt am *ältern Blumhardt* deutlich werden, dessen elementare Erfahrung in der Seelsorge im Kampf um die Gottliebin Dittus der Exorzismus war und dessen Predigt vom Exorzismus her bestimmt ist. Dies zeigt sich, wenn der Sohn den Vater als Prediger charakterisiert: »Immer aber war etwas von dem zu fühlen, was Jesus Christus ist, der gekommen ist, die Werke des Teufels zu zerstören. Nicht Geschicklichkeit, nicht Kunst, nicht Redegewandtheit – eine Kraft des Heilandes war es, was den Seligen zum Prediger machte. Er selbst baute auch auf nichts anderes; mit dem Seufzer, daß etwas gelöst werden möchte an den Zuhörern, bestieg er die Kanzel; mit demselben Seufzer verließ er sie; er selbst empfand sich nicht als Redner und gewaltigen Prediger; nur freute er sich, wenn er merkte, daß etwas gelöst wurde, wenn auch oft nur an wenigen« (Christoph Blumhardt und Friedrich Zündel über Johann Christoph Blumhardt, 1969, 64).Blumhardts Predigt schenkte offenbar Freiheit. Warum aber gibt es in den heutigen Predigten so wenig Lösendes?

Fatal wirkt sich auch hier aus, wenn beim Prediger das Weltbild die Vorherrschaft ausübt, so daß er zum Gefangenen seines Weltbildes wird. Die Fixierung ans Weltbild wirkt in doppelter Weise unglücklich: In fundamentalistischen Kreisen fixiert man sich ans neutestamentliche Weltbild und übersieht, daß sich Dämonien wandeln können. Auf der andern Seite gibt es eine Aufklärung, die übersieht, daß Dämonien sich auch gleich bleiben können. – Allerdings steht der Teufel nicht im Credo, man muß nicht an ihn glauben; austreiben genügt. Vorher sollte man ihn nur erkennen.

Die größere Gefahr als der Fundamentalismus scheint heute eine platte Aufgeklärtheit zu bilden, die den Horizont des sehr flachen Landes für den aller Welten hält. Sie übersieht, daß der Mensch in Verhältnissen lebt, die stärker sind als seine Willenskräfte. Sind diese Verhältnisse verteufelt, müssen ihnen eben die Teufel ausgetrieben werden, und eine Predigt, die zur Entscheidung ruft, muß sich fragen lassen, ob sie Macht hat zu solchem Ruf, ob sie Macht hat, den Menschen von dem zu befreien, was stärker ist als seine Entscheidungskraft; denn die Hochsprache des Exorzismus verfügt über etwas, worüber der Mensch, dem diese Sprache gilt, nicht verfügt. »Nun wollen wir sehen, was Jesus vermag.« Dies Wort ist stärker als die erstarrte Gottliebin und verweist auf einen Stärkeren. Die Kraft dieses Wortes liegt darin, daß es der Zukunft des Stärkeren sicher ist. Darin kündigt sich schon in der Gegenwart die Macht an, die stärker ist als der Augenschein. Das aber sollte bei der Predigt herauskommen, daß wir sehen, »was Jesus vermag«. Exorzistische Predigt sagt dem Menschen ein Wort, das er sich in seiner Lage nicht zu sagen vermag und das ihn an das Tun Jesu verweist. Sie setzt Jesu Macht gegen die Mächte, die den Menschen in Beschlag genommen haben. Exorzistische Predigt befreit, indem sie die Übermacht des Namens demonstriert, besser, indem der Name seine Übermacht demonstriert. – Wo kein solches Machtwort laut wird, mächtig wird und mächtig bleibt, bleibt die Predigt ohnmächtig. Tritt sie trotzdem dem Menschen fordernd gegenüber, überfordert sie den Menschen. Wer nicht Macht hat zu befreien, wer kein Machtwort zu sprechen vermag, steht in Gefahr, seine Ohnmacht in Forderungen an die Hörer zu übersetzen, und dies ist die Predigt, die ich immer wieder höre, die in Gesetzlichkeit ausbrechende Ohnmacht.

Es ist sicher richtig, wenn *Harvey Cox* das individualistische Moment neben das gesellschaftliche stellt: »Jesus hat sich in seinem Exorzismus neurotischer Krämpfe der einzelnen angenommen. Sein ganzes Leben aber repräsentierte eine Art radikalen Exorzismus' der Neurose einer ganzen Kultur. Er stellte die dämonischen Vorstellungen und die gesetzlichen Zwänge so dar, daß Menschen von beidem zu produktivem und klarsichtigem Leben befreit wurden. Auf der individuellen wie auf der kulturellen Ebene drückt sich neurotischer Krampf im Ineinander von Dämon und ritueller Gesetzlichkeit aus. Psychoanalytisch ausgedrückt: In Phantasien und obsessiven Verhaltensmustern. Im Neuen Testament repräsentiert die Konfrontation Jesu mit den Dämonen seinen Kampf gegen projizierte Phantasien, und sein Angriff auf die Schriftgelehrten ist ein Ausdruck seines Kampfes gegen aufgezwungene Verhaltensmuster« (170f). Auch wenn bei einem solchen Text die Frage laut wird, ob er nicht etwas zu sehr von amerikanischem Nützlichkeitsdenken geprägt sei – lag Jesus denn am »produktiven« Leben? – auch wenn die Gleichung von Dämonie und Neurose allzusehr simplifiziert, so scheint mir die Parallele des Exorzismus mit dem Streitgespräch Jesu, das Cox im Anschluß an J. Robinson anführt, homiletisch und praktisch bedeutsam, obschon man verrechnen muß, daß der Effekt der Streitgespräche keine Befreiung von aufgezwungenen Verhaltensmustern subsumiert.

Das Volk Gottes hat Streitgespräche zu führen, um seine Umwelt von solchen Verhaltensmustern zu befreien. So fehlten im Nachkriegsdeutschland Streitgespräche in den Gemeinden zur Bewältigung der Vergangenheit. – Auch ist zu sehen, daß es bei Markus Jüngerdebatten gibt, in denen diese Streitgespräche sich fortsetzen, etwa wenn Petrus einer satanischen Haltung (8,33) bezichtigt wird. Vielleicht ist die innergemeindliche Auseinandersetzung heute die schwierigste, vor allem auch darum, weil uns der Ort des Gespräches in der Gemeinde weithin fehlt. – Nun kann man Streitgespräche nicht institutionalisieren; aber man kann sich auf sie vorbereiten, sich dazu rüsten, sich darauf einüben; die Kanzelrede scheint jedoch dazu nicht sonderlich geeignet zu sein (vgl. § 29).

Vom Markus-Evangelium her ist der kosmische Horizont zu sehen, in dem sich der Exorzismus abspielt. Das individuelle Geschehen bleibt nicht lokal, der Exorzismus hat weltweite Wirkung. In der Linie des Markus hat wohl auch Blumhardt das Geschehen in Möttlingen bewertet. Er hat erfahren, daß ein Sieg in der Seelsorge das ganze Dorf zur Umkehr bewegte. Zwischen öffentlicher Predigt und Seelsorge am einzelnen besteht ein enger, nicht aufzuhebender Zusammenhang. Der Exorzismus ist insofern stärker als die Predigt, weil er die Wirkung des Wortes schon in sich schließt.

Im Exorzismus wirkt das Wort durch das Sprechen unmittelbar: es löst, es schenkt Freiheit. Die Sprache des Glaubens wirkt unmittelbar oder auf Zeit exorzistisch. Sie verbannt Geister und setzt neuen Geist. Den Geistern der Verneinung gegenüber artikuliert sie den Geist der

Bejahung, den sie mit Namen nennt (vgl. 2Kor 1,19). Sie vermag die
Teufeleien zum Schweigen zu bringen; dann aber wird die exorzistische
Wirkung der Predigt darin bestehen, daß sie eine neue, gereinigte At-
mosphäre schafft. Predigt verändert die Öffentlichkeit, in der gepredigt
wird, sie ist gesellschaftlich wirksam.»Ars ist nicht mehr Ars«, kann
Vianney sagen (vgl. Predigten, Briefe, Leben des heiligen Pfarrers von
Ars Jean Baptiste-Marie Vianney, 1959, 271).

Predigt als Exorzismus ist Predigt, die wirkt. Sie stellt uns vor das
Problem der Vollmacht, das zu Unrecht vernachlässigt wird (vgl.
§ 4/III).

*Den Kommenden als Gegenwärtigen predigen heißt, seine Wunder und
Zeichen entdecken und benennen, heißt sagen, was er tut.*

§ 19
PREDIGT UND ZEICHEN

Friedrich Zündel, Kranke, in: Jesus, 1884, 187ff. – *Johann Christoph Blumhardt,* Über
die Wunder, Ausgew. Schr. I, 67ff, jetzt auch in GesW II/1, 1968. – *Albert Oepke,* Art.
ἰάομαι, ThW III, 194ff. – *Heinrich Greeven,* Die Heilung des Gelähmten nach Matthäus, WuD 1955, 65ff. – *Dorothee Hoch,* Heil und Heilung, 1955². – *Rudolf Bultmann,* Zur Frage des Wunders, in: GuV I, 1963⁵, 214ff. – *Hans Joachim Held,* Matthäus als Interpret der Wundergeschichten, in: G. Bornkamm / G. Barth / H. J. Held,
Überlieferung und Auslegung im Matthäus-Evangelium, 1963³, 155ff. – *Hans-Joachim Kraus,* Predigt aus Vollmacht, 1967². – *Franz Kamphaus,* Von der Exegese zur
Predigt, 1968², 115ff. – *Rudolf Bohren,* Das Wort und die Kraft, in: Dem Worte folgen, 1969, 7ff. – Vom Wunderbericht zur Predigt, verkündigen 2, hg.v. Paul Bormann,
1969.

I
Zeichen und Wunder

Für Israel beginnt mit der Welt das Wunder. Auch seine eigene Geschichte entspringt dem Wunder. Das Urbekenntnis Israels erinnert an
das Urwunder der Befreiung aus dem Diensthaus und staunt über das
Wunder der Erwählung (vgl. 5Mose 7,6–8). – Wer von Jesus erzählt, berichtet über seine Wundertaten als Zeichen seines kommenden Reiches.
Der Bericht über seine Wundertaten wird verbunden mit dem Bekenntnis zu seiner Auferweckung von den Toten. Die Schrift berichtet im
Alten wie im Neuen Testament Wunder über Wunder. Gottes Volk lebt
aus dem Wunder und aus den Wundern. Israel lebt aus dem Wunder des
Auszugs, und das neue Gottesvolk aus dem Osterwunder. Indem der Geist
gegenwärtig wird, wird das Wunder gegenwärtig. Geistesgegenwart ist
das Wunder schlechthin und kann nicht ohne Zeichen bleiben. Wo der
Geist geistet, kann man sich wundern. Weil im Geist Gottes Zukunft in
die Gegenwart einbricht, ist das Wunder voller Zukunft.

Die Problematik und die Zweideutigkeit des Wunders liegt in der
Problematik der Geistesgegenwart. Wie die Geister, so sind die Wunder, so sind die Zeichen zu prüfen. – Wie »Zeichen und Wunder« das
Wort interpretieren, bedürfen sie der Interpretation durch das Wort. So
gehört zum Wunder das Wort und das Wunder zum Wort. Kommt es

im Predigen zur Einheit von Geist und Wort (vgl. § 7), geschieht die Predigt selbst als Wunder (vgl. § 1). Mischt sich der Geist ins Erinnern und Verheißen, wird das Predigen selbst zur hohen Zeit des Wunders. Vollzieht sich im Predigen Absolution, vollzieht sie einen Exorzismus (vgl. § 18/IV), geschieht Predigt als Wunder, wird die Predigt zum Zeichen. Predigt als Absolution ist Wunder; in ihr wird Gottes Zukunft schon Gegenwart. So zeigt die Predigt auf die Zukunft, wird zum Zeichen des Kommenden. Als Zeichen des Kommenden wird sie begleitet von »Zeichen und Wundern«, wirkt sie selbst Wunder. Man kann auch sagen, Predigt als Absolution schaffe Raum für das Wunder. Von der Hochsprache her stellt sich die Frage nach der Macht des Wortes, und dies ist die Frage nach seiner Wahrheit und Gültigkeit.

Diese Frage läßt sich wohl am besten erhellen an Hand der Matthäus-Perikope von der Heilung des Gelähmten (9,1–8).

Wo Markus von der Vollmacht des Menschensohnes spricht (2,10), wird bei Matthäus diese Vollmacht auf die Menschen übertragen (9,8). Diese Ausweitung »spiegelt bereits deutlich das Bewußtsein der Urchristenheit wider, daß ihr die Schlüsselgewalt gegeben ist, wie es gerade bei Matthäus besonders hervortritt« (Greeven, 70). Die Perikope schließt mit einem Lobpreis menschlicher Vollmacht, und diese Vollmacht ist die Macht zur Vergebung. Schon ist der kommende Weltenrichter (26,64) im Vergebungswort seiner Gemeinde präsent. – *Kamphaus* zeigt an vielen Predigtzitaten, wie fraglos diese Perikope auf die Vollmacht der Sündenvergebung durch die Kirche übertragen wird. Man darf annehmen, daß die evangelische Kirche hier im Blick auf die Vergebung ähnlich predigt, vielleicht ohne Reduzierung der Vollmacht auf die Ordinierten, sicherlich ohne Fixierung auf das Bußsakrament.

Nun aber scheint mir ein Punkt in dieser Perikope von besonderer Bedeutung zu sein, der die Distanz unserer Lage zum Berichteten markiert: Jesus muß sich legitimieren vor Hörern, die die Absolution als Lästerung empfinden, und er begegnet seinen Gegnern mit einer Vexierfrage: »Denn was ist leichter, zu sagen: Deine Sünden sind dir vergeben, oder zu sagen: Steh auf und geh umher?« (9,5). Vielleicht war es für jüdische Ohren leichter, ein Wunder zu tun als Vergebung auszusprechen (vgl. Mt 9,12.27), vielleicht sind aber die Angesprochenen auch nicht Exorzisten. Julius Schniewind meint, »der Sinn der Frage soll wohl gerade schwebend sein, soll zum Nachdenken reizen« (zu Mk 2,9). Jesus tut dann das eine, das sichtbar getan werden kann, um das andere, das unsichtbar bleibt, zu legitimieren und zu verdeutlichen; denn beides steht in seiner Macht: Lahme gehen zu machen (11,5), wie das, was er jetzt demonstriert, das Vergeben der Sünden. – Unsere Zeit sagt freilich nicht: Vergebung ist Lästerung. Sie erklärt vielmehr ihr Desinteresse, auch traut sie der Vergebung nicht, und die Kirche hat es mit dem Vergeben sich leichter gemacht als mit dem Heilen. Gerade der schlechter bezeugte Vers Mt 17,21 zeigt: die Heilung ist Sache der Gemeinde, wenn sie ihr auch nicht allzu leicht fällt (vgl. 17,14ff). Dann erhebt sich die Frage, ob die Kirche die Vergebung aussprechen darf, wenn sie nicht mehr kann, was die Kirche des Matthäus offenbar noch konnte, heilen.

Die hier vorliegende enge Verknüpfung von Absolution und Heilung erlaubt uns nicht, die Vergebung zu isolieren, die Zeichen gering zu achten. Wird Predigt zum Wunder, wird das Predigen von Geschichten und Geschichte begleitet, wenn anders es kein Leerlauf ist. Mit dem Wort laufen auch die Zeichen. Zeichen nenne ich hier alles, was rund um die Predigt, im Zusammenhang mit der Predigt geschieht. Zeichen nenne ich alles, was Geistesgegenwart anzeigt und zur Sprache bringt. Wollte man auf Wunder und Zeichen verzichten, würde man auf die Gegenwart des Geistes verzichten. Das Predigen geschieht als Wunder oder als – Nichts. Bleibt das Wunder aus, klingeln die Leerformeln.

»Entlädt« sich das Wunder beim Predigen nicht »wie Gewitter« (vgl. § 1), nieselt Nichtiges auf die Hörer. Gerade die Hochsprache wird hohl, wenn nicht der Erhöhte in der Gegenwart seines Geistes die Macht des Namens erweist. – Ich spreche vom »Wunder« und sage »Zeichen«. Die beiden Begriffe werden nicht streng zu scheiden sein. Hingegen sind Unterschiede zu notieren. Jedes geschehende Wunder wird zum Zeichen; aber nicht jedes Zeichen wird zum Wunder. Jede Predigt ist ein Zeichen; aber sie ist nicht von vornherein ein Wunder. Dennoch hält auch eine leere Predigt immer noch die Möglichkeit des Wunders offen. Im Wunder ergreift der Kommende die Macht. Im Zeichen lesen wir die Spuren seiner Zukunft in der Gegenwart. – Am Zeichen kann ich vorbeigehen, ein Zeichen kann ich übersehen, mißdeuten, verachten. Das Wunder aber zwingt zum Staunen. Ihm antwortet angemessenerweise ein doxologischer Chorschluß (vgl. Martin Dibelius).

Es geht nicht an, daß man die Wahrheit und Kraft einer Predigt an den mitlaufenden Zeichen mißt, man würde sonst zu gering vom Wort denken, würde einerseits dessen Menschlichkeit nicht ehren und andrerseits die Zweideutigkeit des Zeichens übersehen. – Kann man nicht die Predigt einfach an den Zeichen messen, die sie begleiten – da war die Orthodoxie immer im Recht –, so darf auch nicht die Frage nach der Macht des Wortes unterdrückt werden, eine Frage, der sich die neuen Wissenschaften heute in Kommunikationsforschung und Kybernetik annehmen. Dabei ist nicht zu übersehen, daß die Frage nach dem Wunder streng als Frage nach Gott und seinem Kommen zu stellen ist, auch wenn zuzugeben ist, daß Wunder »getan« werden. Die Verbindung der Wunderfrage mit der Gottesfrage befreit m.E. von einer weltbildhaften Verengung, sei es, daß man biblizistisch die neutestamentlichen Wunder wiederholt sehen will, sei es, daß man die biblischen Wunder im Namen eines modernen Weltbildes als unmöglich erklärt. Alle Isolierung des Wunders scheint mir hier ebenso falsch wie seine Reduzierung auf das Mirakel. Nicht der Durchbruch der Naturgesetze macht das Wunder für uns zum Wunder, sondern seine Herkunft als Tat des Schöpfers und Erlösers, der frei ist von allem Gesetz. Dann kann freilich das Wunder auch als Mirakel geschehen. – Gibt es eine abergläubische Mirakelsucht, so auch einen Wissenschafts-Aberglauben, der das Mirakel ausschließt, weil nicht sein kann, was nicht sein darf. Die Frage nach dem Wunder ist nicht vom Weltbild, sie ist nur von Gott her zu lösen. Die Wunderfrage ist eine streng theologische Frage. – Ich sehe freilich eine Analogie zu der Dialektik zwischen dem, was der Vater Blumhardt als Kommen des Geistes erwartet, und dem, was der Sohn Blumhardt vom gekommenen Geist in der Welt sieht. Wenn ich für einen Wunderbegriff plädiere, der weder biblizistisch noch aufklärerisch verengt sein soll, gewinne ich die Freiheit, die neutestamentlichen Wundererzählungen auf ihre Zukunft hin zu lesen und werde darüber hinaus die Wunder der Natur, der Technik und der Kunst danach befragen, ob in ihnen Gott heute seine Wunder tut.

Eine besondere Gefahr des Zeichens ist die Verabsolutierung, die das Zeichen für den nimmt, für den es steht. Diese Gefahr erweist sich als besonders groß, weil das Zeichen das Hier und Jetzt der Gegenwart signalisiert. – Die Polyphonie des Geistes geht verloren, es wird nur noch eine Stimme gehört. – Analog dem Schriftganzen gibt es so etwas wie einen Kanon von Zeichen, eine reiche Orchestrierung, die vielstimmig die Vielzahl der »Zeichen und Wunder« erzählt, die nicht katalogisierbar ist. Die Predigt verarmt, wird sektenhaft eng, wo sie sich mit *einem* Zeichen begnügt.

Dies illustriert die Vielzahl der *Sakramente,* über die es keinen eindeutigen Konsensus in der Christenheit gibt, was m.E. mit dem Wesen der Sakramente als Zeichen zusammenhängt. – Wäre eine Predigtlehre nicht Stückwerk, müßte in diesem Zusammenhang auch das Verhältnis von Predigt und Sakrament verhandelt werden. Aber die Probleme sind zur Zeit so sehr im Fluß, daß ein vorläufiger Verzicht sich hier aufdrängt. Daß solcher Verzicht nicht aus dem mangelnden Interesse des Verfassers stammt, mögen seine Predigten über Taufe, Abendmahl und Beichte andeuten (Das Geheimnis der Gegenwart, 1965. Vgl. auch § 9/IV). – Ich meine allerdings, daß man die Sakramente nicht aus der Fülle der Zeichen herausbrechen und isolieren dürfte, auch wenn man sie als ausgezeichnete Zeichen ehrt.

Es wäre einmal einer gesonderten Untersuchung wert zu fragen, inwiefern die Isolierung auf die Zeichen, die wir Sakramente nennen, die Kirche und ihre Verkündigung in eine kraftlose Abgeschlossenheit, in eine Gettoexistenz geführt hat. – Die Sakramente sind also in die folgenden Überlegungen einzuschließen.

Sucht man nach Zeichen, so hat man schon die Pariser Mai-Revolution, die Black Power, das Antirassismusprogramm des ökumenischen Rates Zeichen genannt. Prophetische Handlungen wären zu nennen, Happenings, »Zeichen der Zeit«, apokalyptische Zeichen, die Heilungswunder Blumhardts und – die Sakramente. Ich kann Zeichen setzen, Zeichen erklären: hier entzündet sich notwendigerweise ein Streit über wahre und falsche Zeichen. Hier scheidet sich einmal mehr die wahre von der falschen Prophetie. Die Möglichkeit des Irrens entbindet nicht von der Aufgabe, auf die Zeichen zu achten, sie zu prüfen. Wollte ich aber nur auf ein einziges Zeichen hin predigen, wäre ich vielleicht noch nicht zur falschen Prophetie unterwegs, ziemlich sicher aber zu einer sektenhaften Verengung. Meint unsere Frage nach »Zeichen und Wundern« – in dem Zusammenhang, in dem wir sie aufwerfen – nicht so sehr die Behandlung der Wundererzählungen (vgl. § 10), sondern vielmehr den Kontext des Wunders, in dem die Predigt ergeht, die selbst

Wunder ist (vgl. § 1), ergibt sich eine doppelte Notwendigkeit: Einmal geschehene und geschehende Wunder ans Licht zu bringen und zu erklären, sowie das Wirken Christi des Gegenwärtigen anzusagen.

II

Predigt als Wundererklärung

Predigen wir einen gegenwärtigen Christus, reden wir nicht von einem Schlafenden, sondern von einem Wachen, nicht von einem Toten, sondern von einem Auferweckten, nicht von einem Untätigen, sondern von einem Wirkenden. Wir reden auch von dem, was er wirkt, von seiner Wirklichkeit, was von seinem Namen ankommt.

Diese Art von Predigt mag an einem Beispiel deutlich werden, das die Apostelgeschichte »ein unleugbares Zeichen« nennt (4,16). Es geschieht an der schönen Pforte, indem Petrus zum Lahmen spricht: »Silber und Gold besitze ich nicht; was ich aber habe, das gebe ich dir: Im Namen Jesu Christi des Nazoräers – geh umher« (3,6)! Und der Lahme geht. Dieses »unleugbare Zeichen« bildet den Anlaß zu einer Predigt des Petrus, die das Geschehen mit dem Verweis auf das Alte Testament, auf den Gott Abrahams, Isaaks und Jakobs auslegt. Was »im Namen Jesu Christi des Nazoräers« geschieht, wird mit Hilfe der Schrift ausgelegt. Hier wird die Gegenwart durch die Schrift gedeutet, nicht umgekehrt. Diese Auslegung durch die Schrift erklärt das Geschehen christologisch: »Das geschehene Heilungswunder an dem Lahmen wird aus dem entscheidenden Handeln Gottes an Jesu begründet. Jenes ist eine Tat des Erhöhten, deren Voraussetzung und Grund die große göttliche Heilstat der Erhöhung Jesu ist. Darum kann das geschehene Wunder nur verstanden werden aus dem Jesuskerygma« (*Ulrich Wilckens,* Die Missionsreden der Apostelgeschichte, 1931, 39).

Dieses Verhältnis von Geschehen und Interpretation ist für das Predigen signifikant, ganz unabhängig wie wir es historisch beurteilen. Die Predigt erklärt das Zeichen. Das Zeichen will er-klärt sein, das Zeichen bedarf der Aufklärung, dann macht es seinerseits klar; dann zeigt das Zeichen. In unserem Fall deutet schon der vorauslaufende Name, in dem das Zeichen geschieht, auf eine Deutung des Zeichens; aber der Name allein vermag das Zeichen noch nicht genügend zu erklären. Es bedarf der Predigt.

Aus diesem Grunde genügen bei Taufe und Abendmahl die Spendeworte auf die Dauer nicht, die Sakramente bedürfen der Predigt, ansonsten ihr Gebrauch in einen Sakramentalismus entartet, wie denn auch die Krankenheilung zu mirakulösem Unfug pervertiert, wo nicht die Predigt mit ihr geht.

Solche Predigt ergeht als Auslegung dessen, was Gott heute tut: Wir haben hier *eine* Gegenwartsform der Predigt, die Gottes gegenwärtiges Handeln an Hand der Schrift erläutert und beweist. Gottes aktuelles Tun bildet den »Text« der Predigt, und dieser »Text« wird mit Hilfe der Bibel exegesiert. – Damit bezeichne ich eine Grenzlinie, nicht eine Norm der Predigt. Für die grundsätzliche Besinnung der Predigt erweist sich eine Grenzlinie als entscheidend wichtig, auch wenn sie einem Abgrund entlangläuft und die Gefahr des Absturzes in Bibelmißbrauch und Schwärmerei mit sich bringt. Leider geschieht solche Predigt in unserer Kirche in der Regel nicht nach Krankenheilungen, sie geschieht in politischer Predigt: abschreckendes Beispiel die Predigt von 1914, die die Kriegsbegeisterung des deutschen Volkes als Pfingstwunder feiert; der Text dekoriert das Ereignis, statt daß er es klärt. Ein ähnliches Geschick wird dem Text vielfach auch in den Kasualreden anläßlich von Trauung und Beerdigung zuteil. Nach der Liturgie werden sowohl die Eheschließung wie das Sterben als Gottestaten angesehen: »Was Gott zusammengefügt hat ...« »Es hat dem Herrn über Leben und Tod gefallen, aus dieser Zeit in die Ewigkeit abzurufen.« Wir versuchen darum, die Trauung unter Ausklammerung der Beerdigung in Zusammenschau mit den neutestamentlichen Wundern zu sehen. – Damit ist schon gesagt, daß wir hier nicht die ganze Problematik der Kasualreden behandeln können. Vielleicht wird aber das hier Anzudeutende hilfreich sein auch für die Kasual-rede.

Allgemeines: *Heinrich Vogel,* Unsere Predigtaufgabe in Kasualreden, MPTh 25, 1936, 214ff. – *Manfred Mezger,* Die Amtshandlungen der Kirche I, 1963[2]. – *Rudolf Bohren,* Unsere Kasualpraxis – eine missionarische Gelegenheit? ThEx 147, 1968[4].

Zur Traurede: *Christian Palmer,* Evangelische Homiletik, 1867, 337ff. – *Friedrich Uhlhorn,* Die Kasualrede, 1896, 127ff. – *Hans Georg Haack,* Die Amtshandlungen, 1935, 110ff. – *Helmuth Schreiner,* Die Verkündigung des Wortes Gottes, 1949[5], 286ff. – *Günther Dehn,* Die Amtshandlungen der Kirche, 1950, 65ff. – *Walter Uhsadel,* Die gottesdienstliche Predigt, 1963, 154ff. – *Paul Schempp,* Vorwort zu: Gottes Wort zur Trauung, 1951[2]. – *Ludwig Bullemer,* Besinnung zur Traurede, in: Kasualien, hg. v. Erwin Brandes II/3, 1963, 9ff. – *Wolfgang Trillhaas,* Evangelische Predigtlehre, 1964[5], 162ff, bes. 170ff. – *R. Bohren,* PIG 14, 1968, 9ff.

Die Erfahrung zeigt, daß die Kasualien dem Text offensichtlich nicht gut tun. Gerade Trauung und Beerdigung leiten den Prediger an, Texte zu mißbrauchen. Auch könnte es sein, daß die Texte selbst hinderlich sind, das zu sagen, was hier und jetzt unbedingt zu sagen wäre! Oder werden die Texte falsch gewählt?

Es fällt auf, daß *Paul Schempp* in seinen 26 Traureden nur einen einzigen Text aufweist, der speziell die Ehe betrifft, Eph 5,33. Stößt er in den Iptinger Kirchenbüchern auf Eintragungen aus dem 18. Jahrhundert, aus denen er schließt, daß der Pfarrer Eherezepte zur Trauung ausgab, hat sich dieser Brauch wohl bis heute, auch bei veränderter Theologie, kaum gewandelt. Gegen Rezepte wäre nicht einmal viel zu sagen, wenn nur die Predigt des Gegenwärtigen und seiner Taten in bezug auf die Ehe nicht zu kurz kommt. Diese Predigt sollte ja nicht nur bei der Trauung ergehen! Aber nun fällt auf, daß über die Texte, auf die es in unserem Zusammenhang gerade ankommt, kaum gepredigt wird: Mt 19,1–12 und vor allem Vers 6, und Mk 10,1–12 und vor allem Vers 9 – vielleicht eine Folge der Perikopenordnungen, die allerdings durch Ehestandspredigten kaum korrigiert wird: vgl. *Rudolf Bohren,* Ausser – in – nach der Ehe, 1958, und *Werner Reiser,* Die frohe Botschaft für Mann und Frau, 1959, traktieren Texte aus dem 1. Korintherbrief. *Joachim Konrad,* Zwei Grundsatz-Predigten zur Sex-Revolution, 1969, geht von 1Mose 1,27 aus. – *Manfred Josuttis,* Sexualität = Sünde? PIG 32, 1969, geht von Gal 5,16–25 aus.

Warum wird die in der Liturgie doch wohl entscheidende Stelle Mt 19,6 und Mk 10,9 in Predigten und Traureden kaum behandelt? Es ist möglich, daß hier eine protestantische Ängstlichkeit mitspielt, die sich vor einem sakramentalen Verständnis der Ehe schützen möchte, wie überhaupt der konfessionelle Streit um die Anzahl der Sakramente der evangelischen Predigt des Gegenwärtigen kaum zuträglich war; darüber hinaus führte wohl die Umbildung des Christentums in eine Mysterienreligion dazu, die Predigt von Christi Gegenwart einzuengen: indem die Mysterienreligion die Gottheit präsent macht, grenzt sie ihre Gegenwart kultisch ein. – Im Blick auf die Trauung und Ehe wäre darum zuerst das Tun Gottes zu predigen und sein Wirken an den Tag zu bringen. Das aber heißt, prophetisch ansagen und veröffentlichen, was gilt. Der Prediger sei Prophet, aber nicht Mystagoge – nicht eine Weihehandlung ist zu vollziehen, ein Wort ist auszurichten. – Neben dem prophetischen Aspekt ist der weisheitliche durchaus legitim. Die Traupredigt kann auch eine Weisheitsrede sein. Verliert sie aber die prophetische Dimension, wagt sie nicht, das gegenwärtige Wirken Gottes zu artikulieren, verliert sie die Weisheit und wird platt.

Claus Westermann, Der Segen in der Bibel und im Handeln der Kirche, 1968, 99ff, hat aufs neue die Amtshandlungen vom Begriff des Segens her deuten wollen. Hier wird m.E. zu unkritisch der Segen der Bibel in unsere Situation übertragen. Ich würde mich nicht dagegen wehren, die Kasualien vom Segen her zu verstehen, würde aber vom biblischen Segen her fragen, ob hier der Segen noch ein Segen sei, ob in der Situation volkskirchlicher Kasualpraxis Segen noch möglich sei.

Wir orientieren uns zunächst an Erwägungen *Karl Barths* zum Wort Jesu »Was Gott zusammengefügt hat, das soll der Mensch nicht scheiden« (KD III/4, 228ff). Barth unterstreicht hier sehr stark die Verborgenheit von Gottes Tun. Wenn die Gottestat im Wunder der Krankenheilung nicht einfach durchweg und schlechthin evident ist, mag Gottes Handeln bei der Eheschließung (und wohl auch beim Sterben) noch verborgener sein. Barth fragt:

»Aber *was,* welche Ehe welcher zwei Menschen hat wirklich *Gott* in dieser unwiderruflichen Weise *zusammengefügt?* Es wäre doch besser, wenn kein Liebes- und kein Ehepaar und wäre es das glücklichste, es von sich aus in Anspruch nehmen wollte, sich in diesem Fall zu befinden. Wie sollte es von sich aus die Hand darauf legen können? Das wäre ja gleichbedeutend mit der Überzeugung, daß gerade es den dem Gebot Gottes entsprechenden Gehorsam geleistet habe und noch leiste. Aber das festzustellen ist nicht seine Sache, kann also auch nicht seine Überzeugung sein, sondern, wenn das Sein und Tun dieser Menschen angenommen ist als Gehorsam, als entsprechend und übereinstimmend mit Gottes Gebot, dann ist das, verborgen vor ihren Augen, wahr im gerechten und barmherzigen Urteil Gottes. Was vor *ihren* Augen ist, das kann jenes göttliche Zusammengefügtsein nicht sein« (232).

Dann aber erhebt sich für den Prediger die Frage, ob er bei einer Trauung von einem Gotteshandeln reden kann, ob denn von Fügung, von göttlichem Zusammenfügen hier und jetzt in diesem Fall geredet werden dürfe.

»Denn das kann man nicht ernst genug zur Kenntnis nehmen, daß nun einmal durchaus nicht alles menschliche Zusammenstreben, Zusammenkommen, Zusammensein zweier Menschen in Liebe und Ehe dies in sich schließt, mit sich bringt und anzeigt, daß *Gott* sie zusammengefügt hat, daß ihrem Bunde also Dauer und also Unscheidbarkeit zukommt. Es wäre ein Frevel, jenes Wort Jesu ohne weiteres auf jedes solche Menschenpaar anzuwenden, weil es sich als solches gefunden, auf dem Standesamt und vor dem ›Traualtar‹ sein menschliches Ja gesprochen und vielleicht so und so lange in ehelicher Gemeinschaft gelebt hat« (233).

Wenn das so ist, müßte es analog zur Wunderkritik eine Art Ehekritik oder Hochzeitskritik geben, es könnte dann nicht Jesu Wort vom Zusammenfügen Gottes bei jeder Trauung laut werden, mit dem Anschein, es wäre jede menschliche Kopulation ein Gotteswunder.

Vermag die glücklichste Ehe nicht, das göttliche Zusammenfügen für sich zu reklamieren, vermag die unglücklichste auch nicht, sich von diesem Wunder auszuschließen.

»Es gibt jedenfalls kein noch so angefochtenes und vielleicht nach seiner Überzeugung noch so unzusammengehöriges Paar, dem es nicht erlaubt und geboten wäre ... zu *glauben,* daß Gott es – in vielleicht sehr verborgener Weise – *dennoch* zusammengefügt haben möchte, und in diesem Glauben danach auszuschauen, ob es nicht auch Indizien dafür geben möchte, daß seine Krankheit endlich und zuletzt *dennoch* geheilt werden, seine Ehe also *dennoch* Dauer haben könnte« (234).

Die Erwägungen des Systematikers mögen in ihrer Wohlabgewogenheit einleuchten! Kann aber der Trauredner so wohlabgewogen reden? Muß er nicht Mt 19,6 einem Paar zusprechen können? Wenn der Satz, daß Gott zusammenfügt, aber nicht zugesprochen werden kann, sollte man ihn auch nicht liturgisch verwenden.

Wir erläutern das Problem an einer Traupredigt *Bonhoeffers* aus der Zelle über Eph 1,12: Der Eingang feiert den Anlaß. »Ein Brautpaar hat das Recht, den Tag der Hochzeit mit dem Gefühl eines unvergleichlichen Triumphes zu begrüßen und zu begehen« (WE, 39f). So betont er denn, daß die Ehe eine Sache zweier Menschen, ein irdisches Geschäft sei: »Es wäre eine Flucht in falsche Frömmigkeit, wenn ihr nicht heute zu sagen wagtet: »es ist *unser* Wille, es ist *unsere Liebe,* es ist *unser* Weg« (41). Dem wahrhaft Menschlichen gegenüber wird dann auf »Gottes Führung« verwiesen, auf »Gottes Willen«, auf »Gottes Weg«. So führt nach Bonhoeffer das irdische Heiraten zum »heiligen Ehestand«. Dem menschlichen Handeln respondiert ein göttliches Amen: »Indem Gott heute zu eurem Ja sein Ja gibt, indem Gottes Wille in euren Willen einwilligt, indem Gott euch euren Triumph und Jubel und Stolz läßt und gönnt, macht er euch doch zugleich zu Werkzeugen seines Willens und Planes mit euch und mit den Menschen. Gott sagt in der Tat in unbegreiflicher Herablassung sein Ja zu eurem Ja; aber indem er das tut, schafft er zugleich etwas ganz Neues: er schafft aus euerer Liebe – den heiligen Ehestand« (42). – In fünf Sätzen wird ausgeführt, was Gott tut oder getan hat. Wichtig erscheinen in unserem Zusammenhang die ersten zwei Sätze. Zuerst heißt es: »*Gott führt eure Ehe.*« Damit wächst die menschliche Liebe über sich selbst hinaus zu einem »Stand«, zu einem »Amt«, genauer: dem menschlichen Lieben entspricht ein göttliches Stiften. »Wie ihr den Ring erst euch selbst gegeben habt und ihn nun noch einmal aus der Hand des Pfarrers empfangt, so kommt die Liebe aus euch, die Ehe von oben, von Gott« (42f). Diesem Sachverhalt entspricht eine Mehrwertigkeit der Ehe: »Soviel höher Gott ist als der Mensch, soviel höher ist die Heiligkeit, das Recht und die Verheißung der Ehe als die Heiligkeit, das Recht und die Verheißung der Liebe. Nicht eure Liebe trägt die Ehe, sondern von nun an trägt die Ehe eure Liebe« (43). – Der zweite Satz leitet das Zitat aus Mt 19,6 ein: »*Gott macht eure Ehe un-auflöslich*« (43). Das Wunder der Ehe wird nun erklärt als ein göttliches Handeln in der Gegenwart: »Gott fügt euch in der Ehe zusammen; das tut nicht ihr, sondern das tut Gott« (43).

Was soll die Montage von Wunderbericht und Traurede? – Eine Synopse der beiden Texte hat nur den Sinn, die Parallelität und die Ungleichheit der beiden Vorgänge hervorzuheben, um von da aus nach Weisung für die Predigt des Gegenwärtigen zu fragen. Beidemal ist das Geschehen spektakulär, und beidemal steht das Geschehen unter Jesu Namen. Beidemal ist das Geschehen bestimmend für die Predigt, indem beidemal ein Vorgang erklärt wird. Das Geschehen selbst – da eine Heilung und hier eine Trauung – weist im Blick auf seine Sichtbarkeit kaum Vergleichspunkte auf; das Spektakuläre ist je verschieden, auch in seinem Zeichencharakter. – Die Heilung wird ein »unbestreitbares Zeichen« genannt, während die Ehe als »Zeichen« erst entdeckt werden will. Nimmt man die beiden Vorgänge als »Text« der Predigt, zeigt sich: Von der Heilung her wird gepredigt, und zur Trauung wird eine Rede gehalten. Beide Predigten aber befassen sich mit dem je verschiedenen Handeln des einen Gottes. Der Jesus von den Toten auferweckt hat und durch Jesus den Glauben wirkt, macht den Lahmen gesund und aus menschlicher Liebe den heiligen Ehestand. Dieser Vorgang, den die Traupredigt behauptet, ist von unserem Weltbild her wohl kaum weniger schwierig als die Heilung eines Gelähmten, er ist nicht weniger wunderbar als das Geschehn an der schönen Pforte. Vom Glauben des Gelähmten berichtet diese Geschichte nichts, immerhin wehrt er sich offenbar nicht gegen Wort und Handreichung des Apostels. Auch wird er von seinen Füßen Gebrauch machen müssen, damit das Wunder ein Zeichen werde. So braucht das Paar den Glauben, um der Berufung ins »Amt« zu entsprechen. Ein Brautpaar ist als solches kein heilsgeschichtliches Zeichen. Indem es dem Worte folgt, das ihm zugesprochen wird, wird seine Ehe zu einem Zeichen. Ohne Predigt bleibt die Heilung des Gelähmten ein Mirakel, wie es aus der Antike häufig berichtet wird. Ohne Predigt bleibt eine Hochzeit ein gesellschaftlicher oder biologischer Vorgang. Wie das Wort vor dem Wunder ist, so macht das Wort das Wunder zum Zeichen. Vielleicht kann man sagen, das Zeichen der Heilung sei stärker als das Zeichen eines heiligen Ehestandes; aber das ist nur eine Vermutung aus Apg 4,16 und aus dem Umstand, daß die Zeichen von je verschiedener Aussagekraft sind.

Ausgehend von der Absolution postulierten wir Wunder und liefern Verborgenheit. Indem wir eine Trauung neben eine Heilung stellten, kommen wir noch einmal zur Hochsprache. Wir wohnten einer Amtseinsetzung bei. Wir gingen im Kreis; aber wir haben Erkenntnis gewonnen. Wir fanden zunächst bestätigt, was wir schon wußten: Nicht das Wunder ist zu suchen, sondern die Gegenwart des Erhöhten, und diese erweist sich als wunderbar. Damit ist nun freilich die Forderung nach dem Zeichen nicht abgelehnt und durch eine theologische Richtigkeit ersetzt. Vielmehr ist hier Weisung gewonnen für die Predigt des Gegenwärtigen. Kann er nicht vom Sichtbaren her als der Handelnde und Wirkende gepredigt werden – wie dies nach der Apostelgeschichte geschieht –, so ist er als der Handelnde und Wirkende zu verkündigen, damit der Verborgene sichtbar werde.

Bevor wir diesen Satz erläutern, noch eine Anmerkung zu Bonhoeffers Traupredigt: Sollte man nicht Traupredigern empfehlen, statt eigene schlechte die gute Traupredigt von Bonhoeffer zu halten? Warum nicht gerade hier eine fremde Predigt brauchen (vgl. § 11/III)? – Es dürfte sich empfehlen, sich für Kasualreden ein oder zwei Grundmuster anzufertigen, die man variiert, falls man es nicht vorzieht, hier das Predigen zu lassen. – Wer Bonhoeffers Traurede übernehmen will, muß allerdings eines bedenken und fragen: ob er nun nicht hier eine Predigt zu etwas macht, was sie auf keinen Fall sein kann, eine allgemeine Wahrheit. Auch wird man Bonhoeffer nicht ungeprüft übernehmen dürfen. Geht diese Zweiteilung von Liebe und Ehe: »so kommt die Liebe aus euch, die Ehe von oben, von Gott« (43)? Werden damit Schöpfung und Ordnung nicht auseinandergerissen? – Aber vielleicht läßt sich diese Rede von etwaiger Romantik reinigen; dann mag sie weiterhelfen.

In der Konfrontation mit den Ausführungen Barths wäre festzuhalten: die Deklaration einer Eheschließung als Gottes Führung ist eine prophetische Aussage, die Gottes Tun zu sagen vermag. Die Hochsprache der Trauung ist nur eine Explikation und Anwendung der Rechtfertigung. Bejahen die Angesprochenen den Zuspruch, geben sie damit Gott recht, der ihnen sagen läßt, daß ihm ihr Tun recht sei.

Da das Problem der *Grabrede* in dieser Predigtlehre nicht ausführlich behandelt wird, sei wenigstens auf *Literatur* verwiesen:
Christian Palmer, Evangelische Homiletik, 1867, 340ff. – *Johann G. Diegel,* Rathschläge und Texte zu evangelischen Leichenreden, 1877. – *Friedrich Uhlhorn,* Die Kasualrede, 1896, 147ff. – *Hans Georg Haack,* Die Amtshandlungen, 1935, 142ff. – *Helmuth Schreiner,* Die Verkündigung des Wortes Gottes, 1949⁵, 192ff. – *Götz Harbsmeier,* Was wir an den Gräbern sagen, in: Glaube und Geschichte, Festschrift Friedrich Gogarten, 1948, 83ff. – *Günther Dehn,* Die Amtshandlungen der Kirche, 1950, 90ff. – *Paul Schempp,* Vorwort zu: Gottes Wort am Sarge, 1960³. – *Rudolf Bohren,* Die schier unmögliche Möglichkeit ·der Grabrede, MPTh 51, 1962, 492ff. – *Werner Krusche,* Unsere Predigt am Grabe – das Grab der Kirche ? PBl 102, 1962, 617ff. – *Ders.,* Die Beerdigungspraxis in der heutigen volkskirchlichen Situation, PBl 105, 1965, 411ff. – *Walter Uhsadel,* Die gottesdienstliche Predigt, 1963, 162ff. – *Hugo Maser,* Die Bestattung, 1964, 41ff. – *Wolfgang Trillhaas,* Evangelische Predigtlehre, 1964⁵, 172ff. – *Erwin Haberer,* Beobachtungen und Hinweise, in: Kasualien III/3, 1963, 13ff. – *Eberhard Winkler,* Die Leichenpredigt im deutschen Luthertum bis Spener, 1967 (Lit.). – *Bruno Bürki,* Im Herrn entschlafen, 1969 (Lit.).

III

Predigt des wirkenden Christus

Der Schöpfer und Erlöser als der Eine und der Gegenwärtige ist als der Heiler und Arzt und damit als ein sichtbar Wirkender zu verkündigen. In einem gewissen Sinn ist die Rede von Jesus Christus dem Arzt eine Testfrage für die Christologie, indem hier nämlich eine Abgrenzung erfolgt gegen eine doketische Christusidee einerseits sowie gegen eine ebionitische Vorbildschristologie andrerseits. Ist Christus nur eine Idee, kann er heute nicht heilen. Ist Christus nur ein vorbildlicher Mensch, bleibt er für den Verlauf von Krankheiten irrelevant. Ist er nicht Arzt, bekommt der Gedanke vom Weltregiment Gottes und von der Königsherrschaft Jesu Christi etwas Blasses und Unwirkliches. Verschweigt und leugnet man seine Heilkraft in der Gegenwart, verflüchtigt sich die Proklamation seiner Herrschaft.

Eine Konfrontation des Neuen Testaments mit den Predigten der Gegenwart zeigt erneut, wieviel ungepredigte Bibel es bei so viel scheinbar korrekter Bibelpredigt gibt. Leiden viele Predigten an christologischer Überladenheit, erweist sich diese als Unvollständigkeit. Die Monotonie, ja Langeweile, die so vieler Christuspredigt anhaftet, mag daher kommen, daß wohl zu wenig von Christus gesagt und zu viel über ihn geredet wird.

Darum wird es nötig sein, die hier gängigen hermeneutischen Schemata und Schlagworte zunächst hintanzustellen, um neu auf die biblische Botschaft zu hören:

»Kaum ein Bild hat sich der urchristlichen Überlieferung so tief eingeprägt, wie das von Jesus als dem großen Wunderarzt« (Oepke, ThW III, 204). Nach Lukas bezeichnet Jesus sein Werk als das eines Exorzisten und Heilers (13,32), und die Petruspredigt unterstreicht, daß er alle heilte, die vom Teufel überwältigt waren (Apg 10,38). Wenn Paulus vor Unzucht warnt, bemerkt er nicht nur, daß der Leib für den Herrn sei, er fügt hinzu »und der Herr für den Leib« (1Kor 6,13).

Paulus denkt offenbar so massiv, daß er Krankheit und Tod mit einem unwürdigen Abendmahlsgenuß zusammen bringt (1Kor 11,30). Das Herrsein Christi für den Leib hat reale Folgen. Geht nach seiner Auferstehung die Sache Jesu weiter, ist nicht einzusehen, warum nicht auch sein Heilen weiter gehen soll.

Wir tun gut, hier auf einen Prediger zu achten, bei dem dies geschah. *Christoph Blumhardt* ist hier zu nennen, interessant auch darum, weil bei ihm die Betonung von Zeichen und Wundern eine Parallele findet in seinem politischen Verhalten. Seine Bedeutung als Prediger harrt noch der Entdeckung!

Die Titel seiner von *R. Lejeune* edierten Predigten und Andachten markieren die Botschaft Blumhardts: Bd I. Jesus ist Sieger! (1880–1888), 1937. – Bd II. Sterbet, so wird Jesus leben! (1888–1896), 1925 mit einem Vorwort des Hgs. – Bd III. Ihr Menschen seid Gottes! (1896–1900), 1936. – Bd IV. Gottes Reich kommt! (1907–1917), 1932. Lit. bei E. Jäckh (G. Merz) Art. Blumhardt, RGG³ I, 1326f. Dazu: *Eduard Thurneysen,* Ch. Blumhardt, 1962². – *Gerhard Sauter,* Die Theologie des Reiches Gottes beim älteren und jüngeren Blumhardt, 1962.

An Blumhardt läßt sich zeigen, wie Christi Zukunft die Gegenwart bestimmt. Verzichte ich auf die Parusie, betrachte ich sie als eine große Täuschung, werde ich auch bestreiten, daß Jesu Sieg innerweltlich sichtbar wird. Verstehe ich aber den Gegenwärtigen als den Kommenden, werde ich Ausschau halten nach dem, was von ihm schon da ist, und sei es nur Fragment. So sagt Blumhardt in einer Andacht über Joh 4,48:

»Die Leute, die auf das Kommen des Heilandes nicht drücken, die glauben auch keine Zeichen und Wunder. Das hängt so fest zusammen: Zeichen und Wunder werden nur von denen geachtet, die Sehnsucht nach der Zukunft Christi haben, nach dem Schlusse der Welt, nach der Vollendung, – wer das nicht hat, dem ist's einerlei, ob Zeichen und Wunder geschehen oder nicht. Wir aber gestehen es dem Heiland, sagen es ihm: ›Ja, lieber Heiland, es ist wahr, wir müssen Zeichen und Wunder sehen . . . bis einmal alles lauter Zeichen und Wunder wird, bis alles sich in Hilfe umsetzt auf Erden, bis den Elenden wirklich geholfen wird – aber in der Kampfzeit brauchen wir Zeichen und Wunder‹« (I, 243).

Das Zeichen ist immer Vor-Zeichen, das signalisiert, was vom Reiche Gottes schon da ist. Im Wunder gewittert die Zukunft, und der Blitz, der sich in ihm entlädt, erleuchtet das Land. Ein Neues ist Gegenwart, daraufhin, daß alles neu wird; der Körper aus Erde, erneuert und heil, weist auf Erneuerung und Heil der ganzen Erde.

»Er heilte allerlei Seuchen und Krankheit im Volk.‹ Das sind Zeichen des Reiches Gottes und seiner Macht auch über die irdischen Verhältnisse. Das alles untersteht, wenn die Zeit gekommen ist, der Macht des Reiches Gottes. Auch das soll noch offenbar werden, daß es ein Reich Gottes gibt, das uns vom Kopf bis zum Fuß auch in unsern irdischen Verhältnissen ändern, bessern, reinigen kann« (IV, 276).

Blumhardt spricht von Verhältnissen, die körperliche Heilung ist nur Zeichen für einen Vorgang, der nach seiner Meinung das Ganze der Gesellschaft erfassen muß.

Das Verlangen nach Zeichen wird verstanden als ein Ausdruck der Armut. So sagt er in der schon zitierten Andacht über Joh 4,48:

»Wir sind eben arme Leute, und es zieht bei uns nichts, außer es gibt auch einen leiblichen Rucker. Geistlich kann man sich nicht lange halten, wenn nicht auch leiblich etwas vorwärts geht, – es muß eine Lucke geben in den Leibestod hinein, wenn unser geistliches Leben soll aufrecht bleiben« (I, 244).

Blumhardt sieht klar, wie sehr unser Predigen auch der begleitenden Zeichen bedarf, damit die Gegenwart eindeutig aussagbar wird:

»Wohl ist es gegenwärtig so, daß wir unter harten Mühen und Anstrengungen und unter grenzenloser Geistesarmut uns rüsten müssen zu einer Predigt; da muß man sich abarbeiten, um nur ein bißchen etwas Ordentliches sagen zu können. Hunderte von Pfarrern besteigen mit Seufzen die Kanzel und kommen mit Scham wieder herunter, weil es doch nichts Ganzes geworden ist; trotz aller Mühe, die sie sich geben, etwas Göttliches zu sagen, so wirkt es doch fast nichts. Aber solche Arbeit, wenn sie redlich geschieht vor Gott, ist nicht umsonst, denn wir dürfen alles auf eine Zeit hin tun, in welcher uns *neue Lippen* gegeben werden, denn die Freude des Volks muß noch an den Tag. Der Herr, der Christus heißt, in der Stadt Davids, wird sich noch offenbaren, und es werden wiederum Zeichen gefunden werden, welche andeuten, wo der Herr Jesus gesucht werden muß, denn ohne solche Fingerzeige unseres Gottes selbst bleiben wir nicht nur in dem, wie wir es jetzt haben, sondern werden immer weiter herunterkommen, wie eben die Christenheit nicht innerlich wächst, sondern immer mehr entgeistet wird. Darum bedürfen wir solcher neuen Zeichen, welche klar darauf weisen: Hier ist Christus! hier ist der Weg des Friedens! hier ist der Weg zum Reich Gottes! damit wir miteinander eins werden im Jubel unserem Gotte zu, durch den Herrn Jesum« (II, 101).

Blumhardt drängt auf die Leiblichkeit, und wenn die Predigt nicht einfach »Platonismus fürs Volk« vermitteln will, muß sie auch darauf drängen. Gegenüber einer landläufigen Predigt, die das Körperliche gegenüber dem Geistlichen zurückstellt, betont er:

»Und wenn geistlich vom Heiland etwas geschieht – worauf muß er vor allem auch aus sein? Leiblich uns wohlzutun« (I, 244)! Darum wird denn das Wunder erfahrbar.
»Schließlich habe ich eben meinen Wunderboden und Zeichenboden, auf dem glaube ich; wir haben die Kraft Gottes erfahren, und da stehen wir auf einem Wunderboden. Und den möchte ich anderen Leuten auch gönnen, – wenigstens so weit möchte der Heiland uns in der Nachtzeit Zeichen und Wunder geben, daß die Redlichen etwas sehen dürfen zu ihrer Auffrischung« (243f).

In einer Predigt über die Heilung des Königischen heißt es:

»Er streut Wunder aus, er streut Zeichen aus, ... damit wir *jetzt* glauben, damit wir *jetzt* unsere Augen zum Himmel heben und sagen: ›Jetzt kann mir die ganze Welt genommen werden – ich bin für die Sache des Herrn Jesu da; ich strebe jetzt an ihm hinauf zum Vater im Himmel‹« (I, 83).

Das Zeichen soll Existenzveränderung bewirken und Weltbedeutung haben:

»Wenn wir irgendwo etwas von Zeichen sehen, so muß unser ganzes Wesen aufleuchten zum Vater im Himmel und in das hineinkommen, was damit uns gepredigt werden soll vom Heil in Jesu Christo für die ganze Welt« (I, 84). »... das ist gegenwärtig das wichtigste an den Zeichen, daß etwas Göttliches sich gezeigt hat. Halte es fest und laß es nimmer hinaus, daß du hinauf kommst in deinem Geist ins himmlische Wesen! Wenn du aber die etwa durch ein Wunder gewordene Gesundheit benutzest, um das Göttliche fallen zu lassen und dem Irdischen dich hinzugeben, was hast du dann gewonnen« (I, 85)?

Immer wieder finden wir bei Blumhardt eine paränetische Auswertung des Wunders, immer wieder polemisiert er gegen Wundersucht und falschen Wunderglauben. So mahnt er zu Beginn seiner dritten Epoche, der Grundton der Existenz solle sein »*Gottes Wille,* und das lebendige, wahrhaftige *Tun* unsers Gottes« (III, 21); dann aber gibt er eine Charakteristik seiner selbst und eine Zusammenfassung seiner Botschaft:

»Denn dieses Tun zu verkündigen bin ich geboren; ich sage: *ich,* – ich bin zu nichts anderem in der Welt, als daß ich Gott erlebe in aller Einfalt, und Gottes Tun verkündige, und daß ich Menschen, die mir nahe kommen, sage: Hör du, Gott lebt, Gott ist König auch deines Lebens, verzage nicht, der allmächtige Gott ist dein Gott, und weiche nicht, auch wenn alle Höllen gegen dich kämpfen, und alle Menschen wider dich streiten; verzage nicht. Jesus steht zu deiner Rechten und führt dich zum lebendigen Gott; Jesus lebt und Jesus siegt für Gottes Willen« (III, 21f). So predigt Blumhardt den Wunderwirkenden, er predigt aus Erfahrung und auf Erfahrung hin.

Es wirkt peinlich, wenn immer wieder gegen Wunder polemisiert wird, etwa mit dem Hinweis auf die Fortschritte moderner Medizin. Einerseits sticht dieses Argument nicht, solange es Unheilbare gibt. Andrerseits setzt solche Polemik eine Isolierung und Verabsolutierung der Wunderheilung voraus, Christus gerät damit in Konkurrenz zum Mediziner. Darin steckt nach Blumhardt »ein falscher Geist« (I, 84). So kann er sich auch mokieren über die apologetische Bemühung, Heilungen durch Ärzte bestätigen zu lassen – »wie wenn die Ärzte noch die Advokaten für den lieben Gott sein müßten« (I, 232)! Das Wunder wird eben nicht mirakulös verstanden und weltanschaulich fixiert, vielmehr ist es Signal für die neue Erde.

Den Kommenden als den Geistesgegenwärtigen predigen heißt, mit neuen Zungen predigen und auf neue Zungen hören. Phänomene wie der Dadaismus zeigen die dauernde Veränderung der Sprache, sie verweisen auf – und verwirklichen – neue Sprache. Auch die Zungenrede ist eine Form neuer Sprache. Solche Sprache verhält sich zur Predigtsprache wie der Sonntag zum Werktag. Neue Sprache ist dem allgemeinen Verstehen voraus. – Richtet sich die Predigt bloß nach allgemeiner Verständlichkeit, nimmt sie das Wort in seiner Zukünftigkeit nicht ernst und wird es verlieren.

§ 20
PREDIGT UND ZUNGENREDE

Johannes Behm, Art. γλῶσσα, ἑτερόγλωσσος, ThW I, 719ff. – *Helmut Krämer u.a.,* Art. προφήτης..., ThW VI, 833ff. – *J. Gewiess,* Art. Glossolalie, LThK² 4, 972f. – *E. Haensli,* Art. Zungenreden, LThK² 10, 1415. – *Larry Christenson,* Die Gabe des Zungenredens in der lutherischen Kirche, 1963. – *Arnold Bittlinger,* Im Kraftfeld des Heiligen Geistes, 1968. – *Ders.,* Glossolalia, 1969. – *Walter J. Hollenweger,* Enthusiastisches Christentum. Die Pfingstbewegung in Geschichte und Gegenwart, 1969. – *Kurt Marti,* Moderne Literatur, in: K. Marti/K. Lüthi/K. von Fischer, Moderne Literatur, Malerei und Musik, 1963. – *Ders.,* Die Sprache in der modernen Literatur und Verkündigung, Reformation 1964, 446ff. – Ars Poetica, hg. v. *Beda Allemann,* 1966. – *Peter Urban,* Chlebnikov und andere, Kursbuch 10, 1967, 1ff.

I
Plädoyer für die Zungenrede

Die Sprache, die wir sprechen, entspricht der Welt, in der wir leben, dem Sein, das wir sind. Sie ist ein Gefängnishof, in dem wir uns bewegen; indem sie uns einengt, läßt sie uns Freiheit, eingeengt und ummauert von ihren Grenzen, gewährt sie das Herumgehen auf dem Gefängnishof. Man ist aus der Isolierung der Zelle entlassen, die Welt ist entdeckbar, benennbar. Die Sprache spricht gegen das Vergessen und den Tod, vermittelt Kommunikation beim Herumgehen, läßt »ich« sagen, läßt »du« sagen. Gelingt es uns aber, die Mauern zu übersteigen, die sie um unsere Welt zieht? Lachen und Weinen, Jauchzen und Heulen markieren mehrdeutig Grenzen, über die wir vielleicht Ausbruchsversuche machen; aber sie helfen nicht, wir rutschen zurück ins Sprechen. Der Ausruf aaah läßt sich wohl dehnen, verstärken, aber nicht steigern; er kennt weder Komparativ noch Superlativ, erweist sich als merkwürdig hilflos und führt ins Sprechen zurück. Im Schmerz verschlägt es mir die Stimme, im Schrecken verliere ich die Sprache, im Erstaunen und im Entzücken verzichte ich auf sie, weil sie mir nicht genügt. Auch die Liebe braucht die Worte nicht mehr, wenn sie ihre Erfüllung findet. Aber immer muß ich ins Gefängnis der Sprache zurück. So bleibe ich lebenslänglich der Gefangene meiner Sprache, die Gefangenschaft ist wohltätig oder folternd, je nachdem. Vielleicht aber gelingt es, die Wände zu verschieben, die Sprache und die Welt zu erweitern, im Aufbrechen der Sprache die Welt aufzubrechen, in der wir gefangen sind.

Wer predigen will, weiß um das Eingeschlossensein: »Wir sind aber Menschen und können als solche nicht von Gott reden.« Darum erscheint alles Predigen immer wieder als ein Versagen, unangemessen, wie Johann Walther singt: »Kein Zunge kann erreichen/ die ewge Schönheit groß;/ man kanns mit nichts vergleichen,/ die Wort sind viel zu bloß./ Drum müssen wir solchs sparen/ bis an den Jüngsten Tag:/ dann wollen wir erfahren,/ was Gott ist und vermag« (EKG 311). Der Glaube, die Hoffnung und die Liebe aber resignieren nicht, im Unterwegs zum »Jüngsten Tag« strecken sie sich aus nach der »ewgen Schönheit groß«, versuchen sie, was sie nicht können und was der Geist in der Vorgabe von Zukunft gewährt. In der Zungenrede werden die Möglichkeiten der Sprache überholt. Sie ist entfesselte Sprache. Man spricht schon im Morgen, das Morgen ist heute, und das Jauchzen nimmt teil an jener Schönheit, die die Welt erlösen wird. Sie zerbricht die Sprache, die uns gefangen hält. Sprache grenzt uns aber nicht nur ein, sie ist – obwohl sie gegen den Tod spricht – wie der Mensch auf dem Weg zum Tod und wie die Welt unterwegs zum Ende. Es gibt – der Vorgang ist oft beschrieben worden – den Sprach-Verfall, das Müdewerden der Wörter, die Sprache schleift sich ab, verschleißt sich, verliert den Zusammenhang mit dem, was sie sagt, und findet den Weg nicht zu dem, den sie meint. Die Sprache kann stecken bleiben, den Weg zum Du nicht finden; sie ist aber als Sprache für das Du bestimmt.

> Sprache
> abgehetzt
> mit dem müden Mund
> auf dem endlosen Weg
> zum Hause des Nachbarn (Bobrowski).

Abgehetzte Predigtsprache braucht den Sabbat, braucht eine Freizeit. Müde, verschlissene Sprache, die den Weg zum Hause des Nachbarn nicht mehr findet, braucht Erholung, wenn man so sagen darf, Urlaub. Sie hat es nötig, bei sich selbst zu sein und bei dem, der als Schöpfer aller Welt auch Schöpfer aller Sprache ist. Die Lähmung der Sprache ruft nach Genesung, ihr Tod fordert Wiedergeburt.

Darum nenne ich die Zungenrede den Sabbat der Sprache, der um des Menschen willen da ist. In ihr feiert die Sprache ihre Freiheit. Im

Luxus dieses Festes sagt sie aller Werkgerechtigkeit ab. So mag sie sich erholen, neu werden. Die Sprache wird sich da erfrischen können, wo sie für sich ist, wo sie frei wird vom Zwang, unterwegs zu sein »zum Hause des Nachbarn«. Darum auch ist Zungenrede nötig, nicht nur um kurzfristiger Erfrischung willen, sondern um durch den Sprachverfall hindurchzugehen. Nicht Sprachtod wie tödliches Schweigen oder Geräusch, sondern neue Sprache! Hier feiert sie ihr Fest, hier läßt sie sich nicht hetzen auf endlosem Weg. Hier ist sie für sich, für ihren Sprecher und ihren Schöpfer. – Wie steht es mit dieser neuen Sprache in der Kirche?

Zunächst müssen wir davon ausgehen, daß der Begriff »Zungenrede« in der evangelischen Theologie keine gute Presse hat, und das katholische »Lexikon für Theologie und Kirche« unterscheidet Zungenreden als Glossolalie – die findet im Neuen Testament statt – von einem »Zungenreden bei den Sekten«. – Es wäre einmal einer wissenschaftskritischen Untersuchung wert, inwieweit die exegetischen und theologischen Urteile über die Zungenrede ideologisch vorgeprägt sind. – Aus der Zusammenschau von Zungenrede und modernen Kunstrichtungen ergibt sich eine frappante Parallele der Reaktion. Beiden Phänomenen steht man in der Regel etwas ratlos gegenüber. Man empfindet sie als eine Peinlichkeit, man lehnt sie ab, weil man sie nicht versteht, weil sie fremdartig sind. Natürlich ist die Ablehnung je verschieden, wird auch verschieden geistreich motiviert. Schon bei oberflächlicher Betrachtung der Phänomene aber wird deutlich, daß solche Abwehrreaktionen eine Mediokrität der Gemeinde züchten, die das Außerordentliche in ihrer Mitte nicht mehr duldet. Wenn der christliche Kunstgeschmack im Durchschnitt dem von Joseph Stalin und Adolf Hitler durchaus ebenbürtig ist, indem man den Realismus liebt oder das Bodenständige, intolerant gegen alles Extraordinäre, was die Welt weltbeherrschender Kleinbürger sprengt, respondiert diesem Kunstverstand eine Haltung in Kirche und Theologie, die das Extraordinäre, das Fremdartige verpönt. So hat in unsern protestantischen Kirchen die Ekstase ebensowenig Platz wie die entartete Kunst im Dritten Reich. Dem Realismus und dem Bodenständigen in der Kunstauffassung der genannten Diktatoren entspricht die Nüchternheit und Rechtgläubigkeit in Kirche und Theologie in dem Moment, wo dieselben totalitäre Züge annehmen. In der Regel wird in der kirchlichen Umgangssprache hierzulande der Ausdruck »Pfingstler«, »Schwärmer« als Schimpfwort gebraucht, und nennt man jemand einen »Glossolalen« oder »Zungenredner«, meint man nichts Gutes. Natürlich wird man sich in seiner Kritik auf Paulus berufen; nur übersieht man vielfach, daß die apostolische Kritik der Zungenrede auf Grund einer Bejahung erfolgt, während die heutige Kritik fatalerweise meist auf Grund einer von vornherein gefällten Verneinung erfolgt.

Psychologisch gesehn mag dies eine Frucht sein für die Unfähigkeit, über das den Täufern angetane Unrecht zu trauern.

Paulus stellt sich selbst als Zungenredner vor, damit legitimiert er sich auch als Kritiker. Auch ist er weit davon entfernt, die Zungenrede aus dem Gottesdienst zu verbannen. Eigentlich müßte doch die Prophetie genügen. Was soll eigentlich dieses komplizierte Verfahren von Zungenrede und Auslegung, wenn doch Propheten da sind? Die Frage kann hier nur gestellt werden. Vielleicht sollte man auch zuerst auf das Lob der Zungenrede achten, das Paulus gerade da anstimmt, wo er sie in die Schranken weist:

»Wer in Zungen redet, . . . redet für Gott . . .
Wer in Zungen redet, erbaut sich selbst . . .
Ich wünsche aber, daß ihr alle in Zungen redet.
Wenn ich in Zungen bete, so betet mein Geist.
Ich will mit dem Geist beten . . .
Ich will mit dem Geist lobsingen . . .
Ich sage Gott Dank, mehr als ihr alle rede ich in Zungen . . .

So oft ihr zusammenkommt, hat jeder . . . eine Zungenrede, hat eine Auslegung . . . Sei es, daß jemand in Zungen redet, so geschehe es zu zweien oder höchstens dreien . . . und *einer* soll auslegen« (1Kor 14,2ff). Muß der Zungenredner mangels eines Auslegers in der Versammlung schweigen, wird er rätselhafterweise ermahnt: »Er rede aber zu sich selbst und zu Gott« (1Kor 14,28)! Warum wird er nicht zum Zuhören ermahnt? Möglicherweise denkt Paulus positiver von der Zungenrede als das heute gängige theologische Denkschema. Gegen Schluß der Ausführungen heißt es: »Darum, meine Brüder, eifert nach dem Reden aus Eingebung, und das Reden in Zungen wehret nicht« (14,39)!

Es wäre gut, hier zuerst nach dem Wesen der Zungenrede zu fragen und die Relevanz zu bedenken, die sie für Paulus offenbar hat, bevor man seine Kritik wiederholt, die heute in einer geistlosen Kirche ohnehin makaber genug erscheint. – Unterstreichen wir zunächst zwei Aussagen: Zuerst ist Zungenrede ein Reden für Gott! Ihr Wesen scheint in den vorliegenden Texten offenbar im Lobpreis zu liegen, im Lobsingen, Beten und Danksagen; vielleicht gehört auch ein Seufzen dazu, gibt es doch hier eine Fülle von Varietäten. Betrachtet man die Zungenrede unter dem Vorzeichen der Spracherweiterung, wird erklärlich, warum der Prediger Paulus mehr als alle andern in Zungen redet. Das »Sinnlose« der Zungenrede, das nur von Gott her Sinn hat, wird den Sinn bereichern. Der Apostel mehrt die Ehre Gottes durch seinen zungenredenden Lobpreis, und dieser wird nicht ohne Einfluß sein für die fünf Worte, die er mit dem Verstand spricht. – Zum andern: Zungenrede ist Selbsterbauung, hat es mit dem Wohl des Selbst zu tun. Der Ausdruck unterliegt oft unreflektierter Kritik: Besteht ein Grundproblem des heutigen Menschen in seinem Identitätsverlust, könnte gerade die Zungenrede heute von besonderer Wichtigkeit sein, müssen wir zuerst etwas für Gott und für uns selbst sein. Selbstzerfallenheit wirkt nicht unbedingt missionarisch, und ein Prediger, der nichts ist als Beamter, wird schwerlich

Gott zur Sprache bringen können. Wer sagen will, muß sein. Darum wird das von der Zungenrede Intendierte von großer Wichtigkeit sein für den Prediger (vgl. auch § 21).

Vielleicht müßte man auch versuchen, die kühnen Spekulationen *Johann Caspar Lavaters* nachzudenken, der im »Sechzehnten Brief« seiner »Aussichten in die Ewigkeit« eine Abhandlung schreibt »Von der Sprache im Himmel«: Lavater denkt sich eine Sprache, »die alle erlernte Sprache entbehrlich macht, die lauter unmittelbare Sprache ist. Diese unmittelbare Sprache ist physionomisch, pantomimisch, musicalisch« (Ausgew. Werke, hg. v. E. Staehelin I, 182f). Jeder Mensch ist als Ebenbild Gottes und Christi »so ganz Ausdruck, gleichzeitiger, wahrhafter, vielfassender, unerschöpflicher, mit keinen Worten erreichbarer, unnachahmbarer Ausdruck; er ist ganz Natursprache ... Alles, nicht nur die beredsamen Augen, nicht nur die geist- und herzvollen Lippen, jede Hand, jeder Finger, jeder Muskel ist izo schon eine allbedeutsame Sprache für die Augen ...« (183). Auch die Natur ist voll Offenbarung und Wahrheitssprache. – Auch die Sprache der Gebärden kann in Zukunft sich vervollkommnen. »Jede Ruh' und Bewegungsart eines jeden Muskels kann von der erhabensten Bedeutung sein« (185)! Es sollte auch der Zunge einmal möglich sein werden, gleichzeitig verschiedene Töne zu artikulieren. »Jeder Nerve, jeder Muskel könnte fähig seyn, einen besonderen Ton hervorzubringen ... Diese Tonsprache wäre eine allgemeine Sprache des Himmels« (186). In den »Aussichten in die Ewigkeit« denkt Lavater den Menschen ganz als Sprache, und die Sprache wird sukzessiv und gleichzeitig momentan sein. Hier wird versucht, die Sprache entgrenzt zu denken. Mit der paulinischen Spracherfahrung hat die Lavatersche Sprachvision wohl nur entfernten Zusammenhang. Einen Rückschritt in einen vorsprachlichen Zustand meint Lavater gewiß nicht. Immerhin drängt sich die Frage auf, was denn mit dem Wort wird, wenn alles zur Sprache wird.

Auch *Christoph Blumhardt* weiß, daß im Himmel alles »voll Sprache« ist (II, 98). Angesichts der wehmütig stimmenden Lage des Christentums mahnt er: »Vergesset euch selbst und gedenket des Reiches Gottes« (99). Weil so viel Irdisches uns von Gott abschließt, fordert er: »Darum müssen wir uns erheben und müssen wieder nach dem Reiche Gottes trachten, ... damit wir los werden im Inwendigen und unser Haupt frei behalten für himmlische Erfahrungen und für himmlisches Erleben« (100). Begründet wird diese Mahnung mit der Notwendigkeit einer neuen Predigt und einer neuen Sprache; »denn unser Volk hat keine Freude; und wenn wir auch in unseren Kirchen es gegenwärtig predigen, so ist es, als ob es ganz verhallen würde, es ist nichts drin in unseren Worten, es dringt nicht hinein« (101). Blumhardt hat sicherlich hier nicht die Zungenrede im Auge, sondern vollmächtige Prophetie, nur fragt es sich, ob im Unterwegs dazu nicht so etwas wie Zungenrede nötig werde. »Vergesset euch selbst«. Im Sich-erheben und Los-werden ist man unterwegs zur neuen Sprache.

Man würde Blumhardt mißverstehen, wollte man ihm Weltflucht unterstellen. Später heißt es zu Röm 8,18–27: »Wie die elektrischen Ströme durch die Erde gehen, so ist ein leiser Strom von Gott aus in diesem glaubensvollen Seufzen. Mach nicht so viele Gedanken daraus, wolle dir nicht in allem so klar werden, – in diesen gewaltigen Geschichten hört für uns das Denken auf. Da tritt an uns erst ein Gottesdenken heran; der Geist Gottes verbindet sich mit unserm glaubensvollen Seufzen und vertritt uns ... Nur wer ein glaubensvolles Seufzen in seinem Herzen hat, kommt mit diesem Seufzen durch den Geist Gottes hinein in die wehe,wunde Schöpfung ... dann kommt es vor Gott. Es ist eine andere Welt, wenn ein Seufzen der Kinder Gottes in ihr ist, als wenn gar kein Seufzen in ihr ist« (IV, 223). In diesem »Seufzen« sind die Gläubigen eins mit dem Geist und eins mit der Welt. Der Geist vertritt die Seufzenden, wie sie die Welt vertreten. Sie kommen hinein in ein Geschehen, da das Denken aufhört, weil es diese Welt sprengt. Die Mahnung, sich nicht zuviele Gedanken zu machen, ist nicht antiintellektualistisch zu verstehen.

Lavater und Blumhardt sind hier zu Worte gekommen, um Horizonte abzustecken, innerhalb derer so etwas wie Zungenrede denkbar ist. Ähnlich äußert sich *Karl Barth* zu der Sache:»›Zungenrede‹ ist der Grenzfall des christlichen Redens als solchen: das Aussprechenwollen des Unaussprechlichen, bei dem die Zunge der zur normalen Rede notwendigen Anschaulichkeit und Begrifflichkeit gewissermaßen voraneilt und ausspricht, was nur eben als Seufzer oder Jauchzer vernehmbar werden kann, was darum (1 Kor 14,7f) der Deutung, der Auslegung sofort bedürftig ist. Schon daß sie deren fähig ist, scheint immerhin nicht darauf hinzuweisen, daß man dabei an ein schlechthin ›unartikuliertes‹, schlechthin inhumanes, schlechthin bizarres Stottern und Stammeln zu denken hat . . . Wohl aber an ein solches Reden, das gerade in seinen entscheidenden Aussagen alle plane Kohärenz hinter sich lassen, in seinen Elementen unerwartet *auseinanderbrechen,* oder in ebenso unerwarteten Gleichung sie *zusammenfügen* muß, schließlich nur noch in Andeutungen mit gewaltigen Frage- und Ausrufzeichen verlaufen kann. Ob es wohl irgend ein christliche Rede, irgend ein Aussprechen des evangelischen Kerygmas gibt, das nicht in seiner Spitze endlich und zuletzt zur ›Zungenrede‹ werde, in dessen entscheidenden Sätzen die Zunge den Anschauungen und Begriffen nicht voraneilen müßte: um dann freilich alsbald ›auslegend‹ zum Sprechen in Anschauungen und Begriffen zurückkehren zu müssen? Immerhin: der Vorstoß zu jener Spitze hin ist kein Kunstgriff, den Jedermann und den irgend Jemand ohne weiteres anwenden kann, sondern setzt eine Gabe, eine Erlaubnis, eine Freiheit voraus, ohne die er nur eben der Vorstoß ins Absurde sein könnte« (KD IV/2, 941f). *Kornelis H. Miskotte* meint in einer Meditation über Pfingsten, »daß die Verkündigung sicher immer wesensmäßig *tendiert* zu solcher *entzückten* Sprache« (Herr tue meine Lippen auf, hg. v. Georg Eichholz, 2, 1959², 324).

Vielleicht kann man sagen: Alle Predigt ist zur Zungenrede unterwegs. Die Zungenrede nimmt eschatologische Sprache vorweg, insofern sich in ihr Gottes Geheimnis artikuliert. Sie ist eine Art von Prophetie, die alles rationale Sprechen überholt und darum von der Ratio wieder eingeholt werden muß.

Ein Blick in die Ökumene zeigt, daß es Pfingstkirchen gibt, dynamisch wachsend, namentlich in Südamerika, daß es auch in lutherischen Kirchen z.B. eine Wiedererweckung der Zungenrede gibt, auch in der katholischen Kirche taucht das Phänomen auf. Die vielfachen Vorzüge dieser Gabe sucht Larry Christenson zu zeigen, die u.a. in einer neuen Ungezwungenheit und Freude zum Zeugnisablegen liegen. Auch eine Anweisung zum Erlernen der Zungenrede wird gegeben. Ich zitiere ohne sonderliches Behagen; aber ich kann diese Sache nicht darum kritisieren, weil ich keine Beziehung dazu habe:

»Um in Zungen reden zu können, müssen wir mit dem Beten in Englisch (bzw. deutsch) aufhören. Nachdem man seine Gebete in der Muttersprache vor den Herrn gebracht hat, soll man ganz einfach in Schweigen verharren und sich fest vornehmen, keine einzige Silbe irgendeiner Sprache zu sprechen, die man jemals gelernt hat. Die Gedanken konzentrieren sich dann ganz auf Jesus. Und *so spricht man vertrauensvoll* und nimmt es im Glauben, daß der Herr die Ihm dargebrachten Laute annimmt und sie zu einer Sprache formt. Man selbst sorgt sich nicht um das, was man sagen soll, denn für den Gläubigen selbst ist das ganze nur eine Folge von Lauten. Die ersten Laute klingen für das eigene Ohr fremd und unnatürlich, sie kommen nur zögernd und unartikuliert (ähnlich einem Kleinkind, das sprechen lernt). Es kann einem sogar der Gedanke kommen, daß man sich einfach etwas selbst vormacht. *Spricht man aber weiter* und Lippen und Zunge werden immer gelöster, dann wird der Geist anfangen, die Laute in eine herrliche Sprache des Gebets und Lobpreises zu formen« (16).

Zungenrede wird hier verstanden als Sprache des neuen Menschen, eine von Christus geformte Sprache, eine Erscheinung der vita passiva. Man widerstrebt dem Geist der Einheit, wenn man einen Vorgang, den die Schrift bezeugt und der in der Ökumene vorkommt, mit Schlagworten ablehnt: Möglicherweise sucht man nur die eigene Ohnmacht mit einer umso vehementeren Ablehnung der Schwärmer zu rechtfertigen. – Allerdings sind auch die Geister der Zungenrede zu prüfen! Wer freilich die Zungenrede grundsätzlich abtun möchte als einen biblizistischen Versuch, Vergangenes zu wiederholen, sollte sich zuvor mit dem Problem der Sprachbemühungen in der modernen Literatur konfrontieren lassen.

II
Zungenrede im Kontext moderner Sprachbemühung

Strenggenommen lassen sich Phänomene wie das korinthische Zungenreden und literarische Texte der Moderne nicht miteinander vergleichen, weil bei Kunstprodukten, die literarischen Niederschlag finden, der Verstand nie ganz ausgeschaltet wird. Eine Collage von theologischen und lyrischen Stimmen meint nicht eine Deckungsgleichheit; aber vielleicht gibt es Parallelen und Gegensätze, die helfen, die Sache besser zu erkennen, um die es hier geht. Wollen wir den Begriff »Zungenrede« für unsere Zeit erklären und brauchen, werden wir nicht darum herum kommen, ihn zu erweitern, wir bringen ihn zusammen mit dem Begriff einer »neuen«, einer »Himmels«- oder »Sternen«-Sprache; wir werden sehen. Unsere Bemühung um die »Zungenrede« ist auch hier wieder geleitet von der Predigtaufgabe. Wir fragen nach der Zungenrede um der Freiheit der Predigt willen.

Ich wende mich zunächst dem russischen Futurismus zu, der glossolalische Züge aufweist:

Velimir Chlebnikov empfindet das Ungenügen der allgemeinen Sprache. Der Künstler aber ist eine Art zweiter Adam, ein freier Mensch, frei auch für eine metalogische Sprache, die man nicht als sinnlose Klangrede abtun darf: »Der Künstler hat die Welt aufs neue erblickt und, wie Adam, allem neue Namen gegeben. Die Lilie ist wunderschön, aber das Wort ›Lilie‹, das abgegriffene und vergewaltigte Wort ›Lilie‹ ist ausdruckslos. Darum nenne ich die Lilie ›èui‹, und die ursprüngliche Schönheit ist wieder hergestellt.« Er wendet sich vom Gedanken weg, hin zum Klang (Kursbuch 10, 11). Diese Futuristen verstehen sich als »neue Menschen des neuen Lebens« (9). Sie proklamieren: »Wir verachten den Ruhm; uns sind Sinne bekannt, die bis zu uns noch nicht gelebt haben« (ebd). Wenn Lavater in seinen »Aussichten in die Ewigkeit« über die »Sprache im Himmel« phantasiert, so schafft Chlebnikov ein »Wörterbuch der Sternensprache« (21). Man versteht seine Hervorbringungen als »das Wetterleuchten der neuen vorwärtsschreitenden Schönheit des Wortes, das sich selbst Ziel ist« (8). Auch dieses »Zungenreden« wird trotz etwelcher Blasphemie als Gebet empfunden. So schreibt *Osip Mandel'štam:* »Chlebnikov schrieb keine Verse, keine Poeme, sondern ein gewaltiges allrussisches Bilder-Gebetbuch, aus dem Jahrhunderte schöpfen werden, wenn sie nicht träge sind« (23). Dieser russische Futurismus zeigt durchaus Züge säkularer Zungenrede.

Literarisch betrachtet ist die Zungenrede ein Lautgedicht in vorliterarischem Zustand: »Die Lautgedichte *wollen* gar nichts mitteilen. Sie sind purer Ausdruck. Sie organisieren die Sprache als Musik« (Marti, Moderne Literatur, 84). Namentlich der Dadaismus wäre hier zu nennen als eine säkularisierte Zungenredebewegung: »Und so spricht man vertrauensvoll und nimmt es im Glauben, daß der Herr die ihm dargebrachten Laute annimmt.« Die Dadaisten schufen z.B. eine Art Dichtung, die später von den Surrealisten »automatische Dichtung« genannt wurde.

Zu ihr bemerkt *Hans Arp:* »Die automatische Dichtung entspringt unmittelbar den Gedärmen oder anderen Organen des Dichters, welche dienliche Reserven aufgespeichert haben« (zit. nach Richter, 28).

Die Dadaisten entdeckten den Zufall, der – nach Richter – »das eigentliche Zentral-Erlebnis« von Dada war. Was Arp mit einer Zeichnung erlebt, die er zerreißt, auf den Boden flattern läßt, um später in den Fetzen am Boden durch den Zu-Fall ein neues Bildwerk zu entdecken (52), bildet eine säkular-bildnerische Parallele zu Larry Christensons Anleitung zur Zungenrede, die zufälligen Laute werden von Christus angenommen und zu einer Sprache geformt.

Arp lehrt: »Das Gesetz des Zufalls, das alle Gesetze in sich begreift und uns unfaßlich ist wie der Urgrund, aus dem das Leben steigt, kann nur unter völliger Hingabe an das Unbewußte erlebt werden. Ich behaupte, wer dieses Gesetz befolgt, erschafft reines Leben« (zit. nach Richter, 56).

Die Analogie ist auffällig genug. In diesem Vergleich interessiert vor allem die religiöse Wertung des Zufalls (vgl. Richter, 59) und die Kontrapunktik mit dem Anti-Zufall. Auch der Geist Gottes ist etwas Zufälliges, indem er uns zufällt. Diesem Zufall ist – anthropologisch wie theologisch – Raum zu geben. – Selbstverständlich geht die Hingabe an das Unbewußte, wenigstens bei Arp, nicht auf Kosten des Bewußtseins: »Der Verstand ist Teil des Gefühls und das Gefühl Teil des Verstandes« (vgl. Richter, 60).

Die Dadaisten sahen sich im Widerspruch zur Gesellschaft; darum kommen sie zur Ablehnung der durch die Gesellschaft verdorbenen Sprache.

Wenn *Hugo Ball* im Cabaret Voltaire seine Dadaverse rezitiert, notiert er in sein Tagebuch: »Man verzichte in Bausch und Bogen auf die durch den Journalismus verdorbene und unmöglich gewordene Sprache. Man ziehe sich in die innerste Alchimie des Wortes zurück, man gebe auch das Wort noch preis und bewahre so der Dichtung ihren letzten heiligsten Bezirk. Man verzichte darauf, aus zweiter Hand zu dichten; nämlich Worte zu übernehmen (von Sätzen ganz zu schweigen), die man nicht funkelnagelneu für den eigenen Gebrauch erfunden habe« (zit. nach Marti, Moderne Literatur, 85).

Wir haben zu beachten, daß das Vordringen zu einer neuen Sprache

Hand in Hand geht mit einem Sprachverzicht, ein Vorgang, der nicht zuletzt auch für die Predigt bedeutsam sein dürfte.

Ich beende unsere Tour d'horizon mit dem Hinweis auf drei Autoren der Gegenwart: *Nelly Sachs* weiß von »einer Sprache nur aus Licht« (Fahrt ins Staublose, 172) und von einer »neuen Heiligensprache« (294). – *Ingeborg Bachmann* denkt in Richtung auf eine neue Sprache, die sie mit einem neuen Geist zusammensieht: »Eine neue Sprache muß eine neue Gangart haben, und diese Gangart hat sie nur, wenn ein neuer Geist sie bewohnt« (Ars Poetica, 437). – *Eugène Ionesco* sieht das Problem von der technischen Seite: »Auch das Wort und seine Ausdrucksmöglichkeit muß bis zu den äußersten Grenzen gedrängt werden; die Sprache sollte fast zerspringen, der Möglichkeit der Vernichtung nicht ausweichen, um so ständig ihre nur endliche, partikulare Eignung zum tieferen Sinnausdruck zu offenbaren« (430).

Bedeutsam scheint die Zweipoligkeit der Tendenz zur Überwindung der Sprachgrenze: man strapaziert einerseits die Sprache, dehnt sie, um ihr neue Geheimnisse zu entlocken. Andrerseits erhofft man eine Sprache aus neuem Geist, aus Licht. Die Zitate ließen sich vermehren, ein weites Spektrum an Sprachversuchen wäre zu entfalten, das von mathematischen Sprachspielen zum Lautgedicht und zu popartiger Verwendung von Sprachresten reicht. Wir lassen es bei diesen Andeutungen bewenden und versuchen nun, den Ertrag unserer Zusammenschau einzubringen.

III

Predigt zwischen Zungenrede und moderner Poesie

Gilt es, die Botschaft des Evangeliums zu übersetzen, muß man die Frage stellen, ob das von Korinth berichtete nicht ebenfalls in die Gegenwart zu übersetzen sei. Man könnte dann die These aufstellen, in diesem Übersetzungsprozeß gehe es nicht um eine Neubelebung einer Erscheinung aus der Spätantike, sondern um das theologische Recht dieser Erscheinung, das auch heute gilt, das sich in den verschiedensten Formen durchsetzen kann. Fragt man nach für uns angemessenen Formen, wird man die moderne Kunst für Predigt und Gottesdienst fruchtbar machen müssen. – Zwei Gründe sind für eine solche These anzuführen: Einmal gilt es, Gott ein neues Lied zu singen, und wer im Geist lobsingt, wird es mit *seiner* Zunge tun müssen, die aus dem Fleisch dieses Jahrhunderts gemacht ist. Darum könnte man vorschlagen, daß konkrete Lyrik und Lautgedichte im Gottesdienst Raum bekommen – zum mindesten ihr Formenreichtum. Zum andern könnte »die Gabe des Zungenredens in der lutherischen Kirche« die Monotonie des Gottesdienstes durchbrechen, obschon die Gefahr nicht auszuschließen ist, daß die Zungenrede zu einer Selbstgenügsamkeit führt, die von dem ablenkt, was jetzt prophetisch zu sagen ist. – Trotz dieser zwei Gründe zögere ich etwas, die oben formulierte These als meine These zu formulieren; denn ein Griff nach der modernen Kunst könnte vergessen machen, daß der in Zungen

Redende für Gott redet. Darum wird eine Offenheit nach beiden Seiten hin nötig sein; denn auch die Aufnahme moderner Kunst in den Gottesdienst könnte zu einem ästhetischen Selbstgenuß führen.

Die Gefahren, die sich so oder so von der Zungenrede her ergeben, liegen auf der Hand. Größer aber ist heute die Gefahr, daß wir den Heiligen Geist betrüben, der hie und da die Gabe der Zungenrede schenkt. Wir betrüben den Heiligen Geist gleichermaßen, wenn wir die Gaben verachten, die der Geist der Gemeinde in der modernen Kunst darreicht. Beidemal sind es Gaben der Freiheit, die Spracherweiterung und damit neue Erfahrung gewähren.

Unsere Zusammenschau von Zungenrede und moderner Lyrik ergibt ein Doppeltes, das nicht ausschließend, sondern nur ergänzend gegeneinander gesetzt werden kann: Wer von Gott reden und ihn loben will, bedarf des Selbstgespräches und des Gottesgespräches, das vom Geist gewirkt wird (1Kor 14,2.4.28). Wenn der Geist im Lyriker wirkt, was immer erst zu prüfen ist, schenkt hier der Geist neue Sprache. Darum ist neue Sprache zu erhoffen, zu erwarten, zu erbitten, und es ist an ihr zu arbeiten. In diesem Betracht gewinnt die Äußerung Arps ihre eigentliche Bedeutung: »Das Gesetz des Zufalls, das alle Gesetze in sich begreift und uns unfaßlich ist wie der Urgrund, aus dem das Leben steigt, kann nur unter völliger Hingabe an das Unbewußte erlebt werden. Ich behaupte, wer dieses Gesetz befolgt, erschafft reines Leben.« – Auch hier gilt der pneumatologische Grundsatz der Vermischung: Neuschöpfung und Kreativität sind wohl zu unterscheiden, nicht aber zu trennen (vgl. §§ 4 und 21).

Diesen Grundsatz muß man auch behaupten, wenn Psychotherapeuten auf die Heilungsfunktion der Zungenrede verweisen (Bittlinger, 106f. – Hollenweger, 517ff).

In der Zungenrede ergreift das Unbewußte das Wort; sie drückt aus, daß mit der Ganzheit von Herz und Seele Gott geliebt wird. Man kann schon verstehen, daß die Korinther die Gabe des Zungenredens so hoch schätzten; sie hatten gute theologische Gründe. Man kann auch verstehen, daß Paulus ihnen die Möglichkeit zuerkannte, in der Zungenrede vom Wort ergriffen zu werden. Mit Rücksicht auf den pneumatologischen Grundsatz der Vermischung kann man die Korinther in der Nähe des chassidischen Rabbi Bär sehen: »Die Zaddikim machen, wenn man so sagen dürfte, Gott zu ihrem Unbewußten.«

Es ist allerdings ein großer Schade, daß Paulus im Protestantismus sozusagen sklerotisch wurde, indem man seine Kritik am Enthusiasmus verkalken ließ, ohne daß man an seiner Begeisterung teilnahm, was dann von Zeit zu Zeit antiintellektuelle Reaktionen hervorruft. – Nachdem Freud den Gang in die Tiefe der Seele freilegte und Maler wie Klee Archetypisches gemalt haben, halten es viele Theologen immer noch für modern zu ignorieren, daß es eine Seele gibt und ein Unerkanntes, das gleicherweise zu Christus gehört wie der Verstand. – Unsere Predigt und unsere Gottesdienste sind keineswegs zu intellektuell. Im Gegenteil. Aber sie sind zu wenig menschlich, in dem Sinne, daß sie nicht die Ganzheit des Menschen ansprechen und zu Worte kommen lassen. Man darf in diesem Zusammenhang auch auf die enthusiastische Musik der Jugend verweisen: Jazz, Gospel, Beat und Pop-Musik haben wohl nicht nur religiöse Wurzeln, sondern auch religiöse Funktionen.

Zum Schluß muß noch auf eine Gemeinsamkeit von Zungenrede und moderner Dichtung hingewiesen werden, auf ihre Unverständlichkeit, auf die Ratlosigkeit auch, die sie hervorruft. Paulus nennt die Zungenrede ein »Zeichen für die Ungläubigen« (1Kor 14,22). Sie demonstriert ihnen das Geheimnis Gottes, signalisiert, daß sie nicht und nichts verstehen, entlarvt also den Unverstand der Ungläubigen. – Von da her wäre zu fragen, ob es nicht je und dann eine Predigtweise geben müßte, die unverstehbar das Nichtverstehen der Hörer entlarvt. Natürlich gibt es viel unverständliche Predigt, die aus mangelndem Verstand des Predigers herkommt. Unverstehbare Predigt aber müßte darin und darum unverstehbar sein, daß sie Neues aussagt. Wenn die Predigt Wiederholung ist, darf sich das Predigen nicht erschöpfen im Wiederholen. Das wirklich Neue ist immer bestürzend. Als Lied mag es zersungen und allzubekannt sein: »All Morgen ist ganz frisch und neu des Herren Gnad und große Treu«, als Wahrheit und Ereignis bleibt des Herrn Gnad und große Treu das Fremdeste vom Fremden und wartet jeden Tag der Neuentdeckung. »Das Alte ist vergangen, siehe, es ist neu geworden.« Wenn es »neu« geworden ist, ist es auch neu zu sagen. Neu, daher schwierig und schmerzhaft wie eine Geburt. Mit Recht hat man von der Predigt gefordert, daß sie populär sei, leichtfaßlich; aber wenn sie nur das wäre, könnte sie verblöden, könnte sie zur Verdummung der Gemeinde führen statt zu ihrer Auferbauung. Eine Predigt kann gerade durch Unverständlichkeit zu verstehen geben, indem sie uns aus voreiligen Verständnissen herausreißt, uns ratlos macht, schockiert. Eine Predigt wird unverständlich, indem sie das Neue neu zu sagen wagt.

Was *Kurt Marti* von moderner Literatur sagt, gilt auch für die Predigt, wenn auch nur cum grano salis (salzkornhaft): »Leicht verständlich ist nur das bereits Bekannte und Anerkannte, was uns und andern geläufig ist. Modern aber ist ein Text dann, wenn er nicht nur Bekanntes in der bekannten Sprechweise wiederholt, sondern wenn er zum Bekannten neue Möglichkeiten des Sagens, Denkens und Fühlens hinzuzufügen versucht. Und eben dieses Neue ist es, das wir nicht – noch nicht – verstehen, weil es uns noch unbekannt und ungeläufig ist« (Reformatio, 554).

Das Geläufige, allzu Landläufige paßt schlecht zum Novum des Evangeliums. Das Neue will neu gesagt werden, auf die Gefahr hin, daß es zunächst unverständlich wirkt.

»Literatur, die es mit der Erweiterung der Sprache ernst nimmt und neue Möglichkeiten des Denkens, der Sensibilität und des Sozialverhaltens eröffnet, geht das Risiko der Schwerverständlichkeit und Unpopularität ein« (555).

Solche Predigt, die wie gute moderne Literatur unpopulär und

schwierig erscheint, weil sie die Sprache erweitert, Predigt die unverständlich ist, weil sie Neues von Gott sagt, sollte nicht von Leuten ange-
strebt werden, die von der Universität kommen. Ihnen ist zunächst Entäußerung zur Gemeinde hin zu empfehlen. Wohl aber von denen, die,
technisch gesprochen, predigen können; denn auch das Volk Gottes ist
nicht »tümlich«. Welch schwierige Kost hat doch der heilige Paulus den
Römern vorgesetzt!

Kurt Marti ist zuzustimmen: »Die Sprachkrise der Verkündigung kann nicht gelöst
werden durch immer beflissenere Anpassung an die Bedürfnisse und Sprachregelungen
der Gesellschaft. Damit wird die Krise nur zur galoppierenden Schwindsucht. Not tut
nicht eine marktkonforme Verkündigung dessen, was unsere religiösen Wünsche be-
friedigt, sondern die Verkündigung des Namens Gottes. Nur die Dynamik dieses Namens, also nur Gottes eigenes Regiment, sein *pfingstliches* Kommen, wird uns aus der
heutigen Sprachnot der Kirche befreien« (559).

Damit wird noch einmal deutlich, daß die Zungenrede nicht einfach
durch moderne Lyrik ersetzt werden kann. Wohl aber braucht unsere
Sprache »eine neue Gangart«.

Die Zungenrede ist nicht nur »Zeichen für die Ungläubigen«
(1Kor 14,22), sondern auch Zeichen für den Prediger, das ihn schützt
vor voreiliger Zweckhaftigkeit. Es gibt eine Sprache »im Geist«, die
nicht auf Kommunikation aus ist, auch nicht auf Information:

»Ich will mit dem Geist beten . . .
Ich will mit dem Geist lobsingen . . .«

Ein Zeichen für den Prediger nenne ich hier die Zungenrede. Ein
Zeichen, daß er nicht unter dem Gesetz steht, sondern in der *Freiheit;*
das Flagellantentum der Gesetzlichkeit, das in den Predigten grassiert,
weckt nur Minderwertigkeitsgefühle, weckt aber nicht das Lob, führt
nicht in die Freude. Die ständigen Anrufe und Appelle zeigen, daß die
Prediger in einem falschen Erwartungshorizont leben. Sie erwarten alles
vom Hörer, statt daß sie alles von Gott erwarten. So könnte die Zungenrede auch Zielangabe sein für den Prediger. – Im § 4 habe ich die
Begeisterung als Ziel und Zweck der Predigt genannt. Von der Zungenrede her taucht ein neuer Horizont auf: das Entzücken. Es wäre freilich
falsch, wollte man dies zum allgemeinen Ziel jeder Predigt erklären.
Schlimmer aber, das Entzücken zu verachten. Es könnte solche Verachtung ein Signal sein, daß man das Predigen vom Evangelium gelöst hat,
daß man nicht mehr weiß, daß Evangelium eine frohe Botschaft ist, eine
Botschaft, die ins Entzücken führt. Predigten werden die Welt verändern. Ich möchte darum Miskotte variieren und sagen, Verkündigung
tendiert nicht nur wesensmäßig auf entzückte Sprache, sie tendiert auf
jenes Entzücken der Hörer, in dem jetzt schon das Verborgene zum
Vorschein kommt und sich zeichenhaft andeutet, daß Gott sein wird alles in allem. In diesem Entzücken spielt die Weisheit mit, die anfänglich
vor Gott spielte (Spr 8,30f, vgl. § 1) und die in der Vollendung erst
recht ins Spiel kommen wird.

Vierter Teil
DER PREDIGER

Zum Wunder der Predigt gehört der Mensch; zunächst der, durch den es geschieht, der Prediger. Was aber ist das, ein Prediger? Und was macht einer, der das Wort ergreift? Könnten wir diese Fragen beantworten, wäre das Wunder der Predigt erklärt; aber das ist nun eben – um mit Fontane zu sprechen – »ein weites Feld«, die weite Ebene der »theonomen Reziprozität« (vgl. § 4/II).

Fünf Seiten wären abzuschreiten und abzustecken, um hier klaren Überblick zu verschaffen. Wir versuchen, auf jeder Seite Pfähle einzurammen, indem wir Fragen stellen:

Erstens: Was bedeutet es für den Sprecher, daß er das Wort nimmt, sobald er nach gutem Brauch einen Text verlesen hat? Was bedeutet eigentlich »das Wort nehmen«? Wie geht das zu? Woher ist es zu nehmen? Was passiert dem, der es nimmt? Was geschieht ihm durch das Sprechen und durch das Gesprochene? – Gehen wir von der Formel des zweiten helvetischen Bekenntnisses aus, muß zuerst gefragt werden, wie denn der Prediger zum Worte Gottes kommt? – Wir versuchen diesen Fragen nachzugehen, indem wir im kommenden Paragraphen die Meditation behandeln.

Zweitens: Was tut der »Diener am Wort« mit dem Wort? Was geschieht mit dem Wort, wenn es »genommen«, »ergriffen« wird? Was stößt »Gottes Wort im Menschenmund« zu? – Man kann auch fragen, ob der Mensch etwas dazu tun könne, damit das Wunder geschieht und Gott durch Menschen redet? Oder kann er es nur verhindern und verfälschen? Wie ist das genau? Gibt es hier eine Koproduktion zwischen Gott und Mensch oder ein Zusammenwirken zwischen Wort und Person? Von unserer Bekenntnisformulierung her gefragt, würde das heißen: Hat der Prediger etwas beizutragen zum Zustandekommen jenes »ist« (Die Predigt des Wortes Gottes ist Gottes Wort)? – Vielleicht ergibt sich im Paragraphen über das Vorbild die Möglichkeit, wenigstens ein Detail zu diesem großen Fragenkomplex beizutragen, ohne den Anspruch zu erheben, dem Ganzen gerecht zu werden. – Es bedarf wohl kaum eines Hinweises, daß dieser zweite Fragenkomplex nicht vom ersten – und auch nicht von den beiden nächsten – zu trennen ist und daß mit diesen Fragen viel noch kaum vermessenes Gelände auf Karten zu bringen wäre. Die Spezialisierung und Isolierung der Disziplinen wirkt sich einmal mehr unheilvoll aus. Neben der Charismenlehre, die wohl erst noch zu entwickeln wäre, könnte die alttestamentliche Prophetenforschung hier dienlich sein. Hier sei nur auf den Botenspruch, auf die Ankündigungsformeln verwiesen.

Vgl. *Hans Wildberger*, Jahwewort und prophetische Rede bei Jeremia, 1941. – Zum Problem der Mitwirkung des Menschen vgl. *Ernst Wolf*, Sola gratia? Erwägungen zu einer kontroverstheologischen Formel, in: Peregrinatio I, 1962², 113ff.

Drittens: Haben wir bis jetzt funktional gefragt, müssen wir jetzt auch personal fragen. Also nicht nur: Was geschieht dem Prediger, was

macht er?, sondern: Was ist, wer ist ein Prediger? Wir kommen damit
zu dem, was wir herkömmlicherweise »Amt« nennen: Wie ist es damit?
Wie stellt sich die Person dazu? Was qualifiziert den Prediger? Damit
summieren und erweitern sich die beiden ersten Fragen: Warum kommt
aus einem Mund ein Wort, das Macht hat, während der andere die
Ohnmacht vokalisiert? – Man wird hier nicht nur personal fragen können; denn die Einrichtung »Predigt« spricht ja mit, wenn der Prediger
predigt. Darum muß gefragt werden: Was besagt es, daß nach unserer
Übung *ein* Mann oder vielleicht *eine* Frau predigt? Assoziieren wir beim
Stichwort »Predigt« Sonntagsgottesdienst, Kanzel, Talar, dann ist der
Nachrichtenwert dieser Assoziationskette zu untersuchen. – Auch hier
bedürfte es zahlreicher Einzeluntersuchungen; wir werden uns in diesem
Paragraphen vor allem einem hier anstehenden Problem zuwenden,
dem Problem der Singularität.

Viertens: Ein Prediger braucht Hörer, ohne Hörer kann er nicht predigen, kann er sich nicht verwirklichen. Weil der Prediger Mensch ist
und keine Abstraktion, darum gehören die Hörer zum Predigenden.
Man kann nicht vom Prediger reden ohne die Hörer mit zu bedenken.
Die beiden Teile über den Prediger und den Hörer gehören darum zusammen. Dann stellt sich die Frage, was der Hörer für den Prediger bedeutet? Gibt es für den Prediger einen Schlüssel, um das Rätsel Hörer
aufzuschließen? Gibt es einen gangbaren Weg, den Hörer zu erreichen?

Fünftens: Wer predigen muß, fragt immer wieder nach der Methode,
nach Handwerk, nach Kunstgriff und Kunst. Predigten werden gemacht. Darum ist der Frage nicht auszuweichen: was macht man da?
Predigen, wie macht man das? – Eine Homiletik muß sich diesen Fragen stellen, und sie hüte sich, dieselben zu beantworten! Sie würde nicht
dem Predigen die Freiheit besorgen, sie würde vielmehr das freie Wort
unterbinden und damit das lebendige Predigen töten. Wir begnügen uns
mit Ratschlägen zur Vermeidung von Fehlern (vgl. § 23).

Mit diesen fünf Fragekreisen haben wir in etwa das Feld abgegrenzt,
auf dem der Prediger und sein Tun zu sehen ist. Mehr als eine nur flüch-
tige Problemskizze wird hier nicht möglich sein. Die Fragen nach dem
Amt und nach der Ordination z.B. sind zur Zeit so sehr im Fluß, daß
ihre Darstellung den Rahmen der Predigtlehre sprengen würde. Wir
versuchen aber, einen Beitrag zu diesen Fragen zu leisten, wenn wir uns
dem Strukturproblem stellen und zwar in der Weise, daß wir nach dem
Numerus (Zahl) des Predigenden fragen. Im Besprechen der Zeitformen sollte deutlich werden, daß wir in der Zeit predigen. Nun fragen
wir in diesem Paragraphen nach dem Singular, dem Dual und Plural
des Predigers, wobei wir beim Plural das Problem der Laienpredigt
(auch des je einzelnen) verhandeln. Dieser Aufriß mag andeuten, daß
der Prediger nicht ohne Gemeinde und Gesellschaft zu sehen ist, aus
der er kommt, in der er lebt.

Die Meditation ist der Ort, wo die Sprachlosigkeit überwunden und das Wort genommen wird. In der Gegenwart des Geistes kommt das Sprachgeschehen in Gang. – Die Wörter des Textes, in denen das Wort sich gibt, aufnehmend und reflektierend, findet der Meditierende das Wort in seiner Sprache. Das Wort bemächtigt sich des Predigers, der Prediger wird des Wortes mächtig: Das Wort, der Prediger und der Hörer kommen miteinander ins Spiel.

§ 21

MEDITATION

Die Verlegenheiten der Predigt verdichten sich – für den Studenten wie für den altgedienten Prediger, der noch nicht ohnmächtiger Routine erlegen ist – zunächst in dem, was wir Meditation nennen, in jenem Zwischenspiel also, das vom Text zum Predigen überleitet. In diesem Zwischenspiel entsteht die Predigt, wird die Predigt »gemacht«. Hier mischen sich alle anfänglich benannten Schwierigkeiten (§ 2) zu immer neuen Verlegenheiten mit einem einheitlichen Grund-Nenner: Der Text besteht aus Buchstaben, Buchstaben sind tot. Aus toten Buchstaben soll das Evangelium laut werden. Ein Leben schaffendes Wort soll ergehen. »Gott sprach« heißt es im Text, und nun soll ein Mensch dabei sein, wenn Gott wiederum spricht. »Wie kann man das?« Wie soll das zugehen, daß aus einem gedruckten Text ein wirkendes Wort wird? Wie kann es zugehen, daß gedruckte Buchstaben hörbar werden? – Diese Fragen stellen heißt andeuten, daß das Problem der Meditation nicht bloß eine Frage des Predigers ist, sondern eine Frage der christlichen Existenz, vielleicht des Menschen überhaupt. Ein Verweis auf die Faszination, die östliche Meditationspraktiken ausüben, mag die Dringlichkeit dieser Frage unterstreichen.

Sollen gedruckte Buchstaben hörbar werden, gehören der Hörer und sein Hören in die Predigtmeditation hinein. Auf die Paragraphen 25–29/I ist jetzt schon zu verweisen.

Die Wichtigkeit des Themas legt nahe, die Literatur hier schematisch zu ordnen.

a) Mystisch-religiöse Meditation: *Carl Happich,* Anleitung zur Meditation, 1948³. – *Friso Melzer,* Anleitung zur Meditation, 1958 (zur Frage der Predigt-»Meditation« vgl. 94ff). – *Ders.,* Innerung. Wege und Stufen der Meditation, 1968 (Lit.). – *Wilhelm Stählin,* Über die Meditation von Bibeltexten, in: Symbolon I, 1958, 400. – *Otto Haendler,* Die Predigt, 1960³. – Vgl. außerdem *Karl Barth/Eduard Thurneysen,* Ein Briefwechsel, 1966, 76f.

b) Kerygmatisch bestimmte Meditation: *Georg Eichholz,* Vom Formproblem der Verkündigung, in: Herr, tue meine Lippen auf I, 1954², IXff (vgl. die Vorworte zu den andern Bänden der Reihe). – *Karl Gerhard Steck,* Der Dienst der Meditation und die

Aufgabe der Predigt. Bericht über das Ergebnis einer Rundfrage, GPM Bh. 1, 1954. – *Johannes Wolff,* Anleitung zur Predigtmeditation, 1955. – *Hans Helmut Esser,* Aufgabe und Leistung der Predigtmeditation, MPTh 47, 1958, 221ff, 283ff. – *Ernst Fuchs,* Zum Predigtentwurf, in: Zum hermeneutischen Problem in der Theologie. Ges. Aufsätze I, 1959, 349ff. – *Alex Funke,* Die Predigtmeditation, GPM 20, 1965/66, 332ff. – *Hans Joachim Iwand,* Predigt-Meditationen, 1966³ (Vorworte). – *Henning Schröer,* Perspektiven heutiger Predigtmeditation, in: Zur Theorie und Praxis der Predigtarbeit, hg. v. Ernst Lange, 1968, 53ff. – *Manfred Seitz,* Zum Problem der sogenannten Predigtmeditationen, in: Die Predigt zwischen Text und Empirie, 1969, 9ff.

c) Besondere Ausprägungen der Meditation: *Dietrich Bonhoeffer,* Gemeinsames Leben, 1956⁶, 54ff. – *Ders.,* Anleitung zur täglichen Meditation, GS II, 478ff. – *Ders.,* Wie entsteht eine Predigt?, in: Finkenwalder Homiletik, GS IV, 258ff. – *Emanuel Hirsch,* Predigerfibel, 1964, 104ff. – *Olaf Hanssen/ Reinhard Deichgräber,* Leben heißt Sehen. Anleitung zur Meditation, 1968.

d) Aus der katholischen Lit.: *Giacomo Lercaro,* Wege zum betrachtenden Gebet, 1959. – *Johannes B. Lotz,* Meditation, HthGb II, 122ff (Lit.). – *Ders.,* Einübung ins Meditieren am Neuen Testament, 1965. – *Eberhard Simons,* Meditation, SM III, 1969, 388ff (Lit.).

e) Weitere Lit.: *Julius Schniewind,* Die geistliche Erneuerung des Pfarrerstandes, 1949². – *Eduard Ellwein,* Meditatio coelestis vitae in Calvins Exegese, in: Kosmos und Ekklesia, Festschrift Wilhelm Stählin, hg. v. Heinz-Dietrich Wendland, 1953, 93ff. – *Gerhard Bauer,* Geburt unter Schmerzen. Über die »menschlichen Faktoren« bei der Predigtarbeit, MPTh 50, 1961, 1ff. – *Eduard Steinwand,* Die Predigtvorbereitung als geistliche Übung, in: Verkündigung, Seelsorge und gelebter Glaube, hg. v. Manfred Seitz, 1964, 11ff. – *Robert Leuenberger,* Berufung und Dienst, 1966, 81ff. – *Markus Jenny,* Rezeption und Produktion in der homiletischen Arbeit, PTh 55, 1966, 175ff. – *Erika Landau,* Psychologie der Kreativität, 1969. – *Manfred Josuttis,* Über den Predigteinfall, EvTh 30, 1970, 627ff.

I

Meditation von Psalm 1

Martin Buber, Recht und Unrecht. Deutung einiger Psalmen, 1952, 63ff. – *Hans-Joachim Kraus,* Psalmen, 1960, 1ff, und andere Kommentarwerke. – *Hans Walter Wolff,* Psalm 1, in: Wegweisung, 1965, 134ff.

Dieser Psalm gehört ursprünglich nicht zur Psalmensammlung. Apg 13,33 bezeichnet Ps 2 als ersten Psalm. Ps 1 wird damit zum Vorwort des Psalters. Gerade dieser Sachverhalt scheint wichtig zu sein: Hieronymus vergleicht den Psalter einem großen Gebäude mit vielen Zimmern und Kammern. Ps 1 stellt dann das Portal dar, ein Eingang mit einer Orientierung über die Begehung des Hauses, eine Art Gebrauchsanweisung, eine programmatische »*Vorrede zum Psalter überhaupt*« (Rudolf Kittel), die man füglich auch als Vorrede zur ganzen Heiligen Schrift brauchen kann.

Der Psalm lautet in der Übersetzung von *Martin Buber:*

Oh das Glück des Mannes,
der im Frevlerrat nicht ging,
nicht beschritt den Sünderweg,

nicht saß an dem Dreistensitz,
sondern Lust hat an SEINER Weisung,
über seiner Weisung murmelt tages und nachts!
Der wird sein
wie ein Baum an Wassergräben verpflanzt,
der zu seiner Zeit gibt seine Frucht,
und sein Laub welkt nicht:
was alles er tut, es gelingt.
Nicht so sind die Frevler,
sondern wie Spreu, die ein Wind verweht.
Darum bestehen Frevler nicht im Gericht,
Sünder in der Gemeinde Bewährter.
Denn ER kennt den Weg Bewährter,
aber der Weg von Frevlern verliert sich.

Die Gebrauchsanweisung des Psalters beginnt mit dem freudigen Ausruf: »Wie glücklich ist doch dieser Mann! Dieser Psalm handelt vom Glück, genauer: vom wahren Glück; er handelt von dem wahrhaft glücklichen Menschen« (Buber, 66). Die Septuaginta übersetzt das erste Wort mit »Selig«. Ein Mann wird selig gepriesen. Hermann Gunkel spricht von einem »Segensspruch«, Hans Schmidt von einem »Grußgedicht«. Zeigt sich, daß der Psalm von der Meditation handelt, begrüßt und beglückwünscht er den Meditierenden: Meditation und Glück, Meditation und seliges Leben gehören offenbar zusammen.

Diese Einweisung in das Glück wird zunächst als Defizit beschrieben. In dreifacher Stufung wird gesagt, was der Glückliche nicht tut. Es folgt nicht dem Frevlerrate, betritt nicht den Weg der Sünder und sitzt nicht in der Spötterrunde. Der Frevler ist ursprünglich der in der Rechtsgemeinde als schuldig Erwiesene, durch Priesterspruch vom Heiligtum Ausgeschlossene, ein Verächter des Gesetzes, der eigenen Lebensprinzipien und eigenen Maximen folgt (vgl. H. J. Kraus). Trennungsvorschriften finden wir im Kreise der Weisheitslehrer. Zur Weisheit gehört die Trennung von aller Bosheit. Solche Trennung ist die Voraussetzung zum wahren Glück.

Der Glückliche wendet sich von unguten Menschen nicht ab, indem er sich nun andern Menschen zukehrt, etwa den Gerechten, den Reinen, den Gottesfürchtigen, den Heiligen, an denen doch der Sänger von Ps 16,3 sein Wohlgefallen hat. Der Gesegnete wendet sich der Weisung zu, der Thora. Der Weg der Glücklichen ist ein Weg ins Wort. Mit Hans-Joachim Kraus haben wir die Thora zu verstehn als die gnädige Willensoffenbarung Gottes, als »die autoritativ gültige ›Heilige Schrift‹«, wobei die herkömmliche Übersetzung »Gesetz« zurückgewiesen ist. In der Abkehr von den Sündern und in der Hinwendung zur Schrift kommt es zur Meditation.

»Oh das Glück des Mannes, der ... Lust hat an SEINER Weisung, über seiner Weisung murmelt tages und nachts!« Im sogenannten Parallelismus membrorum erklärt die eine Vershälfte die andere. Gratuliert wird dem, der sich an der Willensoffenbarung delektiert. Diese Lust an der Schrift »ist der bestimmende und tragende Affekt des wahrhaft glücklichen Lebens« (vgl. Kraus). Er treibt zum beständigen Umgang mit der Schrift, tages und nachts. »Murmeln« bezeichnet »das leise murmelnde Sich-selbst-Vorlesen der Heiligen Schrift« (Kraus), »das Brummeln, Murmeln eines Mannes, der in seiner unpunktierten Thorahandschrift mühsam Wort um Wort entziffert und mit halblauter Stimme ausspricht, um dann das Gelesene zu repetieren, sich klarzumachen und einzuprägen« (Bernhard Duhm). Die Vulgata übersetzt »murmeln« mit »meditari, meditieren«. Dies ist der äußere Anlaß, daß wir im Manne des ersten Psalmes das Urbild des Meditierenden sehen. – Hans Walter Wolff weist darauf hin, daß die Vokabel ursprünglich gebraucht wird von der Taube, die gurrt, wenn sie verlangend auf etwas aus ist. Hiskia, der um Hilfe schreit, vergleicht sich mit dem Girren der Taube (Jes 38,14). Die Vokabel wird aber auch gebraucht vom Löwen, der knurrt, wenn er behaglich, genießerisch und doch wachsam über seiner Beute sitzt; so beim Herabfahren Jahwes zur Heerfahrt (Jes 31,4).

Übertragen wir diesen Sprachgebrauch auf das Meditieren, kennzeichnet er ein Doppeltes: Einerseits ein hungerndes, verlangendes Lesen des Wortes – das Girren der Taube, die hin und her trippelt; andrerseits das besitzende Genießen, das Knurren des Löwen. Die beiden Gestalten aus dem Tierreich bezeichnen somit den Spannungsbogen, den die Vokabel umschreibt.

Auch der Ps 119 verweist auf diese Doppelheit. In ihm wiederhallt das satte Knurren des Löwen: »Ich berge deinen Spruch in meinem Herzen« (11a) ... »An deinen Satzungen habe ich meine Lust« (16a) ... »Ich freue mich über deine Satzung wie einer, der große Beute davonträgt« (162). Daneben gurrt und girrt und trippelt ein taubenhaftes Verlangen: »Gib mir Einsicht, daß ich dein Gesetz bewahre und es halte von ganzem Herzen« (34). Zweimal muß er sagen: »Ich harre auf dein Wort« (114 und 147). Und es ist jedesmal die gleiche Stimme. So hat alles Meditieren eine doppelte Voraussetzung: das Haben und das Nicht-Haben des Wortes Gottes.

Der Mann des ersten Psalmes hat das Gotteswort gleichsam im Griff wie der Löwe die Beute. Er hat die Heilige Schrift, diese ist lesbar, vorlesbar, repetierbar. Er kann die Schrift vor sich hersagen, kann das Wort genießen, verzehren. Meditieren ist wie Essen. – Man kann satt werden, aber man kann nicht ein für allemal gegessen haben, man kann nicht satt bleiben. Der Mann, der das Gotteswort im Griff hat, erfährt, daß er es nicht ein für allemal hat. Es fehlt ihm. Darum muß er suchend darum herum gehen wie eine Taube. – Die Lust am Wort schließt beides in sich, die Wonne am Vorhandenen und das Begehren dessen, was da, aber noch keineswegs einverleibt ist. Die Meditation zeigt ihr Wesen als ein Sich-Wiederholen des Wortes, und in diesem Sich-Wiederholen des Wortes vollzieht sich das Hören auf das Wort. Meditation geschieht demnach aus Glauben auf Glauben hin – und also in der Furcht Gottes. In diesem Haben und Nicht-Haben des Wortes vollzieht sie sich als ein Sagen und Nicht-Sagen. Meditation geschieht auf der Grenze zwischen Sagen und Hören und auf der Grenze zwischen Hören und Sagen. Im Sagen hören wir und im Hören sagen wir das Gehörte (Georg Eichholz). Die Grenze zwischen Hören und Sagen entspricht der Grenze zwischen dem Haben und Nicht-Haben des Wortes, und der Grenzgang dauert Tag und Nacht.

In Ps 119 wird solch dauernde Beschäftigung mit dem Wort begründet nicht aus irgend einer Werkgerechtigkeit, die mechanisches Tun zur Folge hätte; vielmehr entspricht die immerwährende Beschäftigung mit dem Wort dem Wesen des Wortes Gottes selbst: »Dein Gebot ist unendlich. ... den ganzen Tag ist es mein Sinnen. ... Allezeit ist es mir gegenwärtig« (96–98). Der Meditierende hat nie ausgehört und nie ausgeredet; denn das Wort ist omnipräsent, gegen-wärtig in aller Zeit.

Blicken wir vom ersten Psalm ins Neue Testament, finden wir in der Bildrede vom Weinstock eine Korrespondenz (Joh 15,1–8). Christus spricht vom Bleiben in ihm. Dieses Bleiben kann von Ps 1 her beschrie-

ben werden als Bleiben im Sich-selbst-die-Schrift-Vorsagen. So bleiben
die Worte Christi in uns, daß wir sie ständig wiederholen. Wer das Wort
Christi und das Wort von Christus – und ich zähle hierzu durchaus auch
das Alte Testament – beständig wiederholt, in dem bleibt das lebendige
Wort. Im Wiederholen aber bleibt er im Wort. – So geht es beim Meditieren um diesen doppelten Vorgang, daß wir in das Wort hineinkommen und drin bleiben, daß das Wort in uns hineinkommt und in uns
bleibt. Calvin spricht in der Auslegung von Ps 119,11 davon, daß wir
Gottes Lehre einsaugen und uns ganz in sie versenken müssen. Meditieren heißt dann, das Wort in sich aufnehmen und eingehen ins Wort, also
geistesgegenwärtig, »wörtlich« werden. Damit rühren wir an das Geheimnis des Verstehens im biblischen Sinn. »Erkennen«, »kennen« entstammt seiner sinnlichen Urbedeutung nach nicht der Sphäre der Betrachtung, sondern der des Kontaktes. Der entscheidende Vorgang des
biblischen Erkennens besteht nicht in der Betrachtung des Gegenstandes, vielmehr in der Berührung mit ihm (vgl. Buber, 69). Der versteht
das Wort, der vor dem Wort steht, der es er-faßt und von ihm er-faßt
wird.
»Nur in dem Maße, wie dies Wort in seiner pneumatischen energeia ins Herz genommen wird, *versteht* man es überhaupt« (Schniewind, 18).

In solchem Verstehen wird das Wort angeeignet, wird zu meinem
Wort, wird fruchtbar in theonomer Reziprozität. Im ersten Psalm wird
der Tag und Nacht über dem Wort Murmelnde verglichen mit dem
Baum an Wassergräben, »der zu seiner Zeit gibt seine Frucht, und sein
Laub welkt nicht: was alles er tut, es gelingt«. Eine paradiesische Perspektive wird dem Meditierenden eröffnet. Der über der Thora brum-
melt, wurzelt im Strom, der in Eden entspringt. Der Meditierende lebt
schon nicht mehr »jenseits von Eden«. Wiederkehr des Paradieses kündigt sich an. Der johanneische Christus aber spricht vom Viel-Frucht-
Tragen des in Christus Bleibenden: »Wer in mir bleibt und ich in ihm,
der trägt viel Frucht« (15,5). Indem er das Wort ist und das Wort
bringt, hebt die Wiederkehr des Paradieses an.

In der Zusammenschau von Ps 1 und Joh 15 können wir sagen: Meditation stellt das Bemühen dar, in Christus zu bleiben, damit er in uns
bleibe und wir viel Frucht tragen, und dieses Bemühen um das Bleiben
in Christus ist das Bemühen um das Bleiben im Wort. Diese Bemühung
vollzieht sich in der Weise der Wiederholung. Diese Weise der Wiederholung ist nichts anderes als Erinnerung. Wer sich des Wortes Jesu
erinnert, der bleibt im Wort. – Predigt als ein Akt der Erinnerung zu
verstehen (vgl. § 9) beginnt damit, daß der Prediger anfängt, das Wort
zu wiederholen und also sich zu erinnern. Meditation setzt darum die
Gabe des Wortes und des Geistes voraus. Dem Umgang mit dem Wort
aber ist Frucht verheißen, wie die Erinnerung der früheren Taten Gottes
neue Gottestaten zur Folge haben soll. Das Geheimnis der Fruchtbar-

keit des Christen, das Geheimnis echter und bleibender Wirksamkeit eines Predigers liegt im Geheimnis seiner Meditation, seines Bleibens in Christus, seines Wandels im Geist. Weil er will, was Gott will, darum geschieht, was er will, »was alles er tut, es gelingt«. Das Ziel der Meditation ist die Fruchtbarkeit des neuen Lebens. »Oh das Glück des Mannes«, es wird im Schlußvers noch einmal begründet und erklärt: »Denn ER kennt den Weg Bewährter, aber der Weg von Frevlern verliert sich.«

Martin Buber weist darauf hin, daß es hier nicht heißt, Gott kenne die Bewährten, die Frommen, sondern, er kenne ihren Weg. »Der Weg, der Lebens-Weg dieser Menschen ist so beschaffen, daß sie in jedem seiner Stadien den göttlichen Kontakt neu erfahren.« Nach Buber geht es hier um eine »echt biographische Erfahrung«, unabhängig vom äußern Geschick »möchte dieses Schicksal, außerhalb des Umgangs mit Gott betrachtet, noch so grausam und widrig erscheinen, von seinem ›Kennen‹ durchstrahlt ist es ›Gelingen‹, wie alles Tun dieses Menschen, auch sein Fehlschlagen, auch sein Scheitern Gelingen ist. Oh das Glück des Mannes, der den von Gott gewiesenen und von Gott ›gekannten‹ Weg geht! Der Weg ist von Gott gewiesen, in seiner ›Weisung‹, der Thora« (70f). Buber mahnt: Wir müssen immer wieder über der Weisung murmeln, »müssen ihr lebendiges Wort ihr nachsprechen, müssen mit unserem Sprechen in sein Gesprochensein eintreten, so daß es von uns heute in unserer heutigen biographischen Situation neu gesprochen ist und so fort und fort in ewiger Aktualität« (71).

Ich möchte Buber variieren: Meditation heißt, im Nachdenken der Schrift ins Sprechen des Geistes eintreten, der meine Existenz und meine Erde bespricht. Meditation heißt, Kontakt suchen und Kontakt finden mit dem, der meinen Weg erkennend mich umgibt, heißt, im Hören auf die Schrift die Prophetie des gegenwärtigen Geistes hören. Meditation heißt, stille werden, um das wegweisende Wort zu hören, heißt dieses Wort nachsprechen, damit die Existenz »wörtlich« werde. Meditation heißt, seinen biographischen Weg, sein Tun und Lassen umschlossen wissen von großer Gegenwart. Dann wird Meditation zum Gespräch über göttliches Geleit, zum Wechselgespräch über Gottes und meinen Weg, damit das Wort geschehe.

Wie aber geschieht das Wort? Diese Frage stellt sich für den Prediger mit besonderer Dringlichkeit. Eine Verdeutlichung an der Pneumatologie kann weiterhelfen: Nach einer johanneischen Aussage über den Parakleten vollbringt dieser sein Werk in doppelter Zuwendung: gleichzeitig dem, von dem alle Verkündigung kommt, und denjenigen, denen die Verkündigung gilt; »denn aus dem Meinigen wird er es nehmen und euch verkündigen« (16,14). In dieser doppelten Bewegung des Nehmens und Gebens vollzieht sich die Doxologie, erfüllt sich die Verheißung, »er wird mich verherrlichen«. – Der Geist wäre Un-Geist oder Irr-Geist, würde er das Wort anderswo hernehmen als von Christus Jesus. Der Prediger wird erst recht zum Irr-Lehrer, wenn er das Wort aus seiner Eigenheit nimmt oder von irgend einem Zeitgeist bezieht. Ein Predigtgeschehen, das der Doxologie dient, vollzieht sich im Widerschein zur Doppelbewegung des Geistes. Der Meditierende, der das

Wort der Schrift wiederholt, »nimmt« es aus dem, was der johanneische Christus das »Meinige« nennt. Vollzieht sich Meditation und Verkündigung beim Predigen im Widerschein zum Nehmen und Verkünden des Parakleten, so entspricht dies der »theonomen Reziprozität«, in der an Gott orientierten Gegenseitigkeit zwischen dem Heiligen Geist und dem Prediger (vgl. § 4/II). Wie der Paraklet sein Wort von Christus »nimmt«, so auch der Prediger in der Mittlerschaft des Geistes. In dieser Analogie vollzieht sich die Reziprozität. Weil der Heilige Geist ein Schöpfergeist ist, erfordert die theonome Reziprozität auch ein Achthaben auf die »Psychologie der Kreativität«.

Ich würde den Heiligen Geist in seinem menschlichen Wirken nicht ehren, wollte ich hier auf Psychologie gänzlich verzichten. Andrerseits würde ich die Freiheit seines Wirkens nicht achten, wollte ich sein Wirken psychologisch kanalisieren, es in psychologische Kategorien fassen. Wohl habe ich die »Psychologie der Kreativität« zu beachten; aber ich kann nicht einfach Meditation mit »Erziehung zur Kreativität« gleichsetzen.

Ich spreche von Kreativität und weise darauf hin, daß die Frage der Meditation spätestens dann für den Prediger akut wird, wenn nach dem »Machen« der Predigt gefragt wird. Das »Machen« bedarf in erster Linie der Passivität, soll es nicht »Gemächte« werden. Von Passivität ist in Beziehung auf die Meditation – die als solche ja ein Tun ist – darum zu reden, weil es in ihr um das Ereignis, um das Handeln und Herrschen des Wortes geht.

II

Folgerungen für die Praxis der Meditation

Weil es – wie Robert Leuenberger treffend bemerkt – »keine klerikale Sonderform des Bibellesens« gibt, versuche ich, vorerst allgemein geltende Grundsätze für die Praxis der Meditation zu entwickeln, um im Abschnitt V auf die Predigtmeditation und das Predigtmachen besonders einzugehen. Natürlich kann ich auch im Folgenden nicht davon abstrahieren, daß ich um der Predigt willen das Problem der Meditation behandle.

1. Freude am Wort

Lust am Worte Gottes haben, heißt *Freude haben an der Frohbotschaft.* Wer im Wort wohnt, wohnt in der Freude (vgl. § 1). Freude ist – nach Gal 5,22 – eine Folge der Gegenwart Gottes, eine Frucht des Geistes. Man kann sie nicht selber machen; aber sie kommt. Der Mann, der Lust hat am Wort Gottes, ist der Mann, der Heiligen Geist hat. Das Haben des Geistes ist zunächst nicht eine persönliche Erfahrung, sondern eine

Verheißung. Wenn ich die Schrift öffne, habe ich Buchstaben vor mir, sehe ich Wörter. Die Buchstaben sind nicht der Geist, die Wörter nicht das Wort; der Leser bringt vielleicht nicht mehr ein als die Erfahrung der Abwesenheit Gottes, und wenn es Affekte gibt in bezug auf die Schrift, dann vielleicht Unlustgefühle und den Schmerz, den Geist nicht zu haben.

Wie auch immer ich mich befinde, ich habe eine Voraussetzung zu machen: Die Schrift wäre nicht Schrift ohne den Geist, und ohne das Wort hätten wir weder den Geist noch die Wörter. Weil die Schrift geistgewirkt ist, greife ich zur Schrift in der Erwartung neuer Geistwirksamkeit. Wer die Schrift aufschlägt, hat nicht seine eventuelle Erfahrung der Gottesabwesenheit zu verrechnen; er rechne damit, daß er die Schrift nicht aufschlägt in Abwesenheit des Geistes, sondern in des Geistes Gegenwart. Der, von dem die Schrift berichtet, ist da. Jahwe ist da. Jesus von Nazareth ist da. So spricht Jahwe. So spricht Jesus. »Die Worte, die ich zu euch geredet habe, sind Geist und sind Leben« (Joh 6,63). Diese Worte sind jetzt zu hören. Meditation ist nur deshalb sinnvoll, weil Gegenwart verheißen und geschenkt wird. Voraussetzung der Meditation ist, daß nun ein anderer das Wort nimmt (vgl. § 4/III).

Ein anderer nimmt das Wort, und daraufhin nehme ich das Wort. Indem ich das Wort auf das Reden des andern hin nehme, ergibt sich für mich zunächst eine überraschende Folgerung, daß ich mit dem Wort zu spielen anfange und daß ich es an den andern richte.

Die Lust am Wort vollzieht sich als *Spiel mit dem Wort*. Wenn die Predigt ein heiliges Spiel darstellt, kann das Zwischenspiel, das vom Text zur Predigt überleitet, auch nur Spiel sein. Wer Lust hat am Gesetz des Herrn, wird meditierend zum Wort-Spieler. Wer im Wort wohnt, nimmt dem andern das Wort ab, überläßt dem andern das Wort und spielt das Spiel des Wortes. Meditation in der Freude wird zum Spiel mit dem Wort und das Spiel mit dem Wort zur Meditation in der Freude. Alles Meditieren ist Spiel und dieses Spiel ein Aspekt der Heiligung. So will alle Lust am Wort Ewigkeit, und das Predigen wird zur Leidenschaft (vgl. § 1). – Müßte der Prediger das Wort »machen«, könnte er es nicht »nehmen«, wäre Meditation kein Wort-Spiel, sondern Planung und Entwurf des Wortgeschehens. Die Lust am Wort wäre dann letztlich die Lust am eigenen Werk, die Lust dessen, der sich an sich selbst berauscht. Der Spielcharakter des Meditierens (und des Predigens) signalisiert, daß Gott selbst im Meditieren (und Predigen) zu Worte kommen soll. Der Meditierende darf mitmischen. Der Spielcharakter des Meditierens (und des Predigens) verlangt nach dem Demütigen, dem Gott Gnade gibt, er wehrt allem theologischen und geistlichen Hochmut, der das Ereignis des Wortes selbst in Gang bringen möchte. (Zur Art und Weise dieses Spieles vgl. § 21/III sowie 21/IV und 16/III).

Stünde der Meditierende ausschließlich im Haben des Wortes, könnte die Lust am Wort sich auf das Spielerische beschränken. Weil er aber gleichzeitig im Nichthaben steht, darum gehört die *Bitte um den Geist* wesentlich zum Meditieren, sie gehört an den Anfang der Meditation wie das Danken dafür, daß jetzt Verheißung sich erfüllen wird. Das Gebet ist der ständige Begleiter der Meditation, wie die Meditation eine ständige Begleiterin des Glaubens ist. Wäre es anders, käme der Glaube nicht aus der Predigt.

Es ist darum mehr als eine zufällige Stichwortverbindung, die uns den ersten Psalm als Anleitung zur Meditation empfiehlt. Das Vorwort zum Psalter erweist sich als ein Vorwort zum Gebetbuch der Kirche. Der Meditierende sitzt nicht im Rate der Gottlosen. Als »Hausgenosse Gottes« sitzt er im Rate Gottes selber. Indem er »Tag und Nacht« über der Schrift murmelt, wird seine Existenz zum Echo auf Gottes Wort; dann aber murmelt der Meditierende die Schrift vor Gott; er liest nicht nur für sich, er liest Gott vor, damit Gott selbst seinen Namen heilige. Gott wird an seine Geschichte erinnert, damit sein Heil neu geschehe (vgl. § 9); seine Verheißungen werden ihm vorgetragen, damit er sie einlöse. Der Meditierende führt also nicht nur Selbstgespräch und übt nicht nur Selbsterinnerung. Im Wiederholen des Wortes erinnert er Gott an seine Taten und Worte, damit neue Taten geschehen. Im Erinnern lobt er den kommenden Gott. In diesem Betracht ist Meditation nicht zu trennen vom Gebet. Calvin bemerkt zu Kol 3,1: »Seien wir also dessen eingedenk, daß das das rechte und heilige Nachdenken des Christen über Christus ist, das uns alsbald zum Himmel entrückt, daß wir ihn dort anbeten und unser Geist bei ihm wohnt« (zit. nach Ellwein, 98). Ich blicke in die Schrift als in ein Dokument der Vergangenheit und erkenne dort die Gegenwart und Zukunft Gottes, werde dort in diese Gegenwart und Zukunft aufgenommen. Ich bin außer mir. Ich suche das Wort und bin beim Wort, und so bete ich.

Der Geist ist nicht auf die Schrift angewiesen. Wir aber. Wir haben den Geist nicht ohne die Schrift. Ja, die Schrift garantiert in ihrer Existenz gewissermaßen die Verheißung des Geistes. Sie verhilft zum Geist. So hat Luther immer wieder das äußere Wort betont.

Es gilt, »nicht allein im hertzen, sondern auch eusserlich die mündliche rede und buchstabische wort in Buch jmer treiben und reiben, lesen und widerlesen, mit vleissigem auffmercken und nachdencken, was der heilige Geist damit meinet ... Denn Gott wil dir seinen Geist nicht geben on das eusserlich wort, da richt dich nach. Denn er hats nicht vergeblich befolhen, eusserlich zu schreiben ...« (WA 50, 659).

Geht es in der Meditation um die Gabe, um das Werk und das Wirken des Geistes, erweist sie sich vom Menschen aus gesehen als Arbeit (vgl § 1), Bemühung:

»Res est mire molesta, sacras literas meditari« (WA 1, 624; Es ist eine unerhört mühsame Sache, die Heiligen Schriften zu meditieren).

Die Freude am Wort enthebt nicht der Mühsal (treiben und reiben), der Denkarbeit. Meditation wird falsch verstanden, wenn man sie als Ermunterung zum Denkverzicht ansieht.

Könnte man sie im Gefolge von *Carl Happich* als Tagtraumarbeit bezeichnen oder mit *Emanuel Hirsch* als »Abart der dichterischen Einbildungskraft« (109), so darf man solche Äußerung nicht antiintellektualistisch aufladen, will man sie recht verstehen. Auch im Traum wirken Denkanstöße weiter (vgl. §§ 21/V/11 und 27/VI). Das Meditieren kann vielfältige Formen annehmen, weil der Geist vielfältig wirkt und weil der Meditierende selbst »kein ausgeklügelt Buch« ist, sondern »ein Mensch in seinem Widerspruch«.

Für den Theologen drängt sich hier sofort die Frage auf, wie denn *Meditation und Exegese* sich verhalten. Beide mühen sich um das gleiche Wort. Man kann beide Begriffe je so weit fassen, daß einer den andern mit einschließt, kann sagen, redliche und recht verstandene Exegese schließt die Meditation in sich. Die Arbeit der historisch-kritischen Methode kommt dann zu ihrem Ziel, wenn sie zur Predigt nötigt (*Ernst Fuchs,* Zur Frage nach dem historischen Jesus, 1960, 226). Je extensiver ich den Begriff der Exegese fasse, um so weniger Raum braucht die Meditation (vgl. *Manfred Mezger* ThLZ 89, 1964, 514). – Man kann aber auch sagen, die Exegese bilde einen Teil der Meditation; dann nimmt man den Begriff der Meditation zum Oberbegriff, die Exegese wird dann zur Zudienerin und vielleicht – hoffentlich! – auch zur Kritikerin der Meditation.

Das Verhältnis von Exegese und Meditation ist offenbar nicht leicht zu bestimmen. Wenn *Bonhoeffer* warnt vor der Flucht in die Philologie bei der Meditation (GS II, 480), darf man von der Exegese nicht allzuschnell in die Meditation hinüberwechseln. Exegese und Meditation haben ihr eigenes und besonderes Recht, sie bedienen sich verschiedener Methoden, obschon gerade ihr Eigenes und Besonderes nicht verabsolutiert werden kann. Wollte man hier präzise Abgrenzungen vornehmen, würde man der Sache gerade nicht gerecht.

Die Exegese fragt nach der Predigt von damals, die Meditation fragt nach der Predigt von morgen. Die Exegese bedenkt die Vergangenheit des Textes, die Meditation dessen Zukunft und Gegenwart. Die Exegese fragt zuerst nach dem, was dasteht, indessen die Meditation zuerst nach dem fragt, was angeht. Die Exegese arbeitet am Text, die Meditation bringt den Text ins Spiel.

Gerade ein Versuch, hier zu unterscheiden, offenbart die Problematik der Differenzierung; denn die Exegese kann ja nicht nach dem Damals fragen, indem sie vom Heute und Morgen abstrahiert. Auch sie will den Text ins Spiel bringen. Die Meditation kann nicht nach der Gegenwart und Zukunft fragen, indem sie vom Damals abstrahiert! Sie hat nicht nur den Aspekt des Spiels, sondern auch den der Arbeit! Dann aber sind Exegese und Meditation komplementär zu verstehen. Beide bedingen und ergänzen einander. Allerdings kann ich auch meditieren ohne Exegese, wie ich exegesieren kann ohne Meditation. Nur ist zu fragen, ob ich mich in der Meditation ohne Exegese nicht verirre und ob eine Exegese ohne Meditation nicht unsachlich sei und darum leer bleibe. Die Meditation bildet dann die Bewährung meiner Exegese und die Exegese eine Kritik meiner Meditation. Die Meditation bewahrt mich vor dem Irrglauben, das Historische des Textes zu überschätzen, die Exegese bewahrt vor dem Trugschluß, die Geschichte zu übersehen. Fast – aber nur fast! – möchte ich sagen: Exegese ohne Meditation bleibt leer, Meditation ohne Exegese blind.

Zwei methodische Bemerkungen sind nachzutragen: Der *Student* macht – auf Grund einer bestimmten Ausbildung – oft den Fehler, daß er die Trennung der verschiedenen theologischen Disziplinen in seiner Person und für seine Person nicht zu überwinden vermag; dann sieht er Exegese und Meditation als zwei Schritte an, die nacheinander zu machen sind. Zuerst erstellt er die Exegese und sieht sich durch die Kommentare frustriert. Sein exegetisches Wissen verschließt ihn für jeglichen Einfall. Vielleicht gleicht er jenem Gelehrten Schopenhauers, der sich »dumm gelesen« hat. So kann er gar nicht mehr den Text lesen, mit ihm Erfahrungen machen, er liest mit der Brille anderer. Darum hat er selber in der Predigt auch keine eigene Stimme. – Wenn nicht beim ersten Lesen des Textes exegetische Schwierigkeiten auftauchen, die vorrangig eine Klärung erheischen, empfiehlt es sich, zunächst selber und ohne Mittelsmann mit dem Text umzugehen, als »Selbstleser der Bibel« (Martin Kähler) seinen Text zu lesen und die Kommentare zur kritischen Überprüfung der eigenen Gedanken zu nutzen. – Die »Psychologie der Kreativität« weist darauf hin, daß ein Zuviel an Wissen über das Objekt die Kategorien verhärten und Flexibilität blockieren kann (Landau, 85). So kann ein »Zuviel« an Exegese dem Prediger durchaus den Text verschließen, so daß er nur noch die Stimmen der Kommentatoren, aber nicht mehr den Text selbst zu hören vermag und es auch nicht mehr wagt, selber etwas zum Text zu sagen. – Der *routinierte Prediger* aber steht in Gefahr, als Selbstleser im Text immer schon zu lesen, was er bereits weiß. Er liest in der Bibel nicht einen fremden, sondern im Grunde seinen eigenen Text. Er läßt sich dazu verführen, ohne Exegese zu meditieren, mit souveräner Geste hat er die Kritik der Kommentare vom Tisch gewischt. Aber um welchen Preis? Das Stückwerk seiner Erkenntnis versteinert und produziert Steine statt Brot.

2. Freude an der Absolution

Die Freude am Wort der Schrift erweist sich als Freude am Namen (vgl. § 5), als Freude an der Gegenwart dessen, von dem die Schrift redet und der jetzt Neues ankündigt. Weil dieses Neue ein gnädiges sein wird, erweist sich die Freude am Wort zentral als *Freude an der Absolution* (vgl. § 18); denn das Wort, das wir meditieren, ist ein Wort der Frohbotschaft und verdichtet sich in der Formel: »Deine Sünden sind dir vergeben.« Meditation bedarf der Absolution, bewährt sie, bleibt in ihr. Das Meditieren ist das Denken des Gerechtfertigten.

Weil aber der Gerechte nicht fehlerlos ist, vielmehr Sünder bleibt, bedarf er der *Umkehr*. In immer neuer Umkehr kommt es zu immer neuer Zuwendung zum Wort. Wer umkehrt, kehrt sich zum Wort. Darum wird das ganze Leben des Christen zur Meditation, wie es als ganzes Leben metanoia (Sinnesänderung, Buße) ist. Das Gemurmel über dem Gesetz tages und nachts ertönt als leiser Lärm der Umkehr. Damit zeigt sich erneut die Nötigung zur dauernden Meditation: weil die Buße des Christen alltäglich geschehen muß, darf auch seine Meditation nicht aufhören. »Oh das Glück des Mannes, der ... über seiner Weisung murmelt tages und nachts!« Wo die Meditation aufhört und die Schrift vergessen wird, hört die Umkehr auf, wird auch die Absolution vergessen. Der Meditierende aber folgt der Mahnung des Psalmisten: »Vergiß nicht, was er dir Gutes getan« (103,2)! In diesem Nicht-Vergessen bleibt die Freude. Noch mehr: das Leben!

Das Ineinander von Umkehr und Meditation braucht hier nicht entfaltet zu werden; auch ist hier nicht der Ort darzustellen, was die Meditation für die Umkehr, vielmehr, was die Umkehr für die Meditation bedeutet. In diesem Zusammenhang sind vor allem drei Punkte zu beachten.

Erstens: Meditation kann nur gelingen in der Abkehr von der individuellen und kollektiven Bosheit und Sünde. Die Omnipräsenz des Wortes will sich nicht mit der Herrschaft der Sünde vertragen, wie die Sünde die Präsenz des Wortes nicht dulden will. Die Sünde stört das Wort, sucht es zu neutralisieren, zu verdrehen oder zu verdecken. Hinwendung zum Wort geht darum Hand in Hand mit der Abwendung von der Sünde, es sei denn, das Wort werde von der Sünde manipuliert. Die beste Art aber der Absage an die Sünde ist ihr Bekenntnis vor einem Bruder mit der neuerlichen Versicherung der Absolution durch den Bruder. Das heißt: Wer meditieren will, bedarf der Seelsorge, der Anleitung, des Zuspruches, der »Weisung« nicht nur von der Schrift, sondern auch vom Bruder her. Die Alten sprachen von der mutua consolatio fratrum (von der gegenseitigen Tröstung der Brüder).

Dieser Hinweis scheint mir wichtig im Blick auf das Zeugnis des Christen in der Welt, insonderheit ist er zu beachten für den, der predigt. Wer Absolution predigen will, muß Absolution leben; sonst widerspricht die Existenz des Predigers dem, was er sagt. Natürlich lebt er auch darin die Absolution, daß er der Hörer der Evangeliumspredigt bleibt. Aber es ist schwer, hier sein eigener Hörer zu bleiben, und der Prediger braucht darum in besonderer Weise das Wort von außen her, das ihm die Absolution zusichert. »Die Gesetzlichkeit in der Predigt der Gegenwart« (Josuttis) mag auf ein Defizit an Absolution bei den Predigern der Gegenwart hinweisen. Eine Predigerschaft, die in ihrer Existenz nicht um die Absolution weiß, wird es schwer haben, die Freimachung durch Gnade zu verkündigen. Ein Prediger, der seiner eigenen Absolution nur ungewiß ist, wird notgedrungen zum hölzernen Eisen der Gesetzlichkeit greifen. Luther sah beides zusammen, die confessio peccati, das Bekenntnis der Sünde, und die confessio laudis, das Lobopfer des Christen (vgl. WA 4, 238). Von daher möchte man folgern, daß Predigern, denen das Lob nicht gelingt und die also die Gnade nicht zu preisen vermögen, das Bekenntnis der Sünde mangelt, ebenso wie die Gemeinschaft im Volke Gottes.

Wenn die Kirche Roms das Beichtgeschehen klerikalisiert und vergesetzlicht hat, haben die Kirchen der Reformation vielfach vergessen, welche Möglichkeit ihr im Bekenntnis der Sünde und im Zuspruch der Vergebung gegeben ist. Zu sehr sieht man diese Akte als Mittel für ein geängstigtes Gewissen und zu wenig als Befreiung zur Sendung, die im Hören auf das Wort Anfang und Fortgang nimmt. Hätten wir gereinigte Ohren, wir würden besser meditieren, besser hören.

Anmerkungsweise darf auf eine psychologische Auswirkung verwiesen werden, die aus dem leisen Lärm der Umkehr erfolgt.

Nach *Rogers* gibt es zwei äußere kreativitätsfördernde Bedingungen, die psychologische Sicherheit und die psychologische Freiheit. – Psychologische Sicherheit verstehe ich nicht als die falsche Sicherheit (securitas), ich verstehe sie als die Sicherheit des im Schalom befindlichen. – Nach Rogers läßt sich diese Sicherheit erreichen, »indem man das Individuum mit seinen unkonditionierten Werten akzeptiert und ihm das vollste Vertrauen schenkt, in welchem Zustand er sich auch befinde« (Landau, 87). Diese Sicherheit wird erreicht in einer Atmosphäre, »in die keine äußere Bewertung eindringt«, in einer Atmosphäre also, die eine unsichermachende Kritik ausschließt. Endlich ist einfühlendes Verständnis die letzte Stufe für die psychologische Sicherheit. – »Eine gewährende Umgebung (permissiveness) ermöglicht die Freiheit und die Freiheit heißt Verantwortung« (ebd).

Was Rogers aus der psychotherapeutischen Situation ableitet, läßt sich leicht auf die Situation des Predigers übertragen. Eine psychologische Sicherheit und Freiheit, die zu einem kreativen Predigt-Machen helfen kann, sollte die Frucht brüderlicher Tröstung sein. So läßt die »Psychologie der Kreativität« nach der Gliedschaft des Predigers im Volke Gottes fragen, das unter der Paränese steht, den Diener am Wort anzunehmen, dem Richtgeist abzusagen und dem Ruf der Freiheit Gehör zu verschaffen. Nicht nur nach der Gliedschaft des Predigers im Gottesvolk ist zu fragen, sondern vielmehr nach diesem Volk selbst. Wäre es nicht vorhanden, müßte man es erfinden (vgl. § 26). Umkehr schließt immer in sich die Hinkehr zum Nächsten, besonders zu dem, der durch den Glauben ein Nächster geworden ist.

Zweitens: Die Freude am Wort soll dauern, wie der Gerechtfertigte in der Gnade bleiben soll. Hier ist auch die Dimension der Zeit zu beachten. Zunächst werden wir das Murmeln über dem Gesetz Tag und Nacht nicht so verstehen können, daß wir Tag und Nacht die Bibel lesen müßten. Wer aber in der Gnade verharrt, wird in einem spirituellen Sinn die Schrift Tag und Nacht geöffnet halten, damit sein Dialog mit ihr nicht aufhöre. Der Unendlichkeit des Wortes Gottes und der ewigen Geltung der Gnade entspricht ein nicht abreißendes Gespräch mit diesem Wort.

So meint *Calvin* von der meditatio coelesti vitae (von der Meditation des himmlischen Lebens): »Man muß sein ganzes Sinnen und Trachten in diese meditatio legen, sich Tag und Nacht darin üben, sie ist eine continua meditatio oder überhaupt keine. Man muß darin beharren toto animi studio« (Man muß in der dauernden Meditation mit ganzem Eifer der Seele beharren – zit. nach Ellwein, 94).

Damit aber die Schrift für uns geöffnet bleibt, bedarf es des stillen oder noch besser des lauten Lesens und Wiederlesens der Schrift. Es bedarf der ausgesparten Zeit. Hier ist an die Anweisung Bonhoeffers zu erinnern, an die gute Regel, täglich eine bestimmte Zeit, eine halbe oder eine Stunde der Meditation zu widmen (GS II, 481). Das Zeitverhältnis ist bei der Meditation wohl ähnlich wie beim Gebet. Auch dieses soll ein andauerndes sein. Gerade darum kann es auf bestimmte Zeiten nicht verzichten.

Vgl. *Dietrich Bonhoeffer,* Der gemeinsame Tag, in: Gemeinsames Leben, 1957[7], 23ff; Der einsame Tag, ebd, 50ff. – *Hans Walter Wolff,* Der Tag des Theologen, EvTh 12, 1952/53, 231ff, jetzt in: Wegweisung, 1965, 114ff.

Der Abend und der Morgen sind als besondere Zeiten der Meditation und des Gebetes zu bedenken. Das geistliche Leben bedarf solcher Regeln, ähnlich wie unsere leibliche Existenz gewisser Regeln im Essen und Schlafen bedarf. Die erste Zeit des Tages gehört der Betrachtung und dem Gebet. Schon der Mann des 119. Psalms bekennt: »Ich komme schon in der Frühe und schreie; ich harre auf dein Wort« (147).

Dietrich Bonhoeffer mahnt: »Der Anfang des Tages soll für den Christen nicht schon belastet und bedrängt sein durch das Vielerlei des Werktages. Über dem neuen Tag steht der Herr, der ihn gemacht hat« (Gem. Leben, 25).

Der Tag des Christen, der des evangelischen Predigers vornehmlich, beginne sabbätlich. Der Anfang sei jeden Tag sonntäglich! Wenn viele Pflichten rufen, wird der Glaube seine Freiheit darin bewähren, daß er sich Zeit nimmt, um den Herrn zu begrüßen, der den Tag gemacht hat und der mit dem neuen Tag neu sein Wort schenkt. Weil der Glaube kein Zustand ist, sondern eine Geschichte, beginnt diese jeden Morgen neu, oder genauer, sie beginnt jeden Morgen mit einer neuen Fortsetzung. »All Morgen ist ganz frisch und neu des Herren Gnad und große Treu.« Die morgendliche Zuwendung zum Wort aber geschieht in der Absage an alle Werkgerechtigkeit.

Wer am Morgen Sabbat feiert, wird auch am Abend den Sabbat suchen und finden; dann wird der Tag entsprechend der Weltzeit, an deren Anfang und Ende Gott der Schöpfer Ruhe hält und sein Geschöpf teilhaben läßt an seiner Ruhe. Am Abend neigt sich nicht nur ein Tag seinem Ende zu, schon kündigt sich ein neuer Tag an.

In seiner ratio vivendi sacerdotum (WAB 1, 395ff) gibt *Luther* im Blick auf den Abend einen Rat ganz im Sinne von Ps 1: »Am Abend mußt du auf jeden Fall eine Stelle aus der Heiligen Schrift im Gedächtnis mit dir zu Bette nehmen, womit du wiederkäuend wie ein reines Tier sanft einschlafen magst; es soll aber nicht viel sein, eher ganz weniges aber gut durchdacht und verstanden: und wenn du am Morgen aufstehst, sollst du es wie die Hinterlassenschaft des Gestern vorfinden« (WAB 1, 396f).

Eine Frucht der Meditation wird ein *neues Verhältnis zur Zeit* sein. Zeit erfährt der natürliche Mensch als Verlust, und wenn er sich vergnügt, »vertreibt« er die Zeit. Wo aber der Mensch das Wort gewinnt, gewinnt er auch Zeit. Unsere Lebenszeit ist ja nicht einfach identisch mit dem, was wir an Zeit messen. Obwohl wir nicht zeitlos, sondern zeitlich in der Zeit leben, sind wir nicht einfach der Zeit verfallen. Der Meditierende jedoch gewinnt mit der Zeit ein Mehr an Freiheit. Indem er dem Worte folgt, bleibt er nicht Sklave der Zeit, sondern als Gewinner ihr Herr. Die Umkehr lohnt!

Wer ein neues Verhältnis zur Zeit gewinnt, wird auch ein neues Verhältnis zum Zeitgeist finden. »Unsere Zeit« im übertragenen Sinn meint unsere geschichtliche Stunde, unsere Kultur. Möglicherweise gewinnt der Meditierende hier den Zeitphänomenen gegenüber ein größeres Maß an Freiheit. Wird das Wort laut, muß viel Wortgeräusch verstummen. Die Meditation wird eine gewisse Kulturaskese zur Folge haben, ein kritisch wählendes Verhältnis den Massenmedien gegenüber zum Beispiel. In der Hinwendung zum Einen erfolgt der Verzicht auf den Umgang mit Vielem. Die Askese, die hier geübt wird, ist die Askese dessen, der nach dem Schatz im Acker gräbt und alles verkauft.

Drittens: Wie die Dimension der Zeit, so ist die Dimension der Gesellschaft zu beachten. Wer meditiert, tut dies als Glied der Gesellschaft, in der er lebt, und im Kontext zu seinem sozialen Verhalten. Das Murmeln über dem Gesetz tages und nachts geschieht auf dem Resonanzboden der gesellschaftlichen Existenz des Meditierenden. Nicht bloß persönliche Sünde, sondern erst recht die Sünde der Gesellschaft kann seine Ohren verstopfen. – Man meditiert wohl als der einzelne, der man ist; aber als einzelner ist man ein gesellschaftliches Wesen und existiert politisch.

Diese Dimension ist im Auge zu behalten, soll das Wort nicht als Droge mißbraucht werden. Wird das Wort zur Droge, mißrät die Meditation zum Selbstbetrug. Das Gemurmel über dem Wort hat im Grunde keinen Hörer mehr. Meditation wird zur Heuchelei.

Man wird in diesem Zusammenhang Jesu Streit mit den Pharisäern zu beachten haben. Jesus kann ihnen nicht vorwerfen, daß sie nicht über die Schrift nachdenken. Aber sie stehen unter Jesu Weheruf, weil sie »das Recht und die Liebe zu Gott außer acht« lassen (Lk 11,42). So kann sowohl meditative Verinnerlichung als auch »saubere Exegese« oder »soziologische Einsicht« zu pharisäischer Selbstgerechtigkeit führen, die »das Recht und die Liebe zu Gott« vergißt, wie sie sich selbst genügt. Die Gefahr der Selbstgenügsamkeit begleitet jede Meditation!

Die Bildrede vom Baum findet sich auch am Schluß der Bergpredigt und der Feldrede (Mt 7,15ff; Lk 6,43ff). Die Bergpredigt insistiert auf dem Tun des Wortes (Mt 7,21.24). Meditation kann im ästhetischen Genuß des einzelnen sich erschöpfen. Meditation kann schön sein, kann entzücken. Warum sollte sie nicht? Sie wird es dann zu Recht sein, wenn ihr die schöne Tat folgt und die gute Frucht entwächst. – Eine schöne Tat aber wird immer auch gesellschaftlich relevant sein, der leise Lärm der Umkehr wird in der Gesellschaft einen Widerhall finden.

3. Lust am Wort als Frucht der Liebe

Die Lust am Wort ist eine Frucht der Liebe. Das Glück des Meditierenden ist das der Liebe. Wer sich der Meditation zuwendet, soll dem ersten Teil des Doppelgebotes folgen (Mt 22,34ff par). Wer diesem Gebot folgend den liebt, dessen Worte er nachspricht, der wird dies mit Freude tun.

»Die Liebe lehrt das Meditieren von selbst«, sagt Luther in der Psalmenvorlesung 1519/21 (vgl. WA 5,35, zit. nach Mülhaupt I,12).

Das Wesen der Liebe ist nicht wortlos, sondern ein nicht abreißendes Gespräch. Gott lieben mit seinem ganzen Herzen und sein Wort nachsprechen sind eins: »Wovon das Herz voll ist, davon redet der Mund« (Mt 12,34).

Das Glück der Liebe will Ewigkeit. Darum wird die Liebe in der Wiederholung nicht müde. Die Liebe »bleibt«. Dieses ihr »Bleiben« hat viele Aspekte. Indem ihr das Lieben nie zu viel wird, eignet ihr Beständigkeit. In ihrer Beständigkeit empfindet sie die Wiederholung nicht als Abnützung und nicht als Verschleiß. Sie wird nicht müde zu lieben. Darum wird sie in der Wiederholung neu. Wir tun gut, hier den Begriff des Wiederkäuens noch einmal aufzunehmen.

So sagt *Luther* in seiner Psalmenvorlesung 1513/15: »Die Fähigkeit zu meditieren ist eine Sache der Vernunft. Meditieren und denken ist zweierlei. Denn meditieren heißt ernst tief und sorgfältig denken, eigentlich im Herzen wiederkäuen. Meditieren ist ›in medio agitare‹ d.h. in der Mitte verweilen oder von der Mitte und dem Innersten bewegt werden. Wer also innerlich und fleißig denkt, klagt und überlegt, der meditiert« (vgl. WA 3,19; zit. nach Mülhaupt, 9).

Es wird vielfach übersehen, daß der Mensch in der Wiederholung lebt, daß er im Denken bestenfalls nach-denkt. Im Wiederholen des alten Wortes höre ich ein neues Wort.

Vielleicht darf in diesem Zusammenhang auf den Schlußsatz von *Friedrich Nietzsches* Vorrede zur »Genealogie der Moral« hingewiesen werden, nach dem zum »Lesen als *Kunst*« »eins vor allem not« tut, »was heutzutage gerade am besten verlernt worden ist . . ., zu dem man beinahe Kuh und jedenfalls *nicht* ›moderner Mensch‹ sein muß: *das Wiederkäuen*« (Werke, hg.v. Karl Schlechta, 1959, II, 770).

Solches Wiederkäuen setzt voraus, daß man das Wort noch nicht oder noch nicht genügend kennt, daß man das Wort noch nicht hat.

»Also ist's um die Schrift getan: wenn man meint, man habs ausgelernt, so muß man erst anfangen« (Luther, WA 58, 1, 63).

Das Erkennen beginnt immer mit der Einsicht in das Nicht-Wissen. In je neuer Einsicht ins Nicht-Wissen schreitet es fort. In solcher Einsicht ergreift der Meditierende das Wort und den Gedanken, die er schriftlich in der Heiligen Schrift hat. Indem ich dieses Wort wiederhole, bejahe ich es. Ich hole es dort wieder ab, wo es seinen Ursprung hat. Weil ich es vergaß, hole ich es wieder in mich hinein und hole mich selbst ins Wort, damit beides ein Klang werde. Meditation als Einholen und Wiederholen des Wortes hat nicht nur einen anthropologischen Grund darin, daß der Mensch in seiner Vergeßlichkeit der Wiederholung bedarf, daß er nur im Nach-Denken selber zu denken vermag. Im Wiederholen des Wortes geht der Meditierende ein in Gottes Tat (vgl. § 9). Im Wiederholen gewinnt er Gott selbst:

»Offenbarung bedeutet in der Bibel nicht ein Minus, nicht ein Anderes gegenüber Gott, sondern das Gleiche, eine Wiederholung Gottes« (Karl Barth, KD I/1, 35).

In diese Wiederholung Gottes tritt der Meditierende ein im Wiederholen des Wortes der Schrift. Im Wiederholen des Wortes bewegt er das Wort, und seine Existenz wird wortbewegt. Die vom Wort bewegte Seele wird wort-förmig. Wollten wir die neue Existenz des Menschen beschreiben, könnten wir sie als wort-förmige darstellen. Der Prediger wird Mensch, indem er wörtlich wird.

4. Heilswort

Das Wort, das wiederholt wird, redet vom Heil, vom Glück, die Absolution soll umfassend werden. Heil hat angefangen, ist in der Kirchengeschichte und in der Ökumene noch nicht vollendet. Das Heil, von dem die Bibel redet, wird im Kommen des Himmelreiches sich vollenden. Glücklich ist der Mann, der meditiert, auch darum, weil er im Wort diese Zukunft entdeckt. So läßt sich der, der sich aufs Wort einläßt, auf die Zukunft des Reiches ein. Der Meditierende schlägt die Bibel auf in der Erwartung des Kommenden, der in der Ausgießung des Heiligen Geistes schon da ist. Wer das Wort wiederholt, schaut wie der Wächter nach dem Morgen, ob der große Tag anbreche und aufgehe die Sonne der Gerechtigkeit über einer neuen Erde. Indem er über der Schrift nachsinnt Tag und Nacht, sieht er Geschriebenes und im Geschriebenen sich und seine Welt im Licht des kommenden Tages. Meditation geschieht also unter der Voraussetzung: es wird Heil geschehn. Wie sollte da der Prediger nicht ein glücklicher Mann, wie sollte sein Geschäft nicht ein spannendes und freudiges Abenteuer sein!

Der Meditierende steht unter der Verheißung des Gelingens. Mit dem Murmeln über seiner Weisung tages und nachts korrespondiert die Verheißung, »was alles er tut, es gelingt«. Der Prediger, der meditierend seine Arbeit beginnt, fängt unter der Voraussetzung an, daß die Predigt gelingen, daß sie Frucht bringen wird. Das Leidenschaftlich-Gern, von dem ich im § 1 sprach, empfängt hier seinen Antrieb.

Meditation als Wiederholung des Wortes ist der Anfang einer »zarten Empirie« (Goethe). Indem der Meditierende das Heilsgeschehen nachspricht und als Verheißung aufnimmt, indem er auf diese Verheißung hin lebt, kommt es zur Erfahrung, und dies ist wiederum eine Voraussetzung des Verstehens.

Luther sagt: »Die schrift versteht keiner, sie kome den einem zu haus, id est: experiatur« (WA 58, 1, 64). Meditation ist darum aus auf Erfahrung.

In diesem Aus-Sein auf Erfahrung liest der Meditierende seine Geschichte, die Geschichte seiner Gemeinde und seiner Welt in der Schrift. Mein Feind und mein Freund, meine Situation und meine Zeit sind im Text. Meditation heißt dann aufbrechen, um Gemeinde und Welt und eigene Existenz im Text zu entdecken und den Text in der Gemeinde und in der Welt und in der eigenen Existenz zu sehen. Man könnte auch sagen: Die Meditation vollzieht die Exegese, indem sie der Spur des Textes in Zeit und Welt hinein folgt, und also den Hörer im Text entdeckt und »erfindet« (vgl. § 26). (Dem oft gebrauchten Satz: »Der Hörer ist im Text« wird heute widersprochen. Er ist aber nicht vom Text als Buchstaben her zu verstehen, vielmehr von dem Prozeß her, in dem der Text redet).

Um Bewegung, um ein Werden geht es da. Was *Karl Barth* vom Prediger sagt, gilt von jedem Meditierenden: »Zu einer Lebensgeschichte mit der Bibel ist der Prediger berufen, zu einer Geschichte, in der sich fort und fort, zwischen dem Prediger und dem Wort Gottes etwas ereignet« (Homiletik, 62). In der Meditation setzt sich der Meditierende diesem Ereignis von Gott her aus. »Hineinkommen in die Bewegung des Wortes, das ist die geforderte Beweglichkeit« (ebd.). In der Meditation unternehme ich den Versuch, in die Bewegung des Wortes hineinzukommen, mich hinein zu bewegen. Genauer: Ich überlasse mich dieser Bewegung, die Leben und Wort miteinander vermengt. Man kann auch sagen, daß Meditation es mit der Vergegenwärtigung zu tun hat. Im Buchstaben hört sie eine lebendige Stimme. Sie ist in der Welt nicht mehr ohne Wort allein.

5. Meditation als Gespräch

Meditation, so lernten wir beim ersten Psalm, ist nicht zu verstehen als mystisches Schweigen, sondern vielmehr als ein Lernen und Aufnehmen des Wortes Gottes. Ihre Wappentiere sind die girrende Taube, der knurrende Löwe; die Tierwelt liefert hier eine reiche Emblematik.

In der Psalmenvorlesung 1519/21 betont *Luther:* »Meditieren, sagt man, heißt plaudern, disputieren und überhaupt sich in Worten üben, wie Psalm 37,30 geschrieben steht: der Mund des Gerechten redet die Weisheit. Der selige Augustin hat darum in seiner Übersetzung ›garrire‹, d.h. gackern, schwatzen. Das ist ein schönes Gleichnis: gleichwie bei den Vögeln das Gackern oder Zwitschern ihre Übung ist, so soll des Menschen Übung im Plaudern vom Gesetz Gottes bestehen; denn Plaudern ist ja sein eigentliches Amt« (WA 5,34; zit. nach Mülhaupt I, 12).

Meditation ist also *Gespräch,* und die Stille, die sie benötigt, eine stille Stunde des Gesprächs. Dieser Gesprächscharakter der Meditation unterstreicht ihre Vorläufigkeit, ihr Aus-Sein auf Zukunft. Das Gespräch unterscheidet sich von einer Proklamation, von ›amtlicher Sprache‹ dadurch, daß es unfertig und unrein ist. In einem Gespräch spricht man nicht druckreif, vielmehr spricht man ins Unreine; Gespräch ist Sprache im Fragment: Frage und Antwort, Mitteilung und Vermutung. Offenheit gehört zu seinem Charakter; im Gegensatz zum Gedicht bleibt es undicht, locker, ein Hin und Her und Unterwegs. Im Gespräch ist man auf Neuigkeiten aus, darum befinden wir uns mit der Schrift im Gespräch. Gottes Wort ist verborgen, Geheimnis, entschleiert sich im Wiederholen, wird im Nachsagen neu. Meditation ist Gespräch, einsames Gespräch des Menschen mit seinem Gott, das sich fortsetzt im brüderlichen Gespräch über dem Wort. Man könnte solch brüderliches Gespräch als eine Art Klein-Synode bezeichnen: Schon fängt Kirchenleitung an. »Das Gespräch ist die Weise, auf die der Geist die Kirche in alle Wahrheit führt. Die Wahrheit Gottes ist in sich selber klar und deutlich. Darum kann sie im Gespräch gefunden werden« (Arnold A. van Ruler, in: Calvin-Studien 1959, hg.v. Jürgen Moltmann, 1960, 88).

Es mag hilfreich sein, in diesem Zusammenhang *Heinrich von Kleists* Ausführungen »Über die allmähliche Verfertigung der Gedanken beim Reden« zu beachten, um sie dann mit der »Psychologie der Kreativität« zu konfrontieren: »Wenn du etwas wissen willst und es durch Meditation nicht finden kannst, so rate ich dir, mein lieber, sinnreicher Freund, mit dem nächsten Bekannten, der dir aufstößt, darüber zu sprechen.« Kleist meint, man solle ihn nicht befragen, sondern solle mit dem Erzählen beginnen. Er variiert das französische Sprichwort »l'appétit vient en mangeant« in »l'idée vient en parlant« und expliziert dies an einer algebraischen Aufgabe; »wenn ich mit meiner Schwester davon rede, welche hinter mir sitzt und arbeitet, so erfahre ich, was ich durch ein vielleicht stundenlanges Brüten nicht herausgebracht haben würde.« Der Partner braucht dabei nicht über Sachkenntnisse zu verfügen; er muß nicht einmal geschickte Fragen stellen. »Aber weil ich doch irgendeine dunkle Vorstellung habe, die mit dem, was ich suche, von fernher in einiger Verbindung steht, so prägt, wenn ich nur dreist damit den Anfang mache, das Gemüt, während die Rede fortschreitet, in der Notwendigkeit, dem Anfang nun auch ein Ende zu finden, jene verworrene Vorstellung zur völligen Deutlichkeit aus, dergestalt, daß die Erkenntnis, zu meinem Erstaunen, mit der Periode fertig ist.« Kleist verweist dann auf die Magd Molières, der der Dichter ein Urteil zutraute, das das seinige berichtigen konnte; denn der Mensch existiert mitmenschlich, und Plaudern ist des Menschen eigentliches Amt. »Es liegt ein sonderbarer Quell der Begeisterung für denjenigen, der spricht, in einem menschlichen Antlitz, das ihm gegenübersteht; und ein Blick, der uns einen halbausgedrückten Gedanken schon als begriffen ankündigt, schenkt uns oft den Ausdruck für die ganze andere Hälfte desselben. Ich glaube, daß mancher große Redner, in dem Augenblick, da er den Mund aufmachte, noch nicht wußte, was er sagen würde.« Es wäre höchst fatal, wenn ein Prediger sich in die Zahl der großen Redner einreihen würde, allzu leicht würde er dadurch zum Schwätzer. Hier ist nicht der Ort, zu entfalten, was es bedeutet, daß der Prediger seine Gemeinde »sieht« (vgl. unten § 27/II). Wir möchten die Sätze von Kleist im Blick auf ein meditierendes Gespräch verwerten. Voraussetzung für ein solches Gespräch muß sein, daß man ins Unreine, ins Verworrene hinein reden darf. Hier geht es tatsächlich um ein garrire, um ein Gackern. Ein solches Gespräch setzt nicht unbedingt den Glauben des andern voraus, wohl aber die Basis gegenseitigen Vertrauens. Das rechte, das notwendige Wort wird in der Bruderschaft gefunden. Kleist vergleicht das Reden, bei dem die Gedanken kommen, mit einem Schwungrad. »Die Sprache ist alsdann keine Fessel, etwa wie ein Hemmschuh an dem Rade des Geistes, sondern wie ein zweites, mit ihm parallel fortlaufendes Rad an seiner Achse« (Sämtl. Werke, hg.v. F. Michael, 1044ff; dagegen Leuenberger, 49).

Es geht nun hier nicht darum, Kleist sozusagen germanistisch als Romantiker zu verstehen. Die theologische Wahrheit und Richtigkeit seiner Sätze werden deutlich im Vergleich mit Mt 18,20. Kleists Erwägungen werden für uns dadurch erst recht bedeutsam, daß in einem Gespräch der Auferstandene seine Verheißung wahr macht, daß er unter den Zweien oder Dreien präsent sein wolle. Ich möchte Kleist hier nicht zitieren in dem Sinn, daß das Gespräch nur verstanden wird als eine Art Geburtshilfe im Zur-Welt-Kommen eigener Gedanken. Vielleicht zitiere ich hier Kleist gegen Kleist! Aber weil ich weiß, daß mein Erkennen Stückwerk ist, bedarf ich der Ergänzung, der Hilfe von Brüdern. Weil ich das Wort als ein verbindliches, als ein für meine Lebenswirklichkeit und für meine Welt verbindliches Wort hören möchte, bin ich angewiesen auf die Weltkenntnis, auf die Weisung und Hilfe der Brüder. Auch meine Exegese und Meditation der Situation bedarf der Prüfung von Brüdern. Gerade wenn es gilt, in der Meditation Text und Welt zusammen zu sehen mit der Frage, was Gott jetzt und heute sagt, wenn der Meditierende damit um die Gabe der Prophetie eifert, sollte der »Prophet« nicht kurzschlüssig und eigenmächtig vorgehen. Prophetie bedarf immer wieder der Prüfung. Sie hat sich in kritischem Gespräch zu bewähren.

Wenn ich hier dem Gespräch eine sichtende und kritische Funktion zumesse, so haben amerikanische Psychologen Modelle entwickelt von Gruppen für »*kreatives Problemlösen*«.

Alex F. Osborn lieferte die Grundidee. »Seine Methode des ›brainstorming‹ in Gruppen bedeutet, Ideen frei aufkommen zu lassen, die ihrerseits Assoziationen auslösen, die unkritisch aufgenommen werden sollen, bevor die Evaluation stattfindet. Dies versteht man unter ›hinausgeschobener Beurteilung‹ (deferred judgement). Hier wird mit dem Beitrag unbewußter Assoziation für die bewußten Einsichten in die Problemlösung gerechnet. Das Ziel des Kurses ist, die Hemmungen zu beseitigen, um dadurch zum kreativen (im Gegensatz zum kritischen) Denken zu kommen. Wenn das einmal gelernt wurde, ist es auf allen Lebensgebieten anwendbar« (Landau, 99f). *Gordon* arbeitet jeweils mit einer Gruppe »aus fünf bis sechs Teilnehmern, die aus unterschiedlichen intellektuellen Erfahrungsbereichen kommen, denn die Verschmelzung verschiedener analoger Denkformen wird als sehr wichtig bewertet. Die Vorteile der Gruppensituation bestehen darin, daß sie Hemmungen beseitigt; das Individuum wagt eher, seine Ideen auszusprechen und wird dadurch zum kreativen Denken angeregt« (Landau, 101). – Wenn kritisch verrechnet wird, daß nach der Erfahrung der Psychologen die Gruppe wohl quantitativ, aber nicht qualitativ mehr Ideen produziert als ein einzelner und daß eine Gruppe auf einen einzelnen auch hemmend wirken kann (vgl. Landau, 101f), leuchtet ein, daß *Josuttis* diese Erfahrungen der Psychologen für die Predigtvorbereitung fruchtbar machen will. »Einfälle lernt und erhält man in der Gemeinschaft« (Josuttis, 641).

Versteht man Gemeinde mit Paulus als Vielfalt charismatischer Begabungen, kann man die Gemeinde selbst als Gruppe für »kreatives Problemlösen« bezeichnen. Einzelne kleine Gruppen übernehmen dann stellvertretend für die ganze Gemeinde diese Aufgabe. »Kreatives Problemlösen« wäre ja nicht nur im Bezug auf die Predigtvorbereitung nötig! Im Blick auf die Predigt ergibt sich für mich die Frage, ob sich eine Gruppe für »kreatives Problemlösen« zusammenfinden könnte, um später auch eine kritische Funktion zu übernehmen.Möglicherweise müßte ein Prediger mit verschiedenen, je auf Kreativität und auf Kritik ausgerichteten Gruppen arbeiten.

Wenn wir vom Heiligen Geist her denken, werden wir beachten, daß der Schöpfer-Geist nicht auf die Kirche einzugrenzen ist. Eine Predigt, die dem Missionsbefehl folgen will, wird eine vorbereitende Gruppe nicht kirchlich einengen (vgl. § 31/II). Auch sollte es von den zu lösenden Problemen her jeweils zu neuen Gruppenbildungen kommen!

6. Rainer Maria Rilke

Ich habe das Problem der Meditation von verschiedenen Seiten her zu beleuchten versucht, versuche jetzt das Besprochene an einem literarischen Text zu bewähren und zitiere aus dem Requiem für Wolf Graf von Kalkreuth von Rainer Maria Rilke:

O alter Fluch der Dichter,
die sich beklagen, wo sie sagen sollten,

die immer urteiln über ihr Gefühl,
statt es zu bilden; die doch immer meinen,
was traurig ist in ihnen oder froh,
das wüßten sie und dürftens im Gedicht
bedauern oder rühmen. Wie die Kranken
gebrauchen sie die Sprache voller Wehleid,
um zu beschreiben, wo es ihnen wehtut,
statt hart sich in die Worte zu verwandeln,
wie sich der Steinmetz einer Kathedrale
verbissen umsetzt in des Steines Gleichmut.
Dies war die Rettung
(Ausgewählte Werke I, 1948³, 224f).

Auch hier habe ich nicht den Ehrgeiz, eine literarische Analyse zu versuchen. Ich zitiere applikativ zum Gebrauch für den Meditierenden. Drei Punkte, so scheint es, sind von dem, was Rilke über die Dichter aussagt, auf die Meditierenden und ihre Sprache zu übertragen. Zuerst wird die Wehleidigkeit der Dichter als alter Fluch apostrophiert, »die sich beklagen, wo sie sagen sollten, die immer urteilen über ihr Gefühl, ...« Dies mag ein Gleichnis sein für den Bibelleser, der in der Selbstanalyse stecken bleibt, dessen Subjektivität es ihm verwehrt, auf das Wort zu hören. Auch die Zeitanalyse kann noch unter diesem alten Fluch der Dichter stehen bleiben.

Zum andern wird die Sprache krank, wo sie gebraucht wird »voller Wehleid, um zu beschreiben, wo es ihnen wehtut«. Dem alten Fluch der Dichter entspricht ein alter Fluch der Prediger, die den Text als Anlaß zur Klage nehmen und etwa die Schwierigkeiten des Textes beklagen oder seine Erfreulichkeit rühmen. Beliebt ist ja bei vielen Predigern auch das Betonen der weltanschaulichen Differenz zwischen dem modernen Menschen und dem antiken Text. »O alter Fluch der Dichter!«

Endlich stellt Rilke der Gefühligkeit und Wehleidigkeit eine Antithese gegenüber. Der Dichter braucht nicht Worte, um das Subjektive zu bedauern oder zu rühmen, vielmehr verwandelt er sich in Worte: »Wie sich der Steinmetz einer Kathedrale / verbissen umsetzt in des Steines Gleichmut.« Hier haben wir wiederum und nun positiv ein Gleichnis für den Meditierenden. Er wiederholt das Wort, um sich ins Wort zu verwandeln. Verwandelt sich der Steinmetz verbissen in des Steines Gleichmut, so ist dies Rettung. Rettung ist es für den Dichter, wenn er sich in die Worte verwandelt, die er setzt. – Als Christen wissen wir um die Fragwürdigkeit solcher Rettung und Umsetzung in Stein und Wort. Wir wissen aber auch, wie viel mehr dies Rettung war und ist, sich in das Wort zu verwandeln, das in Jesus Christus Fleisch geworden ist. Genauer: Nicht um ein verbissenes Umsetzen geht es, sondern um ein Umgesetzt-werden in die Konformität mit Christus. Dies ist Neuschöpfung durch das Wort, nicht, daß wir die Texte existential interpretieren, sondern daß die Existenzen »vertextet« werden: Existenz-Veränderung und Existenz-Verwandlung durch das schöpferische Wort. Es geht um die Metamorphose zum Bild des Herrn. In der Meditation soll Ereignis werden, was einmal universal zum Vorschein kommt. »Wir alle aber schauen mit hüllenlosem Antlitz die Herrlichkeit des Herrn im Spiegel und werden (dadurch) zu demselben Bilde (des Herrn) verwandelt von einer Herrlichkeit zur andern, wie (es) vom Herrn des Geistes (gewirkt wird)« (2Kor 3,18, Übersetzung von Lietzmann). Es ist wohl kein Zufall, daß vorher von der Verlesung des Alten Testamentes unter einer Decke die Rede war (2Kor 3,14). In der Gegenwart Christi ist diese Decke weg, und wir schauen mit hüllenlosem Antlitz die Herrlichkeit des Herrn; wir schauen sie noch nicht von Angesicht zu Angesicht, wir schauen sie aber im Spiegel der Heiligen Schrift. Das Murmeln über der Schrift wird Vorspiel zur Musik der Auferstehung.

III

Moderne Kunst und Meditation

Kurt Marti/Kurt Lüthi/Kurt von Fischer, Moderne Literatur Malerei und Musik, 1963. – *Kurt Marti,* gedichte am rand, 1963. – *Ders.,* Notizen und Details, Reformatio 16, 1967, 293ff. – *Ders.,* Wie entsteht eine Predigt? Wie entsteht ein Gedicht? in: Wort und Gemeinde, Festschrift Eduard Thurneysen, 1968, 183ff. – *franz mon,* sehgänge, schritte acht, 1964. – *eugen gomringer,* das stundenbuch, Einführung v. Wilhelm Gössmann, 1965. – *Ders.,* worte sind schatten, 1969. – *Ders.,* Versuch einer Poetik des Wortes »Gott«, Internationale Dialog Zeitschr. 2, 1969, 380. – *Helmut Heißenbüttel,* Über Literatur, 1966. – *Rudolf Bohren,* Gebet und Gedicht, Weihnachtsgruß des Chr. Kaiser Verlages, 1968. – *ludwig harig,* im men see, schritte fünfzehn, 1969.

Die Kräfte des Heiligen Geistes, auch außerhalb der Kirche schöpferisch wirksam, bieten möglicherweise dem Prediger Hilfe an, sei es in der modernen Malerei, sei es insbesondere in der konkreten Dichtung, insofern sie zur Meditation herausfordern. Der Prediger hat eine Möglichkeit, hier in Freude und Freiheit von den guten Gaben des Geistes in der Kunst Gebrauch zu machen. Wurden etwa Kerze und Kelch als Meditationsgegenstände empfohlen, erscheint mir die moderne Malerei und die konkrete Dichtung in ihrer Profanität hilfreicher und vor allem nüchterner: Sakralität wird nicht verlangt, und eine Empfehlung des meditativen Umganges mit der Kunst will nicht einen Heilsweg proklamieren. Als Prediger bin ich nicht in dem Sinne an die Kunst gewiesen, wie ich an die Schrift gewiesen bin. Eine Seligpreisung des Kunstverstandes kann hier nicht erfolgen. Sollte man aber in unverständigen Zeiten den Verstand nicht verachten, besteht kein Grund, nun gar den Kunstverstand zu verachten. Es könnte immerhin sein, daß der Heilige Geist die Kunst als Vehikel gebraucht, um den Prediger zu begaben.

Damit ist schon angedeutet, daß nicht jedes Kunstprodukt von vornherein als vom Heiligen Geist Gewirktes zu deklarieren ist. Im Gegenteil, auch die in der Kunst wirksamen Geister sind einer theologischen Kritik zu unterziehen. Das Folgende kann darum nur als Anregung gelten, nicht aber als normative Weisung.

Im Blick auf die moderne Malerei notiert *Kurt Lüthi:* »Die Tendenz zur Deformation und Abstraktion lädt zur Meditation ein: Meditation verlangt ein Gegenüber und führt so zum Dialog« (238)! Meditation und Gespräch werden hier erst möglich auf Grund einer Verfremdung durch Deformation. Die Deformation allein vermag eine sprachlos gewordene Welt wieder zum Sprechen zu bringen. Auch räumt die moderne Malerei dem Betrachter Freiheit ein: »Die neuen Malmittel schenken die echte Freiheit, auf der der Dialog beruht: die abbildhafte und deskriptive Malerei stellt dem Betrachter einen fertigen, abgeschlossenen Aspekt vor Augen: sie diktiert dem Betrachter, was er zu sehen hat und verfügt so über ihn. Die neue Malerei aktiviert den Betrachter zu eigenen Deutungen, zum Gespräch: er antwortet und ist nicht Objekt. So führt diese Malerei zur Menschlichkeit« (303). Lüthi meint zu Recht, daß etwa der Tachismus ein meditierendes Verhältnis zur Farbe verlange (304). – Kurt Marti notiert, »daß sich die Lyrik der Neuzeit von der Liedform fast ganz abgewendet hat. Sie legt nicht mehr Texte zum Singen, sondern Texte zum Meditieren vor. Dafür ist die konkrete Poesie, gerade in ihrer Radikalität, ebenfalls ein signifikantes Symptom: die Gedichte werden Meditationsgegenstände und die Klage über die ›Schwierigkeit‹ moderner Gedichte dürfte nicht selten der Hilflosigkeit einer Leserschaft entspringen, die der Meditation völlig entwöhnt ist« (67f).

Ich meine, es sei berechtigt, der konkreten Poesie besondere Aufmerksamkeit zu schenken. Der Begriff wird erstmals 1955 von *Eugen Gomringer* gebraucht, wohl in Anlehnung an Max Bill. Gomringer geht aus von der »verknappung und vereinfachung der sprache« im technischen Zeitalter (worte, 277). In der Reduktion der Sprache findet er das Wort, das Konkrete der Sprache ist das Wort selbst. Das einzelne Wort gewinnt eine neue Bedeutung.

»da ich dazu neige, alle gedanken in knapper form zum ausdruck zu bringen, und außerdem stets eine vorliebe für algebraische gleichungen hatte, fand ich es erstaunlich, wieviel man mit einem einzigen wort sagen konnte« (297).

Das ideale Gedicht bedarf darum im Grund nur eines einzelnen Wortes. So gelingt es Gomringer, im »schweigen« in einer genau kalkulierten Wiederholung und Anordnung mit Hilfe des einen Wortes »schweigen« das Schweigen selbst darzustellen, ein für das Problem der Verkündigung erregender Vorgang! Besteht aber ein Gedicht aus mehr als einem Wort, handelt es sich um eine Zusammenstellung von Worten.

»ich sage: das gedicht ist eine konstellation von worten. ich sage, daß unter gewissen bedingungen zwei worte, oft aber schon drei worte ein gedicht bilden. vergessen wir nicht, wie vielseitig, mehrdeutig, im faßbaren unfaßbar worte sind. vergessen wir aber auch nicht, daß worte, wie sie der dichter erkennt, nicht die worte sind, die geredet werden, die worte des dichters kommen aus dem schweigen, das sie brechen. dieses schweigen begleitet sie. es ist der zwischenraum, der die worte enger miteinander verbindet als mancher redefluß. daß wir lernen, auf worte zu achten, worte zu sehen, worte zu hören, daß wir freude haben an worten, daß wir heiter werden mit worten, dies ist des dichters anteil an den tätigkeiten der menschen« (293).

Von dieser Anteilnahme des Dichters »an den tätigkeiten der menschen« kann das Predigt-Machen auf mancherlei Weise profitieren. Auch wenn die Worte des Predigers nicht aus dem Schweigen kommen, haben sie das Schweigen durchschritten, »der zwischenraum«, von dem Gomringer spricht, hat besondere Bedeutung für das Predigen, er räumt dem Reden eines andern Platz ein.

Gomringer bezeichnet das neue Gedicht als »seh- und gebrauchsgegenstand: denkgegenstand – denkspiel. es beschäftigt durch seine kürze und knappheit. es ist memorierbar und als bild einprägsam« (280).

Auch der biblische Text ist ein Gebrauchsgegenstand, geht es doch beim Predigen um den rechten Brauch der Schrift, Texte können verkürzt, als Konstellation aufgezeichnet und auf diese Weise durchgerechnet und durchgedacht werden.

»die konstellation ist die einfachste gestaltungsmöglichkeit der auf dem wort beruhenden dichtung. sie umfaßt eine gruppe von worten – wie sie eine gruppe von sternen umfaßt und zum sternbild wird. in ihr sind zwei, drei oder mehr, neben- oder untereinandergesetzten worten – es werden nicht zu viele sein – eine gedanklich-stoffliche beziehung gegeben. und das ist alles!« (280).

Die Kombinatorik wird zum Hilfsmittel dieser Kunst, in der sich »mechanistisches und intuitives prinzip in reinster form verbinden können« (282). So erscheint sein »stundenbuch« als eine je neue Kombination von 24 Worten im Hin und Her von »dein« und »mein«. Mit Recht hält der Verfasser diesen Text für »theologisch relevant« (Dialog 2, 1969, 380). Die mathematisch-rationale Struktur dieser Dichtung ermöglicht gerade die Meditation, das Mitspiel des Lesers. Das Hin und Her von »dein« und »mein« aber beschreibt genau einen Teil des Denkweges, den auch der Prediger mit seinen Texten zu gehen hat. Nimmt der Prediger den folgenden Text als »gebrauchsgegenstand«, mag er getrost »gedicht« durch »predigt« ersetzen.

I/1–4

dein geist
mein geist

dein wort
mein wort

deine frage
meine frage

deine antwort
meine antwort

dein lied
mein lied

dein gedicht
mein gedicht
(217, vgl. stundenbuch 13)

Vielleicht darf man daran erinnern, daß der Ps 119, der in besonderer Weise das Lob der Schrift und den Umgang mit dem Wort besingt, auch nach einem rational mathematischen Prinzip gebaut ist. Die Lust am Gesetz (vgl. 119,92) findet schon in der

Form des Psalmes seinen Niederschlag. Dieser Psalm wird von Gomringer her eher verständlich als etwa in der Kommentierung *Bernhard Duhms,* dessen abschließendes Urteil nicht nur für sich selbst, sondern auch für einen gewissen exegetischen Kritizismus spricht: »Was für einen Zweck der Autor . . . im Auge gehabt hat, weiß ich nicht. Jedenfalls ist dieser ›Psalm‹ das inhaltsloseste Produkt, das jemals Papier schwarz gemacht hat; mit ihm könnte man einen Ketzer eher mürbe machen als mit sämtlichen sieben Bußpsalmen . . . Auch in schriftstellerischer Hinsicht wird es schwer sein, ein Schriftstück nachzuweisen, das es an Ungeschicklichkeit und Langweiligkeit mit diesem Opus aufnehmen könnte« (Die Psalmen 1922², 427f). Offensichtlich hat Duhm den Aufbau, die Form dieses Psalms nur notiert (vgl. 416), aber nicht begriffen.

Gomringer verheißt gerade der *alphabetischen Anordnung* eine besondere Zukunft:

»ein anderer mit der zahl operierender formalistischer gesichtspunkt ist der, der von der bestimmten zusammensetzung eines alphabets ausgeht. er wird besonders im hinblick auf eine internationale dichtung immer wichtiger werden, denn je nach den zur verfügung stehenden kommunikationsmitteln werden sich die dichtersprachen mit einer bestimmten anzahl von buchstaben – unter umständen mit einer sehr geringen – helfen müssen« (283f).

Wer weiß, vielleicht wird diese von Gomringer eröffnete Perspektive einmal noch für die ökumenische Verständigung fruchtbar werden!

Neben den Konstellationen wären als eine Besonderheit der Kombinatorik die *Permutationen* zu nennen.

Franz Mon spielt einen Text des Aristoteles durch, ein Verfahren, das ohne weiteres auch auf Predigttexte angewandt werden kann. »permutationen lassen die reichweite eines textes erfassen. eine durch einen bestimmten text gegebene wortmenge wird abweichenden ordnungsprinzipien unterworfen, die ursprüngliche fassung kann sich als die wahrheit aller abgeleiteten, aber auch als bloßer fall unter fällen erweisen« (16ff).

Offenbar gibt es eine Weise, einen Text zu erfassen, indem man seine mathematischen Möglichkeiten durchspielt. Meditation hat durchaus auch einen mathematischen Aspekt, indem sie die Worte durchrechnet und alle möglichen Anordnungen der Worte durchprobiert. Ein solches Vorgehen zeitigt einen eminent kritischen Effekt.

So hat *Ludwig Harig* einen Satz von Ludwig Erhard »Wir sind wieder wer« in vierundzwanzig Permutationen abgewandelt und damit entlarvt. Harig beschließt sein »kanzlerwort« mit der Frage »wer wieder sind wir« (11). Solche Permutationen mögen dem Prediger helfen, den Leuten aufs Maul zu schauen.

Über die Meditation hinaus scheint mir das von Eugen Gomringer Intendierte bedeutsam zu sein, auch für eine künftige Predigtsprache. Weist der Vergleich von Zungenrede mit dem Dadaismus und dem Futurismus auf eine Erweiterung der Sprache (vgl. § 20), so haben wir hier einen Sprachgewinn durch Reduktion. – Einmal wäre es durchaus denkbar, Konstellationen mit biblischen oder theologischen Begriffen in den Gottesdienst zu integrieren. Neben Gomringers Stundenbuch wäre an Gedichte Kurt Martis zu erinnern, die z.T. von Gomringer beeinflußt sind. – Zum andern dürfte sich eine Reduktion der Sprache für das Predigen selbst empfehlen, auch wenn die Betonung des Optischen dem

Rhetorischen zu widersprechen scheint. Das Verständnis der Predigt als
Namenrede (vgl. § 5) wie der Begriff der Hochsprache (vgl. § 18/I) legen dem Prediger eine »verknappung und vereinfachung der sprache«
nahe. Wenn ein großer Schade unserer Verkündigung im Wortreichtum
und in leeren Worten liegt, wäre die ideale Predigt – analog zum neuen
Gedicht – im Grunde die eines einzigen Wortes. Gehört eine solche Predigt ins Reich der Utopie, mag man immerhin bei Gomringer das Staunen lernen, wieviel sich mit einem einzigen Wort sagen läßt. Solches
Staunen wird fruchtbarer sein als die Klage über »Leerformeln«. Wer
weiß, vielleicht ließen sich in Analogie zur konkreten Lyrik »Kurzformeln des Glaubens« finden, die Karl Rahner postuliert.

(Diese Kurzformeln würden wohl knapper ausfallen als die von Rahner vorgeschlagenen. Vgl. *Karl Rahner,* Reflexionen zur Problematik einer Kurzformel des Glaubens,
Diakonia/Der Seelsorger 1, 1970, 4ff.)

IV

Predigt-Spiel

Als eine Vorübung für die Predigtmeditation möchte ich das Predigt-
Spiel empfehlen, in dem man Predigten oder Predigtstücke als Gedankenspiel für sich selber verfertigt und auch spricht. Wer Ps 1 folgend
über der Thora murmelt, tages und nachts, der mag auch in einem heiligen Spiel einige Möglichkeiten durchspielen, die ein Text für den Prediger bietet. Ein solches Spiel ist von der Art, wie es die Weisheit trieb
(vgl. Spr 8,30); nur ein homiletischer Narr kann darauf verzichten; das
Predigen als ein heiliges Spiel (vgl. § 1) will spielend gelernt werden. Im
Predigt-Spiel kann man sich seinen Einfällen überlassen (vgl. dazu die
Arbeit von Josuttis), man eilt dem Predigen voraus.

Man kann solches Predigt-Spiel auch verstehen als ein Sammeln und
Skizzieren, als Bereitstellen von Material und als Entwurf von Einzelzügen. Man ist Prediger, bevor man predigt, oder man wird nie ein Prediger.

Der Prediger kann in dieser Hinsicht vom Schriftsteller lernen, etwa wenn *Henry Miller*
schreibt: »Alles, ja alles wurde aufgenommen, analysiert, verglichen und beschrieben
– für zukünftigen Gebrauch. Betrachtete ich einen Gegenstand, ein Antlitz, eine Häu-
serfront, dann erwog ich, in welcher Art sie (später) in einem Buch einschließlich der
Eigenschafts-, Umstands- und Verhältniswörter, der Klammern und was weiß ich noch
allem beschrieben werden sollten. Schon bevor ich den Plan zu meinem ersten Buch
entworfen hatte, gingen mir Hunderte von Gestalten durch den Kopf. Ich war ein wan-
delndes, sprechendes Buch, ein alle Wissenschaften umfassendes Nachschlagewerk,
das wie ein Tumor immer weiterwuchs. Wenn ich einen Freund oder einen Bekannten
traf, ja sogar wenn es ein Fremder war, fuhr ich fort, alles aufzuzeichnen, während ich
mich mit ihm unterhielt« (Plexus, rororo 1285–88, 1970, 31). Ein Prediger aus Leidenschaft wird Miller darin folgen, daß er alles aufnimmt, analysiert, mit der Schrift vergleicht und beschreibt – »für zukünftigen Gebrauch«. Wer es nicht lernt, in diesem Sin-

ne sich ständig Notizen zu machen, wird nie gut predigen. Das Predigt-Machen bedarf der Vor-Übung, des Vor-Spiels, und dieses kann und soll noch weiter gehen! Neben Henry Miller stelle ich mit Absicht einen Erzbischof von Salisbury, *Gilbert Burnet*. Dieser »hatte die Gewohnheit, wenn er spazieren ritt oder ging, über einen gewissen Text mit lauter Stimme ohne Vorbereitung zu reden, wodurch er eine solche Uebung erlangte, daß er von einer jeden Sache ohne langes Nachdenken auf eine geziemende Weise reden konnte« (*Johann Christian Friedrich Burk*, Evangelische Pastoral-Theologie in Beispielen I, 1838, 163). – Hierarchen, die ohne langes Nachdenken reden, gibt es auch in unserem Saeculum, solche Eloquenz ist weniger vorbildlich. Vorbildlich hingegen ist der hochwürdige Erzbischof darin, daß er zu Pferde und zu Fuß sich im Predigen übt. Rechtes Hören und Bedenken eines Textes muß zu Predigtversuchen führen. Werden wir uns in solchen Versuchen üben, wird sich das bei der Vorbereitung der Predigt auszahlen! Wenn der Student schon seine Proseminararbeit und die gehörten Exegesen spaziergänglich predigt, wird er es als Prediger leichter haben.

Viele Theologen lernen deshalb nie predigen, weil sie das Spielen verlernt haben. Sie lernen solange nicht spielen, wie sie den Sabbat nicht kennen. – Ein homiletisches Seminar als Spielanleitung wäre dringend zu wünschen, ist aber nur möglich, wenn es nicht das einzige im Studium frequentierte homiletische Seminar bleibt. Auch müßten Studenten und Prediger lernen, ihre Freizeit fürs Predigt-Spiel zu nutzen, »alles, ja alles« aufzunehmen fürs Predigen, Predigtteile und ganze Predigten gedanklich zu entwerfen, einmal ohne jegliche Rücksicht aufs Gehalten-Werden. Das Predigt-Spiel ist zu verstehen als Einübung in die Gegenwart des Geistes, als ein Ergreifen der Freiheit und ein Ausprobieren aller Möglichkeiten des Predigens. Man könnte das Predigt-Spiel der Meditation zuzählen; es unterscheidet sich von ihr einmal durch die größere Freiheit und zum andern dadurch, daß es sich in besonderer Weise der Gestaltung und dem Entwurf der Predigt zuwendet. Das Predigt-Spiel ist eine Predigtmeditation zum voraus und im Experiment. Es denkt eine Predigt vor. Es ist ein Vorspiel zur Predigtmeditation. – Man suche Gleichnisse zu Texten und Texte zu Ereignissen. Man suche Anfänge, man denke sich Dialoge und Gleichnisse aus, man gehe spazieren oder fahre und predige so vor sich hin. Sabbat und Muße bilden eine Voraussetzung für dieses Spiel (vgl. § 21/I und II/2) – auch das Material-Sammeln! Zeitungsnachrichten, die mich anrühren, hebe ich auf. Alle meine Bücher lese ich mit einem Stichwortregister. Vielleicht notiere ich mir kleine Begebenheiten und prägnante Aussprüche im Gespräch mit Zeitgenossen sogar schriftlich. Geschieht solches Notieren gedächtnismäßig, muß die Notiz präsent sein, wenn ich den Predigttext meditiere (vgl. Josuttis, 641).

V

Zur Predigtmeditation

Aus den bisherigen Erwägungen wird deutlich geworden sein, daß das Problem der Predigtmeditation nicht erst bei der Predigtarbeit anfängt, sondern bereits vorher, bei der persönlichen Meditation des Predigers. Mit dem Problem der Predigtmeditation wird der Prediger als Christenmensch in Frage gestellt. Der aber ist glücklich zu nennen, der sich dem Worte aussetzt. Der wird das Wort ergreifen können, der sich vom Wort hat ergreifen lassen. Wir können nicht die Gebenden werden, wenn wir nicht zuvor genommen haben. Bevor der Mund übergeht, muß das Herz voll werden (Mt 12,34). Der Meditierende nimmt Gottes Wort zu Herzen, und das Herz ist zu verstehen als die Mitte des Lebens (vgl. § 27/V). Diese Mitte soll voll werden vom Wort, damit es überströme. So heißt Meditation: sein Leben in die Schrift hineingeben, damit es neu werde. Sein Leben in der Schrift leben, damit es fruchtbar werde; denn nur wer sein Leben ans Wort gibt, dem wird sich das Wort geben.

Luther sagt in einer Predigt: »Ich kann nicht arbeiten, ich habe denn zuvor Hände bekommen. Ich kann nicht predigen, ich habe denn zuvor eine Zunge bekommen« (Buchwald II, 551). In der Meditation geht es darum, daß der Prediger eine Zunge bekommt.

Wenn irgendwo Homiletik als Ratschlag eines erfahrenen Predigers (vgl. § 3/III) einigen Sinn haben kann, dann wohl hier. Meditation ist immer ein Prozeß, ein lebendiges Geschehen. Ich versuche im Folgenden diesen Prozeß nachzuzeichnen, in den ich als Prediger hineingezogen werde. Dabei wird es nicht ohne Idealisierung abgehen. Ich nehme mich als Modell, das ich im gegebenen Fall nur zum Teil erfülle. Auch möchte ich nicht Zuschneidemuster geben, die nun gesetzlich nachzuschneiden wären. Was ich im Folgenden geben möchte, wäre Anregung zu einer glückhaften Sache.

Ich gehe hier vom Text aus, während in § 27 vom Hörer her gedacht wird. Die Ausführungen über den »Weg zum Hörer« ergänzen das Folgende.

1. Zeit

Ich brauche zur Vorbereitung meiner Predigt *Zeit*. Ich muß mir darum Zeit nehmen. Jeder Handwerker ist zutiefst gekränkt, wenn man von ihm verlangt, daß er sein Geschäft in einer Zeit vollenden soll, die ihm nicht erlaubt, solide zu arbeiten. Vielleicht darf ich als Diener am Wort auch verlangen, daß die Gemeinde respektiert: dieser Mann braucht zur Vorbereitung der Predigt Zeit. – Der wichtigste Teil meiner Vorbereitung ist die Freizeit, die ich mir als Prediger nehme. Der Pfarrer halte darum einen freien Montag oder sonst einen freien Tag für heilig. Eduard Steinwand empfiehlt mit Recht die Predigtvorbereitung als geistliche Übung (Verkündigung, Seelsorge und gelebter Glaube, hg. v. Manfred Seitz, 1964, 21). Diese geistliche Übung beginnt damit, daß ich mir einen freien Tag gönne. Dieser freie Tag ist, wie der Sabbat, um des Menschen willen, um des Predigers willen da. Zur eigentlichen Predigtarbeit reserviere ich mir zwei volle Tage, beginne aber schon vorher ein wenig mit der Vorarbeit. Die Erfahrung aus einem Dutzend Jahren Dienst im Gemeindepfarramt zeigt, daß die Predigtarbeit innerhalb dieser reservierten Zeit nie Schaden nahm, wenn ich mich durch einen Menschen stören ließ, der mich der Seelsorge wegen aufsuchte. Fallen aber Kasualien in die reservierte Zeit, müssen diese vorverlegt oder nachverlegt werden. Es ist eine große Hilfe, wenn man sich hier einen festen Zeitplan vornimmt und ihn mit einer gewissen Härte durchführt. Ich darf als Prediger meine Ehre darein setzen, daß ich mir zur Predigtvorbereitung Zeit nehme; sonst lasse ich besser das Predigen, oder ich begnüge mich damit, als Lektor eine gut durchgearbeitete fremde Predigt vorzulesen (vgl. § 11/III).

Manfred Josuttis hat recht mit der Behauptung, der Prediger werde »erst dann etwas Neues, Persönliches, in die Situation Treffendes zu sagen wissen, wenn er seine Aufgabe als kreative Leistung durchschaut« habe (638). Eine Grundvoraussetzung für eine kreative Leistung aber ist die Zeit, die der Prediger sich nimmt.

2. Einfälle

Wenn ich allsonntäglich zu predigen habe, nehme ich schon am Montagmorgen den *deutschen Text* zur Hand, den die Gemeinde auch liest, präge ihn mir ein, nehme ihn mit auf meine Gänge. Den deutschen Text lese ich darum, weil ich ja meine Bibel in der Solidarität mit meiner Gemeinde lese und weil es »keine klerikale Sonderform des Bibellesens« (Leuenberger) gibt. Und wenn sich später in der Exegese meine ersten Gedanken zum Text als falsch erweisen sollten, wenn ich also zunächst Holzwege gehe mit dem Text, so wird ihre Begehung nicht nutzlos sein, weil anzunehmen ist, daß auch andere Bibelleser ähnliche Holzwege gehen. Ich gehe mit dem Text um, ich gehe mit ihm herum. Was ich sehe, versuche ich mit dem Text zu sehen. Was ich erlebe, suche ich mit dem Text zu verbinden. Glücklich bin ich, wenn ich mir das Wort immer wieder vorsagen kann und in seiner Omnipräsenz lebe. Was ich sehe und höre, soll ja mit diesem Wort in Beziehung geraten. Dieser Akt könnte als assoziierendes Verknüpfen verstanden werden.

Einfacher: Ich darf mir zu meinem Text etwas einfallen lassen! Ein Prediger muß es wagen, *Einfälle* zu haben, auf seine Einfälle einzugehen. Religionsbeamte und Predigtfunktionäre bedürfen keiner Einfälle. Wer aber sein Leben als »Mitbürger der Heiligen« und »Hausgenosse

Gottes« lebt, soll den Einfall segnen. Die Bitte um den Geist wird mit guten Einfällen erhört werden. Wenn der Geist einfällt, wird es zu Einfällen kommen. Ich lasse mir etwas einfallen.

Einfälle sind nicht von vornherein Glückssache. Weil auch hier der Grundsatz der Reziprozität (vgl. § 4/II) gilt, darf man Einfälle nicht einer vorhandenen oder nicht-vorhandenen Genialität anlasten, es sei denn, man füge sofort hinzu, daß Genie besonders hier Fleiß sei. Einfälle kann man zwar nicht machen, wohl aber kann man sich ihnen verschließen. Das Vorwissen, das Vorurteil, die Weltanschauung, die Theologie können sich zu einem Über-Ich verdichten, das die Einfälle zensuriert und zum Teil abweist. Das Vorauswissen um den Text, das Vorurteil über die Welt legen sich dem Einfall in den Weg. Mangelnde Einfälle signalisieren einen Mangel an Offenheit gegenüber Text und Welt. Der Gnostiker in mir und der Pharisäer in mir verbünden sich gegen den Einfall, beide müssen umkehren, werden wie ein Kind, sollen Text und Welt neu gesehen werden.

Der Filmregisseur *Jean Renoir* verlangt vom Schauspieler, daß er seinen Text ausdruckslos liest, um nicht die mitgebrachten Klischees in den Text hineinzulesen. Er muß so lange lesen, bis er seine Rolle findet und in dieser Rolle sozusagen zur neuen Kreatur wird. Auch muß der Schauspieler alles vergessen, was er in dieser Sache gesehen hat (nach TV Sendung WDR III, 14. 1. 1970). Verrechnet man, daß der Prediger nicht eine Rolle zu spielen, sondern eine Person und eine Geschichte zu bezeugen hat, mag Renoir mit seiner Methode dem Prediger deutlich machen, wie wichtig unterwegs zum Zeugnis das Murmeln über dem Text ist. Ich bin es ja nicht, der den Text zum Leben erweckt. Vom Text her soll vielmehr ein Geschehen in Gang kommen. Darum wiederhole ich den Text so lange, bis ich zwar nicht meine Rolle finde, wohl aber Einfälle zur Predigt und vielleicht sogar den notwendigen Einfall.

Wiederholen heißt gelten lassen, bejahen. Im assoziierenden Verknüpfen ist nicht nur der Text zu wiederholen, sondern in ähnlicher Weise das, was vom Hörer her und von der Welt her sichtbar und hörbar wird (vgl. § 27). »Hier braucht es Offenheit für das Unverständliche, das Ungewohnte, das Unscheinbare. Hier gilt es, möglichst viel aufzunehmen und möglichst lange nicht zu wissen, was die Predigt an Hand des Textes der Gemeinde zu sagen hat« (Josuttis, 630). – Hier wird der Wal zum Wappentier des Predigers, der Wal, der mit offenem Maul durchs Weltmeer zieht, so daß Fischlein und anderes Getier ihm zwischen den Barten ins Maul schwimmen. So schwimmt ein Prediger im Meer der Welt, grundsätzlich bereit, alles in sich aufzunehmen. »Alles ist euer« (vgl. dazu aber auch das zur Askese Gesagte! § 21/II/2). – Man könnte von daher das Meditieren als Kunst des Lesens bezeichnen, als Kunst, den Text der Bibel zu lesen und die Welt, die »voller Bibel ist«. Meine Weltanschauung und Theologie aber erweisen sich in dem Moment als verdächtig, in dem sie mich hindern, Wal zu sein.

In seiner Arbeit »über den Predigteinfall« beschreibt *Manfred Josuttis* – im Anschluß an *Erika Landau* – vier Phasen im kreativen Vorgang des Predigtmachens: Vorbereitung, Inkubation, Illumination und Verifikation. Ohne große Mühe läßt sich diese Beschreibung auch meiner Darstellung unterlegen. Da ich in diesem Abschnitt nicht so sehr systematisierend als vielmehr von der Erfahrung ausgehend argumentiere, begnüge ich mich mit einem Hinweis auf die Arbeit von Josuttis.

3. Phantasie

Zum Predigtgeschäft gehört auch *Phantasie* (vgl. § 16/III). Karl Barth meinte einmal, ein Mensch ohne Phantasie wäre schlimmer als ein Mensch ohne Verstand. Wir haben einen kommenden Gott zu verkündigen und sein kommendes Reich auszurufen, darum können wir doch gar nicht anders, als in Hoffnung denken. Das aber heißt: Einfälle genügen nicht.

Nach *Heimito von Doderer* ist jeder Einfall »im Grunde ordinär, eine Geschwulst im Denken«. *Günther Blöcker* ergänzt: »Der Einfall ist bei ihm nie die Geschichte, sondern das, was in der Geschichte überwunden wird« (FAZ 10. 12. 1966).

Ich möchte diese Äußerung auf die Predigt übertragen. Ein erster Schritt der Überwindung des Einfalles ist der, daß ich mir eine Vorstellung vom Text wie vom Hörer mache. Der Text muß zum Seh-Text werden. Ich versetze mich ins Bild des Textes, sehe, was der Text sagt. So wird der Text zum Katalysator für das, was ich an Eindrücken in mich aufgenommen habe. Ähnliches gilt vom Hörer. Ich nehme ihn wahr, versetze mich in ihn und nehme ihn zu Herzen.

Darüber hinaus könnte man sagen: Der Prediger muß eine Vision von Text und Hörer haben (vgl. § 27/VI), er muß den Text und den Hörer so sehen, wie ihn Gottes Geist sieht. Dann sieht er richtig. Aber nun sehen wir zunächst nicht mit Gottes Augen, und unsere Vorstellungen sind immer wieder falsch. Im Prozeß der Predigtarbeit geht es um eine kritische Klärung und Bewährung dieser Vorstellung. Hier erwacht die exegetische und systematische Neugier, um den Einfall durch die Predigt zu »überwinden«; »überwinden« heißt nicht »eliminieren«, heißt aber kritisch reflektieren, verarbeiten. Eine nach historisch-kritischer Methode gearbeitete Exegese und eine systematische Durcharbeitung der Gedanken gewinnt eine neue Bedeutung und Dringlichkeit.

4. Gesellschaftsbezug

Aber nun muß ich mit *meiner Beschränktheit* rechnen. Gehe ich mit dem Wort durch die Gemeinde, so muß ich bedenken, daß ich als Pfarrer gerade durch meine Seelsorgetätigkeit möglicherweise einen verengten Blick habe. Die personalen Beziehungen der Intimsphäre sind es vor allem, die ich sehe. So sehr der Hausbesuch zur Predigtarbeit gehört, so sehr der Hausbesuch schon um der Predigt willen notwendig ist, so ungenügend bleibt in der Regel der Ertrag an Erfahrung. Der Pfarrer hat ja nicht nur einzelnen zu predigen, sondern der Gesellschaft. Darum ist *die Gesellschaft als Ganze* mit dem Wort in Beziehung zu setzen. Darum gilt es, mit verschiedenen Vertretern der Gesellschaft sich zu unterreden. Soll die Predigt über den Kreis der »Kirchentreuen« hinaus ansprechen, muß der Pfarrer zuvor Schüler der »Weltlichen« werden. Es sollen ja der Text und die Welt zusammenkommen. – Dieses Gespräch mit dem Hörer kann hilfswissenschaftlich durch psychologische und soziologische Studien begleitet werden. Wichtiger aber ist die Neugierde des Predigers auf Menschen und die Begegnung mit Menschen. Aus dem Gespräch mit Menschen erwächst eine Predigt, die Menschen entspricht und Menschen anspricht (§ 8/III).

5. Sonderkerygma

Dem Gespräch mit Zeitgenossen, mit Gemeindegliedern steht gegenüber das *Gespräch mit den theologischen Brüdern und Vätern,* mit den Exegeten zuerst (vgl. § 8/II). Weil ich in der Gemeinschaft der Heiligen und in der Katholizität der Kirche auf die Schrift höre, tue ich gut, hier gerade Vertreter von andern theologischen Richtungen zu Rate zu ziehen. Die Kommentare sollen mir helfen, das Teilkerygma oder das Sonderkerygma des Textes herauszufinden. Es gilt, die Einzigartigkeit des Textes zu entdecken, das zu sehen, was nur *dieser so* sagt. Dominiert ein Hauptbegriff, konsultiere ich den Schmoller, das Kittelsche Wörterbuch oder die Statistik von Robert Morgenthaler. Ich versuche also, das Besondere des Textes im Zusammenhang des Ganzen zu sehen. Darum notiere ich auch Parallelstellen und ziehe Verbindungslinien vom Neuen zum Alten und vom Alten zum Neuen Testament (vgl. § 6/III und V).

Auch werde ich versuchen, die Wirkungsgeschichte des Textes zu sehen. Besonders zu beachten sind die Auslegungen der Kirchenväter wie die der Reformatoren. Sie alle haben vor mir gehört und erkannt, und ihr Besitz gehört auch mir.

6. Systematische Theologie

Meditation umgreift neben der Exegese auch die *systematische Theologie:* Ich muß versuchen, die einzelne Aussage des Textes mit dem Ganzen der Schrift und ihrer Wirkungsgeschichte zu konfrontieren. Die Schrift und der Geist offenbaren mir den Christus. Ihn soll ich predigen und verherrlichen. Vor, während und nach der Niederschrift der Predigt ist darum immer wieder die kritische Frage an die Predigt zu stellen, ob sie den Namen Christi großmache, ob sie rechte Lehre sei. Diese systematische Frage ist auf den Hörer auszudehnen als Frage nach dem rechten Verstehen des Hörers. Das Problem der rechten Lehre ist nicht so sehr, daß ich etwas recht meine, sondern vielmehr, daß der Hörer das recht Gemeinte auch recht verstehen kann. Meine Predigt muß also nicht nur für mich systematisch stimmen, die Richtigkeit muß richtig verständlich werden; darum ist ebenfalls das Hören des Hörers zu meditieren (vgl. § 28).

Nun können sowohl die Exegese wie die systematische Theologie den Prediger frustrieren, nämlich dann, wenn sie sich vor das lebendige Wort stellen. Der Prediger muß im Predigen beide überholen, wie er sich beiden gegenüber zu verantworten hat.

7. Lesen von Predigten

Zum Gespräch mit den Vätern und Brüdern gehört das *Hinhören auf ihre Predigt.* Ich bin nicht der erste, der zum betreffenden Text das Wort nimmt. Vor mir und neben mir haben andere diesen Text ausgelegt, und ich darf von ihnen profitieren.

Das Lesen von Predigten im Zusammenhang der Predigtvorbereitung scheint mir aus einem doppelten Grunde wichtig. Einmal bin ich vielleicht gar nicht aufgelegt zum Predigtgeschäft. Ich mag nicht. In diesem Falle wird es eine große Hilfe sein, überhaupt Predigten zu lesen; denn das Lesen guter Predigten ermuntert zum Predigen. Es kann geschehn, daß mir eine Predigt den Ton angibt für mein Predigen. – Zum andern kann ich in einer andern Predigt vielleicht etwas finden, was ich für meine eigene Predigt brauchen kann. Da es in der Kirche Jesu Christi kein geistiges Eigentum gibt, habe ich die Freiheit, bei andern zu nehmen, was mir paßt. Baudelaire meinte: »Mir ist es gleichgültig, auf welchem Mist meine Blumen wachsen« (vgl. § 11/III).

8. Notwendigkeit

Das exegetische, systematische und homiletische Gespräch mit Vätern und Brüdern soll mir helfen, das Wort besser zu verstehen. Was mir im freihändigen Lesen, im Umgang mit der Gemeinde und im Kontakt mit der Welt einfiel, wird einer *Kritik* unterzogen. Darum fahre ich auch nach der exegetischen Arbeit fort, mir das Wort vorzusagen. In solchem Vorsagen des Wortes komme ich aus dem Fünffachen, aus Exegese, Systematik, Predigt-Lektüre, persönlicher Begegnung mit dem Wort und Durchleuchtung des soziologischen und psychologischen Sachverhaltes dazu, eine Disposition zu entwerfen und die Predigt niederzuschreiben.

Hier kann es geschehen, daß ich ungefähr alles weiß, was gesagt werden muß, daß aber alles, was ich sagen will, weder notwendig noch zwingend erscheint. Nun liegt alles daran, daß ich nicht voreilig beginne, daß ich nicht anfange, wenn das Wort mich nicht ergreift. Die Künstler sprechen etwa von den Kategorien der *Notwendigkeit* und des *Zwanges.* Diese Kategorien gelten erst recht für die Predigt. Ohne innern Zwang wird keine Predigt zwingen. Ohne innere Notwendigkeit bleibt die Predigt eitel Langeweile. Darum gilt es, so lange zu girren und zu knurren, bis das Wort den Prediger in den Griff nimmt. Nur ein Ergriffener wird Macht haben zu ergreifen. Der Text birgt unendliche Möglichkeiten der Auslegung. Aber jetzt in diesem Augenblick ist für mich nur eine möglich. Solange ich diese eine mögliche nicht gefunden habe, darf ich mit der Niederschrift der Predigt nicht anfangen.

Postuliere ich Notwendigkeit und Zwang, will ich damit sagen, daß die Predigt aus der Anfechtung geboren wird. Wenn der Prediger alles weiß, was er zu sagen hätte, und doch nichts zu sagen hat, dann befindet er sich in dieser Anfechtung. Hier darf der Prediger nicht ausweichen. Obschon der Prediger in dieser Spanne das Wort noch nicht zwingend hat, bleibt er nicht wortlos. Vielmehr wird das Murmeln aus Ps 1 lautstark. Die Spanne zwischen dem Wissen und Müssen ist Ruf-Zeit. Der Prediger ruft nach dem, der den Text zwingend macht; denn in der Predigt soll der Jetzt-noch-Abwesende als anwesend begrüßt werden. – Ich spreche von Zwang. Dieser Zwang könnte Einbildung sein, der Zwang einer Neurose, das Geflüster von Dämonen der Wüste. Die Echtheit des Zwanges zur Predigt erweist sich darin, daß die Schrift zwingend wird, daß die Macht des Namens den Prediger auf den Weg bringt, die Spanne zwischen Wissen und Müssen zu überwinden. Wird diese Spanne in der Gegenwart des Geistes überwunden, erweist sich der Zwang als ein zunehmender. Er wächst von der Disposition zur Niederschrift: Der Prediger gerät aus der Gefangenschaft des Textes in die Gefangenschaft der neuen Predigt.

Heimito von Doderers Bemerkung über den Romanschriftsteller gilt dann in besonderer Weise auch vom Prediger: »Es ist beim Entstehen eines Romanes wie beim Aufstellen des Baugerüsts und beim Emporwachsen der ersten Mauern: aus der Planimetrie entsteht stereometrische Anschaulichkeit. Sie detailliert sich bis in kleinere und kleinste Räume. Im Rohbau vermochte man noch ganz unfertige Geschosse auf Laufplanken zu queren. Durch die Wand eines Zimmers vermag niemand mehr zu treten und auch der Baumeister ist jetzt in den selbstgeschaffenen Bedingnissen gefangen und muß sich ihnen fügen« (Tangenten. Aus dem Tagebuch eines Schriftstellers 1940–1950, dtv 520, 1968, 224).

Ich übersetze ins Homiletische: Dieser Zwang zeigt, daß der Prediger am Text das Fürchten gelernt hat. In der Furcht Gottes ist der Name mächtig geworden.

Kommen die Worte des Dichters – nach Gomringer – aus dem Schweigen, kommen die Worte des Predigers aus der Anfechtung. Das Schweigen ficht den Prediger an, solange er sich in der Wortlosigkeit aufhält. Viele Prediger fangen zu früh mit der Konzeption ihrer Predigt an, gerade weil sie sich für die Predigtvorbereitung zu wenig Zeit nehmen. Sie scheuen den Weg durch die wasserlose Wüste und reden, bevor sie etwas zu sagen haben. Die Anfechtung aber, nichts zu sagen zu haben, ist die des Mangels an Heiligem Geist, die der noch ausstehenden Parusie. Im Vertrauen auf den Heiligen Geist ist diese Spanne zwischen dem Wissen und Müssen auszuhalten.

Nun gibt es Prediger, die besondere Mühe haben, systematisch zu denken, und sich unendlich schwer tun, eine Disposition zu entwerfen. Verbindet sich mangelnde systematische Denkfähigkeit mit Skrupulosität, steht er in Gefahr, überhaupt nicht oder zu spät anzufangen. Ihm muß man nicht sagen, daß er die Anfechtung auszuhalten habe. Er soll in Gottes Namen anfangen im Vertrauen darauf, daß Gott es dem Redlichen gelingen läßt. Zu diesem Gelingen wird beigetragen, wenn er nach der Niederschrift versucht, seine Predigt zu gliedern. Damit holt er die Disposition nach, die andere vorher treffen.

9. Kritisches Gespräch

Weil die Meditation ein Gackern, Girren und Knurren ist, darum ist das *Gespräch* mit der Gemeinde und mit der Welt auch während und nach der Niederschrift der Predigt weiterzuführen. Was ich zu sagen gedenke, konfrontiere ich mit den Frommen der Gemeinde und mit den Zweiflern, mit je einem Einzelnen, der für viele steht.

Bei diesem begleitenden Gespräch kommt, so man hat, der Pfarrfrau eine besondere Bedeutung zu als dem Gemeindeglied, das mir am nächsten steht. Vielleicht spreche ich schon die Disposition mit ihr durch, ganz sicher will ich ihr die ausgearbeitete Predigt vorlesen. Sie hat den Text mit mir bewegt, soll Kritik üben, mir alles Unnötige, Unklare, Schwülstige anstreichen. Sie soll den Mann nur ja nicht schonen, und ein rechtschaffener Prediger soll sich nicht verdrießen lassen, noch einmal anzufangen, wenn das Erarbeitete nichts taugt. Was gestrichen ist, fällt nicht durch, und der Papierkorb ist ein kaum zu unterschätzendes Hilfsmittel bei der Predigtvorbereitung. Vielleicht wird es nötig werden, eine Predigt mit einigen Brüdern aus der Gemeinde durchzusprechen, bevor sie gehalten wird. Bleibt die Predigt abstrakt und inaktuell, wird ein solches kritisches Vorgespräch allerdings nie nötig werden! – An vielen Orten hat man begonnen, die Predigt gemeinsam in einem Gemeindekreis vorzubereiten. Dies ist sicherlich ein guter Weg, hebt aber nicht auf, daß der Prediger in eigener Verantwortung ein eigenes Wort – darum ein angeeignetes – zu sagen hat.

Ideal ist es, wenn ich die Predigt bis Samstagmittag fertig habe, dann kann ich sie vielleicht noch einem Kranken vorlesen, und schon beim Vorlesen merke ich schwache Stellen.

10. Memorieren

Nach der Niederschrift der Predigt darf der Prediger mit der Predigtarbeit nicht aufhören. Jetzt gilt es erst recht, sich die Predigt anzueignen.

Das ist der *Sinn des Memorierens,* daß ich mich hineingebe in das, was ich sage. – Viele Prediger machen den Fehler zu meinen, sie seien mit der Predigtarbeit fertig, wenn der letzte Federstrich getan ist. Ich selbst habe mir auf diese Weise schon manche Predigt verdorben. – Das Geheimnis der Vollmacht liegt doch darin, daß der Prediger mit seinem Worte eins ist, daß er nicht zwiespältig, sondern einfältig redet. Freiheit und Freimütigkeit habe ich nur, wenn ich auch das Wort *habe,* und genau das ist der Sinn des Memorierens. Ich kann das Wort nur haben, wenn ich im Wort bleibe. Darum darf ich es nicht wieder beiseite legen, nachdem ich es gefunden habe. Nach der Niederschrift der Predigt bin ich sozusagen schon mein eigener Hörer und habe das Wort zu bewahren und zu bewähren.

11. Die Nacht

Der Mann wird glücklich gepriesen, der nicht nur bei Tag, sondern auch bei *Nacht* über der Schrift murmelt. Löscht der Prediger das Licht, nimmt er das Wort hinein in die Nacht. Das Wort arbeitet dann noch mit ihm weiter, und die Nacht wird zum Filter. Der Morgen schenkt oft Klarheit, was noch zu streichen oder zu ändern ist. Darum soll der Prediger auch die Nacht loben und den Schlaf. Ernst Fuchs hat recht: »Ein Prediger muß ausgeschlafen haben« (351). Wer am Sonntagmorgen sein Bestes geben will, muß ausgeruht sein.

Auch kann es geschehen, daß ein Prediger samstags so müde ist, daß er vielleicht noch schreiben, aber sicher nicht mehr denken kann. In diesem Fall ist es ein Glaubensakt, wenn er sich zu Bette legt in der Gewißheit: »Den Seinen gibts der Herr im Schlaf.« Eine Stunde am frühen Morgen schenkt oft mehr als späte, übermüdete Nachtstunden, gelobt sei darum der Schlaf des Predigers! – Aber auch die Schlafstörung und die Schlaflosigkeit kann gesegnet sein als Einladung, über Gottes Wort nachzusinnen. Im Schlafen und im Nicht-Schlafen ist die Nacht eine gesegnete, wenn sie eine Nacht des Wortes ist.

12. Gottesfurcht

Die *Gottesfurcht* ist auch bei der Meditation der Weisheit Anfang. Darum tun wir gut, uns vor Augen zu führen: Uns Predigern gilt besonders das Wort, daß wir nach unsern Worten gerechtgesprochen und verurteilt werden, daß wir von jedem unrechten Wort Rechenschaft geben müssen (Mt 12,36f).

In diesem Horizont mag eine briefliche Äußerung von *Christian Morgenstern* gegenüber Robert Walser für den Prediger nachdenkenswert sein: »Im Augenblick der Produktion darf einem alles gefallen, alles als die schönste und beste Lösung·erscheinen. Im Augenblick des Hinschreibens mag man in jeden Satz verliebt sein, hinterher aber muß diese ›Affenliebe‹ des Verfassers der anspruchsvollen und verwöhnten Strenge des Lesers weichen. Nicht nur aber sein erster und sein bester, sondern auch sein unnachsichtigster Leser zu sein, halte ich für ein Grundprinzip jedes Schriftstellers« (zit. nach Robert Mächler, Das Leben Robert Walsers, 1966, 98f).

Darum gehört in die Meditation, daß ich nach der Niederschrift der Predigt prüfe, was ich aufgeschrieben habe, ob das, was ich sage, den Christus verherrlicht oder verunehrt, ob ich Gottes Taten ansage oder ob ich Menschenwerk fordere, ob ich etwas feige verschweige, was gesagt werden muß, oder ob ich in meinem Übereifer Unnötiges, ja Verletzendes äußere, das nicht gesagt zu werden braucht. – Zu diesem Prüfen gehört auch die Frage, welche Gemeinde aus dieser Predigt kommt.

Hier ist nochmals an den Maler Matisse zu erinnern, der bei jedem Bild sein Leben wagte (vgl. § 1). In jeder Predigt muß etwas sein, das mich gefährdet, in dem ich mich exponiere, in dem ich mich auch blamieren kann. Wenn ich nicht irgendwo und irgendwie mein Leben einsetze bei der Predigt, wenn ich nicht an einem Punkte wenigstens ein Letztes wage, degeneriere ich unversehens zum Religionsbeamten. Gilt es aber, das Leben zu wagen, muß jede Predigt an die Grenze des Verantwortbaren gehen, indem sie an einem Punkte wenigstens die systematischen und exegetischen Sicherungen überschreitet; das heißt aber, daß der Prediger auch nach der Fertigstellung der Predigt ein Angefochtener bleibt.

13. Das Predigen

Das Reden erweist sich gegenüber der Vorbereitung als ein Neues: Die Hörer sind da – hoffentlich. Die Predigt will jetzt noch einmal »gemacht« werden, sie will gehalten werden – vor den Augen und Ohren der Zuhörer nach der Vorbereitung kommt der Vortrag. Der Prediger hat seine Predigt aufgeschrieben. Dies war die Arbeit eines Komponisten. Jetzt liegen die Noten vor, es gilt das Stück zu spielen. Nochmals steht alles auf dem Spiel. Im Sprechen und Hören soll die Vorbereitung zum Ziel kommen. Im Halten der Predigt wird sich die Meditation bewähren. Das Murmeln über der Weisung tages und nachts soll jetzt zur Ansprache werden. Die leise Stimme erhebt sich, um den »Gruß des Auferstandenen zu überbringen« (Kornelis H. Miskotte, Predigten, 1969, 231). Stand die Predigt auf dem Papier, soll sie jetzt ein Ohr finden, in ein Herz dringen, den Geist schenken, nicht meinen, sondern den, der die Schrift schuf und die Toten auferweckt. Das Meditieren verdichtet sich und setzt sich lautstark fort, damit es begeistere, damit der Hörer nach-denke, einstimme in das Gemurmel tages und nachts und also das Präludium der Auferstehung intoniere.

Dieses Geschehen erfolgt – in der theonomen Reziprozität (§ 4/II) – auf der menschlichen Ebene als Kontakt zwischen Redner und Hörern. Beide Teile tragen das Ihre zu diesem Kontaktgeschehen bei, wobei der Beitrag der Hörer oft unterschätzt wird, vielleicht auch deshalb, weil man das übergreifende Wirken des Geistes nicht genügend beachtet. – Zu diesem Kontaktgeschehen wäre Vielfältiges zu sagen, und es müßte dabei das ganze Problem der Hörerschaft und des Hörens – also der letzte Teil dieser Homiletik – ins Auge gefaßt werden. Ich begnüge mich hier mit dem Hinweis, daß es schon sehr viel wäre, würde der Prediger von seiner Seite her dieses Geschehen weder hemmen noch hindern. Zwei Momente können hier vor allem verderblich wirken. Einmal die falsche Sicherheit, die Eitelkeit des Predigers, dem die Predigt gelungen ist und der unterwegs zur Kanzel Gott nicht mehr fürchtet. Er wird unter der Hand zum Gottesmacher, zum Theurgen, der mit seinem Auftritt Heilsgeschichte in Szene setzt (statt in dieser Geschichte mitzuspielen). Die theonome Reziprozität verwandelt sich unter der Hand in eine vom Menschen dirigierte Reziprozität, in der der Mensch im Grunde auch schon die Rolle Gottes übernimmt. In ähnlicher Weise bemächtigt er sich vielleicht auch des Publikums, um es irgendwie zu rühren und mit seinem eigenen Geist zu begeistern. – Auf der andern Seite zerstören Kleinmut und Kleinglaube, Ängstlichkeit und Resignation des Predigers das Gelingen. Neben der falschen Sicherheit und Eitelkeit gehört dies zur Sabotage des Predigens durch den Prediger, daß er keine Einigkeit hat mit dem, was er predigt. Er traut dem nicht recht, was er zu sagen hat. Damit dementiert er sich selbst.

Daniel Barenboim leitet in seiner Meisterklasse bei der Beethoven-Interpretation die Schüler an, nie zu glauben, es sei langweilig, was sie bringen (TV WDR III, 28. 4. 1970). Ich meine, dieser Rat gelte auch dem Prediger. Die Melodie des Evangeliums selbst ist nie langweilig, und wer als Meditierender predigt, predigt ins Gelingen hinein. Er hat in der Schrift keinen schwachen »Satz«, wenn er ihn nur rein zum Klingen bringt. Nicht der Prediger muß der Melodie Leben verleihen, er muß nur ihre Töne finden, er helfen, daß sie ihr eigenes Leben leben und also tönen kann. Solche Musik wird dem Hörer das Ohr schon öffnen. Angst vor Langeweile wird bei dem Prediger gar nicht aufkommen, der unterwegs zu seinem Text bleibt und darum staunt über die Unendlichkeit des Wortes Gottes und über den Stückwerkcharakter seines Sagens.

Wächst die Predigt aus der Meditation, wird sie meditierend gehalten, ist zu erwarten, daß jetzt auch die Stunde des Gelingens schlägt. Wenn die Verheißung nicht täuscht, partizipiert der Prediger an einem Kontaktgeschehen, in das auch die Hörer hineinkommen. Darum wird er sich jetzt eher ins Wort legen, wie man im Hessischen sagt, statt sich im Direktgang mit den Leuten anzulegen. Als ein vom Geist vermitteltes bleibt das Kontaktgeschehen durch und durch menschlich, also auch psychologisch bedingt.

Ist seine Vielfalt hier nicht zu beschreiben, so mag anhangsweise auf einen letzten, wohl nicht unwichtigen Punkt hingewiesen werden. Nach *Daniel Barenboim* sind Bescheidenheit und Zurückhaltung wohl im menschlichen Verkehr angebracht, aber für den musikalischen Interpreten wenig geeignet. Bescheidenheit und Zurückhaltung sind auch beim Prediger löbliche Tugenden, eignen sich aber für das Predigen selbst in dem Moment nicht, in dem sich der Prediger ins Wort legt und am Kontaktgeschehen des Geistes partizipiert, weil er nicht auf sich selbst sehen muß, sondern auf den, den er anzusagen hat.

14. Meditation des ganzen Gottesdienstes

Nicht nur die Predigt ist zu meditieren, sondern *der ganze Gottesdienst.* Es kann hilfreich sein, die Predigtarbeit damit zu beginnen, daß man zuerst die Lieder zum Text aussucht. Sie werden ja im Gottesdienst einen Kommentar zur Predigt bilden.

Werden liturgische Agendengebete gebraucht, bedürfen sie in besonderer Weise der Aneignung. Der Prediger, der in letzter Minute zur Agende greift, um dem lieben Gott hastig etwas vorzulesen, heiligt den Namen Gottes nicht. Werden liturgische Gebete gebraucht, so sind diese nach einer guten Weisung der Kirchenordnung des Hippolyt (vgl. Jungmann, Missarum Sollemnia I, 39f) zu verändern, gilt es doch, die Gebete der Kirche jetzt und hier und selber zu beten.

15. Bleiben bei der Predigt

Geht es in der Meditation um *das Bleiben am und im Wort,* kann und darf der Prediger nach der Predigt die Meditation nicht einfach beenden. Das Gespräch über die Predigt muß im Hausbesuch weitergehen. Hier liegt eine entscheidende Schwäche unserer Predigtpraxis: Wir sind viel mehr daran interessiert, wie die Predigt zustande kommt, als daran, was aus der Predigt wird. Indem wir das Gleichnis von der selbstwachsenden Saat (Mk 4,26ff) zu einem Mythos gemacht haben, beachten wir nicht, daß das gepredigte Wort weiter will, merken wir nicht, was das gepredigte Wort jetzt will. Indem wir Prediger nicht bei unserer Predigt bleiben, machen wir selbst die Predigt unglaubwürdig. Darum sollte man nicht durch den Predigtturnus die Predigt in ihrer Wirkung bagatellisieren, man sollte vielmehr den Mut haben, eine Predigt am nächsten Sonntag von neuem zu diskutieren (vgl. § 29/II). Die beste Vorbereitung einer neuen Predigt beginnt zunächst mit dem Gespräch über die letzte Predigt: »Oh das Glück des Mannes, der ... Lust hat an SEINER Weisung, über seiner Weisung murmelt tages und nachts!«

VI

Meditation mit der Gemeinde

Franz Jantsch, Man kann auch anders predigen . . ., 1970, 53ff.

Soll die Meditation zur Predigt führen, soll die Predigt ihrerseits der Gemeinde zur Meditation helfen, indem sie ins Bedenken und Nachsprechen des Textes führt. Im besonderen gibt es eine Predigtweise, die speziell zur Meditation anleitet. Der Prediger meditiert mit der Gemeinde. – Im Kontext von Ps 1 und den Äußerungen von Gomringer wird eine vor allem in der katholischen Tradition geübte Praxis auch für den evangelischen Prediger nachahmenswert. Sie kann helfen, den Schematismus der Predigt zu überwinden.

»Das Wesentliche bei dieser Form ist, daß die Leute viel mehr engagiert werden, daß sie gedrängt werden, sich umzustellen, und viel stärker mitdenken und mitfühlen als sonst.

Bei der Predigt überfällt der Priester gleichsam die Leute. Er drängt sich ihnen auf, und sie kommen kaum nach, seinen Gedanken zu folgen. Bei der Meditation geht es darum, nur Anreize zu geben und das Mittun, das Denken und Betrachten der Gläubigen anzuregen, sie zur Eigentätigkeit zu bringen« (Jantsch, 53).

Das Beispiel, das Jantsch anführt, zeigt, wie es hier schon zu einer gewissen Sprachverknappung kommt. Die Pause und damit das Schweigen werden in die Rede eingebaut. Allerdings wird man achtgeben müssen, daß nicht Stimmung oder Suggestion wegleitend werden für das Schweigen, daß vielmehr das Wort in der eingelegten Pause Raum bekommt und daß der Hörer durch das Schweigen des Predigers Zeit gewinnt für das Wort. Das Schweigen muß der Gegen-wart des Wortes ent-sprechen, damit es dem Hörer ein Nachsprechen im Sinne des ersten Psalms ermöglicht. Eine solche Meditation wird zur Freude am Wort helfen. Jantsch empfiehlt solche gemeinsame Meditation als gelegentliche Abwechslung für den Sonntagsgottesdienst; besonders geeignet ist diese Form der Betrachtung als Vorbereitung für eine Bußandacht (57). Ich meine, diese Predigtweise empfehle sich besonders für Kurzpredigten, aber auch für Andachten. Jantsch weist mit Recht darauf hin, daß auch ein zweiter Sprecher, ein Laie, sich dialogisch an einer solchen Meditation beteiligen könne.

In diesem Zusammenhang sei auf die Predigt *Dietrich Bonhoeffers* über Ps 42 aus der Zeit des Kirchenkampfes hingewiesen. Diese Predigt wurde im Predigerseminar gehalten und sollte die Hausgemeinde im Mitbeten dieses Psalms auf Pfingsten vorbereiten (Westermann). Die Predigt setzt sich zusammen aus 11 Einzelabschnitten, eigentlich 11 Kurzhomilien mit 11 Gebeten und 11 Liedversen (GS IV, 391ff; vgl. dazu *Claus Westermann,* Verkündigung des Kommenden, 1958, 150ff. – *Helmut Barié,* Das Kirchenlied in der Predigt, Diss. Heidelberg 1969, 312ff).

In meiner ersten Gemeinde übernahm ich eine Predigtweise, die nach der Textverlesung und einer kurzen Einleitung eine »stille Zeit« und ein kurzes Gebet, das alte Suspirium, einlegte. – Eine »stille Zeit« beim Predigtabschluß kann auf eine gute Weise zum Gebet überleiten. Eine solche Zeit der Stille mag andeuten, daß der Prediger nicht alles gesagt hat, der Hörer soll Gelegenheit bekommen, selber weiterzudenken. Der Prediger läßt dem Hörer Zeit, er mutet ihm Mündigkeit zu. Das Wort und der Hörer bekommen im Predigtgeschehen einen Raum der Freiheit.

Die Bedeutung des Schweigens und der Stille für das Wort und die Wichtigkeit der Pause für das Sprechen wird oft übersehen. Das Meditative bildet – wie etwa das Erzählen – ein Strukturelement der Predigt. Auch wo die Predigt nicht als solche zur Meditation wird, wird sie meditative Elemente in sich aufnehmen, es sei denn, sie zerrede das Wort. Wer aber weniger Worte macht, sagt mehr.

*Der durch das Wort ermächtigte Prediger wird Vorbild. Als Vorbild ist
er nicht das Wort und nicht die Geistesgegenwart. Das Wort reflektiert
sich in ihm, er reflektiert das Wort. Der Geist vergegenwärtigt sich in
ihm, er vergegenwärtigt den Geist. Vorbildlichkeit ist die große Chance
für den Prediger und sein Predigen – vor allem in einer Zeit, in der das
Wort massenhaft reproduziert wird und die Predigt unglaubwürdig geworden ist.*

§ 22

DER PREDIGER ALS VORBILD

Die Verkündigung in den Massenmedien macht die Predigt im paro-
chialen Gottesdienst überflüssig, wenn wir sie auf ein bloß verbales Geschehen reduzieren. In der Rundfunkpredigt zum Beispiel wird ein ganzes Land potentiell zu einer Gemeinde. Jedermann kann hören. Warum
soll dann der Pfarrer XY noch predigen, wenn gleichzeitig die viel bessere Predigt des Pfarrers Z über den Äther geht? Und warum soll ich
mich als Hörer zur Predigt bemühen, wenn ich sie bequemer in meinem
eigenen Hause hören kann? Die eilige Etablierung der Predigt in Funk
und Fernsehen ließ uns weitgehend vergessen, daß die Predigt »gehalten« werden muß. Wer eine Predigt »hält«, haftet für sie, steht bei den
Hörern im Wort, schuldet Rechenschaft. – Der im Wort steht, muß sich
seinen Hörern stellen. Dies aber setzt Verbindung voraus, eine Gruppe,
eine Gemeinde, Überschaubarkeit. – Stellt die Konkurrenz der Massenmedien die herkömmliche Predigt in Frage, ist nach dem Plus einer pa-
rochialen Predigt vor der Rundfunkpredigt zu fragen. Die Frage, wer der
ist, der jetzt in meiner Gemeinde predigt, bekommt damit für den Hörer
eine neue Dringlichkeit. Rücken wir aber den Prediger ins Zentrum der
Betrachtung, stoßen wir über kurz oder lang auf dessen Vorbildlichkeit
oder Nicht-Vorbildlichkeit.

Die *Kommunikationsforschung* hat gezeigt, wie wichtig die Glaubwürdigkeit des Kom-
munikators für die Wirkung einer Information ist. Eine Kommunikation ist »überzeugender, wenn der Kommunikator eine gut angesehene Informationsquelle ist, als wenn
es sich um einen Kommunikator mit geringerem Prestige handelt« (*Nathan Maccoby*,
bei Wilbur Schramm, Grundfragen der Kommunikationsforschung, 59).

Die Kommunikationsforschung unterstreicht auf ihre Weise die Frage
nach der Vorbildlichkeit des Predigers; denn Glaubwürdigkeit und Prestige gewinnt der Prediger, indem er der Gemeinde nicht nur etwas vor-
sagt und vorspricht, sondern auch vor ihr hört und dem Worte folgt –
also Vorbild wird. Hierbei scheint es wichtig, daß wir zunächst versuchen,
uns am Neuen Testament zu orientieren.

I

Meditation über das Vorbild

Anselm Schulz, Nachfolgen und Nachahmen. Studien über das Verhältnis der neutestamentlichen Jüngerschaft zur urchristlichen Vorbildethik, 1962 (Lit.). – *Rudolf Bohren,* Bemerkungen zu einer Theologie des Vorbildes im Blick auf Predigt und Seelsorge, Communio Viatorum XII, 1969.

Die Geschichte des Menschen kommt von einem Bilde her und eilt auf ein Bild zu. Der Mensch ist geschaffen als Bild Gottes. In seinem Menschsein ist er bildlich. »Und Gott schuf den Menschen nach seinem Bilde, nach dem Bilde Gottes schuf er ihn; als Mann und Weib schuf er sie« (1Mose 1,27). Steht am Anfang die Schöpfung zum Bild, kommt es am Ende der Geschichte zu der Bildwerdung. Auf dieses Bild hin geschieht Predigt: »Denn die er zum voraus ersehen hat, die hat er auch vorher bestimmt, gleichgestaltet zu sein dem Bilde seines Sohnes« (Röm 8,29). Die Bestimmung des Christen erscheint als Bestimmung zum Bild. Von Anfang an zum Bild bestimmt, sind die Christen in einem letzten Sinn bildungs-fähig; denn sie *sind,* um gebildet zu werden nach dem Bild des Sohnes. Dies ist ihr neues Leben und Ziel alles Erdenlebens, dem Bild gleich zu werden. Dazu sind sie prädestiniert.

Der Mensch, der Menschenantlitz trägt, stellt das Bild Adams dar. Ihm ist verheißen, ein neues Antlitz zu tragen, das des Himmlischen (1Kor 15,49). Paulus spricht darum von einer Verwandlung, die alle Christen, die lebenden und toten, erwartet (1Kor 15,51; Phil 3,21). Diese Verwandlung in das Bild des Himmlischen ist und bleibt für uns vorläufig unanschaulich, hat aber ein Datum, die unteilbare Zeit, der Nu (1Kor 15,52), identisch mit der Rückkehr des Herrn als Erretter aus den Himmeln, »der unsern Leib der Niedrigkeit verwandeln wird, so daß er gleichgestaltet wird seinem Leib der Herrlichkeit vermöge der Kraft, mit der er auch alle Dinge sich untertan machen kann« (Phil 3,21).

Der Kolosserbrief erweitert diese Gedanken ins Kosmische. »Und er ist das Ebenbild des unsichtbaren Gottes, der Erstgeborne der ganzen Schöpfung; denn in ihm ist alles ... erschaffen worden ... Alles ist durch ihn und auf ihn hin erschaffen ...« (1,15f). Nicht nur die Christen, alles Geschaffene ist auf das Ebenbild des Unsichtbaren hin erschaffen. Alle Schöpfung ist Schöpfung zum Bild, zum Bilde Gottes. Das Ziel aller Schöpfung ist dieses Bild; denn Gott soll sein alles in allem. Er soll in allem zum Vorschein kommen und alles umfassen. – Allerdings wird nicht gesagt, daß alles sein Bild tragen soll; aber es wird behauptet, daß alles zum Ebenbild hin bereits erschaffen ist; es soll alles ins Bild kommen. Die Bildungsfähigkeit des Christen, seine Bildwerdung hat kosmischen Bezug. In seiner Verbundenheit mit dem Ganzen der Schöpfung ist er bildungsfähig.

Jesus Christus ist Gottes Ebenbild nicht nur in dem Sinne, daß er uns zeigt, wer Gott ist; er ist nicht nur das Bild Gottes als Offenbarer, er ist es als Vollender. Jesus Christus ist das Worauf-Hin aller Menschheit und Kreatur. Das Vor-Bild, nachdem Menschheit und Schöpfung neu geschaffen werden sollen. Das große So am Ziel aller Wege Gottes. Zu ihm hin sind Gemeinde und Welt unterwegs als zum Vor-Bild der Neuschöpfung. Ohne diese Dimension der Zukunft ist von ihm nicht zu reden. Das Reich Gottes kommt, damit wir dem Vorbild nachgebildet werden. In dem Sinne also sind wir bildungsfähig, daß wir zur Verwandlung und Neuschöpfung ausersehen, prädestiniert sind. Bildung quillt aus Gnadenwahl. So ist die Zeit der Bildung immer Vorzeit. Wenn aber der Wiederkommende sich zeigt, werden wir uns zeigen als die Ihm-Gleichen. Im Erkennen folgt Verwandlung. Im Erkennen des Wiederkommenden erfolgt unsere Verwandlung (vgl. 1Kor 13).

In diesem Horizont müssen wir den Gedanken des Vorbildes denken. In diesem Horizont die Figur des Predigers sehen, wenn wir fragen, inwiefern er Vorbild sei. In diesem Horizont wird auch eine heimliche Predigt-Geschichte erkennbar. Sie geschieht auf Verwandlung hin.

Das Vorbild steht aber nicht nur eschatologisch vor uns, es taucht auf als Bild des Erniedrigten, anschaulich in der Erscheinung Jesu von Nazareth. Unser Vorbild wird für uns erkennbar in dem Jesus der Evangelien; zwar kennen die Synoptiker die Vokabel »Vorbild« nicht, doch offenbar die Sache (vgl. Eduard Schweizer, Erniedrigung und Erhöhung bei Jesus und seinen Nachfolgern, 1955, 144).

Es stellt sich aber die Frage, ob ein Bedenken des Vorbildes zwischen Inkarnation und Vollendung die Einzigartigkeit und Besonderheit Jesu Christi nicht verwischt. Dies ist tatsächlich der Fall, wenn wir nicht noch einen weitern Aspekt beachten. Wir haben die erregende Tatsache zu bedenken, daß Paulus nicht zur Nachfolge Jesu aufruft, sondern zur Nachahmung seiner selbst.

Nach *Walter Schmithals* muß es sich hier »um einen traditionell zum Wesen des Apostolats gehörenden Zug« handeln (Das kirchliche Apostelamt, 1961, 33). – Wir gehen nun so vor, daß wir – in Auswahl – der Wortgruppe »Nachahmung, Nachahmen«, die mit zwei Ausnahmen – 1Thess 2,13f; Eph 5,1 – von der Nachahmung des Apostels handelt und ihn damit als Vorbild hinstellt, Beachtung schenken. Die nachfolgende Skizze befindet sich im Widerspruch zu *Anselm Schulz,* der die Wortgruppe dem Bereich der Vorbildethik zuordnet, was ihm m.E. verwehrt, die theologische Bedeutsamkeit herauszuarbeiten.

Zuerst spricht der Apostel von der Nachahmung seines Vorbildes im Zusammenhang mit seinem Fürdank, mit dem Hinweis auf die Erwählung der Thessalonicher und auf seine Verkündigung daselbst. »Und ihr habt unser Beispiel und das des Herrn nachgeahmt, indem ihr unter vieler Trübsal das Wort aufnahmt mit Freude des heiligen Geistes, so daß ihr allen Gläubigen in Mazedonien und in Achaja ein Vorbild geworden seid. Denn von euch aus ist das Wort des Herrn nicht allein in Mazedonien und Achaja erschollen, sondern an jeden Ort ist euer Glaube an Gott hinausgedrungen . . .« (1Thess 1,6ff).

Erscheint die Erwählung als Grund des Glaubens, so ist sie offenbar zugleich der Grund für die Nachahmung des apostolischen Beispiels. Nachahmung geschieht auf dem Fundament der Erwählung im Blick auf ihr Ziel. – Neben diesem prädestinatianischen Aspekt scheint der personale bedeutsam zu sein. Paulus spricht von »unserem Evangelium« (1,5). Offensichtlich ist seine Art und Weise des Predigens unauswechselbar. In ihr wird die Gnadenwahl sichtbar. Sein Predigen bringt die Prädestination ans Licht. So ergibt sich eine besondere Beziehung zwischen dem Verkündiger und denen, die durch die Verkündigung gläubig werden. Diese Beziehung wird durchaus als gegenseitige Bindung verstanden (vgl. 1Thess 2,11; 1Kor 4,15; 2Kor 6,13; Gal 4,19). Die Thessalonicher vernehmen das Evangelium durch Paulus. Als *sein* Evangelium wird es *ihr* Evangelium.

Gott bleibt dabei der Handelnde. Darum steht im Vers 6 das Passiv: »Und ihr seid unsere Nachahmer geworden.« Diese Nachahmung des Apostels besteht offenbar darin, daß die Thessalonicher das Wort »unter viel Trübsal« aufgenommen haben, »mit Freude des heiligen Geistes«. Vorbildlich begegnet ihnen der Apostel zuerst als Hörer des Wortes, der als Bedrängter »überreich an Freude« bleibt (vgl. 2Kor 7,4). Wie der Mann des ersten Psalmes zum Modell für den Psalmenleser, so wird die apostolische Freude am Wort beispielhaft für die Hörer seiner Predigt. – Indem die Thessalonicher das Wort aufnehmen wie der Apostel, gleicht der Effekt ihres Hörens dem des Apostels. Ihr Hören wirkt eine dem Apostel entsprechende Frucht, »die Kraft des heiligen Geistes« wirkt offenbar in den Thessalonichern weiter. Wie der Eingang des Apostels – nach 1Thess 2,1 – nicht fruchtlos war, so bleibt die Hörerexistenz der Gemeinde nicht fruchtlos. Die Thessalonicher werden für die Gläubigen in Mazedonien und Achaja, was Paulus ihnen wurde, Vorbild! – Nun ist aber zu beachten, daß die Nachahmung des Apostels eine ökumenische Ergänzung findet. Den Apostel nachahmen und die judäischen Gemeinden nachahmen, die wie der Apostel verfolgt werden, ist eins (vgl. 1Thess 2,10ff).

Martin Dibelius spricht von einer Art Selbstkorrektur des Apostels im Verse 6, wenn es dort nicht nur heißt: »Und ihr seid unsere Nachahmer geworden«, der Apostel vielmehr hinzufügt: »und des Herrn«. Ich meine, daß diese Nachstellung theologisch zu interpretieren ist. Der Herr ist zunächst im Geist und dann im Apostel der Gemeinde begegnet. Paulus steht als Apostel des Geistes den Thessalonichern unmittelbar gegenüber, während der Herr ihnen in der Gestalt des Apostels, also nachgeordnet, mittelbar, begegnet. Im Vergleich mit dem Johannes-Evangelium kann man sagen: Der Apostel steht hier an erster Stelle, weil der Herr den Parakleten (Tröster) gesandt hat. In der Zeit des Parakleten haben die Thessalonicher nicht Jesus Christus vor Augen, sondern eben seinen Gesandten.

Aber der Apostel wirkt nicht nur vorbildlich als der Leidende und sich Freuende; offensichtlich begreift er seine ganze Existenz als Vorbild. Dies wird deutlich, wo er seine apostolische Autorität einsetzt: »Wir gebieten euch aber, ihr Brüder, im Namen unseres Herrn Jesus Christus, daß ihr euch von jedem Bruder zurückzieht, der unordentlich wandelt und nicht nach der Überlieferung, die sie von uns empfangen haben. Denn ihr wißt selbst, wie man unser Beispiel nachahmen soll; denn wir haben uns nicht unordentlich unter euch verhalten, auch nicht umsonst von jemand Brot gegessen, sondern mit Mühe und Beschwerde Tag und Nacht arbeitend, um niemandem von euch beschwerlich zu fallen. Nicht, weil wir nicht das Recht (dazu) hätten, sondern um uns euch als Vorbild hinzustellen, damit ihr uns (darin) nachahmen solltet« (2Thess 3,6–9).

Im Erinnern an die apostolische Tradition gibt Paulus autoritative Weisung »im Namen unseres Herrn Jesus Christus«. Die Annahme des Evangeliums impliziert eine Lebensweise im Einklang mit dem Evangelium. – Paulus arbeitet, um sich selbst als lebendiges Beispiel darzustellen. Hier ist nicht vom Leiden die Rede, sondern vom Arbeiten: Die Vorbildlichkeit bestimmt sein Handeln. Auch das Materielle wird in diese Gedanken einbezogen, auch sein Verhältnis zum Geld, genauer zu dem, was er verdient, wird von der Idee der Vorbildlichkeit bestimmt und das heißt, der Dienst am Wort umfaßt das Ganze seiner Existenz.

Das wirtschaftliche Verhalten, das Finanzgebaren hat für den Verkündiger keine Eigengesetzlichkeit, sondern wird hineingenommen in den Dienst am Wort. Der Hinweis auf seine Person wirkt dabei fast penetrant aufdringlich (V. 9). – Weiterhin gewährt uns die Stelle Einblick in das Wesen der Autorität. Paulus tut selbst mehr, als was er gebietet. Wenn er sagt, wer nicht arbeite, solle auch nicht essen (V. 10), macht er selbst eine Extraanstrengung, um seine Forderung zu überbieten. Er gebietet als einer, der selber sein Gebot schon mehr als erfüllt hat. Seine Existenz bildet die Resonanz zu seiner autoritativen Weisung: mit seinem Verhalten zeigt er, daß sein Gebieten »im Namen unseres Herrn Jesus Christus« keine Leerformel ist. (Käme man zu dem Urteil, 2Thess als unpaulinisch zu betrachten, wäre die Stelle nicht weniger bedeutsam als Beispiel frühchristlicher Interpretation apostolischer Existenz!)

Macht es Phil 3,15–17 den Anschein, als ob sich Paulus als Kanon des Handelns der Gemeinde empfehle – Stanley sieht in der Nachahmung eine Quelle der Einheit –, so erscheint der Apostel hier wiederum – wie in 1Thess 1,2–8 und 2,10–15a – nicht allein als Vorbild. Dem Doppelzeugnis, mit dem der Brief beginnt, entspricht eine Ergänzung – freilich in deutlicher Nachordnung – des paulinischen Vorbildes durch solche, »welche so wandeln, wie ihr uns zum Vorbild habt«. – Interessant ist der Vergleich von Phil 3,15–17 mit 2,1–11: Sollen nach 2,5 die Philipper die Gesinnung in sich hegen, »die auch in Christus Jesus war«, so wiederholt und variiert der Apostel seine Mahnung in 3,15. Theologisch bedeutsam scheint mir der Unterschied beider Stellen. Er sagt: »Diese Gesinnung heget in euch, die auch in Christus Jesus war«, sagt aber nicht: »Ahmet sein Beispiel nach«. In 2,5 artikuliert er den Gedanken der Konformität und vermeidet den von Vorbild und Nachahmung. Das Vorbild wäre dann ein Merkzeichen unterwegs zur Konformität.

Gott hat die Apostel »als die Geringsten hingestellt, wie zum Tode Verurteilte« (1Kor 4,9). So werden sie zu Vor-Bildern. In der Nachahmung des Paulus werden die Korinther an seinem Leidensweg beteiligt. Die Nachahmung gilt einem Erniedrigten, in ihr geht es abwärts. So wird denn die Vorbildlichkeit des Apostels nirgends als missionarische Strahlkraft anvisiert. Man wird nicht Christ, weil der Apostel eine nachahmenswerte Persönlichkeit wäre. Weil man durch ihn Christ geworden ist, wird man zur Nachahmung gerufen: »Nicht um euch zu beschämen, schreibe ich dies, sondern als meine geliebten Kinder ermahne ich euch. Denn wenn ihr zehntausend Zuchtmeister in Christus habt, so doch nicht viele Väter; denn in Christus Jesus habe ich euch durch das Evangelium gezeugt. Daher ermahne ich euch: Ahmet mein Beispiel nach! Ebendeshalb habe ich den Timotheus zu euch gesandt, der mein geliebtes und treues Kind im Herrn ist, der euch an meine Wege in Christus erinnern wird, wie ich allenthalben in jeder Gemeinde lehre« (1Kor 4,14–17).

Das Schauobjekt der Geringheit spricht merkwürdig freiherrlich und gar nicht im demütigen Predigerstil: »In Christus Jesus habe ich euch durch das Evangelium gezeugt.« Bei der Wirkung der Predigt stellt sich der Apostel hier durchaus als der Aktive vor, ganz anders als nach unsern theologischen Klischees! Stellt er sich hier als Erzeuger vor, sehen wir ihn in 3,2 als Ernährer, der seinen Kindern Milch zu trinken gibt. Er erklärt sich damit als verantwortlich für das, was er predigt, und für das, was aus der Predigt wird.

Das Predigtgeschehen und sein Ergebnis wird mit Vaterschaft verglichen. Gibt es in der Familie Gottes so etwas wie ein Vater-Kind-Verhältnis, erscheint es ganz natürlich, daß die Kinder danach streben, dem Vater ähnlich zu werden. Zeugung durch das Evangelium setzt den Prozeß der Nachahmung in Gang, mit dem die Verantwortlichkeit des Erzeugers korrespondiert. Diese Nachahmung geschieht aus Gehorsam gegenüber dem, dem man Autorität zubilligt. Christus war für die Korinther gegenwärtig im Geist, Paulus war ihnen leibhaftig gegenübergetreten. Darum haben sie zu ihm gewissermaßen die direkte Beziehung: »Ahmet mein Beispiel nach, wie auch ich das (Beispiel) Christi (nachahme). Ich lobe euch aber, daß ihr in allen Dingen meiner gedenkt und die Überlieferungen, wie ich sie euch übergeben habe, festhaltet« (1Kor 11,1f).

Ich versuche, im Überblick einige Schlüsse zu ziehen aus den behandelten Stellen. Paulus redet von der Nachahmung seiner selbst nur bei Gemeinden, die er selbst gegründet hat, die ihn von Angesicht kennen. Nachahmung setzt persönliche Nähe voraus, es sei denn, man erhebe den Nachzuahmenden zum Idol. – Für unser Predigen ergibt sich aus diesem Sachverhalt eine bedeutsame Konsequenz: Die Verkündigung wirkt für Verkünder und Hörer verbindlich. Predigen heißt mehr als Worte vorsagen und hersagen. Zum Vor-Sagen gehört das Vor-Leben des Wortes durch den Verkündiger. In solchem Vor-Leben wird die Person für die Hörer verbindlich. Die Botschaft ist nicht ablösbar vom Botschafter; wäre sie das, wäre sie nicht menschliche Botschaft, sondern Geister-Botschaft. –

In der Kirchen- und Theologiegeschichte gibt es seit dem donatistischen Streit die Tendenz, die Unabhängigkeit der Botschaft vom Menschen zu behaupten. Diese Tendenz hat darin recht, daß die Botschaft vor dem Prediger da ist und nach dem Prediger da sein wird. Das theologische Recht dieser Tendenz besteht darin, daß sie die Predigt als *Gottes* Wort zu verstehen versucht. Es ist aber zu fragen, ob sie die Menschenwürde des Wortes zu wahren weiß. Man ehrt das Göttliche nicht, wenn man das Menschliche verunehrt, und man verunehrt das Menschliche, wenn man es nicht genügend beachtet.

Paulus ruft zur Nachahmung seiner selbst auf, um damit die Gemeinden zur Nachahmung Christi zu führen. Diese Nachahmung Christi ist also eine mittelbare. Das Bild Jesu Christi lebt vor unsern Augen in den Nachfolgern. Wir haben kein Bild vom Nazarener. Was wir sehen, sind Leute, die diesem nachlaufen. Jesus wird unser Vorbild, indem er Gestalt annimmt in denen, die er sendet. Darum stehen wir vom Apostel her in einer Sukzession des Wortes und des wortförmigen Lebens. Wortförmiges Leben aber ist ein Leben im Heiligen Geist (vgl. § 21/II/6). Darum kann man sagen: Vorbild und Nachahmung gibt es, weil seit Ostern und Pfingsten der Geist wirkt. Vorbild und Nachahmung gibt es, weil der Geist über das Fleisch kommt. Durch den Geist und im Geist prägt Jesu Bild die Vorbilder. Durch den Geist bezeugt sich Jesus Christus in seinen Zeugen. Jeder weist mosaikartig auf ihn, jeder ist Stückwerk, ein Steinchen nur, das zum großen Bild gehört. So habe ich Jesus Christus nur indirekt; noch ist er nicht schlechthin anschaubar in den Vorbildern, kommt er doch in ihnen nur als der Verborgene zum Vorschein; aber ohne diese Vorbilder ist er für mich kaum erkennbar. Im Vorbild wird Geistesgegenwart sichtbar.

Nachahmung ist von Paulus her mehr als intellektuelle Schülerschaft und weniger als Nachfolge. Sie setzt allerdings intellektuelle Schülerschaft voraus und leitet zur Nachfolge an. Weil Vorbild und Nachahmung in die Zeit des Geistes gehören, darum sieht eine spätere Schicht des Neuen Testamentes das Vorbild im Dienst der Charismatik (vgl. § 4/II).

Der Pastorale nennt in 2 Tim 1,5f eine Traditionskette des Glaubens: Dieser wohnte zuerst in der Großmutter Lois, dann in der Mutter Eunice und jetzt auch in Timotheus, der offenbar seinen Glauben von den Müttern hat. In einem Parallelsatz wird er an das Charisma erinnert, das er – offenbar seit der Ordination – trägt. Der Erinnerung an die Mütter steht die Erinnerung an die anzufachende Gnadengabe zur Seite. In der Erinnerung an die Mütter erinnert der Pastorale an das Charisma, das anzufachen ist.

In 3,10f setzt der Pastorale die Nachfolge des Apostels in Antithese zum Fortschreiten der Gnostiker im Verderben. »Du aber bist mir nachgefolgt in der Lehre, in der Lebensführung, im Streben, im Glauben, in der Langmut, in der Liebe, in der Geduld, in den Verfolgungen, in den Leiden . . .« Solches Nachfolgen bedeutet offenbar ein Fortschreiten im Heil. Es wird keine Überinterpretation sein zu behaupten, daß Timotheus durch die Erinnerung an solche Nachfolge ermuntert wird, seine Gnadengabe anzufachen. Indem Timotheus den Charismatiker nachahmt, entfacht er sein eigenes Charisma.

Im ersten Brief ist er zur Vorbildlichkeit ermahnt worden: ». . . werde ein Vorbild der Gläubigen im Wort, im Wandel, in der Liebe, im Glauben, in der Keuschheit! Bis ich komme, sei fleißig im Vorlesen (der heiligen Schrift), im Ermahnen, im Lehren! Vernachlässige nicht die Gnadengabe in dir, die dir durch Weissagung unter Handauflegung des Rates der Ältesten verliehen worden ist! Dies laß deine Sorge sein, darin lebe, damit dein Fortschreiten jedermann offenbar sei! Habe acht auf dich selbst und auf die Lehre, halte fest an diesen Dingen; denn wenn du dies tust, wirst du sowohl dich selbst erretten als auch die, welche auf dich hören« (4,12b–16).

Die Vorbildlichkeit des Timotheus wird im Gebrauch des Charisma deutlich. Im Gebrauch des Charisma aber kommt es zu einem Fortschreiten in der Vorbildlichkeit. Dieses Schreiten von Vorbild zu Vorbild zeitigt Frucht: die Selbstrettung sowie die Rettung der Hörer. Von der Charismenlehre her läßt sich darum sagen: Vorbildlichkeit erscheint da, wo von der Gnade in der Gnadengabe Gebrauch gemacht wird. Im Gebrauch der Gnade kommt es zur Vorbildlichkeit.

II

Praktische Folgerungen

Alfred Niebergall, Der Prediger als Zeuge, 1960. – *Herbert Breit,* Die glaub-würdige Predigt, in: HUMANITAS-CHRISTIANITAS, Festschrift Walther von Loewenich, 1968, 362ff. – *Jan Besemer,* Der Verkünder heute, HdV II, 54ff (Lit.).

Der Begriff der Vorbildlichkeit verbietet eine Eingrenzung der Predigt auf die Kanzelrede als einen verbalen Akt. Er impliziert vielmehr, daß der verbale Akt eingebettet ist in die Totalität der Person und ihres Dienstes. So zeigt sich hier die Verknüpfung von Wort und Existenz, von Predigt und Seelsorge. Das Predigen erscheint hier als ein Akt im Chor vielstimmiger Dienste. Der Begriff des Vorbildes macht deutlich, daß der Prediger sichtbar in Erscheinung tritt und daß dieses In-Erscheinung-Treten eine verbindliche Zusage seiner Existenz für die Hörer mit sich bringt. Wer predigt, sagt sich seinen Hörern zu. Wir versuchen im Folgenden die Aspekte solcher Zusage zu entfalten.

1. Wird in den Briefen vornehmlich zur Nachahmung des Apostels aufgerufen, signalisiert dies unsere Lage vor der Vollendung. Wir ahmen den nach, der wohl Christi Malzeichen trägt, dessen Erkennen und Weissagen aber Stückwerk ist und dessen Schwachheit, Furcht und Zaghaftigkeit die Korinther zum Beispiel kennen (I 2,3). Paulus als Törichter, Schwacher, Verachteter, als Hungerleider und Dursthaber, als Geschlagener und Unsteter, als Welt-Kehricht und Abschaum aller stellt sich als Exempel vor die Korinther (I 4,9ff).

Werden wir am Ende der Zeiten dem Bilde des Sohnes gleichgestaltet, erscheinen in der Vorzeit die Apostel und alle die, die dem Apostel nachfolgen, als Vorbild. – Die Zwischenschaltung des Apostels und seiner Nachahmer vor das Bild Christi befreit uns von einem falschen Perfektionismus. Nicht das Unerreichbare, sondern das Erreichbare ist nachzuahmen, nicht die Vollkommenheit des Sohnes, sondern die des Apostels und der späteren Charismatiker. Nicht der Gott-Mensch, sondern der Mensch Gottes ist nachzuahmen.

Wir haben schon darauf hingewiesen, daß Paulus sich nur den Gemeinden als nachahmenswertes Vorbild hinstellt, die ihn kennen. Vorbild kann nur der sein, dessen Grenzen wir kennen. Die Sichtbarkeit des Vorbildes sollte davor bewahren, aus ihm einen Mythos zu machen. Nur das, was vom Apostel jetzt sichtbar ist, was die Gemeinde kennt, kann sie nachahmen. Nur der Charismatiker, dem ich begegne, kann vorbildlich für mich werden. Solange ich bloß von ihm höre, kann er wohl Hinweis sein; Vorbild ist er nicht. Es ist ein Unterschied, Nachrichten über ein Vorbild zu hören oder dem Vorbild zu begegnen. Das Vorbild, dem ich heute begegne, wird geringeres Format haben als das des Paulus, wird aber in actu für mich bedeutsamer sein können, insofern nämlich, als für mich hier und jetzt Gnade sichtbar in der Gnadengabe erscheint. Gerade der Stückwerkcharakter des Vorbilds ist sein Vorzug. Die Miniatur vor mir ist kostbarer als das Kolossalgemälde in der Ferne. Das will heißen: Nachahmung ist praktikabel. Es geht nicht darum, Jesus als ein unerreichbares Ideal nachzuahmen, vielmehr darum, den nachzuahmen, der in der Nachfolge Jesu vor unsere Augen tritt.

Nachahmung gehört deshalb nicht in den mystischen, sondern in den sozialen Bereich und vollzieht sich in der leibhaften Kirche. Weil Jesus Christus als der Auferstandene in seinen Gliedern lebt, gibt es für uns Vorbilder in Personen. Christus lebt vor uns und mit uns in Personen. Wer Christus predigen will, wird die nachahmen, in denen Christus lebt. Im Nachahmen aber wird er irgendwo selbst nachahmenswert. Weil Vorbild und Nachahmung soziale Kategorien darstellen, stellt sich hier die Frage, inwiefern der Prediger sozial zu leben vermag, inwiefern er in der Gemeinde als Person unter Personen lebt. Dieses Leben als Person unter Personen könnte man als Begegnungsfähigkeit bezeichnen. Wird im ersten Psalm der glücklich gepriesen, der Lust hat am Gesetz, geht es jetzt um die Praktizierung dieser Freude am Wort in der Freude an der Begegnung. Wohl dem Prediger, der Freude hat, Menschen zu begegnen, um in ihnen die Gnade zu entdecken. Ein solcher Entdecker wird selber zur Entdeckung werden (vgl. § 27).

Wir sprechen vom Begegnen und meinen ein solches, das sich fortsetzt; ein wiederholtes Begegnen in Verbindlichkeit können wir am besten mit dem neutestamentlichen Begriff der koinonia (Gemeinschaft, Anteilhabe) umschreiben. Der Prediger wird Vorbild sein können, der in koinonia mit seinen Hörern lebt. In der verbindlichen Gemeinschaft kommt es zu einem wechselseitigen Dienen.

2. Wenn der Apostel sich seiner Kirche zur Nachahmung empfiehlt, bedeutet dies, daß die Kirche apostolisch sein soll. Was ihr vom Apostel her widerfahren war, soll der Welt von der Kirche her widerfahren. Sie ist die Gottgesandte, wie er der Gottgesandte war.

Im Apostolat der Kirche wird das Wesen des Apostolischen und darin das Wesen des sendenden Christus offenbar. Gott offenbart sich in Personen. Was in Personen von Gott lebt, das ist vorbildlich.

Was Paulus an sich selbst als vorbildlich hinstellt, ist vor allem zweierlei. Einmal *das Leiden*. Die Gemeinde ahmt den Apostel nach in seinem apostolischen Leiden. Darin ist er offenbar vorbildlich, daß und wie er leidet. Der leidende Apostel ist es, der Macht hat, der vollmächtig verkündigt.

Robert Sperry Bilheimer hat einmal geschrieben: »Keine Kirche kann einen leidenden Knecht als Erlöser verkünden, wenn sie nicht selbst an dem Leiden und Dienst ihres Erlösers teilhat. Sie muß von ihrer eigenen Autorität klar und für jedermann deutlich Zeugnis ablegen.« *Hans Jochen Margull* bemerkt dazu: »Die Gabe der Autorität kann sich also nur im Aufnehmen seines Leidens für die Welt ereignen . . .« (Theologie der missionarischen Verkündigung, 1959, 158f).

Verkündigen kann die Kirche nur als leidende. In dieser Perspektive bekommen die Anfechtungen und Leiden eines Predigers positiven Sinn. Sie sind zu erdulden als Schulbeispiele. – Auch stellt sich für den Prediger die Frage, ob nicht seine Leidensscheu seine Verkündigung torpediere und jegliche Vorbildlichkeit verhindere. Die Predigt des Gekreuzigten wirkt hohl, wenn der Prediger nichts weiß vom Leiden in der Nachfolge.

Zum andern mahnt der Apostel zur Nachahmung seiner Stellung zum *Geld*. Indem er auf Lohn verzichtet, existiert er exemplarisch, und er verzichtet auf Lohn um seiner exemplarischen Existenz willen. – Vielleicht darf man sagen, daß die Kollekte der Gemeinde dem Lohnverzicht des Apostels entspricht. Auf alle Fälle existiert die Gemeinde in ihrem Umgang mit dem Geld ihrerseits exemplarisch für die Welt. – Was von der Gemeinde gilt, gilt erst recht vom Prediger. Die Stellung des Predigers zum Geld wirkt beispielhaft, auch wenn sie nicht öffentlich plakatiert wird. Gehen der Geiz und das materielle Sorgen ebenso heimlich durch die Häuser der Prediger wie das Almosengeben, so bleibt beides keineswegs ohne Einfluß auf das Predigen. Darüber hinaus gilt es zu beachten, daß das ganze wirtschaftliche Verhalten keineswegs ein Adiaphoron bildet und mit zu unserer Macht oder Ohnmacht beim Predigen beiträgt (vgl. § 2/III).

3. Der Begriff des Vorbildes besagt, daß die ganze Existenz des Predigers (und der »predigenden Gemeinde«) hermeneutischen Charakter hat. In der Nachahmung apostolischer Existenz gewinnt die Gemeinde Anteil an seiner *Vollmacht*. Die Frage nach der Vollmacht ist nicht zu trennen von der nach der Vorbildlichkeit.

Dietrich Bonhoeffer hat lapidar festgestellt: »nicht durch Begriffe, sondern durch ›Vorbild‹ bekommt ihr (der Kirche, R.B.) Wort Nachdruck und Kraft« (Widerstand und Ergebung, 1951, 262). Die Kommunikationsforschung hat diesen Satz auf ihre Weise bestätigt.

Nun hängt alles daran, daß wir diesen Satz nicht als Gesetz, sondern als Evangelium verstehen. Das Vorbild befreit zur Nachahmung. Am Charismatiker, der uns vor Augen tritt, zeigt uns Gott konkret, was er auch uns geben will. Im Vorbild begegnet mir ein Angebot von Charisma (vgl. §§ 4/I und 11/III). Das Vorbild zeigt Gnade und eröffnet einen neuen Raum der Freiheit: So kannst du sein, aus dir heraustreten, existieren. Der Christ sieht im Vorbild Evangelium, indessen die Welt hier nur Gesetz sieht. Dies zeigt etwa die Reklame, die uns mit Vor-Bildern zum Kauf lockt. Wie schön, wie glücklich sind die Menschen, die für eine Zigarettenmarke oder für einen Apéritif posieren, Gegenbilder sozusagen zum Mann des ersten Psalms. Diese schönen und glücklichen Menschen suggerieren mir, daß ich ihr Glück übernehme, wenn ich die gleiche Marke rauche oder den gleichen Wermut trinke. – Wer sich dem Gesetz der Reklame beugt, muß bezahlen. Wird er durch die Reklame betrogen, ist das vielleicht gar nicht so schlimm, denn die Welt will ja betrogen sein, und genau genommen weiß der Käufer, daß die Photomodelle nur posieren. – Verstehe ich im Raum der Kirche das Vorbild als Gesetz, muß ich ungleich mehr und mit härterer Währung bezahlen; denn das Vorbild wird, als Gesetz verstanden, zum Götzen, dem zu opfern ist. Verstehe ich das Vorbild als Gesetz, vermag ich seiner Forderung doch nie nachzukommen, und der Rest ist ein Unausgelebtes, Unauslebbares, etwas Totes, Klischee. Es gibt eine Art von Kritik, die ein solches Verständnis des Vorbildes als Gesetz signalisiert. So ist die landläufige Pfarrer-Reaktion auf den Charismatiker meistens Kritik, die vor eigenen Minderwertigkeitsgefühlen schützen möchte. Der es besser macht, der mehr Frucht hat, wird theologisch oder menschlich verdächtig und auf diese Weise »fertig« gemacht. Die Kritik wird zum Fahrstuhl, den ich besteige, um über den Bruder in die Höhe zu fahren. Die Höhe aber, die ich mit meiner Kritik erreiche, läßt kein Leben mehr zu. Mit solcher Fahrerei komme ich gerade nicht über mich hinaus und kann das nicht ergreifen, was Gott mir geben will, das Charisma.

Wir beklagen dann den Mangel an Charismatik und sehen keinen Weg, zu Gnadengaben zu gelangen, wo doch in der Gemeinde von gestern und heute der Auferstandene auch uns Gaben darreicht. Im Charismatiker begegnen wir einem Modell, einem Typos, der für uns so da ist, wie er ist. Weil das, was er hat, auch für uns da ist. Das Eifern nach Gnadengaben geschieht als Nacheifern von charismatischen Personen. Und das heißt, daß es in der Kirche Schülerschaft gibt, daß wir als Prediger das Predigen lernen im Nachahmen, daß wir Seelsorge lernen am Beispiel des, in dessen Seelsorge wir stehen. Väter und Vorbilder sind uns vor Augen gestellt, damit wir es ihnen gleichtun. Wir dürfen kopieren.

»Nichts gibt es auf Erden gleichzeitig, was so ursprünglich und was so unmittelbar und was notwendig eine Person selbst gut werden läßt, als die einsichtige und adäquante bloße Anschauung einer guten Person in ihrer Güte« (*Max Scheler*, Der Formalismus in der Ethik und die materiale Wertethik, 1921[2]. 598).

Im Kopieren halten wir die Gnade fest und empfangen, was dem anderen gegeben worden ist. Solches Kopieren ist nicht äußerlicher Art! Dies macht *Christoph Blumhardt* in einer Predigt deutlich:

»Und wie Samuel seinen Namen hat rufen hören von einem Engel, da ist's in das Büble hineingefahren: ›Was ist das? das halte ich fest! das kommt vom Himmel!‹ – von dort an war er ein Offenbarungsmensch. Und so ist der Glaube das, daß man das Gegebene festhält und dann noch mehr bekommt. Deswegen heißt es: Aus Gnade *in* Gnade, durch Glauben *in* Glauben – immer weiter! So kann man jetzt weiter schaffen, immer an dem, daß man Gottes Gaben *hat*, Gottes Gaben *mehrt*, in Gottes Gaben und Worten schließlich *vollendet* wird als ein erretteter Mensch . . . Israel hat seinerzeit den Beruf gehabt, das, was Gott um den Mose her gegeben hat, festzuhalten und zu bitten: ›Laß uns das! laß uns nicht mehr los!‹ So können auch wir, die Kinder unserer Eltern, sagen: Unser Beruf ist das festzuhalten, was unser Vater und unsere Mutter gewesen ist – hebet's! saget: ›Das will ich auch sein!‹ Was so eine Großmama gewesen ist, das wollen wir alle auch sein, und das allerärmlichste Menschenkind kann so sagen. Du mußt nicht so brav dazu sein; du darfst auch noch e bißle verkehrt sein, – nur die Demut mußt du haben zu sagen: ›Ich bin ein Nichtsnutz, aber ich will doch sein wie so eine Großmama, – eine Gottesgabe will ich bekommen wie sie! Und was der Großpapa gewesen ist, will ich auch sein‹, – das heißt nicht ein gescheiter Mensch und ein großer Prediger, – man kann es auch ohne Predigen werden ganz in der Stille, durch eine Gottesgabe. Und wir können es miteinander heben, – was Gott in den Eltern gegeben hat, das lassen wir nicht mehr hinaus, – wir lassen lieber die ganze Welt schwinden, als das zu lassen, was seinerzeit Gott gezeigt hat.

So bekommen wir es auch. Gottes Gaben heben (halten) – das heißt glauben. Und wenn man einmal etwas Göttliches spürt – ja, dann muß man hinstehen, das ist wahr. Man hat mich seinerzeit schrecklich angefochten, daß ich meinen Vater ›nachmache‹. Ja, ich habe eben einmal etwas gesehen, so lange er gelebt hat, – da bin ich gescheit genug gewesen zu sagen: ›Das werde ich auch.‹ Ich war freilich ein ganz anderer Mensch als der Großpapa; ich habe an nichts derart gedacht in meiner Jugend, – ich

war zu dumm; aber dann habe ich einmal gemerkt, wie das Ding lauft, und habe dann gedacht: Nun ist's gewonnen, denn *das* muß ich festhalten, und zwar alles, alles! – hat der Papa Wunder erlebt, so will ich *auch* Wunder erleben! – ist's dem Papa *so* gegangen, so muß es mir *auch* so gehen! – das mußt du mir tun, lieber Heiland! Das habe ich durchgesetzt, ganz einfach weil es Gottes Gabe ist. Es ist eine Schande, wenn Kinder das hinauslassen, was die Eltern sind, und der Fehler ist nur, daß man meint, der *Mensch* sei's, und nicht glauben kann, daß auch ein anderer es werden kann durch *Gottes Gabe.* Es gibt aber keine größere Schande, als wenn Eltern göttliche Sachen haben und die liederlichen Kinder lassen das Fädlein wieder hinausschlupfen. Da heißt es immer: ›Geistliche Gaben lassen sich nicht vererben.‹ So? – dann wären wir schön angeführt! Was unsere Eltern waren, das dürfen wir heben – *Gottes* Gabe ist's, – da kann jeder dran hin; es braucht keiner etwas voraus, sondern es ist alles aus Gnaden, aus Gnaden! aus Gnaden! Behaltet's! und wenn einer anders kommt und euch Angst machen will und sagen: ›Du bist noch nicht brav genug!‹ – nein! aus Gnaden! – schreie hinaus: ›Gottes Gabe ist's!‹ Habet Mut, und wenn ihr euch in Sünden und Unvollkommenheiten sehet und meinet: ›Das kann doch nicht sein, daß ich eine Gabe bekomme!‹, so saget: ›Sei still, du Ankläger, es ist aus Gnaden! *Gottes Gabe* ist's.‹
So kann der einzelne Mensch etwas tun, und so müssen wir hinstehen. Lasset es mir nur nicht fahren! habet Mut! – Ein bißchen kecke Leute aufs Göttliche hinein brauchen wir. Es sind so viele Leute da, die lassen es mir zu schnell fahren, denen dauert es zu lange. Aber hebet es miteinander, daß uns der Faden nicht bricht. Saget: ›So wie Großmama will ich auch sein! Hat Großmama einen Engel gehabt, – ist neben ihr etwas Allmächtiges vom Heiland gewesen, daß es Geschichte gegeben hat, dann will ich es auch! – Ich will nichts Irdisches!‹ Dann kann ich als der einfältigste Mensch eine Kraft bekommen, daß sich etwas begibt, und weil es sich aus Gnaden begibt, so macht es nicht stolz; was sich aber durch deine heillose Bräve begibt, daran wirst du stolz« (Jesus ist Sieger! 1937, 408–410).

4. Führt das Nachahmen zur Vollmacht, dann ist die Vollmacht durch Vorbildlichkeit zu präzisieren im Blick auf die Verkündigung des *Gebotes.* Im Inkarnierten begegnet den Aposteln das Evangelium in Person, weil Jesus das Gesetz erfüllt. Im Vorbild begegnet uns der Geist in einer Person, in der er Gehorsam wirkt. Im Vorbild begegnet mir darum das Gebot in Gestalt des Evangeliums. Die Erfüllung des Gebotes wird vor-gemacht. Dann wirkt das Gebot nicht tötend, sondern ermunternd, belebend. Im Vorbild wird es konkret und hat darin seine Macht. »*Das Evangelium wird konkret bei dem Hörenden, das Gebot wird konkret durch den Verkündigenden*« (Bonhoeffer, GS I, 145). Es wäre im Kampf gegen die Gesetzlichkeit in der Predigt der Gegenwart schon viel gewonnen, wenn die Prediger darauf streng achten würden, keine Weisung zu geben, die sie nicht selber erfüllen. Wenn gegenüber der Gesetzlichkeit die Predigt des Gebotes in seiner Konkretheit heute fast völlig verstummt ist, mag dies seine Ursache darin haben, daß die Vorbildlichkeit weithin verloren ging. Konkrete Predigt des Gebotes wird nur insofern gewonnen werden und möglich sein, als es zur Vorbildlichkeit des Predigers kommt.

5. Vorbildlichkeit wird mit der Aneignung des Evangeliums gewonnen und mit der Einsicht in die Zeichenhaftigkeit und Brüchigkeit unse-

rer eigenen Vorbildlichkeit. Vorbildlich werden wir nicht, indem wir uns in Pose setzen, sondern nur, indem wir Gnade empfangen. Wir sind nur im Stückwerk vorbildlich, im Unterwegs zur großen Verwandlung. In diesem Horizont wird auch die Sünde zur felix culpa, die Schwäche zum Apostelzeichen, insofern Sünde und Schwäche in den Lichtkreis des Geistes gerückt werden. So werden Mängel zu Pluspunkten, Hemmungen können in der Heiligung zu Vorteilen werden. – Gehören wir mit unserer ganzen Existenz in unser Predigen hinein, dürfen wir auch einmal von uns selber reden. Wir können ja das Evangelium nicht anders predigen denn als »unser« Evangelium, so wie es sich unserem Fassungsvermögen darstellt. Um so besser werden wir uns selber ins Spiel bringen, je mehr es natürlich und ohne Ziererei geschieht.

Aber nun haben wir übergenug von halbwahren und unwahren Selbstbekenntnissen. Das Sich-Aufplustern des geistlichen beatus possidens erscheint ebenso abgeschmackt wie das Armesünder-Geplärr dessen, der aus sich einen Sünder malt. Das Reden von seinen geistlichen Erfahrungen hat seine besondern Tücken. Wenn Karl Barth über den Christen als Zeugen redet, stellt er lapidar fest, daß es in der Bibel Bekehrungsgeschichten in der Art Augustins, der Heilsarmee und der MRA überhaupt nicht gäbe (KD IV/3, 656). Was diese Geschichten so madig macht, ist vor allem dies, daß in ihnen der Heilsempfang, das Gnadenerlebnis zum Gesetz erhoben wird. Dazu kommt, daß sie historisch-kritischer Nachfrage vielfach nicht ganz standhalten.

Nehmen wir Paulus als homiletisches Modell, zeigt sich, daß er nicht sein Damaskus-Erlebnis zur Vorbildlichkeit erhebt, sondern sein apostolisches Leiden. So spricht er im zweiten Korintherbrief von der Herrlichkeit Christi, »der das Ebenbild Gottes ist«, um fortzufahren: »Denn wir predigen nicht uns selbst, sondern Christus Jesus als den Herrn, uns selbst aber als eure Diener um Jesu willen« (4,5) Beachten wir die Dialektik, mit der hier das Predigtthema behandelt wird: Zuerst kommt eine Negation, wir predigen nicht uns selbst. Alleiniges Thema apostolischer Predigt ist der Christus Jesus. Ihn aber kann Paulus offenbar nicht predigen, ohne auch von sich selbst zu reden. Zu Christus Jesus gehört auch der Apostel Jesu Christi, zum Meister gehört auch heute der Jünger. So spricht er von ihm als von dem »Herrn«, von sich selbst als dem »Knecht«. Nicht von seinen geistlichen Erfolgen spricht er, sondern von seinem Dienst. In diesem Dienst läuft das Teilnehmen-Lassen am Evangelium parallel mit dem Teilnehmen-Lassen an der apostolischen Existenz: »So waren wir voll herzlicher Zuneigung zu euch willig, euch nicht allein am Evangelium Gottes teilhaben zu lassen, sondern auch an unsern eignen Seelen, weil ihr uns lieb geworden wart« (1Thess 2,8). Wer den Himmel öffnen will, kann sich selbst nicht verschließen. Darum wird der Prediger des Evangeliums auch sich selbst seinen Hörern eröffnen.

Das will heißen: Ich bin als Prediger ein Thema der Predigt, nicht um meiner selbst willen, ich bin nicht der Text, sondern höchstens eine Anmerkung zum Text. Wo ich von mir selber rede, habe ich kritisch zu fragen, ob ich mit solchem Reden nicht Christus verdunkele, ob die Anmerkung den Text wirklich erhellt. Hinter dem Herrn her aber predige ich auch mich selbst: Nicht so sehr mich als den Begnadeten, als den Sünder oder den Heiligen oder wer weiß was, sondern mich »als euren Diener um Jesu willen« – mich als Prediger in Funktion. Es dürfte einleuchten, daß dies mehr erfordert als Geschichtchen – obwohl gegen solche an sich nichts zu sagen wäre (vgl. § 10/III). Es zeigt sich, daß ein Reden von sich selbst den Prediger dem Hörer verpflichtet und bindet. In dieser Hinsicht vor allem gehört die Selbstmitteilung zur Evangeliumspredigt.

*Dem eigenmächtigen Reflektieren folgen die Laster, die nicht als man-
gelnde Begabung, sondern als Fehlverhalten zu verstehen sind. Dieses
Fehlverhalten ist bedingt einerseits durch die soziale Stellung des Predigers, andrerseits durch ungenügende Meditation.*

§ 23

LASTERKATALOG FÜR PREDIGER

Heinz Zahrnt, Die faule Predigt, in: Kritik an der Kirche, hg. v. Hans Jürgen Schultz,
1958, 175ff. – *Rudolf Bohren,* Anmerkung zur seelsorgerlichen Predigt, in: Mission
und Gemeinde, ThEx 102, 1962, 14ff. – *Ders.,* Die Gesetzlichkeit in der Predigt, in:
Laienfrage und Predigt, 1966, 33ff. – *Dolf Sternberger/Gerhard Storz/W. E. Süskind,*
Aus dem Wörterbuch des Unmenschen, dtv 48, 1962. – *Anselm Gunthör,* Entstellun-
gen des Predigtinhalts, in: Die Predigt, 1963, 133ff. – *Kurt Tucholsky,* Ratschläge für
einen schlechten Redner, Tucholsky-Lesebuch, 1963, 83ff. – *Kurt Marti,* Ganz- und
Garküche, Reformatio 13, 1964, 502ff. – *Manfred Josuttis,* Gesetzlichkeit in der Pre-
digt der Gegenwart, 1966. – *Ders.,* Homiletik und Rhetorik, PTh 57, 1968, 511ff. –
Walther Killy, Deutscher Kitsch, 1966[5]. – *Lothar Schmidt,* Kirchensprache der Gegenwart, ZThK 63, 1966, 88ff, 200ff. – *Martin Sunnus,* Der Prediger als Predigthörer,
PTh 56, 1967, 113ff.

Die Laster der Prediger belasten und belästigen mehr die Hörer als
die Prediger. Fast das Lästigste an den Lastern ist, daß der Prediger sie
nicht merkt. Gerade die heimlichen Laster sind unheimlich und verhindern das Glück des Mannes, das der erste Psalm besingt und – wenn
auch nur fragmentarisch – zur Vorbildlichkeit führt.

Ein Lasterkatalog verfolgt den moralischen Zweck, den Prediger und
damit den Hörer von der Belästigung durch Predigt-Laster zu befreien.
Ein Lasterkatalog plädiert also für die Freiheit vom Lästigen; Lasterka-
taloge sind überhaupt Manifeste der Freiheit.

I

Moralpredigt über sieben sozusagen angeborene Laster der Prediger

Die Zahl Sieben bezeichnet in der Zahlensymbolik Ganzheit und Vollkommenheit, meint hier aber nicht das Universum aller möglichen und
unmöglichen Laster, sondern viel eher eine bescheidene Auswahl. Der
Katalog wäre also erweiterungsfähig. Ich beschränke mich in diesem
Sermon auf »sozusagen angeborene Laster der Prediger«, auf Laster,
die der Prediger möglicherweise mit seinem Beruf und Stand übernimmt. Ich könnte sie auch als Untugenden des Berufs bezeichnen, und
damit habe ich beinahe schon eine Definition.

Weil hierzulande die Prediger *Beamte* sind, mag es erlaubt sein, den Katalog mit Beamtenlastern zu eröffnen. Predigt ein Pfarrer, so redet, merkwürdig genug, ein Beamter. Möglicherweise könnte dies eine Ursache vieler seiner Laster sein, daß er selber diesem Umstand nicht genügend Rechnung trägt.

1. Beamte sind in der Regel *korrekte* Menschen, und vielleicht ist Korrektheit das eingefleischteste Laster der Prediger. Ich hege den Verdacht, daß der Korrektheit eine ungezählte Zahl von Seelen geopfert werden, und ich erhebe Protest gegen eine Menschen opfernde Korrektheit. – Sie ist nicht zu verwechseln mit Selbstzucht; Korrektheit läßt das Selbst verkümmern, während Selbstzucht es in der Überwindung findet. Der Gegensatz zu Korrektheit heißt darum auch nicht Schlampigkeit, sondern Freiheit. Korrekte Predigten sind unfrei und ohne befreiende Kraft. Korrektheit riecht immer ein wenig nach Gefängnis und Gefangenschaft. Die letztere kann vielfältig sein. So gibt es Gefangenschaft in Exegese, in Dogmatik, in dem, was die Leute sagen, Gefangenschaft in sich selber, in der Befangenheit des Beamten. Artikuliert sich solche Gefangenschaft auf der Kanzel, weht Gefängnisluft in die Gemeinde. In solcher Gefängnisluft erstickt das Evangelium. Dann hören die Menschen vielleicht eine Predigt über das Evangelium, das Evangelium selbst bleibt stumm. Dies nenne ich die Menschen opfernde Korrektheit: dem Prediger ist es wichtiger, richtig zu predigen, als daß Menschen zur Freiheit kommen und über dem Evangelium froh werden. Seine Richtigkeit kommt vor der Rettung der andern. – Will man solch predigende Korrektheit theologisch erklären, wird man sie als »Dienst des Buchstabens« verstehen, der damit beginnt, daß der Prediger sich von Regeln beherrschen läßt, statt daß er sie beherrscht. Im Endeffekt macht er aus dem Evangelium Gesetz und aus dem Gesetz Gesetzlichkeit, wie dies überhaupt die Perfidie der hier zu benennenden Laster darstellt, daß das Evangelium nicht laut und das Gesetz nicht deutlich wird.

2. Ein korrekter Beamter hält sich an die Weisungen von oben. Taucht ein neues Problem auf, für das er keine Weisung hat, muß er erst oben anfragen. Selber zu entscheiden fällt ihm schwer, und in Büroräumen scheint die Pflanze Mut nur selten zu gedeihen. Auch Pfarrhäuser erscheinen hierzulande keineswegs als Treibhäuser der Tapferkeit. So ist neben der Korrektheit die *Mutlosigkeit* ein weitverbreitetes Laster predigender Beamter. – Nun wäre es allzu billig, wollte man die Mutlosigkeit einfach dem Beamtenstatus anlasten. Im Zeitalter der Angst machen Angst und Ängstlichkeit nicht nur auf Kanzeln sprachlos. Trotzdem fällt auf, wie Leute bei Presse, Funk und Fernsehen heute oft mehr wagen im Aussprechen der Wahrheit als beamtete Prediger. Mutlose Predigten exponieren ihren Sprecher nicht, greifen nicht in Geschehnisse ein. So bleiben sie harmlos, und harmlose Predigten sind überflüssig;

wie alles Überflüssige werden sie als Belästigung lästig empfunden. Mutlose Predigten sind lasterhaft.

»Der Wohlgemute hat allezeit Fest«, heißt es in den Sprüchen Salomos (15,15). Im Blick auf den Prediger kann man variieren: »Der Kleinmütige hat niemals Fest.« Dem ängstlichen Prediger wird sein Predigen darum kaum zur Freude, weil er seine Angst nicht zu überwinden vermag. Beginnen Prediger wieder mehr zu wagen, wird auch die Freude wachsen. – Noch fehlen psychologische und linguistische Untersuchungen an Predigten, die zeigen, wie sehr die Mutlosigkeit unser Predigen prägt. Der Mutlose vermag nie zu sagen, was Gott jetzt und hier tut, weil er – um mit Ernst Fuchs zu reden – Gott nicht wagt. Weil er Gott nicht wagt, fehlt ihm die Tapferkeit zum Evangelium und die Courage zum Gebot; die Mutlosigkeit der Prediger verdeckt den Namen Jesu Christi.

3. Man spricht von einem trockenen Beamten und meint damit nicht einen Menschen mit trockenem Humor, sondern einen, der außer seiner Korrektheit nicht viel aufzuweisen hat und darum sozusagen seine Korrektheit verewigt. Andauernde Korrektheit heißt auch in der Predigt *»Langeweile«.* – Spricht ein Mensch nicht selbst, hat der Prediger sein Ich verdrängt, setzen sich die zehn oder zwanzig Minuten seiner predigenden Korrektheit in Langeweile um.

Kein Mensch aber ist zur Langeweile erschaffen, und Gottes Geschöpf ist nie langweilig, darum muß eigentlich kein Prediger langweilig reden. Darum gibt es auch keine Notwendigkeit, Langeweile zu dulden. Wenn es *eine* Intoleranz gibt, die christlich ist, dann die gegen die Langeweile. – Vielleicht darf man dem Prediger empfehlen, bei sich selbst mit solcher Intoleranz zu beginnen, indem er nichts mehr sagt, was ihn selbst langweilt, und immer wieder fragt, ob das, was er sagt, notwendig sei. Weitschweifigkeit ist meist nicht notwendig. Vielleicht bilden schon die Adjektive einen Ansatz zur Weitschweifigkeit. »Streichen Sie die Adjektive«, rät Gottfried Benn dem Lyriker, und der Prediger mag von diesem Rat profitieren.

Auch Leere kann langweilen. Leere meint: Ich habe nichts zu sagen und muß doch reden. Obwohl kein Prediger zur Langeweile erschaffen ist, bleibt sein Weissagen Stückwerk. In diesem Stückwerk wiederhole ich mich. Weil ich nicht in universaler Fülle predigen kann, sondern nur am Stück, darum führt meine Beschränktheit zur Langeweile. Beschränktes meint eigentlich etwas Kurzes. Weil ich aber meine Beschränktheit allsonntäglich wiederholen muß und sie auf die gewohnte Zeit verlängere, verführt sie mich zur Langeweile. Langeweile ist ausgedehnte Beschränktheit. Fast möchte ich der These »kein Prediger ist zur Langeweile erschaffen« die Gegenthese gegenüberstellen: »Jeder Prediger ist als endlicher Mensch – als beschränktes Wesen also – ein geborener Langweiler, sobald er gezwungen ist, lange zu reden.« Sehe ich den

Wahrheitsgehalt dieser Gegenthese ein, kann ich vielleicht etwas gegen meine Langweiligkeit tun. Nur der Dumme übersieht seine Beschränktheit. Wer jedoch an der Ameise weise wird, macht das Beste aus seiner Beschränktheit. Das Beste aus seiner Beschränktheit machen, nennen wir Fleiß. Der Fleiß des beschränkten Predigers besteht darin, am richtigen Ort das Richtige für seine Predigt zu stehlen. Man könnte darauf hinweisen, daß große Prediger in dieser Hinsicht große Diebe waren (vgl. § 11/III). Bei diesen Einbrechern wurde es den Hörern offenbar nie langweilig. – Angesichts des vorbildlichen Fleißes diebischer Prediger könnte man weiter gehen zum vierten Punkt des Katalogs. Vorher aber noch ein Nachwort zur Langeweile, ein Hinweis auf ein Paradox: Weil Geduld als christliche Tugend gilt, übt sich die Predigt hörende Gemeinde im Ertragen der Langeweile. Sie hat es darin erstaunlich weit gebracht. So fördert die Tugend der Geduld das Laster der Langeweile.

4. Es gehört hierzulande zu den unschätzbaren Vorzügen des Beamtendaseins, daß das Einkommen, wenn auch vielleicht bescheiden, regelmäßig eintrifft – wiederum dank korrekter Beamter. Ob ich eine leere oder eine volle Kirche habe, hat auf mein monatliches Einkommen keinen direkten Einfluß. Darum mag denn die Neigung zur *Bequemlichkeit* ein Beamtenlaster darstellen, das nicht nur in korrupten Staaten und ihren Kanzleien grassiert, sondern auch in pfarrhäuslichen Studierstuben und auf Kirchenkanzeln. Man könnte dieses Laster auch Faulheit nennen.

Die Faulheit des Predigers tarnt sich heute gern mit Überbeschäftigung, die sich nicht Zeit nimmt zur Meditation und Vorbereitung der Predigt. Es soll Prediger geben, deren Faulheit es sich nicht einmal leistet, einen freien Tag zu machen, um die Freuden des Sabbats zu genießen. Diese Faulheit scheut die Muße: denn sie könnte zum Nachdenken führen, und Denken ist unbequem. So erscheint denn die Hast und Unrast der Prediger als landläufigste Form ihrer Faulheit. Schon Israels Weisheit wußte: »Der Faule ist voller Gier und hat doch nichts« (Spr 13,4). – So bleiben die Reichtümer der predigenden Kirche ungenutzt. Vielleicht kennt sie der Prediger, er nutzt sie aber nicht. Das Schatzhaus der Theologie bleibt ungeplündert. Ein solcher Prediger gleicht dem Einbrecher, der durch nächtliche Villen stolpert und in fremden Schubladen wühlt, aber nichts fortträgt.

»Der Träge steckt seine Hand in die Schüssel; doch ist er zu faul, sie zum Munde zu führen« (Spr 26,15). Und es gilt: »Dem Mistklumpen gleicht der Faule: jeder der ihn aufhebt, schüttelt die Hand« (Sir 22,2).

5. Wer sich nicht Zeit nimmt für das Wort, wird wortreich. Auch Ängstlichkeit kann viele Worte machen, nur um das Eine nicht sagen zu müssen. Die *Geschwätzigkeit* zeigt sich als Kind der Faulheit und Mutlosigkeit. Zu diesem Laster möchte ich hier nicht mehr sagen, sonst bin ich ihm selbst schon verfallen. Nur ein guter Rat aus Tucholskys »Rat-

schlägen für einen guten Redner« sei vermerkt: »Merk Otto Brahms Spruch: Wat jestrichen is, kann nich durchfalln« (85).

Der Pfarrer ist nicht nur Beamter, sondern – und dies scheint vor allem im Blick auf sein persönliches Renomee wichtig – auch *Unternehmer* oder Manager in der Bewußtseinsindustrie. Nur scheint diese Komponente das Erscheinungsbild des Predigers weniger stark zu prägen als die des Beamten. Immerhin wäre es möglich, daß sich auch an den Status des Unternehmers oder Managers besondere Laster anhängen, die möglicherweise – mit Ausnahmen – eher als Laster der Stärke zu deklarieren sind, während die vorher notierten eher auf das Konto der Schwäche gehen. Ich kann mich kurz fassen.

6. Die *Selbstgefälligkeit.* Wir wollen Selbstbewußtsein nicht mit Selbstgefälligkeit verwechseln. Echte Demut verdrängt das Selbstbewußtsein nicht, stellt es aber unter die Gnade. Die Freude am Gelingen wird dann Dankbarkeit zur Folge haben und nicht Stolz. Dem Prediger, der sich rechtschaffen Mühe gegeben hat, soll die Freude an seinem Werk nicht vergällt werden.

Selbstgefälligkeit aber verdrängt die Freude an Gott, in dem das Werk gelingt, durch die Freude an sich selbst. Doxologie wird durch Kauchesis, Gotteslob durch Eigenlob ersetzt. Haßt nach den Sprüchen die Furcht des Herrn den Hochmut (8,13), vergißt die Selbstgefälligkeit im Gefallen an sich selbst die Gottesfurcht. Sie ist – darin der Feigheit ähnlich – eine bestimmte Form der Gottesvergessenheit. Wie die Feigheit prägt auch die Selbstgefälligkeit in besonderer Weise die Sprache. Noch fehlen auch hier psychologische und linguistische Untersuchungen.

7. Zum Schluß sei ein Laster genannt, das dem Beamten wie dem Unternehmer in gleicher Weise anhaften kann, die Sucht, den Menschen gefallen zu wollen, die *Gefallsucht.* Sie verkauft den Prediger an die Hörer und versucht, die Hörer für sich zu gewinnen. In ihr vermag sich gleicherweise Selbstgefälligkeit wie Feigheit zu potenzieren; indem die Gefallsucht von Christus spricht, verrät sie ihn. Macht in der Selbstgefälligkeit der Prediger sich selbst zu seinem Gott, werden jetzt die Hörer zum Gott des Predigers. – Darum erkennt ein Prediger wie Paulus die Unmöglichkeit, den Menschen gefallen zu wollen: »Wenn ich noch Menschen gefällig sein wollte, wäre ich nicht Christi Knecht« (Gal 1,10). Durchaus selbstbewußt testiert er sich selbst: »So reden wir nicht um Menschen zu gefallen, sondern Gott, der unsre Herzen prüft« (1Thess 2,4). Wer in dieser Richtung des Paulus redet, »nicht um Menschen zu gefallen, sondern Gott«, dem ordnen sich von dieser Richtung her die Worte. – Andererseits wirkt auch die Sucht, Menschen zu gefallen, prägend auf den Stil der Predigt. Wenn die Kasualpraxis zeigt, daß die Kirche hier den Menschen gefällig ist, bevor der Prediger nur den

Mund auftut, zeigen die Kasualreden, wie sehr hier die Sucht, Menschen zu gefallen, ihre Orgien feiert. Ähnliches ließe sich besonders an der Weihnachtspredigt aufzeigen.

II

Das Laster im Detail

Neben bodenständigen Predigtlastern, denen eine gewisse Konstanz innewohnt, gibt es wandelbare Laster, die wechseln wie die Hutmoden der Frauen. Die Details, die jetzt zur Sprache kommen, sind sozusagen alte Hüte, will heißen, Muster schon gepredigter Predigt, deren Beachtung wohl vor Wiederholung schützt, die aber das Aufkommen neuer Laster nicht hindern können. Würde das Folgende mithelfen, dem zu wehren, daß die Predigt ein alter Hut sei, wäre schon viel gewonnen. – Haben wir vom Beruf her zuerst die bodenständigen Laster anvisiert, so wäre jetzt im Detail das Wandelbare zu analysieren. Aber nun hüte ich mich, hier allzu gerecht oder gar korrekt zu sein. Dies wäre einem Lasterkatalog nicht angemessen.

Da das Erscheinungsbild der Predigt aus dem Mittelalter stammt, mag es erlaubt sein, zu mittelalterlichen Methoden zu greifen, indem eine Art Predigt-Pranger errichtet wird. Typische Fehler sind anzuprangern. Beispiele, meist aus der Predigtliteratur ausgewählt, werden hier notiert, die ich für einigermaßen typisch halte. Die Prediger werden hier nicht genannt, denn nicht für Prediger errichte ich meinen Pranger, sondern für ihre Laster. Wer hier nach Namen fahndet, benimmt sich inhuman.

Ein Pranger ist kein Kanon. Was benannt wird, möchte der Selbstkritik des Predigers dienen, mehr als der Kritik anderer. Auch stellt ein Pranger keinen Heilsweg dar, sondern ein – wie gesagt mittelalterliches – Merkzeichen. Wer die hier angeführten Laster meidet, predigt damit noch lange nicht recht, aber vielleicht ein wenig weniger miserabel. Und das ist unter Umständen schon viel.

1. Pathetische Gemeinplätze

»Wir stehen alle gemeinsam in den großen Zusammenhängen dieser Welt. Unser kleines Leben in den Familien, in den Firmen, zu denen wir gehören, auf den Straßen und an den Orten, wo Menschen sich versammeln, ja sogar das Leben eines ganzen Volkes hängt von diesen großen Linien ab. Wir nennen sie Geschichte . . .«

Ein anderes Beispiel: »Wir leben in einer klugen Zeit. Noch nie hat der Mensch so viel über sich und die Welt gewußt. Noch nie haben wir uns so gut ausgekannt in allen Lebensbereichen. Unsere Astronomen und Geologen wissen genau, daß Himmel und Erde nicht in einer halben Woche geschaffen wurden, sondern daß diese Schöpfung Jahrmillionen dauerte. Unsere Biologen und Mediziner kennen die Zusammenhänge zwischen den Lebensfunktionen der Tiere und der Menschen. Unsere Psychologen und Soziologen haben das Verhalten der Menschen studiert und können uns erklären, war-

um wir so sind, wie wir sind. Unsere Historiker kennen den Ablauf der Menschheitsge-
schichte genauer als je und weisen uns auf die Abhängigkeit von früheren Entscheidungen hin. Noch nie waren wir so klug.
  Aber haben wir, wenn wir alle diese Erkenntnisse zusammenzählen, eine Antwort
auf die Frage nach dem Sinn unseres Lebens? Kann diese geballte Weisheit aus einem
zweifelnden oder verzweifelten Menschen einen fröhlichen machen?«

Gemeinplätze sind etwas Schönes und wollen nicht nur bewundert, sie
wollen betreten sein. Gemeinplätze laden zum Nicken ein, liefern sie
doch Popularphilosophie, bei der Denken nicht notwendig und noch
weniger zuträglich ist, Zustimmung genügt. Eher appellieren sie an das
Gefühl als an den Verstand. Allverwobenheit und Besonderheit, beides
wird fühlbar: »Wir stehen alle gemeinsam in den großen Zusammenhängen dieser Welt.« Wir sind dabei. »Noch nie waren wir so klug«, das
schmeichelt uns, da sind wir nochmals dabei.

Gemeinplätze sind deshalb gemein – das zweite Beispiel zeigt es –,
weil sie wohl betreten sein wollen, dem Betreten aber nicht standhalten.
So scheint es mir unredlich, die ganze Skala der Wissenschaften zu nennen und zu rühmen, um sie dann zu diffamieren, indem man etwas von
ihnen verlangt, das sie weder leisten können noch wollen. – Aber dies ist
schon wieder ein anderes Laster, leider haben die Laster den Hang zur
Kumulation in sich.

Gemeinplätze sind zu jedem Text hin offen, sie passen auf ihre Weise zu jedem Text, nur bleibt die Frage, ob der jeweilige Text auch zu den
Gemeinplätzen paßt und ob sein Sonderkerygma in ihnen zur Sprache
kommen kann. Gemeinplätze stellen sich gegen das Evangelium, das
immer ein je Bestimmtes sagen will, während die Gemeinplätze dem je
Bestimmten gerade ausweichen; sie sind feige.

2. Falsche Prophetie

»Wir gehen in jeden Gottesdienst mit zwei Fragen, die uns innerlich bewegen. Sie sind
uns vielleicht nicht immer, vielleicht sogar nur sehr selten bewußt. Aber sie arbeiten
in uns. Auch sind sie nicht immer gleich stark. Bald ist die eine, bald die andere dringlicher. Aber wir fühlen, daß sie zusammengehören und stets miteinander am Werk sind.
  Die erste: Was wird das Wort der Heiligen Schrift heute in mir persönlich bewirken?
Wird es mich erschrecken und beunruhigen, wird es mich wohl gar erschüttern und
aufwecken, oder wird es mich aufrichten, stärken und umwandeln?
  Die zweite: Was wird mein Beten und Flehen für Antwort erhalten? Werde ich irgend etwas erfahren oder empfangen, wodurch . . . meine Not und meine Sorgen ein
anderes Gesicht bekommen?«

Ich staune immer wieder, wie eifrig gewisse Prediger in den Herzen
ihrer Hörer zu lesen wissen, wie vertraut sie sind mit dem Fühlen und
Fragen ihrer Zuhörer. Wenn Jesus wußte, was im Menschen war
(Joh 2,25), so wissen diese Prediger es möglicherweise noch besser,
wenn man ihren Worten glauben darf. Sie betreten die Kanzel als Her-

zenskündiger, nur daß die Herzen, in denen sie so genau zu lesen scheinen, in der Regel nicht schlagen. Soll der Prediger nach Prophetie streben, kann er dies nicht, wenn er sich schon selbstsicher als Prophet geriert. Sieht man genau hin, ist diese Selbstsicherheit eine nur scheinbare, die sich hinter einem »wir« versteckt. Nicht daß ein Prediger in den Gedanken liest, ist fatal, fatal ist nur, daß er Gedanken zusammenliest, von denen er denkt, daß sie gedacht werden.

Ein positives Beispiel für das Aufdecken von Gedanken bietet Karl Barth in seiner Predigt über Ez 13,1–16 »Der Pfarrer, der es den Leuten recht macht (PIG 3, 1968²): »Ich muß euch heute Antwort geben auf einen *Wunsch* an mich, den ihr auf dem Herzen und fast auf den Lippen habt. Ich spüre ihn euch an . . . Ihr habt den Wunsch, ich möchte ein *falscher Prophet* sein.« Barth unternimmt es in der Folge, seine Hörer zu überführen.

Er verbirgt sich nicht hinter einem »wir«. Er wagt es, selber zu sprechen und der Gemeinde gegenüberzutreten. Darf man sagen, daß das homiletische »wir« ein Kennzeichen falscher Prophetie sei? Fatal erscheint es mir auf alle Fälle. Ist es ein pluralis majestatis? Oder meint der Prediger sich und die Hörer? In diesem Falle liegt möglicherweise eine Verwechslung vor, der Redner verwechselt sich mit seinen Hörern. – Man kann die zuerst zitierten Sätze aber auch verstehen als Idealisierung des Hörers, wenn ihm ein Fragen und Fühlen unterschoben wird, das er möglicherweise gar nicht hat.

In diesem Zusammenhang mag noch eine kritische Überlegung zum homiletischen »*wir*« erlaubt sein. (Vgl. auch Gerhard Krause, Anredeformen der christlichen Predigt, ThP 2, 1967, 118ff). Es ist möglich, daß sich der Prediger mit diesem »wir« selber betrügt, indem er Solidarisierung meint, sich aber gerade davon dispensiert, daß er andern ein Wort zu sagen hat. Mit dem »wir« verzichtet der Prediger darauf, selber etwas zu sagen.

Gerhard Debus schreibt: »Seit Kindesbeinen hat mir unter der Kanzel nichts so sehr imponiert, hat mir auch nichts so starken Anstoß gegeben wie das ›Ich‹ Jesu, und an nichts habe ich unter der Kanzel so starken Anstoß genommen wie an dem Mißbrauch der persönlichen Fürwörter . . . Ich finde, es läßt sich in nicht wenigen Predigten feststellen, daß mit dem ›wir‹ ähnlich wie in der Schleichwerbung verfahren und auch der gleiche Zweck verfolgt wird: da das Subjekt, das sich, sofern es menschlich zugeht, nur in der ersten Person ausdrücken läßt, zuviel Widerstand bietet und persönlich genommen werden muß, sofern es – wieder – menschlich zugehen soll, wird es umgangen, es wird auf dem Umweg einer scheinbaren Unverbindlichkeit entbunden. Der Sprecher hält sich heraus. Er wird nicht persönlich – weder wird er selbst persönlich, noch wird er dem Angesprochenen gegenüber persönlich, und das alles verbrämt durch die Tugend, nicht zu persönlich zu werden« (briefliche Äußerung vom 12. 9. 1969; vgl. dazu die Zitate aus den Predigten Blumhardts: §§ 14/III und 22/II/3). – So verstanden kann man das »wir« als Sprachmerkmal der Mutlosigkeit charakterisieren. – Eine ähnliche Sprachfigur der Mutlosigkeit mag hier anhangsweise erwähnt werden: Gleichwie ein Prediger sich hinter dem »wir« verstecken kann, so kann er sich hinter dem Sonntag des Kirchenjahres verkriechen. Der Prediger spricht dann nicht als Mensch, sondern sagt, »was uns der heutige Sonntag als ein Ausleger des Evangeliums zu sagen hat«. Besonders die hohen Festtage wie Weihnachten, Karfreitag, Ostern haben dann zu sagen, was allemal eine kleine Ungeheuerlichkeit ist, weil damit die Botschaft nicht mehr menschlich ausgerichtet wird. – Natürlich hat das Kirchenjahr Nachrichtencharakter, aber der ist gerade nicht identisch mit der Botschaft der Perikopen!

Zurück zu unserem Beispiel: Das fatale »wir« und das daneben gehende Gedankenlesen exkommuniziert von vornherein den Hörer, der weder mit zwei Fragen noch innerlich bewegt zum Gottesdienst kommt. Der zitierte Prediger redet hochkirchlich, idealisiert seine Hörer, indem er ihre anima naturaliter christiana ans Licht zu heben versucht. Es wäre denkbar, daß ein Prediger ungefähr das Gegenteil von dem in die Hörer hineinliest, was der hier zitierte artikuliert. Der Vorgang wäre dann von andern theologischen Voraussetzungen her genau der gleiche. Er würde möglicherweise die Kirchentreuen exkommunizieren, indessen der Zitierte eher die Kirchenfernen exkommuniziert. Beidemal steht solches Exkommunizieren unter dem Weheruf Jesu über die Schriftgelehrten, die das Reich der Himmel vor den Menschen zuschließen (Mt 23,13).

3. Falsche Pauschalisierung

»Er hat uns befreit von allen irdischen Klammern.«

Dieser Prediger möchte offenbar das universale und totale Heilswerk Christi ansagen; aber wer den Mund zu voll nimmt, dem versagt die Stimme. Der Satz darf als dogmatische Aussage sein Recht haben, und je nach Kontext kann er auch einmal in einer Predigt richtig sein. Steht ein solcher Satz sozusagen nackt da, erweist er sich als theologisch und homiletisch falsch. Theologisch stimmt er nicht, weil er den Widerspruch unserer Welt zum Werk Christi überspielt und die Verborgenheit dieses Werkes Christi ignoriert. Er stimmt insofern nicht, als wir noch im Fleische leben, und das heißt auch und gerade in der Knechtschaft der Klammern. Gerade in christologischen Aussagen finden sich gerne falsche Pauschalisierungen; sieht man näher zu, so zeigt es sich, daß entweder ein heimlicher Doketismus im Spiele ist oder aber die Theologie des Kreuzes durch eine Theologie der Glorie ersetzt worden ist.

Ähnliche Übertreibungen gibt es auch in ekklesiologischer Hinsicht, auch da, wo vom Glauben die Rede ist. Wer hier pauschalisiert, wird unmenschlich:

»Wer wirklich glaubt, wer wirklich liebt – dem machen Schreckensbilder (ganz gleich aus welcher theologischen oder dichterischen Werkstatt) nicht den geringsten Eindruck. Warum nicht? Weil die Liebe stärker ist. Paulus sagt: Sie, mit Glauben und Hoffnung, aber sie als die größte, hört nimmer auf. Ihr gehört die Zukunft. Das hat Paul Gerhardt verstanden, wenn er singt: ›Kein Urteil mich erschrecket, kein Unheil mich betrübt, weil mich mit Flügeln decket/ mein Heiland, der mich liebt.‹«

Wieder ist der Intention des Predigers zuzustimmen. Er will die Macht des Glaubens und der Liebe preisen; aber der Lobpreis wird unter der Hand zur Forderung und damit zur Überforderung des Hörers. Aus dem Glauben und der Liebe wird ein Gesetz des Heldischen. »Wer wirklich glaubt, wer wirklich liebt – dem machen Schreckensbilder nicht den geringsten Eindruck.« Ein nicht ganz klarer Hinweis auf 1Kor 13 soll diesen Satz beweisen. Paul Gerhardt aber soll ihn bezeugen. Sieht man genau hin, bezeugt Paul Gerhardt nicht eine allgemeine Wahrheit, er singt und sagt von sich und seinem Heiland. Er artikuliert gerade nicht eine allgemeine Wahrheit, weil er das für ihn Wahre sagt. In diesem persönlichen Sagen und Singen ermuntert er uns zum Nachsprechen und Mitsingen, während die Rede: »Wer wirklich glaubt, wer wirklich liebt« für einen angefochtenen Hörer keineswegs ermunternd klingt.

Auch die falsche Alternative möchte ich zur Pauschalisierung rechnen. Sie ist möglicherweise oft ein Kind des Zornes, der nicht redet, was vor Gott recht ist. Die falsche Alternative meint vielleicht etwas Richtiges, sagt es aber falsch, etwa so:

»Buße ist nicht privat, sondern politisch-geschichtlich, nicht individuell, sondern soziologisch gemeint.«

Man kann dem Prediger nur zustimmen, wenn er es unternimmt, gegen eine individualisierende Verengung der Buße zu polemisieren. Nimmt man ihn aber beim Wort, sagt er eine Ungeheuerlichkeit: »Buße ist nicht privat... nicht individuell.« Sicherlich meint der Prediger nicht, es gebe eine politisch-geschichtliche Buße, die eine individuelle Entscheidung ausschlösse. Dummerweise aber sagt er genau das.

4. Den Teufel an die Wand predigen

Viele Christusprediger glauben, es sei weise, ihre Predigt mit einer Negation zu beginnen. Sie sehen nicht, daß sie sich damit am »alten Fluch der Dichter« beteiligen, die Sprache nur zu gebrauchen, um zu sagen, wo es ihnen weh tut (vgl. § 21/II/6). Offenbar halten es viele für einen guten Anfang, mit einer Klage zu beginnen, sei es über die Schwierigkeiten des Textes, sei es über die Verlegenheit des eben anstehenden kirchlichen Festtags. Der Predigtanfang bildet dann eine Art Krankmeldung des Textes oder der Hörer oder des Predigers. »Wie die Kranken gebrauchen sie die Sprache voller Wehleid.« Solche Wehleidsprediger merken nicht, daß sie mit ihrer Kunst einen Ton anschlagen, der der Frohbotschaft widerspricht. In der Regel wirkt die Kraft der Negation stärker als das, was der Prediger positiv sagen möchte oder sagen sollte. Haben wir das Ja Gottes zu verkündigen, paßt dazu ein Anfang mit einem Nein nur schlecht. Haben wir eine frohe Botschaft zu bringen, brauchen wir nicht mit dem Unerfreulichen anzufangen. Diese Prediger übersehen eine Erkenntnis der Kommunikationsforschung, wonach die zuerst gegebene Darstellung zur Überlegenheit über die folgende tendiert, wenn zwei gegensätzliche Informationen von einem einzelnen Kommunikator gegeben werden (Schramm, Grundfragen der Kommunikationsforschung, 65). Auch ist zu beachten: »Wenn eine Autorität als Kommunikator die Absicht hat, nicht schlüssige Argumente, die seiner Meinung widersprechen, zu erwähnen, dann wirkt die Darbietung überzeugender, wenn er seine eigenen Argumente zuerst bringt« (ebd, 65f). Ich stelle hier zwei Texte von unterschiedlichem Niveau nebeneinander.

»Von allen Festen des alten Kirchenjahres hat es das Himmelfahrtsfest am schwersten. Unsere Zeitgenossen wissen damit wenig anzufangen, und selbst die sonst so erfolgreichen Versuche, ein altes Bekenntnis auf Gemüt und Innerlichkeit umzudeuten, wie das mit Weihnachten oder Ostern schrecklich gelungen ist, scheitern hier kläglich. Angesichts von Kosmonauten und Weltraumraketen Himmelfahrt zu feiern, erscheint hoffnungslos irreal.«

Wer diagnostisch anfängt, kommt in der Regel nicht zur Botschaft. Im vorliegenden Fall wird »Himmelfahrt« Anlaß, das Problem der Sprache christlichen Glaubens zu behandeln, für die Bilder unentbehrlich sind. Das Wort bleibt hier Vorwort. Selbstverständlich ist nichts dagegen zu sagen, das Problem des christlichen Glaubens als Sprachproblem zu verhandeln – leider endet die Verhandlung mit der Behauptung: »Der Himmel ist ein Zeichen für das Zentrum der Macht ... Der Himmel ist das Machtzentrum Gottes.« – Grundsätzlich habe ich nichts gegen Behauptungen. Analysiert man aber den Vorgang, so wird nicht die Himmelfahrt erklärt, sondern es wird die Kirchensprache entschuldigt, die von Himmelfahrt spricht. Das »Problem Himmelfahrt« selbst bleibt ungeklärt. Über Himmelfahrt wird geredet, aber am Schluß ist der Redner dort, wo er anfangen müßte! – Der hier beschriebene Vorgang scheint typisch zu sein. Nach einer Krankmeldung des Textes oder des Themas kommen Text und Thema als Gesetz zur Sprache. In unserem Fall wird die Konsequenz aus der Himmelfahrtsbotschaft gezogen: »Alte Bilder zu entschlüsseln und neue zu finden, ist die unerledigte Aufgabe des christlichen Glaubens, der verständlich von Gott sprechen muß.« Von seinem Anfang her muß der Redner so schließen.

Zur Verdeutlichung sei festgehalten: Nicht so sehr einzelne Sätze sind hier zu beanstanden, sondern ihr Zueinander. Weil das Gesetz Sünde aufdeckt, können wir die hier zitierte Krankmeldung als Gesetz bezeichnen. Im vorliegenden Fall schließt der Redner mit einer allgemeinen Forderung, die als solche unbestreitbar richtig ist, die aber in ihrer Allgemeinheit unverbindlich bleibt und darum gesetzlich wirkt. Es sei denn, der Redner verstünde seinen Schlußsatz als eine Art Selbstrechtfertigung.

»›Euch ist heute der Heiland geboren.‹ Das ist Sinn und Inhalt des Weihnachtsfestes. Nicht mehr, aber auch nicht weniger. Wir wissen darum. Die Weihnachtsbotschaft ist uns nichts Neues. Wir haben sie von Kindheit an gehört. Ihre Klänge sind uns vertraut. Selbst kirchlichen Randsiedlern wird nichts Neues gesagt, wenn es zu Weihnachten heißt: ›Euch ist heute der Heiland geboren.‹

Darum können wir auch mit dieser Botschaft so herzlich wenig anfangen. Ja, wenn sie etwas Neues wäre, etwas noch nie Gehörtes und noch nie Dagewesenes!«

Ein anschließendes Gleichnis demonstriert noch einmal das schon Gesagte. »Aber nun ist sie nicht neu. Sie ist die alte Geschichte, von Kindheit an den Ohren nur allzu vertraut und bekannt. Darum können wir auch nicht mehr so recht Weihnachten feiern. Wir spüren nicht mehr das Einmalige, das da geschehen ist. Uns ist alles so gewohnt, so gut gelernt, so alltäglich.«

Der Prediger braucht fünfmal »nicht«, je zweimal »nichts« und »nie«, einmal »herzlich wenig«, um den Hörern »nichts Neues« zu sagen, daß nämlich Weihnachten allen bekannt ist. Ein dreimaliges »so« im Schlußsatz artikuliert so etwas wie Ekel an Weihnachten: »So gewohnt, so gut gelernt, so alltäglich.« Offensichtlich möchte sich der Prediger mit seinen Hörern *so*-lidarisieren. Die beste Zeit der Predigt wird zu diesem Unternehmen gebraucht. Solche Überlegungen gehören vielleicht in die Meditation, sicher nicht in die Predigt, denn sie sagen weder etwas Neues noch etwas Notwendiges. Auch muß man sehen, daß das Nein und das Ja in der Predigt sich gegenseitig neutralisieren. Das Protokoll des Elends, das der Prediger zu Beginn aufnimmt, steht für den Hörer unter dem Verdacht, der Prediger sei fürs Ja bezahlt und so schlimm sei es im Grunde gar nicht; ansonsten würde der geistliche Herr gar nicht die Kanzel besteigen. Andererseits stiftet das Nein gegen ein kommendes Ja Verdacht, es vermöge das Elend nicht zu überwinden. Im Grunde überfordert ein solcher Anfang den Prediger wie die Hörer, weil er die heimliche Erwartung weckt, es könnte die Predigt das Elend des Weihnachtsfestes verändern. Aus gehabter Erfahrung wird aber eine solche Erwartung verdrängt werden; darum produziert ein solcher Anfang den Nebel kirchlicher Schwermut, den die Mahnung zum Bitten für ein rechtes Weihnachtsfest nicht zu zerstreuen vermag.

Bei der Analyse des vorliegenden Zitates überrascht die Selbstverständlichkeit, mit der von »Weihnachtsbotschaft« geredet und »die alte Geschichte« apostrophiert wird. Der Prediger setzt voraus, »Sinn und Inhalt des Weihnachtsfestes« seien bekannt und verstanden. Er fragt nicht, was es denn heißt: »Euch ist heute der Heiland geboren.« Dieser Prediger fängt zu früh an und fragt zu wenig – ich meine in der Meditation. Darum redet er voreilig: »Wir wissen darum.« – Bevor er sich und seine Hörer der Botschaft aussetzt, beginnt er zu lamentieren. »O alter Fluch der Dichter,/ die sich beklagen, wo sie sagen sollten.«

Noch eine Anmerkung zum Wörtlein »*nein*« und allen andern Ausdrücken der Verneinung. Schon wurde auf den Widersinn hingewiesen, die Predigt von Gottes Ja mit Negationen zu beginnen. Psychologisch wäre weiterhin zu bedenken, daß solche Versuche der Solidarisierung als mißglückte Anbiederung empfunden werden können. Der Prediger muß beachten, daß er mit dem Wörtlein »nein« ein Sprachfeld eröffnet, das dem Fluidum des Negativen offen ist. Besonders für den Predigtanfang scheint mir die Bemerkung von Klaus Heinrich bedenkenswert:

»Nichts ist inhaltsleerer, allgemeiner als das Nein. Es kann sich gegen alles richten und sich mit allem verbünden. Nichts ist unselbständiger als das Nein. Es setzt eine Frage voraus, ist selbst nur die abschlägige Antwort (›nein‹) auf eine Frage. Nichts ist überflüssiger als das Nein. Wem es um Erkenntnis zu tun ist, sollte das Nein unterdrücken und, sofern er etwas zu sagen hat, positive Vorschläge liefern. Nichts ist gefährlicher als das Nein. Nein ist nicht nur die Formel des Protests, sondern auch die Formel des Defaitismus« (Versuch über die Schwierigkeit Nein zu sagen, 1964, 9).

Der Geist, der stets verneint und heute als Geist der Schwermut – mehr noch denn als Geist des Protestes – die Kirche beherrscht, erweist sich als schlechter Predigthelfer. In einer Zeit, in der die Prediger unter Erfolglosigkeit leiden, wird ihre Depression umso leichter das Sprachfeld der Predigt beherrschen, als die Prediger ihre persönlichen Probleme verdrängen und ihre Sprache nicht reflektieren. Allzuleicht unterliegen sie dann irgendwelcher »Formel des Defaitismus«. – Gebildete Theologen sprechen nicht vom Teufel. Man hat ihn mit einigem Erfolg entmythologisiert. Umso ahnungsloser wird er darum heute vielfältig an die Wand gepredigt (vgl. § 5/V). Ein wehleidiger Prediger wird sich gegen den Vorwurf verwahren, er predige mit seinen Negationen den Teufel an die Wand. Vielleicht aber unterliegt er einem mittelalterlichen Verständnis des Teufels, und der Prediger, der sich vom Nein leiten läßt, sollte wissen: »Der Teufel ist nicht so schwarz, wie man ihn macht« (Chamisso).

5. Aus den Wolken reden

Der im Folgenden zu zitierende Text hat den Vorzug, eine ganze Reihe von Predigtlastern in sich zu vereinen. In ihm verdichtet sich ein ganzer Lasterkatalog, er ist sozusagen ein Gedicht, und meine Exegese wird den in ihm enthaltenen Lastern nur halbwegs gerecht werden:

»Die Liebe zur Welt fordert unsern ganzen Einsatz. Er kann sich im Mitmachen und Ja-Sagen äußern, aber auch im Widerspruch und in der Demonstration. Die Verfechter der Notstandsgesetze handeln wie auch die Pfarrer, die gegen die Notstandsgesetze demonstrierten, aus Sorge um ihr Volk. Die Kriegsdienstverweigerer und diejenigen, die ganz für die Bundeswehr eintreten, beide wollen die Welt vor einem neuen Krieg bewahren. – Nun werden sich wieder einige nicht angesprochen fühlen, weil sie sich von der Politik fernhalten. Aber die Sendung Christi führt in unsere kleine Alltagswelt, in den Streit mit den Arbeitskollegen, in das Intrigenspiel im Büro, in den Haß und die Eifersucht unter den Bewohnern des gleichen Miethauses.«

Zunächst dementiert der Prediger sofort, was er sagt: Der Ausdruck »die Liebe zur Welt« kontrastiert eigenartig mit der Vokabel »fordert« und mit dem »Einsatz«, der erst noch »ganz« und »unser« sein muß. Auch hier begegnet uns wieder das unbestimmte »wir«. Der Prediger scheint nicht gewillt zu sein, diesen ganzen Einsatz selbst zu leisten, darum weicht er sofort aus in Beschreibung von Möglichkeiten des Einsatzes. Damit distanziert er sich selber vom Einsatz. Er steht vor uns nicht als ein Sich-Einsetzender, sondern als ein Betrachter von Einsätzen. So werden Phänomene des ganzen Einsatzes aufgezählt. Gerade diese Aufzählung macht deutlich, daß so ganz dieser Einsatz wohl nicht ist und nicht gilt. »Er kann sich im Mitmachen und Ja-Sagen äußern, aber auch im Widerspruch und in der Demonstration.«

Die Verlogenheit dieses Textes zeigt sich auch darin, daß das politische Engagement der Christen, anfänglich als Äußerung des ganzen Einsatzes gefeiert, gegenüber den apolitischen Gemeindegliedern sofort widerrufen wird: »Aber die Sendung Christi führt in unsere kleine Alltagswelt.« In solchen Klischees küssen sich Feigheit und Faulheit eines Predigers. Auch betrügt sich der Prediger selbst, wenn er meint, die Aufzählung »Streit mit den Arbeitskollegen«, »Intrigenspiel im Büro« und die Reibereien im Mietshaus konkretisiere die Forderung vom ganzen Einsatz, obwohl sie diese nur zerredet. Solche und ähnliche »Konkretionen« sind ungeheuer beliebt und ebenso wirkungslos, weil gerade nicht erklärt wird, was das heißt, daß die Sendung Christi den Hörer in den Streit mit den Arbeitskollegen führt. Was der Prediger als Konkretion meint, erweist sich als Verblasenheit.

Versucht man den zitierten Predigtausschnitt ideologiekritisch zu befragen, fällt zunächst auf, daß der Prediger einen Begriff aus dem »Wörterbuch des Unmenschen« gebraucht, wohl ohne zu merken, wie er selbst dem Unmenschlichen unterliegt, indem er eine Forderung ausspricht, der er sich selbst nicht stellt. Während die Liebe im Schenken ihr Wesen hat, wird »die Liebe zur Welt« hier als eine Art Generalität vorgestellt, die nicht nur im Jargon der Nazis unsern »Einsatz«, sondern mehr noch unsern »ganzen« Einsatz fordert (vgl. III, Nachwort über den Kitsch). Die Ausführungen zum »ganzen Einsatz« zeigen, daß hier mehr vorliegt als nur eine sprachliche Entgleisung: eine homiletische Wiederkehr von Ernst Jüngers Begriff der totalen Mobilmachung, die den Menschen zum Material – hier der Sendung – degradiert. Wie sehr die Geisteswelt und die Sprache des Nationalsozialismus in der Predigt der Gegenwart nachwirken, ist noch nicht aufgearbeitet.

Die Sprache verrät einen vollkommen angepaßten Prediger einer vollkommen angepaßten Gemeinde, der die Illusion nährt, die Gemeinde Christi habe der Gesellschaft zu besserem Funktionieren zu verhelfen. Sie wird hier verstanden als eine Art Welt-Feuerwehr, die aber die Welt als solche wohlweislich in Ruhe läßt und auch den Rückzug von der Welt sichert. Mit dem »Einsatz« aus dem Wörterbuch des Unmenschen korrespondiert der »Alltag« aus dem Wörterbuch predigender Harmlosigkeiten. Die Kommandostimme des ersten Satzes senkt sich, wirkt zutraulich, anbiedernd. »Aber die Sendung Christi führt in unsere kleine Alltagswelt.« Das ist so nicht wahr und wird dadurch auch nicht wahr, daß es in ungezählten Variationen immer wieder behauptet wird. So wird wohl »Christentum« gepredigt, nicht aber Christus Jesus, der

sich beispielsweise weigerte, in unserer kleinen Alltagswelt einen Erb-
streit zu schlichten. Die Christen aber, die aus solcher Predigt kommen,
werden zu Lappennähern und Flickschneidern einer alten Welt degradiert; kein Wunder, daß sie unfroh bleiben.

Dieser Prediger möchte allen gerecht werden und wird dadurch un-
gerecht. Im Bestreben, alle anzusprechen, begibt er sich sozusagen in
die Rolle des Weltenrichters. Eritis sicut Deus, ihr werdet sein wie
Gott. Diesem Rat scheint der Prediger zu folgen. Er spricht »sicut
Deus« aus einer Wolke, die über allen Parteien steht. Er spricht wohlabgewogen und unparteiisch, wie er offensichtlich meint. Der »ganze
Einsatz« kann sich im Mitmachen und Widersprechen äußern, und für
die Unpolitischen wird unsere kleine Alltagswelt bemüht. Alle haben
recht. Für alle ertönt die Stimme sonor aus der Wolke. Aber diese Wolke wandelt sich nachts nicht in eine Feuersäule, und die Erhabenheit
des Predigers, sein Reden aus der Wolke demonstriert nur seine Ohnmacht. Er vermag keine Weisung zu geben in der konkreten Situation.
Gottes Gebot wird zu einer allgemeinen Richtigkeit und verliert die
Stimme (vgl. Bonhoeffer GS I, 136ff und 144ff). Bleibt nur die Hoffnung, daß ein solcher Prediger bald aus allen Wolken fällt.

6. Die unvermeidliche Floskel

Die Beliebtheit und Häufigkeit einer auf der Kanzel gebrauchten Wendung sagt nichts aus über ihre Wahrheit, wohl aber verrät jede Floskel
eine Wahrheit, indem sie eine Aussage macht über die Wahrhaftigkeit
und Glaubwürdigkeit des Predigers. In diesem Sinne ist jede zu meiden-
de Floskel unvermeidlich. Es wäre denkbar, von einer Analyse der Flos-
keln her eine Art Kultur- und Theologiekritik der Predigt und des Predigers zu schreiben. Gerade das Überflüssige, die Füllwörter erweisen sich
für den Prediger in gewisser Weise als notwendig. Er braucht sie, um
sich auszudrücken. – Ich muß mich hier auf eine einzige Wendung beschränken, die in Predigten häufig auftritt, indem ich sie im Zusammenhang eines Satzes in einer Predigt über Joh 8,31 analysiere. Dabei soll
nicht eine sprachliche Wendung an sich diskriminiert werden, sondern
ihr unreflektierter Gebrauch, ihre floskelhafte Verwendung.

»Das, woran wir bleiben sollen, ist etwas Gegenwärtiges; denn in seinem Wort ist Christus auch heute noch unter uns lebendig.«

Gelesen wirkt der Satz unschön und umständlich, zunächst durch die
Verschachtelung des Relativsatzes, dann durch die Wortstellung überhaupt. Aber man muß ihn hören. Er geht vom Unbestimmten ins Bestimmte und damit vom Leisen ins Laute. Der Wille zum Effekt im rhetorischen Dreischritt ist unverkennbar. Der erste Schritt benennt das
Subjekt des ersten Satzteiles und verbindet es mit einem Relativsatz. Al-

les bleibt offen: »Das, woran wir bleiben sollen«. – Im zweiten Schritt hebt die Nachstellung des Prädikatsnomens »Gegenwärtiges« heraus. »Etwas« bestimmt dieses Gegenwärtige als ein Spezielles, ohne es zu benennen. Die Aussage des ersten Satzteiles verharrt also im Unbestimmten, Schwebenden. – Dadurch wird der dritte Schritt gewichtig, er umgreift die zweite Satzhälfte und begründet die erste – wiederum unschön, umständlich, aber nicht ohne rhetorischen Effekt: »denn in seinem Wort – ist Christus – auch heute noch – unter uns lebendig.« Verschiedene Lesarten der zweiten Satzhälfte sind möglich, die aber die Bedeutung der Aussage kaum verändern. Betont der Prediger »lebendig«, wird »lebendig« durch zuviele Worte von »Christus« getrennt; »auch heute noch unter uns« erdrückt das »lebendig«. Hält man sich an den Rhythmus des Satzes, gerät er nach »noch« aus seiner Regelmäßigkeit. Vom Rhythmus her würde ich darum »auch heute noch« betonen, als Parallele zu »ist etwas Gegenwärtiges«. Die Wendung knallt m.E. geradezu aus dem Satz heraus. Sie ist logisch in keiner Weise nötig, umso nötiger braucht sie der Prediger. In ihr findet er den Höhepunkt des Satzes, und der meint Aktualisierung, Wirklichkeit, unterstrichen durch das applikative »unter uns«. – Fragt man nach der innern Logik der logisch unnötigen Floskel, zeigt sich: »auch heute noch« muß laut tönen, weil sie die Konkretion ersetzt. Der Prediger meint, Christus sei in der Predigt gegenwärtig, wagt aber nicht, diese Gegenwart im Jetzt seiner eigenen Predigt zu bezeugen. Die Floskel »auch heute noch« wird deshalb unvermeidlich für diesen Prediger.

Vielleicht möchte der Prediger die Zeit betonen. Warum muß er das »heute« mit zwei Krücken versehen, mit »auch« und mit »noch«? – In den beiden Wörtlein, die das »heute« stützen, artikuliert der Prediger, was er heimlicherweise vom Worte Christi hält. »Auch« und »noch« formulieren eine unbewußte Christologie. – »Auch heute« ist Christi Wort »unter uns lebendig«. Das kann heißen, wie gestern und morgen, vorgestern und übermorgen, »auch heute«. »Auch« verstreut das Wort achtlos in die Zeiten, preist es als Vorhandenes an. »Auch« verbilligt den Artikel, »auch heute noch« spricht ein wenig die Sprache des Ausverkaufs. – »Noch« deutet auf eine gewisse Dringlichkeit des Angebotes. Vielleicht geht der Artikel bald aus. In diesem Fall wäre »noch« als Selbstkorrektur zu verstehen, mit der der Prediger korrigiert, was er mit dem »auch« angetönt hat. – Allerdings haben wir bis jetzt nicht beachtet, daß »noch« mit »lebendig« in Beziehung steht. Das Wort ist »noch« lebendig, offensichtlich nicht mehr lange, es liegt im Sterben, »noch« ist es heute da, altersschwach, mit dem Hinscheiden ist zu rechnen, die Ohnmacht seiner Agonie hat schon eingesetzt. Die Sprache dieses Predigers bezeugt es. Zwar ist Christus heute noch unter uns lebendig, morgen oder übermorgen wird er vielleicht tot sein. »Auch heute noch« kündigt unreflektiert den baldigen, nunmehr endgültigen zweiten Tod

Christi an. Nicht die Zukunft Christi wird erwartet, sondern sein definitives Ableben.

Die Nachdrücklichkeit, mit der der Prediger spricht, drückt nicht mehr aus als Hoffnungslosigkeit. Der Sprecher ist, wohl ohne es zu wissen, mit dem, was er sagt, zerfallen. Man soll sich nicht wundern, daß eine Predigt, deren Sprache den Glauben verrät, keinen Glauben findet. Solange »reine Lehre« nicht Sprache wird, artikuliert sie reine Leere – »auch heute noch«. – Nicht so sehr die lauthals verkündeten Häresien verderben die Predigt des Evangeliums. Ihnen ist Widerstand zu leisten. Was die Predigt verdirbt, ist die heimliche Häresie der Sprache, die besagt, daß das Dogma in der theologischen Existenz nicht das Wort führt.

7. Kitsch

Zur Floskel gehört der Kitsch. Er gedeiht, wo die Furcht Gottes fehlt.

»Die ganze Leidenschaft, die so gut gemeinte, heute um Formeln zu streiten, um die Gottessohnschaft Jesu, um die Jungfrauengeburt und anderes, ist blind verschossenes Pulver. Völlig belanglos. So hat und kriegt man Jesus nicht. Wozu verpflichtet denn eine Formel? Zum Streit. Was verlangt ein theologischer Satz? Nichts. Seht auf Jesus. Wenn einer mit Fragen und Sorgen zu ihm kam, was sagte er: ›Hältst du mich auch ganz sicher für einen Gottmenschen? Und wie steht's bei dir mit der Zweinaturenlehre?‹ Er sagt: ›Was willst du, daß ich dir tun soll?‹ Das heißt: ›Komm, sag's, – wo drückt der Schuh?‹«

Die Leidenschaft genügt nicht, sie muß »ganz« sein und wird nachträglich als »die so gut gemeinte« abgewertet. Eifer kann wohl »gut gemeint« sein, aber Leidenschaft? – Auch die Abwertung durch das »so gut gemeinte« genügt nicht, sie muß nochmals gesteigert werden und wird als »blind verschossenes Pulver« dargestellt. Leidenschaft habe ich freilich noch nie als Pulver gesehen. – Sehen wir zunächst davon ab, daß die Sprache hier nicht stimmt, so mißtraut dieser Prediger dem, was er sagt. Darum haben wir eine dreifach kumulierte Leidenschaft vor uns. In dem ersten zitierten Satz ist alles auf Effekt angelegt und steigert sich im blindverschossenen Pulver zum Knalleffekt. Dieser Prediger demonstriert die These Walther Killys: »Der Kitschautor benötigt die Kumulation der Effekte . . .« (12).

»So hat und kriegt man Jesus nicht.« Wenn ich ihn nur habe, brauche ich ihn nicht auch noch zu »kriegen«! Über Geschmack läßt sich streiten oder nicht streiten. Die Unmöglichkeit eines solchen Satzes aber scheint mir unbestreitbar. – Der Prediger erklärt, daß ein theologischer Satz nichts verlangt, und fährt dann fort: »Seht auf Jesus.« Man fragt sich unwillkürlich, welche Qualifikation einem solchen Satz eignet, ob dies am Ende nicht auch ein theologischer Satz sein könnte, der nichts verlangt.

Diese Sprache artikuliert Gespaltenheit und widerspricht sich in ihrem Stakkato. Sie kultiviert einen Lapidarstil mit Seifenblasen und verunmöglicht sich selbst. Dies wird an der Unstimmigkeit etwa des ersten hier zitierten Satzes deutlich, aber auch in der Selbstdemaskierung, die der Prediger – sicherlich unbewußt – in der Folge seiner Predigt vornimmt. Im hier zitierten Ausschnitt apostrophiert der Prediger seine Gegner lieblos und verletzend. Später aber heißt es:»Wer keine Liebe ausstrahlt, weiß nichts von Gott...«, nicht merkend, was er damit über sich selbst aussagt.

Läßt man sich durch die Sprach-Sprünge dieses Predigers nicht verwirren und versucht man, ihm zu folgen, so ist der Jesus, den er predigt, näher den Bildern Ludwig Richters als den Aussagen des Neuen Testamentes. »Komm, sag's – wo drückt der Schuh?« Diese Übersetzung des Predigers verrät den Text an eine Landläufigkeit.

Die Unstimmigkeit der Sprache läßt sich wohl im Vergleich mit Walther Killys Essay als Kitsch interpretieren; aber damit hätte man das Wesen dieser Unstimmigkeit kaum genügend erklärt. Diese Unstimmigkeit der Sprache, die Lieblosigkeit im Umgang mit Gegnern, verbunden mit einem enthusiastischen Reden von der Liebe, trägt schizoide Züge und ist gerade darin typisch. Haben wir die Depression anvisiert, muß auch die Schizophrenie als überpersönliche gesehen werden. Als Prediger habe ich an dieser Schizophrenie von vornherein teil, indem ich Glied einer Kirche bin, die sich Kirche des Wortes nennt, mit dem Worte aber zerfallen ist. Von dieser Zerfallenheit ist auszugehen, und die Meditation versucht sie zu überwinden.

III

Nochmals: Kitsch auf der Kanzel

Predigtlehre als Sprachlehre des Glaubens muß sich auch mit der Sprache eines verratenen Glaubens befassen. Im Kitsch predigt der Unglaube, der sich selbst verleugnet. Ein verdrängter Unglaube spricht die Sprache des Glaubens, und was er spricht, ist Kitsch. Tendiert der Glaube in der Orthodoxie zur Schönheit im Lob, so signalisiert der Kitsch – auch wenn er sich noch so orthodox gebärdet – Häresie. Der irre Glaube artikuliert irre Sprache. Gefährlich aber wird Häresie im Gewand der Rechtgläubigkeit und dort, wo man sie nicht als solche erkennt. Verführerisch wird die irre Sprache dort, wo man ihr Irresein nicht erkennt.

Noch eine Distinktion ist zu machen: Ich sage Kitsch, nicht Naivität, auch nicht Primitivität. Kitsch ist keineswegs Unkunst oder Antikunst. Die naiven Maler produzieren in der Regel ebenso wenig Kitsch wie die

Dadaisten. – Die Könner vor allem verfallen zu allererst dem Kitsch. Wer nicht reden kann, mag geschmacklos reden, zum Kitsch ist er in der Regel kaum fähig. Leider können die meisten Prediger reden und sind darum gegen den Kitsch nicht gefeit. Drei Momente häufigen Predigtkitsches sollen im Anschluß an das bisher Verhandelte notiert werden.

1. Wo der Prediger das Wort nicht wörtlich nimmt, kommt es zum Ungenügen am Wort, Kumulation und Repetition werden nötig – wobei die Repetition zu unterscheiden ist von sachgemäßer Wiederholung. Kumulation und Repetition werden notwendig, um Effekte zu erzielen, die der Glaube, der dem Worte traut, nicht nötig hat. Dies mag an einem Satz zunächst gedeutet werden, den ich der oben zitierten Predigt (vgl. II/6) entnehme, und dem ich viele ähnlich strukturierte Sätze zur Seite stellen könnte:

»In Jesus – das sagt der Glaube – hat Gott sich so menschlich, so schlicht, so verständlich gezeigt, daß man's hören, sehen und im Vertrauen annehmen konnte.«

Wiederum zeigt sich das Mißtrauen in die eigene Sprache. Daß Gott sich menschlich gezeigt, genügt nicht; es wirkt mehr, wenn man sagt: »so menschlich«. Aber diese demonstrative Aussage muß noch ergänzt werden durch »so schlicht«. Allein das so Schlichte genügt wiederum nicht, es bedarf der Stütze durch ein »so verständlich«. »So – so – so« spricht der Glaube gerade nicht.

Kurt Marti spricht von der »Ganz- und Garküche«, in der Predigten ganz und gar gekocht werden. Marti entnimmt seine Beispiele einer einzigen Predigt eines bekannten Theologen und Kanzelredners, den er ganz und gar nicht nennen will. Wie beliebt das Wörtlein »ganz« für halbstarke Prediger offenbar ist, wurde schon an den bisherigen Beispielen deutlich. Wird ein Prediger »ganz nüchtern« und »ganz ehrlich«, dann ist es an der Zeit, ihm ganz zu mißtrauen. Aber: »In dieser Küche gärt's auch ›gar‹. Menschen, die in der Nähe Gottes gelebt und geatmet haben, können ›gar nicht mehr anders als nun alles, was sie erleben, im Lichte dessen zu sehen, was ihnen in der Nähe Gottes aufgegangen ist‹. Immerhin: Adam und Eva haben in der Nähe Gottes gelebt und geatmet. Unheimlicherweise sahen sie aber durchaus anders, als fortan alles im Lichte Gottes zu sehen! Hat der Prediger mit seiner schönen Behauptung am Ende *gar* nicht so recht? ›. . . das Schlimmste sind für Hiob ja *gar* nicht seine juckenden Schwären . . .‹ Tja, ich weiß nicht: juckende Schwären sind schlimm genug. Läge ich mit juckenden Schwären im Spital, so wünschte ich jedenfalls keinen Pfarrer an meinem Krankenbett, der mir souverän und nebenbei erklärte, das sei *gar* nicht das Schlimmste. Mag er damit auch etwas Richtiges meinen, so sagt er's auf diese Weise doch ›ganz und gar‹ verkehrt« (Reformatio XIII, 1964, 502).

Ganz und gar, so und so betrügt der Kitschprediger seine Hörer ums Wort. Weil aber die Welt auch in der Predigt betrogen sein will, verkauft sich Kitsch auch auf Kanzeln, in Funk und Fernsehen relativ gut. Nun artikuliert sich der Kanzelkitsch erst recht in christologischen Aussagen. Notierten wir Verniedlichung: »Komm, sag's – wo drückt der Schuh?«, wird in der von Marti zitierten Predigt Jesus Christus als eine »gleichsam strapaziöse Erscheinung für uns« vorgestellt. Die eine Aussage erscheint als so halbwahr wie die andere, und der Unterschied zwischen dem Jesuskitsch vulgärkatholischer Devotionalien und protestantischer Predigt scheint nicht eben groß zu sein.

Hugo von Hofmannsthal aber schreibt in seinem »Buch der Freunde«: »Der gute Geschmack ist die Fähigkeit, fortwährend der Übertreibung entgegenzuwirken« (1929, 89). Diese Fähigkeit ist auch den Predigern zu wünschen.

2. Killy verweist »auf den assoziativen Charakter, den die Bilder und Vergleiche haben. Sie dienen nicht der Explikation eines bildlich eher als beschreibend zu fassenden Sinnes, sie bereichern auch nicht eine gezügelte Darstellung durch die Fülle echter Sinnfälligkeit. Vielmehr werden sie als Möglichkeit gebraucht, die Variationsbreite der Reize zu erweitern« (19). Ich bleibe bei der schon zitierten Predigt:

Nachdem Johannes »ein ganz zerschwätztes Wort – zur Königin der Sprache« erhoben hat, wird sie sofort wieder abgesetzt; die arme Königin hat nichts zu sagen, denn der Prediger fährt fort: »Und statt der leeren Formel schreibt er nun die gefüllte Gleichung hin . . .«

Die Erhebung zur Königin der Sprache evoziert die Vorstellung einer Märchenwelt, während »leere Formel« und »gefüllte Gleichung« diesen Ausflug ins Märchenhafte sofort zurücknehmen und Sachlichkeit suggerieren. Wie bei den Kitschautoren in der Literatur gibt es auch in der Predigt »wahre Meister des unangemessenen Bildes, denen gar der einfache Vergleich noch nicht genügt, weil der Vergleich im Vergleich oder eine Kette von Vergleichen weitere Assoziationen ermöglichen« (Killy, 19). – Die Unangemessenheit der Bilder wird in unserem Beispiel darin deutlich, daß sie je einzeln offenbar nicht genügen. Die Inthronisation der Königin der Sprache kann ich mir kaum vorstellen; vermag ich mir bei einer »leeren Formel« zur Not etwas denken, so übersteigt »die gefüllte Gleichung« meine mathematischen Kenntnisse. Ich bestaune die rasch wechselnde Bildfolge, und der Prediger hat erreicht was er will, Effekt. Wenn ich aber den Prediger beim Wort nehme, vergeht mir das Staunen, indem ich eine Sammlung von Reizworten für unkritische Hörer entdecke.

Vielleicht ist das schiefe Bild nicht so sehr dem Kitsch als vielmehr dem Ungeschick des Predigers zuzuschreiben. Ein Bild, das nicht – oder nicht genügend – durch den Reflexionsprozeß des Predigers ging, verdirbt oftmals eine Predigt, indem es den Stellenwert eines zweiten Textes bekommt: die Aussagen richten sich dann weniger nach dem Text als nach dem Bild. – Bilder stellen sich dem ein, der Mut zu Einfällen hat und es wagt, sich Einfällen zu überlassen. Kann man heute die Prediger nur ermutigen, Einfälle zu haben, so kann man sie doch nicht ermutigen, »Einfallspinsel« zu werden, um mit Karl Kraus zu reden.

3. Versuchte ich eingangs, den Predigtkitsch als Sprache des sich selbst verleugnenden Unglaubens zu fassen, soll abschließend die Zeit des Kitsches bedacht werden. Wird Tradition hohl, beginnt das Epigonentum: zählen im Zerfall der Tradition die überlieferten Maßstäbe nicht

mehr, wird der Geschmack unsicher. Kitsch gedeiht in Traditionsbrü-
chen, indem er die Tradition als Ballast mitschleppt. Auffällig sind die
Parallelen von Killys Aussagen über den literarischen Kitsch mit Tendenzen in der gegenwärtigen Predigt:

»Der Kitsch hat den ursprünglich theologischen Gegensatz zwischen Gut und Böse,
Rein und Unrein zu einem nur moralischen eingeebnet. Zugleich modifiziert er die ar-
chaische Figurenwelt, die er im Grunde weiter gebraucht, nach den Bedürfnissen eines
modernen Bewußtseins. Er historisiert das Märchen, indem er es vergegenwärtigt ...
jede übersinnliche, jede eigentlich religiöse Dimension wird abgeschnitten. Die dadurch verlorene Beziehung auf eine tiefere, wiewohl nur geahnte Wahrheit wird ersetzt
durch den Versuch einer geschichtlichen Bewahrheitung. Die Überzeugungskraft des
ursprünglich Märchenhaften, solchermaßen beeinträchtigt, muß durch die Überzeugungskraft einer in Einzelzügen erkennbaren Wirklichkeit ersetzt werden« (27). Im
Vorgang der Säkularisation und einer immer erneuten Historisierung wird das Heilige
»so hiesig, wie die Rechtfertigung moralisch wird« (28).

Es wäre einer besondern Untersuchung wert, die von Manfred Josuttis analysierte »Gesetzlichkeit in der Predigt der Gegenwart« mit den
Äußerungen Killys zu vergleichen. Wäre es wohl möglich, für unsere
Zwecke »Märchen« durch »Mythos« zu ersetzen? Vielleicht. Nur wäre
zu befürchten, man würde genau dort enden, wo man nicht hinwollte,
im Kitsch, wollte man für eine Wiederbelebung des Märchens in der
Literatur und für eine Remythisierung in der Theologie plädieren. Der
Kitsch kann nicht restaurativ überwunden werden. – Beim Lyriker aber
ist zu lernen, »wie das Wort Wahrheit als Wirklichkeit schenkt« (Josuttis, PTh 57, 1968, 527). Besonders die konkrete Lyrik kann mich der
Sorge um den Mythos entheben, und ich brauche weder Entmythologisierung noch Remythisierung. Meine Sorge gilt dann allein dem Wort,
dem ich diene. Hoffentlich.

Auch die Strukturen der Kirche und der Gemeinde können der Vorbild-
lichkeit oder dem Laster dienen. Wie der Prediger so haben auch diese
Strukturen Nachrichtencharakter. Unter dem pneumatologischen Blick-
winkel erscheint die Solistenrolle des Predigers fragwürdig. Das alttesta-
mentliche Zeugenrecht erschließt eine Möglichkeit neuer Strukturen.

§ 24

STRUKTURFRAGEN

Wir haben verschiedene Aspekte des Predigens untersucht, indem wir
im Paragraphen über die Meditation nach dem Wortempfang fragten,
indem wir die Bedeutung des Predigers für sein Predigen unter dem Gesichtspunkt der Vorbildlichkeit verhandelten, während ein Lasterkatalog vor Mißbrauch warnte. Wäre man umfassend, müßte jetzt auch über
das Halten der Predigt besonders zu reden sein. Wir müssen uns hier
mit dem Hinweis auf die *Rhetorik* (vgl. §§ 3/III und 21/V/13) begnügen:

A. D. Sertillanges, Verkünder des Wortes, 1936, 312ff. – *Charles Haddon Spurgeon,*
Ratschläge für Prediger, (1896) 1962; auch in: Vom geistlichen Reden, hg. v. Helmut
Thielicke, 1961, 126ff. – *H. Geißner,* Verkündigen. Gedanken über Sprache und
Sprechen, Diakonia 1, 1966, 69ff. – *Bruno Dreher,* Biblisch Predigen, 1968, 110f. –
Hans Jürgen Schultz, Sprache als Element der Wirkung, Medium 7, 1970, 1ff.

Zu unsern Verlegenheiten gehört – der Lasterkatalog hat dies verdeutlicht – das Problem der Strukturen in der predigenden Kirche. Im
Rahmen einer Homiletik beschränkten wir uns vor allem auf eine Frage,
von der wir meinen, daß sie in besonderer Weise der Lösung harre. –
Bleibt noch anzumerken, daß die hier zu verhandelnden Fragen dogmatisch nicht entscheidend sind, so daß sie eher anhangsweise behandelt
werden. Im praktischen Vollzug des Predigens können diese Fragen
vordringlich werden, sie signalisieren dogmatisch kaum Bedachtes, weil
in der systematischen Theologie die Relation von Praxis und Theorie,
von Theorie und Praxis nicht funktioniert. Daraus resultiert die parado-
xe Situation, daß das hier zu Verhandelnde zunächst für das Wesen der
Predigt wenig Relevanz zu haben scheint, für den Vollzug der Predigt
aber entscheidend werden kann. In diesem Paragraphen werden die
Strukturfragen vor allem vom Prediger her behandelt, während sie später nochmals vor allem vom Hörer her zur Sprache kommen sollen (vgl.
§§ 29ff).

I

Die Singularität des Predigers als Problem

Hans Urner, Gottes Wort und unsere Predigt, 1961, 84ff. – *Wolfgang Trillhaas,* Evangelische Predigtlehre, 1964⁴. 150ff. – *Jean-Jacques von Allmen,* Geistliches Amt und Laientum, 1966. – *Rudolf Bohren,* Notizen zum Problem des Predigers, VuF 12, 1967, 26ff (Lit.). – *Ders.,* Die Gestalt der Predigt, in: Dem Worte folgen, 1969, 31ff. – *Paul Philippi,* Bemerkungen über die Struktur des Pfarramtes, ThLZ 92, 1967, 339ff. – *Ferdinand Klostermann,* Der Verkünder der christlichen Botschaft. Überlegungen zum Subjekt der christlichen Verkündigung, in: Wort und Welt, Festschrift Viktor Schurr, hg. v. Karl Rahner und Bernhard Häring, 1968, 218ff. – *Ders.,* Priester für morgen, 1970. – *Gerhard Sauter,* Die Berufsrolle des Pfarrers im Widerstreit von Amtsautorität und persönlicher Qualifikation, DtPfbl 69, 1969, 469ff. – *Joachim Matthes,* Religionssoziologie II, 1969, 101ff. – *Wolf-Eckart Failing,* Kooperation als Leitmodell. Krise und Strukturerneuerung des Gemeindepfarramts, 1970. – *Manfred Josuttis* u.a., Der Pfarrer heute, DtPfbl 70, 1970, 3ff. – *Yorick Spiegel,* Der Pfarrer im Amt, 1970. – *Ders.,* Pfarrer, HPth, 372ff (Lit.). – *Fritz Viering* (Hg.), Gemeinde – Amt – Ordination, 1970.

In den Lehrbüchern fällt die Selbstverständlichkeit auf, mit der bis vor kurzem das Predigen des Pfarrers behandelt wurde! Man hat wohl die Art und Weise des Predigens bedacht, hat sich über Auftrag und Funktion des Predigers Gedanken gemacht; den Akt als solchen hat man in der Regel nicht grundsätzlich reflektiert. Man war nach den Empfehlungen Schleiermachers nicht damit beschäftigt, die Aufgaben richtig fassen zu lehren, sondern konzentrierte sich auf die »richtigen Verfahrensweisen«. So wurde die Einrichtung »Predigt« und damit die Gestalt des Predigers und der Akt des Predigens kaum grundsätzlich befragt. Man war immer wieder damit beschäftigt, Vorfindliches zu begründen oder zu interpretieren. – Gerade die Abzweckung aufs Praktische, auf die Schleiermachers Votum hinzielte, mag in der Folgezeit eine systematische Besinnung auf das Predigen – ich sage »Predigen«, nicht »Predigt« – und damit die Einsicht in die Notwendigkeit einer Veränderung verhindert haben. – Einer predigt, und die andern hören zu, »schließlich muß jeden sonntag predigt sein«, der Vers von Ernst Eggimann scheint so etwas wie ein Grundgesetz zu formulieren, von dem die homiletische Betrachtung auszugehen hatte. So sieht man die Lehrbücher im allgemeinen ein mittelalterliches Phänomen tradieren, ohne dieses Phänomen als solches zu reflektieren. In der Beschäftigung mit der »richtigen Verfahrensweise« konserviert man das Bestehende. Praktische Theologie bleibt grundsätzlich reaktionär, wenn sie die »richtige Verfahrensweise« nicht systematisch in Frage stellt; und die Homiletik fördert eher die Immobilität der Kirche als deren Reform.

Dieser Sachverhalt mag durch den Artikel »Kanzel« im Lexikon »Die Religion in Geschichte und Gegenwart« illustriert werden, der aufs schönste die hier herrschende Folkloristik in ihrer Verbindung mit theologischer Gedankenlosigkeit manifestiert. Ich wähle hier das Stichwort »Kanzel« als bauliches Zeichen für das Solistentum des Predigers: benötigt ein kunstgeschichtlicher Teil hundertundsieben Zeilen, beanspruchen theologische Aussagen über die Kanzel nur vierunddreißig Zeilen. »Die dankbare Freude ev. Gemeinden am wiedergewonnenen Gotteswort führte in der Reformation bisweilen dazu, an den künstlerisch ausgestalteten K.n. theologische Gedanken zum Ausdruck zu bringen . . .; doch sind grundsätzliche theologische Erwägungen über die Kanzel als solche damals nicht angestellt worden« (RGG³ III, 1131). Nach grundsätzlichen theologischen Erwägungen über die Kanzel als solche fahndet man auch in der Religion der Gegenwart ohne viel Erfolg. In alten Kirchen sollte man die Kanzeln möglichst an ihrer Stelle belassen. Für Neubauten wird Nähe zum Abendmahlstisch empfohlen. Offenbar bietet ein »etwa vorhandenes Lesepult« Schwierigkeiten. Von ihm sollte sich die Kanzel »deutlich unterscheiden«. Nach einer Bemerkung über Kanzelbeleuchtung und Bücherbrett schließt die theologische Abhandlung mit dem Satz: »Vor einem Schalldeckel sollte man sich auch heute nicht scheuen, wenn es akustisch notwendig ist« (ebd, 1132). *Charles Haddon Spurgeon* aber, der etwas vom Predigen verstand, nannte die Kanzel – auch und gerade von ihrem Gebrauch her – »eine schreckliche Erfindung«. Er fährt fort: »Wenn ich sie nur zerstören und dann wie Josua . . . sagen könnte: Verflucht, wer sie wieder aufbaut!« (Ratschläge für Prediger, 1896, 294). Zur Kanzel außerdem: *J. H. Emminghaus,* Art. Kanzel, LThK² 5, 1310ff. – *Peter Poscharsky,* Kurze Entwicklungsgeschichte der Kanzel, Kunst und Kirche 23, 1960, 51ff. – *Ders.,* Die Kanzel. Erscheinungsformen im Protestantismus bis zum Ende des Barock, 1963.

Was liegt hier vor? Was meint die Tatsache, daß die Reformation die Kanzel aus dem Mittelalter übernahm? Zunächst stellen wir fest, daß in der baulichen Gestaltung ein grundsätzlicher Unterschied zwischen den einzelnen Konfessionen nicht besteht. Die Übernahme mittelalterlicher Kanzeln in die reformatorischen Kirchentümer könnte darauf hinweisen, daß der Konsens in der Struktur der Predigt praktisch stärker geblieben ist als der theoretisch eifrig artikulierte Dissensus! Was aber besagt die Kanzel und der je eine Mann (oder Frau) auf ihr?

Verschiedene Erklärungsversuche sind möglich. Am nächsten liegt wohl zunächst ein dogmatischer Interpretationsversuch. Er mag den Solisten auf der Kanzel mit dem solus Christus (Christus allein) in Beziehung setzen, also den Verkündiger vom Verkündigten her verstehen.

Höchst eindrucksvoll ist in diesem Zusammenhang der Entwurf einer katholischen Worttheologie, etwa bei *Otto Semmelroth,* die eine theologische Begründung der Singularität des Predigers impliziert. »Die Verkündigung der Kirche ist Darstellung der Menschwerdung *des* Wortes.« Würde man diese Dimension des Predigtgeschehens erkennen und anerkennen, könnte dies den Hörer zum Gnadenempfang disponieren. »Man sollte diesen symbolischen Sinn des Predigtvorganges in der Kirche nicht vergessen. Er läßt das Hören der kirchlichen Predigt auch dann noch wertvoll und bedeutsam erscheinen, wenn die Art, wie der Prediger seine Aufgabe vollzieht, sehr wenig intellektuellen Nutzen zu versprechen scheint. Die hörende Gemeinde würde wissen, daß sie im Zuhören auch gegenüber einem stümperhaften Redner der Kirche ein Bekenntnis ihres Glaubens in der Begegnung mit dem offenbarenden Christus vollzieht« (Das geistliche Amt, 1965², 187). Der Gedanke wird später wiederholt. Das Ereignis der Verkündigung könnte vielleicht »Zeichen eines Heilsereignisses« (Wirkendes Wort, 1962, 181) sein. »In der Zeichenhaftigkeit aber könnte die Ähnlichkeit zwischen Sakramentenspendung und Wort-Gottes-Verkündigung größer sein als die Unähnlichkeit. Denn was könnte besser die Menschwerdung des Wortes nicht nur inhaltlich verkündigen, sondern in symbolischer Handlung darstellen als die Verkündigung des Wortes Gottes durch den Amtsträger der Kirche.« Das aber heißt: »Der Träger des geistlichen Amtes stellt dann nicht nur den menschgewordenen Christus dar . . . sondern auch den Vater . . .« (227). Daß es Semmelroth gelingt, Verkündigung des Wortes und Kultfeier des Sakraments als »zweieinheitlichen Vorgang« zusammenzukoppeln (240), mag ein weiterer Vorzug dieses Entwurfes sein, der das Zueinander von Menschwerdung und Kreuzesopfer durchzuhalten versucht. Daraus folgt, daß die Verkündigung des Priesters gnadenwirksamer sein dürfte als die des Laien, »wenn sie im tatsächlichen Zusammenhang mit dem sakramentalen Gottesdienst geschieht als außerhalb« (245), auch wenn man dem Wort des Laien, das ja auch auf das Sakrament hingeordnet sein mag, Gnadenwirksamkeit nicht absprechen kann.

Es wird wenig fruchtbar sein, Semmelroth gegenüber die gängigen kontroverstheologischen Argumente anzumelden, die sich hier unsereinem sofort einstellen. Will man die Singularität des Predigers theologisch begründen, bietet Semmelroth einleuchtend Hilfe an. Protestantische Begründungen, falls sie unternommen würden, könnten sich wohl nur durch größere Inkonsequenz auszeichnen. Man würde vielleicht das »ubi et quando visum est Deo« aus CA V hier beiziehen (dort ist die Rede davon, daß der Heilige Geist durch das Predigtamt Glauben wirkt, wo und wann es Gott gefällt). So könnte man sagen, im Ereignis des Geistes werde der Prediger zum Werkzeug Christi. Man würde damit die Theorie Semmelroths aktualistisch umformen. Auch vom Gedanken der Stellvertretung her könnte man u.U. ähnlich argumentieren. Möglicherweise aber würde solche Argumentierung in den Verdacht einer Metaphysik geraten, und dieser Verdacht könnte seinerseits verdächtigt werden, nur zum Zwecke der Verdeckung einer unverantwortlichen Gedankenlosigkeit erfunden worden zu sein. – Auch wenn man den Gedanken der »Darstellung« ablehnt, bleibt bei Semmelroth ein Wahrheitsmoment, daß Christus durch je Einzelne spricht, daß dieses Sprechen nicht ohne Konsequenz für den Sprecher bleibt. – Meine Frage an Semmelroth wäre die, ob der Unterschied in der Struktur zwischen Christologie und Pneumatologie hier gesehen wird. Wir leben nicht mehr in der Zeit der Inkarnation, sondern in der des Geistes, und der Geist spricht mehrstimmig. – *Franz Sobotta* hat in der Bestimmung der Zeichenhaftigkeit bei Semmelroth »eine Verengung« festgestellt, insofern »diese Zeichenhaftigkeit zu eng an die ›amtliche‹ Verkündigung des geweihten und gesandten Verkünders gebunden wird« (Heilswirksamkeit, 214). In dieser Verengung aber müßte der Symbolgehalt des Predigtgeschehens anders und kritisch interpretiert werden, nämlich als ein Zeichen der Nichtbeachtung des dritten Artikels durch die Kirchen, indem ein monarchisches System unter je verschiedenen Vorzeichen mit je verschiedener theologischer Interpretation sich zu behaupten wußte. – (Mit dieser Hypothese würde man sich einem historischen Deutungsversuch nähern.)

Die monarchische Struktur des evangelischen Pfarramtes ist praktisch kaum zu bestreiten. Vielfach spielt der Unterschied zum katholischen Priestertum im Bewußtsein des Volkes kaum eine Rolle. Der Prediger steht im Schatten des Priesters.

So schreibt ein reformierter Franzose: »Im Grunde ist der Pfarrer kein Mensch wie alle andern. Er bleibt immer ein als Familienvater verkleideter Priester« (Henri Hatzfeld, Feuer und Wind, 1954, 10).

Der Prediger ist Priester – Pastor oder als Verwalter einer Parochie »Pfarrer«. Möglicherweise nennt man ihn »Seelsorger«, auf alle Fälle ist er ein »Geistlicher«. Immer predigt nur je einer – eine Ausnahme bildet bezeichnenderweise die Einführung des Pfarrers –, im Parochialsystem predigt jeweils derselbe oder dieselbe. Der Priester garantiert das Kontinuum der Kirche, während der Prophet es in Frage stellt (vgl. Matthes). Man könnte einwenden, dies wäre ein veralteter Gegensatz. Der

Sprachgebrauch aber zeigt, daß die Gemeinde den Prediger nicht als Propheten bezeichnet. Obschon in der reformierten Tradition das Prophetische je betont wurde, sagt auch in reformierten Gegenden niemand: »Guten Tag, Herr Prophet.« – Auch als »Apostel« wird der Prediger nicht verstanden. Das wäre vielleicht schwierig wegen der Beschränkung des Begriffs auf die Augenzeugenschaft. Die Bezeichnung »Missionar« entfällt, weil man sich dem Christentum zuzählt. Auch »Lehrer« ist der Prediger in der Regel nicht. »Lehre« gilt weithin als verpönt, ist durch Information zu ersetzen. Als »Evangelist« versteht sich der Prediger nur in Ausnahmefällen. Der Kirchensoziologe hat wohl recht, wenn er »Religion als Beruf« unter dem Stichwort »Priester« verhandelt, ein Zeichen, daß mit der Vielfalt des Predigens die Vielfalt der Predigt-»Ämter« verloren ging. Es besteht für mich kein Zweifel, daß der hier nur grob skizzierte Sachverhalt auch theologische Hintergründe hat und mit einer mangelnden Entfaltung der Pneumatologie zusammenhängt.

Der Selbstverständlichkeit, mit der man bisher in den Lehrbüchern das Solo des Predigers hingenommen hatte, entspricht die Heftigkeit, mit der heute die Kanzelrede in Frage gestellt wird. Dieser Angriff stellt sich z.Z. nicht so sehr als ein literarischer dar, sondern vielmehr als Existenzkrise des Predigers, verbunden mit einem zunehmenden Schwund der Predigthörer. Immerhin signalisieren Stichworte aus der Ökumene wie »morphologischer Fundamentalismus« und »häretische Strukturen«, daß die Fragen unüberhörbar geworden sind. Man hat erkannt, daß das »reine Evangelium« nicht destilliert und also losgelöst von der Institution gepredigt werden kann.

Zum morphologischen Fundamentalismus vgl. *Johannes Christian Hoekendijk/Hans Schmidt,* in: Mission als Strukturprinzip, hg. v. Hans Jochen Margull, 1965, 127ff.

Zu »häretische Strukturen« vgl. *Johannes Christian Hoekendijk,* Kirche und Volk in der deutschen Missionswissenschaft, ThB 35, 1967, 348f.

Sehe ich recht, sind die hier anstehenden Probleme bis jetzt mehr aphoristisch behandelt worden und harren noch einer theologischen Durcharbeitung. Deshalb aber sind die Probleme nicht weniger dringlich und die hier in Frage stehenden Äußerungen keineswegs leichtgewichtig. So weist *Hans-Dieter Bastian* darauf hin, daß »predigen« »eine einseitige, nicht ko-operative Art der Kommunikation« darstellt. Auch wenn eine solche Behauptung die Kooperation in der gegenseitigen Fürbitte zwischen Prediger und Hörer sowie einige andere Faktoren unberücksichtigt läßt, hat Bastian verallgemeinernd recht, wenn er fortfährt: »Sie gibt dem Angeredeten keine Chance der Rückäußerung. Er ist nur und ganz Hörer. Daß die Menschen auch alle einen Mund besitzen, übersieht eine Kirche, die ausschließlich predigt. Sie totalisiert die Gemeinde zum kritiklosen Wortempfang. Der Kybernetiker bezeichnet eine Organisation, ›in der alle Information von oben kommt und keine zurückgeht‹, mit Recht als totalitär« (ThEx 127, 58f). Ein erfahrener Gemeindepfarrer mit gutem Kontakt mag einer solchen Äußerung widersprechen. Aber: auch wer ein solches Votum als zu einseitig und pauschal kritisieren will, widerlegen wird er Bastian kaum!

Ähnlich urteilt *Helmut Gollwitzer,* wenn er die Problematik des Predigtgottesdienstes einmal darin sieht, daß der Gemeinde »keine Möglichkeit zu Fragen, Einwänden,

Verbesserungen und Ergänzungen gegeben ist. Man pflegt darin eine sinnvolle Abbildung des autoritativen Gegenübers des Gotteswortes zu uns Menschen zu finden . . . Aber alle Anrufung der Autorität des Wortes Gottes . . . kann doch nicht vergessen machen, daß der beamtete Prediger, dem noch dazu die Gabe der Verkündigung manchmal weniger als einem seiner Gemeindeglieder verliehen ist, dieses Wort nicht automatisch in der Tasche hat . . .« (Zuspruch und Anspruch NF, 1968, 235). Gollwitzer sieht die soziologische Rolle des Beamten als Nachteil für den Prediger.»Denn in seiner extraordinären . . . gesellschaftlichen Position – durch Beamtenrecht gesichert, aber nicht in der Abhängigkeit des weisungsgebundenen Beamten – nimmt er an vielen Fragen und Konflikten seiner Hörer ja nicht durch eigene Erfahrung teil« (236).

Für die Predigt kommt als weitere Schwierigkeit hinzu, daß der Prediger nicht nur Beamter ist, sondern zugleich – wiederum soziologisch gesprochen – freier Unternehmer in der Bewußtseinsindustrie, der mit vorindustriellen Methoden arbeitet. Damit befindet er sich dem Verkündigungsauftrag gegenüber in einer zwiespältigen Lage. Während sein persönliches Prestige davon abhängig ist, daß er mit seinen Unternehmungen einige Publikumswirkung erzielt, während er als Unternehmer völlig von der Gesellschaft abhängig ist, die er bedient, bleibt er als Beamter von Erfolg und Mißerfolg völlig unabhängig: Sein Gehaltsempfang bleibt unbeeinflußt von eventuellem Fleiß oder eventueller Faulheit. Die Soziologie hat diese Doppelexistenz m.E. noch nicht recht erforscht. Aber es ist zu vermuten, daß beide Rollen miteinander kombiniert gerade einer wahren Autorität der Predigt abträglich sind; auch eignet er sich schlecht als Gesprächspartner, umsomehr als er die Kunst des Gesprächs in der Regel nie gelernt und nicht geübt hat. Als Unternehmer steht er in Gefahr, sich zu sehr dem Geschmack des Publikums anzupassen, während er als Beamter versucht ist, sich über sein Publikum hinwegzusetzen. Die Doppelrolle bewirkt ein gespaltenes Bewußtsein dem Publikum gegenüber.

Dazu kommt, daß die Predigt in Konkurrenz mit andern Bewußtseinsindustrien nicht genügend zu informieren vermag, daß der Prediger selbst oft mangelnd informiert ist. Mit Recht fordert Gollwitzer Gemeindeversammlungen zwecks Information und Diskussion ebenso wie zwecks »Bibelauslegung, Gebet, Lobgesang, prophetischer Anrede und Eucharistie« (238). – Gollwitzer zweifelt nicht am Verkündigungsauftrag, aber: »Ich habe, wie ich gestehen muß, das Empfinden, daß das, was die Jahrhunderte hindurch mit den Worten Predigt, Predigen und Prediger vor uns gestanden hat, . . . vielleicht seine Zeit gehabt hat« (234). Gollwitzer drückt sich sehr vorsichtig aus, seine Meinung bekommt dadurch nur mehr Gewicht. So sehr ich Gollwitzer zustimmen möchte, so sehr möchte ich hier vor jeder Verabsolutierung warnen. Die Überzeugung, daß die Struktur der solistischen Predigt zugunsten eines Pluralismus aufzulösen ist, hindert nicht an der Einsicht, daß in der Geschichte immer Einzelne etwas zu sagen hatten. In diesem Betracht ist viel Gerede vom Ende der Predigt schlechthin töricht. Sowenig Konzert und Theater durch die

Massenmedien ein Ende fanden, sowenig wird das Predigen eines Einzelnen ein Ende finden. Darum sollte man sich hier vor einem Pauschalurteil hüten; um so dringlicher aber ist eine institutionelle Erneuerung und Umgestaltung der heute noch herrschenden Einrichtung Predigt, damit das, was der Heilige Geist heute vielfältig schenkt, zu Ehren kommt.

II

Das israelitische Zeugenrecht als Modell für eine künftige Gestaltung des Predigtdienstes

H. van Vliet, No Single Testimony. A Study on the adoption of the law of Deut. 19:15 par. into the New Testament, 1958 – *Joachim Jeremias*, Paarweise Sendung im Neuen Testament, in: ABBA, 1966, 132 ff. – *Georg Braumann*, Die Zweizahl und Verdoppelungen im Matthäusevangelium, ThZ 24, 1968, 255 ff.

Für die Struktur der neutestamentlichen Verkündigung, deren Zentrum die Rechtfertigung des Gottlosen bildet, die darum ihren rechtlichen Charakter auch nicht verleugnet, gilt weithin der alte Rechtsgrundsatz aus 5Mose 19,15: »Auf die Aussage von zwei oder drei Zeugen hin soll eine Sache gültig sein.« – Das israelitische Zeugenrecht geht offenbar vom Grundsatz aus, ein Zeuge könne sich irren, die Aussage eines Zeugen verbürge noch keine Sicherheit. Die unausgesprochene Begründung dieses Rechtsgrundsatzes besteht wohl darin, daß zwei oder drei einen Sachverhalt sicherer darlegen können als einer. Die Pluralität sichert das Zeugnis, und diese Sicherung beginnt mit dem Dual. – Spricht Gott sein Wort menschlich, eignet ihm nicht nur Stückwerkcharakter, sondern auch Unsicherheit. Gottes Wort ist hinsichtlich seines menschlichen Sprechers immer wieder unsicher und fragwürdig; es bedarf der Sicherung sowie der Ergänzung. Darum wird das Zeugenrecht in die Struktur der Verkündigung übernommen, freilich nicht in der Weise, daß der Einzelne als solcher ausgeschaltet würde.

Es mag angebracht sein, hier stichwortartig auf einige Stellen zu verweisen. Die Zwölf werden in Zweiermannschaften ausgesandt. Ihnen wird die Vollmacht über die Geister erteilt (Mk 6,7). Die Siebzig sollen in Botenpaaren das Kommen des Herrn vorbereiten (Lk 10,1ff). Nach dem Senden durch Jesus kommt es zu einem Senden durch den Geist: »Sondert mir doch den Barnabas und den Saulus zu dem Werk aus, zu dem ich sie herbeigerufen habe« (Apg 13,2). Jeremias weist darauf hin, daß die Jerusalemer Urgemeinde, Antiochia wie auch Paulus die Aussendung bevollmächtigter Botenpaare kennen. Mission erfolgt in Jochgenossenschaft (Phil 4,3). In der Unsicherheit damaliger Reiseverhältnisse war die Botschaft durch zwei Boten besser geschützt (Jeremias, 134). »Erst die Übereinstimmung der Aussage von mindestens zwei Zeugen macht diese glaubwürdig. Entsprechend hat der Wortführende der beiden Sendboten (vgl. Apg 14,12 . . .) den Jochgenossen zur Bestätigung der Botschaft neben sich« (ebd, 135).

Die Pluralität der Zeugen kommt auch in den Briefanfängen vor, was umso mehr auffällt, da solche Namenhäufungen zur damaligen Zeit selten sind. Die beiden Korintherbriefe, die Briefe an die Philipper, an die Kolosser und an Philemon sowie der erste Petrusbrief haben zwei Absender, die an die Thessalonicher sogar drei. Es ist nicht anzunehmen, daß diese Namensnennung zufällig und theologisch irrelevant erscheint. Fast möchte man sagen, der Apostel stelle sich damit in eine Institution hinein. So scheint es, Paulus legitimiere sich nach 1Kor 1,1 in doppelter Weise durch den Hinweis, daß er nach dem Willen Gottes Apostel ist und daß er den Sosthenes neben sich hat. Dies hindert ihn nicht, autoritativ als Einzelner zu sprechen (1Kor 5,3). Wenn er im Galaterbrief um seine Apostelwürde kämpft, deren Herkunft von Jesus Christus und von Gott dem Vater er schon zu Beginn feierlich betont, so erscheinen neben ihm alsbald »beinahe drohend als Eideshelfer« – wie Oepke bemerkt – »alle Brüder, die mit mir sind«. Den Römerbrief indessen schreibt er allein, ruft aber dort Gott selbst zum Zeugen für ihn auf (1,8f).

Es kann sich nicht darum handeln, dem herrschenden Brauch der Einmannpredigt vom Neuen Testament her ein Gesetz der Zweiheit, ja der Vielheit für die Predigenden zu postulieren, umso weniger als der neutestamentliche Befund keineswegs eindeutig ist. Die Texte selber wehren sich dagegen, daß man dem Formalismus der Einmannpredigt einen Formalismus der Zweizahl oder Mehrzahl entgegensetzt; denn nicht auf die Zahl der Prediger kommt es an, sondern auf den durch sie sprechenden Geist. Dieser Geist, der einer ist, aber liebt die Zweizahl und die Mehrzahl. Nicht so sehr um Darstellung des Geistes in der Vielheit geht es hier, und noch weniger um irgendeinen Symbolgehalt, sondern viel mehr um das Ereignis des Geistes im Miteinander der Zwei und der Drei und der Vielheit. Zum theologischen Verständnis der paarweisen Sendung scheint mir Mt 18,20 wichtig zu sein. Das Wort wird zunächst im Blick auf die besondere Erhörlichkeit gemeinsamen Betens überliefert: »Denn wo zwei oder drei in meinem Namen versammelt sind, da bin ich mitten unter ihnen.« Es wird aber kein Zufall sein, daß diese Verheißung in einem gewissen Zusammenhang mit einer Zitation von 5Mose 19,15 erscheint. Was im Zusammenhang mit dem kleinen Prozeß der Gemeindezucht gilt, gilt umso mehr im großen Prozeß, den Gott um die Welt führt. Wenn die zwei oder drei in Jesu Namen Versammelten sich im Gehorsam gegen den Missionsauftrag in Bewegung setzen, wird er selbst erst recht mitten unter ihnen sein. In der Sendung der Boten geht der Erhöhte durch die Welt. Wer Symbolik liebt, mag in der Doppelheit der Zeugen ein besonders starkes Zeichen für die Verheißung des Geistes sehen. Nicht daß damit Christus schon ohne weiteres gegenwärtig wäre, wenn statt einem Mann nun zwei oder drei auf die Kanzel treten. Sie können mit ihrem Auftritt das Ereignis des Geistes nicht garantieren. Wohl aber gilt ihnen die Verheißung des Geistes in ausgezeichneter Weise. Die zwei oder drei versichern sich der Gegenwart Jesu Christi, indem sie ihn anrufen, und im Wissen um die Erhörung ihres Anrufs und Herbeirufs versichern sie die Hörer der Gegenwart Jesu.

Da das Herbeirufen und Ausrufen Gottes unauflöslich zusammengehört und gemeinsames Bitten unter der Zusage besonderer Erhörlichkeit steht, kommt dem Zweier- oder Dreierteam eine besondere Bedeutung zu. Auch praktisch: Der neben dem Redner steht, bittet wie der Redner selbst, daß Gott zum Wort komme. Einer redet zu Menschen von Gott, und der andere redet zu Gott für den, der redet. Weil die Predigt zuerst ein Beten ist, und der Prediger wie Mose während der Amalekiterschlacht auf dem Hügel steht, braucht er gleichsam einen Aaron und Hur, die ihn stützen. Dem Prediger, der Fürbitter neben und hinter sich hat, mag dadurch die Zuversicht wachsen. Aber Gebet und Fürbitte sind nicht nur zur Stärkung des schwachen Predigers notwendig, sondern primär um des zu predigenden Wortes willen, damit im menschlichen Reden Gottes Wort geschehe.

Das predigende Zweier- oder Dreierteam empfiehlt sich auch von der Charismenlehre her. Weil im Predigen die Charis sich manifestieren soll, die sich in Vielfalt schenkt, empfiehlt sich die Predigt von Zweien; denn zwei sind schon eine Vielheit. – Auch johanneisch läßt sich die Empfehlung zum Predigerteam begründen. Indem zwei oder drei sich zum gleichen Dienst senden lassen, fangen sie an, eins zu werden, und treten auf als Avantgarde der Einheit, die der Welt die Erkenntnis Christi vermittelt (vgl. Joh 17,22f). Es ist keine Frage, daß das Predigen an Kraft und Macht gewinnt, wenn es nicht mehr im Solo des Einzelnen, sondern im Duett, Terzett, Quartett oder Chor erfolgt. Ich habe diesen Sachverhalt vom Prediger her begründet: seine Begrenztheit erfordert Ergänzung; und von der Geistlehre her erläutert: der Geist schenkt sich vielfältig. Vom Hörer her bietet die Aufteilung einer Predigt unter mehrere Prediger den Vorteil, daß die Chance geringerer Langeweile besteht. Wenn mich der eine Redner langweilt, kann ich mich auf den nächsten freuen! Auch wird man beachten müssen, daß die Menschlichkeit eines Predigers die einen mehr und die andern weniger anspricht. Da die Menschlichkeit ein Vehikel für den Geist ist, darf ein solches psychologisches Moment nicht unterschätzt werden. – Nun gehört zur Menschlichkeit der Predigt, daß ich den, der spricht, auch sehe (vgl. § 27/II). Weil der Prediger mit seinem ganzen Menschsein spricht, gehört das, was ich von ihm sehe, mit zur Predigt. Der Prediger spricht nicht als reiner Geist, sondern als ein Mensch von Fleisch und Blut. Darum will ihn der Hörer sehen. Mit Recht. Der Prediger, der sich auf seine Hörer einstellt – und nur ein Unmensch wird darauf verzichten, sich auf die Hörer einzustellen –, steht darum immer in Gefahr, Schausteller zu werden, zu schauspielern.

Diese Gefahr sehen, heißt schon zugeben, daß die Predigt unvermeidlicherweise auch ein Schaugeschäft ist. Wer in der Öffentlichkeit auftritt und das Wort ergreift, inszeniert eine Schau. Wer die Kanzel betritt, bietet eine Schau, ob er will oder nicht. Schon der Talar, den er möglicherweise anzieht oder neuerdings nicht anzieht, dokumentiert diesen Umstand; denn vom Akustischen her wäre ein Talar ebenso unnötig wie ein Verzicht auf denselben. – Der Vergleich: Predigt – Schaugeschäft mag ärgerlich klingen; aber es könnte dieses Ärgernis eins sein mit dem immer neuen und uralten Ärgernis des Menschen daran, daß Gott menschlich redet, daß seine Boten zur Schau gestellt werden. Der Schauspieler agiert, er spielt eine Rolle; der Prediger wird ausgestellt. Der Schauspieler spielt dem Applaus entgegen, er genießt sein Spiel. Wer zur Schau gestellt wird, leidet (vgl. 1Kor 4,9 und Hebr 10,33). – Auch in diesem Betracht könnte die Teamwork-Predigt fruchtbar sein, daß der eine am andern stirbt. Trotz dieses grundlegenden Unterschieds von Schauspielerei und Zur-Schau-gestellt-Werden müssen wir Wagner in Schlafrock und Nachtmütze recht geben, wenn er öfters rühmen hörte, »ein Komödiant könnt einen Pfarrer lehren«. Eines, meine ich, müssen wir heute vom Schaugeschäft lernen: Es gibt einige ganz große Stars, die einen ganzen Abend als Alleinunterhalter bestreiten können. Einmannkabarettisten, Komiker, Sänger, Virtuosen von Weltklasse. Aber das sind Ausnahmen, und im durchschnittlichen Schaugeschäft wechseln die Nummern, und gerade dieser Wechsel bewahrt unter Umständen das Publikum vor dem Gähnen.

Der Heilige Geist ist nicht zu verwechseln mit dem Geist der Langeweile. Rechtgläubigkeit und Langeweile treten zwar auf der Kanzel häufig in Personalunion auf; da die Langeweile jeweils unbezweifelbar erscheint, liegt es nahe, in diesem Fall die Rechtgläubigkeit in Frage zu stellen. Vielleicht wird Orthodoxie in dem Moment langweilig, in dem sie nicht mehr oder noch nicht orthodox genug ist. Warum sollen wir für die schönen Gottesdienste des Herrn nicht etwas von dem lernen und übernehmen, was heute in der Welt als anziehend gilt? Wenn Gottesdienst zur Freude führen soll, ist nicht einzusehen, warum wir nicht im Prüfen der Geister von der Vergnügungsindustrie lernen könnten! Diese ist insofern human, als sie dem Hörer auf die Dauer langweilige Einzelfunktionäre erspart. Auch wäre zu fragen, wodurch denn Formen aus dem Mittelalter, wie wir sie im Gottesdienst wohl bewahren, dem menschenfreundlichen Gott wohlgefälliger seien als humane Formen der Gegenwart? Das Kriterium der Übernahme solcher Formen wird darin liegen, ob sie dem Wort vom Kreuz dienen oder ob sie dessen Ärgernis neutralisieren.

Nun gibt es viele Möglichkeiten solchen Predigens im Teamwork. Einer predigt, die Predigt wird durch Erfahrungsbericht, Meinungsäußerung oder Information Einzelner unterstützt. Gemeinsame Vorbereitung ist hierbei unerläßlich. Ein solches Unternehmen scheint sinnvoll besonders im Kanzelaustausch oder bei Bibelwochen, überhaupt bei Diensten in einer fremden Gemeinde.

Hierbei mag man durchaus an eine Tradition anknüpfen. Der Pietismus z.B. hat den Bericht über persönliche Gotteserfahrung gepflegt mit »Zeugnissen«. Diese Übung bedarf – wie auch die Predigt – einer ständigen theologischen Prüfung, sollte aber grundsätzlich nicht bestritten werden, steht es doch Gottes Volk zu, alle seine Wunder zu erzählen (vgl. Ps 9,2). – Von der Gruppenbewegung her wurde in der Volksmission in

Mannschaftsarbeit evangelisiert, vgl. *Henri Ochsenbein,* Die Arbeitsmannschaft des Pfarrers, o.J. – *Paulus Scharpff,* Geschichte der Evangelisation, 1964, 313ff. Wie sehr man sich schon früher an der Vergnügungsindustrie orientiert hat, zeigt etwa die Heilsarmee mit ihren Liedern oder die Zeltmission, die vom Zirkus lernte.

Neben einem Erfahrungsbericht sollte auch Salomos Weisheit im Gottesdienst Raum finden, auch Baum und Tier kommen beim königlichen Menschen zur Sprache (vgl. 1Kön 5,13). Aufklärende Information hat im Gottesdienst ebenso Platz wie Klage und Lob.

Auf besondere, weitere Möglichkeiten der Predigt im Teamwork muß im Folgenden hingewiesen werden.

III

Dialog- oder Trialogpredigt

Hugo Rahner, Art. Dialoge, LThK² 3, 339f. – *W. Esser,* Art. Dialogpredigt, LThK² 3, 340f (Lit.). – *Heinrich Seesemann,* Die Dialogpredigt, in: Gemeindeveranstaltungen. Arbeitshilfen und Entwürfe, hg. v. Ludwig Schmidt, I, 1960, 35ff. – *Kurt Rommel,* Der Jugendgottesdienst, in: Gemeindeveranstaltungen III, 1961, 41f. – *Heinrich Seesemann,* Die Dialog-Predigt, in: Kleine Predigt-Typologie, hg. v. Ludwig Schmidt, I, 1964, 217ff. – *Godehard Punder,* Fastenpredigten in Dialogform, Diakonia 4, 1969, 53f. – *Hans-Wolfgang Heidland,* Das Verkündigungsgespräch, 1969. – *Hans-Dieter Bastian,* Theologie der Frage, 1969.

Versteht man Predigt als Monolog, muß man den Begriff »Dialogpredigt« ablehnen (so z.B. Heidland). Das Vorkommen der Dialogpredigt hingegen – in der katholischen Tradition wohl fester verwurzelt als in der protestantischen – stellt ein nur monologisches Verständnis der Predigt in Frage. Ich sehe in der Dialogpredigt eine Mischform zwischen der traditionellen Kanzelpredigt und dem »Verkündigungsgespräch« (Heidland), eine Mischform, die ihrerseits vielfältige Möglichkeiten bietet. Ich meine, daß ihr in der Praxis der Gegenwart eine besondere Aufmerksamkeit zukommt, weil sie in ihrer Anlage die Möglichkeit zu neuen Strukturen der Predigt eröffnet.

Esser definiert die Dialogpredigt als »die predigtmäßige Abwandlung der literar. Form der Dialoge. In dieser Form will die Verkündigung vor allem eine Antwort auf brennende Zeitfragen geben, die von zwei Predigern in Rede u. Gegenrede angegangen werden« (340).

Diese Definition verweist auf zwei Wesensmerkmale der Dialogpredigt. Einerseits beruht sie auf literarischen Vorbildern, die ihrerseits auf gesprochenen Dialogen beruhen. Offensichtlich knüpft die Dialogpredigt an alte Traditionen an. – Andrerseits hat sie eine apologetische, seelsorgerliche, man kann auch sagen: volksmissionarische Funktion. Die Dialogpredigt stellt zunächst eine andere Weise des Predigens dar als das vom israelitischen Zeugenrecht intendierte Doppelzeugnis; sie

kann aber durchaus zu diesem Doppelzeugnis hin tendieren, möglicherweise auf die Gefahr hin, daß sie dann aufhört, Dialog zu sein. Es gehört zu ihrem Wesen als Predigt, der Tendenz zum Doppelzeugnis
Raum zu geben.

Wollte man eine Theorie der Dialogpredigt entwickeln, müßte man
eine theologische Begründung des Dialoges konfrontieren mit der kirchlichen Tradition einerseits und mit der Bedeutung des Dialogs in der
Sprachkultur der Gegenwart andererseits. Ich begnüge mich hier mit
zwei Hinweisen. – Aus der Zeit der Kirchenväter wird eine dreifache
Gestalt des literarischen Dialoges überliefert: erstens Streitreden, polemische Auseinandersetzung mit Juden und Ketzern, zweitens dogmatisch-philosophische Gespräche, drittens – vor allem im frühen
Mönchstum gepflegt – asketisch-hagiographische Dialoge (vgl. Rahner). – In der Gegenwart wäre zu beachten: das Telephon verdrängt das
Briefschreiben, die Presse pflegt das Interview, die Massenmedien entwickeln eine Kultur des Gesprächs, der moderne Roman kultiviert Dialoge, um das Unausgesprochene im Gespräch darzustellen. Das Dialogische erweist sich als Kennzeichen unserer Zeit. – Aus dem hier Angedeuteten ziehe ich den Schluß, daß die Dialogpredigt an die Tradition
der Kirchenväter anschließen kann unter Aufnahme der Gesprächskultur der Gegenwart. Dem Verkündigungsgespräch gegenüber wird sie
sich durch eine größere Dichte und Prägnanz auszeichnen müssen, weil
zwei Spezialisten sprechen: diese streiten miteinander um die Wahrheit,
vermitteln Lehre, unterreden sich über die Heiligung, über die Existenz
des Christen in der Zeit. In Zeiten großer kirchlicher Spannung sollte
vor allem auch der Dialog in Form der Streitrede (vgl. § 18/IV) geübt
werden. Als Avantgarde des Friedens sollte das Volk Gottes die Gegensätze in seiner Mitte nicht verdrängen, sondern artikulieren und den
Streit um die Wahrheit nicht scheuen.

Da die Theologie in ihrem Lehrverfahren monologisch und nicht dialogisch strukturiert ist – statt des Naturwissenschaftlers im Team wirkt
immer noch der spätmittelalterliche Humanist als Leitbild –, fällt der
Dialog oder Trialog sehr schwer, er erfordert vom Prediger ein Umdenken, eine Umstellung.

Dies mag – neben den Vorteilen der Dialogpredigt – sichtbar werden an der Predigt
von *Heinrich Seesemann* und *Karl Zeiss* über Joh 17,20–21, die im Rahmen einer
Ökumenischen Gebetswoche stattfand (Kleine Predigt-Typologie I, 220ff).

Die Vorteile des Verfahrens gegenüber der Einmannpredigt sind augenfällig. Das
Moment gegenseitiger Ergänzung und Bestätigung durch zwei Sprecher spricht vor allem in Zeiten, in denen die Zerrissenheit der Kirche schmerzlich erlitten wird, für sich.
Das Zweierzeugnis mag die Glaubwürdigkeit der Predigt erhöhen. Indem die Prediger
sich gegenseitig helfen, machen sie damit schon eine Aussage jenseits der Worte:

Z. behauptet den Spaltungen gegenüber die »*eine zentrale Mitte*« der Heiligen
Schrift, ohne dieselbe näher zu bezeichnen, »solange es christliche Gemeinde gibt,
kommt es auf diese zentrale Mitte an« (226). – S. springt als Interpret bei: »Diese zen

trale Mitte wird uns sehr, sehr deutlich gezeigt. Das ist der *Kreuzestod* des Mensch gewordenen Gottessohnes, der am dritten Tage wieder auferstanden ist, gen Himmel fuhr und sitzet zur Rechten Gottes und einst wiederkommen wird« (226f). Ein solches Rezitativ des Credo ist seinerseits wieder interpretationsbedürftig. Z. erläutert es in der Weise, daß er vom zitierten zweiten Artikel des Credo aus eine erste Folgerung zur Beurteilung der Sekten zieht. Dabei kommt es zu einer Wiederholung und Bekräftigung der Aussage von S.: »Die Mitte ist ER allein!« – Versucht man sich diese Sätze als gesprochene zu vergegenwärtigen, legt sich die Vermutung nahe, der Dialog vermöge den Stellenwert der Sätze zu verändern. Das Rezitativ von S. mag so gesprochen stärker wirken, als wenn es im Rahmen eines Predigtmonologes erscheint. Auch das für die Predigt unaufgebbare Moment der Wiederholung wird durch die Doppelheit der Sprecher erleichtert. In einer Einmannpredigt wäre es monoton zu sagen, die Mitte sei der Kreuzestod, um dann nach einigen Sätzen zu wiederholen, ER allein sei die Mitte. Gerade eine assertorische Predigt gewinnt durch eine Doppelaussage. Die beiden behaupten Christus als die Mitte und geben der Verheißung seiner Gegenwart Raum. Eine Predigtauffassung, die meint, das Predigen ertrage die Zwiesprache nicht, kann an dem vorliegenden Modell erkennen, daß eine Predigt von Zweien den Namen des Christus u.U. stärker auszurufen vermag als die Predigt von einem. Sicherlich wäre das hier angeführte Modell verbesserungsfähig. Man kann den Formulierungen Abgegriffenheit vorwerfen – ein solcher Vorwurf mindert nicht die Tatsache, daß hier ein verheißungsvoller und löblicher Versuch vorliegt.

Neben einer Verstärkung des Zeugnischarakters wird eine Vermehrung der Informationsmöglichkeit erkennbar. Einmal gelingt den beiden eine Orientierung über die Ökumene, die im Rahmen einer Einmannpredigt in gleicher Weise wohl nicht möglich wäre, es sei denn um den Preis unerträglicher Langeweile. Auch kann der neutestamentliche Befund über den Einheitsgedanken in einer Breite skizziert werden, die sich eine einzelne Predigt kaum erlauben dürfte. Das Modell zeigt, daß offensichtlich die Dialogpredigt lehrhafter zu wirken vermag als eine Einmannpredigt.

Ergeben sich aus dem hier skizzierten Verfahren Vorteile, ist dessen Problematik nicht zu übersehen. An dem vorliegenden Modell scheint zu fehlen, was wir Zwiesprache nennen. Es wird nicht recht deutlich, daß ein Ich mit einem Du spricht, zwei sich unterreden. Das geschieht eigentlich nicht. Gerechterweise muß man aber sofort hinzufügen, daß in der jüngeren Predigttradition das Ich des Predigers sich nur selten ausspricht und vielfach verdrängt wird (vgl. § 23/II/2). Vielleicht hat es auch deshalb die Dialogpredigt so schwer unter uns, weil das Ich des Predigers sich auch in der Einmannpredigt kaum zu artikulieren weiß. Voraussetzung einer Dialogpredigt aber müßte sein, daß ein Ich mit einem Du spricht.

Fatal und den Hörer beinahe beleidigend, weil als unwissend qualifiziert, erscheint mir die erste Frage: »Nun will ich gleich die erste Frage stellen: Was ist es um diese Ökumenische Gebetswoche, in der wir jetzt eben stehen« (220)? – Der erste Satz ist unnötig und die Frage gespielt; denn S. weiß sehr gut, was es um diese Ökumenische Gebetswoche ist, in seinem dritten Votum hilft er selber die Frage mit beantworten. Die Frage dient dazu, dem andern das Wort zu erteilen, das er auch selbst nehmen könnte. Im Verlauf des Gesprächs werden noch viele solche Fragen gestellt, die der Frager selber zu beantworten wüßte, die also »gestellt« sind, daß man die Absicht merkt. – Die hier aufgenommene Fragenmethodik mag von den Katechismusfragen herkommen. Wurde einst der Schüler gefragt, wird jetzt die Frage zum Instrument eines Interviews von einem Interviewer, der gar nicht erst zu fragen braucht, weil er die Antwort schon weiß. Damit wird deutlich, wie nötig es ist, dem Problem der Frage erhöhte Aufmerksamkeit zu schenken!

Die Predigerfragen, die als Hörerfragen sich geben oder um des Hörers willen gestellt sind, machen immer wieder den Eindruck des Überforderten oder Frisierten. Fragen, die der Prediger stellt, um sie zu beantworten, bleiben im Grunde immer im Bereich des Katechetisch-Pädagogischen, nur daß man es bei einem geschickten Fragesteller nicht so merkt. Es sind rhetorische Fragen, vielleicht geschickt getarnt; aber sie bleiben irgendwo unecht und entmündigen den Hörer.

IV
Laienpredigt

Bruno Dreher, Alle predigen Gottes Wort, Lebendige Seelsorge 17, 1966, 165ff. – *Martin Schmidt,* John Wesley II, 1966, 107ff. – *Johannes Baptist Schneyer,* Die Laienpredigt im Mittelalter, MThZ 18, 1967, 205ff. – *Domingo Castagna,* Soll der Laie heute predigen? Concilium 4, 1968, 194ff. – *Rolf Zerfaß,* Predigtmonopol – Predigtmonolog. Der Anteil der Laien an der Predigt, Diakonia 3, 1968, 257ff. – *Ferdinand Klostermann,* Sind alle Priester?, 1969.

Dem Laien ist das Wort zu erteilen, und der ordinierte Theologe hat als Diener am Wort sich in besonderer Weise dafür einzusetzen, daß der Laie zu Worte kommt, daß sein Anteil an der Gnade entdeckt, sichtbar und fruchtbar werden kann. Indem er dem Laien zum Wort verhilft, indem er ihm hilft, gottesdienstlich das Wort zu ergreifen, dient er dem Lauf des Wortes in der Welt wohl am besten. – Bei einem Bedenken des Problemes »Laienpredigt« gilt es, das Verbot der Laienpredigt im kanonischen Recht zu beachten (CIC c. 1342 § 2), als ein vom biblischen Predigtauftrag her zu revidierendes Recht. Auch darf man die praktische Geltung dieses Verbotes in weiten Kreisen des Protestantismus nicht übersehen! Eine stillschweigende Abwehr der Laienpredigt signalisiert die evangelische Homiletik, insofern sie im allgemeinen gar nicht damit rechnet, daß Laien predigen. Umso mehr ist der katholischen Theologie zu danken, daß sie sich in der Gegenwart besonders intensiv mit der Laienpredigt befaßt. Zu lernen ist hier ebenfalls von *den* Freikirchen, die den Dienst des Laienpredigers kennen. Die allgemeine Unüblichkeit der Laienpredigt bei uns zeigt, daß eine Institutionalisierung derselben viele Widerstände zu überwinden haben wird – nicht zuletzt in den Gemeinden selbst. Der Pfarrer wird darum seinen Dienst am göttlichen Wort darauf ausrichten, qualifizierte Laien in den Predigtdienst zu berufen. Im allgemeinen werden es gerade nicht die sein, die sowieso gerne reden. Die Vokabel »berufen« mag andeuten, daß Laienpredigt nicht identisch ist mit der Freigabe des Wortes an die Gemeinde.

Um Wiederholungen – vor allem im § 31 – zu vermeiden, möchte ich mich der äußersten Knappheit befleißigen, wenn ich verschiedene Aspekte der Laienpredigt hier erörtere. Das zitierte Beispiel einer Dialogpredigt (vgl. § 24/III) machte die Peinlichkeit unechter Fragen deutlich. Der Hörer muß selbst fragen können. Die Frage des Laien muß eine eigene Stimme bekommen, denn die Fragen des Hörers sind vielfach andere als die, welche der Prediger für Fragen des Hörers hält. Bekommt die Hörerfrage Raum, muß allerdings auch die dumme, die falsch gestellte, die böse Frage Raum bekommen – vielleicht wird erst dann Predigt als Exorzismus möglich. Allerdings ist mit diesem Hinweis die Grenze von der Laienpredigt zum Gespräch hin wohl überschritten, denn man wird dem Laien nicht zumuten können, nun sozusagen von Amtes wegen dumme Fragen zu stellen. Wird dem Laien grundsätzlich nur die Rolle eines Fragestellers zugewiesen, bleibt er dem Theologen gegenüber grundsätzlich im Schülerverhältnis. Darum darf die Funktion des Laien nicht auf das Fragen begrenzt bleiben, vielmehr bringt er sein Fachwissen ein, er informiert und ermöglicht damit schon eine sachgerechte Predigt des Gebotes. Er ist am Lehrgeschehen der Kirche beteiligt. – Auch ist es dem Laien nicht verwehrt, Theologe zu werden, dabei »Laie« zu bleiben und in dieser »Doppelrolle« auch zu predigen. Vielleicht vermag der Laie sachgerechter über die Existenz des Christen in der Welt zu reden als der Theologe. – Auch gibt es private Erfahrung des Glaubens, die mit Recht zur Veröffentlichung drängt. Solche Veröffentlichung ist in der Heimatgemeinde kaum wiederholbar. Ein Vorzug der Laienpredigt mag darin liegen, daß sie in besonderer Weise um den Stückwerkcharakter des Predigens weiß, ein Persönliches, Beschränktes, je Einmaliges zu sagen hat. Es ist je ein anderes, ob der Laie eine Textpredigt hält, oder ob er im Rahmen eines Gottesdienstes eine Frage stellt, ein Votum abgibt, eine Erfahrung berichtet oder aus seinem Fachwissen heraus informiert. Es gibt vor allem zwei Wege, den Laien in den Predigtdienst einzuweisen, einmal über die Berufung zur Mithilfe in der Dialogpredigt oder im Verkündigungsgespräch – zum andern über die Berufung zum Lektor, so daß er in der Aneignung fremder Predigt dieselbe verändert und schließlich zum eigenen Predigen kommt (vgl. § 11/III).

Namentlich in bäuerlichen Gegenden empfiehlt es sich für den Pfarrer, Laien zu auswärtigen Diensten mitzunehmen, um es ihnen auf diese Weise zu erleichtern, das Wort zu ergreifen. Solche gemeinsamen auswärtigen Dienste helfen mit, die eigene Gemeinde zu erbauen. Damit wird schon ein weiteres Strukturproblem der Predigt angedeutet.

V

Wanderprediger

Otto Riecker, Das evangelistische Wort, 1935, (1953² gekürzt). – *Herbert Grundmann,* Religiöse Bewegungen im Mittelalter, 1961², 38ff. – *Paulus Scharpff,* Geschichte der Evangelisation, 1964. – *Erich Beyreuther,* Kirche in Bewegung. Geschichte der Evangelisation und Volksmission, 1968.

Jesus vergleicht sein Wohnen mit Vogelnest und Fuchsbau, der Vergleich der jeweiligen Wohnverhältnisse fällt nicht zu seinen Gunsten aus (Mt 8,20). Er war ein Vorübergehender, der die Jünger zwar zu zweit, aber mit leichtem Gepäck aussandte. Mit ihm beginnt ein Wandern ohnegleichen. Könnte man mit einiger Übertreibung die Evangelien und die Apostelgeschichte als Reiseberichte bezeichnen, wird der Hauptteil des Neuen Testaments im Horizont der Wanderpredigt geschrieben, die Briefe. Der Heilige Geist ist – nach Lukas vor allem – ein Geist der Wanderschaft. Der Gott des Exodus schafft sich ein neues Volk des Exodus.

Zu diesem geistgewirkten Wandern steht das Christentum mit seinem Erscheinungsbild von Kirchen, Kapellen, Kanzeln, Pfarrhäusern in einem gern verdrängten Gegensatz. Allerdings ist zuzugeben, daß schon die frühe Kirche offenbar auch schlechte Erfahrungen machte mit hergezogenen Predigern und Propheten. Die frühchristliche Apostellehre (Didache) bietet dafür ein eindrückliches Beispiel (11,5ff). Je mehr aber das Missionieren durch ein Katechesieren abgelöst wurde und die Hoffnung auf das nahe Kommen des Reiches erlahmte, wurde das Bild von Hirt und Herde in der Folgezeit nicht mehr nomadisch, sondern seßhaft verstanden. Die Exodusgemeinde wurde Parochie. Der Gedanke der Versorgung verdrängte den der Sendung, damit wurde die stabilitas loci, das Kleben am Ort zum Gebot. Man spricht von »Pfarr-Stelle«; diese wird »be-setzt«, »verwaltet«, die Gemeinde wird »versorgt«, »betreut«. Die Sprache verrät, die Prediger sind nicht mehr unterwegs, sie treten auf der Stelle.

Wir formulieren zu pauschal; die Kirche hat wohl immer vom Wandern der Prediger gewußt, und Erweckungs- und Verfolgungszeiten waren Wander- und Reisezeiten der Prediger. Erinnert sei an die Wandermönche, an die Predigerorden, an Zinzendorf, Whitefield und viele andere. Die lutherische Batakkirche z.B. kennt das Amt des Evangelisten, des Wanderpredigers.

Aus verschiedenen Gründen empfiehlt sich eine Rückbesinnung auf die Wanderstruktur der Predigt; sie können hier wiederum nur stichwortartig genannt werden. Die Sprache der Hoffnung wird unterwegs gesprochen. Predigen wir dem kommenden Reich entgegen im Erwarten und Beschleunigen des Tages Gottes (vgl. 2Petr 3,12f), mag auch und besonders das Wandern in der Nachfolge Jesu und der Apostel der Botschaft angemessen sein. Wie von der Botschaft her, ist auch vom

Hörer her die Wanderpredigt zu empfehlen. Einer mobilen Gesellschaft entspricht ein immobiler Predigerstand denkbar schlecht. Vor allem wäre zu fragen, wie die Prediger die Bewegung zwischen Wohnort und Arbeitsplatz aufzunehmen wissen. Auch das Phänomen der Ferien wird bis jetzt mehr von der kirchlichen Jugendarbeit gesehen denn als Problem der Predigt.

Vgl. *Heinrich-Hermann Ulrich*, Seelsorge im modernen Tourismus, 1962. – *Charles Borg Manché*, Tourismus – Pastoraler Dienst der Kirche, Diakonia/Der Seelsorger 1, 1970, 171ff.

So weit ich sehe, hat die Kirche das Freizeitproblem und auch die Möglichkeit des Tourismus immer mehr unter dem Gesichtspunkt des Angebotes als unter dem der Berufung verstanden. Die Kirche »betreut« lieber, als daß sie beruft. Das Risiko scheint geringer. – Hier ergäbe sich meines Erachtens eine Chance, mit der Gemeinde eine Art geistlicher Hobby-Ferien (vgl. § 1) zu machen, indem man gemeinsam Predigt-Reisen vorbereitet und unternimmt. Würden solche Reisen ins Ausland führen, könnte damit möglicherweise auch ein kleiner Beitrag geleistet werden zum bessern Verständnis der Völker untereinander. Hier müßte eine Strategie des Austausches entwickelt werden. Ökumenische Predigtreisen könnten eine eminent aufklärende Wirkung haben und in der Heimat zu neuen aktiven Gemeindegruppierungen und Aktivitäten führen, insofern nämlich die Besuchten eine diakonische Hilfe benötigten. Hier wird von den reichen Völkern Europas her gedacht. Allerdings stellt sich in einer Welt, die mit dem Problem des Hungers nicht fertig wird, die Frage, ob nicht gerade für die Wanderpredigt das Moment der Armut aufs neue Dringlichkeit bekommt. Der Reiche, der den Armen das Evangelium predigt und eine Liebesgabe mitbringt, wird das Evangelium wahrscheinlich nur schlecht bezeugen können. Jesus schickt seine Jünger in die Armut, wenn er sie auf die Wanderschaft schickt. Wenn die Kirche einmal aufbricht aus ihrer Seßhaftigkeit, wird sie nicht nur zu den Armen, sie wird in die Armut aufbrechen (vgl. § 17/III).

Für die Ortsgemeinde ist es von Vorteil, wenn sie von außen her Impulse bekommt. So verkümmert die Gemeinde etwa auf dem Lande – und vielleicht auch in der Stadt –, wenn sie jahrelang auf die immer gleiche Predigt des immer gleichen Predigers angewiesen bleibt. Der Reichtum und die Vielfalt der Charismen, die es unter den beamteten Predigern auch gibt, bleiben ihr vorenthalten. Auch macht die Fremdheit des Predigers es u.U. dem Predigthörer leichter, vom Prediger den Dienst in Anspruch zu nehmen, den wir Seelsorge nennen. So fällt es weniger schwer, einem Vorübergehenden seine Sünden zu bekennen, als dem Ortspfarrer. Es liegt also ein Stück Barmherzigkeit darin, wenn man den von außen kommenden Prediger auch in den Dienst der Seelsorge stellt.

Endlich ist die Wanderpredigt auch vom Prediger her zu begründen. Weil unser Weissagen Stückwerk bleibt, bleiben wir mit unserem Stücklein »Weissagung« nicht zu Hause, sondern setzen es auch draußen ein. Positiv gewendet: das Geschenk der Gnade treibt die Gnadengaben zu vielfältiger Entfaltung. Die individuellen Begabungen der Prediger sollten viel besser arbeitsteilig eingesetzt werden. So könnte auch die theologische Arbeit des Einzelnen besser fruchtbar gemacht werden. Der Einzelne könnte sich spezialisieren, könnte im Einzelnen Besseres leisten. Lieber einen guten Vortrag, eine gute Bibelarbeit, eine gute Predigt etliche Male wiederholen an verschiedenen Orten, als am gleichen Ort über alles und jedes zu reden. (Übrigens unterscheidet sich der seriöse Theologe darin vom Schwätzer, daß er nur von dem redet, was er versteht, daß er die Freiheit hat, inkompetent zu sein!)

Weil Gott in unserer Zeit die Christenheit mit einem Neuentdecken der Hoffnung und mit Pfarrmangel segnet, wird dem Wanderprediger zunehmend Bedeutung zukommen.

Fünfter Teil
DER HÖRER

Welche Rolle spielt der Hörer für die Predigt? Diese Frage wird im Gespräch mit Eduard Thurneysen und Ernst Lange erwogen. Der Hörer ist Adressat der Predigt, aber nicht einmal der einzige und nicht einmal der erste. Von jeder Predigt gilt: dieses Wort in Gottes Ohr. Die Freiheit vom Hörer läßt dem Text das erste Wort, die Freiheit für den Hörer erteilt dem Hörer das Wort.

§ 25

DIE FRAGE NACH DEM HÖRER

Wer predigt, predigt jemandem. Niemandem kann keiner predigen. Auch wer keinen Hörer hat, predigt nicht niemandem, weil er zumindest sich selbst hört. Predigen heißt, einen Hörer haben, mehr noch, wer predigt, predigt an. »Anpredigen« aber meint in unserem Sprachgebrauch ein Anreden am Hörer vorbei, ein Antworten erübrigt sich, der Hörer hört und hört doch nicht – offenbar ist nicht nur der Hörer Problem, sondern ebensosehr sein Hören. Die Frage nach dem Hörer stellt sich sofort auch als Frage nach seinem Hören. Hat der Hörer Ohren, kann die Frage nach dem Hören nicht vom Hörer abstrahieren. Die Frage nach dem Hörer und die Frage nach dem Hören sind also wechselseitig verschränkt. Gemessen an ihrem jeweiligen Gewicht, verdienen es diese zwei Fragen, auseinandergefaltet und getrennt behandelt zu werden. Vielleicht wird diese Homiletik später einmal um einen sechsten Teil erweitert werden müssen, der im besonderen der Frage nach dem Hören gewidmet ist. Es hat den Anschein, in der homiletischen Diskussion werde die Fragenstellung »vom Text zur Predigt« allmählich abgelöst durch die Fragestellung »vom Prediger zum Hörer«, genauer »vom Mund des Predigers zum Ohr des Hörers«. Von der Kybernetik her drängt sich diese Fragestellung auf. Leider steckt das Gespräch mit der Kybernetik m.E. noch zu sehr in den Anfängen, so daß noch nicht gesicherte Ergebnisse eingebracht werden können.

Ich begnüge mich hier mit der ersten Fragestellung, ohne damit die Frage nach dem Hören ganz ausklammern zu können, denn der Hörer ist Hörer nur, indem er hört, ist Hörer nur im Horizont des Hörens. – Ich frage nach der Bedeutung des Hörers für den Prediger. Wer ist dieser Jemand, dem wir predigen, und wie ist er an unserem Predigen beteiligt? Diese Frage wird verdeutlicht in einer Gegenüberstellung zweier gegenteiliger Standpunkte. Ich versuche, zwei Autoren in zwei bestimmten Situationen zu konfrontieren, die um ein Menschenalter voneinander entfernt sind. Hierbei geht es uns nicht so sehr um eine historische Einordnung und Konfrontation, sondern um die Herausstellung zweier Positionen, die heute beachtet sein wollen.

I

Predigt in Freiheit vom Hörer

Eduard Thurneysen, Die Aufgabe der Predigt, PB1 63, 1921, 209ff, jetzt in: Das Wort Gottes und die Kirche. Aufsätze und Vorträge, ThB 44, 1971, 95ff. – *Karl Barth,* Die Christliche Dogmatik, 1927, § 6: Das Wort Gottes und der Mensch als Hörer. – *Ders.,* Die Gemeindemäßigkeit der Predigt, EvTh 16, 1956, 194ff. – *Hans-Magnus Enzensberger,* Weltsprache der modernen Poesie, in: Einzelheiten, 1962, 255ff.

Thomas Mann skizziert 1909 in »Königliche Hoheit« eine Predigtweise, dergegenüber *Eduard Thurneysen* 1921, »Die Aufgabe der Predigt«, neu – und mit dem Hammer theologisierend – formulieren wird: Diese Predigtweise – vor allem im 19. Jahrhundert herrschend und bis ins 20. hineinreichend – wird bestimmt durch die Hörerschaft und ihre Situation. Der Text wird vielfach so gewählt, daß er ein Thema formuliert, das durch die Situation schon gegeben ist. Der Prediger handelt als Virtuose, der den Gefühlen Ausdruck zu geben weiß. Mit seiner Kunst vermag er zu rühren. Die Predigt ist völlig eingestimmt auf die Hörer und zeigt damit, wie sehr die Kirche sich der herrschenden Gesellschaft angepaßt hat. Thomas Mann markiert die Unbedeutendheit solcher Predigt durch die Art und Weise, wie er sie in die Schilderung des äußeren Gepränges einbaut. Wenn Prinz Klaus Heinrich eine steinreiche Amerikanerin heiratet und damit die Staatsfinanzen saniert, singt »die ganze Gemeinde ein Loblied«. Dann heißt es:

»Als es verhallte, blieb einzig die wohllautende Stimme des Oberkirchenratspräsidenten D. Wislizenus zurück, der im Silberhaar und den gewölbten Stern auf dem seidigen Talar, vor dem hohen Paare stand und kunstreich predigte. Motivisch arbeitete er und sozusagen auf musikalische Art. Und das Thema, das er handhabe, war der Psalterklang, der da lautet: ›*Er wird leben, und man wird ihm vom Golde aus Reich Arabien geben.*‹ – Da war kein Auge, das trocken blieb« (*Thomas Mann,* Königliche Hoheit, GesW 7, 1955, 368).

Eduard Thurneysen charakterisiert diese Predigtweise:

»Wir haben aus dem Göttlichen eine bloße Begleitmelodie für das Menschliche werden lassen. Und diese das Leben begleitende Melodie ertönt nun Sonntag für Sonntag in vielfacher Abwechslung der jeweiligen Lage des Menschen in Zeit und Welt entsprechend von den Kanzeln. Während des Krieges hielten wir Kriegspredigten, und nun sogenannter Friede herrscht, suchen wir den Frieden religiös zu verstehen und zu begleiten« (105).

Für Thurneysen resultiert aus dieser Predigtweise fehlende Glaubwürdigkeit: »Unsere Worte werden im Grunde nicht ernst genommen. Sie werden verstanden als unmaßgebliche fromme Betrachtung und Beleuchtung des Weltlaufs, aber nicht als Zeugnis einer kommenden Wirklichkeit« (106).

Er schildert allerdings keine Traurede, geht aber aus von einer »*erhöhten Stimmung*«, die an einem hohen Festtage bei Gottesdienstbesuchern sich einstellt nach einer guten Predigt »des jeweils gerade beliebtesten von uns Pfarrern« (97f). Statt der Anrufung Gottes wird der Mensch angerufen, der »*Mensch* wird, wie wir selber uns auszudrükken belieben, ›aufgerichtet‹, bestärkt und bestätigt, man könnte auch sagen ›gerechtfertigt‹, natürlich nicht der Mensch, wie er ist, sondern der qualifizierte Mensch, der religiöse, der kirchliche, der ernste, der moralische, der betende Mensch im Menschen. Und also aufgerufen, also bestärkt, also ›gerechtfertigt‹ vor dem unqualifizierten, dem niedrigen, dem ungerechten und unmoralischen, dem gottlosen und sündigen Menschen, dem Menschen, wie er zunächst und gewöhnlich ist, verläßt man die Kirche und ›geht hinab in sein Haus‹. Man hat seinen Schlupfwinkel wiedergefunden. Und das nennt man dann ›Heiligung der Gefühle‹, ›Gottesdienst‹, ›Sündenvergebung‹« (99)!

Die zitierten Sätze machen deutlich, wie diese Predigtweise noch und wieder weiterlebt, sei es im Habitus konservativer Kirchlichkeit oder in der Attitüde eines progressiv auftretenden Nonkonformismus.

Gegenüber einer immer wieder sich wandelnden Versuchung, sich der herrschenden Gesellschaft oder einer oppositionellen Gruppe anzupassen, gilt Thurneysens Warnung:

»Nur der darf Gottes Zeuge sein, der, indem er es wird, in den Abgrund hinaustritt, über alles Menschliche hinausgreift, nur der, der *sterben* will, indem er vom Leben redet. ›Wir verkündigen nicht uns selbst . . . wir verkündigen Christus, den Gekreuzigten‹ (1Kor 1,23; 2Kor 4,5). *Den Tod des Menschen und alles Menschlichen zu verkündigen ist die Aufgabe der Predigt.* Wo diese Predigt wirklich erschallt, da antwortet *Gott* mit dem Worte, das *Auferstehung* heißt und ist, und *dieses Auferstehungswort ist dann das Wort im Worte*« (97). Nietzsche wird zum Zeugen aufgerufen: »Nur wo Gräber sind, gibt es Auferstehungen.« Dann wird dekretiert: »Die Kanzel sei das Grab aller Menschenworte, denn auf ihr geht es um Auferstehung, um Gott« (100f).

Neben einer fulminanten Absage an alles Rhetorische kommt er zur Warnung

»vor dem *Eingehen auf das* sogenannte *Bedürfnis des Hörers.* Die Predigt ist nicht der Ort, wo um das Verständnis des Menschen, sondern wo um das Verständnis Gottes gerungen wird. Es handelt sich in der Kirche gerade *nicht* darum, daß ein Mensch auf andere Menschen eingehe, sondern darum, daß alle Menschen allem Menschlichen den Rücken kehren und auf Gott eingehen. Also *keine* Bemühungen um die *Psychologie* des Predigthörers und um sogenannte *Menschenkenntnis* mehr! Keine Mitteilung von Lebenserfahrung, auch nicht von frommer Lebenserfahrung (weder fremder noch zuallererst eigener!) auf der Kanzel zu Zwecken der Anregung neuer Lebenserfahrung bei anderen! Sondern: *Gotteserkenntnis, Gottesverkündigung*« (102)!

Hinter dieser Forderung steht eine revolutionäre Eschatologie:

»Die Kirche arbeitet *gegen* Gott, wenn sie sich zum Schützer des Bestehenden aufwirft. Nirgends sollte der Angriff auf die Welt, das in Frage-Stellen und Aushöhlen alles Menschlichen, des Persönlichen und des Gesellschaftlichen radikaler, umfassender und überlegener geschehen als dort, wo man von nichts anderem zeugen will als von der *kommenden,* der *hereinbrechenden, der ganz und gar andren, neuen Welt Gottes*« (104).

Nicht nur sollten Staat und Kirche in ihrer »Vorläufigkeit und Fraglichkeit« (104) illusionslos durchschaut werden, vielmehr wird im Namen des Kommenden eine Prophetie des Unterganges postuliert:

»Wir haben solange kein Recht, uns über unter uns umlaufende falsche Prophetie und heidnische Eschatologie zu beklagen, als wir die wahre, die Enderwartung Jesu und seiner Apostel nicht wieder in unserer Verkündigung zu Worte kommen lassen. Darum kein zögerndes Festhalten an der Gestalt dieser Welt mehr, kein Aufbau, auch kein sozialistischer Aufbau, sondern Abbruch und radikale Negation, damit jenseits davon die wahre, die einzige, die göttliche Position wieder zu leuchten und zu reden beginnt« (104). Diese Einseitigkeit im Predigen erlaubt keine Abwechslung: »Es muß jeden Sonntag *alles* und darum jeden Sonntag das *gleiche* gesagt werden« (104). Thurneysen meint hier nicht ein Geleier, er möchte die Ehre des Einzigen und Ewigen wahren: »ringen um neuen Respekt vor Gott. Diese Aufgabe ist die zentrale Aufgabe der Predigt« (106).

Thurneysen spricht 1921 die Sprache des Expressionismus. Dies ist nicht mehr unsere Sprache. Es wird darum nötig sein, den Rang und die Gültigkeit der damaligen Position hervorzuheben. – Die Aktualität des Aufsatzes liegt nicht zuletzt in seiner Gefährlichkeit, wie sich denn auch die Qualität einer theologischen Aussage darin erweist, daß sie bis zur Grenze des noch Sagbaren, noch Vertretbaren vorstößt. Thurneysens Votum bewegt sich an dieser Grenze und scheint gegen Mißbrauch und Mißverstehen merkwürdig ungeschützt. Vorgängig ist darum eine Warnung auszusprechen: Gerade in Zeiten mit abnehmendem Predigtbesuch könnten Thurneysens Sätze als Fahne eines trotzigen Dennoch gehißt werden. Weder Umdenken noch Umkehr werden dann für den Prediger nötig sein. Man mag in diesem Fall die Losungen Thurneysens aufnehmen, um seine eschatologische Grundhaltung zu übersehen: die Freiheit vom Hörer schlägt um in ein Nichtbeachten, ja Verachten des Hörers. Die Losung »keine Rücksicht auf den Hörer« rechtfertigt die eigene Rücksichtslosigkeit, während die Losung »jeden Sonntag alles und darum jeden Sonntag das gleiche« nur die eigene Langfädigkeit und Einfallslosigkeit rechtfertigt. – Wird übersehen, daß die Kanzel als »Grab aller Menschenworte« auch das Grab inhumaner Predigt darstellt, verbleibt auf der Kanzel ein Unmensch, der seine Lieblosigkeit nicht ins Grab gibt, sie vielmehr mit Orthodoxie verwechselt. Wie kunstlos und »textgemäß« er auch über die Köpfe hinwegredet, er mißbraucht den Text und den heiligen Namen. Dem Postulat Thurneysens: »Gotteserkenntnis, Gottesverkündigung« wird man bei solchem Verfahren gerade nicht gerecht. Man hat dann nicht verstanden.

Thurneysen erhebt rechabitischen Protest, Einspruch gegen eine Predigtweise, die die Gottesfurcht vergaß und dem Hörer hörig wurde. Im Namen des Exodus und der Wüste wird gegen die Gottesvergessenheit in Kanaan Einspruch erhoben. Dieser Einspruch erfolgt nicht aus peripheren Motiven, sondern meldet sich im Namen des Hauptwortes aller Theologie. Weil die Kanzel der Ort ist, an dem Jesu Tod und sein kommendes Reich proklamiert werden, darum muß die Kanzel das »Grab aller Menschenworte« darstellen. Das Wort vom Kreuz zieht das Predigen hinein in das, was es sagt. Das Kreuz kann nicht anders verkündet werden denn als Gericht und Ende alles Menschlichen. Diese Ausrufung des Endes geschieht nicht aus Inhumanität, sie geschieht im Interesse des Menschen, weil eine apologetische Predigtweise dem Menschen nicht zu helfen vermag. Eine religiöse Verklärung, wie sie der Oberkirchenratspräsident bei der Trauung des Prinzen vornimmt, bleibt irrelevant. Die Freiheit vom Hörer erweist sich als Freiheit für den Hörer:

»Der Mensch wartet ja im tiefsten auf nichts anderes als darauf, daß ihm Gott wieder als *Gott* verkündigt werde. Denn er wartet auf seine Erlösung von sich selber« (103). Darum erweist sich die vermeintliche Rücksichtnahme auf den Hörer als ein Mißverständnis: »Die Menschen warten im Brechen und Stürzen unserer Tage auf nichts anderes als auf dieses radikale und überlegene Wort, das von uns gesucht und gefunden werden sollte« (104).

Die Absage an Rhetorik und Psychologie, das Nicht-Berücksichtigen des Hörerbedürfnisses geschieht um einer neuen Sprache willen, die sich um das Ereignis des Wortes Gottes müht. Sie will dem Menschen geben, was er »im tiefsten« erwartet. Die Rücksichtslosigkeit nimmt Rücksicht auf den Hörer, das Nicht-Eingehen auf seine Situation will seiner Lage vor Gott gerecht werden. Diese Sicht war damals notwendig, um das Predigen zu befreien, sie hat auch heute nichts von ihrem Recht eingebüßt: Auf Gottes Gott-Sein und auf sein Zu-Worte-Kommen gegen alles Menschliche muß insistiert werden auch dann, wenn eben dieses Menschliche Thema homiletischer Überlegung wird. Angesichts einer der Gesellschaft angepaßten Predigt war die Revolte der Dialektischen Theologie ein Akt der Befreiung. Der »Respekt vor Gott« ist hierzulande auch heute keineswegs vorhanden, da die Kirche sich in der Restauration nach 1945 wiederum der Gesellschaft angepaßt hat.

Thurneysen spricht in der Sprache von 1921, es wäre aber kurzschlüssig, ihn im Vollzug einer historischen Einordnung zu den Akten zu legen. – Der Titel seiner Festschrift »Gottesdienst – Menschendienst« (1958) signalisiert die Wandlung Thurneysens selbst (vgl. dazu das Votum Karl Barths, ebd, 8). Die spätere Wandlung des Autors vermag das Recht der damaligen Position nicht zu relativieren.

Die besondere, heute wieder neue Aktualität von Thurneysens Aufsatz wird unterstrichen, wenn wir seine Intentionen mit denen der modernen Poesie vergleichen, die freilich lange vor den Zwanziger Jahren entstand. In ihrer Absage an Rhetorik und Hörerbedürfnis, die auch vor Abwechslung warnt, trifft sich die frühe Dialektische Theologie mit der Avantgarde der Kunst, auch wenn dies Thurneysen möglicherweise nicht bewußt war. Die künstlerische Avantgarde zerschlug die bisherige Form ungleich radikaler als die Theologie. Die Struktur der Rede, die künstlerische Sprache und Alltagssprache verband, verfällt der Destruktion. Man setzt sich den Stationen des Wortes aus. In einer gewissen Analogie hierzu zerbricht die Dialektische Theologie die Form der Themapredigt, um die Homilie an deren Stelle zu setzen.

Formal gesehen steht die Homilie dem späteren Nouveau Roman näher als dem psychologischen Roman des neunzehnten Jahrhunderts.

Die erstaunliche Forderung Thurneysens nach Monotonie »Es muß jeden Sonntag *alles* und darum jeden Sonntag das *gleiche* gesagt werden« entspricht einem Hang moderner Poesie zur Monotonie. Ich erinnere an das absurde Theater, an die konkrete Lyrik, die sich als Kunstrichtungen diametral gegenüberstehen mögen, die aber die Stichworte »alles« und »das gleiche« je auf ihre Weise aufnehmen. Monotonie wird bejaht, um der Wirklichkeit gerecht zu werden.

Eine weitere Parallele: Die moderne Poesie hat mit der herrschenden Tradition gebrochen und in der Destruktion vergessene Tradition neu entdeckt. Jeder große Dichter der Moderne gleicht einem Reformator darin, daß er das Hergebrachte verneint, um Altes neu zu entdecken. Oftmals trägt ihm die Negation des Bestehenden den Vorwurf des Nihilismus ein. – So hat die Dialektische Theologie sich gegen den Neuprotestantismus gewandt, um die Reformatoren wieder zur Sprache zu bringen. Die Reformatoren werden zu Lehrmeistern, von ihnen bezieht man Sprachelemente sozusagen als Gebrauchsartikel, um heute zu sagen, was heute zu sagen ist. (Man wird gut tun, Thurneysens Aufsatz in eben diesem Sinne zu nehmen!) Die hier artikulierte Theologie will destruktiv sein, weshalb man sie Theologie der Krise nennt. Der Geist verneint dort und hier, nur gilt es ihn zu erkennen. In der modernen Poesie negiert er eine Form des Gewordenen, die bestehen will, bei näherer Prüfung aber kaum Bestand hat. In der Prophetie des Unterganges richtet er sich gegen die Selbstbehauptung des Bestehenden, welche eben darin ihre Wahrheit verfehlt. Diese Negation erkennt beidemal das Überkommene als überständig und setzt sich damit dem Verdacht des Nihilismus aus.

Es bedarf keiner langen Erklärung, um darzutun, daß die Negation Thurneysens etwas anderes ist als das Nein, das wir unter dem Stichwort »Den Teufel an die Wand predigen« apostrophiert haben (vgl. § 23/II/4). Es ist der Unterschied von Kampf und Wehleidigkeit, Widerstand und Anpassung. Die Negation in der Dichtung freilich erscheint ungleich radikaler als die Negation in der Predigt. Auch wäre der Vorwurf möglich – und er würde sich sofort gegen den richten, der ihn erhebt –, daß Thurneysens Ansatz nicht durchgehalten wurde. Läuft alle Apologetik auf Anpassung hinaus, muß beim Predigen gerade das Unangepaßte betont werden. So ist zu buchstabieren, was es heißt: »Auch das Wort, das Menschenwort, muß ans Kreuz geschlagen, muß in den Tod gegeben werden, wenn das Wort aller Worte, Gottes Wort, wieder zu uns reden soll« (100). Die bewußte Erfahrung der Sprachlosigkeit mag helfen, wieder nach dem »Wort im Worte« zu suchen. Nur im Durchgang durch das »Grab aller Menschenworte« wird das neue Wort zu finden sein. Nur wer aus Gräbern kommt, vermag gegen den Tod zu reden. Im Predigen wird er dann Gott zur Sprache, er wird ihn zu Ehren bringen. Dabei wird er sich, für den Rhetor furchtbar genug, an das Entweder-Oder des Paulus halten müssen: »Suche ich denn jetzt Menschen zu gewinnen oder Gott? suche ich Menschen gefällig zu sein? Wenn ich noch Menschen gefällig sein wollte, wäre ich nicht Christi Knecht« (Gal 1,10).

II

Predigt vom Hörer herausgefordert

Bilanz 1965, hg v. Ernst Lange u.a. (Ms.). – *Ernst Lange,* Die verbesserliche Welt. Möglichkeiten christlicher Rede erprobt an der Geschichte vom Propheten Jona, mit einer Predigtkritik von Dietrich Rössler, 1968. – Zur Theorie und Praxis der Predigtarbeit, Predigtstudien Bh.1, hg. v. Ernst Lange in Verbindung mit Peter Krusche und Dietrich Rössler, 1968. – Wenn nicht anders angegeben, wird nach der letzten Arbeit zitiert.

Fast ein halbes Jahrhundert nach Thurneysen skizziert Ernst Lange eine Gegenposition, ausgehend von einem »negativen Konsensus« gegen eine verbreitete Praxis und Predigttheorie, wonach der Hörer im Text stecke (9).

Dieser »negative Konsensus« richtet sich gegen eine These des Buches von *Gustav Wingren,* Die Predigt, 1955. Obwohl Wingren sich seinerseits gegen Barth abgrenzt, richtet sich dieser negative Konsensus auch gegen die von Thurneysen und Barth befruchtete Predigttradition.

Hatte die Predigtkonzeption von Thurneysen – und erst recht die von Karl Barth in CD – die Predigt vom Kasuellen befreit, indem der Hörer in seinem Gottesbezug gesehen wird, so versucht Ernst Lange, die Sonntagspredigt von der Kasualrede her zu verstehen, weil er die Sonntagspredigt von der Situation des Hörers her bestimmt sieht. Nicht mehr das Sonderkerygma des Textes bestimmt die Predigt:

»Aber was eigentlich mitzuteilen ist, ist nicht die Eigenaussage des Textes, sondern diese durch die Situation herausgeforderte Predigttradition. Der Text wird dabei nicht eigentlich zünftig ausgelegt, sondern im Interesse der Verständigung verbraucht« (22). Lange fragt, ob die Funktion des Textes nicht »eine diese Predigtradition nicht einfach aufhebende, wohl aber kontrollierende, profilierende und verfremdende« sei (23). So meint er »daß es die eigentliche Aufgabe der predigenden Kirche ist, nicht Texte zünftig auszulegen, sondern diese Situation zu *klären* dadurch, daß sie die Relevanz der christlichen Überlieferung für diese Situation und in ihr verständlich macht und bezeugt« (23). Die Predigtaufgabe wird von der Situation bestimmt. Diese provoziert die Predigt. Predigthilfe ist darum »mehr als Hilfe zur Textauslegung und meditativen Aneignung eines biblischen Textes. Sie ist immer zugleich *Einweisung in die ›homiletische Situation‹.* Gemeint ist damit diejenige Situation, durch die die predigende Kirche sich jetzt und hier zur Verkündigung herausgefordert sieht« (45). Die Kirche erkennt die Herausforderung »eingedenk ihres Auftrags« (24). Folgerichtig wird der Hörer zum Thema (Die verbesserliche Welt, 84f).

Die Ableitung der Predigt von der Kasualrede scheint mir die Stärke und die Schwäche dieser Position zu implizieren. Ihre Stärke: Es gibt einen Extremfall, in dem der Kasus die Predigt bestimmt, weil er als Gottestat verstanden wird (vgl. § 19/II). Dieser Extremfall mag durchaus beispielhaft sein für alles Predigen, insofern Gott nicht als tot, sondern als mitwirkend zur Sprache zu bringen ist. Auch meint Lange nicht, daß die Situation nun ohne weiteres den Ton angeben müsse, weil er neben der homiletischen Textkritik eine homiletische Situationskritik postuliert:

»Mir wird in der intensiven Beschäftigung mit dem Text klar, welche Fragen meiner Hörer sich erledigen, weil sie falsch gestellt sind, welche Anstöße entfallen, weil sie nicht die Substanz der Überlieferung betreffen, wo der eigentliche Widerstand meiner Hörer sitzt . . .« (31).

Gegenüber einer Vorherrschaft des Textes unterstreicht er die Bedeutung der Situation, ohne daß diese nun die Vorherrschaft übernehmen soll.

Es ist Lange zu danken, daß er hier entschieden den Hörer zu Ehren bringt. Ich möchte durch einen Hinweis Langes Position unterstützen. Der Hörer bestimmt die Botschaft, insofern diese Botschaft eine Botschaft für den Hörer ist. Da sie in der Sprache des Hörers ergeht, bestimmt der Hörer sie mit. Da er sie mitbestimmt, kommt in ihr auch seine Situation zu Wort. Dies hat die Formgeschichte herausgearbeitet; am deutlichsten erscheint dieser Sachverhalt in der Gleichnisforschung.

Es ist ein Vorzug von Langes Entwurf, daß er versucht, den Schwächen und Schwierigkeiten gegenwärtiger Predigtpraxis zu begegnen. Lange hat das Predigt-Machen vor Augen, eine Blickrichtung, die ihn insbesondere dem Praktiker empfiehlt. Hier stellt sich aber die Frage, ob er nicht seine Position gegenüber einer mehr oder weniger pervertierten Praxis aufbaut, ohne deren theologische Voraussetzungen hinreichend zu klären. Der Ausgang vom »negativen Konsensus« wirkt zunächst bestechend, erscheint aber bei näherem Zusehen fatal. So richtig es ist, daß die »Was-Frage« nicht spezifisch homiletischen Fragen desavouieren sollte, so wichtig wird es sein, daß nun über den homiletischen Fragen die Frage nach dem Was nicht ins Hintertreffen gerät. Zwischen dem Was und dem Wie ist nicht zu trennen (vgl. § 3).

Sehe ich recht, erhebt Lange einen möglichen Aspekt der Predigt zum allgemeinen homiletischen Gesetz. Dies erweist sich freilich als eine Gefahr jeden homiletischen Entwurfs, die Freiheit des Wortes einzuengen. Solcher Gefahr entgehe ich umso weniger, je stärker und einseitiger ich mich von herrschenden Mißständen bestimmen lasse. Auch scheint mir, daß in dem Moment, wo der Akt des Predigens unter Ausklammerung der Frage nach dem Wesen der Predigt (19) bedacht wird, das Evangelium schon seine Freiheit verloren hat an eine handhabbare Methodik, so daß nun die Methodik zum Gesetz wird. Sie ist dann nicht mehr Dienerin, sondern Herrin. – Die entscheidende Anfrage an Lange wird die sein, ob nicht der Hörer und seine Situation heimlicherweise zum Gesetz der Predigt wird. Wird die Predigt verstanden als Reaktion auf eine Hörersituation, läuft sie Gefahr, re-aktionär zu werden. Sie reagiert auf Vorhandenes, orientiert sich an einem Bedürfnis.

Wenn die Kasualrede zum Modell für die Sonntagspredigt wird, demonstriert sie drastisch, wie sehr die Predigt des Evangeliums durch die Situation des Hörers gefährdet wird. So sympathisch Langes Betonung des Praktikablen wirkt, so fragwürdig wird das Praktikable, wenn man es nicht kritisch auf seine Wahrheit befragt. Auch die Geister der Praxis sind zu prüfen.

Der Hörer wird zum Gesetz der Predigt, indem er ihr Thema wird.

»Predigen heißt: Ich rede mit dem Hörer über sein Leben. Ich rede mit ihm über seine Erfahrungen und Anschauungen, seine Hoffnungen und Enttäuschungen, seine Erfolge und sein Versagen, seine Aufgabe und sein Schicksal. Ich rede mit ihm über seine Welt und seine Verantwortung in dieser Welt, über die Bedrohungen und die Chancen seines Daseins. Er, der Hörer, ist mein Thema, nichts anderes; freilich: er, der Hörer vor Gott. Aber das fügt nichts hinzu zur Wirklichkeit seines Lebens, die mein Thema ist, es deckt vielmehr die eigentliche Wahrheit dieser Wirklichkeit auf. Und diese Wahrheit läßt sich nicht ›an und für sich‹ zum Thema machen, sondern nur als Wahrheit *dieser* Wirklichkeit, als *diese* Wirklichkeit richtend und rettend, befreiend und beanspruchend. Es bleibt dabei: mein Thema ist mein Hörer« (Verbesserliche Welt, 1968, 84f).

Im Interesse des Hörers wäre zunächst zu fragen, ob man nicht den Prediger vom Gesetz des Hörers befreien könnte. Ich spreche hier nicht von Langes Predigten, sondern von seiner homiletischen Theorie und meine, daß sie zu einer – langweiligen Predigt führen muß. Ich bin mir als Hörer nicht so interessant, daß ich meinetwegen zur Predigt gehen möchte. Ich bin als Hörer ein allzu mieses Thema für eine Predigt. Es gibt bessere Themen. Auch fürchte ich, daß ich dem Prediger die Predigt verderbe, wenn er mich zum Thema macht.

Mit Recht polemisiert Lange gegen die autoritäre Struktur der Predigt. Dann aber erhebt sich die Frage, ob eine Thematisierung des Hörers nicht gerade auch das Moment des Autoritären erhöht. Werde ich als Hörer Thema, bin ich nicht bloß Adressat, sondern Gegenstand. Wer schützt mich in diesem Fall vor homiletischer Manipulation? Nun sind die Geschmäcker verschieden, immerhin reagiere ich sauer, wenn ich mich zum Thema gemacht sehe. Damit plädiere ich nicht für eine unverbindliche Predigt.

Ich führe mögliche Höreremotionen gegen möglichen Mißbrauch von Langes Theorie ins Feld, schwache Argumente, zugegeben, wenn auch eine Homiletik sich für den Hörer einzusetzen hat. Vielleicht sind die folgenden zwei Fragen näher an Langes Text. Einmal drängt sich die Frage auf, was denn für ein Unterschied besteht zwischen der Wirklichkeit und der eigentlichen Wahrheit dieser Wirklichkeit? Wird das Ergebnis solcher Predigt nicht in einer Analogie zu der von Thurneysen apostrophierten »erhöhten Stimmung« bestehn, mit dem Unterschied, daß man sie nicht im Gefühl, sondern im Verstand ansiedelt?

Eine sprachliche Beobachtung führt zu einer weiteren Frage: Das Vor-Gott-Sein des Hörers wird wohl betont durch ein »freilich«, aber das Pathos liegt nicht auf dem »vor Gott«, sondern auf der »Wirklichkeit«, das Vor-Gott-Sein bekommt den Charakter des Auch-Noch. Man beachte: »Er, der Hörer, ist mein Thema, nichts anderes; freilich: er, der Hörer vor Gott. Aber das fügt nichts hinzu zur Wirklichkeit seines Lebens...« – Bleibt Gott noch Gott, wenn er sprachlich hier als Einschub figuriert? Bleibt Gott noch Gott, wenn ich verzichte, seine »Wahrheit an und für sich« zu bedenken und auszusagen? Meint nicht die Gebetsanrede »Unser Vater im Himmel« mit dem »Himmel« das An-und-für-sich-Sein seiner Wahrheit, und hat in dieser Anrede »Himmel« kein Gewicht? Kann nur noch von »unser« geredet werden, sehe ich nicht ein, wie wir uns davor schützen können, aus Gott einen Götzen zu machen, einen Baal der Wirklichkeit. Ich übersehe dabei nicht, daß Lange an entscheidender Stelle von »bezeugender Interpretation der biblischen Überlieferung« spricht (Zur Theorie, 26f), meine aber, daß er dem Übergewicht des Hörers erliegen muß. – Im Blick auf den bisherigen Gang der Erörterung heißt das: Die Freiheit vom Hörer scheint mir überzeugend dargetan. Die Frage seiner Bedeutung für den Prediger bleibt noch offen.

Die Wendung »Der Text wird dabei... im Interesse der Verständigung verbraucht« (22) mag hier als Beispiel dienen. Lange beschreibt mit dieser Wendung den Vorgang einer von der Situation herausgeforderten Sonntagspredigt. Eine Information wird verbraucht, wenn sie in der Situation aufgeht. Ein Text ist immer auch Information, er hat aber sein Wesen darin, daß er nicht verbraucht werden kann. Ich kann wohl einen Text brauchen oder mißbrauchen, verbrauchen kann ich ihn nicht. Er bleibt Text und behält sein Recht auch nach meiner Predigt, er ist älter und sehr wahrscheinlich auch dauerhafter als meine Predigt. Daß der Text Niederschlag eines Ereignisses ist, weiß Lange sehr gut; daß Predigt von der Information sich insofern unterscheidet, als einer mit dem Wort sich selbst nicht nur ins Spiel bringt, sondern aufs Spiel setzt, scheint Lange nicht umfassend genug bedacht zu haben. Wenn die Situation die Predigt herausfordert und der Text dabei nicht zünftig ausgelegt, sondern im Interesse der Verständigung »verbraucht« wird, wird die Beziehung Situation – Text resp. Predigt verstanden als Bedarf – Verbrauch. Die Predigt wird dann zu einem Artikel der Konsumgesellschaft, der Predigttext zum Artikel für den Prediger. Dies ist eine Unterstellung, die sicherlich nicht die Intentionen Langes trifft, sie zielt aber auf eine Konsequenz, von der ich nicht sehe, wie Lange ihr wehren kann. Entgehen wird er ihr kaum, da er den neutestamentlichen Sachverhalt nicht genügend berücksichtigt. Konzediert man der Predigt im Neuen Testament Modellcharakter, wird man einräumen, daß die Situation die Predigt einmal herausfordern kann, daß sie sich aber grundsätzlich von einem Auftrag her versteht, der nicht in der Erwartung der Situation liegt, im Gegenteil die Situation herausfordert, daß einer da ist, der sendet, souverän den Geist gibt und das Wort erteilt.

III

Der erste Hörer und der zweite Text

Zwei gegensätzliche Positionen sind einander entgegengestellt worden. Die eine – an Thurneysen verdeutlicht – gründet sich auf Freiheit vom Hörer und zielt auf eine Predigt als Kerygma, »ein Zeugnis nicht von uns selber, sondern von Gott« (118). Die andere – verdeutlicht an Lange – ergibt sich aus der Rücksicht auf die Situation des Hörers und zielt auf eine Predigt, in welcher der Hörer – freilich der Hörer vor Gott – »mein Thema ist«. Schließen beide Positionen sich aus?

Paul Valéry unterscheidet »zwischen Werken, die gleichsam durch ihr Publikum geschaffen sind (sie erfüllen seine Erwartung, sind also von deren Kenntnis beinahe determiniert), und Werken, die ganz im Gegenteil die innere Tendenz haben, *sich ihr Publikum zu schaffen*« (zit. nach Ars Poetica, Hg. Beda Allemann, 1966, 202). Der von Valéry statuierte Gegensatz deckt sich nicht mit dem der eben skizzierten Positionen, er läßt sich aber insofern vergleichen, als »provozieren« eine Form von »schaffen« ist.

Der theologische Satz, wonach die Gemeinde eine Schöpfung des Wortes ist, wird unter uns im allgemeinen nicht angefochten. Predigt, die Gemeinde schafft, gleicht dann einer Dichtung mit der inneren Tendenz, »sich ihr Publikum zu schaffen«. Wir können Gemeinde zwar nicht mit Publikum gleichsetzen, aber Leserschaft verhält sich zur Dichtung ähnlich wie Hörerschaft zur Predigt. Darum scheint Valérys Vergleich für die Predigt instruktiv zu sein. Unter diesem Aspekt mutet es grotesk an, daß in der landläufigen Predigt immer wieder die Tendenz zum Trivialen durchschlägt. Wer sich aus der paulinischen Spannung zwischen einem »Gewinnen« Gottes und einem »Gewinnen« der Menschen heraushält, hat sich schon – ob er will oder nicht – angepaßt. Wer bei der Aufgabe der Predigt vergißt, daß es bei der Predigt um »ein Kerygma, ein Zeugnis nicht von uns selber, sondern von Gott« geht, ist schon unterwegs zur Trivialität. Jede Predigt, die von der Kenntnis der Hörerschaft »beinahe determiniert« wird, ist der Trivialität bereits erlegen. Vor allem in den Kasualreden, die durch die »homiletische Situation« bestimmt sind, treffen wir auf »Werke, die gleichsam durch ihr Publikum geschaffen sind«. Auch ohne Prinz hält der Oberkirchenratspräsident D. Wislizenus immer noch Traureden und »handhabt« ein »Thema«, das er der Bibel entnimmt. Wie »kunstreich« er auch predigt, er mißbraucht den Text und entheiligt den Namen.

Sieht man die beiden Positionen unter dem Vorzeichen der von Valéry angedeuteten Alternative, lassen sie sich kaum versöhnen. Indem man aber die *beiden* möglichen Fehlhaltungen visiert, die sich aus der jeweiligen Position ergeben, drängt sich die Notwendigkeit eines Friedensschlusses auf. Sind die Fehlhaltungen, die sich von der zweiten Position anbieten, vielleicht heute schon wieder aktueller, erinnern wir uns, daß die erste Position zu einer Predigt über die Köpfe hinweg führen

kann. Solche Predigt vermag sich kaum ein »Publikum zu schaffen«,
will heißen, eine Gemeinde hervorzurufen. Einer solchen Predigt gegenüber hat Lange recht. Man wird beide Positionen nicht alternativ gegen-
einanderstellen, sondern als zwei Stationen in einem Prozeß verstehen,
in dem Sinne, daß sie einander in Frage stellen. Die erste Position – die
Freiheit vom Hörer – bedeutet die Krisis der zweiten Position, die sich
vom Hörer provozieren läßt. Demgegenüber hat sich die erste Position
in der Situation des Hörers zu bewähren. – Man kann auch sagen: Predigt, die ihrer Situation gerecht wird, hat sich der Frage zu stellen, ob sie
Gott recht sei. Die Rücksichtnahme auf den Hörer muß in neuem Respekt vor Gott gefunden werden, wie ja der Respekt vor Gott die Rücksichtnahme auf den Hörer in Freiheit mit einschließt.

Ich versuche, dieses Prozeßgeschehen auf die Formel vom ersten Hörer und vom zweiten Text zu bringen: Die Predigt richtet sich nach ihrem ersten Hörer als dem Mittler zwischen dem Sprecher und den Hörenden. Durch die Mittlerschaft dieses ersten Hörers werden die Hörer
zum zweiten Text der Predigt. So erhalten sie Mitbestimmung beim
Zustandekommen der Predigt.

1. Der erste Hörer

Wer die Kanzel betritt, hat einen versteckten Hörer vor sich, der vor allen andern, die auch noch da sein mögen, beachtet werden will. Auf ihn
kommt es an: Er entscheidet über Wert und Unwert des Predigens und
hat das letzte Wort nach der Predigt. An der Art und Weise seiner Anwesenheit entscheidet sich alles. Anwesend ist er auf alle Fälle, auch
wenn er von den übrigen Anwesenden als tot oder abwesend empfunden wird. Wer predigt, predigt daraufhin, daß er seine Anwesenheit
kundtut. Wer predigt, redet »im Namen des Vaters, des Sohnes und des
Heiligen Geistes« und benennt damit den versteckten Hörer, damit er
aus seinem Versteck herauskomme, erkennbar werde. Was der Prediger
spricht, soll durch diesen Hörer gültig sein. – Unsere Sprache kennt eine
Redewendung, die den Sachverhalt, um den es hier geht, sehr genau
umschreibt, sie sagt: »dieses Wort in Gottes Ohr«, wenn man etwas verbindlich sagen, jemanden festlegen will. Beim Predigen ist diese Redewendung wörtlich zu nehmen. Die Predigt ist »dieses Wort in Gottes
Ohr«, das Gott selbst erinnert (vgl. § 9). Von dieser Redewendung fällt
auch ein Licht auf das, was wir Hochsprache nennen (vgl. § 18). – Die
Voraussetzung für die Predigtarbeit und das Predigen bildet ein ›neuer
Respekt vor Gott‹, der die verheißene Gegenwart reflektiert. – Ob die
Leute kommen und ob die Leute, die kommen, zuhören oder sanft ent-
schlummern, bleibt ungewiß. Aber einer hat sein Kommen angesagt,
der nicht schläft noch schlummert. Der das Ohr gebildet, hört. Der da

war und der kommt, ist da, der einzige Hörer, auf den Verlaß ist, mit
dem auf alle Fälle zu rechnen, der auf alle Fälle zu kennen und also zu
respektieren ist. Bevor Predigt ein Wort für Menschen ist, ist sie ein
Wort für den Schöpfer, Erlöser und Neuschöpfer des Menschen, ist sie
»dieses Wort in Gottes Ohr«.

In diesem Sinn hat alles Predigen liturgischen Charakter, ist evangelische Predigt immer unterwegs zur Doxologie, zum Rühmen des Namens. Gibt die Predigt ihre Tendenz zur Doxologie auf, hört sie auf,
evangelisch zu sein. Gehört dies zum Wesen der Predigt, daß sie unterwegs zur Doxologie ist, hört das Predigen dann auf, Predigt zu sein,
wenn es ausschließlich doxologisch wird. In der Tendenz zur Doxologie
zielt die Predigt auf ihre Vollendung, auf ihre eschatologische Ablösung.

Da die Predigt in der Doxologie zum Ziel kommt, hat sie am ersten
Hörer schon genug. Mit diesem Predigtbesuch kann der Prediger, soll
der Prediger zufrieden sein. »Wenn ich nur dich habe, frage ich nichts
nach Himmel und Erde« (Ps 73,22 Luther). Mit diesem ersten Hörer
gewinnt der Prediger die Freiheit von seinen Hörern. In dieser Freiheit
liegt seine Macht. – Andrerseits liegt die Ohnmacht der Predigt in ihrer
Gottvergessenheit. Man könnte wohl alle homiletischen Laster auf das
Vergessen Gottes zurückführen. Spricht der Prediger hingegen in Gottes
Angesicht hinein, wird er hier gehört und akzeptiert, wächst ihm vom
ersten Hörer her Vollmacht zu.

Da *Luther* sieht, daß alle Welt nichts anderes will als ihr Verderben, zieht er die Konsequenz: »ich will forthin allein unserem Herrn Gott predigen« (vgl. WATR 2,421). Eine
solche Äußerung weist auf eine Grenze des Predigers, die ihm die Unabhängigkeit
wahrt. So kann er betonen, er predige das Evangelium nicht seiner Gegner wegen, sondern vielmehr um Christi willen: »Ego praedico Evangelium non propter Schwerme-
ros, Bauer, sed Christum« (WA 36, 119).

Hat die Predigt am einen und einzigen Zuhörer genug, wird zu beachten sein, daß dieser eine und einzige nicht ohne den Menschen sein
will. Will ich fortan »allein unserem Herrn Gott predigen«, werde ich
dessen Menschenfreundlichkeit zu bedenken haben, die nicht vom
Menschen absehen mag, auch wenn sie sich im Gericht von ihm abwen-
det. Wer allein seinem Herrn Gott predigen möchte, wird diesem Herrn
Gott als dem Schöpfer, Erlöser und Neuschöpfer des Menschen predigen. Daraus folgt: Hörerschaft gibt es nicht außerhalb und ohne diesen
ersten Hörer. Homiletische Überlegungen, die den Hörer ohne den ersten Hörer bedenken, gehen an der Wirklichkeit des Hörers als eine von
Gott bestimmte vorbei, sie verkennen und verraten den Hörer. Darum
halte ich es für verfehlt, wenn man den Hörer sozusagen an sich betrachtet. Solche Betrachtung mag ein soziologisches oder psychologisches oder sonstwie verfertigtes Präparat im Auge haben, nicht den Hörer in seiner Wahrheit.

Der Hörer hat in den drei heiligen Namen sein Geheimnis, er ist ein Unbekannter, und er bleibt es, auch wenn ich seine Bekanntschaft mache. Mit ihm bin ich nie fertig, wie ich mit dem Text nie fertig bin. Meinen Vorwitz und Unverstand, er verstehe den Text, lebt der predigende Aberglaube im Wahn, er kenne den Hörer. Dabei hält er Voreiligkeit für Kenntnis, Vorurteil für Verstehen und Abstraktion für Wirklichkeit. Nur in der Gotteserkenntnis erschließt sich die Kenntnis des Hörers. Weil die Wahrheit des Hörers in Gott verborgen ist, verbietet sich ein zutäppisches Predigen. Die Einsicht in das Geheimnis des Hörers schafft Distanz. Im Respekt vor dem Dreieinigen kommt es zu einem Respekt vor dem Hörer. Dieser bleibt für den Prediger unverfügbar. Werden die Namen vom Prediger geheiligt, schützen sie den Hörer vor einer Manipulation durch den Prediger. Soll das Wort den Hörer ergreifen, muß der Prediger seine Finger von ihm lassen. Wer packend und zupackend zu predigen versteht, sehe zu, daß er sich nicht am Hörer vergreift. Der Hörer ist in Gottes, nicht in des Predigers Hand.

Vom Hörer, der sein Geheimnis in Gott hat, ist nicht klein zu denken sondern groß. Sterblich zwar, aber als Geschöpf für die Ewigkeit bestimmt, mit Ehre und Hoheit gekrönt und wenig geringer als Engel (Ps 8,6), bleibt der Hörer für den endlichen Prediger »unendlich«. Viele homiletische Laster wurzeln in mangelndem Respekt vor dem Hörer, weil dessen Bezogenheit auf Gott nicht respektiert wird. – Der Weg zum Hörer geht über den ersten Hörer. Der Prediger spricht zum Unsichtbaren, damit er zum sichtbaren Hörer spreche. »Ein Christ kommt zum andern nur durch Jesus Christus« (Dietrich Bonhoeffer). Der Mittler zwischen Mensch und Mensch ist in der Predigt zuerst und zuletzt anzureden und durch ihn die Hörer. In dieser Mittlerschaft wurzelt die Freiheit des Predigers und die des Hörers gleicherweise.

Der Hörer, den ich anspreche, ist nie allein. »es ist ein ohr an der kirche und horcht« (kurt marti). »Der Hörer« bildet – auch wenn er nur einer ist – niemals eine Einzahl, sondern immer schon eine Mehrzahl. In dieser Mehrzahl stellt die Hörerschaft mehr dar als die Summe der Einzelnen. »Denn wo zwei oder drei in meinem Namen versammelt sind, da bin ich mitten unter ihnen«, sagt der Auferstandene (vgl. Mt 18,20), und wir sagen »liebe Gemeinde«, ihn mit anredend.

Die Gemeinde zählt mehr als die Summe einzelner, die Hörerschaft ist mit der Addierung der Hörer nicht zu fassen. In diesem Mehr liegt nicht nur ihr Geheimnis, sondern auch ihre Ehre. Der Prediger aber sollte sich hüten, die Gemeinde dadurch zu verunehren, daß er die Gemeinde in falscher Individualisierung zu einem Verein religiöser Konsumenten macht. Gerade das Bemühen, »seelsorgerlich« den einzelnen in der Predigt anzureden, vergißt meistens den, der zuerst hört, und verliert den einen, der »mitten unter ihnen« ist. Predigt ist in dieser Hinsicht zu unterscheiden von der Seelsorge (vgl. § 29/I).

Das in diesem Mehr beschlossene Geheimnis hat noch einen andern Aspekt: Wir haben nun zu bedenken, was es heißt, daß die Hörerschaft ihr Geheimnis auch im Namen des Vaters hat. Die Hörerschaft repräsentiert auch deshalb mehr als die Zahl der Anwesenden, weil die Hörer Geschöpfe sind und als solche mit der Schöpfung zusammenhängen. Die Hörerschaft ist nicht von der Schöpfung zu isolieren, weder von der sichtbaren noch von der unsichtbaren.

Die Hörerschaft kommt aus Verhältnissen zusammen, sie hängt in ihnen. Mit dem Hörer sind auf vielfältig verschlungene Weise auch die Verhältnisse anwesend, aus denen er kommt. Nicht nur »ein ohr«, sondern viele Ohren sind »an der kirche«. Die Welt, aus der der Hörer kommt, hört mit, insofern der Hörer auch für die Welt hört, aus der er kommt, in die er zurückkehrt. Wer predigt, gerät sozusagen in ein Handgemenge mit den Verhältnissen, aus denen seine Hörer kommen, es sei denn, er ziehe sich auf die verhängnisvolle Formel Augustins »Gott und die Seele – weiter nichts« zurück.

Auch wenn unsere Zuhörer keine bedeutende Rolle in der Öffentlichkeit spielen, hört mit ihnen ein Stück Öffentlichkeit. Weil die Hörerschaft ihr Geheimnis im Schöpfer hat, hängt sie mit der Gesellschaft, mit der Kultur, mit dem Staat zusammen (vgl. § 18/IV). Weil die Hörer mit dem Ganzen der Gesellschaft verflochten sind, kann die Predigt niemals unpolitische Predigt sein; unpolitische Predigt gibt es nicht. Wer »unpolitisch« predigen will, treibt erst recht Politik auf der Kanzel, er unterstützt die Herrschaft der Mächtigen. Auch da kommt der politische Charakter aller Predigt zum Vorschein, wo sie die Verhältnisse nicht anspricht, aus denen die Hörer kommen. In der Regel werden durch Schweigen bestehende Verhältnisse verfestigt. Grundsätzlich »unpolitische« Predigt wirkt, ohne zu wollen, politisch. Sie stützt das Bestehende.

In diesem Sinne hatte sicherlich auch die Rede des Oberkirchenratspräsidenten D. Wislizenus bei der Trauung des Prinzen Klaus Heinrich politischen Charakter als Stärkung monarchischer Gefühle. – Es wäre einmal zu untersuchen, welche Bewußtseinsbildung, welche politische Wirkung die *Kasualreden* zur Folge haben (vgl. § 19/II). Indem sie ein Bedürfnis der Gesellschaft befriedigen, rechtfertigen sie die herrschenden Zustände. Dies wird deutlich an den »Leichenreden«, 1969, von *Kurt Marti,* die eine Art Gegenbeispiel statuieren, das die übliche Leichenrede demaskiert:

> das largo von händel
> ist wie
> das largo von händel
> . . .
> eine abdankungspredigt
> ist wie
> eine abdankungspredigt
> . . . (9).

Ich habe vom Hörer her argumentiert, um den politischen Charakter der Predigt zu behaupten. Damit ist ein sekundärer Grund genannt. Der primäre Grund dafür, daß es eine unpolitische Predigt nicht geben kann, liegt in der Zukunft des Gekreuzigten. Insofern die Predigt ihn ansagt, verunsichert sie die Zustände. Der Kommende stellt in Frage, was ist. Weil der Gekreuzigte kommt, eignet aller Kreuzespredigt politischer Charakter. Von da her wird klar: Die Fatalität der politischen Predigt liegt beim Prediger, denn er betritt ja nie als ein politischer Übermensch die Kanzel, sondern so oder so als ein politisch existierendes Wesen, auch bringt er Verhältnisse mit auf die Kanzel, die beim Predigen mitreden. Freilich bleibt politische Predigt im besten Fall fragwürdige Predigt. Anders ausgedrückt: Am politischen Wesen der Predigt zeigt sich ihre Menschlichkeit, zeigt sich die Notwendigkeit der Prüfung durch die Gemeinde. Für den Prediger heißt dies, daß er gegenüber seiner politischen Herkunft und Meinung mißtrauisch sein muß, wurzle diese nun in einer politischen Indifferenz oder in einem politischen Engagement.

Zeigt sich am politischen Wesen der Predigt ihre Fragwürdigkeit, ist zu fordern, daß politisierende Predigt nicht nur einer politisierenden Meinungsäußerung des Predigers, sondern auch der *Frage* Raum läßt: zur Behandlung politischer Themen eignen sich der Dialog und das Gespräch besser als die monologische Kanzelrede (vgl. § 29). – Hier wird also zwischen dem politischen Wesen der Predigt und politisierendem Predigen unterschieden. Man kann diese Unterscheidung der herkömmlichen Unterscheidung von Auslegung und Anrede zuordnen. Es wäre allerdings ein Irrtum zu meinen, nur das politisierende Predigen gehe über den Hörer hinaus.

Vielleicht läßt sich das Über-den-Hörer-hinaus-Gehen der Predigt auch pneumatologisch erklären. Wir brachten das Herkommen des Hörers mit der Schöpfung und mit dem Schöpfer in Zusammenhang. Dieses Herkommen läßt sich auch vom Geist her erläutern. Gesellt sich Christus Jesus im Geist zu den Sich-Versammelnden und geht die Ansprache über die Anwesenden hinaus zu ihm hin, bringen die Sich-Versammelnden etwas vom Geist der Verhältnisse, aus denen sie kommen. Die reformatorische Formel »simul iustus et peccator« (gerecht und Sünder zugleich) könnte man dahin variieren, daß die Hörer als Glaubende im Christusgeist kommen, während sie, herkommend aus Verhältnissen, den Geist der Entfremdung mitbringen. Bei dem »Zugleich« von Geist und Geist kann es aber nicht bleiben. Darum hat alle Predigt exorzistischen Charakter (vgl. § 18/IV).

In diesem Zusammenhang wird auch die »mythologische« Rede des Neuen Testamentes von Engeln, Geistern, Mächten und Gewalten verständlich, oder – vorsichtig ausgedrückt – verständlicher. – In der Sprache der Bibel gehören die Engel zur Hörerschaft der Predigt. Paulus wird ein Schauspiel »sowohl Engeln als Menschen« (1Kor 4,9). Die Anwesenheit der Engel beim Gottesdienst ist offenbar nicht ungefährlich (1Kor 11,10, vgl. Hebr 12,22). Wichtig scheint mir aber der Hinweis im Epheserbrief, wonach die »Mächte und Gewalten« als Adressaten christlicher Weisheitsrede erscheinen – wie denn auch in 1Petr 1,12 die Engel Schulkindern im höhern Chor vergleichbar sind –:

»Jetzt soll den Gewalten und den Mächten in den himmlischen Regionen durch die Kirche die mannigfaltige Weisheit Gottes kundgetan werden . . .« (Eph 3,10).

Platt wäre es, wollte man die vorhin apostrophierten Verhältnisse mit den »Mächten und Gewalten in den himmlischen Regionen« ineinssetzen. Erlaubt aber wird eine Deduktion sein: Wenn sogar himmlischen Mächten etwas zu sagen ist, dann erst recht den irdischen. Ich möchte darum das politische Wesen der Predigt im Horizont der Verkündigung an Mächte und Gewalten zu verstehen versuchen; der »Mythos« mag vor Ideologisierung bewahren, er schafft Distanz. Der Prediger, der schriftgemäß denkt, wird nicht einer politischen Werkerei verfallen. Vor allem wird er Andersdenkende nicht für Feinde halten, weil der Kampf, den er führt, wohl um Menschen, aber nicht gegen Menschen geht: »Denn unser Ringkampf geht nicht wider Fleisch und Blut, sondern wider die Gewalten, wider die Mächte, wider die Beherrscher dieser Welt der Finsternis, wider die Geisterwesen der Bosheit in den himmlischen Regionen« (Eph 6,12). Der Prediger, der diesen Vers begreift und nach ihm zu leben versucht, wird sich voreiliger Polemik enthalten, er wird das eitle Räsonnieren auf der Kanzel einstellen und Barmherzigkeit lernen mit den Menschen, die unter den »Gewalten« und »Mächten« leiden. – Allerdings ist diese Rede von »Mächten und Gewalten« gefährlich, kann sie doch zum Vorwand der Trägheit werden, die den Menschen vom Machbaren abzieht. Dies geschieht vor allem dort, wo das Interesse an der Pneumatologie in Dämonologie umschlägt. Allzuleicht wird man dann zum Hintergründler und Tiefsinnler, indem man vor dem Tun ausweicht in Spekulation. (Darum habe ich – entgegen meinem pneumatologischen Ansatz – diese Überlegungen hier angestellt.) – Andrerseits gibt es in Kirche und Theologie einen naiven Aberglauben an die Machbarkeit der Welt, der blind ist für das Ausgeliefert-Sein des Menschen an die Mächte. Solange es den Tod gibt, ist der Mensch nicht nur ein homo faber, ein Macher, sondern ebensosehr ein Bemächtigter, um dessen Freiheit der Prediger des Evangeliums kämpft.

Zur *politischen Predigt: Dieter Schellong,* Zur Politischen Predigt, ThEx 72, 1959. – *Reinhard Wittram,* Anfechtung und Auftrag der politischen Predigt. Christliche Verkündigung im 19. Jahrhundert – Die heutige Situation, MPTh 51, 1962, 417ff. – *Helmut Gollwitzer,* Erwägungen zur politischen Predigt, in: Forderungen der Freiheit, 1964², 97ff. – *Wolf-Dieter Marsch,* Politische Predigt zum Kriegsbeginn 1914/15, EvTh 24, 1964, 513ff. – *Hans-Rudolf Müller-Schwefe,* § 9 Die Politische Predigt, in: Die Lehre von der Verkündigung. Das Wort und die Wirklichkeit, 1965, 245ff. – *Manfred Josuttis,* Zum Problem der politischen Predigt, EvTh 29, 1969, 509ff. Zum Aspekt der *Weisheit: Friedemann Merkel,* Die Predigt weisheitlicher Texte als homiletisches Problem, Theologia Viatorum X, 1966, 196ff.

2. Der Hörer als zweiter Text

Christi Mittlerschaft gilt nicht einseitig nur für die Beziehung Prediger – Hörer. Jesus Christus ist nicht nur der Weg zum Hörer, nicht nur Adressat. Er ist auch der Weg des Hörers zum Prediger. Er macht den Prediger zum Empfänger. In ihm und durch ihn werden die Hörer für den Prediger zur »Nachricht«. Sie sind es auch außerhalb seiner Mittlerschaft, falls es hier ein Außerhalb gibt. Jeder Mensch ist Nachricht, und jedes Publikum sendet eine Fülle von Nachrichten. Deshalb läßt sich der Redner, der Antennen hat für seine Hörer, der begabte Redner also, nur zu gern von diesen Nachrichten bestimmen und durch sein Publikum verführen.

Der Satz Bonhoeffers »Ein Christ kommt zum andern nur durch Jesus Christus« wird im Blick auf den Nachrichtencharakter des Hörers zu einem ebenso verheißungsvollen wie kritischen Satz. Durch Christus wird der Hörer, der potentielle so gut wie der empirische, Gabe für den Prediger. Er bildet zwar nicht die frohe Botschaft, wohl aber eine oder mehrere frohe Botschaften für den Prediger (vgl. §§ 26/II und 27/IV). In der Mittlerschaft Christi werden alle Nachrichten vom Hörer her auf Recht und Wahrheit geprüft, entzerrt und gefiltert. In der Mittlerschaft Christi werden auch die verschlüsselten Botschaften dechiffriert. Das heißt, der Hörer ist in seiner Verborgenheit, in seinem Geheimnis Nachricht. Darum sage ich: Er ist eine Art Text und will als zweiter Text exegesiert und meditiert sein. Die Metapher vom Hörer als zweitem Text besagt: Es gibt nicht nur ein hermeneutisches Problem des Textes, es gibt ebenso ein hermeneutisches Problem der Hörerschaft (vgl. §§ 5/II und 7/II). Welten trennen den Prediger vom Text, Welten trennen ihn u.U. von der Hörerschaft. Es wäre ein Irrtum zu meinen, der Hörer stünde als Zeitgenosse dem Prediger grundsätzlich näher als der Text. Vielleicht wird in unserem Sprachgebrauch das »Anpredigen« zum »Vorbeireden«, weil die Prediger nicht wissen, wo die Hörer stehen, und was sie bedeuten. Vielfach bleiben die Hörer unübersetzt; dann will auch die Übersetzung des Textes nicht gelingen.

Stellt sich für mich das hermeneutische Problem als Problem der Spracherweiterung, indem die eigene Existenz durch den fremden Text bestimmt und interpretiert wird, so stellt sich das hermeneutische Problem der Hörerschaft als ein solches der Existenzerweiterung. Die Fremdsprache der Schrift erweitert die eigene Sprache. Die »Fremdheit« der Hörerschaft erweitert die eigene Existenz. Der Vorgang ist parallel und wird beidemal durch den im Geist präsentierten Jesus vermittelt (vgl. § 27/VIII).

Der Hörer wird ins Subjekt des Predigers aufgenommen. Der Prediger tritt aus sich heraus an die Stelle des andern und läßt dem andern Raum in der eigenen Existenz. Das Fatale beim landläufigen »Anpredigen« bleibt dies, daß der Angepredigte oder die Angepredigten außerhalb des »Predigers« bleiben. Die Hörerschaft wurde nicht in die Existenz des Sprechers über-setzt. Der Redner blieb unbetroffen von den Angeredeten, und die Angeredeten wurden nicht getroffen, sie blieben – »Angepredigte«. Fast möchte man sagen: Wie die Hörerschaft mehr darstellt als die Addition einzelner Zuhörer, so muß der Prediger mehr darstellen als sich selbst. Rilkes Bild vom Steinmetz (§ 21/II/6) wäre wieder aufzunehmen. Muß der Dichter sich hart in Worte verwandeln »wie sich der Steinmetz einer Kathedrale / verbissen umsetzt in des Steines Gleichmut«, so muß sich der Prediger in die Hörer verwandeln, sich aus einem Privaten umsetzen in eine Vielzahl. In solchem Sich-Umsetzen erreicht die evangelische Freiheit ihre höchste Stufe, indem sie sich frei macht von sich selbst und sich dem andern verknechtet:

»Denn wiewohl ich allen gegenüber frei bin, habe ich mich allen zum Knecht gemacht, damit ich die Mehrzahl gewinne . . .« (1Kor 9,19–23). – Das Gewinnen von Menschen umschreibt den Erfolg der Predigt. Und Erfolg hat zur Voraussetzung, daß der Prediger sich den Hörern überläßt, sich an seine Hörer verliert, nicht als ein Höriger, sondern als ein Dienender, der im Sich-Verlieren die Freiheit bewährt. Bemerkenswert und für den Prediger vorbildlich bleibt Paulus auch darin, daß er in diesem »Allen-Alles-Werden« differenziert. Wohl wird er den Juden ein Jude, den Griechen aber nicht in gleicher Weise ein Grieche. »Denn zum Griechentum gehörten Dinge, die Paulus von sich fernhielt, weil sie vor Gott verwerflich sind. Die profane Weltlichkeit und den Polytheismus des Griechen machte er nicht mit« (*Adolf Schlatter*, Paulus, der Bote Jesu, 1962³, 281). Der Gesetzesfreie wird den Gesetzesmenschen zu einem Gesetzesmenschen, und der vor Gott keineswegs Gesetzlose, sondern an Christus Gebundene den Gesetzlosen zu einem Gesetzlosen, »allen bin ich alles geworden, damit ich auf alle Weise einige rette« (22). Der Prediger entäußert sich an seine Hörer und wird damit konform mit dem, der Knechtsgestalt annahm (Phil 2,7). Die Verwandlung in den Hörer besteht nicht in Anpassung, sie ist nicht weich, sondern »hart« in dem Sinn, daß er in seinen Wandlungen bleibt, was er von Christus her geworden ist, frei vom Gesetz, an Christus gebunden. Indem er sich an die Hörer verliert, findet er sich in Christus. Er hat sich nicht an die Hörer verkauft, er hat sich nicht weggeworfen. Darum kann er auch sagen, daß die Hörer in ihm Raum haben (2Kor 7,2–4; 6,11–13, vgl. § 27/V). Die Hörer sind gleicherweise ein Außen wie ein Innen. Die Existenzerweiterung vollzieht sich darum in einem doppelten Vorgang als ein Sich-Entäußern, ein Werden-Wie und ein In-sich-Aufnehmen. Dieser doppelte Vorgang entspricht einerseits dem apostolischen Wissen, Schuldner zu sein gegenüber Griechen und Nichtgriechen (Röm 1,14), andrerseits der Liebe, von der er singt (1Kor 13), die mit allen ist (1Kor 16,24).

Auch läuft dieser doppelte Vorgang parallel der Meditation des Bibelwortes: Der Meditierende geht ins Wort, wohnt im Wort – er nimmt das Wort auf, und das Wort wohnt in ihm. Dem Bezug zum Wort und zum Hörer entspricht der Bezug zum gegenwärtigen Christus. Wir sind in ihm, und er ist in uns. Durch ihn wird dem Prediger die Hörerschaft zu einem Außen und zu einem Innen, sozusagen Wohnung und Einwohner zugleich. Wer predigen will, muß in seine Hörer eingehen, sich in seine Hörer versetzen, in ihnen »wohnen«. Im Offen-Sein für die Hörer läßt er diese in seine Existenz ein. Erst als Aufgenommene und Beherbergte werden sie angesprochen. So rede ich zum Hörer, »als wärs ein Stück von mir«.

Ernst Lange vermutet richtig, daß aller methodischen Erschließung der homiletischen Situation »etwas Existentielles« vorausgeht, »eine Haltung vorbehaltloser Partizipation, vorbehaltloser Teilhabe am Geschick des Hörers, die durch homiletische Technik auf keine Weise zu ersetzen ist« (28). Die Frage ist nur, ob er damit – gemessen an Paulus – nicht zu viel und zu wenig sagt. Zu viel, weil man von 1Kor 9,19–23 her die Vokabel »vorbehaltlos« wohl kaum gebrauchen kann, zu wenig, weil mit Partizipation und Teilhabe das von Paulus Gemeinte wohl kaum benannt werden kann. So sehe ich nicht ein, mit welchem Recht er sich gegen den Begriff der Identifizierung wehrt (94). Sein Hinweis auf die institutionellen Voraussetzungen der Partizipation vermag einzuleuchten, entschärft aber das existentielle Problem des Predigers, und die Bezeichnung des Predigers als »Anwalt des Hörers« (28) läßt sich nicht nur mit der Anwaltschaft des Geistes zusammenbringen, sondern auch mit einem üblen Bürogeruch, den Lange sicher nicht meint: Institutionen befördern oftmals die Trägheit des Herzens.

Indem der Geist Person und Werk Christi vergegenwärtigt, verbindet er Prediger und Hörer, versetzt er den Prediger in die Hörer und die Hörer in den Prediger. Der Geist eint, und indem er eint, tut er noch etwas anderes, er akkomodiert sich an den Hörer, er paßt sich dem Hörer an. Polemisierte ich vorhin gegen eine Anpassung des Predigers an die Hörer, befürworte ich jetzt eine *Akkomodation* des Geistes!

Ich brauche das Fremdwort, um das uns Befremdliche auszudrücken, daß Gott sich anpaßt. Zu seinem Sich-Offenbaren gehört dieses Sich-Anpassen. Ich spreche von »Akkomodation« und erinnere an *Calvin,* dessen Offenbarungsbegriff vom Akkomodationsgedanken bestimmt ist. Vgl. *Werner Krusche,* Das Wirken des Heiligen Geistes nach Calvin, 174f. – *Otto Weber,* Grundlagen der Dogmatik I, 1959², 457f. – Zur Verwendung des Begriffs in der Aufklärung: *Reinhard Krause,* Die Predigt der späten deutschen Aufklärung (1770–1805), 1965, 45ff. – *Gert Otto,* Vernunft, 1970, 24ff. – Zur katholischen Auffassung vgl. *Heinz Robert Schlette,* SM I, 55ff (Lit).

Der Hinweis auf Calvin soll den theologischen Charakter des Ausdruckes »Akkomodation« verdeutlichen. Indem ich ihn gerade hier aufnehme, erhält er freilich einen Akzent, den er wohl bei Calvin so noch nicht hat. Ich versuche die »Akkomodation« homiletisch zu interpretieren. Der Ausdruck umschreibt m.E. das Prozeßgeschehen, zu dem Eduard Thurneysen und Ernst Lange als Anwälte einer je verschiedenen Sicht das Wort genommen haben. – Ich rede von »Anpassung« und meine damit den bekannten Hang des Menschen, nicht aufzufallen, unterzutauchen, sein Ich an die Gesellschaft zu verlieren. Anpassung ist primär ein psychologischer und soziologischer Begriff.

Ein anderes ist es, wenn Gott sich dem Menschen »anpaßt«, und ein anderes ist es, wenn der Mensch sich dem Menschen »anpaßt«. Der Geist, der sich akkomodiert, handelt im Menschen und mit dem Menschen. Nimmt der Geist den Prediger mit auf den Weg der Akkomodation, hört der Prediger, der Sendung des Geistes folgt, nicht auf, Mensch zu sein. Er vermag der Akkomodation nur menschlich zu entsprechen, indem er sich eben in einer gewissen Weise anpaßt. Die Akkomodation des Geistes und das, was der Prediger tut, ist nicht schlechthin identisch, leider; aber auch nicht schlechthin zweierlei, zum Glück. Was die Sache so schwierig und gefährlich macht, ist dies, daß hier wiederum in der Kategorie der Vermischung (vgl. § 4) zu reden ist: Die Akkomodation findet auf dem Felde des Psychischen und des Sozialen statt, sie bleibt in der Predigt frag-würdig. In ihr setzt der Prediger das Evangelium und sich selbst aufs Spiel. Beim Versuch, sich und das Evangelium auf den Hörer und seine Situation einzustellen, kann er nur allzuleicht zum Anpasser werden, der das Evangelium verrät. Wollte er aber der Akkomodation ausweichen, um sich selbst zu retten und das Evangelium zu bewahren, würde er beides verlieren. Die Nötigung zur Akkomodation erweist aufs neue die grundsätzliche Nötigung der Gemeinde zur Predigtkritik.

Da das Problem der Akkomodation den Prediger in eine Krise bringt, sei knapp ihr Gegensatz zur (falschen) Anpassung herausgestellt. Die Akkomodation läßt das Evangelium in verschiedenen Situationen laut werden, sie wahrt das Geheimnis des Evangeliums. Das Wort paßt sich dem Hörer an, stellt sich auf den Hörer ein, um das Wort für eine je verschiedene Hörerschaft zu werden. Die Botschaft bleibt ihrer Möglichkeit nach immer Skandalon, und die Akkomodation hält eben diese Möglichkeit offen. Die viva vox evangelii (die lebendige Stimme des Evangeliums) ergeht gerade in der Akkomodation. Ohne Akkomodation gerinnt die viva vox zum Buchstaben oder zum Schlagwort. Der Dienst am Wort geschieht darum immer als Dienst an der Akkomodation. Handelt in ihr der Geist dessen, der sich erniedrigte, vollzieht sich in ihr für den Prediger die Konformität mit Christus. Der Dienst an der Akkomodation kann nicht von der Nachfolge getrennt werden, er folgt dem Gebot der Liebe. – Calvin vergleicht die Akkomodation Gottes mit der Amme, die dem Kind die Nahrung vorkaut; dann aber erwächst dem Prediger die Aufgabe, das Wort dem Hörer »mundgerecht« darzubieten, damit es Wort für den Hörer werde.

In der Anpassung aber will sich der Prediger selbst behaupten, selbst retten. Die Anpassung versucht das rettende Evangelium damit zu retten, daß sie das Skandalon ausräumt. Sie verrät das Wort an die Situation und wird so oder so trivial. Ihr Pathos ist immer falsch. Der Prediger paßt das Wort dem Hörer nicht aus dem Grunde an, daß es Wort für ihn werde, sondern aus dem Grunde, daß er den Hörer nicht verliere. Der Hörer wird als Konsument behandelt, der Kunde ist König. Im Grunde regiert nur er, und das Wort hat nichts zu sagen. Anpassung läuft hinter dem Hörer her, kriecht unter den Hörer. Akkomodation aber ist hinter dem Wort her, tritt dem Hörer gegenüber. Wer der Akkomodation dient, horcht auf das Wehen des Geistes. Wer sich anpaßt, folgt dem Trend und hängt das Evangelium nach dem Wind. Er redet dem Hörer nach dem Mund und wird ihm hörig. So dient er auch den Göttern seiner Hörer und sei es mit dem »Psalterklang«.

Kein Prediger bleibt vor der Versuchung, sich anzupassen, geschützt; keine Theologie vermag hier den Prediger vor der Verführung durch die Hörerschaft zu bewahren, es sei denn eine häretische. Anpassung bleibt die Versuchung der Akkomodation. Sie trägt viele Trachten, sie kann die Modeanzüge einer säkularen Welt genau so gut tragen wie die klerikalen Gewänder einer in der Tradition verfestigten Gemeinde. Das Evangelium kann durch Anpassung an die Moden dieser Welt genau so verfälscht werden wie durch die Anpassung an die Tradition der Gemeinde, mit dem Unterschied, daß in der Anpassung an das Überkommene die Verfälschung des Evangeliums in der Regel unmerklicher erfolgt.

Thurneysens Aufsatz könnte als Beispiel einer gelungenen Akkomodation dienen, falls man ihn einmal als »Predigt« nehmen darf. Ich hoffe gezeigt zu haben, wie er in dem, was er sagt und wie er es sagt, auf der Höhe seiner Zeit stand, ohne zum Anpasser zu werden. Schon die Sprache läßt erkennen, daß Thurneysen seinen Zeitgenossen näher stand als seine Vorgänger und Kollegen, die sich um »moderne« Predigt und um das Verständnis des modernen Menschen mühten.

Thurneysen wird recht behalten: »Die Predigt ist nicht der Ort, wo um das Verständnis des Menschen, sondern wo um das Verständnis Gottes gerungen wird.« Seit 1921 konnte man in der Theologie lernen, daß dieser Gott ein menschenfreundlicher, ein Gott mit uns ist. Darum kann man um das Verständnis Gottes nicht ringen im Absehen vom Menschen. Ich spreche von der Exegese und Meditation des Hörers und meine, diese habe vor der Predigt zu geschehen.

Ich ging von der These aus, daß sich die Predigt nach ihrem ersten Hörer richtet, in dessen Mittlerschaft die übrigen Hörer zu einem zweiten Text der Predigt werden. Ich brachte diese Formel auf den gemeinsamen Nenner der Erweiterung. Der erste Hörer erweitert die Hörerschaft, während die Hörerschaft Existenz und Sprache des Predigers erweitert. Der Gedanke der Akkomodation aber unterstreicht den Nachrichtencharakter der Hörerschaft und bringt diesen wiederum mit dem ersten Hörer zusammen.

Bevor der Prediger bedenkt, was seine Hörer nötig haben, wird er bedenken müssen, wie sehr er als Prediger seine Hörer nötig hat, und was sie ihm bedeuten. Nur so lernt er verstehen, nicht als einer, der zu geben hat, sondern als einer, der empfängt. Aber wie soll er dazu kommen, zu empfangen? Gibt es einen Schlüssel zum Verstehen des Hörers? – In der Armut des Predigers gehören die Hörer immer schon zu seinem Reichtum, der entdeckt und genutzt sein will.

Der Hörer ist dem Prediger gegeben wie der Text. Er will nicht nur in seiner Vorfindlichkeit gesehen, sondern auch in seiner Möglichkeit »erfunden« werden. Den Schlüssel hierzu gibt die Lehre von der Gnadenwahl.

§ 26
DER SCHLÜSSEL ZUM HÖRER

I
Die Erfindung des Hörers

Karl Barth, KD II/2. – *Otto Weber/Walter Kreck/Ernst Wolf,* Die Predigt von der Gnadenwahl, ThEx 28, 1951. – *Pierre Maury,* Prädestination, 1959. – *Otto Weber,* Grundlagen der Dogmatik II, 458ff, besonders 547ff. – *Max Frisch,* Öffentlichkeit als Partner, 1967².

Der erste Text ist greifbar. Wo finde ich aber den Hörer, wo wird er für mich »greifbar«, besser: begreifbar? Wie soll ich den verstehen, der mir zuhören wird? – Eine Predigtlehre kann weder eine Exegese der zu predigenden Texte noch eine Analyse der Hörersituation liefern, es sei denn, sie verführe den Prediger dazu, dem Hörer von gestern zu predigen. Gerade wenn sie die soziologischen und kulturellen Wandlungen beachten will, wird sie diese nicht vorschnell fixieren, weil sie damit ja schon den Wandel als abgeschlossen betrachten würde. So verzichte ich hier, den Aufenthalt des Hörers zu thematisieren. Ich frage vielmehr, wie er zu finden ist. Ein Blick auf das Verhältnis des Schriftstellers zur Öffentlichkeit mag zur Klärung dieser Frage beitragen.

Darum werden einige Sätze von *Max Frisch* hier eingeblendet:

»Der erste schöpferische Akt, den der Schriftsteller zu leisten hat, ist die Erfindung seines Lesers. Viele Bücher mißraten uns nur schon darum, weil sie ihren Leser nicht erfinden, sondern einen Allerweltsleser ansprechen, den es gibt, oder wir erfinden einen Leser, der uns gar nicht bekommt: er macht uns böse oder rechthaberisch oder hochmütig von vornherein, jedenfalls unfrei, er zwingt uns, beispielsweise, zur Gescheitelei, weil er, obschon von uns erfunden, uns imponiert, so daß auch wir, statt uns auszudrükken, vor allem imponieren wollen. Dies, und ähnliches in vielen Variationen, ergibt keine Partnerschaft. Was der Schriftsteller sich unter seinem Leser vorstellt, wieviel Treue er aufbringt zu diesem Du, das nie als leibhaftige Person auftritt und uns nie einen Brief schreibt, wieviel an Partnerschaft ich mir zumute und aushalte, wieviel an lebendiger Gegenseitigkeit, die mich widerlegt von Satz zu Satz und bindet, so daß ich mich immer wieder befreien muß, und die mich nach jeder Befreiung wieder in Frage stellt und mich eben dadurch zur Reife treibt, soweit sie mir je möglich ist, dies ist für den Schriftsteller eine Frage auf Gedeih und Verderb, eine Ehe-Frage mehr als eine Talent-Frage« (65f).

Gleicht der Prediger darin dem Schriftsteller, daß er seine Hörer »er-

finden« muß? – Vor voreiliger Identifizierung ist ebenso zu warnen wie
vor ungeprüfter Behauptung des Gegenteils. In der negativen Erfahrung
treffen und verstehen sich Homiletik und Schriftstellerei sofort: Viele
Predigten mißraten, weil sie mit einem Allerweltshörer rechnen, mit einem Hörer, der dem Prediger »gar nicht bekommt«. Diesen Allerweltshörer kann mir die Soziologie liefern oder der und der geistvolle Essay
über den modernen Menschen oder irgendwelche Erfahrung. Dies wäre
dann eher ein eingebildeter als ein erfundener Hörer. Statt zu »erfinden« machen wir uns ein Bild von ihm (vgl. § 27/II). Viele Prediger leiden daran, daß sie einen Hörer erfinden, der ihnen nicht bekommt, »er
macht uns böse oder rechthaberisch oder hochmütig von vornherein, jedenfalls unfrei, er zwingt uns, beispielsweise zur Gescheitelei«. Vielleicht liegt das Elend der apologetischen Predigt in solcher »Gescheitelei«, die dem Hörer imponieren möchte. Er kann aber auch verzagt machen, dieser von mir erfundene Hörer, kann zu einem Gespenst werden,
das mir die Sprache raubt. – Er kann zum Hochmut verführen, dieser
erfundene Hörer, und zur erhabenen Klage über dessen Beschränktheit,
Unbelehrbarkeit und Bigotterie.

Werden sich Prediger und Schriftsteller im Scheitern ähnlich, differie-
ren sie in der Distanz zum Leser beziehungsweise zum Hörer. Bevor ich
rede, bin ich dem Hörer durch die Gemeinde verbunden. Ich kann als
Prediger in der Regel nicht sagen: »Öffentlichkeit ist Einsamkeit außen!
– in diesem Sinn: Ich habe meinen Partner, den erfundenen, sonst niemand« (67). Die Schwierigkeit liegt für den Prediger darin, daß er seinen Hörer gar nicht erst erfinden muß. Er findet ihn vor. Darum muß
er ihn suchen, finden, aufsuchen, besuchen, um ihn eben zu finden.
Aber das Finden genügt nicht. Des Hörers Möglichkeit will entdeckt, er
will nicht nur in seiner Gegenwart und in seinem Herkommen entdeckt
werden. Er will in seiner Möglichkeit, im Potential seiner Zukunft erkannt, das heißt eben »erfunden« werden.

Viele Predigten mißlingen, weil der Prediger sich diese Mühe um den
Hörer erspart. Nun scheint es in der überschaubaren Dorfgemeinde
leichter zu sein, den Hörer zu finden, als in der Anonymität der Großstadt oder erst recht der Massenmedien. Darf man bei zunehmender
Verstädterung und wachsender Unübersichtlichkeit der Gemeinden den
Sätzen Frischs homiletische Bedeutung zumessen? Die Frage scheint
aus zwei Gründen so falsch gestellt. Einmal wird es auch in der Großstadt für den Prediger möglich sein, Hörer zu finden, die er als repräsentativ für die Hörerschaft aufnimmt:

Ein Prediger einer Großstadt mit überdurchschnittlichem Zulauf berichtet, er sehe
beim Predigt-Machen jeweils vier Glieder seiner Gemeinde vor sich (vgl. § 21/V/3), einen Straßenbahner, einen Maschineningenieur, eine Raumpflegerin und einen Bierlei-
tungsreiniger. Dieser Prediger imaginiert sich also repräsentative Vertreter der Hörerschaft. Indem er zu vieren spricht, hören zweitausend zu. Indem er Repräsentanten für
die Hörerschaft findet, »erfindet« er den Hörer. – Wird das Schweigen gebrochen wie

das Brot, wiederholt sich im Wunder der Predigt auch etwas vom Brotwunder: Ein Vorrat für wenige reicht für mehr als tausend.

Zum andern wird auch in der überschaubaren Gemeinde der Hörer – in Verbindung mit dem ersten Hörer, dem zu predigenden Text und der Gemeinde – ein anderer, als er war, ein Verborgener; denn die Verbindung mit dem ersten Hörer bleibt unsichtbar. Das Beispiel der Dorfgemeinde zeigt darum, daß gerade der vorgefundene Hörer »erfunden« werden muß. – Stellen wir die Unterscheidung Valéry's (vgl. § 25/III) neben die Sätze von Frisch, läßt sich folgern: Die Kraft einer Rede, sich ihr Publikum zu schaffen, wurzelt in der Erfindungskraft des Redners. Solche Kreativität gehört beim Prediger zu dem, was wir Vollmacht nennen. Damit rühren wir an ein Geheimnis der Predigt, an das Geheimnis ihrer Wirkung. Das »Erfinden« des Hörers hat mit diesem Geheimnis zu tun.

Indem ich Frischs Aussagen übernehme, interpretiere ich sie theologisch. Ich messe ihnen darum nicht bloß aktuelle, praktische, sondern grundsätzliche Bedeutung zu. – Was aber heißt, den Hörer »erfinden«? Was macht denn die Differenz aus zwischen Vorfinden und Erfinden? Liegt sie in der Kreativität des Predigers, in seiner Phantasie zum Beispiel, oder gibt es hier noch etwas anderes? – Den Hörer erfinden heißt, den Vorgefundenen als vor Gott befindlich finden, heißt ihn in *der Gnadenwahl* sehen. Die Prädestinationslehre weist den Prediger an, den vorgefundenen Hörer zu »erfinden«. Sie leitet hier zur Kreativität an, indem sie eine neue Sicht vermittelt. Sie lehrt die Hörerschaft als einen zweiten Text lesen. Die Prädestinationslehre bildet den hermeneutischen Schlüssel zur Hörerschaft.

Alles soziologische und psychologische Bedenken der Hörersituation führt in die Irre, wenn nicht die Gnadenwahl zum Orientierungspunkt wird. Der Hörer als zweiter Text kann nur mißverstanden werden, solange er nicht im Lichte der Prädestinationslehre gelesen wird; denn diese verknüpft den ersten Hörer mit dem zweiten Text. Vom ersten Hörer her exegesiert und meditiert sie alle andern Hörer. Die Lehre von der Gnadenwahl lehrt mich die Hörerschaft und ihre Situation recht verstehen. Sie öffnet mir das Tor zu dem Unbekannten, dessen Ohr ich suche, und zeigt mir den gegenüber, wie er von Gott gemeint, wie er im Unverborgenen, in Wahrheit ist. So also »erfinde« ich den Hörer, daß ich ihn in seiner Würde und Hoheit, die er in Christus Jesus hat, entdekke. Etwas Besseres kann ich von meiner Hörerschaft nicht in Erfahrung bringen als eben dies, daß sie eine erwählte ist. Indem ich spreche, predige ich vor einer auserwählten Gesellschaft. Ich habe ein erlesenes Publikum, von dessen Rang ich nicht hoch genug denken kann.

Bevor ich einer Hörerschaft das Kreuz predigen kann, sollte ich es in seiner Bedeutung für meine Hörerschaft verstehen. Ansonsten mache ich aus dem Kreuz ein Gesetz, und ich predige das Kreuz als Werk des

Menschen. Bevor ich das Kreuz predige, muß ich wissen, inwiefern es die Lage des Hörers bestimmt. Ansonsten lasse ich mich durch die Situation des Hörers verführen. Bevor ich das Evangelium predige, muß ich bedenken, wie sehr sein Inhalt die Lage des Hörers schon verändert hat. Ansonsten vergesetzliche ich das Evangelium. Die Werkerei des Menschen verdunkelt und überlagert dann das Werk Gottes, und Gott wird zum christlichen Götzen, der erste Hörer aber wird ignoriert; nun kann ich so situationsgerecht reden, wie ich will, ich verfehle meinen Hörer. Dieser mag sich angesprochen, verstanden fühlen, er wird damit nur gemeinsames Mißverstehen anzeigen. In Gottes Gnadenwahl aber erkenne ich die verborgene Wahrheit meines Hörers! Dies ist die Vorgabe, die ich dem Hörer gegenüber zu leisten habe, daß ich ihn nicht außerhalb des gekreuzigten Christus sehe, sondern in ihm, mit ihm, durch ihn. Nur auf diese Weise verstehe ich meinen Hörer, daß ich Christus zu ihm rechne und ihn zu Christus.

Luther verweist in einer Tischrede auf Staupitz: »In vulneribus Christi intelligitur praedestinatio et inventur, non alibi« (WATR II, Nr. 1490: In den Wunden Christi wird die Prädestination begriffen und erlangt, nicht anderswo). 1542 formuliert Luther selbst: »Ex istis fulgebit praedestinatio« (WA 43, 461: Aus ihnen wird die Gnadenwahl hervorblitzen).

Im Erkennen des Gekreuzigten erkennt der Prediger seine Hörer als zum Heil erwählte. Vom Kreuz her erhellt ein Blitz querweltein alle Hörer des Evangeliums, in diesem Licht erscheint der Hörer dem Prediger tatsächlich in einem neuen Licht. Dieses Licht hilft dem Prediger zu einem neuen Entwurf des Hörers, indem es anzeigt und deutlich macht, wozu der Hörer bestimmt und erwählt ist. So lernt der Prediger, seinen Hörer zu projizieren, indem er erkennt, was Gott mit ihm vorhat. Die Lehre von der Gnadenwahl belehrt den Prediger über Grund und Ziel der Predigt und zeigt, warum und wozu der Hörer da sitzt. Sie erklärt mir den Hörer, bevor ich ihm die Gnade ansage; dann projiziert mein Entwurf den Hörer im Blick auf das Heil, das vom Kreuz her gnadenhaft auf ihn zukommt. Im Projizieren und Entwerfen des Hörers kommt ihm die Gnade zuvor.

Vom Erfinden des Hörers war die Rede, jetzt tauchen die Vokabeln »Entwurf« auf und »projizieren«. Sie wirken möglicherweise mißverständlich, eine Erläuterung nach zwei Richtungen hin scheint notwendig. Einmal meint die Lehre von der Gnadenwahl, daß der Prediger im Erkennen des göttlichen Willens und Heilsplanens die Hörererfahrung einschmilzt. Was der Prediger vom Hörer kennt, was er von ihm in Erfahrung gebracht hat, wird eingebracht in die Verheißung der Gnadenwahl. Die Prädestinationslehre bleibt leer, wenn sie nicht den konkreten Hörer und seine Wirklichkeit umgreift, und die Exegese und Meditation des Hörers wird den Anzuredenden mit den Absichten Gottes nicht nur konfrontieren. Das wäre zu wenig. Exegese und Meditation des Hörers wird den Anzuredenden in der Zukunft des Heils sehen, zu dem er berufen ist.

Leider sind die Prediger zu solcher Exegese und Meditation kaum vorbereitet, das Studium gibt wenig oder keine Anleitung zu kreativer Phantasie (Lit. vgl. § 21). Die Stimme von *Markus Kutter,* Werbefachmann und Schriftsteller, mag hier das Problem verdeutlichen: »Forschung, Erfindungen, bloße Kombinatorik existieren nicht als Schulfächer. Man lehrt uns nicht, wie man Ideen findet, wie man Ideen nützt. Zwei Löcher im Lehrplan: Methodik und Ökonomie der Gruppe. Beide beherrschen wir nicht. Jeder Tag beweist es. Was ich als Student, mit meiner Dissertation beschäftigt, an historisch-kritischer Methode lernte, dünkt mich heute Amateurarbeit. Zudem ging sie nur darauf, hinter mir liegende Tatbestände aufzudecken und zu sortieren; es fehlte ihr ein nach vorne gerichtetes Gegenstück, mit dem man hypothetische Möglichkeiten geordnet hätte. Wie spekuliert man richtig« (Sachen und Privatsachen, 1964, 50)? – Die Lehre von der Gnadenwahl, meine ich, könnte den Prediger lehren, richtig zu spekulieren. Nehmen wir die Erwählungslehre als »Idee«, müßte die Nutzung dieser Idee im Studium eingeübt werden.

Aber seien wir vorsichtig. Der Hörer als Entwurf, als Projekt des Predigers im Lichte der Gnadenwahl ist deshalb nie unproblematisch, weil die Gnadenwahl und die Lehre von der Gnadenwahl nicht von vornherein identisch sind. Der Prediger kann über den Blitz querweltein nicht einfach verfügen. Sein Erfinden, sein Entwerfen des Hörers ist deshalb zu unterscheiden von der Gnadenwahl selbst. Es bleibt vorläufig und geschieht auf Hoffnung hin. Es integriert den Hörer in die Hoffnung. Damit sind wir schon beim Zweiten, das in diesem Zusammenhang zu bedenken ist. Der Prediger kann nicht das Erwählungsgeschehen in Gang bringen. Er ist weder der Architekt der Erwählung noch deren Vollender. Wohl aber hat er verborgenes Geschehen zu veröffentlichen und Zukünftiges anzuzeigen.

Wir werden den Ausdruck »erfinden« am besten von der Pneumatologie her verstehen. Erfinden heißt dann, den Hörer in der Gegenwart des Geistes vorfinden, was wiederum bedeutet, ihn als Gabe, als Geschenk aufnehmen. Was im Paragraphen 4 von den Charismen gesagt wurde, wäre jetzt zu wiederholen und mit den Sätzen von Max Frisch zu vergleichen, die auf eine Partnerschaft mit dem erfundenen Leser hindeuten, die als lebendige Gegenseitigkeit zu verstehen ist, »die mich widerlegt von Satz zu Satz und bindet, so daß ich mich immer wieder befreien muß, und die mich nach jeder Befreiung wieder in Frage stellt und mich eben dadurch zur Reife treibt, soweit sie mir je möglich ist«. Dies sei »eine Frage auf Gedeih und Verderb, eine Ehe-Frage mehr als eine Talent-Frage«, was nicht nur für den Schriftsteller, sondern ebenso in Analogie für den Prediger gilt: eine Ehe-Frage für das Verhältnis von Prediger und Zeitgenossen, von Prediger und Gemeinde, daß er erkennt, in welchem Maße die Hörerschaft als Koproduzentin der Predigt wirkt. Eine kritisch rational zu durchdenkende Frage also, und sie mag Anlaß werden zum Dank.

II

Der Hörer als Evangelium für den Prediger

Den Hörer »erfinden« heißt, ihn als Gabe sehen. Die Lehre von der Gnadenwahl, die mir den Hörer erschließt, hat auch eine Konsequenz für mich als Prediger. Der Hörer als ein zum Heil Erwählter existiert auch für mich, der ich ihm das Heil predigen soll. Zum »Erfinden« des Hörers gehört darum die Entdeckung des Hörers als Gabe der Gnade. Der Hörer, erwählt für die Gnade, soll die Gnade, die ihm zukommt, auch für mich, den Prediger, brauchen. Indem der Hörer schon vor meiner Predigt an der Gnade Anteil hat, kommt mir die Gnade im Hörer zuvor. Seine Anteilhabe an der Gnade wird vor allem deutlich an seiner Gliedschaft an der Gemeinde. Gnade gibt es auch außerhalb der Gemeinde, in der Gemeinde aber sollen diese Gaben erkannt, benannt, geübt werden. Was hier zu bedenken ist, gilt darum nicht ausschließlich, aber vorzüglich für die Gemeindepredigt. Bevor ich eine Aufgabe am Hörer habe, ist er für mich da. Bevor er etwas von mir hat, soll ich etwas von ihm haben. Bevor der Prediger für die Gemeinde da ist, war die Gemeinde schon da, auch für den Prediger. Die Gemeindepredigt hat darum eine besondere Qualifikation gegenüber der Missionspredigt und erst recht gegenüber aller andern menschlichen Rede.

Wo das Evangelium kaum noch auf der Kanzel laut wird, mag dies nicht zuletzt darin seinen Grund haben, daß der Prediger seinen Hörer kaum noch unter dem Vorzeichen des Evangeliums zu sehen vermag. Bildet der Hörer für den Prediger eine Nachricht und versteht der Prediger diese Nachricht nicht zuerst als Evangelium, sondern zuerst als Gesetz, so wird er allzuleicht auch dem Hörer zuerst mit dem Gesetz begegnen. Versteht der Prediger seinen Hörer nur als Gesetz, wird sein Predigen allzuleicht zu einem Echo dieses Verstehens, zu einer tödlichen Gesetzespredigt also. Umgekehrt, bringt der Prediger dem Hörer das Evangelium, soll der Hörer dem Prediger wiederum zum Evangelium werden. Versteht der Prediger seinen Hörer als eine Nachricht des Evangeliums, wird er es leichter haben, ihm das Evangelium zu predigen. Der Hörer als Nachricht, eine frohe Botschaft, er ist es in dreifacher Hinsicht, und dies gehört zu seinem Geheimnis!

1. Der Hörer nimmt dem Prediger *die Sorge um das tägliche Brot*. Der Prediger im Vollamt lebt vom Predigen. Die Gemeinde unterstützt ihn und bezahlt ihn. Die Gemeinde entlastet ihre Diener am Wort vom Geldverdienen, sie müssen sich nicht selber ernähren, sie werden ernährt. »So hat auch der Herr denen, die das Evangelium verkündigen, verordnet, vom Evangelium zu leben« (1 Kor 9,14). – Diese Entlastungsfunktion der Gemeinde wird auf die Dauer – zum mindesten zeichenhaft – auch da eintreten, wo Laien predigen.

Das Bild vom Hirten und von der Herde will in einer Industriegesellschaft nicht mehr recht passen. Seine Aussage bleibt aber aktuell. Die
bürokratische Organisation der Kirche verdeckt, daß der »Hirte« sich
von der »Herde« ernährt, während er seinerseits die Herde auf die
Weide führt. Der Verlust an Beziehung zwischen Prediger und Hörer
durch die bürokratische Struktur ist kaum zu ermessen. Er kann sehr
wahrscheinlich nicht rückgängig gemacht, wohl aber überrundet werden. Entdecke ich als Prediger den Hörer, erfinde ich ihn als meinen
Fürsorger, als den, der materiell für mich einsteht, der mir das Predigen
ermöglicht. Er tut dies mit dem Bezahlen von Kirchensteuern. Der Prediger sollte dies nicht unterschätzen.

2. Zur Fürsorge der Gemeinde für den Prediger gehört ihre *Mitsorge
um das Wort*. Das heißt, die Gemeinde will das Wort, darin erweist sie
sich als Gemeinde Jesu, daß sie sein Wort will. Die Gemeinde kann
nicht Gemeinde sein, ohne das Wort zu wollen. Der Wille zum Wort gehört zu ihrem Wesen, und in diesem Wesen hilft sie dem Prediger zum
Wort. Also mitsorgend wirkt sie am Wortgeschehen mit. Im Verein mit
dem Prediger versucht sie, den Heiligen Geist zu bewegen, daß er das
Wort gibt und mit dem Wort wirkt. Sie bittet um den Geist, der den Be-
tern versprochen ist (Lk 11,13). So bittet sie um das Ereignis des Wortes.

Indem die Gemeinde für ihren Prediger vor Gott tritt und vor ihm
steht, wirkt sie für den Prediger, was der Prediger für sie wirkt. In der
Stellvertretung der Gemeinde für den Prediger übt sie ihr Amt aus als
»königliche Priesterschaft«. Wohl dem Prediger, der den Rang seiner
Gemeinde erkennt! Wohl ihm, wenn er merkt, was er an seiner Gemeinde haben kann! Allerdings gilt es zu beachten, daß hier die Gemeinde
engagiert sein will. Sie ist einzuweisen in ihren Dienst am Wort und bedarf der Anleitung zur Fürbitte. Darum benötigt sie je und je eine
Orientierung über diesen Dienst und über die Lage des Predigers in
Analogie zur apostolischen Paränese.

»Verharret im Gebet und wachet darin mit Danksagung! Und betet zugleich auch für
uns, damit uns Gott eine Türe für das Wort öffnen möge, vom Geheimnis Christi zu
reden, wegen dessen ich auch gefesselt bin, damit ich es (so) kundmache, wie ich reden
soll« (Kol 4,2–4 – vgl. Röm 15,30–32; Eph 6,18–20; 2Thess 3,1f).

Die Zukunft des Wortes, seine Form und seine Kraft werden an die
Fürbitte der Gemeinde gebunden. Durch ihr Gebet öffnet sie dem Wort
die Tür. Durch ihre Fürbitte gestaltet sie die apostolische Verkündigung. Der Gemeinde wird also zugemutet, die Sorge um das Wirken des
Wortes mitzutragen. So existiert die Gemeinde als Evangelium nicht
ohne Anstoß des evangelischen Predigers. Zunächst existiert die Gemeinde *verborgenerweise* als Evangelium. Darum – noch einmal – will
sie »erfunden« werden. Zu diesem Erfinden soll auch die Paränese helfen, die das Evangelium für beide Teile in Geltung hält. Der Gemeinde

darf und muß gesagt werden, was sie für den Prediger ist: immer schon
mehr, als sie weiß. Der Prediger muß der Gemeinde die Rolle zuschie-
ben, die sie zu spielen hat, muß sie anleiten, ihrerseits dem Wort zu dienen. Auf diese Weise wird er auch den Rang seiner Gemeinde erkennen
und merken, was er an ihr hat.

Soll wirklich Gott reden, soll er Taten tun, dann will er eingeladen,
aufgefordert sein. Hängt für die Vollendung des Reiches Gottes »alles
an der Rückkehr des Pfingstgeistes« (Johann Christoph Blumhardt, vgl.
§ 4/I), so ist mit der Bitte ums Reich der Gemeinde die Bitte um das
Kommen des Geistes und damit um die Heiligung des Namens aufgetragen. Mit diesem Auftrag bekommt die Gemeinde Anteil an der Zukunft Gottes. Der Prediger ist in diesem Horizont nur ein Glied des
Ganzen, und er kann den übrigen Gliedern nur helfen, wenn diese ihm
helfen. Darum muß in diesem Horizont die Gemeinde als Predigthelferin
aktiviert werden. Sie ist zu ihrem Dienst anzuleiten.

3. Der Hörer unterstützt den Prediger nicht nur materiell und geistlich, er *steht für den Prediger in die Zukunft Gottes.* Indem der Prediger
seiner Gemeinde das Heil auf Jesu Parusie hin ansagt, werden die Hörer
zu Heilsgaben nicht nur für den Augenblick, sondern erst recht für die
Zukunft Christi. Die Plerophorie, in der Paulus in diesem Zusammenhang spricht, ist kaum zu überbieten. So nennt er die Thessalonicher
seine Hoffnung, seine Freude, seinen Ruhmeskranz (I, 2,19f). Wie die
Gemeinde den Prediger vor der materiellen Sorge in der Gegenwart
schützt, bewahrt sie ihn vor endzeitlichem Kummer. Ihre Existenz
nimmt ihm die Sorge um sein eigenes eschatologisches Heil. In der Gemeinde begegnet der Prediger seinem Heil, denn das Heilswort, das er
ausrichtet, wirkt für Prediger und Hörer verbindlich.

Ich fasse zusammen: Der Hörer bildet für heute und in Ewigkeit eine
frohe Botschaft für den Prediger. Der Hörer will darum geglaubt werden, will als Nachricht Glauben finden. Er findet dann Glauben, wenn
er mit dem ersten Hörer zusammengesehen wird. Nur im Glauben wird
der Hörer zum Evangelium für den Prediger; denn der Glaube sieht den
Hörer mit dem Wort zusammen, gleichwie er ihn mit dem ersten Hörer zusammensieht. Das Unsichtbare des Hörers soll sichtbar werden,
und der Glaube hält sich an das Noch-nicht-Sichtbare. Die Sicht des
Glaubens, die Hoffnung, ist der Erfahrung immer schon voraus und
überrundet damit auch alle wissenschaftliche Erkenntnis des Hörers,
ohne diese zu verachten.

Sicher bleiben auch dieser Glaube und diese Hoffnung angefochten,
indem die Erfahrung mit dem Hörer dem Glauben und der Hoffnung
die Sicht verstellen will. Würde der Prediger seinen Hörer unangefochten glauben, würde er am wirklichen Hörer vorbeiglauben. Dieser hätte
in diesem Fall das Evangelium nicht mehr nötig, weil er selber schon

völlig Evangelium wäre. – Auf der andern Seite würde der Prediger nur seine Blindheit verraten, die den Hörer völlig verkennt, würde er ihn nicht als zum Evangelium gehörig und also als evangelische Nachricht erkennen. Einer Verstockung gegenüber der Schrift entspricht eine Verstockung gegenüber dem Hörer. Der Prediger wird blind und taub für seine Hörer, und er ist dies meistens dann, wenn er meint, er kenne den Hörer. Wer das Evangelium predigen will, muß davon ausgehen, daß er es noch nicht erkannt hat. Wir sind Bettler, das ist wahr. Wer den Menschen predigen will, dem müssen zuvor die Menschen zu einem Rätsel werden. Wer Menschen durch das Wort erreichen will, wird an ihnen rätseln. Schnellfertigkeit ist gegenüber dem Text wie gegenüber dem Hörer gleicherweise vom Übel, denn der Hörer ist wie der Text eine Hoheit, fremd, aber nicht unnahbar. Wer predigen will, steht darum als Bettler vor der Schrift, und als Bettler macht er sich auf den Weg zum Hörer, dem er als Bittender begegnet.

Im Lichte der Gnadenwahl führen viele Wege zum Hörer. Er will vom Prediger nicht nur »erfunden«, sondern auch gefunden und meditiert werden. Den Hörer als Text reflektierend und meditierend, findet der Prediger das Wort für den Hörer. Indem sich seine Sprache erweitert, verändert sich der Prediger. So findet er das Wort für den Hörer.

§ 27

DER WEG ZUM HÖRER

I

Der Dank

Der Weg zum Hörer geht für den Prediger durch das Danken. Im Dank be-greift der Prediger den Hörer, dankend empfängt er ihn. Dem göttlichen Erwählungshandeln entspricht ein menschliches Danksagen. Dies bleibt nicht ohne Konsequenz für den Prediger. Indem er den Hörer als Erwählten entdeckt, »erfindet« er ihn im Danken, er findet ihn vor, wie er in der Wahrheit in seiner Bestimmung zu Gott ist. Im Vollzug dieser Bestimmung soll es zum Hören kommen, das Glauben schafft. So wird der Hörer zur Gabe der Gnade für den Prediger.

Vielleicht lassen sich diese Sätze am besten an Paulus bewähren. Ich frage, was es homiletisch bedeutet, daß dieser seine Briefe mit Dank eröffnet? Was bedeutet das für unser Predigen, »daß die Danksagungen in den paulinischen Briefeingängen einen typischen *Briefteil* bilden, und daß sie sämtlich die gleiche Struktur aufweisen« (Kümmel zu 1Kor 1,4ff)? Ich greife heraus: Im ersten Thessalonicherbrief wird der Dank begründet mit der Einsicht in die Prädestination der Adressaten. »Wir danken Gott allezeit euer aller wegen..., da wir, von Gott geliebte Brüder, eure Erwählung kennen...« (1,2ff). Im ersten Korintherbrief dankt der Apostel zuerst für die Gnade Gottes, »die euch in Christus Jesus verliehen worden ist. Ihr seid ja in ihm reich geworden in allen Stücken« (1,4ff). Im Philipperbrief dankt er »wegen eurer Teilnahme am Evangelium vom ersten Tage an bis jetzt« (1,4f). Sein Danken geschieht im Blick auf die Zukunft der Gemeinde. »Ich vertraue dabei eben darauf, daß der, welcher in euch ein so gutes Werk angefangen hat, es vollenden wird bis zum Tage Christi Jesu« (1,6).

Versteht man die Briefe im weiten Sinn als Predigten, kann man sagen: Der Apostel beginnt seine Predigt mit Dank. Dabei ist ernst zu nehmen, daß in den drei zitierten Anfängen die Vokabel »allezeit« gebraucht wird. Für Paulus ist der Fürdank für die Gemeinde kein punktuelles Geschehen. Indem er für die existiert, denen er das Evangelium bringt, bildet der Dank die Grundmelodie seiner apostolischen Existenz. – Wird im ersten Psalm (vgl. § 21/I) der Gerechte selig gepriesen, der über der Schrift murmelt tages und nachts, meditiert der Apostel offenbar »allezeit« über seine Hörer, und dieses Meditieren geschieht aus Dank. Wenn die Meditation der alttestamentlichen Gerechten eine immerwährende ist, weil – nach Ps 119,96 – die Thora unendlich ist, so dauert das apostolische Danken »allezeit«, weil es die Zeiten des Hörers umgreift, Anfang und Vollendung.

Der apostolische Dank eilt der apostolischen Verkündigung voraus. Bevor er in Rom predigt, bevor er nach Rom schreibt, dankt er für die dortige Gemeinde. »Zuvörderst danke ich meinem Gott durch Jesus Christus euer aller halben dafür, daß von eurem Glauben in der ganzen Welt die Rede ist« (1,8). Der apostolische Dank ist nicht eng, beschränkt sich keineswegs auf die »eigene« Gemeinde. Der Schuldner der Völkerwelt (1,14) sieht über das je Hiesige hinaus, sein Dank übersteigt die Beziehung Prediger-Hörer, weil er zum Mitläufer des Wortes in aller Welt wird.

Georg Eichholz bemerkt: »Wir halten fest: Der Dank des Paulus in seinem täglichen Gebet umfaßt in seinem Horizont die *ganze* Christenheit auf Erden. Sein Beten ist ja auch der Dank dafür, daß das Wort Gottes über die *ganze* Welt hin läuft und Glauben schafft. Ein anderer Horizont kann hier nicht angemessen sein« (Der ökumenische und missionarische Horizont der Kirche, in: Tradition und Interpretation, ThB 29, 1965, 89 f).

Der Gemeindepfarrer in einem vergessenen Dorf hat nicht für weniger zu danken als der Völkerapostel. Sein Dorf ist sein Rom, und wo geglaubt wird in einem Dorf, hat dies eine oekumenische Bedeutung, auch wenn sie uns vorläufig verborgen sein mag.

Wenn erst das Danken für die Hörer des Evangeliums ins Weite gelangt, wird auch das Predigen sich ändern und ins Weite gehen. – Der Dank respondiert auf geschehenes Heil, greift nach geschehendem Heil; er quittiert Vergangenheit und zahlt auf Zukunft. Der Dank hebt die Erinnerung in die Zukunft und entdeckt eine neue Gegenwart. Vor allem menschlichen Tun behauptet er den Vorrang göttlichen Handelns. Indem er Gott selbst bei diesem Vorrang behaftet, rechnet er den Adressaten als zu Gott gehörig und bedenkt ihn in dem, was er von Gott hat und in diesem Haben tut. Also bedenkt der Dank die Möglichkeiten des Hörers im Glauben. Diese Möglichkeiten übersteigen nicht nur die Zeiten, sondern auch alle lokalen Grenzen. In dem, was der Hörer von Gott hat und haben wird, steht er im Ganzen der Ökumene. Wer also dankt, überholt die Zeiten und eilt über jeden Ort hinaus. Er ist dem Hörer voraus. Wer darum für den Hörer dankt, »erfindet« ihn als neuen Menschen, und dies ist der Hörer, der dem Prediger »bekommt« (vgl. § 26/I). So ist die sachgemäße Reaktion des Predigers auf den Hörer ein ständiger Dank. Demgegenüber hat der Hörer, für den der Prediger nicht dankt, seinerseits als Hörer nichts zu danken. – Damit ist noch nicht alles gesagt, was als Bemühung des Predigers für den Hörer zu sagen ist; aber es ist benannt, was alle Arbeit und Mühe um den Hörer zu bestimmen und zu begleiten hat, und die Sprache findet hier ihre rechte Tonart.

II

Das Sehen

Karl Barth, KD III/2, 299ff. – *Henri Matisse,* Man muß zeitlebens die Welt mit Kinder-augen sehen, in: Farbe und Gleichnis, 1960, 111ff.

Zur Menschlichkeit der Predigt gehört, daß sich an ihr auch das Auge des Redners und des Hörers beteiligt. Die Predigt als menschliche Rede geschieht nicht nur zwischen Mund und Ohr, sondern ebensosehr Auge in Auge. Es ist für den Prediger beachtenswert, wie sehr unsere Sprache die Parallelität von Sprechen und Sehen artikuliert. Die Augen bewachen das Sprechen. Falls unsere Sprache nicht irrt, ist das Sprechen dem An-Sehen untergeordnet. Dieses An-Sehen qualifiziert offenbar das Sprechen. Wenn zwei Menschen zusammen plaudern, sprechen sie noch nicht unter vier Augen, auch wenn sie allein sind. Wer unter vier Augen mit einem andern spricht, hat ihm etwas zu sagen. Zum Ansprechen gehört das »Ansehen«. Der Hörer muß beim Prediger in und im »Ansehn« stehen.

Unsere Sprache braucht signifikanterweise die Vokabel »Ansehen« synonym mit dem Wort »Ruf«. »Ansehen« und »Ruf« werden gebraucht im Sinne der Ehre. Der ehrt den Angesprochenen nicht, der ihn nicht ansieht. Wer nicht auf den Hörer achtet, »achtet« ihn nicht. Anreden und Ansehen meinen beide ein Ehren des Andern. »Keines Blickes würdigen« und »das Wort nicht gönnen« sind parallele Ausdrücke für ein verachtendes Begegnen, für eine wohl unmenschliche Beziehung. Ein Mensch werde ich dem andern, indem ich ihn sehe und mit ihm rede. Ein Mensch werde ich dem andern, indem ich ihm einen Blick schenke und indem ich ihm das Wort gönne. Mit diesem Schenken und Gönnen ehre ich ihn. Dies ist die Voraussetzung aller menschlichen Anrede, der Anzuredende will geehrt sein. Mit einem verächtlichen Menschen kann ich wohl schwatzen, ansprechen kann ich ihn erst, wenn ich ihn ehre, und das Ehren fängt damit an, daß ich ihn ansehe. Das Ehren qualifiziert das Sehen. Ich beobachte nicht nur, ich achte, ich würdige den, zu dem ich spreche: er gilt.

Vielleicht steht der Prediger als Beamter in besonderer Gefahr, den Hörer zu übersehen; dann wird er predigend zum Bürokraten und die Predigtstätte zu einer Art Predigtbüro. »Ein Bureau ist eine Stelle, wo die Menschen unter gewissen Schemata betrachtet und nach bestimmten Plänen, Grundsätzen und Regeln behandelt, abgefertigt, verarztet (und auch angepredigt! R.B.) werden. Das kann dann wohl dazu führen, daß die Menschen selbst – die Behandelnden und die Behandelten – sich gegenseitig unsichtbar werden« (*Karl Barth*, KD III/2, 302). – Im Büro gibt es allerdings nach Titel und Kapital auch ein bürokratisches Ehren. Darum genügt die Dimension des Ehrens für das Sehen nicht völlig. Darum muß noch eine zweite Dimension genannt werden.

Die Liebe macht das Auge hell und das Sehen zur Freude. »Gerne sehen« heißt lieben. Was wir lieben, sehen wir gern, und im Ausdruck »auf Wiedersehn« mag Zärtlichkeit liegen. Auf alle Fälle sichert er zu: Dich werde ich nicht beiseite schaffen. Ich werde dich nicht töten. Vielmehr wünsche ich, dich aufs Neue zu sehen. Die Liebe will sehen. Die Liebe lehrt sehen. Sie macht gerade nicht blind – das macht die Verliebtheit –, sie macht sehend.

»Denn aus der Liebe kommt uns das Auge, daß wir die Dinge sehen, wie sie sind (*Christoph Blumhardt*, Ihr Menschen seid Gottes!, 438).

Die Hörerschaft sehen, wie sie ist, bedeutet möglicherweise, ihren Mangel an Liebenswürdigkeit sehen. »Eine Pfarre ist eben zwangsläufig dreckig«, läßt Georges Bernanos den Pfarrer von Torcy sagen (Tagebuch eines Landpfarrers, 1956, 18). Darum stellt das Sehen die Liebe auf die Probe. Damit gefährdet sich das Sehen selbst, weil das Gesehene von solcher Art ist, daß wir nicht mehr sehen mögen; dann hält die Liebe das Auge offen.

Walter Lüthi hat einmal gesagt, er bete auf dem Weg von der Sakristei zur Kanzel ununterbrochen um Liebe zu seinen Hörern. – Weil das Sehen der Hörerschaft sich nicht auf das Predigen selbst beschränkt, sollte diese Bitte unterwegs den Prediger auf allen seinen Wegen begleiten. Dann wird diese Bitte im Predigen ein Echo finden. Im An-Sehen und im Gern-Sehen, im Sehen, das ehrt und liebt, wird das Predigen zu einem Schau-Geschäft in dem Sinne, daß der Hörer vom Prediger gesehen werden will. Hörbar werde ich für den Hörer in dem Maße, wie ich ihn sehe. Das Sehen reguliert meine Stimme. Es läßt mich den Abstand zum Hörer erkennen. Es läßt mich auf die Reaktion des Hörers merken und hilft zum treffenden Wort. – Andererseits hat der Andere ein Recht auf mein Gesicht. Ich kann und soll mich als Prediger seinem kritischen Blick nicht entziehen. Ich bin nicht nur Stimme. Ich bin nachprüfbar, und wer glaubhaft sprechen will, muß sich sehen lassen. Wer glaubhaft spricht, setzt sich aus. Die Predigt ist ein Schau-Geschäft auch in dem Sinne, daß der Prediger vom Hörer gesehen werden will (vgl. § 24/II).

Der Prediger ist für den Hörer immer wieder ein Unbekannter. Erst recht bleibt der Hörer für den Prediger ein unbekanntes Wesen. Das Hinsehen setzt voraus, daß ich noch nicht weiß, wie der Hörer aussieht. Der Zwang zum Sehen setzt Veränderung voraus. Wären die Hörer unveränderlich wie Denkmäler, wüßte man schon nach dem ersten Sehen, wer sie sind. Ein Augenschein würde genügen. Aber nun sind die Hörer als Menschen in den Prozeß der Geschichte verwickelt, sie sind am kommenden Sonntag nicht die gleichen wie am letzten Sonntag. Der Prediger wird mit dem Sehen nie fertig. Als Christen befinden sich die Hörer ferner in einem Prozeß des Neuwerdens, in einem zugegebenermaßen verborgenen Prozeß, der sichtbar werden will, zeichenhaft wenigstens. Weil die Christen im Werden sind, gilt erst recht, daß der Prediger nach ihnen zu sehen hat.

Allerdings ist die neue Kreatur noch nicht sichtbar, weder die des Redners noch die des Hörers. So sieht der Prediger in einer beschränkten Optik, sieht, »was vor Augen ist«, und der Augenschein kann trügen. Wohnt der Prediger etwa in Laodicea, bekommt er den Rat, Augensalbe zu kaufen (Apk 3,18). Des Predigers Augen unterscheiden sich von den sieben Augen des Lammes, die nach der Offenbarung Johannis über die Erde gesandt sind (5,6). So sehen wir nicht. Des Predigers Augen sind nicht Gottes Augen. Wie sich aber im Wunder der Predigt Gottes Geist ins menschliche Reden mischt, so mischt er sich ins menschliche Sehen hinein, indem er die Augen erleuchtet. »Sehende Augen gibt er den Blinden.« Darum schließt die Bitte um den Geist in sich die Bitte um das Sehen mit den Augen des Geistes. So bedeutet das Sehen einerseits einen biologisch und psychologisch beschreibbaren Vorgang; aber in ihm bewährt sich die Mittlerschaft Christi; in Christus, durch Christus und also im Geist gilt es zu sehen. Zu diesem Sehen muß der Prediger unterwegs sein. Diese Sicht ist zu erstreben. Darum muß der Prediger sein Sehen in Bewegung halten, er darf es nicht zu einem Bilde verfestigen. Gehört der Mensch zum bildlosen Gott, so darf der Prediger sich kein Bild vom Menschen machen.

In seinem Tagebuch 1946–49 schreibt *Max Frisch:* »Man macht sich ein Bildnis (vom Mitmenschen, R.B.). Das ist das Lieblose, der Verrat.«

Im »Stiller« klagt die Frau Stillers ihren Mann an, weil er sich von ihr ein fertiges und endgültiges Bild gemacht habe: »... nicht umsonst heißt es in den Geboten: Du sollst dir kein Bildnis machen! Jedes Bildnis ist Sünde. Es ist genau das Gegenteil von Liebe« (zit. nach kurt marti, das zweite gebot und die konkrete kunst, in: max bill, hg. v. eugen gomringer, 1958, 28f).

Was von der Beziehung zwischen Mann und Frau in der Ehe gilt, prägt auch die Beziehung zwischen Prediger und Gemeinde. Das Bildnis, das sich der Prediger von der Gemeinde macht, »ist genau das Gegenteil von Liebe«, und der Prediger spricht dann zu einem Bild statt zu wirklichen Menschen. Es wäre einmal einer gesonderten Untersuchung wert, wie oft ein Prediger seine Hörer verfehlt, weil er sich ein Klischee vom Menschen macht. Ein Klischee kann er sich machen, indem er dem Wahn verfällt, er kenne den Hörer. Damit hat er den Hörer auch schon hinter sich gebracht. Vermutlich ließe sich zeigen, daß Prediger, die nicht »Selbstleser der Bibel« sind, in der Regel auch den Hörer sozusagen nur aus zweiter Hand kennen. Soziologie, Psychologie, Romane und Lyrik in allen Ehren, aber sie ersetzen nicht das Sehen, sie entbinden mich nicht, den Hörer selbst zu sehen: Ich muß selbst predigen, deshalb muß ich selbst sehen. Dabei sollte man nicht einen Gegensatz konstruieren zwischen dem intuitiven Erfassen des Hörers und einem reflektierten, wissenschaftlich geprägten oder literarisch beeinflußten Verstehen, weil es sich – wie schon angedeutet – überhaupt hier nicht um einen Gegensatz handeln kann, sondern nur darum, daß Gottes Geist sich in unser so oder so geartetes Sehen einmischt; dann führt das Sehen zum Danken.

III

Das Fragen

Hans-Dieter Bastian, Theologie der Frage, 1969. – *Wolfgang Marhold,* Fragende Kirche. Über Methode und Funktion kirchlicher Meinungsumfragen, 1971.

»Und Gott der Herr rief dem Menschen und sprach zu ihm: ›Wo bist du?‹« (1Mose 3,9). Gott fragt nach dem Menschen, der in die Sünde fällt. Seine Reaktion auf die Ursünde ist eine Frage, eine Frage nach dem Aufenthalt des Menschen. Diese Frage nach Adam ist vom Prediger aufzunehmen. Beim Aufnehmen dieser Frage belehrt uns wiederum der Sprachgebrauch, der »fragen« und »sehen« im gleichen Sinne verwenden kann. Das Fragen gehört zum Sehen, will dieses ergänzen und unterstützen. »Nach jemandem sehen« und »jemandem etwas nachfragen« meint beidemal eine liebende Bewegung auf den andern hin, heißt, sich um jemanden kümmern. – Andererseits klagt eine verlassene Frau: »Er fragt mir nichts mehr nach.« Ohne Nachfrage bleibt menschliche Beziehung unverbindlich. Nachfrage hingegen signalisiert Treue, Hilfsbereitschaft, Proexistenz. Die Nachfrage schließt ein Anerbieten in sich: »Ich will für dich sein, bei dir sein. Darum frage ich, wo du bist, wie es dir geht?« Im Fragen verbündet sich der Fragende mit dem Gefragten. Wer predigen will, muß sich also verbünden, muß nach den Menschen fragen, nach denen, die hören, und denen, die nicht hören. Vor dem Predigen kommt das Fragen und zeigt, daß beide, Prediger und Hörer, aufeinander angewiesen sind. Ohne Hörer kann ich nicht predigen. Darum gehört die Frage nach dem Hörer und seinem Hören zum Wesen der Predigt.

Frage ich nach dem Hörer, so setze ich voraus, daß er mir etwas zu sagen hat. Er bedeutet etwas für mich. Ich frage nicht nur nach ihm, weil ich für ihn bin, weil er mich brauchen könnte. Ich frage auch deshalb nach ihm, weil ich ihn brauche, weil ich auf ihn angewiesen bin. Beinhaltet der Hörer eine Nachricht für den Prediger, dann will diese Nachricht erfragt sein. Weil er mir ein Rätsel bleibt, kann die Frage nach ihm nie aufhören. So gehört zur Exegese und Meditation des Hörers die Frage nach dem Hörer und auch die Befragung des Hörers (vgl. § 25/III/2). Bildet die Hörerschaft einen zweiten Text, gehört neben die Befragung des biblischen Textes die Befragung der Hörerschaft: Zur Predigtvorbereitung gehört das Interview.

Psychotherapie, Journalistik und die Werbung haben hier Fragetechniken herausgearbeitet, die man nicht ohne Nutzen studiert; nur sollte man sie nicht dazu mißbrauchen, den Hörer zu verraten, indem man sich von ihm ein Bild macht. Die Nachfrage nach dem Hörer wird sicherlich zu dem führen, was wir Seelsorge nennen (vgl. § 29/I); aber sie wird sich nicht damit begnügen können, weil sich die traditionelle Seelsorge gewöhnlich nur mit der Intimsphäre des Menschen begnügt.

Wie Kandidaten für ihre Probepredigt eine umfassende Exegese des Textes liefern, so müßte ein Prediger von Zeit zu Zeit von einem Text her seine Gemeinde systematisch befragen: So würde z.B. eine Weihnachtspredigt nur gewinnen, wenn der Prediger sich vorher orientiert, wo der Hörer sich befindet. Die Hörererwartung wäre dann nicht der Phantasie des Predigers überlassen. Man würde also fragen, wo Adam sich gegenüber dem zu predigenden Text befindet.

So berichtet *Einbert-Jan Langevoort* im Zusammenhang mit einer Altenfeier in der Adventszeit: »Im allgemeinen wird der Heilige Abend nicht sehr würdig begangen. Ein vertrauliches Gespräch mit einem Schnapshändler über seinen Absatz in den verschiedenen Jahreszeiten und einige persönliche Erfahrungen haben mich darüber aufgeklärt« (Tagebuch eines theologischen Gastarbeiters, 1968, 31). Hier hat offenbar ein Prediger die Frage nach Adam gestellt, und diese Frage nach dem Aufenthalt schließt in sich die Frage nach den Verhältnissen und Gebräuchen. So fängt das Fragen an, daß man nach dem Wo des Menschen fragt. Hier ist grundsätzlich nichts unwichtig.

Der Hörer hält sich dort auf, wo er von seinem Herkommen her hingelangt ist. Nach dem Aufenthalt des Hörers fragen, heißt darum auch, nach seiner Geschichte, nach seiner Tradition fragen. So wird ein Prediger, der in einer Gemeinde anfängt, gut tun, nach der dortigen Predigttradition zu fragen und sich nach Hörerlebnissen seiner Gemeindeglieder zu erkundigen. Solches Fragen mag zur Textwahl helfen und die Predigtweise mitgestalten (vgl. § 6/IV). Der Prediger, dem es um die Botschaft geht, wird nie aufhören, seine Hörer nach dem Gehörten zu fragen. Er wird das Wort nach der Predigt nicht entlassen (vgl. § 21/V/15).

Meine Erfahrung als Predigthörer zeigt aber, daß ich nicht gefragt werde und folglich auch nicht gefragt bin. Der Prediger, dem ich vor oder nach seinem Predigen begegne, interessiert sich gewöhnlich weder um meine Hörererwartung noch um meine Hörererfahrung. Vielleicht vermag darum seine Predigt nur so geringes Interesse zu wecken, weil bei ihm selbst das Interesse für den Hörer so gering ist! Da eine homiletische Marktforschung in der Regel nicht stattfindet, kommt es allzuleicht zu einem Angebot ohne Nachfrage. Von der Werbung aber ist zu lernen, daß das Angebot nicht von den Bedürfnissen abhängig zu sein braucht.

Zeigt meine Hörererfahrung das Desinteresse des Predigers am Hörer, zeigt meine Erfahrung als Prediger andererseits, wie sehr der Prediger sich selbst als Hindernis im Wege steht bei seiner Nachfrage nach dem Hörer. Er wird solange selbst ein Hindernis für das Fragen sein, als

er sich selbst wichtiger nimmt als den Hörer und das, was dieser zu hören bekommt. Darum wird die Frage nach dem Hörer und nach dem,
was er hört, zu einem Test für die Freiheit des Predigers. Bleibt der Prediger in sich selbst gefangen, wird er sich die Frage nach dem Hörer und
dessen Hören versagen, vielleicht wird er sich in eine Wort-Mythologie
flüchten, um damit sein Gefängnis zu schmücken. Macht er aber von
der ihm geschenkten Freiheit Gebrauch, wird er anfangen zu fragen.

IV

Hören

Eugen Rosenstock-Huessy, Die Sprache des Menschengeschlechts I, 339ff (Hörer und
Sprecher). – *Adam Müller,* Zwölf Reden über die Beredsamkeit, hg. v. Walter Jens,
1967, 64ff (Von der Kunst des Hörens). Vgl. § 28.

Wer Fragen stellt, ohne hören zu wollen, fragt nur zum Schein. Wer
fragt, leiht sein Ohr dem andern. Das Fragen verspricht das Hören. Wer
predigen will, muß zuvor hören. – Allerdings wird in einer autoritären
Redestruktur dem Hören auf den Hörer nur geringe Bedeutung zugemessen.

Illustrativ wirkt hier ein Blick in die Lexika. Im Register von »Die Religion in Geschichte und Gegenwart« fehlt die Vokabel »Hören« und »Zuhören«. Auch im »Evangelischen Kirchenlexikon« schweigt das Register über diese Vokabeln. Das »Lexikon
für Theologie und Kirche« kennt einen Artikel »Hören«, auch einen über »Ohr«, sucht
man nach »Zuhören«, stößt man auf »Zuhälter«. Auch zwei pädagogische Lexika erweisen sich nicht als fündig. – Suche ich in den Registern evangelischer Ethik, finde
ich die einschlägigen Vokabeln weder bei Schlatter, Elert, Søe, Thielicke – bei dem
letzten stoße ich statt »Zuhören« auf »Zünfte« – noch in der Moraltheologie von
Häring. Das Ohr scheint ein ethisch unterentwickeltes Organ zu sein, und dies hat seine
Konsequenz für den Prediger. Die Karikatur, die *Bruce Marshall* von einem Bischof
zeichnet, mag den vielbeschäftigten Prediger schlechthin treffen: »Seine Bischöfliche
Gnaden, Monsignore Robert Gillespie, Bischof von Midlothian, war, nachdem er gesagt hatte, er werde zuhören, in eine Haltung noch tieferer Unaufmerksamkeit gesun-
ken« (Das Wunder des Malachias, 1960, 113). – Der Redseligkeit der Kirche und vieler ihrer Diener entspricht kaum eine entsprechende Hörwilligkeit oder gar Hörselig-
keit. So wird in der Homiletik gegenüber dem Hören auf das Wort Gottes das Hören
auf die Menschen zu wenig bedacht. Es kommt in der Predigtvorbereitung in der Regel
zu kurz.

Zur Sprache komme ich nur durch das Hören. Hören bedeutet doch
wohl ein innerliches Nachsprechen, Mitsprechen und Widersprechen.
Darum komme ich nur im Hören und durch das Hören dazu, das Wort
zu ergreifen. Reden zu Menschen lerne ich nur im Hören auf Menschen.
Nur im Hören kann die Sprachlosigkeit der Kirche überwunden werden. Im Hören auf das Wort kommt der Prediger zum Wort; im Hören
auf die Wörter kommt der Prediger zu den Wörtern.

Luthers Anweisung im »Sendbrief vom Dolmetschen« hat auch unter den veränderten
Bedingungen einer Industriegesellschaft seine Bedeutung für das Predigen. »Denn

man muß nicht die Buchstaben in der lateinischen Sprache fragen, wie man soll deutsch reden, wie diese Esel tun, sondern, man muß die Mutter im Hause, die Kinder auf den Gassen, den gemeinen Mann auf dem Markt darum fragen, und den selbigen auf das Maul sehen, wie sie reden, und darnach dolmetschen, so verstehen sie es denn und merken, daß man deutsch mit ihnen redet« (vgl. WA 30 II, 637). – Ein *Bertolt Brecht* hat diese Anweisung vielleicht besser verstanden als viele Prediger, die als homiletische Esel zwar nicht den lateinischen Sprachstil nachahmen, die aber im akademischen Jargon sich umständlich auszudrücken belieben. Brecht hat auch verstanden, daß in der Schülerschaft des Volkes eine Volkstümelei und Anbiederung nicht nötig ist. »Das Volk, das die Dichter, einige davon, als seine Sprechwerkzeuge benutzt, verlangt, daß ihm aufs Maul geschaut wird, aber nicht, daß ihm nach dem Maul gesprochen wird« (GesW 19, 333).

Indem das Hören dazu führt, daß der Redner der Sprache mächtig wird, führt es zur Sprachmacht. Wer zuzuhören vermag, dem werden die Leute auch zuhören können. Wer andrerseits nicht zuhören kann, wird auch bei vielem Reden sprachlos bleiben. Wenn Reden Silber ist, ist *das* Schweigen Gold, das hört. Im Hören und durch das Hören wird das Reden aufgewertet. Im Hören auf die Hörer bekommt die Rede ihre Währung für die Hörer, während Gerede redet, ohne gehört zu haben. Das Wort dessen, der nur mit halbem Ohr zuhört, hat keine Macht. Es wird nötig sein, über diese Beziehung zwischen dem Hören auf den Hörer und der Vollmacht weiter nachzudenken. Im Zuhören unterwerfe ich mich dem andern. Ich verändere mich, indem ich dem Macht gebe, dem ich zuhöre. Das Hören auf den andern hat zur Voraussetzung, daß ich dem andern zubillige, daß er mir etwas zu sagen hat. Zuhören verlangt nach der Demut, die den andern höher achtet als sich selbst (vgl. Phil 2,3). Ich begegne dem andern als der Bedürftige und der Empfangende. Der andere teilt mir etwas mit. Dieses Etwas hilft mir predigen. Es macht meine Sprache menschlich, es hilft zum An-Reden. Dies gehört auch zum Wesen der Vollmacht, was der Prediger von seinen Hörern empfängt, indem er auf sie hört. Der Prediger empfängt vom potentiellen Hörer Sprache. Indem er diese mit dem Evangelium austrägt, kommt das Evangelium zur Welt.

Adam Müller hat den hier angedeuteten Sachverhalt im Blick auf die politische Beredsamkeit mit einem Satz beschrieben, den ich hier nur zu zitieren brauche, um ihn schon damit ins Homiletische zu übersetzen: »Darum gedeiht in Republiken die Beredsamkeit, nicht bloß, weil jedem mitzureden erlaubt ist, sondern weil jeder frühe gewöhnt wird, einzugehen in die freie Gesinnung, in das Ohr des Nachbars, weil, wer herrschen will, so vieles Unabhängige, so viel eigentümliche Weise zu hören und zu empfinden, neben sich dulden muß, und so vielen gehorchen muß« (75).

Dies ist nur *ein* Aspekt des Hörens, daß ich mich verändere. Auch der andere Aspekt will beachtet sein, daß ich hörend den andern verändere. Er bleibt nicht länger allein und ohne Bestätigung. Im Hören auf ihn bin ich für ihn da, nehme ihm das Wort ab. Vielleicht bin ich im Hören auf den andern schon ein wenig frohe Botschaft für den andern, schon deshalb, weil ich ihm etwas abnehme, weil ich etwas von ihm selbst in mich aufnehme. Gleichzeitig schenke ich ihm etwas von mir, »Gehör«. Ich »leihe« ihm mein Ohr. So erweitere, bereichere ich den, den ich anhöre – und wer mich anspricht, sprengt meine Enge. Das Anhören verändert somit den, der spricht, wie den, der hört. Theologisch will dieser Sachverhalt im Lichte der Offenbarung bedacht werden.

Das Hören des Predigers auf seinen Hörer steht im Schatten eines andern Hörens. Die Bibel spricht anthropomorph vom Hören Gottes.

Der Psalter insistiert darauf, daß der Gott Israels ein hörender ist. Im Gegensatz zu den Götzen, die Ohren haben und nicht hören können (Ps 115,6), kann der sich Offenbarende hören. Wenn vom Schöpfer des Ohres auf Gottes Hörfähigkeit geschlossen wird (Ps 94,9), so wird es erlaubt sein, das Hören des Predigers nicht unabhängig vom Hören Gottes zu bedenken. Weil Gott das Geschrei der Elenden hört und nicht vergißt (Ps 9,13), darum sind die Diener seines Wortes angewiesen, auf die Menschen zu hören und den Schrei des Elends nicht zu vergessen.

In dieser Perspektive ist das Hören wichtiger als das Predigen. Freilich kann der Prediger nicht hören, wie Gott hört. Er kann nicht erhören. Allein der hörende Gott kann ihn zum Mittel der Erhörung brauchen, er kann ihm seinen Geist des Hörens geben. Und dann erweitert das Hören den andern mit der Freiheit, die eine Eigenschaft und Gabe des mithörenden Geistes ist. Der Weg des Predigers zum Hörer kann auch hier kein direkter, sondern nur ein vermittelter sein, vermittelt durch die Mithörerschaft Christi im Geist. Durch diese Vermittlung kommt der Hörer bei mir an, und ich lerne ihn recht verstehen. Diese Vermittlung bewahrt den Prediger auch vor Hörigkeit gegenüber dem Hörer. Sie verhindert das mörderische Vorurteil des Predigers, er wisse, was die Leute sagen, er kenne die Hörer. Durch die Mithörerschaft Christi im Geist bleibt das Hören des Predigers anfänglich. Der Prediger, der in der Verbundenheit mit dem, der alles neu macht, auf die Leute hört, hört auch dort Neues und Erstaunliches, wo ein anderer nur Altbekanntes bis zum Überdruß hört.

Ein Letztes will in diesem Zusammenhang bedacht sein. Der Prediger kann sich beim Hören nicht auf das Grundmuster der Zwiesprache beschränken, so wichtig das Hören gerade hier – wie die Seelsorge zeigt – auch ist. Als Prediger höre ich dem einzelnen zu, höre auf die Sprache der Gemeinde und auf die Landessprache. Allerdings wird es in der Gegenwart recht kompliziert, dem Volke aufs Maul zu schauen, weil sich in einer pluralistischen Gesellschaft die Sprache in mannigfaltigen Fächerungen entwickelt. Die Landessprache wird uneinheitlich. Was ich höre, ist eine jeweilige Mundart, und Mundart meint ein begrenztes Stück Welt innerhalb eines unteilbaren Ganzen. So sind nicht nur Worte und Wörter zu hören, sondern vielmehr die vielfältige Nachricht von Leuten, Gruppen, Kollektivgrößen, nicht zuletzt die der öffentlichen Meinung, nicht zuletzt die Weltmeinung, die heute keine Provinz unberührt läßt (vgl. § 30). Auch dieses Geflecht von Nachrichten will

»erhört« sein, will mit dem Evangelium zusammengebracht werden, denn der Hörer ist zu hören im Kontext seiner Welt. – Weil aber Sprache und Sprachmacht nur im Hören gewonnen werden, ist der Prediger immer neu an das Hören auf seine Hörer gewiesen. Nur so kann er ein Hörer des Wortes Gottes werden und bleiben.

Im Vergleich mit dem überdimensionalen Finger des Täufers auf Grünewalds Kreuzigung hat *Jürgen Fangmeier* einmal Karl Barth charakterisiert. – Wollte er ihn porträtieren, würde er ihn mit einem überdimensionalen Ohr malen. Ein solches Porträt wäre ein Vorbild für jeden Prediger, nicht das große Maul, das große Ohr macht den großen Prediger.

In Analogie zum Hören des Wortes Gottes stellt sich nun die Frage, was der Prediger mit dem macht, was er vom Hörer hört, was die Nachricht vom Hörer mit dem Prediger macht.

V

Zu Herzen nehmen

Rudolf Bultmann, Theologie des Neuen Testaments, 1953, 216ff. – *Manfred Josuttis,* Über den Predigteinfall, EvTh 30, 1970, 627ff.

Der Weg zum Hören geht durch die Mitte der eigenen Existenz. Wer predigen will, muß sich die Hörer zu Herzen nehmen (vgl. § 21/V). Es genügt nicht, daß der Prediger seinen Hörern gegenüber steht oder sitzt, um sie anzusehen, zu befragen und anzuhören. Der Prediger kann sich mit einem vis-à-vis zum Hörer nicht begnügen. – In Bobrowskis Erzählung »Rainfarn« lese ich einen Satz, welcher der Existenz in der Geschichte gelten mag, und der wohl darum auch und gerade für die Beziehung zwischen Prediger und Hörer bedeutsam ist. »Es ist nichts: Beobachter sein, der Beobachter sieht nichts« (Mäusefest und andere Erzählungen, 1965, 27). Dieser Satz läßt sich variieren, weil es in der Beziehung zwischen Prediger und Hörer um eine Geschichte geht. Bei bloßem Beobachten, Befragen, Anhören könnte der Hörer immer noch fremd bleiben und fern, so daß ihn die Sprache des Predigers nicht erreicht. – Darum muß der Prediger seinen Hörern gegenüber nicht nur das Ohr und den Mund auftun. Das Zentrum seiner eigenen Existenz ist dem Hörer aufzutun. Wer predigen will, muß ein Herz für die Hörer haben, ein geöffnetes, weiträumiges Herz, das Raum genug hat für die Hörer; dann kann der Prediger seine Hörer ins Herz schließen. Auf diese Weise wird er das rechte Wort für sie finden. Erst wenn er seine Hörer im eigenen Herzen vorfindet, vermag er sie zu »erfinden«. Bleibt der Hörer dem Prediger fremd, bleibt er außer ihm, kann er ihn wohl konstruieren, erdenken, irgendwo bleibt er unwirklich.

Soll man sagen, der Prediger müsse sich mit seinen Hörern identifizieren? Das wäre mißverständlich. Wohl aber kann man behaupten, der

Prediger müsse seine Existenz um die der Hörer erweitern. Solche Erweiterung wird als Sehnsucht manifest. Sehnsucht bestimmt den Weg zum Hörer. Sehnsucht nach dem Hörer ist das Gegenteil von Gleichgültigkeit. Wer die Sehnsucht nicht kennt, braucht den Hörer nicht, will ihn nicht. Die Sehnsucht will den Hörer und vergegenwärtigt ihn in sich selbst. Ohne Sehnsucht gibt es kein Predigen als Leidenschaft, die Sprache ohne Sehnsucht geht ins Leere. – Ich meine, der Begriff »Sehnsucht« umschreibe das Geheimnis der Liebe als Geheimnis der Gegenwart Christi, in der Prediger und Hörer durch den Geist zusammengeschlossen werden. Gleichzeitig markiert er die Distanz, der Prediger ist noch nicht beim Hörer, und doch ist die Distanz durch die Liebe schon überwunden.

Wäre die Redeweise nicht in hohem Maße mißverständlich, würde ich sagen: Indem der Prediger dem Hörer in der Mitte seiner eigenen Existenz Raum gibt, kommt es zu einer unio mystica zwischen Redner und Hörer. In dieser Vereinigung beider kommt es zur vollmächtigen Rede. Indem der Prediger den Hörer in sich zu integrieren weiß, wächst ihm dessen Sprache zu. – Mißverständlich ist die Redeweise hier wohl deshalb, weil der Zusammenschluß von Prediger und Hörer auch seine psychologischen Aspekte hat, theologisch aber als psychotechnische Manipulation nicht verstehbar ist. Das Zu-Herzen-Nehmen des Hörers durch den Prediger ist ein Vorgang, der in der Vermischung von Heiligem Geist und menschlichem Tun zu erklären ist (vgl. § 4/II).

Exemplifizieren läßt sich dieser Vorgang am Prediger *Paulus*. – Den Philippern schreibt er, er »trage«, er »habe« sie im Herzen. Sie sind in ihm präsent und werden damit ein Stück von ihm, bekommen Anteil an dem, was ihm an Gnade widerfährt. Indem er für die Philipper existiert, werden sie zu Nutznießern der Gnade, die ihm in der Verfolgung zuwächst (1,7). Gerade diese Präsenz der Philipper im Apostel macht die gegenseitige Trennung offenbar. »Denn Gott ist mein Zeuge, wie ich mich nach euch allen sehne mit der innigen Liebe Christi Jesu« (1,8). Die »Herzlichkeit Christi« (Karl Barth) realisiert sich im menschlichen Affekt. Die apostolische Sehnsucht ist unterwegs zum Hörer und schon bei ihm. – Anzumerken bleibt, daß die beiden hier zitierten Verse eingebettet sind in eine Passage über Dank und Fürbitte des Apostels für die Gemeinde, die wohl nicht ohne einen paränetischen Unterton ist.

Den Korinthern deutet er einen Zusammenhang von Sprache und Integration der Hörer an. Der offene Mund entspricht dem offenen Herzen. »Unser Mund hat sich euch gegenüber aufgetan, ihr Korinther, unser Herz hat sich weit erschlossen« (2Kor 6,11). Man darf annehmen, daß die Weite und Offenheit des Herzens Grund und Rechtfertigung für eine offene Sprache bildet. »Ihr habt nicht engen Raum in uns« (6,12a). Dieser Raum qualifiziert sich als einen Gnadenort. In diesen Raum sind die Korinther aufgenommen »zum Mitsterben und Mitleben« (7,3). Das apostolische Herz wird damit zu einem Ort, an dem und in dem Heil geschieht.

Wie soll man das verstehen? – Wenn das Leben der Christen mit Christus in Gott verborgen ist (vgl. Kol 3,3), dann – so möchte ich folgern – nicht nur »droben«, sondern stückwerkhaft auch »drunten«, in der Existenz des Christus-Apostels. Darum begnügt sich der Gesandte für Christus nicht damit, für Christus zur Versöhnung zu bitten (2Kor 5,20). Weil die Versöhnung nicht Forderung, sondern Gabe ist, lebt der Apostel in der Nachfolge Christi »Versöhnung«, indem er sich seine Hörer zu Herzen nimmt. Damit bekommen sie Anteil an seinem Sterben, aber auch an seinem Leben. Indem seine Hörer in seinem Herzen wohnen, kommt ihnen sein Leiden zugute, wird die Bedrängnis, die er erfährt, zum »Trost und Heil« für die Gemeinde (2 Kor 1,6). Leidend erfährt er die Kraft Christi (12,9f), und die in sein Herz Geschlossenen nehmen teil an seiner apostolischen Erfahrung. Als leidender Gottesknecht existiert der Apostel für das Volk Gottes. Indem er die Hörer aufnimmt in seine apostolische Existenz, sind die Hörer schon »in Christus«, weil er in Christus lebt. Indem er seine Hörer ins Herz schließt, schließt er sie mit Christus zusammen (vgl. Gal 2,20). – Die Kategorie der Vermischung wird hier deutlich. Der Apostel handelt, und durch seinen Dienst wirkt der Geist. Paulus öffnet sein Herz und bezeichnet die Korinther als einen Brief, der ihm ins Herz geschrieben ist (3,2f). Diesen Brief hat der große Briefschreiber nicht selbst geschrieben. Er ist »mit dem Geiste des lebendigen Gottes« in ihn hineingeschrieben! Das Öffnen des Herzens geschieht in »theonomer Reziprozität« (vgl. § 4/II).

Wenn der Apostel sein Herz öffnet, wirbt er gleichzeitig um die Offenheit der Hörer für ihn. Interessanterweise bittet er nicht um Raum fürs Wort, sondern vielmehr um Raum für sich selber. »Gebet uns Raum (in euren Herzen)« (2 Kor 7,2). Warum spricht er hier von sich und setzt nicht die apostolische Predigt an die Stelle seiner Person? Warum begnügt er sich nicht damit, für das Evangelium Wohnraum in den Herzen der Hörer zu erbitten? Wie soll dann die Integration des Hörers in der Existenz des Predigers erklärt werden, die nach 2 Kor 7,2 so etwas wie eine Osmose zur Folge haben soll?

Vermutlich hat die Haltung des Apostels ihren Grund im Wesen des Evangeliums selbst. Paulus kann das Evangelium für sich selbst nicht haben, ohne es aller Welt auszuteilen. Austeilend nur gewinnt er selber das Evangelium. Nur auf dem Weg zu den Hörern erreicht er das Evangelium. »Alles aber tue ich um des Evangeliums willen, damit ich seiner mit teilhaftig werde« (1 Kor 9,23).

Indem Paulus aller Welt das Evangelium bringt, wird er Teilhaber des Evangeliums. Ich sehe keinen Grund, diesen Sachverhalt für die Beziehung Prediger und Hörer zu leugnen. Der Prediger Paulus ist auch hier vorbildlich für das Predigen überhaupt: teilhaben am Evangelium kann nur, wer andere teilhaben läßt am Evangelium, und wer andere am Evangelium teilhaben läßt, muß diese andern teilhaben lassen an sich selbst. Der Weg zum Hörer geht über das Mit-Sein, und dieses Mit-Sein wird so stark, daß die eigene Existenz die fremde umgreift. Unterwegs zum Hörer eilt der Prediger dem Wort voraus. Bevor er ihm die Schrift öffnet, schließt er ihn ins Herz. So dient der Prediger dem Evangelium und bewahrt sich selber davor, aus dem Evangelium ein Gesetz zu machen. In der Liebe kommt der Prediger dem Hörer zuvor. Der Grund-Satz, wonach der Prediger seine Hörer zu Herzen nehmen muß, meint, daß der Weg zum Hörer durch das Liebesgebot markiert wird. In der Befolgung des Liebesgebotes wird dem Hörer Aufenthalt im Herzen des Predigers gewährt, aus dem Fremden und Fernen wird ein Nächster.

Damit erhebt sich die Frage, was denn geschieht, wenn der Redner sich seine Hörer zu Herzen nimmt? Was macht der Prediger mit den in ihm Eingeschlossenen? Wie wird er den »erfinden«, den er also verinnerlicht? – Die Vokabel »Herz« erweckt die Assoziation von Gefühligkeit, »Herzensfrömmigkeit« erscheint vielen als dümmlich, eine Frömmigkeit mit Emotionen, aber kaum mit Verstand. Versuche ich die Sprache mit Hilfe des Paulus beim Wort zu nehmen, umfaßt der paulinische Begriff »Herz« auch den Intellekt. »Die Hörer zu Herzen nehmen« darf man verstehen als weitgehende Reflexion über die Hörerschaft. Zu solcher Reflexion braucht der Prediger immer wieder Zeit, vielleicht sogar Abstand von der Gemeinde. Ebenfalls einzusetzen sind hier alle wissenschaftlichen Hilfsmittel, die helfen, den Menschen zu verstehen. Der Weg zum Hörer ist nicht zuletzt als ein Denkweg zu gehen. Deshalb ist der Hörer ins Herz zu schließen, damit ich mich mit ihm beschäftige, damit ich ihn studiere. Das Bedenken schließt eine denkerische Arbeit in sich. Wenn ich mir den Hörer zu Herzen nehme, beschäftigt er mich, und ich beschäftige mich mit ihm. Ich bin in Gedanken bei ihm, er ist in meinen Gedanken. Kurz: ich erinnere mich seiner.

Das Problem der Vollmacht stellt sich damit als Frage, ob der Prediger in der Lage ist, das Gesehene und Gehörte jeweils denkerisch zu bewältigen. Zur Vollmacht gehört, daß der Hörer sich verstanden fühlt, daß der Redner an seiner Stelle spricht. Vollmächtige Rede spricht für den anderen. Ihre Voraussetzung ist ein Denkprozeß, der dahin führt, daß der Prediger den Hörer besser versteht als der Hörer sich selbst. Der Prediger entdeckt den Hörer, und der Hörer erfährt Neues über sich.

Oft gibt sich der Prediger kaum Rechenschaft darüber, wie schwierig der Verstehensprozeß in einer pluralistischen Gesellschaft geworden ist, wie sehr er selbst durch sein Herkommen in seinem Denken begrenzt, festgelegt und gefangen ist. Die Bilder, die er sich vom Hörer macht, versperren ihm den Weg zum Hörer. Statt in apostolische Weite geraten die Hörer in irgendeine klerikale Enge. Statt in einen Raum der Freiheit in den eines Gesetzes. Der Prediger macht sich zum Gesetz für den anderen, indem er ihn nach seinen Klischees beurteilt. »Daß viele Predigten so langweilig und nichtssagend ausfallen, hängt auch an der Zensur, die der Prediger über den Text sowohl als auch über die Probleme des Alltags verhängt« (Josuttis, EvTh 1970, 629f). – Gewährt er den Hörern einen Denkraum, wird er sie nicht voreilig fixieren, wird er unterwegs bleiben auf dem Denkweg zu ihnen. Besorgt um ihre Freiheit, hält er sich und seine Hörer offen. Diese Offenheit ist eine Bedingung für den Predigteinfall. Ohne Offenheit fällt nichts ein. Wenn mir zu einem Menschen nichts einfällt, bin ich mit ihm fertig – wie Karl Kraus mit Hitler fertig war, als er meinte: »Zu Hitler fällt mir nichts ein.«

Unter diesem Aspekt darf kein Prediger sagen, er habe keine Einfälle. Denn die Hörer sind ihm ja schon eingefallen, als er sie sich zu Herzen nahm. – Nun ist aber der Prediger ein Mensch, seinem Herzen eignet nicht die unendliche Weite des Himmels, sein Erkennen bleibt beschränkt, das Bedenken des Hörers Fragment. Aus diesem doppelten Sachverhalt ergibt sich folgende Dialektik. Einerseits ist alles, was der Prediger beim Hörer sieht, erfragt und hört, würdig, bedacht zu werden.

Andererseits muß der Prediger auswählen, um nicht in der Fülle der
Eindrücke unterzugehen. Das »Genie« des Predigers liegt in seinen Nü-
stern, er muß merken, was im Blick auf das Evangelium fragwürdig ist
beim Hörer und welche Phänomene der Hörerschaft von ihm, dem Prediger, zu bedenken sind. Die Parallele zum Künstler scheint mir hier
wichtig und hilfreich zu sein. Es gibt nichts, was grundsätzlich künstlerischer Gestaltung entzogen werden könnte. Aber am Material und am
Thema, das jeweils gewählt wird, unterscheidet sich der Meister vom
Stümper. Geht es beim Predigen um eine theologische Kunst, wird sich
der homiletische Meister vom Stümper in der Weise unterscheiden, wie
er im Lichte des Evangeliums den Hörer zu entziffern weiß. Beide, der
Meister wie der Stümper, vernehmen den Hörer als Nachricht. Der
Meister aber hört im Banalen und Bekannten den neuen Klang, denn er
hört über den Hörer das Evangelium neu. Der Stümper dagegen hört
immer nur das alte Lied, weder der Hörer noch das Evangelium werden
für ihn neu. Das Evangelium und der Hörer bieten dem Meister wie
dem Stümper in gleicher Weise ein Neues. Die Parallele zum Künstler
bedarf freilich einer Einschränkung. Vermag in der Kunst ein Pfuscher
sich mit Recht auf mangelnde Genialität gegenüber dem Meister zu berufen, darf in der Predigt kein Stümper sich mit seiner Stümperhaftigkeit
rechtfertigen, ein solcher Rechtfertigungsversuch könnte nur seine Faulheit aufdecken, wenn nicht gar seine Verstocktheit, die sich weigert, auf
das Evangelium und den Hörer zu hören. – Das Predigen als theologische Kunst beruft sich nicht auf Kunstfertigkeit, Genialität, Begabung,
sondern allein auf die Gabe des Evangeliums. Diese wird ohne Ansehen
der Person gegeben, allein die Person muß sie an- und aufnehmen. Der
Prediger muß kein Genie sein, er wird aber im Hören sein »Genie« finden. Findet er sein »Genie«, hat er seinen Hörer gefunden, und die Einfälle können – nicht ausbleiben. Er wird aber nicht den ersten besten
Einfall seine Predigt bestimmen lassen. Zum Denkprozeß im Raum der
Freiheit gehört das Durchspielen vieler Einfälle; der treffende Einfall
bewährt sich am Text, wie auch die Erleuchtung dem Prediger aus dem
Text kommt.

Nimmt der Prediger die Hörer mit dem Text zu Herzen, wird er die
Hörer im Licht der Erwählung sehen und sie als Gnadengabe für
ihn erkennen. Gelangt der Prediger von den Phänomenen und Erfahrungen mit den Hörern nicht zu diesem »Sehen« und »Erkennen«, hat
er noch zu wenig gedacht, die Hörer haben noch nicht Raum genug im
Prediger gefunden und leiden an der Gedankenlosigkeit des Predigers.
Sieht aber der Prediger seine Hörer im Licht der Erwählung, empfängt
er sie als ihm zugewendete Gnadengabe, wird das Bedenken des Hörers
zum Dank.

VI

Traum und Vision

Werner Kemper, Der Traum und seine Be-Deutung, 1955 (Lit). – *John A. Sandford,* Gottes vergessene Sprache, 1966. – *Ernst Benz,* Die Vision, 1969 (Lit).

Ich gehe von einer anfechtbaren These aus: Wer predigen will, muß eine Vision vom Hörer haben, muß von ihm träumen können – der Hörer sei der Traum des Predigers. Wer den Hörer sieht, ihn befragt, auf ihn hört und ihn zu Herzen nimmt, wird sich nicht auf das schon Gesehene verlassen, sondern nach dem noch Unsichtbaren Ausschau halten, wird nicht bei gegebenen Antworten stehenbleiben, sondern auf neue Antworten warten, wird nicht das Gehörte klischieren, sondern auf das Unerhörte aus sein, wird ihn nicht gefangensetzen, sondern ihn für seine Zukunft befreien. Kurz, er wird ihn nicht nur in seiner Wirklichkeit, sondern auch in seiner Möglichkeit begreifen. Der Prediger hat eine Vision von seinem Hörer, er träumt ihn. Denn in Traum und Vision transzendiert die Wirklichkeit in ihre Möglichkeit. Der Glaube begreift die Wirklichkeit von der Zukunft her und vermag darum ihre Möglichkeit aufzudecken. Traum und Vision sind Weisen, Wirklichkeit in Richtung auf Möglichkeit zu überschreiten. Diese Überschreitung wäre mißverstanden, wollte man sie in Gegensatz bringen zur Ratio und zum Intellekt. Keine der vielfältigen Formen von Traum und Vision darf verabsolutiert, zum Gesetz gemacht werden. Jede dieser Formen hat ihre eigene Qualität, die freilich kritisch zu untersuchen ist; jede kritiklose Einseitigkeit führt zur Schwärmerei. Alle intellektualistische Abwertung von Traum und Vision – Träume sind Schäume, Visionen sind Halluzinationen – verfehlt die Wirklichkeit und erst recht ihre Möglichkeit, sie verengt das Bewußtsein und verliert zuletzt die Sprache. Eine Predigt, die Visionen verdächtigt und Träume in die Sprechzimmer der Psychiater verdrängt, wird die Möglichkeit des Hörers nicht mehr sehen, sie wird nur noch gesetzlich reden und in der Gesetzlichkeit sprachlos werden. Fliehen die Träume gar in den Schlager, wird das neue Lied nicht in der Kirche gesungen. Darum sind die Prediger zum Träumen zu ermuntern.

In ihren Studierzimmern sollten sie die Mahnung *Kurt Martis* beherzigen:

> bürger und bürgerinnen:
> schließt frieden mit euren träumen
> setzt eure namenszüge darunter
> seid gut zu ihnen
> so sind sie auch gut zu euch
> und machen euch besser
> (gedichte am rand, 1963, 27)

Kurt Marti zitiert auch die Variation der Vater-Unser-Bitte von Hans Arp, die angesichts der christlichen Bewußtseinsverengung als lebenswichtig erscheint:

> unseren täglichen traum
> gib uns heute

Weil Träume zum täglichen Brot des Lebens gehören, sollte der Prediger unterwegs zum Hörer die Träume nicht verachten, er sollte das Volk Gottes ermuntern zum Träumen. Träumt er Erzählenswertes, mag er es auch erzählen.

Bei aller gerechten Einschätzung von Traum und Vision wird man nicht vergessen, daß beide grundsätzlich zweideutig oder mehrdeutig sind in der Vermischung von Heiligem Geist und menschlichem Wesen (vgl. § 4). Man kann Traum und Vision aus dem Unbewußten ableiten; damit wird die Herkunft von Traum und Vision innermenschlich erklärt (vgl. schon Jer 23,16; Dan 2,30). Sie können im Gegensatz zur Wortoffenbarung stehen (vgl. Jer 23,28). Dies darf aber für den Theologen kein Anlaß sein, vor diesen Phänomenen unbesehen dreimal nach links zu spucken – eine Empfehlung Muhammeds zur Reaktion frommer Muslims nur auf die schlimmen Träume! Zu einer grundsätzlichen Verdächtigung besteht kein Anlaß. Traum und Vision gehören zur Kreativität des Menschen und sind keineswegs zu verachten. Zu Herzen genommen, wird der Hörer nicht bloß optisch gesehen, akustisch gehört und rational bedacht, sondern vielmehr in der Tiefenschicht der Seele projiziert und dort neu gesehen. Wie zahlreiche Erfindungen geträumt worden sind, so gilt – im direkten und übertragenen Sinne –: der Traum vom Hörer ist eine Weise, ihn zu erfinden. Der geträumte Hörer wäre als eine solche Projektion ein Bild des Predigers vom Hörer. Wäre er in diesem Fall Ausdruck der Lieblosigkeit und des Verrates am Hörer, müßte man den Traum vom Hörer zerschlagen.

Eine solche Projektion kann durchaus vom Heiligen Geist, von der Liebe und vom Glauben gewirkt sein. Traum und Vision erweisen sich als Sprachmittel des Heiligen Geistes, indem dieser sich offenbar einmischt in die innerseelischen Vorgänge. Das pfingstliche Zeitalter erscheint traumhaft. »Eure Söhne und eure Töchter werden weissagen, und eure Jünglinge werden Gesichte sehen, und eure Greise werden Träume träumen« (Apg 2,17). Vision und Traum kennzeichnen das prophetische und apostolische Zeitalter, und der Apostel geht gleichsam auf einer Traumstraße (Apg 16,9; 18,9f; 23,11; 27,23). – Gab es Zeiten, die den Offenbarungscharakter von Traum und Vision in den Vordergrund stellten, sind wir heute eher geneigt, den innerseelischen Vorgang zu betonen und vom Wirken des Heiligen Geistes abzutrennen. So töricht es wäre, hier die Unterschiede zwischen den Zeiten zu übersehen, so dumm wäre es, aus der weltanschaulichen Verschiedenheit ein Gesetz zu machen und dem Geist zu verbieten, durch Traum und Vision zu reden. Traum und Vision sind biblisch gesprochen »Fleisch« und nicht »Geist«, können aber jederzeit zu Werkzeugen des Geistes und zu Instrumenten der Offenbarung werden. Weil nicht von vornherein auszumachen ist, welche Qualität Traum und Vision haben, woher sie bestimmt werden, bedürfen gerade sie der theologischen Kritik. Die

Geister dürfen nicht ungeprüft bleiben, es sei denn, man verwechsle das Wirken des Geistes im menschlichen Phänomen mit diesen menschlichen Phänomenen selbst. Diese grundsätzliche Zweideutigkeit wehrt auch einer unkritischen Überbewertung. Kein neutestamentlicher Zeuge hat »daran gedacht, die zentrale Botschaft, das Evangelium, oder ein wesentliches Stück derselben auf Träume zu gründen« (Oepke, ThW V, 235). Mit Bedacht spreche ich von Traum und Vision nicht im zweiten Teil dieser Predigtlehre, der das Woher der Predigt erläutert, sondern eben hier, um den Gedanken »Zu-Herzen-Nehmen« des Hörers weiterzuführen. – Das hier Gemeinte mag an einigen Beispielen konkretisiert und detailliert werden.

Die europäische Predigtgeschichte beginnt – nach Auskunft der Apostelgeschichte – bedeutsam genug mit einem Traum. »Und es erschien dem Paulus während der Nacht ein Gesicht: Ein mazedonischer Mann stand da und bat ihn und sprach: Komm herüber nach Mazedonien und hilf uns« (16,9)! Der apostolische Prediger sieht den Adressaten seiner Predigt, bevor er ihm predigt. Er weiß, wen er vor sich haben wird. Offenbar sieht er ihn in seiner Wortbedürftigkeit, denn er sieht ihn bittend. – Diese Notiz des Lukas kennzeichnet mit unerhörter Prägnanz einen Sachverhalt im Verhältnis Prediger und Hörer. Der Prediger muß seinen Hörern und seinem Predigen voraus sein. Kommt er erst mit der Predigt zum Hörer, kommt er sehr wahrscheinlich zu spät, verfehlt den Hörer. Der Traum weist dem Prediger den Weg und bestimmt hier die missionarische Strategie des Apostels: »Als er aber das Gesicht gesehen hatte, suchten wir alsbald nach Mazedonien hinwegzukommen, da wir (daraus) schlossen, daß Gott uns hingerufen habe, ihnen das Evangelium zu verkündigen« (Apg 16,10). – Dem »Gesicht«, das Paulus in Korinth hat, scheint das Profil zu fehlen. Was Paulus sah, wird nicht berichtet. Wer weiß, vielleicht sah er, was die Stimme des Erhöhten ihm kundtat. ». . . ich habe viel Volk in dieser Stadt« (18,9f). Man darf annehmen, daß der Apostel auf dieses viele Volk hin predigen wird. Seine Predigt wird dieses Volk sammeln und sichtbar machen. Das Gesicht gibt der Predigt eine Zielvorstellung.

Ich versuche dieses einmalige Geschehen zu systematisieren und für das Predigen fruchtbar zu machen. Die Lehre von der Gnadenwahl vermag zu solchem »Gesicht« anzuleiten, indem sie die Möglichkeit der Hörer aufdeckt (vgl. 18,9f). Vision und Traum zeigen möglicherweise futurologisch die Wirkung des Wortes. Die Schar der Erwählten kommt zur Vorstellung, das Predigtgeschehen wird sie entdecken und ans Licht bringen. Auf welche Weise nun Traum und Vision vom Hörer sich gestaltet, bleibt relativ unwichtig gegenüber dem Postulat, daß der Prediger den Hörer voraussehe in dem, was er vom Wort her haben wird. Traum und Vision bilden dann eine Weise, die Zukunft des Wortes beim Hörer zu entdecken. Sind Traum und Vision geistgewirkt, stehen sie nie antithetisch zum Wort. – Vielleicht hat die Predigtmüdigkeit vieler Prediger darin eine Ursache, daß sie keine Vision vom Hörer haben und darum nicht wissen, was ihre Predigt ausrichten soll. Das viele Volk, das Gott in dieser und jener Stadt und auf dem Land hat, bleibt auf diese Weise verborgen und verloren.

Ein Beispiel aus der Missionsgeschichte scheint mir für alles Predigen vorbildlich zu sein. *Ludwig Nommensen* schreibt bei seinem ersten Besuch in Toba: »Im Geiste sehe ich schon überall christliche Gemeinden, Schulen und Kirchen und ganze Scharen Batak. Groß und Klein sehe ich hinwandern zur Kirche und höre, wie überall die Glocken läuten, welche zum Hause Gottes rufen. Ich sehe die große Fläche oder Hochebene bebaut, sehe Gärten und Felder auf jetzt kahlen Höhen, Wälder in üppigem Grün, und überall ordentliche Dörfer und Wohnhäuser und wohlbekleidete Nachkommen dieses Volkes. Noch mehr, ich schaue sumatranische Prediger und Lehrer auf allen Kanzeln und Kathedern, jung und alt den Weg zum Himmel lehrend. Sie werden sagen, ich phantasiere. Ich sage: nein, nein, das tue ich nicht. Mein Glaube schaut das alles, denn es muß, es wird so kommen; denn alle Reiche müssen Gottes und seines Christus werden, alle Zungen sollen bekennen, daß Jesus Christus der Herr sei, zur Ehre Gottes des Vaters. Ich habe deshalb guten Mut, auch wenn die Leute jetzt noch widersprechen und allerlei Pläne machen, um Gottes Wort abzuhalten. Sie können den Ozean ebenso wenig vom Meeresstrand abhalten wie Gottes Wort von ihren Herzen, es wird sie alle die Gnadenflut bespülen. Es beginnt schon zu tagen, bald wird es hell, bald steht die Sonne der Gerechtigkeit in vollem Glanze am Horizont des Bataklandes, überall, vom Süden bis zum Meeresstrand im Tobaland« (Johann Warneck, D. Ludwig, J. Nommensen, 1919, 80).

Solches Geschehen ist nicht wiederholbar. Wiederholbar aber und notwendig ist, daß der Hörer nicht nur zu sehen, sondern in seinem Hören vorauszusehen, zu projektieren ist. Der Glaube des Predigers soll gerade für den Hörer nicht blind sein: »Mein Glaube schaut das alles.« In »Traum und Vision« – so weit als nur möglich gefaßt – sieht der Glaube die Wirkung des Wortes auf den Hörer voraus. Ein Prediger mit einer solchen Vision, wie sie Nommensen hatte, wird anders predigen als einer, der im Grunde nicht weiß, was seine Predigt eigentlich soll, wo sie hinaus will, der seine Predigt wohl nach rückwärts am Text orientiert, aber nicht nach vorwärts an der Zukunft des Wortes. Die Voraussicht des Glaubens gibt der Rede Kraft. Bleibt der Prediger aber blind für die Zukunft des Wortes beim Hörer, wird seine Rede ohnmächtig bleiben. Unter diesem Aspekt besteht die Vollmacht des Predigers in der Konkretion der Vorstellung und Voraussicht dessen, was das Wort mit dem Hörer will und wirkt: in der Geistesgegenwart wird die Verheißung vergegenwärtigt.

Wurde in der bisherigen Überlegung einerseits eine Vision vom Hörer postuliert und sollte andererseits aus Traum und Vision nicht ein Gesetz gemacht werden, so wurden sie begründet aus der Notwendigkeit, nicht nur die Wirklichkeit, sondern, diese übersteigend, auch die Möglichkeit des Hörers zu bedenken. Weil das Wort Zukunft hat und der Diener am Wort der Zukunft des Wortes dient und weil die Zukunft des Wortes beim Hörer liegt, darum signalisieren Traum und Vision einen notwendigen Vorgang. Im Wissen um die Zukunft des Wortes wird die Sprache konkret und in ihrer Konkretheit mächtig. Traum und Vision signalisieren das Futurum des Hörens, das auch rational bedacht sein will. – Ihrer Zweideutigkeit wegen wird man Traum und Vision nie ungeprüft lassen. Andrerseits vermögen sie dem Prediger sowohl zur Predigtkritik wie zur Selbstkritik zu dienen.

Jeremias Gotthelf zeigt, wie eine Vorschau auf den Hörer, die er als eine Imagination darstellt, den Prediger zur Korrektur seiner Predigt anzuleiten vermag. Er schildert im Referat über die Visitationsberichte den Pfarrer nach Abschluß der Predigtvorbereitung: »Die Predigt erschöpfte den Text, war ohne Tadel gegliedert, klar in der Darstellung; sie schien ihm vollendet.« Da konfrontiert der Pfarrer seine Predigt mit der zu erwartenden Gemeinde. »Während seine Hand auf der Predigt lag, ruhte sein Auge auf dem verglimmenden Feuer des Kamins; ... da glomm ihm aus der Gluth herauf das Haus des Herrn, wo er predigen sollte, er sah die Glieder der Gemeinde kommen, sah die Versammlung sich gestalten.« Im Feuer sieht dieser Prediger seine Gemeinde, und diese Sicht wird zum Gericht über seine Predigt. »Als auf solche Weise seine morndrige (morgige, R.B.) Versammlung vor seinem innern Auge stand, prüfte er an derselben aufs Neue seine Predigt; nun war sie ihm nicht mehr recht. Er fand für manchen nichts Erbauliches, nichts, das näher ihn berühren mußte, fand nicht warmen Trost für eine alte Mutter, fand für junge Herzen nichts so recht Erweckendes« (zit. nach Walther Hutzli, Jeremias Gotthelf. Das Kirchliche Leben im Spiegel seiner Werke, 1953, 19). – Eine Träumerei am Kaminfeuer würde auch heute noch für manche Predigt heilsam sein.

Da Träume als Phänomene des Menschlichen aus dem Herzen kommen, kann es wohl sein, daß auch das Verhältnis des Predigers zur Hörerschaft auf traumhafte Weise deutlich wird. Ein Traum kann signalisieren, wie der Prediger zum Mitmenschen unterwegs ist. Er kann ihm anzeigen, wie der Andere in ihm wohnt. In den Sudelbüchern von Georg Christoph Lichtenberg lese ich einen Satz, den ich in Konkordanz mit 2Kor 6,11–13 sehen möchte, meinend, dieser Satz könnte einen Prediger über sein Verhältnis zu seiner Gemeinde aufklären: »Ich kann nicht sagen, daß ich ihm feind gewesen wäre, aber auch nicht gut, es hat mir nie von ihm geträumt« (Schriften I, 1968, 532).

VII

Diakonie

Karl Barth, KD IV/3, § 72, 4. – *Paul Philippi,* Diakoniewissenschaft zwischen Hörsaal und kirchlicher Gestaltung. Vier Thesenreihen, Die innere Mission 55, 1965, 364ff. – *Heinz-Dietrich Wendland,* Diakonie als Verkündigung, KiZ 21, 1966, 302ff. – *Theophil Vogt,* Herausforderung zum Gespräch, 1970, 236ff.

Was bis jetzt über den Weg zum Hörer gesagt worden ist, kann sentimental oder als Gedankenspiel verstanden werden. Ich kann sehen und habe doch nicht gesehen, fragen und habe doch nicht gefragt, hören, ohne aufzunehmen, zu Herzen nehmen und dort verlieren, mein Traum vom Hörer kann Schaum sein. Darum ist zuletzt der Weg zum Hörer als Diakonie zu beschreiben, als Dienst-Weg in dem Sinne, daß ich ihn durch einen Dienst erreiche. Diakonie besagt, daß ich den Hörer wirklich – und nicht bloß zum Schein – gefragt, gehört und zu Herzen genommen habe. Diakonie am Hörer bewahrt vor einer reinen Gnosis des Hörers, bewahrt davor, den Hörer abstrakt zu nehmen. So bildet die Diakonie eine notwendige Voraussetzung und Ergänzung zur Verkündigung. In der Diakonie wird mir der Hörer zu einem Nächsten, dem ich verpflichtet bin. Habe ich ihn zu Herzen genommen, werde ich ihm die Handreichung dort nicht versagen, wo er sie nötig hat. Eine Predigt, die von vornherein auf Diakonie am Hörer verzichten wollte, würde den Hörer nur schwerlich erreichen. Der Hörer bliebe grundsätzlich ein Fremder und Ferner. Die Diakonie am Hörer manifestiert die Verbundenheit von Prediger und Hörer und die Verbindlichkeit des gepredigten Wortes. Der Prediger würde sich dem Hörer entziehen und die Unverbindlichkeit seiner Predigt dokumentieren, wollte er von Diakonie nichts wissen. Diakonie zeigt an, daß auch der Prediger Hörer des Wortes ist. Damit nimmt er teil am Diakonat dessen, der gekommen ist zu dienen (Mk 10,45). Wer den predigen will, der unter den Seinen war wie ein Dienender (Lk 22,27), wird seinerseits unter den Seinen ein Dienender sein. Wollte der Diener am Wort nur dem Wort dienen, unter Absehung des Dienstes am Nächsten, würde er das Wort selbst verachten. Predigt als Namenrede zum Beispiel (vgl. § 5) wäre dann eine Verunehrung des Namens.

Wenn Barth betont, daß das Sprechen der Gemeinde ihrem Handeln vorangehe (KD IV/3,2, 990), wird andrerseits schon an Jesus das gegenseitige Ineinander von Sprechen und Handeln betont. Sein Sprechen ist als solches ein Handeln und das Handeln als solches ein Sprechen. Das Vorangehen des Sprechens ist wohl nicht temporal zu verstehen (vgl. 1021f), wird doch die Handreichung ausdrücklich als Verstehenshilfe genannt (1022). – Auf dem Weg zum Hörer würde ich durchaus von einer Priorität der Diakonie vor der Predigt sprechen; sie ist temporal, und auf sie kommt es hier gerade an.

Indirekt erscheint alle Diakonie als Dienst nicht nur am Hörer, sondern erst recht am Hören. Darin ist sie Hörhilfe, daß sie konkret hilft; als Hörhilfe ist sie darum nicht vom Sprachgeschehen der Predigt zu trennen. Diakonie signalisiert, daß nicht nur ein Mensch spricht, der Augen hat und Ohren, nicht nur ein Mensch mit einem Herzen, sondern auch mit zwei Händen und mit Füßen. Alles, was er ist und tut, ist an seinem Sprechen beteiligt. Unterstützt alles, was der Prediger ist und tut, sein Sprechen, hilft es dem Hörer zum Hören. Ist alle Diakonie solcher Dienst am Hören, wird sie in konkreter Hilfe dem Wort zur Konkretion helfen. Weil das im Evangelium verkündigte Heil das Wohl des Menschen mit einschließt, gehört die Wohltat zur Predigt. So kann die Diakonie dem Worte den Weg bereiten, sie kann ein gesprochenes Wort zeichenhaft bestätigen – wie sie andrerseits ein Hörerfolg sein wird, indem der Hörer in seiner Diakonie bestätigt, daß er gehört hat. Aber diese Zusammenhänge seien eben nur angedeutet, hier soll Diakonie im Unterwegs des Predigers zum Hörer bedacht werden. Indem sie das im Evangelium verkündigte Heil in der Wohltat aufleuchten läßt, bereitet sie den Hörweg des Wortes vor. Sie interpretiert von vornherein die biblische Botschaft, indem sie deren Gnadencharakter wohltätig anschaulich macht. Sie zeigt, daß es keine Sprache des Glaubens gibt ohne Liebe. Die Tat der Liebe signalisiert die Macht der Sprache. Für Hungernde zum Beispiel ist nicht eine Predigt zu halten, sondern Brot zu beschaffen; dann erst kann der Geber des Brotes benannt werden. Verkündige ich Hungernden den Geber aller guten Gaben, ohne gute Gaben zu geben, lästere ich ihn, oder was schlimmer ist, der Name, den ich predige, wird völlig bedeutungslos.

Was heißt aber in diesem Zusammenhang »Brot beschaffen«? Was heißt »gute Gaben geben«? Das je und je gespendete Almosen, die spontane Tat der Barmherzigkeit tut in der Verborgenheit ihre Wirkung und ist nicht abzuwerten. Solange aber die Verhältnisse Elend produzieren, solange die Grausamkeit der Gesellschaft Menschen hungern läßt, solange genügt die private Liebestat nicht. Überhaupt sollte die Liebe nicht nur aus dem Gefühl handeln, allzu leicht handelt sie sonst kopflos. Liebe, sagt man, mache erfinderisch. Damit mutet man ihr das Denken zu. Sie wird sich nicht auf Soforthilfe spezialisieren und beschränken, sondern jede Hilfsbedürftigkeit auf ihre gesellschaftlichen Hintergründe befragen. Wer sich die Hörer zu Herzen nimmt und diese bedenkt, wird einzelne und ganze Gruppen in ihrer Hilfsbedürftigkeit entdecken. Auch dies ist eine Weise, den Hörer zu erfinden. Sie wird Folgen haben.

Bedenkt die Liebe eine Gesellschaft, die Menschen opfert, wird sich die Liebe gesellschaftlich, und das heißt politisch engagieren. Die anstößige »Theologie der Revolution« hat hier einiges gemerkt. Im Rahmen der Predigtlehre möchte ich sagen: Weil Predigt als öffentliche Rede immer politischen Charakter hat, wird die sie begleitende Diakonie nicht im Privaten bleiben können, sondern gesellschaftliche Diakonie werden. Dann mag der Satz gelten: Der Weg zum Hörer geht über das politische Engagement des Predigers.

Man könnte diesen Satz vielfach illustrieren. Ich möchte hier nur auf das fragwürdige Beispiel vaterländischer Predigt der deutschen Vergangenheit verweisen, bei der die Prediger nur allzu leicht die rechten Herztöne fanden, weil die Prediger allzu sehr sich politisch begeistern und engagieren konnten.

Bedenkt man die Fortsetzung der Liebestat im politischen Engagement, wird deutlich, wie sehr die Tat der Liebe nicht weniger als der Traum einer theologischen Nachfrage und Kritik bedarf. Vielleicht äußert sich die Schwärmerei in der Gegenwart nicht so sehr in einer kritiklosen Übernahme von Traum und Vision, als vielmehr in einer kritiklosen Bejahung von Engagement und guter Tat.

Diakonie nicht nur im Privaten, sondern im Gesellschaftlichen zeigt, daß die Gemeinde mit ihrer diakonischen Existenz beim Predigen mitredet. Ihr gelebtes Leben im Dienst am Nächsten oder an der Gesellschaft bildet eine Hörhilfe für die Predigt, wie ihr ungelebtes Dienen

dem Predigen die Kraft nimmt. Im Kontext aller Dienste der Gemeinde
gewinnt die Predigt ihre Resonanz. Die Macht oder Ohnmacht der Predigt ist nicht nur abhängig von der dem Prediger eigenen Vollmacht,
sondern ebensosehr von dem Echo, das das Wort in den Diensten der
Gemeinde findet. Allerdings mißversteht sich die Gemeinde, wenn sie
sich als Allheilmittel der Gesellschaft sieht. Ihre Aufgabe besteht nicht
in der Stabilisierung der Gesellschaft, sondern in der Ankündigung der
neuen Erde. So ist auch der Prediger nicht aller Welt Diakon, nicht eine
soziale Hilfskraft für dies und das, sondern primär, und ich möchte sagen ausschließlich, Diener am Wort. Als solcher wird er in der Nachfolge der Apostel Diakonie delegieren (vgl. Apg 6,1–7). Weil sich der Prediger selbst nicht aus der Predigt heraushalten kann, wird er solche De-
legation nicht als einen absoluten Dispens ansehen, seinerseits Diakonie
zu üben. Nach dem Maße seiner Gaben und Kräfte wird er sich punktuell für seine Hörer – auch für die möglichen künftigen – engagieren. In
solchem punktuellen Engagement errichtet der Prediger ein sprechendes Zeichen. Da er Mensch ist, haftet auch seinem Tun der Stückwerkcharakter an. In der Hoffnung aber wird er gerade das Stückwerk, das
ihm vor die Hand kommt, fröhlich tun. Nimmt er den Elenden sich zu
Herzen, bedenkt er das Elend, wird er sich auch gesellschaftlich engagieren, und ein solches Engagement wird sich auf seine Sprache auswirken.

Die »Armen« – und sie sind die eigentlichen Adressaten aller Evangeliumspredigt – werden dann sagen, »der spricht unsere Sprache«, will
heißen, »der vertritt unsere Sache«. Weil der Prediger die Sache der
»Armen« vertritt, wird er, ihre Sprache sprechend, für sie verstehbar.
Weil Gottes Sache die Sache der Armen zu der Seinen macht, ergeht
sein Wort in der Sprache der Armen. Das Engagement für die Ent-
rechteten, Unterdrückten dieser Erde gehört in diesem Betracht zum
hermeneutischen Prozeß. In der Stellvertretung der Elenden wird der
Prediger das Evangelium für Menschen zur Sprache bringen, das für
diese allzulange sprachlos geblieben ist. Er wird Mund der Stummen
sein.

Seine Diakonie interpretiert das Wort. Damit erweist sie sich selbst
als Interpretation der Existenz vom Wort her; denn in der Teilnahme
am Diakonat Jesu existiert der Prediger »wörtlich«, vom Worte her,
auch sieht und versteht er den andern vom Worte her. Darum interpretiert Diakonie nicht nur das Wort von der Existenz her, sondern auch
die Existenz vom Worte her, sie wird Zeichen.

Das diakonische Engagement des Predigers steht in einer merkwürdigen Dialektik, die sie zum Teil auch mit dem guten Werk des Gebets gemeinsam hat. Was der Prediger tut, darf nicht zur Schau werden. Dia-
konisches Engagement pervertiert zur Eigenwerbung, wenn es nicht
grundsätzlich die Verborgenheit sucht. Die Warnung der Bergpredigt

vor einem Schaugeschäft mit der Gerechtigkeit ist hier wohl zu beachten (Mt 6,1). Diakonie kann – wie das Gebet – als Weg zum Hörer grundsätzlich nur ein verborgener, indirekter sein. Ich darf nicht nach dem Hörer greifen, indem ich ihm Handreichung tue, sonst raube ich dem andern die Freiheit, statt ihm Freiheit zu gewähren. Gesellschaftliches Engagement darf nicht zur Pflege des eigenen Image mißbraucht werden. Ein vom Evangelium geleitetes politisches Engagement bringt dem Prediger eher Leiden als Popularität. Stellvertretung für die Elenden gibt es nicht ohne Elend für den Stellvertreter. Ohne Stellvertretung kann der Prediger die Sprache der Elenden aber nur nachahmen und nicht als eigene sprechen. Daraus resultiert ein Jargon, die Sprache des Elends auf Stelzen. – Kommt es aber zur Diakonie und zum gesellschaftlichen Engagement, läßt sich solches nicht verheimlichen. Gute Werke können nicht verborgen bleiben (vgl. Mt 5,16), und damit werden sie zur Hörhilfe. So sucht die Diakonie die Verborgenheit und findet die Öffentlichkeit.

VIII

Verwandlung

Wer sich mit dem Evangelium auf den Weg zum Hörer macht, wird unterwegs ein anderer (vgl. § 25/III/2). Vom Hörer her und erst recht vom Evangelium her passiert etwas mit ihm, wenn der Heilige Geist dem Prediger das Wort lebendig macht. So mischt er sich ein in das Sehen, Fragen, Hören, Zu-Herzen-Nehmen, Träumen, Dienen und schafft ein Neues. Schon im Danken für andere verändert sich das eigene Leben, und es zeigt sich: der Weg zum Hörer ist ein Weg zur Veränderung des Predigers. Der Prediger tut etwas vom Wort her auf den Hörer hin, der Geist wirkt etwas auf den Hörer hin. Es wird Neues, Verwandlung geschieht. – Wenn der Apostel sich seinen Hörern als Vorbild hinstellt (vgl. § 22), hat er diese sich selbst sozusagen zuerst zum »Vor-Bild« genommen. Er *wird* wie die, die er sieht, wohl nicht in dem Sinne, daß er sie nachahmt, wohl aber in dem Sinne, daß er sie in seine Existenz integriert. Er tut dies nicht als ihr Herr, sondern als ihr Knecht (vgl. 1Kor 9,19–23). Sein Leben wird nicht mehr Privatleben sein, sondern ein Leben für andere. Die er im Herzen trägt, bestimmen nun seine Existenz. Er verwandelt sich in die, die er gewinnen will. – Der Prediger, der diesen Sachverhalt als eine Möglichkeit entdeckt, die der Glaube ihm eröffnet, braucht an den sattsam bekannten Minderwertigkeitskomplexen der Prediger nicht mehr zu leiden, weil er durch seine Hörer einen Mehrwert bekommt, der sich auch in einer Spracherweiterung ausdrückt.

Die erste Frage für den Prediger wird nicht die sein, wie er seine Hörer erreicht und wie er zu ihnen spricht, sondern die, wie der Prediger sich von seinen Hörern erreichen läßt. Nicht wie er Menschen gewinnt, stellt sich als erste Frage, sondern wie er sich für die Menschen aufschließen, wie er sich für seine Hörer gewinnen läßt. – Predigen heißt also nicht nur, sich ins Wort verwandeln, wie wir das von Rilke her für die Meditation bedachten (vgl. § 21/II/6), predigen heißt, sich mit dem Wort in die Hörer verwandeln (vgl. § 25/III/2). Dabei bildet das Wort die Norm dieser Verwandlung und nicht der Hörer; denn auch mit dem Hörer soll ja Veränderung geschehen, Paulus bezeichnet diese als Rettung. »Allen bin ich alles geworden, damit ich auf alle Weise einige rette« (1Kor 9,22). – Predigen setzt ein Werden dessen voraus, der redet. Ein Werden, das sein Ziel nicht im Hörer hat, sondern in der Teilhabe am Evangelium mit dem Hörer (1Kor 9,23). Die »Verwandlung« in die Hörer ist kein Endziel, vielmehr ein Etappenziel zur Gewinnung des Hörers.

Habe ich dem Prediger nicht zu viel zugemutet und dem Wort zu wenig zugetraut? Predigen heißt, als ein Mensch menschlich zu Menschen reden unter dem Vorzeichen der Verheißung des Geistes. Menschliches Reden ist nicht nur Mund-Werk. Ich spreche vom Weg zum Hörer, auf den sich der Prediger machen muß und auf dem er das Wort nicht verlieren soll, um ihm die Möglichkeit anzudeuten, die ihm der Glaube unterwegs zum Hörer bietet. Weil die Auferstehung Christi im Geist in unserer Predigt Ereignis wird, bleibt sie nicht »leer« (1Kor 15,14). So ist nicht einzusehen, daß der Prediger den Weg zum Hörer gehen sollte mit einem leeren Glauben, also ohne sich zu verwandeln. Daß aber Verwandlung hier unnötig wäre, wird angesichts der Sprachlosigkeit der Predigt im Ernst niemand behaupten wollen.

Den Hörer als Hörer bedenken heißt, auch die Art und Weise seines Hörens bedenken. Der Hörer ist in seinem Hören nicht frei. An einem Text von Nelly Sachs (»Ohr der Menschheit/ du nesselverwachsenes«) wird ein Problem verdeutlicht, dem sich in besonderer Weise die Kommunikationsforschung widmet. An zwei Predigtbeispielen (Karl Barth – Rudolf Bultmann) wird erläutert, wie unterschiedlich das Hören des Hörers in der Predigt berücksichtigt werden kann.

§ 28

DAS HÖREN

Gerhard Kittel, Art. ἀκούω, ThW I, 216ff. – *Otto Semmelroth,* Art. Hören, Hörende Kirche, LThK² 5, 482f. – *Hans Dieter Schneider,* Unter welchen Voraussetzungen kann Verkündigung Einstellungen ändern? Sozial-psychologische Überlegungen über die Wirkung der Predigt, PTh 58, 1969, 246ff. – *Karl Wilhelm Dahm,* Hören und Verstehen. Kommunikationssoziologische Überlegungen zur gegenwärtigen Predigtnot, PSt IV/2, 1970, 9ff. – *Ders.,* Die Predigt in kommunikationssoziologischer Sicht, Anstöße Nr 1/2, 1970, 25ff. – *Wilbur Schramm* (Hg.), Grundfragen der Kommunikationsforschung, (1963) 1970³. – Vgl. §§ 8/III, 27/IV.

I

Die Frage nach dem Hören

Es mag nach Gewalttat aussehen, wenn ich im Folgenden das zarte Gebilde der *Nelly Sachs* in den Horizont der Kommunikationsforschung rücke; die Prediger aber sind beiden gleichzeitig, der Lyrik wie der Kommunikationsforschung. Auch werden wir sehen, wie genau die Dichterin die Frage nach dem Hören umschreibt, die jetzt – im Kontext der Kommunikationsforschung – theologisch zu bedenken ist. Es wird sich lohnen, zuerst Nelly Sachs das Wort zu erteilen. Ich setze den Mittelteil eines Gedichtes hierher.

Wenn die Propheten einbrächen
durch Türen der Nacht
mit ihren Worten Wunden reißend
in die Felder der Gewohnheit,
ein weit Entlegenes hereinholend
für den Tagelöhner

der längst nicht mehr wartet am Abend –

Wenn die Propheten einbrächen
durch Türen der Nacht
und ein Ohr wie eine Heimat suchten –

Ohr der Menschheit
du nesselverwachsenes,
würdest du hören?
Wenn die Stimme der Propheten
auf dem Flötengebein der ermordeten Kinder
blasen würde,
die vom Märtyrerschrei verbrannten Lüfte
ausatmetete –
wenn sie eine Brücke aus verendeten Greisenseufzern
baute –

Ohr der Menschheit
du mit dem kleinen Lauschen beschäftigtes,
würdest du hören?
(Fahrt ins Staublose, 1961, 92f)

Zweimal stellt die Dichterin die Frage nach dem Hören, liebevoll, beinahe ängstlich und erschrocken redet sie an, sagt »du« zum »Ohr der Menschheit«, spricht zu ihm wie eine Mutter zum Kind; dem Ohr eignet etwas Unbeholfenes. Das Ohr nimmt auf, es gibt nicht, bewegt sich nicht, nimmt nicht Teil am Mienenspiel, vermag nicht zu sprechen wie das Auge. Schmerz, Trauer, Freude, Liebe, Haß, Reinheit und Wahnsinn drückt es nicht aus. Das Ohr kann nicht sprechen. Es existiert nicht, es ist da, da wie ein Land, das vor uns liegt, »wie eine Heimat«. Aber das Betreten bereitet Schwierigkeiten, die Propheten haben keinen direkten Zugang zu dieser Heimat. Nelly Sachs nennt das »Ohr der Menschheit ein »nesselverwachsenes«. Ist der Pfad mit Nesseln zugewachsen, wird das Gehen schmerzhaft. Mit Nesseln verwachsen ist der Schuttplatz, die Nähe der Ruine, die Nähe des Stacheldrahtzaunes. Das Nesselverwachsene ist das Unzugängliche, signalisiert Vergangenheit, Verfall und vor allem Distanz. Eine Heimat, von Nesseln verwachsen, ist unwohnlich geworden, ist eine verlorene, verwüstete Heimat.

In der letzten hier zitierten Strophe wird das Ohr nochmals angeredet, und diese Anrede erklärt den Ausdruck »nesselverwachsenes«: »du mit dem kleinen Lauschen beschäftigtes«. Das Ohr wird konfrontiert mit der Stimme der Propheten, in der ein Chor von Leiden mitschwingt. »Ermordete Kinder«, »Märtyrerschrei« und »verendende Greisenseufzer« geben einen großen Klang, demgegenüber das »kleine Lauschen« kleinlich wirkt. Es ist zu deuten auf das Netz von Nachrichten, die täglich das Ohr der Menschheit erreichen. Im Horizont der Kommunikationsforschung kann die Beschäftigung mit dem »kleinen Lauschen« interpretiert werden als die Beschäftigung mit sich selbst. Das »Ohr der Menschheit« hört in den Massenkommunikationsmitteln vornehmlich, was die Menschheit hören will und was sie selbst bestätigt. Die Beschäftigung mit dem »kleinen Lauschen« führt zur Gewöhnung, und die Gewöhnung hindert das Hören auf die Propheten. Auch und gerade die Religion hat es mit Gewöhnung zu tun; dann wird sie zum Nesselgewächs, das dem Wort der Propheten den Weg versperrt. Die Propheten

sprechen gegen das Gewohnte, »mit ihren Worten Wunden reißend/ in
die Felder der Gewohnheit«. Sie holen »ein weit Entlegenes« herein. Ihr
Wort ist ein Fremdwort. – Das »kleine Lauschen« erweist sich als
Taubheit für das Leid, das in der Stimme der Propheten mitschwingt, es
stellt angesichts der prophetischen Stimme mit ihrem Dreiklang von
Kindern – Märtyrern – Greisen eine »unmögliche Möglichkeit« (Barth)
dar, es wirkt nicht nur kleinlich, wirkt böse und verstockt.

Die ängstliche Frage, die zweimal nach dem Hören fragt, ist verständlich. Die Predigtlehre muß diese doppelte Frage aufnehmen und
dabei folgendes beachten: Wenn die Prediger – wie die Propheten – ein-
zubrechen wissen »durch Türen der Nacht«, wenn sie den Weg zum
Ohr des Hörers finden, das Ohr des Hörers »haben«, fängt das Hören
erst an. Die ängstliche Frage der Dichterin zeigt, daß der Mensch selbst
hören muß. Das Hören ist nicht abnehmbar. Das Einbrechen der Propheten und das Hören der Menschheit sind zweierlei. Das Predigen ist
eines und das Hören ein anderes. Der Prediger muß den Weg zum Hörer suchen, hören aber muß der Zuhörer. – Erscheint zuerst der Text,
dann der Hörer als der große Unbekannte für den Prediger, so jetzt das
Hören des Hörers. Es genügt für den Prediger nicht, in der Meditation
zum Licht des Wortes vorzustoßen, in dem er den Hörer sieht, und also
das rechte Wort für den Hörer zu finden. Er muß auch Gehör finden.
»Bei tauben Ohren ist jede Predigt verloren.«

Das Unbeholfene, fast Kindliche des Ohres, sein bloßes Dasein,
könnte sich als List erweisen, die das hohe Geheimnis des Hörens
wahrt. Indem das Ohr nicht Ausdruck ist, sondern Aufnahme, nicht
existiert, sondern da ist, tarnt es möglicherweise nur seine Macht und
Herrschaft. In seinem Dasein bleibt das Ohr nicht einfach dem Hören
ausgeliefert. Im Hören findet es seine Existenz. Indem es hören oder
nichthören kann, erweist sich die Unbeholfenheit des Ohres als Zeichen
seiner Macht. Die Propheten haben es offenbar nicht in der Hand, daß
das »Ohr der Menschheit« hört, das Ohr ist möglicherweise stärker als
das prophetische Wort. Wer meistert dann das Hören? Was steckt dahin-
ter, wenn das Ohr hört oder nicht-hört? Wie ist die Macht des Ohres
und das Rätsel des Hörens theologisch zu erklären?

Spontan möchte man die Frage der jüdischen Dichterin verneinen.
Das »Ohr der Menschheit« wird nicht, kann nicht hören. Weil Gott
Gott ist und der Mensch Mensch, kann er nicht auf Gott hören. Die
Macht des Ohres ist Ohnmacht. Wir haben zwar Ohren, aber diese sind
nur geschaffen zur Beschäftigung mit dem »kleinen Lauschen«. Die
Hochsprache des Wortes Gottes bleibt ungehört. Man könnte dann
die berühmte Formel Barths variieren: »Wir sollen als Menschen auf
Gott hören. Wir sind aber mit dem kleinen Lauschen beschäftigt und
können nicht auf Gott hören« (vgl. § 2/II). – Die Rede vom Tode Gottes könnte dann eine Gottestaubheit meinen. Wer Gott nicht mehr hö-

ren kann, für den ist er tot. – Eine solche Argumentation würde übersehen, daß Gott menschlich redet, durch Menschen, durch Propheten. Indem Gott menschlich redet, wird er grundsätzlich hörbar. Bliebe er in seinem Reden grundsätzlich unhörbar für den Menschen, wäre seine Offenbarung Fiktion, der Einbruch des Propheten aus Nazareth durch die Türen der Nacht hätte nie stattgefunden. So kann man nicht sagen, der Mensch könne Gott nicht hören, es sei denn, man leugne, daß Gott menschlich redet. In dieser Hinsicht ist das Hören als menschliches Werk zu bedenken, nach dem Hören ist zu fragen. Spricht man von der Predigtvorbereitung als von Predigt-Arbeit, müßte man auch vom Predigthören als von einer Predigt-Arbeit sprechen. Hören bedeutet Anstrengung. Das Hören kann schwierig sein oder ein Genuß, man kann dabei ermüden. Man kann sich im Hören üben, man kann es lernen. Alle wissenschaftliche Bemühung um das Hören ist darum grundsätzlich zu begrüßen, und die Homiletik kann der Kommunikationsforschung nur dankbar sein.

Kann man aber behaupten, der Mensch könne Gott und seine Propheten hören, wenn er nur wolle? Sicher kann man sagen: Gott wird hörbar, wenn sein Wort im Predigen geschieht. Trotzdem bleibt ein unaufgelöstes Rätsel um das Hören, und man kann nicht einfach behaupten: die Zuhörer einer Predigt des Wortes Gottes können Gottes Wort hören, wenn sie nur wollen – unter der Voraussetzung, daß das Wort in der Predigt geschieht; man würde nicht genügend beachten, daß *Gott* menschlich redet. Wäre das Hören ausschließlich in das menschliche Können gestellt, würde der Glaube, der aus dem Hören kommt, zum menschlichen Werk. – Hier zeigt sich ein Vorbehalt gegen alle wissenschaftliche Bemühungen um das Hören, der durchgehalten werden muß. Die wissenschaftliche Bemühung um das Hören-Können des Hörers darf nicht dazu führen, daß der Glaube zu einem Werk degeneriert, auch nicht in der Weise, daß der Prediger durch sein Predigen den Glauben ermöglicht. Wird die Wirkung der Predigt im voraus berechenbar und fixierbar, bin ich den Zauberern näher als den Propheten Israels. Joseph Goebbels betritt dann die Kanzel. Die Kommunikationsforschung darf nicht dazu führen, daß das Hören des Hörers manipuliert wird, und die Frage nach dem Hören muß als Frage nach der Freiheit des Hörens durchgehalten werden. Die Freiheit des Hörens aber wohnt im Geheimnis, und sein Rätsel ist nur im Lichte der Pneumatologie zu lösen. Das Hören wird zugleich als Gabe und Werk Gottes und als Kunst und Werk des Menschen ineinander- und durcheinandergehen. Die Kategorie der Vermischung hilft auch die Dialektik zwischen Können und Nicht-Können zu deuten und widersprüchliche Aussagereihen der Schrift zu diesem Thema zu klären. Auch wird einsichtig, wie sehr der Dienst des Predigers am Wort ein Dienst am Hören des Hörers ist. Der Verweis auf den Geist erfordert eine wissenschaftliche Bemühung um das Hören; denn der Geist mischt sich in den Wort-Wechsel zwischen Mund und Ohr ein. Der Vorbehalt gegen die wissenschaftliche Bemühung um das Hören-Können kann und darf nicht zu einem Verzicht auf eben diese Bemühung führen, es sei denn, man leugne faktisch und praktisch die Ausgießung des Geistes über das Fleisch. Nur im Widerruf von Pfingsten kann man grundsätzlich auf eine wissenschaftliche Nachfrage nach dem Hören des Hörers verzichten. Der Prediger muß alles tun, damit das »Ohr der Menschheit«, das »nesselverwachsene«, das »mit dem kleinen Lauschen beschäftigte« hören kann und hören muß. Predigen heißt, zu Gehör bringen, und der Weg zum Hörer kommt erst im Hören des Hörers an sein Ziel. Wer zu Gehör bringen will, läßt sich auf eine Machtprobe mit dem Ohr ein.

II

Unser Hören ist Stückwerk – oder die Selektion

Zum Hören ist der Mensch erschaffen und erwählt. Bietet die Lehre von der Gnadenwahl den Schlüssel zum Verständnis des Hörers (vgl. § 26), ermöglicht die Gnadenwahl das Hören, wie umgekehrt im Hören die Gnadenwahl ankommt. Die erwählende Gnade »gräbt« das Ohr auf, öffnet das Ohr. Der Mensch kann hören, und im Hören des Hörers wird seine Erwählung manifest. Der Mensch, der Ohren hat zu hören, kann zwar hören; aber er kann und will nicht *alles* hören. Der Mensch kann hören und hören, hören und nicht-hören. Sein Hören ist doppeldeutig, umfaßt ein Hören, das bloß Geräusche aufnimmt, das den Hörer nicht verändert, ein Hören ohne Folgen, und ein Hören, das man als Nichthören charakterisieren kann, es ähnelt dem der Götter: »sie haben Ohren und hören nicht« (Ps 115,6) – und es gibt ein Hören, das sich durchs Wort bewegen läßt, indem es Gehör schenkt, erhört, ein Hören unterwegs zum Gehören und Gehorchen, ein Hören mit Folgen, es bringt Veränderung und Verwandlung. Diese Spanne zwischen Hören und Hören bleibt Stückwerk und ist im Gespräch mit der Kommunikationsforschung zu bedenken.

Die Referate von *Schneider* und *Dahm* sind leicht greifbar, die bisherigen Ergebnisse der Kommunikationsforschung brauchen darum nicht referiert zu werden. So verzichte ich auf die Beschreibung der »Eingangsstation« des Hörers, indirekt ist sie beim Weg zum Hörer (vgl. § 27) beschrieben worden. Zunächst beschränke ich mich im Wesentlichen auf einen Punkt, dem der Prediger Rechnung zu tragen hat, indem ich versuche, auf das Phänomen der Selektion aufmerksam zu machen und es theologisch zu bedenken.

Die Kommunikationsforschung gebraucht den Begriff der Selektion wertfrei, und man wird gut tun, ihn nicht voreilig mit theologischen Gewichten zu behängen. Diese Warnung möchte nicht einen theologischen

Denk-Verzicht empfehlen, möchte aber vor katastrophalen Kurzschlüssen bewahren. Für die Praxis hat es sich verhängnisvoll ausgewirkt, daß der Dienst am Wort zwar die Herkunft des Wortes mit wissenschaftlichen Methoden erforschte, dessen Zukunft aber der wissenschaftlichen Reflexion entzog. Der Dienst am Wort hat, wenn überhaupt, der Selektion des Hörers und also dem Hören zu dienen. – Ebenso verhängnisvoll könnte sich eine theologische Wertung der Selektion auswirken, die diese nur unter negativen Vorzeichen sieht. So bildet die Selektion eine Schutzmaßnahme, die der Mensch trifft, um sich vor dem Ertrinken und Versinken in der Flut von Nachrichten zu retten. Bemerkenswert ist hierbei gerade für eine rhetorisch bestimmte Homiletik, daß der Hörer eher nach materialen als nach formalen Gesichtspunkten auswählt. Er wählt aus, »*was* für ihn ›interessant‹ ist« (Dahm, Anstöße, 35). Die Steuerung der Auswahl erfolgt aus einem Wunsch nach Bestätigung eigener Überzeugungen. Dann zeigt sich, daß der Mensch immer auch als ein Wesen hört, das in Bezugsgruppen lebt (Familie, Kollegen, Freunde). Diese wirken mitbestimmend auf sein Hören. Der Auswahlprozeß wird ferner gesteuert vom Wunsch, unerträgliche Spannungen zu mindern: Der Hörer deutet Gehörtes um, er hört, was er hören will. Endlich wird die Selektion mitbestimmt vom Bild, das der Hörer vom Prediger hat (vgl. § 22).

Bevor ich mich – wiederum auswählend – Einzelheiten zuwende und eine theologische Deutung versuche, eine Beobachtung an der Sprache: Was die Kommunikationsforschung exakt untersucht, ahnt unsere Sprache längst. »Auf diesem Ohr höre ich schlecht«, sage ich gegenüber einer Mitteilung, die ich nicht gerne höre. Will man das Gehörte überhören, hört man nur »mit halbem Ohr«. Will man gar nicht hören, kann man sich »beide Ohren zuhalten«, man sagt dann: »Ich höre nichts«. Wer »auf den Ohren sitzt«, dem wird es unmöglich sein, »die Ohren zu spitzen«. Wer im Hessischen »einen kleinen Mann im Ohr hat«, hat einen Zensor im Ohr, einen Ohrdämon, der das Hören verwirrt. – Nimmt man diese Redewendung und vergleicht sie mit dem, was die Kommunikationsforschung als Selektion bezeichnet, kann man sagen, diese neue Wissenschaft versuche zu klären, was die Sprache seit langem verrät. Nicht nur unser Erkennen, schon unser Hören ist Stückwerk, Stückwerk von besonderer Art, ein vom Hörer auserwähltes Stückwerk. Es verrät, welcher Geist den Hörer beherrscht. – Die Sprache weiß auch, welche Rolle der Sprecher beim Hören spielt. Sie fragt: »Auf *den* hörst du?« Sie sagt: »Dem glaub ich's«, oder: »Dem nehm ich das Wort ab«, oder: »Dem glaub ich kein Wort«, oder: »Den hör ich leidenschaftlich gern«. – Diese Redewendungen zeigen, welch entscheidende Rolle die Existenz des Redners für das Aufnehmen der Rede spielt. Sie zeigen erneut, wie bedeutsam der Prediger für das Aufnehmen der Predigt ist (vgl. § 22). In diesem Sinne gilt: Der Prediger bringt mit dem Wort in gewisser

Weise auch das Hören. Unsere Sprache spricht hier sehr genau und weiß im allgemeinen mehr, als wir ahnen.

Die hier angedeuteten Mechanismen funktionieren – theologisch betrachtet – nie wertfrei, nie neutral. Der Hörer nimmt zunächst nicht einfach das auf, was einleuchtet, sondern das, was ihm glatt durchs Ohr geht, und was ihm glatt durchs Ohr geht, entspricht meist dem, was er schon im Herzen hat. Wenn ein Prediger dem Hörer »aus dem Herzen« spricht, entspricht der Prediger in der Regel der Auffassung des Hörers und bestätigt diese. Er sagt ihm nichts Neues, er verändert ihn nicht. Die Predigt wird dann zum Ort, wo die eigenen Auffassungen stabilisiert werden. – Dies ist ein legitimer Vorgang, insofern der Glaube und die Hoffnung mit ihren Auffassungen zu stärken sind. Problematisch wird er in dem Moment, in dem Glaube und Hoffnung erstarren. Sie erstarren, wenn sie weniger aus dem Wort als aus sich selber leben. Die Predigt der Umkehr steht dann vor besonderen Schwierigkeiten. – Viele Prediger aber scheitern allein schon deswegen, weil sie den Vorgang der Selektion nicht genügend bedenken und beachten. Den Prozeß der Selektion werden wir nur begreifen, wenn wir auch dessen religiösen Hintergrund erkennen. Man müßte prüfen, welche religiösen Momente an der Selektion beteiligt sind. Man müßte nach den Göttern fragen, denen geopfert, nach den Mächten, denen gedient wird. Die Art und Weise der »Begeisterung« (vgl. § 4/III) steuert die Selektion. Ist diese Begeisterung zu prüfen, so ist nach dem häretischen Hören systematisch zu fragen. Es könnte sein, daß ein Haupthindernis für die Predigt des Evangeliums in der Häresie des Hörens liegt. Die Exegese und Meditation des Hörers (vgl. § 25/III/2) muß auf das Hören zielen!

Hierzu ein Hinweis, den ich *Jürgen Moltmann* verdanke. Rousseau unterscheidet zwischen einer »Religion des Menschen« und einer »Religion des Staatsbürgers«. Die Religion des Staatsbürgers braucht Dogmen. »Sie müssen einfach, gering an Zahl und keiner Auslegung noch Erklärung bedürftig sein. Rousseau zählt ihrer vier auf: 1. das Dasein des Allmächtigen, 2. eine alles umfassende Vorsehung, 3. ein zukünftiges Leben, 4. die Belohnung der Gerechten und die Bestrafung der Gottlosen.« Die civil religion in USA läßt sich ebensogut auf diese vier Punkte zurückführen wie die Analyse: »Was glauben die Deutschen«. Offensichtlich läßt sich die »Religion des Staatsbürgers« auf mancherlei Weise der Staatsraison nutzbar machen (vgl. Johann Baptist Metz/Jürgen Moltmann/Willi Oelmüller, Kirche im Prozeß der Aufklärung, 1970, 28f). Diese Religion des Staatsbürgers, keineswegs identisch mit dem Evangelium Jesu Christi, wird vom Hörer, der in dieser Religion lebt, nur allzu leicht mit dem Evangelium verwechselt. Diese Religion wird dann zum Sieb, durch das hindurch die Predigt des Evangeliums gehört wird. Gehört wird nicht das Evangelium, sondern die Botschaft der vier Punkte. Der Prediger, der sich auf seine Hörer einstellt, sehe zu, daß er nicht alsbald näher bei Rousseau als bei Jesus steht. Statt Wunden zu reißen in die Felder der Gewohnheit, zäunen die Prediger diese Felder ein, um sie mit der Religiosität des Staatsbürgers zu düngen. Es wäre einmal zu fragen, inwiefern etwa das »Wort zum Sonntag« einerseits und die Kasualreden andrerseits anstelle der Botschaft vom Reiche Gottes eine »nachkirchliche ›politische Theologie‹« betreiben.

Der Selektionsprozeß kann so vor sich gehen, daß man überhört, was nicht in die eigene Überzeugung paßt. Der Prediger wird diesen Sachverhalt in der Gestaltung seiner Predigt zu beachten haben. Er wird versuchen müssen, seine Sache unüberhörbar zu sagen. Predigen heißt dann, gegen das Überhören reden. – Wird die Botschaft unüberhörbar und gerät sie in Widerspruch zur Auffassung des Hörers, versucht dieser die Botschaft umzudeuten. Der Hörer wird allsogleich zum Exegeten der Predigt, er macht sich zum Anwalt, der die Predigt gegenüber dem Prediger in Schutz nimmt. »So hat er es nicht gemeint.« Diese Umdeutung gelingt dem Hörer umso besser, wenn der Prediger nicht »ich« zu sagen wagt und in eine unangemessene Objektivität flüchtet. – Vermag der Hörer das Gesagte weder zu überhören noch umzudeuten, kann er es karikieren, so daß es völlig unsinnig erscheint. Der Hörer kann nicht nur überhören, er kann sich verhören, er kann dazuhören, um das Gehörte als unsinnig zu diffamieren. Auch diese Möglichkeit wird der Prediger bei der Gestaltung seiner Predigt zu beachten haben. Ein Mangel an gedanklicher Klarheit und sprachlicher Zucht wird solches Verhören und Dazuhören fördern. – Daß die Selektion des Hörers vom Milieu mitbestimmt wird, dem er angehört, wie vom momentanen Spannungsfeld, aus dem er kommt und in dem er der Seelsorge bedarf, sei hier nur vermerkt. Wie sehr sie von der Person des Predigers – und der Institution Kirche, die er vertritt – mitbestimmt wird, braucht hier nicht extra entfaltet zu werden. Auch Kirchenraum und Liturgie kommen bei der Selektion ins Spiel.

Funktionieren die Mechanismen im Selektionsprozeß – theologisch betrachtet – nie neutral, kann man sich nicht damit begnügen, Phänomene zu beschreiben. Man muß versuchen, den Selektionsprozeß – hoffentlich nicht voreilig – theologisch zu verstehen. Diese Mechanismen können unter der Regie des Heiligen Geistes stehen oder in der des Geistes, der stets verneint. Sie bilden die menschliche Ebene, auf der sich die Gnadenwahl vollzieht. Geschieht diese im Ereignis des Geistes, werden wir die Kategorie der Vermischung aufnehmen (vgl. § 4/II). Der Heilige Geist mischt sich ins Hören ein und steuert den Selektionsprozeß. Geschieht Gnade, wird der Heilige Geist stärker als die Geister, die bis jetzt den Auswahlprozeß gesteuert haben. Der Mensch kann nun das hören, was ihm heilsam ist, der Weg durch die Nesseln wird frei.

So mag die alte »Weckformel« »Wer Ohren hat, zu hören, der höre« (Mk 4,9 u.a.) auf den Gedanken des heiligen Restes zurückgehen. Mit der Zeit des Messias ist die Hörzeit angebrochen, da »Taube hören« (Mt 11,5). Die Zeit des Messias ist Hör-Zeit. – Nach dem Johannesevangelium bringt das Hören die Gotteskindschaft an den Tag: »Wer aus Gott ist, hört die Worte Gottes; deshalb hört ihr sie nicht, weil ihr nicht aus Gott seid« (8,47). Im Hören erfolgt die eschatologische Scheidung. »Wer Gott erkennt, hört auf uns, wer nicht von Gott stammt, hört nicht auf uns. Daran erkennen wir den Geist der Wahrheit und den Geist des Truges« (1Joh 4,6). – Beispielhaft nennt die Apostelgeschichte eine Lydia, der das Herz vom Herrn aufgetan wird, so »daß sie achthatte auf das, was Paulus redete« (16,14). Der Geist erscheint als Kommunikator, er bestimmt den Informationswert der apostolischen Botschaft. Das Hören der Lydia entspringt dem Werk des Geistes. Alsbald erweist sie sich denn auch als »opinion leader«, indem sie sich mit ihrem ganzen Hause taufen läßt.

Der Prediger wird umso weniger der Versuchung erliegen, seine Hörer zu manipulieren, als er im Bedenken des Selektionsprozesses Gott die Ehre gibt. Wird der Prediger Gott ehren, wird er einerseits dem Hörer nicht verfallen und andrerseits auch das Hören des Hörers ehren. Im Glauben an den Heiligen Geist wird er seine Predigt für Ohren vorbereiten, die hören. Die Vorbereitung der Predigt geschieht in der messianischen Zeit, der Hör-Zeit.

In der Konfrontation der Selektion mit der Gnadenwahl wird eine eigenartige Spiegelung auffällig, eine Art Umkehrung der Gnadenwahl im Wählen des Hörers. Insofern der Hörer das Hören steuert, kann er den Worten gegenüber werden wie Gott, der wählt und verwirft, aufnimmt und verstößt. Aus diesem Grunde kann er nur allzu leicht zum Götzen des Predigers werden (vgl. § 25). – Aber dieses Gottsein des Hörers ist nur ein scheinbares; denn in Wahrheit liegen ihm die Götzen dieser Welt Tag und Nacht in den Ohren und beschäftigen ihn »mit dem kleinen Lauschen«. Gerade in seiner Freiheit des Wählens erweist er sich als Unfreier, als ein auf mancherlei Weise Besessener. Wo er im Hören sein wird wie Gott, kann er gerade nicht hören, erweist er sich als ein Beherrschter und Bemächtigter, er wird unansprechbar für die Gnade, bis daß die Geistesgegenwart die Götter stürzt und den kleinen Mann aus dem Ohr vertreibt. Jede Predigt ist in diesem Sinne eine Machtprobe zwischen Geist und Ungeist, zwischen Gott und Göttern, zwischen Gott und dem, der sein will wie Gott. Gewinnt die Predigt Macht, setzt im Hören eine Götterdämmerung ein. Diese Machtprobe wird auf der Ebene der Kommunikation zwischen Prediger und Hörer ausgetragen, auf dieser Ebene wird der Exorzismus stattfinden – ein Göttersturz. Der Prediger ist in diesen Kampf hineingestellt. Er muß mit dem Wort den Weg durch das Nessel-Dickicht finden, muß dem Hörer mit dem Evangelium in den Ohren liegen, damit es zur Sinnesänderung, zur Umkehr komme. In der Einsicht, daß er dies aus eigener Kraft und Macht nicht kann, wird sein Dienst am Hörer zuerst ein solcher der Fürbitte sein, der Bitte um das Kommen des Schöpfergeistes, damit dieser die Selektion in Regie nehme. Die Bitte um das Wirken des Geistes wäre unglaubwürdig, wenn sie als Dispens von der Bemühung des Predigers um das Hören verstanden würde. – Bejaht man die exorzistische Aufgabe der Predigt, werden neben der Bitte um den Geist zunächst zwei Momente zu beachten und miteinander in Verbindung zu bringen sein. Einmal hat die Kommunikationsforschung aufs neue die Wichtigkeit personaler Beziehung und die Relevanz der Kommunikation in Gruppen im Blick auf die Meinungsbildung hervorgehoben (vgl. die Beiträge von Elihu Katz, Paul Lazarsfeld und Herbert Menzel bei Schramm). Zum andern ist die

Erkenntnis nochmals aufzunehmen, daß das Streitgespräch zum Exorzismus gehört (§ 18/IV). Das heißt für das Hören der Predigt: der personale Bezug von Prediger und Gemeinde ist wichtig, die Vorbildlichkeit und Glaubwürdigkeit des Predigers, respektive deren Mangel, wirkt auf den Selektionsprozeß ein. Ein Exorzist muß etwas sein, und der Mann auf der Kanzel muß stärker sein als ein kleiner Mann im Ohr seiner Zuhörer. Auch wird man beachten müssen, daß der Prediger nicht allein predigt, daß das Gemeindesein der Gemeinde die Selektion mitbestimmt. Man wird von daher das Zeugnis der Laien im allgemeinen Priestertum, die Seelsorgefunktion der Gemeinde wie die Bedeutung der Gemeindegruppen und Kreise für die Predigt neu durchdenken müssen. Wer als Prediger dem Hören dienen will, wird sich die Frage stellen, welche potentiellen opinion leaders, welche möglichen Meinungsbildner unter seinen Zuhörern sitzen. Er wird gerade bei Hausbesuchen auf solche Personen achten, wird sie als Träger eines Charisma ansehen lernen, um mit ihnen zu kooperieren. Die Mangelhaftigkeit unserer Predigt zeigt sich nicht nur in mangelhafter Vorbereitung, sondern in einer fehlenden Systematik und Organisation zur Verarbeitung der Predigt. Die Hörschule fehlt ebenso wie das Gespräch weithin fehlt (vgl. § 29). Der Begriff der Selektion zeigt die Notwendigkeit des Gesprächs als Ergänzung der Predigt, die nochmals unterstrichen würde, wollte man die »Verarbeitungsstationen« der Predigt untersuchen (vgl. Dahm).

Der heute fast allgemein laut werdende Ruf nach dem Gespräch könnte die Aufgabe verdecken, daß beim Predigen das Hören mitzubedenken ist. Mit dem Hörer wird das Hören zum »Text«, das heißt jetzt, zu einem Gestaltungsprinzip für die Predigt. Was unter dem Weg zum Hörer beschrieben wurde (§ 27), schreitet den bisherigen Hörweg des Hörers ab. Das Hören der Predigt, die eben vorbereitet wird, ereignet sich in der Zukunft. Darum ist mit dem Hörer das Hören zu »erfinden« (vgl. § 26). Der Prediger muß das Hören mit dem Entwurf seiner Predigt projektieren. Sein Projekt des künftigen Hörens kann das Hören selbst freilich nicht garantieren; es kann aber dieses Hören verbauen oder erleichtern. Dieses »Erfinden« des Hörens hat eine breite Skala von Möglichkeiten, reicht vom Kalkül zur Vision. Nicht so sehr die Art und Weise des »Erfindens« wird zum Problem, sondern vielmehr die Frage, ob der Prediger das Hören im Unverborgenen, in der Wahrheit voraussehe. Die Frage nach dem Hören wird nicht zu trennen sein von der Frage nach der Prophetie.

III

Das Hören in der Predigt

Die Analysen von Predigten beziehungsweise Predigtausschnitten mit Hilfe der durch die Kommunikationsforschung ans Licht gebrachten Erkenntnisse mag dem Prediger helfen, sich einige Probleme – vielleicht über das Problem der Selektion hinaus – bewußt zu machen, denen er sonst meist unreflektiert begegnet. Ich versuche zunächst zwei Predigtanfänge von Barth und Bultmann miteinander zu konfrontieren (vgl. § 7/III). Diese Konfrontation mag zeigen, wie verschiedenartig das Hören in die Predigt eingebracht werden kann. Selbstverständlich müßte man eine Untersuchung an Predigten durch Hörerbefragungen ergänzen. Was hier aus Predigten abgeleitet wird, müßte empirisch erhärtet werden. Ein Prediger, dem nicht nur am Zustandekommen seiner Predigt, sondern auch an der Zukunft des Wortes gelegen ist, wird darum in seiner Gemeinde immer ein wenig Kommunikationsforschung treiben und kritisch fragen, inwiefern er das, was er sagen wollte, auch zu Gehör bringen konnte.

Ich wähle bewußt diese beiden Predigten aus, weil sie in letzter Zeit mehrfach analysiert worden sind. Vgl. *Joachim Konrad,* Die evangelische Predigt, 281ff. Konrad stellt auch die Texte der beiden Predigten nebeneinander. – *Friedrich Wintzer,* Die Predigt als Ermutigung zum Dialog, Fides et communicatio, Festschrift Martin Doerne, Hg. Dietrich Rössler, Gottfried Voigt und Friedrich Wintzer, 1970, 428ff. – *Christian Möller,* Von der Predigt zum Text, 1970, verhandelt vor allem die Predigt Bultmanns unter der Frage »Wohin übersetzt die Predigt ihren Hörer?« (143ff). Möller zieht aber auch die Predigt Barths zum Vergleich heran (155f).

Karl Barth zu Mt 6,24–34:

»Ihr *könnt* nicht! sagt uns Jesus Christus. Er sagt nicht: Ihr sollt nicht! Er sagt nicht einmal: Ihr dürft nicht! Er sagt: Ihr *könnt* nicht! Wie eine Zugbrücke in einer mittelalterlichen Burg geht das in die Höhe, wie ein eiserner Vorhang in einem modernen Theater geht das hernieder, schneidet uns das ab, rettet und verbirgt uns das vor der Gefahr, vor der Sünde. Sie ist da, sie bedroht uns, aber sie kann uns nichts anhaben. Wir stehen diesseits, wo sie sich nicht auswirken kann. Durch das Wort, ganz allein durch das Wort Jesu Christi geschieht das und ist das wahr – weil er es uns sagt, indem wir es als von ihm gesagt hören und aufnehmen, daran hangen und darin bleiben: Ihr könnt nicht! Ihr könnt *nicht* Gott dienen und dem Mammon! Darum sage ich euch: Sorget nicht für euer Leben. Darum sollt ihr nicht sorgen und sagen: Was werden wir essen, was werden wir trinken, womit werden wir uns kleiden? Darum sorget nicht für den anderen Morgen! Darum, weil *ich* euch sage: Ihr könnt nicht Gott dienen und dem Mammon! O, wir von uns aus, wir ohne das Wort Jesu Christi können sehr wohl! Und wenn wir das Wort Jesu Christi aus unserem Leben wegdenken wollten, dann müßten wir sofort hinzufügen: Wir können nicht nur, wir tun es auch, wir sorgen tatsächlich, wir dienen tatsächlich, ein jeder an seinem Ort, nach seinem Maß und in seiner Weise, Gott und dem Mammon. Aber wir sind nicht ohne das Wort Jesu Christi, und dieses Wort aus unserem Leben wegzudenken, ist ein eitles Unternehmen. Spätestens jetzt, in dieser Stunde, ist es auch zu uns, zu dir und mir gekommen, in treuer Erfüllung dessen, was uns in unserer Taufe zugesagt und verheißen wurde. Und ist es zu uns gekommen, so ist es bei uns, so herrscht es über uns, so gilt es für uns, für dich und für mich in voller Kraft: Ihr könnt nicht« (Fürchte Dich nicht!, 1949, 94f. – Konrad, 281f)!

Barth beginnt seine Predigt mit einem »Panthersprung« (Gottfried Benn), springt seine Hörer an mit Jesu Wort. Er beginnt gerade nicht mit dem Einsichtigen des Textanfanges, nicht mit dem Sprichwörtlichen »Niemand kann zwei Herren dienen«. Würde er mit dem Einsichtigen beginnen, hätte er sehr wahrscheinlich das Einverständnis der Hörer, und die Hörer hätten die Langeweile. Unter Umständen würde er den Hörer bestätigen, was er nun gerade nicht will. Auch würde er dem Hörer nichts Neues sagen. Im Wiederholen des Sprichwörtlichen würde er einen Spruch machen, die Mitteilung des schon Bekannten (Redundanz) wäre falsch plaziert. Der erste Satz reißt eine Wunde ins Feld der Gewohnheit. Er verfremdet nicht, er sagt das Fremde. Jesu Wort ist das Fremde und dies soll den Hörer packen, sich ins Fleisch des Hörers eingraben. – Barth rechnet von vornherein mit der Selektion, rechnet mit dem Überhören und Umdeuten des Hörers. Es gehört zu den Qualitäten von Barths Predigtweise, daß er dem Hören in besonderer Weise Rechnung trägt. Was in seiner Predigtdefinition fehlt, fehlt in seiner Predigt nicht. Der erste Satz »Ihr *könnt* nicht!« läßt die Möglichkeit offen, das Können als Dürfen zu verstehen. Der Prediger gewinnt »von vornherein einen *Vorsprung* vor allen Fragen und Zweifeln« (Möller, 155) und begegnet sofort einer möglichen moralischen und gesetzlichen Umdeutung, auf die er freilich nicht eingeht, die er aber in dramatischer Steigerung mit dem Jesuswort konfrontiert. »Er sagt nicht: Ihr solltet nicht! Er sagt nicht einmal: Ihr dürft nicht! er sagt: Ihr *könnt* nicht!« Diese Steigerung der Aussage zeigt, inwiefern Barth den Hörer analysiert und sein Hören projektiert. Die Wiederholung des Textwortes gleicht einem tieferen Biß. Nicht der Befehl, sondern die neue Situation im Wort Jesu soll unter die Haut gehen. Ein Überhören und Umdeuten von Jesu Wort ist bereits schwierig geworden; jetzt bliebe noch das Karikieren, um die Aussage als absurd zu erklären. Diesen Fluchtweg schneiden die beiden Vergleiche ab. Die Wahl der Bilder nimmt hier das Hören auf, Mittelalter und Theater, Vergangenes und Spiel werden beschworen, der Widerstand des Hörers wird in die Bildwahl eingebracht, aber nicht, um beim Widerstand des Hörers zu verweilen, sondern um seinen Widerstand zu denunzieren und zu entlarven. Der Prediger will den Hörer aus dem Selbstbetrug in die neue Situation des Wortes hereinholen. »Wie eine Zugbrücke in einer mittelalterlichen Burg geht das in die Höhe, wie ein eiserner Vorhang in einem modernen Theater geht das hernieder...« (In der Predigt über Psalm 103 haben die Vergleiche mit der Mutter und dem Offizier eine ähnliche Funktion, sie verfremden und ziehen den Text in die Existenz des Hörers, vgl. § 6/VI.) Der Verweis auf das Mittelalter und auf das Theater erscheint sozusagen als List des Predigers, er solidarisiert sich mit dem Hörer,

dem der Text befremdlich ist, um ihm genau das Befremdliche noch
einmal zu sagen: »Durch das Wort, ganz allein durch das Wort Jesu
Christi geschieht das und ist das wahr – weil er es uns sagt, indem wir
es als von ihm gesagt hören und aufnehmen, daran hangen und darin
bleiben: Ihr könnt nicht!« Der Prediger kalkuliert einen weitern Widerstand des Hörers. Darum wird Jesu Wort nochmals – und nun mit anderer Betonung – wiederholt. So geht es weiter im Text und zwar in der
Weise, daß er komprimiert wird, indem der Prediger Vers 25a mit dem
Vers 31 und 34 kombiniert. Nach einem dreimaligen »Darum« kommt
ein viertes, das zu einem Fortissimo ansetzt: »Darum, weil *ich* euch
sage: Ihr könnt nicht Gott dienen und dem Mammon!« Jesu Wort ist
damit in seiner ganzen Fremdheit vor den Hörer gestellt. Wäre hier die
Einleitung zu Ende, bliebe der Widerstand des Hörers wohl ungebrochen; denn immer noch erscheint das, was der Prediger sagt, dem Hörer
als unmöglich, und der Prediger sucht jetzt die Verständigung mit dem
Hörer. »O, wir von uns aus, wir ohne das Wort Jesu Christi können sehr
wohl!« Was wir können, wird nun nicht beschrieben, vielmehr wird der
Grund unseres »Könnens« aufgedeckt und damit »verbeißt« sich der
Prediger noch mehr in seine Hörer. »Und wenn wir das Wort Jesu Christi
aus unserem Leben wegdenken wollten, dann müßten wir sofort hinzufügen...« Mit dieser Hinzufügung wird nochmals die Erfahrung des Hörers aufgenommen. Der Prediger spricht nun mit dem Hörer gegen den
Text, um die Situation des Hörers namhaft zu machen, die in der Predigt überwunden werden soll. »Wir können nicht nur, wir tun es auch,
wir sorgen tatsächlich, wir dienen tatsächlich, ein jeder an seinem Ort,
nach seinem Maß und in seiner Weise, Gott und dem Mammon.« Barth
bestätigt damit den Hörer. Eine Bestätigung, die später wiederholt und
verstärkt wird, indem der Prediger an sich selbst expliziert, wie ein Dop-
peldienst aussieht. »Gott *und* dem Mammon dienend würde ich etwa so
zu mir selbst sprechen...« Das lange, hier nicht zitierte Selbstgespräch
bekommt mit seiner Rahmung im Horizont der Kommunikationsforschung besonderes Gewicht. Der Prediger stellt sich in gewisser Weise
als »Vorbild« vor, als einer der Hörer, sozusagen als Hörer vorab. Das
Selbstgespräch macht den Prediger glaubwürdig, es schafft Distanz zum
Text und erleichtert das Hören des Textes. Der Prediger kommuniziert
hörend mit dem Hörer. Das Alte, das Bekannte, die Redundanz werden
hier nicht auf den Text, sondern auf die Hörer und auf den Prediger bezogen. Würde sie fehlen, wäre die »Nachricht«, »Ihr könnt nicht Gott
dienen und dem Mammon!« wenig überzeugend, Jesu Wort bliebe in
der Luft hängen. In der Anknüpfung an das dem Hörer Bekannte sucht
der Prediger das Ohr des Hörers für das Neue, für Jesu Wort. Die Bestätigung des Hörers dient zugleich seiner Verunsicherung: »Aber wir
sind nicht ohne das Wort Jesu Christi...«

Rudolf Bultmann zu Mt 6,25–33:

»Ich habe diesen Text gewählt, weil unsere Zeit voll Sorge ist; aber auch weil der Text dem Verständnis schwierig ist und manchen bedrückt, manchem ein Anstoß und gar Anlaß zum Spott ist.

Der Text mahnt: ›Sorget nicht!‹ Befremdlich klingt solche Mahnung in unser Leben hinein. Denn zum menschlichen Leben scheint es doch zu gehören, daß es von Sorgen erfüllt, von der Sorge bewegt ist, so sehr, daß ein Philosoph unserer Zeit die Sorge geradezu als die Grundverfassung des Menschen bezeichnet hat. Der Mensch ist ja ein zeitliches Wesen; seine Gegenwart steht immer vor einer Zukunft und ist deshalb immer von der Frage bewegt: Was wird die Zukunft bringen? Es ist nicht immer eine Frage froher Erwartung, sondern oft die Frage quälender Sorge. Werden wir durchkommen? So fragt unser Volk. Wird mein Werk gelingen? So fragt, wem Schweres zu tun obliegt. Wird meine Arbeit Frucht bringen? So fragt, wer sich und die Seinen erhalten muß. Wird der, um den ich mich sorge, mir erhalten bleiben? So fragt, wer um das Leben eines Geliebten bangt. Wohl jeder kennt die Sorge, die der Nacht den Schlaf raubt« (Marburger Predigten, 1956, 14f. – Konrad, 292f).

Der Hinweis auf das den Predigten von Barth und Bultmann Gemeinsame mag den Unterschied zwischen beiden umso deutlicher hervorheben. Auch Bultmann stellt den Text gegen den Hörer, auch er proklamiert den Text. – Es gäbe ja noch eine andere Möglichkeit, den Hörer einzubringen, indem man das Glücksverlangen des Menschen hier anführt, um zu zeigen, daß Jesus der Sehnsucht jedes Menschen entgegenkommt. Dann würde der Text gebraucht, um den Hörer zu bestätigen. Obwohl Bultmann im vierten Abschnitt auf den »Wunschtraum der Sorglosigkeit« (Konrad) zu sprechen kommt, geht er einen andern Weg. Der Prediger hat den Text verlesen und motiviert mit zwei Begründungen die Textwahl (vgl. § 6/IV). »Ich habe diesen Text gewählt, weil unsere Zeit voll Sorge ist.« Bultmann stellt den Text als Gegen-Satz zur Zeit hin, ihm eignet Antwortcharakter. Dieser erste Satz Bultmanns setzt den Text als klar voraus. Im zweiten Satz begründet Bultmann seine Textwahl auch mit der Schwierigkeit des Textes. Spricht er zuerst als Prediger und Seelsorger, spricht er jetzt als Exeget und Apologet: »aber auch weil der Text dem Verständnis schwierig ist und manchen bedrückt, manchem ein Anstoß und gar Anlaß zum Spott ist.« Die Begründung der Textwahl ist zugleich eine Selbstvorstellung des Predigers, der sich von Anfang an als »ich« vorstellt. Ein Theologe wird sprechen, der zur Zeit etwas zu sagen hat. Ein Exeget wird sprechen, der einen dunkeln Text erhellen wird. Mit seinem Anfang schafft Bultmann Vertrauen. Den Sorgenden und Fragenden wird verheißen, daß sie etwas zu hören bekommen.

Impliziert die Tiefenstruktur des ersten Satzes bei Barth, daß er im Namen Jesu spricht und Jesu Autorität für sich in Anspruch nimmt, so spricht Bultmann zum vornherein im eigenen Namen als Theologe, als Neutestamentler. Setzt Barth den Text gleichsam vor seine Person, so stellt sich Bultmann gleichsam vor den Text. Seine Autorität wird den Text decken. Wählt Bultmann den Text aus den angegebenen Gründen, wird es sich schon lohnen, auf ihn zu hören. Die Selbstvorstellung des Predigers setzt voraus, daß er als eine gut angesehene Informationsquelle gilt (vgl. bei Schramm, 59). Der Prediger bringt sein Ansehen sofort ins Spiel. Die Begründung seiner Textwahl wird schon Nesseln aus dem Ohr des Hörers reißen. Sie ist in ihrer Knappheit meisterlich und entspricht der Atmosphäre eines Universitätsgottesdienstes. Die Proklamation des Textes ist vorbereitet: »Der Text mahnt: ›Sorget nicht!‹« – Was Barth darstellt, die Fremdheit des Wortes, beschreibt Bultmann. »Befremdlich klingt solche Mahnung in unser Leben hinein.« Barth dramatisiert, Bultmann betrachtet. Dieses Befremdliche wird sofort vertieft mit dem Hinweis auf Heidegger, wobei eine leise Distanzierung mitschwingt. »Denn zum menschlichen Leben scheint es doch zu gehören, daß es von Sorgen erfüllt, von der Sorge bewegt ist, so sehr, daß ein Philosoph unserer Zeit die Sorge geradezu als die Grundverfassung des Menschen bezeichnet hat.« Die Vokabel »scheint« schafft Spannung, sie distanziert sich von der Aussage und erhält das Vertrauen des Hörers. Würde Bultmann hier den Satz des Philosophen behaupten, würde er sich in Gegensatz zum Text stellen. Seine Aussage könnte unernst klingen. Bultmann aber bleibt nicht bei der Distanzierung durch die Vokabel »scheint«. Er hebt diese Distanzierung im folgenden Satz durch ein »ja« und ein »immer« auf. »Der Mensch ist ja ein zeitliches Wesen; seine Gegenwart steht immer vor einer Zukunft und ist deshalb immer von der Frage bewegt: Was wird die Zukunft bringen?« – Wenn Barth den Hörer in einem »Panthersprung« anspringt, erörtert Bultmann. Die Kanzel wird zum Katheder. Die Kommunikationsforschung zeigt, daß der Hörer am liebsten eine distanziert vorgetragene Darstellung akzeptiert. Das Eingehen auf die »Grundverfassung« des Menschen schafft eine solche Distanzierung. – Würde Bultmann im Stil der zuletzt zitierten Sätze fortfahren, böte er damit ein Stück Philosophie zum Sonntagvormittag. Das Interesse würde schnell erlahmen. Auch Bultmann wechselt die Art und Weise der Aussage. Das Fragen nach der Zukunft wird detailliert. Viermal heißt es: »So fragt«, »unser Volk«, »wem Schweres zu tun obliegt«, »wer sich und die Seinen erhalten muß«, »wer um das Leben eines Geliebten bangt«. Die Predigt wird am 15. November 1936 gehalten. Im Juli begann der spanische Bürgerkrieg. Im August wurde die zweijährige Dienstpflicht eingeführt, und der November brachte die Gründung der Achse Rom–Berlin. Diese Tagesereignisse anführen heißt, einen Hörfaktor mitbenennen, der das Hören der Predigt mehr oder weniger mitbestimmt. Die Tagesereignisse gehören mit zu der Beschäftigung »mit dem kleinen Lauschen«. Die Bedeutung einer Predigt für den Hörer kann nicht ohne Kenntnis der Tagesereignisse reflektiert werden. – Endlich vermeidet Bultmann eine falsche Pauschalisierung (vgl. § 23/II/3), indem er die Zuspitzung der Sorge als Vermutung und nicht als Behauptung ausspricht: »Wohl jeder

kennt die Sorge, die der Nacht den Schlaf raubt.« Würde der Prediger
die Vokabel »wohl« streichen, wären damit die Hörer mit gutem Schlaf
vom weitern Hören dieser Predigt dispensiert und könnten – schlafen.
Die kleine Vokabel »wohl« zeigt, wie sehr dieser Prediger das Hören
bedenkt, wie überhaupt in diesem Text die Füllwörter eine für den Hörer entscheidende Funktion bekommen. Hier sind die Füllwörter keine
»Laster«.

Vergleichen wir nun die beiden Predigtanfänge, so spielt der Hörer
und das Hören in beiden eine je verschiedene Rolle. Barth erteilt dem
Hörer das Wort gleichsam zwischen den Zeilen. Er ehrt ihn, indem er
ihm widerspricht. Er befindet sich in einem virtuellen Dialog. Bei Barth
spricht der Hörer mit, indem ihm das Wort entzogen wird. Anders Bultmann. Er macht beim Hörer Aufenthalt, er tritt als Fachmann des Textes auf und macht sich als solcher zum Sprecher des Hörers, indem er
sich einerseits distanziert und andrerseits identifiziert. Sein Aufenthalt
beim Hörer führt ins Detail der Hörerfragen, in die jeder sein Fragen
einbringen kann.

Beide Prediger proklamieren nicht nur den Text, beide bestätigen den
Hörer. Barth bestätigt ihn in seiner eschatologischen Existenz, in seinem neuen Sein. Er bestätigt ihn in seiner Gnadenwahl, versucht den
Hörer so zu verstehen, wie ihn der Text versteht. Würde er nur vom
neuen Sein sprechen, wäre die Predigt leicht überhörbar, weil eben der
Hörer und sein Hören übergangen würde. Deswegen bestätigt Barth
den Hörer auch in seiner Gegnerschaft gegen den Text, eine Gegnerschaft, deren Einwände er damit aufnimmt, daß er sie als seine eigene,
unmögliche Möglichkeit schildert. So ist es gar nicht mehr nötig, daß
der Hörer in der Oberflächenstruktur der Predigt zu Worte kommt. Er
nimmt die Hörereinwände in der Weise auf, daß er ihnen zuvorkommt.
Darum braucht er sie gar nicht erst zu schildern, wie dies schlechte Prediger so gerne und langweilig zu tun pflegen. Dieser Prediger bringt zu
Gehör, was er sagen will, Jesu Wort wird neu zur Sprache gebracht. –
Bultmann fragt nach dem Selbstverständnis des Hörers, nimmt dieses
Selbstverständnis scheinbar auf, um dem Wort den Weg durch die Nesseln freizulegen. Er stellt sich mit dem Hörer dem Text gegenüber, freilich nicht, ohne dem Text das Wort erteilt zu haben. So bestätigt Bultmann den Hörer nicht nur, er verunsichert ihn auch, indem er ihn bei
seinem Sosein und beim Text behaftet.

Am Vergleich der beiden Predigten mögen auch die Gefahren der
beiden Predigtweisen deutlich werden. Wer Barths Manier folgt, wird
leicht über die Köpfe hinwegreden, wenn er übersieht, was hier im Blick
auf das Hören das Wichtigste ist. Wie in der Musik, so ist das Ausgesparte, das Nicht-Gesagte, die Pause entscheidend für den Klang der
Töne. Barth kann darum auf Füllwörter verzichten. Wer Barths Manier
folgt, wird im Blick auf das Hören des Hörers mit besonderer Aufmerk-

samkeit auf das Ausgesparte, das Nicht-Gesagte, die Pause achten. – Wer Bultmanns Manier folgt, begibt sich in Gefahr, daß die Situation für ihn zum Sumpf wird, in dem er stecken bleibt; die Distanzierung vom Text bestimmt dann das Hören. Kann man in der Schülerschaft Barths sehr wohl über die Köpfe hinwegreden, kann man in der Schülerschaft Bultmanns sehr schnell über das Evangelium hinwegreden (vgl. auch die kritischen Anfragen von Möller zu Bultmanns Predigt selbst).

Der Stückwerkcharakter des Predigens und Hörens zeigt das Ungenügen einer bloß monologischen Predigtstruktur und erfordert eine Ergänzung der Predigt durch das Gespräch: Die Predigt eröffnet das Gespräch mit dem Hörer; das Gespräch mit dem Hörer führt zur Predigt. – Das Gödenrother Gespräch bietet sich als ein weiterführendes Modell an.

§ 29

DAS GESPRÄCH

I

Die gegenseitige Zuordnung von Predigt und Gespräch

Wolf-Dieter Marsch, Gespräch vor Gott, in: Gemeindeveranstaltungen zum Kirchenjahr, hg. v. Ludwig Schmidt, 1960, 21ff. – *Gerhard Bassarak,* Verkündigung im Gespräch, in: Evangelium und mündige Welt, hg. v. Helmut Ristow u. Helmut Burgert, 1962, 51ff. – *Ludwig Reiners,* Die Kunst der Rede und des Gesprächs, 1962⁴, 121ff. – *Franz Pöggeler,* Methoden der Erwachsenenbildung, 1964, 114ff (Lit.). – *Ders.,* Konkrete Verkündigung, 1970. – *Martin Ohly,* Verkündigung und Gespräch, in: Fantasie für Gott, hg. v. Gerhard Schnath, 1965, 63ff. – *Helmut Schelsky,* Ist die Dauerreflexion institutionalisierbar?, in: Auf der Suche nach Wirklichkeit, Ges. Aufs., 1965, 250ff. – *Helmut Gollwitzer,* Nachwort des Autors, in: Zuspruch und Anspruch NF, 1968, 220ff. – *Walter J. Hollenweger,* Dialogisch predigen, in: PSt1, 1969, 203ff. – *Geiko Müller-Fahrenholz,* Diskussion im Gottesdienst? Lutherische Monatshefte 8, 1969, 216ff. – *Friedrich Wintzer,* Die Predigt als Ermutigung zum Dialog, in: Fides et Communicatio, Festschrift Martin Doerne, hg. v. Dietrich Rössler, Gottfried Voigt u. Friedrich Wintzer, 1970, 428ff. – *Franz Jantsch,* Man kann auch anders predigen . . ., 1970. – *Pius Siller,* Das Predigtgespräch, in: Günter Biemer (Hg.), Die Fremdsprache der Predigt, 1970, 89ff. – *Theophil Vogt,* Herausforderung zum Gespräch. Die Kirche als Partner im gesellschaftlichen Dialog, 1970.

Ich beginne mit einer Vorerwägung, indem ich auf einen Strukturunterschied zwischen Christologie und Pneumatologie zurückgreife (vgl. § 4). Dem solus Christus entspricht der solus praedicator, dem Christus allein entspricht der Prediger als Solist mit seiner monologischen Rede. Mit dem pneuma aber korrespondiert die Mehrstimmigkeit, der eine Geist führt in vielen Geistern ein Gespräch. – Diese beiden Strukturen stehen sich so wenig alternativ gegenüber wie Pneumatologie und Christologie. Sie stehen vielmehr füreinander, sie bedingen einander so sehr, daß sie ohne einander nicht sein können. Christus ohne Geist wäre nicht wirklich, und der Geist ohne Christus wäre nicht wahr. Christus ohne Geist und Geist ohne Christus wären je das Gegenteil dessen, was ihr Name besagt.

Nach dem Johannesevangelium hat Christus die Funktion, den Geist anzukündigen. Wie der Täufer Vorläufer des Christus ist, so ist Christus Vorläufer des Parakleten (vgl.

Günther Bornkamm, Der Paraklet im Johannesevangelium, in: Festschrift zum 65. Geburtstag von Rudolf Bultmann, 1949, 12ff). Andrerseits hat der Paraklet keine andere Aufgabe, als auf Christus zu weisen, an sein Wort zu erinnern (14,26), von ihm zu zeugen (15,26), ihn zu verherrlichen (16,14). – Ist Jesus Christus der Prediger des Geistes, wird der Geist zum Prediger Christi; »denn aus dem Meinigen wird er es nehmen und euch verkündigen« (16,14). Wenn Christus den Geist mitteilt (20,22), so teilt der Geist Christus aus. Christus ist uns nicht gegenwärtig ohne Geist, und der Geist ohne Christi Gegenwart trügt.

Aus diesen Überlegungen ergibt sich eine Konsequenz für die richtige Verkündigungsstruktur. Die Predigt des einen Christus durch einen Prediger verlangt nach dem Gespräch der Vielen, die dem Wort glauben oder glauben möchten. Die Predigt provoziert das Gespräch, oder sie weckt und wirkt nicht, was sie wecken und wirken soll, das Fragen und den Glauben. – Als »Zuspruch und Anspruch« heischt die Predigt Antwort, und diese Antwort kann zunächst ein Fragen sein; damit stellt eine Predigt, die das Gespräch provoziert, ins Fragen. Fragend dokumentiert der Hörer, daß er hört, im Fragen macht sich der Glaube auf, nach der Wahrheit zu suchen und die Antwort zu gewinnen.

So weckt die Pfingstpredigt das Fragen, das sofort laut wird: »Was sollen wir tun« (Apg 2,37)? – Verbietet Paulus den Frauen das Fragen im Gottesdienst, macht er damit erst recht deutlich, wie sehr die Verkündigung ins Fragen führt (vgl. 1 Kor 14,35). Die Verkündigung eröffnet offenbar einen Lernprozeß, der im Fragen weitergeht. Wie Christus dem Parakleten vorausläuft, so wird der Monolog des Predigers dem Gespräch voraus laufen. Begeistert die Predigt (vgl. § 4), – und ist der Geist, mit dem die Predigt begeistert, nicht ein Geist des Todes, sondern ein Geist des Lebens, so wird er zum Gespräch begeistern. Im Gespräch lebt das Leben.

> Kommt, reden wir zusammen
> wer redet, ist nicht tot
> (Gottfried Benn, GesW I, 320).

Das gepredigte Wort soll durch Lehre Leben schenken und zum Lebensgehorsam führen. Dazu braucht es einen Lernprozeß, und hier liegt die Aufgabe des Gesprächs. Ist dem Predigen der neutestamentliche Begriff des Kerygma zuzuordnen, wird das Gespräch vor allem zum Ort der Didaskalia, der Belehrung. Diese Relation »Predigt-Gespräch« läßt sich theologisch nicht nur vom Strukturunterschied in der Pneumatologie und Christologie her, sie läßt sich ebenfalls und möglicherweise einleuchtender von der Menschlichkeit des Predigens her postulieren. Wer das Redemonopol für sich allein beansprucht, wirkt unmenschlich. Wer nur Reden hält und keine Gespräche zu führen versteht, wer also nicht zuzuhören weiß, wird als Redner auch kein Gehör finden. Wer nur redet, erhebt sich selber zu einer Art von Hoch-Gott. Er entzieht sich der Prüfung seiner Worte und demonstriert damit seine Gleichgültigkeit, nicht nur gegenüber seinen Hörern, sondern auch gegenüber der Zukunft seiner eigenen Worte. – Die Notwendigkeit eines die Predigt ergänzenden Gesprächs läßt sich von der Menschlichkeit des Predigens her doppelt begründen. Einmal ergibt sich aus der menschlichen Beschränktheit des Predigers und aus dem Stückwerkcharakter seines Predigens, daß sein Predigen der Ergänzung durch das Gespräch bedarf. Predigt ist als menschliche Rede immer ergänzungsbedürftig. – Zum andern erweist es sich als notwendig, daß der Predigt ein Gespräch folgen muß, sobald der Prediger seine Hörer ernst und sein eigenes Predigen auch für sich selbst verbindlich nimmt. Zum gemeinsamen Hören gehört das Gespräch schon deshalb, weil auch das Hören des einzelnen je unvollkommen ist. – Damit sind wir bei einer letzten und praktisch wohl wichtigsten Begründung des Gesprächs: das Gespräch hilft hören und – behalten! Das Gespräch dient der Erinnerung in der Regel besser als eine Rede.

Die Gedächtnispsychologie macht uns diesen Sachverhalt deutlich. Nach einer Faustregel behält der Mensch etwa 10% des Gelesenen, etwa 20% des Gehörten und etwa 60% dessen, was er hört, sieht und diskutiert, und 90% dessen, was er durch eigenes Suchen entdeckt, wofür er kämpfen und leiden muß. Eine solche Statistik spricht gegen alle Konsumhaltung im Gottesdienst (Dahm).

Sie spricht freilich nicht grundsätzlich gegen die Predigt – sonst würden wir sie einseitig als »Lehre« mißverstehn – wohl aber für das Gespräch, für die Zuordnung von Predigt und Gespräch. – Im Horizont dieser Überlegungen wäre *Predigt* zu verstehen *als Vorwort zu einem Gespräch,* als Einleitung zu einem Gespräch des Glaubens.

Zum Predigtnachgespräch: *Franz Pöggeler,* Konkrete Verkündigung, 130ff. – *Franz Kamphaus,* HdV II, 150f.

Würde man nur diesen Aspekt gelten lassen, hätte dies zur Folge, daß man in der Relation »Predigt–Gespräch« die Predigt abwertet. War beim heiligen Thomas die Predigt verstanden als Hinführung zur Messe und ihrem Heilsgeschehen, würde man jetzt die Predigt verstehen als Hinführung zum Gespräch, als dem alleinigen Gnadenort. Nicht die Predigt, erst das Gespräch würde dann zur Stätte der Heilswirksamkeit. Solche Abwertung der Predigt gegenüber dem Gespräch wäre allerdings fatal, obschon sie nach so viel praktizierter Nichtachtung des Gespräches verständlich wäre. Die Relation »Predigt–Gespräch« wäre dann nicht mehr im Sinne einer gegenseitigen Ergänzung gesehen, sondern im Sinne einer Steigerung. Eine solch einseitige Sicht würde weder der Predigt noch dem Gespräch guttun.

Da Predigt und Gespräch sich ergänzen, erheischt nicht nur die Predigt das Gespräch, auch das Gespräch ist aus auf die Predigt, es bedarf der Ergänzung durch die Predigt. Indem die Predigt den Hörer ins Fragen stellt und indem der Hörer fragt, wird es nicht nur bei einem Frage- und Antwortspiel bleiben; sofern der Prediger als der nun Gefragte etwas zu sagen hat, wird er aufs Neue predigen. Dies kann im Gespräch selbst, es kann aber auch nach einem Gespräch, auch auf der Kanzel geschehen; dann aber ist das *Gespräch ein Vorwort zur Predigt.*

Im Gespräch kommuniziert der Prediger mit dem Hörer, der Redner wird zum Hörer, der Lehrer zum Schüler, der Prophet zu dem, der sich beurteilen läßt. Gehört das Gespräch zu einem Lernprozeß, ist der Prediger der erste, der in diesen Prozeß verwickelt ist. Er vor allem ist hier der Lehrling. Gibt es kein Gespräch, geht die Predigt ins Leere, und ihr Antwortcharakter trägt die Spuren des Gespenstischen. Im Gespräch bezieht der Prediger die Informationen, die er nötig hat, um predigen zu können. Im Gespräch vollzieht sich das Mitleben mit der Gemeinde und mit der Zeit.

> Kommt, reden wir zusammen
> wer redet ist nicht tot.

Im Gespräch schaut der Dolmetscher den Leuten aufs Maul, lernt der Prediger das Sprechen.

Damit aber ist die Behauptung noch nicht bewährt, daß das Gespräch ein Vorwort der Predigt sei. Lebt ein Gespräch von seinem Gegenstand, hält die Predigt das Gespräch bei der Sache. Predigt als Namenrede artikuliert das Zentrum aller Gespräche. Weil das Wort Gottes nicht ein Wort ist, das ich selbst finde, hat das Gespräch die Predigt nötig und zwar nicht nur als Namenrede − der Name kann auch im Gespräch genannt werden −, sondern als Schriftrede. Ein Buch wird aufgeschlagen, ein Text wird verlesen, von ihm her wird geredet. Allerdings kann dies auch in der Weise des Gesprächs geschehen. Zur Hochsprache aber gehört, daß einer spricht, einer, der den Auftrag hat. Der Autorität des Herrenwortes entspricht die Ausrichtung dieses Wortes durch einen einzelnen Diener.

Dazu kommt, daß der Stückwerkcharakter menschlicher Rede auch dem Gespräch eignet. Es ist nicht nur so, daß sich im Gespräch Gedanken entwickeln (Kleist, vgl. § 21/II/5). Ein Gespräch, das Fragen stellt, kann sich unter Umständen mit spontan gegebenen Antworten nicht zufrieden geben, noch weniger kann es bei einer bloßen Zelebration des Fragens bleiben. Das Gespräch muß sich vertagen, es bedarf des Schweigens, aus dem ein neues Wort wächst. So provoziert das Gespräch seinerseits die Predigt. − Damit ist nicht ausgeschlossen, daß die Predigt ihrerseits Frage sein kann. Fragen und Antworten darf nicht alternativ gegeneinandergestellt werden.

Es ist *Hans-Dieter Bastian* zu danken, daß er in der »Theologie der Frage« versucht, die homiletische Bedeutung der Frage zu verdeutlichen. Allerdings verfällt er einer fatalen Alternative, wenn er postuliert, »daß die kirchliche Rede nicht mit Antworten, sondern mit Fragen Gott den Raum schafft, der ihm gebührt« (336). Wenn Bastian Iwand zum Kronzeugen aufruft für eine theologische Ablehnung der Frage (320), so beruht das Zitat − wie auch andere Zitate in diesem Buche − auf einem Mißverständnis. Iwand äußert sich nicht über die theologische Didaktik, spricht vielmehr eine ganz bestimmte Situation an. Iwand spricht zu gestellten Fragen, Bastian über zu stellende

Fragen. Auch sollte der Unterschied zwischen Seelsorge und Didaktik nicht übersehen werden!

Mit dem Stichwort »Seelsorge« wird schon eine Gesprächsform angedeutet, die als Urelement des Gesprächs gelten kann, das Zwiegespräch. Der Prediger benötigt es ebensosehr wie der Hörer.

Eduard Thurneysen hat oft erzählt, wie Christoph Blumhardt in seinen Gesprächen auf die Sonntagspredigt verweisen konnte, dort werde sein Partner etwas zu hören bekommen. (Vgl. dazu: Die Lehre von der Seelsorge, 1946, 111f. – Seelsorge als Verkündigung, EvTh 22, 1962, 297ff.) Hier wird Predigt offenbar verstanden als Abschluß eines Zwiegespräches. Damit wird das Private in einer gewissen Weise entprivatisiert. Erfolgte das Fragen in der Stille, so erfolgt das Antworten in der Öffentlichkeit, freilich ohne daß dadurch das Fragen in der Stille denunziert würde. Die Predigt dient dem Zwiegespräch, wie andrerseits das Zwiegespräch der Predigt dient. (Ich selbst habe immer wieder beobachtet, daß ich viel leichter predige, wenn ich in der Woche eine oder mehrere seelsorgerliche Begegnungen hatte.)

Versucht man die Relation »Predigt–Gespräch« zu bestimmen, so stehen beide zueinander in einem diakonischen Verhältnis. Beide brauchen einander. Insofern der Begriff »Seelsorge« sich auf die Beziehung »Predigt – einzelner Hörer« eingrenzt, muß er erweitert werden. Gespräch meint nicht nur Zwiegespräch, und wenn Seelsorge und Unterweisung wohl zu unterscheiden sind, sind sie nicht einfach zu trennen. Das Gespräch hat seine Funktion sowohl im Blick auf die Seelsorge als auch im Blick auf die Unterweisung oder die Erwachsenenbildung.

Aber nun zeigt es sich, daß wir – abgesehen von den evangelischen Akademien und vom Kirchenfunk – ein institutionalisiertes Gespräch kaum kennen, das seine Aufgabe erfüllt und die Predigt aus ihrer Isolierung befreit. Die Tischgespräche Blumhardts haben kaum eine Fortsetzung gefunden. Die hie und da geübten Predigtvor- und Predigtnachgespräche sind vielleicht besser als nichts, vermögen aber die monologische Struktur des Gottesdienstes nicht zu verändern. Darum stellt sich die Frage, *inwiefern sich das Gespräch wieder in den Gottesdienst einbauen läßt.*

Ich nehme damit das Postulat von *Helmut Gollwitzer* auf: »Wir brauchen Gemeindeversammlungen (und was sind denn Gottesdienste, wenn wir sie nicht von einem allgemeinen Begriff des Sakralen, sondern vom Neuen Testament her bestimmen, anderes als Versammlungen der Gemeinde als einer christlichen zur Ausrüstung für ihr Leben und ihren Dienst in der Welt?), in denen Information und Diskussion ebenso ihren Platz haben wie Bibelauslegung, Gebet, Lobgesang, prophetische Anrede und Eucharistie. Nicht alles davon wird in jeder Gemeindeversammlung geschehen können. Die Zusammenkünfte werden also abwechselnd verschiedene Tagesordnung und damit auch verschiedenen Stil haben« (238).

Eine solche Integration des Gesprächs in den Gottesdienst scheint mir wichtig, damit das Wirken des Geistes nicht gehindert werde. In der Tat laufen verschiedene Reformbestrebungen auf eine Einbeziehung des Gesprächs in den Gottesdienst hinaus. Hierbei muß man sich erneut klar machen, daß eine Umstrukturierung kein Zaubermittel darstellt, daß man aber andrerseits mit dem Hinweis auf die reine Lehre, auf die es ankomme, und auf den Selbsterweis des Wortes übersieht, inwiefern auch und gerade die Strukturen »lehren«, inwiefern auch sie einen Selbsterweis haben. Sicherlich ist mit einer Strukturveränderung allein noch wenig geschehen; aber sehr wahrscheinlich wird ohne Strukturveränderung nichts geschehen. Weil Form und Inhalt auch in der Verkündigung zusammengehören, darf man nicht eins gegen das andere ausspielen. Will man nicht in eine falsche Gesetzlichkeit verfallen, wird man zu beachten haben, daß es eine Fülle von Gesprächsmöglichkeiten und Gesprächsformen gibt. Pöggeler nennt zwanzig Formen des Gesprächs für die Erwachsenenbildung (Methoden, 157). Dieser Formenreichtum wird noch zu vermehren sein.

Hier geht es nicht darum, diesen Formenreichtum zu entfalten, auch würde es zu weit führen, die Probleme der Gesprächsführung zu erörtern. Hier soll lediglich die Frage gestellt werden, wie der Prediger das Monologische auflockern kann. Eine Vorform des Gesprächs in der Öffentlichkeit ist hier besonders zu erörtern, der *Zwischenruf!* Gilt die zum Gottesdienst versammelte Gemeinde als mündig und wird ihr das Recht zugebilligt, Lehre zu beurteilen, wird man ihr das Recht nicht absprechen können, spontan Beifall zu äußern oder ihrem Mißfallen Ausdruck zu geben. Weiß sich die Gemeinde für die Verkündigung des Wortes verantwortlich, wird sie durch dieses Recht in Pflicht genommen. Die Gemeinde als Versammlung der »königlichen Priesterschaft« sollte nicht weniger Recht haben, als die Versammlung eines Parlamentes! Da die Gemeinde möglicherweise noch ängstlicher ist als ihr Prediger, muß sie zum Zwischenruf ermuntert werden. – Die Gemeinde soll das Amen zur Predigt sprechen. Dies kann sie nicht, wenn sie nicht einmal »nein« dazwischenrufen darf, »so nicht«, wenn sie nicht auch einmal das Amen mit einem Ruf der Zustimmung vorwegnehmen kann. Der Einwand, daß die Andacht durch einen Zwischenrufer gestört werden könnte, wiegt geringer als das Argument, daß ein Zwischenruf den Kirchenschlaf stört und die Aufmerksamkeit fördert. Der Prediger, der der Gemeinde Mut macht zum Zwischenruf, erleichtert ihr das Hören. Ein Protest, der laut angemeldet ist, zeigt, daß der Prediger gehört wird, und das ist erfreulicher als das geräuschlose »Abschalten« der Zuhörer (vgl. § 28). Bekommt die Hörerschaft die Möglichkeit des Zwischenrufes, darf der Prediger mehr wagen, kann unabgesichert sprechen. Er kann auch eher seine persönliche Meinung zu gewissen Tagesfragen äußern. Die Predigt gewinnt an Öffentlichkeit. Der Zwischenruf bietet dem Prediger eine Chance, seine Sache besser verständlich zu machen.

Franz Jantsch berichtet: »Mir hat einmal eine Frau in einer Predigt über die Gattenliebe spontan zugerufen: ›Herr Pfarrer, ich halte das nicht aus. Ich protestiere.‹ Ich ging darauf ein, indem ich einen vernünftigen Mann aus der Gemeinde bat, zur Sache zu sprechen. Dann meldete sich noch ein zweiter und die Standpunkte wurden geklärt. Ich war der Frau nicht böse, eher im Gegenteil. Sie entschuldigte sich, daß ihr das Temperament durchgegangen sei. Auf die Gemeinde machte der Vorfall großen Eindruck« (27).

Dieses Beispiel ist instruktiv und hilfreich. Es mag dem ängstlichen Prediger Mut machen, ihm zeigen, daß er auf der Kanzel nicht allein steht. Der Zwischenruf soll nicht der Geistesgegenwart des Predigers primär Gelegenheit geben zu brillieren. Er soll der Gegenwart des Geistes Gelegenheit geben, sich zu äußern, Gesagtes zu verdeutlichen oder besser zu bezeugen. Indem Jantsch nicht selbst auf den Zwischenruf antwortet, eröffnet er den in der Gemeinde vorhandenen Charismata die Möglichkeit, sich zu äußern. Auf diese Weise kann die Predigt des Pfarrers ganz anders bekräftigt werden, als dies bei einer Selbstverteidigung der Fall wäre. Der Zwischenruf setzt ein Gespräch im Gottesdienst und sicher erst recht hernach in Gang.

Zum Zwischenruf gehört die *Zwischenfrage*. Diese nimmt den Prediger beim Wort und behaftet ihn beim Wort. Sie gibt ihm die Möglichkeit, Gesagtes besser zu bezeugen. Wie zum Zwischenruf muß der Prediger seiner Hörerschaft Mut machen zur Zwischenfrage. Dies kann für den Anfang auch so geschehen, daß bewährte Gemeindeglieder aufgefordert werden, am nächsten Sonntag vorbereitete Fragen zum Text zu stellen (vgl. Jantsch, 25), die der Prediger unter Umständen an die Gemeinde weitergeben kann. Der Prediger hat seinerseits die Möglichkeit, der versammelten Gemeinde Fragen zu stellen, nur sollten es wirkliche und nicht bloß rhetorische oder gar katechetische Fragen sein. Stellt der Prediger Fragen, die er selbst beantworten kann, entehrt er die Gemeinde. Wer gefragt wird, soll auch etwas zu sagen haben.

Der dialogische Charakter der Predigt sollte grundsätzlich das Predigen offen halten für den Dialog. Solange Zwischenruf und Zwischenfrage tabu bleiben, fehlt dem Dialogischen die Spontaneität. Die Predigt geht damit eines Vorzuges verlustig, den sie vor der Verkündigung in Massenmedien hat, des Vorzuges einer unmittelbaren Öffentlichkeit. Die grundsätzliche Offenheit für den Dialog erfordert vom Prediger den Mut zum Unvorhergesehenen, der ihm in der Bitte um die Gegenwart des Geistes zuwächst. Wer aber das heilige Spiel der Predigt spielen möchte, ohne einen Einsatz zu wagen, hat es zum vornherein verloren.

II

Das Gödenrother Gespräch

Jesus – Gottes Sohn? Gespräch über eine Weihnachtspredigt im Gottesdienst am 7. Januar 1968 in Gödenroth, PiG 1968 H. 21 (mit einem Kommentar von *Hans-Georg Geyer*). – *Rudolf Bohren*, Dem Worte folgen, 1969, 165ff.

Es wird nötig sein, kurz schon Entfaltetes zu rekapitulieren, um die Bedeutsamkeit dieses Gespräches zu verdeutlichen. Wiederholt sich

Gott in seinem Offenbaren, wiederholt die Predigt dieses göttliche Wiederholen; sie wiederholt, damit Gott selbst sich aufs Neue wiederhole.
Wiederholung gehört also zum Wesen der Predigt; dann aber bedarf die
Predigt selber der Wiederholung. In gewisser Weise gilt: Die Predigt erweist ihre Kraft gerade darin, daß sie wiederholbar ist und wiederholt
wird. So lebt und wirkt sie auch in kleinen Teilen, in der Wiederholung
einzelner.

Indem aber die Predigt institutionalisiert wurde, indem sie turnusmä-
ßig geschieht, gefährdet sie ihrerseits das Ereignis des Wortes. Nicht nur
Wiederholung, auch Einmaligkeit gehört zum Wesen der Predigt. Damit ist angedeutet, daß Wiederholung nicht als mechanische Verdoppelung und Vervielfältigung anzusehen ist. Indem sie geschieht, soll sich
im Wiederholen des Alten ein Neues ereignen. Die Institutionalisierung
der Wiederholung schließt aber die Gefahr in sich, daß aus der Wiederholung eine bloße Verdoppelung und Vervielfachung wird, die ihre
Wahrheit gefährdet. Damit sabotiert die Wiederholung das Ereignis des
Wortes. Geschieht ein Wort, eignet solchem Geschehen Einmaligkeit,
und gerade die »Hochsprache« verträgt eine Wiederholung als Verdoppelung schlecht. – Was Rilke von den irdisch Liebenden sagt, gilt erst
recht für den Prediger der Liebe Gottes:

> Sieh dir die Liebenden an,
> wenn erst das Bekennen begann,
> wie bald sie lügen.

Die Sprache der Liebe verträgt die Routine nicht. Darum gerät die
Predigt in eine tödliche Gefahr, wenn sie im Turnus zur Routine wird,
obschon der Turnus dem Wesen der Predigt als Wiederholung entspricht – wie auch die Liebe vom je neuen Wort der Liebenden lebt.

Vielleicht vermag ein Wechsel von Predigt und Gespräch die Predigt
vor der Routine zu schützen. Ein Schutz, den sowohl der Prediger wie
die Hörer nötig haben. Allerdings kann auch das Gespräch zu einem
Routineakt werden. Das Gespräch ist vor dem Zerreden einer Sache
nicht weniger ungeschützt als die Rede selbst. Hingegen mag ein organi-
scher Wechsel von Rede und Gespräch einen Schutz vor dem Zerreden
bilden. Findet also eine Predigt Widerhall, kommt sie ins Gespräch,
sollte man sie so ernst nehmen, daß man sich ihr noch einmal stellt. Hat
der Pfarrer die Predigt gehalten, hält er jetzt bei ihr, hält sie im Gespräch durch. Das Gespräch will die Predigt vor dem Vergessen bewahren, es will der Predigt zum Verstehen helfen. Das Gespräch tritt damit
nicht an die Stelle der Predigt, vielmehr vertritt es die Predigt, sorgt für
die Geltung der Predigt. – Auch wer theologisch mit dem Inhalt des
Gödenrother Gespräches nicht einig gehen mag, wird zugeben müssen,
daß dieser Vorgang beispielhaft ist darin, daß gepredigte Predigt nicht
durch eine neue neutralisiert wird, daß der Pfarrer bei seiner Predigt
bleibt, indem er sie zur Diskussion stellt. Dadurch aktualisiert er sie.

Geyer hat völlig recht: »In dem Versuch von Gödenroth haben wir es mit einem nach Wiederholung und Vervielfältigung heischenden Beispiel des so dringend nötigen Dialogs der Christen untereinander auf der für den Bestand der Kirche grundlegenden Ebene der Einzelgemeinde zu tun; und zwar mit einem Dialog, in dem nichts Beiläufiges und das Leben der christlichen Gemeinde nur am Rande Berührendes verhandelt wird, sondern in dem Fragen erörtert werden, die sehr genau die Grundlagen des christlichen Glaubens betreffen. Hier ist ein wichtiges Stück gemeinsamer Verständigung über die fundamentalen Bedingungen des Glaubens geleistet worden« (21).

Dieser Dialog beruht auf einer stillschweigenden Voraussetzung von seiten des Pfarrers, eine Voraussetzung, die viele Prediger zu machen unterlassen, sehr zum Schaden ihrer Verkündigung. Der Prediger billigt der Gemeinde die Fähigkeit des Verstehens und Urteilens zu. Die Projektierung und Durchführung dieses Gesprächs setzt voraus, daß der Prediger der Gemeinde Verständnis zutraut, daß er ihr also Mündigkeit zuerkennt. Die Gemeinde wird als theologische Partnerin ernstgenommen, und sie enttäuscht nicht.

»Wer dem Gödenrother Gespräch zugehört hat – auch nur indirekt auf dem Weg der Lektüre seines Protokolls –, wird schwerlich noch die Gemeinden der Unzuständigkeit für theologische Probleme bezichtigen können« (Geyer, 21).

Das Gödenrother Gespräch widerspricht damit einem allgemein verbreiteten Vorurteil, das den Glauben an den Heiligen Geist ersetzt hat durch den Glauben an die Bildungsunfähigkeit der Gemeinde.

»Nur zu häufig und geläufig ist die Meinung, man müsse die Gemeinden mit den diffizilen Problemen der Schultheologie verschonen. Denn die Gemeinden ›schlichter und einfacher‹ Christen dürften nicht verwirrt werden; ihre geistlich-geistige Speise müsse sein und bleiben die ›schlichte und einfache‹ Predigt. Das Gödenrother Gespräch straft diese Meinung bzw. ihren Anspruch auf Allgemeingültigkeit und ihren Wert als Regel einfach dadurch Lügen, daß es sich auf einem hohen theologischen Niveau bewegt« (Geyer, 21).

Die hohe Qualifikation dieses Gespräches wirkt umso erstaunlicher, wenn man bedenkt, daß die Gesprächspartner in ihrer Mehrheit nicht aus Intellektuellen bestehen, sondern aus zwei Landwirten, zwei Hausfrauen und einer Realschülerin. Die soziologische Zusammensetzung der Gesprächsrunde zeigt, wie voreilig es ist, wenn Pastoren von der Gesprächsunwilligkeit oder Gesprächsunfähigkeit ihrer Gemeinde sprechen unter Hinweis auf den niedrigen Bildungsstand der Gemeindeglieder. Sie stellen damit nicht so sehr der Gemeinde als sich selbst ein schlechtes Zeugnis aus. Die Gabe der Gesprächsführung ist in der Regel nicht von vornherein gegeben, sie läßt sich aber erwerben, und vielleicht kann am Gödenrother Gespräch zur Methodik eines Gespräches einiges aufgezeigt werden. Vorher aber ist der Sinn eines solchen Gespräches zu erhellen.

Dieses Gespräch hat nicht nur zur Voraussetzung, daß der Prediger der Gemeinde Mündigkeit zubilligt, es wird auch zur Folge haben, daß die Christen gesprächsfähig werden, daß sie ihre Mündigkeit bewähren.

»Das Gödenrother Gespräch ist ein außerordentlich ermutigendes Beispiel dafür, daß in unseren Gemeinden mit Sinn und Nutzen in Gang kommen kann, was nottut: die *freie Diskussion in der Kirche,* und zwar die freie Diskussion an der *Basis.* Es ist nützlich, daß die Kirchen mit viel gutem Willen und erheblichem Aufwand nicht nur den Dialog der getrennten Kirchen suchen und üben, sondern auch den Dialog zwischen Christen und Marxisten. Aber was nutzen solche ›Spitzengespräche‹, wenn auf der Grundebene unserer Kirche, in den Einzelgemeinden, das schweigende An- bis Zuhören die Rolle der versammelten Gemeinde und das Reden Monopol der Pastoren bleibt? Wenn die evangelische Kirche sich ihrem Wesen nach als Kirche des Wortes versteht, muß es einen unermeßlichen Schaden anrichten, wenn die Struktur von hörender und redender Gemeinde zu dem starren Schema von *nur* noch hörender Gemeinde und *nur* noch redendem Pastor gefriert« (Geyer, 20).

Wo eine Gemeinde unter sich Klarheit sucht über Jesus von Nazareth, wird sie in die Lage versetzt werden, auch außerhalb des Gottesdienstes Klarheit zu schaffen über Jesus von Nazareth.

Das Gödenrother Gespräch wirkt vor allem deshalb erstaunlich, weil es in keiner Weise reißerisch von einem aktuellen Thema ausgeht. Weil es sachlich angelegt ist, wird es gerade darum missionarische Wirkung zeitigen. Es hat seine Verheißung darin, daß es Grundfragen der Theologie und des Glaubens behandelt und sich nicht am Effekt orientiert. »Die freie Diskussion an der Basis« dreht sich um das Menschsein Jesu Christi. Hier wird nicht irgendwie vom Wetter geredet, sondern vom Grund und Zentrum aller Dinge.

Geyer nennt das Gödenrother Gespräch eine »informatorische Diskussion« (19). Informiert wird hier über den Glauben und auch über die theologische Forschung. Herrscht in der landläufigen Predigt ein Überschuß an ungeklärten dogmatischen Begriffen – verbunden mit einem Manko an Lehre –, so vermag sich Lehre gerade im Frage- und Antwortspiel mitzuteilen. Lehre lehrt und lernt sich am besten im Gespräch.

»Zu den speziellen Vorzügen einer informatorischen Diskussion wie der vorliegenden gehört zweifellos die gezielte Mitteilung von Sachwissen, die im Spiel von Frage und Antwort ungleich wirkungsvoller erfolgen kann als in einem Lehrvortrag ohne die ständige Kontrolle kritischer Rückfragen« (Geyer, 22).

So macht das Gespräch die Glieder der Gemeinde ihrerseits wieder zu »Lehrern«. Im Blick auf die Methodik beschränke ich mich vor allem auf die Einleitung und auf den Schluß des Gespräches, in der Meinung, dieses Gespräch sei vor allem auch deshalb lehrreich, weil es einen Anfang zeigt und weil es – wie schon angedeutet – nicht im Raum einer diskussionsfreudigen Studentengemeinde stattfindet, sondern in einer traditionsgebundenen Landgemeinde.

In einem Einleitungsvotum stellt der Prediger das Vorhaben zu diskutieren neben den Wunsch der Berliner Studenten und neben den Bericht aus Korinth (1Kor 14,26–31). Das Gespräch wird damit sowohl in einen aktuellen wie in einen biblischen Horizont gestellt. – Die Predigt vom 1. Weihnachtstag hat bei denen, die sie verstanden haben, »eine gewisse Beunruhigung« (2) hervorgerufen. Grund genug also, jetzt zu diskutieren. Der Prediger macht dann einige knappe Regieanmerkungen:

»Der Kreis, der vor mir sitzt, ist auf meine Einladung zustande gekommen. Wir haben uns einen Abend getroffen und uns kurz darüber unterhalten, was heute hier geschehen soll. Wir reden also hier nicht mit verteilten Rollen. Jeder, der hier redet, hat seine eigene Meinung und seine eigenen Fragen. Wir haben uns am Freitagabend, das wollen wir in aller Offenheit sagen, gerade nur verständigt, wie die Sache anfangen soll, was für Fragen oder Fragenkreise drankommen und wer den Schluß übernehmen soll. Dieser Kreis vor Ihnen ist ein Halbkreis. Er ist nach vorne hin offen. Das soll heißen, Ihnen ist heute nicht der Mund verschlossen. Außer denen, die hier sitzen, und anstatt derer, die hier sitzen, könnte jeder andere von Ihnen auch hier sitzen. Sie sind also alle herzlich eingeladen, sich mit Fragen und Zwischenbemerkungen an diesem Gespräch zu beteiligen« (2f).

Indem der Gesprächsleiter Anlaß und Vorbereitung mitteilt, schafft er eine Atmosphäre des Vertrauens. Der Zuhörer muß nicht den Eindruck haben, es werde hier etwas »gemacht«. Er weiß, was gespielt wird, und kann darum um so besser am Frage- und Antwortspiel teilnehmen.

Der Gesprächsführer figuriert nicht nur als Regisseur, sondern auch als Seelsorger, er baut falsche Erwartungen ab, das Gespräch wird voraussichtlich nicht alle Fragen lösen. Dann wiederholt er »in aller Kürze diese Weihnachtspredigt« (3ff), um Herrn B. das Wort zu erteilen. Mit dem Votum von Herrn B. beginnt das Gespräch.

Wie die ersten Sätze über eine Predigt entscheiden – Manfred Josuttis hat auf die Wichtigkeit und Schwierigkeit des Predigtanfangs hingewiesen (MPTh 53, 1964, 474ff) –, so entscheidet vielfach das erste Votum den Gang eines Gespräches. Wenn das erste Votum mit der Hauptsache anfängt, wird das Gespräch es leichter haben, bei der Sache zu bleiben. Herr B. begründet und formuliert eine Frage, die er nicht aus Verlegenheit irgendwo her nimmt, die vielmehr *seine* Frage ist: »Warum sind solche handfesten Widersprüche in der Bibel, die wir als das Wort Gottes ansehen« (5)? Der Pfarrer unterstützt das Votum, indem er die Wichtigkeit der Frage unterstreicht und selbstkritisch bemerkt, daß »sie in der Predigt nicht beantwortet worden ist« (5). Dadurch wird der Votant ermutigt, die Antwort des Pfarrers wiederum zu befragen. – Beides scheint mir für die Methodik eines Gespräches in einer Gemeinde gleichermaßen bedeutsam, daß das erste Votum vorbereitet wird und nicht mit einer Nebensache, sondern mit einer Hauptsache beginnt, und daß der Gesprächsleiter es versteht, den Fragenden bzw. den Votanten zu ermutigen. Dadurch werden auch die andern eher Mut bekommen, sich zu äußern.

Von besonderer Wichtigkeit bei einem Gespräch ist ebenfalls das Schlußvotum. »Das Schlimmste, was am Ende eines Gesprächs passieren kann, ist das Hervorziehen fertiger, vorgefaßter Resolutionen aus

der Brieftasche des Leiters ...« (Pöggeler, Methoden, 143). In unserem
Fall wäre es denkbar, daß der Prediger am Schluß des Gespräches noch
einmal predigen würde, sozusagen triumphal demonstrierend, wie recht
er doch gehabt habe. Dies geschieht nicht. Vorsichtigerweise aber wurde auch das Schlußwort vorbereitet, auch durch einen Laien. Dieses
Schlußwort enthält eine theologische Ungeheuerlichkeit, indem die Gottessohnschaft abhängig gemacht wird vom Gehorsam des Menschen Jesus (17, vgl. 35). Ein guter Theologe müßte solche Ungeheuerlichkeit
sofort richtigstellen. Der Pfarrer aber läßt das stehen, und ich meine,
das Wichtigste und Vorbildlichste am ganzen Gespräch sei eben das,
was der Prediger hier nicht sagt. Das rechte Wort ist in der Tat hier das
Schweigen, denn eine Korrektur würde die Votantin und mit ihr die
ganze Gemeinde für die Zukunft aufs Neue zum Schweigen bringen. –
Eine Gesprächsführung setzt ein gelassenes Vertrauen auf die Wahrheit
voraus. Die Wahrheit kann warten. Sie ist darum noch lange nicht verraten, wenn der Theologe etwas stehen läßt, mit dem er theologisch
nicht einverstanden sein kann. Wohl aber kann ein voreiliges Korrigieren den Menschen verraten, mit dem man spricht. Leider ist dies eine
weitverbreitete und häufig praktizierte Form des Unglaubens an den
Heiligen Geist, die sein will wie der Geist, der in alle Wahrheit führt,
und die darum mit Richtigstellen, Klarstellen, Korrigieren dem Laien
ins Wort fällt. So sorgt der Übereifrige dafür, daß der Laie das nächste
Mal es nicht mehr wagt, das Wort zu nehmen. Überhaupt bildet das
Schweigen für den Gesprächsleiter das beste Teil. In ihm meldet sich die
Geduld, die Geduld der Weisheit, die auf das Sich-Durchsetzen der
Wahrheit vertraut, während die Torheit in schlechtem Vertrauen auf die
Kraft der Wahrheit mit Richtigstellen, Klarstellen, Korrigieren dem Gespräch und damit dem Sieg der Wahrheit widerdient. Wer eine starke
Wahrheit vertritt, kann sich auch das Schweigen leisten. Die Gesprächsunfähigkeit so vieler Pfarrer beruht vielfach in der Unfähigkeit zu
schweigen, während die Unfähigkeit zu schweigen vielfach ihren Grund
darin hat, daß man der Kraft der Wahrheit mißtraut. – Der Gesprächsleiter übt die Kunst des Schweigens noch in anderer Hinsicht. Das Gespräch zeigt, daß der Prediger in der neutestamentlichen Forschung be-
wandert ist. So vermag er, fachmännisch und klar Auskunft zu geben;
aber sein Sachwissen wirkt nirgends aufdringlich, überflüssige Beleh-
rungen werden vermieden. Dieser Pfarrer hat es nicht nötig zu zeigen,
wie gelehrt er ist.

War das Gespräch – wie angekündigt – nach »vorne hin offen«, so
springt es – bezeichnenderweise im zweiten Teil, der stärker die Exi-
stenzfragen des Glaubens bespricht – fünfmal auf die Gemeinde über.
Zunächst durch zwei Fragen an die Katechumenen, dann durch Äußerungen von zwei Votanten, die das Gespräch entscheidend weiter-
treiben. Dies zeigt die Möglichkeit an, daß auch eine traditionsge-

bundene Gemeinde es lernen kann, im Gottesdienst das Wort zu nehmen.

Ein solches Gespräch könnte auch als Wiederholungsgespräch geführt werden in dem Sinne, daß die Predigt durch die Gemeinde rekapi-
tuliert und damit interpretiert und kritisiert würde. Bei einer solchen
Gesprächsform wäre es wohl besser, wenn statt des Predigers ein Laie
die Gesprächsleitung übernähme. Überhaupt wäre es denkbar, daß die
Rolle des Pfarrers in weiteren Gesprächen noch mehr zurückträte, besonders dann, wenn ein solches gottesdienstliches Gespräch nicht als
»informatorische Diskussion« geführt würde im Sinne einer Erwachse-
nen-Katechese, wenn vielmehr ein solches Gespräch den Sinn hätte, die
Predigt weiterzuübersetzen hinein in den Gottesdienst im Alltag der
Welt. − Aufgabe einer Laienschulung müßte es sein, überregional Gesprächsleiter auszubilden, die fähig wären, ein gottesdienstliches Gespräch zu leiten (vgl. § 31/II).

Sollen Prediger und Hörer nicht in Illusionen leben, bedürfen sie der Information über Zeit und Welt. Sowohl für die Liturgie, als auch für die prophetische Predigt und für die Predigt des Gebotes ist Information unabdingbar. Dies wird im Gespräch mit Hans-Eckehard Bahr verdeutlicht.

§ 30

INFORMATION

Hans Bolewski, Information und Kirche, Luth. Monatshefte 6, 1967. – *Hans Eckehard Bahr,* Verkündigung als Information. Zur öffentlichen Kommunikation in der demokratischen Gesellschaft, 1968. – *Helmut Gollwitzer,* Zuspruch und Anspruch, 1968, 220ff. – *Bernhard Klaus,* Massenmedien im Dienst der Kirche, 1969, 72ff. – *Ulfrid Kleinert,* Gottesdienst – konkret und umstritten. Bericht über Gottesdienste mit Information in Marburg, PTh 58, 1969, 516ff. – *Elmar Maria Lorey,* Mechanismen religiöser Informationen, 1970. – Vgl. auch § 3/III.

Hans-Eckehard Bahr thematisiert eine Dimension der Verkündigung, die man wohl zu Unrecht bisher zu wenig beachtet hat, und diese Dimension soll jetzt ins Zentrum der Überlegungen gerückt werden. »Verkündigung als Information«, der Buchtitel versteht sich offensichtlich als ein der Gegenwart sich empfehlendes und in die Zukunft weisendes homiletisches Programm, das helfen will, die Gunst des Augenblicks zu nutzen, die Forderung der Stunde anzunehmen, um sozusagen mit neuen Zungen zu verkündigen.

Dieses Programm wird vom Hörer her gewonnen. Unsere Welt ist zum »Auditorium maximum« geworden, im »System der Massenmedien« findet »auch das Gespräch selbst keinen Ort mehr ...: Einer spricht, irgendeiner hört irgendwo zu« (89f). Als neue Herrschaftsinstanz hat sich die öffentliche Meinung etabliert (90) und »einen schlechthin beherrschenden Charakter im gesellschaftlichen Dasein erlangt«. – »Alle geographischen, alle sozialen Parzellierungen (Arbeits- und Freizeitbereich, Dorf – Stadt etc.) schrumpfen jedenfalls zu zweitrangigen Prägefaktoren angesichts dieser so überaus penetranten Aufhebung der alten Polarität von ›öffentlich‹ und ›privat‹ in die transzendentale Publizität« (95). In dieser Öffentlichkeit ist die indirekte Kommunikation entscheidend geworden (109).

Aus dieser Sicht zieht Bahr nun die Konsequenz. »Der horizontal-dialogische Informationsaustausch in den heutigen technischen Kommunikationssystemen zwingt die Kirche unausweichlich dazu, ihr vertikal-monologisches Informationssystem aufzugeben« (134). Dieser Zwang bietet zugleich eine Chance der »Befreiung des ›Wortes Gottes‹

zur vollen, institutionell unabgesicherten Konkurrenz mit anderen Weltauslegungen im Feld öffentlicher Meinungsbildung« (134). Die Massenmedien sind hierbei »in einem qualitativen Sinn als Träger der öffentlichen Meinung zu akzeptieren« (96). Das Evangelium soll »als öffentliche Meinung und als *Information im Prozeß anderer Weltauslegungen*
mitgeteilt« werden (97). Man könnte dies als falsche Anpassung mißverstehen. »Nicht das ist gemeint, daß die Kirche in fideler Naivität
dort, in jenen technischen Strukturen, alle sich bietenden Publikations-
techniken ungeprüft übernimmt. Verkündigung als Information – das
meint eher eine neue *Qualität* der Verkündigung ... in der Linie prophetischer Tradition« (114f). Sehe ich recht, besteht die neue Qualität
der Verkündigung u.a. in einem Welt- und Wirklichkeitsgewinn (vgl.
50). Der Verkündiger bekommt einen neuen »Text«. »Der ›Text‹ gegenwärtiger Ereignisse« ist auszulegen in »gezielten Affirmationen oder
Negationen am konkreten Detail« (124).

Diese Sicht entbehrt nicht der Faszination und zeigt eine Seite der
Verkündigung, die um ihrer Schwierigkeit und Gefährlichkeit willen allzu gern übersehen wird. Das Experiment von Kansas City, das Bahr als
»exemplarisches Modell« vorstellt (116ff), verdient Nachahmung. Dort
wurden nicht mehr kirchliche Themen behandelt, vielmehr wurden drei
ausgewählte Nachrichten der Woche wiederholt und kommentiert. Zeu-
genschaft und Parteinahme werden gerade gegenüber dem Weltgeschehen aktuell. Die Möglichkeit, daß Ereignisse so oder so zu einem
»Text« werden, ist nicht von der Hand zu weisen (vgl. § 25), es sei denn,
man bestreite grundsätzlich das Recht einer prophetischen Deutung der
Zeit.

Das von Bahr vorgestellte Modell hat Vorläufer in der Geschichte der Predigt. Ich erinnere nur an die »*Zeitungsstunde*« Blumhardts in Möttlingen, über die Friedrich Zündel berichtet: »Je Freitags, wenn die damals einzige Zeitung des Dorfes angelangt war,
nachmittags zwei Uhr, ertönte die Glocke; die männliche erwachsene Jugend sammelte
sich in der Kirche, man sang ein Lied und der Pfarrer bestieg die Kanzel und – las aus
der Zeitung vor. Die Besprechung darüber – fast nach Art einer Kinderlehre – war so
naturwahr und ergreifend, daß ihr ein großer Anteil an der nachherigen Erweckung zu-
geschrieben werden muß« (Christoph Blumhardt und Friedrich Zündel über Johann
Christoph Blumhardt, hg. v. Robert Lejeune, 1969, 20f). Der Verweis auf Blumhardt
mag unterstreichen, welche Möglichkeiten sich dem Prediger im Zeitalter der audi-
visuellen Medien eröffnen.

Bahrs Anregung einer »Kooperation der Ortsgemeinden mit den engagierten Redakteuren in den verschiedenen publizistischen Medien«
(127) ist aufzunehmen. Haben die Laien im Blick auf die Information
eine besondere Funktion, kommt den Sachverständigen aus der Publizistik eine ausgezeichnete Bedeutung zu.

Bejaht man, daß die Information über die Publizistik hinausgeht, wird die Stunde der
Information die Stunde des *Laien* oder besser die des *Fachmannes* schlechthin. Hier
bringt der Laie sein Sonderwissen in den Gottesdienst ein. Bedarf die Information der

Auswahl, so bedeutet dies ein hohes Maß von Arbeit, das am besten durch *Teams* geleistet wird. Arbeitsteilung ist hier vonnöten.

Die Prämissen, von denen Bahr ausgeht, scheinen mir allerdings fraglich. Zuerst wäre zu prüfen, ob die These von der öffentlichen Meinung als Herrschaftsinstanz stimmt.

Helmut Schelsky erklärt: »Die ›öffentliche Meinung‹ ist eine Illusion, die im wesentlichen dazu verwendet wird, eine diffizile und vielfältige berufliche Tätigkeit in der Selbstdeutung der Publizisten zu integrieren. Sie ist also eine Berufsideologie . . .« (Gedanken zur Rolle der Publizistik in der modernen Gesellschaft, in: Auf der Suche nach Wirklichkeit, 1965, 310).

Und wenn es sie trotz Schelsky geben sollte, läge ihre Ohnmacht ebenso zu Tage wie ihre Macht. – Zum andern zeigt doch wohl die Kommunikationsforschung, daß die These von der entscheidenden indirekten Kommunikation gerade nicht stimmt. Die Massenmedien sind »weit weniger wirksam, als man angenommen hatte« (Elihu Katz bei Schramm, 103).

Ich teile die Bedenken Bahrs gegen ein »bloßes Anredewort an die individuelle Person« (126, vgl. ThEx 102, 1962, 14ff). Allerdings meine ich nicht, daß diese Bedenken zu einem grundsätzlichen Verzicht persönlicher Anrede führen sollte. Bahr führt die Polemik gegen eine falsche Privatisierung weiter zum Postulat einer »*Ent*privatisierung der kirchlichen Sprachwelt« (126). Diese Entprivatisierung aber würde meines Erachtens eine Verarmung der Verkündigung zur Folge haben, weil dann der personale Aspekt hinter dem gesellschaftlichen verschwindet. – Aus der Weltschau Bahrs kann auch der gegenteilige Schluß gezogen werden, daß nämlich gegenüber dem Trend zur inpersonalen Kommunikation die personalen Bezüge und nicht zuletzt auch das Private eine neue Würde und Dringlichkeit bekommen.

Nach *Friedrich Dürrenmatt* übergibt Herkules seinem Sohn einen Garten, es ist nur ein Garten der Entsagung. Die Weltveränderung war selbst dem Herkules nicht möglich; aber hier, in dem »etwas traurigen Garten« hat Herkules sein Werk getan, und diesen Garten übergibt er seinem Sohn. – In einer sich ins All ausdehnenden Welt wird das Begrenzte und die Beschränktheit neu entdeckt und neu zur Aufgabe, zum Ort auch, an dem die Gnade ankommt.

Das Beschränkte und Begrenzte meint nicht den Bereich der Innerlichkeit, sondern das Lokale, die Lokalpolitik, die Öffentlichkeit vor Ort, in der im »Dialekt« gesprochen werden muß. – Damit bekommt die Predigt in der Parochie eine neue Dringlichkeit. Sie vermag aber nicht zu leisten, was sie soll, wenn sie ihre kleine Öffentlichkeit verdrängt, indem sie in die Weltprobleme oder in die Innerlichkeit flieht, wobei die Weltprobleme – wie auch die Innerlichkeit – die kleine Öffentlichkeit angehn. Ich meine, daß heutzutage vor allem das gesetzliche und unverbindliche Reden von Weltverantwortung in vielen Predigten ein Zeichen der Flucht sei des Predigers, der sich scheut, »Mundart« zu sprechen, die Sache vor Ort ins Licht des Evangeliums zu rücken.

Was Mundart heißt, ist am besten zu illustrieren mit der Predigt von *Michael Höhn* über »Reich Gottes und Mietwucher«, die die Verhältnisse vor Ort anspricht und damit allgemeines Aufsehen erregt, weil sie ein Problem der Allgemeinheit betrifft (PIG 1/1971).

Bahr scheint aus einem möglichen Aspekt der Verkündigung ein Gesetz zu machen, das allgemeine Gültigkeit beansprucht. Schon der Hinweis auf die Flugschriften der Reformation müßte ihn aber stutzig machen, indem sie die reformatorische Hochschätzung der Predigt gerade nicht hinderten. Das Beispiel von Kansas City verweist auf das Problem der Auswahl der Nachrichten, das Bahr wohl anspricht, aber nicht entfaltet (118). Dieses Problem signalisiert, daß der Verkündiger eben nicht zu jedem Weltereignis etwas zu sagen hat. Wenn ich auch der Meinung bin, daß vermehrt Informationen im Gottesdienst Raum haben müßten, meine ich doch nicht, daß der Gottesdienst in eine geistliche oder kuturkritische Wochenschau umzufunktionieren sei. Die Warnungen Karl Barths vor einer falschen Aktualität (vgl. Homiletik, 94 f, 97 f) behalten ihr Recht auch dann und dann erst recht, wenn man versucht, die Welt und ihre Wirklichkeit in der Verkündigung stärker als Barth zu akzentuieren.

So frag-würdig die Kanzel geworden ist, so sollte man doch unterscheiden, daß die sogenannten Massenmedien ein anderes Mittel sind, daß eine Versammlung einer Gemeinde und ein Gottesdienst *eine* Funktion hat und der prophetische Kommentar in den Massenmedien eine andere. – Auch wenn der Gemeindegottesdienst heute einer Umstrukturierung bedarf, wird die Christenheit auch ferner davon leben, daß Getaufte sich zu Wort und Mahl und Gebet versammeln. Allerdings lebt jene Weltgesellschaft in verschiedenen Gesellschaftsordnungen. Es müßte deutlich werden, was Bahr mit »den politischen Konkretionen der neuen Weltgesellschaft« meint. Vorläufig fehlen mir Beispiele solcher Prophetie, an denen ich das Unternehmen kritisch nachprüfen könnte. Vor allem wäre zu fragen, ob die Prophetie als Kommentar der Wochenschau sich institutionalisieren läßt, ob zum Wesen dieser Prophetie nicht ihre je Einmaligkeit gehörte. Ich kann im grundsätzlichen Postulat mit Lorey und Bahr einig gehen, meine nur, das Problem der Prophetie sei nicht deutlich genug gesehen. Offensichtlich stellt sich für die Massenmedien das Problem der Vollmacht ebensosehr wie für die herkömmliche Predigt. Die Einsicht in die Wirkung der Medien sollte hier skeptisch machen gegenüber voreiligen Alternativen, sie zeigt, daß die Wirkungslosigkeit der Predigt nicht nur ein Strukturproblem des herkömmlichen Kirchentums darstellt. Bedenkt man, daß die kirchlichen Sendungen eine unerhörte Breitenwirkung haben, wird deren Wirkungslosigkeit noch betroffener machen als die der Gemeindepredigt, »denn nahezu 10 Millionen Menschen werden wöchentlich durch die kirchlichen Sendungen der annähernd zwanzig deutschen Rundfunk- und Fernsehanstalten erreicht. Es ist unbestreitbar: die Kirche redet in der Öffentlichkeit, nicht nur hinter Kirchenmauern und in Schulstunden. Die imposanten Zahlen kirchlicher Programme zumindest beweisen es.

Doch man scheint sich nur selten nach den Wirkungen dieser kirchlichen Rundfunk- und Fernseharbeit, nach einem Erfolg oder Mißerfolg zu fragen« (Lorey, 9). Angesichts dieses Sachverhaltes zeigt sich aufs neue, daß die Verkündigung des Pfarrers, der zu seinem Wort steht, der sich beim Wort nehmen läßt, eine neu zu entdeckende Chance hat.

Wenn unter den Nachrichten auszuwählen ist, wenn nicht alle Informationen vom Evangelium her gesehen relevant sind, wird es fraglich, ob »Verkündigung als Information« der herkömmlichen Textpredigt in

der Weise gegenübergestellt werden darf, wie das Bahr tut (124). – Es
ist schade, daß Bahr selbst die Rezeption seiner Gedanken erschwert
durch eine allzu große theologische Sorglosigkeit, die sich z.B. in einer
apodiktischen Polemik gegen die Theologie des Wortes artikuliert, eine
Polemik, die dadurch nicht besser wird, daß sie mittlerweile im Chor
beinahe aller theologisch Unmündigen ertönt. – Zu dieser theologischen
Sorglosigkeit gehört wohl auch, daß »Verkündigung als Information« –
trotz des Hinweises auf eine neue Qualität – vor allem formal gesehen
wird, während allein die Wahrheitsfrage über die »neue Qualität der
Verkündigung« entscheidet. In der »Linie prophetischer Tradition« gibt
es den Kampf zwischen wahrer und falscher Prophetie. Darum müßte es
noch deutlich gemacht werden, was es heißt, das Evangelium als »öffentliche Meinung und als Information im Prozeß anderer Weltauslegungen« mitzuteilen. Wenn »der ›Text‹ gegenwärtiger Ereignisse« den
biblischen Text verdrängt, sehe ich nicht, wie man sich vor falscher Prophetie schützen will.

Die erstaunliche Mitteilung Bahrs, daß die Predigt dadurch »elemen-
tar« wird, indem »sie den Menschen in die politischen Konkretionen der
neuen Weltgesellschaft einweist« (98), läßt fragen, ob hier das Gesetz
vor das Evangelium gestellt werde und ob hier das Evangelium noch zu
seiner Identität komme (vgl. 50). Die Fragen, die an Bahr zu stellen
sind, sollten aber nicht hindern, das Problem der Information im Blick
auf die Predigt und auf das Gespräch zu bedenken.

Die Forderung nach einer vermehrten Hereinnahme von Information in den Gottesdienst hat auch *Gollwitzer* nachdrücklich vertreten (vgl. § 29/I). Er denkt an eine
Überwindung zwischen dem Sakralen und Profanen in Konsequenz von Barmen II,
auch er meint wohl eine neue Qualität der Verkündigung: »Gottesdienst und Predigt
müssen also aus ihrer Punktualität, aus ihrer religiösen Abgetrenntheit herauskommen.
Ihre punktuelle Öffentlichkeit genügt nicht. In ihren Versammlungen muß sich die
christliche Gemeinde, indem hier alle Bereiche unseres Lebens in Information, Diskussion, Schriftbetrachtung und Gebet zur Sprache kommen, als eine freie, aufgeklärte
Gegenöffentlichkeit konstituieren« (239).

Information wird hier gesehen als eine Voraussetzung für eine Predigt, die die Welt nicht verrät und gleichzeitig den Heiland dieser Welt
zur Sprache bringt. Fragt man nach dem Sinn der Information im Blick
auf die Predigt, wird man sagen können, sie liefere das Sprachmaterial
für die Verkündigung. Sie stellt je neu die Krippe in den Stall für die
Weihnacht des Wortes. Sie hilft, daß das Wort Gottes zur Welt kommt.
Jede Nachricht stellt eine Auswahl dar aus unendlich vielen möglichen
Nachrichten. Diese Auswahl stellt einen Gehorsamsakt dar, analog zur
Textwahl (§ 6/IV), die aus dem Schriftganzen einen bestimmten Text
auswählt. Aus dem unendlichen Geflecht von Nachrichten werden solche gewählt, die relevant sind, die also Informationswert haben. Eine
solche Information ist nicht mit der Botschaft des Evangeliums und
nicht mit dem Kerygma zu verwechseln. Wohl aber bildet die Auswahl

der Nachricht schon eine Vorentscheidung über die Bestimmtheit der Botschaft. Sie ist darum in gewisser Weise selbst schon ein kerygmatischer Akt. Einerseits hat die Wahl der Information einen bestimmenden Einfluß auf die Verkündigung, andrerseits wird diese Wahl in abgeleiteter Weise durch die Schrift bestimmt sein, insofern der, der die Information bringt und auswertet, ein Christ und ein Hörer des Wortes ist. Wird die Information für die Gemeinde ausgewählt, muß sie sich gegenüber der Gemeinde bewähren, als bedeutsam erweisen, als notwendig. So wird sie dem Wort zur Welt helfen, weil und indem sie Welt zur Sprache bringt, auf die das Wort trifft. Während Wiederholung zum Wesen der Predigt gehört, eignet der Information in gewisser Weise Unwiederholbarkeit, sie ist vorzüglich der Vergänglichkeit unterworfen. Darum soll die Information das Wort Gottes nicht zudecken, vielmehr ist von der Schrift her die Information zu erhellen.

Im Folgenden soll versucht werden, die Bedeutung der Information für die Gemeinde darzulegen.

1. Information ist nötig für die *Liturgie* der Gemeinde. Fürdank und Fürbitte »für alle Menschen« (1Tim 2,1) ist nicht möglich ohne Information über die Menschen. Für einen Menschen, von dem ich nichts weiß, kann ich schlecht beten, einem Unbekannten gegenüber habe ich nichts zu danken.

Weil der Gemeinde die Fürbitte für »Könige und alle, die in obrigkeitlicher Stellung sind«, aufgetragen ist (1Tim 2,2), braucht die Gemeinde politische Information. Bei politischer Uninformiertheit wird die Fürbitte für die Obrigkeit allzuleicht zum Geplapper. Der grundsätzlich Unpolitische übersieht das eminent kritische Wesen aller Fürbitte. Fürbitte für den König schließt in sich die Absage an den Gottkönig. Fürbitte für die Obrigkeit entnimmt diese aus dem Bereich des Selbstverständlichen und Fraglosen.

Vgl. *Alfred de Quervain,* Das Gebet, 1948, 45f, 73ff.

2. Information wird notwendig für die *Prophetie* der Gemeinde, für ihr prophetisches Handeln. Die Ereignisse und Verhältnisse, in denen wir leben, sind mit dem Reiche Gottes in Beziehung zu setzen. Dies aber setzt ein Wissen um das Reich Gottes einerseits und um die Weltlage andrerseits voraus. Prophetie setzt voraus, daß die Welt und das, was auf ihr geschieht, im Licht des kommenden Reiches gesehen wird. Das Besondere prophetischer Sicht, das was sie z.B. von Kulturkritik unterscheidet, besteht darin, daß sie in und neben der Wirklichkeit dieser Welt ihre Möglichkeit von Gott her erkennt und ansagt.

Wo das Proklamatorische der Verkündigung den Zusammenhang mit den Nachrichten aus dieser Welt völlig verliert, gerinnen die Sätze der Predigt zu Leerformeln.

Neben der Arbeit von Bahr wäre hier zu nennen: *Karl Barth,* KD IV/3, 1026ff. – Vgl. § 4/I.

3. Information wird notwendig für die *rechte Predigt des Gebotes* und damit auch für die *Diakonie* der Kirche. Information hilft dem Gebot zur Konkretion und der Diakonie zur Effektivität.

Wie das Evangelium kann das Gebot nur in Vollmacht verkündigt werden, wo es bis in die Einzelheit gezielt und bestimmt laut wird. –

Es wird nützlich sein, hier auf Bonhoeffer zu verweisen, der eine je andere Konkretion beim Evangelium und beim Gebot feststellt. »*Das Evangelium wird konkret bei den Hörenden, das Gebot wird konkret durch den Verkündigenden.* Der Satz: ›Dir sind deine Sünden vergeben‹ ist als in der Verkündigung, in der Predigt oder beim Abendmahl zur Gemeinde gesprochener Satz so geartet, daß er dem Hörenden in vollster Konkretion begegnet. Demgegenüber bedarf das Gebot bereits der inhaltlichen Konkretion durch den Verkündigenden; das Gebot: Du sollst den Nächsten lieben, ist als solches so allgemein, daß es der stärksten Konkretion bedarf, um daraus zu hören, was das heute und hier für mich bedeutet. Und nur als solches konkretes Wort zu mir ist es Gottes Wort. Der Verkündigende muß also darauf bedacht sein, die jeweilige Sachlage so mit in die Gestaltung des Gebotes einzubeziehen, daß das Gebot in die wirkliche Situation selbst hineintrifft« (GS I, 145f). So problematisch die Differenzierung im Blick auf die Konkretion bei Evangelium und Gebot sein mag, so instruktiv ist die Folgerung, die Bonhoeffer aus dem Vergleich zieht. Sichert das Sakrament die Gültigkeit der Verkündigung der Sündenvergebung, findet sie hier in Wasser, Brot und Wein die ihr eigentümliche Konkretion, gilt: »Was für die Verkündigung des Evangeliums das Sakrament ist, das ist für die Verkündigung des Gebotes die Kenntnis der konkreten Wirklichkeit. *Die Wirklichkeit ist das Sakrament des Gebotes*« (I,147). So wie das Sakrament die Vergebung sichtbar macht, so macht die Weltwirklichkeit das Gebot deutlich. Erst im Gegenüber zur Wirklichkeit wird das Gebot eindeutig. Ich muß den Nächsten sehen, um ihn lieben zu können, ich muß um ihn wissen, wenn meine Liebe sinnvoll tätig werden soll. Die Predigt des Liebesgebotes muß mir den Nächsten zeigen, sie bleibt ohnmächtig, wenn sie mir den Nächsten nicht vor Augen zu führen vermag. Bonhoeffer ist zuzustimmen: »Die Erkenntnis des Gebotes Gottes ist ein Akt der Offenbarung Gottes« (148). Dieser Akt der Offenbarung Gottes vollzieht sich in und mit menschlicher Information. So dient die Information dem Wort, sie hilft ihm zur Welt. Sie signalisiert, daß Gott sich menschlich offenbart.

Eine Diakonie, die nicht informiert ist, geht daneben, zementiert Zustände, die vom Evangelium her unhaltbar sind. Dies wird vor allem anschaulich im Kampf gegen den Hunger in der Welt, der nicht mit Almosen, vielleicht aber mit Änderung wirtschaftlicher Strukturen zu beheben ist, wenn nämlich eine bessere Gerechtigkeit die Strukturen prägt.

Gewinnt die Predigt angesichts der Sprachlosigkeit aufs neue Sprache, müssen die Nachrichten der Strukturen dieser Sprache angemessen sein. Die Bemühung um die Sprache schließt in sich die Bemühung um den Gottesdienst, – drei Modelle werden zur Diskussion gestellt.

§ 31

MODELLE

I

Politisches Nachtgebet

Egbert Höflich/Marie Veit/Michael Dohle/Dorothee Sölle, »Politisches Nachtgebet« als Modell, Blätter für deutsche und internationale Politik 1968, H.11, 4ff. – Politisches Nachtgebet in Köln, hg. v. *Dorothee Sölle und Fulbert Steffensky,* 1969 (Bd II, 1971, erschien erst nach Abschluß dieser Arbeit). – Mitbestimmung. 8. Politisches Nachtgebet gehalten vom Ökumenischen Arbeitskreis »Politisches Nachtgebet« Köln am 3. und 4. Juni 1969 in der Antoniter-Kirche zu Köln, PIG 31, 1969 (Kommentar v. *Manfred Josuttis*). – *Klaus Schmidt,* Politisierung der Gewissen, PTh 58, 1969, 336ff. – *Jürgen Tillmanns,* Beten in der Konfliktzone der Politik, EvK 2, 1969, 334ff. – *Jörg Liechti,* Gottesdienstreform und politische Theologie, Reformatio 19, 1970, 170ff. – *Götz Harbsmeier,* Das Experiment als Gottesdienst – Liturgie der Revolution? VF 15, 1970, 3ff. – *Kurt Marti* (Hg.), Politische Gottesdienste in der Schweiz, 1971.

Die Veranstalter des Nachtgebetes verstehen ihr Unternehmen als Modell. So möchte Fulbert Steffensky das von ihm mit Dorothee Sölle herausgegebene Buch als »eine Anleitung« verstehen, »unter anderen Bedingungen und an anderen Orten das in Gang zu bringen, was wir in Köln mit dem Politischen Nachtgebet versuchen« (7). So wird in dem Nachtgebet über »Glaube und Politik« vorgeschlagen: »Besuchen Sie nicht nur unsere Nachtgebete; machen Sie mit Ihren Möglichkeiten und in Ihren Gemeinden selber welche« (125). Ich nehme dies Selbstverständnis auf und versuche, den Modellcharakter des Politischen Nachtgebetes herauszuheben, indem ich mich an das Nachtgebet über den Strafvollzug halte, an dem ich selber teilnahm.

Die Tendenz, durch Information, Meditation und Diskussion zur Aktion zu gelangen, gibt schon der Anlage dieses Nachtgebetes einen dramatischen Charakter. Als Ganzes steht es dem epischen Theater näher als einer Abhandlung. Die Sprecher in diesem Lehrstück wechseln. Von dem hier entwickelten Wortverständnis her (vgl. § 7) kann ein solches Unternehmen nur begrüßt und empfohlen werden.

Eine Einleitung, an die Klingelpütz-Affäre anknüpfend, bringt einen heimlichen Leitsatz des Ganzen, der dann auch in der anschließenden (nicht veröffentlichten) Diskussion eine Rolle spielt: »Es ist unsere Welt, unsere Gesellschaft, an der sie (die Strafge-

fangenen R.B.) gescheitert sind« (65). Die Einleitung beschließt das Zitat von Nr. 57 der »Dienst- und Vollzugsordnung«. Damit ist die Exposition getroffen.
Nun folgen zwei parallel gebaute »Akte« mit je drei »Szenen«. Erster »Akt«: Der Verlesung eines Briefes aus dem Gefängnis folgen antiphonisch Schlagworte aus der Öffentlichkeit. Ein längeres Bonhoeffer-Zitat belehrt über Menschenverachtung. – Zweiter »Akt«: An Stelle der Einzelstimme im Brief wird in achtmaliger Wiederholung »*Normal ist* (im Strafvollzug)« die Lage des Gefangenen geschildert. Antiphonisch folgen wiederum Zeitungsüberschriften, die ein geschöntes Bild aus den Gefängnissen suggerieren. Eine längere Ausführung überträgt nun das Bonhoeffer-Zitat in das Verhältnis Gesellschaft – Gefangene. »Was wir wissen müssen«, »müßten«, »könnten«: »Weil Gott alle seine Menschen liebt«, haben wir den Gefangenen als Mitmenschen zu betrachten. Die Frage nach der Heilung eines Sozialkranken wird gestellt. – Ein dritter »Akt«, wiederum aus drei Teilen, hat retardierenden Charakter. Nach der Information kommt die Meditation, zuerst als Variation des Jesus-Wortes: »Ich war im Gefängnis und ihr habt euch nicht um mich gekümmert«; dann folgt eine Ansprache über ein Wort des Maimonides: »Wenn du jemanden strafst, machst du ihn zu deinem Bruder.« Das Gebet zu dem »Herrn des Rechts und der Gerechtigkeit« ist ein Schuldbekenntnis. An Stelle der Absolution werden sieben Vorschläge zur praktischen Hilfe gemacht. Dies ist gleichsam der vierte »Akt«. An Stelle des fünften folgt die Diskussion.

Schon diese Skizze vermag die Vorteile und die Problematik dieses Unternehmens anzudeuten. Hier wird die Bedeutung der *Information* für die Ausrichtung des Gebotes deutlich (vgl. § 30). Ein Problem, das die Gesellschaft und mit ihr die Kirche nur zu gern verdrängt, wird anschaulich vor Augen geführt. Die Information über die Gefangenen und über die Reaktionen in der Gesellschaft wird verbunden mit einer ethischen Unterweisung in Gestalt und an Hand des Bonhoeffer-Zitats. Die Information über die Gefangenen mag einseitig, parteiisch und – wie ich annehme – auch vereinfachend sein (vgl. die Kritik von Josuttis zum Nachtgebet über Mitbestimmung). Es wäre durchaus zu fragen, ob nicht ein theologischer Befürworter des Sühnegedankens und der Todesstrafe hätte zu Worte kommen müssen. So erscheint die Gruppe – vielleicht zu Unrecht – als eine solche von Gesinnungsgenossen. Allerdings würde die Zielrichtung des Nachtgebetes auf Aktion in Frage gestellt, indem theologisch anders Gesonnene – in diesem Falle ein Befürworter der Todesstrafe – zu Worte kämen.

Das Nachtgebet macht anschaulich, inwiefern Information auch der Liturgie dient, selbst da, wo dieselbe sozusagen auf ein Minimum beschränkt wird. Das zitierte und variierte Jesuswort (Mt 25,36) erhält auf der Folie der Information eine besondere Aussagekraft. Die Bibel kommt hier quantitativ kaum zu Wort, dafür gewinnt das rezitierte Bibelwort durch den Kontext, in den es gestellt wird, ein besonderes Gewicht. Auch das Gebet antwortet auf die vorhergehende Unterrichtung über den Strafvollzug. In *Meditation* und *Gebet* also werden die »Nachrichten« aufgenommen und verarbeitet.

Die Veranstalter selbst messen der »*Diskussion* und *Aktion*« große Bedeutung zu.

»Die Diskussion empfinden wir als integralen Bestandteil unserer Gottesdienste . . . Sie hebt die Trennung von Veranstaltern und Teilnehmern auf und zieht damit alle in die gleiche Verantwortung vor der diskutierten Sache« (9). Der Gottesdienst als Gruppenunternehmen durchbricht die autoritäre Einmannstruktur, während die Diskussion den Teilnehmern ermöglichen soll, »sich mit der Sache zu identifizieren« (9). In der Tat ist es seinerzeit gelungen, daß in der Diskussion die Gruppe nicht den Teilnehmern gegenübertrat, daß diese vielmehr untereinander diskutierten und damit die Sache des Strafvollzuges – zunächst auf der Ebene der Erwägung – zu ihrer Sache machten. (Nicht unerwähnt möchte ich lassen, daß bei diesem Anlaß meine bis dahin feste Überzeugung ins Wanken kam, in einer gotischen Kirche lasse sich nicht diskutieren.)

Bildet das Gespräch im Lernprozeß eine nicht zu überschätzende Rolle, so nicht bloß auf der Ebene theoretischer Erkenntnis, sondern ebenso sehr auf der Ebene praktischen Handelns. Das Nachtgebet zielt auf *Aktion*. Allerdings bleibt das zitierte Nachtgebet bei einem Angebot von Möglichkeiten des Handelns stehen. Die Verbindlichkeit scheint in diesem Gottesdienst wohl eröffnet zu sein; die Aktion bleibt dem einzelnen überlassen. Die »Entprivatisierung«, die so gewünschte, scheint hier gerade noch nicht gelungen. Die Offerten zum Handeln werden in der siebenfachen Auswahl zur Selbstbedienung angeboten. Immerhin gründete der Siegburger Strafanstaltspfarrer nach diesem Nachtgebet einen Arbeitskreis, »der mit Gefangenen Kontakt aufnahm, Briefpartnerschaften entwickelte, kleine Vergünstigungen für Gefangene erwirkte« (PTh 58, 1969, 343). Offenbar blieb es nicht einfach bei einem Angebot zur Selbstbedienung im Engagement, offenbar wird dem weitergeholfen, der sich hier engagieren möchte.

Könnte eine Predigt in traditioneller Form das leisten, was dieses Nachtgebet hier leistet? Ich glaube kaum. Gegenüber vielen gottesdienstlichen Reformversuchen hat dieser Versuch den Vorteil, daß er von *einer* theologischen Einsicht getragen und gestaltet wird, die in der christlichen Kirche weithin unreflektiert geblieben ist. »Gemeinsam war für uns zunächst nur der Satz, daß Glaube und Politik untrennbar sind; daß das Evangelium kritisch und entwerfend auf gesellschaftliche Zustände wirken muß« (7f).

Die Forderung einer »Politisierung des Gewissens« (Sölle) hat in der Sache schon Iwand erhoben (Das Gewissen und das öffentliche Leben, in: Nachgelassene Werke II, 1966, 125ff).

So ungeschützt die Verklammerung von Glaube und Politik von den Vertretern des Nachtgebetes auch formuliert worden sein mag, so wichtig und richtig ist dieses Anliegen. Diese einheitliche Zielrichtung des Nachtgebetes verhindert eine lediglich formale Würdigung, die den Modellcharakter des Nachtgebetes bejaht und dessen Inhalt ignoriert oder negiert. Trotzdem lassen sich neben dieser einheitlichen Tendenz recht divergierende und auch widersprüchliche Stimmen aus den Texten herauslesen; aber dieser theologische Mangel erweist sich vielleicht als eine praktische Tugend. Fast möchte man hoffen, daß sich das Unternehmen nicht zu schnell auf eine theologische Linie einpendelt, auch wenn theologische Klärungen zu wünschen sind.

Darum seien folgende Erwägungen erlaubt.

Betrachtet man das vorliegende Modell als »Predigt«, so erweist es sich als – wie ich meine – ausgezeichnete Moralpredigt. Auch die Moralpredigt hat innerhalb der christlichen Verkündigung ein gutes Recht. Und warum sollte es bei so viel öffentlicher und politischer Unmoral nicht eine kräftige Moralpredigt geben? Somit erweist sich das Politische Nachtgebet als Modell für eine christliche Moralpredigt. Bejahen wir die Vielstimmigkeit des Geistes, ist mit der Bezeichnung »Moralpredigt« grundsätzlich nichts Abwertendes gemeint; wie Jakobus im Kanon, so ist das Nachtgebet im Chor heutiger Verkündigung eine notwendige Stimme. Sie kann füglich als Zeichen der Geistesgegenwart angesehen und bejaht werden, ein Zeichen, das in die Zukunft zu weisen vermag – ein vorreformatorisches Zeichen.

Da das Nachtgebet keineswegs »passé« ist, wird ein abschließendes Urteil kaum möglich sein. Gerade hier mag deutlich werden, wie schwierig beim Prüfen der Geister ein Abwägen des Für und Wider in der Praxis ist. Wenn man das Unternehmen bejaht und als ein verheißungsvolles Zeichen nimmt, wird man damit die theologische Fragwürdigkeit des Ganzen nicht verschweigen. Anders würde man den Modellcharakter des Nachtgebetes nicht ernst nehmen. Mir scheint, daß eine Kritik an theologischen Einzelaussagen – wie etwa die vom Wunderverzicht des Gebetes (24) – das Ganze nicht trifft. Allerdings müßte es gelingen, die theologische pauvreté des Nachtgebets zu überwinden, eine pauvreté, die vielleicht dann am besten sichtbar wird, wenn man das Nachtgebet mit einer frühern Bewegung konfrontiert.

Es wäre einer besonderen Untersuchung wert und könnte den für ein Nachtgebet verantwortlichen Gruppen zur Selbstkritik nur dienlich sein, wenn einmal die weitreichenden Parallelen des »Politischen Nachtgebetes« mit der »Moralischen Aufrüstung« resp. mit der »Oxford Gruppenbewegung« aufgezeigt und analysiert würden.

Der gemeinsame Nenner, der bei aller Divergenz beide Bewegungen miteinander verbindet, besteht vermutlich im Gesetz. Sowohl die Moralische Aufrüstung wie das Politische Nachtgebet »predigen« primär nicht das Evangelium, sondern das Gesetz. Vielleicht macht gerade der Vergleich mit der Moralischen Aufrüstung anschaulich, inwiefern die Predigt des Gesetzes weder Kirche noch Welt zu erneuern vermag. So hilft einer Zeit, die auf fast allen Kanzeln das Evangelium verschweigt, das Modell von Köln im wesentlichen noch nicht weiter. Die Frage an das Politische Nachtgebet als Modell wäre dann, ob man die Bergpredigt zu hören vermag, wenn der Galaterbrief nicht verstanden wird? Wird man aus der pauvreté herauskommen, aus der Verelendung unter dem Gesetz, in der man nicht zuletzt im eigenen Weltbild gefangen sitzt? Wird es gelingen, der Gesellschaft nicht nur das Gesetz, sondern die Freisprechung vorzuhalten? Gibt es Freiheit für die Gefangenen und Absolution für die Gesellschaft?

Der Streit zwischen »vertikaler« und »horizontaler« Theologie erscheint mir als vorläufig und im Grunde gegenstandslos gegenüber dieser Frage aller Fragen, ob denn das Evangelium zur Sprache komme oder das Gesetz das Evangelium übertöne? Vielleicht geht es im Streit zwischen »vertikaler« und »horizontaler« Theologie, zwischen Konservativen und Progressiven doch nur um Gottesbilder und um Weltanschauung. Dieser Verdacht erweist sich als berechtigt, solange auf beiden Seiten das Gesetz oder die Gesetzlichkeit gepredigt wird. Im Blick auf das Politische Nachtgebet erhebt sich die Frage, was die beste Moralpredigt denn soll und kann, solange die frohe Botschaft keine Stimme hat? Und was soll aller theologische und politische Fortschritt, wenn man nicht weiter kommt als bis zum Gesetz?

Würde man das Evangelium finden, könnte das politische Nachtgebet festlich werden und die Lilien auf dem Felde feiern. – So wohltätig es ist, daß hier der Mysterienreligion mit dem zyklischen Denken Abschied gegeben wird, so wird man das Politische Nachtgebet als Modell befragen müssen, ob zum Gottesdienst denn nicht auch das Moment der Wiederholung gehöre. Die Gottesdienste des Politischen Nachtgebetes sind Werktags-Gottesdienste, und sie haben ihr Recht: Gottesdienste, die streng auf Aktion zielen, können in einer lahmen Christenheit nur begrüßt werden. Auch wäre zu wünschen, daß sie unsere traditionellen Sonntagsgottesdienste befruchten könnten. Sie würden dies um so besser tun, wenn sie in den politischen Wüsteneien zu Feier und Fest fänden (vgl. die Kritik von Harbsmeier). In diesem Zusammenhang scheint mir der Hinweis auf Schrift und Meditation dringlich.

So positiv ich zunächst die im gesprochenen Nachtgebet dargebotene Meditation sehen möchte, so fragwürdig wird sie, wenn ich nach deren Modellcharakter frage. Ich habe dargelegt, wie sehr die Meditation durch die vorhergehende Information gewinnt. Unbeantwortet aber bleibt die Frage, was die Aktion durch die Meditation gewinnt? Der meditative Teil des Nachtgebetes steht merkwürdig unverbunden vor den Vorschlägen zur Aktion, spielte auch – soweit ich mich erinnere – in der Diskussion kaum eine Rolle. Eigentlich notwendig erscheint er im Grunde nicht, die Vorschläge zur Aktion könnten unmittelbar auf die ersten zwei Akte folgen (73). Das heißt, die Meditation nimmt offenbar noch nicht den Platz ein, den ihr die Veranstalter zubilligen möchten. Sie ist – bei allen Vorzügen, die sie hat – der schwächste Teil im Ganzen. – Kurt Marti hat die Vermutung ausgesprochen, die Kirche werde »erst dann in einem selbstverständlichen Sinne (auch politisch!) schöpferisch, wenn sie wieder meditierende Kirche wird« (Reformatio 19, 1970, 216). Vermutlich gilt dies auch für das Politische Nachtgebet.

Findet das Nachtgebet in der Meditation zum Evangelium, wird aus einem vorreformatorischen Zeichen ein Zeichen der Erneuerung für die Christenheit.

II
Der Regisseur als Liturg

Walter J. Hollenweger, Die Kirche der Zukunft – eine Realutopie, Reformatio 15, 1966, 90ff. – *Ders.*, Der Regisseur als Liturg, Monatlicher Informationsbrief über Evangelisation Nr. 2/3, 1967, Oekumenischer Rat der Kirchen (im Folgenden zitiert); jetzt auch: Aktion Gottesdienst II, 1970.

In dunkler Erinnerung an den schlafmützigen Wagner, abschreckende Kanzel-Tragiker und Possenreißer vor Augen, wird der Zusammenhang von Drama und Predigt, der vom biblischen Wortbegriff her näher liegt als der von Predigt und Aufsatz (§ 9), vielfach und sehr zum Schaden der Predigt übersehen. Hollenweger vergleicht die seelsorgerliche und liturgische Funktion eines Pfarrers mit der eines Regisseurs, der mit den Spielern spricht, ihnen Fragen stellt, zuschaut und den Spieler die Gestaltung seiner Rolle entdecken läßt. Der Pfarrer wird Spielleiter im heiligen Spiel. Damit kommt es in der Gottesdienstvorbereitung zur Entdeckung und Erweckung der Charismen. Gottesdienstvorbereitung und Auferbauung charismatischer Gemeinde mögen dann zusammenfallen. Indem der Gottesdienst von der Gemeinde selbst verantwortet wird, kann es im Verlauf der Gottesdienstvorbereitung zur theologischen Ausbildung der Gemeinde, zur gegenseitigen Seelsorge und zum Gespräch mit nichtkirchlichen Gemeindegliedern kommen (Informationsbrief, 7f). Der Gottesdienstvorbereitung gegenüber scheint der Gottesdienst selbst fast weniger Gewicht zu haben.

Als Voraussetzung gilt für den »Regisseur«, daß er sich auf die Gesprächsleitung versteht, daß er emotionale Spannungen nicht bekämpft, sie vielmehr für das Verkündigungsgeschehen wirksam macht. Dabei hält Hollenweger eine personale Aufteilung zwischen dem Gesprächsleiter und dem »dringend benötigten theologischen Experten« für wünschenswert. Mit dem Politischen Nachtgebet gemeinsam beansprucht diese Gottesdienstvorbereitung in einer Gruppe viel mehr Zeit als die Vorbereitung auf einen traditionellen Gottesdienst. Eine Gruppe kann im Jahr höchstens ein oder zwei Gottesdienste übernehmen. »Die Artikulation unserer Sünde und des Zuspruchs Gottes ist ein Prozeß, der viel Zeit braucht: Man bekommt den Eindruck, daß nur ganz wenige Gemeindeglieder durch die Predigt in ihrem Vermögen, ihren Glauben auszusprechen, gefördert worden sind« (8).

Hollenweger berichtet über eine Gottesdienstveranstaltung in Genf. Eine Gruppe aktiver Gemeindeglieder übernimmt zusammen mit einer gleich starken Gruppe von sogenannten Randsiedlern – »Diese sind

nach 1Kor 14,24 das Kriterium für die Verstehbarkeit der gottesdienstlichen Verkündigung« (2) – die Vorbereitung des Gottesdienstes, die
sich in fünf Phasen vollzieht. Darf man damit rechnen, daß unter den
»Randsiedlern« sich auch Nicht-Christen befinden, dann ist – wie im
Politischen Nachtgebet – die Grenze zu den Nicht-Christen aufgehoben.

In der *ersten Phase* wurde der Regisseur getestet, ob er »die Gruppe als mündig und
voll verantwortlich anzunehmen bereit war, oder ob es sich hier lediglich um einen besonders schlauen Trick der Kirche handelte, Menschen für ihre Ziele einzuspannen«
(2). Hollenweger charakterisiert dieses Gespräch als »einen regelrechten Kampf«, »der
natürlich den Gesprächsteilnehmern unbewußt ist. Um so wichtiger ist es, daß der Gesprächsleiter sich sowohl über die psychologischen Strömungen wie auch über seine eigenen Reaktionen, die nicht immer zu vermeiden sind, im klaren ist. Er muß z.B. merken, daß die Gruppe ihn ständig zu Urteilen provozieren will, weil sie dann *dagegen*
sein kann, anstatt ihre eigene Trägheit zu überwinden und konstruktiv formulieren zu
müssen« (2). – In der *zweiten Phase* wurde die Frage nach dem Thema des Gottesdienstes gestellt. In einer zweistündigen Debatte kristallisieren sich zwei Themen heraus.
Der Gesprächsleiter legte infolgedessen in der nächsten Sitzung zwei Liturgieentwürfe
vor. Die Gruppe entschied sich dann für das Thema »Unsere kranke Sprache«. – In
der *dritten Phase* wurde der Liturgieentwurf als Gesprächshilfe charakterisiert und das
Wesen einer Liturgie erklärt; dann wurde die Gruppe unterteilt in vier Untergruppen,
die a) die Situationsanalyse und das Sündenbekenntnis, b) den Predigtteil, c) die Fürbitte und den ganzen Schlußteil des Gottesdienstes, d) musikalische Spezialaufgaben
vorzubereiten hatten. – In der *vierten Phase* wird nur der Predigtteil beschrieben. Die
Gruppe a) zeigt Beispiele kranker Sprache aus Zeitungsinseraten, aus der Politik, der
Familie und – offenbar besonders drastisch – der Kirche. Die Frage nach der Mitver-
antwortung der Christen führt zum Sündenbekenntnis, das damit einen Sitz im Leben
bekommt. – Die Gruppe b) erinnert sich an den schwierigen Text Joh 1. Da man den
Text nicht versteht, wird der Pfarrer als theologischer Experte in Anspruch genommen.
Dieser verweist die Gruppe an die Kommentare. In mehrwöchiger Arbeit paraphrasiert
nun die Gruppe den Text auf Schweizerdeutsch. – In der *fünften Phase* wird der Gottesdienst technisch eingeübt. Die meisten Teilnehmer sprechen zum ersten Mal öffentlich in einer Kirche und bedürfen darum der Anleitung. – Nach diesem Gottesdienst
versammelt sich die Gruppe mit einem Teil der Gemeinde zu einem gemeinsamen Mit-
tagessen. »In einem zweistündigen kritischen Gespräch wurde die Bilanz gezogen und
das Thema vertieft; ebenso wurden Anregungen für einen nächsten Versuch gesam-
melt . . . Ein guter Gesprächsleiter wird die prononciertesten Kritiker als Mitarbeiter
für einen nächsten Gottesdienst zu gewinnen suchen« (4).

Wesentlich scheint mir auch an diesem Versuch, daß die autoritäre
Struktur des Gottesdienstes zerbrochen wird. Gegenüber dem Politischen Nachtgebet handelt es sich um eine Veranstaltung auf gemeindli-
cher Ebene, auf der ein Abbau der autoritären Struktur sicherlich
schwieriger ist als in einer interkonfessionellen Gruppe von Gesinnungsgenossen. Beidemal aber handelt es sich um ein Team-work in dem
Sinn, daß nicht mehr der Pfarrer den Gottesdienst »hält«. – Beide Versuche deuten auf einen neuen Typ von Gottesdienst, der nicht im Kirchenjahr eingebettet und nicht auf Allsonntäglichkeit angelegt, je einmalig und von langer Hand vorbereitet wird. – Der skizzierte Genfer
Gottesdienst bietet auf seine Art ein Gegenstück zum Gödenrother Gespräch. Führte in Gödenroth die Predigt zum gottesdienstlichen Ge-

spräch, so führt hier das Gespräch zum Gottesdienst und zur Predigt. Selbstkritisch hat Hollenweger die Schwäche des Experimentes darin gesehen, daß es noch nicht dahin vorzudringen wußte, »wo der Entscheidungscharakter des Evangeliums jedem evident wird«. Möglicherweise lautet die Grundfrage auch hier, ob in der Meditation einer Gruppe die Stimme der Frohbotschaft lebendig hörbar wird. Geduld ist allerdings vonnöten; u.a. auch deshalb, weil die Gemeinde sich zuerst von der Überraschung erholen muß, »daß sie theologisch und liturgisch ernst genommen wird« (8).

III

Gottesdienst als Happening

Ernst Eggimann, Eine Experimentierkirche für Bern?, Der Bund am 10. 3. 1968. – *Ders.,* Noch ein Wort zum Sonntag, Der Bund am 5. 5. 1968.

Der Schriftsteller Ernst Eggimann hat in seinem ersten Artikel im Berner Bund vorgeschlagen, eine neue Kirche der Stadt für Gottesdienstexperimente freizustellen. In einem zweiten Artikel schwebt ihm offenbar eine Art Supermarkt vor:

>»Es ist möglich, daß sich dabei für unsere vielfältige Gesellschaft auch die verschiedensten Gottesdienstformen entwickeln werden, und hoffentlich auch solche, die wir heute nicht einmal ahnen und an die wir Heutigen uns schwerlich gewöhnen würden. – Vielleicht ein Beispiel: Der Gottesdienst beginnt nicht für alle zur gleichen Zeit, jeder kommt, wann er will, Frühaufsteher schon kurz nach neun, andere später. Das Textwort mit kurzem Kommentar wird vervielfältigt an der Kirchentüre abgegeben. Man setzt sich zusammen und spricht in kleinen Grüppchen darüber, die Gemeinde erfährt sich als gemeinsam. Der Pfarrer als Bibelexperte kann zu Rate gezogen werden. Einer sitzt ganz für sich allein, betet, oder meditiert über den gemeinsamen Text. Von Zeit zu Zeit ereignet sich etwas: Musik wird gespielt. Der Sprecher einer Gruppe teilt den andern Gedanken mit, die soeben erarbeitet wurden. Ein Dialog wird öffentlich, eine kurze Predigt wird gehalten. Lichtbilder leuchten auf, ein Filmausschnitt regt zur Diskussion an. Manchmal wird auch eine kleine Szene gespielt – improvisiert oder einstudiert. Das Living Theater zum Beispiel könnte ich mir gut in einer Kirche vorstellen, warum nicht auch eine Dürrenmatt-Szene? Sprechchor, Rezitation, Ausdruckstanz, Transparente, vieles ist nicht unmöglich. Dabei müßte aber alle hektische Betriebsamkeit vermieden werden. Der Gottesdienst ruht in Stille und leisem Gespräch. Nur so ist Sammlung möglich, Meditation, die in Zukunft für uns immer lebenswichtiger werden wird.«

Die Andeutungen des Schriftstellers zeigen, wie schwierig es sein wird, einen der Zeit entsprechenden Gottesdienst zu feiern und eine Sprache für die Verkündigung zu finden, die unsere Sprache ist. Dem stehen die kirchliche Tradition und die »religiösen Bedürfnisse« entgegen, die durchaus Kontinuität, Stabilität und hergebrachte Ordnung wollen. Man wäre aber schlecht beraten, wenn man, etwa von Meinungsumfragen her, grundsätzlich einem Konservativismus huldigen wollte.

Die Predigt zieht den Hörer in Mitleidenschaft, das Hören wird Leiden-
schaft, und Leidenschaft führt zur Kritik. Das Wort soll laufen, darum
soll der Hörer hier das letzte Wort haben!

§ 32

PREDIGTKRITIK – HÖREN ALS LEIDENSCHAFT

Günther Blöcker/Friedrich Luft/Will Grohmann/Hans Heinz Stuckenschmitt, Kritik
in unserer Zeit, 1960. – *Joachim Konrad,* Grundsätze der Analyse, des Vergleichs und
der Kritik der Predigt, in: Die evangelische Predigt, 1963, 479ff. – *Emil Staiger,* Die
Kunst der Interpretation, in: Die Werkinterpretation, hg. v. Horst Enders, 1967, 146ff.
– *Günther Schiwy,* Der französische Strukturalismus: Mode, Methode, Ideologie, rde
310/311, 1969. –Vgl. auch § 23.
   Predigtanalysen u.a. in: Claus Westermann, Verkündigung des Kommenden, 1958.
– ThP – PIG – PSt.

Die Gegenwart des Geistes zieht die Hörer der Predigt in Mitleidenschaft, wie jede Gegenwart in Mitleidenschaft erfahren wird. Man
könnte das Hören überhaupt als Mitleidenschaft bezeichnen, insofern es
eine Weise ist, Gegenwart zu erfahren. – Beim Predigen gerät auch der
erste Hörer (vgl. § 25/III) in Mitleidenschaft. Damit ist grundsätzlich
nicht gemeint, daß der erste und die andern Hörer an der Predigt leiden.
Daß sie es praktisch tun, wurde schon deutlich. – Wohl aber ist gemeint,
daß im Hören ein Umschlag vom Passivum ins Aktivum geschieht. Dies
gilt auch für den ersten Hörer, denn sonst wäre es überflüssig, ihn zu erinnern (vgl. § 9), und ein Bittgebet wäre unsinnig. Andrerseits wird eine
schlecht meditierte und ohne Freude gehaltene Predigt möglicherweise
auch eine Leidenschaft wecken, eine »Leidenschaft, in die ich wie in
eine Gefangenschaft eintrat«, die der Ablehnung und des Zornes. Auch
diese Leidenschaft äußert sich als Predigtkritik.
   Meditation im Sinne von Psalm 1 (vgl. § 21/I) können wir als Leidenschaft für das Wort verstehen. Eine Predigt, die aus der Meditation
kommt und in der Gegenwart des Geistes leidenschaftlich gern gehalten
wird, weckt im Hörer eine Leidenschaft fürs Hören, macht ihn leidenschaftlich für die Predigt, von der gilt, daß von ihr der Glaube komme.
– Im weitesten Sinn genommen gehört jede Hörreaktion, jede sich ein-
stellende oder ausbleibende Predigtfrucht zur Predigtkritik. Die Form,
in der sich solche Leidenschaft dem Wort gegenüber äußert, nennen wir
Predigtkritik. Selbstverständlich müssen wir den Begriff hier sofort wieder einengen: die Ausweitung des Begriffs aber soll zeigen, daß Predigtkritik nicht eine Zugabe oder ein Anhang zur Predigt darstellt,
daß sie wesentlich zum Predigen hinzugehört. Predigtkritik buchstabiert

ein »Amen« zur Predigt, ohne das die Predigt nicht zu beschließen ist. Dies wird sofort deutlich, wenn ich das erste Kriterium der Predigtkritik nenne. »Kritik ist die Kunst zu loben« (La Gallienne, zit. nach Kritik, 41). Die Begeisterung, zu der die Predigt begeistert (vgl. § 4/III), kommt zur Sprache. Wie die Predigt das Lob des Textes will, hat die Predigtkritik ihr Ziel im Lob der Predigt. Damit disqualifiziert sich jedes voreilige und unbedachte Kritisieren. Als Auslegung dient die Predigtkritik der Predigt, sie unterstreicht ihre Aussage und erweitert ihre Sprache. Lob der Predigt ist sie darin, daß sie die Predigt aufnimmt und weiterführt. Auch wenn sie eine Predigt verneinen muß, bejaht sie das Predigen. Selbst in der Polemik gegen schlechte Predigt steckt das Lob. Damit tritt schon das *Wesen* der Predigtkritik in Sicht, die *Predigtinterpretation.*

Während die Meditation der Predigt die Predigt wiederholend bedenkt und aufnimmt, während die Analyse Herkunft, Gestaltung und Zielrichtung der Predigt untersucht, fragt die Interpretation – weitergehend – nach den Möglichkeiten, die der Predigt innewohnen. Damit entwickelt sie, was bereits in der Meditation und der Analyse angelegt ist. Diese Ansätze aufnehmend und weiterführend und die Möglichkeiten der Predigt aufdeckend, erweist sich die Interpretation als Auslegung der Predigt. Predigtkritik als Auslegung der Predigt ist ihrem Wesen nach nicht zu unterscheiden von der Predigt selbst. Sie verhält sich zur gepredigten Predigt wie die Predigt zum Text. Ein Kritiker, der sich seine Sache leichter macht als der Prediger, wird in der Regel die Kritik verfehlen. Denn wie die Predigt versteht sich die Kritik als schöpferischer Akt. »Die Tätigkeit, die urteilt, ist wesentlich identisch mit der Tätigkeit, die hervorbringt« (Benedetto Croce, zit. nach Kritik, 22). Das Gemeinsame scheint hier wichtiger als das zu Unterscheidende. Hat der Prediger Zeuge dessen zu sein, was der Text bezeugt, wird der Kritiker zum Zeugen dessen, was der Prediger bezeugt. Die Predigtkritik muß dabei den Stückwerkcharakter der Predigt ehren. Sie würde ihren eigenen Stückwerkcharakter verkennen und ihre Aufgabe verfehlen, wollte sie die Predigt in dem Sinne ergänzen, daß sie alles anzuführen versucht, was auch noch zum Text hätte gesagt werden können. Sie würde damit nicht die Möglichkeiten der Predigt, sondern die des Textes aufdecken, würde damit nicht der Predigt, sondern dem Text gerecht werden wollen. Allerdings kann sie die Möglichkeiten der Predigt ausreichend nicht bedenken, ohne die Möglichkeiten des Textes zu berücksichtigen. Die Kritik steht vor der Frage, ob und wie die Predigt eine Möglichkeit des Textes verwirklicht. Würdigt die Predigtkritik den Stückwerkcharakter der Predigt und respektiert sie die Freiheit des Predigers, steht ihr selbst alle Freiheit zu – sogar die, selbst Stückwerk zu sein.

Die *Aufgabe* der Predigtkritik besteht darin, das Verstehen der Predigt und die Freude an der Predigt zu fördern. Sie leistet Hörhilfe. Sie müht sich um die Lebendigkeit des lebenden Wortes. Sie ist wie die Predigt selbst Dienst am Wort. Wie sich aber die Kritik von der Predigt unterscheidet, unterscheiden sich die Mittel der Kritik von den Mitteln der Predigt. Zunächst einmal muß die Kritik den Unterschied zwischen gesprochener und gedruckter Predigt bedenken. Das Predigtmachen und das Predigthalten ist ein je besonderer schöpferischer Akt. In der gesprochenen Predigt spricht der Prediger als Nachricht mit (vgl. §§ 22 und 24). Er spricht nicht nur mit Worten, sondern mit allem, was er ist. Das Wort ist nur ein Teil von dem, was er ausdrückt. Die gedruckte Predigt dagegen ist bereits Literatur. Auch als Druckwerk kommt sie in der Regel vom Sprechen her, im Sprechen erfüllt sie sich. Dies hat die Predigtkritik zu beachten. Die gesprochene Predigt ist eine Tat, eine Handlung, vielleicht sogar ein Ereignis, die gedruckte Predigt liefert das schriftliche Zeugnis von diesem Geschehen, das aber von diesem Geschehen nicht ausdrücklich berichtet. Die Predigtkritik fragt nach dem Predigtgeschehen zurück. Diese Rückfrage kann meistens nur zu hypothetischen Ergebnissen führen. Indem aber der Prediger die Predigt auf sich wirken läßt – und anders denn als Predigthörer kann er gar nicht Kritiker sein – wird die Predigt für ihn lebendig. Wie verschieden Hörereignis und Leseereignis voneinander auch sein mögen, wie unterschiedlich die Predigtkritik ausfallen mag: wird die Predigt vom Kritiker als Leiche behandelt, fällt die Kritik in Ohnmacht. Aus der eben skizzierten Aufgabe der Predigtkritik ergeben sich ihre Kriterien. Weil die gedruckte Predigt schon einen »literarischen« Text darstellt, sind hier neben theologischen Kriterien solche der Literaturkritik zu verwenden. Weil sowohl die gedruckte als auch die gesprochene Predigt Sprache ist, haben die Kriterien der Literaturkritik auch für die gesprochene Predigt Bedeutung. Um das Gepredigte der Predigt zu erfassen, reichen die genannten Kriterien aber nicht aus, sie sind ergänzungsbedürftig. Predigen heißt Sprechen, und wer spricht, will gehört werden. Die Predigt will nicht nur als Text über einen Text befragt werden. Predigtkritik muß darum das Sprechen und Hören miteinbeziehen. Sie hat nach der Wirkung der Predigt zu fragen. Fragt die Predigtkritik damit nach der Wirkung der Predigt, fragt sie nach dem Hörer: wie er aus dem Predigtgeschehen hervorgeht. Der Laie wird selbst zum Kriterium. Ohne dieses Kriterium, ohne das Hören des Hörers mitzubedenken, vermag die Kritik kaum Hörhilfe zu leisten (vgl. Rudolf Bohren, Laienfrage und Predigt, 1966, 7ff).

Welche *Methodik* man auch anwendet, man wird auf drei Fragen Antwort suchen müssen: Was uns anspricht; woher die Predigt kommt; wohin die Predigt führt. Diese drei Fragen sollen als Leit-Fragen zum Lob der Predigt führen.

Die *erste Leit-Frage nach dem, was uns anspricht,* stellt der Kritiker als Einzelner, aber stellvertretend für alle Hörer. Er geht aus von einem ersten persönlichen Eindruck, von seiner spontanen Hörerreaktion. Was Emil Staiger für »die Kunst der Interpretation« formuliert, wird man auch auf die Predigtkritik anwenden können: »Das allersubjektivste Gefühl gilt als Basis der wissenschaftlichen Arbeit« (149). Der Kritiker muß – wie auch der Prediger – »ich« sagen können (vgl. § 23/II/2). Er kann nicht andere für sich sprechen lassen, er soll vielmehr für andere sprechen. Wenn er begreift, was ihn ergreift, wird er verstehen, was andere anspricht. Auf diese Weise wird der Kritiker zum Zeugen für die Predigt – oder zu ihrem Richter, wenn er feststellt, was nicht »ergreift«, und erklärt, warum es nicht »ergreift«. Das Postulat »zu begreifen, was uns ergreift« (Staiger, 147), ist sicherlich weder gesetzlich noch romantisch zu verstehen, soll es unter theologischen Voraussetzungen fruchtbar gemacht werden. Das theologische Recht dieses Postulats leitet sich aus folgendem Sachverhalt ab: Die Predigt spricht den Hörer an, der Hörer kann nur antworten, wenn er sich angesprochen weiß und wenn er begreift, wer und was ihn anspricht. Was »ergreift« ist das, was anspricht – das Wort für ihn. Die Ergriffenheit, eine Wirkung des Geistes, muß sich selbst vor dem Wort verantworten. Die Ergriffenheit, so stark sie als subjektives Gefühl erfahren werden kann, mag sich auch entdecken an einem zunächst mehr äußerlichen Interesse, an einem rationalen Umgang mit der Sprache, im Widerspruch zu einem Gedanken usw. – Die Predigtkritik unterwirft das Gefühl einer Probe, gerade darin erweist sich die Freiheit der Kritik, daß sie auch die Subjektivität in die Kritik einbezieht.

Sagen, was anspricht, bedingt, daß ich sagen kann, was dasteht, respektive: was gesagt wird, weil das, was gesagt wird, abhängig ist von der Art und Weise, wie es gesagt wird. Darum muß ich sagen, wie es anspricht, um zu sagen, was anspricht. Sagen, was anspricht, heißt, die Gliederung herausfinden, die Struktur der Predigt erkennen, ihren Stil erfassen, die Sprachmittel analysieren. Sagen, was anspricht, bedingt, daß ich sagen kann, wie ich es und warum ich es so verstehe. Darin liegt die Hörhilfe der Predigtkritik, daß ich mit meinem Verständnis dem andern – dem Hörer wie dem Prediger – die Predigt erschließe. Im Lob der Predigt bewährt sich mein Verstehen, indem ich mitteile und erkläre, was mich anspricht. Im Mitteilen wird meine Predigtkritik kontrollierbar. Die Kritik hat ihrerseits eine kritische Instanz nicht nur an der Predigt, sondern auch an den Hörern. Der Kritiker muß so für die anderen sprechen, daß er die anderen mitsprechen läßt. Die »letzte Instanz« der irdischen Kritik bildet die Gemeinde.

· Die *zweite Leit-Frage nach dem Woher der Predigt* verlangt mindestens vier analysierende Rückfragen; denn die Predigt hat einen Text, sie hat diesen Text nicht ohne die Kirche und ihre Theologie, sie spricht zu einer Hörerschaft in einer bestimmten Situation, sie wird gehalten von einem Prediger. Die Rückfrage analysiert die Predigt unter den jeweils in sich sehr komplexen Aspekten des Textes, der Kirche und ihrer Theologie, der Hörerschaft, des Predigers. Diese vier Aspekte markieren den Horizont des Predigtgeschehens.

Jeder dieser vier Aspekte gibt – für sich genommen – Anlaß zu einem ganzen Bündel weiterer Fragen, die zur Interpretation helfen. Aus diesen Fragebündeln pflücke ich hier einzelne Fragen beispielhaft heraus. Dabei ist zu beachten, daß das Gewicht dieser Fragen sehr unterschiedlich sein muß – entsprechend der Komplexität des Predigtgeschehens. Vergißt die Predigtkritik das unterschiedliche Gewicht der einzelnen Fragen, isoliert und verabsolutiert sie eine einzelne Frage, wird sie leicht gesetzlich und führt dann nicht zum Lob sondern zur Verleumdung der Predigt. Die Kritik erweist ihre Sachlichkeit in der Art ihrer Fragestellung, ob sie es versteht, ein Netz von Fragen zu knüpfen, das die Predigt ans Licht zieht. Ein undifferenziertes Fragen würde zu Verzerrungen führen, ein Mißverständnis der Predigt befördern.

Die hier zuerst zu nennende Rückfrage nach dem *Textbezug* (vgl. §§ 6f) muß nicht immer die erste Frage sein, sie ist aber – auf welche Weise auch immer – jedesmal zu stellen. Sie schließt z.B. mit ein die Frage nach dem Sonderkerygma des Textes, nach dem, was die Predigt vom Text aufnimmt, was sie liegen läßt, wie sie das, was sie aufnimmt, zur Sprache bringt, in welche Beziehungen sie es setzt. Wie wird der Text übertragen? Wird er bloß paraphrasiert oder übersetzt? – Auch eine textlose Predigt oder Andacht wäre nach einem möglichen Textbezug zu befragen.

Eine kleine Streitrede wider eine oft gehandhabte Praxis der Predigtkritik im Fragenkreis Text-Predigt kann hier nicht unterdrückt werden: Man betrachtet die Predigt als etwas Abgeschlossenes, sie ist passé und wird jetzt im Nachhinein untersucht, wie sie sich denn zum Text verhalte. Diese Einstellung scheint typisch für viele Predigtnachgespräche unter Theologen. Man beschäftigt sich mit dem Buchstaben der Predigt, mit ihrer Vergangenheit und vergißt ihre Zukunft. Solche Predigtkritik isoliert das Predigtmachen vom Predigen selbst und vom Hören der Predigt, von ihrer Wirkung. Bei diesem isolierenden Verfahren erscheint der Exeget – und welcher Theologe wäre in diesem Moment nicht Exeget! – nicht als Interpret und Anwalt der Predigt, sondern eher als deren Scharfrichter. Infolgedessen gerinnt das Gespräch über die Predigt zu einer Art Leichenrede über eben diese Predigt. Lob und Tadel bleiben damit im Grunde irrelevant und gleicherweise peinlich, weil die Predigt nun so oder so beerdigt wird. Man nimmt Abschied von ihr, um die eigene Exegese oder Meinung leben zu lassen. – Eine sachliche Kritik wird zunächst nach der Exegese fragen, die sich von der Predigt her ergibt. Bedenkt sie den Stückwerkcharakter des Predigens sowie ihre eigene Relativität, wird sie auch das Recht haben, die eigene Exegese des Textes ins Spiel zu bringen. Im Bedenken der Zukunft der Predigt kann auch eine zur Predigt alternativ vorgetragene Exegese dem Lob der Predigt dienen. Indem die Anwaltschaft für die Predigt mitübernommen wird, kann exegetische Kritik am besten für das Recht des Textes gegenüber der Predigt plädieren.

Die dann zu stellende *Rückfrage nach dem systematischen Hintergrund* der Aussagen versucht die Predigt im Blick auf das Schriftganze (vgl. § 6/III) und auf die Schriftauslegung der Kirche aller Zeiten und aller Orten zu verstehen. Sie befragt die Predigt unter anderem nach dem christologischen Bezug, nach dem Verhältnis von Evangelium und Gesetz, nach der dogmatischen Aussage der Predigtsprache, nach der systematischen Relevanz des Aufbaus, der Bilder, des Anredecharakters. Es gibt im Predigtgeschehen nichts, was grundsätzlich für die systematisch-theologische Nachfrage und Kritik irrelevant wäre.

Ein weiterer Fragenkreis gilt der *Hörersituation* und versucht, die Bedeutung des kirchlichen, zeitgeschichtlichen, gesellschaftlichen Hintergrundes für die Predigt zu erfragen. Wird der Hörer als Nachricht, als »zweiter Text« verstanden (vgl. § 25/III/2), sind analoge Fragen wie beim Textbezug zu stellen: Wie wird etwa die besondere Situation aufgenommen? Was wird übersehen, wie wird das, was die Predigt zur Sprache bringt, zum Text in Beziehung gesetzt? Damit wird der Text und seine Übersetzung im Blick auf die Hörersituation überprüft. Damit wird auch die Frage nach dem, was anspricht, wieder aufgenommen und in der Zusammenschau von Exegese und Systematik einer kritischen Nachprüfung unterzogen.

Der letzte Fragenkreis gilt dem *Prediger* (vgl. §§ 21–24). Bei einer gedruckten Predigt wird man sich vor allem an eine Stilanalyse halten. Was bringt der Prediger mit seiner Person ins Predigtgeschehen ein? Was wagt er? Inwiefern spricht er selbst? Wie verhält sich der Prediger selbst zu dem, was die Predigt ausspricht? Kurz die Fragen nach seiner Originalität und Zeitgenossenschaft, nach seiner Bildung und Kultur, nach seinem politischen und sozialen Verhalten, nach seiner Frömmigkeit und Glaubwürdigkeit sind hier zu stellen.

Am Problem der *Originalität des Predigers* z.B. läßt sich zeigen, daß die Verabsolutierung und Isolierung eines Kriteriums zu vermeiden ist. Vgl. dazu: *Karl Barth,* Homiletik, 64ff. – *Wolfgang Trillhaas,* Die wirkliche Predigt, in: Wahrheit und Glaube, Festschrift Emanuel Hirsch, hg. v. Hajo Gerdes, 1963, 193ff. – *Manfred Josuttis,* Über den Predigteinfall, EvTh 30, 1970, 627ff. – § 11/III.

Geschieht die Predigt des Wortes Gottes unter der Verheißung, Gottes Wort zu werden und also zu sein (vgl. § 9), signalisiert die Predigtkritik, daß der Prediger nicht Gott ist, sondern Mensch. Wollte der Prediger der Kritik ausweichen, wäre dies sein Sündenfall. So menschlich und verständlich es ist, der Kritik auszuweichen oder sie voreilig abzuweisen und recht zu behalten, so unrecht tut der Prediger damit. Ein Prediger, der sich der Kritik entzieht, entzieht sich gleicherweise dem Lob der Predigt wie seiner Gemeinde. – Die Predigtkritik wird – indem sie Hörhilfe für den Hörer leistet – zur Predigthilfe für den Prediger. Indem sie für die Hörer spricht und die Anwaltschaft für den Text übernimmt, übt sie Diakonie am Prediger.

Dem Lob der Predigt dient auch die *Selbstkritik* des Predigers. In ihr distanziert sich der selbstkritische Prediger von Gesagtem, um das, was er hätte sagen sollen, anzudeuten. Er bejaht das gepredigte Wort Gottes und verrechnet den Stückwerkcharakter seines Predigens. In der Selbstkritik »hält« der Prediger die Predigt nicht mehr, er läßt sie fahren, um der in ihr wohnenden Möglichkeit willen. Damit dient die Selbstkritik dem Hören.

Ein klassisches Beispiel solcher Selbstkritik bilden die »Retraktationen« von *Karl Barth* zu seiner Predigt »Der Pfarrer, der es den Leuten recht macht« (PIG H. 3, 1968², 26f). Der Prediger hält einerseits an der Grundaussage fest, um eine Reihe von Fehlern und Irrtümern zu notieren: »Sei ein Mann und folge mir *nicht* nach!« Der Prediger, der Selbstkritik übt, zeigt, daß er unterwegs ist. Dann werden auch »Retraktationen« nicht das letzte Wort sein (vgl. PIG, 29ff). Ein weiteres Beispiel von Selbstkritik: vgl. § 11/II/8.

Diese vierfache Rückfrage nach dem Woher mit ihrer Bündelung von Detailfragen mag andeuten, wie alle theologischen Disziplinen an der Predigtkritik beteiligt sind, wie darüber hinaus die verschiedensten wissenschaftlichen Methoden in dieser Beziehung handhabbar und anwendbar werden. Predigtkritik kann nicht private Liebhaberei eines einzelnen Spezialisten sein, sie stellt sich vielmehr als Aufgabe für das Ganze der Theologie. Wo der einzelne Theologe Predigtkritik übt, muß er es als Teilhaber am unteilbaren Ganzen der Theologie tun. Da er ein Mensch und endlich ist, kann er nicht allen Fragen nachgehen. Vielleicht sollte er aber um die Vielfalt der möglichen Fragen wissen, um nicht seine Fragestellung zu verabsolutieren. Zum Stückwerkcharakter der Predigtkritik gehört, daß sie sich je nach Prediger und je nach Kritiker auf je einen Gesichtspunkt konzentriert, in Rücksichtnahme auf andere mögliche Gesichtspunkte. Predigtkritik bleibt grundsätzlich immer ergänzungsbedürftig – und in ihrer Unvollkommenheit leicht abweisbar, besonders dann, wenn der kritisierte Prediger ein guter Theologe ist. Dieses Abweisen von Kritik wird möglicherweise noch leichter, wenn sie von seiten der Laien kommt, über deren Beteiligung an der Predigtkritik noch zu reden sein wird.

Nachdem die zweite Frage nach dem Woher der Predigt in ihren vier Fragebündeln skizzenhaft aufgefächert worden ist, stellt sich die *dritte Leit-Frage nach dem, was aus der Predigt wird*. Predigtkritik befaßt sich nicht nur mit dem, was anspricht, sondern auch mit dem, was aus dem Ansprechenden wird. Sie erforscht und ermittelt nicht nur die Herkunft der Predigt, sondern ebenso ihre Zukunft, die sowohl eine aktive wie eine passive Seite hat. Die Zukunft der Predigt besteht in dem, was das gepredigte Wort mit der Hörerschaft macht, und in dem, was die Hörerschaft mit dem gepredigten Wort macht. Dieser Doppelaspekt umschreibt die Wirkung, die der Predigt verheißen ist (vgl. § 4/IIf). Das Wort soll nicht leer zurückkommen, sondern wirken, wozu es gesandt ist (vgl. Jes 55,11). Indem die Predigtkritik den Weg der Predigt in die Zukunft bedenkt, sinnt sie über das »nicht leer« nach. Gelingt die Kritik als Lob, hilft sie dem Wort weiter. So gehört sie selbst in die Zukunft der Predigt.

Indem die Predigtkritik die dem Wort gegebene Verheißung aufnimmt, befragt sie die Predigt auf ihre mögliche Wirkung, auf die Möglichkeiten ihres Gehört-Werdens. Solchem Fragen dient die Empirie. Allein hier steht die Predigtforschung erst in den Anfängen. Die Geschichte der Predigt hat die Wirkungsgeschichte der Predigt noch kaum in den Blick bekommen. Noch fehlt eine systematische Erforschung der Predigt-Wirkung in der Gegenwart mit Hilfe der Psychologie, Soziologie und Kybernetik. Einen Anfang macht *Ernst Lerle*, Arbeiten mit Gedankenimpulsen, 1965. Vgl. auch § 27/III.

Allerdings wird die Predigtkritik bei der Auswertung der Empirie divinatorisch vorgehen müssen. Der Prophetie nacheifernd, wird sie Weissagung wagen. Sie wird die Wirkungen einer Predigt nicht vorausberechnen können, im besten Fall wird sie Spuren entdecken, die in die Zukunft weisen. Diesen nachdenkend, wird sie voraussagen, was werden wird. Leichter wird es ihr vielleicht fallen, das Unwirksame, die Fehlleistung aufzuzeigen. Aber auch solches Aufzeigen wird prophetischen Charakter haben müssen, denn Predigtkritik ist wie das Predigen selbst ein charismatischer Akt, wenn anders die Predigt den Text und die Kritik die Predigt loben soll. – Ein Seitenblick auf die Literaturkritik mag gerade in diesem Fall lehrreich sein, wenn etwa betont wird, wie sehr ein irrationales, unbegründetes Moment in ihr mitschwingt (vgl. Kritik, 23f). Die Verrechnung des Unberechenbaren kann nur der kritischen Nüchternheit dienen. Sie ist nicht antiintellektualistisch mißzuverstehen, wie auch die Betonung des Charismatischen der Rationalität nur dienlich sein soll. So umschließt die Frage nach dem, was aus der Predigt wird, die Frage nach ihrem Nutzen: Predigtkritik hat nach dem Nutzen der Predigt zu fragen.

Man wird hierbei mit Vorteil die beiden ersten Fragen von *Bertolt Brecht* aus der »Darstellung von Sätzen einer neuen Enzyklopädie« übernehmen und auf die Predigt anwenden:
1. Wem nützt der Satz?
2. Wem zu nützen gibt er vor?
(GesW 20, 174).

In den zwei Sätzen wird eine Differenz zwischen Wirkung und angeblicher Absicht vorausgesetzt. Auf die Predigt übertragen heißt das: Es ist zu unterscheiden zwischen der Meinung des Predigers und dem, was er zur Sprache bringt, zwischen dem Meinen und Wirken der Predigt. Diese Unterscheidung ist zu beachten, wenn uns die Leit-Frage nach dem Wohin der Predigt in mindestens drei Richtungen weiterführt.

Zuerst ist die *Wirkung auf den Einzelnen* zu bedenken, ist zu fragen, wohin das führt, was ihn »ergreift«. Welche Schichten des Menschen werden angesprochen und welches Ziel hat das Ansprechen? Inwiefern vermag die Predigt den Einzelnen zu »lösen« (§ 18), zur Umkehr zu bewegen, zu einem neuen Sein zu erwecken? Kurz: Wohin geht die Predigt mit dem Einzelnen? Welche Denkprozesse löst sie aus und welche Aktivitäten entstehen daraus? Man kann diesen Fragenkreis den seelsorgerlichen nennen, und man wird die Frage nach dem Wohin solcher Pre-

digt nicht klären können ohne zu analysieren, inwiefern eine Predigt den
Dialog mit dem Einzelnen führt. – Dann hat die Predigtkritik den *ekklesiologischen Effekt* der Predigt zu bedenken, sie hat nach der Bedeutung dieser Predigt für die Zukunft der Gemeinde zu fragen. Führt die
Predigt über den Einzelnen hinaus, wirkt sie kirchengründend, reinigend, erneuernd und erfreuend? Wie sehen die Hörer nach dieser Predigt aus? Haben sie etwas zu lachen oder zu fürchten oder weiterzuerzählen? Welche Impulse bekommen sie? Was bedeutet diese Predigt für
das Beten, Denken und Tun der Hörer? Wie verhält sich die in der Predigt angelegte Ekklesiologie zur »Kirche«, die im Hören dieser Predigt
wird? – In diesem Fragenkreis wird Kirchenkritik als Predigtkritik zu
artikulieren sein. Dies setzt voraus, daß kirchliche Phänomene nach ihrem Grund und Ursprung in der Predigt untersucht werden. Von solchen Rückschlüssen her wird man eine gegenwärtige Predigt auf ihre
künftige Wirkung hin erschließen können. – Endlich ist die *politische
und kulturelle Wirkung* einer Predigt zu bedenken: Welchen Effekt wird
sie für die Gesellschaft haben? Vermag sie in den Hörern ein kritisches
politisches Bewußtsein und gesellschaftliche Verantwortung zu wecken,
oder befördert sie bloß hergebrachte Vorurteile, indem sie die Hörer in
ihren Verhaltensmustern beläßt? Welche Emotionen der Hörerschaft
werden angesprochen und welche politische Wirkung wird aus solcher
Ansprache resultieren? Vermag die Predigt eine Hörerschaft von ihrer
Vergangenheit zu befreien (vgl. §§ 12 und 18) und sie in die Zukunft zu
weisen (§§ 13–16)? – Endlich stellt sich die Frage, ob die Predigt zu informieren weiß über Dinge, die die Massenmedien nicht oder nur entstellt vermitteln.

Zusammenfassend kann man sagen: Predigtkritik, verstanden als
Lob der Predigt, kann nur vollzogen werden von einer mündigen Gemeinde, und mündig wird die Gemeinde, wenn sie im Gespräch mit der
Theologie die Predigtkritik übt (vgl. § 29/II). In der Predigtkritik erweist sich die Mündigkeit der Gemeinde. Ereignet sich Predigtkritik als
eine Form der Predigt, deren Gegenstand die Predigt ist (vgl. Kritik,
22), dann greift die Gemeinde in der Predigtkritik das Wort, das sie »ergriffen« hat, auf und führt es weiter, indem sie sich Rechenschaft gibt,
was mit dem Wort und durch das Wort geschieht. Kritik als Auslegung
bringt zum Vorschein, inwiefern die Predigt dem nützt, dem sie zu nützen vorgibt – bekräftigt oder verweigert das Amen, indem sie die Predigt auslegt. So zeigt die Predigtkritik, daß die Predigt angeht, verpflichtet, Antwort heischt.

Darum bedarf die Gemeinde der Schulung im kritischen Verstehen.
Am leichtesten wird eine solche Schulung in Gemeindeseminaren erfolgen, in Besprechung fremder Predigten. Predigtkritik bleibt im Untergrund und wirkt dort vielfach zerstörend, so lange der Gemeinde nicht
institutionell die Gelegenheit zur Kritik geboten wird (vgl. § 29). Solan

ge die Predigtkritik im Leben der Gemeinde keinen Ort hat, bleibt der Gemeinde im Grunde das Wort entzogen, kann sie am Predigtgeschehen keinen aktiven Anteil nehmen. Die oft beklagte Wirkungslosigkeit der Predigt mag mit dem Fehlen einer Kritik zusammenhängen, die die Predigt verstehen lehrt und das Amen bekräftigt. Weil die Predigtkritik sozusagen keinen Raum in der Kirche hat, geht das Wort kaum weiter; verhinderte Predigtkritik verhindert den Lauf des Wortes.

Wenn der Gemeinde nicht klerikal das Wort entzogen werden soll, dann soll die Gemeinde ihrerseits den Kindern dieser Welt nicht pharisäisch das Wort entziehen. Grundsätzlich ist jede Predigtkritik – woher sie auch komme – ernstzunehmen. Auch eine unverständige Kritik stellt Fragen, nicht zuletzt die, ob die Predigt etwa unverständlich war. Auch draußen vor der Tür der Kirche gibt es guten Verstand, gute Gaben des Geistes (vgl. § 4). Man wird guttun, sorgsam auf die Stimmen zu achten, die von außen kommen. – Auch diese Kritik bedarf der theologischen Rückfrage und Überprüfung. Hierbei muß unterschieden werden, was wohl unterschieden, aber nicht immer getrennt werden kann, zwischen dem Ärgernis, das dem Wort vom Kreuz anhaftet, und dem Ärgernis, das menschlicher Rede des redenden Menschen wegen eignet.

In PIG H. 17, 1968, haben fünf Gemeindeglieder eine Predigt besprochen und die Stärke wie die theologische Schwäche der Predigt sichtbar gemacht. – *Elisabeth Borchers* hat eindringliche Fragen nach dem Verhältnis von Bildungsstand der Hörer und der Predigt gestellt und den Bezug zu den aktuellen Problemen vermißt (PIG H. 38, 1970, 9f). Will die Predigt die Grenzen der Gemeinde überwinden, muß der Prediger gerade die Kritik von außen beachten. Die verschiedentlichen Versuche, Predigten in Tageszeitungen zu rezensieren, sind darum zu begrüßen. Wehleidigkeit der Prediger scheint hier fehl am Platz. Vgl. *Alois Müller,* Predigtkritik in der Zeitung, Diakonia 2, 1967, 314f.

Woher Predigtkritik auch kommt, sie stellt die Theologie und Person des Predigers in Frage und kann den Prediger in die Anfechtung führen. Gibt dieser aber der Kritik Raum, lernt er gerade in der Angefochtenheit durch Kritik aufs Wort merken, und schon hilft die Predigtkritik dem Prediger. In der Begegnung zwischen Prediger und Hörer aber wird es zu einem theologischen Lernprozeß kommen, bei dem beide Teile lernen. Der garstige Graben, der heute vielfach zwischen Gemeinde und akademischer Theologie besteht, könnte auf diese Weise überbrückt werden. Nicht zuletzt hätte der Prediger selbst, indem er sich der Kritik stellt, Gelegenheit – mündig zu werden.

Im Mündig-Werden würde ihm Freiheit zuwachsen – auch die, leidenschaftlich gern zu predigen!

ZUR SITUATION IN DER HOMILETIK

Nachwort zur 4. Auflage

I

Woher nimmt der Prediger den *Geist?* Unter dieser Leitfrage steht meine Predigtlehre, und ich frage mich, ob nicht das meiste, was in den letzten Jahren zur Homiletik erschienen ist, auch unter dieser Leitfrage steht, gerade jene Konzeptionen, die es vermeiden, vom Heiligen Geist zu sprechen.

Ein neuer Konsens scheint sich anzubahnen, der implizit einen neuen Geist verheißt; er verspricht, wenn auch nicht den Predigern Flügel, so doch der Predigt eine neue Gangart.

Man setzt ein bei der Empirie, die man unter dem Vorzeichen der Linguistik oder Semantik oder Rhetorik etc. wissenschaftlich zu fassen versucht. Gleichzeitig wendet man sich gegen die Dogmatik. Der Text verliert zunehmend an Bedeutung.

Hans-Georg Geyer sah in meiner Predigtlehre ein noch unsicheres Verhältnis gegenüber jenen Wissenschaften. Im Rahmen eines Nachwortes wird es nicht möglich sein, grundsätzlich das Verhältnis der Homiletik zu jenen Wissenschaften zu erörtern. Ich beschränke mich in einer Zusammenschau auf die zu vermutende und schon feststellbare Wirkung der Rezeption jener Wissenschaften auf die Predigt.

Ich frage: Was bedeutet der sich hier anbahnende Konsens für die eingangs gestellte Frage?

Formal gesprochen zeigt sich im Ansatz, woher der Geist genommen wird. In den ersten Schritten schon kündet sich die Gangart an. Im Beginn verbirgt sich das Ziel, zu dem der Geist mich führt. Im Anfang spiegelt sich der Geist des Ganzen.

In der von Gerd Debus inaugurierten und an der Heidelberger Predigtforschungsstelle praktizierten Predigtanalyse hat sich uns die Bedeutung des ersten Satzes gezeigt, mit dem in der Regel schon über den Ablauf der Sprachhandlung Predigt entschieden wird.

Was von der Predigt im einzelnen gilt, mag auch für die Homiletik im allgemeinen zutreffen: das Thema des Anfangs bestimmt den Fortgang meiner Untersuchung. Der Geist der jeweiligen Wissenschaft, der ich mich als Homiletiker widme, teilt sich mir mit und leitet mich an einen von ihm bestimmten Ort.

Die Erfahrungen, die ich mit dem Predigen mache, entsprechen dem Vorzeichen, unter dem ich anfange. In der Art und Weise meines Anfanges sind künftige Erfahrungen schon im Verborgenen angelegt: »Wer A sagt, muß B sagen«. Die Sprache selbst weiß: Im A-Sagen herrscht ein Geist, der zum B-Sagen treibt. So kann die Konzeption einer Homiletik sehr wohl

Erfahrungen anstoßen: Wer Predigt als Rede versteht, wird beim Predigen Erfahrungen mit der Rhetorik machen. Er wird auch im Geist der Rhetorik predigen. Wer Predigt als Wunder versteht, wird Erfahrungen mit dem Wunder machen. Wer es aber ablehnt, sich auf das Wunder einzulassen, sollte nicht das Dogma aufstellen, daß keine Wunder zu erfahren sind.

Aber das sind sehr formale Distinktionen; zum einen ist der Begriff Rhetorik vieldeutig wie der Begriff Wunder. Zum andern kann der Prediger, der von der Rhetorik ausgeht, seine Wunder erleben und der Prediger, der vom Wunder ausgeht, Erfahrungen mit der Rhetorik machen. Endlich steht eine Homiletik nicht an Stelle sozusagen des filioque. Sie ist nicht der Ursprung des Geistes. Sie übt auf den Prediger im besten Falle einen Einfluß aus. Möglicherweise reguliert sie in gewisser Weise das Woher des Geistes.

Was bedeutet – all das eben Angedeutete bedacht und verrechnet – der sich anbahnende Konsens eines Einsatzes bei der Empirie? Vermittelt eine Homiletik, die bei der Empirie einsetzt, nicht notwendigerweise einen Geist von gestern her, einen Geist, der nur zu sehr dem Zeitgeist entspricht? – Eigenartig ist hierbei die Einigung in der Ablehnung des Dogmatischen! Mir scheint, viele Äußerungen zur Homiletik stammten – um mit Walter Höllerer zu reden – von Dogmatikern, die ihre Nichtdogmatik als Lächeln im Barte trügen.

Zu fragen wäre nach der Dogmatik jener, die sich gegen die Dogmatik wenden, nach dem Interesse, das hinter dieser antidogmatischen Union steht. Was hier nur in der gebotenen Kürze vermutet werden kann, wäre leicht an einzelnen Texten festzumachen:

Das binitarische Dogma von Angebot und Nachfrage erfordert eine Ablehnung einer theologischen – um nicht zu sagen – kirchlichen Dogmatik, und das Lächeln im Barte verspricht Erfolg bei der Anwendung der jeweils offerierten Methode.

Die Wendung gegen die Dogmatik wird bedingt durch eine Praxis, die vom »Angebot« spricht, in jeder Marktlücke eine »Chance« sieht und mit solchem Reden verrät, daß sie die Furcht Gottes nicht kennt. Der Einsatz bei der Empirie weckt den Verdacht, daß das primäre Interesse nicht bei der Wahrheit liegt, sondern beim Erfolg. In der Praxis wird was »ankommt« zum Kanon, zur »norma normans«. Was »ankommt«, ist in der Regel schon da. Das Evangelium kommt nicht an, das scheidet.

Nach meinem Urteil entspricht der sich anbahnende Konsens haargenau der Entwicklung, die die Kirche in ihrer Predigt im letzten Dezennium nahm. Das Evangelium wird als Ware vermarktet, nachdem man das theologische und exegetische Gewissen zum Schweigen gebracht hat.

Eine Homiletik, die empirisch einsetzt, wird den Geist der Empirie vermitteln: den landesüblichen Geist eines religiösen Merkantilismus. Sie paßt zu einer Kirche, die auf Kirchentagen den »Markt der Möglichkeiten« eröffnet.

Gerhard Ebeling hat in seinem »Studium der Theologie. Eine enzyklopädische Orientierung«, 1975, gemeint: »Die Praktische Theologie ist heute in besonderem Maße in der Gefahr, zum Tummelplatz theologischer Modeschöpfer und ihrer Experimente zu werden« (128). Sicherlich ist die Praktische Theologie gerade in der letzten Zeit dieser Gefahr erlegen. – Warum mußten gerade praktische Theologen als Modeschöpfer auftreten, wenn nicht aus dem Interesse und Bedürfnis heraus, das Publikum kirchensteuerzahlend bei Laune zu halten?

Aber mit solch böswilliger Vermutung wäre noch nicht erklärt, warum auch die Schöpfungen theologischer Modeschöpfer unter Umständen zur Mode werden. Was liegt dann vor? – Robert Musil hat einmal bemerkt, »die eigentliche Wahrheit der Mode besteht in: Ich kann mich nicht mehr sehn« (GW 7, 807). Dann würde eine neue Mode eine Art Selbstgericht voraussetzen und sich selbst einen Mantel der Vergebung entwerfen. Allerdings besteht Anlaß zu Zweifeln, ob der Mantel die Blöße bedeckt und bei kommendem Frost Wärme gibt.

II

Im Fragen, was sich denn in den knapp zehn Jahren seit dem Erscheinen der Predigtlehre verändert habe, zeigt sich – aufs Ganze gesehen –, daß die Sprachlosigkeit wächst, je gewandter und gefälliger die Prediger zu reden wissen, und über zunehmende religiöse Bedürfnisse breitet sich Gottes Schweigen. Die Erfahrung von Gottes Schweigen und unserer Sprachlosigkeit signalisieren die Situation: Unser Predigen und unser Nachdenken über das Predigen stehen *im Gericht.*

Wir können nur predigen im Annehmen und Aushalten des Gerichts, in dem wir stehen, im Festhalten an seinem Wort gegen sein Schweigen. – Wenn ich heute die Predigtlehre neu schreiben würde, würde ich das Gericht weit mehr in den Vordergrund stellen. Hierzu nur eine Konkretion, ein Schulbeispiel, einmalig, aber auf andere Fälle übertragbar: Das Gericht, in dem wir stehen, hat auch mit der »Sünde der Väter« zu tun. Hier nun ist etwas Merkwürdiges passiert: ein Verleugnen der deutsch-christlichen Väter. (Ich fasse hier den Begriff über die Partei der »DC« hinaus.) Sie waren nach dem Kriege einfach nicht mehr vorhanden. Die braune Seele hatte sich entfärbt und die Farbe ihrer Umgebung angenommen. Diese Väter störten unsere Kreise nicht. Und man tat, als hätte es sie nie gegeben. Da sie nicht existent waren, betraf einen ihre Sünde nicht. Das hatte Folgen.

Indem man die wirklichen DC isolierte, sprach man sich selbst von der Sünde des Nationalismus frei. Man sah nicht, wie sehr man von der Vergangenheit her mit dem zusammenhing, was geschah. Als man in den Sechzigerjahren begann, das Ungenügen der beherrschenden Thematik »Vom Text zur Predigt« zu artikulieren, waren diese Väter keine Gesprächspartner. Als Nichtvorhandene konnten sie nicht einmal zur Warnung dienen. – Während ich mich bei der Konzeption der Predigtlehre immer wieder fragte, was denn an der Theologie Karl Barths nicht mehr stimme, waren mir die deutschchristlichen Väter keine Last. Sie fochten mich nicht an. – Ich halte das weitgehende Verdrängen dieser Väter für eine große Schwäche der Predigtlehre. So lese ich meinen Hinweis auf Bobrowski (§ 12/II) heute mit einem leichten Unbehagen – nicht weil ich ihn für falsch halte, sondern weil ich fürchte, er hätte eine Alibifunktion. – Das Urlaster aller Predigt, die falsche Prophetie (§ 23/II/2), konnte auf diese Weise als ein relativ harmloses Ungeschick dargestellt werden. – Die weitgehende Irenik der Predigtlehre ist mitbestimmt durch das Verdrängen dieser Väter.

Ich kann mir nicht vorstellen, daß ein besonnener Mann wie Ernst Lange sein folgenschweres homiletisches Konzept in der vorliegenden Weise hätte entwickeln können, wenn die deutschchristlichen Väter nicht abhanden gekommen wären. – Erst recht kann ich mir nicht vorstellen, daß die Entwicklung in der Homiletik den Lauf hätte nehmen können, den sie genommen hat, wenn sie den deutschchristlichen Vätern die Ehre erwiesen hätte, die ihnen zukam.

Da diese Väter aus dem Horizont verschwunden waren, hielt man sich mit Vorliebe an die Väter der dialektischen Theologie, verbunden mit der Fiktion, ihre Theologie wäre die »herrschende«. Auf diese Weise konnte man sie als Sündenböcke in die Wüste schicken und homiletische Lustgärtlein errichten mit Plastikblumen und der Auflage, vom Baum neuer Erkenntnisse zu essen. Grotesk: den Vätern, die eine Renaissance der Predigt hervorbrachten, wurden alle homiletischen Sünden angelastet, während man die Väter, die uns tausend unselige Jahre bescherten, verschwieg. Auf diese Weise konnten die ehedem Gebräunten ihre Söhne beherrschen und prägen, ohne daß diese es merkten. Sie wirkten im Unsichtbaren und Unbewußten. Umso eher empfangen wir Geist von ihrem Geist, als wir sie verleugnen und verdrängen.

In der Analyse zeitgenössischer Lieder kam ich darauf, der in diesen Liedern singende und klingende Mensch sei ein christlicher Herrenmensch, ein idealer Freund und Helfer. Ich fand es genierlich, diese Beobachtung niederzuschreiben (vgl. EvTh 39, 1979, 143ff.). Der homiletische Hintergrund tat sich mir auf, als ich dann auf *Gustav Frenssens* »Dorfpredigten« (3 Bde, 1899–1902) stieß und in der Synopse mit neuesten Predigten sah: sie haben die gleiche Tiefenstruktur. Sie geben nicht dem Gott Israels recht, sondern dem natürlichen Menschen. Frenssen ist auch homiletisch »ein unerledigter Fall« (*Arno Schmidt*, Die Ritter vom Geist. Von vergessenen Kollegen, 1965, 90–165).

Mir ist auf einer Reise nach Fernost zudem deutlich geworden, wie unser Verdrängen der Väter Wirkungen hat auch im Blick auf unser Verhältnis zu den Problemen »gelber« und »schwarzer« Theologie. Wir haben die Lektion, die die Geschichte uns zu lernen aufgab, nicht nur nicht gelernt, wir haben sie überschlagen. Diese nicht beachtete Aufgabe prägt unsere Situation.

Ich frage mich, ob die Ausschließlichkeit, mit der neue wissenschaftliche Methoden angepriesen werden – »erst die linguistisch reflektierte Predigtlehre erzeugt ihrerseits Erfahrungen«, lese ich in einer Rezension –, nicht einem Waschzwang gleichkommt, in dem auch noch das Waschmittel vorgeschrieben wird. Je mehr man auf der einen Seite Schuld verdeckt und verdrängt, um so strenger und moralischer wird man auf der andern Seite. Es mag wohl kein Zufall sein, daß gerade in der deutschen Theologie jeweils penetrant die Sauberkeit der wissenschaftlichen Methodik postuliert und zelebriert wird. In der Praxis verdeutscht man das seltenere Wort »sauber« umgangssprachlich ins Wort »steril«.

III

Der Prediger muß neu lernen, *die Bibel zu lesen.* Würde ich die Predigtlehre heute schreiben, möchte ich der Bedeutung der Schrift und des Textes besondere Bedeutung zumessen und das in § 21 Gesagte noch in einer Hinsicht ergänzen: Ich lese die Bibel als privilegierter Beamter, als Angehöriger der reichen westlichen Welt. Die Bibel aber ist ein Buch der Armen, ein Volksbuch. Die Kluft, die den Prediger von den Armen und vom Volk trennt, trennt ihn auch von der Bibel. – Wenn ich die Bibel lese, trage ich unbewußt das Interesse meines Standes, meiner Rasse ins Gelesene ein.

Geistesgegenwart, Gegenwart des Auferstandenen, in der die Texte erst Stimme bekommen, umfaßt auch und gerade die »Gegenwart im Armen«. Reale Präsenz des Auferstandenen gibt es nicht abstrakt ohne den Armen. Die biblischen Texte erschließen sich nur in der Konkordanz mit den Armen dieser Erde. Der arme Lazarus ist zwar kein Schriftgelehrter, wohl aber ein Interpret heiliger Schrift sondergleichen. Darf ich einmal so sagen: dem Alten und Neuen Testament stehen die Elenden als zukünftiges Testament gegenüber!? Sie sind die Träger der Verheißung. Das Alte wie das Neue Testament wollen zu den Armen hin übersetzt, wollen in den Elenden ihre Fortsetzung finden. Die Armen sind die lebendige Bibel der Zukunft. Die »Predigt von der Gegenwart Christi im Armen« eröffnet einen hermeneutischen Horizont. Das heißt: mit dem neuen Horizont gewinne ich ein neues Interesse, gewissermaßen neue Augen.

In Südamerika sind Christen, die sich für die Befreiung engagierten, zu einer Re-Lektüre des Evangeliums gekommen. Vgl. *Fernando Castillo* (Hg.), Theologie aus der Praxis des Volkes, 1978, 27f. – *Carlos Meesters,* Das Gleichnis von der Tür, in: Conrad Contzen, Hermann Schulz (Hg.), Ein neuer Himmel. Eine neue Erde, 1978, 75f. – *José Míguez Bonino,* Theologie im Kontext der Befreiung, 1977, 137ff. *Erhard Gerstenberger,* Bibel und Befreiung (unveröffentlichtes Manuskript) – Verschiedene Aufsätze in Concilium 13, 1977, 201ff.

Gustavo Gutiérrez kommt nicht zufällig zu einer positiven Würdigung der Theologie Karl Barths; denn im Kontext der Armen wird das Wort neu entdeckt: »In Wirklichkeit steht ein echter und tiefer Sinn für Gott der Aufgeschlossenheit für den Armen und seine gesellschaftliche Welt nicht nur nicht im Wege, sondern letztlich kann dieser Sinn einzig und allein in der Solidarität mit ihm gelebt werden. Das Spirituelle widerspricht dem Sozialen nicht. Der wirkliche Gegensatz besteht zwischen dem bürgerlichen Individualismus und dem Geistlichen im Sinne der Bibel.« (Die Grenzen der modernen Theologie. Ein Text von Bonhoeffer, in: Concilium 15, 1979, 296)

Im Überblick über die Entwicklung der letzten zehn Jahre gewinne ich mehr und mehr Verständnis für die vehemente Polemik der dialektischen Theologie gegen die Themapredigt und das leidenschaftliche Plädoyer für die Textpredigt. – Allerdings: die Alternative war ungenau und mißverständlich. Barth und Thurneysen haben selber Themapredigten gehalten.

Die Väter hielten den Text gegen das Thema, weil es ihnen um Gott und sein Recht ging, um »das Wort im Worte«, »das Auferstehung heißt« (E. Thurneysen). Text nicht Thema lautete die Losung, daß nicht der Mensch obsiege.

Als man später den Impetus der Väter verlor, wurde die Forderung nach der Textpredigt formalisiert, und es kam zu einer exegetisch vermeintlich richtigen, die Gemeinde aber kaum sammelnden und erbauenden Predigt.

Das Konzept der z. Zt. erscheinenden »Themenstudien« (hg. v. Peter Krusche, Dietrich Rößler u. Roman Roessler; ab 1977 auf 4 Bände geplant) signalisiert den neuerlichen Umschlag. Das homiletische Verfahren, das den Studien zugrunde liegt, orientiert sich an der Frage-Antwortstruktur. »Den Ausgangspunkt bildet hier nicht wie sonst ein vorgegebener Text, sondern die ›*Situation der Frage*‹, die ihrerseits die *Rückfrage nach der biblisch-christlichen Überlieferung* auslöst.« (I. 1977, 15) Das Interesse der Themenstudien liegt primär am Hörer: »Ich lasse mich auf ein Gespräch mit dem Hörer ein, auf seine kritischen Erfahrungen, Konflikte und Krisen, seine vermeintlichen und begründeten Zweifel, Ängste und Fragen und suche darauf als Christ, Theologe und Prediger Antwort zu geben.« (16)

Die ersten drei Schritte des homiletischen Verfahrens machen deutlich, wohin die Reise geht: »Am Anfang steht *der Fall*« (17), der zu beobachten ist; dann wird das Problemfeld beschrieben, um zur »homiletischen Schlüsselfrage« (18) vorzustoßen: »Welche Relevanz hat die Christusverheißung für das Leben der Hörer?« (19)

Warum spricht Roessler von der Christusverheißung? Warum nicht von der Gegenwart? Die Rede von der Verheißung in diesem Zusammenhang läßt vermuten, daß in der Predigt auf dem flachen Lande dem Hörer die Realisierung angelastet werde, daß die Gemeinde um die Gegenwart des Auferstandenen betrogen wird. Ob der Autor weiß, was er macht, wenn er im Anklang an den Johannesprolog nicht das »Wort« sondern den »Fall« an den Anfang setzt? Kann das Evangelium in seiner Breite und Länge, in seiner Höhe und Tiefe laut werden, wenn ich auf die hier vorgezeichnete Weise vom Hörer ausgehe? Habe ich mich nicht schon dem Gesetz von Nachfrage und Angebot unterworfen? Verführt das hier geübte homiletische Verfahren nicht zwangsläufig zu einer Vermarktung des Evangeliums? Ungezählte Analysen von zeitgenössischen Predigten haben gezeigt: Wer mit dem Gesetz beginnt, endet im Gesetz. Wer den »Fall« an den Anfang stellt, beginnt mit dem Gesetz. Er sehe zu, daß das Evangelium nicht zu Fall kommt.

Ich will nicht sagen, daß es nach diesem homiletischen Verfahren unmöglich sein werde, das Evangelium zu predigen. Allerdings möchte ich den Prediger, der dieser Methode folgend das Evangelium zur Sprache bringt, gerne sehen und hören: Er wird sich von anderen Predigern unterscheiden wie Bileams Esel von allen anderen Eseln.

Was die Prediger heute brauchen, sind primär nicht neue homiletische Verfahren, sondern vielmehr ein neues Vertrauen ins Wort, ins Wort der Heiligen Schrift und in das, was sie selber von der Schrift her zu sagen haben. Wo das Vertrauen ins Wort wächst, da wird er es mit dem Wort wagen und erfahren, daß das Wort trägt. Die Lust am Text schafft auch Lust am Predigen.

Ich erinnere an *Dietrich Bonhoeffer:* Er kehrt die übliche Redeweise um. Nicht geht es darum, daß wir das Wort annehmen. Das Wort nimmt uns an, nimmt die Menschen an. »So muß gepredigt werden, daß der Hörer seine Not, Sorge, Furcht und Sünde auf das Wort legt . . . Das Wort ist dazu da, Last darauf abzulegen. Wir werden alle durch das Christuswort getragen. Indem es dies tut, schafft es Gemeinschaft. Sofern das Wort uns annimmt, macht es aus uns Glieder am Leib Christi. Als solche bekommen wir Anteil am Tragen.« (G Schr 4, 241). Wo Bonhoeffer vom Tragen des Wortes spricht, da kommt sofort die Kommunität der Kirche in Sicht. In der Gliedschaft des Leibes ist auch der Prediger ein Angenommener und Getragener. »Die Verheißung, Menschen anzunehmen und zu tragen, ist dem gesprochenen Wort gegeben« (242). Daraufhin besteigt der Prediger die Kanzel, öffnet die Bibel und auch seinen Mund. Daraufhin hat er auch den Text meditiert.

Dem Annehmen und Tragen des Wortes entspricht in der theonomen Reziprozität unser Hören und Lesen, Wiederholen und Meditieren des Wortes, das Nachsinnen über die Thora nach Psalm 1.

IV

Der *Hörer,* zur Zeit der Homiletik liebstes Kind, wird verhätschelt und verwöhnt: Ich weiß nicht, ob nicht schon die Art und Weise, wie wir vom »Hörer«, vom »Rezipienten«, vom »Adressaten« sprechen, uns auf eine Schiene setzt, auf der wir in falscher Richtung fahren.

Der Hörer ist das Inkognito der Dogmatik. Im Verhältnis zu ihm wird die Theologie des Predigers praktisch, äußert sich auch die dem Prediger nicht bewußte Dogmatik.

Angesichts mangelnder *theologischer* Reflexion über den Hörer, angesichts auch der Hörerhörigkeit heutiger Homiletik sind einige kritische Überlegungen angebracht.

Der Begriff »Hörer« atmet Distanz. Davon, daß das Wort alle trägt und vereinigt und uns zu Gliedern am einen Leib macht, scheint der Begriff nichts zu wissen. Er setzt eine Rollenfixierung voraus.

Der Hörer sitzt im akademischen Hörsaal. Die »lieben Hörerinnen und Hörer« haben den Rundfunk eingeschaltet. Der Hörer im Hörsaal kann die Vorlesung stören, was er im Gottesdienst in der Regel nicht tut. Der Hörer vor dem Empfänger kann ausschalten, was auch während der Predigt vorkommen soll. Im Hörsaal und beim Rundfunk herrscht Distanz, ein Gegenüber von Vortragendem und Zuhörer in einer Art gegenseitiger Apartheid, die durch »Hörerpost«, »Hörerzuschriften« nur bestätigt wird.

Die Einbürgerung des Begriffs »Hörer« ist bedeutsam und signalisiert das Unverbindliche und Zufällige an der Relation von Redner und Zuhörer. Die Rede vom »Hörer« stabilisiert einen kirchlichen Status quo, in dem das Verhältnis von Prediger und Hörer unumkehrbar bleibt. Um so eifriger bezeugt man dem Hörer seine Reverenz.

Der Begriff hat den Vorteil, daß er über die Rolle des Hörens hinaus nichts besagt. Er kaschiert ein Problem, das sofort auftaucht, wenn wir von *Gemeinde* reden, die Frage nach der wahren Kirche, nach ihrem Weltverhalten und ihrer Grenze gegenüber und in der Welt. Man müßte fragen, ob nicht zu differenzieren séi zwischen einer Predigt, die Gemeinde baut und einer Predigt, die zur Gemeinde ruft, um nur ein Problem anzudeuten.

Zur These von *Charles Harold Dodd* müßte Stellung genommen werden, wonach im Neuen Testament der Welt das Kerygma verkündet werde, während der Gemeinde die Didache zu lehren sei (The apostolic preaching and its developments, 1936). Ich denke, daß hier eine Anfrage an die Homiletik vorliegt, die deshalb noch lange nicht überholt ist, weil sie kaum beachtet, geschweige denn ausdiskutiert wurde. Soweit ich sehe, halten wir es umgekehrt. Die Verkündigung in den Medien vermittelt in der Regel eine – wie auch immer verdünnte – Didache, während das Kerygma bestenfalls auf der Kanzel seinen Ort hat.

Die Rede vom Hörer vereinfacht scheinbar das homiletische Geschäft, indem es die Predigt von der ekklesiologischen Problematik entlastet. Aber um welchen Preis? – Sie verdunkelt das Wesen der Gemeinde. Auch hat sie Anteil an einer Reduktion der Predigt auf Innerlichkeit, die jegliche politische Dimension verliert und eben damit im Sinne der jeweils Herrschenden politisch wirkt. Sie widerspricht in gewisser Weise der Rede vom Gemeindeaufbau und begnügt sich mit dem Christentum. Sie begünstigt ein homiletisches Verhalten, das sich an den Kategorien von Nachfrage und Angebot orientiert:

»Der Wunsch, daß es im Gottesdienst und in der Predigt persönlich zugeht, ist am stärksten unter den Bedürfnissen der Zuhörer« (*Hans van der Geest,* Du hast mich angesprochen. Die Wirkung von Gottesdienst und Predigt, 1978, 39).

Ein solcher Hörerwunsch deckt m. E. eine homiletische Bürokratie auf, in der die Texte sozusagen verwaltet, aber nicht zugesprochen werden. Eine Predigt, die nicht persönlich wirkt, bleibt sehr wahrscheinlich doketisch – und ohne Liebe.

Aber nun muß man sich klar machen, was passiert, wenn der Prediger sich bewußt oder unbewußt am Hörerwunsch orientiert und sich auf diesen fixiert. Allzu leicht wird dann die Frage vergessen, was denn Gott *heute* sagt. Die Orientierung des Predigers am Hörer führt so notwendigerweise zu falscher Prophetie.

Im Grunde ist unsere Redeweise vom Hörer fiktiv: ich höre die Predigt nie allein, auch wenn ich der einzige Hörer sein sollte. Der erste Hörer hört mit und hoffentlich auch der Prediger selbst!

Die im Namen des Vaters, des Sohnes und des Heiligen Geistes Versammelten sind mehr als eine Summe von psychologisch und soziologisch erfaßbaren Einzelpersonen, mehr auch als nur Hörer, Zuhörer. Gerade auf dieses Mehr kommt es an. Entscheidend ist, daß der Prediger die Qualifikation der Gemeinde durch den Namen wahrnimmt: Der Name signalisiert veränderte Gegenwart, mit neuer Qualität ein neues Sein, das den Hörer über seine Rolle als Hörer hinaushebt und ihn zum Lehrer macht (vgl. R. Bohren, Predigt verantworten, in: Geist und Gericht, 1979, 100ff). In der Gemeinde findet auch der Prediger sein neues Sein, das ihn zu neuer Rede begeistert. Die Sprachlosigkeit kann nur in der Gemeinde überwunden werden.

Die Gemeinde begeistert oder entgeistert den Prediger, das hängt daran, ob er sie in ihrem neuen Sein wahrzunehmen vermag, oder ob er sie nur in ihrem alten Wesen sieht. Die Gemeinde aber verführt den Prediger, wenn sein Wahrnehmen nicht vom Wort geleitet wird.

In der Gegenwart und in der Gemeinschaft des Heiligen Geistes wird die Gemeinde zur Predigthelferin, sie hilft zur Predigt und wird der Predigt weiterhelfen. Als Fürbitterin macht sie das Tragen des Wortes sichtbar. Im Gespräch mit dem Prediger schenkt sie ihm Sprache. Predigen wird zum Gemeinschaftswerk.

Ich schreibe diese Sätze nieder aufgrund meiner Heidelberger Erfahrungen in der Universitätsgemeinde. Zuerst sah ich vor allem Zuhörer, kritische, die ein wenig Angst machten. Freude und Freiheit so meine ich, wuchsen in dem Maße zu, als ich Gemeinde wahrnahm und auch das homiletische Seminar als Teil der Gemeinde zur Fürbitte engagieren konnte.

Predigt als Gemeinschaftswerk setzt voraus, daß der Prediger die Hörer höher schätzt als sich selbst und daß der Prediger kritisierbar wird. Die Nichtkritisierbarkeit des Predigers zeigt sein gestörtes Verhältnis zur Gemeinde: der der Gemeinde das Wort sagt, läßt sich selber nichts sagen. Mit einem solch unmöglichen Zustand darf sich kein Prediger abfinden.

In der homiletischen Didaktik ist dies m. E. eine noch ungelöste Frage: Wie wird der Prediger kritisierbar? Ich denke, daß dies eine Frage praktischer Ekklesiologie ist: Die Gemeinde ist da, wie das Evangelium da ist. Beide wollen wahrgenommen werden. Möge dazu die Predigtlehre helfen.

Dossenheim, August 1979   *Rudolf Bohren*

NACHWORT ZUR 5. AUFLAGE

»... daß der Prediger kritisierbar wird«, heißt, er nimmt Abschied vom Selbstbetrug und erkennt sich mit seiner Kirche im Gericht, das naht und für den, der die Zeit versteht, schon da ist. Pfingsten kommt erst nach der Passion; nur wer sich richten läßt, wird aufgerichtet und mit dem Geist begabt. Wer sich aber Heiligen Geist als Gegenwind ins Gesicht blasen läßt, den wird er erfüllen.

Wie mir die zuletzt gehörte Predigt – und nicht nur sie! – zeigt, ist die »Predigtlehre« noch lange nicht eingeholt, geschweige denn überholt, und ich freue mich, daß sie bei den Studierenden heute ein stärkeres Echo findet als beim ersten Erscheinen. Möge diese Homiletik nicht einem religiösen Betrugssystem dienen, vielmehr den Predigern zu der Wahrheit verhelfen, die frei macht, damit der Rest gegenwärtiger Endzeit nicht Schrecken sondern Freude werde!

Dossenheim, Januar 1986   *Rudolf Bohren*

RÜCKBLICK UND AUSBLICK

Nachwort zur 6. Auflage

> Taufen können sie alle, doch keiner
> ist stark genug, das Wort zu lehren.
>
> *Nikolai Lesskow*

Seit ihrem Erscheinen vor zweiundzwanzig Jahren wurde die ›Predigtlehre‹ zu meiner ständigen Begleiterin. Sie nahm mich in die Pflicht und
lenkte meine Schritte: Der Gang auf die Kanzel wurde nicht leichter;
aber das Echo wuchs – wie die Freude am Buch der Bücher. So bin ich
dankbar, daß sich die seinerzeit erarbeitete Theorie in meiner Praxis
bewährt hat – auch darin, daß sie weitergeschrieben werden wollte,
nicht nur in homiletischen Aufsätzen, sondern auch in literarischen
Texten wie der »heimatkunst« (1987).

Als der Verlag für die Neuauflage eine gekürzte Taschenbuchausgabe vorschlug, leuch-
tete mir das sofort ein, und ich unterwarf das Buch einer kritischen Lektüre, meinend,
Kürzungen einerseits und Erweiterungen andererseits würden ihm gut tun. So konnte
mich etwa die Rezeption der Kommunikationsforschung – damals das Tagesgespräch
unter Fachleuten – nicht mehr so recht überzeugen. Sie wirkte aufgesetzt.

Zur grundsätzlichen Problematik: Ich wehre mich nicht gegen die Humanwissenschaf-
ten, wohl aber gegen deren gesetzliche Rezeption in unserem Fach. Vgl. jetzt: *R.B.*,
Predigerausbildung in Kirche und Universität, Predigen zum Weitersagen Nr. 9/10,
1991.

Wollte ich damals Mut machen zu Experimenten, scheint mir heute vielfach die sorg-
fältige homiletische und liturgische Vorbereitung der Gottesdienste zu fehlen. Also
kürzen und da und dort erweitern – den Lasterkatalog etwa? Allein das Buch erwies sich
als widerständig. Freunde rieten zu unverändertem Nachdruck. Das Zeitbedingte gehöre
dazu; das Ganze sei eine Einheit. Man verstehe die ›Predigtlehre‹ nicht, wenn man sie
nicht als Ganzes verstehe, und man werde ihr nicht gerecht, wenn man meine Predigten
als Vor- und Nachworte übersehe. Daß sie nun unverändert erscheinen darf, ist mir Anlaß
genug, dem Verleger Dank zu sagen: Herr *Manfred Weber* hat sie seit ihrem Erscheinen
mit Wohlwollen begleitet!

War und ist sie ›denen, die predigen werden‹ gewidmet, so erschreckt
mich, daß ihr ›Erfolg‹ im Widerspruch steht zu einer zunehmenden
Verelendung der Predigt. Nach meinem Eindruck als Predigthörer und
-leser wartet sie ihrerseits auf Begleiter, die sie auf ihre Art weiter-
schreiben und vervielfältigen: Charisma ist Fleiß und belohnt die Eifri-
gen (vgl. 398 f).

Was aber würde ich *heute anders machen*, wenn ich sie neu zu schreiben hätte? Wie kann eine Homiletik – ähnlich dem Meer der Sarah
Kirsch – die Prediger »Gefeit machen gegen Verrat und / Samtige Sprüche«? Solche Fragen implizieren Selbstüberschätzung. Darum besser:

Wie und was ist zu predigen, wenn die Gnade im Gericht Triumphe feiert?

Zunächst tut kritische Besinnung auf das Gepredigte not: Macht das Gericht, das gleichermaßen erfahrene wie verdrängte, primär unserer Sprache den Prozeß, so wird *Predigtanalyse* zwar nicht mit dem jüngsten Gericht zu verwechseln, wohl aber als Möglichkeit und Hilfsangebot zu begrüßen sein, im Gericht zu bestehen. Die von Gerd Debus initiierte Methodik, die den Prediger beim Wort nimmt und dessen Redefluß bis hin zur Einmündung in die Gemeinde nachgeht, sehe ich als wichtigste Fortsetzung der ›Predigtlehre‹ an.

Vgl. *R.B.* und *K.-P. Jörns* (Hg.), Die Predigtanalyse als Weg zur Predigt, 1989; *R.B.*, Unnütze Worte, in: EvTheol 52, 1992, 375 ff; *A.W. Velema*, »God ter Sprake«, 1992.

Ich würde heute das Moment der *Lehre* neu betonen. Angesichts der fortlaufenden Zerstörung der Schöpfung und angesichts neuer Ausbrüche tausendjährigen Wahnsinns: Kanzelpredigt als Lehrvortrag!? – Wer einen solchen Satz belächelt, hat weder begriffen, was Predigt oder gar Lehre ist, noch hat er die Zeit erkannt.

Die Metapher ›Weg‹ setzt hier ins Bild: Kanzelrede, eigenständig als Rede wahrgenommen, gehört zu einem Ensemble, das über das Oratorische hinausgeht! Vielleicht würde sich zeigen, daß wir seit der Scholastik ›Lehre‹ falsch verstehen, schließt doch die Metapher eine radikale Kritik an einer Theologie in sich, die am Schreibtisch sitzen geblieben ist – nichts gegen den Schreibtisch, aber alles gegen das Sitzenbleiben!

Lehre, ein Gespräch unterwegs, und viel mehr noch: Im Vorwärtsgehen schauen die Augen nach vorn, die Beine bewegen sich, neue Horizonte tun sich auf; und wo der Weg lang wird und die Nacht kommt, geht man besser nicht allein. Lehre als Weg heißt: Weggenossenschaft, also nicht einseitige Belehrung, vielmehr ein Wandern mit einem, der den Weg weiß oder Karten lesen kann. Ermüdung stellt sich ein. Darum wird Rasthalten, Einkehren, gemeinsames Essen und Ruhen nötig. Lehre: Ein Unterwegssein in Kommunität, der Wiederkunft entgegen, eben gerade primär *nicht* »Wahrnehmung der Predigt als Rede«, vielmehr ihre Integration ins gemeinsame Unterwegs, zu der Höhe, aus der der Erlöser kommt (Röm 11,26). Bergsteiger reden nicht viel, wenn es aufwärts geht, beschränken die Worte aufs notwendige, ansonsten droht Atemnot, an der die Kirchen heute leiden.

Früh, auf einer ersten Wanderung, prägte der Vater mir ein, auf den Höhen dürfe man sich nicht voneinander trennen, müsse vielmehr beieinander bleiben, dürfe auch keinen zurücklassen. Lehre als Weggenossenschaft bergauf ändert das wegleitende Interesse einer Homiletik. Im Vordergrund steht nun nicht so sehr die Frage: »Wie komme ich zur Predigt?«, sondern die Frage: »Wie kommt die Gemeinde aus der Predigt? Was macht sie mit der Predigt? Wie lebt sie die Predigt? Was wird aus ihr?«

Wir können der Welt das Evangelium nicht recht predigen, solange die Kanzelrede an die »liebe Gemeinde« unverbindlich bleibt und eben diese Gemeinde den Zusammenhang vermissen läßt, der die Verbindlichkeit des Wortes spiegelt, also primär nicht: »Wie machen wir eine Predigt?«, sondern: »Was machen wir mit der Predigt?«, oder besser: »Was macht die Predigt mit uns?«

Die institutionelle Beliebigkeit unserer Gottesdienste einerseits, die Unbeweglichkeit und Zerrissenheit der Gemeinden andererseits torpedieren zur Zeit das »est« im reformatorischen Satz: Praedicatio verbi Dei est verbum Deum – Die Predigt des Wortes Gottes ist das Wort Gottes.

Religiöse Rede mag ruhig unverbindlich bleiben, ein Angebot auf dem Markt religiöser Möglichkeiten. Gottes Wort aber verbindet oder scheidet. Auf den Weg stellt es allemal, und das *muß* Folgen haben!

Der Missionsbefehl lautet nicht bloß: »lehret sie«, denn die Lehre soll nicht ins Leere gehen! Darum: »Lehret sie alles *halten*, was ich euch geboten habe« (Mt 28,20). So wünsche ich mir eine neue Homiletik, die das ›Halten‹ lehrt, denn allein im Halten des Wortes wird niemand zurückgelassen, der schlapp macht, und niemand muß unterhalb des Wegs die Blumen pflücken, die über der Felswand blühen; der Weg in die Zukunft geht über Abgründe!

Soll die Predigt nicht mehr und mehr – mit dem Hörer als Thema – in Belanglosigkeit versinken, wird das Predigen in den Gerichten, in denen wir stehen, wie bei den Propheten Israels – mehr und mehr zur »Last« werden. Und da braucht der Prediger Leute, die ihm die Last tragen helfen – und ihn vor unnützen Worten bewahren – richtige *Presbyter*! (Bonhoeffers Äußerungen [vgl. 560] verlangen eine komplementäre Ergänzung – vor allem im Zeitalter des Zornes.) Es gibt viele Kreise für Predigtvor- und -nachgespräche. Das ist gut und recht; aber da Predigt etwas mit Gemeindeleitung zu tun hat, darf man die Presbyter nicht aus ihrer Verantwortung für die Predigt entlassen. Die Kirche bietet nicht zuletzt ein so desolates Bild, daß viele sie verlassen, weil wir sie als Institution nicht ernst nehmen.

Nach meiner Erfahrung korrespondiert die Unmündigkeit der Presbyterien mit der Häresie der Harmlosigkeit auf unseren Kanzeln. Meine ›Predigtlehre‹ wird da ihr Ziel erreicht haben, wo Presbyter ›Gelehrte‹ werden, und die Predigt zu beurteilen wissen. Es ist für mich ein verheißungsvolles Zeichen, für das ich sehr dankbar bin, daß einer ›meiner‹ früheren Presbyter, *Jean Bonnard-Schindler*, auch diese Neuauflage finanziell mitträgt.

Der Hinweis auf die Presbyter ist mir auch darum wichtig, weil ich die *Relevanz des Überindividuellen*, der Gemeinde, des Ensembles eben, für das Zustandekommen der Predigt stärker betont sehen möchte. Auch würde ich eine neue ›Predigtlehre‹ verstärkt unter einem ökumenischen Ansatz schreiben, hängt doch die Wirkung der Predigt nicht nur an der Verbindung des Predigers mit dem Wort, sondern wesentlich auch an der *Einheit* der Christen.

Darum mein Engagement für die ›*Societas Homiletica*‹ und den ›*Ökumenischen Verein zur Förderung der Predigt*‹ (Praktisch-Theologisches Seminar der Universität Heidelberg, Karlsstraße 16, D-69117 Heidelberg). Vgl. dazu: *R. B.*, »Gemeinde als Trost und als Ärgernis. Zur grammatikalischen Wurzel kirchlichen Elends«, in: DtPfrBl 86, 1986, 10 ff; 60 ff; 113 ff; *ders.*, Das Ich in der Predigt. Konsequenzen für den Lektorendienst, in: Das missionarische Wort, 1988, 98 ff und PBl 129, 1989, 303 ff; *ders.*, Schlaf der Kirche – Gottes Erwachen. Predigtforschung und Gemeinde, in: EvTheol 49, 1989, 380 ff; *ders.*, »Einheit und Zerrissenheit der Kirche – Macht und Ohnmacht ihrer Predigt«, in: Basileia. Festschr. f. Eduard Buess, 1993, 21 ff; *ders.*, »Leiden an der Kirche«, in: Lijden als Belijden. Festschr. f. M. J. G. van der Velden, 1993. Auch verweise ich auf die Mitteilungen des Vereins: »Predigen zum Weitersagen«.

Erkennen wir uns als im Gericht stehend, wird vielleicht die Konfliktscheu – die Erzfeindin wahrer Einheit – geringer. Im Verbund mit den Mittragenden aber wächst eine Tapferkeit zu, die keine Angst hat vor fruchtbarer Differenz und dem *Leiden* nicht ausweicht. Begann die ›Predigtlehre‹ mit »Predigen als Leidenschaft«, wird sie ihre Fortsetzung in einem Leiden finden, das freilich nicht gegen Verrat, vielleicht aber gegen »samtige Sprüche« gefeit macht – ein Leiden, das im Gepredigten sein Glück findet.

Dossenheim, im Advent 1992 *Rudolf Bohren*

ERGÄNZENDE UND WEITERFÜHRENDE LITERATUR
ZUR PREDIGTLEHRE (Auswahl)

I. Forschungsberichte

Manfred Josuttis, Zur Kommunikation in der Kirche, VuF 18/1, 1973, 47ff. – Ders., Eine Renaissance der Rhetorik, VuF 20/1, 1975, 22ff. – Ders., Materialien zu einer künftigen Homiletik, VuF 23/2, 1978, 19ff. – Rudolf Landau, Predigt in der Zeit des Geistes. Ausgewählte neuere Untersuchungen zur Geschichte der Predigt und Homiletik, VuF 23/1, 1978, 73ff. – Friedemann Merkel, Predigttheorie und Predigtpraxis, WPKG 60, 1971, 40ff. Ders., Neueres zur Homiletik, Rhetorik und Predigt, WPKG 63, 1974, 478ff. – Alfred Niebergall, Homiletik heute. Bericht über die homiletische Literatur seit 1945, ThR N.F. 34, 1969, 49ff., 89ff.

II. Literatur zur Homiletik und Predigtgeschichte

Kristlieb Adloff, Die Predigt als Plädoyer. Versuch einer homiletischen Ortsbestimmung erarbeitet am Zweiten Korintherbrief, 1971. – An Festtagen predigen (Studienbrief P 6–11), hg. von der Arbeitsgemeinschaft Missionarische Dienste, 1978. – Heribert Arens u. a., Kreativität der Predigtarbeit. Vielseitiger denken, einfallsreicher predigen, 1975[2]. – Helmut Barié, Kann der Zeuge hinter das Zeugnis zurücktreten? Ein erster Schritt zu einer experimentellen Homiletik, EvTh 32, 1972, 19ff. – Wolfgang Bartholomaeus, Kleine Predigtlehre, 1974. – Rudolf Bohren, Geist und Gericht. Arbeiten zur Prakt. Theol., 1979. – Heinrich Braunschweiger, Auf dem Wege zu einer poetischen Homiletik, EvTh 39, 1979, 127ff. – Herbert Breit/Klaus-Dieter Nörenberg (Hg.), Festtage. Zur Praxis der christlichen Rede, 1975. – Wolfgang Brückner (Hg.), Volkserzählung und Reformation. Ein Handbuch zur Tradierung und Funktion von Erzählstoffen und Erzählliteratur im Protestantismus, 1974. – Peter Cornehl, Homiletik und Konziliarität, WPKG 65, 1976, 490ff. – Karl-Fritz Daiber, Gottesdienstreform und Predigttheorie, in: JLH, Bd. 18, 1973/74, 36ff. – Ders., Leiden als Thema der Predigt. Bericht über eine Predigtreihe, ThEx 198, 1978. – Bruno Dreher/Norbert Greinacher/Ferdinand Klostermann (Hg.), Hdb. d. Verkündigung, 2 Bde, 1970. – Peter Düsterfeld/Hans Bernhard Kaufmann (Hg.), Didaktik der Predigt, 1975. – Peter Düsterfeld, Predigt und Kompetenz. Hermeneutische und sprachtheoretische Überlegungen zur Fundierung einer homiletischen Methode, 1978. – Gerhard Ebeling, Fundamentaltheologische Erwägungen zur Predigt, in: Wort und Glaube III, 1975, 554ff. – Walter Eisinger, Johann Peter Hebels homiletische Einsichten, in: Verkündigung im Gespräch mit der Gesellschaft, FS Hans-Wolfgang Heidland, 1977, 43ff. – Jochen Fähler, Der Ausbruch des 1. Weltkriegs in Karl Barths Predigten, Diss. Frankfurt, 1978. – Helmut Flender, Bibeltext und Gegenwartsbezug in der Predigt,

1971. – Ottmar Fuchs, Die lebendige Predigt, 1978. – Joachim Gandras, Predigt als Zeugendienst bei Hans Joachim Iwand. Aspekte und Perspektiven einer homiletischen Theorie und theologischen Kommunikation nach seinen Predigtmeditationen, 1975. – Adalbert Geduhn, Rhetorik in den Predigten bei C. H. Spurgeon, Diss. Münster, 1978. – Wolfgang Grünberg, Homiletik und Rhetorik, 1973. – Götz Harbsmeier, Anstöße. Theologische Aufsätze aus drei Jahrzehnten, 1977. – Klaus Peter Hertzsch, Ermutigung zur Predigt, EPM 7, 1978, 7ff. – Gert Hummel (Hg.), Aufgabe der Predigt, WdF 234, 1971. – Werner Jentsch, Prediger und Predigt. Zur seelsorgerlich-missionarischen Verkündigung heute, 1978. – Werner Jetter, Homiletische Akupunktur, 1976. – Manfred Josuttis, Verkündigung als kommunikatives und kreatorisches Geschehen, EvTh 32, 1972, 3ff. – Ders., Das Wort und die Wörter. Zur Kritik am Predigtverständnis Karl Barths, in: Freispruch und Freiheit, FS Walter Kreck, 1973, 229ff. – Ders., Praxis des Evangeliums zwischen Politik und Religion. Grundprobleme der Prakt. Theologie, 1974. – Franz Kamphaus/Rolf Zerfaß (Hg.), Ethische Predigt und Alltagsverhalten, 1977. – Eberhard Kerlen, Die Gemeinde in der Predigt des jüngeren Blumhardt, Diss. Heidelberg, 1979. – Matthias von Kriegstein, Predigt als Gespräch. Pastoralpsychologische und didaktische Reflexion von Predigten und Gesprächsgottesdiensten, 1979. – Martin Kriener, Aporien der politischen Predigt, ThEx 180, 1974. – Werner Krusche, Die Predigt im Gottesdienst der Gemeinde heute, KuD 22, 1976, 77ff. – Rudolf Landau, Die Vorsehungspredigt. Predigtgeschichtliche und homiletische Untersuchungen zur Predigt von der Vorsehung Gottes aus der Zeit von 1890–1930, Diss. Heidelberg, 1976. – Ernst Lange, Predigen als Beruf. Aufsätze, hg. v. Rüdiger Schloz, 1976. – Christian Möller, Die Predigt als „Lernprozeß"?, Das missionarische Wort 26, 1973, 120ff. – Ders., Die Predigt als hörende Rede in der Spannung von biblischer Tradition und Erfahrung des Glaubens, EvTh 38, 1978, 94ff. – Hans Mohr, Predigt in der Zeit. Dargestellt an der Geschichte der evangelischen Predigt über Lukas 5,1–11, 1973. – Walter Mostert, Scriptura sacra sui ipsius interpres. Bemerkungen zum Verständnis der Heiligen Schrift durch Luther, LuJ 46, 1979, 60ff. – Hans-Rudolf Müller-Schwefe, Homiletik. Die Praxis der Verkündigung, Bd. 3, 1973. – Ursula Naumann, Predigende Poesie. Zur Bedeutung von Predigt, geistlicher Rede und Predigertum für das Werk Jean Pauls, 1976. – Alfred Niebergall, Luthers Auffassung von der Predigt nach „De Servo Arbitrio", in: Ders., Der Dienst der Kirche. Ges. Aufsätze 1954–1973, hg. v. Rainer Lachmann, 1974, 85ff. – Klaus Otte, Durch Gemeinde zur Predigt. Zur Verhältnisbestimmung von Theologie und Predigt bei Alexander Schweizer und Alois Emanuel Biedermann, 1979. – Gert Otto, Predigt als Rede. Über die Wechselwirkungen von Homiletik und Rhetorik, 1976. – Hans-Christoph Piper, Die Predigt als religiöse Kommunikation, WPKG 67, 1978, 20ff. – Predigen lernen (Studienbrief P 1–5), hg. von der Arbeitsgemeinschaft Missionarische

Dienste, 2. Auflage, 1976. – Eckhard Rau, Predigt und Erzählung. Zu einem Handbuch über protestantische Erzählliteratur, WPKG 68, 1979, 21ff. – Paul Ricoeur/Eberhard Jüngel, Metapher. Zur Hermeneutik religiöser Sprache, 1974. – Martin Rößler, Die Liedpredigt. Geschichte einer Predigtgattung, 1976. – Jörg Rothermundt, Laien als Partner in der Predigtarbeit, WPKG 67, 1978, 187ff. Ders., Predigt als freie Rede, WPKG 68, 1979, 68ff. – Dieter Schellong, Hermeneutik und Kritik, EvTh 38, 1978, 213ff. – Christian-Erdmann Schott, Möglichkeiten und Grenzen der Aufklärungspredigt. Dargestellt am Beispiel Franz Volkmar Reinhards, 1978. – Martin Seils, Gemeindezeugnis und Predigtdienst, in: Immer noch Predigt? Theol. Beitr. z. Predigt im Gottesdienst, 1975, 26ff. – Manfred Seitz, Praxis des Glaubens. Gottesdienst, Seelsorge und Spiritualität, 1978. – Josef Smolík, Die homiletisch-systematische Analyse der exegetischen und meditativen Methoden, ThLZ 102, 1977, 705ff. – Wolfgang Steck, Das homiletische Verfahren. Zur modernen Predigttheorie, 1974. – Lothar Steiger, Erzählter Glaube. Die Evangelien, 1978. – Albert Stein, Evangelische Laienpredigt. Ihre Geschichte, ihre Ordnung im Kirchenkampf und ihre gegenwärtige Bedeutung, 1972. – Ulrich von den Steinen, Agitation für das Reich Gottes. Ein Beitrag zur religiös-sozialen Predigtpraxis und homiletischen Theorie bei Leonhard Ragaz, 1977. – Ders., Rhetorik – Instrument oder Fundament christlicher Rede? Ein Beitrag zu Gert Ottos rhetorisch-homiletischem Denkansatz, EvTh 39, 1979, 101ff. – Jochen Tolk, Predigtarbeit zwischen Text und Situation, 1972. – Wolfgang Trillhaas, Einführung in die Predigtlehre, 1974. – „werkstatt predigt" – Eine homiletische Korrespondenz, hg. v. d. Niedersächsischen Studiendirektorenkonferenz, Imbshausen, 1973ff. – Friedrich Winter, Die Predigt, in: Hdb. d. Prakt. Theol., Bd. II, 1974, 197ff. – Gunther Wittenberg, Predigt des Alten Testaments. Untersuchungen zur Hermeneutik und Predigt alttestamentlicher Texte in der Gegenwart, Diss. Tübingen, 1972. – Rolf Zerfaß, Der Streit um die Laienpredigt. Eine pastoralgeschichtliche Untersuchung zum Verständnis des Predigtamtes und zu seiner Entwicklung im 12. u. 13. Jh., 1974.

III. Zur Predigtanalyse

Christoph Bizer, Unterricht und Predigt. Analysen und Skizzen zum Ansatz katechetischer Theologie, 1972. – Ders., Viva vox impressa. Zu den Formen gedruckter Predigt, WPKG 62, 1973, 1ff. – Rudolf Bohren, in: Eduard Thurneysen, In seinen Händen, 1978, 157ff. – Willi Born, Kriterien der Predigtanalyse, 1971. – Hans van der Geest, Du hast mich angesprochen. Die Wirkung von Gottesdienst und Predigt, 1978. – Bernd Grandthyll, Die Wirkung der Predigt. Möglichkeiten und Grenzen einer empirischen Überprüfung, Diss. Münster, 1978. – Homiletische Arbeitsgruppe Stuttgart/Frankfurt, Die Predigt bei Taufe, Trauung und Begräbnis. Inhalt, Wirkung und Funktion. Eine Contentanalyse, 1973. – Rudolf

Landau, in: Claus Westermann, Predigten, 1975, 6ff. – Klaus-Dieter Nörenberg, Gesichtspunkte für die kritische Predigtanalyse, in: Festtage, hg. v. Herbert Breit u. Klaus-Dieter Nörenberg, 1975, 211ff. – Hans-Christoph Piper, Predigtanalysen. Kommunikation und Kommunikationsstörungen in der Predigt, 1976. – Rolf Zerfaß, Kriterien der Predigtkritik, in: Das Evangelium auf dem Weg zum Menschen, FS Heinrich Kahlefeld, 1973, 143ff.

Hilfsmittel:
Johannes Anderegg, Fiktion und Kommunikation, 1973. – Roland Barthes, Die Lust am Text, übers. v. Traugott König, 1974. – Duden, Das große Wörterbuch der deutschen Sprache in sechs Bänden, hg. v. Günter Drosdowski, 1976ff. – Johannes Erben, Deutsche Grammatik. Ein Abriß, 11. völlig neubearbeitete Aufl., 1972. – Jean Pierre Faye, Totalitäre Sprachen, Bd. I und II, 1977. – Hermann Glaser, Das öffentliche Deutsch, 1972. – Georg Klaus, Sprache der Politik, 1971. – Josef Kopperschmidt, Allgemeine Rhetorik. Einführung in die Theorie der Persuasiven Kommunikation, 1973. – Heinrich Lausberg, Hdb. d. literarischen Rhetorik. Eine Grundlegung der Literaturwissenschaft, 1973[2]. – Manfred Naumann u. a. (Hg.), Gesellschaft, Literatur, Lesen. Literaturkonzeption in theoretischer Sicht, 1973. – Helmut Schanze (Hg.), Rhetorik. Beitr. zu ihrer Geschichte in Deutschland vom 16.–20. Jh., 1974. – George Steiner, After Babel, Oxford 1975. – Alex Stock, Umgang mit theologischen Texten, 1974. – Gerhard Storz, Sprachanalyse ohne Sprache, 1975. – Gerd Ueding (Hg.), Einführung in die Rhetorik, 1976. – Rainer Warning (Hg.), Rezeptionsästhetik. Theorie und Praxis, 1975. – Harald Weinrich, Literatur für Leser. Essays und Aufsätze zur Literaturwissenschaft, 1971. – Ders., Narrative Theologie, Concilium 9, 1973, 329ff. – Ders., Tempus. Besprochene und erzählte Welt, 1977[3]. – Ders., Sprache in Texten, 1976.

IV. Rezensionen zur Predigtlehre
Helmut Barié, EvTh 37, 1977, 343ff. – Peter C. Bloth, ThViat XII, 1975, 9ff. – Herbert Breit, LM 10, 1971, 541. – Hans Bühler, Neue Zürcher Zeitung Nr. 508 v. 1. 11. 1973. – Karl-Fritz Daiber, werkstatt predigt 1, 1973/3, 29ff.; 4, 25ff. – Jürgen Fangmeier, ThZ 29, 1973, 452. – Martin Fischer, EvKomm 8, 1975, 116f. – Hans-Georg Geyer, VuF 18, 1973, 1ff. – Götz Harbsmeier, EvTh 32, 1972, 487ff. – KBRS 129, m. Beitr. v. Otto Bächli, Robert Leuenberger, Dieter-Olaf Schmalstieg u. Theophil Vogt, 1973, 34ff. – Gonsalv Mainberger OP, ThPr 8, 1973, 70ff. – Johannes Ries, Cath (M) 27, 1973, 84ff. – O. Rutrle, Theologicka Revue Církve Československé Husitské 44, 1973, 51ff. – Dieter-Olaf Schmalstieg, Intern. Dialog Zs. 6, 1973, 94f. – Jürgen Seim, WPKG 62, 1973, 61ff. – Josef Smolík, CV 16, 1973, 95ff. – Friedrich Winter, ThLZ 99, 1974, 538ff. – Friedrich Wintzer, LR 22, 1972, 529ff.

Rudolf Bohren, Predigtlehre heute, RKZ 113/20, 1972, 219–222. – Ders., „Sogar verreißen muß man können". Entgegnung zu Schmalstieg, KBRS 129, 1973, 84f.

Das Literaturverzeichnis verdanke ich Rudolf Landau und Friedhelm Maurer

Rudolf Bohren

Ergänzende Literatur zur 5. Aufl. in Auswahl (Titel gekürzt)

II. H. Albrecht, Arbeiter und Symbol, 1982. – Ders., Predigen, 1985. – R. Bohren, Aus der Langeweile ins Lob, KBRS 136, 1980, 338ff. – Ders., Prophetie und Seelsorge (E. Thurneysen), 1982. – Ders., Vom Predigenlernen, EvTh 42, 1982, 381ff. – K.-F. Daiber, Der Wirklichkeitsbezug der Predigt, MPTh 73, 1984, 488ff. – H. W. Dannowski, Kompendium der Predigtlehre, 1985 (Lit.). – A. Denecke, Persönlich predigen, 1979. – Ders., Lutherische Homiletik . . ., MPTh 70, 1981, 546ff. – Ders., Nicht vom Wort allein!, ZGP 1, 1983, 2ff. – P. Düsterfeld (Hg.), Neue Wege der Verkündigung, 1983. – O. Fuchs, Von Gott predigen, 1984. – J. Gandras, Spurensuche zur Predigt, MPTh 72, 1983, 200ff. – W. Gern, „Wo ist Gott?" (zu Thurneysen), 2 Bde., Diss. Heidelberg 1984. – J. Henkys, Predigtmeditation, WPKG 69, 1980, 2ff. – K.-P. Jörns, Der Gang in die Wüste als Weg zur Predigt, EvTh 42, 1982, 389ff. – M. Josuttis, Die Bibel als Basis der Predigt, in: „Wenn nicht jetzt, wann dann?", FS H.-J. Kraus, 1983, 385ff. – Ders., Rhetorik und Theologie in der Predigtarbeit, 1985. – E. Kerlen, Zu den Füßen Gottes (zu Chr. Blumhardt), 1981. – B. Klaus (Hg.), Kommunikation in der Kirche, 1979, 111ff. – E. Koch, Der Prediger als Problem der Predigt in der Homiletik des 19. und 20. Jahrhunderts, in: Das lebendige Wort, FS G. Voigt, 1982, 218ff. – R. Lischer, „Story" in Luthers Predigten, EvTh 43, 1983, 526ff. – A. Lischke, Leistungsstreben und Rechtfertigungsglaube, Diss. Halle 1980 Mschr. – H. Luther, Predigt als inszenierter Text, ThPr 18, 1983, 89ff. – G. M. Martin, Predigt als offenes Kunstwerk? (zu Eco), EvTh 44, 1984, 46ff; vgl. H. Schröer, ebd., 58ff. – Chr. Meier (Hg.), Predigt vor der Arbeitswelt – sprachlos?, ThPr 17, 1982, H. 1/2. – F. Merkel, Andacht – eine vernachlässigte Form, MPTh 74, 1985, 272ff. – F. Mildenberger, Kleine Predigtlehre, 1984. – Chr. Möller, Seelsorglich predigen, 1983. – G. Orth, Vom Abenteuer bürgerlichen Bewußtseins (zu H. Gollwitzer), 1980. – G. Otto, Von geistlicher Rede, 1979. – Ders., Wie entsteht eine Predigt?, 1982. – Ders., Die Predigt als Rede- und Kommunikationsprozeß in der Gemeinde, in: HPTh 3, 135ff. – J. Pietron, Geistige Schriftauslegung und biblische Predigt, 1979. – H. D. Preuß, Das Alte Testament in christlicher Predigt, 1984 (Lit.). – G. Rau, Predigen lernen im Studium, ZEvKR 29, 1984, 36ff. – H. Reinitzer (Hg.), Beiträge zur Geschichte der Predigt, Vestigia Bibliae 3, 1981. – J. Rothermundt, Der Heilige Geist und die Rhetorik, 1984. – D. Rössler, Beispiel und Erfahrung, in: Reformation und Prakt. Theol., FS W. Jetter, 1983, 202ff. – G. Schüepp (Hg.), Hdb. zur Predigt, 1982. – M. Seitz, Erneuerung der Gemeinde, 1985, 29ff. – D. Stollberg, Predigt praktisch, 1979. – Ders., Von der Glaubwürdigkeit des Predigers, WPKG 68, 1979, 9ff. – G. Tiel, Der rettende Glaube (zu W. Lüthi), Diss. Heidelberg 1984. – E. G. Wendel, Studien zur Homiletik D. Bonhoeffers, 1985. – E. Winkler, Homilet. Erkenntnisse Luthers in der gegenwärtigen ev. Predigtlehre, in: FS G. Voigt, 1982, 241ff. – F. Wintzer (Hg.), Praktische Theologie [2]1985, 92ff. – R. Zerfaß/F. Kamphaus (Hg.), Die Kompetenz des Predigers, 1980. – R. Zerfaß (Hg.), Mit der Gemeinde predigen, 1982.

III. K.-H. Bieritz, Kritik der Kritik, ZGP 3, 1985, 25 ff. – K.-F. Daiber u. a. (Hg.), Predigen und Hören. Ergebnisse e. Gottesdienstbefragung, 2 Bde., 1980; 1983.

Ulrich Brates

NAMENREGISTER

SACHREGISTER

BIBELSTELLENREGISTER

Kursiv gedruckte Bibelstellen und Seitenzahlen verweisen auf die Erwähnung oder Besprechung von Predigten

Altes Testament

1 Mose
1,27	389
1,27	*322*
3,9	479
8,1f	160
9,15f	160
13	*180*
19,29	160
30,22	160

2 Mose
2,24f	161
3,14	100
6,5f	161
12,11	52
19.20,1–11	105
20,2	*182*
20,2f	94
32,13	161
32,14	161

5 Mose
7,6–8	317
19,15	429f
28,58	104

Ruth
1	*180*

1 Samuel
1,11.19	160

1 Könige
5,13	433

Psalmen
1	348–353, 360, 364, 372
	380, 386, 391, 396f, 402
	475, 544, 560
2	348
8,6	456
9,2	432
9,13	483
16,2	19
16,3	349
19	296
33,4	130

34,19	81
36,7	*261*
37,30	364
42	*386*
45,14–16	*307f*
51	211
52,11	96
54,3	96
61,6	104
73,22	455
86,11	104
89,25	96
90,1	*257f*
92,2.3.7.10	*117*
94,9	483
98,8	279
103,1–4	*122ff, 127, 152, 182, 510*
103,2	357
104	300
105,8	161
106,44ff	161
107,22	19
110	283
111,5	161
115,1	104
115,6	483, 503
119	18, 262, 370f
119,11	350f
119,16a	350
119,34	350
119,92	370
119,96	475
119,96–98	350
119,111	19
119,114	350
119,120	241
119,130	151
119,147	350, 359
119,162	241, 350
123,2b	167
145,10	296
150	300f

Sprüche
1,7	263
8,13	406

Zeitschrift für
Gottesdienst und Predigt

Herausgegeben von Hans Werner
Dannowski und Horst Nitschke.
Erscheint: Zweimonatlich
Umfang: 40 Seiten
Format: DIN A4

Die ZGP enthält Texte und Anregungen
für die Predigt- und Gottesdienstarbeit:

- Predigten und Gottesdienstentwürfe
  nach dem Kirchenjahr (in Ergänzung
  zu den Modellen der Reihe »Gottes-
  dienstpraxis«)
- Homiletische Erschließung der anste-
  henden Predigttexte
- Kurzansprachen
- Andachten
- Entwürfe zu besonderen Fest- und
  Gedenktagen (z. B. Muttertag, Volks-
  trauertag, Israelsonntag usw.)
- Beispiele für Kasualien
- Neue liturgische Texte
- Themenpredigten
- Bildreproduktionen und Bildbetrach-
  tungen
- Beiträge zu Kirchenmusik und
  Gemeindegesang
- Homiletisches Stichwort
- Liturgisches Stichwort
- Artikel zu liturgischen und homileti-
  schen Grundfragen
- Aufsätze zu Diskussion und Kritik
  aktueller, homiletischer und liturgi-
  scher Probleme
- Informationen zu denkwürdigen
  Ereignissen und Personen
- Fotoserie »Capriccio«

11. Jahrgang Heft 3   Mai/Juni 1993   1 D 20490 F

ZEITSCHRIFT FÜR
GOTTES
DIENST&
PREDIGT

Aus dem Inhalt:

Zur Predigt am Kirchentagssonntag:
Lindemann/Blasig

Predigten zur Taufe Jugendlicher:
Stoevesandt/Bublitz/Fey

Jenseits unserer Mauern.
Open-air-Gottesdienste:
Holze-Stäblein

Der Gottesdienst ist kein Museum – oder?
Blasig/Adam

Fundamentalismus:
Mertz

Gütersloher Verlagshaus

Gütersloher
Verlagshaus

Die Kunst, Gott zu feiern

Rainer Volp

Liturgik

Die Kunst, Gott zu feiern
Band 1: Einführung und Geschichte
702 Seiten mit zahlreichen Abbildungen. Geb.
[3-579-00225-2]

Band 2: Theorien und Gestaltung
Ca. 704 Seiten. Geb.
[3-579-00229-5]

Mit diesem zweibändigen Werk legt Rainer
Volp die schon längst fällige Geschichte,
Theologie, Methodologie und Bildungstheorie
des christlichen Gottesdienstes im Zusammenhang vor. Es ist die erste umfassende,
von einer Person erarbeitete Liturgik seit
Georg Rietschels Lehrbuch der Liturgik
(1900/1909).

Gütersloher
Verlagshaus

Rudolf Bohren

Daß Gott schön werde

Praktische Theologie als theologische
Ästhetik.
240 Seiten. Kt.
[3-579-02032-3]

Diese Einführung in die Praktische Theologie
geschieht im Horizont der Pneumatologie. Das bedeutet nichts anderes als die Konkretion des dritten
Glaubensartikels. Gott, der Schöpfer und Erlöser lebt
in seinem Geist unter uns, will in unserem neuen
Sein und Handeln zum Vorschein kommen –
das heißt auch: schön werden. Das führt zum Entwurf
einer theologischen Ästhetik.

›Daß Gott schön werde‹ in der Schöpfung, in Kultur
und Kunst, im Leben der Gemeinde und in der
Kirchenleitung, wird zum Motiv, das dem Christen die
Freiheit besorgt, auf Untaugliches zu verzichten und
Neues zu suchen.

Wie in Bohrens vielbeachteter ›Predigtlehre‹ dominiert
auch in dieser einführenden Vorlesung der essayisti-
sche Stil. – Der Essay deutet. Und auf die theologische Deutung heutiger Phänomene in Forschung,
Verkündigung Praxis darf nicht verzichtet werden.

In der Tiefe der Zisterne

Erfahrungen mit der Schwermut.
216 Seiten. Geb.
[3-579-02261-X]

Rudolf Bohren bietet – wie er es selbst nennt – den
Leserinnen und Lesern einen Kursus in sportlicher
Spiritualität, der ihnen helfen soll, aus der Zisterne
der Melancholie, diesem weithin verbreiteten Zeitge-
fühl, herauszufinden.

Chr. Kaiser
Gütersloher
Verlagshaus

Rudolf Bohren

Schnörkelschrift

Ein Echo aus Grindelwald

Roman

«Rudolf Bohren, geboren 1920 in Grindelwald, Professor für Praktische Theologie, Autor unzähliger Bücher (Theologie, Kunst, Literatur), lebt heute wieder in seinem Heimatdorf. In seinem neuen Werk macht er mit seiner unnachahmlichen Erzählkunst, mit Weisheit und Poesie, mit Humor und Sinn für Situationskomik, aus Grindelwald, wo er seine Wurzeln hat, ein kleines Universum voller Wunder und Kuriositäten, Heiligem und Okkultem. Ausgehend vom Schnurrbart seines Grossvaters, setzt der Autor seine, dem Gesetz der Komplementarität folgenden, wahren und erfundenen Geschichten und Anekdoten, philosophischen, theologischen und satirischen Überlegungen und Assoziationen zu einem ‹Sittengemälde› einer ganzen Talschaft zusammen und bricht immer wieder aus der Enge des Gletscherdorfes in die weite Welt aus: nach Russland zum Beispiel, zu General Suworow, zu Puschkin und Anna Achmatowa. ‹Schnörkelschrift› ist ein einzigartiges Buch, das uns lachen und weinen macht, uns mit Staunen, Freude und Trost erfüllt und mehr wirkt als hundert Predigten!»

Barbara Traber

In Ihrer Buchhandlung

Mehr Infos? Postkarte genügt.

Edition Hans Erpf

Bern / München · Postfach 6018 · CH-3001 Bern